1,000,000 Books

are available to read at

---◆---

www.ForgottenBooks.com

---◆---

Read online
Download PDF
Purchase in print

ISBN 978-0-243-96652-3
PIBN 10725466

This book is a reproduction of an important historical work. Forgotten Books uses
state-of-the-art technology to digitally reconstruct the work, preserving the original format
whilst repairing imperfections present in the aged copy. In rare cases, an imperfection in
the original, such as a blemish or missing page, may be replicated in our edition. We do,
however, repair the vast majority of imperfections successfully; any imperfections that
remain are intentionally left to preserve the state of such historical works.

1 MONTH OF
FREE
READING

at
www.ForgottenBooks.com

By purchasing this book you are eligible for one month membership to ForgottenBooks.com, giving you unlimited access to our entire collection of over 1,000,000 titles via our web site and mobile apps.

To claim your free month visit: www.forgottenbooks.com/free725466

English
Français
Deutsche
Italiano
Español
Português

www.forgottenbooks.com

Mythology Photography **Fiction**
Fishing Christianity **Art** Cooking
Essays Buddhism Freemasonry
Medicine **Biology** Music **Ancient**
Egypt Evolution Carpentry Physics
Dance Geology **Mathematics** Fitness
Shakespeare **Folklore** Yoga Marketing
Confidence Immortality Biographies
Poetry **Psychology** Witchcraft
Electronics Chemistry History **Law**
Accounting **Philosophy** Anthropology
Alchemy Drama Quantum Mechanics
Atheism Sexual Health **Ancient History**
Entrepreneurship Languages Sport
Paleontology Needlework Islam
Metaphysics Investment Archaeology
Parenting Statistics Criminology
Motivational

MAISON RUSTIQUE

DU XIXᵉ SIÈCLE

CONTENANT

LES MEILLEURES MÉTHODES DE CULTURE USITÉES EN FRANCE ET A L'ÉTRANGER;
TOUS LES PROCÉDÉS PRATIQUES PROPRES A GUIDER LE CULTIVATEUR, LE FERMIER, LE RÉGISSEUR
ET LE PROPRIÉTAIRE, DANS L'EXPLOITATION D'UN DOMAINE RURAL;
LES PRINCIPES GÉNÉRAUX D'AGRICULTURE, LA CULTURE DE TOUTES LES PLANTES UTILES;
L'ÉDUCATION DES ANIMAUX DOMESTIQUES, L'ART VÉTÉRINAIRE;
LA DESCRIPTION DE TOUS LES ARTS AGRICOLES; — LES INSTRUMENTS ET BATIMENTS RURAUX;
L'ENTRETIEN ET L'EXPLOITATION
DES VIGNES, DES ARBRES FRUITIERS, DES BOIS ET FORÊTS, DES ÉTANGS;
L'ÉCONOMIE, L'ORGANISATION ET LA DIRECTION D'UNE ADMINISTRATION RURALE;
LA LÉGISLATION APPLIQUÉE A L'AGRICULTURE;
TOUT CE QUI A RAPPORT AU POTAGER, AU PARTERRE, AUX SERRES
ET AUX JARDINS PAYSAGERS;
ENFIN L'INDICATION DES TRAVAUX DE CHAQUE MOIS
POUR TOUTES LES CULTURES SPÉCIALES;

TERMINÉ

PAR DES TABLES MÉTHODIQUE ET ALPHABÉTIQUE

Avec 2500 gravures représentant tous les instruments,
machines, appareils, races d'animaux, arbres, arbustes, plantes, légumes, serres,
bâtiments ruraux, etc..

PAR

MM. YSABEAU ET BIXIO

TOME CINQUIÈME

HORTICULTURE

SECONDE ÉDITION.

PARIS

A LA LIBRAIRIE AGRICOLE, RUE JACOB, Nº 26

EN FRANCE ET A L'ÉTRANGER

Chez tous les Libraires et Correspondants du Comptoir central de la Librairie.

1845

TABLE DES MATIÈRES CONTENUES DANS CE VOLUME.

FIN DE LA TABLE DES MATIÈRES.

AVANT-PROPOS.

A l'époque où parut la *Maison rustique*, vivement frappés de l'immense étendue des matières à traiter, nous avions résolu de ne nous préoccuper d'aucun objet qui leur fût étranger. Il nous eût semblé téméraire de dépasser les limites déjà si vastes du cadre de l'ouvrage primitivement conçu et d'ajouter à la masse des travaux que son exécution nous imposait. Tels furent nos motifs pour nous borner exclusivement aux matières du ressort de l'agriculture proprement dite, sans aborder ni l'horticulture, ni l'économie domestique. Mais, les vœux unanimement exprimés par nos abonnés ne tardèrent pas à nous convaincre que nous avions laissé dans notre publication une lacune qu'il devenait indispensable de remplir. En effet, les propriétaires de terres, grandes ou petites, les cultivateurs de tout étage, tous ceux enfin qui trouvent dans la *Maison rustique* leur guide habituel, ont ou peuvent avoir un jardin grand ou petit; presque tous font du jardinage leur principal délassement; s'ils sont à proximité d'un marché, ils peuvent trouver dans les diverses cultures jardinières une ressource importante; la *Maison rustique du XIXᵉ siècle* devait donc être complétée par un traité d'horticulture. L'opportunité d'un traité d'économie domestique n'est pas moins évidente; tandis qu'en Angleterre et en Allemagne des ouvrages spéciaux sur cette matière mettent entre les mains de tout le monde les moyens le mieux appropriés à toutes les conditions pour rendre la vie intérieure de chaque ménage aussi confortable que ses ressources le permettent, en France, ceux qui souvent ne demanderaient pas mieux que de sortir d'une routine dont ils sentent tous les inconvénients cherchent en vain un guide pour les diriger.

Le cadre du livre consacré à l'horticulture était tracé d'avance par les besoins de ceux pour lesquels nous devions l'écrire : c'est le jardinage pris au point de vue de son contact avec l'agriculture dont il n'est qu'une dérivation, puisqu'il a, comme elle, pour but de tirer parti du sol. Quiconque, comme nous, a parcouru la France à pied et dans tous les sens, pour en étudier l'agriculture, pour connaître à fond les conditions diverses des populations rurales, demeure frappé des incalculables ressources que l'habitant des campagnes laisse perdre. Quel accroissement de bien-être une famille de pauvres cultivateurs ne pourrait-elle pas trouver, par exemple, dans les fruits d'un verger, même de peu d'étendue, facile à créer comme le désert de Barbeau-Brunet [1], avec peu ou point de frais, mais avec une volonté ferme et un travail persévérant! La consommation des fruits, surtout celle des bons fruits, est presque nulle dans plusieurs de nos départements; ce ne sont pas les acheteurs qui manquent, ce sont les produits. Nous en dirons autant des légumes, et bien souvent

---

(1) Voir *Journal d'Agriculture pratique*, t. IV, p. 410.

des fleurs. Nous avons vu chaque année à Marseille, à l'époque des processions qui se succèdent pendant quinze jours, les fleurs les plus communes se payer pour ainsi dire au poids de l'or; il n'y en avait pas sur le marché la dixième partie de ce qu'on en aurait pu débiter avec avantage. C'est donc répondre à un besoin réel et vivement senti des populations rurales, que de placer sous leurs yeux, à la suite de l'ouvrage le plus complet et le plus avancé sur l'agriculture, l'exposé des procédés de l'horticulture qui peuvent si facilement augmenter leur aisance, en même temps qu'ils influent par un enchaînement naturel sur l'amélioration du régime alimentaire des populations urbaines; c'est par conséquent à cette partie de l'horticulture si éminemment utile que nous avons consacré le plus d'espace et donné les plus larges développements. En traitant de la culture des plantes d'ornement, nous avons eu également égard à la position du plus grand nombre de nos lecteurs. Le goût de l'horticulture est en progrès parmi nous; le nombre des propriétaires riches qui s'adonnent à la culture des végétaux exotiques augmente rapidement; les orangeries et les serres sont multipliées de tous côtés avec la plus louable émulation. Néanmoins, une statistique exacte de nos richesses horticoles nous montrerait plus d'orangeries que de serres, plus de serres tempérées que de serres chaudes; parmi les plantes qu'elles renferment, les plus rares, celles dont le prix est le plus élevé, s'y trouveraient à peine par exception; nous y verrions au contraire les jardins ornés seulement d'un parterre devenir presque aussi nombreux que les habitations rurales; nous appelons de tous nos vœux le jour où chaque chaumière en France aura sa plate-bande de fleurs. Que l'on compare l'état moral des populations parmi lesquelles le chef de famille consacre habituellement a l'ivrognerie le jour du repos, avec celles où, au sortir de l'église du village, il donne le reste de son dimanche à ses fleurs, sa plus douce passion, source d'échanges de bons offices avec ses voisins; il y a là tout un puissant système de civilisation pour les campagnes; nous pourrions citer dans les plus âpres régions de la France des curés de campagne qui, prêchant d'exemple, ont opposé, avec le succès le plus éclatant, le *jardin* au *cabaret*. Puissions-nous avoir à nous féliciter d'avoir, nous aussi, contribué à propager ce goût si naturel, si parfaitement en harmonie avec la vie habituelle du peuple des campagnes, cette source de plaisir qui tend à rendre les paysans à la fois meilleurs et plus heureux! Ainsi, sans négliger aucune partie de l'horticulture, nous avons particulièrement insisté sur celles qui touchent le plus intimement aux intérêts du plus grand nombre de nos lecteurs, sur les objets qui nous ont paru de nature à concourir au but commun de toutes les branches de l'agriculture : améliorer la condition matérielle et morale du peuple des campagnes.

C'est dans le même esprit que nous avons consacré un long chapitre aux jardins paysagers, cet ornement privilégié des châteaux. La campagne doit devenir le séjour habituel des grands propriétaires; ceux qui possèdent le sol doivent vivre au milieu de ceux qui l'exploitent afin d'apprendre à s'aimer les uns les autres, en travaillant ensemble à tirer de la terre, selon la parole de Dieu, tous les trésors promis à l'union de la force et de l'intelligence.

MAISON RUSTIQUE

DU XIXE SIÈCLE

HORTICULTURE

CHAPITRE Ier. — Choix et nature des terrains.

Section Ire. — *Choix du terrain.*

Il arrive bien rarement au jardinier d'avoir à choisir l'emplacement sur lequel il doit établir un nouveau jardinage ; le plus souvent il ne peut que continuer ce qu'il trouve créé d'avance ; toute la latitude qui lui est laissée dans ce cas consiste à pouvoir distribuer à son gré, sur un terrain donné, les divisions de son jardin, afin d'en approprier le mieux possible chaque partie et chaque exposition à la nature des plantes qui doivent y croître.

Lorsque, sur une terre d'une assez grande étendue, on peut assigner à volonté la place d'un jardin nouveau, on se déterminera moins encore par la qualité de la superficie que par la profondeur de la couche de terre arable. On regardera toujours une terre médiocre, mais profonde, comme préférable à une terre beaucoup meilleure, mais d'une moindre épaisseur. La première se prêtera presque toujours facilement aux améliorations que nécessite un bon jardinage ; la seconde s'épuisera promptement et n'offrira aucun moyen de subsistance aux végétaux qui pénètrent assez profondément dans le sol.

On prendra aussi en grande considération deux objets essentiels, l'exposition du terrain et la proximité des eaux. Les meilleures expositions sont celles du sud et de l'est. En supposant qu'on ait le choix entre plusieurs terrains en pente, on préférera celui qui fera face au midi

ou à l'orient, quand même il ne serait pas tout à fait d'aussi bonne qualité que celui qui regarde l'ouest ou le nord. Si, comme il arrive à beaucoup de propriétaires, on ne peut enclore de murs qu'une partie du jardin et qu'on se borne à fermer le surplus par une haie, l'on placera la muraille de manière à se procurer un espalier au midi, et des plates-bandes à la même exposition, proportionnellement à la hauteur du mur.

Nous avons vu, il y a peu d'années, dans le département d'Indre-et-Loire, une maison de campagne très agréable, récemment construite, abandonnée par le propriétaire, et vendue beaucoup au-dessous de sa valeur réelle, parce que le jardin manquait d'eau. On avait entouré de murs l'espace destiné au jardinage, et l'on s'était occupé tout d'abord d'y établir un parterre et un potager, sans songer à creuser un puits. Quand le besoin d'eau se fit sentir, on entreprit inutilement des fouilles sur plusieurs points ; l'eau ne se trouva qu'à plus de 30 mètres, et en quantité tout-à-fait insuffisante. Les oublis de ce genre sont plus fréquents qu'on ne pourrait le croire, quand il s'agit de former un nouveau jardin sur un terrain consacré précédemment à un autre genre de culture. Le premier soin doit être, dans ce cas, de s'informer de la profondeur de l'eau, ce que les puits du voisinage peuvent indiquer par approximation. La présence d'une source ou le passage d'un ruisseau pourront être aussi des motifs déterminants sur le choix de l'emplacement destiné à un jardinage de quelque importance.

Moyens de reconnaître les qualités du sol.

La physique, la botanique et la chimie fournissent toutes les trois des procédés d'appréciation pour la nature des terrains destinés au jardinage ; les procédés chimiques sont les plus sûrs de tous, mais rarement ils sont à la portée du jardinier. La botanique lui offre des indications plus en rapport avec les notions qui lui sont indispensables et familières : enfin les inductions qu'il peut tirer des qualités physiques du sol sont tellement simples qu'il n'a pas besoin d'être physicien pour en profiter.

A. *Propriétés physiques du sol.* — On peut reconnaître les propriétés physiques des sols à l'aide de procédés fort peu compliqués et qui, sans donner des résultats tout à fait rigoureux, fournissent cependant des notions très approximatives.

La tenacité de la terre et sa propriété de devenir plus ou moins *plastique*, lorsqu'elle est pétrie avec de l'eau, indique la présence de l'argile ; toute terre peu argileuse en apparence, parce que l'alumine y est mêlée à d'autres substances, peut être considérée comme terre forte lorsque, pétrie en pâte molle, essuyée à l'air libre et cuite au feu, elle donne une brique de bonne consistance. La terre forte ou argileuse est toujours douce au toucher ; celle où le sable domine est rude et possède la propriété de rayer le verre.

La présence des oxydes métalliques se reconnaît facilement à deux indices certains : la couleur et la maigreur de la végétation. En général le sol cultivable ne contient guère d'autre oxyde en quantité notable que l'oxyde de fer ; il communique au sol une couleur jaune ou rouge.

Le goût indique la présence du sel dans la terre ; elle se reconnaît aussi à la nature salée de l'eau qui a séjourné sur un pareil sol. Le soufre se manifeste par son odeur lorsqu'on projette sur un fer rouge la terre qui en contient.

Il importe souvent au jardinier de connaître la capacité du sol pour absorber l'humidité ; elle s'évalue comparativement par le procédé suivant, d'une exécution facile. Au milieu d'un bocal de verre rempli de la terre à essayer, on plonge un tube de verre dans une position verticale, excédant d'un décimètre environ le bord supérieur du bocal. On verse ensuite dans le tube une quantité d'eau déterminée, et l'on calcule avec une montre à secondes le temps que l'eau met à remonter du fond du tube à la surface de la terre du bocal, effet qui se produit toujours en vertu du poids de l'eau, mais dans un temps plus ou moins long. Le même essai, renouvelé de la même manière sur un autre sol, donne le rapport de leur propriété absorbante.

B. *Végétation naturelle.* — Nous réunissons ci-dessous en tableaux les plantes qui croissent le plus souvent sur certains sols d'une nature déterminée, et dont la présence est une indication assez positive pour que le jardinier doive y avoir égard.

Rapport des plantes sauvages avec les éléments du sol.

SOL CALCAIRE.	SOL ARGILEUX.
Véronique, plusieurs espèces.	Tussilage (pas-d'âne).
	Argentine.
Gallium, jaune et blanc.	Pigamon.
Grémil.	Jonc.
Anémone pulsatille.	Saponaire.
Sainfoin.	
Clématite.	SOL SILICEUX.
Viorne.	
Berbéris épine-vinette.	Arénaire.
	Vipérine.
	Herniaire.
	Spergule.

Les données de ce tableau ne sont que de simples indications ; les plantes les plus concluantes sont, pour le sol calcaire, le sainfoin qui naturellement ne croit pas bien sur un sol dépourvu de chaux, et pour le sol argileux le tussilage qu'on ne rencontre sauvage que sur les terrains où l'argile domine.

Nous croyons inutile d'étendre ces données aux sols ferrugineux, salins et marécageux qui, de même que la terre dite de bruyère, ont une végétation très distincte, mais qui d'ailleurs se reconnaissent au premier coup d'œil par des caractères extérieurs très faciles à discerner.

C. *Essai chimique des terrains.* — Rien de plus compliqué que l'analyse exacte des divers genres de terrains propres à la végétation, soit à cause de la nature fugitive de plusieurs des éléments qui les composent, soit parce que pendant l'opération il se forme des combinaisons, produits de l'opération elle-même, et qu'il est très difficile de distinguer de ceux que le sol contenait primitivement.

Lorsque l'horticulteur désire une analyse exacte du sol soumis à sa culture, ce qui est presque toujours un objet de curiosité plutôt que d'utilité, il n'a rien de mieux à faire que de s'adresser à cet effet à un pharmacien de son voisinage ; s'il possède lui-même les connaissances chimiques nécessaires, ce qui se rencontre bien rarement, il aura encore besoin de recourir au pharmacien pour les appareils et les réactifs. Mais, s'il veut se borner à connaître des qualités chimiques du sol ce qu'il lui importe le plus d'en savoir, il ne lui faut d'autres appareils qu'un fourneau de terre cuite et quelques fioles, ni d'autres réactifs qu'un peu d'eau de savon et quelques acides. L'objet le plus utile est une bonne balance, susceptible de peser avec une exactitude suffisante 500 gram., et d'être sensible à 2 milligrammes.

Supposons, par exemple, qu'on veuille reconnaître la quantité de calcaire contenue dans un terrain. Après avoir pesé exactement et séparément 250 grammes de terre et 500 grammes d'acide hydrochlorique, on les ajoute l'un à l'autre par petites portions en remuant le mélange avec un tube de verre ; il se dégage une grande quantité de gaz acide carbonique. Lorsque le dégagement de gaz a cessé, on pèse de nouveau, et l'on note exactement la diminution du poids. 17 grammes de gaz correspondent assez exactement à 40 grammes de carbonate de ciaux; ainsi, dans le cas où le mélange aurait perdu, après l'opération, 17 grammes de son poids total, on pourrait en conclure qu'il contenait avant l'expérience 40 grammes de carbonate de ciaux sur 250 grammes, soit 160 grammes par kilogr. Ce résultat n'est pas rigoureusement exact, parce qu'il s'est dégagé avec l'acide carbonique une plus ou moins grande quantité de vapeur d'eau; mais il suffit pour la connaissance approximative dont l'horticulteur a besoin.

L'eau saturée de savon s'empare, après un quart d'heure d'ébullition, de toute l'alumine contenue dans le sol, sans attaquer le carbonate de ciaux qui peut s'y rencontrer. La terre pesée sèche, avant et après l'opération, donne toujours par approximation la proportion de l'alumine avec ses autres principes constituants.

Quant aux substances végétales et animales en décomposition qui constituent la partie la plus riche de toute espèce de terrain et qui forment la base de sa fécondité, leur quantité relative se reconnaît par l'action du feu.

La terre exposée pendant un quart d'heure à la chaleur rouge perd la presque totalité de ses principes provenant de débris d'animaux et de végétaux; la diminution du poids en fait connaître la proportion. Si pendant l'opération la terre soumise à l'expérience a exalé une forte odeur de graillon ou de plumes brûlées, c'est que les matières animales s'y trouvaient en grande abondance; si, sans répandre une odeur particulière, elle a brûlé avec une belle flamme bleuâtre, c'est qu'elle contenait beaucoup de débris végétaux.

On voit combien il est facile d'acquérir par des procédés très simples une connaissance suffisante de la constitution chimique du sol; c'est tout ce qu'il faut à l'horticulteur; le reste est du domaine de la science; le jardinier, en cas de besoin, doit recourir aux hommes spéciaux lorsqu'il croit avoir intérêt à en savoir davantage.

SECTION II. — *Culture jardinière florissante sur un sol défavorable.*

Nous ne pouvons trop le répéter : il n'y a pas de sol absolument rebelle à l'horticulture. Aucune démonstration ne vaut un exemple, surtout lorsqu'il réunit toutes les conditions qui peuvent la rendre plus frappante; tel est celui des jardins célèbres de la Meilleraie, jardins fondés par les religieux de la Trappe dans des conditions tellement défavorables que tous les obstacles y semblaient accumulés comme à dessein. Nous avons visité la Meilleraie avant et depuis le séjour des trappistes; nous aurions craint d'être accusés d'exagération si nous avions décrit sous le charme d'une admiration dont on ne

peut se défendre, des travaux dont le résultat tient du prodige. Nos lecteurs nous sauront gré de la publication de la lettre suivante que nous devons à l'obligeance de M. l'abbé de la Trappe. Que tous les amis de l'horticulture méditent cet exemple; qu'ils réfléchissent à ce revenu de 8 à 10 mille fr. créé sur un terrain de 9 hect. en quelques années d'un travail bien dirigé; ils se convaincront de cette vérité que, même comme spéculation, partout où le débit est assuré, rien n'égale l'horticulture sous le rapport des produits, et que pour l'homme favorisé de la fortune, il n'est pas de plus doux délassement, quel que soit le sol où la main de l'homme puisse avoir à solliciter les faveurs de la féconde nature.

LETTRE DE M. L'ABBÉ DE LA TRAPPE.

La Trappe, 27 janvier 1841.

Monsieur,

Je serais heureux de pouvoir faire quelque chose qui vous soit agréable ou utile. C'est pourquoi, conformément au désir exprimé dans la lettre que vous m'avez fait l'honneur de m'écrire, je viens vous donner quelques renseignements sur les jardins de la Meilleraie, leur origine, leur création, leur culture et leurs produits. J'ai recueilli ces détails de la bouche même du frère Simon, convers de l'abbaye de la Meilleraie, actuellement notre jardinier. C'est lui qui a créé les jardins dont il s'agit et qui les a soignés pendant longues années.

Les trappistes arrivèrent à la Meilleraie en 1817. Ils n'y trouvèrent qu'un jardin d'environ un hectare; pour lui donner une étendue qui est maintenant de neuf hectares, y compris la pépinière, il a fallu prendre du terrain sur des carrières, sur une forêt et sur des prés. Mais la nature n'a guère fourni que l'emplacement et l'exposition du midi (car le sol était très mauvais), le travail et l'industrie de l'homme ont fait le reste. Sur le versant d'un roc d'ardoises la première couche de terre était d'abord très légère, devenait argileuse en descendant, et enfin glaiseuse. Le sous-sol était un mélange compacte de cailloux, d'argile et de sable. C'est sur cette première base que des bras réunis, des efforts combinés, un travail immense, une activité et une patience qu'aucun obstacle n'a pu arrêter, sont parvenus à asseoir ces magnifiques et fertiles jardins qui ont fait l'admiration de toute la France.

Après avoir un peu nivelé le terrain, on l'a entouré de murs hauts d'environ 3 mètres; le long desquels on a tracé des plates-bandes larges de 2 mètres, s'écartant en cela des règles ordinaires en faveur des espaliers. C'est dans le même but qu'on a défoncé ces plates-bandes par tranchées, à 1 mètre de profondeur. La mauvaise terre de la couche fossile était jetée dans les allées, et la terre végétale de celle-ci réunie à la bonne terre des plates bandes, où l'on plantait ensuite les arbres qui devaient couvrir les murs.

Les grandes allées où devaient passer les voitures ont été tracées à 2ᵐ,70 de largeur, et les petites qui coupent les carrés n'avaient qu'un mètre de largeur. Toute la terre végétale a été mise en gros billons dans les carrés, et le sous-sol a été défoncé à un demi-mètre de profondeur; les pierres et le sable ont été enlevés pour faire des chemins autour de l'abbaye, et enfin les terres végétales ont été remises à leur place; mais tous les ans avant l'hiver on a eu soin de les relever en gros billons, pour les exposer à l'action de l'air et de la gelée. C'est le meilleur moyen qu'on a trouvé pour les ameublir. Ce qui est à remarquer, c'est qu'on ne se servait de pelles pour les labours que pour les plates-bandes, c'est-à-dire sur les racines des arbres; partout ailleurs on employait la houe à deux dents, et ces dents étaient d'une longueur extraordinaire (un demi-mètre). Cet instrument parut dabord très difficile à manier, mais on en prit une telle habitude qu'on en faisait tout ce qu'on voulait. Nous nous en servons aussi maintenant ici, et nous trouvons qu'il n'y a pas de comparaison à établir entre le labour fait avec la pelle et celui de la houe à longues dents, qui est bien supérieur, et même plus facile quand il s'agit, après l'hiver, d'étendre la terre qui avait été mise en billons à la fin de l'automne.

Quant à l'engrais, on a acquis par l'expérience, à la Meilleraie, la certitude que le fumier ordinaire produisait peu d'effet pour les légumes; aussi on n'employait dans les jardins que du terreau composé de vase d'étang, de feuilles d'arbres, de gazons, de terres légères prises sur les carrières, de joncs pourris et de bruyeres mises à pourrir dans les basses-cours, de fumiers des écuries et enfin de cendres de forges vieilles de plusieurs siècles. On faisait de tout cela un énorme tas qui, placé près d'une fosse où venaient se décharger des urines et des matières fécales, en était tous les jours arrosé; on le remuait aussi 3 ou 4 fois dans une année, pour opérer un mélange plus exact. Voilà l'engrais dont on s'est toujours servi pour planter et ensemencer les jardins. Pour l'irrigation, on a fait venir l'eau de l'étang par des canaux, dans de vastes bassins dispersés de tous côtés. Outre ces canaux qui apportent les eaux de l'étang, une quantité d'autres canaux sillonnent les jardins en tous sens, afin de recevoir les eaux pluviales et de les jeter dans les autres canaux, sans qu'elles puissent séjourner dans les jardins. Le frère Simon regarde cette précaution comme essentielle pour la santé des arbres et la conservation des sucs fertilisants. Une autre précaution qu'on a prise pour les arbres c'est d'éviter de bêcher profondément sur leurs racines. Les plates-bandes des grandes allées sont garnies de poiriers qu'on a eu soin de planter très jeunes et petits, pour mieux les diriger en pyramides. Un cordon de chasselas règne le long des allées, à 0ᵐ,65 des arbres. Tout a réussi d'une manière prodigieuse; les

produits des jardins de la Meilleraie ont été étonnants, jusqu'au moment des persécutions que cette maison a éprouvées en 1832. Quoique négligés depuis ce temps-là, les jardins sont encore si productifs que, l'année dernière, les religieux en ont retiré, après leur consommation, jusqu'à 8,000 fr. de la vente des légumes et des fruits. Notre frère Simon lira avec plaisir, comme moi, votre *Traité d'horticulture*. Excusez la précipitation de ma lettre et veuillez bien recevoir l'assurance de mes respectueux sentiments,

F. JOSEPH-MARIE,
Abbé de la Trappe.

CHAPITRE II. — ENGRAIS ET AMENDEMENTS.

SECTION Iʳᵉ. — *Engrais.*

Nous croyons superflu de répéter ici une théorie des engrais qui a été développée dans notre tome Iᵉʳ, et que les progrès de la science physiologique rendraient bientôt incomplète, quand même nous pourrions lui consacrer assez d'espace pour l'exposer avec précision dans son état actuel. Personne ne conteste la nécessité de nourrir le sol par des engrais proportionnés aux productions qu'on en exige; c'est le seul point de la théorie des engrais sur lequel tout le monde est d'accord; c'est aussi le seul qu'il importe au jardinier de ne jamais perdre de vue. Souvent la terre n'est pour lui qu'un support donné au fumier qui, seul, fait vivre les plantes qu'il lui confie. Quelle que soit la richesse du sol qu'il cultive, le jardinier n'a jamais trop de fumier; s'il travaille sur un sol maigre, il n'a jamais assez d'engrais; sans fumier, il n'est pas bon pour lui de bon terrain; avec du fumier, il n'en est pas de mauvais. Ce n'est point en jardinage qu'il faut s'arrêter à la dépense occasionnée par cet objet de première nécessité; en dernier résultat, il n'est pas pour le jardinier d'avance plus productive.

Les engrais dont nous allons passer en revue les principales espèces peuvent être, jusqu'à un certain point, suppléés les uns par les autres. Il ne faudrait pas se laisser détourner du dessein d'entreprendre une culture jardinière, faute d'un engrais évidemment mieux approprié que tout autre à la nature du sol, mais qu'on ne pourrait se procurer dans une localité déterminée. Ce qui importe, c'est d'avoir du fumier en abondance; cette première condition remplie, il est facile d'aplanir bien des obstacles.

§ Iᵉʳ. — Engrais végétal.

On ne peut dire au jardinier ce qu'on dit au fermier : faites vos fumiers chez vous; si vous en manquez, c'est votre faute. Le jardinier, qui tout au plus emploie une ou deux bêtes de trait, ne peut obtenir chez lui la vingtième partie des fumiers dont il a besoin. Lorsqu'il lui est difficile de se procurer en quantité suffisante les engrais plus ou moins animalisés, il peut tirer un grand parti de l'engrais végétal, avec si peu de dépense que souvent il n'a à débourser que sa peine, monnaie dont il ne doit jamais se montrer économe.

Le sol le plus stérile nourrit toujours une ou plusieurs espèces de plantes dont la substance décomposée fournit un engrais susceptible, dans bien des circonstances, de tenir lieu des engrais animaux. Toutes les fois que le jardinier peut ramasser dans son voisinage des plantes fraîches, n'importe lesquelles, et les enfouir avant qu'elles aient eu le temps de perdre à l'air libre leur humidité naturelle, il donne à sa terre un engrais sur les propriétés duquel nous ne pouvons trop insister, car on n'en a pas apprécié jusqu'ici la puissance quant à la végétation des plantes de jardin. Nous avons vu fréquemment, dans de grands jardins anglais, faucher, sans les utiliser, les longues herbes aquatiques qui garnissent le bord des pièces d'eau; ces herbes grossièrement hachées avec le tranchant de la bêche, et enfouies, soit dans les planches du potager, soit dans les plates-bandes du parterre, pouvaient être utilisées comme engrais dans des terrains très secs, leur effet sur la végétation aurait même surpassé celui du fumier.

Lorsqu'un terrain neuf est destiné au jardinage, on ne peut lui donner, dans ce but, de préparation plus utile que de le défoncer, d'y semer à l'automne du colza assez serré, et d'enfouir ces plantes par un bon labour à la bêche à 0m,30 de profondeur, au moment où leurs premières fleurs commencent à s'ouvrir, vers la fin d'avril. Non-seulement le sol y gagnera un engrais qui le disposera à recevoir toute espèce de culture jardinière, mais encore il sera délivré de tous les insectes dont il pouvait être infesté, notamment des vers blancs ou turcs, pour qui l'âcreté particulière au suc des plantes crucifères en décomposition est un moyen de destruction infaillible. Il est à remarquer que ces plantes se détruisent très promptement dans le sol, et qu'en bêchant quinze jours ou trois semaines après les avoir enterrées, on n'en retrouvera pas de trace.

Lorsqu'on ne veut appliquer cet engrais végétal qu'à un terrain de peu d'étendue, on peut, si l'on se trouve à portée des bords d'une rivière, d'un étang ou d'un marais, faire ramasser au printemps des cardamines et des sisymbres en fleur; ces crucifères, très communes, feront le même effet que le colza; on n'omettra pas de les couper avec la bêche en les enfouissant. Les végétaux enfouis à l'état frais constituent l'engrais végétal pur proprement dit; ils conviennent aussi bien au jardin fruitier qu'au potager et au parterre. Les arbres fruitiers et la vigne épuisés par l'âge, ou fatigués par une production surabondante, reprendront, grâce à cet engrais, une vigueur nouvelle. Quand même ces végétaux auraient crû sur le sol dans lequel ils doivent être enfouis, leur effet n'en sera pas moins sensible,

parce qu'il s'appliquera, non à la couche superficielle aux dépens de laquelle ils auront vécu, mais à la couche plus profonde en contact avec les racines des arbres dont on voudra augmenter ou renouveler les moyens d'alimentation.

Une récolte de maïs ou de lupins, obtenue entre les rangs d'une plantation d'arbres fruitiers en quenouille ou dans la plate-bande au pied d'un espalier, pour être arrachée au moment de sa floraison et enterrée toute fraîche sur les racines des arbres, influe puissamment sur leur fructification et contribue à prolonger leur existence. Elle n'a jamais, comme les engrais mêlés de matières animales en décomposition, l'inconvénient fort grave d'altérer plus ou moins la délicatesse et la saveur du fruit. Cette fumure, qu'on peut renouveler tous les deux ou trois ans dans le jardin fruitier sans effriter la surface du sol, pourvu que les plantes destinées à être enfouies ne viennent point à graine, ne coûte réellement qu'un peu de semence et de main-d'œuvre; ses bons effets sont confirmés par l'expérience, quoique l'usage n'en soit pas aussi répandu qu'il devrait l'être.

Nous renvoyons à l'article des composts les engrais à base végétale, tel que l'engrais Jauffret et l'engrais Dubourg; ces préparations ayant pour principe actif la chaux vive mêlée aux végétaux en décomposition, nous paraissent sortir de la classe des engrais végétaux, et même de celle des engrais proprement dits, pour rentrer dans celle des composts. Nous ajouterons que, parmi les plantes sauvages qu'on peut le plus facilement se procurer en grande quantité le genêt, l'ajonc et les herbages aquatiques sont les plus actives; il suffira de les couper grossièrement en leur laissant encore 0m,30 à 0m,40, et de les enterrer immédiatement.

§ II. — Engrais animalisés.

De tous les engrais ayant pour base des substances animales, il n'en est pas de plus riches en principes actifs que le noir animal et la poudrette.

Noir animal. — Cet engrais ayant pour base les résidus de la clarification des sirops dans les raffineries, pourrait être d'une grande utilité pour le jardinage, quoique peu de jardiniers s'en servent jusqu'à présent, et qu'il reste exclusivement appliqué à la grande culture. Dans tous les terrains froids et argileux, ou maigres sans être excessivement secs, l'effet du noir animal dépassera l'effet de toute autre fumure. Les plantes crucifères, choux, choufleurs, navets, rutabagas, et les légumes-racines appartenant à d'autres familles, tels que la betterave et le scorsonère, prendront un développement rapide, sans rien perdre de leur qualité, sous l'influence d'une quantité même très médiocre de noir animal.

Cet engrais possède, comme la poudrette et tous les engrais pulvérulents en général, l'avantage d'occuper peu d'espace et de pouvoir être employé utilement à faible dose. L'économie sur les frais de transport compense et au-delà le prix élevé de ces engrais; cela est vrai surtout dans les cultures jardinières, où tous les transports se font dans des brouettes ou des hottes, par des ouvriers, le jardin potager étant interdit aux charrettes et aux bêtes de somme.

§ III. — Poudrette.

La poudrette sert encore plus exclusivement que le noir animal à la grande culture; elle est pourtant susceptible d'être utilisée au même degré pour le jardinage, car si son énergie n'égale pas celle du noir animal, elle coûte beaucoup moins cher. Elle s'applique aux mêmes plantes et active la végétation de toutes les plantes potagères en général. Toutefois, il importe de faire observer que cette substance fertilisante, même quand elle est réduite à l'état le plus inodore, communique une saveur peu agréable aux produits les plus délicats du potager, spécialement aux fraises et aux salades de toute espèce. Employée à la culture de l'oignon, des choux et des légumes-racines, elle n'en a point altéré le goût d'une manière appréciable; du moins les consommateurs ne s'en sont pas montrés mécontents. Il n'est pas douteux que, dans les localités où le fumier est d'une cherté excessive, le jardinier ne trouve beaucoup de bénéfice à le remplacer par la poudrette pour toutes les cultures à qui cet engrais convient; mais si les consommateurs en sont instruits, il pourra risquer d'en éloigner un grand nombre, quoique la moitié au moins du pain qui se mange à Paris provienne de blé venu aux dépens de cette même poudrette dont personne cependant n'ignore l'origine.

§ IV. — Fumier d'écurie.

L'engrais obtenu dans les écuries et les étables, par le mélange des déjections des animaux avec les végétaux qu'on leur donne pour litière, est singulièrement modifié par la fermentation qui tend à le convertir en une masse homogène dont il n'est plus possible à la fin de distinguer les éléments. Les divers degrés de fermentation plus ou moins avancée modifient du tout au tout les propriétés de ces engrais et leur effet sur la végétation; le jardinier, dans ses cultures variées, peut utiliser toutes les espèces d'engrais à tous les degrés possibles de fermentation. On désigne plus spécialement sous le nom de fumier d'écurie celui qui provient des chevaux, et aussi celui de l'âne et du mulet, plus communs que les chevaux dans nos départements du midi; le fumier des bêtes à cornes est désigné sous le nom de fumier d'étable.

Le fumier d'écurie peut remplacer à lui seul tous les autres; il est éminemment propre à la construction de toute espèce de couches; il est le seul convenable pour les couches à champignons. Sa propriété la plus précieuse, celle qui le fait préférer à tout autre par les jardiniers,

c'est la facilité avec laquelle on peut arrêter et rétablir pour ainsi dire à volonté sa fermentation en le maintenant sec ou humide. La culture maraîchère, si perfectionnée aux environs de Paris, emploie une grande quantité de ce fumier à l'état de paille brisée, légèrement imprégnée d'urine; on en fait le triage au moment où on l'enlève; la partie la plus avancée en décomposition est séparée de la litière ou fumier long. Ce dernier est disposé en tas modérément pressés sur un emplacement sec, aéré et découvert. A moins que les pluies et les fortes chaleurs ne se succèdent longtemps sans interruption, le fumier d'écurie se conserve ainsi plusieurs mois et ne paraît pas subir d'altération sensible. Veut-on le faire entrer en fermentation? Il suffit pour cela de l'arroser et de le comprimer fortement; il s'échauffe et fermente presque à l'instant même.

Beaucoup de jardiniers trouvent le fumier d'écurie trop chaud pour les terrains naturellement arides et brûlants qui contiennent des substances calcaires en abondance. Ce préjugé ne serait fondé que dans le cas où le fumier d'écurie devrait être constamment employé sous la même forme et dans le même état; mais rien n'est plus facile au contraire que de le modifier conformément au terrain où il doit être enfoui, en le laissant fermenter plus ou moins. Tout engrais trop chaud finira par devenir à la longue aussi froid que possible, puisque le terme de la fermentation de tous les fumiers quels qu'ils soient les laisse à l'état de terreau, le plus froid de tous les engrais. Ceci ne signifie pas que nous considérions le fumier d'écurie comme le meilleur pour les terrains riches en calcaire, à la fois chauds et arides; le fumier des bêtes à cornes convient sans doute beaucoup mieux dans un sol de cette nature; mais si, pour un jardinage établi dans un pareil terrain l'on n'a que du fumier d'écurie à sa disposition, le jardinage n'en pourra pas moins prospérer à l'aide de ce seul engrais, pourvu qu'on sache le laisser fermenter convenablement, et ne l'employer que dans l'état le mieux approprié à celui de la terre qu'il est appelé à fertiliser.

Un moyen sûr et prompt d'activer la fermentation du fumier d'écurie lorsqu'on est pressé de s'en servir, c'est de défaire les tas après les avoir humectés et comprimés, et de les refaire quand le fumier a pris l'air pendant une heure ou deux. Le fumier est aussi avancé au bout de quelques jours qu'il l'eût été au bout de plus d'un mois sans cette manipulation. Dans un sol naturellement compacte et froid où l'argile domine, le jardinier ne peut employer de meilleur engrais que le fumier d'écurie, en ayant soin de l'enfouir longtemps avant qu'il ait atteint le terme de sa fermentation, et de saisir, pour cela, l'instant où il sera parvenu à son plus grand degré de chaleur.

Le fumier d'écurie est sujet plus que tout autre à s'échauffer en été au point de prendre feu. Lorsqu'on s'en aperçoit à temps, il n'y a d'autre remède que de mouiller largement et de démolir aussitôt les tas pour ne les reconstruire que quand le fumier sera refroidi et séché. Ces accidents, heureusement assez rares, ne peuvent arriver que quand le fumier est amoncelé en trop grandes masses.

§ V. — Fumier d'étable.

Cet engrais est celui que les jardiniers emploient le moins, parce que n'étant jamais aussi actif que celui d'écurie, et n'imprimant pas autant de rapidité à la végétation, il leur est moins avantageux ; il est cependant des terrains où sans cet engrais on ne saurait établir un bon jardinage : tels sont les terrains calcaires, gypseux, sablonneux, manquant de consistance, et susceptibles de s'échauffer au point de rendre toute culture jardinière impossible en dépit des plus larges arrosages. Le fumier d'étable introduit dans ces terrains une grande quantité d'humus qui leur donne du corps et de la vigueur ; il leur faut en outre ajouter dans le même but plusieurs substances qui rentrent dans la classe des amendements (*voyez* Amendements, p. 17).

La culture en grand de toute espèce de légumes communs s'accommode fort bien du fumier d'étable dans presque tous les terrains ; il n'en est pas de même des productions les plus délicates du jardin potager ; les fraisiers et les melons ont particulièrement besoin de fumier de cheval, ou, à son défaut, de fumier de mouton ; l'engrais provenant des bêtes à cornes ne leur suffirait pas s'il était employé seul.

§ VI. — Fumier de bergerie.

Ce fumier provient des moutons et des chèvres ; on le considère comme un engrais chaud, très susceptible, à défaut de fumier d'écurie, de remédier aux inconvénients du fumier d'étable ; un mélange de ces deux fumiers par parties égales pourra suppléer très convenablement au manque de fumier d'écurie, et produire à peu près les mêmes effets pour toutes les cultures jardinières, à l'exception toutefois des couches à champignons qui ne peuvent réussir qu'avec du fumier de cheval, d'âne ou de mulet ; ces deux derniers, plus rares dans la France centrale, sont les meilleurs pour cette culture. Le fumier de lapin, qui du reste n'existe jamais qu'en petite quantité, jouit des mêmes propriétés que le fumier de bergerie.

§ VII. — Colombine.

Les déjections des pigeons et celles des autres oiseaux de basse-cour sont l'engrais le plus actif dont puisse disposer la culture jardinière. Mêlée à d'autres fumiers à très petite dose, la colombine produit des effets très remarquables, principalement sur les plantes cucurbitacées. Malheureusement la majeure partie de cet engrais, si précieux et déjà si rare par lui-même, se perd par négligence ; dans la plupart des fermes, le colombier et le poulailler, qui devraient être nettoyés une fois ou deux par semaine, le sont à peine deux fois par an, sans parler de ceux qu'on ne nettoie jamais. Nous engageons vivement tout jardinier soigneux de ses intérêts à s'arranger avec les fermiers de son voisinage pour enlever lui-même de temps en temps la colombine qui se perd inaperçue dans la grande culture. La colombine se conserve à l'état pulvérulent ; on l'emploie souvent délayée dans l'eau dont on arrose les plantes lorsqu'on désire hâter leur croissance ; il ne faut en faire usage qu'avec précaution ; beaucoup de plantes ne peuvent la supporter sans mélange ; pour la leur appliquer on l'affaiblit en la mêlant avec de bonne terre de jardin passée à la claie.

§ VIII. — Fumier de porc.

Nous n'avons jamais pu nous rendre compte des motifs pour lesquels les traités de jardinage les plus accrédités conseillent de ne point employer dans la culture jardinière l'engrais de porc, qu'on assure être *très froid et capable de faire mourir les plantes*. Nous pouvons affirmer, d'après une foule d'expériences faites en France et en Belgique avec cet engrais pur, que c'est un préjugé. Il est peu de jardiniers de profession qui n'élèvent un cochon pour la provision de leur ménage ; ils peuvent en toute sûreté en employer le fumier comme celui d'étable ; nous l'avons toujours trouvé plus actif que le fumier des bêtes à cornes dans les terrains froids et lents à produire. La manière la plus avantageuse de l'utiliser pour le jardinage est de le mêler avec du fumier d'écurie ou de bergerie.

§ IX. — Issues des villes.

Les jardiniers des environs de Paris sont généralement prévenus contre l'emploi des engrais ramassés dans les rues ; il est certain que les boues de Paris, où tant de substances de toute nature sont en décomposition, exhalant une odeur fétide, odeur *sui generis*, et des plus révoltantes, peuvent donner lieu de craindre une altération sensible dans la saveur de quelques produits obtenus au moyen de cet engrais dont on connaît d'ailleurs la puissance fertilisante, et dont l'usage est très répandu, soit pour la culture des céréales, soit pour la culture en plein champ des légumes communs : on ne peut donc blâmer la circonspection des maraîchers à cet égard. Mais les ressources analogues que peut se procurer dans les départements le jardinier placé à proximité d'une ville ou même d'une simple bourgade n'ont pas les mêmes inconvénients. Les jours de marché, par exemple, la place publique d'un bourg ou d'une petite ville est encombrée de débris végétaux : on peut les utiliser sans crainte ; il n'y a souvent d'autre peine à prendre que celle de les ramasser. Chacun s'en rapportera sur ce point aux circonstances locales et à ses propres observations, et l'on se gardera bien de négliger un moyen d'accroître presque sans frais la fertilité du sol consacré à la culture jardinière, chaque fois qu'on pourra utiliser dans ce but un engrais quel qu'il soit, et qu'on le jugera susceptible d'activer la végétation sans nuire à la qualité des produits.

§ X. — Engrais liquides.

On donne ce nom aux liquides très corrompus qui, comme le jus de fumier, par exemple, sont troublés par un mélange de matières animales en décomposition, et peuvent mettre ces matières en contact avec les racines des plantes au pied desquelles on les répand sous forme d'arrosage ; on connaît en agriculture, sous le nom de *purin*, l'engrais liquide provenant des tas de fumier d'étable ou d'écurie ; on l'utilise principalement pour la culture en grand des plantes textiles et tinctoriales ; l'expérience a prouvé que cet engrais répandu en trop grande quantité sur les prairies naturelles et artificielles donne aux fourrages une saveur désagréable, telle que le bétail répugne à les manger ; à plus forte raison devrait-on craindre un effet semblable dans la culture jardinière. Les plantes de parterre se trouveraient très bien de l'engrais liquide, quelques-unes prendraient même sous son influence un développement extraordinaire ; mais l'odeur infecte de cet engrais en interdit l'usage aussi bien dans le parterre que dans le potager. Le jardinier ne pourra s'en servir que lorsqu'il s'agira de hâter la décomposition d'une grande masse de substances végétales, pour se procurer promptement une abondante provision de terreau. Le purin le plus infect perdra dans cet emploi tous ses inconvénients ; le terreau végétal provenant de son action comme ferment ne conservera aucune odeur, et ne pourra communiquer aux végétaux aucune mauvaise qualité.

§ XI. — Terreau.

Le jardinier de profession, cultivant aux portes d'une grande ville, ne manque jamais de terreau ; les maraîchers des environs de Paris en sont souvent encombrés ; ils le vendent à bas prix aux fermiers qui le répandent sur leurs prairies. Il en sera de même partout où l'on suivra la culture artificielle par le moyen des couches dont le fumier, au bout de deux ans tout au plus, est réduit en terreau, et doit être renouvelé. Si l'on n'entretient qu'un trop petit nombre de couches, comme il arrive à tous ceux qui suivent principalement la culture naturelle, la disette de terreau se fera souvent sentir ; c'est une circonstance toujours fâcheuse, car le terreau est de tous les engrais le plus nécessaire dans un jardin, et le plus difficile à remplacer. Cette considération seule devrait engager tout horticulteur, jaloux de la bonne tenue de son jardin, à faire autant de couches que cela lui est possible ; mais dans beaucoup de départements le mot seul de *couche* effraie, et l'on recule devant la dépense.

Le meilleur terreau, celui qui réunit au plus haut degré les qualités propres à l'humus le plus riche, s'obtient en mettant à part les excréments des bêtes à cornes, sans mélange de li-

tière, et en les laissant d'une année à l'autre achever lentement leur fermentation. On conçoit que ce terreau revenant à un prix élevé ne peut jamais être fort abondant. Chaque jardinier fera bien d'en avoir toujours une certaine quantité à sa disposition ; semées dans ce terreau, les plantes annuelles dont la fleur est susceptible de doubler donneront beaucoup de fleurs doubles ; les renoncules et les anémones s'y développeront dans toute leur beauté ; le plan de choufleurs y puisera une vigueur qui doublera le volume de ses produits.

Le terreau commun, produit de la décomposition complète des fumiers, n'offre pas de caractères qui permettent de reconnaître de quel genre de fumier il provient ; tous donnent un terreau à peu près homogène quand il n'y reste plus d'éléments de fermentation ; aussi, le terreau, quelle qu'en soit l'origine, se conserve-t-il indéfiniment, sans subir d'altération nouvelle. Les caractères du bon terreau de couches rompues sont d'être noir, doux au toucher et aussi égal dans toutes ses parties que s'il avait été passé à la claie ; il ne doit exhaler aucune mauvaise odeur ; aucun débris reconnaissable de matière végétale ne doit s'y rencontrer. Au reste, quand on achète du terreau, l'on n'a pas à craindre de falsifications, par la raison toute simple que tout ce qu'on pourrait y mêler pour l'altérer coûterait plus que le terreau lui-même.

C'est dans le terreau de couches rompues que les semis de toute espèce, destinés au repiquage, réussissent le mieux ; si le terrain est chaud et léger, il est bon de répandre une poignée de ce terreau dans chacun des trous ou potelots où l'on sème des pois, des haricots, ou d'autres plantes légumineuses ; le terreau ne convient pas comme engrais pour les terrains froids. Quelle que soit la destination des couches, elles doivent toujours être recouvertes de plusieurs centimètres de bon terreau.

On emploie aussi pour le jardinage le terreau purement végétal ; il provient le plus souvent des feuilles employées dans la construction des couches auxquelles elles procurent une chaleur plus constante et plus durable que celle du fumier. On prépare un terreau doué des mêmes propriétés, en entassant des végétaux frais qu'on arrose avec du jus de fumier ou purin. Il faut avoir soin d'ouvrir plusieurs fois le tas et de l'arroser pour le refaire immédiatement ; cette manipulation accélère la décomposition des matières végétales.

Les jardiniers qui cultivent dans les environs d'Amiens les terrains fertiles nommés *hortillons*, ont coutume de jeter dans un fossé à demi plein d'eau les feuilles et trognons de choux, et en général tous les débris végétaux provenant de l'*habillage* de leurs légumes. Ce fossé, dont on retourne le contenu de temps en temps, est curé chaque année à la fin de l'hiver ; on laisse les matières achever de se mûrir par l'effet des gelées et des dégels, et l'on obtient ainsi une bonne provision d'excellent terreau, de nature purement végétale. Cette pratique n'a d'autre inconvénient que la mauvaise odeur des plantes pourries dans l'eau croupie ; on doit donc ne la mettre en usage que le plus loin possible des habitations.

SECTION II. — Amendements.

La distinction entre le sens des mots engrais et amendements n'est pas déterminée avec une précision bien rigoureuse. On comprend généralement sous le nom d'amendements les substances minérales qui, comme les terres rapportées, le sable, les marnes et la chaux, modifient le sol, mais sans servir à l'alimentation des plantes. Les cendres, la charrée, la suie et le plâtre figurent dans les traités de jardinage comme des amendements, quoique le sens rigoureux de ce terme ne leur soit pas applicable. En effet, ces substances, exerçant une action directe sur la végétation tout en modifiant le sol, sont à la fois des engrais et des amendements.

C'est surtout lorsqu'on entreprend un jardinage sur un terrain employé précédemment à d'autres cultures, et qu'au bout d'un an ou deux de culture jardinière on a reconnu les améliorations que réclame la nature du sol, qu'il importe d'avoir recours aux amendements. Le jardinage a pour effet de dénaturer entièrement la terre et d'en accroître indifféremment la richesse; les jardiniers autour de Paris disent qu'il faut sept ans pour faire un bon marais, parce qu'au bout de ce temps le terrain doit avoir reçu tant d'engrais et d'amendements divers qu'il doit être parvenu à son plus haut degré de fertilité possible, et n'avoir plus besoin que d'être entretenu.

§ 1er. — Terres rapportées.

Lorsque, pour créer un jardin, on est dans la nécessité d'effectuer des remblais et des déblais, ce qui a lieu très fréquemment, on doit examiner, pour les utiliser, les terres qui, mêlées à d'autres, sont susceptibles d'en corriger les défauts. Une veine de sable, par exemple, servira à diminuer la ténacité d'un sol trop abondant en argile; des schistes alumineux, grossièrement pulvérisés, seront mêlés à un sol sablonneux ou léger, pour lui donner du corps, en diminuant sa trop grande porosité.

Aux environs, et même souvent dans l'intérieur de Paris, on laisse perdre tous les jours des quantités considérables de terres excellentes qui, sans autre dépense que des frais de transport inévitables dans tous les cas, pourraient servir à changer en de bons jardins des terrains qu'on s'obstine à cultiver, quoiqu'ils se refusent, pour ainsi dire, à toute végétation.

Il n'y a pas, pour le jardinage, de meilleur amendement en ce genre que la terre qui a longtemps supporté des piles de bois à brûler, et qu'on enlève lorsqu'un chantier cède la place à des constructions. C'est au jardinier à avoir l'œil constamment ouvert sur les ressources semblables qui peuvent se trouver à sa portée.

§ II. — Marne.

Toutes les fois que la *marne*, cette substance précieuse à l'emploi de laquelle les plaines de la Beauce doivent en grande partie leur réputation de fertilité, se trouve à la portée du jardinier, il fera bien de marner son potager au moins une fois tous les quatre ans, à moins que le sol n'en soit excessivement léger, ou très chargé de principes calcaires. Les effets de la marne sur la terre franche de jardin sont très remarquables, surtout quant à la végétation des légumes-racines. La grande culture emploie la marne telle qu'elle sort de la carrière; pour le jardinage, il vaut mieux la mélanger avec partie égale de bonne terre, en ayant soin de la diviser le plus exactement possible. Le marnage dispense au moins d'une fumure dans la grande culture ; mais le jardinier n'en donnera pas moins à la terre récemment marnée sa ration habituelle d'engrais approprié à sa nature.

§ III. — Chaux.

Pour les terres argileuses et froides, il n'y a pas de meilleur amendement que la chaux. Néanmoins, comme son emploi à trop forte dose à la fois peut donner à la végétation une surexcitation que bien des plantes ont de la peine à supporter, il ne faut donner un chaulage abondant que lorsqu'on établit un jardinage en terre forte, où l'argile domine ; dans la suite, si l'on juge nécessaire de renouveler cet amendement, on répandra la chaux sur le terrain, non pas pure et en grande quantité, mais à faible dose, mélangée avec de la terre ou du fumier, de façon à modérer son action directe sur les racines des végétaux.

Aucune dose ne peut être indiquée avec précision, tout dépend de la qualité du terrain ; nous pensons que la terre la plus froide ne doit pas recevoir au-delà de 30 litres de chaux par are, pour un premier chaulage à fond, et qu'on ne doit pas dépasser dans la suite 10 à 15 lit. par are, comme dose d'entretien ; car il est à remarquer que, par l'effet de la végétation, la chaux, même quand on en a employé des quantités considérables, disparaît d'année en année dans les terrains argileux, au point qu'on en retrouve à peine des traces au bout de quelques années, comme nous avons eu lieu de nous en assurer souvent par l'analyse.

§ IV. — Plâtre.

Quoique cet amendement soit essentiellement du ressort de la grande culture, néanmoins, dans quelques cas particuliers, le jardinier est heureux de pouvoir y avoir recours. Si, par exemple, dans un jardin paysager, des tapis de gazon ne peuvent être établis qu'à force de terres rapportées à grands frais, et que souvent même, après bien des dépenses, on ne parvient pas à obtenir cette belle verdure uniforme qui en fait tout le charme, on doit renoncer à semer des graminées, et se contenter d'un gazon de petit trèfle blanc. Quelque mauvais que soit le terrain, ce trèfle, dont la verdure est celle qui approche le plus de la beauté de celle des graminées, y réussira parfaitement, pourvu qu'on y répande du plâtre en poudre au printemps et à l'automne, et qu'on ait soin de le tondre très fréquemment ou de le faire brouter par de jeunes agneaux, car les moutons ou les chèvres pourraient en déraciner une partie, surtout dans les terrains sablonneux et très légers.

§ V. — Suie.

La suie est un amendement d'autant plus précieux pour le jardinier, qu'elle détruit une grande partie des insectes nuisibles à la végétation. Il ne faut en faire usage qu'à faible dose; le meilleur procédé consiste à la délayer dans l'eau, comme la colombine, pour la répandre sous forme d'arrosage. Dans les années très sèches, où les pucerons se multiplient en nombre prodigieux sur les plantes et les arbustes du parterre, notamment sur les rosiers, la suie délayée dans l'eau suffit pour les en délivrer. Si l'on dispose d'une assez grande quantité de suie, on obtiendra de très bons effets de son mélange à haute dose avec les terres blanches où domine soit la craie, soit l'argile blanchâtre utilisée pour la fabrication de la faïence. La suie est un des amendements les plus efficaces qu'on puisse employer pour améliorer ces terrains; on s'en procure toujours aisément quand on est à proximité d'une ville.

§ VI. — Cendres et charrée.

Toutes les espèces de cendres, quelle qu'en soit l'origine, sont utiles au jardinage; toutes sont susceptibles d'être employées à des doses différentes, dans tous les terrains, quel qu'en soit la nature. C'est ainsi qu'en Belgique, soit pour la grande culture, soit pour le jardinage, on ne laisse pas perdre un atome de cendres de houille; en Hollande, en Bretagne, on tire parti des cendres de tourbe; en Allemagne, en France, on apprécie la vertu fertilisante des cendres des végétaux. Considérées comme amendement, les cendres peuvent se répandre sur toute espèce de terrain, à la dose de 10 à 12 litres par are; la potasse, qu'elles contiennent toujours en grande quantité, active puissamment la végétation, ce qui ne doit pas empêcher de donner au sol la fumure ordinaire dans le jardin potager.

Les cendres sont quelquefois d'un effet trop excitant dans les terrains très chauds; on leur préfère dans ce cas la charrée, ou les cendres ayant servi à couler la lessive, et ne contenant presque plus de parties salines. Aux environs de Paris les jardiniers ont une autre raison pour préférer la charrée aux cendres neuves; les cendres très recherchées pour les buanderies sont achetées à un prix assez élevé par les blanchisseuses qui ne peuvent s'en passer; elles les revendent ensuite à très bas prix à l'état de charrée.

Ces deux amendements conviennent surtout aux plantes qui, comme disent les jardiniers, n'aiment pas le fumier, c'est-à-dire qu'elles ne prospèrent pas dans une terre trop récemment et trop abondamment fumée. Tels sont en particulier les pois de toute espèce et un grand nombre de plantes de parterre; on ne doit cultiver ces plantes que sur un sol resté deux ans au moins sans recevoir de fumier. Le meilleur moyen d'employer les cendres dans ce cas consiste à les déposer dans la terre à petite dose, en même temps que la semence. La charrée doit être employée sèche, bien pulvérisée, en quantité trois ou quatre fois plus grande que les cendres neuves.

§ VII. — Composts.

Ce terme, d'origine anglaise, mais adopté par les agronomes et les jardiniers français, désigne des mélanges de terres, d'engrais et de différentes substances dont la réunion est jugée favorable à telle ou telle espèce de culture spéciale. La chaux, mêlée aux boues provenant du curage des mares et des fossés, forme au bout d'une année de fermentation lente un compost très usité en agriculture, et que le jardinage peut également utiliser. La chaux, mêlée aux végétaux secs ou frais en monceaux arrosés avec une lessive alcaline, donne un compost dont le jardinier peut tirer le plus grand parti, pourvu qu'il lui laisse accomplir le cours entier de sa fermentation : c'est l'engrais Jauffret et celui du général Dubourg. Un mélange de gazons, de terre franche et de chaux, modifié par la fermentation de ses éléments intimement incorporés les uns aux autres, peut servir à défaut de terreau pour couvrir les couches à melons (voyez Melons, Culture naturelle). Les composts les plus utiles au jardinier sont la terre à oranger et la terre de bruyère artificielle.

A. *Terre à oranger.* — L'oranger, dans son pays natal, s'accommode de toute sorte de terrains; la chaleur du climat corrige les défauts du sol, et permet à cet arbre de végéter dans une terre qui, sous la température du centre de la France, ne saurait plus lui convenir; on a donc cherché à lui procurer artificiellement un sol à la fois substantiel pour lui offrir une nourriture suffisante, léger, pour livrer un accès facile à la chaleur du soleil, et poreux pour laisser écouler l'eau superflue des arrosages; car l'oranger, plus que tout autre arbre ou arbuste, est sujet à périr par la pourriture quand l'eau séjourne sur ses racines; elle ne doit qu'y passer pour les rafraîchir.

Le compost le plus convenable pour les orangers est formé de cinq parties de terre franche, deux parties de fumiers d'écurie à demi consumé, et trois parties de terreau végétal provenant, soit de feuilles, soit de végétaux frais décomposés à l'aide du jus de fumier ou purin. Si l'on manque de ces éléments, on peut entasser des gazons par lits avec une petite quantité de chaux vive, et employer ce compost au bout d'un an, en le mêlant avec de bonne terre de bruyère dans la proportion d'une partie de cette terre pour trois parties du compost de chaux et de gazon.

Ces mélanges doivent être parfaitement homogènes; il serait dangereux de les employer avant que ceux de leurs éléments qui en sont susceptibles n'eussent entièrement accompli leur fermentation. Toutes les plantes d'orangerie végètent bien dans ces composts, quoiqu'à vrai dire plusieurs d'entre elles, notamment les camélias et les pélargonium, puissent fort bien se contenter de la terre franche ou terre normale, telle qu'on la trouve dans tous les jardins bien cultivés.

On a cru longtemps que l'oranger et les autres plantes d'orangerie ne pouvaient se passer d'une terre contenant une douzaine d'ingrédients différents qu'on laissait vieillir ensemble pendant trois longues années; mais, au bout de ce temps, tous les engrais amalgamés dans ce compost étaient devenus du terreau qu'il eût été beaucoup plus court de prendre tout fait dès le début; c'est pourquoi nous nous abstiendrons de donner la recette de l'ancienne terre d'oranger, recette reconnue de nos jours non moins ridicule qu'inutile.

B. *Terre de bruyère factice.* — Rien ne peut remplacer exactement la bonne terre de bruyère pour les plantes et arbustes qui ne peuvent s'en passer. Le sable siliceux et le terreau végétal sont les principaux éléments constitutifs de la terre de bruyère; on essaie donc de l'imiter en formant un compost de ces deux substances mélangées par parties égales. Pour que l'imitation fût complète, il faudrait que le terreau employé vînt de la décomposition des mêmes plantes qui ont fourni le terreau mêlé naturellement à la terre de bruyère; mais c'est une condition impossible à remplir. Si le jardinier avait à sa proximité un sol couvert de bruyères qu'il lui fût possible de recueillir pour les convertir en terreau, il pourrait à plus forte raison prendre toute faite la terre où croissent ces plantes.

Quant aux jardiniers à qui manque cette ressource, nous leur conseillons de faire usage d'un procédé qui nous a constamment réussi dans un canton de la Belgique où la terre de bruyère nous aurait coûté un prix excessivement élevé à cause de la difficulté des transports. Des ajoncs (*ulex aculeata*), semés sur un assez mauvais terrain, y prirent en une année un grand développement. A l'exemple de ce qui se pratique pour la grande culture en Bretagne, ces ajoncs coupés en pleine fleur, au milieu de l'hiver, furent étendus dans un chemin creux et humide où ils furent bientôt triturés par le passage du bétail et des chariots; il en résulta une masse assez homogène de terreau noir; l'ulex, quoique très coriace en apparence, se décompose rapidement et complètement. Vers la fin de mars, ce terreau, relevé en tas et retourné pour en opérer la dessiccation, fut passé à la claie; on en mêla trois parties

avec une partie de sable pur provenant de débris de grès pilés. Les plantes de terre de bruyère, qu'on n'avait pu faire végéter d'une manière satisfaisante dans le compost ordinairement employé pour tenir lieu de la terre de bruyère naturelle, réussirent très bien dans ce mélange, le terreau d'ajonc se rapprochant à beaucoup d'égards du terreau de bruyère.

Nous engageons donc les jardiniers à suivre ce procédé quand ils manqueront de terre de bruyère; la graine d'ajonc est à bas prix; elle réussit partout, et l'on peut toujours disposer pour elle d'un coin de mauvaise terre.

Nous renvoyons les autres composts, d'un usage moins général dans les jardins, aux articles des cultures spéciales qui les emploient exclusivement (*voyez* Ananas et Plantes de collection).

CHAPITRE III. — Procédés d'irrigation.

Section Ire. — *Irrigation naturelle et arrosage à la main.*

Partout où le jardinage est en honneur, les arrosages sont la base de la culture jardinière. Dans nos départements méridionaux, on ne fait guère de jardinage que là où des sources abondantes permettent de pratiquer l'irrigation naturelle. Il est fort heureux que la nature y ait pourvu en dotant ces contrées d'innombrables filets d'eau vive sortant du pied des montagnes, comme l'irrigation de la plaine de Perpignan en offre un remarquable exemple; faute de cette ressource, il est probable que les jardiniers du midi de la France renonceraient à leur industrie, la chaleur du climat rendant trop pénible le travail de l'arrosoir.

L'irrigation naturelle, telle qu'on la pratique aux environs de Perpignan, de Marseille et des principales villes du midi, est excessivement simple; elle consiste à diviser le potager en planches fort étroites, dont la terre est relevée sur les deux bords et légèrement creusée au milieu, *fig.* 1. Chacune de ces planches est

Fig. 1.

séparée par un intervalle de 0m,30 à 0m,40 formant une rigole, *fig.* 2, bouchée seulement

Fig. 2.

à l'une de ses extrémités, en sorte que l'eau

entrant dans la première rigole au sommet de la pente du terrain, circule entre toutes les planches et les imbibe d'humidité sans donner au jardinier d'autre fatigue que celle de boucher et de déboucher la première ouverture.

Les rigoles destinées à l'arrosage des terres par imbibition, comme nous venons de l'indiquer, se tranchent tout simplement dans le sol, sans autre préparation que d'unir les parois à la bêche et de leur donner un angle suffisant pour prévenir les éboulements trop fréquents, car il ne faut pas songer à les empêcher d'une manière absolue. Ces rigoles exigent un entretien continuel; celles qui ne servent qu'à retenir et transporter les eaux pour les mettre à la portée du jardinier, qui les répand sur ses carrés au moyen d'une pelle ou d'une écope, se nomment rigoles de transport; un revêtement en maçonnerie, au ciment de chaux et de briques pilées, ou simplement en terre glaise battue, en assure la durée en évitant les frais d'entretien. Souvent les deux systèmes de rigoles sont combinés; c'est ce qui a lieu toutes les fois que l'eau, pour arriver aux planches qu'elle doit imbiber, traverse des parties du jardin qui n'ont pas besoin d'arrosage. Dans ce dernier cas, on peut encore faire usage de rigoles couvertes; elles consistent en conduits de briques, soit rectangulaires, soit triangulaires. Si le sous-sol n'est pas perméable, ou qu'on ait à sa portée de l'argile de bonne qualité, on ne couvre en briques ou en pierres plates que la partie supérieure. On peut, lorsque la pente du terrain le permet, donner aux rigoles cachées assez de profondeur sous terre pour permettre de les conduire en ligne droite à travers le jardin, sans en déranger l'ordonnance.

Les hortillons d'Amiens, qu'il faut toujours citer en première ligne comme modèles d'une bonne culture jardinière, sont séparés entre eux par de petits canaux, où l'eau dérivée de la Somme circule en toute saison. Le procédé d'irrigation est des plus simples; le seul instrument usité est une pelle de forme allongée, telle que l'emploient les Flamands pour leurs blanchisseries de toiles, *fig. 3.* Nous avons souvent

Fig. 3.

admiré la dextérité avec laquelle les jardiniers d'Amiens enlèvent l'eau avec leur pelle à long manche, et la font retomber sous forme de pluie sur les planches de leurs potagers.

Mais ces avantages précieux dont la nature a doté quelques localités particulièrement favorisées, ne sont pas le partage de tous les terrains occupés par la culture jardinière. Paris, ce centre d'une consommation si prodigieuse, se passerait de légumes si ceux qui figurent en si grandes masses sur ses marchés ne devaient croître qu'au moyen des irrigations naturelles. L'arrosage à la main ne supplée aux irriga-

tions naturelles qu'au moyen du travail le plus opiniâtre; les maraîchers des environs de Paris ne se lassent pas, sous un soleil brûlant, d'entretenir toujours humide une terre toujours altérée; ils travaillent en été 16 heures sur 24, et ils en passent au moins 10 l'arrosoir à la main. Veut-on se former une idée de la quantité d'eau nécessaire au sol calcaire des environs de Paris? Voici à ce sujet des données exactes, car celui qui écrit cet article connaît par un long usage le poids et la contenance des arrosoirs : chaque arrosoir contient 12 litres d'eau; tant que dure la sécheresse, le sol est arrosé à raison de 3 arrosoirs par mètre carré. Il reçoit donc tous les jours 36 litres d'eau par mètre de superficie, ou 36 hectolitres par are. Quelques cultures particulières en exigent bien davantage. Nous ne portons pas à la Halle de Paris un seul potiron qui n'ait absorbé en quelques semaines 1,200 litres d'eau, ou 100 arrosoirs de 12 litres. C'est au prix de ces incroyables fatigues que nous obtenons une incroyable production d'un sol dont la majeure partie, située partout ailleurs, et cultivée de toute autre manière, ne rendrait pas les frais de culture; mais avec de l'eau et du fumier, peu importe, pour ainsi dire, la nature du sol; d'ailleurs, avec le temps, *nous faisons le sol* là où il manque.

Ces proportions seraient évidemment trop fortes pour un sol argileux et pourrissant: l'irrigation ne saurait être trop abondante sur les terres calcaires, gypseuses ou crayeuses; elle doit être modérée sur les terres riches en alumine, et plus abondantes sur celles où le sable domine. Le jardinier amateur, qui n'est point obligé de ménager ses ressources, se réglera, pour les arrosages, uniquement sur la nature de son terrain. Le jardinier marchand, travaillant toujours les yeux tournés vers le marché, saura proportionner ses dépenses aux bénéfices qu'elles peuvent produire, et ne déboursera pas 5 fr. de main-d'œuvre pour faire croître un potiron qu'il aurait de la peine à vendre 1 fr. 50 c.

Afin d'éviter les répétitions inutiles, nous renvoyons au chapitre des Instruments de jardinage la description des différents arrosoirs dont le jardinier se sert pour distribuer l'eau dans les différentes parties de son domaine. Nous donnerons seulement ici les procédés généraux d'irrigation artificielle à l'usage du jardinier.

Manivelle du maraîcher. — Parmi les machines plus ou moins compliquées qui servent à élever l'eau pour la mettre à la portée de l'arrosoir, nous mentionnerons en premier lieu la manivelle du maraîcher, respectable par ses longs services durant cinq siècles d'antiquité prouvée; nous pensons même que son origine est beaucoup plus ancienne. La pièce principale de cette machine consiste dans un tambour autour duquel s'enroule un câble qui fait monter et descendre deux barriques qui vont chercher l'eau dans un puits. Ce tambour A, *fig. 4,* est supporté par un arbre B, de 4 mètres de

Fig. 4.

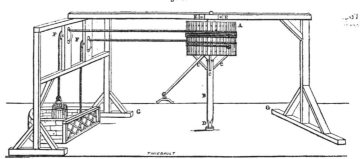

hauteur, auquel est fixé un timon d'attelage avec un palonnier pour le cheval employé à ce travail. Deux roues, ordinairement des roues de derrière de diligences, séparées entre elles par un intervalle de 1^m,30, supportent extérieurement de légers montants en bois; leurs moyeux sont traversés par l'arbre qui leur sert d'axe fixe, en sorte qu'elles peuvent tourner, non pas *sur lui*, mais *avec lui*. Quatre montants C, ajoutent à la solidité de cet appareil. L'extrémité inférieure de l'arbre D, est taillée en pointe et garnie en fer; elle tourne sur un gros pieu enfoncé à fleur de terre et dont la surface concave est également ferrée. La grande pièce de charpente qui maintient l'arbre dans une position verticale, doit avoir 9 mètres de long; les jardiniers des départements qui voudraient faire construire une manivelle d'après notre dessin doivent observer que cette pièce fort longue, et qui supporte tout l'effort du travail de la machine, ne doit point être traversée par l'arbre, ce qui nuirait trop à sa solidité; le sommet de l'arbre est fixé à la face postérieure de la grande pièce au moyen d'une pièce accessoire en bois, fortement boulonnée en E. Tout le reste de l'appareil se comprend par l'inspection de la figure. On donne le nom de jumelles aux deux pièces qui supportent les poulies F; la poulie de droite doit toujours être placée à 0^m,20 plus haut que celle de gauche.

Les terrasses G, sur lesquelles repose toute la charpente, peuvent être remplacées par une légère maçonnerie, dans les pays où le bois est rare et cher. A Paris, une manivelle toute montée, avec terrasses en charpente, coûte 300 fr.; le câble et les deux tonneaux, quand le puits n'excède pas 15 mètres de profondeur, peuvent coûter 150 fr.; c'est donc une dépense de 450 fr. Le jeu de cette machine est tellement simple qu'elle fatigue peu et dure fort longtemps sans entraîner de frais d'entretien. Quand la disposition du local le permet, on la rend encore plus durable en la couvrant d'un hangar.

Les puits destinés au service d'une manivelle doivent toujours être creusés dans la partie la plus élevée du terrain. Des tonneaux cerclés en fer, goudronnés en dedans et en dehors, pour prolonger leur durée, sont enterrés, le long des plates-bandes, et doivent dépasser de 0^m,20 la surface du sol. Ces tonneaux communiquent entre eux (*fig.* 5) par des tuyaux de terre cuite

Fig. 5.

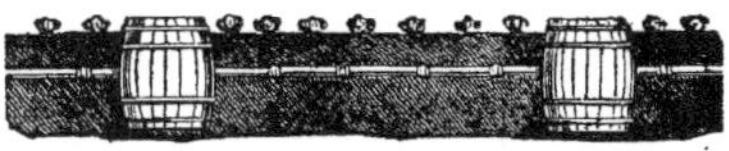

ou de grès, soudés l'un à l'autre avec du bitume ou du mastic de fontainier. Le premier tonneau est placé près du puits, en sorte que l'ouvrier chargé de vider les barriques remontées par la manivelle les vide directement dans ce tonneau, en leur faisant faire la bascule sur la margelle du puits.

Le cheval, ordinairement aveugle, qui fait tourner la manivelle, contracte bientôt l'habitude de s'arrêter de lui-même quand il sent que la barrique pleine est arrivée à l'orifice du puits; la secousse de la barrique vide replacée au-dessus du puits, l'avertit de repartir. Le nombre des tonneaux, et la distance à laquelle il convient de les enterrer ne peuvent être déterminés; tout dépend de la nature du terrain.

La *fig.* 5 représente leur disposition et celle des tuyaux dans la terre; pour ne pas gêner la culture, on a soin que le passage des tuyaux se trouve toujours au-dessous d'un sentier.

Voilà le système le plus usité et le moins coûteux; nous le devons pourtant pas dissimuler ses inconvénients dont le plus grave consiste dans la nécessité de faire passer l'eau dans tous les tonneaux intermédiaires pour la faire arriver au plus éloigné; il faut en effet que chaque tonneau se remplisse jusqu'au niveau de l'orifice du conduit qui le met en communication avec les suivants pour que ceux-ci puissent commencer à s'emplir. Si par suite du tassement du sol fraîchement remué, ou par toute autre cause imprévue, un conduit vient à se briser ou à se détacher, les tonneaux, à partir de la rupture, ne peuvent plus être remplis. On peut à la vérité, au moyen d'un bouchon de bois entouré de linge ou d'étoupe, fermer l'orifice du conduit; mais outre qu'il est assez gênant de plonger le bras dans l'eau jusqu'à l'aisselle pour aller placer ces bouchons, on comprend combien ce procédé d'obturation est infidèle. Toutes ces considérations ont conduit M. Moreau, l'un de nos plus habiles maraîchers, à substituer à ce mode de remplissage des tonneaux, un conduit continu qui règne le long de chaque rangée de tonneaux sans les traverser ; chaque tonneau séparément communique avec ce conduit au moyen d'un tuyau en grès en forme de T auquel est soudé un ajutage en plomb avec sa cannelle de cuivre. L'eau puisée dans le puits A et versée dans le premier tonneau B circule d'elle-même dans le conduit principal et permet de n'emplir, à volonté, que le nombre de tonneaux en rapport avec les besoins du service. La fig. 5 bis montre la disposition de

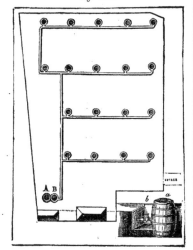

Fig. 5 bis.

tout ce système ; les dimensions de la figure n'ayant pas permis d'indiquer les cannelles à chaque tonneau, nous avons représenté séparément le tonneau *a* avec sa cannelle *b* ainsi que la cavité carrée qui permet de la manœuvrer ; cette cavité se recouvre d'une planche mobile.

Ces appareils de tuyaux et de tonneaux servent aussi dans le cas où la proximité d'une rivière ou d'une pièce d'eau permet de se passer du puits et de la manivelle. Il suffit alors de faire arriver l'eau dans le premier tonneau, par le moyen d'une pompe à main (*fig.* 46). Lorsque le puits n'est pas trop profond, on peut aussi utiliser la pompe à volant plombé, qui donne un courant d'eau continu de 0m,20 de tranche, et fatigue moins le travailleur.

Le tonneau employé à l'arrosage des places publiques et des promenades pourrait, avec de légères modifications, rendre de grands services au jardinage ; nous entrerons d'autant plus volontiers dans quelques détails à cet égard, que des tentatives heureuses ne nous

permettent pas de douter des avantages du tonneau sur l'arrosoir, dans une foule de circonstances.

Le tonneau ordinaire d'arrosage, *fig.* 6 , n'a

Fig. 6.

pas besoin d'être modifié ; il suffit d'élargir son encadrement et d'allonger l'essieu de ses roues de façon à ce que les roues et les brancards correspondent exactement aux sentiers laissés libres des deux côtés des planches du potager. Chaque brancard est poussé par un homme ; la marche plus ou moins rapide de ces deux ouvriers modifie à volonté la quantité d'eau répandue, ce qui permet d'en régler, avec la plus grande précision, la distribution sur le sol cultivé. Ce mode d'arrosage ne convient pas à tous les genres de culture ; les plantes fort écartées les unes des autres, comme les potirons et les artichauts, se trouvent mieux d'être arrosés individuellement, pied par pied ; mais il convient particulièrement aux légumes plantés ou semés très serrés, et qui occupent un grand espace de terrain, comme l'ognon, le poireau, la carotte, le scorsonère, l'oseille, les épinards, les haricots nains.

La différence des frais et des résultats sera rendue plus sensible par les calculs suivants.

Un ouvrier de force ordinaire, travaillant dix heures par jour à *mouiller*, comme disent les maraîchers, peut, quand les tonneaux sont convenablement espacés, remplir et vider deux arrosoirs par minute, ce qui donne par heure de travail 120 arrosoirs de 12 litres, ou 1,440 litres, et pour une journée de dix heures, 14,400 litres, résultat que bien des jardiniers de départements regarderont comme fabuleux. Que diraient-ils donc s'ils voyaient les plus forts et les plus actifs de nos ouvriers répandre sur le terrain quatre arrosoirs à la minute, ou 2,880 litres d'eau par heure ? A la vérité, ils ne soutiendraient pas un tel travail toute une journée.

Deux hommes robustes suffisent pour pousser un tonneau contenant 1,200 lit. d'eau ; le travail n'est pénible qu'en commençant, mais le poids allant constamment en diminuant, et le trajet à parcourir ne pouvant jamais être que fort court, puisqu'à raison de 36 lit. par mètre carré, 1,200 lit. ne doivent mouiller qu'une superficie de 33m,33, deux hommes peuvent le soutenir toute une journée sans excéder leurs forces, et même avec moins de fatigue que s'ils portaient l'arrosoir pendant le même temps. Il ne faut pour remplir le tonneau que le jeu de deux pompes à main, puisant dans une des futailles enterrées, que la manivelle remplit incessamment. Supposons que cette opération dure cinq minutes, et que dix autres soient nécessaires pour vider et ramener le tonneau d'arrosage, l'irrigation sera de 4,800 litres par 1eure; elle donnera donc pour 10 1eures de travail 48,000 litres d'eau, au lieu de 28,800 que deux ouvriers auraient pu répandre avec l'arrosoir.

Une différence de 19,200 litres d'eau répandue en plus par c1aque journée de travail du tonneau d'arrosage, représente bien au-delà de l'intérêt de son prix d'ac1at, en y ajoutant les frais d'entretien. C'est par ce procédé que les cultivateurs de la Flandre occidentale (Belgique) répandent avec une égalité parfaite l'engrais liquide destiné à leurs admirables cultures de plantes textiles.

L'arrosage à la main est absolument impraticable sur un terrain d'une grande étendue, si ce terrain, comme celui de nos marais, exige une grande quantité d'eau fréquemment renouvelée. Prenons pour exemple l'un des plus grands jardins de France, celui de M. Ratier, près de Nemours; il n'a pas moins de 12 hectares de superficie. Quel capital ne faudrait-il pas dépenser en puits, manivelles, tonneaux, tuyaux et arrosoirs pour mettre l'eau sur tous les points à la portée du jardinier? Quels énormes frais de main-d'œuvre dans les années de séc1eresse!

Supposons que les allées et les sentiers réduisent la superficie cultivée à 10 1ectares, et que la moitié seulement soit consacrée à la culture maraîc1ère. Le sol étant à peu près de même nature que celui des environs de Paris, exigerait, à raison de 36 litres d'eau par mètre carré, 360,000 litres par 1ect., et pour 5 1ect. 1,800,000 litres d'eau par jour; ce serait la besogne de 125 ouvriers, en admettant, ce qui n'est pas, qu'ils soient aussi bien exercés dans le Gâtinais qu'à Paris.

Pour atteindre au même résultat, au moyen des tonneaux d'irrigation, il ne faut ni futailles enterrées, ni tuyaux, ni manivelles; quelques pompes d'une grande puissance exécuteront cette partie de la besogne à moins de frais et avec une économie de temps considérable. C1aque tonneau, conduit par deux 1ommes, pouvant répandre par jour 48,000 lit. d'eau, 38 tonneaux et 76 1ommes suffiront pour arroser 5 1ectares, à raison de 36 lit. par mètre carré. Le prix moyen des journées étant de 2 fr. dans le Gâtinais, c'est une économie de 98 fr. par jour sur la main-d'œuvre, somme de beaucoup supérieure à l'intérêt du capital représenté par la valeur des tonneaux, en y ajoutant leur dépérissement et leur entretien.

Nous ne sommes entrés dans tous ces développements que pour faire mieux ressortir les avantages d'un moyen d'irrigation peu usité; loin de Paris, le prix des produits de la culture jardinière ne couvrirait pas de tels frais d'arrosage; aux portes de Paris, les terres consacrées au jardinage sont si divisées, les cultures si variées, que rien n'y peut tenir lieu de l'arrosage à la main.

La culture en grand des légumes communs, culture essentiellement jardinière et très développée dans le voisinage des grandes villes, peut au contraire tirer un très grand parti du tonneau d'arrosage, substitué à l'arrosoir. Ainsi, dans la plaine des Vertus, qui approvisionne Paris d'ognons, de poireaux et de scorsonères, ces légumes périssent souvent dans les longues séc1eresses; le canal Saint-Denis coupe toute cette plaine; l'eau est donc à la portée de presque tous les jardiniers qui la cultivent; s'ils ne s'en servent pas, c'est que leurs c1amps sont trop vastes et les frais d'arrosage à la main trop considérables. Avec quelques tonneaux qu'ils pourraient posséder en commun et employer c1acun à leur tour, les récoltes seraient et plus abondantes et plus assurées; ce serait une dépense très productive.

La verdure perpétuelle des gazons dans les grands jardins paysagers d'Angleterre est entretenue au moyen d'un tonneau qu'accompagne ordinairement un rouleau de fer pour affermir le sol; on peut y atteler un c1eval, parce que ses pas ne sauraient nuire au gazon; au lieu du tuyau d'éc1appement 1orizontal, le tonneau d'arrosage anglais (*fig.* 7) est muni à sa

Fig. 7.

face postérieure d'un tuyau de cuir, terminé par une pomme d'arrosoir qu'un ouvrier tient à la main, pour répandre l'eau à volonté.

Des tuyaux semblables, terminés de la même manière, servent à arroser les parterres et les gazons des jardins publics de Paris; ils communiquent non à des tonneaux, mais à des réservoirs alimentés par des pompes. Les très ric1es propriétaires peuvent seuls recourir à ce mode d'arrosage, le meilleur, le plus commode, mais aussi le plus dispendieux de tous. La pompe à main rendra des services analogues à beaucoup meilleur marc1é; en traitant des instruments de jardinage, nous la décrirons sous toutes les formes applicables à la culture jardinière.

CHAPITRE IV. — INSTRUMENTS DE JARDINAGE

SECTION 1re. — *Instruments servant à façonner le sol.*

§ 1er. — *Bêches.*

Ce n'est pas sans motifs que nous plaçons en première ligne la bêc1e, plus ancienne peutêtre que la c1arrue. La perfection des labours importe tellement au jardinage qu'on ne saurait donner trop d'attention au choix des instruments destinés à façonner le sol ; les plus chers sont presque toujours les plus économiques ; ils durent plus longtemps, ils font plus de besogne et elle est mieux exécutée. Le jardinier tient à sa bêche comme le soldat à son fusil ; il réforme à regret une vieille bêche à laquelle il est accoutumé. Une bonne bêche, dont le fer est bien corroyé d'acier, sans être trempé trop sec, peut durer nombre d'années. On ne peut assigner de dimensions invariables à la bêche du jardinier ; c'est à lui de la choisir proportionnée à sa force et à la profondeur du sol qu'elle est destinée à retourner.

A. *Bêche commune.* — Pour façonner un sol léger, cultivé depuis longtemps en jardin et parfaitement ameubli par des labours précédents, la bêche plate, droite, légèrement trapézoïde, mais presque quadrangulaire (*fig.* 8),

Fig. 8,　　　　　　　　9.

est la plus facile à manier. Si la terre est un peu forte et sujette à se durcir, ou qu'elle contienne des pierres, il est bon que le tranchant de la bêche, au lieu d'une ligne droite, présente une courbe (*fig.* 9) ; les angles deviennent alors des espèces de crochets qui sont souvent fort utiles.

B. *Bêche belge ou flamande.* — La bêche dont on se sert communément en Flandre et qui se retrouve en Bretagne, est légèrement courbée dans le sens de sa longueur, et aussi large du bas que du haut ; les Flamands lui donnent ordinairement un manche un peu courbé par le bas (*fig.* 10) et les Bretons, un

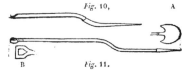

Fig. 10,　　　　　　　A

B　　　　　Fig. 11.

manche droit, comme celui de la bêche commune. La bêche flamande est nécessaire pour travailler les terres peu consistantes qui n'adhèrent point au fer de l'instrument, en sorte que la motte enlevée retombe le plus souvent au fond de la jauge sans avoir été retournée. La courbure du fer de bêche est destinée à parer à cet inconvénient en retenant la terre le temps nécessaire pour que l'ouvrier soulève sa bêche et la retourne.

Ces trois formes de bêches sont les plus usitées ; elles réunissent entre elles trois les qualités qu'exige un bon labourage, et répondent aux modifications que le sol peut éprouver par les variations de la température. Le même sol, à l'époque où il doit être labouré, n'offre pas

toujours le même degré de résistance. Si la saison est sèche, une terre légère, semblable alors à de la cendre, ne pourra être bien labourée qu'avec la bêche flamande, à fer courbe ; cette même terre, après des pluies prolongées, devenue lourde et suffisamment consistante, se travaillera très bien avec la bêche commune ; enfin, si elle se trouve, comme il arrive souvent, humectée à la surface par une pluie de peu de durée, mais sèche et dure par-dessous, la bêche droite à tranchant courbe l'entamera plus facilement et rendra le labour plus parfait.

Les Anglais emploient en outre, principalement pour lever des gazons, une bêche en forme d'écusson, à manche très courbé, dont la *fig.* 11 montre le profil, A la lame vue de face, et B la poignée ; nous croyons la houe à lame large (*fig.* 16) préférable. Quiconque a vu dans nos forêts avec quelle netteté et quelle promptitude cet instrument, dans les mains des charbonniers, taille et enlève les gazons bien tranchés et tous d'égales dimensions, dont ils recouvrent leurs fourneaux ou fouées, doit être convaincu de sa supériorité ; les gazons, au lieu d'avoir leurs bords coupés à angles droits, comme des briques (*fig.* 12), sont dans ce cas amincis par les bords, de manière à s'emboîter parfaitement les uns dans les autres (*fig.* 13).

Fig. 12,　　　　　　13.

On range assez improprement, parmi les bêches, la fourche et le trident à dents plates (*fig.* 14 et 15). Ces instruments ne labourent

Fig. 14, 15.

point le sol selon le vrai sens du mot *labourer*, puisqu'ils ne le retournent pas ; ils servent seulement à l'ameublir à une certaine profondeur. On les emploie avec avantage pour rafraîchir des planches d'asperges, des plates-bandes de parterre ou des plantations de rosiers ; ils ont l'avantage d'agir sans endommager les racines le long desquelles leurs dents peuvent glisser sans les entamer.

§ II. — Houes et pioches.

La houe, proprement dite (*fig.* 16), est sou-

Fig. 16,　　　17,　　　19,　　　18.

vent confondue avec les divers genres de pioches et de binettes à lame large ; la différence essentielle consiste dans la forme du fer et celle de la douille. La houe est un vrai fer de bêche, légèrement courbé, dont la douille, qui n'est qu'un simple anneau plat, est fabriquée de manière à s'ajuster avec un manche de 0ᵐ,75, également recourbé, formant avec le fer un angle de 45 à 50 degrés. Les *fig.* 16 à 19 représentent les diverses modifications de la houe, dont le fer peut être soit un triangle (*fig.* 18), soit une fourche à deux dents plates, aiguës (*fig.* 19), ou carrées (*fig.* 17). Sous cette dernière forme, la houe à deux dents plates est connue dans tout le midi de la France sous le nom de *Béchard ;* depuis quelques années les religieux de la Trappe en ont introduit l'usage dans l'ouest. Pour façonner le terrain à la houe, l'ouvrier se tient courbé très près de terre, et travaille en avançant ; il rejette derrière lui la terre remuée. La houe convient parfaitement pour les labours superficiels ; c'est un instrument très expéditif, mais il faut pour cela que l'ouvrier contracte l'habitude de travailler plié en deux, genre de fatigue auquel beaucoup de jardiniers ont peine à s'accoutumer.

§ III. — Pioches.

A. La pioche à lame large remplit à peu près le même but que la houe. Son manche, long d'un mètre et un peu courbé (*fig.* 20), permet

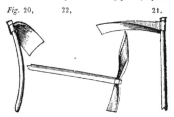

Fig. 20,   22,   21.

à l'ouvrier de travailler dans une situation un peu moins gênante, mais le labour n'est jamais aussi parfait ; ce genre de pioche est principalement utile pour faire les trous destinés à la plantation des pommes de terre et aux semis de haricots. La pioche ordinaire, ou pioche proprement dite, nommée *tranche* dans tout l'ouest de la France, est formée d'un fer long et étroit, un peu courbé vers son extrémité tranchante ; l'autre bout se termine par une douille très forte, à laquelle est adapté un manche droit, long de 1ᵐ,33, formant angle droit avec le fer (*fig.* 21).

B. *Pioche piémontaise.* — La douille de cette pioche (*fig.* 22), est au milieu du fer, dont une extrémité est semblable à celle de la pioche commune, et l'autre terminée en pointe ; c'est un des instruments les plus maniables et les plus commodes dans toute espèce de terrains.

C. *Pic.* — Le pic (*fig.* 23) est emmanché comme la pioche piémontaise ; mais son fer plus étroit est long d'un mètre au moins, ce qui rend l'instrument très pesant, et d'une force pour ainsi dire irrésistible, pour entamer le sol le plus dur. Quoique le pic soit un instrument de terrassier plutôt que de jardinier, il est cepen-

dant indispensable pour presque tous les défoncements et pour le creusement des trous destinés à des plantations d'arbres dans un sol compacte, que la pioche attaquerait difficilement.

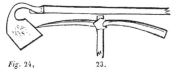

Fig. 24,   23.

D. *Houette* (*fig.* 24). — Instrument léger et fort commode, plus usité des amateurs que des jardiniers, qui lui préfèrent celui que représente la *fig.* 25.

E. *Binette* ou *Serfouette* (*fig.* 25). — Il n'est

Fig. 27,   28,   26,   25.

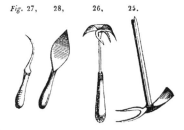

pas d'instrument que le jardinier ait plus constamment entre les mains ; ses dimensions peuvent être très variées, la forme restant la même. Il est indispensable d'en avoir au moins deux, l'une dont le fer, y compris la longueur des dents, n'aura que 0ᵐ,25 ; l'autre, dont le fer pourra avoir une longueur de 0ᵐ,40, avec une largeur proportionnée, servira aux binages profonds, ainsi qu'à tracer les rayons pour semer en lignes des pois et des haricots.

F. *Sarcloir belge* (*fig.* 26). — C'est une très petite binette dont la partie fourchue a reçu une troisième dent, et dont le manche tourné ne doit pas avoir plus de 0ᵐ,40. Cet instrument est préférable au sarcloir français, espèce de truelle courbe, à bords tranchants, représenté de profil *fig.* 27 et de face *fig.* 28, qui peut à la vérité expédier plus de besogne, mais avec le grave inconvénient de retrancher les racines que le sarcloir belge arrache sans les rompre ; ce dernier sarcloir doit donc être préféré toutes les fois qu'il s'agit de nettoyer un sol infesté de plantes vivaces dont la moindre racine suffit à les reproduire, telles que le chiendent, le liseron et la petite patience.

§ IV. — Râteaux.

A. Le jardinier doit avoir un assortiment de râteaux, les uns légers, petits et à dents serrées, ne servant que sur les couches ou sur les plates-bandes recouvertes de terreau ; les autres plus grands, plus lourds et à dents plus ou moins écartées, sont adaptés à tous les genres de façons que le sol du jardin peut recevoir

Les *fig.* 29, 30 et 31 représentent les râteaux les plus usités pour la culture jardinière.

Fig. 29,   31,   30.

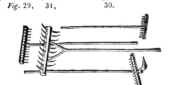

Fig. 32.

B. Râteau - Binette. — Une lame de binette ordinaire est adaptée à ce râteau sur le prolongement de son manche ; elle sert à déraciner les mauvaises herbes, quand il s'en trouve au moment où l'on fait usage du râteau ; pour éviter de se baisser, on arrache ordinairement ces racines avec la dernière dent d'une des extrémités du râteau ; ce qui met promptement cet instrument hors de service. Le râteau-binette retourné (*fig.* 32) fait la même opération sans en recevoir aucun dommage ; c'est une heureuse innovation dont l'usage ne peut manquer de devenir général.

§ V. — Ratissoires et sarcloirs.

A. Les allées des jardins d'agrément ont besoin d'être ratissées fréquemment durant la belle saison, surtout quand elles ne sont point sablées, parce qu'alors les vents y déposent des semences de mauvaises herbes, dont la végétation finirait par changer les allées en pelouses. L'emploi des ratissoires à la main serait trop lent et trop coûteux pour les parcs et les grands jardins ; on leur préfère dans ce cas la charrue-ratissoire (*fig.* 33), dont le maniement est si

Fig. 33.

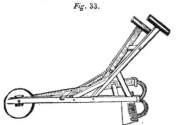

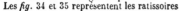

facile qu'un ouvrier peut avec cet instrument faire à lui seul la besogne de plusieurs.

Les *fig.* 34 et 35 représentent les ratissoires

Fig. 34.

Fig. 35.

à la main les plus en usage. La ratissoire dont

on se sert en la tirant à soi (*fig.* 34), quoique la moins expéditive, est la meilleure quand la sécheresse a durci les allées ; les autres (*fig.* 35 et 36) se poussent en avant ; elles conviennent mieux quand le sol est ramolli par l'humidité.

Avant de faire usage des unes ou des autres, il est bon d'enlever d'abord isolément dans les allées les plantes vivaces, à racines profondes, qui peuvent s'y rencontrer ; on emploie à cet effet une petite ratissoire, représentée de face *fig.* 37, et de profil *fig.* 38 particulièrement

Fig. 36,   37,

Fig. 38.

propre à cette besogne. La ratissoire ordinaire, en coupant ces plantes au collet de la racine, ne ferait que leur donner une disposition nouvelle à repousser plus touffues et plus vigoureuses au bout de quelques jours.

Les opérations du ratissage et du sarclage ayant entre elles la plus grande analogie, nous plaçons ici quelques instruments appropriés au sarclage, dans certains cas particuliers.

B. Le sarcloir espagnol (*fig.* 39) pénètre fa-

Fig. 41,   40,   39.

cilement dans un sol durci par la sécheresse, et se prête par sa forme au sarclage des cultures où les plantes se trouvent très rapprochées. La *fig.* 40 représente une modification de cet instrument, consistant dans la plus grande force donnée à sa tige courbe, et dans la réduction des dimensions du fer de lance qui la termine. L'un et l'autre reçoivent, selon le besoin, des manches plus ou moins longs, droits ou tournés.

Le crochet (*fig.* 41) n'est encore qu'un diminutif du sarcloir espagnol ; son principal usage est de biner dans la serre la terre des pots et des caisses de petites dimensions.

§ VI. — Fourches.

L'emploi des fourches pour déplacer et travailler les fumiers, rend ces instruments indispensables au jardinier. La meilleure fourche pour le maniement des fumiers et la construction des couches, est le trident à dents coudées (*fig.* 42). On emploie aussi un autre trident à dents courtes et recourbées pour rafraîchir la superficie d'un terrain sur lequel une croûte s'est formée par l'effet de la sécheresse succédant à des pluies violentes (*fig.* 43). La fourche en bois à trois bras, susceptibles de s'écarter à volonté au moyen d'une branche de fer qui lui sert de régulateur, est très utile pour marquer les rayons sur le sol avant de planter, sans déplacer le cordeau plus d'une fois pour trois raies parallèles (*fig.* 44).

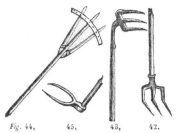

Fig. 44,   45,   43,   42.

Le crochet à fumier (*fig.* 45) est une fourche à deux dents, formant un angle droit avec son manche.

SECTION II. — *Instruments d'arrosage.*

L'eau est, après le fumier, la base de toute bonne culture jardinière; les instruments servant à la distribuer aux végétaux sont d'une haute importance pour le jardinier. Nous avons décrit la manivelle des maraîchers, p. 17. Cette manivelle nous semble l'un des appareils les plus simples et les plus commodes pour extraire l'eau des puits; mais cet appareil n'est pas admissible dans les jardins d'agrément. Nous nous abstiendrons de décrire ici les diverses sortes de norias ou de chaines sans fin garnies de godets, destinées à en tenir lieu, on les trouve figurées et décrites, t. I, p. 251; elles sont toutes, sans exception, très chères et très difficiles à manier; nous en citerons un exemple. L'un de ces appareils, monté chez un propriétaire, dans une commune des environs de Paris, après lui avoir coûté 1,600 fr. à établir, exige pour fonctionner une telle dépense de forces que l'eau lui revient à plus de 2 fr. l'hectolitre, rien que pour arriver aux tonneaux, et sans compter le salaire des ouvriers qui viennent y remplir leurs arrosoirs.

Les pompes sont, de tous les instruments d'arrosage, les plus propres à remplacer dans les jardins d'agrément, sans les déparer, les manivelles et les norias.

§ 1er. — Pompes.

L'emploi des pompes suppose, dans un jardin, soit un courant d'eau vive, soit un réservoir alimenté par un courant, soit enfin un ou plusieurs puits qui ne tarissent pas. Quelle que soit la pompe que l'on se propose d'employer, il faut presque toujours disposer dans le parterre et le potager une série de tonneaux enterrés, communiquant entre eux par des tuyaux en terre cuite, ainsi que nous l'avons indiqué, p. 17. L'une des extrémités de cette série doit

se trouver assez près de la prise d'eau pour pouvoir être alimentée par le jet de la pompe. Lorsque cette condition se trouve remplie, la pompe ordinaire, à demeure, est la plus solide et la plus durable; elle est tellement vulgaire que nous nous abstenons de la figurer.

Lorsque l'eau doit être puisée dans un bassin ou une pièce d'eau, sur les bords de laquelle la pompe à demeure produirait un effet désagréable à la vue, on peut la remplacer par une pompe portative (*fig.* 46).

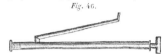

Fig. 46.

Mais le jardin qu'on se propose d'arroser peut être séparé de la rivière où l'eau doit être puisée, par des accidents de terrain qui rendent difficile l'emploi des tuyaux plongeant directement dans cette rivière. On peut alors se servir avec avantage de la pompe de M. Dietz (*fig.* 47). Le jet de la pompe Dietz, la plus portative

Fig. 47.

.THIEBAULT

de toutes les pompes lançantes, peut franchir un espace de 30 mètres. Supposons un jardin dépourvu d'eau, séparé d'une rivière navigable par une berge et un chemin de hallage, ayant ensemble une largeur de 25 mètres. Le premier tonneau de la série destinée à l'arrosage de ce jardin, pourra être rempli par le jet de la pompe Dietz; ce jet décrira une parabole au-dessus du chemin, sans qu'il soit nécessaire d'y poser momentanément des tuyaux qui gêneraient la circulation et seraient mis promptement hors de service.

La pompe Dietz peut encore être utilisée pour l'arrosage direct des planches dans un jardin qui possède une pièce d'eau. Dans ce cas on peut remplacer les tonneaux enterrés par des tuyaux flexibles, tels que ceux qui servent à l'arrosage dans les jardins publics de Paris. A la vérité, ces tuyaux, pour un très grand jardin, coûtent fort cher et exigent des frais d'entretien considérables, mais ils épargnent les neuf dixièmes de la main-d'œuvre, en sorte qu'il y a presque compensation.

La pompe-Dietz a sur toutes les autres l'avantage d'exiger très peu de force pour fonctionner; construite dans de petites dimensions, elle peut être manœuvrée par un enfant et donner 2,592 litres par ¹eure, soit pour une journée de 8 ¹eures 20,736 litres; dans ses plus grandes dimensions, manœuvrée par un ¹omme robuste, elle peut donner jusqu'à 7,932 litres par ¹eure, soit 79,320 litres pour 10 ¹eures. L'inspection de la *fig.* 48 montre suffisam-

Fig. 48,   49.

ment l'usage de la pompe ordinaire à main. La gerbe d'arrosoir qui la termine peut être remplacée par un tuyau surmonté d'une plaque de cuivre (*fig.* 49); l'eau, en glissant sur cette plaque, retombe en pluie très divisée.

Les différentes parties du tuyau se démontent; leur forme et leur longueur peuvent varier à l'infini; comme ils s'emboîtent l'un dans l'autre, on peut à volonté changer la direction du jet. L'attache en fil de fer tenant au second coude sert à l'assujettir à un obstacle fixe, un arbre ou un piquet, par exemple, sans gêner les mouvements du travailleur, comme le ferait une attache fixée au corps de pompe.

La pompe, dont la *fig.* 50 montre le corps et

Fig. 50,   51.

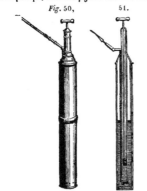

la *fig.* 51 la coupe, est à jet continu; son mé-

canisme intérieur est le même que celui du clysoir; il est dû au même inventeur.

La continuité du jet de cette pompe est due au double cylindre qui sert d'enveloppe au corps de pompe; l'eau dont s'emplit l'intervalle contre l'un et l'autre cylindre suffit à alimenter le jet, en évitant l'interruption qui a lieu dans les pompes ordinaires pendant le va-et-vient du piston.

La seringue à gerbe, dont la *fig.* 52 montre le corps et la *fig.* 53 le piston, est un diminutif

Fig. 52.

Fig. 53.

de la pompe à main; c'est cette pompe réduite à sa plus simple expression. Son principal emploi consiste à rafraichir le feuillage des arbres et arbustes dans la serre et l'orangerie.

§ II. — Arrosoirs.

La forme française des arrosoirs (*fig.* 54)

Fig. 55,   54,   56.

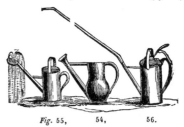

convient particulièrement à la culture maraîchère; la gerbe large, percée de trous assez grands, laisse échapper l'eau sous forme d'une grosse pluie.

L'arrosoir à côtés plats, de M. André Leroy (*fig.* 56 *bis*), est, en raison de sa forme, plus fa-

Fig. 56 *bis.*

cile à transporter que les arrosoirs de forme arrondie; la disposition de l'anse rend, à poids égal, la charge plus légère que celle de l'arrosoir ordinaire, *fig.* 54. Celui de M. A. Leroy n'est pas sujet comme celui-ci à se vider en partie avant d'arriver à sa destination.

D'autres formes d'arrosoirs conviennent mieux aux plantes plus délicates que les plantes potagères, dont une partie pourrait à la rigueur être arrosée avec un seau sans avoir beaucoup à en souffrir. L'arrosoir anglais, pour les végétaux de pleine terre, permet de mieux modifier la distribution de l'eau, à cause de la forme aplatie et de la situation 1orizontale de sa gerbe (*fig.* 55).

L'arrosoir anglais pour les serres (*fig.* 56) réunit les deux conditions essentielles de répandre l'eau sous forme d'une pluie extrêmement fine, et de porter à une assez grande distance, ce qui le rend fort utile dans les serres où la circulation est souvent difficile.

SECTION III. — *Instruments de transport.*

Nous croyons inutile de représenter ici les différents genres de brouettes, de 1ottes et de civières ; ces ustensiles, d'une utilité incontestable dans les jardins, sont si connus qu'il suffit de les indiquer ; ils sont d'ailleurs figurés dans notre tome premier.

Le grand c1ariot, ou diable à transporter les

Fig. 57.

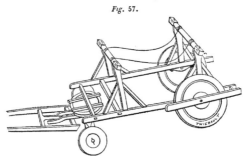

orangers (*fig.* 57), fut inventé à Rouen, sous le règne de Louis XIV, par un pépiniériste nommé Vallet ; il sert à mettre en place les orangers dans les allées des parcs ou des grands jardins qu'ils doivent orner pendant la belle saison ; son usage est nécessairement très borné surtout en France, où les grands jardins paysagers ne sont pas nombreux. L'avantage de ce c1ariot est de n'avoir pas d'essieu commun aux roues de derrière, de sorte que tout l'appareil embrasse la caisse et la saisit pour la déposer à sa place sans déranger l'arbre de sa position verticale.

Nous devons aussi mentionner l'appareil de

Fig. 60,   59,   58.

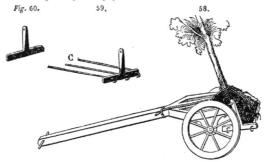

Saul (*fig.* 58, 59 et 60), pour enlever et transplanter les arbres ; quelques très ric1es propriétaires peuvent seuls avoir occasion d'en faire usage.

La pièce détac1ée (*fig.* 59) s'adapte à la pièce semblable (*fig.* 60) au moyen des tringles mobiles C, qui se déplacent à volonté ; lorsque la terre est très légère, on peut couvrir ces tringles de planches sur lesquelles repose la motte tenant à la racine de l'arbre arrac1é ; au moyen de cette précaution, la motte qu'il importe de conserver entière ne risque pas de s'émietter pendant le transport.

Un c1ariot à bras, fondé sur le même principe, est beaucoup plus usité pour le déplacement des caisses d'arbustes de moyennes dimensions, n'excédant pas le poids de 120 à 150 kilogrammes. La *fig.* 61 montre comment il prend et met en place les caisses,

Fig. 61.

qui se trouvent chargées et déchargées pour ainsi dire d'elles-mêmes, sans exposer à aucun accident les ouvriers ni les arbustes. Ceux-ci n'y conservent pas constamment leur situation verticale ; mais le volume et le poids de leur tête étant moindres que celui des grands orangers, il n'en résulte aucun inconvénient.

Section IV. — *Instruments servant à la taille des arbres.*

§ Ier. — Serpettes.

Il est bon d'avoir deux ou trois serpettes de différentes grandeurs. Quoique depuis quelques années le sécateur, inventé par M. Bertrand de Molleville, ait détrôné la serpette, il y a encore une foule de cas où cet instrument ne peut être remplacé. Les serpettes à manche rude sont préférables à celles dont le manche est poli, parce que ces dernières glissent dans la main et rendent la taille moins assurée. La *fig.* 62 représente la forme la plus convenable pour les lames de serpettes, qui ne doivent jamais être trop courbées vers la pointe. Pour toutes les tailles délicates et minutieuses qui exigent de la précision, la serpette est préférable au sécateur.

§ II. — Sécateurs.

Cet instrument, aujourd'hui très répandu, est beaucoup plus expéditif que la serpette, mais il ménage moins les arbres dont il endommage souvent l'écorce. On rend cet inconvénient moins grave en tenant constamment le tranchant de la lame tourné en dehors ; ainsi, dans la taille d'un arbre en quenouille ou en plein vent, la lame du sécateur, de quelque côté qu'on opère, ne regardera jamais le tronc ; dans la taille d'un espalier elle ne regardera jamais la muraille. La *fig.* 63 représente le sé-

Fig. 64,   65,   63,   62.

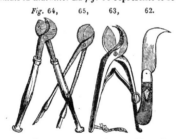

cateur ordinaire ; pour empêcher qu'il ne glisse dans la main, on passe ordinairement un anneau de cuir dans un trou que doit avoir à cet effet la branche qui porte la lame ou le *croissant* du sécateur.

Le renflement qui termine les branches du sécateur, représenté *fig.* 64, permet de se passer de cet anneau, qui gêne dans certains cas l'emploi de cet instrument.

Lorsqu'il s'agit de retrancher des branches assez fortes hors de la portée de la main, on

emploie un sécateur plus grand, dont les br se terminent par deux longues poignées en be (*fig.* 65). Ce sécateur prend alors le no d'ébranchoir.

§ III. — Serpe.

Rien de plus connu que cet instrument ; faut le choisir fort épais du dos, et d'une tr bonne trempe ; la meilleure forme de serpe représentée *fig.* 66.

§ IV. — Croissant.

C'est une espèce de serpe à lame très courb munie d'un talon à sa base ; la *fig.* 67 repr

Fig. 66,   67,   70,   69,   68.

sente le croissant à manche court ; on l'emplo aussi très fréquemment avec un manche loi de plusieurs mètres, pour élaguer de gran arbres, sans monter dessus ni se servir d'un échelle.

§ V. — Émondoirs.

L'émondoir connu et employé de toute ant quité en Belgique, a passé de ce pays en H lande, et de là en Amérique, d'où on nous rapporte comme une chose toute nouvelle. C instrument est préférable à tous les autres po l'émondage et l'élagage des grands arbres. S forme la plus simple et la plus antique (*fig.* 6 est celle d'un ciseau très fort, à tranchant tr acéré, muni d'une douille à laquelle s'adapte u manche plus ou moins long ; on peut lui donn 3 ou 4 mètres en cas de besoin. Tous les émon doirs s'emploient comme le ciseau, en frappa sur le bout du manche, pour faire pénétrer tranchant dans le bois. L'émondoir attaque l branches par-dessous, de sorte qu'il ne risqu jamais de les faire éclater à leur point de jon tion, ce qu'il est quelquefois très difficile d'évi ter lorsqu'il faut frapper dessus avec la serp ou le croissant ; il s'introduit facile ment dans l'intérieur des têtes de pommiers o d'autres arbres très touffus, où il est difficil de faire agir la serpette, ou même le sécateur longs manches.

L'émondoir à lame carrée (*fig.* 69) entam plus facilement les grosses branches. L'émon doir-serpe (*fig.* 70) réunit l'effet de ces deu instruments ; la lame courbe qu'il porte sur u de ses côtés nuit beaucoup à la solidité de so tranchant supérieur qui, pour cette raison, s'ébrèche bien plus aisément que celui de l'é mondoir simple ; pour les bois très durs on doit donc préférer les émondoirs représentés *fig.* 68 et 69.

§ VI. — Scies.

Le jardinier doit en avoir un assortiment de différentes dimensions, depuis le simple couteau-scie (*fig.* 71) jusqu'à la forte scie à man-

Fig. 73,   72,   75,   74,   71.

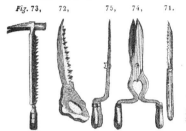

che évidé (*fig.* 72), capable de couper les grosses branches des plus grands arbres forestiers. Le marteau-scie réunissant les avantages de ces deux instruments, commence à être fort en usage (*fig.* 73).

§ VII. — Cisailles.

Les cisailles vues de face *fig.* 74 et de profil *fig.* 75 servent à émonder les haies et les arbustes qui, sur le bord des massifs, dans le jardin paysager, finiraient par envahir les allées, si l'on n'avait soin de les arrêter en les tondant tous les printemps.

Section V. — Greffoirs.

La *fig.* 76 représente le greffoir commun

Fig. 78, 79, 77, 76.

pour la greffe en écusson ; la lame de ce greffoir doit se fermer comme celle d'un couteau de poche.

A. *Greffoir à repoussoir.* — Il ne diffère du précédent que par la faculté de faire rentrer la lame dans le manche ; ce qui en rend l'usage plus commode (*fig.* 77).

B. *Greffoir-Madiot.* — Dans ce greffoir (*fig.* 78), la spatule qui sert à lever l'écusson, au lieu d'être d'ivoire et ajustée à l'extrémité du manche, est d'argent et soudée à la lame du greffoir.

C. *Greffoir en fente.* — La *fig.* 79 montre le

greffoir le plus commode et le plus usité pour la greffe en fente. La fente se commence avec la partie tranchante, seule partie de l'instrument qui soit nécessairement en acier, tout le reste est en fer ; on l'élargit avec la spatule, pour introduire la greffe. Cet instrument est surtout précieux lorsqu'il s'agit de greffer sur plusieurs branches des cerisiers ou des poiriers recépés dans toute leur force.

D. *Greffoir-Noisette.* — Cet instrument est exclusivement destiné à la greffe, dite à la Pontoise ; il exécute sur le sujet l'entaille triangulaire propre à ce genre de greffe, soit en poussant de bas en haut la lame droite A. (*fig.*

Fig. 85,   83,   80.

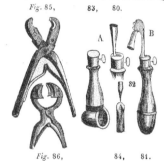

Fig. 86,   84,   81.

80), soit en tirant de haut en bas la lame renversée B (*fig.* 81). Le greffoir - Noisette doit donc avoir ses deux lames de rechange ; elles s'adaptent au manche (*fig.* 83) au moyen d'une vis de pression. Les mêmes lames servent à tailler la greffe (*fig.* 82); il faut beaucoup d'adresse et d'habitude pour lui donner l'angle convenable et faire en sorte qu'elle s'ajuste exactement dans l'entaille du sujet (*fig.* 84). Les instruments représentés *fig.* 85, 86 concourent à l'opération de la greffe, en ce qu'ils enlèvent exactement, et d'un seul coup, des anneaux d'écorce pour la greffe en anneau.

Section VI. — *Instruments pour la destruction des animaux nuisibles.*

§ I. — Echenilloirs.

Le but de ces instruments est d'atteindre les

Fig. 88,   87.

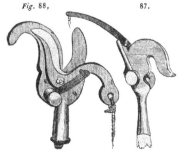

nids de chenilles placés hors de la portée de la main, et de les enlever avec le bout de branche qui les porte, sans courir le risque, en les laissant tomber, de disperser les chenilles dans le feuillage de l'arbre ; telle est la destination spéciale de l'arrêt en cuivre fixé à la partie inférieure de la douille (*fig.* 87).

La *fig.* 88 représente un autre échenilloir que sa construction rend plus facile à employer dans les arbres à feuillage très touffu, là où celui que représente la *fig.* 87 serait trop difficile à manœuvrer.

§ II. — Binette pour détruire les vers blancs.

L'inventeur de cet instrument, représenté de face *fig.* 89 et de profil *fig.* 90, lui a donné très improprement le nom de binette, quoiqu'il n'ait aucune analogie avec la binette ordinaire ; c'est d'ailleurs un outil fort utile, joignant à l'avantage de remplir très bien son but, celui de donner en outre au sol une excellente préparation.

§ III. — Pince à prendre les taupes.

Rien n'est plus usité que cette pince représentée *fig.* 91. Les pièges indiqués *fig.* 92 et 93,

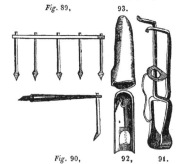

Fig. 89, 　　　93.

Fig. 90, 　　92, 　　91.

sont aussi très recommandables, quoique les taupiers préfèrent l'usage de la pince, qui est plus facile à manœuvrer et remplit son but peut-être plus sûrement.

La *fig.* 92 ne montre que la moitié du cylindre en bois blanc, renfermant le piège ; on y attache l'autre demi-cylindre avec un lien solide, avant de le placer en terre, sur le passage présumé de la taupe.

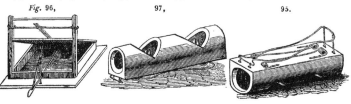

Fig. 96, 　　　　97, 　　　　　95.

Les *fig.* 95 et 97 représentent dans deux positions différentes un autre genre de piège dont l'inspection suffit pour faire comprendre le mécanisme. Il en est de même du trébuchet commun ou 4 de chiffre, *fig.* 96 ; il peut, en variant ses proportions, servir à prendre des rats, des loirs, des belettes et d'autres animaux nuisibles au jardinage.

Loudon, dans son *Encyclopédie du jardinage*, indique, entre autres instruments indispensables dans un jardin, deux pièges à prendre des hommes (*man-trap*). Le premier tue raide ; c'est, dit Loudon, un objet de *première nécessité* (absolutely necessary) dans les jardins placés près des grandes villes ; le second nommé piège charitable par les Anglais, comparativement avec l'autre, ne fait que casser la jambe : tous deux sont fort en usage aux environs de Londres. En Belgique, on se contente de placer en évidence des écriteaux pour avertir de se méfier des pièges à loups qui n'existent pas. Nous ne connaissons que l'Angleterre qui possède et emploie pour la conservation des produits du jardinage un genre de piège exclusivement destiné à détruire des hommes. Celui qui donne inévitablement la mort à ceux qui s'y laissent prendre est le plus fréquemment usité ; les Anglais le nomment *common man-trap ;* celui qui estropie seulement est regardé comme philanthropique ; il donne aux propriétaires, qui s'en contentent, une réputation d'humanité ; on le nomme *human man-trap*.

Nous nous abstenons de donner à nos lecteurs la description de ces inventions vraiment anglaises, qui ne nous semblent pas, comme à M. Loudon, *d'absolue nécessité* dans un jardin bien tenu. Afin de n'être pas soupçonnés d'exagération, nous renvoyons nos lecteurs au texte anglais , pag. 555 , paragraphes 2321 , 2322 et 2323.

Section VII. — *Abris.*

§ Ier. — Paillassons.

Les ustensiles compris sous ce titre forment la partie la plus dispendieuse, mais aussi la plus utile du mobilier du jardinier ; sans eux, aucune culture forcée n'est possible. Le plus simple de tous les abris est le paillasson du maraîcher. La *fig.* 98 représentant son cadre, la *fig.* 99 la corde vue séparément, et la *fig.* 100 la navette, montrent comment il se fabrique. On pourrait donner aux paillassons une longueur indéterminée ; mais, pour l'usage, il est plus commode de ne pas excéder deux à trois mètres. Les services

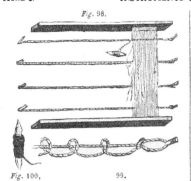

Fig. 98.

la porte, en s'ouvrant, donne de l'air à la plante qui s'en trouve protégée. La même construction, sans porte ni chapiteau, *fig.* 104, est aussi fort utile, de même que le contre-sol en terre cuite, *fig.* 105.

§ III. — Châssis.

Les meilleurs des abris, parce qu'ils admettent la lumière en interceptant le vent, la grêle et la pluie, et en conservant la chaleur, ce sont les abris vitrés. Le plus important, pour la culture jardinière, c'est le châssis, *fig.* 106, 107 et 108.

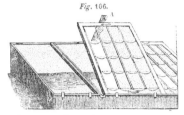

Fig. 106.

Fig. 100,   99.

rendus au jardinage par les paillassons sont innombrables. Attachés à une longue traverse, supportant de distance en distance des demi-cercles de tonneau (*fig.* 101), ils servent à cou-

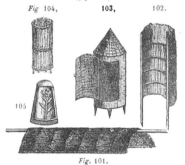

Fig. 104,   103,   102.

105

L'inspection de ces figures en montre toutes les dispositions ; les parties essentielles sont les crémaillères (A, *fig.* 106) et les gouttières (B, *fig.* 107). Lorsqu'on fait faire des châssis neufs, il

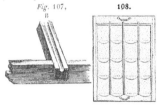

Fig. 107,   108.

Fig. 101.

vrir, sans les froisser, des pois, des haricots, des salades, et toutes sortes de plantes potagères hâtives ou tardives.

Un abri de paillassons du même genre, mais planté dans le sol par deux montants verticaux (*fig.* 102), forme pour les jeunes arbres et les arbustes délicats une excellente protection contre les vents froids et la grêle. On forme aussi d'excellents abris avec des tiges de maïs ou des roseaux joints ensemble par un procédé semblable, ou simplement, lorsque la grosseur des tiges le permet, traversées par un brin de ficelle, au moyen de trous qu'on perce vis-à-vis l'un de l'autre. Ce procédé est spécialement utile dans les contrées méridionales, où la paille entière, propre à la confection des paillassons, manque totalement, parce que le blé n'étant jamais battu au fléau, mais dépiqué sous les pieds des chevaux et des mulets, les pailles sont triturées et à peu près perdues.

§ II. — Abris d'osier et de terre cuite.

Après les paillassons, les abris d'osier en ouvrages de vannerie, quoique moins fréquemment employés, ne sont pas moins utiles. La *fig.* 103 montre une sorte de cage d'osier dont

faut les examiner attentivement pour s'assurer, avant de les recevoir, qu'il ne s'y trouve ni fentes ni trous, et s'il y en a, quelque petits qu'ils puissent être, on doit s'empresser de les faire boucher avec de bon mastic. Un châssis en bois de chêne, garni de ses trois panneaux vitrés, coûte à Paris 100 fr., et il ne couvre qu'un espace de 3 mètres de long, sur 1^m,32 de large, soit 3^m,96 carrés. Les châssis peuvent durer fort longtemps s'ils sont bien construits et qu'on ait soin de leur donner tous les ans une couche de peinture grise à l'huile. Il faut placer les panneaux à couvert, en piles, quand on ne s'en sert pas ; la grande chaleur les dégrade bien plus promptement que l'humidité.

Lorsqu'on ne s'adonne pas à la culture des plantes potagères de grande primeur, on peut remplacer le verre par du calicot enduit d'une solution de gomme élastique (caoutchouc), ou même par un simple papier huilé. Comme dans ce cas la charge supportée par le châssis est des plus légères, on peut le faire en bois blanc et le rendre ainsi très peu dispendieux ; toutefois, pour les châssis garnis en toile ou en papier, la forme cintrée, *fig.* 109, est la plus favorable à leur conservation ; c'est celle qu'ont adoptée les cultivateurs de melons en plein champ en Normandie, pour élever le plant, et ils s'en trouvent très bien. Il ne faut pas oublier la

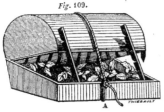

Fig. 109.

corde retenue par un croc 1 et (A *fig.* 109); faute de cette précaution, le premier coup de vent un peu fort ne manquerait pas d'emporter le châssis.

§ IV. — Cloches.

Les plus solides de toutes les cloches à l'usage des jardiniers, se nomment *verrines* (*fig.* 110). Le fer et le plomb qui en forment la

Fig. 112.

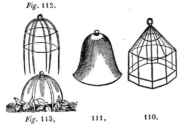

Fig. 113,   111,   110.

charpente leur donnent une solidité bien supérieure à celle des cloches en verre d'une seule pièce (*fig.* 111); mais une cloche en verre coûte 1 fr. ; on peut même, quand on en prend des centaines à la fois, obtenir une diminution de quelques centimes. La moindre verrine coûte 5 fr. ; peu de maraîchers seraient assez riches pour remplacer par des verrines les milliers de cloches qui leur sont indispensables.

Dans les jardins d'agrément, où il ne faut qu'un petit nombre de cloches, les verrines sont préférables; elles résistent mieux à la grêle; elles peuvent aisément se réparer lorsqu'un de leurs carreaux de vitre vient à se briser; la cloche de verre, une fois cassée, ne vaut plus rien. Le *Bon Jardinier* indique, comme propre à raccommoder les cloches cassées, un mastic de blanc de céruse et d'huile de lin. Ce mastic prend en effet très bien sur le verre ; toutefois, les cloches ainsi réparées sont très peu solides ; leur maniement demanderait de la part des ouvriers des précautions qu'on ne peut raisonnablement en attendre ; elles entraîneraient d'ailleurs une perte de temps bien plus coûteuse que l'achat de cloches neuves ; une cloche cassée doit donc être considérée comme perdue pour le jardinier.

§ V. — Cloches économiques.

Pour la culture ordinaire des plantes potagères, et même pour celle des melons qui ne sont pas de grande primeur, les cloches en calicot gommé ou en papier huilé sont très économiques. On prépare à cet effet une charpente en osier et en fil de fer (*fig.* 112); on prend pour moule, soit un bloc de bois, soit un seau renversé, soit un panier de grandeur convenable ; il faut laisser au sommet une boucle en fil de fer pour la facilité du service. La *fig.* 113 montre une de ces cloches terminée ; les pieds servent à la retenir en s'enfonçant dans la terre, sa légèreté la rendant très susceptible d'être emportée par le vent.

Ces cloches recouvertes en calicot gommé peuvent s'établir à 25 cent., façon.comprise ; recouvertes en papier, elles ne coûtent que 15 cent., et peuvent durer deux ans. La charpente dure nombre d'années lorsqu'on en a soin ; on la recouvre en calicot gommé pour 15 cent., et en papier huilé pour 8 cent. environ.

Aux environs de Honfleur. on remplace les cloches par un procédé encore plus simple et moins dispendieux, dont on pourrait tirer parti même sous le climat de Paris. On fixe tout simplement en terre deux baguettes d'osier, qu'on recourbe en arcades, se croisant au-dessus de la plante qu'on veut garantir (*fig.* 114). On jette

Fig. 115,   114.

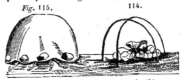

par-dessus une feuille de papier huilé ou un morceau de calicot gommé, qu'on assujettit avec des pierres (*fig.* 115). Lorsqu'on applique ce système d'abris à des planches entières de plantes cultivées en lignes, les arcades de baguettes forment une sorte de galerie continue (*fig.* 116).

Fig. 116,   117.

On couvre ces arcades, soit en calicot gommé, soit avec des paillassons. La *fig.* 117 montre ces paillassons à demi déroulés derrière les plantes, de manière à leur former une sorte d'espalier très favorable à la concentration de la chaleur.

Section VIII. — *Cueilloirs.*

§ 1er.

Ces instruments sont destinés à cueillir, sans les endommager, et sans avoir recours aux échelles, les fruits placés hors de la portée de la main.

A. *Cueilloir-volant.* — Sa forme justifie son nom; la queue du fruit se prend entre deux de ses montants, et se détache par un léger effort, sans exposer le fruit à tomber par terre et à s'écraser (*fig.* 118).

B. *Cueilloir-Gobelet.* — C'est un godet en tôle, dont les bords sont dentés en scie; il est spécialement destiné à cueillir, sans le secours d'une échelle, le raisin des treilles élevées, telles que celles qui courent en cordon sur le sommet d'un mur d'espalier. On passe le cueilloir sous la grappe, puis, par un léger mouvement demi-circulaire, on frotte la tige sur le bord du godet, ce qui suffit pour la couper (*fig.* 119).

Fig. 120, 119, 118.

C. *Cueilloir à ciseaux.* — Le fruit coupé par deux lames de ciseaux qu'une ficelle fait agir à volonté, est reçu dans un panier placé au-dessous (*fig.* 120).

D. *Cueilloir à filets.* — Son mécanisme assez compliqué rend ce cueilloir fort cher; son principal mérite consiste à éviter au fruit toute espèce de frottement, et à conserver, par exemple, aux prunes violettes, cet enduit blanchâtre qu'on nomme fleur (*fig.* 121).

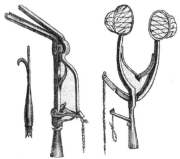

Fig. 123, 122, 121.

E. *Cueilloir à branches.* — Il est, comme le précédent, compliqué et cher; il ne peut servir que pour les fruits dont la tige offre une prise suffisante, comme le raisin et quelques espèces de poires; on l'emploie aussi dans la serre et l'orangerie pour cueillir des fleurs que la main ne saurait atteindre (*fig.* 122).

Les trois premiers de ces instruments sont d'un prix peu élevé, à la portée de tous les jardiniers; les deux derniers ne conviennent qu'aux riches amateurs.

On range improprement parmi les cueilloirs un crochet adapté à un très long manche (*fig.* 123), destiné, non pas à cueillir, mais à faire tomber les noix, les amandes et les châtaignes, fruits que leur chute ne saurait endommager. L'usage de cet instrument devrait être substitué partout à celui de la gaule qui mutile indignement les noyers, les amandiers et les châtaigniers.

Le croc et sert aussi pour abaisser les branches flexibles des arbres, et mettre les fruits à la portée de la main.

SECTION IX. — *Transplantoirs.*

§ Ier.

Le plus simple de tous les transplantoirs est une truelle à bords tranchants représentée de face *fig.* 124 et de profil *fig.* 125, dont on

Fig. 127, 128, 126, 125, 124.

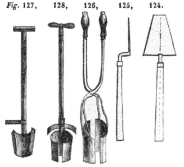

se sert pour couper la terre tout autour de la plante à transplanter et pouvoir l'enlever en motte sans déranger ses racines. Quand la terre offre une consistance suffisante, ce mode très expéditif de transplantation réussit parfaitement.

A. *Transplantoir à branches.* — Les deux demi-cylindres dont il est formé (*fig.* 126) entrent en terre en embrassant le pourtour de la plante; ils doivent être en tôle forte, bien tranchants à leurs bords inférieurs. Il faut avoir soin de ne pas enlever l'instrument trop droit, sans quoi la motte de terre pourrait glisser et faire manquer l'opération. Le même instrument est plus facile à manier quand les demi-cylindres sont d'une forme légèrement conique, un peu plus étroits du bas que du haut.

B. *Transplantoir forestier.* — Quoique cet instrument soit particulièrement en usage dans les forêts pour le repeuplement des clairières, au moyen des jeunes arbres levés en motte, il peut néanmoins rendre de grands services dans les jardins. C'est une bêche à fer demi-cylindrique (*fig.* 127) ou presque complétement cylindrique, comme on le voit dans la *fig.* 128.

Avec le premier on donne deux coups vis-à-vis l'un de l'autre pour détacier la motte de terre ; avec le second, après avoir enfoncé le fer, on lui imprime à droite ou à gaucie un mouvement pour aciever de couper la motte et pouvoir l'enlever sans la rompre.

C. Transplantoir à cylindre. — Cet instrument est le transplantoir proprement dit ; il est presque seul employé par les fleuristes ; sa construction permet de s'en servir pour lever en motte toute sorte de plantes en fleur, et spécialement des plantes bulbeuses, sans troubler leur végétation. Il se compose de deux cylindres emboîtés l'un dans l'autre, la *fig.* 129 re-

Fig. 132,   129.

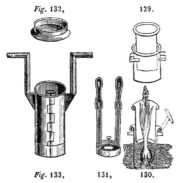

Fig. 133,   131,   130.

présente sa forme extérieure ; sa coupe, *fig.* 130, indique la manière de s'en servir ; le bord inférieur du cylindre extérieur est coupant ; on l'enfonce en terre en appuyant sur les anses, il détache la motte tout autour de la plante et l'enlève d'un seul morceau ; le cylindre intérieur, muni d'un rebord à son extrémité inférieure, sert à repousser la motte et à la faire descendre sans secousse dans la nouvelle place qu'on lui a préparée.

Quelquefois le second cylindre est remplacé par un instrument nommé repoussoir (*fig.* 131), dont l'usage est exactement le même.

Lorsque la plante levée en motte doit être transportée à une certaine distance, on empêche la terre de se détacher de dessous les racines en posant le transplantoir tout ciargé sur un plateau à rebord (*fig.* 132) qu'on ôte au moment de la mise en place.

Le transplantoir est plus facile à manier lorsqu'il se compose de deux pièces demi-cylindriques, jointes par deux ciarnières, dont l'une est maintenue par une tige en fer à demeure, l'autre par une tige mobile munie d'un anneau pour l'enlever à volonté (*fig.* 133).

Au moment de la transplantation, le cylindre ainsi construit peut s'entr'ouvrir et se sé-

parer de la motte pour être retiré de terre, sans qu'on emploie ni le repoussoir, ni le second cylindre du transplantoir représenté *fig.* 130.

En Normandie, où ces deux transplantoirs sont très usités, mais exclusivement pour la culture du melon, on les connaît sous le nom de *lève-melon.*

Section X. — *Pots et caisses.*

§ Ier. — Pots.

Dans les pays où le goût des fleurs est plus répandu qu'en France, on donne de plus grandes dimensions aux pots à fleurs, proportionnellement au développement des plantes qui doivent y végéter ; les résultats de cette méthode constamment suivie en Angleterre et en Belgique montrent suffisamment ses avantages. Les racines des plantes se trouvent fort bien des proportions représentées (*fig.* 134),

Fig. 141,   137,   134.

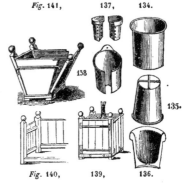

Fig. 140,   139,   136.

quelle que soit la grandeur absolue des pots à fleurs ; on voit que ce modèle, presque aussi large en bas qu'en iaut, est beaucoup plus profond que nos pots à fleurs ordinairement en usage.

Les pots dont le fond se termine intérieurement par une surface iémispiérique sont les plus favorables à l'écoulement de l'eau pour les végétaux dont les racines redoutent un excès d'iumidité. La *fig.* 136 représente la coupe d'un de ces pots, et la *fig.* 135 le même pot renversé pour rendre visibles deux canaux croisés à angle droit et creusés dans l'épaisseur du pot qui sillonnent le fond.

Les pots de deux pièces solidement jointes ensemble par des fils de fer (*fig.* 137) sont indispensables aux plantes qui souffrent beaucoup par le rempotage. On détacie aisément les deux parties de ces pots, sans donner le moindre ébranlement aux racines ; la motte de terre, replacée dans un pot plus grand, est entourée de terre nouvelle, sans interrompre ni troubler sa végétation

Le pot à marcotter, d'invention belge, est fort utile pour obtenir des marcottes d'œillets à haute tige ; la fente latérale (*fig.* 138) sert à introduire la branche ; l'oreille percée sert à suspendre le pot au tuteur de la plante. Les dimensions ordinaires de ces pots ne dépassent pas 0,08 d'ouverture, et 0,10 de profondeur.

§ II. — Caisses.

Les petites caisses ordinaires ne se démontent pas ; les dimensions des arbustes qu'on y élève permettent toujours de leur appliquer le même procédé de rempotage qu'aux plantes qui végètent dans des pots.

Les grandes caisses (*fig.* 139, 140, 141) sont destinées aux arbustes de grandes dimensions ; on voit comment les côtés se déplacent pour le renouvellement de la terre épuisée, et pour le changement des caisses devenues insuffisantes.

§ III. — Échelles.

Le service des espaliers se fait avec une échelle simple ordinaire dont tout le monde connaît la forme et l'usage ; il en est de même du marche-pied et de l'échelle double.

L'échelle-brouette offre une combinaison très simple et très ingénieuse de ces deux instruments ; selon fait tour à tour, selon le besoin, l'office de brouette (*fig.* 142), d'échelle simple (*fig.* 143) et d'échelle double (*fig.* 144).

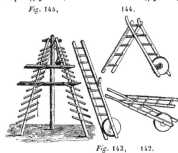

Fig. 145,　　　　144.

Fig. 143,　　142.

Dans les vergers où se trouvent de très grands arbres à fruit, on peut en outre avoir besoin de la grande échelle représentée (*fig.* 145); mais elle a le grave inconvénient d'être fort peu maniable.

§ VI. — Treillages.

Bien que, près des grandes villes, l'art du treillageur soit l'objet d'une profession séparée, tout-à-fait étrangère au jardinage, néanmoins, dans les localités isolées où l'on peut éprouver quelques difficultés à se procurer des ouvriers, il peut être utile de savoir soi-même faire un treillage ou en diriger l'exécution.

Partout où il existe une forêt, on trouve aisément des bûcherons sachant faire des lattes; ils tailleront également bien des brins de treillage, en leur donnant les dimensions. Le treillage ordinaire, en cœur de chêne, a 0,03 d'épaisseur sur 0,04 de largeur. La figure 146

représente le banc du treillageur, au moyen duquel on peut redresser à volonté les brins qui s'éloignent trop de la ligne droite; on les façonne au moyen du planeur (*fig.* 148); les

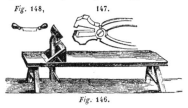

Fig. 148,　　　　147.

Fig. 146.

pinces à attacher le fil de fer, représentées *fig.* 147, peuvent servir à une foule d'autres usages.

TITRE II. — Culture.

CHAPITRE Ier. — Couches, baches et serres a forcer (forcing-house).

Section Ire. — Couches.

L'horticulture ne borne pas ses soins aux végétaux que chaque climat accorde aux habitants des diverses régions du globe ; elle sait en outre donner aux contrées les moins favorisées de la nature les productions des climats les plus doux ; elle sait surtout prolonger, pour les pays où les hivers sont longs et rigoureux, la récolte des produits sensibles à l'action du froid ; enfin, elle parvient, en hâtant avant le printemps les premiers efforts de la végétation, a rendre susceptibles de fructifier sous l'influence du soleil d'été un grand nombre de plantes, qui, sans cette précaution, ne trouveraient pas, sous les climats septentrionaux ou même tempérés, assez de beaux jours pour montrer leurs fleurs et mûrir leurs fruits : tels sont les objets principaux de la *culture artificielle*. On comprend sous ce titre tous les procédés de culture qui, ne pouvant s'accomplir en pleine terre à l'air libre, nécessitent l'emploi des couches, bâches, orangeries.

Les établissements publics destinés à l'étude de la botanique, possèdent seuls en France tous les appareils que réclame la culture artificielle ; les jardins de quelques riches particuliers, soit amateurs, soit spéculateurs, viennent dans l'ordre de leur importance, immédiatement après ceux que l'État entretient.

Le nombre des orangeries l'emporte sur celui des serres tempérées, plus nombreuses elles-mêmes que les serres chaudes-sèches et les serres chaudes-humides. Ces dernières, nécessaires seulement à quelques familles de plantes des tropiques d'un prix très élevé, sont assez communes chez les riches amateurs de Belgique et d'Angleterre, mais très rares en France.

Les couches offrent des avantages si nombreux et si variés que leur usage devrait être universel; nous n'en sommes pas encore là en France, mais depuis trente ans nous avons vu doubler le nombre des horticulteurs qui s'adonnent à la culture artificielle, et elle fait de jour en jour de nouveaux progrès.

§ 1er. — Des couches en général.

La chaleur et l'humidité sont les deux principes essentiels de la vie végétale; lorsqu'à l'effet de ces deux éléments se joint l'action d'un sol formé de terreau pur, ou seulement riche en substances propres à développer la végétation, elle dépasse tout ce qu'on pourrait en attendre en pleine terre: ajoutez-y des moyens artificiels de maintenir les plantes à l'abri des variations de la température extérieure, et, dans la saison la plus rigoureuse, vous pourrez obtenir des produits végétaux capables de rivaliser avec ceux de la belle saison : telle est la théorie des couches, tels sont les principes qui doivent en régler l'emploi. Les matières animales et végétales dont elles se composent, étant en fermentation, donnent de la chaleur et de la vapeur humide, car sans humidité, pas de fermentation; les caisses en bois dont on les entoure et les châssis vitrés qui les recouvrent, concentrent la chaleur en excluant l'influence de l'air du dehors, tandis que la terre normale ou le terreau dont on garnit leur surface offre aux plantes le milieu le plus favorable à leur rapide développement. Les usages des couches varient à l'infini ; en indiquant la construction de chaque espèce de couches, nous donnerons un aperçu des principaux moyens de les utiliser ; elles rentrent toutes dans trois divisions, comprenant les couches *chaudes*, *tièdes et sourdes*.

§ II. — Couches chaudes.

Ce sont les plus utiles de toutes les couches. En Angleterre et en Italie, où leur usage est très fréquent, on ne connaît presque pas d'autres, et les horticulteurs de ces deux pays n'ont qu'une expression en chaque langue pour le mot *couche;* ces expressions, traduites littéralement, signifient *lit-chaud*, en italien *letto caldo*, en anglais *hot-bèd*.

Une couche chaude est formée uniquement de fumier de cheval pris à l'instant où on l'enlève de l'écurie. Nous avons déjà eu l'occasion de signaler les avantages de ce fumier sur tout autre pour le jardinage, avantages qui consistent surtout dans la propriété de suspendre et de reprendre à volonté sa fermentation d'un moment à l'autre, selon qu'on le tient sec ou mouillé. (*Voir* p. 10, § IV.) Si le fumier dont on dispose au moment de former la couche est anciennement tiré de l'écurie, et qu'il ait été conservé au sec, il suffira d'ouvrir le tas; de le mouiller et de le refaire aussitôt, pour que la fermentation s'y manifeste.

On construit les couches chaudes de deux manières, l'une par lits successifs posés sur toute l'étendue que la couche doit occuper:

l'autre en commençant par placer à une extrémité de la couche toute l'épaisseur de fumier qu'elle doit recevoir, et continuant ainsi à reculons. Cette méthode est moins bonne, mais plus expéditive. Les maraîchers des environs de Paris construisent leurs couches avec une rare habileté ; ils n'y emploient que du fumier presque sec, mais ils l'arrosent immédiatement après que la couche est élevée à sa hauteur, avant de lui donner sa couverture de terreau ou de terreau. Pendant qu'ils vident leurs arrosoirs sur le fumier, ils le compriment en dansant dessus avec une régularité parfaite, en sorte qu'on ne saurait trouver dans leurs couches des plus grandes dimensions aucune partie plus ou moins foulée que le reste; on obtient ainsi l'égalité de fermentation, condition de laquelle dépend principalement la bonne confection des couches.

On donne ordinairement aux couches chaudes, de 0m,65 à un mètre de hauteur, une largeur variable de 0m,80 à 1m,32, et une longueur indéterminée, mais qui est rarement au-dessous de 2m,65. Les plus étroites ayant 0m,65 de hauteur et 0m,80 de largeur sont destinées à donner les récoltes forcées les plus précoces; leurs dimensions moindres permettent d'y faire pénétrer plus facilement la chaleur par l'action des réchauds. On nomme réchauds ou réchauds une certaine quantité de fumier en pleine fermentation dont on environne une couche quand sa chaleur propre commence à baisser. Peu de cultures forcées s'accomplissent assez promptement sur couche chaude pour qu'il soit possible de les mener à bien sans être obligé de prolonger la culture artificielle à l'aide des réchauds.

Les couches les plus larges, ayant un mètre de hauteur sur une largeur de 1m,32, s'échauffent et surtout se *réchauffent* plus difficilement, mais elles conservent plus longtemps leur chaleur. Dans la construction de toute espèce de couches, on ne dépasse pas la largeur de 1m,32, afin que les bras d'un homme de taille ordinaire puissent aisément atteindre tous les points de la surface de la couche.

On donne en général aux couches chaudes une couverture de bon terreau qui varie de 0m,16 à 0m,20 d'épaisseur ; le meilleur est celui qui provient d'anciennes couches rompues. Cette épaisseur peut être de beaucoup augmentée, selon la nature des plantes qui doivent y végéter; quand ces plantes doivent y vivre longtemps, on mêle le terreau avec partie égale de bonne terre de jardin; dans le cas contraire, le terreau pur est préférable.

Les couches chaudes sont souvent garnies d'un rebord en paille; on réserve à cet effet les portions les plus longues du fumier de la couche; on les replie sur elles-mêmes en faisant rentrer dans l'intérieur de la couche les extrémités des pailles, de manière à n'en rien laisser pendre au dehors; les couches ainsi disposées se nomment *couches bordées.*

Cet arrangement est bon en lui-même quant à l'effet de la couche sur la végétation; seulement il la rend moins accessible à l'action des réchauds lorsqu'elle devient nécessaire.

On entoure ordinairement les couches chaudes d'une caisse en bois que les jardiniers nomment *coffre* (*fig.* 149). Le coffre est plus élevé

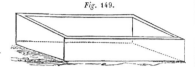

Fig. 149.

derrière que devant, afin que l'eau ne séjourne pas sur le châssis qu'il est destiné à supporter. Ses dimensions les plus communément en usage varient depuis 0m,16 jusqu'à 0m,25 sur le devant, et de 0m,25 à 0m,32 sur le derrière. Ces hauteurs sont loin de correspondre à celle du fumier de la couche; mais il en coûterait trop pour donner aux coffres de telles dimensions; on a soin, soit d'enterrer la couche en partie, soit de relever la terre en talus tout autour, afin que le coffre placé sur le talus dépasse le bord supérieur de la couche. Le coffre se bâtit toujours en bois blanc; s'il était en chêne, la chaleur des réchauds pourrait difficilement le pénétrer. (Pour les châssis vitrés, ou garnis en toile gommée et en papier huilé, voir *Abris* , p. 80.)

§ III. — Couches tièdes.

Les principes qui doivent présider à la construction des couches tièdes sont les mêmes que pour les couches chaudes, elles se travaillent exactement par les mêmes procédés. Leur différence essentielle consiste dans les éléments dont on les construit. Le fumier d'écurie convient seul, à l'exclusion de tout autre, pour les couches chaudes; à peine pourrait-on, à défaut de fumier de cheval, y employer celui d'âne ou de mulet. Les couches tièdes, au contraire, admettent toute espèce de fumiers mélangés; les plus usités sont ceux de cheval, de vache et de mouton par portions égales; tous trois réunis n'entrent que pour la moitié ou tout au plus pour les deux tiers dans la composition de la couche; le reste est formé de feuilles, soit sèches, soit ramassées au moment de leur chute, ce qui est préférable.

Malgré le nom que reçoivent ces couches, une fermentation très active y développe assez souvent une chaleur très intense; c'est ce qui a lieu principalement lorsque le fumier, au moment où on l'a employé, se trouvait, ou trop humide, ou trop riche en matières animales. Il faut dans ce cas, avant de rien confier à la couche tiède, lui laisser, selon l'expression reçue, *jeter son feu.* C'est un retard souvent très préjudiciable au jardinier; on doit le prévenir en choisissant pour la construction des couches tièdes des fumiers où la paille domine sur les matières animales, et en évitant de leur donner une humidité surabondante. On revêt les couches tièdes de la même épaisseur de terreau

que les couches chaudes; les mêmes coffres et les mêmes châssis vitrés s'appliquent aux unes et aux autres.

Les feuilles qui entrent dans la composition des couches tièdes prolongent la durée de leur chaleur; on peut au besoin leur appliquer des réchauds, mais avec beaucoup de prudence; car il ne faut pas perdre de vue que les racines des plantes élevées durant la première période de leur croissance, dans un milieu d'une température modérée, supporteraient difficilement un brusque passage dans un milieu beaucoup plus chaud.

§ IV. — Couches sourdes.

On ne doit attendre de ces couches qu'une chaleur sourde, de très peu supérieure à celle de la terre au moment où on les dresse; cette chaleur se maintient longtemps, mais on ne peut la renouveler à l'aide des réchauds. Le fumier qu'on emploie à la construction des couches sourdes est toujours à demi consommé; dans les jardins où la culture forcée occupe un très grand espace, ce fumier n'est le plus souvent que celui des couches chaudes et tièdes qu'on démonte lorsque les cultures auxquelles on les destinait sont terminées.

Tandis que le fumier des couches chaudes et tièdes n'agit pour ainsi dire qu'*indirectement* sur la végétation en plaçant les racines des plantes dans un milieu échauffé, et leurs feuilles dans une atmosphère artificiellement préservée du froid, le fumier des couches sourdes, déjà passé en grande partie à l'état de terreau, agit *directement,* comme aliment, sur la végétation des plantes cultivées; c'est le caractère distinctif de ces sortes de couches.

On construit toujours les couches sourdes dans une fosse creusée en terre à la profondeur de 0m,50 à 0m,60; leurs dimensions ordinaires sont 0m,70 d'épaisseur, 1m,32 de largeur, et une longueur variable à volonté; elles n'excèdent guère que de 0m,10 le niveau du sol; on les recouvre avec de la terre de jardin disposée en talus sur les côtés, et légèrement bombée vers le milieu; elles ne reçoivent ni coffres ni châssis vitrés; leur principal emploi consiste à terminer en plein air la culture des melons commencée sur couche chaude ou tiède. Néanmoins elles peuvent hâter la croissance de beaucoup de plantes potagères, et prolonger la durée des végétaux sensibles aux premiers froids. A cet effet on les-couvre pendant la nuit, soit au printemps, soit à l'automne, avec un abri de paillassons fixés à des morceaux de cercles de tonneau maintenus par une barre horizontale (voir *Abris, fig.* 101).

§ V. — Couches économiques.

Il n'y a pas de jardin, petit ou grand, quelle que soit la fortune de celui qui le cultive, où il ne doive se trouver une place réservée pour une ou plusieurs couches de chaque espèce. Ceux qu'arrêterait la dépense d'une couche chaude ou tiède, parce qu'elle exige un coffre en bois et un châssis vitré, peuvent se borner aux couches sourdes ; la dépense pour celles-ci se réduit pour ainsi dire à la main-d'œuvre : quand la couche sourde est épuisée, le fumier devenu du terreau peut rendre presque autant de services qu'à son premier état. C'est un préjugé trop généralement répandu de croire que la construction et la conduite des couches sont des choses difficiles, compliquées, qui ne peuvent réussir que par les soins d'un jardinier de profession.

Aux environs des villes où il est possible de se procurer à un prix modéré de grandes quantités de fumier d'écurie, et de vendre avantageusement les produits du jardinage, bien des jardiniers trouvent leur compte à couvrir de couches la presque totalité de leur terrain ; la qualité du sol devient dans ce cas tout-à-fait indifférente, les plantes potagères ne devant vivre qu'aux dépens du fumier, du terreau et des composts appropriés à leur nature.

Ce genre de culture devrait être beaucoup plus répandu, au profit du consommateur comme à celui du producteur, et il paierait largement les avances qu'il exige ; mais le plus souvent la mise dehors nécessaire pour se monter en coffres et châssis, pour *avoir du verre*, selon l'expression des maraîchers, dépasse les facultés du jardinier ; les châssis en menuiserie, couverts de toile gommée ou de papier huilé, sont encore beaucoup plus coûteux que le procédé très économique que nous allons indiquer pour y suppléer.

On choisit des brins de cotterets droits et bien formés ; on les fend dans leur longueur, et on les scie en deux parties égales, ce qui donne pour chaque brin quatre morceaux ; on taille en pointe une de leurs extrémités. Dans les pays vignobles où le bois est à bas prix, de vieux échalas taillés à la longueur convenable peuvent être employés avec très peu de dépense.

L'emplacement destiné à la couche (*fig.* 150)

Fig. 150.

est entouré de ces demi-piquets, à 0m,40 de distance les uns des autres ; ils doivent présenter alternativement en dehors une face plane et une face convexe. Ceux de la ligne de devant sont saillants en dehors de 0m,60, et enfoncés en terre de 0m,50, de sorte qu'en enlevant à l'intérieur du parallélograme 0m,20 de terre, les piquets restent encore enterrés à une profondeur de 0m,30. La ligne de derrière doit avoir de plus que celle de devant hors de terre, 0m,10. On forme avec de la litière sèche ou de la paille brisée des bourrelets analogues à ceux dont on se sert pour empailler les arbres sensibles au froid, ou pour emballer des vases fragiles ; on enlace ces bourrelets ou cordons de

paille entre les piquets, en les passant tour à tour en dedans et en dehors ; il en résulte une sorte de caisse ouverte dans laquelle on établit la couche. Il faut avoir soin de donner à la couche ainsi construite une largeur d'au moins 1m,50, afin de pouvoir placer intérieurement tout autour une garniture de fumier long susceptible d'être enlevée à volonté, et remplacée par des réchauds s'ils deviennent nécessaires, car il serait impossible de les faire agir si on les plaçait à l'extérieur de la couche.

La couche revêtue de terre ou de terreau se recouvre d'un châssis (*fig.* 151), formé tout simplement de lattes ou de bouts de treillage croi-

Fig. 151.

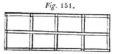

plement de lattes ou de bouts de treillage croisés, assemblés par des clous, et recouverts, soit de papier huilé, soit de calicot gommé.

Dans les pays où la paille est rare et chère, on peut remplacer les bourrelets de paille par des branches de genêt, en choisissant les plus longues et les moins ligneuses et les comprimant avec force du haut en bas.

Sans doute, on ne peut, avec un semblable appareil, obtenir sans exception tous les produits que donne une couche chaude ou tiède munie d'un châssis vitré sur un coffre en bois ; mais on en obtiendra certainement les plus importants tels que du plant de melon semé en janvier, des haricots verts et des pois de grande primeur, et des asperges vertes forcées tout l'hiver. La dépense d'une couche économique selon le procédé que nous venons d'indiquer s'élève à peine au dixième de celle que nécessite une couche avec coffre en menuiserie et châssis vitré.

Le local assigné aux couches dans le jardin doit toujours être abrité par un mur à l'exposition du midi. Lorsqu'on réunit les trois genres de couches, on place les couches chaudes le plus près possible de la muraille, les tièdes ou second rang et les sourdes en troisième ligne. On laisse ordinairement entre les lignes de couches un espace de 0m,40, destiné tout à la fois à servir de passage et à recevoir les réchauds selon le besoin. Entre plusieurs rangées de couches de la même espèce, cette distance est suffisante ; mais entre la dernière ligne d'une espèce et la première ligne de l'autre, il faut laisser au moins 0m,60 ; sans cette précaution, le réchaud placé entre les deux lignes agit avec la même énergie sur deux couches dans des conditions différentes, ce qui donnerait lieu fort souvent à des pertes considérables.

§ VI. — Couches à champignons.

La construction et la conduite des couches exclusivement destinées à la reproduction des champignons diffèrent tellement de celles des autres couches que nous avons dû les décrire séparément : la culture du champignon sur couches forme d'ailleurs une branche très importante de l'industrie maraîchère aux environs des grandes villes.

Le fumier d'écurie dans lequel les matières animales surabondent et qu'on entretient dans un état de moiteur sans excès d'humidité, est disposé à s'agglomérer par plaques ou pelotons couverts de moisissure blanchâtre ; c'est ce qu'on nomme : *prendre le blanc*. Tout fumier qui a pris le blanc est propre à la production des champignons. Le fumier d'âne est celui de tous qui prend le blanc avec le plus de facilité, puis le fumier de mulet ; le fumier de cheval ne vient qu'en troisième ligne ; s'il est le plus usité, c'est parce qu'il est beaucoup plus commun que les deux autres.

Pour disposer ce fumier à prendre le blanc, on le dépose en tas irréguliers dans une cave humide ; c'est le procédé le plus simple qu'on puisse employer pour préparer les éléments d'une bonne couche à champignons. Voici ce que dit à ce sujet M. Pirolle :

« Je tiens du hasard le procédé suivant : Du fumier bien choisi avait été transporté en novembre dans une cave ; il y resta jusqu'à la fin de février ; il était moisi, et tout blanc. Il fut répandu à 0m,10 d'épaisseur sur le fumier chaud, foulé et piétiné, d'une couche couverte ensuite de 0m,16 de terreau. Pendant trois mois et plus, cette couche a donné une quantité prodigieuse de champignons. »

Nous ajouterons que nous avons répété l'expérience avec encore moins de cérémonie. Le fumier enfermé dans la cave fut dressé à la même place en couches de 0m,80 de largeur, et 0m,60 de hauteur, dès qu'il eut bien pris le blanc ; il ne fut que médiocrement pressé et recouvert de 0m,10 de terreau ; la couche se couvrit de champignons au bout de quelques jours. La production s'étant ralentie après deux mois d'une abondance extraordinaire, la couche fut arrosée avec de l'eau fraîche dans laquelle on avait lavé des champignons frais, coupés par morceaux ; la récolte recommença et se soutint pendant plus de 5 mois. Nous avons mis ce procédé en pratique pendant 5 ans ; il nous a constamment réussi les 4 premières années ; mais à la 5e, toutes les circonstances étant exactement les mêmes, il n'est pas venu de champignons, sans que nous ayons pu en déterminer la cause.

Ceci explique pourquoi les jardiniers marchands, au lieu de ce moyen si simple, mais qui n'est pas toujours sûr, s'en tiennent au procédé suivant, complique et dispendieux, mais qui réussit toujours.

Il faut d'abord se procurer du fumier de chevaux nourris au sec, et dont la litière au lieu d'être renouvelée tous les jours, sert toute une semaine en la retournant ; ce fumier formé en majeure partie de crottin, est fortement imbibé d'urine, condition essentielle pour le succès des couches à champignons. On a soin d'enlever hors de ce fumier tout ce qui pourrait s'y trouver de foin ou de paille sèche ; puis on le dispose en tas réguliers d'un mètre de largeur sur 0m,60 de hauteur ; ces tas doivent être fortement foulés en marchant dessus, puis abandonnés à eux-mêmes pendant quinze jours ; on ne doit les humecter que dans le cas où la température serait constamment chaude et sèche ; alors seulement on les mouillera, mais modérément.

Au bout de ce temps on ouvre les tas, on en mélange intimement toutes les parties, et on les reforme aussitôt, en observant de reporter au centre des tas les portions moins décomposées qui se trouvaient à l'extérieur. Après cette seconde façon, huit jours suffisent pour que le fumier soit au point où on le désire, c'est-à-dire gras, onctueux, et parfaitement homogène dans toutes ses parties ; alors on le dresse, non pas en couches précisément, mais en petites meules terminées en forme de toit, ayant à leur base 0m,80 de largeur, sur une hauteur de 0m,55 (*fig.* 152). Nous ne saurions

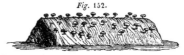

Fig. 152.

donner d'indications précises pour reconnaître avec certitude que le fumier est arrivé juste au point convenable pour être mis en meule ; la présence de l'eau est toujours un indice défavorable, et l'on juge en général le fumier propre à la production des champignons lorsqu'il est, selon l'expression reçue, bien *gras* dans toutes ses parties.

Les couches en plein air réussissent si difficilement que nous conseillerons toujours de les établir soit dans une cave, soit dans un cellier parfaitement obscur et exempt de courants d'air. Les couches ainsi placées produiraient presque toujours d'elles-mêmes des champignons en abondance ; mais pour ne rien donner au hasard, on les garnit de distance en distance de petits morceaux d'une substance particulière qu'on nomme blanc de champignons. Les naturalistes ne sauraient expliquer pourquoi ni comment cette substance blanchâtre et filamenteuse qu'on recueille sur les couches épuisées qui ont fourni beaucoup de champignons, possède la propriété d'en faire naître de nouveaux ; le fait est qu'après avoir inséré dans l'épaisseur des flancs de la couche de petits fragments de blanc disposés en échiquier, à 0m.16 les uns des autres, de façon à affleurer la surface, les champignons ne tardent pas à s'y montrer. Lorsqu'on se trouve dans une localité où il est difficile et dispendieux de se procurer du blanc de champignons, on obtient à peu près les mêmes résultats en coupant menu des champignons récemment cueillis et les lavant dans de l'eau fraîche qu'on répand bien également sur toutes les parties de la surface des couches, au moyen d'un arrosoir à pomme percé de trous très fins.

Les couches établies en plein air reçoivent une

couverture de litière sèche qu'on nomme che-mise, qu'on déplace pour cueillir les champi-gnons; mais, ainsi que nous l'avons dit, ces couches manquent si souvent leur effet, que l'usage en est généralement abandonné.

La meilleure couche à champignons serait bientôt épuisée si l'on en récoltait les produits sans précaution; il faut faire tourner adroite-ment chaque champignon sur lui-même et sur sa base pour le détacher sans déranger le blanc auquel il adhère et qui doit donner naissance à ses successeurs.

SECTION II. — *Bâches.*

Les bâches sont de véritables serres dans de petites proportions; elles en tiennent lieu pour les amateurs d'horticulture à qui leur fortune ne permet pas la dépense d'une serre. On donne toujours à la maçonnerie des bâches la forme du cadre en bois destiné à porter le châssis vitré des couches chaudes (*voy.* Cou-ches, *fig.* 149). Les moindres dimensions qu'on donne aux bâches sont six mètres de long sur trois de large; on en construit de beaucoup plus grandes. Le sol de la bâche doit être plus bas de 0^m,50 à 0^m,60 que celui qui l'environne. Les murs inégaux de devant et de derrière ont au moins une hauteur suffisante pour qu'un homme de taille moyenne, placé dans la bâche, puisse se tenir debout à égale distance de l'un et de l'autre, sans que sa tête touche au vitrage (*fig.* 155). Ce vitrage est fixé par une char-nière au mur du fond et ne peut se soulever que par-devant, au moyen d'un support à cré-maillère; c'est surtout en quoi il diffère de celui des couches, qui se soulève des deux côtés à volonté. Du reste, les rainures qui maintiennent chaque panneau du vitrage doivent, comme pour les couches, être creusées en gouttière pour l'écoulement des eaux de pluie. La bâche re-çoit au besoin une chaleur supplémentaire au moyen d'un fourneau A (*fig.* 153) dont les

Fig. 153.

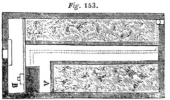

tuyaux ponctués courent sous terre à l'intérieur de la bâche. On place l'ouverture B de ce fourneau dans un retranchement séparé du reste de la bâche, afin que la fumée ne puisse y pénétrer; cette disposition offre en outre l'avantage d'une double porte, ce qui évite toute chance d'intro-duction subite de l'air froid du dehors. On peut aussi chauffer les bâches au moyen de la va-peur; dans ce cas, le fourneau et la chau-dière sont établis au dehors.

Plusieurs cylindres à poulies, semblables en

tout à ceux qui supportent les stores dans les appartements, et susceptibles de tourner comme eux au moyen de cordons fixés à leurs extré-mités, soutiennent des toiles qu'on étend à volonté sur les vitrages de la bâche quand on craint pour les plantes l'effet d'un soleil trop ardent. Quand même les dimensions de la bâ-che permettraient de faire cette toile d'une seule pièce, il serait préférable de la partager entre plusieurs cylindres, afin de pouvoir ombrager à volonté une partie seulement de l'intérieur de la bâche.

Dans les bâches les plus étroites, il n'y a qu'un seul compartiment, derrière lequel court un sentier F pour le service; un dressoir fixé au mur du fond permet d'y placer une rangée de plantes en pots (*fig.* 154).

Fig. 154, 155.

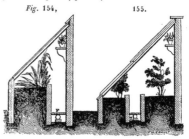

Dans la plupart des bâches il y a deux com-partiments séparés par un sentier (*fig.* 155). Des murs de refend, en maçonnerie légère, sou-tiennent ces deux plates-bandes qui sont ordi-nairement des couches, soit de tan, soit de fumier. Les tuyaux T destinés à chauffer la bâ-che courent sous le sentier qui est recouvert en planches, dans l'une comme dans l'autre construction.

Les bâches se modifient à certains égards, selon leur destination. Celles qu'on consacre exclusivement à la culture des ananas sont dis-posées comme le représente la figure 156. Les

Fig. 156.

ananas ne pouvant jamais avoir trop chaud, il est avantageux d'établir un tuyau de chaleur sous chacun des deux sentiers à droite et à gauche de la tannée qui contient ces plantes dans des pots. On peut même, pour obtenir une chaleur plus forte, faire régner un tuyau de chaleur T sur le mur antérieur.

On place à l'exposition de l'est de préférence à toute autre, les bâches que les pépiniéristes de profession destinent à multiplier, soit de marcottes, soit de boutures, certaines plantes qui s'enracinent plus facilement quand on les préserve de l'action directe des rayons solaires. Pour les marcottes des grands végétaux, on n'établit point de couches dans l'intérieur de la bâche ; les souches-mères y sont en pleine terre, dans le sol convenablement préparé.

Quelle que soit la destination de la bâche, on peut toujours faire courir sur le mur du fond un cordon de vigne pris sur une vigne plantée au dehors ; on en récoltera le raisin 5 ou 6 semaines avant celui des espèces les plus précoces à l'air libre.

SECTION III. — *Serres à forcer.* (*Forcing-house.*)

Sous le climat de Paris et au sud de ce climat, la vigne et le pêcher mûrissent parfaitement leur fruit dans les années ordinaires ; à peine leur arrive-t-il tous les dix ans de ne pas mûrir du tout, et tous les trois ou quatre ans de n'arriver qu'à une maturité imparfaite. Les années 1840 et 1842 sont des exemples du maximum de qualité que la pêche et le raisin puissent acquérir sous le climat de Paris. Mais, à quelques myriamètres seulement au nord de la capitale, la maturation du raisin et de la pêche commence à être de plus en plus difficile ; sur notre frontière du nord, on ne connaît guère ce que c'est que du vrai chasselas, à moins qu'on ne l'ait fait venir de Fontainebleau ; les pêches réussissent mieux, bien qu'il arrive souvent aux premières gelées de frapper les pêches tardives avant qu'elles soient devenues mangeables. Pour se faire une idée de ce que la culture forcée du raisin peut rapporter dans ces circonstances, nous nous bornerons à rappeler un fait cité par M. le comte Lelieur, dans la Pomone française. M. Van Gaert, à Anvers (Belgique) récolte annuellement de 500 à 600 kilogr. de raisin de Frankenthal dans une serre de 29ᵐ,33 de long sur 8 mètres de large et 10 de hauteur. Ce raisin se vend toujours à un prix très élevé, dans un pays où une grappe de raisin mûr est une curiosité gastronomique. Ces faits nous engagent à compléter la des-

Fig. 157.

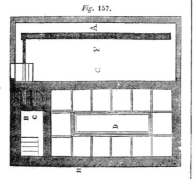

cription des applications de la chaleur artificielle aux cultures forcées, en y joignant la description de quelques-unes des constructions employées en Angleterre sous le nom de serres à forcer (*forcing-house*).

La serre dont on voit le plan (*fig.* 157) et la coupe (*fig.* 158) est la plus favorable de toutes

Fig. 158.

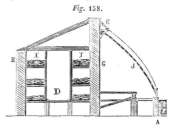

pour forcer la vigne. Les ceps se plantent soit en dehors, au midi, en avant du mur A, soit à l'intérieur, près du même mur. La serre est chauffée par un thermosiphon. F, (*fig.* 157) ; elle pourrait ne comprendre que l'espace renfermé entre le mur A et le mur G; dans ce cas, la chaudière et son fourneau seraient placés en dehors sous un hangar ; mais le plus souvent on utilise la surface nord du mur G, en lui faisant soutenir un toit en appentis reposant sur un autre mur parallèle H (*fig.* 158); on établit dans l'intervalle qui les sépare ce que les Anglais nomment une serre à champignons (*mushrooms-house*). Les couches à champignons I I sont disposées sur des dressoirs en maçonnerie légère, dont la *fig.* 158 montre la disposition. Elles sont séparées par le passage D. La chaudière B (*fig.* 157) chauffe la serre à la vigne ; la chaudière C chauffe la serre aux champignons. On voit en E (*fig.* 158) les ventilateurs destinés à introduire l'air du dehors, selon le besoin ; le treillage J est établi parallèlement au vitrage, le plus près possible de celui-ci, pour que la vigne palissée dessus ne perde rien des influences bienfaisantes de la lumière et de la chaleur solaires, indépendamment de la chaleur artificielle.

La serre destinée à forcer les pêches diffère un peu de la précédente. Quand elle doit être chauffée par un seul foyer, on ne peut guère lui donner au-delà de 12 mètres de long sur 3 de large et 4 de haut ; mais ces dimensions peuvent varier selon le plus ou moins de précocité des récoltes qu'on se propose d'obtenir. Pour les pêches de grande primeur, la serre ne peut avoir au-delà de 8 à 9 mètres de long sur 2ᵐ,50 de large, tandis qu'on peut sans inconvénient lui donner jusqu'à 16 mètres de long si l'on veut se borner à hâter seulement de quelques semaines le cours ordinaire de la végétation naturelle du pêcher. La *fig.* 159 représente la coupe, et la *fig.* 160 le plan d'une serre à forcer les pêches. Comme dans la serre à vigne, le mur de devant D (*fig.* 159) est muni d'ouvertures que la coupe n'indique pas, pour laisser passer les souches des pêchers qui vivent aux dépens du sol de la plate-bande régnant le long de la serre, au sud; ce mur supporte les châssis vitrés. On voit dans la serre deux treillages, l'un, placé le long du mur du fond E (*fig.* 159), l'autre B incliné sur le devant de la

Fig. 159.

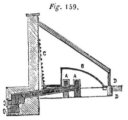

serre ; un passage est laissé entre les deux pour le service.

Le plan (*fig.* 160) montre la disposition du

Fig. 160.

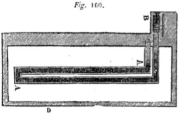

tube du thermosiphon A A qui revient sur lui-même, et celle de la chaudière B placée à l'extérieur.

_____

CHAPITRE II. — ORANGERIE ET SERRES.

SECTION Ire. — *Orangerie.*

Quelques auteurs désignent l'orangerie sous le nom de *serre froide*, parce qu'en effet elle convient à une foule de végétaux autres que ceux de la famille des orangers. Mais le mot *serre* possède une acception qui lui est propre; il désigne un local où les plantes végètent en *toute saison*, et qui, par conséquent, reçoit par des vitrages la plus grande somme possible de lumière extérieure.

L'orangerie est un local exclusivement réservé à la conservation, pendant l'hiver, des plantes, quelles qu'elles soient, dont la végétation est dans cette saison totalement interrompue, et qui, pour cette raison, peuvent se passer de lumière, à tel point que pour un très grand nombre d'amateurs peu favorisés de la fortune, l'orangerie est représentée tout simplement par une cave; or, pourvu que cette cave ne soit pas excessivement humide, les plantes d'orangerie s'y maintiennent sans paraître en souffrir d'une manière sensible. Il est bien entendu que nous ne désignons pas sous le nom de plantes d'orangerie celles qui sont sujettes à végéter

pendant l'hiver : telles que les *pelargonium* et une foule d'autres. Nommer l'orangerie *serre froide*, ce serait donc dénaturer entièrement la signification du mot *serre.*

L'orangerie devrait avoir des fenêtres aux trois expositions du midi, de l'est et de l'ouest; mais le plus souvent elle n'en a qu'au midi. Plusieurs auteurs recommandent de faire ces fenêtres doubles, et de garnir en papier huilé le châssis intérieur; cet usage, suivi généralement en Angleterre, ne nous semble pas nécessaire en France; les fenêtres de l'orangerie peuvent être simples, pourvu que la menuiserie en soit assez soignée pour ne laisser pénétrer aucun courant d'air, et pour permettre d'obtenir au besoin une clôture hermétique.

Une orangerie bien construite est peu profonde par rapport à sa longueur; sa hauteur dépasse d'au moins 0m,15 le sommet des plantes les plus élevées qui doivent y séjourner; elle doit être aussi d'un accès facile et munie d'une porte double, assez large pour que les arbustes ne soient point froissés en y entrant.

On doit avoir égard, en créant une orangerie, non pas aux dimensions actuelles des plantes, mais à celles qu'elles doivent atteindre, sous peine de les voir en peu d'années s'étouffer les unes les autres.

Le gouvernement de l'orangerie est des plus simples; il suffit de la préserver de la gelée, et de donner de l'air depuis le matin jusqu'à trois heures de l'après midi, toutes les fois que la température ne descend pas au-dessous de zéro: en règle générale, il fait toujours assez chaud dans l'orangerie quand il n'y gèle pas.

Presque toutes les orangeries ont un poêle; il vaut mieux que ce poêle soit placé à l'extérieur, dans la crainte que les arbustes trop voisins souffrent de la chaleur. On ne doit, dans tous les cas, le chauffer qu'avec les plus grands ménagements; une température de quelques degrés seulement trop élevée, peut déterminer les plantes d'orangerie à entrer en végétation; dès lors, les pousses formées dans un local où elles manquent nécessairement de lumière, s'étiolent, et l'on ne peut espérer de voir l'été suivant les plantes revêtir leur parure.

On ne saurait mettre trop de prudence dans la distribution de l'eau aux plantes d'orangerie ; il ne faut leur en donner qu'une ou deux fois pendant l'hiver; plusieurs genres, notamment les oléandres et les grenadiers, peuvent s'en passer tout-à-fait, de l'automne au printemps. Un léger excès d'humidité pendant l'hiver, en entretenant chez ces arbustes une sorte de mouvement languissant de végétation, tandis qu'il leur faudrait un repos absolu, les prive au retour du printemps de la vigueur nécessaire, et le plus souvent il ne faut pas attribuer à une autre cause la difficulté qu'on éprouve fréquemment à obtenir leur floraison avant la fin des beaux jours.

La génération actuelle a vu s'opérer une révolution complète dans le régime de l'orangerie. Avant l'expédition du capitaine Baudin, qui date des premières années de ce siècle, l'orangerie ne contenait guère que quatre ou cinq genres de plantes ; les orangers formaient le fond de la population ; puis quelques citronniers, myrtes, lauriers - roses et grenadiers : rien de plus. Ces végétaux, sous le climat de Paris, se passaient parfaitement de feu en hiver, pourvu que le sol de l'orangerie fût d'un mètre environ plus bas que le sol environnant ; cela suffisait pour maintenir dans l'orangerie une atmosphère toujours humide très favorable à la santé des végétaux ; l'orangerie du Jardin des Plantes à Paris, construite d'après ce principe, n'était jamais chauffée. De nos jours, tout ce système est changé ; les orangers, citronniers, myrtes, grenadiers et lauriers-roses sont relégués dans les jardins publics et dans les grands jardins d'un petit nombre de châteaux ; lors de là, les géraniums, les pelargonium, les camélias, les ont mis en fuite; en outre, les plantes de la Nouvelle-Hollande se sont vulgarisées ; on peut avoir à des prix modérés des eucalyptus, des mélaleucas, des métrosydéros ; on les préfère aux orangers. Mais la température de l'orangerie ne leur convient plus ; quelques degrés de plus leur sont nécessaires en hiver ; ils ne peuvent se passer de feu comme les plantes d'orangerie proprement dites ; l'air et la lumière que l'orangerie pourrait leur fournir seraient insuffisants. L'orangerie tend à se transformer en serre tempérée; à Paris, chez les jardiniers de profession, c'est déjà fait.

Le principal produit des orangers possédés par les jardiniers consistait encore, il y a 30 ans, dans la fleur, ou pour mieux dire, dans les pétales de la fleur, que les distillateurs et les confiseurs achetaient à un prix raisonnable. Aujourd'hui, l'eau de fleurs d'oranger nous vient du midi, à si bas prix et en si grande quantité, que les pétales de fleurs d'orangers récoltés à Paris sont tombés de 6 fr. à 2 fr. 50 c. le kilogr. Il n'y a plus moyen de compter sur la vente de ce produit pour couvrir les frais de l'orangerie ; il y a nécessité de recourir aux fleurs en possession de la faveur du public, surtout aux genres camélia, géranium et pelargonium. Ces plantes ne meurent pas dans l'orangerie, mais elles y languissent. Les camélias y perdent leurs feuilles et presque tous leurs boutons ; leur floraison si précieuse, avorte ; les géraniums et les pélargoniums, quoique moins maltraités, n'atteignent jamais dans l'orangerie cet état parfait de floraison où les fleurs bien développées, également réparties entre toutes les branches, donnent à la plante tout entière l'aspect d'un élégant bouquet. Le jardinier de profession n'a donc pas pu faire autrement que de substituer à l'orangerie la serre tempérée. Quant à l'amateur qui ne cherche que son agrément et la décoration de son jardin, il peut, à défaut d'un local spécial, se faire une orangerie d'une pièce quelconque au rez-de-chaussée, dont il est toujours facile d'abaisser le sol; dans ce cas, il s'en tient exclusivement aux plantes d'orangerie ; pour les autres, il n'en retirerait que la contrariété de les voir languir et périr.

L'orange parvient à parfaite maturité, non-seulement sous le climat de Paris, mais sous le ciel brumeux de l'Ecosse ; il suffit pour cela de cultiver l'oranger en pleine terre, en espalier, le long du mur, formant le fond d'une serre telle que celle que nous avons représentée, fig. 155, page 159. On voit depuis longues années de très beaux orangers traités de cette manière, à Paris, dans le jardin de M. Fion. M. Patrick Neill, horticulteur écossais, affirme avoir vu dans une serre à primeurs du comté de Lanark un oranger en espalier occupant un espace de plus de 24 mètres carrés ; il était, dit-il, tout chargé d'oranges parfaitement mûres ; nous pensons qu'un Portugais, ou même un Provençal, n'aurait pas été sur ce point de l'avis de M. Patrick Neill.

SECTION II. — *Serres.*

§ 1er. — Des serres en général.

Une serre, quelle que soit sa destination, est un local dans la construction duquel il n'entre de maçonnerie que la quantité absolument indispensable. Le plus souvent, la serre n'a qu'un seul mur dirigé de l'est à l'ouest ; le toit en appentis, la façade antérieure et les deux façades latérales sont en vitrages. Ce mode de construction est avantageux pour le coup d'œil ; il permet de placer les plus grands végétaux au fond et les autres en avant, par rang de taille ; il laisse aux végétaux grimpants un espalier spacieux ; son principal inconvénient consiste à priver d'un côté les plus grands végétaux du contact direct de la lumière, ce qui force à les tenir en caisses pour pouvoir les retourner, et nuit toujours plus ou moins à leur végétation.

Depuis quelques années on construit beaucoup de serres à deux versants, ce qui permet une meilleure distribution de la lumière; dans ce cas, il n'y a presque pas besoin de maçonnerie.

Dans les très grandes serres les supports des vitrages devraient être entièrement formés de fer à l'exclusion de toute autre matière ; le fer offre sur le bois l'avantage d'enlever moins de place au passage de la lumière et d'être beaucoup plus durable. Le bois employé dans la construction des serres étant constamment en contact avec une atmosphère toujours tiède et humide, se détériore très rapidement, quelque soin qu'on prenne de le peindre; puis les insectes s'y mettent et accélèrent sa destruction. La moindre crevasse dans le bois sert de refuge à une foule d'insectes nuisibles aux plantes ; ils y multiplient à l'aise sans que le plus souvent la vigilance du jardinier puisse s'en apercevoir; le fer n'a aucun de ces inconvénients.

Divers procédés ont été proposés pour préserver d'une destruction trop prompte les bois employés à la charpente des serres; tous sont dangereux, soit pour la santé des plantes, soit, ce qui est beaucoup plus grave, pour la santé des jardiniers : nous en citerons un exemple récent.

Un grand seigneur anglais faisant construire une vaste serre en charpente, s'avisa d'en faire tremper toutes les pièces dans une solution de deuto-chlorure de mercure (sublimé corrosif); on lui avait enseigné ce préservatif contre les ravages des insectes. Dès qu'on eut rempli cette serre de plantes et qu'il fallut la chauffer, son atmosphère se remplit de vapeurs mercurielles; les plantes jaunirent et périrent ; le jardinier et l'un de ses aides tombèrent malades et moururent ; tous ceux qui avaient travaillé dans la serre furent plus ou moins attaqués; on se hâta de la démolir et de la reconstruire en fer.

§ II. — Serre tempérée.

Si la construction d'une serre tempérée n'était beaucoup plus dispendieuse que celle d'une orangerie, nous dirions aux amateurs d'horticulture : N'ayez pas d'orangeries, ne faites construire que des serres. En effet, on peut poser en principe, comme l'a fait avec beaucoup de sagacité M. Vilmorin, que toutes les plantes d'orangerie réussissent bien et même mieux en serre tempérée, à cause de la grande lumière qu'elles y trouvent, et que, par une raison contraire, les plantes de serre tempérée ne peuvent réussir en orangerie, faute de lumière suffisante à leur végétation ou à leur entretien.

· Mais une serre tempérée exige un local construit exprès, et qui ne peut recevoir d'autre destination, tandis qu'une pièce au rez-de-chaussée dont on élargit les fenêtres, ou une simple remise à laquelle on adapte une façade vitrée, peuvent improviser une orangerie. La serre tempérée se construit à un ou deux versants. Dans le premier cas, elle reproduit exactement sur de plus grandes dimensions le dessin que nous avons donné de la bâche à double plate-bande (fig. 155) ; dans le second, elle contient deux plates-bandes séparées par un sentier (fig. 161), ou quatre plates-bandes

Fig. 161.

et trois sentiers (fig. 162). Les serres à deux

Fig. 162.

versants de grandes dimensions sont ordinairement couronnées par une galerie destinée à faciliter la manœuvre des toiles et des paillassons, qu'il serait trop incommode de faire monter et descendre sans cette disposition (fig. 163). Il faut dans ce cas, donner à la

Fig. 163.

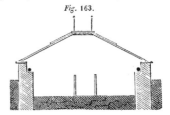

charpente, soit en bois soit en fer, une solidité suffisante pour supporter au besoin un ou plusieurs ouvriers.

§ III. — Vitrages.

Le choix du verre pour le vitrage des serres est un objet de première importance quant à la santé des plantes ; l'économie sur ce point serait bientôt dispendieuse, puisqu'elle occasionnerait la perte d'un grand nombre de végétaux. D'ailleurs, la serre qui est la plupart du temps un objet d'agrément, n'offre plus rien d'agréable pour le véritable amateur d'horticulture, dès qu'il y voit les plantes languir et croître pour ainsi dire à regret. C'est ce qui ne peut manquer d'arriver à celles qui, dans leur pays natal, vivent sous l'influence de la plus éclatante lumière, lorsque dans la serre elles ne sont éclairées qu'à travers du verre commun d'une teinte verdâtre, au lieu de verre blanc dont la transparence parfaite, doit être entretenue par la plus minutieuse propreté. Il ne faut jamais perdre de vue ce principe essentiel que *tout le travail du jardinier dans la serre a pour but de placer autant que possible les plantes dans les mêmes conditions d'existence que leur offrait leur climat naturel* ; or, parmi ces conditions, il n'en est pas de plus importante que l'abondance de la lumière.

Les carreaux de vitre se placent ordinairement en recouvrement les uns sur les autres, depuis 5 millimètres jusqu'à 0^m,02 ; cette dernière est la plus usitée par les vitriers, probablement parce qu'elle exige l'emploi d'un plus grand nombre de carreaux. Un recouvrement plus grand a deux inconvénients très graves. D'abord l'humidité, en vertu de la capillarité, séjourne constamment en hiver entre les parties des deux carreaux qui se recouvrent; qu'il survienne un froid un peu vif, la température de l'intérieur de la serre n'empêchera pas cette humidité de geler, ce qui fait fréquemment éclater le verre. Ensuite, sans s'arrêter à ce premier inconvénient, il est impossible d'empêcher que la poussière ne pénètre entre les deux carreaux, et comme on ne saurait l'en faire sortir, elle forme en peu de temps, le long du vitrage, des bandes opaques tellement nuisibles à l'introduction de la lumière dans la serre, qu'il n'y aurait sous ce rapport aucun désavantage à mastiquer les carreaux. Quand le mastic n'a pas plus de 5 à 6 millimètres de largeur, l'effet n'en est point désagréable à l'œil. On peut néanmoins préférer le vitrage en recouvrement, pourvu que la portion recouverte n'excède pas en largeur *l'épaisseur* du verre employé, c'est-à-dire de 3 à 4 millimètres. Il est difficile, à la vérité, d'obtenir des vitriers ce degré de précision ; mais en ne se servant que des plus habiles ouvriers et surveillant assidûment leur travail, on peut en venir à bout.

Le vitrage ainsi exécuté n'est pas seulement le plus agréable à la vue et le plus favorable à l'introduction de la lumière dans la serre ; il est encore le plus économique pour la conservation du verre, car les vitrages des serres sont rarement endommagés par d'autres causes que la congélation de l'eau contenue entre deux carreaux, lorsque leur recouvrement dépasse la largeur de 3 à 4 millimètres, et cette chance de destruction étant écartée, les autres sont presque nulles.

Quand on préfère, pour plus de solidité, plomber les vitrages des serres, il n'y faut employer que des lames de plomb qui ne dépassent pas l'épaisseur d'une feuille de papier à dessiner, afin de ne pas surcharger la charpente. La meilleure disposition de ces feuilles est représentée (*fig.* 164 et 165) ; elle prévient parfaitement

Fig. 164,   165.

l'introduction de l'humidité entre les carreaux superposés.

On emploie pour mastiquer les vitrages des serres trois espèces de compositions. La plus simple est une pâte molle formée de blanc de plomb avec de l'huile de lin crue ; elle est la plus durable de toutes, parce qu'il se forme à sa surface un enduit oléagineux qui la conserve, mais elle a le défaut d'être fort lente à sécher.

La seconde est une pâte plus consistante, faite de blanc de plomb et d'huile de lin cuite ; elle est sujette à se fendre, surtout quand elle n'a pas été appliquée avec assez de soin.

La troisième est formée de blanc de plomb et de sable par parties égales avec de l'huile de lin cuite ; elle est fort solide et dure très longtemps ; mais sa ténacité rend les réparations difficiles quand il y a des carreaux de vitre à remettre.

Lorsqu'on doit employer l'un ou l'autre de ces mastics, il est bon de les préparer plusieurs jours d'avance ; les substances qui les composent ne sauraient être incorporées avec trop de soin.

§ IV. — Plates-bandes.

Les plates-bandes de la serre doivent être soutenues par de légers murs en maçonnerie ou par des appuis en planches placés sur champ. Ce dernier encaissement est le meilleur pour les végétaux, mais il est le moins durable et nécessite un entretien continuel, ce qui fait souvent préférer les appuis en maçonnerie ; dans ce cas, on ne doit leur donner que l'épaisseur rigoureusement nécessaire.

§ V. — Dallage.

Les sentiers se pavent en carreaux de terre cuite ou en planches. Les planches valent mieux en ce qu'on peut ménager entre elles des intervalles à peine visibles et très favorables au passage de la chaleur transmise par les tuyaux qui courent ordinairement sous les sentiers. Les plaques de schiste, dans les pays où cette pierre lamelleuse est abondante, remplissent parfaitement le même objet. Quelques contrées de la France, notamment la Bretagne, possèdent des carrières de ces schistes qui se lèvent en plaques tellement semblables à des planches, qu'à quelques pas de distance, il est impossible de ne pas s'y méprendre. Ce genre de dallage pour les serres est excellent, en ce qu'il rend très promptement par évaporation l'humidité à l'atmosphère de la serre, lorsqu'il est nécessaire de répandre de l'eau dans les sentiers pour obvier aux inconvénients d'un excès de sécheresse. Les planches et les carreaux de terre cuite retiennent l'eau et rendent l'évaporation beaucoup plus lente.

§ VI. — Gouvernement de la serre : température.

La serre tempérée doit être maintenue à une température d'au moins quatre ou cinq degrés au-dessus de zéro pendant les plus grands froids. Il n'est pas utile, comme le conseillent quelques auteurs, d'élever de temps en temps la température jusqu'à 8 ou 10 degrés ; il vaut beaucoup mieux la maintenir à peu près égale, de novembre à la fin de février. Sous l'influence d'une température trop douce, la plupart des plantes de serre tempérée entreraient en sève à une époque où le ciel des contrées de l'Europe centrale est ordinairement sombre et nébuleux ; elles manqueraient de la lumière nécessaire à la beauté de leur floraison ; il vaut donc mieux dans cette saison retarder la végétation que l'activer. Mais dès les premiers beaux jours que le mois de mars amène, quoiqu'ils doivent être suivis sous notre climat d'un ou plusieurs retours d'hiver, on ne risque rien de donner à la serre tempérée la chaleur nécessaire pour que toutes les plantes entrent en sève ; seulement, il faut veiller avec soin à ce qu'une fois commencée, leur végétation ne soit plus interrompue ; c'est au jardinier expérimenté à régler la température de manière à entretenir dans la serre tempérée cette richesse de floraison et ce luxe de verdure qui en font tout le charme.

Ce qui précède ne s'adresse qu'aux amateurs d'horticulture ; ceux qui s'y livrent par spéculation, ayant un autre but, emploient d'autres moyens. Pour n'en citer qu'un exemple, le genre camélia, appartenant essentiellement à la serre tempérée, ne veut point être hâté dans sa floraison pour la donner avec toute la perfection que les amateurs en attendent ; il suffit que les camélias aient assez d'air et de lumière pour que leurs boutons tiennent et se développent lentement ; la température moyenne de 4 à 5 degrés leur suffit tout l'hiver. Mais le jardinier fleuriste des grandes villes, trouvant un grand profit à vendre les fleurs de camélia durant la saison des bals, s'arrange de manière à en avoir en abondance à cette époque, sans s'arrêter à un peu moins de perfection dans la floraison, seule considération qui doive diriger les soins du véritable amateur. Celui-ci ne force en hiver que des plantes peu précieuses, parmi les bulbeuses, des jacinthes, des amaryllis, des lachénalia, puis aussi quelques héliotropes et d'autres plantes odoriférantes, afin que la serre soit toujours ornée et parfumée ; mais quant aux plantes de collection auxquelles il attache réellement du prix, il ne doit jamais chercher qu'à en obtenir la floraison la plus parfaite possible.

§ VII. — Arrosages.

Lorsque la serre tempérée est toute garnie de dressoirs (*fig.* 166), disposition indispensable

Fig. 166.

si l'on ne cultive que des plantes de petites dimensions, il faut arroser fréquemment les pots placés sur les rangs supérieurs ; car les plantes ainsi étagées les unes au-dessus des autres laissent évaporer beaucoup plus rapidement leur humidité que lorsque les pots sont placés dans les plates-bandes, tous à la même hauteur ; on se sert à cet effet d'un arrosoir à gerbe plate percée de trous excessivement fins (*fig.* 56). L'eau ne doit leur arriver que sous forme d'un brouillard très divisé, de manière à rafraîchir le feuillage sans mouiller la terre.

Les plantes à feuilles épaisses qui transpirent difficilement, ont besoin en outre, une fois ou deux dans le courant de l'hiver, que leur feuillage soit humecté et essuyé feuille à feuille ; cette opération contribue puissamment à leur bonne santé. Il ne faut arroser les plantes de serre tempérée à l'état de repos que quand la terre des pots est tout-à-fait desséchée ; alors on les traite exactement comme nous l'avons recommandé pour les plantes d'orangerie : un ou deux arrosages suffisent durant toute la saison

d'hiver. Mais dès qu'on s'aperçoit qu'une plante commence à vouloir végéter, il faut l'arroser, d'abord modérément, puis ensuite plus ou moins, selon sa nature et la force particulière de chaque individu. C'est un principe général qui n'admet pas d'exception, de s'abstenir d'arroser les plantes qui ne végètent pas, et d'arroser, quelle que soit la saison, celles dont la sève se met en mouvement ; ce principe doit être appliqué comme règle invariable dans tous les genres de serres tempérées ou chaudes.

L'heure la plus convenable pour arroser les plantes de serre tempérée lorsqu'elles en ont besoin en hiver, est entre 9 et 11 heures du matin ; si on les arrosait dans l'après-midi, la trop grande fraîcheur de la terre pendant la nuit ne tarderait pas à les faire languir et jaunir ; il faut qu'avant la nuit, l'eau de l'arrosage ait produit son effet et se soit dissipée en partie par l'évaporation.

Durant la belle saison que les plantes de serre tempérée passent en partie en plein air, on ne doit les arroser que le plus tard possible dans l'après-midi, afin qu'elles aient toute la nuit pour se rafraîchir. Si l'on arrose le matin d'une journée chaude, la terre est desséchée trop rapidement pour que les plantes aient eu le temps de profiter de l'humidité.

§ VIII. — Taille.

La saison convenable pour tailler les plantes de serre tempérée se prolonge depuis la fin de décembre jusque vers le 15 du mois de mai ; le principe dont il ne faut pas s'écarter, c'est que la taille ne doit point surprendre les plantes dans le cours de leur pleine végétation, mais que, pour être faite avec avantage, elle doit avoir lieu avant la sève, ou au moins dans un moment de repos. L'instant favorable diffère pour chaque genre de plantes ; parmi les plantes du même genre, et de la même espèce, il varie encore selon l'état de chaque sujet ; c'est à l'expérience du praticien à en juger ; en thèse générale, la taille tardive est toujours nuisible aux plantes ; c'est une opération pour laquelle il n'y a jamais beaucoup d'inconvénients à se hâter.

§ IX. — Semis.

Les premiers jours de février sont l'époque la plus favorable aux semis qui se font en serre tempérée ; les jeunes plantes sont ainsi devant elles toute la belle saison pour se fortifier à l'air libre, avant d'avoir un hiver à supporter. Les graines très menues comme celles de rhododendrons, d'azaléas, d'andromèdes, et quelques autres, doivent être semées en terre de bruyère dès le commencement de janvier ; si l'on attendait jusqu'au printemps, les jeunes plantes ne pourraient résister aux chaleurs de l'été. On doit les mettre en pot aussitôt qu'on les juge assez fortes pour supporter la transplantation.

§ X. — Boutures.

L'art de multiplier les plantes par le moyen

des boutures reçoit chaque jour de nouveaux perfectionnements, grâce auxquels les végétaux de serre tempérée deviennent à la portée de tous les amateurs. Pour ne parler que d'un genre, on sait combien les cactus autrefois les plus rares sont devenus de nos jours communs et à bas prix; on multiplie maintenant les espèces les plus recherchées pour leur admirable floraison en coupant par tranches les tiges qui font en même temps l'office de feuilles, et semant ces tranches dans une terre convenablement préparée; chacune d'elles produit une nouvelle plante qui réussit parfaitement avec les soins nécessaires. M. Neumann a obtenu récemment des boutures de plantes très coriaces et d'une reprise difficile, en plantant, non des tiges ni même des feuilles entières avec leur pédoncule, mais des portions de feuilles coupées transversalement. On commence seulement à reconnaître, dans la pratique, ce principe que toute partie vivante d'un végétal est susceptible de le reproduire par boutures.

On réserve ordinairement un local séparé pour les boutures dont l'emplacement occasionnerait un vide dans la serre; ce local peut être exposé au nord-est; les boutures, dans la plupart des cas, n'ont pas besoin de l'action directe des rayons solaires, pourvu que d'ailleurs la lumière ne leur manque pas. Un grand nombre de boutures veulent être faites à l'étouffée, c'est-à-dire qu'on les recouvre d'une cloche jusqu'à ce qu'elles aient repris racine. Dans le compartiment destiné aux boutures, soit dans la serre tempérée, soit dans une petite serre additionnelle, il doit y avoir trois subdivisions. La première contient du tan humide pour recevoir sous cloche les boutures qui exigent une température élevée; la seconde contient du tan sec pour celles qui demandent un milieu un peu moins échauffé; la troisième enfin est remplie de terreau pour recevoir, non pas en pots comme les deux précédentes, mais en pleine terre, les boutures des grands végétaux qui n'ont pas besoin de chaleur; c'est aussi dans cette troisième subdivision que se font les boutures des plantes d'orangerie.

La saison pour faire les boutures de chaque espèce de plantes est nécessairement très variable; néanmoins on ne peut faire de boutures avec espoir de succès plus tôt que la fin de décembre, et plus tard que le commencement d'avril. Quelques végétaux ligneux et sous-ligneux ne peuvent s'enraciner que dans du terreau; c'est donc dans du terreau qu'il faut placer leurs boutures; toutes les autres se placent avec plus d'avantage dans du sable frais; lorsqu'on les arrache pour les mettre en pots, le sable n'adhère point à leurs racines et ne peut les endommager comme il n'arrive que trop souvent aux boutures faites dans la terre ou le terreau.

La terre de bruyère convient également pour un grand nombre d'espèces, pourvu qu'on ne la laisse pas devenir trop compacte.

. Dès que les boutures sont suffisamment en-

racinées, il faut se hâter de les mettre en pot, en se servant des pots les plus petits où les plantes puissent vivre, sauf à les rempoter plus tard, afin d'éviter l'allongement excessif des racines. Les boutures mises en pots doivent être placées sous cloche jusqu'à ce qu'elles aien complétement repris racine; on les ombrage d'abord avec des paillassons, et on les accoutume par degrés au contact de l'air et de la lumière.

Il faut rabattre très jeunes et tailler fort courtes les plantes obtenues de boutures qu'on destine à former des têtes touffues; si l'on attend trop tard, on a alors à rabattre des branches déjà grosses dont les cicatrices choquent la vue et déparent la plante.

§ XI. — Rempotage.

C'est dans toute espèce de serres et d'orangeries l'opération la plus importante et la plus délicate. Elle a pour but, soit de donner des pots plus grands aux végétaux dont la croissance nécessite un plus grand espace, soit de renouveler la terre dans les pots où elle est épuisée. Bien peu d'amateurs savent se préserver de la faute d'entasser dans une serre trop petite un trop grand nombre de plantes; leurs serres sont alors encombrées de végétaux qui languissent faute d'air et d'espace, au lieu d'être décorées d'un choix judicieux de plantes proportionnées à la place qu'on peut raisonnablement consacrer à chacune d'elles. Dans ce dernier cas, beaucoup de végétaux vivant dans des caisses ou des pots suffisamment spacieux, peuvent y passer plusieurs années sans avoir besoin d'en changer.

De quelque manière qu'on s'y prenne, il y a toujours un grand nombre de plantes à rempoter chaque année dans la serre tempérée, parce qu'on absorberait en pure perte une place précieuse pour d'autres destinations, si l'on donnait de prime abord à une plante qui doit doubler ou tripler de grandeur, toute la terre dont elle aura besoin quand elle sera dans toute sa force.

Le printemps est la véritable saison pour changer les plantes de pots; il faut, comme pour la taille, épier le moment favorable conformément à la nature et à la santé de chaque plante, ce qui est toujours facile avec un peu d'habitude, surtout lorsqu'on n'a point encombré la serre d'une trop grande confusion de plantes diverses. Les plantes jeunes ou délicates doivent être rempotées les premières; on rafraîchit en même temps leurs racines, on retranche tout le bois mort ou les branches endommagées et on remet les plantes en place dans la serre où elles auront encore le temps de former de nouvelles racines avant l'époque où elles peuvent être placées en plein air.

Mais dans les grands établissements dirigés par des spéculateurs, il est presque toujours impossible d'entreprendre ce travail au printemps, époque où les jardiniers sont le plus occupés; on diffère donc en général jusqu'à l'automne,

tout en reconnaissant les avantages des rempotages de printemps sur ceux d'arrière saison.
A cette époque on peut sans inconvénient rogner les racines d'un certain nombre de plantes
afin de les faire tenir dans des pots de plus
petites dimensions et de pouvoir en rentrer
pendant l'hiver un plus grand nombre dans un
espace donné ; mais dans ce cas, il faut un second rempotage au printemps pour que ces
plantes puissent végéter convenablement pendant la belle saison. Beaucoup d'amateurs ne
disposant que d'un local borné traitent ainsi les
pélargoniums et les géraniums et se donnent
la satisfaction d'en avoir le double de ce que
leur serre peut en admettre ; quoique ces plantes puissent vivre et fleurir par ce procédé, il
n'est pas douteux qu'elles ne fussent beaucoup
plus belles si elles avaient toute l'année l'espace qui leur est nécessaire.

§ XII. — Conduite générale des plantes de serre
tempérée.

Nous avons dit, en parlant des vitrages,
combien l'abondance de la lumière dans les
serres influe sur la santé des plantes ; le renouvellement de l'air n'est pas moins important. En hiver, il faut, selon le besoin, lever un
ou plusieurs panneaux à la partie supérieure
du vitrage, tant que la température ne descend pas au-dessous de 5 à 6 degrés. Cette
ventilation doit se donner dans la matinée. S'il
survient un rayon de soleil qui échauffe l'atmosphère, on referme les panneaux pour
enfermer l'air tiède qui s'y conserve assez
longtemps à la même température. Après des
pluies ou des brouillards prolongés, lorsqu'il a
été impossible d'empêcher l'introduction dans
la serre d'une humidité froide, il faut se hâter
de la dissiper en allumant un peu de feu et ouvrant les panneaux supérieurs ; on saisit pour
les refermer le moment où l'air est tiède et desséché.

Les plantes de serre tempérée doivent, comme celles d'orangerie, passer en plein air une
partie de la belle saison. L'époque convenable
pour les *sortir* varie selon les années ; il ne faut
se régler que sur l'état de la température, sans
égard à aucune considération d'usage ; il en est
de même pour le moment de leur rentrée. En
général, il vaut mieux mille fois les sortir un
peu plus tard et les rentrer un peu plus tôt que
de les compromettre en les exposant à une
température dont elles auraient à souffrir. On
ne doit sortir les plantes de la serre tempérée
que par un temps humide et couvert ; une
petite pluie douce, accompagnée de calme, est
la condition de température la plus favorable
pour ce déplacement. On choisit pour les
grands végétaux de serre tempérée un local
abrité autant que possible par un mur ou par
de grands arbres contre les vents d'ouest qui
règnent le plus souvent en été ; du reste, leurs
dimensions obligent à les laisser à la garde de
Dieu, car il serait impossible de les mieux garantir. Il n'en est pas de même des plantes de

moyenne taille, et à plus forte raison de celles
de petites dimensions. L'espace qui leur est réservé peut, sans nuire en rien au coup d'œil,
être divisé en plates-bandes aux quatre coins
desquelles de légers montants en fer réunis par
des traverses très minces et à peine visibles lorsqu'on les peint en vert, permettront de les préserver par une toile des ravages de la grêle ou
même des pluies violentes qui gâtent en un moment une foule de plantes délicates. La *fig.* 167

Fig. 167.

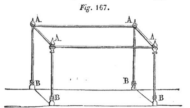

montre cette disposition. Il n'est pas d'amateur
d'horticulture ni de jardinier spéculateur qui
doive regretter une dépense aussi nécessaire
lorsqu'il la compare à la chance de perdre en
quelques minutes le fruit des soins et des avances de plusieurs années.

Les quatre fiches A, A, A, A, *fig.* 167, sont
destinées à entrer dans quatre œillets percés
dans l'étoffe de la tente, de manière à la maintenir en place ; les bases B, B, B, B, servent à
recevoir quatre cordons dans le même but ; la
tente peut au besoin être placée en quelques
secondes.

Nous empruntons à l'excellent ouvrage de
M. Robert Sweet (*the Botanical Cultivator*),
la description suivante d'une des serres les
mieux organisées de la Grande-Bretagne ; les
amateurs et même les praticiens y puiseront
d'utiles enseignements. L'auteur avait été longtemps employé dans cette serre comme garçon
jardinier.

« Nous pouvons citer comme une serre dont
la beauté se maintient sans altération par des
soins éclairés depuis nombre d'années, celle
des jardins de M. Angerstein de Woodlands,
près de Blakheath, confiée à M. David Stewart,
habile et ingénieux praticien.

« Quelques grands camélias y sont plantés
en pleine terre, contre des piliers, de manière
à ne pouvoir nuire en rien aux autres plantes.
D'autres piliers sont garnis de plantes grimpantes également en pleine terre, couvertes de
fleurs presqu'en toute saison. Dans d'autres
parties de la serre on a introduit du dehors des
cordons de vigne qui donnent tous les ans une
récolte abondante d'excellent raisin.

« La collection consiste en un choix des
plantes les plus nouvelles de la Chine, de la
Nouvelle-Hollande et du cap de Bonne-Espérance. On y voit entre autres une réunion des
plus belles bruyères ; elles y ont atteint un développement surprenant ; elles se couvrent en
toute saison de la floraison la plus magnifi-

que ; quelques-unes, telles que les ericas arborea, versicolor, vestita, et quelques autres, ont atteint la taille d'un arbre ordinaire. L'erica arborea est un arbre si robuste, que plusieurs de ses branches peuvent supporter le poids d'un homme ; toutes les autres plantes végètent dans des proportions analogues.

« Toutes les plantes de cette serre, à l'exception de celles que nous avons dit être placées en pleine terre, sont dans des pots proportionnés à leur taille ; chacune d'elles a reçu la terre qui lui est propre. On la renouvelle en général tous les ans ; ce travail est enlevé le plus rapidement possible au printemps ; tout le monde s'y met ; un ouvrier est spécialement chargé de casser des tessons de poterie et de les disposer au fond des pots ; quand l'égouttement de la terre est ainsi assuré, les racines n'ont rien à craindre d'un excès d'humidité ; cette partie de l'opération est traitée avec des soins tout spéciaux.

« Les sentiers de cette serre sont dallés en larges pierres plates. Les plates-bandes, au lieu de tannée, contiennent du sable fin ; les pots y sont plongés jusqu'au bord. Les grands végétaux ont leurs places réservées ; les autres sont disposés par rang de taille ; les plantes très rares ou qui sont momentanément en pleine fleur ont une place à part, comme particulièrement dignes d'attention. Les feuillages larges et étroits sont artistement entremêlés ; les éricas, les géraniées et les aurantiacées sont groupés par genres ; les autres plantes sont disposées, non pas méthodiquement, mais dans le but de produire l'effet le plus agréable possible. On a soin de déplacer celles que les progrès de leur croissance ont rendues trop grandes pour la place qu'elles occupent. Un soin minutieux à tailler chaque plante au moment le plus opportun, entretient dans toutes les parties de la serre une floraison continuellement renouvelée.

« En été, il ne reste dans la serre que les plantes en pleine terre ; la serre n'est pas pour cela dégarnie ; on y place, comme dans une infirmerie, les plantes de serre chaude qui s'y refont promptement, en même temps qu'elles contribuent à l'orner. »

§ XIII. — Serres chaudes

On distingue parmi ce genre de serres les serres chaudes-sèches et les serres chaudes-humides. Toute serre chaude a besoin d'une atmosphère plus ou moins humide, la chaleur sèche ne pouvant convenir qu'à un très petit nombre de plantes des contrées intertropicales ; mais les plantes de serre chaude-humide exigent un excès d'humidité qui nuirait à la plupart des autres ; elles ont donc besoin d'un local séparé. C'est ce qui fait dire à M. Lindley, célèbre professeur anglais d'horticulture, que les plantes intertropicales, pour être convenablement traitées, demandent au moins quatre serres chaudes, dont chacune doit être appropriée à la nature de certaines tribus de végétaux exotiques.

M. Lindley aurait dû conseiller en même temps à tous les horticulteurs d'avoir 100,000 fr. de revenu. L'arrangement qu'il recommande est incontestablement le meilleur ; seulement il est impraticable, excepté dans les grands établissements publics, et chez les amateurs millionnaires dont on aurait peine à réunir une centaine en Europe, hors de la Grande-Bretagne. La dépense de deux serres chaudes, l'une sèche, l'autre humide, est déjà hors de la portée du plus grand nombre des amateurs ; elle fait néanmoins partie obligée de tout établissement d'horticulture de quelque importance, destiné au commerce des plantes exotiques.

A. — Serre chaude-sèche.

Construction. — La plupart des constructions indiquées pour les serres tempérées conviennent pour les serres chaudes ; quand on veut se borner à la culture des plantes de petites dimensions, dont il existe une assez grande variété pour former des collections très dignes des soins de l'amateur, une bâche bien construite peut être suffisante ; beaucoup de serres chaudes ne sont pas autre chose que des bâches (*fig.* 154 et 155).

Lorsque la serre chaude doit recevoir de très grands végétaux, des musas, des œleïs, de grandes cycadées, on peut adopter le modèle représenté *fig.* 168.

Fig. 168.

La serre chaude ne peut jamais être construite d'aussi grandes dimensions que la serre tempérée, à cause de la difficulté qu'on aurait à la chauffer instantanément selon le besoin. Sous le climat variable des contrées de l'Europe centrale, le thermomètre descend fréquemment en quelques heures d'un grand nombre de degrés ; il faut aussitôt chauffer la serre sans perdre de temps ; c'est l'affaire d'un moment lorsqu'elle est de grandeur moyenne ; lorsqu'elle est trop grande, bien des plantes précieuses peuvent avoir reçu une atteinte mortelle avant que l'air se trouve suffisamment échauffé.

Si l'on peut avoir plusieurs serres chaudes-sèches, au lieu de les construire à la suite les unes des autres, il vaut mieux, quand le local le permet, les accoupler dans le sens de leur longueur; elles sont alors séparées seulement par un vitrage. Au Jardin du Roi, à Paris, plusieurs serres ayant été construites ainsi successivement, on a trouvé que l'air échauffé dans une seule d'entre elles pouvait procurer une chaleur suffisante aux autres, sans augmenter d'une manière sensible la dépense en combustible.

B. — *Gouvernement de la serre chaude.*

Température, ventilation. — Le thermomètre ne doit jamais descendre dans la serre chaude au-dessous de 15 degrés centigrades en hiver, la nuit comme le jour. Quand la température dépasse 20 degrés il faut donner de l'air; mais la chaleur artificielle doit être ménagée de façon à ce qu'il ne soit jamais nécessaire de laisser pénétrer dans la serre l'air froid de la nuit. Lorsque la serre est échauffée par le procédé ordinaire, et que les pots qui contiennent les plantes sont plongés dans le tan, il faut avoir soin de ne pas trop chauffer le fond de la tannée, ce qui endommagerait les racines des plantes; un peu de fumier chaud placé dans le fond de la plate-bande suffira pour y maintenir la température nécessaire; on couvrira ce fumier d'une couche de gravier et d'une autre de sable fin, de sorte que les pots y puissent être entièrement plongés. Depuis quelques années, l'usage de remplacer ces matériaux par de la mousse humide qui conserve longtemps une température très égale et contribue en même temps à la beauté du coup d'œil, se répand dans toutes les localités où il est possible de s'en procurer une quantité suffisante. Elle a sur la tannée l'avantage de ne point engendrer de vers. Pour peu qu'en arrosant les plantes on humecte la tannée, les vers s'y multiplient à l'infini et pénètrent dans les pots par l'ouverture du fond. Ce n'est pas que ces animaux nuisent directement aux plantes dont ils ne peuvent attaquer aucune partie; mais, lorsqu'elles sont délicates, ils dérangent leurs racines en traversant du haut en bas la terre des pots, et il n'en faut pas davantage pour les faire périr.

On peut aussi poser simplement les pots debout sur une couche très mince de sable recouverte de mousse. Dans ce cas, les pots ne reçoivent aucun moyen particulier d'échauffement, ils participent seulement à la température générale de la serre. Cette méthode est la plus conforme à la nature des plantes de serre chaude.

Dans tous les cas, la tannée est inutile lorsque la serre chaude est chauffée, soit par la vapeur, soit par l'eau bouillante, au moyen du thermosiphon, dont l'emploi devient plus commun de jour en jour. Alors, les plantes sont en partie en pleine terre et en partie dans des pots disposés sur des dressoirs. Il ne faut pas mettre en pleine terre dans la serre chaude les grands végétaux susceptibles de *s'emporter* et d'étouffer les petits; ils pourraient prendre un accroissement tel qu'on en serait fort embarrassé, et qu'on ne pourrait plus les remettre en pots sans risquer de les faire périr. En proportionnant à leur vigueur les pots ou les caisses, on est beaucoup mieux à même de régler leur végétation.

Lorsqu'on renouvelle l'air de la serre chaude, ce doit être toujours dans la matinée, par un beau temps, quand le soleil est dans toute sa force; on renferme dans la serre l'air extérieur échauffé par les rayons du soleil, en abaissant les ventilateurs longtemps avant la fraîcheur du soir.

C. — *Soins généraux.*

C'est surtout pour les plantes de serre chaude, sèche qu'il importe de donner les soins les plus attentifs à l'opération du rempotage; le choix de la terre appropriée à chaque genre de plante est de la plus grande importance; pour quelques-unes des plus délicates, à qui le rempotage pourrait être funeste, on se contentera d'enlever tout autour du pot intérieurement le plus de terre possible sans endommager les racines, et on la remplacera par de la terre semblable, mais neuve.

On reconnaît tous les jours l'abus de laisser, selon l'ancien préjugé, la majeure partie des plantes de serre chaude-sèche renfermées pendant toute la belle saison; les quatre cinquièmes au moins de ces plantes peuvent rester tous les ans trois ou quatre mois dehors sans inconvénient; celles qui ne pourraient supporter ce déplacement seront mises momentanément dans la serre tempérée et dans l'orangerie, qu'on tiendra ouvertes aussi souvent que l'état de l'atmosphère pourra le permettre.

Les plantes de serre chaude, étant encore plus précieuses que les plantes de serre tempérée, réclament encore plus impérieusement l'abri d'une tente à l'approche des orages (*voir* Serre tempérée, *fig.* 167) pendant qu'on les tient en plein air.

La seringue à boule percée de trous très fins, ou la pompe à main terminée de la même manière, sont indispensables dans la serre chaude-sèche pour entretenir la fraîcheur du feuillage des plantes et les débarrasser de la poussière qui s'y introduit toujours, quelques précautions qu'on prenne pour s'en préserver. Dès que l'hygromètre en indiquera la nécessité, on ne manquera pas de répandre aussi par le même moyen de l'eau dans les sentiers, pour entretenir dans l'atmosphère de la serre un degré suffisant d'humidité.

Lorsque les insectes se multiplient dans la serre, des fumigations de tabac sont le meilleur moyen de les faire disparaître; lorsque ces fumigations seront jugées nécessaires, il faudra éloigner momentanément de la serre chaude-sèche les plantes en fleur dont les couleurs pourraient être altérées par cette opération.

D. — Serre chaude-humide.

Les plantes orchidées et épidendrées offrent des modes de végétation tellement variés, tellement différents de la végétation de toutes les autres plantes, qu'elles sont devenues, surtout depuis quelques années, l'objet du goût particulier d'un grand nombre d'amateurs d'horticulture ; un jardinier-fleuriste est même regardé comme ne connaissant qu'imparfaitement sa profession, lorsqu'il n'entend pas la culture des orchidées.

La serre chaude-humide est spécialement consacrée à ces plantes. Sa température ne doit jamais descendre au-dessous de 15 degrés centigrades pendant les nuits d'hiver, et doit être maintenue presque constamment entre 20 et 30 degrés. Un réservoir est ordinairement placé dans la serre même, afin que les feuilles et les tiges des plantes puissent toujours être humectées avec de l'eau à la même température que l'air qui les environne. Les sentiers de la serre reçoivent au moins trois fois par jour une abondante aspersion d'eau, pour tenir l'atmosphère de la serre chaude-humide chargée de la plus grande somme d'humidité possible.

Les plantes de serre chaude-humide végètent beaucoup plus aux dépens de l'atmosphère qu'aux dépens du sol dans lequel sont plantées leurs racines. Quelques épidendrées peuvent se passer absolument de terre ; on les attache simplement à la muraille, ce qui ne les empêche pas de croître et de fleurir. Presque toutes, dans leur pays natal, vivent comme plantes parasites, soit sur des arbres à demi pourris au sein de forêts épaisses situées au fond des vallées les plus humides des régions intertropicales, soit sur des rochers couverts de mousse et ombragés d'arbres épais. Les procédés de culture qu'on leur applique doivent tendre à les rapprocher le plus possible de ces conditions. Comme les plantes de serre chaude-humide naissent naturellement dans les contrées les plus malsaines de la terre habitable, le séjour de cette serre doit être et est effectivement très malsain pour les jardiniers. On ne doit jamais franchir le cabinet servant d'antichambre à la serre chaude-humide, pour sortir au dehors, sans endosser un vêtement chaud approprié à la saison, comme préservatif contre les fâcheux effets d'une énorme différence de température.

L'excès de la lumière solaire est souvent très nuisible aux plantes de serre chaude-humide ; des toiles, et au besoin des paillassons, doivent être constamment disposés pour pouvoir couvrir à volonté les vitrages ; on peut même sans inconvénient, durant toute la belle saison, rendre les carreaux de vitre à demi opaques, au moyen d'une couche de blanc.

Aucune plante de serre chaude-sèche ne redoute plus que celles de la serre chaude-humide le contact de l'eau pour ses racines ; on ne saurait prendre à cet égard trop de précautions. En Angleterre, où cette culture est portée au plus haut degré de perfection, l'on emplit jusqu'aux deux tiers avec des tessons de poterie brisés les pots destinés à ces plantes ; souvent même on dispose ces tessons en pyramide, depuis le fond du pot jusqu'à quelques centimètres au-dessous des rhizômes ou fausses bulbes des orchidées, métbode qu'on ne peut trop recommander, surtout pour le précieux genre des uncidium, dont la floraison égale en éclat les ailes des plus brillants papillons dont elle imite les formes.

Bien peu de plantes de serre chaude-humide végètent dans du terreau ou dans de la terre ; les unes ont besoin de bois pourri, soit pur, soit mélangé avec de la tourbe fibreuse en fragments de la grosseur d'une noix ; les autres veulent simplement enfoncer leurs suçoirs dans des morceaux de bois à demi décomposés ; d'autres enfin, comme nous l'avons dit, sont simplement suspendues à la muraille, sans être en contact avec la terre ou rien qui en tienne lieu. Pour celles qui sont en pots, l'emploi de la tannée est très convenable.

Parmi les épidendrées, la vanille, dont les siliques parfumées sont si précieuses à la gastronomie, occupe toujours une grande place dans la serre chaude-humide. Les procédés de cette culture, portés au Jardin du roi à leur plus haut point de perfection, donnent à ses produits une saveur et une odeur en tout semblables à celles de la vanille du Nouveau-Monde ; cette culture peut, lorsqu'elle est pratiquée un peu en grand, couvrir en partie les frais considérables qu'entraînent, et l'entretien de la serre chaude-humide, et l'acquisition des plantes dont elle est ornée, plantes qui sont presque toutes d'un prix excessivement élevé. Nous consacrerons plus loin un article spécial à la culture de la vanille dans la serre chaude-humide.

Section III. — Chaleur artificielle.

Nous avons indiqué comment les matières animales et végétales en décomposition produisent une partie de la chaleur artificielle dont l'horticulture a besoin pour les divers genres de culture forcée. (Voyez Couches.) Toutes les plantes de serre réclament en outre le secours d'une atmosphère artificiellement échauffée. Lorsque les pots qui contiennent les plantes sont plongés dans la tannée, ils reçoivent l'effet de ces deux moyens combinés. Trois agents sont employés au chauffage des serres : 1° l'eau à l'état liquide ; 2° la vapeur d'eau ; 3° l'air chaud. L'ordre selon lequel nous nous en occuperons est celui de leur mérite respectif par rapport à leur effet sur les végétaux, et aux avantages généraux que l'horticulture peut attendre de leur emploi. Ces trois agents sont échauffés par trois genres de combustibles : le bois, le charbon de terre et la tourbe.

§ 1er. — Thermosiphon.

De tous les moyens proposés jusqu'à présent pour produire la chaleur artificielle appropriée aux besoins de l'horticulture, il n'en est point qui nous semble supérieur, ni même égal à l'emploi de l'eau chaude dans l'appareil nommé thermosiphon, inventé en France vers le commencement de ce siècle par M. Bonnemain, savant recommandable, mort comme beaucoup d'autres, oublié et dans la misère.

Tout le monde sait comment s'échauffent les masses liquides auxquelles on applique la chaleur par un point quelconque de leur surface inférieure. La couche liquide la plus rapprochée du foyer, devenue par la présence d'une plus grande quantité de calorique plus légère que le reste de la masse, traverse cette masse, gagne la partie supérieure et est remplacée par la partie la plus froide, qui devient à son tour la plus chaude : il s'établit ainsi des courants ascendants chauds et des courants descendants froids, jusqu'à ce que tout le liquide soit parvenu à la même température : telle est la théorie du thermosiphon. L'appareil consiste en une chaudière surmontée de tuyaux repliés sur eux-mêmes, comme le représente la figure 169 ; le tout doit être rempli

Fig. 169.

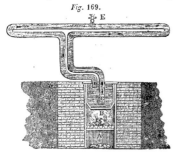

d'eau le plus exactement possible, et hermétiquement fermé. A mesure que l'eau de la chaudière B s'échauffe, elle gagne par le tube D les parties supérieures de l'appareil, s'y refroidit, redescend dans la chaudière par le tube C pour remplacer l'eau qui s'élève à chaque moment, et établit ainsi une circulation non interrompue tant qu'on entretient le foyer A ; on doit le ménager de manière à ce que l'eau se maintienne autant que possible à quelques degrés au-dessous de l'ébullition ; la même eau peut servir indéfiniment. L'appareil se remplit par l'ajutage en entonnoir E.

Aucun appareil destiné au même service ne dépense moins de combustible. A moins d'accidents qui sortent tout-à-fait de la classe des prévisions ordinaires, le thermosiphon, convenablement établi, dure au-delà de la vie de celui qui l'a fait monter.

Son unique défaut est de ne pouvoir parer aux froids subits et imprévus, parce qu'il lui faut au moins une heure pour que son effet utile se fasse sentir, tandis que les tuyaux ordinaires, remplis d'air chaud, peuvent élever en huit à dix minutes de 15 à 20 degrés la température de la serre; mais aussi, le refroidissement subit est moins à craindre avec le thermosiphon qui conserve sa chaleur bien des heures après que le feu est éteint sous la chaudière, et donne ainsi au jardinier une sécurité qu'il ne peut avoir au même degré, même quand sa serre est chauffée par la vapeur.

Le thermosiphon n'occasionne dans la serre aucun dérangement, parce qu'il n'exige aucun entretien. Les tuyaux de chaleur en fonte, en briques, ou en terre cuite, se remplissent de suie mêlée de cendres qu'il faut enlever assez fréquemment. Qu'il se forme une crevasse à la soudure de deux tuyaux, la fumée et la poussière s'introduisent dans la serre et nécessitent l'envahissement de la serre par les ouvriers, fléau plus à craindre que les deux autres ensemble : rien de tout cela ne peut avoir lieu avec le thermosiphon.

Quelques ouvrages très répandus et justement investis de la confiance des horticulteurs, mettent au rang des avantages du thermosiphon celui de donner une *chaleur humide*. On lit dans le *Bon Jardinier*, page 116 : « Cet appareil produit une chaleur *humide* plus favorable aux plantes que celle des poêles » ; et plus loin, page 117 : « Un second avantage du thermosiphon sur les poêles, c'est que sa chaleur est *humide*, bienfaisante pour les plantes, tandis qu'on reproche à celle des poêles de les dessécher, de nuire à leur perfection, ce qui oblige à les bassiner, à les arroser plus souvent, et à leur donner des bains de vapeur. »

L'horticulteur qui se fierait sur cette assertion pour se dispenser de donner à l'atmosphère de la serre chauffée par le thermosiphon le degré d'humidité nécessaire à ses plantes, tomberait dans une erreur qui pourrait lui être fort préjudiciable.

Le calorique, principe de la chaleur, ne peut être par lui-même ni *sec*, ni *humide*. Mais l'atmosphère sur laquelle il agit peut être chargée d'une grande quantité de vapeur d'eau, et l'on dit alors que la chaleur est *humide*, comme on dit une chaleur *sèche* lorsque l'air échauffé ne contient pas de vapeur. Les tuyaux pleins de vapeur d'eau, non plus que ceux du thermosiphon pleins d'eau bouillante, ne laissent pas échapper dans l'atmosphère de la serre un atome d'humidité. Cette atmosphère devient sèche ou humide par des causes indépendantes du moyen employé pour l'échauffer; la chaleur intense et instantanée du poêle produit une forte évaporation, non parce qu'elle est *sèche*, mais parce qu'elle est rapide et élevée; celle du thermosiphon, tout aussi *sèche* que la première, mais plus douce, occasionne moins d'évaporation.

Tels sont les principes, tels sont les faits. Nous les rétablissons, non pour infirmer en rien l'opinion favorable que les horticulteurs mo-

dernes ont en général des bons effets du thermosiphon, mais pour leur épargner les suites
fâcheuses d'une erreur matérielle.

Frais d'établissement et d'entretien.

Les détails suivants sur la construction d'un
thermosiphon, empruntés aux Annales de la
Société d'horticulture, donneront une idée précise des frais que peut entraîner cet appareil.

Le fourneau est construit en débris de tuiles,
liés ensemble par un mortier composé de deux
volumes égaux de terre franche et de crottin
de cheval, avec suffisante quantité d'eau. Ce
mortier, dont la recette est due à M. Poiteau,
convient particulièrement à la construction des
fourneaux des serres, en ce que, n'étant pas
sujet à se fendre, il ne livre jamais passage à la
fumée. Les tuyaux en fer galvanisé ont $0^m,07$
de diamètre, et une longueur totale de 84 mètres. L'appareil, mis en place, a coûté 200 fr.
répartis ainsi qu'il suit :

Chaudière......................	52 f. »
Tuyaux, 84 mètres, à 1 f. 20 c. le mètre	100
Soudure........................	6 »
Main-d'œuvre..................	42 »
Total égal......	200

La tourbe étant à très bas prix dans les environs de Laon (Aisne), où cet appareil est établi, il n'a jamais exigé, pendant les journées
les plus froides de l'hiver, au-delà de 66 cent.
de combustible en 24 heures, et en moyenne
40 cent.

Un bon feu de tourbe allumé vers 10 heures
du soir sous la chaudière porte la température
de la serre à 17 ou 18 degrés, et celle de la
bâche à 28 ou 32 ; le lendemain matin, à 6 heures, la température est encore de 10 à 12 degrés dans la serre, et de 24 à 26 dans la bâche.
Les ananas végètent fort bien dans la serre ainsi
échauffée ; on y a remplacé la tannée par des
dressoirs au-dessous desquels sont disposés les
tuyaux du thermosiphon ; une légère couche de
paille, recouverte de mousse pressée entre les
pots, dissimule ces dressoirs et le vide qui se
trouve au-dessous ; des bouts de tuyaux en
terre cuite, recouverts habituellement d'une
pierre plate qui les ferme exactement, tiennent
lieu de bouches de chaleur.

Le thermosiphon, outre son emploi dans les
serres, peut encore rendre à la culture maraîchère d'importants services : l'expérience a été
faite et couronnée du succès le plus complet,
dans le jardin potager du château de Versailles,
où un grand nombre de couches sont chauffées
depuis plusieurs années par le thermosiphon.
Un des jardiniers les plus distingués de Paris,
M. Gontier, en a fait récemment l'application à
la culture forcée sous châssis, principalement à
celle des haricots verts de grande primeur.
N'ayant point à craindre, grâce au thermosiphon, le prompt refroidissement des couches
et l'excès d'humidité si souvent funeste aux haricots, il peut commencer à semer en novembre

et récolter sans interruption pendant tout l'hiver, jusqu'à l'époque où les produits de pleine
terre paraissent sur le marché. .

Aucun appareil de chauffage n'est moins difficile à gouverner que le thermosiphon, pour
en obtenir une chaleur constamment uniforme.
Nul doute qu'il ne doive être appliqué incessamment sur une très grande échelle à la culture forcée des légumes et des autres produits
de l'industrie maraîchère, particulièrement
aux fraises et aux melons, ainsi qu'à forcer sous
châssis les fleurs dont les grandes villes offrent
le débouché certain pendant tout l'hiver.

Une couche chaude de $1^m.32$ de large sur
une longueur de $3^m.32$, emploie au moins deux
charretées de fumier qui coûte actuellement
(1843) à Paris 14 fr. la charretée. Les réchauds
nécessaires à cette couche pendant sa durée
absorbent la même quantité de fumier, parce
qu'ils doivent être plusieurs fois renouvelés ; la
mise dehors est donc, pour le fumier seulement,
de 56 fr. ; mais la dépense réelle peut se réduire
à 44 fr., parce que le fumier de la couche démontée, de même que celui qui a été employé
en réchauds, peut encore servir, et représente
une valeur d'environ 12 fr.

Paris renferme environ 40,000 chevaux de
luxe ou de travail, dont l'industrie maraîchère
utilise les fumiers. Chaque cheval produit par
an de 20 à 30 charretées de fumier, en moyenne
25, donnant un total de 1 million de charretées,
représentant une valeur de *quatorze millions*
que paie aux riches de Paris l'industrie maraîchère.

Le thermosiphon, appliqué au chauffage des
couches, permet de supprimer le fumier, excepté quand il sert d'aliment aux végétaux ; ce
serait une économie de moitié, c'est-à-dire de
sept millions pour la culture maraîchère des environs de Paris. La culture forcée en particulier pourrait économiser les cinq sixièmes du
fumier qu'elle emploie.

La substitution du thermosiphon au fumier
dans cette culture rabattrait les prétentions
réellement exagérées de ceux qui, dans l'état
actuel des choses, rançonnent les maraîchers
pour cet article indispensable à leur industrie.
A Paris, depuis quelques années, les personnes
riches, qui seules ont des chevaux de luxe, font
entrer en compte pour les gages de leurs domestiques, le fumier de leurs chevaux. La diminution du prix des fumiers ne porterait donc
préjudice qu'à ceux qui peuvent le mieux supporter cette perte, et tournerait au profit des
plus laborieux de tous ceux qui se livrent à
l'horticulture, sur quelque point que ce soit du
globe habitable. L'agriculture pourrait alors
profiter du surplus des engrais qu'elle ne peut
acheter aux prix actuels.

Le thermosiphon ne peut s'appliquer convenablement aux serres de grandes dimensions
que lorsqu'il est chauffé au moyen de deux
foyers : c'est un embarras et un grave inconvénient. Un horticulteur des environs de Bath,
en Angleterre, a combiné fort ingénieusement

les propriétés du thermosiphon avec celles de la vapeur pour le chauffage des serres ; en se servant d'un seul foyer, il profite à la fois de la promptitude avec laquelle la vapeur communique la chaleur, et de la ténacité de l'eau pour retenir sa température.

On fait passer à cet effet, dans le tube du thermosiphon A (*fig.* 170), un autre tube plus

Fig. 170.

petit B, qu'on remplit à volonté de vapeur ; dans ce cas, le thermosiphon n'a pas besoin de chaudière, et il suffit d'un très petit appareil pour produire la petite quantité de vapeur nécessaire pour échauffer l'eau du thermosiphon. Cette eau, mise en contact sur toute l'étendue des tubes avec le tube plein de vapeur échauffée, se trouve en quelques instants à la même température, qu'elle conserve aussi longtemps que si elle avait été directement échauffée par l'action de plusieurs foyers.

La forme et les dimensions des chaudières destinées à chauffer directement l'eau du thermosiphon, peuvent varier à l'infini. Les *fig.* 171 et 172 représentent la coupe verticale des deux appareils les plus économiques usités à cet effet en Angleterre. Dans la figure 171, la chau-

Fig. 171.

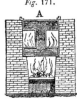

dière A est disposée de manière à ce que sa partie supérieure affleure le niveau du sol ; elle se continue par des tubes que la coupe ne permet pas d'apercevoir. La forme du foyer permet à la flamme d'échauffer presque toutes ses surfaces à la fois en très peu de temps.

Dans la figure 172, la chaudière présente

Fig. 172.

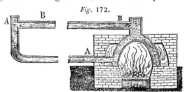

comme la précédente beaucoup de surface et très peu d'épaisseur. L'eau chaude sort par le tube B et l'eau froide rentre par le tube A, jusqu'à ce que toute la masse arrive à la même température ; ces tubes reçoivent pour parcourir, en les

échauffant, les serres, les bâches ou les couches, toute sorte de modifications dans leur forme et leurs dimensions, selon l'usage auquel on les destine.

§ II. — Chauffage des serres par la vapeur.

Ce moyen de chauffage pour les serres reçoit très peu d'applications en France ; après l'appareil destiné au chauffage des serres au Jardin du Roi, à Paris, nous ne pouvons citer que le vaste et beau jardin de M. Chaisne fils, à Lyon, qui utilise la vapeur pour chauffer des serres, après l'avoir fait servir comme force motrice dans une machine pour élever l'eau nécessaire aux arrosages du potager. En Angleterre, la vapeur commence à céder la place au thermosiphon, dont la supériorité est partout reconnue pour les serres d'une étendue médiocre. L'appareil à vapeur convient en effet presque exclusivement à des serres immenses, telles qu'il ne s'en trouve guère qu'en Angleterre et en Russie, soit qu'elles consistent en un seul bâtiment, soit qu'elles se trouvent réparties entre plusieurs constructions contiguës. Nul autre moyen ne saurait transmettre aussi rapidement et conserver aussi longtemps une chaleur égale. Les tuyaux conducteurs de la vapeur ne peuvent dépasser la chaleur de 80° centig., mais ils peuvent l'atteindre très également sur une longueur indéterminée, quand même ils auraient un développement de 500 à 1,000 mètres ; et sur une si grande étendue, on n'a pas à craindre, comme avec des tuyaux pleins d'air échauffé, de grandes différences de température ; celle des tuyaux à vapeur est la même, à quelque distance que ce soit du foyer et de la chaudière.

Une seule chaudière à vapeur suffit donc pour chauffer une série de serres, quelque grandes qu'on les suppose. La vapeur, dans ce cas, offre de plus une économie notable en combustible et en main-d'œuvre, à laquelle il faut ajouter la solidité et la propreté de l'appareil ; le jardinier, au lieu d'avoir à s'occuper de douze foyers, et quelquefois d'un plus grand nombre, n'en a qu'un seul à gouverner ; il n'est pas obligé d'avoir en douze endroits différents du charbon, des cendres, et d'autres objets aussi peu agréables à la vue ; au lieu de douze tuyaux de cheminée il n'en a qu'un seul, et s'il est construit d'après le système fumivore, ce peut être un pilastre ou une colonne exempte de fumée, contribuant au contraire à l'ornement des jardins ; les tubes de l'appareil à vapeur prennent moins de place que les tuyaux de chaleur des foyers ordinaires ; ils n'ont jamais besoin d'être nettoyés. La vapeur introduite seulement pendant quelques heures dans la serre y détruit très promptement les insectes.

Le seul désavantage que présente l'appareil pour le chauffage des serres au moyen de la vapeur, c'est d'être un peu moins économique que le thermosiphon. Il est vrai que quelquefois, dans les serres chauffées par la vapeur, les plantes s'étiolent et les fruits manquent de saveur; mais partout où nous avons observé ces accidents en pareil cas, ils nous ont toujours paru tenir à quelque procédé défectueux de culture ou à la négligence des jardiniers, plutôt qu'à l'effet du chauffage à la vapeur.

Les chaudières pour la production de la vapeur destinée au chauffage des serres se construisent ordinairement en tôle de fer; quelques-unes, par une recherche de luxe, sont en cuivre; elles ne possèdent aucun avantage sur les chaudières de fer. Les dimensions de ces chaudières sont ordinairement calculées d'après la surface des vitrages de la serre. Un horticulteur anglais, d'une expérience consommée en cette matière, indique les proportions suivantes :

Serre à forcer les primeurs : 1 mètre carré de surface du fond de la chaudière pour 135 mètres carrés de vitrages. Serre tempérée : 1 mètre pour 200 mètres de vitrages.

On ajoute à ces proportions de 10 à 15 pour 100 lorsque la serre est mal vitrée et située à une mauvaise exposition. Les tuyaux à vapeur sont en fer ou en cuivre, comme les chaudières qu'ils accompagnent. On a essayé à plusieurs reprises en Angleterre et en France de leur substituer des tuyaux en terre cuite, fort usités à cet effet en Hollande : mais toujours on a été arrêté par la difficulté d'empêcher les pertes de vapeur par les jointures de ces tuyaux.

Les figures 173 et 174 représentent les dispositions d'un appareil de chauffage à la vapeur selon le modèle le plus usité en Angleterre; le fond de la chaudière est de forme concave; c'est celle qui s'adapte le mieux au foyer fumivore dont nous donnons ci-dessous la description. (*Voir* Foyers, *fig.* 179). La couche profonde, d'environ 0ᵐ,80, repose sur une chambre voûtée A (*fig.* 173) dont la voûte n'a qu'une brique d'épaisseur.

Fig. 173.

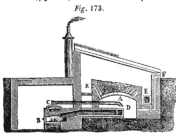

que d'épaisseur. Le foyer B envoie un conduit de chaleur qui règne tout le long de la chambre A ; cette chambre est en même temps tenue pleine de vapeur au moyen de la chaudière C et de son tuyau dont l'ouverture est en D. Les conduits E, ordinairement bouchés, servent à introduire au besoin la vapeur dans l'atmosphère de la serre. Le conduit F sert à laisser échapper la vapeur superflue quand les deux conduits E sont fermés. Dans cet appareil, de l'invention de M. Mac-Murtrie, l'air chaud mêlé de fumée

contribue avec la vapeur à échauffer le dessous de la couche.

Le plan (*fig.* 174) montre la disposition des tuyaux de chaleur G, partant du foyer B.

Fig. 174.

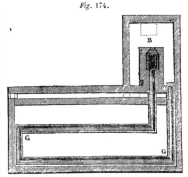

De toutes les manières d'appliquer la vapeur au chauffage des serres, il n'en est pas de moins dispendieuse que la suivante, publiée il y a quelques années dans les transactions de la Société d'horticulture d'Ecosse; elle consiste à mettre la vapeur en contact avec un lit de pierres brisées. Rien n'est plus simple que ce procédé. On donne au lit de pierres A A (*fig.* 175) l'épaisseur ordinaire des couches de

Fig. 175.

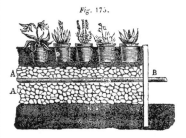

tan ou de fumier; les fragments de pierre doivent avoir de 0ᵐ,08 à 0ᵐ,16 de diamètre; les meilleurs de tous sont des cailloux arrondis lorsqu'on en a à sa portée; ils sont moins sujets que toute autre espèce de pierres à se couvrir de mousse, et ils laissent entre eux de plus grands intervalles. Le tuyau à vapeur B entre par une extrémité de la bâche remplie de pierres, et ressort par l'extrémité opposée; il est percé de trous disposés sur deux lignes, à des distances égales de chaque côté, pour distribuer régulièrement la vapeur à tout le tas de pierres. Les dimensions de ce tube sont indifférentes; plus il est grand, plus l'effet de la vapeur sur les pierres est rapide : mais quel que soit son diamètre, cet effet est toujours le même, sauf la promptitude.

On s'aperçoit qu'on a donné assez de vapeur quand elle cesse de se condenser en humidité sur les cailloux parce qu'ils se sont mis à la même température ; alors l'excès de vapeur se fait jour à travers la terre dont les pierres sont recouvertes. Le point de saturation peut aussi être indiqué par la soupape de sûreté de la chaudière à vapeur.

Durant le froid le plus sévère, la vapeur ne doit être introduite pour chauffer les pierres qu'une fois en 24 heures ; quand le temps est doux, il suffit de l'introduire une fois en deux ou trois jours. Si l'on considère quelle diminu-tion de frais ce procédé procure, tant par les plus petites dimensions des tubes que par la moindre dépense en combustible, le fourneau n'étant allumé qu'une fois tous les deux jours en moyenne pendant tout l'hiver, ce qui exempte le jardinier de tout travail de nuit, on sera convaincu de sa supériorité sur tout autre mode d'application de la vapeur au chauffage des serres.

§ III. — Chauffage des serres par l'air chaud.

Ce procédé que nous donnons en troisième ligne comme étant le plus défectueux, est néan-moins le plus usité de tous pour procurer aux serres une chaleur artificielle. L'appareil con-siste en un foyer ou poêle proportionné à la grandeur de la serre ; l'air chaud mêlé de fu-mée circule dans les tuyaux communiquant à ce foyer, et disposés de manière à chauffer con-venablement toutes les parties de la serre. Lors-que ces tuyaux ont une grande étendue, il se-rait impossible d'y déterminer un tirage suffi-sant sans le secours d'un fourneau d'appel, or-dinairement en tôle de fer, placé à l'extrémité de la serre opposée à celle où est établi le foyer ; le moindre feu clair, entretenu pour un mo-ment, occasionne un courant d'air qui permet au feu du foyer de s'allumer.

Les meilleurs tuyaux pour cet usage sont les conduits construits en briques cimentées avec de bon mortier dans lequel le plâtre, comme trop sujet à se crevasser, ne doit entrer ni à l'exté-rieur, ni à l'intérieur. Lorsqu'on ne doit éta-blir qu'une ligne de tuyaux, on peut leur don-ner une largeur de 0ᵐ,25 sur 0ᵐ,40 de hau-teur. Ces dimensions peuvent être de beaucoup réduites lorsqu'on double la ligne des conduits en les faisant revenir sur eux-mêmes ; dans ce cas, deux lignes de conduits étroits font plus d'effet qu'une seule ligne de conduits sur des proportions doubles.

Dans une serre peu spacieuse, les conduits de chaleur, quelque forme qu'on leur donne, partant d'une extrémité de la serre, suivent, sans le toucher immédiatement, le mur de de-vant, et reviennent le long du mur opposé ; ou bien ils sont disposés à plat sur le sol, et recou-verts de planches servant de passage, comme le représente la coupe de la bâche à deux plates-bandes (fig. 155).

Pour ne pas nuire au coup d'œil, les tuyaux sont le plus souvent dissimulés par un lambris en planche ; lorsqu'ils règnent le long d'un mur dans la serre, une tablette placée au-dessus re-çoit les plantes en pots qui réclament l'appli-cation immédiate de la chaleur. On les fait aussi quelquefois passer dans l'intérieur des bâ-ches quand les végétaux qu'elles contiennent peuvent le supporter ; mais lorsqu'ils passent à travers la tannée, on doit prendre beaucoup de précautions pour n'y pas mettre le feu.

Les tuyaux en terre cuite seraient économi-ques et excellents sans la difficulté de souder exactement leurs jointures ; nous avons indiqué à l'occasion du thermosiphon, le meilleur mor-tier approprié à cet usage. Il ne faut pas crain-dre de les faire entrer plutôt plus que moins les uns dans les autres (fig. 176).

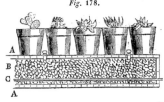

Fig. 177,　　　　　176.

Les conduits rectangulaires (fig. 177) sont construits en briques maçonnées à chaux et à ciment. Souvent la partie supérieure est rem-placée de distance en distance, ou même dans toute sa longueur, par des plaques de fonte de fer, qu'on déplace à volonté pour les nettoyer. Tel est en effet le grand inconvénient de ce mode de chauffage pour les serres ; quelques précautions qu'on puisse prendre, il y laisse toujours pénétrer plus ou moins la poussière et la fumée, et quand il s'agit de nettoyer les tuyaux il cause beaucoup d'embarras en obli-geant presque toujours à évacuer entièrement la serre.

L'horticulteur n'a pas toujours la faculté de faire construire selon ses vues la serre dans laquelle il doit cultiver, soit que, jardinier de profession, il reprenne un établissement déjà monté, soit que, simple amateur, il trouve, en achetant une propriété, la serre déjà con-struite.

Le système de chauffage par l'air chaud, qu'on trouve le plus communément établi, peut, dans ce cas, recevoir avec très peu d'embarras et de dépense une heureuse modification, sou-vent mise en usage en Angleterre. On laisse subsister les conduits rectangulaires maçonnés en briques (fig. 177 et A A fig. 178) ; on les rem-

Fig. 178.

plit, de cailloux, de pierres ou de briques con-cassées B. Un tube à vapeur C de quelques cen-timètres de diamètre règne tout le long de ces conduits ; il est percé de trous de distance en distance pour répandre la vapeur entre les pierres qui, une fois échauffées, maintiennent dans la serre une température égale et durable, très préférable à celle des conduits ordinaires chauffés par l'air mêlé de fumée, n'occasionnant ni ramonages, ni réparations, et possédant en outre la précieuse faculté de charger à volonté l'atmosphère de la serre d'une bienfaisante vapeur d'eau, ménagée selon les besoins de la végétation.

§ IV. — Foyers : emploi du combustible.

La forme ordinaire des foyers pour le chauffage des serres est tellement vulgaire qu'il serait superflu de la décrire. Il faut apporter le plus grand soin au choix des matériaux afin d'éviter les réparations; les végétaux d'une serre, ceux d'une serre chaude surtout, sont perdus si, pendant les froids rigoureux, le foyer qui doit leur fournir la chaleur est hors de service, ne fût-ce que pour une demi-journée. On ne doit employer à la construction du foyer que des briques réfractaires, qui ne soient pas sujettes à se déformer ou à se vitrifier par l'action du feu. Cette action est peu violente et détériore peu les foyers, lorsqu'on n'y brûle que du bois ou de la tourbe. Mais quand on y emploie du charbon de terre, ils se détruisent beaucoup plus vite.

Le charbon de terre n'est ordinairement employé au chauffage des serres que sous la forme de coke, ou de houille carbonisée dont on a extrait le gaz hydrogène carboné; dans cet état, il ne produit point ou presque point de fumée. Nous donnons ici la figure d'un foyer que les Anglais nomment fumivore (fig. 179); sa con-

Fig. 180,   179.

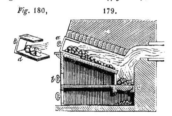

struction permet d'y brûler de la houille telle qu'elle sort de la mine, parce que le gaz y est consumé avant de s'échapper par la cheminée. Ce fourneau est dû à M. Witty. La figure 179 montre sa coupe verticale. Le feu est introduit par la porte a, dont la forme représentée séparément (fig. 180) permet de s'en servir comme d'une pelle pour le transport du combustible allumé ou non, qui descend jusqu'à la grille c le long d'un plan incliné. La seconde porte b sert à régler l'activité du feu sur la grille c. Une fois le tirage établi, la flamme tendant toujours à s'élever, tout le charbon qui reste sur le plan incliné prend feu en même temps; de cette manière, toutes les fois qu'on charge le fourneau avec de nouveau charbon, tout le gaz qu'il contient s'en échappe et brûle, et il n'arrive à la grille que réduit à l'état de coke. Ce fourneau, indépendamment de l'avantage qu'il possède de consumer sa propre fumée, ce

qui n'est point sans importance dans un jardin d'agrément, permet en outre une grande économie de combustible.

De quelque manière que soient construits les fourneaux ou foyers pour le chauffage direct de l'air destiné à échauffer les serres, ou pour les chaudières à vapeur et les thermosiphons, c'est une règle générale de n'en jamais placer l'ouverture dans la serre; elle doit se trouver dans un cabinet servant d'antichambre à la serre qui, comme nous l'avons indiqué pour les bâches, ne peut sans cette précaution être préservée de toute introduction de la fumée et de l'air froid du dehors.

Beaucoup d'amateurs, pour ne pas déranger la symétrie de leurs serres et ne pas nuire au coup d'œil qu'elles présentent du dehors, placent à l'intérieur le fourneau d'appel; le jardinier fleuriste de profession ne doit point s'arrêter à une considération semblable; faisant passer avant tout la végétation de ses plantes, il doit toujours placer le fourneau d'appel à l'extérieur, en choisissant toutefois la place où il offusque le moins la vue.

En résumé, le thermosiphon, pour les serres petites et moyennes, l'emporte sur la vapeur et l'air chaud.

La vapeur est presque seule applicable aux serres très vastes.

L'air chaud mêlé de fumée devrait être partout remplacé par le thermosiphon.

La tourbe est le chauffage le meilleur et le moins coûteux dans les pays où on peut aisément s'en procurer.

La houille carbonisée, ou coke, est préférable au bois par son bas prix.

La houille non carbonisée est plus avantageuse que le coke; mais elle use rapidement les fourneaux.

Le bois est, pour le chauffage des serres, le combustible le plus coûteux et le plus incommode.

TITRE III. — CULTURE DES VÉGÉTAUX LIGNEUX.

CHAPITRE Ier. — PÉPINIÈRES, PRINCIPES GÉNÉRAUX.

Nous avons traité, au commencement du quatrième volume, des pépinières considérées dans leurs rapports avec l'économie forestière et la grande culture ; le nouveau point de vue sous lequel nous envisageons l'établissement et la conduite des pépinières exclusivement destinées aux arbres et arbustes du domaine de l'horticulture, nous oblige à entrer dans des détails beaucoup plus étendus; nous renverrons le lecteur à l'article Pépinière, tome IV, pages 1re et suivantes, toutes les fois qu'il y aurait lieu à des répétitions, soit pour le texte, soit pour les figures.

La multiplication des végétaux ligneux vivaces, cultivés dans nos jardins, soit pour leurs fruits, soit pour la beauté de leurs fleurs ou de leur feuillage, est l'objet spécial de la profession du pépiniériste, l'une des plus importantes de celles qui se rattachent aux différentes branches de l'horticulture. Des pépiniéristes, en très petit nombre, cultivent la plus grande partie des arbres et arbustes à l'usage des jardins; le plus grand nombre s'en tient à une spécialité, déterminée, soit par la nature du sol, soit par la facilité du placement d'un genre particulier de produits. Ainsi la Normandie et la Bretagne ont leurs pépinières d'arbres fruitiers destinés à produire les fruits à cidre; la Provence a ses pépinières d'oliviers et d'orangers, tandis qu'aux environs de Paris on trouve des pépinières où les arbres et arbustes de toute espèce, croissant en pleine terre sous le climat de la France centrale, sont offerts aux amateurs d'horticulture dans toute la perfection que peuvent leur donner les soins les plus assidus et les plus intelligents.

Après avoir esquissé les principes généraux qui régissent toute cette branche de l'horticulture, nous indiquerons séparément les détails relatifs aux pépinières d'*arbres à fruit*, et ceux qui ne concernent que l'éducation en pépinière des *arbres et arbustes d'ornement*.

SECTION Ire. — *Choix et préparation du terrain.*

Lorsqu'on crée une pépinière de quelque étendue, il doit presque toujours s'y rencontrer diverses natures de terrains; on ne doit regarder comme absolument impropres à l'établissement d'une pépinière que les terres compactes et arides, formées d'argile pure ou de craie sans mélange; lors ces deux conditions qui se rencontrent rarement partout où le débit des produits est assuré, une pépinière peut être formée avec avantage. Ceci s'applique aussi bien aux travaux du jardinier-marchand qu'à ceux du propriétaire qui, ayant à créer ou simplement à entretenir de vastes plantations quelle qu'en soit la nature, trouvera toujours de l'avantage à joindre une pépinière à son domaine. Non-seulement une terre riche et féconde, de première qualité, ne doit point être préférée pour une pépinière, mais encore elle doit être considérée comme essentiellement impropre à cette destination. Il en est des arbres comme des animaux; s'il est vrai que dans la jeunesse une alimentation convenable leur assure un bon tempérament, il n'est pas moins certain qu'un arbre élevé en pépinière dans un sol trop fertile et transplanté ensuite dans un terrain moins riche pour y terminer sa croissance, languira, de même qu'un cheval nourri dans son premier âge avec trop de recherche et d'abondance, doit dépérir dès qu'il sera mis à un régime moins substantiel. Pour les arbres à fruits à noyaux une terre de fertilité moyenne, légère, peu compacte; pour les arbres à fruits à pepins, une terre franche et profonde de 0^m,40 à 0^m,50, sont les plus convenables. Si la terre avait des dispositions à retenir l'eau, elle devrait

être assainie par des rigoles d'égouttement, et amendée avec du sable fin et des cendres de rouille. Dans tous les cas, il importe qu'elle soit défoncée aussi profondément que le permet l'épaisseur de la couche de terre végétale. Ce défoncement ne saurait être opéré avec trop de soin; tout en divisant la terre, on la nettoie le plus complètement possible des pierres de trop grosses dimensions, et des racines de plantes vivaces, telles que le chiendent, le liseron et les différentes espèces de patience, qui s'étendent avec une incroyable rapidité et dévorent la substance des jeunes arbres. Dans un travail de cette nature, nous ne pouvons trop le répéter, il y a économie à ne pas ménager la main-d'œuvre; car rien n'est plus désagréable et plus dispendieux en même temps, que de voir percer, à travers les semis, des pousses de racines vivaces qui tuent le jeune plant si on les laisse, et qui pourtant ne peuvent s'arracher qu'en détruisant une partie des sujets obtenus de semis avec beaucoup de peine et de dépense.

Le sol, ainsi préparé est divisé en compartiments dont les uns, destinés aux premiers semis, sont choisis dans le meilleur terrain dont on dispose, et les autres, réservés pour les repiquages et transplantations, sont cultivés en légumes avec une fumure modérée, jusqu'à ce que les semis aient produit assez de plans pour les remplir.

Un terrain légèrement incliné au sud et à l'est, abrité du côté du nord, mais à une certaine distance de l'abri, est le plus favorable à l'établissement d'une pépinière. Un terrain trop uni ne pourrait aussi facilement qu'une surface un peu accidentée, réunir, à proximité les uns des autres, des sols de nature diverse.

Les planches destinées aux semis peuvent être amendées selon le besoin avec une certaine quantité de marne ou de chaux; jamais elles ne doivent recevoir une fumure d'engrais récent d'étable ou d'écurie, immédiatement avant les semis. Lorsqu'on juge à propos de faire alterner sur ces planches les semis d'arbres et d'arbustes avec une culture de légumes, dans le but d'appliquer à cette culture intercalée une fumure suffisante pour rétablir la terre que le plant fatigue beaucoup, il faut choisir les genres de légumes qui ne laissent pas de traces après eux, et exclure ceux qui, comme les pommes de terre et les topinambours, ne peuvent jamais être récoltés avec assez de soin pour qu'il ne reste pas en terre quelques tubercules dont, l'année suivante, la végétation dérange celle des semis.

La culture d'une pépinière n'exige aucun bâtiment qui lui soit spécialement consacré, si ce n'est un hangar pour mettre les instruments de travail à l'abri, et un cabinet pour la conservation des semences. Dans une pépinière complète, il est bon d'avoir un certain nombre de cloches et quelques châssis pour les semis et les boutures qui réussissent mal en plein air et en pleine terre. Un bassin, lorsqu'on dispose d'un filet d'eau vive, est fort utile pour l'arrosage du jeune plant durant les chaleurs; souvent, faute de cette facilité, on laisse périr une partie du plant trop faible pour résister à la sécheresse.

Quelques pépiniéristes laissent subsister, au milieu des compartiments occupés par les semis ou les repiquages, de grands arbres de toute espèce, soit que, les ayant trouvés tous venus, ils n'aient pas voulu les sacrifier, soit qu'ils se soient développés depuis la formation de la pépinière; cette pratique dont les inconvénients peuvent céder en partie à des soins multipliés et à la bonne nature du sol, est toujours condamnable; le plant doit occuper sans partage les carrés de la pépinière où tout ce qui tend à le priver d'air et de lumière, ou à disputer à ses racines la substance que le sol doit leur fournir, ne peut qu'être préjudiciable à sa végétation. Si l'étendue du terrain permettait de n'en consacrer qu'un cinquième aux semis de la pépinière, et de les changer de place tous les cinq ans, ce genre d'assolement serait préférable à tout autre; mais, le plus souvent, il est impraticable. On doit alors chercher à obtenir des résultats analogues à ceux de cet assolement, en transposant aussi souvent que possible les semis et les repiquages, sans toutefois consacrer jamais aux semis, dans cette rotation, les portions de terrain de qualité trop inférieure, sur lesquelles ils ne pourraient réussir. Une clôture de murailles est presque indispensable à la sûreté d'une pépinière, où l'invasion d'un lièvre ou d'un lapin en hiver cause d'incalculables dégâts. On sait que ces animaux rongent l'écorce des jeunes sujets pour qui leurs morsures peuvent être mortelles. On ne peut donc s'abstenir d'entourer de murs une pépinière que lorsqu'elle est protégée soit par une rivière, soit par un fossé profond et plein d'eau. Les haies, même lorsqu'elles sont épaisses et serrées, n'arrêtent pas toujours les lièvres et les lapins qui savent très bien terrer par-dessous. Les haies conviennent au contraire fort bien pour séparer les grandes divisions intérieures d'une vaste pépinière.

Les semis, les marcottes et les boutures sont les trois principaux moyens de se procurer les sujets qui, au bout d'un certain temps passé dans la pépinière, deviennent susceptibles d'ê. tre greffés quand cette opération leur est nécessaire, ou d'être mis en place tels que les a fait croître la nature secondée par le travail de l'horticulteur.

Section II. — Semis.

§ 1er. — Choix des semences.

Les semis d'arbres et d'arbustes ont pour but trois objets principaux : propagation des meilleures espèces; amélioration des espèces déjà possédées; conquête d'espèces ou de variétés nouvelles.

Le choix des semences exerce sur ces trois points essentiels des travaux du pépiniériste

une influence souveraine, principalement en ce qui concerne les arbres fruitiers.

Tous les fruits qu'on pourrait nommer *domestiques* ont été tellement modifiés et améliorés de manière ou d'autre, qu'il ne leur reste plus aucune ressemblance avec ce qu'ils ont été dans l'origine. Qui reconnaîtrait dans la prunelle sauvage l'*aïeule* de toutes nos prunes vertes, jaunes et violettes? ou dans l'insipide pomme sauvage l'aïeule des reinettes et des pepins d'or? On ne peut plus trouver la moindre analogie entre une délicieuse poire de beurré dont la chair est si succulente, si riche, si fondante, et le type primitif de la poire sauvage, dure, pierreuse, astringente, dédaignée même des oiseaux et du bétail. Tel est le résultat des soins patients et persévérants de la culture. L'action lente et continue des eaux n'use pas plus sûrement les pierres les plus dures, que le travail raisonné de l'homme ne peut, aidé du temps, forcer la nature à se ployer à ses goûts et à ses besoins. Les races, une fois modifiées, se continuent identiques, tant qu'elles reçoivent des soins; abandonnées à elles-mêmes, elles retournent bientôt à l'état sauvage.

Nous ignorons absolument par quels moyens une première tendance à se modifier a été donnée aux plantes usuelles; cette tendance au changement dans les types créés primitivement par la nature existe à un degré remarquable dans une foule d'espèces; on peut donc admettre en fait une disposition générale dans tous les êtres à dévier de leur type naturel par la culture; nulle part cette disposition n'est plus prononcée que chez ceux que l'homme a su plier à la domesticité; le chien et les oiseaux de basse-cour sont à cet égard, dans le règne animal, ce que sont dans le règne végétal les fruits cultivés. L'horticulteur possède deux moyens principaux de développer cette disposition des végétaux à former des variétés. Le premier et le plus simple, c'est de choisir constamment pour les semis les graines des espèces et variétés les plus perfectionnées, et de réserver pour cet usage les individus les plus parfaits de chaque variété. Les qualités d'un fruit sont concentrées dans l'embryon de la graine parvenue à sa parfaite maturité; comment ces qualités se transmettent-elles ainsi de génération en génération? Nous l'ignorons; nous savons seulement qu'elles se transmettent.

De deux pommes de la même espèce, cueillies sur deux espaliers, l'un au nord, l'autre au midi, la première sera la moins sucrée; les pepins du fruit le moins capable de former du sucre tiendront de la nature un pouvoir moins grand pour faire produire à leur postérité des fruits sucrés. Le jardinier qui désire obtenir par les semis l'amélioration des variétés doit d'abord, par tous les moyens en son pouvoir, les stimuler à donner les fruits les meilleurs qu'elles soient capables de produire, pour semer ensuite les pepins ou noyaux de ces fruits.

Un moyen plus efficace d'obtenir des variétés nouvelles, c'est de féconder le stigmate d'une espèce avec le pollen d'une autre; il en résulte le plus souvent une variété intermédiaire. Le mode selon lequel s'opère ce croisement est des plus curieux. Le pollen, ou poussière fécondante, contenue dans les bourses des étamines, est composé de très petits globules creux dont l'intérieur est rempli d'un fluide dans lequel nagent des particules dont la forme varie du sphéroïde à l'ovale, et qui possèdent visiblement la faculté de se mouvoir spontanément, comme on peut s'en assurer en les observant au microscope. Le stigmate, extrémité du pistil ou organe féminin, est formé d'un tissu très lâche, dont les pores ou passages intercellulaires ont un diamètre plus grand que celui des atomes mouvants du pollen. Quand un grain de pollen vient en contact avec le stigmate, son enveloppe se brise, et il verse son contenu sur le tissu lâche du stigmate. Les particules mouvantes descendent à travers le tissu du stile, quelquefois une à une, quelquefois plusieurs ensemble, selon l'espace qu'elles trouvent; elles arrivent, par des conduits que la nature a destinés à cet usage, jusqu'à une petite ouverture qui existe dans les téguments de l'ovule destiné à devenir une semence. Déposée dans cette ouverture, la particule s'enfle, grandit par degrés, se sépare en radicule et cotylédons, et finalement devient un embryon duquel, quand la semence mûre sera confiée à la terre, un nouvel arbre doit sortir.

L'action du pollen sur le stigmate, et par suite sur la semence, étant telle que nous venons de la décrire, il s'ensuit nécessairement que, dans tous les cas de croisement, la variété nouvelle participera de l'individu mâle qui aura fourni le pollen et de l'individu femelle fécondé. Cet effet très sensible dans les croisements entre des espèces distinctes a toujours lieu, quoique d'une manière moins sensible, pour les variétés améliorées de longue main; c'est ce qu'il ne faut jamais perdre de vue dans la pratique.

Les limites dans lesquelles ces effets peuvent se produire sont assez étroites. La fertilisation est nulle ou très rare entre deux *espèces*, à moins qu'elles n'offrent entre elles les plus grands rapports; les semences provenant de ce croisement sont stériles, ou si elles sont fertiles, c'est pour retourner à l'une des deux espèces dont elles dérivent. Tel est sans doute le motif pour lequel nous n'avons pas d'intermédiaire entre la poire et la pomme, le coing et la poire, la prune et la cerise, la groseille à grappes et la groseille à maquereau. Mais les *variétés* se croisent aisément, et leurs produits dépassent souvent la fertilité de leurs auteurs. Il suffit d'en citer pour exemple les nombreuses variétés de poires obtenues en Belgique depuis trente ans par le croisement entre des variétés peu productives; leur descendance égale ou dépasse la fécondité des meilleurs arbres fruitiers de nos jardins.

Tels sont les principes qui doivent diriger le pépiniériste dans le choix des semences. Ces principes sont en général rarement appliqués;

nous les avons crus d'autant plus dignes de trouver place ici, qu'ils ont attiré l'attention toute spéciale des hommes les plus distingués dans cette branche de l'horticulture. Les notions qui précèdent sont extraites en grande partie des ouvrages du célèbre professeur anglais Lindley.

§ II. — Semences d'arbres et d'arbustes classés selon l'époque de leur maturité.

A. — Cônes.

Espèces.	Époque de la maturité
Pin sylvestre.	Novembre.
Pin à pignons.	Décembre.
Pin weimouth.	Octobre.
Pin cembro.	Novembre.
Sapin épicéa.	Octobre.
Sapin baumier.	Septembre.
Mélèze (3 variétés).	Décembre.
Cèdre du Liban.	Mars.
Genévrier de Virginie. . . .	Décembre.
Cyprès (2 variétés).	Janvier.
Thuya (2 variétés).	Novembre.

Un grand nombre de conifères ne se cultivent point en pépinière, soit parce que ces arbres reprennent trop difficilement, soit parce qu'il est toujours facile d'en prendre du plant dans les bois où ils se sèment d'eux-mêmes. On peut récolter les cônes depuis le moment indiqué comme leur époque de maturité, jusqu'au mois d'avril de l'année suivante; mais s'ils sont récoltés de bonne heure, les graines en valent mieux. Au moment d'en faire usage, on les sépare en les exposant à la chaleur modérée d'une étuve; les écailles du cône s'ouvrent et laissent échapper les semences.

Les cônes du cèdre du Liban ne doivent point être chauffés; on les conserve une année entière avant de les ouvrir, ce qu'on fait au moyen d'une lame de fer, mais avec précaution. Cet arbre, le plus précieux de tous les conifères pour la durée et l'incorruptibilité de son bois, aura bientôt disparu de ses montagnes natales par l'incurie des habitants du pays; les pépiniéristes et les amateurs ont pris soin d'en conserver et d'en propager la race près de s'éteindre. On le sème dans une terre très meuble, soit en pots, soit en plates-bandes, à l'exposition du midi; les semences doivent être peu recouvertes. Le plant du cèdre ne forme jamais de bons arbres lorsqu'il a passé plus de deux ans en pépinière; celui qu'on élève dans des pots suffisamment profonds, et qu'on transplante ensuite en motte, est toujours le meilleur; ce mode de semis doit être préféré par ceux qui n'en ont pas un trop grand nombre à la fois. Les autres variétés de cèdre, et toutes les variétés de cyprès, se traitent comme le cèdre du Liban. Tous ces semis aiment une position ombragée.

B. — *Glands, amandes, noix, noisettes, châtaignes, etc.*

Espèces.	Époque de la maturité
Chêne-yeuse.	Novembre.
Chêne-liège.	Novembre.

Espèces.	Époque de la maturité.
Chêne écailaté..........	Novembre.
Chêne Rouvre et tous les autres chênes d'Europe...	Décembre.
Châtaignier.............	Novembre.
Frêne.................	Novembre.
Hêtre.................	Septembre et octobre.
Marronnier d'Inde.......	Octobre.
Platane occidental.... ...	Décembre.
Erable, faux platane et autres	Octobre.
Noyer (2 variétés).......	Septembre et octobre.
Noisetier-aveline........	Octobre.
Amandier.............	Septembre.
Bouleau..............	Novembre.
Staphiléa.............	Octobre.

Toutes les semences de cette section peuvent être semées à l'état frais; on ne doit faire sécier que celles qui doivent être envoyées au loin. Si le climat ou d'autres motifs ne permettent pas de les semer immédiatement, mais qu'on ne les destine pas à voyager, il n'y a pas de meilleur mode de conservation que de les disposer par lits alternatifs, recouverts de sable fin mêlé de cendres tamisées; c'est ce qu'on nomme *stratifier* les semences. Par ce procédé, quoiqu'elles ne soient point desséciées, leur végétation demeure comme endormie jusqu'au moment où l'on veut s'en servir.

Les glands, marrons d'Inde, marrons, châtaignes, amandes, noix et noisettes, se sèment en lignes à la fin de février ; ces semences sont peu difficiles sur la qualité du sol ; cependant elles réussissent mieux dans une terre francie, mais bien ameublie, que dans un sol trop léger. Elles doivent être enterrées à la profondeur de $0^m,04$ ou $0^m,05$.

Les semis de frênes se font en sol léger et frais dans une situation très découverte; on les recouvre de $0^m,02$ ou $0^m,03$ de terre tout au plus.

Le sycomore et le lêtre, dont le plant est très sensible à l'action du froid, ne se sèment pas avant la fin de mars ou les premiers jours d'avril, en terre légère, sablonneuse, à $0^m,02$ de profondeur.

Ces indications se rapportent uniquement aux semis en pépinière ; les cènes, les châtaigniers, les lêtres susceptibles de former, par le moyen des semis, de vastes forêts, sont soumis dans ce cas à un traitement différent. (Voir tome IV, page 68.)

C. — *Fruits et baies à noyaux.*

Espèces.	Époque de la maturité.
Prunier................	Octobre.
Abricotier.............	Août, septembre.
Pêcher...............	Août, septembre.
Cerisier........	Juillet.
Laurier..............	Novembre.
Laurier-cerise.........	Septembre.
Néflier..............	Décembre.
Sorbier des oiseleurs......	Août.
Sorbier pinnatifide.......	Octobre.
Sorbier terminal........	Novembre.
Aubépine..............	Octobre.
Alisier..............	Novembre.
Houx................:.....	Novembre.

Espèces.	Époque de la maturité.
Alaterne..............	Octobre.
Nerprun...............	Septembre.
Daphné..............	Juin.
Viorme..............	Juin.
Phylliréa.............	Février.
Rosiers..............	Octobre.

Le mois de février tout entier, et pour quelques variétés les premiers jours de mars, sont les époques les plus convenables pour les semis des noyaux de cette section. Il en est qui, comme le néflier, se sèment rarement, parce qu'il leur faut deux années pour lever, et que d'ailleurs on les multiplie facilement par d'autres moyens. L'aubépine et le loux, très usités l'un et l'autre pour clôture, se sèment en lignes à $0^m,16$ de distance entre elles, à $0^m,03$ ou $0^m,04$ de profondeur ; il est bon de passer le rouleau par-dessus les semis, tant pour que la semence soit bien recouverte que pour raffermir le sol, condition favorable au plant d'aubépine et de loux. La même précaution doit être recommandée pour les semis de ces deux graines en place. On ne doit pas manquer de les préserver par un abri quelconque de l'action directe des rayons solaires pendant les ardeurs de l'été auxquelles le jeune plant ne peut résister s'il n'est ombragé.

D. — *Fruits, baies et capsules contenant des pepins.*

Espèces.	Époque de la maturité.
Poirier..............	Octobre.
Pommier.............	Octobre.
Cognassier...........	Novembre.
Vigne...............	Octobre.
Cornouiller...........	Octobre.
Berberis épine-vinette.....	Septembre.
Sureau..............	Septembre.
Chèvrefeuille....	Août.
Jasmin..............	Octobre.
Troène..............	Octobre.
Tilleul..............	Novembre.

Les pepins, auxquels la profession de pépiniériste doit son nom, sont de tous les genres de semences le plus important dans les pépinières d'arbres fruitiers ; on plante en effet bien plus d'arbres fruitiers à pepins que d'arbres fruitiers à noyaux, les usages des fruits à noyaux étant beaucoup plus limités.

Les semis de pepins ont besoin d'être préservés de la chaleur et de là sécheresse par quelques abris pendant le premier été que le jeune plant passe en pleine terre. Ces abris sont d'un effet plus certain quand les planches sont dirigées de l'est à l'ouest, que quand leur direction est du nord au sud, disposition facile à prendre, et qui n'est pas sans influence sur le bon résultat des semis de pepins.

E. — *Arbres et arbustes à semences légumineuses.*

Espèces.	Époque de la maturité.
Baguenaudier..........	Octobre.
Robinia, faux acacia.	Novembre.
Cytise...............	Octobre.
Gléditzia, fèvier de la Chine	Novembre.
Cercis siliquastrum.......	Novembre.

Toutes les semences légumineuses peuvent être semées en février, en terre sablonneuse et légère, mais profonde, parce que. durant leur premier âge, les racines du jeune plant pénètrent plus avant dans le sol que celles des arbres et arbustes des sections précédentes. Les semences légumineuses manquent rarement de lever, en sorte que le plant se trouve exposé à périr si les semis sont trop serrés; elles doivent donc être suffisamment espacées entre elles, afin de ne pas se nuire; il ne faut pas les enterrer à plus de 0^m,02 de profondeur. L'époque critique pour le plant provenant des semences de cette section est le mois d'août, ou, comme disent les jardiniers, *la sève d'août*. Il arrive assez souvent que le plant des semences légumineuses, bien levé au printemps, perd ses feuilles en juillet et n'a pas la force d'aspirer la sève d'août; on prévient ces accidents en sacrifiant, sans résiter, une partie du plant levé, lorsqu'il paraît trop serré, et en donnant à celui qu'on laisse en place plusieurs binages dans les mois de juin et de juillet.

F. — *Arbres et arbustes à petites semences molles.*

Espèces.	Époque de la maturité.
Orme..............	Juin.
Aune......	Novembre.
Peuplier..............	Mai.
Saule.	Juin.
Syringa.	Octobre.
Ciste............... ..	Septembre.
Rhus Cotinus..........	Juillet.

Les semences de cette section étant mûres de très bonne heure, peuvent être semées aussitôt qu'on les récolte; livrées à elles-mêmes, sans culture, elles donnent déjà du plant très vigoureux avant l'hiver. On doit suivre cette indication de la nature, excepté pour les variétés sensibles au froid, dont on retardera le semis jusqu'au printemps de l'année suivante. Ces semences veulent tout au plus être recouvertes d'un ou deux centimètres de terre.

§ III. — Observations sur les semis de pepins et de noyaux.

Les semis sont le meilleur de tous les modes de reproduction des arbres et arbustes fruitiers en pépinière; les autres modes sont inférieurs sous tous les rapports; des motifs d'économie de temps et d'argent peuvent seuls les faire préférer dans beaucoup de circonstances, bien que ceux-là même qui les adoptent ne contestent pas la supériorité des semis. Mais tous ceux pour qui nous écrivons ne cultivent pas dans des conditions identiques; il en est beaucoup pour qui les considérations d'argent ne sont que secondaires, et qui, véritables amateurs, tiennent surtout à faire le mieux possible; ceux-là ne balanceront pas à semer constamment, même au delà de leurs besoins, car c'est seulement ainsi qu'on peut, soit conquérir de nouveaux fruits, soit perfectionner les anciens, source de continuelles jouissances pour l'horticulteur. Nous croyons donc devoir ajou-

ter quelques conseils aux observations qui précèdent.

A. — *Pepins.*

Le plus grand nombre des sujets de poiriers et pommiers, livrés au commerce par les pépiniéristes, ne provient pas de semis; les poiriers destinés à être conduits en espalier ou en quenouille sont greffés sur cognassier; les sujets de cognassier pour greffer s'obtiennent de vieilles souches (il y en a de plus que séculaires) qui n'ont pas d'autres fonctions que de fournir constamment des rejetons qu'on leur enlève à mesure qu'ils se développent pour les repiquer en pépinière et les cultiver jusqu'au moment de les greffer; on nomme ces vieilles souches des *mères*. On conçoit quelle différence de vigueur et de durée doit exister entre ces sujets donnés par des souches depuis si longtemps épuisées, et ceux que donneraient des semis de pepins; c'est la vie qui s'éteint, comparée à la vie qui commence. L'amateur et même le pépiniériste marchand s'il comprend bien ses intérêts, doivent donc semer chaque année des pepins de coings, choisis parmi ceux des plus beaux fruits des plus belles variétés. Les jeunes sujets craignent peu le froid, il est d'ailleurs facile de les en préserver par une légère couverture de paille; les semis peuvent donc sans inconvénient se faire en automne, aussitôt que les coings sont arrivés à parfaite maturité. Pour les localités exposées à des hivers rigoureux, on fera bien, autant que possible, de conserver les coings entiers jusqu'au printemps, et de semer les pepins immédiatement au sortir du fruit. Les sujets retarderont d'un an ou deux sur ceux que donnent les souches-mères; ce n'est réellement un inconvénient que pour le pépiniériste qui commence; au bout de quelques années, il s'établit une rotation qui permet d'avoir toujours assez de sujets à greffer pour les besoins de l'établissement, et ces sujets sont de beaucoup supérieurs à ceux des souches-mères. Pour les variétés en grand nombre qui reprennent difficilement sur cognassier et ne forment jamais par ce procédé que des arbres défectueux, nous recommandons de semer une grande provision d'épine-blanche, sur laquelle tous les poiriers sans exception donnent, par la greffe, des arbres de la plus belle venue et de la plus grande durée.

Quant aux pommiers, rien ne peut jusqu'à présent remplacer, pour les arbres nains, les *doucains*, et les *paradis*; ce sont encore les meilleurs sujets pour les arbres qu'on se propose de tailler en quenouilles peu élevées ou bien en contre-espalier, à 1^m,30 ou 1^m,50 au plus de hauteur; à la vérité ils durent peu, mais ils produisent promptement et ne s'emportent jamais. Pour tous les arbres en grandes que nouilles, en grands espaliers et à haute tige ou en plein-vent, les sujets obtenus de semis sont préférables.

On ne sème guère que les pepins des poires et pommes qui ont servi à faire du cidre; ces pepins proviennent d'arbres greffés ; beaucoup d'entre eux donneraient des fruits de très bonne qualité sans le secours de la greffe ; le pépiniériste consent rarement à en courir la chance, à cause de la perte de temps qu'il aurait à supporter dans un espoir qui serait souvent déçu. L'amateur, au contraire, doit laisser porter fruit à tous les sujets qui dès la première année se montreront exempts d'épines et munis d'un feuillage large et bien fourni. Les arbres qu'on ne greffe pas sont à la fois plus productifs et plus durables que les autres. On obtiendrait bien plus souvent des sujets de ce genre si l'on avait soin de ne semer que les pepins des fruits à couteau les plus recherchés. Le pépiniériste qui opère sur une grande échelle ne peut user de ce procédé, il lui faut trop de pepins ; il ne peut les demander qu'au marc de cidre. L'amateur, dont les semis sont plus bornés peut avoir recours, à peu de frais, à un moyen fort simple que nous indiquons pour en avoir longtemps fait usage avec succès en Belgique et en France. Durant la saison des fruits, on s'entend avec les garçons de service d'un ou plusieurs restaurateurs ou maîtres d'hôtels de la ville la plus voisine ; on leur remet deux sacs, l'un pour les pepins, l'autre pour les noyaux ; toutes les semaines, moyennant une très légère rétribution, on reçoit de cette manière une bonne provision de pepins et de noyaux qui, recueillis sur les assiettes de dessert, proviennent tous des meilleurs fruits.

Dans le *Romois,* canton du département de l'Eure, en possession de temps immémorial de fournir aux pépiniéristes des environs de Paris des sujets pour être greffés, on a soin de mettre à part les fruits les plus beaux et les plus sains, récoltés à cet effet sur les arbres à cidre ; on laisse ces fruits en tas pendant vingt-cinq à trente jours, après quoi ils sont écrasés et pressés, mais modérément ; les pepins sont séparés du marc par le lavage. En Bretagne, dans le Morbihan et dans Ille-et-Vilaine, on sème sans choix les pepins pris dans le marc de cidre ; la différence de qualité dans les sujets est telle que la plus grande partie de ces derniers semis doit être rejetée comme *fretin.*

B. — *Noyaux.*

On les sème souvent entiers, soit au printemps, soit à l'automne ; en général on se contente de les stratifier dans du sable frais, par lits alternatifs pendant l'hiver, afin de préparer par une sorte de ramollissement, l'ouverture de l'enveloppe ligneuse, ou noyau proprement dit. Ce mode d'opérer peut être continué sans inconvénient pour les noix, les pêches, les brugnons et les alberges, dont les noyaux sont disposés naturellement à s'ouvrir ; les noyaux d'abricots, les amandes à coque dure, les osselets de nèfles, les noyaux d'olives, enfin tous ceux que l'excessive dureté de leur enveloppe rend difficiles à germer, doivent être cassés pour qu'on n'en sème que les amandes. Le seul inconvénient qui en résulte c'est de multiplier

pour les semences les chances de destruction par les mulots et les insectes ; cet inconvénient est plus que compensé par la rapidité de la germination. Depuis quelques années, l'attention des pépiniéristes de nos départements du midi a été appelée sur les avantages que présente la méthode des semis pour la multiplication des oliviers ; les semis de noyaux entiers, quoique lessivés avec soin, réussissaient rarement à cause de la dureté des noyaux ; un propriétaire du département du Var, M. Martelly membre du comice agricole de Toulon, a inventé récemment un casse-noyaux au moyen duquel il met à nu l'amande de l'olive sans s'exposer à écraser le germe, ce qui a lieu le plus souvent quand on se sert d'un marteau. Désormais, le midi de la France renoncera à peupler ses pépinières de sujets pris au pied de souches séculaires ; et ces pépinières ne livreront plus à l'agriculture que des sujets de semis supérieurs aux anciens sous tous les rapports.

Le temps que les jeunes sujets doivent passer en place avant de subir une première transplantation varie selon les espèces ; il vaut mieux avancer cette opération que la retarder ; il suffit que les sujets soient assez forts pour que la reprise semble assurée. Nous regardons comme une très mauvaise pratique de semer trop serré ; c'est le moyen de n'obtenir que des sujets débiles qui, dans la suite, ont souvent bien de la peine à se refaire. Tous les traités recommandent de couper le pivot ou racine principale de chaque sujet au moment de la transplantation, pour le contraindre à émettre des racines latérales en plus grand nombre ; il faut, pour cette opération délicate, avoir égard à la vigueur du plant, et retrancher seulement l'extrémité des sujets qui semblent moins forts que les autres. On désigne sous le nom de *fretin* tout le plant faible et mal venu qui ne peut supporter le repiquage ; sous peine de remplir la pépinière de sujets languissants et chétifs, il faut, sans balancer, rejeter comme fretin tout ce qui n'offre pas des gages suffisants de vie et de vigueur.

SECTION III. — *Marcottes et boutures.*

§ Ier. — *Marcottes.*

Les procédés du marcottage peuvent être modifiés de mille manières, mais tous reposent sur ce principe : forcer une branche à s'enraciner, sans la séparer de la souche-mère, jusqu'à ce qu'elle soit en état de vivre par elle-même.

A. — *Marcotte simple.*

Le marcottage le plus simple de tous, *fig.* 181,

Fig. 181.

consiste à courber de haut en bas une des branches les plus rapprochées du sol, de manière à
la faire entrer dans une petite fosse creusée à
cet effet ; puis on relève l'extrémité de la branche au-dessus de la surface du sol, en lui laissant seulement un ou deux yeux à découvert.
La fosse est alors remplie de terre et l'opération est livrée à elle-même. Quand la sève se
met en mouvement il se forme d'abord près des
yeux enterrés un léger bourrelet duquel partent
bientôt des racines, de sorte que la marcotte
vit à la fois aux dépens de la marcotte et
aux dépens du sol. Ce procédé est nécessairement limité dans son emploi : d'une part, il ne
peut s'appliquer qu'aux branches inférieures
des arbres ; de l'autre, il exige de la part des
branches un certain degré de longueur et de
flexibilité ; enfin, pour qu'il réussisse, il faut
que la sève descendante soit assez abondante
pour fournir à la production des racines et percer l'écorce de la branche marcottée. Quand
on opère sur une plante sarmenteuse, on peut
enterrer une branche assez longue qu'on fait
alternativement sortir de terre et rentrer ; une
seule branche donne dans ce cas plusieurs sujets enracinés ; on la nomme marcotte *en ar-
ceaux*.

Pour se procurer à la fois un grand nombre
de sujets des espèces qui *rejettent* facilement,
on sacrifie un arbre qu'on coupe au niveau du
sol ; on recouvre la souche de bonne terre, appropriée à sa nature, et on la force ainsi à produire une foule de rejetons qui s'enracinent et
deviennent autant de marcottes. Les jardiniers
nomment cette opération *marcottage par cépée;*
ce n'est en réalité qu'une *marcotte simple*.

B. — Marcotte chinoise.

Les Chinois ont un autre procédé plus expéditif, qui se rapporte aussi en principe à la marcotte simple. Au lieu de marcotter séparément
un jeune rameau destiné à donner naissance à un
seul sujet, ils couchent une branche tout entière
(*fig.* 182) avec ses rameaux, qu'ils assujettissent

Fig. 182.

par un nombre suffisant de crochets, le tout
disposé horizontalement dans une sorte de fosse
plate, très peu profonde ; ce couchage s'opère
avant la sève du printemps. Quand l'arbre entre
en végétation, chaque œil pousse son bourgeon
qui s'élève verticalement ; on recouvre alors de
quelques centimètres toute la branche couchée,
en ayant soin de l'arroser, et surtout de la
pailler ; chaque œil, avant la fin de l'été, s'est
fait sa provision de racines, de sorte qu'on possède autant de sujets enracinés de différentes
grandeurs qu'il s'est trouvé d'yeux sur les rameaux de la branche couchée. Ce mode de
marcottage, depuis longtemps en usage à Angers,

doit recevoir dans nos pépinières de nombreuses
applications.

C. — Marcotte incisée.

Tous les procédés destinés à contraindre à
s'enraciner les végétaux rebelles au marcottage simple, ont pour but de les isoler partiellement de la souche-mère, et de barrer le passage à la sève descendante. On pratique à cet
effet divers genres d'incisions transversales ;
les unes, superficielles, n'entament que l'écorce ;
les autres, plus profondes, pénètrent jusqu'à la
moitié de l'épaisseur de la branche ; d'autres
encore, sans pénétrer aussi avant, font le tour
de la branche ; dans ce cas, elles ne font qu'ef-
fleurer l'écorce à la partie supérieure, tandis
qu'au-dessous le bois se trouve plus ou moins
entamé. Quand les incisions sont profondes, on
place entre les deux parties incisées de petites
chevilles de bois (*fig.* 183) ; on les divise en

Fig. 184,   183.

outre par des fentes longitudinales maintenues
de même par des chevilles ; tous ces moyens
multiplient les chances d'émission de racines,
que pourtant avec tout cela on n'obtient pas
toujours ; c'est le cas de recourir à l'amputation et à l'incision annulaire.

D. — Marcotte par amputation.

L'incision doit entamer au moins la moitié
de l'épaisseur de la branche ; la partie détachée
en avant, au lieu d'être maintenue à distance
par une cheville, est retranchée tout-à-fait ; les
racines sortent du bord supérieur de la plaie
(*fig.* 184).

E. — Marcotte par incision annulaire.

Un habile horticulteur anglais, M. Knight,
cherchant à multiplier de marcottes des arbres
fort difficiles à s'enraciner, imagina de fermer
à la sève descendante le retour vers la souche-
mère, au moyen d'un anneau d'écorce enlevé
à la base de la branche marcottée ; en un mois
il obtint des racines de marcottes qui avaient
résisté à tous les autres procédés (voir t. IV,
fig. 5, p. 5.). On peut souvent substituer avec
avantage à ce genre d'incision une simple ligature ; pour les végétaux très souples, on obtient
le même résultat en tordant plus ou moins la
partie de la marcotte couverte de terre.

L'époque du marcottage influe beaucoup sur
la réussite ; en général, on marcotte les arbres
à feuilles caduques pendant que la sève sommeille encore, et les arbres à feuilles persistantes (lauriers, rosages, azalées, andromèdes,
arbousiers) pendant que la sève est en pleine
activité ; dans ce cas, il est rare que ces derniers ne soient pas enracinés dès le milieu de
l'été ; il faut les séparer aussitôt de la souche-
mère, avec des soins convenables ; ils doivent
fleurir au printemps suivant.

Parmi les végétaux qu'il est avantageux de multiplier au moyen du marcottage, plusieurs ont une assez grande valeur pour qu'on ne puisse les sacrifier en les coupant au pied pour en faire des mères. Il en résulte que le petit nombre de branches disponibles pour faire des marcottes est placé trop haut sur la tige pour être couché en terre; d'ailleurs la terre manque le plus souvent, ces arbres ou arbustes se trouvant dans des pots ou des caisses de petites dimensions. On adapte dans ce cas à la branche qu'il s'agit de marcotter un pot fendu sur le côté, pour donner passage à la branche (*voir* Rosiers); si, en raison de ses dimensions, la branche exige un plus grand volume de terre, on a recours à un cylindre ouvrant à charnière, qui permet d'introduire les branches de toute grosseur, et de donner autant de terre qu'il est nécessaire.

§ II. — Boutures.

Ce moyen de reproduction, presque égal en puissance aux semis qu'il remplace dans bien des cas avec avantage, a été longtemps appliqué seulement à un petit nombre d'arbres d'une reprise très facile, tels que les saules et les peupliers. A mesure que la physiologie végétale est devenue familière à un plus grand nombre de jardiniers, on a mieux senti l'importance de ce fait général : *que la vie végétale est répandue dans toutes les parties des végétaux;* et que toutes, ou presque toutes les parties d'un végétal peuvent donner naissance à un végétal semblable. Tel est le principe qui régit cette partie de l'horticulture, celle de toutes qui a fait, et fait encore de nos jours, le plus de progrès.

Une bouture est une branche ou une partie quelconque d'un végétal mise en terre au moment d'entrer en végétation, pour la solliciter à s'enraciner. On obtient des boutures de simples feuilles munies de leur pétiole ; on a vu récemment, entre les mains de l'habile M. Neumann, une feuille, coupée en deux dans le sens de sa largeur, émettre des racines au bas de sa nervure principale ainsi divisée, et produire un végétal parfait. Des plantes grasses, des cactus chez qui les feuilles et la tige sont une seule et même chose, se multiplient par de simples branches transversales de leur substance confiées à la terre. Enfin, quoique les arbres à bois tendre et à feuillage caduc très abondant soient de tous les végétaux ceux qui reprennent le plus facilement de bouture, il n'est point d'arbre à feuilles persistantes, quelque dur que soit son bois, qui ne puisse être multiplié de bouture par des soins dirigés avec intelligence. Pour bien comprendre toute l'importance de ce moyen de propagation, il suffit de considérer le grand nombre des végétaux exotiques dont les graines ne mûrissent pas sous notre climat, même dans la serre; et le nombre non moins grand des arbres dont les graines, fertiles ou non, ne donneraient qu'après plusieurs années des sujets égaux en vigueur à ceux qu'on peut obtenir immédiatement de bouture en nombre indéfini.

A. — *Bouture simple; préparation.·*

L'époque à laquelle il convient de détacher des arbres et arbustes les rameaux destinés à servir de boutures, varie selon les espèces et les climats; en principe, on ne doit laisser *que le moins d'intervalle possible* entre le moment où l'on coupe les boutures et celui où on les plante. Les boutures d'arbres et arbustes à feuilles caduques doivent être coupées pendant le repos de la sève, le plus près possible du moment où elle va entrer en mouvement. Néanmoins, lorsqu'il s'agit de grandes plantations en pépinières, on est souvent contraint de s'y prendre d'avance, parce que ce travail coïncide ordinairement avec beaucoup d'autres; alors on attache par paquets les plants de chaque espèce, et on les conserve placés dans une situation verticale, la base enterrée à quelques centimètres de profondeur dans du sable frais, jusqu'au moment où on les plante. Les boutures de saule pleureur, de frêne, et de tous les arbres et arbustes qui aiment le voisinage des eaux, peuvent se conserver dans l'eau, pourvu qu'on les préserve de la gelée. Les ouvriers qui mettent les boutures en bottes doivent être surveillés avec soin, afin qu'ils les placent toutes dans le même sens; s'il s'en trouvait de renversées, on en perdrait infailliblement un grand nombre. Les boutures de saules et de peupliers destinées à être plantées au bord de l'eau, peuvent être prises sur de grosses branches, vieilles de plusieurs années; elles n'en reprennent pas moins bien; on peut même, sans inconvénient, leur laisser les rameaux de leur extrémité supérieure; ils formeront la tête du nouvel arbre : c'est ce qu'on nomme bouture *par plançons,* espèce de bouture simple, usitée principalement pour les plantations à demeure. On préfère dans les pépinières des boutures d'un an, bien aoutées ; ces boutures donnent des sujets plus uniformes, plus faciles à diriger, et d'une plus belle venue, ce qui compense bien un retard d'un ou deux ans dans leur croissance. La longueur à donner aux boutures ne peut être déterminée avec précision, elle varie selon les espèces; elle doit se régler d'après le nombre des yeux; il ne doit pas y avoir moins de trois ou quatre yeux en terre, et de deux yeux hors de terre.

Les boutures les plus longues sont les meilleures; elles ont plus de chances pour s'enraciner ; elles préparent des sujets plus vigoureux; mais, pour les espèces qu'il est difficile de se procurer, le pépiniériste n'hésitera pas à planter même des boutures très courtes, à deux yeux en terre et un seul hors de terre; seulement, elles exigent un peu plus de soins. On doit respecter dans les boutures le bouton terminal, souvent très développé et peu adhérent, à l'époque où l'on prend la bouture sur l'arbre; toutes les variétés du peuplier sont dans ce cas; la perte du bouton terminal leur est très préjudiciable. Quelques pépiniéristes sont dans l'usage, pour certaines espèces dont la reprise est plus incertaine, de détacher les boutures de l'arbre, non pas en les coupant, mais en les arrachant de haut en bas; la branche emporte dans ce cas avec elle un bourrelet de tissu cellulaire favorable à la production des racines. Nous ne saurions approuver ce procédé très usité cependant, et connu sous le nom de *bouture à talon* (voir tome IV, page 6, fig. 6); c'est, à notre avis, gâter par pure paresse les arbres qu'on soumet à ce traitement brutal. On arrive d'ailleurs au même résultat par le procédé suivant.

B. — *Bouture à bourrelet.*

La branche qu'on se propose d'utiliser comme bouture reçoit à sa base, un an d'avance, soit une forte ligature en fil de fer, soit une incision annulaire; il se forme au-dessus un bourrelet qui donne à la bouture, mise en pépinière l'année suivante, des chances de reprise égales à celles des boutures à talon. Les boutures à bourrelet se détachent de l'arbre avant l'hiver; on laisse de 0m,5 à 0m,6 *au-dessous* du bourrelet, sans rien retrancher à la partie supérieure de la branche qu'on enterre provisoirement en cet état; il suffit de la préserver de la gelée. Au printemps, on rabat la branche à cinq ou six yeux; on supprime tout le bois laissé au-dessous du bourrelet, et l'on met définitivement la bouture en place dans la pépinière. Ces diverses manipulations sont sans doute moins expéditives que l'opération d'arracher, au moment de les planter, de simples boutures à talon; mais elles conservent les arbres-mères que l'arrachage des boutures à talon mutile et détruit en peu de temps; d'ailleurs, la reprise des sujets est bien plus assurée au moyen des bourrelets provoqués par ligature ou par incision annulaire. Il est bien entendu que ce moyen ne doit être appliqué qu'aux végétaux qui se refusent à s'enraciner par bouture simple.

C. — *Bouture à crossette.*

Tout arbre ou arbuste soumis à la taille annuelle porte les cicatrices des tailles de chaque année; on nomme *crossette* la courbure que détermine à l'endroit de la taille le jet de l'année suivante. Par exemple, lorsqu'on taille pour bouture un sarment de vigne, on retranche les nœuds supérieurs dont le bois n'est pas bien aouté; si l'on ne prend au-dessous de ces nœuds que le bois de l'année, la bouture est droite dans toute sa longueur; si on prend le bois de deux, ou même de trois sèves, la bouture, longue dans ce cas d'un mètre et même au-delà, portera une *crossette* à son extrémité inférieure. Plusieurs arbres et arbustes reprennent mieux de cette manière que de toute autre; on les multiplie au moyen des boutures à crossette.

Dans la grande culture, la majeure partie des vignes de nos départements du midi se plante par boutures à crossette, confiées à des défoncements de 0m,50 à 0m,60 de profondeur. La pépinière admet aussi les boutures à crossette principalement pour diverses variétés de vignes,

de groseilliers à grappes et de rosiers; elles se font sur un sol préalablement défoncé, dans des rigoles ou petites fosses de 0m,15 à 0m,20 seulement de profondeur, remplies, soit de bonne terre normale, soit de terre de bruyère. Cette dernière est préférable quand on est pressé; les racines des boutures à crossette s'y forment plus rapidement que dans toute autre terre, pourvu qu'on ait soin d'y entretenir une humidité suffisante.

D. — *Bouture à l'étouffée.*

Ce mode de bouture est principalement destiné à la propagation des plantes de serre et d'orangerie; cependant, le pépiniériste est souvent forcé d'y avoir recours pour les végétaux à feuilles persistantes qui résistent aux procédés ordinaires de bouture à l'air libre; il est fondé sur ce principe que la transpiration des plantes les épuise et les fait périr si elles ne peuvent puiser dans la terre par leurs racines les moyens d'y suppléer. Les boutures des arbres à feuilles caduques n'ont point à souffrir de cet inconvénient; confiées à la terre au moment où leur vie végétale est suspendue, elles ne recommencent à transpirer qu'au moyen des feuilles nouvelles qu'elles développent seulement après avoir poussé de jeunes racines. Les boutures d'arbres à feuilles persistantes sont au contraire munies à leur extrémité supérieure d'un bouquet de feuilles vivaces; la vie végétale n'y est jamais interrompue; exposées à l'air libre, elles perdent continuellement par la transpiration, de sorte que, pour peu que les racines tardent à se former, le sujet meurt. Sous la cloche, l'air ne se renouvelant pas, la transpiration est presque nulle; il faut seulement se méfier d'un excès d'humidité dans l'atmosphère de la cloche, inconvénient facile à éviter avec un peu de soin. Les boutures à l'étouffée se font ordinairement en terre de bruyère dans des terrines recouvertes d'une cloche de verre, assez basse pour laisser très peu d'espace vide au-dessus du sommet de la bouture. On peut aussi se servir avec avantage d'une vieille couche épuisée, passée à l'état de terreau; quand même cette couche serait garnie de son vitrage, il n'en faudrait pas moins des cloches sur les boutures, qui, dans ce cas, auraient une double protection. Les rameaux destinés aux boutures sous cloche doivent être dégarnis de feuilles à leur partie inférieure; il ne faut pas détacher ces feuilles, mais les couper à quelques millimètres de leur base. Dès qu'on reconnaît au mouvement de la végétation que les boutures sont enracinées, on leur rend l'air par degrés et l'on achève de les élever à l'air libre.

En dehors de ces moyens de propagation d'un usage général, nous devons en signaler deux autres, dont l'un peut, dans des circonstances exceptionnelles, fournir un grand nombre d'excellents sujets à la pépinière; l'autre, bien plus puissant encore, a besoin d'être sanctionné par le temps et l'expérience.

E. — Boutures de racines

Les tronçons de racines d'un arbre jeune et vigoureux étant enterrés à une très petite profondeur, donnent une grande quantité de drageons ; ce sont des boutures de racines. En Belgique, où l'on sème beaucoup de pepins de fruits à couteau, les sujets francs n'ont pas toujours besoin d'être greffés ; très souvent, leur fruit est égal ou supérieur à celui qui leur a donné naissance. Ces arbres ont un défaut qui tient à la fertilité et à la profondeur du sol où ils sont ordinairement plantés à demeure ; ils sont très sujets à s'emporter et se mettent très tard et très difficilement à fruit. Il n'y a dans ce cas qu'un seul remède ; c'est de retrancher une ou plusieurs racines, en choisissant de préférence celles qui correspondent aux branches de l'arbre les plus remarquables par un excès de vigueur. C'est alors, surtout, qu'il est facile et avantageux de pratiquer les boutures de racines. On donne aux tronçons une longueur de $0^m,15$ à $0^m,20$; il faut les enterrer dans une position légèrement inclinée, le gros bout dirigé vers le bas et l'autre extrémité à fleur de terre. Il nous est arrivé très fréquemment d'en obtenir des sujets dont le fruit était parfait, sans avoir besoin de recourir à la greffe ; en tout cas, les *francs* obtenus par ce procédé sont de première qualité ; ils gagnent facilement un an pour la greffe sur les autres sujets de la pépinière.

F. — Boutures semées.

Malgré des progrès récents que nous avons eu occasion de signaler, l'art de multiplier de bouture les végétaux ligneux est encore peu avancé. Des essais trop nouveaux pour qu'on puisse regarder les résultats comme acquis à l'horticulture. tendent à généraliser un mode de bouture très expéditif qui remplacerait tous les autres dans la pépinière si le temps venait à confirmer ses avantages. Toutes les parties suffisamment aoutées d'un bourgeon de l'année sont coupées par petits tronçons munis seulement chacun d'un seul œil ; on les sème en rigoles, en terre très légère, au moment de la sève du printemps, en ayant soin de tenir le sol suffisamment humide ; une exposition ombragée au nord est préférable à toute autre. Les yeux deviennent des bourgeons, tandis qu'au-dessous d'eux la partie correspondante de l'écorce émet un paquet de racines. Ce procédé n'a été jusqu'ici expérimenté que sur un petit nombre d'espèces ; nous le mentionnons seulement pour engager les amateurs de l'horticulture à en renouveler les essais sur le plus grand nombre d'espèces possible et à tenir le public au courant des résultats. Pour en comprendre toute l'importance, il suffit de considérer combien de temps fait perdre la nécessité de greffer, nécessité qu'on éviterait en multipliant ainsi de bouture, en nombre illimité, des arbres dont le fruit ou la fleur se reproduirait identique avec celui de l'arbre sur lequel au-

raient été pris les bourgeons. Nous ajouterons, en faveur de ce mode de multiplication des végétaux ligneux, le fait suivant, observé en 1840 par M. Ridolfi, dont le nom suffit pour donner à son observation le caractère de l'authenticité.

« L'Amérique, dit M. Ridolfi, demandait à cette époque des millions de plants de mûrier multicaule. Quelque facile qu'il soit de le multiplier de marcotte et de greffe, tous ces moyens étaient trop lents pour satisfaire aux demandes ; les semis étaient un procédé peu sûr, parce que cette variété est sujette à dégénérer. Dès les premiers jours du printemps, MM. Bournier et David, pépiniéristes à Turin, firent couper rez-terre tous les mûriers multicaules qu'ils avaient en pépinière ; toutes les pousses de ces mûriers furent coupées elles-mêmes en tronçons ayant chacun deux ou trois yeux ; des sillons convenablement espacés furent tracés dans un champ, puis remplis de bon fumier. Les boutures y furent déposées comme des semences : elles furent soigneusement recouvertes, et le sol fut maintenu frais par des arrosages fréquents. En peu de temps, il sortit de terre des *millions* de petits mûriers. Je les ai *vus* formant un fourré presque impénétrable ; j'avais peine à passer entre les files dont les cimes s'élevaient bien au-dessus de ma tête. »

Ce résultat nous semble tout-à-fait concluant.

Section IV. — Greffe.

Toutes les greffes, quelle qu'en soit la forme, reposent sur un seul et même principe : faire vivre un végétal aux dépens d'un autre, en mettant en communication leurs vaisseaux séveux. Un végétal greffé sur un autre, commence un mode particulier d'existence ; une partie de sa nourriture est prise pour lui dans la terre par les racines et les organes circulatoires du sujet ; il prend le reste par ses feuilles, dans l'atmosphère. Cette transmission d'existence a pour agent unique *la sève*, liquide très différent d'un végétal à un autre ; elle ne peut avoir lieu qu'entre des végétaux dont les sucs et les organes vasculaires offrent entre eux une grande analogie. Sans cette particularité, la greffe serait pour ainsi dire illimitée. tandis qu'elle est en réalité renfermée dans des bornes assez étroites. La greffe réussit bien entre les sous-variétés et variétés d'une même espèce : entre les espèces d'un même genre, on observe déjà de fréquentes répugnances qui deviennent des antipathies complètes entre des genres en apparence très voisins. C'est ainsi que, dans nos pépinières, on n'a pas, jusqu'à présent, vaincu d'une manière durable la répugnance que montrent l'un pour l'autre le poirier et le pommier ; c'est une voie encore peu explorée, où il reste beaucoup à découvrir.

On a regardé longtemps la soudure des écorces comme l'accomplissement de la reprise de la greffe ; une observation plus attentive a fait connaître que cette soudure est la conséquence de la reprise, mais non la reprise elle-même. Le végétal est réellement greffé quand le bourgeon qu'on lui a confié commence à se nourrir des sucs qu'il lui transmet, non par l'écorce, mais par l'aubier, partie de sa substance placée immédiatement sous l'écorce. Cette transmission n'est possible que quand la vie végétale est de part et d'autre dans sa plus grande activité, aux deux époques de la sève de printemps et de la sève d'août. On peut cependant greffer à toute autre époque de l'année ; c'est le procédé le plus avantageux et le plus commode quand on opère sur un très grand nombre de sujets à la fois ; on met alors en contact la greffe et le sujet dans un état de sommeil ; au moment du réveil de la végétation, ils sont dans les conditions les plus favorables pour la transmission de la sève, et la greffe reprend presque toujours.

Mille causes peuvent influer sur le succès de la greffe. Avant de les passer en revue, rappelons aux horticulteurs la nécessité d'avoir constamment présent à l'esprit le but qu'ils se proposent d'atteindre. S'ils n'ont en vue que de greffer le mieux possible, c'est-à-dire d'avoir en résultat les arbres les plus beaux, les mieux formés et les plus productifs, sans s'embarrasser d'un peu de retard dans la mise à fruit, ils veilleront avec l'attention la plus soutenue à bien proportionner la force des greffes à celle des sujets, en partant de ce principe qu'un sujet vigoureux, nourrissant très bien une greffe délicate, peut finir par en faire un bon arbre ; mais qu'un sujet languissant, avec la meilleure greffe possible, ne fera jamais qu'un arbre chétif. La greffe emporte avec elle les défauts des arbres sur lesquels on la prend, de même que leurs qualités ; si, par exemple, le fruit en est pierreux ou sujet à se gercer, le fruit de l'arbre greffé aura les mêmes défauts. Le pépiniériste marchand, à qui le public s'adresse de confiance, est plus obligé que tout autre à cueillir lui-même ses greffes, ou du moins à n'en recevoir que de mains parfaitement sûres. Que de soins ! en effet, quelle patience ! quelle longue attente entre le moment où le pepin est confié à la terre et celui où, après avoir été cultivé, greffé, mis en place, l'arbre montre son premier fruit ! Et quel triste désappointement, lorsqu'au lieu de ce qu'on attendait, on ne trouve qu'un fruit crevassé, rocailleux, ou bien fade et sans saveur ! Tout à recommencer, il faut greffer de nouveau. Dans une partie de nos départements à cidre, les propriétaires ont éprouvé si souvent ce désagrément, qu'ils se décident presque toujours à subir un retard de plusieurs années en ne plantant que des arbres non greffés, qu'ils greffent ensuite, ou font greffer sous leurs yeux.

Le pépiniériste, placé dans un pays où la culture des arbres fruitiers pour la production du cidre est une des plus importantes, ne doit greffer que sur franc, en choisissant toujours, soit pour prendre les greffes, soit pour les ap-

pliquer, les sujets les plus robustes ; concilier la production du fruit avec la rusticité et la durée des arbres, telle est la direction qui lui est indiquée. S'il est placé près d'une grande ville, s'il a pour clients habituels des jardiniers de profession qui, grevés d'un loyer très élevé, ont intérêt en plantant des arbres à ce qu'ils ne tardent pas à se mettre à fruit, ou bien encore des propriétaires jouissant d'un très petit jardin où les arbres grands et forts ne sauraient être admis, il greffe sur cognassier les poires les plus hâtives et les plus avantageuses ; il greffe force doucains, force paradis ; il fait sur prunier toutes ses greffes de fruits à noyaux. De même l'amateur célibataire, pressé de jouir, ne procédera pas en greffant comme le père de famille qui, travaillant plus pour ses enfants que pour lui-même, a surtout égard à la durée des sujets.

Parmi les causes qui peuvent faire échouer la greffe, la plus commune est le défaut de proportion entre la vigueur de végétation du sujet greffé et du rameau inséré sur le sujet. Trop de force dans le sujet amène à la greffe trop de nourriture à la fois ; les jardiniers disent dans ce cas que le sujet *a noyé* sa greffe, expression très juste, puisque c'est l'affluence du liquide séveux qui a causé sa mort. Si c'est au contraire la greffe qui dépasse le sujet en vigueur, elle périt d'inanition, parce qu'elle ne reçoit du sujet qu'une alimentation insuffisante. Quelquefois des pertes de ce genre résultent d'une disproportion, non pas constante, mais momentanée ; c'est ce qui a lieu quand, au moment de l'opération, l'un des deux végétaux est beaucoup plus avancé que l'autre dans le développement de sa vie végétale. En général, il est bon que l'avance soit plutôt du côté du sujet que du côté de la greffe ; car si celle-ci était en pleine végétation, comme elle ne peut tout d'un coup vivre aux dépens du sujet, il y aurait un temps d'arrêt qui lui serait funeste. Telle est la raison pour laquelle on détache d'avance de leur arbre les rameaux pour greffer ; on les tient au frais, à l'ombre, la base enterrée dans du sable ou de la terre légèrement humide, dans le but de prolonger leur sommeil et de ne les mettre en contact avec les sujets que lorsque la végétation de ceux-ci a pris assez d'avance pour être en état de nourrir abondamment les greffes.

§ 1er. — Nomenclature.

André Thouin est le seul auteur de ce siècle qui ait donné une monographie des greffes généralement adoptées en France et hors de France. Mais toutes les connaissances humaines ont cela de commun, qu'elles ne s'arrêtent pas ; on peut saisir au passage leur état à une époque déterminée : le lendemain, le livre est incomplet ; il l'est même quelquefois avant d'être imprimé. Lorsque M. le professeur Leclerc-Thouin donna, en 1827, une seconde édition de la *Monographie des Greffes*, dans l'édition complète des œuvres de son oncle, il y avait déjà ajouté plusieurs greffes nouvelles, qui portaient le total des greffes connues à cette époque à 124. Nous ne serions point en peine d'en décrire plus de 200, toutes différentes les unes des autres, si nous voulions donner tout ce qui se fait ou s'est fait quelque part en ce genre à notre connaissance. Mais de tout cela qu'y a-t-il de réellement applicable? Une vingtaine de procédés, et parmi ces vingt, cinq ou six seulement sont d'un usage fréquent pour la pratique journalière. Le reste comprend,soit des expériences plus ou moins utiles au progrès de la physiologie végétale, soit des procédés surannés, appartenant à l'histoire de l'horticulture.

La classification adoptée par André Thouin a pour base unique la nature des procédés. M. le comte Giorgio Gallesio (*Pomona italiana*), fait observer avec beaucoup de raison ce que cette division présente d'arbitraire et même d'opposé en certain cas aux actes de la vie végétale pendant la reprise de la greffe. Tout en partageant l'opinion du savant agronome Italien, nous croyons que tous les jardiniers nous sauront gré de conserver une classification généralement admise, non-seulement en France, mais dans presque toute l'Europe.

GREFFES CLASSÉES SELON LA MÉTHODE
D'ANDRÉ THOUIN
(4 sections, 16 séries).

Sections.

Greffes.....	par approche ou en approche	
	par scions.............	124
	par gemma.............	greffes.
	herbacées.............	

Séries.

1re SECTION.	sur tiges.............	
Greffes	sur branches............	40
par approche	sur racines.............	greffes.
	de fruits.............	
	de fruits et de fleurs......	
2e SECTION.	en fente.............	
	en couronne...........	47
Greffes.....	en ramilles............	greffes.
	de côté.............	
	par et sur racines........	
3e SECTION.	en écusson.............	28
Greffes.....	en flûte.............	greffes.
4e SECTION.	unitiges.............	
Greffes	omnitiges.............	9
herbacées	multitiges.............	greffes.
des végétaux	non ligneux...........	

§ II. — Greffes en approche.

Cette greffe a été indiquée aux hommes par la nature; il est probable qu'elle a donné l'idée de toutes les autres. Il arrive assez souvent dans les forêts que deux arbres croissant à proximité l'un de l'autre se frottent au point de contact, usent réciproquement leur écorce, et finissent par se souder l'un à l'autre pour vivre d'une vie à la fois commune et distincte, puisque chacun des deux conserve ses racines : telle est la plus simple des greffes en approche.

A. — *Greffe Magon.*

Dès la plus haute antiquité, les Phéniciens avaient remarqué cette propriété des arbres de reprendre l'un sur l'autre; ils en faisaient l'application à leurs arbres fruitiers, notamment au châtaigner et à l'olivier; les Grecs et les Romains suivaient à leur exemple ce procédé négligé de nos jours, mais respectable par les longs services qu'il a rendus à l'humanité pendant bien des siècles. Plusieurs sujets de même espèce étaient plantés dans la même fosse; chacun d'eux était dépouillé d'une lanière d'écorce, puis toutes les plaies étaient mises en contact et maintenues par une bonne ligature. Il en résultait des arbres beaucoup plus forts et plus durables que chaque sujet ne l'eût été s'il avait vécu isolément. On attribue l'invention de cette greffe (*fig.* 185) au Carthaginois Magon,

Fig. 186, 185.

gon, qui n'en était probablement que le propagateur. Les Carthaginois la répandirent en Espagne et en Sicile où elle fut longtemps pratiquée; les célèbres châtaigners du mont Etna et les énormes oliviers d'Espagne doivent à ce procédé leur longévité séculaire et leurs dimensions colossales.

B. — *Greffe Diane.*

La même greffe s'opère aussi fréquemment dans les bois, sans l'intervention de l'homme, entre deux tiges flexibles qui s'enroulent en spirale l'une sur l'autre; les jardiniers en font quelquefois usage dans les jardins paysagers : elle est connue sous le nom de greffe Diane (*fig.* 186).

De tous les arbres de l'Europe tempérée, le cornouiller (*cornus sanguinea*) est celui qui se prête avec le plus de facilité à la greffe par approche. Dans la Belgique wallonne et dans le nord de la France, on en compose des clôtures et des berceaux qui finissent par être tout d'une pièce, car partout où les tiges se rencontrent, soit en long, soit en travers, elles s'unissent l'une à l'autre. Nous connaissons à Visé (province de Liège, Belgique) un immense berceau de cornouillers dont on a retranché toutes les souches moins trois, une au milieu, les autres aux deux extrémités de la demi-circonférence décrite par la forme du berceau; sa végétation n'en a point été altérée; il continue à se couvrir de fleurs et de fruits. Ces exemples montrent le parti qu'on pourrait tirer de la greffe en approche rarement pratiquée dans nos jardins. Tous les arbres ne s'y prêtent pas d'aussi bonne volonté que le cornouiller; il faut les aider par divers moyens dont nous indiquerons les plus usuels.

C. — Greffe Sylvain.

On pratique sur le tronc de deux jeunes arbres plantés à proximité l'un de l'autre deux entailles qui se correspondent, et l'on joint par une ligature les plaies qui ne tardent pas à se souder. La figure 187 montre l'application de

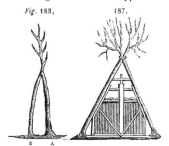

Fig. 188, 187.

cette greffe à la décoration rustique d'une porte de jardin; la nature opère très souvent dans les bois des greffes de ce genre.

D. — Greffe hymen.

C'est la greffe Magon pratiquée sur deux individus, l'un mâle, l'autre femelle, d'un arbre dioïque; elle en diffère seulement en ce que, pour multiplier les chances de reprise, on ajoute à l'enlèvement de l'écorce une entaille longitudinale sur les parties en contact.

E. — Greffe cauchoise.

Les vents violents qui soufflent souvent sur la partie du département de la Seine-Inférieure connue sous le nom de Pays de Caux, enlèvent quelquefois la tête de jeunes arbres à fruit en plein rapport, et causent des vides dans les vergers. Pour remédier à ces accidents, on transplante à côté de l'arbre mutilé A (*fig.* 188) un sujet greffé très vigoureux B; quand sa reprise est assurée on insère sa tête dans une entaille pratiquée en forme de coin, sur la tête rompue de l'arbre, préalablement taillée en biais, et parée avec une lame bien tranchante. La partie greffée du sujet B doit être taillée de manière à s'ajuster parfaitement dans l'entaille. Quand la greffe a repris, on supprime le tronc du sujet B, et l'on dirige la greffe de façon à refaire promptement la tête de l'arbre endommagé A.

F. — Greffe Rozier.

Elle consiste à greffer, par le procédé de la greffe Sylvain, tous les points de contact des bourgeons de deux branches-mères, à mesure qu'ils se rencontrent, en formant des losanges qui deviennent plus nombreux d'année en année. Le cornouiller, conduit de cette manière, se greffe tout seul, ainsi que nous l'avons dit;

le pommier peut former par ce procédé d'excellentes haies fruitières, propres surtout à séparer les divisions intérieures d'un verger ou d'un grand jardin; mais étant moins disposé à reprendre, il faut aider la soudure en enlevant l'écorce et une petite lame de bois aux branches qui se touchent, comme le montre la *fig.* 189.

G. — Greffe Forsyth.

Fig. 190, 191, 189.

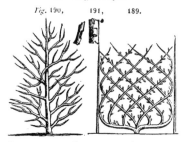

Les autres greffes en approche sont encore moins en usage que celles qui précèdent, lesquelles se pratiquent elles-mêmes très rarement en France, à l'exception de la greffe cauchoise, assez fréquente dans le pays dont elle porte le nom. La greffe en approche peut cependant rendre des services réels dans les bosquets et les vergers, comme moyen prompt et efficace de remplacement. Une branche détruite par maladie ou par accident, n'a pas seulement l'inconvénient de déformer un bel arbre; elle a encore celui, bien autrement grave, de déranger l'équilibre de la sève en la forçant à se porter plus d'un côté que de l'autre; c'est alors le cas de recourir à la greffe en approche pour insérer à la place vide un des rameaux du même arbre, selon le procédé de la greffe Forsyth, représenté (*fig.* 190), et très fréquemment employé en Angleterre. La *fig.* 191 montre séparément la tige de l'arbre et la branche à greffer, avec les deux plaies qui doivent se recouvrir.

C'est encore par des procédés analogues, susceptibles d'être modifiés à l'infini, qu'on peut rendre à un arbre un ou plusieurs troncs nouveaux quand le sien est endommagé, et qu'on tient à conserver sa cime encore vivace. Les autres greffes par approche de racines, de fruits et de fleurs, toutes fondées sur le principe des greffes Magon et Sylvain, sont des opérations de pure curiosité, sans aucune utilité réelle.

§ III. — Greffe par scions.

Les divers procédés de greffe par approche conservent à la greffe et au sujet leur existence séparée pendant le temps de l'opération; souvent même, après la reprise de la greffe, celle-ci conserve ses racines et sa vie propre, tout en participant à celle du sujet. La greffe par scions ne peut se pratiquer qu'avec des greffes *détachées* de l'arbre qui les a nourries ; ces greffes, jusqu'à la reprise, n'existent qu'aux dépens du sujet ; elles vivent ensuite à la fois par le sujet et par les éléments que leur feuillage puise dans l'atmosphère. Parmi les divers procédés de la greffe par scions, le plus utile se nomme greffe en fente. Il exige la suppression de la tête du sujet, pour que toute la sève tourne au profit de la greffe, dont la force doit être proportionnée à celle du sujet. On a cru longtemps ne pouvoir la pratiquer qu'au printemps, à la sève montante ; on sait aujourd'hui qu'on peut greffer en fente, avec autant de chances de succès, pendant le repos de la sève. (*Voir* Greffe au coin du feu.) Les anciens connaissaient et pratiquaient la greffe en fente simple ; Atticus la recommande pour greffer la vigne sauvage. Constantin César prétendait communiquer au raisin des propriétés particulières en greffant la vigne en fente après avoir enlevé la moelle du sujet pour lui substituer des couleurs, des aromates ou divers médicaments ; il prouvait seulement par là sa profonde ignorance des premiers éléments de la physiologie végétale.

Dans le midi de la France, le mot greffer s'applique exclusivement à la greffe en fente ; les jardiniers de ce pays ne regardent point la greffe en écusson comme une greffe, et si l'on emploie en leur parlant le mot greffer à la place d'écussonner, ils ne vous comprennent pas.

La greffe en couronne paraît être l'une des plus anciennement pratiquées ; Théophraste et Pline en font mention. Dans nos départements de l'ouest, où le poirier est cultivé en grand pour la production des fruits à cidre, concurremment avec le pommier, on est dans l'usage de recéper, pour les rajeunir, les arbres épuisés de vieillesse ; on greffe en couronne, exactement d'après le procédé de Pline, les grosses branches qui ne tardent pas à se couvrir de rameaux jeunes et productifs. La greffe de côté, décrite par Térence, était aussi connue de l'antiquité, mais pratiquée très imparfaitement en insérant un rameau dans un trou fait avec une tarière. Nous décrirons les plus utiles des divers procédés de greffe en scions.

A. — Greffe Atticus.

Insertion dans le sujet (*fig.* 192), fendu par

Fig. 196,   195,   194,   193,   192.

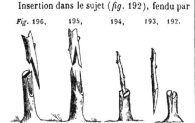

le milieu, d'une greffe (*fig.* 193) munie de trois yeux au moins, et taillée par son extrémité inférieure en lame de couteau. Dans cette greffe, la coupe est horizontale ; le sujet est presque toujours plus gros que la greffe ; dans ce cas, au lieu de l'insérer au milieu, on le rapproche d'un des bords de la fente, afin de faire coïncider les coupures des deux écorces, comme le montre la figure 194. La greffe serait au contraire insérée dans le milieu de la fente du sujet s'ils étaient tous les deux de même grosseur. La greffe Atticus est éminemment propre à la vigne et aux sujets dans lesquels la greffe doit être enterrée ; sa solidité la rend également propre à greffer des arbres à fruits à haute tige.

Aucune greffe en fente ne reprendrait si on laissait les parties coupées, soit du sujet, soit de la greffe, exposées au contact desséchant de l'air ; on bouche avec soin la fente, et l'on recouvre la jointure avec différents enduits, dont nous indiquerons les plus usités.

Onguent de Saint-Fiacre. — On pétrit avec un peu d'eau une partie de terre forte et une partie de bouse de vache, de manière à en faire une pâte de bonne consistance ; il ne faut pas que la terre employée soit trop argileuse ; elle se crevasserait en séchant, et l'effet désiré serait manqué. Ce mélange, fort simple, qu'on peut se procurer partout et en tout temps, nous paraît bien préférable aux compositions plus compliquées qu'on emploie à sa place ; c'est toujours lui que préfèrent les vieux praticiens ; il justifie la prédilection qu'on lui accorde ; ses usages multipliés ont porté nos pères à le consacrer au saint patron du jardinage dans toute la chrétienté.

Cire à greffer. — La meilleure est celle dont Miller donne la recette ; elle est formée de térébenthine, de cire jaune et de résine par parties égales ; elle partage, avec toutes les compositions analogues, l'inconvénient très grave de ne pouvoir s'employer qu'au moyen de la chaleur. L'application, sur la greffe, de cet enduit, seulement un peu trop chaud, peut la faire périr.

B. — Greffe à l'anglaise.

L'inspection de la figure 195 montre la manière de pratiquer cette greffe, la plus solide de toutes ; elle est principalement applicable aux sujets d'un petit diamètre, à bois très durs. La difficulté consiste à tailler le bas de la greffe assez adroitement pour qu'elle puisse s'ajuster dans la taille du sujet ; ce procédé n'est praticable que lorsque la greffe et le sujet ont le même diamètre.

Miller indique une greffe du même genre, moins difficile et presque aussi solide, qu'il nomme greffe en langue d'oiseau ; André Thouin lui a donné le nom du savant jardinier anglais, qui ne s'en prétendait pas l'inventeur ; il importe au succès de cette greffe (*fig.* 196) que le cran et la coche du sujet destiné à le recevoir s'emboîtent exactement, résultat plus facile à obtenir par la greffe Miller que par la greffe anglaise. Les pépiniéristes anglais greffent constamment de cette manière les arbres à fruits à haute tige, exposés à des vents violents ; elle est aussi en usage dans nos départements de l'ouest ; elle

exige, comme la greffe anglaise, que le diamètre du sujet et celui de la greffe soient égaux,
ce qui restreint ses applications.

C. — Greffe Lee.

Quelques arbres et arbustes délicats ne peuvent, sans périr, supporter la fente dans le sens
du canal médullaire qui occupe le centre de
leurs tiges. On les greffe en fente sans endommager leur centre, au moyen d'une entaille
triangulaire (*fig.* 197) destinée à recevoir la

Fig. 203, 202, 201, 200, 199, 198, B 197.

greffe taillée en coin triangulaire B. Les deux
pièces ne s'ajustent bien que lorsqu'elles ont
été façonnées toutes les deux au moyen d'un
greffoir fait exprès (*voir* Instruments de jardinage, *fig.* 80). Ce procédé admet des greffes d'un
diamètre beaucoup plus petit que celui du sujet.

Cette greffe, pratiquée sur de jeunes orangers ou citronniers, exactement de la même
manière, mais en employant pour greffe un
rameau *qui conserve sa tête*, est connue des
jardiniers sous le nom de *greffe à la Pontoise*.

D. — Greffe La Quintinie.

Cette greffe (*fig.* 198) admet quatre rameaux
qui peuvent être tous de variétés différentes, aux quatre extrémités de deux fentes qui
se croisent en passant par le centre du sujet coupé
horizontalement. Elle n'est praticable que sur
les sujets d'une grande vigueur dont on veut
changer ou varier l'espèce; les sujets délicats ne
pourraient la supporter : la même greffe, avec
deux rameaux seulement aux deux bouts d'une
seule fente, se nomme greffe Palladius (*fig.*
199). Pour ces deux greffes, le rameau se taille
et s'insère dans le sujet comme pour la greffe
Atticus (*fig.* 192).

E. — Greffe Pline.

Ce procédé a traversé les siècles sans altération; il se pratique encore aujourd'hui dans
nos vergers de Normandie et de Bretagne exactement comme du temps de Pline, qui n'en était
pas l'inventeur; il en parle comme d'une opération usitée de temps immémorial. La greffe
Pline (*fig.* 200) s'applique aux mêmes sujets
que la greffe La Quintinie, avec cette différence
qu'au lieu de fendre le bois du sujet, on insère
seulement la greffe (*fig.* 201) entre son aubier
et son écorce soulevée. Pour peu que l'écorce
manque de souplesse, elle se fend sans qu'il en
résulte aucun mal; on enduit les greffes avec

l'onguent de Saint-Fiacre, et on les maintient
au moyen d'une ligature.

F. — Greffe Théophraste.

La *greffe Théophraste* est la même que la
greffe Pline; la seule différence, qui n'en est
réellement pas une, consiste à fendre l'écorce
pour placer les greffes, effet qui se produit presque toujours de lui-même dans le procédé de la
greffe Pline. Le cran ou rebord laissé à la greffe
(*fig.* 201) est indispensable pour lui donner sur
le sujet un point d'appui sans lequel elle manquerait de solidité.

G. — Greffe Liébault.

La greffe Pline, pratiquée au collet de la racine d'un arbre recépé au niveau du sol, fournit un grand nombre de sujets propres à être
marcottés, et qui n'ont plus besoin d'être greffés de nouveau; on désigne, sous le nom de
greffe Liébault, cette manière de greffer très en
usage au seizième siècle, maintenant peu pratiquée; on en peut obtenir de très bons résultats pour la multiplication des bonnes espèces,
mais il ne faut greffer ainsi que des arbres
très vigoureux, croissant dans un sol très fertile, sans quoi l'on n'en obtiendrait que des sujets languissants et de peu de durée.

Les greffes Pline, Théophraste et Liébault sont
les plus utiles d'entre les greffes dites *en têtes*
ou *en couronne*. Toutes ces greffes exigent la
suppression de la tête du sujet; les greffes dites
de côté conservent au contraire le sujet tel
qu'il est, sans aucun retranchement; elles servent surtout à remplacer une branche nécessaire sur un arbre déjà vieux, dont la disposition ne se prête pas au remplacement par la
greffe Forsyth en approche (*fig.* 190), et dont
l'écorce raboteuse rend impraticables les différentes greffes en écusson.

H. — Greffe Richard.

C'est un rameau taillé en biseau très prolongé,
inséré dans une fente pratiquée en biais dans le
tronc d'un arbre (*fig.* 202) dégarni d'un côté. Plus
la greffe (*fig.* 203) est coupée mince, moins elle
nécessite d'écartement entre les deux bords de
la fente, plus elle offre de chances de succès.
Cette greffe, pratiquée sur des sauvageons vigoureux, mais jeunes, au moyen de branches à
fruit, chargées de boutons tout formés, hâte la
fructification des sujets, mais elle ne réussit
pas toujours; on la nomme, dans ce cas, *greffe
girardin*; elle ne diffère de la greffe Richard
que parce que celle - ci emploie des *rameaux*
dans le but de réparer un arbre dégarni, et
que la greffe Girardin emploie des *branches à
fruit*, dans le but d'accélérer l'époque de production chez le sujet.

Les différents genres de greffe en fente peuvent s'appliquer sur les racines des végétaux
aussi bien que sur la tige et les branches; on
peut aussi, dans certains cas, se servir pour
greffer d'un bout de racine au lieu d'un rameau; mais comme ces circonstances ne chan-

gent rien à la nature de l'opération, et que les procédés restent les mêmes, nous croyons inutile d'en recommencer la description ; nous aurons occasion d'y revenir en traitant de quelques cultures particulières (voir *Pivoines*, et *Dahlias*.

§ IV. — Greffe par gemma.

Les pépiniéristes et jardiniers de profession font beaucoup plus d'usage des diverses greffes par gemma que de celles qui précèdent, et cela par deux raisons essentielles : d'abord . elles sont très expéditives ; un bon greffeur, en une heure de temps, en peut faire de 50 à 120, selon le plus ou moins de facilité que présentent les sujets, et aussi selon le mode d'opérer ; puis, leur perte n'entraine jamais celle du sujet ; il est toujours possible de les recommencer, parce que le sujet conserve sa tête jusqu'à ce qu'on soit certain de la reprise de la greffe ; il y a donc, en faveur des greffes par gemma, de justes motifs de préférence. Ces greffes remplaceraient toutes les autres si elles n'exigeaient dans le sujet une écorce lisse et exempte de gerçures ; dès que l'écorce a pris un caractère ligneux et un aspect raboteux, elle cesse d'être propre à recevoir la greffe par gemma ; c'est la seule considération qui en borne l'usage. Toutes ces greffes sont comprises dans deux divisions : dans la première se rangent toutes celles qui n'admettent qu'un seul œil ou gemma, dans la seconde toutes celles qui en admettent plusieurs. Les greffes de la première de ces deux divisions sont nommées, par les jardiniers, greffes en écusson, parce que la forme d'écusson ou de bouclier est celle qu'on donne le plus communément au morceau d'écorce portant l'œil destiné à être greffé ; celles de la seconde division sont connues sous les noms de greffe en flûte, en sifflet, en chalumeau, etc. On voit par les écrits de Xénophon que les anciens connaissaient la greffe par gemma, bien qu'elle ne fût pratiquée par eux que rarement, et par un procédé assez imparfait.

Les écussons portant l'œil ou gemma destiné à être greffé, se prennent sur des bourgeons de l'année qu'on a eu soin de pincer à leur extrémité pour les forcer à mûrir complétement leur bois. Lorsque les arbres sur lesquels on prend ces bourgeons se trouvent à proximité des sujets à greffer, il ne faut les couper qu'en proportion des besoins ; les yeux ne doivent être enlevés qu'au moment de s'en servir ; plus l'opération est menée rapidement, plus le succès en est assuré ; il faut que l'écusson passe immédiatement de sa branche native sur le sujet ; nous ne pouvons que condamner la pratique de certains pépiniéristes qui, pour avoir plus tôt fait, préparent à la fois un grand nombre d'écussons et les tiennent dans l'eau en attendant le moment de les placer, ce qui ne peut que les affaiblir. Lorsqu'on doit faire voyager les branches à écussons, on les pique dans une boule de terre glaise humectée, on les emballe avec des herbes fraiches ou des feuilles

vertes, enfin, on prend toutes les précautions possibles pour prévenir leur dessèchement ; car les yeux des écussons pris sur des branches desséchées ou seulement flétries, ont très peu de chances de succès. C'est encore dans le même but qu'on supprime les feuilles de ces rameaux, en laissant toutefois subsister leur pétiole ou queue, nécessaire pour faciliter la pose des écussons ; les feuilles sont les principaux organes de la transpiration des plantes ; leur suppression ralentit l'évaporation des liquides contenus dans le rameau et lui permet de rester plus longtemps à l'état frais. Tous les yeux d'un bourgeon ne sont pas également bons pour être employés à la greffe en écusson ; les yeux de l'extrémité supérieure ne sont pas assez complétement formés ; ils tiennent d'ailleurs à une portion de bois qui est encore à demi herbacée ; ceux de la partie inférieure, ayant reçu moins de nourriture que les autres, ne sont pas assez vigoureux ; on ne doit lever pour écusson que les yeux de la partie intermédiaire.

Les greffes par gemma se font *à œil poussant* ou *à œil dormant ;* ces expressions indiquent le mode de végétation de l'œil qui, dans le premier cas, commence à devenir un bourgeon, puis un rameau, dans le courant de la saison où il est greffé, et dans le second cas, reste engourdi jusqu'au printemps de l'année suivante, bien que la greffe ait repris et que l'écusson soit soudé au sujet. On greffe à œil poussant depuis la fin d'avril jusqu'au 15 juillet ; il vaut mieux prendre l'avance et greffer pendant le *plein* de la saison que d'en attendre la fin. On peut juger du succès de la greffe au bout de dix ou quinze jours ; d'une part, l'œil commence à se développer, de l'autre, la queue de la feuille se dessèche et tombe d'elle-même ; si elle se flétrit sans se détacher, la greffe est manquée. On greffe à œil dormant dans le courant du mois d'août ; le résultat n'est bien connu qu'au printemps, quand l'œil qui est resté endormi jusqu'alors entre en végétation.

A. — *Greffe Lenormand.*

On voit, par l'inspection de la *fig.* 204

Fig. 204.

de quelle manière il faut inciser l'écorce pour enlever avec l'œil une petite lame de l'aubier sur lequel il repose. Cet aubier en lui-même ne sert à rien ; si par une entaille mal faite, toute la face interne de l'écusson se trouvait garnie d'aubier, la greffe ne prendrait pas; car, ainsi que nous l'avons dit, ce n'est jamais l'aubier ni le bois de la greffe qui reprennent; c'est l'écorce intérieure ou *liber*, qui reçoit la sève de l'aubier du sujet et la transmet à l'œil ou *gemma;* toutes les greffes imaginables reposent sur ce principe unique. L'œil tient à l'aubier par son centre ou *corculum;* la conservation du corculum est indispensable à la greffe; c'est lui qui doit former à lui tout seul l'arbre nouveau. Or, il arrive assez souvent, pour quelques espèces délicates, qu'en enlevant tout l'aubier au moyen d'un instrument mal affilé, on arrache le corculum. L'œil alors se trouve vide, quoiqu'il soit difficile de s'en apercevoir, parce que son aspect extérieur n'a pas changé; la reprise des yeux vides est impossible. C'est pour cette raison que, dans les grandes pépinières, où l'on doit faire exécuter rapidement des milliers de greffes par des mains plus ou moins maladroites ou négligentes, on donne la préférence à la greffe Lenormand ou greffe *à œil boisé* (fig. 205 et 206), qui conserve une por-

Fig. 206, 205.

tion d'aubier au-dessous de l'œil; la partie *boisée* ne doit jamais être de plus du tiers de la face interne de l'écusson (fig. 206).

L'écusson étant prêt, on prépare la place pour le recevoir en faisant sur l'écorce du sujet une incision en forme de T (fig. 205), dont la plus grande longueur doit dépasser de quelques millimètres celle de l'écusson. Il importe qu'elle soit faite avec un instrument bien tranchant, et qu'elle ne pénètre pas plus avant que l'épaisseur de l'écorce qu'on soulève des deux côtés avec l'ivoire du greffoir; c'est la partie délicate de l'opération; quelque attention qu'on y apporte, il est difficile de ne pas endommager plus ou moins la surface de l'aubier sur laquelle doit reposer l'écusson. Le bout de pétiole qui adhère à celui-ci permet de l'insérer facilement sous les deux côtés de l'écorce soulevée; après quoi, on rabat ces deux bords, et on assujettit la greffe au moyen d'une ligature.

L'opération qu'on vient de décrire est la même pour toutes les greffes en écusson. Pour les arbres sujets à la gomme, on pratique l'incision en T renversé; c'est aussi la forme d'incision la plus usitée dans le midi pour écussonner les orangers et citronniers. Les arbres qu'on destine à être conduits en espalier peuvent recevoir en même temps deux greffes en regard l'une de l'autre, afin que les deux branches-mères se trouvent formées à la fois; on gagne une année par ce procédé dont il ne faut se servir que pour les sujets très robustes. C'est ce qu'on nomme la greffe *Descemet;* elle ne diffère en rien de la greffe Lenormand.

La greffe en écusson à œil dormant, très usitée à Vitry, porte aussi le nom de greffe Vitry, bien que la manière dont elle s'opère n'offre aucune particularité.

Quand la greffe en écusson à œil poussant ou à œil dormant ne réussit pas, la faute en est presque toujours au *corculum* de l'œil qui s'est trouvé plus ou moins endommagé. On évite ce danger par la greffe Lenormand qui nous semble dans ce cas préférable aux autres du même genre. Mais, quand il s'agit de lever un écusson sur une tige d'un très petit diamètre, elle offre beaucoup de difficultés; on a recours alors au procédé suivant. Après avoir cerné avec la pointe d'une lame bien affilée, le contour de l'écusson, on détache sa partie supérieure dans laquelle on insère un crin ou un fil de soie (fig. 207), dont les deux bouts sont attachés à

Fig. 208, 207.

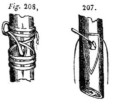

un bouton du gilet de celui qui opère; il lui suffit d'éloigner la branche et de reculer la poitrine pour que l'écusson se trouve détaché avec le corculum de l'œil parfaitement intact. La figure 208 montre l'écusson posé et ligaturé.

Les greffes en écusson reprennent aussi bien et souvent mieux sur le jeune bois du sujet que sur sa tige principale; quand on se propose d'opérer ainsi, il faut s'y prendre d'avance pour ne conserver des rameaux formant la tête du sujet que celui qui doit recevoir la greffe. Le retranchement de plusieurs rameaux trouble toujours la marche de la végétation du sujet; il faut laisser entre cette taille et la greffe assez d'intervalle pour que la vie végétale ait repris son cours régulier. La tête du sujet se supprime en entier, au niveau de la greffe, dès que celle-ci est décidément entrée en végétation; mais si l'on a greffé sur une seule branche, on ne la supprime d'abord que partiellement, en laissant au bas quelques yeux qu'on nomme *yeux d'appel,* parce que leur destination est d'appeler vers l'œil de l'écusson la sève du sujet; il importe de surveiller les yeux d'appel pour qu'ils ne s'emportent pas aux dépens de la greffe, ce qu'il est aisé d'éviter en les pinçant dès qu'on remarque en eux une disposition à absorber trop de nourriture. Tous les bourgeons qui peuvent survenir sur la tige au-dessous de l'écusson doivent être supprimés à mesure qu'ils se montrent.

B. — Greffe Sikler.

La greffe en écusson, telle qu'elle vient d'être décrite, se pratique à œil poussant sur racine avec autant de facilité que sur tige ; dans ce cas, on laisse ordinairement subsister la feuille (*fig.* 209) dans l'aisselle de laquelle l'œil a pris

Fig. 209.

naissance, afin de lui donner plus de moyens d'attirer à lui la sève. Les écussons destinés à être posés sur racines doivent avoir de moindres dimensions que les autres, surtout en largeur : les racines souffrent plus difficilement que les tiges le soulèvement de l'écorce dont le déplacement est toujours en raison de la largeur de l'écusson ; cette greffe, assez fréquemment employée en Allemagne, se nomme greffe Sikler.

C. — *Greffe Aristote.*

Ce procédé peut être considéré comme le plus ingénieux qu'on ait jamais imaginé pour la greffe en écusson. On lève avec les précautions ordinaires un écusson qu'on taille de forme carrée (*fig.* 210), on pose cet écusson sur l'é-

Fig. 213,   210.

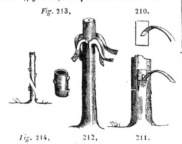

Fig. 214,   212,   211.

corce de la tige, afin de tracer sa largeur exacte avec la pointe d'un canif, ce qui donne une entaille horizontale de la grandeur convenable. Aux deux extrémités de cette entaille, on pratique deux autres entailles de deux ou trois millimètres, dans le sens vertical ; elles suffisent pour qu'on puisse détacher le bord supérieur de l'écorce qui recouvre la partie de l'aubier destinée à recevoir la greffe ; en attirant à soi ce rebord d'une main, tandis que l'autre main tient l'écusson tout prêt, on découvre l'aubier en déchirant l'écorce, juste autant qu'il le faut pour pouvoir appliquer l'écusson qui repose ainsi sur un aubier parfaitement intact, puisqu'on n'y a porté atteinte avec aucun instrument.

L'écusson placé se trouverait recouvert en entier par l'écorce soulevée, si l'on n'avait soin de raccourcir l'écorce de manière à laisser l'œil à découvert, comme le montre la *fig.* 211. Cette greffe n'est pas beaucoup plus longue à pratiquer que la greffe Lenormand ; elle est à tous égards la meilleure et la plus sûre pour tous les sujets, sans exception, susceptibles de recevoir la greffe en écusson à œil poussant ou à œil dormant ; nous n'en connaissons pas qui lui soit préférable. Pour la ligature et les soins ultérieurs, elle ne diffère pas des autres greffes en écusson. L'on a peine à concevoir comment M. Charles Petit-Huguenin a pu se laisser attribuer, dans l'*Almanach du Bon Jardinier*, l'invention d'un procédé excellent, sans doute, mais vieux de plus de *vingt siècles*. (*Voir* les figures du *Bon Jardinier*, planche XVI quater, *fig.* 1, 2, 3, 4 et 5.)

D. — *Greffe par plusieurs gemma.*

Ce genre de greffe ne convient qu'à un petit nombre de végétaux ; parmi nos arbres fruitiers, le noyer, le châtaignier, le figuier et le mûrier sont les seuls auxquels il soit particulièrement applicable, bien que toutes, ou presque toutes les variétés de ces arbres puissent également recevoir les greffes en fente ou en écusson. La plus usitée des greffes par plusieurs gemma est connue des pépiniéristes sous les noms de greffe en flûte, en sifflet, en chalumeau ou en anneau ; elle consiste dans l'application sur l'aubier du sujet d'un anneau ou tube d'écorce muni de plusieurs yeux ; ses principaux avantages sont une grande solidité pour les sujets à haute tige sur lesquels on la pratique le plus souvent, et la formation rapide de la tête au moyen de deux ou plusieurs bourgeons développés à la fois sur l'anneau *greffeur*. Voici le procédé le plus en usage. La tête du sujet étant supprimée, on divise son écorce en plusieurs lanières qu'on détache par en haut, comme le montre la *fig.* 212 ; on recouvre la partie dénudée du sujet au moyen d'un tube cylindrique d'écorce, représenté *fig.* 213, enlevé sur un rameau d'un an, appartenant à l'espèce qu'on veut multiplier par la greffe. Les lanières d'écorce sont ensuite replacées, mais de manière à laisser à découvert les yeux de la greffe. La ligature et l'enduit, qui maintiennent le tout, doivent aussi laisser les yeux à l'air libre. Cette greffe n'est possible que dans le plein de la sève ; pour peu que l'écorce adhère au rameau greffeur, le *corculum* se détache, les yeux sont vides, et la greffe manque. Elle n'exige pas que la greffe et le sujet soient du même diamètre ; si l'anneau est trop large, on le fend, et l'on en supprime ce qu'il a de trop pour l'ajuster sur le sujet ; s'il est trop petit, on le fend encore, et l'on supplée à son insuffisance par un morceau de l'écorce même du sujet réservé à cet effet. Les immenses châtaigneraies du Limousin, du Bugey, des Cévennes, de la Basse-Provence et de la Bretagne, sont peuplées de sujets greffés par ce procédé, quand ils sont greffés ; car le plus souvent, en Bretagne et en Limousin, on ne les greffe pas du tout. Ce n'est que depuis quelques années qu'on commence à se servir, en France, du procédé suivant, préférable à tous égards, puisqu'il respecte la tête du sujet et n'entraîne point sa perte quand la greffe n'a pas réussi.

E. — Greffe Jefferson.

L'anneau d'écorce destiné à la greffe est enlevé le premier, puis fendu, et posé sur l'écorce du sujet pour être mesuré. S'il est trop petit, ce qui a lieu le plus souvent, on coupe en suivant exactement ses bords l'écorce du sujet, de sorte qu'on est certain d'avance d'avoir réservé juste ce qu'il faut de son écorce pour ne pas laisser de vide ; s'il est d'un diamètre égal à celui du sujet, ou plus grand, la coupure circulaire de l'écorce se fait toujours le long de ses bords, afin que l'anneau enlevé soit exactement remplacé par l'anneau greffeur. Cette greffe, très usitée en Amérique, sert à échanger des greffes entre deux arbres, tous deux de bonne espèce.

F. — Greffe par copulation.

Ce genre de greffe nous vient, comme le précédent, des Anglo-Américains. Il consiste à appliquer l'une sur l'autre les faces de la greffe et du sujet, taillées de manière à s'ajuster exactement ; les yeux ne peuvent pas toujours s'y rencontrer dans le nombre représenté sur la figure 214 ; plus il est possible de conserver d'yeux, plus la réussite est certaine. On voit que cette greffe doit être pratiquée au niveau de terre ; elle peut même, sans inconvénient, être enterrée jusqu'à la moitié de la longueur de la ligne de jonction.

§ V. — Greffe herbacée ou à la Tschudy.

L'horticulture a décerné, avec justice, à la greffe herbacée, le nom du baron de Tschudy, qui, sans en être l'inventeur, s'était constamment appliqué à multiplier, étendre et populariser ses applications. Sans lui, il est probable que nous ne verrions pas les pins sylvestres de la forêt de Fontainebleau convertis en pins Laricio d'une si magnifique végétation, bien que la greffe herbacée des arbres conifères fût pratiquée de tous temps en Belgique, et même en France ; mais son usage n'était pas répandu, et personne n'avait songé, avant M. de Tschudy, à greffer par ce moyen les végétaux annuels ou bisannuels dont les tiges ne deviennent jamais ligneuses.

La greffe herbacée n'est en elle-même qu'une imitation des procédés de la nature ; lorsqu'une feuille ou une tige verte vient à être brisée ou lacérée, la cicatrice se fait promptement *par continuation* de la végétation ; il était naturel, en voyant une cicatrisation si prompte, d'en espérer une non moins prompte des parties vertes des végétaux appliquées l'une sur l'autre.

Remarquons que dans tous les procédés de greffe antérieurement pratiqués, il ne se passe pas autre chose ; la soudure a lieu entre les parties vertes ou *herbacées* de la greffe et du sujet ; tout ce qui est ligneux ne reprend pas. Si nous avons recommandé de ne prendre que sur du bois bien aoûté les rameaux pour la greffe par scions ; si pour la greffe par gemma nous avons rappelé la nécessité de ne lever les écussons ou les anneaux que sur du bois complétement mûr, ce n'est pas en raison de la nature même de ce bois ; c'est pour que les parties herbacées mises en contact soient en état de supporter le déplacement, d'aspirer la sève, de la transmettre, de continuer enfin la vie végétale. M. de Tschudy avait donc raison de considérer son mode favori de greffe comme susceptible des applications les plus variées ; nous ne pensons pas qu'il soit destiné à rester dans le cercle assez étroit dont il n'est pas sorti jusqu'à présent ; dans les serres, la greffe herbacée pour les végétaux exotiques devient de plus en plus fréquente ; si elle est moins usitée qu'elle ne devrait l'être dans les pépinières, c'est qu'elle exige des soins et des précautions qu'il est très difficile d'obtenir des ouvriers aux mains desquels il faut bien les confier dès qu'on opère un peu en grand ; c'est un obstacle sans doute, mais il n'est pas insurmontable. Pour se convaincre de la supériorité de la greffe herbacée sur toutes les autres et de la possibilité d'en généraliser les usages, il suffit de considérer que, par cette greffe, ce n'est plus une mince lisière qui se soude à une autre ; c'est par la totalité de leurs surfaces mises en contact que les végétaux s'incorporent et que la vie végétale se prolonge du sujet à la greffe ; la communauté d'existence est donc, par la greffe herbacée, aussi complète qu'elle peut l'être ; c'est pour cette raison qu'elle ne laisse, pour ainsi dire, point de trace extérieure, tandis que la place où un arbre a été greffé de toute autre manière est toujours apparente sur son écorce.

§ VI. — Greffe herbacée des unitiges.

M. de Tschudy désigne sous le nom d'unitiges les végétaux qui s'accroissent par une tige *unique* dans le sens de leur hauteur ; tels sont les arbres résineux conifères ; sur tous ces arbres, la greffe s'applique au bourgeon terminal. Il faut observer que ce bourgeon n'est susceptible d'être greffé avec succès que quand il est parvenu environ aux deux tiers de son développement ; la greffe peut être posée, soit en supprimant le bourgeon terminal, soit en le conservant. Dans le premier cas, après avoir enlevé les feuilles à la place où l'on doit greffer, on coupe horizontalement la tête du sujet (*fig.* 215), et l'on pratique sur la surface amputée une entaille à angle rentrant, dans laquelle se loge le bas de la greffe (*fig.* 216), taillé à cet effet en angle saillant. Ce mode d'opérer suppose les diamètres égaux de part et d'autre, circonstance qui se rencontre fort souvent parce que la greffe et le sujet ne peuvent être l'une comme l'autre que des bourgeons terminaux.

Fig. 216,   215.

Dans le second cas, on dégarnit seulement de feuilles la place qui doit recevoir la greffe, et au lieu de la retrancher, on y pratique une entaille latérale, comme pour la greffe Richard ; le bas de la greffe se taille de la même manière. Quand le bourgeon greffé entre en végétation, on retranche celui du sujet. Le procédé de la greffe Lée, par entaille triangulaire au moyen du greffoir Noisette (voir Instruments de jardinage, *fig.* 80), peut aussi s'appliquer à la greffe herbacée des unitiges. Cette greffe est peu usitée dans les pépinières, où les arbres conifères ne sont jamais très nombreux. Ces arbres, en raison de leur mode de végétation et de la forme de leurs racines, viennent toujours beaucoup mieux quand ils ne sont pas transplantés, de sorte que, pour la décoration des parcs et jardins paysagers, on préfère avec raison semer et greffer en place. Quelques espèces précieuses, telles que les giléad et les cèdres, se sèment en pots et se plantent en motte sans en souffrir, pourvu qu'on les transplante assez jeunes. Quoique sur les espèces rustiques, telles que les pins sylvestres ou maritimes, la greffe réussisse toujours à l'air libre, les espèces plus délicates qu'on élève en pépinière ont besoin d'être étouffées sous cloche ou sous châssis pour prévenir leur dessèchement ; un grand nombre d'espèces se contente d'un simple sac de papier huilé, rattaché sur le sujet au-dessous de la greffe. Les ligatures ne doivent point être trop serrées ; comme on opère sur des parties vertes, et par conséquent molles, on ne saurait prendre à cet égard trop de précautions. Toutes les espèces et variétés de conifères ne se greffent pas indifféremment les unes sur les autres ; en général, le plus ou moins d'analogie entre les feuilles est le caractère qui répond le plus exactement aux chances de perte ou de succès de la greffe herbacée. Le mélèze des Alpes est de tous les arbres conifères de nos climats celui qui se prête le mieux à recevoir la greffe du cèdre du Liban, qui se développe très lentement et court risque de mourir jeune quand on l'élève franc de pied.

Les greffes herbacées sur arbres conifères, une fois qu'elles ont repris, n'ont plus besoin que d'être surveillées pour empêcher le développement des bourgeons latéraux, qui finiraient par absorber toute la sève. Pendant deux ans de suite, on doit pincer ces bourgeons à mesure qu'ils se montrent ; l'arbre peut être ensuite abandonné à lui-même.

§ VII. — Greffe herbacée des végétaux omnitiges et multitiges.

La première de ces deux dénominations s'applique, selon M. de Tschudy, aux arbres ou arbustes qui n'ont point de tige principale, dans ce sens que tous les bourgeons donnent des rameaux à peu près égaux en vigueur et de dimensions égales, si on les abandonne à leur libre développement ; tels sont, sous le climat de l'Europe tempérée, la vigne, le chèvrefeuille, le jasmin ; ces végétaux peuvent recevoir la greffe herbacée sur *toutes* leurs tiges, ce qui justifie leur désignation.

Les multitiges sont, selon le système de M. de Tschudy par rapport à la greffe, ceux chez lesquels un certain nombre de branches principales se développent à peu près également, tandis que toutes les autres leur restent inférieures en force et en volume ; la greffe herbacée s'applique aux bourgeons terminaux de ces branches considérées comme des tiges, c'est-à-dire comme un *tronc divisé*. Le noyer, le châtaignier, le pommier, à partir du point où leurs branches se divisent, en offrent des exemples.

Pour ces deux classes de végétaux, la greffe herbacée repose sur le même principe et se pratique par le même procédé ; c'est une fente latérale, pratiquée dans l'aisselle d'un œil ou gemma, sur la partie encore verte et herbacée d'un rameau, pour recevoir une greffe dans le même état de végétation ; la profondeur de la fente et la taille de la greffe doivent être combinées de manière à ce que leurs deux boutons se trouvent sur la même ligne. Les détails suivants, puisés dans le traité de M. de Tschudy, mettront chacun à même d'opérer en toute sûreté ; cette greffe ne peut manquer que faute de soin et d'attention chez celui qui la pratique. Elle se fait toujours au printemps, à œil poussant ; tout son espoir repose sur le bouton à côté duquel elle doit être insérée, et sur la feuille qui l'accompagne ; si par maladresse le bouton ou la feuille sont détachés, la greffe herbacée échoue nécessairement.

Pour provoquer sur un sujet de noyer de 0m,20 à 0m,25 de circonférence des pousses propres à recevoir la greffe herbacée, on lui coupe la tête en mars ; avant la fin de mai, il doit avoir donné plusieurs jets dont on réserve un ou deux, selon la vigueur de l'arbre, pour être greffés. On coupe la tige à greffer à 0m,03 au-dessus de l'insertion du pédoncule de la cinquième feuille, en comptant à partir du bouton terminal ; on peut aussi, quand le rameau paraît assez gros, et qu'on tient à greffer le plus haut possible, faire ce retranchement à la même distance de la troisième feuille. Si l'on observe attentivement l'aisselle de cette feuille, on y reconnaît deux yeux ou gemma ; l'un très apparent, l'autre à peine visible, destiné à se développer plus tard ; le plus développé se nomme *œil d'hiver* ; l'autre est l'œil ou bouton d'été. C'est entre ces deux yeux qu'on pratique une incision en fente oblique, qui doit s'arrêter au centre du sujet; sa profondeur, qu'on ne peut déterminer avec précision, doit pénétrer à 0m,03 ou 0m,05 au-dessous de l'aisselle de la feuille. C'est dans cette fente qu'on insère la greffe ; celle-ci consiste en un scion très court, muni d'un bon œil et de la feuille qui l'accompagne, le tout exactement de la même longueur que le chicot réservé sur le sujet au-dessus de ses yeux. Le bouquet terminal du sujet étant supprimé, c'est sa feuille qui devient le centre de la vie végétale ; c'est elle qui doit l'entretenir jusqu'à ce qu'il y ait entre la greffe et le sujet commencement d'une vie commune ; c'est la nourrice de la greffe. On ligature avec ménagement ; le fil de laine est préférable à tout autre en raison de son élasticité. Quand le diamètre de la tige et celui du sujet sont égaux, la greffe herbacée telle que nous venons de l'indiquer est infaillible S'il est impossible de satisfaire à cette condition, et que le sujet soit beaucoup plus gros que la greffe, on opère exactement de même : seulement, au lieu d'une greffe, on en place deux, de chaque côté du sujet.

Malheureusement pour la propagation de la greffe herbacée, elle ne partage pas avec les autres l'avantage qu'elles ont de pouvoir être impunément abandonnées à elles-mêmes, sauf un peu de surveillance sur les ligatures pour qu'elles ne forment pas de bourrelet ; des soins continuels sont nécessaires pour en assurer le succès. Le cinquième jour, on supprime le bourgeon d'été placé dans l'aisselle de la feuille du sujet *au-dessus* de la greffe ; cinq autres jours plus tard, on retranche les bords des quatre feuilles du sujet, *au-dessous* de la greffe, en ne laissant subsister que leur côte du milieu ; on supprime en même temps les yeux ou gemma qui accompagnent ces feuilles. Dix jours après, il faut visiter les aisselles des feuilles inférieures à la greffe, et, s'il s'y est développé de nouveaux yeux, les supprimer. Ces divers retranchements ont pour but de forcer la sève à se diriger sur la greffe, non pas de manière à la noyer, ce qui arriverait s'ils étaient opérés sans précaution, mais en proportionnant la nourriture au développement progressif de l'œil de la greffe. Il est temps, à la même époque, c'est-à-dire vingt jours après que la greffe a été posée, de supprimer aussi les bords de la feuille nourrice ; la greffe peut désormais se passer de son secours. Au trentième jour elle entre en végétation ; il faut la déshabiller, c'est-à-dire enlever la ligature qui n'est plus nécessaire, puis la rhabiller aussitôt, c'est-à-dire l'envelopper avec du papier, et ligaturer par-dessus, en laissant, bien entendu, l'œil à découvert. Cette greffe ainsi gouvernée est infaillible, et cela

sur des sujets de nature entièrement différente puisqu'elle est également propre à greffer, par exemple, le cerisier et l'hortensia. Pour ces deux arbres, au lieu d'employer pour greffe un scion étêté, il vaut mieux se servir d'une pousse avec son œil terminal. Lorsqu'on agit sur des sujets très délicats, tels que des azaléas ou des rhododendrums, il est utile, quand le soleil est trop ardent, de couvrir momentanément le scion avec une feuille roulée simplement autour.

Les scions pour la greffe herbacée, comme pour toute autre greffe, ont besoin, en général, d'être transportés le plus rapidement possible du sujet qui les a nourris sur celui qui doit les recevoir ; néanmoins, il est utile pour quelques espèces dont les yeux sont sujets à pousser trop promptement, de les couper dès le mois de février ; on les conserve au frais ; le lieu le plus convenable est une glacière quand on en a une à sa disposition ; les greffes pourraient s'y conserver plusieurs années dans un état d'engourdissement, sans perdre leur faculté de reprendre s'ils sont posés en temps convenable.

§ VIII. — Greffe herbacée des végétaux non ligneux.

C'est un objet de curiosité plutôt que d'utilité dans le jardinage en plein air ; ce n'est à proprement parler que dans la serre qu'elle peut rendre de grands services pour des plantes exotiques très difficiles à greffer par tout autre moyen. Elle se fait, comme celle des ormnitiges et multitiges, dans l'aisselle d'une feuille, à côté d'un bourgeon ; la mollesse des tiges oblige à ligaturer avec beaucoup de précaution. On greffe ainsi non-seulement des scions ou rameaux, mais de jeunes fruits qui n'en parviennent pas moins à leur parfaite maturité. Le melon se greffe sur la citrouille, le concombre et la bryone ; la tomate sur la morelle, la pomme de terre et toutes les grandes solanées ; dans ce dernier cas, ni la récolte des tomates ni celle des pommes de terre ne sont diminuées, soit en qualité, soit en quantité. Cette expérience est souvent répétée avec avantage par des jardiniers qui ne disposent que d'un très petit local où l'espace est précieux ; ils ont deux récoltes à la même place.

En opérant la greffe herbacée sur des végétaux qui ne sont point destinés à devenir ligneux, on ne peut réussir qu'en se servant d'une lame très tranchante pour préparer la greffe et le sujet ; la lame du meilleur rasoir est à peine assez affilée pour cet usage ; si peu qu'elle soit émoussée, c'en est assez pour faire manquer la greffe.

Ainsi que nous l'avons dit en commençant, toutes ces greffes, parmi lesquelles nous avons cru devoir décrire celles qui de loin en loin peuvent être utiles au pépiniériste, sont rarement employées ; il faut excepter la greffe *Lenormand* en écusson à œil poussant, la greffe *Vitry* en écusson à œil dormant, la greffe en fente simple (greffe Atticus), et la greffe en flûte ou en sifflet : on n'en connaît presque pas d'autres dans les pépinières d'arbres à fruit.

Nous devons faire observer que pas une de ces greffes n'est intrinsèquement la meilleure pour l'objet auquel on l'applique. Pour greffer en écusson à œil poussant et à œil dormant, les greffes Lenormand et Vitry sont inférieures sous tous les rapports au procédé de la greffe Aristote, plus facile à exécuter, en même temps qu'il est aussi plus sûr et plus solide, puisqu'il ne risque pas d'endommager l'aubier du sujet; il n'a contre lui que d'être trop ancien et trop peu répandu; les diverses greffes en fente seraient remplacées avec avantage par la greffe par copulation, qui met en contact de plus grandes surfaces susceptibles de soudure; la greffe Jefferson vaut mieux que la greffe en flûte ordinaire et répond aux mêmes usages; il y aurait aussi lieu, dans bien des cas, de lui substituer avec avantage la greffe herbacée à la Tschudy. Beaucoup d'horticulteurs partagent à ce sujet notre conviction; mais, dans les pépinières, la coutume l'emporte; les ouvriers tiennent trop aux anciens procédés, et ils ont trop de moyens de faire échouer les nouveaux. Nous avons néanmoins à signaler une importante innovation récemment introduite dans l'art de greffer, et déjà généralement en usage dans les pépinières de nos départements du midi; c'est la greffe *au coin du feu* ou *sur les genoux*, qui ne constitue point un procédé à part, mais une application meilleure des procédés de greffe en fente, en écusson et par copulation. Il est évident qu'on opère mieux étant assis à son aise au coin de son feu, ayant près de soi sur une table les sujets, les greffes et les instruments nécessaires, que quand il faut greffer dehors, à genoux sur la terre humide, exposé au vent ou à la pluie. Voici ce qu'écrivait à ce sujet il y a quelques années, M. Van Mons, de Louvain, connu pour avoir peu d'égaux en Europe pour la culture des arbres à fruits :

« Le chancre du bout des branches et le cancer de la tige qui attaquent si fréquemment le poirier et le pommier greffés, surtout lorsque sur l'arbre en sève on exerce une taille de rapprochement, d'amputation ou d'abaissement, dépendent en grande partie de ce qu'on pose leur greffe sur des sujets en sève ou prêts à entrer en sève, et que l'opération oblige de rabattre tout près du sol; le sujet acquiert une concentration de vie, et la vie de la greffe est suspendue; on sent aisément que cette différence de condition peut produire. »

« La greffe du poirier sur franc et celle du pommier sur paradis doivent être exécutées sur des sujets *levés de terre;* on opère sur ses genoux. Le poirier est greffé par copulation, le pommier est greffé en fente; on rabat le sujet jusqu'à 0m,05 au-dessus de la naissance des racines. Les sujets doivent avoir été levés de terre et mis en jauge avant la saison des gelées. On peut commencer à greffer dès la suspension des gelées, et continuer jusqu'en mai. À moins d'accident, aucune greffe ne manque à la re-prise, et la consolidation est si prompte que bientôt les traces de la plaie disparaissent. Le bien consiste en ce que *l'état de souffrance est commun aux deux parties;* la vie végétale est suspendue dans le sujet comme dans la greffe; si le sujet est sans branches, il est aussi, à peu de choses près, sans racines; pour faire développer les yeux de la greffe, des racines courtes se mettent plus tôt à pousser que des racines longues; un fort appareil de racines n'est pas mis hors d'équilibre avec un appareil nul de branches; enfin, les deux parties *se relèvent ensemble de leur langueur commune,* et le sujet n'envoie pas à la greffe plus de sève que celle-ci n'en peut assimiler. Une fois reprise, la greffe marche plus rapidement qu'une autre; elle subdivise son bois en raison de ce qu'elle pousse de courtes et nombreuses racines, et bien souvent, au bout de l'année, on a un arbre fait qui, l'année suivante ou la seconde année, porte déjà fruit. »

§ IX. — Résumé.

Avant de clore ce chapitre, résumons les principes généraux qui doivent présider à la création d'une pépinière.

Emplacement.—Le plus convenable est une plaine légèrement inclinée, à l'abri des vents violents de l'ouest et du nord; tout local peut être rendu propre à l'établissement d'une pépinière, au moyen des brise-vents ou abris artificiels.

Qualité du sol. — Le sol doit être un peu moins fertile que celui où les arbres seront plantés à demeure. Le pépiniériste ne pouvant savoir où ses arbres iront quand il les vendra, ne doit pas préférer le sol le plus riche possible; s'il en a de plusieurs qualités, il doit, à l'époque des ventes, avoir égard à ces différences, par rapport au sol dont disposent les acheteurs.

Semis. — Ils doivent toujours être, préférablement à tout autre moyen, la base du repeuplement de la pépinière, pour obtenir des variétés nouvelles, régénérer les anciennes, ou seulement pour se procurer des sujets toujours meilleurs que ceux qu'on obtient par marcotte. Il vaut mieux semer en lignes qu'à la volée, à moins que, comme dans le Romois, on ne doive ensemencer en pepins de très grands espaces. Le sol, surtout s'il est léger, doit être raffermi par-dessus les semis au moyen d'un rouleau, ou mieux d'une planche qui per-

Fig. 219,   217.

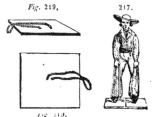

Fig. 218.

mette de modifier la pression à volonté. Les figures 217, 218 et 219 montrent les planches généralement employées en Belgique pour cet usage, et la manière de s'en servir en avançant de côté.

Sentiers et planches. — Si le sol est argileux, les sentiers qui doivent séparer les planches de la pépinière seront de quelques centimètres plus bas que ces planches ; ils seront au contraire un peu plus élevés si le sol est léger et facilement perméable ; la largeur des planches et celle des sentiers seront combinées de manière à ce qu'on puisse sarcler sans être forcé de fouler la terre des semis.

Arrosages. — Quand les semis et le jeune plant auront besoin d'arrosages, une eau trouble ou même bourbeuse sera la meilleure pour eux. Les arrosages servent à préserver les semis des effets désastreux de la sécheresse de printemps (hâle de mars) et des grandes chaleurs de l'été ; on les donne au printemps *le matin* et en été *le soir*, mais jamais sans absolue nécessité. Dans le midi, lorsqu'on achète des oliviers ou des mûriers pour les planter, on a soin de s'assurer qu'ils n'ont point été arrosés en pépinière ; s'ils l'avaient été, et qu'ils fussent plantés à demeure dans un sol d'ailleurs convenable, mais dépourvu de moyens d'irrigation, on les perdrait presque tous.

Sarclages. — Quelque embarrassé que soit le terrain par la mauvaise herbe, on ne commence à sarcler que quand le plant est assez fort pour ne pas en souffrir ; tout ébranlement donné à sa racine pendant la première période de sa croissance peut lui être mortel.

Arrachage. — Chaque fois que le plant doit être arraché pour être repiqué, mis en place en pépinière et enfin vendu, l'arrachage doit toujours se faire *à jauge ouverte*, c'est-à-dire que l'on creuse en avant du premier rang, assez profondément pour être assuré de prendre les dernières racines *en dessous*, et ne pas avoir à craindre d'arracher leurs extrémités et les enlevant ; l'opération ne saurait être menée trop rapidement.

Habillage des tiges et des racines. — Il ne faut pas retrancher au tronc du plant ses rameaux inférieurs à l'époque du repiquage ; ces rameaux, qui seront supprimés plus tard, sont nécessaires pour appeler et retenir la sève, donner de la force au tronc et l'empêcher de s'emporter par en haut. Moins on touche aux racines, soit au premier repiquage, soit à la transplantation définitive en pépinière, plus l'arbre est assuré d'une bonne végétation ; il ne faut couper que les racines pourries ou endommagées, et dans ce cas couper très net. Au premier repiquage, on pince, mais avec réserve, le bout du pivot des fruitiers, principalement de ceux qui proviennent de pepins.

Espacement. — Le plant en pépinière ne doit point être gêné ; plus le sol est fertile, plus il faut de place aux racines pour s'étendre. On doit regarder les distances ci-dessous indiquées comme *un minimum.*

Arbres à fruits à pepins.

Arbres.		Distance des lignes.	État des arbres dans les lignes.
Poiriers hautes tiges		0,70	0,60
Pommiers	*id.*	0,70	0,60
Poiriers, 2ᵉ grandeur		0,80	0,80
Pommiers,	*id.*	0,80	0,60
Cognassiers enracinés		0,80	0,60
Doucains	*id.*	0,65	0,50
Paradis	*id.*	0,60	0,50

Arbres à fruits à noyau.

Pruniers pour pêchers		0,80	0,60
Amandiers	*id.*	0,80	0,60
Pruniers pour eux-mêmes		0,70	0,40
Pruniers pour abricotiers		0,70	0,50
Abricotiers pour eux-mêmes		0,80	0,60
Cerisiers		0,60	0,50

On indique un plus grand espace pour les poiriers et pommiers de *seconde grandeur* que pour ceux de *première grandeur*, parce que les premiers destinés à être conduits dans la suite en quenouille ou pyramide, ont besoin, pour être dirigés dans ce sens, après avoir été greffés, de commencer à étendre leurs branches inférieures, et prennent par conséquent plus de place que les sujets greffés à haute tige dans la pépinière.

CHAPITRE II. — Pépinières d'arbres fruitiers.

Section Iʳᵉ. — *Considérations générales.*

Bien qu'il se trouve dans les différentes régions de la France une heureuse diversité de sols et de climats, les arbres à fruits élevés en pépinière sous le climat de Paris conviennent à toute cette partie de son territoire, qui s'étend de la frontière du nord jusqu'à la Loire, et des côtes de la Manche aux montagnes du Jura. Sur toute cette étendue, le poirier et le pommier tiennent le premier rang parmi les arbres à fruits à pepins ; le pêcher et l'abricotier sont les meilleurs des fruits à noyaux ; la vigne, exclue seulement d'une lisière assez étroite au nord et à l'ouest, mais presque partout cultivable en espalier, tient peu de place dans les pépinières, chacun pouvant trop facilement la multiplier de greffe ou de bouture ; le prunier, l'amandier, le cerisier, et de loin en loin, le cognassier, le néflier, le cormier, le mûrier noir et le figuier y sont aussi élevés pour leurs fruits ; puis, de grandes pépinières de noyers et de châtaigniers alimentent les vastes plantations de ces deux arbres, partout où la récolte de leur fruit forme une des principales ressources de la population. Comme on le voit, le cercle des espèces est assez borné, bien que celui des variétés et des sous-variétés soit illimité ; les autres arbres à fruits sont exclusivement réservés à nos départements méridionaux ; ils occupent la seconde classe des pépinières d'arbres fruitiers ; nous les envisagerons séparément.

Nous avons dit que le sol propre à l'élève en

pépinière des arbres fruitiers à pepins diffère essentiellement de celui que réclament les arbres fruitiers à noyaux ; en principe, les amendements, surtout la marne, la craux, les terres calcaires et le plâtre, peuvent corriger le premier de ces deux genres de sol, et le ramener jusqu'à un certain point dans les conditions du second, mais sans réciprocité. Ainsi, dans une pépinière où les poiriers et pommiers prospèrent, on peut disposer un coin propre à l'élève du pêcher, de l'abricotier, du cerisier ; mais, si la nature du terrain est spécialement favorable à ces arbres, il serait inutile d'entreprendre d'y faire prospérer les arbres à fruits à pepins.

Aux environs de Paris, bien peu d'arbres à fruits sont cultivés dans la même pépinière depuis leur naissance jusqu'au moment de la vente ; cette besogne se partage d'une manière analogue à ce qui se pratique ailleurs pour l'élève du bétail ; c'est une excellente méthode, en ce qu'elle permet au pépiniériste de rentrer plus vite dans ses avances et de donner plus de soins à la partie de l'élevage dont il est chargé ; l'acheteur n'aurait rien à y perdre si parmi les égrains, ou sujets de pepins, le pépiniériste n'admettait que des sujets de premier choix, ceux que dans le commerce on désigne sous le noms de baliveaux ; mais par une avidité condamnable, beaucoup de pépinieristes préfèrent acheter à bas prix les égrains de deuxième ou troisième choix, qui devraient être rebutés. A force de soins et de fumier, ils donnent à ces arbres défectueux une assez bonne apparence pour tenter des acheteurs, et peuplent ainsi nos jardins d'arbres débiles qui ne peuvent ni durer, ni récompenser par des récoltes abondantes les travaux du jardinier.

La nécessité de choisir les sujets s'applique également aux doucains, paradis et cognassiers élevés de marcotte ; ceux que fournissent des souches-mères épuisées par une longue production doivent être rejetés. Quant aux sujets obtenus de semis dans la même pépinière où ils doivent achever de croître jusqu'à ce qu'ils soient greffés et mis en place, il faut toujours réserver à part les plus beaux, ceux dont l'apparence extérieure se rapproche le plus des bonnes espèces connues, afin de vérifier leur fruit. Il ne s'agit pas d'attendre quinze ou dix-huit ans un fruit qui peut-être au bout de ce temps n'aurait aucune valeur ; voici comment on procède. Sur un sujet de semis de deux ans, on lève un écusson qu'on transporte sur cognassier si c'est un poirier, et sur paradis si c'est un pommier ; en deux ans, le fruit se montre sur la greffe tel qu'il doit être sur le sujet, lequel n'étant encore âgé que de quatre ans, peut être greffé lui-même s'il est mauvais, et mis en place s'il est bon. Il est bien entendu que les essais de ce genre ne sauraient être pratiqués sur une grande échelle par le pépiniériste marchand ; il peut cependant, comme on le voit, obtenir ainsi, dans un temps assez court, des variétés, soit nouvelles, soit améliorées. Tous les vrais amateurs de l'horticulture dé-

plorent la dégénérescence rapide de nos meilleurs fruits ; elle est telle de nos jours, qu'un homme de trente ans reconnaît à peine dans les deux genres, poirier et prunier principalement, les fruits qu'il a connus dans son enfance. C'est à ceux qu'une position aisée rend indifférents au résultat pécuniaire, qu'il appartient surtout de régénérer nos vergers par les semis ; ce ne sont pas d'ailleurs des essais très dispendieux, ils n'exigent que de la persévérance.

Lorsque, parmi les plants repiqués, quelques-uns paraissent languissants, il ne faut pas hésiter à les sacrifier. Dans les pépinières, où les sujets ont toujours trop peu d'espace, si l'un d'entre eux vient à être enlevé ou à périr, ses voisins s'empressent d'allonger leurs racines pour recueillir sa succession, de sorte que pour peu qu'on tarde à lui donner un remplaçant, les racines faibles de celui-ci ayant à se défendre contre les racines fortes de ses concurrents, ne prennent jamais le dessus ; il vaut mieux en prendre son parti, et laisser subsister un vide, quand par négligence on ne s'y est pas pris à temps pour le remplir.

La greffe est, après les semis, l'opération la plus importante dans la pépinière ; nous en avons décrit les divers procédés en indiquant ceux qui, pour les arbres à fruits, nous semblent mériter une préférence exclusive. On greffe le plus jeune possible les sujets destinés à recevoir le pêcher, l'abricotier et le prunier ; beaucoup de sujets sont bons à greffer dès la première année ; tous doivent être greffés à la seconde ; si à cet âge ils n'avaient pas la force de supporter la greffe, ils devraient être rejetés. On greffe aussi très jeunes les poiriers et pommiers qui doivent être conduits en corbeille, en quenouille, en pyramide, ou former des arbres nains, mais on laisse croître jusqu'à l'âge de trois ou quatre ans les sujets destinés à former des arbres en plein vent à haute tige.

Les espèces désignées dans la liste ci-dessous ne réussissent jamais bien sur cognassier, ou du moins, elles n'y sont jamais suffisamment productives ; on ne peut les greffer que sur franc ou sur épine blanche ; la plupart réussiraient également sur néflier ; elles y seraient très durables ; mais cette greffe est peu en usage, à cause de la difficulté de multiplier les sujets de néflier, soit de semence, soit de marcotte ; les osselets de néflier ne lèvent que la seconde année, et quelquefois à la troisième ; on peut aussi greffer les poiriers sur des francs de cormier.

Poires à cuire.	Catillac (ou cotillard).
	Poire d'une livre.
	Poire de tonneau.
	Impériale.
Poires à manger crues.	Royale d'hiver.
	Grande Bretagne.
	Roussette d'Anjou.
	Poire d'épargne.
	Poire de la Madelaine.
	Beurré gris.

D'autres variétés, quoique suffisamment productives sur cognassier, se greffent mieux sur franc, quand on n'est pas trop pressé de les mettre à fruit, parce qu'elles ont une tendance prononcée à former des arbres très grands et très durables, tendance neutralisée par la nature du cognassier ; ce sont principalement les suivantes :

Poires à manger crues.
{
Virgouleuse.
Bon-chrétien d'hiver.
Crassane (ou crésane).
Poire de Colmar.
}

Combien ne serait-il pas préférable de ne jamais greffer ni le poirier ni le pommier, de peupler exclusivement nos vergers d'arbres francs de pied, obtenus soit de semis, soit de boutures? On néglige totalement ce dernier mode de multiplication pour les arbres à fruits, tandis qu'on le perfectionne de mille manières pour les arbres et arbustes d'ornement. Nous sommes convaincus qu'on trouverait autant de facilité que d'avantages à bouturer le pommier et le poirier, si l'on voulait s'en occuper sérieusement. D'après quelques essais encore trop récents pour offrir des résultats certains, nous sommes portés à croire que les boutures de poirier et de pommier pratiquées avec des bourgeons de l'année en costière, garnie de terreau, bien exposée, mais ombragée, reprendraient aisément ; transplanté en automne en pépinière, ce plant serait ensuite conduit comme le plant de semis, sauf la greffe, dont il n'aurait pas besoin.

Le procédé de bouture à l'étouffée, usité dans les serres pour la multiplication des arbustes d'ornement, réussirait, sans aucun doute, pour la multiplication des arbres à fruit, comme le prouvent les expériences de M. Bertin (de Versailles) sur les boutures de poirier ; mais il exige tant de frais et des soins si minutieux, qu'il lui faudrait recevoir de grandes modifications avant qu'il pût faire concurrence aux procédés plus simples actuellement en possession d'alimenter nos pépinières.

SECTION II. — *Conduite des sujets en pépinière.*

Pendant les deux premières années, le plant ne veut que des sarclages et binages assez fréquents pour que le sol soit tenu constamment propre ; il ne faut arroser qu'en cas d'excessive sécheresse, quand on peut craindre qu'il n'en résulte la perte des sujets ; à moins d'un été exceptionnel, ce danger ne se présentera pas si la surface de la terre est ameublie par les binages réitérés ; il faut que la terre puisse absorber et transmettre aux racines des jeunes arbres la rosée de la nuit, qui ne leur parvient jamais quand on a laissé se former à sa surface une croûte imperméable. Il faut avoir pratiqué l'horticulture dans le midi, sur des pentes où il ne pleut jamais en été, où l'eau ne pourrait arriver que par un déluge universel, pour se faire une idée des ressources que peut offrir le binage comme moyen de combattre les effets de la sécheresse. Au second printemps qui suit

le repiquage du plant en pépinière, on ne doit pas attendre que la sève soit en mouvement pour donner à la totalité des sujets leur première taille ; elle consiste à les recéper au niveau du sol qui reçoit en même temps un labour superficiel. Cette opération détruit l'équilibre entre les racines restées entières et la tige, momentanément réduite à rien. Aussitôt que la sève commence à monter, toute l'énergie vitale de l'arbre est employée à rétablir promptement l'équilibre ; les tiges nouvelles, dont on a provoqué par là le développement, sont plus belles, plus élancées, plus vivaces que celles qu'elles remplacent. Chaque pied en fournit toujours plusieurs ; on choisit la plus vigoureuse et l'on supprime les autres au mois de juin.

§ Ier. — Sujets pour haute tige.

Les sujets à haute tige se forment pour ainsi dire tout seuls ; il n'y a qu'à laisser leur bourgeon terminal s'élancer verticalement, former *sa flèche*, comme disent les pépiniéristes. Le seul soin à prendre, c'est de pincer de très bonne heure les bourgeons latéraux, afin qu'ils ne détournent pas à leur profit une part de la nourriture qu'on a intérêt à diriger de préférence sur la flèche. D'ailleurs, les bourgeons latéraux, lorsqu'on retarde leur suppression, grossissent très vite ; quand il faut les retrancher plus tard, il en résulte sur le tronc du sujet des plaies nuisibles à la croissance et désagréables à l'œil. En supprimant les bourgeons pincés, ce qui doit se faire en octobre, à la chute des feuilles, il faut éviter de tailler trop près du tronc ; il importe surtout de couper bien parallèlement à l'axe du tronc, pour que l'écorce recouvre facilement et également les cicatrices. L'effet naturel de cette taille continuée tous les ans est de donner à la flèche une force telle qu'elle fait dessécher et périr les branches laissées à dessein de distance en distance vers le bas de la tige, dans le but de la faire grossir en y appelant la sève. A mesure qu'on les voit dépérir, on les rabat d'abord à 0,m 10, puis on les supprime tout-à-fait. Si ces divers soins ont été donnés en temps opportun et avec intelligence, les arbres livrés au commerce n'offrent ni nœuds ni défauts : leur tronc droit, recouvert d'une écorce lisse, atteste leur santé vigoureuse.

Cette manière d'élever les égrains en pépinière s'applique également aux pommiers et aux poiriers à haute tige ; seulement, comme le tronc de poirier n'a pas la même tendance que celui du pommier à prendre du corps, on lui laisse un plus grand nombre de branches latérales ou brindilles, afin de favoriser son *grossissement*. Dans un sol convenable, les égrains sont bons à vendre au bout de quatre ans ; ils peuvent encore attendre deux ans dans la pépinière sans beaucoup souffrir ; passé la septième année, s'ils ne sont pas enlevés, ils dépérissent. Les égrains ne sont pas ordinairement greffés en pépinière ; on les met en place, après leur avoir coupé la tête à 2ᵐ,50 au-dessus du sol; ils y restent deux ou trois ans avant d'être greffés; la greffe, quand elle réussit, ne montre son fruit qu'au bout de plusieurs années. On voit combien il s'est écoulé de temps depuis le semis du pépin jusqu'à la récolte du premier fruit, et combien il serait à désirer de pouvoir, en élevant des sujets de bouture, gagner au moins, sur des délais si longs, les deux ou trois ans que fait perdre la greffe.

Les arbres de plein vent à haute tige, une fois élevés, sortent du domaine de l'horticulture; exclusivement destinés à former des alignements le long des chemins ou autour des pièces de terre dans les grandes exploitations, ils ne sont greffés qu'en fruits à cidre; nous reviendrons sur les avantages qu'on trouve à traiter de même les fruits à couteau en réunissant de grands arbres dans de vastes enclos semblables aux *mazures* de Normandie et aux prairies arborées de Belgique. (*Voir* Vergers agrestes, t. II, p. 145).

§ II. — Sujets pour pyramides, quenouilles, vases et espaliers.

Ces arbres sont exclusivement du domaine de l'horticulture; leur existence commence et s'achève entre les mains du jardinier. On ne doit point leur ménager la distance; plus ils auront d'espace en pépinière, mieux ils viendront; il importe également de ne pas les planter pêle-mêle, comme le font presque tous les pépiniéristes marchands; chez eux, un sujet n'a point d'avance une destination déterminée; selon qu'il se montre robuste ou délicat, on le prépare ultérieurement pour telle ou telle forme; c'est une coutume funeste contre laquelle nous ne pouvons trop fortement nous élever; chaque forme doit avoir sa division à part, sans quoi, les arbres préparés pour une forme qui prend beaucoup d'espace étouffent les plus petits en leur ôtant l'air et le soleil.

Selon l'usage ordinaire, on laisse le plant se former deux ans en pépinière sans autre soin que de tenir le sol nettoyé. On recèpe au printemps de la seconde année pour provoquer l'émission du bourgeon sur lequel on greffera en écusson à œil dormant un ou deux ans plus tard. Un amateur peut aussi attendre le sommeil de la végétation, lever tous les jeunes plants en hiver, les greffer par copulation *au coin du feu*, et les remettre en place. Dans ce cas, on greffe aussi près que possible du collet des racines, afin que la greffe reprise soit à moitié enterrée par la mise en place définitive (*voir* Greffe, *fig.* 214). Lorsque la tige produite par la greffe possède une vigueur suffisante, on la rabat à 0ᵐ32 de la greffe, pour favoriser le développement de ses yeux inférieurs; ils seront la base de la charpente du jeune arbre, et permettront de le conduire à volonté selon la forme qu'on lui destine. Nous insistons sur la nécessité de ne jamais poser sur les poiriers francs ainsi élevés en pépinière des greffes prises sur des arbres greffés sur cognassier. Qu'on

ne s'effraie pas de la force extraordinaire des greffes franches de pied posées sur des poiriers également francs de pied; c'est le gage d'une longue durée et d'une fertilité soutenue. « Quelques jardiniers ignorants, dit M. Lelieur, se plaindront peut-être de cette vigueur dont ils ne sauront pas tirer parti; il y a toujours moyen de l'employer à produire des récoltes abondantes, tout en laissant les arbres prendre l'entier développement dont ils sont susceptibles, ou en les restreignant dans les limites possibles, mais toujours en produisant d'abondantes récoltes. »

§ III. — Sujets de cognassier pour poirier.

Nous avons exprimé notre opinion sur la préférence que méritent les sujets francs de poirier, comparés aux sujets de cognassier; nous avons insisté sur la nécessité de semer au moins des pepins choisis de cognassiers des bonnes espèces, si l'on tient à greffer sur cognassier. Les avantages apparents du cognassier feront encore longtemps prévaloir son emploi sur celui des sujets francs. Le poirier greffé sur cognassier se met vite à fruit et rapporte beaucoup quand le cognassier greffé est robuste et bien portant; mais bientôt il s'épuise, le fruit devient de plus en plus rare et pierreux, l'arbre se dégarnit du sommet, et il n'y a pas de soins de culture qui puissent le rétablir. Il n'est réellement à sa place que dans les très petits jardins où l'espace manque, ou bien encore, dans les jardins qu'un locataire plante pour la durée de son bail, et dont les arbres, pourvu qu'ils rapportent tout de suite, peuvent être promptement épuisés sans porter préjudice au locataire qui est en droit, avant de partir, de les *assommer*, selon l'expression admise.

Signaler une coutume vicieuse, ce n'est malheureusement point en assurer la prompte abolition. Les pépiniéristes même les plus éclairés, sont forcés de greffer beaucoup de poiriers sur cognassier, parce que, d'une part, on leur en demande beaucoup, et que de l'autre, ils seraient forcés de faire payer plus cher les sujets greffés sur franc qui, pour cette seule raison ne trouveraient pas d'acheteurs. Voici comment on peut gouverner le cognassier en pépinière, pour en obtenir les sujets le moins défectueux possible. Il faut d'abord lui accorder beaucoup d'espace et attendre, pour le greffer, qu'il soit solidement fixé dans le sol par de nombreuses et fortes racines. Ensuite, au lieu de greffer selon l'ordinaire en écusson à œil dormant, en juillet pour le prunier et l'abricotier, et pour les autres arbres fin août de l'année qui suit celle du repiquage, on attendra l'hiver pour greffer de la même manière, mais au coin du feu, par le procédé de la greffe Aristote, ou à écusson carré, celle de toutes les greffes qui endommage le moins l'aubier, et permet d'espérer la plus prompte soudure de la greffe au sujet. On ne balancera pas à retarder d'un an cette opération pour les sujets qui paraîtraient pas suffisamment robustes. L'année d'après, la greffe sera rabattue et conduite pour être préparée à produire des branches latérales inférieures, comme si c'était un sujet greffé sur franc.

§ IV. — Sujets d'aubépine et de cormier pour poirier.

On multiplie rarement l'aubépine de semis dans le but d'en obtenir des sujets propres à recevoir la greffe du poirier. Lorsqu'on sème, c'est en place, pour créer une haie vive ; le plus souvent même pour cet usage on ne sème pas l'aubépine, on met en place le plant sauvage arraché dans les bois. Nous engageons les pépiniéristes qui se livrent à l'élève en grand du poirier à consacrer toujours un carré aux semis d'aubépine. Les sujets trop faibles pour recevoir des greffes de poirier se vendront toujours avantageusement pour plantations de haies ; quelques - uns pourront aussi recevoir des greffes de divers alisiers, sorbiers et néfliers, qui reprennent très bien sur ce genre de sujets. Le poirier greffé sur aubépine offre à peu près les mêmes avantages, quant à la taille, que la greffe sur cognassier ; sa mise à fruit est seulement un peu plus tardive, mais toujours plus prompte que quand il est greffé sur franc. On greffe bien rarement le poirier sur cormier ; cette greffe ne convient que pour les arbres en plein vent, à haute tige ; les rares exemples de cette greffe, que nous avons eu occasion d'observer en Anjou, en Poitou et en Provence, étaient remarquables par leur fertilité. Nous saisirons cette occasion pour exprimer nos regrets de l'abandon coupable où nous laissons s'éteindre un de nos meilleurs arbres indigènes, le cormier. Il n'y a pas de bois comparable au sien pour le charronnage; son fruit agréable donne une boisson égale au meilleur cidre ; il se contente des plus médiocres terrains ; nul ne résiste mieux que lui aux plus longues sécheresses. Nous l'avons vu dans le Var, croissant entre des roches granitiques, fructifier et conserver la fraîcheur de sa verdure sous une temperature plus qu'africaine, après cinq mois de sécheresse continue. Mais notre siècle est égoïste ; il a peur de faire quelque chose pour les générations à venir ; le cormier a le tort impardonnable de croître lentement et de vivre des siècles. Nous le recommandons aux pépiniéristes comme essentiellement propre à recevoir la greffe du poirier, partout où cet arbre doit vivre dans un sol médiocre, exposé à souffrir de la sécheresse et d'une trop haute temperature.

§ V. — Sujets de doucain et de paradis pour pommier.

Le doucain possède réellement, pour le pommier, tous les avantages en vue desquels on greffe le poirier sur cognassier, sans avoir aucun des défauts de cet arbre, car le doucain est lui-même un pommier franc de pied, qui se perpétue par ses pépins, mais il est naturellement prompt à produire et peu développé dans sa taille. Le plant de doucain, obtenu de marcotte, est toujours inférieur à celui que donneraient les semis ; il peut néanmoins fournir des sujets de bonne qualité, pourvu que les souches-mères ne soient pas épuisées par une trop longue production ; ces sujets se prêtent merveilleusement à la taille en pyramide, quenouille, vase et espalier. On les garde deux ans en pépinière comme les sujets du cognassier, puis on les greffe en écusson à œil dormant ; la greffe au coin du feu est la meilleure et la plus solide ; le peu de temps qu'elle semble faire perdre est plus que compensé par la meilleure végétation des arbres greffés. Les principes pour la conduite du poirier en pépinière s'appliquent également au pommier ; pour l'un comme pour l'autre, il s'agit de faire développer les bourgeons inférieurs, et d'empêcher la sève de se porter exclusivement vers le haut de l'arbre.

Les plus belles pommes de dessert se cueillent sur les sujets de paradis, qu'on greffe de préférence en espèces de choix parmi les plus beaux fruits à couteau. Il faut les greffer très jeunes et dès qu'ils montrent une vigueur suffisante, en suivant, si on veut, le procédé de la greffe au coin du feu. Si les paradis durent peu, ils produisent en abondance de beaux fruits : le paradis est essentiellement l'arbre des petits jardins. Il est bon de le planter à demeure dans les deux années qui suivent celle où il a été greffé. Il n'est pas nécessaire de lui former en pépinière une tige principale, qu'on l'élève en petit vase ou en buisson, il produit beaucoup sous cette forme, mais la meilleure serait celle employée par M. Jamain, en quenouille sur doucin, de cette manière il se défend même dans les terrains secs, bien qu'en général le pommier préfère un sol frais et substantiel. Cette forme est des plus agréables et donne des fruits en grande quantité et de très bonne qualité.

§ VI. — Sujets d'amandier et de prunier pour pêcher.

L'amandier et le pêcher sont, au fond, le même arbre ; la chair savoureuse de la pêche n'est que le brou de l'amande amélioré par la culture ; l'amandier est donc, de tous les sujets sur lesquels le pêcher peut être greffé, celui qui offre avec lui le plus d'analogie. Cependant, en dépit d'une foule de différences des plus saillantes, le prunier prend la greffe du pêcher aussi facilement que l'amandier ; le choix entre ces deux genres de sujets semble tout-à-fait indifférent quant à la qualité du fruit, sur lequel il ne semble pas qu'il influe d'une manière appréciable. L'amande douce, à coque dure, est semée communément pour obtenir des sujets destinés à recevoir la greffe du pêcher ; il faut y joindre quelques amandes amères pour les espèces qui reprennent mal sur l'amandier doux. Les noyaux de prunes de Damas et de Saint-Julien sont préférés pour le même usage à ceux des autres espèces. Le choix entre les sujets d'amandier et ceux de prunier est déterminé par la nature du terrain. Les racines de l'amandier sont fortes ; elles pénètrent profondément dans le sol ; elles s'accommodent de presque tous les terrains ; l'amandier réussit partout, à moins que ses racines ne rencontrent un sous-sol de tuf ou d'argile, où elles ne sauraient vivre. Les racines du prunier ne plongent pas ; elles s'étendent en tout sens, à peu de distance au-dessous de la surface du sol ; les sujets de prunier doivent être préférés pour multiplier le pêcher dans un sol peu profond, à un sous-sol de tuf ou d'argile. Le pépiniériste, dont la clientelle est assez étendue, doit toujours être muni de pêchers greffés sur amandier et sur prunier, comme le font ceux de Vitry (Seine), chez lesquels on vient de très loin acheter des arbres élevés avec beaucoup de soins et d'intelligence.

Le prunier se greffe toujours quelques jours plus tôt que l'amandier ; l'un et l'autre sont écussonnés à œil dormant, du 15 août au 15 septembre. On greffe l'amandier la première année de sa mise en pépinière ; le prunier doit y passer deux ans avant d'être greffé.

En Belgique, on greffe très fréquemment le pêcher sur lui-même ; les semis de noyaux de choix reproduisent très souvent leur fruit, et n'ont pas besoin d'être greffés ; on laisse donc un grand nombre de sujets montrer leur fruit avant de les greffer ; mais au lieu de les conserver en place en pépinière, on les plante à l'espalier ; si le fruit ne vaut rien, les sujets, ayant acquis beaucoup de force et ne devant plus être transplantés, peuvent supporter deux greffes, une de chaque côté, pour former en même temps les deux branches principales de la charpente. Il faut observer qu'en Belgique on donne aux murs de clôture, construits en briques, plus d'élévation que nous n'en donnons généralement aux nôtres ; les pêchers *pierrettes*, nom qu'on donne aux sujets francs de pied, sont toujours plus de vigueur que les autres, et couvrent plus vite une grande surface d'espalier. Au rebours de ce qui se pratique en France, on réserve le haut de l'espalier pour le pêcher, qu'on greffe à haute tige sur prunier, quand le mur est décidément trop haut pour qu'il puisse le garnir en totalité ; la partie inférieure est garnie dans ce cas d'abricotiers conduits de manière à ne pas gêner les pêchers.

Lorsque la greffe a repris, on rabat le sujet à 0^m,08 ou 0^m,10 au-dessus de l'écusson ; on supprime sur le chicot laissé au sujet tous les yeux, à l'exception d'un seul à son extrémité supérieure, près de la coupure ; cet œil est réservé comme œil d'appel. Il faut le surveiller de très près pour empêcher qu'il ne s'emporte, et l'arrêter par des pincements successifs ; il n'est là que pour empêcher le chicot laissé au-dessus de la greffe de mourir, afin que, quand on le supprimera, la cicatrisation s'opère plus facilement sans nuire à la greffe. Le point le plus délicat de la conduite du pêcher greffé en pépinière, c'est de ménager les yeux placés au bas de la pousse de la greffe ; il faut empêcher leur développement anticipé. Ces yeux, sur lesquels repose tout l'espoir du jardinier pour former la charpente de l'arbre en espalier, peuvent partir avant le temps lorsqu'il arrive à la greffe

un accident, une rupture, une simple courbure, ou bien lorsqu'on supprime à contre-temps les bourgeons de sa partie supérieure, ce qui fait refluer la sève vers le bas, et provoque le développement intempestif des yeux de cette partie. Il importe que la greffe soit assujettie de manière à éprouver le moins d'ébranlement possible ; dans les premiers mois, elle adhère faiblement au sujet, et pourrait aisément être décollée.

Les espèces ci-dessous indiquées veulent être greffées spécialement sur des sujets d'amande amère :

Pêche {
bourdine ou royale.
pourpre et hâtive.
rouge de la Madelaine.
violette hâtive (petite et grosse).
violette tardive.
}

Les pêches de Chevreuse et les pêches à peau lisse (brugnons), préfèrent les sujets de prunier de Saint-Julien à ceux de Damas.

Le pêcher ne se greffe pas toujours en pépinière ; lorsqu'on n'est pas pressé, on laisse le sujet s'enraciner au pied de l'espalier avant de le greffer ; l'arbre est ordinairement plus vigoureux et plus durable que s'il avait subi la transplantation après avoir été greffé.

§ VII. — Sujets de prunier et d'abricotier pour abricotier.

Trois variétés d'abricotier : l'abricot de Hollande, l'abricot-pêche et l'alberge, se reproduisent semblables à elles-mêmes par le semis de noyaux. Les noyaux de toutes les variétés donnent des fruits différents de ceux qui les ont produits, mais mangeables ; ce qui fait dire avec raison à M. Lelieur qu'il n'y a pas d'abricot sauvage. L'abricotier se greffe soit sur lui-même, soit sur prunier ; les sujets de semis de gros damas noir sont les meilleurs, parmi ceux de prunier, pour recevoir la greffe de l'abricotier, mais les sujets de noyaux d'abricots leur sont toujours préférables. Ils se greffent de la même manière que les sujets de pêcher et réclament les mêmes soins en pépinière. Ceux qu'on greffe à haute tige pour former des arbres en plein vent ont besoin d'être solidement fixés à de forts tuteurs, jusqu'à ce que la greffe soit bien attachée. L'inconstance de notre climat rend les récoltes d'abricots incertaines, sur les arbres à haute tige ; il en résulte qu'on cultive de plus en plus l'abricotier en espalier, bien que son fruit soit toujours de beaucoup inférieur à celui des arbres en plein vent. On greffe aussi fréquemment l'abricotier à 0^m,30 de terre pour le conduire en vase ; cette forme réunit aux avantages du plein vent, quant à la qualité du fruit, celui de faire profiter plus facilement l'arbre d'un abri naturel ou artificiel qui préserve du froid sa fleur trop précoce, souvent détruite par les gelées du printemps. Les abricotiers pour espalier doivent être greffés à quelques centimètres au-dessus du sol et sur prunier-cerisette, arbre qui a peu de vigueur, mais une longue durée.

§ VIII. — Sujets de prunier pour prunier.

Bien que la greffe du prunier réussisse sur l'amandier, le pêcher et l'abricotier, c'est sur lui-même que cet arbre se greffe avec le plus d'avantages. Sa multiplication par semis de noyaux est si prompte et si facile, qu'on s'étonne qu'elle n'ait pas fait renoncer à l'usage de greffer le prunier sur ses drageons, nommés pétrasses ou pétereaux. Ces drageons, toujours inférieurs aux sujets francs obtenus de noyaux, ont l'inconvénient de produire eux-mêmes une multitude de rejetons dont on ne peut se débarrasser, car ils repoussent à mesure qu'on les retranche, ce qui épuise l'arbre au détriment de la production du fruit. Les sujets de noyau n'ont jamais ce défaut quand ils proviennent de fruits pris sur des arbres francs de pied ou greffés sur franc. Le prunier à haute tige pour plein vent passe deux ans en pépinière avant de recevoir la greffe ; on pose sur le sujet deux greffes en écusson à œil dormant, pour gagner du temps sur la formation de la charpente de l'arbre. Comme le prunier se prête également bien à la greffe en fente, les sujets qui n'ont pas pris la greffe en écusson ne sont pas perdus ; on les greffe en fente à la sève du printemps suivant. Parmi les espèces dont le fruit, réservé pour faire des pruneaux, ne se mange pas frais, le quetschier dont la prune est vulgairement nommée *couache* n'a pas besoin d'être greffé ; ses noyaux et ses drageons la reproduisent semblable à elle-même. Les pruniers greffés ne doivent pas rester plus de deux ans dans la pépinière après avoir été greffés. Les sujets à haute tige provenant du gros damas se greffent mieux en place qu'en pépinière, mais ils ne doivent jamais être greffés avant d'être bien attachés au sol par de nouvelles racines.

La greffe du prunier sur le prunellier donne des arbres nains qu'on peut maintenir dans les plus petites dimensions ; ils s'élèvent dans des pots qui figurent au dessert sur la table, à l'époque de la maturité du fruit et que les convives ont le plaisir de cueillir eux-mêmes. La mirabelle, la reine-claude, et la prune de monsieur, se prêtent à ce genre de greffe, dont un pépiniériste placé à portée d'une grande ville peut tirer un bon parti. La greffe du prunier sur le prunellier n'influe ni sur le volume ni sur la qualité du fruit ; il garde les caractères de son espèce, comme sur les arbres les plus forts.

La régénération de nos bonnes espèces de prunes par les semis est urgente ; nous n'avons presque plus de bonnes prunes de dessert. Des essais commencés à la pépinière de Versailles n'ont pas été continués. Les pépiniéristes peuvent d'autant mieux s'y livrer que ces fruits arrivent à leur perfection en trois générations, et qu'au moyen de la greffe il est possible de vérifier leur fruit longtemps avant l'époque où ils commenceraient à rapporter. M. Jamain a ainsi obtenu trois nouvelles et excellentes variétés.

§ IX. — Sujets de mérisier et de mahaleb pour cerisier.

On n'élève guère en pépinière que des mérisiers pour les cerisiers à hautes tiges, et des mahaleb ou Sainte - Lucie pour les arbres de petites dimensions. Quelques espèces se reproduisent de noyaux et de drageons ; elles n'ont pas besoin d'être greffées, entre autres la variété hâtive, connue sous le nom de cerise de pied. On se procure des arbres tout-à-fait nains en greffant le cerisier sur le ragouminier ; la cerise anglaise est celle de toutes qui se prête le mieux à cette greffe, parce qu'elle reste très productive sous les plus petites dimensions possibles. Les cerisiers greffés sur le ragouminier s'élèvent dans des pots et font l'ornement des tables de dessert quand ils sont chargés de fruits mûrs. La greffe du cerisier sur ses drageons, quoique assez usitée, offre les mêmes inconvénients que nous avons signalés pour le prunier. On greffe toute espèce de cerisiers en écusson à œil dormant, vers la fin de juillet, ou en fente à la sève du printemps, après qu'ils ont passé deux ans en pépinière. Une fois greffés, ils ne doivent pas attendre au-delà de deux ans leur mise en place définitive.

§ X. — De quelques sujets peu employés.

Les divers genres de sujets dont nous venons de passer en revue la culture sont les principaux hôtes de la pépinière dans toutes les contrées de la France, au nord de la Loire ; rarement ils se trouvent tous réunis dans le même local ; chaque pépiniériste consulte à cet égard la nature de son terrain et les chances de placement. Il doit en outre tenir en réserve, comme assortiment, des sujets rarement demandés, dont nous indiquerons les principaux.

A. — Cognassier.

Parmi ceux qu'il élève pour recevoir la greffe du poirier, le pépiniériste en greffe toujours quelques-uns sur eux-mêmes, afin d'avoir un plus grand nombre de variétés pour les acheteurs. Ces arbres sont rarement demandés ; l'usage économique des coings se borne à la préparation d'un sirop, d'une pâte et d'une gelée.

B. — Néflier.

On greffe sur épine blanche les deux variétés de néflier à gros fruit, dont l'une, la meilleure des deux, n'a point d'osselets. Aucun arbre de nos climats n'exige moins de soins et n'est plus rustique que le néflier. Si on greffe sur cognassier et poirier, il dure moins longtemps, mais le fruit est meilleur et plus gros.

C. — Cormier.

Il ne figure presque nulle part dans nos pépinières, malgré les qualités qui le recommandent. Nous ne craignons pas de nous répéter en rappelant ici les avantages que les sujets de cormier obtenus de semis peuvent offrir pour recevoir la greffe du poirier destiné à vivre dans des localités exposées à la sécheresse et à des chaleurs prolongées ; ces sujets se gouvernent comme les égrains ; ils sont plus lents à croître, mais beaucoup plus durables.

D. — Figuier.

Les diverses variétés de figuiers n'occupent un grand espace que dans les pépinières du midi de la France. On les multiplie de boutures et de marcottes qui n'ont pas besoin d'être greffées. La marcotte simple ou recouchage, sans incision ni ligature, est le seul procédé de multiplication usité des jardiniers d'Argenteuil qui tirent un si bon parti de la culture du figuier pour la consommation de Paris.

Nous avons considéré séparément la culture en pépinière du noyer et du châtaignier, arbres qui, une fois hors de la pépinière, sortent du domaine de l'horticulture, mais que le pépiniériste peut multiplier avec avantage quand il est assuré du placement (voir t II, p. 130 et suiv.).

Nous renvoyons au même volume pour la multiplication en pépinière de l'olivier et du mûrier, considérée comme culture industrielle.

Quoique le fruit du mûrier noir soit excellent à notre avis, et que cet arbre doive rentrer dans la classe des arbres fruitiers propres à notre climat, il est peu apprécié et très peu répandu. Aux environs de Paris les vieux mûriers noirs ont été détruits par les derniers hivers rigoureux , et n'ont point été remplacés. On le reproduit par marcotte et par semis ; il peut aussi être greffé sur tous les autres mûriers.

Nous devons une mention particulière à quelques arbres à fruits, propres aux pépinières du midi de la France.

§ XI. — De quelques arbres fruitiers du midi de la France.

A. — Figuier.

Cet arbre précieux n'est point aussi multiplié qu'il devrait l'être dans le midi de la France , où l'usage de son fruit , au lieu de se borner à quelques semaines de l'été, se prolonge toute l'année. Sur tout notre littoral de la Méditerranée, la figue blanche, qui ne se mange qu'après avoir été séchée au soleil, pourrait être l'objet d'un commerce très étendu ; mais le midi de la France semble ne pas se douter des ressources que peut lui offrir l'extension de la culture des fruits propres à son admirable climat. Nous n'y connaissons point de pépinière où l'on s'occupe de conserver, de propager ou d'améliorer les bonnes espèces de figuier. Les propriétaires du Var, qui veulent former de grandes plantations de figuier à fruit blanc n'en trouvent point à acheter ; nous en connaissons qui sont forcés de commencer par les élever chez eux en pépinière, ce qui recule très loin les premiers produits. Le figuier se multiplie en pépinière par boutures et marcottes qui reprennent très facilement, et par drageons qui n'ont pas besoin d'être enracinés pour former en très peu de temps des sujets vigoureux ; il suffit de les enlever avec un *talon* ou fragment de la souche-mère. Les drageons sont toujours nombreux au pied des arbres des bonnes espèces, tant qu'ils ne se sont pas formés un tronc assez fort pour absorber toute leur sève. Ceux qu'on juge à propos de greffer pour en changer l'espèce se greffent mieux en place qu'en pépinière. Il ne faut pas les laisser vieillir en pépinière ; ceux qu'on transplante trop vieux reprennent péniblement. Le figuier se contente du plus mauvais terrain ; il brave les plus longues sécheresses et fructifie même entre des pierres ; mais il ne faut pas le faire passer d'un sol fertile et frais dans un terrain aride et ingrat ; la terre de qualité médiocre, plutôt sèche qu'humide, est la plus convenable pour établir une pépinière de figuiers dans le midi de la France.

B. — Oranger.

L'oranger, le citronnier et tous les autres arbres de cette famille, se multiplient par semis de pepins ou par boutures ; aucun arbre ne se prête plus aisément que l'oranger à ce dernier mode de reproduction : une feuille, un simple fragment de feuille, est susceptible de s'enraciner. On sème, comme étant d'une croissance plus rapide, les pepins des oranges bigarrades, dont le jus aigre et amer sert d'assaisonnement ; aussi, en conserve-t-on toujours quelques pieds francs. Les autres sont greffés très jeunes ; il suffit qu'ils aient atteint la grosseur d'un tuyau de plume. Les pépiniéristes du midi, qui tiennent aux anciens usages, laissent le plant d'oranger devenir assez gros en pépinière pour pouvoir être écussonné à œil poussant ; la greffe Lefaucheux et la greffe à la Pontoise sont préférables pour l'oranger et tous les arbres de la même famille. On ne greffe pas les sujets obtenus de bouture des bonnes espèces.

C'est une honte pour notre horticulture, qu'il nous faille recevoir de Gênes et de Nice, chaque année, une quantité de sujets greffés d'orangers et de citronniers, expédiés pour Paris et le nord de la France, tandis que les pépiniéristes de la basse Provence, placés dans les mêmes conditions de sol et de climat, se laissent dérober cette clientèle. A Hyères (Var), nous avons vu plusieurs fois les pépinières d'orangers et de citronniers en pleine terre, ravagées par des gelées accompagnées de vents glacés du nord-ouest ; chaque fois que ces désastres se sont renouvelés à notre connaissance, ils auraient pu être empêchés. Les Génois ne sont pas plus exempts que les Provençaux des ravages du terrible mistral (vent du nord-ouest); mais ils savent en préserver leur plant d'orangers, surtout en empêchant que la gelée ne le surprenne en pleine sève : il est sans exemple qu'un oranger, jeune ou vieux , ait gelé s'il n'était en sève. En 1841, les orangers de Provence furent frappés d'une gelée très vive , quoiqu'elle n'ait pas duré plus d'une heure. Tous ceux qui se trouvaient en fleurs ou en boutons ont plus ou moins souffert; le lendemain de ce sinistre, on voyait sur le même arbre des branches grillées comme si le feu y avait passé : c'étaient celles qui se trouvaient chargées de fleurs et de boutons, et d'autres dans leur état naturel : c'étaient les moins avancées en végétation. On doit donc conduire le plant d'oranger en pleine terre de manière à ralentir le plus possible la végétation pour l'époque où les gelées peuvent être à craindre ; le moyen le plus simple, c'est d'entretenir le sol meuble, mais sec, pendant toute la saison froide, et de calculer l'époque de la taille de façon à ne pas exposer aux intempéries de cette saison des pousses trop récemment formées. Ajoutons que les jardiniers du midi, comptant trop sur leur climat, négligent l'emploi des abris, qui leur sont souvent inutiles, à la vérité; mais dont l'absence leur fait faute et ruine leurs pépinières au moment du besoin.

C. — Grenadier.

Le grenadier, livré à lui-même dans son pays natal, pousse une infinité de drageons qui servent à le multiplier; il se reproduit aussi très facilement de semis. Sous le climat qui lui convient, il n'est pas d'arbre qui exige moins de soins de culture; on prend rarement la peine de l'elever en pépinière. Il s'en trouve cependant quelques-uns chez les pépiniéristes des environs de Toulon; mais sa destination la plus fréquente est de former des haies de clôture. Quand on greffe les bonnes espèces de grenadier, on prend pour sujets les pieds francs de grenadier à fruits aigres; on les greffe en fente aussi jeunes que possible, soit en place, soit en pépinière; mais la greffe en place est la plus sûre et la meilleure.

D. — Pistachier.

Le prix toujours élevé des amandes pistaches à peau rouge et à chair verte, les plus délicates de toutes les amandes connues, devrait encourager les jardiniers du midi de la France à multiplier le pistachier, dont on rencontre à peine quelques pieds isolés dans leurs jardins. Cet arbre se greffe mieux sur le lentisque et le térébinthe que sur lui-même; il résiste alors beaucoup mieux au froid, étant aussi très sensible : le lentisque et le térébinthe sont l'un et l'autre très faciles à multiplier de graine, comme sujets propres à recevoir la greffe du pistachier. Les collines incultes du département du Var sont couvertes de lentisques inutiles qu'il serait aisé de convertir par la greffe en pistachiers très productifs. Le pistachier est dioïque ; il faut placer à portée des individus femelles quelques mâles pour les féconder; on peut même, en faisant choix des sujets les plus forts, leur donner sur deux branches deux greffes, mâle et femelle. Il est bon de rappeler que le pistachier greffé sur lentisque et sur térébinthe fleurit et fructifie abondamment en pleine terre en espalier, *sous le climat de Paris;* et l'expérience prouve que ses amandes ne le cèdent en rien à celles qui nous viennent de l'Orient. Aucune autre culture ne sau-

rait être plus avantageuse le long d'un mur en plein midi, trop chaud pour la vigne, le pêcher et l'abricotier : il faudrait seulement avoir la patience de l'établir, mais on en serait amplement dédommagé. Le tronc du pistachier en espalier, sous le climat de Paris, a besoin d'être empaillé pendant l'hiver ; ses racines ne souffrent du froid qu'autant qu'il les surprend brusquement à la suite de grandes pluies qui auraient laissé la terre excessivement humide, inconvénient dont il est toujours facile de les garantir.

E. — Jujubier.

C'est encore un des arbres à fruits dont il est le plus à souhaiter que la culture se propage dans nos départements méridionaux. Dans le Var, le jujubier vient partout; il fructifie dans les mauvais terrains comme dans les bons; seulement, si le sol lui convient, il devient un bel arbre de 10 à 12 mètres de hauteur; dans le cas contraire, il reste à la hauteur d'un grand arbuste, 3 à 4 mètres. Le jujubier ne tardera pas à disparaître des parties de notre territoire où sa culture serait le plus avantageuse; les vieux jujubiers meurent de vieillesse et ils ne sont pas remplacés. Les racines de cet arbre passent pour épuiser le sol; mais rien ne serait plus aisé que de le bannir des champs cultivés et de le faire servir à utiliser les terrains incultes, si vastes dans toute la basse Provence ; il y viendrait tout seul. Les jujubes (en provençal *tchitchoulo*) sont susceptibles, étant séchés au soleil, de devenir un objet de commerce comme les dattes et les figues. Le jujubier se multiplie facilement de semis et de boutures; il n'a pas besoin d'être greffé, sa croissance est rapide; un pépiniériste du midi qui s'occuperait de le multiplier, ferait une bonne spéculation. Nous ne pensons pas que le fruit du jujubier puisse mûrir sous le climat de Paris; nous l'avons vu fructifier et mûrir parfaitement son fruit dans un jardin près d'Amboise (Indre-et-Loire) ; il y en avait plusieurs beaux pieds en espalier à l'exposition du midi.

F. — Caroubier.

On montre, pour ainsi dire, comme des curiosités, les caroubiers en bien petit nombre, vénérables par leur antiquité, qui subsistent encore sur quelques points de notre littoral de la Méditerranée ; c'est pourtant, après le cèdre du Liban, l'arbre dont le bois mérite le mieux le nom d'incorruptible. Son fruit, longue silique remplie d'une pulpe agréable au goût, contient des graines au moyen desquelles il serait facile de le multiplier. Sous le climat qui lui convient, il n'exige aucun soin particulier; il n'a pas besoin d'être greffé.

G. — Avellinier.

La rusticité de cet arbre, à qui tous les terrains conviennent, et l'abondance de son fruit aujourd'hui très recherché dans le commerce, ont appelé sur lui l'attention des pépiniéristes du midi qui depuis quelques années lui consacrent de grands espaces. On le multiplie exclusivement, au moyen de ses drageons toujours très nombreux. Ils s'élèvent presque seuls en pépinière ; ils craignent seulement, durant leurs premières années, l'excès de la sécleresse qu'ils bravent quand ils ont pris le dessus; on les greffe en flûte ou en fente, en pépinière, à 2 ou 3 ans; ils peuvent être mis en place l'année qui suit celle où ils ont reçu la greffe.

H. — *Amandier.*

Les sujets d'amandier à fruit doux, à coque dure et à coque tendre, connu sous le nom d'amande princesse, disparaissent des pépinières de nos départements méridionaux. Quoique le climat ne paraisse pas avoir sensiblement changé, l'amandier en Provence a pour ainsi dire cessé d'être productif. Le proverbe dit : Amandier fleuri en février, se récolte sans panier. Ce n'est plus maintenant en février, c'est dès la fin de janvier que l'amandier fleurit en Provence, et quoiqu'il y gèle à peine sur le littoral, le vent sec et froid du nord-ouest (mistral), qui règne en cette saison, permet rarement à la fleur de nouer. On a proposé de considérer désormais l'amandier comme arbre forestier et de le soumettre tous les trois ou quatre ans à la taille, pour provoquer l'émission de branches propres à faire des fagots, comme le saule et les têtards de peuplier. Le peu de fruit qu'on pourrait avoir accidentellement dans l'intervalle ne coûterait rien, la rente du sol étant payée par les fagots. Nous ne mentionnons ici cet arbre que pour engager les pépiniéristes du midi, jaloux de se distinguer dans leur profession, à essayer par les croisements hybrides de créer une variété qui fleurisse seulement 15 ou 20 jours plus tard. Celui qui pourrait doter la Provence d'un amandier tardif aurait bien mérité de nos contrées méridionales, où l'on renonce généralement à la culture d'un arbre qui ne rapporte plus que par hasard.

CHAPITRE III. — PÉPINIÈRES D'ARBRES ET D'ARBUSTES D'ORNEMENT.

Après avoir donné aux pépinières d'arbres fruitiers la première et la principale place, qui leur appartient en raison de leur importance économique, nous avons à nous occuper de la culture en pépinière des arbres et arbustes d'ornement. On peut considérer à la rigueur comme arbres d'ornement dans le vrai sens du mot, les arbres forestiers et les arbres d'alignement qui tous peuvent concourir à la décoration des grands jardins paysagers. Néanmoins, pour ceux qui se cultivent principalement comme arbres forestiers dans le but d'utiliser leur bois, nous renvoyons à ce qui a été dit de leur culture en pépinière dans le 4e vol. p. 1re et suivantes.

Le pépiniériste placé à portée d'une grande ville, dont les environs sont décorés d'un grand nombre de jardins paysagers doit, pour se tenir en mesure de fournir aux demandes des nombreux amateurs de cette partie si intéressante de l'horticulture, réunir dans sa pépinière, sinon la totalité, du moins la majeure partie des genres, espèces et variétés propres au climat sous lequel il cultive. Nous avons divisé ces végétaux par groupes formés d'arbres et arbustes qui, bien qu'appartenant à des genres plus ou moins éloignés les uns des autres, botaniquement parlant, doivent se trouver ensemble dans la pépinière, parce qu'ils se multiplient par les mêmes procédés, qu'ils réclament les mêmes soins de culture, et se plaisent dans les mêmes terrains. Classés de cette manière, les arbres et arbustes d'ornement forment dans la pépinière six divisions principales.

Arbres et arbustes :

1º De terre de bruyère ;
2º A feuilles persistantes ;
3º A fleurs odorantes;
4º Aimant le bord des eaux ;
5º A tiges sarmenteuses ou grimpantes;
6º Arbustes de collection.

§ 1er. — Arbres et arbustes de terre de bruyère.

Les végétaux compris dans ce groupe pourraient, pour la plupart, vivre et croître jusqu'à un certain point sans le secours de la terre de bruyère ; mais ils ont pour cette terre une telle prédilection, que quand le pépiniériste ne peut se procurer de la terre de bruyère naturelle, il doit, pour cultiver ces végétaux avec succès, leur donner les composts qui en reproduisent le mieux les propriétés (*voir* Composts, p. 14).

Nous donnons ici en faveur des amateurs auxquels il serait trop difficile de se procurer de la terre de bruyère, la recette suivante due à M. Vibert, qui en recommande l'usage pour les rosiers *Bengale* et *Noisette* cultivés en pots; elle peut servir pour bien des végétaux de terre de bruyère :

Terreau consommé........	10 litres.
Sable fin siliceux.........	10
Poudrette..............	5
Bonne terre à blé........	20

On passe toutes ces substances au crible fin, après les avoir mélangées exactement. On ajoute au mélange, mais seulement au moment de s'en servir, quinze litres de mousse séchée au four et laciée aussi fin que possible.

La décomposition très lente de la mousse s'oppose au principal inconvénient des composts destinés à remplacer la terre de bruyère, défaut qui consiste à devenir excessivement compactes, pour peu qu'on néglige de les arroser.

Les arbres et arbustes de terre de bruyère passent l'hiver dehors, moyennant quelques précautions; ils sont par conséquent tous de pleine terre. En Belgique, nous les avons vus, avec de simples couvertures de paille, résister à des froids de 20° à 22° soutenus pendant des mois entiers; ils sont, en effet beaucoup plus robustes qu'on ne le croit généralement en France où l'on n'a pas encore renoncé complétement à les traiter comme des plantes de serre tempérée. Le pépiniériste, en leur réservant les places les mieux abritées du terrain dont il dispose, peut les élever en plein air; ils n'en supporteront que mieux la pleine terre lorsqu'ils passeront de la pépinière dans les bosquets des acheteurs. Les sous-arbrisseaux de la gracieuse famille des rosages tiennent le premier rang parmi les végétaux de terre de bruyère; quelques-uns seulement peuvent atteindre aux proportions des arbres de troisième grandeur. Ils se multiplient difficilement de bouture; plusieurs ne mûrissent que rarement leurs graines sous le climat de Paris; le marcottage est pour ces derniers le mode de multiplication le plus facile et le plus usité. On marcotte les rosages au printemps; ils seraient fort lents à s'enraciner si les marcottes n'étaient incisées (voir Marcottes, p. 62).

Les semences de tous les rosages étant fort petites se lèvent point quand elles sont trop profondément enterrées; les cotylédons, changés en feuilles séminales par la germination, n'ont pas la force de soulever une couche trop épaisse de terre, quelque légère qu'elle soit; on se borne à les recouvrir de deux à trois millimètres de terre de bruyère ou de sable fin, tamisés par-dessus. Ces semences étant fort dures, il faut pour solliciter leur germination une température douce, accompagnée d'une humidité constante; les pluies violentes qui tassent la terre et les coups de soleil qui la durcissent leur seraient également funestes. Pour les en préserver, on les sème dans des terrines qu'on peut rentrer à l'abri ou exposer à l'air, selon le besoin. L'époque des semis n'est pas la même pour tous les genres; les graines des kalmias se sèment aussitôt qu'elles ont atteint leur maturité, vers la fin de l'automne; on est forcé de les rentrer dans la serre tempérée pendant l'hiver, pour les repiquer en plein air au printemps de l'année suivante. Les graines de rhododendrums peuvent à volonté se semer, soit à l'automne, soit au printemps. Les horticulteurs Belges et Anglais sèment beaucoup de rhododendrums; les premiers en possèdent une multitude de variétés, fruit de leurs semis, nouvellement introduites en France et peu répandues dans nos jardins. Il suffit de mentionner le magnifique rhododendrum en arbre à fleur blanche, qui a fleuri pour la première fois en France en 1833 dans le jardin de M. Noisette, à Paris. A la vérité, ces arbustes à fleurs si variées ne sont pas tous des variétés constantes susceptibles de se perpétuer par leurs semences; la plupart, de même que les roses, ne se propagent que de greffe ou de marcotte. Les graines de rhododendrums sont, de toutes les graines d'arbustes de terre de bruyère, celles qui lèvent le plus difficilement; si pen-

dant le travail de la germination elles manquent d'humidité seulement durant quelques heures, elles périssent. Le procédé suivant, bien connu des pépiniéristes et des vrais amateurs, est à la fois le plus facile et le plus sûr pour entretenir les graines de rhododendrum dans un milieu toujours également humide, nécessaire à leur germination. On sème dans une terrine (A, fig. 220) dont le fond est percé d'un trou de quelques

Fig. 220.

centimètres de diamètre. On place cette terrine dans une seconde terrine plus grande B contenant assez d'eau pour que la première y soit plongée un peu au-dessous du niveau de la terre qui contient les semences de rhododendrum; l'eau, en vertu de la capillarité, s'élève par imbibition dans la terre de la terrine A, et maintient les semences dans un état constamment humide, condition presque impossible à remplir au moyen de l'arrosoir, parce qu'à moins de tasser trop fortement la terre, on ne pourrait lui donner que très peu d'eau à la fois, en sorte qu'il y aurait toujours des moments où elle se trouverait presque sèche. On traite de la même manière les semis d'azaléas dont on possède des centaines de variétés, toutes obtenues de semis en Belgique, où ce beau genre est fort recherché des amateurs; ces variétés se rattachent toutes à deux souches primitives, l'une à feuilles caduques, dont tous les descendants supportent la pleine terre, l'autre à feuilles persistantes, dont la postérité ne peut sortir de l'orangerie ou de la serre tempérée. Les andromèdes se traitent comme les rhododendrums; il leur faut seulement encore plus d'humidité pour lever; les variétés d'andromède sont fort nombreuses; les lédums, fort joli genre de la même famille, se multiplient presque tous par les rejetons qu'ils produisent en abondance; ils sont tous de pleine terre.

Quel que soit le procédé de multiplication employé pour l'obtenir, le plant de tous ces arbustes ne peut sortir de la terre de bruyère; on le repique ordinairement deux fois, à deux ans d'intervalle. Presque tous ces végétaux ont beaucoup à souffrir de la transplantation; aussi sont-ils le plus souvent levés en motte pour assurer leur reprise. L'usage de les repiquer dans des pots présente beaucoup d'inconvénients, surtout en ce qu'il gêne les racines qui aiment à s'étendre librement en tous sens; en Belgique on évite cette difficulté par le procédé suivant. Le plant est repiqué, toujours en terre de bruyère, dans des paniers de grandeur convenable, fabriqués grossièrement, soit en osier brun, soit en bois de saule fendu. Lorsque le plant est devenu assez fort pour être vendu, l'acheteur enlève avec le sujet le panier dans lequel il a été élevé; le panier, en achevant de pourrir en terre, fournit un excellent aliment aux racines du sujet qui, par ce moyen, se ressent à peine de la transplantation.

§ II. — Arbres et arbustes à feuilles persistantes.

Les végétaux de ce groupe sont compris dans deux divisions: la première est formée d'arbres et arbustes appartenant à la famille des lauriers, ou aux familles qui offrent avec les lauriers plus ou moins d'analogie; la seconde ne contient que des conifères.

Les *lauriers* et tous les genres analogues se multiplient de semences en terre légère; on sème les baies entières dès qu'elles sont mûres; le plant, qui peut être repiqué très jeune sans inconvénient, doit passer son premier hiver dans l'orangerie. Beaucoup d'arbustes appartenant à la famille des lauriers ne craindraient pas en pleine terre le froid des hivers ordinaires sous le climat de Paris, quoiqu'on les range encore parmi les végétaux d'orangerie. Quelques-uns, comme le laurier noble, ou laurier d'Apollon, se sèment rarement, parce qu'ils donnent une quantité de rejetons qui suffit pour les multiplier. On multiplie également par le semis de leurs baies fraîches plusieurs autres arbustes compris par les jardiniers parmi les lauriers, bien qu'ils appartiennent botaniquement à d'autres familles. Tel est en particulier le laurier-thym, dont les semences mûres, dans le midi de la France, germent presque aussitôt qu'elles sont tombées à terre; de sorte qu'on trouve toujours dans les bosquets de lauriers-thym une multitude de plants provenant de semis naturels. D'autres arbustes de ce groupe ne peuvent se multiplier que de bouture, soit parce que leurs graines ne mûrissent pas bien en Europe, soit parce qu'ils ne fructifient pas; tel est spécialement l'aucuba du Japon, remarquable par ses feuilles lisses, panachées de jaune; l'Europe n'en possède jusqu'à présent que des individus femelles. Heureusement, cet arbuste est très facile à multiplier de boutures et de marcottes qui se font au printemps en bonne terre un peu fraîche; elles s'enracinent très aisément.

Nous devons une mention particulière à l'arbousier, le plus gracieux des arbustes d'ornement dont la nature a doté si libéralement nos départements méridionaux. Rien n'égale la beauté de l'arbousier commun (*arbutus unedo*) lorsqu'il porte à la fois ses jolies fleurs, presque semblables à celles des kalmias, et ses fruits de toutes les nuances de vert, de jaune et de rouge, jusqu'au cramoisi le plus foncé, ressortant sur son feuillage lustré, soutenu par des pédoncules pourpres. Sous le climat de Paris, il semble végéter misérablement; ceux qu'on élève en caisse au Jardin du Roi, à Paris, sont à peine reconnaissables pour qui a vu l'arbousier dans son pays natal. Cela tient à la manière dont on le multiplie de semences tirées d'Angleterre, où elles ont été obtenues en serre tempérée; l'arbuste est totalement dé-

généré. Si l'on faisait venir du Midi le plant d'arbousier, comme on tire de Nice et même de Gênes le plant tout formé d'oranger et de citronnier, on pourrait, nous n'en doutons pas, obtenir sous le climat de Paris des arbousiers qui, sans cesser d'appartenir à l'orangerie, conserveraient leur beauté naturelle. Nous avons cru devoir signaler ce moyen aux pépiniéristes; c'est presque une conquête à faire. Quant à obtenir des variétés rustiques d'arbousier, capables de supporter la pleine terre sous le climat de Paris, on le peut en semant de proche en proche, vers le nord, la graine des arbousiers de Provence, puis celle de leur postérité. Peu d'arbustes en Europe sont plus dignes que les arbousiers de sortir de l'oubli et de l'abandon où les laissent les horticulteurs.

Dans le même groupe, les magnoliers supportent bien la pleine terre sous le climat de Paris, avec fort peu de soins de culture. Le *magnolia grandiflora*, susceptible de devenir un arbre de dix à douze mètres de haut dans une position abritée et un sol convenable, se multiplie de semences mises en terre, dès qu'elles ont atteint leur maturité. Toutes les terres, excepté celles qui sont trop argileuses, conviennent au magnolia. Ses graines, semées à Paris, donnent des individus de plus en plus robustes. On peut le regarder comme acquis à la pleine terre. Le jeune plant se repique en pots; on le rentre dans l'orangerie pendant ses deux premiers hivers, après quoi, moyennant un léger abri de paille autour du tronc, il ne craint plus rien du froid sous le climat de Paris. Il faut donner au jeune plant des pots assez spacieux pour qu'il y puisse former de bonnes racines; on le replante avec la terre du pot, sans briser la motte.

Les *conifères* formant à eux seuls la seconde division des arbres et arbustes d'ornement à feuillage persistant, ont pour le pépiniériste un défaut essentiel qui ne permet pas de leur accorder un grand emplacement; ils souffrent difficilement la transplantation; quelque soin qu'on en prenne, ils languissent toujours pendant un an ou deux après être sortis de la pépinière; aussi beaucoup d'amateurs préfèrent-ils, pour former des massifs dans les grands jardins paysagers, les semis en place, malgré le temps qu'ils font nécessairement perdre. Le pépiniériste ne doit donc semer, parmi les conifères, que les arbres et arbustes les plus faciles à faire reprendre parmi ceux qui lui sont le plus souvent demandés. On sème en pots, en terre plutôt légère que forte; les pots pour les semis de conifères doivent être plus profonds que larges, ces arbres n'ayant qu'une principale racine pivotante. A moins d'absolue nécessité pour des espèces rares dont il ne peut se procurer la graine, le pépiniériste ne multipliera jamais les conifères que de semis, bien que plusieurs espèces puissent être bouturées et marcottées; mais les sujets obtenus par ces procédés ne valent jamais ceux qu'on obtient de graine. Quelques espèces de conifères doivent être multipliées en assez grand nombre, non pour elles-mêmes, mais pour recevoir les greffes de certains genres qui viennent mieux greffés que francs de pied. On sème principalement des mélèzes pour greffer plusieurs variétés de cèdre, et des épicéas pour greffer des giléad; on se sert exclusivement, pour les conifères, de la greffe herbacée à la Tschudy (*voir* Greffes). Les cèdres et les araucarias sont les arbres les plus intéressants et les plus recherchés des conifères; parmi ces derniers, surtout, il y a bien des conquêtes à faire pour les pépiniéristes; ces arbres passent leurs premiers hivers dans l'o-rangerie ou la serre tempérée.

Les cèdres du Liban qu'on se propose d'élever francs de pied se sèment en terre de bruyère, au printemps, à l'époque où les graines mûres se détachent facilement des cônes qui les contiennent. Le jeune plant doit être élevé au grand air tout l'été, mais à l'ombre; il craint beaucoup les coups de soleil; on le repique au printemps de l'année qui suit celle où il a été semé.

§ III. — Arbustes d'ornement à fleurs odorantes.

Le premier rang appartiendrait de droit au rosier dans ce groupe, s'il ne lui revenait, à plus juste titre, parmi les *arbustes de collection*.

Après la rose, l'odeur la plus agréable appartient, à notre avis, à la fleur du calycanthus, trop peu répandu dans nos jardins. Les arbustes de ce genre ont contre eux l'aspect peu gracieux de leur fleur, bien racheté cependant par son parfum. Les pépiniéristes doivent accorder la préférence au calycanthus du Japon et à ses variétés, dont les fleurs sont plus belles avec une odeur aussi agréable que celles du calycanthus de Virginie.

Les *calycanthus* dont la graine ne mûrit guère en Europe, se multiplient seulement de rejetons et de marcottes; encore ce dernier procédé est-il peu sûr et fort long, puisqu'on n'a pu, jusqu'à présent, décider les marcottes de calycanthus à s'enraciner avant leur seconde année. On marcotte le calycanthus en terre de bruyère; les sujets enracinés se contentent de toute espèce de terre de jardin. Ils supportent bien l'hiver en pleine terre, pourvu que leur position soit abritée; leur croissance, assez lente, a besoin d'être activée par des arrosages de bouillon de fumier (eau dans laquelle on a fait infuser du crottin de mouton).

Les *jasmins*, en général, peu difficiles sur le choix du terrain, se multiplient de bouture avec la plus grande facilité. On les bouture au printemps en terre légère ordinaire; il faut les arroser fréquemment et leur donner une position ombragée quoique aérée. Les *lilas* se multiplient de leurs rejetons, toujours surabondants, et de leurs graines qu'il faut semer aussitôt qu'elles sont mûres; car elles perdent plus promptement que beaucoup d'autres leurs facultés germinatives. Les Belges, fort amateurs de ce beau genre, en possèdent une foule de variétés toutes fort odorantes; leurs efforts sont prin-

cipalement dirigés vers l'acquisition d'un lilas à fleur rouge qu'ils n'ont point encore obtenu quoiqu'on trouve sur leurs catalogues un lilas qualifié de *ruberrima*. Les lilas viennent partout, mais ils ne prennent un accroissement rapide et ne développent toute la beauté de leur fleur que dans une terre à la fois riche et fraîche. On peut les garder longtemps en pépinière et les transplanter fort gros; ils reprennent à tout âge.

§ IV. — Arbres et arbustes d'ornement aimant le bord des eaux.

Ces arbres possèdent au suprême degré la propriété de se multiplier de bouture, sans toutefois se refuser aux autres moyens de propagation par greffe, semis et marcotte. On peut bouturer de grosses branches de tous les arbres de ce groupe, mais surtout des genres *saule* et *peuplier*; ces boutures prennent le nom de *plançons*. Elles ont l'avantage de faire gagner du temps; toutefois, le pépiniériste doit toujours considérer le placement des végétaux dont il remplit sa pépinière; l'espace lui manque bientôt si, dans les terrains humides dont il dispose, il propage en trop grand nombre des arbres qui, s'il ne peut s'en débarrasser, deviendront énormes en pépinière. C'est pourquoi le mode de multiplication par *plançons* est plutôt à l'usage des propriétaires qui plantent en place, qu'à celui des pépiniéristes. Les arbres à rameaux pendants, vulgairement nommés pleureurs, sont les plus intéressants de ce groupe. Le *saule pleureur* n'exige aucun soin particulier; il vient partout où il y a de l'eau, il prend de lui-même les formes les plus gracieuses. Le *frêne pleureur* a besoin d'être dirigé pour prendre la forme de parasol sous laquelle il réunit l'utile à l'agréable. On sème ordinairement en pépinière des graines de frêne commun pour obtenir des sujets sur lesquels on greffe à deux ans les deux variétés du frêne pleureur et horizontal. En Belgique, on préfère obtenir ces frênes francs de pied, de graine ou de bouture, ce qui donne toujours des sujets plus robustes que les sujets greffés. Dès la seconde année, après qu'ils ont reçu la greffe, ces arbres doivent être préparés, au moyen de cerceaux, à la forme qu'ils doivent avoir, sans quoi leurs branches descendraient irrégulièrement vers le sol et l'on ne pourrait placer un siège sous leur ombrage, but principal pour lequel ces arbres sont cultivés. Ces soins sont encore plus nécessaires au *sophora pleureur*, le plus gracieux des arbres inclinés; s'il était livré à lui-même, ses branches redescendraient en se collant, pour ainsi dire, contre le tronc, et il deviendrait impossible de leur faire prendre une meilleure direction. Lorsqu'il est bien préparé en pépinière, le sophora pleureur forme de lui-même un cabinet de verdure impénétrable, qu'il est aisé de rendre parfaitement cylindrique. Lorsqu'on greffe le sophora pleureur sur le sophora commun, il importe de le greffer le plus haut possible; on fera donc filer droit les sophora destinés à recevoir des greffes de sophora pleureur. Toutes les greffes de ce groupe se font en écusson, à œil poussant (*voir* Greffes).

§ V. — Arbustes à tiges grimpantes.

Parmi les végétaux de ce groupe, les uns, comme le lierre, la vigne-vierge et la bignone de Virginie, possèdent la faculté d'émettre, tout le long de leurs tiges sarmenteuses, des racines qui s'implantent dans tout ce qui sert de support à ces tiges; les autres s'enroulent en spirale le long des supports cylindriques, mais sans s'y attacher. Le *lierre commun* ne se multiplie point en pépinière; il est trop facile de s'en procurer du plant à l'état sauvage. Le *lierre d'Irlande*, à feuilles plus larges et d'un plus bel effet, et le *lierre panaché* à feuilles tachées de jaune, se propagent par éclats et séparation des tiges enracinées; ils reprennent partout. La *vigne vierge* se prête à tous les moyens de multiplication; tous les terrains lui conviennent, elle veut être mise en place très jeune; du reste, elle n'a jamais une grande valeur, parce que sa fleur est insignifiante et qu'on peut employer au même usage d'autres plantes qui lui sont préférables, soit par la beauté de leurs fleurs, comme la bignone de Virginie, soit par leur odeur suave, comme la clématite odorante.

La *bignone de Virginie* se multiplie principalement par la séparation des jets nombreux dont les vieux pieds sont garnis; il faut les éclater avec une portion de racine; on peut aussi obtenir cette plante de graines qui mettent deux ans à lever (quand elles lèvent) et de boutures faites avec du bois de deux ans, celui des pousses de l'année n'étant jamais suffisamment aoûté pour s'enraciner.

Les *clématites* sont faciles à multiplier par la division de leurs racines tuberculeuses. Les variétés recherchées, particulièrement la variété à fleur bleue presque noire, très répandue en Belgique, se multiplient de greffe en fente sur la clématite à feuille crépue et sur la clématite odorante.

Le *chèvrefeuille*, dont les variétés exotiques ne l'emportent en rien sur le chèvrefeuille indigène qui décore nos bois et nos haies à l'état sauvage, se multiplie aisément de bouture; tous les sols lui conviennent. On doit multiplier surtout en pépinière le chèvrefeuille perpétuel qui fleurit tout l'hiver dans une position abritée. Le chèvrefeuille n'est grimpant qu'autant qu'on l'abandonne à lui-même; taillé de bonne heure en pépinière, il forme facilement une tête sur une seule tige; sa floraison est dans ce cas plus durable et plus abondante, et il se prête mieux à la décoration des parterres. On peut le conserver indéfiniment en pépinière; il se transplante à tout âge.

§ VI. — Arbustes de collection.

La marche progressive de l'horticulture en France tend à multiplier les collections de plantes, d'arbres et d'arbustes, objets de tant de soins chez tous nos voisins; en effet, bien des genres n'ont été portés à leur dernier degré de perfection que parce qu'un grand nombre d'amateurs s'en sont exclusivement occupés et en ont obtenu des variétés assez nombreuses pour pouvoir en former des collections. Le premier rang, parmi les arbustes de collection, ne peut être disputé au rosier, dont la fleur est et sera toujours la reine des fleurs.

A. — Rosiers.

Nous n'avons à considérer ici que la partie de la culture du rosier, qui est du domaine du pépiniériste. Il est vrai que, comme le rosier peut se transplanter presque à tout âge, la plupart des acheteurs préfèrent le prendre tout formé dans la pépinière, de sorte que le pépiniériste doit le conduire depuis sa naissance jusqu'à son entier développement; néanmoins, nous aurons à revenir plus tard sur les collections de rosiers et sur l'emploi du rosier comme arbuste d'ornement pour la décoration des parterres et des massifs dans les jardins paysagers.

1. *Multiplication.*

Les rosiers peuvent se multiplier de semis, de greffes, de marcottes et de boutures. Les semis sont principalement destinés à faire naître des variétés nouvelles; la greffe sert à propager les variétés qui s'enracinent difficilement, et à créer des rosiers à haute tige, dont la tête peut être ornée de plusieurs roses différentes; les marcottes multiplient rapidement les espèces qui donnent peu de rejetons; enfin les boutures sont le moyen de multiplication le plus efficace pour les roses remontantes du Bengale et de la Chine.

2. *Semis.*

Les rosiers à fleurs simples sont les seuls dont toutes les fleurs donnent un fruit contenant des graines fertiles; les roses semidoubles sont souvent fertiles, et même, parmi les roses doubles, ou presque doubles, il s'en trouve de temps à autre quelqu'une qui donne des graines fertiles. Ces dernières sont celles qu'on sème avec le plus d'espoir d'obtenir de belles variétés; dans tous les cas, on est certain que le plant obtenu de leur graine reproduira la mère, ou donnera des fleurs doubles; mais la rareté de ces graines ne permet jamais d'en former en pépinière des semis un peu importants. On est forcé de s'en tenir principalement aux semis de graines provenant de roses semidoubles; le plant de ces graines donne fréquemment des fleurs plus doubles que leurs mères. Enfin, on sème des graines de rosier à fleurs simples, dans le but de se procurer des églantiers vigoureux, destinés à recevoir des greffes d'espèces de choix; ce dernier procédé est excessivement lent, et, pour cette raison, peu usité dans les pépinières.

Les cynorrhodons des rosiers, quelle qu'en soit l'espèce, se récoltent dès qu'ils ont atteint leur complète maturité, ce qui a lieu depuis la fin de septembre pour les plus précoces, jusque vers le milieu de novembre pour les variétés les plus tardives. On peut séparer les graines et les semer immédiatement; elles mettent un an à germer. On peut aussi conserver les graines dans du sable fin jusqu'à la fin de l'hiver, et les semer dès les premiers beaux jours du printemps. En Angleterre on préfère souvent conserver les cynorrhodons jusqu'au printemps, sur des dressoirs, dans une cave ou un cellier ; peu importe que ces fruits se gâtent et se moisissent, les graines n'en sont point altérées ; en février on en extrait les graines par le lavage ; on les sème aussitôt : elles lèvent en mai et juin; quelques-unes seulement ne lèvent que l'année suivante. Le moyen le plus certain d'obtenir des variétés de rosier, c'est comme pour toutes les autres phanérogames, de retrancher les étamines des fleurs avant l'époque de la fécondation naturelle, et de féconder artificiellement leurs pistils avec le pollen des variétés dont on espère par ce croisement obtenir des hybrides. Pour les roses, ce procédé est peu en usage; il est d'ailleurs difficile à pratiquer, parce que les roses à féconder contiennent toujours un grand nombre d'étamines cachées dans les pétales, et que rien n'est plus facile que d'en oublier quelques-unes. On préfère ordinairement planter à portée les uns des autres les rosiers porte-graines, choisis parmi les variétés les plus recherchées, et s'en remettre au hasard du soin d'opérer des croisements. En Italie, le célèbre amateur de roses, Villaresi, en semant des graines récoltées sur des rosiers du Bengale, plantés pêle-mêle avec les plus beaux rosiers des variétés européennes, a obtenu de magnifiques variétés.

Un des moyens les plus fréquemment usités pour favoriser les croisements hybrides entre les roses, consiste à planter près l'un de l'autre au pied d'un mur, les rosiers qu'on veut croiser ; on les palisse en espalier en entrelaçant leurs branches les unes dans les autres, de sorte que quand les fleurs s'ouvrent, elles sont pour ainsi dire en contact immédiat.

On sème les graines de rosier, soit en terrine, soit en pleine terre, à l'ombre, dans un sol à la fois fertile et léger, tel que serait un mélange par sable fin et de bon terreau, par parties égales ; les semis ne doivent être recouverts que de quelques centimètres de terre ; toutes les graines n'étant pas de la même grosseur, doivent être enterrées plus ou moins profondément en proportion de leur volume ; le sol doit être maintenu frais par des arrosages et des abris, jusqu'à ce que le plant ait atteint la hauteur de 0m,20 à 0m,25. Le plant est repiqué en ligne dès les premiers beaux jours du printemps de l'année suivante ; on repique ordinairement à 0m,30 en tous sens ; les Anglais repiquent une seconde fois la seconde année, opération qui ne nous semble point nécessaire quand on a semé dans un sol convenable. Le plant de rosier obtenu de semis reste en place, en pépinière, jusqu'à ce qu'il ait montré sa fleur ; quelques rosiers seulement fleurissent à trois ans, presque tous à quatre ans, et les plus

tardifs la cinquième année. La rose du Bengale et quelques variétés de roses de Chine font exception ; leurs graines, semées en février ou en mars, lèvent en très peu de temps ; les sujets qui reproduisent l'espèce pure fleurissent presque tous dès le mois de juillet de la même année ; ceux qui ont été modifiés par le croisement ne fleurissent que l'année suivante.

3. Greffe.

La greffe ne donne jamais des sujets aussi vigoureux que ceux qu'on obtient, francs de pied, de semis ou de marcotte ; le véritable amateur, s'il tient à conserver sans altération ses variétés les plus précieuses, aura donc soin de les avoir toujours francs de pied, indépendamment des sujets greffés. On greffe sur églantier ; on a peine à comprendre comment la race des églantiers subsiste encore en France, quand on considère le nombre réellement prodigieux de sujets d'églantier enlevés tous les ans à nos bois et à nos haies ; aussi commencent-ils à devenir rares et chers.

Les sujets d'églantier sauvage manquent fort souvent à la reprise, surtout lorsqu'ils ont à supporter un premier printemps très sec après leur mise en place en pépinière pour y être greffés ; d'ailleurs ils proviennent presque tous de souches très vieilles, conséquemment épuisées, dont les rejetons ne peuvent avoir beaucoup de vigueur ; c'est en partie à cette circonstance qu'il faut attribuer la perte d'un si grand nombre de rosiers greffés, que les soins les mieux dirigés ne peuvent empêcher de languir et de mourir quelques années après qu'ils sont sortis de la pépinière. L'attention du pépiniériste doit donc se porter sur ce point essentiel, afin qu'il n'admette que des sujets qu'il puisse livrer aux acheteurs en toute sécurité. Nous avons dit pour quel motif le pépiniériste peut difficilement recourir aux semis pour se procurer le grand nombre d'églantiers qui lui sont indispensables. Le procédé le plus avantageux consiste à consacrer un carré de bonne terre à recevoir des souches vigoureuses d'églantier auxquelles on ne ménage ni les soins de culture ni les engrais, et qui donnent une foule de beaux rejetons pendant plusieurs années ; on les renouvelle quand elles commencent à s'affaiblir. Plusieurs pépiniéristes ont déjà fait usage de ce moyen et s'en sont très bien trouvés. C'est une erreur de croire que, pour assurer la reprise des sujets ou provoquer la pousse des rejetons, il soit nécessaire de conserver aux souches de longues et fortes racines ; ces souches deviennent quelquefois énormes ; il y a quelques années on apporta, par curiosité, à M. Vibert, une souche d'églantier qui pesait plus de 50 kilogr. Les racines trop grosses, par conséquent trop vieilles, conservées aux églantiers qu'on plante en pépinière, ne tardent pas à pourrir, ce qui entraîne la perte des sujets ; les jets vigoureux d'églantier peuvent même, à la rigueur, se planter avec un simple talon, ils ne manquent pas de s'enraciner. Toutes les parties de racine retranchées au moyen de la scie doivent être parées avec la serpette ; la scie , tout indispensable qu'elle est, n'en est pas moins un instrument destructeur qui déchire les tissus et causerait infailliblement la mort des souches et des racines, si partout où la scie a passé, la serpette ne venait immédiatement unir et rafraîchir les plaies ; celles qu'on fait aux branches principales et au tronc, en retranchant la tête, doivent être recouvertes avec de l'onguent de Saint-Fiacre ou de la cire à greffe.

L'églantier de force ordinaire passe deux ans en pépinière avant d'être bon à greffer.

Divers motifs très plausibles rendront toujours les rosiers greffés à haute tige un objet de prédilection pour les amateurs de ce genre admirable ; les rosiers ainsi greffés sont les plus faciles de tous à soigner et à disposer sans confusion en lignes dans les carrés qui leur sont spécialement consacrés ; ensuite, c'est de toutes les formes qu'on peut leur donner celle sous laquelle ils se prêtent le mieux à concourir à la décoration d'un parterre, sans nuire à la culture des plantes annuelles ou vivaces à basses tiges ou en touffes ; enfin, pour ce dernier objet, rien n'est plus agréable à l'œil qu'une volumineuse tête de rosier de moyenne hauteur portant huit à dix variétés de roses qui toutes diffèrent de volume, de forme et de couleur. L'églantier se greffe d'ordinaire à une hauteur qui varie de 1 m,50 à 2 mètres ; on peut le greffer à la hauteur de quatre à cinq mètres ; on voit des rosiers greffés à cette hauteur, à Trianon, à la Malmaison et au Jardin du Roi, à Paris. Il y a des rosiers de quinze à vingt mètres ; ce sont des rosiers grimpants, qui montent pour ainsi dire indéfiniment, tant qu'ils trouvent un appui ; on ne les arrête qu'en raison de la difficulté qu'on aurait à les tailler. On les greffe à quelques centimètres de terre, afin d'avoir une pyramide de fleurs du haut en bas. On cite parmi les plus beaux qui soient en Europe, les rosiers montants du jardin public d'Edimbourg ; ils sont palissés à des peupliers dégarnis de branches jusque tout près de leur sommet. Ces rosiers, très communs en Belgique, ne sont point assez répandus en France ; on en trouve rarement de tout formés en pépinière.

Toutes les variétés de rosier se greffent en écusson au printemps, à œil poussant, ou à l'arrière-saison, à œil dormant ; c'est surtout pour les greffes de rosiers d'espèces délicates qu'il importe de veiller avec beaucoup d'attention à ne pas *vider* l'œil en levant les écussons qui sont nécessairement fort petits ; le meilleur procédé consiste à cerner l'écusson et à le détacher au moyen d'un crin, comme le représente la *fig.* 207. On pose ordinairement deux écussons en regard l'un de l'autre sur les sujets vigoureux, afin que leur tête soit plus tôt formée ; un seul écusson bien venant produit le même effet presque aussi promptement. Quand le sujet n'est que d'une force médiocre, il ne faut poser qu'un écusson.

La greffe en écusson à œil dormant est celle qui offre le plus de chances de succès. On peut greffer à volonté, soit sur une ou plusieurs branches de la pousse précédente, soit sur le tronc même du sujet d'églantier, ce qui, dans la pratique, est préférable. Plusieurs yeux d'appel doivent être laissés au-dessus des écussons, tant pour attirer vers eux la sève que pour empêcher les chicots de mourir et d'entraîner la perte des écussons. Quelques écussons, posés à œil dormant sans yeux d'appel, peuvent réussir par hasard ; mais en général, tout écusson placé dans ces conditions se dessèche et meurt. Les yeux d'appel doivent être pincés une ou plusieurs fois, selon leur plus ou moins de dispositions à s'emporter ; ils poussent toujours suffisamment, pourvu qu'ils ne meurent pas ; s'ils prenaient trop de force, l'œil de l'écusson ne pourrait se développer.

On voit, par les anciens traités d'horticulture antérieurs à la Révolution, que la greffe du rosier sur églantier, décrite dès 1778, était très anciennement connue, mais peu pratiquée.

Les jardiniers hollandais ont eu les premiers l'idée heureuse de former des collections de rosiers à haute tige greffés sur églantier ; à cette époque la Hollande faisait partie de l'empire français ; les communications entre les jardiniers des deux pays étaient continuelles ; les premières collections de rosiers greffés sur églantier furent commencées, à Paris, en 1803. Cette méthode ne passa que beaucoup plus tard en Angleterre, où les pépiniéristes français placent encore aujourd'hui un grand nombre de rosiers ainsi greffés ; les amateurs anglais préfèrent les rosiers greffés et formés en France à ceux qu'on élève en pépinière dans leur propre pays ; les nôtres valent mieux en effet, parce que l'églantier sauvage est plus robuste en France qu'en Angleterre ; ce seul article d'horticulture est l'objet d'un commerce d'exportation fort important.

4. — Marcottes.

Ce moyen de multiplication ne s'applique plus aux rosiers de collection que dans quelques circonstances exceptionnelles. Il est quelquefois nécessaire de marcotter des rosiers de collection appartenant à des variétés de prix qui reprennent difficilement de bouture, lorsqu'on

Fig. 221.

craint de les perdre et qu'on manque de sujets disponibles pour recevoir la greffe. Dans ce cas, on assujettit à un piquet de hauteur convenable un .pot à marcotter ouvert latéralement ; A, (*fig.* 221) la branche ayant été incisée, est introduite dans la fente du pot qu'on remplit de terre mêlée de terreau, maintenue fraîche par de fréquents arrosages. Afin d'éviter la trop prompte évaporation, on recouvre de mousse la surface de la terre du pot. Ce procédé est en tout semblable au mode de marcottage usité pour multiplier les belles variétés d'œillet flamand (*voir* Œillets).

Le marcottage est encore fort usité pour la multiplication des rosiers qu'on veut élever en buissons destinés à l'ornement des massifs et des parterres. Il y a quelques années ce marcottage se faisait à l'automne ; on recouchait à cet effet du jeune bois de l'été précédent ; quelquefois même on attendait jusqu'au printemps de l'année suivante. Aujourd'hui, l'on a reconnu que les marcottes du même bois, recouchées au moment où les rosiers commencent à fleurir, époque variable selon les espèces, s'enracinent avant l'hiver, ce qui fait gagner une année. Lorsque les branches recouchées ont une longueur suffisante, on peut marcotter la partie saillante et obtenir ainsi d'un seul jet deux marcottes à la suite l'une de l'autre. On accélère la formation des racines chez les sujets lents à s'enraciner, en incisant la marcotte et maintenant les deux parties écartées au moyen d'une petite cheville de bois (*voir* Marcottes, *fig.* 183). Quelques variétés restent en terre jusqu'à l'automne de l'année suivante avant de s'enraciner, mais presque toutes peuvent être levées la première année ; on les repique en pépinière comme du plant de même force obtenu de semis. Les rosiers de marcotte fleurissent l'année où on les sépare de la souche-mère. L'opération du marcottage fatigue beaucoup les souches-mères ; à l'époque où l'on *sèvre* les marcottes, il faut donner aux mères les moyens de se refaire en fumant abondamment la terre où elles vivent, avec du terreau à demi passé, provenant de couches rompues.

5. — Boutures.

Il n'est pas douteux que ce mode de multiplication ne puisse remplacer à lui seul tous les autres ; la facilité de multiplier les rosiers par d'autres moyens a empêché les horticulteurs de chercher à perfectionner les moyens d'obtenir de bouture les belles variétés de rosiers de collection qui se prêtent difficilement aux procédés ordinaires. On ne multiplie de bouture que les rosiers de Bengale et quelques rosiers de la Chine. Ces boutures se font sous châssis, dans un mélange de sable fin et de terreau ; elles n'exigent aucun soin particulier ; elles s'enracinent avec une étonnante facilité. On multiplie de cette manière le rosier commun du Bengale, moins pour lui-même que comme sujet particulièrement propre à recevoir les greffes de tous les rosiers *remontants* qu'on

distingue en rosiers *bifères*, fleurissant deux fois en un an, et *perpétuels*, des *quatre saisons* ou de *tous les mois*, parce que leurs fleurs se succèdent du printemps à l'hiver. Jamais ces greffes ne réussissent bien sur sujets d'églantier ; celles même qui reprennent le mieux ne sauraient vivre longtemps ; la végétation de la greffe diffère trop essentiellement de celle du sujet, l'églantier n'étant pas *remontant ;* elles réussissent très bien au contraire, et se maintiennent durant longues années lorsqu'on les pose sur des sujets de rosier du Bengale francs de pied, obtenus de semis ou de boutures. Ce rosier étant essentiellement remontant, c'est-à-dire toujours en sève lors le temps des fortes gelées, sa végétation s'accorde très bien avec celle de toutes les variétés dont la vie végétale suit une marche semblable.

Quelques variétés délicates de rosiers du Bengale et de la Chine, parmi celles qui supportent difficilement la pleine terre, s'élèvent de préférence dans des pots, en terre de bruyère ; pour celles qui redoutent le plus un excès d'humidité, on emploie le sable siliceux pur par le procédé suivant, très usité en Angleterre et en Hollande. On remplit les pots de terre de bruyère jusqu'à la ligne A B (*fig.* 221 *bis*) ; on pose de-

Fig. 221 *bis.*

bout sur la terre légèrement tassée un cylindre de bois de 0m,10 de hauteur sur 25 millimètres de diamètre ; un bout de manche à balai est excellent pour cet usage. On continue à remplir le pot de terre de bruyère qu'on tasse autour du cylindre de bois ; puis on retire ce cylindre et on remplit de sable pur l'espace qu'il laisse vide. C'est dans ce sable qu'on repique les jeunes sujets de rosiers obtenus de bouture. A mesure que leurs racines se fortifient et s'étendent, elles pénètrent dans la terre de bruyère où elles trouvent une nourriture convenable.

B. — Pivoines arborescentes.

Les pivoines communes, que les jardiniers désignent sous le nom de pivoines herbacées, sont au nombre des plantes les mieux acclimatées en Europe et les plus rustiques parmi les plantes de parterre. On ne considère comme plantes de collection que les pivoines arborescentes ou à tiges ligneuses ; il y a quelques années encore, les amateurs donnaient peu d'attention à ce magnifique arbuste, dont on ne possédait que trois espèces introduites de la Chine en France en 1803. Mais depuis qu'on les a reconnues susceptibles de donner par les croisements hybrides un nombre infini de variétés, depuis que les semis intelligents et persévérants de M. His, dont le nom se rattache à la propagation de ce beau genre en France, ont introduit dans nos parterres tant de belles pivoines, remarquables, les unes par leurs formes, d'autres par leur odeur, toutes par la magnificence de leur floraison, les horticulteurs, amateurs ou commerçants, se sont empressés de multiplier les pivoines arborescentes, et il n'est plus permis à un pépiniériste qui s'occupe des arbustes d'ornement, de ne pas leur accorder une large place parmi les arbustes de collection, immédiatement au-dessous des rosiers. Les pivoines arborescentes se greffent avec la plus grande facilité sur les tubercules de la pivoine herbacée ordinaire. Ces greffes se font au printemps ; elles passent l'été en plein air, mais elles ont besoin de passer leur premier hiver en orangerie ; les pivoines ligneuses sont d'ailleurs par elles-mêmes des plantes susceptibles de passer parfaitement l'hiver en pleine terre sous le climat de l'Europe tempérée, avec le simple secours d'une légère couverture pendant les grands froids. On peut aussi les multiplier de marcotte ; mais elles offrent, sous ce rapport, une particularité très digne de remarque. Les marcottes couchées au printemps, avec ou sans incision, forment promptement des racines fibreuses en assez grand nombre ; si, comptant sur ces racines, on *sèvre* les marcottes en les considérant comme enracinées, et qu'on les cultive à part en leur donnant d'ailleurs tous les soins possibles et le sol le plus convenable, elles meurent. C'est qu'en effet la première année, elles ne sont enracinées qu'à moitié ; les racines, d'abord fibreuses, sont destinées à devenir charnues et à demi tuberculeuses ; elles ne passent à cet état parfait que la seconde année, après le couchage des marcottes ; elles ne peuvent devenir charnues que tant qu'elles ne sont pas séparées de la plante-mère et qu'elles vivent en partie à ses dépens. On ne doit donc les *sevrer* qu'à deux ans, bien qu'au bout de six mois elles aient poussé beaucoup de racines.

Les croisements hybrides, pour obtenir des graines susceptibles de donner des variétés, ont presque toujours pour base la pivoine Moutan, c'est-à-dire qu'on réserve les sujets les plus beaux de cette pivoine comme porte-graines, après avoir fécondé leurs pistils avec le pollen des étamines de variétés différentes. Les graines se sèment au printemps, à bonne exposition, mais à l'ombre, dans une terre plutôt substantielle que légère ; elles doivent être recouvertes de deux ou trois centimètres au plus de bon terreau, ou mieux, de fumier court très consommé. Le jeune plant pousse avec vigueur ; il ne craint qu'un excès d'humidité. En général, la pivoine n'a besoin d'eau que pendant la durée de la floraison ; hors de là, il ne faut l'arroser que quand la sécheresse trop prolongée compromet son existence. Les jeunes pivoines mettent ordinairement huit ans à montrer leur fleur ; on peut hâter la floraison des espèces nouvelles qu'on est toujours pressé de connaître, en les greffant sur tubercules d'autres espèces ; dans ce cas, elles fleurissent deux ou trois ans plus tôt.

C. — De quelques autres arbustes de collection.

Plusieurs autres arbustes de collection sont appréciés et recherchés des amateurs avec non moins de goût et de soins que les rosiers et les pivoines arborescentes ; tels sont en particulier les ericas et les camélias. Mais comme les premières appartiennent à la serre chaude et les seconds à la serre tempérée, tous deux sortent du domaine du pépiniériste proprement dit. Nous traiterons séparément ailleurs de la culture de ces deux genres intéressants.

Aux environs de Paris et des grandes villes, les pépiniéristes spécialement occupés de la multiplication des arbres fruitiers sont dans l'usage de multiplier également un assez grand nombre d'arbres et d'arbustes d'ornement parmi les genres et espèces les plus rustiques et les plus fréquemment demandés : c'est ainsi que des semis assez étendus de robinias, de cytises, de lilas, de seringa et d'autres arbres ou arbustes d'ornement de même valeur, se rencontrent parmi les pépinières si renommées de Vitry-aux-Arbres. Les arbres fruitiers à fleur double forment, dans ces pépinières, la transition des arbres à fruit aux arbres d'ornement. Quelques-uns sont de la plus rare beauté, principalement le cerisier et le pêcher, aujourd'hui peu recherchés des amateurs, auxquels ils se recommandent pourtant à l'égal de ceux qu'on leur préfère. Les vieux habitués des jardins publics de Paris se souviennent encore de les avoir vus décorés de pêchers nains à fleur double, dont les derniers, morts récemment de vieillesse aux Tuileries, n'ont point été remplacés ; leur fleur, d'une nuance admirable, précédant pour ainsi dire toute autre floraison, signalait le retour du printemps. Les arbres fruitiers à fleur double ont droit en France à une place distinguée dans les bosquets et les parterres ; on en trouve toujours quelques-uns dans les pépinières bien assorties, bien qu'ils soient rarement demandés.

CHAPITRE IV.— TAILLE ET CONDUITE DES ARBRES FRUITIERS.

Lorsqu'on a parcouru les vergers des Belges, des Allemands, des Anglais, cultivés dans des conditions de sol et de climat généralement moins favorables qu'en France, on s'étonne et l'on s'afflige de voir chez nous, sauf de bien rares exceptions, les arbres à fruit tellement négligés que des régions tout entières n'offrent pas un seul fruit mangeable, tandis que dans d'autres, les arbres à fruit sont mutilés plutôt que taillés, ou bien, ce qui ne vaut pas mieux, abandonnés à eux-mêmes. La production abondante, le volume et la saveur du fruit, sont, si l'on peut s'exprimer ainsi, le résultat d'un système hygiénique imposé par l'homme aux arbres fruitiers ; la greffe, qui le force à vivre sur un autre arbre souvent d'un tempérament contraire, est une interversion des lois naturelles. L'homme, pour utiliser les végétaux, modifie la nature; la nature tend constamment à reprendre ses droits, à diriger la végétation, non pas vers la satisfaction des goûts et des besoins de l'homme, mais vers la conservation des individus, et la perpétuité des races; les végétaux appropriés à nos usages, les arbres fruitiers surtout, ne peuvent donc pas être abandonnés à eux-mêmes; de là, la nécessité de *tailler* et de *conduire* les arbres fruitiers.

Les principes de la taille, appropriée à chaque espèce d'arbres fruitiers, reposent sur le mode de végétation qui lui est propre. Quoiqu'un traité de jardinage ne soit point un livre de physiologie végétale, nous avons cru devoir appuyer nos conseils de l'exposé des principes sur lesquels ils sont fondés; nous l'avons fait avec d'autant plus de soins que nos conseils diffèrent sous plusieurs rapports essentiels de ceux qu'ont donné nos devanciers. Nous regardons la taille et la conduite des arbres fruitiers comme des objets tellement importants dans la pratique de l'horticulture, que nous les isolons entièrement du chapitre consacré à la plantation et à l'entretien des vergers, que nous traiterons séparément (*voir* Jardin fruitier).

SECTION Iʳᵉ. — *Taille et conduite du pêcher; principes généraux.*

§ 1ᵉʳ. — Végétation naturelle.

La taille et la conduite propres à chaque espèce d'arbre fruitier ne peuvent avoir qu'une seule base rationnelle : l'étude de son mode particulier de végétation. Plusieurs particularités propres au pêcher établissent des différences importantes entre sa manière de végéter et celle des autres arbres à fruit. Pour nous en former une juste idée, considérons d'abord ce que deviendrait un pêcher greffé, puis livré à lui-même. Pendant les deux ou trois premières années, il poussera des branches vigoureuses, plus ou moins divergentes, dont les rameaux supérieurs, à l'exclusion des autres, finiront par se charger de fleurs et de fruits tout en continuant à s'allonger. Si après la première récolte nous examinons les parties de ces rameaux qui auront porté fruit l'année précédente, nous n'y trouverons ni bourgeon, ni bouton à fruit; nous verrons toute la sève se porter vers le haut des branches, dont le bas se trouvera dégarni *pour toujours*. Dans une branche de pêcher, la partie qui a porté fruit n'en portera plus jamais, quelle que soit la durée de l'arbre, c'est la loi dominante et invariable de sa végétation. Au bout de quelques années, il n'a plus à nous montrer que des bouquets de rameaux verts supportés par des montants aussi dépouillés, aussi complétement nus que des manches à balai. Tel serait donc l'aspect d'un pêcher en espalier qu'on se bornerait à palisser contre un mur, et qui serait ensuite abandonné au cours naturel de sa végétation; il s'élancerait vers le haut de la muraille qu'il dépasserait presque toujours; sa

partie supérieure se couvrirait seule de feuillage, et porterait çà et là quelques fruits; le bas n'offrirait que des branches lisses, entièrement nues, sans apparence de fruit, ni même de feuillage.

Ces faits constatés, il en ressort ce principe, que toute branche de pêcher ayant porté des fruits ou seulement des fleurs, ne pouvant plus jamais en porter, doit être supprimée, et que pour pouvoir espérer une succession de récoltes *annuelles*, il faut provoquer la formation *annuelle* des branches à fruit. Il en résulte aussi la nécessité de combattre constamment le penchant du pêcher à lancer sa sève vers ses rameaux supérieurs, au détriment des autres, et de le forcer à la distribuer également dans toutes ses parties, afin d'y produire des branches à fruit en remplacement de celles qui, chaque année, deviennent improductives après avoir porté une seule récolte.

Une autre particularité propre au pêcher n'est pas moins digne de notre attention. Les yeux à bois ou à fruit existant sur une branche de pêcher se développent tous, sans exception, à l'époque où il commence à végéter; il est donc impossible de compter, pour les remplacements, sur les yeux qui pourraient se montrer plus tard; l'existence de ces yeux latents, si précieux pour d'autres espèces d'arbres fruitiers, est incompatible avec le mode de végétation du pêcher; c'est sur la branche à fruit de l'année, et parmi les yeux à bois de cette branche, qu'il faut chercher les moyens de la remplacer pour l'année suivante; il n'y a pas d'autre ressource. Les arbres francs obtenus de noyaux ont seuls la faculté de se rajeunir quelquefois par des yeux latents qui percent le tronc ou les grosses branches supprimées; mais cette chance n'existe même pas pour les pêchers greffés qui garnissent nos espaliers.

Remarquons en outre que, tandis que chez beaucoup d'autres arbres, la sève éprouve au milieu de la saison un temps d'arrêt qui permet de distinguer la sève d'août de celle du printemps, chez le pêcher, la sève ne suspend pas un instant son activité, depuis les premiers jours du printemps jusqu'à l'entrée de l'hiver.

Tout le système de la taille du pêcher repose sur ces observations. Nous ne pouvons mieux faire ressortir la nécessité de surveiller sans cesse l'équilibre de la sève entre toutes les parties du pêcher, qu'en citant ces paroles si justes et si vraies de M. Lelieur.

« La sève peut être considérée comme un torrent qu'il est aisé de maintenir dans le lit que la nature ou la main de l'homme lui a tracé; il faut seulement se porter à temps aux endroits où elle veut faire irruption, la prévenir, obstruer les passages, en même temps qu'on lui laisse dans le voisinage assez de canaux libres pour s'écouler; alors elle portera l'abondance et la vie dans ces mêmes canaux qu'elle eût abandonnés, et qui se fussent desséchés si on lui eût laissé la liberté de s'en frayer de nouveaux selon son caprice. »

§ II. — Principes de la taille du pêcher.

L'effet immédiat du retranchement d'une portion d'un rameau de pêcher, c'est de faire affluer la sève sur l'œil le plus voisin de la taille A (*fig.* 222), et successivement sur tous

Fig. 223, 222.

les yeux placés au-dessous, de sorte que, si l'on veut les conserver tous, ils croîtront inégalement en proportion de leur éloignement de la taille, le premier dépassant en vigueur tous les autres, comme le représente la *fig.* 223.

Plus on se hâte de tailler dès les premiers symptômes du mouvement de la sève, plus les bourgeons développés par suite de la taille végètent avec force ; de là cette règle générale : hâter la taille des arbres délicats pour en obtenir de bonnes pousses ; retarder la taille des arbres trop forts, pour les empêcher de s'emporter. Un arbre faible taillé tard ne fournit pas assez de branches de remplacement ; un arbre fort, taillé trop tôt, donne trop de bourgeons à bois, et si ces bourgeons fleurissent l'année d'ensuite, la sève se trouvant détournée au profit du jeune bois, ils ne retiendront pas leur fruit.

L'œil bien conformé sur lequel une branche a été taillée peut dépasser en force cette même branche dans le courant de l'année ; l'œil délicat donne, dans les mêmes circonstances, une branche plus faible que celle sur laquelle il s'est développé.

Ces effets invariables de la taille sur les yeux du pêcher donnent un moyen assuré de régulariser la distribution de sa sève et de rendre égales deux branches inégales destinées à se faire équilibre.

Une branche à bois, rabattue sur un bouton à fruit, ne grandit plus, c'est-à-dire qu'il ne s'y forme pas d'œil à bois pour le continuer ; une branche à bois rabattue sur un bourgeon à bois chargé d'un grand nombre de bons yeux, permet à la sève de prendre son cours vers les parties de l'arbre placées au-dessous ; cette taille est fort utile pour empêcher la sève de se porter vers le haut du pêcher avec trop d'abondance.

Quelques jardiniers recommandent de tailler le pêcher très court ; d'autres croient la taille longue préférable ; nous nous sommes toujours bien trouvé dans la pratique d'une taille longue sur les sujets forts, et courte sur les sujets faibles, d'après cette remarque si juste de M. Lelieur : « Une taille trop courte donne lieu à des gourmands ; une taille trop allongée met tout à fruit, arrête l'arbre et l'épuise. »

A Liége (Belgique), les religieux du magnifique monastère de Saint-Laurent récoltaient, dans leur enclos parfaitement exposé, des pêches égales à celles de Montreuil ; la fertilité du sol et l'humidité du climat rendant leurs arbres très vigoureux, ils les taillaient toujours très long, tradition qui s'est conservée dans ce pays, où l'on peut admirer des espaliers de pêchers, dignes de rivaliser avec ce que la France offre de plus parfait dans le même genre.

Toutes les fois que par une taille peu judicieuse on provoque la naissance de parties qui ne seront bonnes qu'à supprimer, on nuit au développement et à la bonne santé du pêcher ; il est évident que la force employée à former ces parties inutiles a été dépensée en pure perte. Supposons la branche A, *fig.* 224, taillée en B ;

Fig. 225, 224.

lorsque après le premier mouvement de la sève tous les yeux C C C se seront ouverts, ils ne pourront subsister tous sans faire confusion ; toute la sève employée à les convertir en bourgeons sera donc de la sève perdue, qu'il aurait été possible d'utiliser pour l'accroissement de l'arbre et la production du fruit. C'est ce qui aurait eu lieu si la taille eût été effectuée, comme le représente la *fig.* 225, sur le dernier œil A, seul nécessaire pour donner naissance à la branche de remplacement.

Parmi les yeux très nombreux dont les rameaux du pêcher sont couverts au moment de la taille, celui sur lequel doit se fixer constamment l'attention du jardinier, c'est l'œil inférieur placé près du talon de chaque branche à fruit. Si cette branche reçoit une taille trop longue en vue d'obtenir une abondante récolte, son œil inférieur ne se développera pas ; il n'y aura rien pour la remplacer l'année suivante ; elle laissera sur l'espalier un vide souvent très difficile à remplir. Cependant, certaines variétés de pêcher ne donnent leur fruit que vers l'extrémité supérieure de la branche fruitière qu'on est forcé de tailler long, sous peine de n'avoir pas de fruit. Dans ce cas, on supprime au-dessous des boutons à fruit, A A A (*fig.* 226),

Fig. 226.

Fig. 227.

tous les yeux à bois (B B B B), excepté l'œil C qu'on réserve pour le remplacement de la branche à fruit. Cette suppression des yeux à peine ouverts se nomme *aveuglement*. La *fig.* 227 montre l'état de la branche après la taille et la suppression des yeux éborgnés. Par ce moyen, cette branche, en dépit d'une taille longue, laisse encore à l'œil du talon assez de sève pour qu'il devienne une bonne branche de remplacement.

Nous ne pouvons trop le répéter, si l'on veut avoir un espalier garni de pêchers bien portants, durables et productifs, il ne faut jamais tailler les branches à fruit trop longues, ni les branches à bois trop courtes, mais diriger toute son attention vers le remplacement régulier des branches à fruit et la croissance régulière des branches à bois. Faire naître et grandir les bourgeons à la base des branches à fruit pour pouvoir, sans dégarnir l'arbre, tailler ces branches sur ce bourgeon, c'est là le principe essentiel de la taille des branches fruitières du pêcher en espalier. Ajoutons qu'une avidité mal entendue ruine les arbres, par une taille trop longue des branches à fruit, et que moins on laisse subsister de boutons à fleur sur une branche, plus on donne de force à l'œil duquel doit sortir le bourgeon destiné à la remplacer.

La branche à fruit se taille toujours sur un œil à bois, souvent accompagné d'un bouton à fruit, en sorte que la fleur se trouve précédée d'un bourgeon qui s'allonge en avant du fruit; cet œil fait pour le fruit le même effet que produit sur la greffe l'œil réservé sur le sujet; c'est un véritable *œil d'appel*, qui attire la sève vers le fruit; faute de cet œil, la branche fruitière taillée sur un œil à fruit, sans œil à bois, se dessèche et meurt jusqu'au premier œil à bois, au-dessous de la taille, parce que cet œil attire à lui la sève et la retient à son profit.

§ III. — Branches du pêcher en espalier : nomenclature.

Avant de passer outre aux détails de la taille du pêcher, il est nécessaire de classer ses branches selon le vocabulaire en usage parmi les jardiniers.

A. — *Tronc.*

A moins que le pêcher en espalier ne soit conduit sur une seule tige droite, montant jusqu'au haut du mur, il n'a de tronc, proprement dit, que 0ᵐ,30 à 0ᵐ,40, à partir du sol, jusqu'à la première bifurcation de ses branches principales; le tronc (*fig.* 228) est souvent même beaucoup plus court.

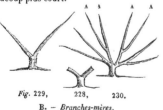

Fig. 229,   228,   230.

B. — *Branches-mères.*

Les méthodes les plus usitées pour conduire

le pêcher en espalier n'admettent que deux branches-mères; elles servent de base à toute la charpente et donnent naissance à ses membres (*fig.* 229).

C. — *Membres.*

Ces branches (A A A A, *fig.* 230), presque égales en grosseur aux branches-mères qui les portent, complètent la charpente du pêcher.

D. — *Branches à bois.*

Leur principal emploi consiste à prolonger les diverses parties de la charpente, sans concourir pour leur propre compte à la fructification du pêcher; les extrémités des branches-mères et celles de chacun des membres sont des branches à bois, sur lesquelles il ne se rencontre pas de boutons à fleur, comme le montre la *fig.* 231.

Fig. 232.

Fig. 231.

E. — *Bourgeons.*

On désigne sous ce nom tous les scions d'un pêcher, nés d'un œil à bois, entre le printemps et l'automne; tous les bourgeons de l'année seront des branches à fruit l'année suivante (*fig.* 232).

F. — *Bourgeons anticipés.*

Ces bourgeons, que les jardiniers de Montreuil nomment *redrugeons*, naissent sur d'autres bourgeons; ils n'auraient dû se développer qu'au printemps de l'année suivante; mais, par un excès de vigueur du bourgeon sur lequel ils se sont développés, ils n'ont pas pu dormir jusque-là et se sont ouverts avant le temps, ce qui justifie le nom qu'on leur a donné (A, *fig.* 233).

Fig. 233.

G. — *Gourmands, ou branches gourmandes.*

Les gourmands, ou branches gourmandes, sont des branches à bois qui, en attirant à elles plus que leur part légitime de la sève, affament le pêcher et le font dépérir quand on les laisse s'emporter et le font dépérir quand on les comme rien n'est plus facile que de s'opposer à leur accroissement, on n'en voit jamais sur un espalier bien tenu.

H. — *Branches à fruit.*

Tous les bourgeons de l'année, même les bourgeons anticipés, quand on les a laissé subsister, deviennent des branches à fruit; entre les divers membres de la charpente d'un espalier en bon état, il ne doit y avoir que des branches à fruit (*fig.* 234).

Fig. 235,　　　234.

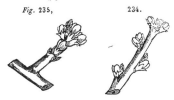

I. — *Branches de remplacement.*

Il est dans la nature des branches à fruit du pêcher, ainsi que nous l'avons dit, de ne porter fruit qu'une seule fois à la même place, de sorte que, si on les laissait se prolonger, toute leur partie inférieure resterait dégarnie de fleurs et de feuillage. Les branches de remplacement obvient à cet inconvénient; on les ménage de manière à n'avoir jamais sur un pêcher une branche à fruit de plus de 18 à 20 mois, qu'on supprime après qu'elle a donné sa récolte. On désigne quelquefois sous le nom de *coursons* ou *branches coursonnes*, les branches sur lesquelles naissent chaque année les branches à fruit et leurs branches de remplacement; mais ce nom doit être réservé pour la vigne (*voir* Vigne).

J. — *Bouquets ou cochonnets.*

Ce sont les plus précieuses des productions fruitières du pêcher; ces petites branches sur lesquelles naissent en général les plus beaux fruits de chaque arbre, y sont toujours en trop petit nombre; elles se distinguent par leur œil terminal, qui, au lieu de donner naissance à un bourgeon de prolongement, forme seulement une rosette de feuilles (*fig.* 235).

§ IV. — Coupe : emploi des instruments.

La serpette (*fig.* 62), le sécateur (*fig.* 63 à 65), et quelquefois, pour le retranchement des grosses branches, la scie à main (*fig.* 72), sont les seuls instruments nécessaires pour la taille du pêcher. Une bonne serpette, bien affilée, est toujours le meilleur de tous les outils pour cette opération; sa supériorité sur le sécateur est incontestable; tout l'avantage du sécateur consiste dans la plus prompte expédition de la besogne; aussi ne doit-on l'employer qu'en cas d'absolue nécessité, quand le temps presse et

qu'il n'y a pas moyen de s'en passer. Indépendamment de la coupure, le sécateur exerce sur la branche une pression qui l'endommage toujours plus ou moins. Quand on est forcé de recourir au sécateur pour la taille du pêcher, il faut avoir plusieurs de ces instruments de rechange, afin qu'ils soient fréquemment repassés : plus ils coupent, moins ils nuisent aux arbres. Les scies de différentes grandeurs pour la suppression des membres morts ou endommagés sont plus nuisibles encore que le sécateur, quoiqu'on soit forcé de s'en servir ; elles ne coupent qu'en déchirant les tissus; leur action ne peut manquer d'être funeste au pêcher, si l'on ne se hâte d'en prévenir les fâcheux effets. Le meilleur moyen, c'est de ne pas laisser prendre l'air à la plaie faite par la scie, mais de la *parer* sans retard avec une serpette bien tranchante, et de la recouvrir aussitôt d'onguent de Saint-Fiacre ou de cire à greffer (*voir* p. 69). Toute contusion ou déchirure faite, pendant la taille, sur l'écorce du pêcher par la maladresse du jardinier peut occasionner à l'arbre des blessures mortelles. La surface des coupes doit, autant que possible, regarder la surface du mur.

Le sens dans lequel la coupe est effectuée exerce une grande influence sur la santé du pêcher ; la serpette agit tous les ans tous les rameaux à fruit et à bois ; il en résulte des centaines de plaies qui, selon leur plus ou moins d'obliquité, peuvent différer de plus d'un tiers pour l'étendue de leurs surfaces. On comprend quelle action doit avoir sur toute l'économie du pêcher une si grande étendue de plaies vives exposées à l'action de l'air, et leur plus ou moins prompte cicatrisation. Plus la coupe est oblique, plus la plaie est grande, sa distance de l'œil et son obliquité sont déterminées par la force du rameau retranché ; il ne faut pas qu'il reste au-dessus de l'œil un chicot de bois mort qui, ne pouvant être recouvert par l'écorce, nécessiterait une seconde plaie l'année suivante ; c'est ce qui a lieu quand la coupe est trop éloignée de l'œil. Lorsque l'obliquité de la coupe prolonge la plaie jusque derrière l'œil, la sève qui doit le nourrir s'évapore à son détriment. La *fig.* 236 montre la distance et

Fig. 236.

l'obliquité convenables pour une branche à fruit de grosseur moyenne.

À l'aide de ces indications et d'un peu d'habitude, il est aisé d'opérer convenablement.

§ V. — Conduite et taille du pêcher en plein-
rapport.

Afin de donner à nos explications toute la
précision qu'exige leur importance, nous indiquons séparément la marche à suivre pour
tailler et conduire en espalier un pêcher tout
formé, en plein rapport, et les mêmes opérations pour un jeune pêcher récemment planté,
susceptible par conséquent de prendre toutes
les formes qu'on peut vouloir lui donner.

Quel que soit le nombre des arbres qu'il dirige, le jardinier n'est jamais excusable de se
laisser gagner par le temps; la besogne doit
toujours être réglée de manière que chaque
chose se fasse en son temps. La plupart des
jardiniers taillent le pêcher trop tard; ils attendent ordinairement qu'il soit en pleine fleur,
coutume vicieuse qui entraîne plusieurs graves
inconvénients. D'abord l'œil à bois étant déjà
allongé et la fleur épanouie, la coupe, nécessairement gênée, est toujours trop éloignée de
l'œil, et laisse presque toujours un chicot; s'il
veut néanmoins la faire à sa véritable place, le
jardinier court risque de détacher, soit la fleur,
soit le bourgeon, et bien souvent tous les deux;
puis, il est évident que la sève employée au
profit des bourgeons supprimés pouvait l'être
au profit des bourgeons conservés, en taillant
avant que ni les uns ni les autres ne se fussent
développés; les bourgeons conservés en auraient eu d'autant plus de vigueur, et l'arbre
tout entier aurait eu plus de moyens pour nouer
son fruit et le retenir. Nous avons déjà signalé
la propension naturelle du pêcher à porter
toute sa sève vers le haut de ses branches; en
taillant de bonne heure, on l'empêche d'obéir à
ce penchant, on prévient un excès de vigueur
dans la partie supérieure de l'arbre et un affai-
blissement fâcheux dans les branches inférieures. On doit donc regarder comme une
règle qui ne souffre pas d'exception, la défense
de tailler le pêcher pendant le *plein de la sève*.
Dès qu'un léger gonflement des boutons indique le réveil de la végétation, ce qui, sous le
climat de Paris, a lieu d'ordinaire au commencement de février, plus tôt ou plus tard en raison de l'exposition plus ou moins méridionale
de l'espalier, il est temps de se mettre à l'œuvre;
mais si l'état de la température donne lieu de
craindre un retour d'hiver, ou si les pêchers
ont eu à souffrir d'un froid très intense, on peut,
sans inconvénient, retarder le commencement
de la taille d'une dizaine de jours. La taille
faite avant la floraison quand les yeux à bois
commencent à peine à partir, est expéditive,
parce que rien ne gêne le jardinier pour couper
aussi près qu'il est nécessaire de l'œil sur lequel
chaque branche est rabattue, sans laisser au-
dessus de l'œil ce que les jardiniers nomment
un *onglet*, c'est-à-dire une portion du rameau
supérieur. Les jardiniers ne savent pas le tort
qu'ils font au pêcher en espalier, et combien de
maladies ils peuvent occasionner à ses branches
en les forçant de renfermer sous leur écorce vi-

vante le bois mort de l'onglet; plus la coupe est
rapprochée de l'œil, plus l'écorce a de facilité
pour le recouvrir.

Avant tout, on ôte toutes les attaches qui retiennent le pêcher fixé, soit au treillage, soit
immédiatement à la surface du mur: c'est ce
qu'on nomme *dépalisser*. L'opération de la
taille doit être précédée de la *toilette* de l'arbre;
son écorce doit être nettoyée, tant à l'extérieur
que du côté du mur; celui-ci, de même que le
treillage, reçoit la même inspection de propreté;
on recherche avec la plus grande attention,
pour les détruire, les insectes ou les œufs d'insectes qui peuvent s'y trouver logés. Cela fait,
on considère d'abord les membres symétriques
du pêcher, ceux qui se correspondent de chaque
côté du tronc. S'il se trouve des branches plus
faibles ou plus fortes que celles en regard desquelles elles sont placées, on se pénètre de la
nécessité d'une taille longue pour les faibles et
courte pour les fortes. Un autre moyen de rétablir l'équilibre ne doit point être négligé; lorsque la différence de vigueur est sensible dans
l'ensemble d'un côté d'un pêcher par rapport à
l'autre côté, on éloigne les branches du côté
fort de la situation verticale, autant que la
chose est possible, sans risquer de les faire
éclater; les branches du côté faible sont au
contraire redressées pour les rapprocher plus
ou moins de la situation verticale; ce simple
déplacement porte la sève avec plus d'abondance dans les branches redressées et ne tarde
pas à les rendre aussi fortes que celles auxquelles elles doivent faire équilibre; parvenues
à ce point, les unes et les autres seront replacées dans leur position primitive. Le soin de
maintenir l'équilibre entre les membres du pêcher est le premier dont on s'occupe en commençant la taille; la branche à bois qui termine
chaque membre et sert à le prolonger, sera tenue plus courte ou plus longue que celle du
membre correspondant, selon le degré de vigueur de chaque membre. On procède ensuite
à l'examen des branches à fruit de l'année précédente; elles sont rabattues sur leurs branches de remplacement; celles-ci sont taillées en
proportion de leur force avec d'autant plus de
soins et d'attention qu'elles seules doivent porter toute la récolte de l'année. On ne laisse
jamais subsister une branche à fruit qui n'a que
des fleurs, sans yeux à bois; ses fleurs noue-
raient peut-être, mais n'ayant pas de bourgeons
d'appel pour attirer la sève de leur côté, elles
ne retiendraient pas leur fruit; on les retranche d'ordinaire en totalité, au niveau de la
branche qui les porte; si cependant il se rencontre près du talon un œil à bois, quelque
faible qu'il paraisse, on peut rabattre sur cet
œil dans l'espoir d'en obtenir un bourgeon de
remplacement. Nous devons insister sur la nécessité de sacrifier à la taille une partie des
fleurs et de se contenter d'une récolte modérée,
plutôt que de fatiguer et de ruiner les pêchers
par une production surabondante; les fruits
moins nombreux seront meilleurs, et l'ensem-

ble des produits, pris sur plusieurs récoltes, sera plus avantageux.

Les bourgeons anticipés de l'année précédente seront tenus constamment plus courts que le reste des branches à fruits ; le but de la taille à leur égard n'est pas tant d'en obtenir du fruit immédiatement, que de leur faire développer de bons bourgeons inférieurs qui deviendront les branches à fruit les plus productives pour l'année suivante.

On n'attend pas toujours, pour tailler les branches qui ont porté fruit, le retour du sommeil de la végétation ; lorsque l'œil situé au talon de ces branches, et destiné à devenir branche de remplacement, n'annonce pas une grande vigueur, on peut, aussitôt après la récolte du fruit, rabattre la branche sur cet œil, afin qu'il profite du reste de la bonne saison pour s'allonger et se fortifier. Cette taille anticipée des branches dépouillées de leur fruit n'est avantageuse que pour les pêchers à fruit précoce qui donnent leur récolte à une époque où la sève peut encore rester en activité pendant plusieurs mois ; elle serait inutile aux pêchers dont le fruit n'est mûr que dans le courant de septembre. Cependant, si les pêchers à fruit tardif n'ont pas retenu leur fruit, on n'attend pas plus tard que le milieu de l'été pour rabattre sur l'œil inférieur devenu bourgeon de remplacement ; la branche, n'ayant pas de fruit à nourrir, envoie trop de nourriture au bourgeon terminal, et l'on perd deux récoltes de suite, si l'on ne sait faire tourner la sève au profit du bourgeon de remplacement.

La taille qu'on est quelquefois forcé d'opérer sur le pêcher, au plus fort de sa végétation, se nomme *rapprochement en vert;* elle a pour but d'empêcher les rameaux à bois de s'emporter ; ceux qui sont dans ce cas ont le plus souvent plusieurs bourgeons anticipés, sur l'un desquels on les rabat. Le rapprochement en vert est toujours nuisible au pêcher. On va voir comment on peut s'en dispenser au moyen du pincement.

A. — *Pincement.*

Lorsqu'on taille une des branches principales d'un pêcher, par exemple, une branche de prolongement d'un de ses membres, les yeux placés au-dessous de la coupe étant tous des yeux à bois, deviendraient en peu de temps des bourgeons si on les laissait croître en liberté ; l'affluence de la sève aux extrémités supérieures du pêcher est telle que pas un de ces bourgeons ne deviendrait branche à fruit ; tous se formeraient en branches à bois, et comme il serait impossible d'employer utilement toutes ces branches à l'accroissement de l'arbre, on serait obligé de pratiquer un rapprochement en vert, soit en les retranchant tout-à-fait, soit en les rabattant sur un de leurs yeux inférieurs, ou le plus souvent sur un bourgeon anticipé. L'arbre aurait à en souffrir pour deux motifs : d'abord, ce serait commettre la faute que nous avons déjà signalée, de laisser la sève se perdre à pro-

duire des rameaux qu'il faut tout aussitôt supprimer ; ensuite les plaies nombreuses faites à un arbre en pleine végétation occasionneraient par évaporation une énorme perte de sève. Le moyen d'échapper à la nécessité de ces tailles désastreuses, c'est le pincement.

Un bourgeon provenant d'un œil à bois très vigoureux et très bien placé pour recevoir la sève, peut devenir rapidement une branche à bois superflue, ou même une branche gourmande, tout comme il peut devenir une précieuse branche à fruit ; c'est ce que le jardinier expérimenté sait prévoir longtemps d'avance, en observant le point d'insertion du bourgeon sur le rameau qui le porte, point connu sous le nom d'*empattement.* Si cette base du bourgeon est épaisse et forte, il ne faut pas laisser croître le bourgeon ; si elle est mince et peu développée, le danger est moindre ; dans tous les cas, le bourgeon qui doit être pincé ne peut être pincé trop tôt. Un autre signe auquel il faut donner beaucoup d'attention, c'est le plus ou moins de développement des yeux sur le bourgeon lui-même. Un bourgeon, dès qu'il est parvenu à la longueur de 0^m06 à 0^m08, et qu'il s'est garni de feuilles, contient dans les aisselles de ses feuilles des rudiments d'yeux d'abord très peu apparents, mais faciles à distinguer du moment où le bourgeon dépasse la longueur d'un ou deux décimètres. Si à cette époque de son existence on pince son extrémité ou qu'on la rogne avec l'ongle du pouce, l'œil le plus rapproché de l'extrémité pincée prend, presque sans interruption, la place de l'œil terminal ; la même quantité de sève qui aurait été absorbée par le premier est absorbée par le second ; il n'en est, pour ainsi dire, ni plus ni moins, et le but de l'opération est manqué. Mais si l'on pince l'œil terminal *avant* la formation des yeux dans les aisselles des feuilles, la végétation du bourgeon pincé est interrompue pendant quelque temps ; la sève se présente bien comme précédemment à l'extrémité du bourgeon ; mais là, ne trouvant pas d'issue pour passer outre au prolongement du rameau, elle s'en retourne, sauf une petite portion qui reste pour nourrir et fortifier l'œil le plus rapproché du pincement. L'empattement, ne donnant plus passage à une aussi grande abondance de sève, s'arrête dans sa croissance ; la sève tourne au profit des branches utiles qu'elle aurait négligées pour se porter vers le rameau pincé. Quand l'œil supplémentaire est formé, il rappelle à lui la sève et repart souvent avec tant de force, qu'un nouveau pincement devient nécessaire. Cette opération bien conduite, a pour résultat définitif de réduire la force de végétation du rameau à ce que le jardinier veut qu'elle soit ; le bourgeon, affaibli par le pincement, se couvre d'yeux à fleurs en devenant branche à fruit, de branche à bois ou branche gourmande qu'il aurait pu devenir : tel est le but du pincement ; tels en sont les effets.

Le résultat le plus utile du pincement est, comme on le voit, de faciliter la distribution la plus égale possible de la sève entre toutes les parties du pêcher, en évitant la naissance et le développement des branches gourmandes, sans recourir à la taille pendant la végétation, ou rapprochement en vert. Tout le succès du pincement dépend de la manière d'apprécier la vigueur du bourgeon, pour en conclure ce qu'il va devenir s'il est livré à lui-même ; le jardinier attentif ne peut s'y méprendre ; les bourgeons des pêchers qu'il gouverne, étant pincés au moment convenable, ne s'emportent jamais sans sa permission. Le jardinier négligent est souvent étonné, au bout de quelques jours, de trouver une branche toute formée là où il n'avait vu qu'un bourgeon naissant, dont il ne prévoyait pas l'avenir ; il se trouve alors contraint d'opérer un rapprochement en vert qu'il aurait évité par un pincement fait à propos.

Le pincement du bout d'un bourgeon qui n'a point encore de consistance ligneuse se fait en long, entre les doigts, sur une longueur d'un ou de deux centimètres, comme le représente la *fig.* 237.

Fig. 238,   237.

Si le bout du bourgeon n'est pas complétement herbacé, ou le rogne avec l'ongle du pouce (*fig.* 238).

B. — *Ebourgeonnement.*

Les yeux et les bourgeons du pêcher naissent sans ordre régulier sur tous les points de ses rameaux ; la conduite du pêcher en espalier ne permet pas de les conserver tous ; ceux qui naissent contre le mur doivent être nécessairement supprimés, de même que ceux qui, placés sur la face antérieure du rameau, s'avancent en saillie au dehors. Parmi les bourgeons bien placés, ceux de la partie supérieure d'un rameau ont toujours plus de force que ceux de la partie inférieure ; cela tient à la nature même du pêcher dont toutes les parties tendent à prendre une direction verticale dès qu'elles en ont la liberté. Ainsi, à la simple inspection de la branche A (*fig.* 239), on connaît d'avance que

Fig. 239,   240.

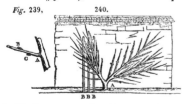

l'œil B, dans un temps donné, aura produit un bourgeon supérieur en force et en longueur au bourgeon produit par l'œil C, par cela seul que le rameau A étant palissé presque horizontalement, l'œil B, placé à sa partie supérieure, peut sans obstacle s'élancer selon la verticale, et que l'œil C, quoique d'égale force, placé à sa partie inférieure, sera forcé de faire un détour pour revenir à la verticale. C'est au jardinier à calculer le vide qui lui reste à remplir sur l'espalier, les ressources que présentent à cet effet les membres inférieurs et supérieurs, et la force qu'il convient de laisser prendre en conséquence à l'un ou à l'autre de ces deux bourgeons. Quant à ceux qui semblent placés trop en arrière vers le mur, mais qui pourraient être utilisés pour un vide à remplir, on ne doit pas se hâter de les condamner, parce qu'assez souvent le rameau éprouve une sorte de torsion naturelle sur lui-même, qui ramène dans une position favorable des bourgeons mal placés à l'époque de la reprise de la végétation.

On nomme *ébourgeonnement à sec*, et quelquefois *éborgnage à sec*, la suppression des yeux encore endormis, au commencement de février. Cette opération, étendue à tous les rameaux d'un pêcher, lui serait funeste, en occasionnant un trop grand nombre de plaies par où la sève pourrait se perdre ; on la pratique seulement, ainsi que nous l'avons dit, sur les branches à fruit des espèces qui portent leurs fleurs à leur extrémité supérieure, ce qui ne permet pas de les tailler assez court pour donner au bourgeon de remplacement la force dont il a besoin ; lors ce cas particulier, on laisse s'ouvrir tous les yeux, sans exception ; puis, dès qu'ils sont parvenus à la longueur de 0m,02 à 0m,03, on rogne avec l'ongle ceux qui ne doivent pas être conservés, en leur laissant deux ou trois feuilles inférieures. Ces feuilles, qui continuent à végéter, mais sans donner naissance à de nouveaux yeux, favorisent sans perdition de sève la prompte cicatrisation des plaies.

Ce premier ébourgeonnement tel qu'on vient de l'indiquer ne s'opère que sur les branches à fruit de l'année, peu de temps après la reprise de la végétation. Mais bientôt, les arbres vigoureux, surtout s'ils ont été taillés trop court, se couvrent de bourgeons chargés eux-mêmes de bourgeons anticipés. Il faut surveiller la naissance de ces derniers bourgeons, et dès qu'ils ont atteint la longueur de 0m,02 à 0m03, opérer sur eux comme au premier ébourgeonnement.

Le pincement et l'ébourgeonnement sont pour la conduite du pêcher en espalier deux moyens qui se complètent l'un par l'autre ; on n'a jamais fini de pincer ni d'ébourgeonner du printemps à l'automne, parce que durant tout cet intervalle la végétation du pêcher ne se ralentit pas, en sorte qu'il y a toujours des bourgeons à surveiller.

La méthode d'ébourgeonnement que nous venons de décrire et qui l'emporte incontestablement sur toutes les autres, est celle que prescrit M. Lelieur. A Montreuil, chaque jardinier a un si grand nombre d'arbres à gouverner, le temps et la main-d'œuvre ont d'ailleurs tant de valeur, qu'on agit un peu différemment ; on supprime en une seule fois par un ébourgeonnement général, à sec, tous les yeux mal placés ; puis on laisse les autres s'allonger à leur fantaisie et se charger de bourgeons anticipés qu'on réduit dans de justes limites par un rapprochement général en vert, au milieu de l'été. Cette pratique fatigue beaucoup les arbres et nuit à leur durée en même temps qu'à la qualité du fruit. Si le dommage est peu sensible à Montreuil en raison de la bonne qualité du sol et de la perfection des autres soins de culture, l'avantage n'en reste pas moins à la méthode d'ébourgeonnement que recommande M. Lelieur, et c'est a cette méthode que doit s'en tenir le jardinier jaloux de gouverner ses pêchers le mieux possible.

L'ébourgeonnement, ainsi pratiqué, permet d'échapper au moins en partie à la nécessité de la taille d'été ; s'il reste quelques branches à soumettre au rapprochement en vert, opération dont nous avons signalé les inconvénients, il faut attendre que les fruits aient acquis presque toute leur grosseur ; c'est l'époque où la sève du pêcher est le moins active.

C. — Palissage.

Les principes du palissage sont les mêmes, soit qu'il s'exécute sur un treillage, soit qu'il se fasse directement sur la surface nue d'un mur revêtu d'un enduit assez solide pour tenir les clous, méthodes dont nous discuterons plus tard les avantages (*Voir Jardin fruitier*). L'opération en elle-même est des plus simples ; c'est une de celles que les femmes peuvent le plus aisément pratiquer, comme elles le font à Montreuil, avec autant d'agilité que d'adresse, en évitant de prendre les feuilles dans les liens, de serrer trop fortement le bois tendre, et de croiser les branches l'une sur l'autre. Quand les autres opérations de la conduite du pêcher en espalier ont été faites par un jardinier expérimenté, le palissage n'est plus qu'une besogne toute tracée, qui s'expédie très lestement.

Nous avons dit combien il importe à la bonne santé du pêcher, et par suite à l'abondance et à la bonne qualité de ses fruits, de maintenir entre toutes ses parties un équilibre constant, qui ne permette à aucune de ses branches d'absorber au détriment des autres plus de nourriture qu'il ne lui en revient. Quelque soin qu'il mette à les surveiller sous ce rapport, le jardinier chargé de gouverner un grand nombre de pêchers en a toujours de temps en temps quelqu'un qui s'emporte plus d'un côté que de l'autre. Indépendamment des moyens que nous avons déjà indiqués pour s'y opposer, le palissage offre une ressource de plus qu'il ne faut pas négliger. En maintenant les branches dans une position plus ou moins gênée, il ralentit leur développement à tel point

que, pour donner plus de vigueur au côté faible d'un pêcher en espalier, il suffit bien souvent de le dépalisser. La figure 240 montre comment le dépalissage se combine avec le redressement que nous avons déjà conseillé ; la partie dépalissée, outre qu'elle est dans une position plus rapprochée de la verticale, reçoit l'air de tous côtés, et la lumière sur le sommet de ses pousses terminales, ce qui favorise leur prompt accroissement. Ici se présente un inconvénient auquel il importe d'obvier dès le principe ; la partie dépalissée de l'arbre A (*fig.* 240), n'étant plus retenue au mur, est attirée en avant par la force végétative de ses bourgeons ; obéissant à cette impulsion, elle se tord ; bientôt elle se trouverait tellement déformée qu'on risquerait de la rompre si l'on voulait la remettre à sa place à l'espalier. Il faut donc planter en terre à 0,m20 ou 0,m25 en avant du mur, quelques perches BBB auxquelles la charpente du pêcher est assujettie. De cette manière, cette partie de l'arbre reçoit assez d'air sur ses deux surfaces et occupe une position assez favorable pour égaler bientôt celle qui est restée palissée à la muraille, sans que ses membres se déforment au point de ne plus pouvoir reprendre à l'espalier leur position primitive.

Rien n'est plus contraire à la bonne conduite du pêcher en espalier que de palisser d'un bout à l'autre tous les arbres en une seule fois et pour toute la saison ; le palissage, comme le pincement, comme l'ébourgeonnement, doit suivre la marche de la végétation, et ne peut être considéré comme fini, tant que le pêcher végète ; il ne faut pas cesser de surveiller la croissance des bourgeons, de les palisser, selon le besoin. Ce n'est pas que nous prétendions blâmer le jardinier, alors que surchargé de besogne il la fait, non pas le mieux possible, mais seulement le mieux qu'il lui est possible. C'est à celui qui entreprend de décrire les règles et les procédés du jardinage à démontrer la manière d'opérer avec toute la perfection que comporte l'état actuel de l'horticulture ; c'est à chacun ensuite à s'y conformer plus ou moins, selon les exigences de sa position. Quant au jardinier d'une habitation bourgeoise, qui n'a point à se préoccuper des frais et pour qui le profit n'est qu'un but secondaire, rien ne peut le dispenser de conformer exactement aux principes qu'il sait être les meilleurs.

Les deux principes essentiels d'un bon palissage sont :

1° Maintenir constamment les branches-mères et les membres de la charpente en lignes *parfaitement droites*, quel que soit d'ailleurs leur écartement et l'angle que ces branches forment entre elles.

2° Incliner les bourgeons de la partie supérieure de la branche, de manière à les rapprocher, autant que possible, de cette branche, et palisser ses bourgeons inférieurs de manière à les éloigner le moins possible de la verticale.

Les bourgeons supérieurs B B B de la branche

(*fig.* 241), prendraient trop de force s'ils

Fig. 241.

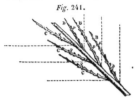

étaient palissés selon les lignes verticales ponctuées; en les inclinant, on modère leur végétation. Les bourgeons inférieurs C C C ne pousse-
raient pas assez vigoureusement pour faire
équilibre aux bourgeons B, s'ils étaient palissés selon la ligne horizontale. En les maintenant dans une situation moins gênée, on favorise leur accroissement qui devient facilement
égal à celui des bourgeons supérieurs B.

§ VI. — *Conduite d'un jeune pêcher.*

Une fois les distances marquées et les sujets
mis en place (*voir* Jardin fruitier), il faut arrêter d'avance la forme qu'on se propose de
leur donner à mesure qu'ils croîtront; ce point
décidé, on commence, dès la première taille, à
diriger les jeunes pêchers vers cette forme. Le
jardinier doit les façonner à sa volonté à toutes
les phases de leur existence, et non pas suivre
les caprices de leur végétation, au lieu de la régler à son gré. Le choix d'une forme peut être
influencé par plusieurs considérations dont les
principales sont la hauteur des murs, leur exposition, et la nature des espèces dont on se propose de garnir l'espalier; il faut aussi avoir égard
à la fertilité du sol qui fait prendre aux arbres
plus ou moins de développement. Nous pensons
que les formes que nous allons indiquer sont les
meilleures; toutes se prêtent à l'application régulière des principes rationnels de la taille et de
la conduite du pêcher en espalier.

A. — *Forme en V ouvert.*

C'est la plus commode de toutes pour la taille,
et la plus facile à établir; mais elle laisse perdre
une grande partie du mur, parce qu'elle ne peut
couvrir l'espalier ni entre les bras du V, ni au-
dessous des membres inférieurs (*fig.* 242).

Fig. 242.

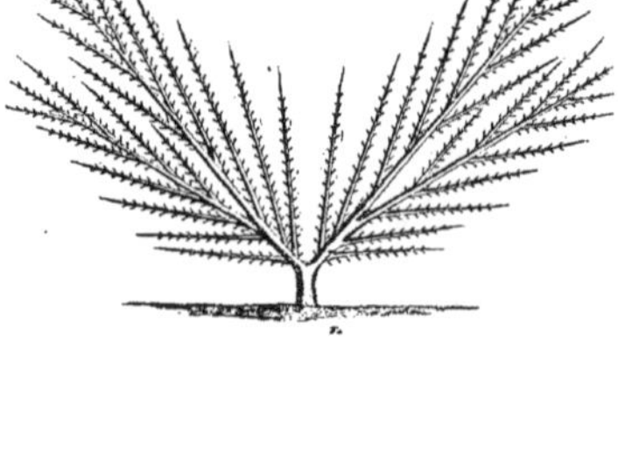

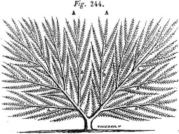

B. — *Forme à la Dumoutier.*

Cette forme convient surtout pour couvrir de grands espaces avec un petit nombre
de sujets. Un propriétaire dont le terrain est
décidément contraire à la culture du pêcher ne
peut mieux faire que d'adopter cette forme;
au moyen d'un seul sujet planté dans un trou
rempli de bonne terre rapportée, il peut garnir
15 à 16 mètres d'espalier sur 3,^{m}50 à 4^m de hauteur; le pêcher conduit à la Dumoutier (*fig.* 243)

Fig. 243.

peut couvrir, dans l'espace de 9 ans, 7 à 8
mètres de chaque côté. C'est, pour la même
raison, la forme qui convient le mieux aux terrains très fertiles où le pêcher est susceptible
de prendre de très grandes dimensions; elle
laisse pendant plusieurs années une grande
partie du mur sans emploi; c'est son défaut
capital.

Les premiers pêchers sous cette forme ont
été établis dans les jardins de Versailles par
M. Dumoutier lui-même, sous la direction de
M. Lelieur; ils ont été longtemps les plus beaux
de leur espèce qui fussent en France. En attendant la croissance des pêchers à la Dumoutier,
on plante dans les intervalles d'autres arbres
fruitiers très hâtifs qu'on supprime quand les
pêchers à la Dumoutier ont acquis tout leur développement.

C. — *Forme carrée.*

Il n'en est pas de meilleure pour couvrir
promptement et en totalité la surface d'un espalier; mais elle est dangereuse à cause de la
position verticale que prennent forcément les
membres de l'intérieur du V, AA (*fig.* 244); ces

Fig. 244.

membres sont toujours prêts à s'emporter aux
dépens des autres. Dans un jardin qui nous a
longtemps appartenu, à Sainte-Walburge près
Liège (Belgique), nous avons été forcé de renoncer à cette forme qui nous avait séduit d'a-
bord; la fertilité du sol rendait les pêchers trop

difficiles à gouverner sous cette forme ; il était impossible de se rendre maître des branches qui croissaient verticalement.

D. — *Forme en cordons.*

Cette manière de conduire le pêcher (*fig.* 245)

Fig. 245.

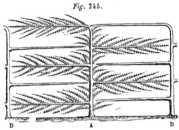

est nouvelle ; elle n'a pas encore en sa faveur la sanction d'une bien longue expérience. Nous la croyons bonne , sous tous les rapports, à l'exception d'un seul ; elle place les branches à fruit qui naissent à la partie inférieure des branches, dans une position peu favorable à leur accroissement, tandis que celles de la partie supérieure tendent toujours à s'emporter.

E. — *Forme en palmette à double tige.*

Cette forme (*fig.* 246) est, à notre avis, la

Fig. 246.

meilleure de toutes; elle ne laisse aucun vide sur l'espalier ; elle couvre promptement et également toutes les parties du mur ; elle n'admet point de membres verticalement placés ; tout l'espace entre les deux branches-mères peut être rempli par des branches à fruit.

F. — *Forme en U.*

Cette forme (*fig.* 247) offre beaucoup de rapports avec la précédente, dont elle n'est qu'une simple modification ; elle est seulement un peu plus lente à établir.

§ VII. — Taille d'un jeune pêcher.

On peut garnir un espalier, soit de pêchers tout greffés pris dans la pépinière, soit de sauvageons de pêcher, de prunier ou d'amandier. Les raisons qui peuvent déterminer le choix

Fig. 247.

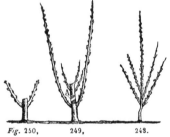

pour une plantation neuve seront exposées ailleurs (*voir* Jardin fruitier). Lorsqu'on plante en espalier des sauvageons qu'on se propose de greffer l'année suivante, il importe de ne pas les négliger pendant cette première année, qui doit avoir une influence décisive sur leur végétation ultérieure. Après les avoir rabattus à la hauteur de 0m,30 à 0m,35 au-dessus du sol, la face de la coupe étant tournée vers le mur, on doit s'appliquer à favoriser la croissance de la flèche ou tige principale, et celle de quatre bourgeons latéraux, deux de chaque côté, de façon à ce que le sujet, à la fin de l'automne de sa première année, offre à peu près la forme représentée *fig.* 248. Ces bourgeons ne contri-

Fig. 250,   249,   248.

bueront point à former le pêcher, puisqu'ils doivent être supprimés après la reprise de la greffe; ils n'en seront pas moins soignés et surveillés de manière à maintenir entre eux le plus parfait équilibre de végétation. Il ne faut pas oublier les racines, dont l'accroissement souterrain suit celui des diverses parties extérieures du jeune arbre; si le jardinier laisse les bourgeons du sauvageon s'emporter d'un côté, les racines chargées de le nourrir croîtront de ce côté dans la même proportion. Quand le sujet sera greffé, ce côté, pourvu de racines plus fortes que celles de l'autre, tendra toujours à le dépasser, ce qui rendra l'égale distribution de la sève entre eux très difficile à établir.

Si l'on se propose de conduire le pêcher en cordons sur une seule tige, il recevra au mois d'août un seul écusson; il lui en faut deux, un de chaque côté, pour toutes les autres formes. Les pousses des deux écussons seront maintenues dans la plus parfaite égalité ; le pincement, l'ébourgeonnement, le palissage seront employés a cet effet, selon le besoin : l'avenir du sujet en dépend. Les yeux les plus importants des rameaux obtenus des deux greffes sont ceux de leur partie inférieure, qui doivent, l'année d'ensuite, fournir les éléments de la charpente de l'arbre ; il est essentiel que ces yeux ne s'ouvrent pas avant le temps. Lorsqu'on ne donne pas assez d'attention à la conduite du pêcher pendant la première année après la greffe, il arrive assez souvent qu'une des deux branches attire à elle toute la sève, et laisse l'autre dans un état de végétation faible et languissant. C'est un inconvénient contre lequel il faut se tenir en garde, car le mal est sans remède à cet âge du pêcher ; on ne peut que supprimer la branche faible, redresser l'autre, et la rabattre sur deux yeux pour recommencer la charpente ; c'est une année perdue pour la croissance du pêcher.

Les soins et la taille que réclame le pêcher pour prendre la forme d'un V ouvert (*fig.* 242), sont les mêmes pour la conduite à la Dumoutier et sous forme carrée pendant les premières années de sa croissance. Après avoir supprimé le chicot A (*fig.* 249) et recouvert la plaie avec de l'onguent de Saint-Fiacre ou de la cire à greffer, il est temps de tailler les deux branches-mères dans le but de faire développer les yeux qui doivent continuer leur prolongement. Il serait possible, à la rigueur, de ne pas les tailler du tout ; il y a des jardiniers qui n'y touchent jamais, et qui les laissent s'allonger en toute liberté. Par cette méthode, les deux branches-mères et les membres qui doivent sortir de ces branches parviennent très promptement à la longueur qu'ils doivent avoir ; mais ils restent grêles, effilés, peu garnis de branches à fruit pendant plusieurs années. Le premier fruit est moins beau que celui des pêchers soumis à la taille. Tels sont les défauts de cette méthode : en voici les avantages. La sève, livrée à elle-même, allonge outre mesure les branches-mères et les membres du pêcher ; mais bientôt elle se modère d'elle-même ; le pêcher cesse pour ainsi dire de s'allonger par ses extrémités ; la charpente grossit, les branches à fruit se multiplient ; le fruit devient plus abondant et de meilleure qualité. Au total, on n'a éprouvé qu'un retard dont on est dédommagé. Les principes précédemment énoncés pour la taille trouvent d'ailleurs leur application sur les branches à fruit ; l'arbre se gouverne par le pincement, l'ébourgeonnement et le palissage, selon la méthode ordinaire.

Si au lieu de laisser croître en liberté les bourgeons de prolongement, on se décide à les tailler, comme on le fait presque toujours, il faut donner une grande attention aux yeux sur lesquels on les rabat. La longueur de la taille ne peut être fixée avec précision ; elle peut varier de 0m,40 à 0m,50. Il ne faut pas craindre de tailler un peu plus court quand, par ce moyen, on peut rabattre sur deux yeux bien placés et d'égale force de chaque côté ; les yeux de de-

vant de la branche sont les meilleurs ; s'il ne s'en trouve pas deux qui se correspondent, on taille sur deux yeux de dessous. Le jeune arbre se trouve alors dans l'état que représente la *fig.* 250. Plus tard, on pince les bourgeons nés des yeux antérieurs et postérieurs, pour ne laisser croître que les yeux latéraux, encore est-il nécessaire de les maintenir soigneusement dans de justes bornes par le pincement et le palissage. Parmi les bourgeons à naître de ces yeux, on favorise de préférence les deux bourgeons correspondants (A A, *fig.* 251), dont

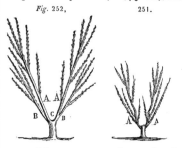

Fig. 252,　　　　　　251.

chacun doit commencer un des membres inférieurs de la charpente. Ni ces membres, ni les branches-mères ne doivent être dans l'origine palissés à la place qu'ils occuperont plus tard ; on aide à leur prompt accroissement en les palissant le plus près possible de la ligne verticale ; ce n'est que successivement qu'on écarte ces branches les années suivantes, mais toujours sans les faire dévier de la ligne droite. Les coudes formés par la taille des branches de prolongement disparaissent d'eux-mêmes quand on a soin de tenir les jeunes pousses palissées, sans toutefois trop les contraindre ; autrement elles se tordraient pour se porter en avant, et elles resteraient déformées pour toujours.

Le pêcher, deux ans après avoir été greffé, aura, comme le représente la *fig.* 252, deux branches-mères déjà fortes, AA, et deux membres inférieurs bien développés, BB. Si la végétation de la première année a été bien dirigée, les deux côtés de l'arbre devront offrir la plus parfaite égalité, la symétrie la plus régulière ; le nombre des pousses produites par les yeux des branches-mères, et celui des bourgeons anticipés nés sur les deux membres, devront se balancer exactement ; la principale cicatrice *c* doit avoir disparu.

La taille de cette année diffère essentiellement de celle de l'année précédente. Après avoir raccourci les branches de prolongement selon leur force, toujours dans le but de les maintenir aussi égales que possible, on s'occupera principalement des bourgeons anticipés de la dernière pousse ; ce sont eux qui doivent commencer à fournir des branches à fruit. Dans ce but, on les rabat sur un, deux ou trois yeux, selon leur vigueur et leur position, en observant qu'il faut toujours laisser plus d'yeux aux bourgeons *a a a a* du bas de l'arbre (*fig.* 253),

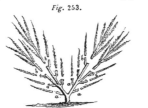

Fig. 253.

qu'aux bourgeons *b b b b* de la partie supérieure.
Cette taille se nomme taille en croc̣et, parce
que les bourgeons rabattus près de leur talon
forment en effet une sorte de croc̣et; ce sont
les yeux laissés sur ces croc̣ets qui deviendront
les branc̣es destinées à porter les premiers
fruits.

On ne laissera jamais subsister sur les bourgeons de l'année deux bourgeons anticipés placés en regard l'un de l'autre; c'est une loi générale qui s'applique à toutes les productions
fruitières du pêcher; les branc̣es à fruit doivent
alterner le plus régulièrement possible sur les
branc̣es principales, sans jamais être opposées
l'une à l'autre.

Tout bourgeon qui menace de s'emporter,
soit au dedans du V formé par les deux bran-
c̣es-mères, soit au de̦ors ou sur les membres
inférieurs, doit être pincé ou rogné dès qu'on
s'en aperçoit.

L'arbre parvenu à la troisième année après la
greffe, s'il doit être conduit en V ouvert sur
deux membres de c̣aque côté, n'a plus besoin
que d'être continué selon les mêmes principes.

S'il doit recevoir la forme carrée (*fig.* 244),
on fera naître et développer complétement les
membres inférieurs avant de laisser croître
aucun de ceux qui doivent remplir l'intérieur
du V. Parmi ceux-ci, les membres AA, qu'on
ne peut se dispenser de laisser croître dans une
situation verticale, seront formés les derniers
de tous, afin que la supériorité de force acquise
par les autres parties de la charpente y attire la
sève et empêche les branc̣es verticales de s'emporter, ce qui cependant aura toujours lieu, plus
ou moins, en dépit de toutes les précautions.

La forme à la Dumoutier (*fig.* 243), qui
ne peut être complète qu'au bout de neuf ans,
s'obtient par la taille dirigée d'après les mêmes
errements; le point principal consiste à bien
c̣oisir la place où doit commencer chaque bifurcation, afin d'y favoriser le développement
d'un bon œil par tous les procédés ci-dessus indiqués, au moyen du pincement et du palissage.

Pour donner au pêc̣er la forme en cordons
(*fig.* 245), on peut, comme pour toutes les
autres formes, s'abstenir de tailler et laisser le
jet de la greffe s'allonger à sa fantaisie. La hauteur à laquelle c̣acun des cordons doit être
établi étant d'avance déterminée, à mesure que
l'arbre avance en âge, on réserve un bon œil
pour former successivement c̣aque cordon.

en se conformant du reste aux principes que
nous avons exposés. Si l'on se décide pour la
taille de la pousse terminale, il faut la rabattre
sur un bon œil, à 0ᵐ,50 de terre: l'œil placé
immédiatement au-dessous de celui qui, par
cette taille, sera devenu l'œil terminal, sera réservé pour former le premier cordon à droite.
Les autres cordons s'obtiendront de bourgeons
nés à quelque distance au-dessous de l'œil terminal ou de prolongement, afin que ces deux
pousses ne soient pas obligées de se disputer,
pour ainsi dire, la sève dont elles ont besoin.

Nous ne saurions approuver le conseil donné
par plusieurs auteurs de suppléer par des écussons au défaut d'un œil bien placé, pour en obtenir un cordon; tout jardinier attentif à profiter des ressources que présente la végétation
d'un arbre bien portant saura toujours bien
maîtriser celle du pêcher, de manière à faire
développer un bon œil à la place où le cordon
doit être établi; en supposant qu'il dût y avoir
une différence de distance de quelques centimètres d'un cordon à l'autre, un dérangement
aussi léger dans la symétrie ne serait point à
comparer avec les mauvaises c̣ances d'une
greffe, qui, si elle manque, fait perdre un an
tout entier pour la formation d'un cordon, et
dérange l'économie de la végétation dans tout
le pêc̣er.

Les yeux pour les bourgeons de prolongement des cordons sont toujours c̣oisis, autant
que possible, *sur le devant* des tiges. La taille
des branches-crochets suit sa marche régulière,
comme pour les pêc̣ers conduits sous toute
autre forme; rien ne sera négligé pour provoquer de la part des bourgeons inférieurs des
cordons une végétation égale à celle des bourgeons supérieurs des mêmes branc̣es, toujours
disposés à attirer la sève de leur côté, au détriment des autres. On aura soin, une fois l'arbre
formé, d'entretenir le long de la tige principale (*fig.* 245) quelques branc̣es à fruit dans
l'intervalle d'un cordon à l'autre. Si, par accident ou maladie, les pêc̣ers voisins DD, dont
les cordons alternent avec ceux de l'arbre A,
venaient à périr, il serait facile de faire ouvrir
sur c̣acune des branc̣es à fruit réservées un
bon œil à bois, sur lequel on le rabattrait pour
former un cordon supplémentaire; l'arbre alors
deviendrait tel que le représente la *fig.* 254.

Fig. 254.

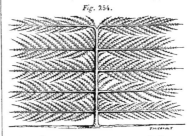

Dans la *fig.* 245, nous avons, à dessein,

indiqué seulement la place des cordons fournis par les arbres DD, afin de rendre plus saisissable à l'œil l'ensemble de la forme de l'arbre A. C'est par le même motif que, dans les autres figures relatives à la taille et à la conduite du pêcher, nous avons représenté les branches à fruit moins rapprochées qu'elles ne doivent l'être en réalité ; le but de ces figures est moins de calquer la nature avec une exactitude rigoureuse que de rendre claire et sensible la disposition des branches les unes par rapport aux autres.

La taille et la conduite du pêcher en palmette, sur double tige (*fig.* 246), est, pendant les deux premières années, celle du pêcher en V ouvert, avec cette seule différence qu'on n'incline les branches-mères ni à droite ni à gauche ; la très petite largeur, de 0m,30 à 0m,40, qu'on laisse entre elles, est remplie dans la suite par des branches à fruit. Les membres de droite et de gauche s'établissent à 0m,45 ou 0m,50 de distance l'un de l'autre, à mesure que l'arbre grandit. Il vaut mieux supporter une légère perte de surface dans le haut et le bas de l'espalier, que de donner aux membres du pêcher une position trop rapprochée de la ligne horizontale ; l'inclinaison, telle que nous l'avons représentée sur la figure 246, nous paraît préférable à un angle par trop ouvert, qui reproduit en partie les inconvénients de la taille en cordons, quant au défaut de vigueur des bourgeons situés à la partie inférieure des principaux membres de la charpente.

Pour obtenir la forme en U (*fig.* 247), la direction est la même, sauf le coude que forment les deux branches-mères. Dans tous les cas, il ne faut jamais laisser entre les branches de l'U plus d'espace que ne peuvent en recouvrir des branches à fruit de vigueur moyenne dirigées comme le montre cette figure. Lorsque l'U est trop large, on est obligé, pour garnir le vide intérieur, de donner aux branches à fruit une direction trop près de la ligne horizontale, ce qui nuit à leur végétation et, par suite, à l'abondance du fruit ainsi qu'à sa qualité.

§ VIII. — Rajeunissement d'un vieux pêcher.

Dans les jardins dont les produits sont destinés au marché, la vie du pêcher en espalier n'est jamais bien longue ; tant qu'il vit, on lui demande tout ce qu'il peut produire ; il est donc promptement ruiné, et ruiné sans ressources. Aussi, loin de perdre du temps à essayer de profiter de quelques branches gourmandes pour refaire un arbre en cet état, vaut-il beaucoup mieux le sacrifier et en planter un nouveau, en ayant soin de renouveler la terre dans laquelle il doit végéter. Il n'en est pas de même dans le jardin d'un amateur qui tient souvent et avec raison à conserver un vieil arbre dont le fruit a gagné en qualité avec l'âge, avantage dont on n'est pas dédommagé par l'abondance du fruit quand le bénéfice n'est pas le but principal de la culture. Il cherche à prolonger l'existence du pêcher épuisé, en provoquant,

par des ravalements sur un bourgeon inférieur disposé à s'emporter, la naissance d'une branche gourmande, qui devient promptement une pièce fondamentale de la charpente rajeunie. Si l'on tient à la durée de ces nouvelles branches, refaites sur un vieux pêcher, il faut, surtout durant les premières années, les ménager par une taille courte des branches à fruit, et supprimer même une partie du fruit noué pour ne laisser qu'une demi-récolte ; nous avons vu des arbres ainsi réparés et ménagés durer autant que de jeunes plantations.

§ IX. — Pêcher en plein vent.

Les fruits du pêcher en plein vent sous le climat de Paris ont si peu de valeur qu'on n'en prend aucun soin ; les arbres qui sont des sujets de noyau non greffés ne sont jamais taillés ; à peine les débarrasse-t-on du bois mort. Une culture mieux entendue dans les localités bien abritées pourrait faire produire des fruits excellents au pêcher en plein vent (*voir* Jardin fruitier). Il faut dans ce but greffer le pêcher sur franc, à 0m,50 ou 0m,60 de terre, le maintenir bas sur sa tige, et l'éclaircir par l'élagage des branches intérieures qui font confusion. Des plantations de ce genre, établies à l'abri d'un rideau de thuyas ou de cyprès, les arbres étant conduits en vase sur quatre branches, bien dégagés au centre et traités de façon à empêcher une des branches de s'emporter aux dépens des autres, durent de 40 à 50 ans et peuvent donner constamment d'abondantes récoltes.

SECTION II. — *Taille et conduite de la vigne.*

§ Ier. — Végétation naturelle de la vigne.

Les principes qui dirigent la taille et la conduite de la vigne offrent la plus grande analogie avec ceux que nous venons d'exposer pour la taille et la conduite du pêcher ; cette considération basée sur la pratique nous engage à placer ici les préceptes de l'art de diriger les treilles, quoique dans l'ordre naturel il eût fallu traiter d'abord de l'abricotier, du prunier et des autres arbres à fruits à noyau. C'est qu'en effet, pour celui qui comprend bien la conduite et la taille du pêcher en espalier, l'application des mêmes principes à la formation d'une treille n'offre plus aucune difficulté (pour la vigne en grande culture, *voir* t. II, p. 95).

La taille de la vigne conduite en espalier dans le but d'obtenir du raisin de table a cela de commun avec celle du pêcher que, dans l'une comme dans l'autre, le problème à résoudre consiste à faire développer sur la partie inférieure de la branche à fruit le bourgeon destiné à la remplacer.

Considérons, ainsi que nous l'avons fait pour le pêcher, le mode particulier de végétation propre à la vigne. Un fait principal domine tous les autres, c'est la formation simultanée du fruit et du bois qui le porte. Sur tous les arbres à fruit (la vigne exceptée), la branche existe d'abord, issue d'un œil désigné sous le nom d'œil à bois; puis, sur cette branche naissent des yeux, les uns à bois, les autres à fruit. Ces derniers se rencontrent, soit sur du bois de la dernière sève, soit sur du vieux bois; mais toujours la branche à fruit *préexiste* à tout bouton à fleur, à toute production fruitière. Dans la vigne, le même œil est en même temps à bois et à fruit. L'œil de la vigne, connu dans toute la France sous le nom de bourre, à cause de l'espèce de duvet qui le recouvre à l'extérieur, contient toujours ensemble bois et fruit. Il n'y a de raisin que sur le bois de l'année; au réveil de la végétation, la grappe et le sarment qui doit la porter poussent ensemble. Quand la sève est trop abondante, elle s'épanche en entier à former du bois; dans ce cas, les jeunes grappes naissantes ou *lames* avortent; elles tournent en *vrilles* ou longs filaments qui s'accrochent à tous les corps environnants, et aident la vigne à grimper partout où elle trouve un point d'appui. Il n'est pas rare dans le midi de la France de voir ainsi des sarments de vigne s'emporter et croître en quelques mois de 7 à 8 mètres; ils sont alors presque toujours stériles, ou bien le peu de raisin qu'ils portent est de mauvaise qualité. Tous les yeux d'une vigne bien taillée s'ouvrent au printemps; les yeux du talon ne restent endormis que sur les sarments mal taillés, ou sur ceux qui ne l'ont pas été du tout. La bourre n'est jamais solitaire; elle a pour accompagnement obligé le sous-œil, soit simple, soit double, ressource qui semble ménagée par la nature pour le cas où la bourre aurait péri par une gelée de printemps; le sous-œil la remplace alors, et souvent avec avantage; parti plus tard que la bourre, il n'a pu être atteint par le froid; c'est ce qui explique l'abondance d'une récolte de raisin après une gelée qui a détruit les bourres, phénomène dont nos vignobles offrent de fréquents exemples.

Notons encore un fait qui découle en quelque sorte du premier, que nous avons signalé; le raisin ne peut atteindre sa parfaite maturité tant que le bois qui le porte n'est qu'imparfaitement aoûté; le bois et le raisin, comme disent les vignerons, mûrissent ensemble; si le bois n'est pas *mûr*, le raisin ne peut mûrir. L'examen de ces faits jette un grand jour sur le mode de culture et de direction le mieux approprié à la vigne; à considérer le mode de végétation de la vigne, on voit que, livrée à elle-même, elle ne produirait rien ou presque rien, les soins de l'homme lui sont indispensables; elle l'en récompense largement. Faire croître et mûrir de bonne heure le bois pour que le raisin arrive à maturité avant la mauvaise saison; empêcher un excès de force végétative de détourner la sève du raisin au profit exclusif du bois; tels sont les deux points principaux que le jardinier ne doit pas perdre de vue, et qui doivent le guider dans la manière de conduire la vigne en espalier. C'est pour avoir parfaitement connu et apprécié ces faits, et pour y avoir conformé leur méthode, que les jardiniers de Thomery sont parvenus à produire un raisin sans égal en France comme raisin de table. Ni l'air, ni l'exposition, ni le sol n'ont dans tout le canton qui produit le chasselas dit de Fontainebleau, rien de particulièrement favorable à la culture de la vigne en treille; partout ailleurs, les mêmes soins produiraient sans doute les mêmes résultats. Le but de la culture de la vigne en espalier n'est pas d'avoir le plus de raisin possible, d'une manière absolue, mais le plus possible de bon raisin; ni le jardinier qui vend ses produits, ni le jardinier amateur n'ont intérêt à sacrifier la qualité à la quantité, puisqu'un kilogramme de bon raisin en vaut deux ou trois de raisin médiocre.

§ II. — Multiplication de la vigne

Les diverses variétés de vigne ne se reproduisent pas identiques par leurs pepins; il est probable que des semis répétés et suivis avec persévérance donneraient, par les croisements hybrides, des variétés précieuses propres à remplacer une partie de celles que nous cultivons pour la table, et surtout à permettre à la culture de la vigne en treille de s'étendre aux contrées qui, comme le nord de la France et une partie de la Belgique, ne connaissent en fait de raisin que du verjus, faute de posséder des variétés à la fois bonnes et précoces, car nos raisins très précoces sont de qualité médiocre. Un des plus honorables soutiens de l'horticulture en France, **M.** Vibert (de Maine-et-Loire), a commencé à ce sujet des expériences dont le succès est désiré par tous les jardiniers et tous les vignerons.

On élève rarement la vigne en pépinière, a moins que ce ne soit dans le but de former des collections. Une bonne manière d'établir une plantation en espalier, c'est de planter des boutures de bonne espèce; les plants enracinés obtenus de marcotte donnent une jouissance plus prompte.

§ III. — Choix et préparation du terrain : plantations.

Une terre à la fois fraîche et fertile donne à la vigne une rapidité de croissance, un luxe de végétation, une abondance de produits, dont aucune autre plante cultivée n'approche; mais le raisin est sans saveur. S'il appartient à une variété recherchée, il perd les qualités recommandables de cette variété. La vraie terre à raisin doit être parfaitement égouttée, propre à retenir, non pas l'humidité, mais la chaleur. Lorsqu'elle est froide et compacte, il faut l'amender avec du sable, de la terre sablonneuse et quelques plâtras concassés avant d'y planter la vigne au pied de l'espalier.

On choisit pour boutures des sarments de $0^m,60$ à $0^m,80$ de longueur, en leur laissant au talon une crossette de bois de deux ans. La longueur des sarments plantés n'est point, au reste, ce qui importe le plus; ils peuvent parfaitement reprendre avec deux ou trois yeux seulement en terre, pourvu qu'ils aient deux bons yeux 10rs de terre. Il n'est pas non plus nécessaire de les enfoncer verticalement dans le sol; il suffit de les étendre dans une rigole de 0m,25 à 0m,30 de profondeur, pourvu que le sol ait été profondément défoncé, et que les racines, à mesure qu'elles prennant naissance à la place des yeux enterrés, puissent s'étendre en liberté dans un sol de qualité convenable. Sous le climat de Paris, les boutures de vigne se mettent en place au mois de mars, mieux à la fin qu'au commencement. Les accidents heureux que peut présenter un cep de vigne en particulier, quant à la grosseur ou à la précocité du raisin, se perpétuent par ses boutures; le cıoix des sujets est donc de la plus grande importance. On greffe aussi la vigne pour que la jouissance ne soit pas interrompue. Lorsqu'un cep a été greffé à l'espalier, il faut tenir la greffe soigneusement couverte pour qu'elle puisse résister aux effets pernicieux de l'évaporation et de la cıaleur.

On plante presque partout la vigne au pied de l'espalier comme tout autre arbre à fruit; la métıode de Tıomery réunit tant d'avantages sur cette routine, que nous croyons devoir la décrire en détail Les boutures ne se placent pas au pied du mur, mais à 1m,32 en avant du mur, dans la plate-bande. On ouvre à cet effet une rigole (A, *fig.* 256) de 0m,50 de large sur

Fig. 256.

0m,30 de profondeur. C'est dans cette rigole que se placent les boutures, parallèlement au pied de la muraille, de sorte que, pour faire arriver la bouture B sur le point C du mur d'espalier, il faut laisser sortir son extrémité supérieure vis-à-vis de ce point dont elle est éloignée de 1m à 1m,32 au moment de sa mise en place. On se gardera de combler entièrement la rigole A; il suffit que les boutures y soient recouvertes de 0m,15 de terre mêlée de fumier bien consommé. Si cette rigole était entièrement remplie, il se formerait nécessairement des racines vers le point D de la bouture B. Mais lorsqu'au bout de trois ans cette bouture aura fourni un sarment propre à être conduit vers le mur au point C, il faudra ouvrir une seconde rigole à angle droit avec la première, allant directement au pied de la bouture vers la muraille, pour étendre le sarment dans cette rigole en laissant sortir seulement son extrémité supérieure. Il ne faut donc pas qu'à cette époque il se trouve des racines en D, ce qui empêcıerait le recouchage du sarment dans le sens selon lequel il doit être conduit; telles sont

les raisons pour lesquelles on ne comble qu'à moitié la rigole A, quand elle a reçu les boutures de vigne.

La plantation des boutures doit être calculée de manière à ce que les ceps arrivés au mur y soient à 0m,55 l'un de l'autre, si le mur est assez élevé pour recevoir cinq rangs de cordons, et à 0m,66 si l'on n'en peut placer que quatre, ou un moins grand nombre. Il peut arriver que la nature du sol ne permette pas de planter les ceps aussi près les uns des autres; dans ce cas, on peut doubler les distances indiquées, et planter de la même manière, dans les intervalles, un nombre égal de ceps, mais de l'autre côté de la muraille. Les sarments destinés à garnir le mur du côté le mieux exposé seront introduits par des trous ouverts pour leur livrer passage, et le mur se trouvera complètement couvert. Ce rapprocıement des ceps, qui force leurs racines à se mêler, pour ainsi dire, les unes dans les autres, n'est possible qu'autant que des engrais appropriés à la nature de la vigne lui fournissent tous les ans une nourriture substantielle. La vigne ainsi plantée ne s'emporte jamais; sa végétation annuelle commence et finit de très bonne ıeure; ajoutez-y l'application raisonnée d'une taille réglée sur le principe de l'égale distribution de la sève dans toutes les parties de la vigne, vous aurez l'explication de la supériorité des produits des treilles de Tıomery, produits qui ne sont égalés nulle part ailleurs, mais qui peuvent l'être en se conformant aux mêmes principes.

On ne peut raisonnablement objecter à ce mode de plantation que le temps qu'il fait perdre. Evidemment un locataire, à moins qu'il n'ait un très long bail, ne peut trouver son compte à établir une treille qui commencera seulement à couvrir le mur au moment où il se trouvera menacé d'avoir un successeur; mais le propriétaire sur qui ce motif n'a pas de prise ne doit pas craindre de retarder ses premières récoltes pour suivre une métıode qui lui fera amplement regagner le temps perdu. On voit (*fig.* 257)

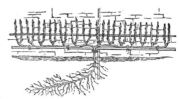

la disposition des racines d'un cep tout formé, palissé sur l'espalier.

§ IV. — Formation de la tige et des cordons.

La vigne n'arrive au pied de l'espalier qu'après trois années de culture, quand ce sont des boutures, et deux années que sont des marcottes; elle y arrive sous forme de *provin* à l'époque où elle est en état de montrer son premier fruit. Le provin est taillé sur trois ou quatre yeux dont chacun peut porter fruit. Il serait imprudent de laisser subsister toutes les grappes qui s'y montrent pour la première fois ; ce serait fatiguer le cep et compromettre son avenir ; on en retranche plus ou moins, selon la force du sujet à l'époque où les grains de raisin ont acquis la grosseur d'un pois.

Quand la vendange est précoce, on peut tailler immédiatement après l'enlèvement du raisin ; dans le cas contraire, on remet cette opération au mois de février de l'année suivante, ce qui est préférable sous le climat de Paris : c'est une règle générale à laquelle on doit se conformer durant toute l'existence de la vigne. On ne profitera pas, pour l'allongement de la tige, de toute sa croissance de l'année ; on la rabattra au contraire le plus près possible de la naissance de son bourgeon inférieur. Pendant la végétation de l'année suivante, on se gardera bien de supprimer les yeux qui naîtront le long de la tige, dans le but de favoriser exclusivement sa croissance en hauteur ; le bois de la vigne ne devient robuste qu'en raison des bourgeons qu'on lui laisse pour y retenir une partie de la sève ; ces bourgeons ne nuisent en rien au bourgeon de prolongement de la tige, pourvu qu'on les empêche de s'emporter, et rien n'est plus facile au moyen de plusieurs pincements répétés selon le besoin. A la fin de la

seconde année après l'arrivée du cep au pied de l'espalier, on peut commencer à préparer le premier cordon au moyen d'un bourgeon double qui donne deux sarments à diriger en sens contraire à une hauteur déterminée d'avance sur le mur. Le premier cordon inférieur s'établit ordinairement à 0ᵐ,32 de hauteur. Quelquefois, à défaut d'un bourgeon convenable, l'opération se trouve encore retardée d'une année ; on rabat sur l'œil qui se trouve le plus rapproché au-dessous de la hauteur à laquelle le cordon doit être établi ; cette taille ne manque jamais de provoquer la naissance des deux bourgeons dont on a besoin.

Les tiges des autres ceps se taillent d'après le même principe, sur l'œil le plus près de la hauteur où doit commencer le cordon ; mais, au lieu de laisser chacune de ces tiges grandir en liberté et parvenir d'un seul jet à la place que son cordon doit occuper, on aura soin de ne l'y laisser arriver que peu à peu. Le temps que les ceps mettront à faire ce trajet ne sera pas entièrement perdu ; chacun d'eux portera tous les ans une quantité modérée de très beau raisin. Les bras ou cordons seront formés avec la même prudence ; ils mettront toujours plusieurs années à atteindre la totalité de leur longueur, qui ne dépassera pas 1ᵐ,32 de chaque côté, de sorte que, quand les quatre cordons seront établis, ils offriront l'aspect repré-

Fig. 258.

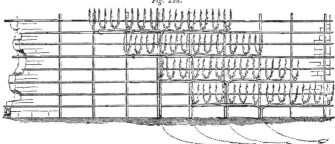

senté figure 258. Pour éviter la confusion et rendre leur position relative plus facile à saisir, nous avons cru devoir ne représenter qu'un cep de chaque cordon ; on se figurera facilement l'espalier entièrement couvert de cordons semblables.

On ne conservera pas la totalité des bourgeons à demi formés ; on réservera seulement, sur le *dessus du cordon*, un certain nombre d'yeux, de manière à ce qu'ils soient à peu près régulièrement espacés entre eux de 0ᵐ,16 à 0ᵐ,20 tout le long du cordon. Les autres seront ménagés pour attirer la sève sur le cordon et fortifier autant que possible cette partie essentielle du cep ; on les arrêtera successivement par des pincements réitérés, pour finir par les supprimer entièrement. Les bourgeons conservés, rabattus chaque année comme des bran-

ches fruitières de pêcher, sur un œil de remplacement, deviendront ce que les jardiniers nomment des *coursons*. Au bout de quelques années les coursons, auxquels on est obligé de laisser tous les ans un talon qui porte les bourgeons à fruit, espoir de la récolte suivante, se trouveraient assez allongés pour laisser entre eux et le cordon un vide aussi désagréable à la vue que préjudiciable à la production du raisin ; l'attention du jardinier se portera sur les bourgeons adventifs qui sortent assez fréquemment du talon des coursons. En les rabattant sur ces bourgeons chaque fois que l'occasion s'en présente, on les rajeunit assez à temps pour prévenir leur allongement excessif.

Réduite à ces principes, la taille de la vigne en espalier n'a plus rien de compliqué, rien de difficile. Tandis que, selon la méthode ordinaire, le jardinier doit rester en délibération, sa serpette à la main, avant d'avoir examiné comment il convient de tailler ou de conduire un sarment, cette hésitation n'est plus possible, par la méthode de Thomery; la besogne est toute tracée; il n'y a plus qu'une marche certaine et régulière à suivre, sans s'en écarter, pour atteindre le but de toute taille rationnelle, c'est-à-dire pour concilier la bonne qualité et l'abondance du fruit avec la conservation des ceps et l'égale répartition de la sève dans toutes leurs parties. Si, par cette méthode, l'espalier de vigne est lent à se couvrir, il faut considérer qu'une fois établi, il n'en est point d'aussi productif, car les coursons se trouvent répartis avec une égalité parfaite sur les cordons qui couvrent le mur en entier, sans y laisser aucun vide. La méthode ordinaire donne plus tôt une pleine récolte et couvre plus tôt le mur; mais, comme on a laissé les cordons s'étendre à leur gré et s'allonger outre mesure, les coursons y sont dispersés çà et là; de grands espaces ne produisent rien; la sève se portant toujours aux extrémités, abandonne ou laisse languir les points intermédiaires; le cep ayant trop de branches, et par conséquent trop de fruits à alimenter, ne peut jamais donner que des produits médiocres; tant de désavantages font plus que compenser une légère perte de temps, il n'y a même pas lieu de discuter la supériorité de la taille à la Thomery, elle est trop évidente. Quoique ces procédés soient connus et pratiqués depuis bien des années, il ne faut pas s'étonner qu'ils soient à peine sortis des trois ou quatre communes où se récolte le raisin vendu à Paris sous le nom de chasselas de Fontainebleau, puisque les jardiniers les plus éclairés, confirmés dans leur opinion par celle de plusieurs auteurs dignes à d'autres égards de leur confiance, croyaient, et croient encore, cette manière de tailler et de conduire la vigne propre exclusivement à ce canton, dont le sol et l'exposition sont à leurs yeux les seules causes réelles de la qualité supérieure de leur chasselas. M. Lelieur a victorieusement combattu ce préjugé, qui doit finir par tomber devant des expériences après lesquelles le doute n'est plus permis.

La contexture du bois de la vigne diffère essentiellement de celle du bois des autres arbres fruitiers; elle n'a presque pas d'aubier apparent; le centre des sarments à retrancher chaque année est occupé par un large canal médullaire qui ne supporte pas le contact de l'air atmosphérique. Ainsi, tandis qu'une branche de pommier, par exemple, rabattue tout près d'un œil à bois, se prolonge par le développement de cet œil, sans éprouver d'autre dommage qu'une plaie promptement cicatrisée quand la coupe a été bien faite, le sarment de la vigne, rabattu tout près de sa bourre, meurt sur une certaine longueur et détermine la mort de la bourre elle-même. On voit combien il importe de laisser une distance suffisante entre la bourre et la coupe; cette distance peut être

sans inconvénient de 0ᵐ,03, et ne doit pas être moindre de 0ᵐ,02. Par ce moyen, si la coupe, faite avec le plus de soin. avec la lame la mieux affilée, ne peut empêcher le contact de la moelle et de l'atmosphère de faire mourir une longueur d'un et quelquefois deux centimètres du sarment, du moins la mort n'arrive pas jusqu'à l'œil, et la végétation de la vigne n'en est pas troublée.

§ V. — Ebourgeonnement.

Les principes de l'ébourgeonnement de la vigne sont les mêmes que ceux de l'ébourgeonnement du pêcher; dans l'un comme dans l'autre de ces deux végétaux, on ne doit laisser de bourgeons que ce que le sujet peut raisonnablement en nourrir; on doit bien se garder surtout d'exiger de la vigne, par une avidité inconsidérée, des récoltes trop abondantes, prises aux dépens des récoltes à venir; le développement des bourgeons de remplacement est, pour la vigne comme pour le pêcher, l'objet essentiel de l'ébourgeonnement. Cette opération doit être reprise à plusieurs fois, d'abord quand les bourgeons ont acquis une longueur de 0ᵐ,15 à 0ᵐ,20, puis, successivement, à mesure que l'état de la végétation en fait sentir le besoin. Les vignes taillées et conduites à la Thomery ont rarement besoin d'être ébourgeonnées; la sève est si également distribuée, et le nombre des bourres sur les coursons est en rapport si exact avec la vigueur de chaque cep, que l'équilibre se maintient de lui-même. Quand l'ébourgeonnement est jugé nécessaire pour une vigne en espalier à la Thomery, on ne supprime jamais le bourgeon en totalité; on lui laisse un talon muni de sa dernière feuille; ce talon ne se retranche qu'à la taille d'hiver. Indépendamment des bourgeons, il naît dans l'aisselle des feuilles de petits sarments, qui sont, à proprement parler, les bourgeons anticipés de la vigne; les jardiniers les désignent sous le nom d'ailerons ou entre-feuilles; ils doivent être supprimés à mesure qu'ils se montrent. Dans les premiers temps de leur croissance, ils adhèrent fort peu au sarment qui les porte; il suffit de les tirer de haut en bas pour les détacher.

On surveille avec la même attention la croissance des vrilles ou longs filaments de la vigne qui, s'accrochant en spirale à toutes les branches qu'ils peuvent atteindre, finiraient, s'ils étaient livrés à eux-mêmes, par faire de la vigne une masse végétale impénétrable. Ils ont, en outre, l'inconvénient beaucoup plus grave de détourner à leur profit la sève destinée à l'alimentation du raisin qu'ils exposent à couler. Les vrilles de même que les bourgeons ne se suppriment pas au niveau de l'écorce; il est bon de leur laisser un talon de quelques millimètres de longueur.

§ VI. — Pincement.

Si l'on abandonnait à leur végétation naturelle les bourgeons conservés sur une vigne régulièrement conduite, ils ne tarderaient pas à s'allonger outre mesure; presque tous dépasseraient en s'élevant vers le haut de l'espalier l'espace de 0ᵐ50 laissé entre chaque cordon; ils iraient par conséquent s'entremêler dans les bourgeons du cordon immédiatement supérieur à celui auquel appartiennent les coursons qui les portent; ils absorberaient plus de sève qu'il ne leur en revient; les yeux inférieurs, espoir de la récolte suivante, ne pourraient acquérir assez de vigueur pour devenir de bons bourgeons de remplacement : c'est à tous ces inconvénients qu'on remédie au moyen du pincement. L'usage des cultivateurs de Thomery est de compter les yeux à partir du bas du bourgeon, et de le pincer au huitième ou neuvième œil. Nous pensons que comme la distance entre les yeux peut être fort variable et que leur nombre n'a ici aucune importance réelle, il vaut mieux prendre pour base l'allongement des bourgeons et pincer uniformément au niveau du cordon supérieur, c'est-à-dire à 0ᵐ,50, ceux qui dépassent cette longueur; quant aux bourgeons qui se sont trouvés trop faibles pour s'allonger de 0ᵐ,50. on les pince selon leur force, dans le but de favoriser les yeux de remplacement qu'ils portent à leur base. Le pincement produit encore un autre résultat non moins important; il permet de contenir les bourgeons situés aux extrémités des bras et disposés à s'emporter aux dépens des autres; il suffit de les pincer à plusieurs reprises pour que l'équilibre de la végétation ne soit point dérangé. On n'attend pas pour soumettre la vigne au pincement qu'elle soit arrivée au mur d'espalier, et qu'elle y ait pris la forme définitive représentée (fig. 257); on commence à la pincer au 12ᵉ ou 13ᵉ œil, dès la troisième année après qu'elle a subi l'opération du couchage.

§ VII. — Palissage.

Cette opération n'a pas sur la végétation de la vigne la même influence que sur celle du pêcher; les sarments peuvent être inclinés dans toutes les directions, sans que leur force ou leur fertilité en paraisse modifiée d'une manière appréciable; le palissage de la vigne n'exige donc que quelques précautions pour ne pas rompre les bourgeons, toujours assez fragiles tant que leur bois n'est pas complétement aoûté.

SECTION III. — Taille et conduite de l'abricotier.

§ Iᵉʳ. — Végétation naturelle.

La végétation naturelle de l'abricotier offre avec celle du pêcher un contraste frappant. Tandis que le pêcher, livré à lui-même, se dépouille toujours du bas et pousse toute sa sève vers le haut de ses branches dont la partie inférieure reste pour toujours nue et dégarnie, l'abricotier suit une marche inverse; c'est toujours par le sommet que meurent ses branches remplacées par le développement de leurs bourgeons inférieurs, et cela, pour ainsi dire,

à perpétuité, car la vie de l'abricotier est fort longue, surtout quand il est franc de pied; nous connaissons même dans quelques jardins des environs de Paris des abricotiers très vieux, encore vigoureux et productifs bien qu'ils soient greffés, et qu'ils n'aient jamais été taillés. Si l'on recherche avec soin la cause de ce phénomène, on remarque en premier lieu un fait très fréquent dans les années favorables; les yeux à bois des pousses de l'année s'ouvrent à la seconde sève; ils poussent des jets toujours délicats en raison de l'époque tardive à laquelle ils se développent; ces jets ne peuvent jamais mûrir leur bois avant les premières gelées qui arrêtent la sève; surpris par le froid dans un état encore herbacé, ils meurent et font mourir quelquefois jusqu'à la base la branche qui les porte; les yeux qui s'ouvrent à la base de cette branche ne manquent pas de la remplacer. L'observation de ce premier fait montre combien il serait absurde de donner pour base à la taille de l'abricotier les principes qui régissent celle du pêcher, la végétation de ces deux arbres étant essentiellement différente. On voit aussi par là vers quel but doit être dirigée la conduite générale de l'abricotier; il s'agit principalement de prévenir la végétation anticipée des yeux supérieurs du bourgeon de l'année, la mort fréquente de ces bourgeons n'ayant pas d'autre cause que la mort inévitable des jets imparfaitement aoûtés produits tardivement par les yeux voisins de leur pousse terminale. Les rameaux de l'abricotier, même quand ce développement prématuré des yeux supérieurs n'a pas eu lieu, meurent souvent par leur extrémité supérieure; c'est toujours par là que périssent les rameaux épuisés. Remarquons encore comme un fait propre à la végétation de l'abricotier, que la mort des rameaux, quelle qu'en soit la cause, va toujours de haut en bas, et s'arrête plus difficilement que dans tout autre arbre fruitier; si la partie morte est retranchée seulement un peu trop court, la branche meurt au-dessous de la coupe. L'abricotier est de tous les arbres à fruits à noyau le plus sujet à la gomme, maladie qui trouble le cours de la végétation et entrave la libre circulation de la sève; aussi la pousse de l'abricotier est-elle excessivement capricieuse; tantôt il donne des jets de 1ᵐ,50, tantôt, sans cause apparente, il pousse péniblement des jets de quelques décimètres.

Ces faits que nous venons d'exposer doivent toujours être présents à la mémoire du jardinier; la taille et la conduite rationnelles de l'abricotier sont basées sur la connaissance de ces faits.

§ II. — Caractères des branches.

Les branches de l'abricotier, considérées sous le rapport de la production du fruit, sont en même temps à fruit et à bois, c'est-à-dire que les yeux à bois y sont mêlés sans régularité aux yeux à fruit; les uns et les autres, pris dans leur ensemble, sont disposés dans l'ordre

a'ternc; ils reposent sur un support très saillant, surtout ceux qui appartiennent à la pousse
terminale, comme on le voit sur la branche A
(*fig.* 259). Les yeux sur les bourgeons d'abri-

Fig. 259.

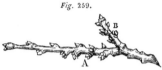

cotier sont toujours très rapprochés; ils le sont
surtout sur les petites lambourdes, productions
fruitières représentées en B, même figure. On
voit dans l'une et l'autre de ces deux branches
que les yeux à fruits sont tantôt simples, tantôt
doubles ou multiples; les boutons de fleurs s'y
forment intérieurement pendant le cours de la
végétation annuelle pour s'ouvrir au printemps
suivant.

L'abondance excessive de la gomme dans l'a-
bricotier le range dans la classe des arbres, qui,
comme disent les jardiniers, *n'aiment pas le
fer*, et veulent être taillés le moins possible; à l'exception des branches qui meurent par accident
ou maladie, il ne faut retrancher aucune grosse
branche à l'abricotier; le pincement et l'ébourgeonnement doivent suffire pour diriger la végétation de l'abricotier de manière à ce qu'il
ne soit jamais nécessaire de lui supprimer de
grosses branches bien portantes; les branches
malades se retranchent le plus loin possible
au-dessous de la partie endommagée; la plaie
doit être immédiatement couverte d'onguent
de Saint-Fiacre ou de cire à greffer; moins
elle prend l'air, moins l'épanchement de la
gomme est à craindre, et mieux on obtient la
cicatrisation. Ces suppressions ne doivent jamais se faire hors le temps du repos de la sève,
l'abricotier veut être taillé de très bonne heure.
Les branches à fruit de l'abricotier se taillent
sur un de leurs yeux à bois inférieurs, qui devient leur bourgeon de remplacement; il faut
donner beaucoup d'attention à maintenir par
la taille le plus parfait équilibre de végétation
entre toutes les parties de l'abricotier. Lorsqu'au bout d'un certain nombre d'années les
branches-mères d'un abricotier sont dégarnies et épuisées, bien qu'elles n'offrent aucun
signe de mort prochaine, l'arbre doit être recépé; il offre sur le pêcher cet avantage que
tandis que le pêcher une fois épuisé n'est plus
bon qu'à être remplacé, l'abricotier recépé
donne *toujours* du jeune bois, quel que soit son
âge. On peut voir l'un des exemples les
plus remarquables de ce rajeunissement perpétuel de l'abricotier le long du mur en terrasse qui soutient la chaussée de Paris à Vincennes. Cette chaussée a été construite il y a
plus d'un siècle; les abricotiers dont elle est
garnie au sud-ouest ont été plantés à la même
époque; partout où les jardins n'ont pas été
remplacés par des constructions, ils subsistent
encore; tous ont été rajeunis bien des fois; il

en est qui couvrent plus de 60 mètres carrés
de surface et qui, en raison de l'exposition et
de l'excellente qualité du sol, se chargent de
fruits presque tous les ans.

§ III. — Abricotier en espalier.

Les auteurs les plus accrédités qui ont écrit
sur la taille des arbres fruitiers sont unanimes
pour rejeter l'abricotier parmi les arbres de
plein-vent, et pour blâmer sa culture en espalier; nous ne saurions être de leur avis. Il est
bien vrai, comme le dit avec raison M. Lelieur, que l'abricot mûrit rarement bien en
espalier, et que même quand il y mûrit le
mieux, son fruit n'acquiert jamais le degré de
saveur qu'il doit au contact de l'air dans toutes
les directions sur les arbres en plein-vent;
ainsi l'amateur de fruits se contentera de quelques abricotiers en espalier, pris parmi les espèces les plus précoces. Mais le jardinier de
profession regardera toujours la culture de l'a-
bricotier en espalier comme *l'une des plus productives* qui puisse utiliser ses murs à bonne
exposition. L'abricot manque autour de Paris
d'une manière absolue; on en fait venir à
grands frais du Bourbonnais et de l'Auvergne;
il n'est donc pas vrai, comme le dit le *Bon Jardinier*, que l'abricot ne mérite pas l'honneur de
l'espalier. Sous le rapport du bénéfice, nous dirons, nous, que pas un arbre fruitier, sans en
excepter le pêcher, ne le mérite mieux que lui,
puisque pas un n'est plus productif. Nous avons
dû appeler sur ces considérations l'attention
des jardiniers, et justifier d'avance les détails
dans lesquels nous croyons utile d'entrer relativement à la taille et à la conduite de l'abricotier en espalier.

L'abricotier se plante ordinairement tout
greffé, un an après avoir reçu la greffe. Les sujets francs de pied lors qu'on les obtient de
semis aussi bons et aussi productifs que les arbres greffés ou non dont ils proviennent, sont
préférables aux sujets greffés. L'arbre, planté
de bonne heure à l'arrière-saison, se taille de
très bonne heure au printemps; l'époque ne
peut être précisée; elle dépend entièrement de
l'état de la végétation qui tient à l'état de la
température; on se règle sur ce principe que
l'abricotier doit être taillé avant la reprise de la
végétation, dont il faut épier les premiers
symptômes pour les devancer. La première
taille consiste à rabattre la tige à 0m,25 du sol.
On surveille les bourgeons qui naissent et
qui croissent en très peu de temps. Lorsqu'ils
ont atteint une longueur de quelques centimètres, ce qui a lieu d'ordinaire en avril sous
le climat de Paris, on arrête le choix des bourgeons à conserver pour établir la charpente de
l'arbre; on les prend autant que possible vis-à-
vis l'un de l'autre; le reste des bourgeons est supprimé. Dès que l'un des deux paraît plus ou
moins fort que l'autre, il faut se hâter de recourir au pincement ou au palissage pour conserver entre eux la plus parfaite égalité; il n'y
a pas d'inconvénient, tant qu'ils se comportent

bien, à les laisser croître en toute liberté. Au premier palissage on peut laisser les deux bourgeons dans leur position naturelle qui s'éloigne peu de la verticale et qui laisse par conséquent entre eux fort peu d'espace.

Au printemps de l'année suivante, le chicot est rabattu au niveau de l'écorce ; il s'agit ensuite de tailler les deux membres commencés l'année précédente. Le but de cette taille doit être de faire ouvrir le plus d'yeux possible, afin de préparer en même temps la formation de la charpente et la mise à fruit de l'abricotier. Dans ce but, on laisse aux membres environ 0,^{m}25 à partir de leur insertion sur le tronc ; la coupe doit être tournée vers le mur et recouverte immédiatement comme nous l'avons recommandé. Les deux yeux qui s'ouvrent latéralement le plus près de la coupe sont les plus importants pour le jardinier, puisque ce sont eux qui continuent la charpente ; on laisse subsister tous les autres, quel que soit leur nombre, à l'exception seulement de ceux qui sont placés en arrière, entre la branche et le cœur. Il n'est point à craindre que les bourgeons provenant de ces yeux s'emportent, si l'on a soin de favoriser la croissance des bourgeons de prolongement ; ceux-ci détourneront toujours à leur profit presque toute la sève ; ils deviendront avant la fin de la saison quatre membres bien formés ; il faut commencer à les éloigner de la verticale, mais avec modération. Les autres bourgeons seront devenus dans le même temps des branches à fruit, c'est-à-dire, que quelques boutons à fruit se seront formés parmi leurs yeux à bois, tandis que les branches de prolongement n'auront que des yeux à bois. Les yeux antérieurs prennent naturellement moins de croissance que les yeux latéraux ; leurs bourgeons s'arrêtent ordinairement à 0^m,08 ou 0^m,10 de longueur ; dans ce cas on les laisse tels qu'ils sont ; ce sont eux qui porteront les premiers abricots. Les bourgeons provenant des yeux latéraux sont pincés selon le besoin, afin de maintenir dans toutes les parties de l'arbre l'équilibre le plus parfait possible. A la fin de la deuxième année après la mise en place à l'espalier, l'arbre doit présenter les dispositions que montre la *fig.* 260.

Fig. 260.

Les membres AA l'emportent de beaucoup en grosseur et en vigueur sur les autres productions de l'année ; les branches latérales BB sont

toutes plus ou moins branches à fruit ; les petites branches antérieures DD sont chargées presque uniquement de boutons à fleur. La taille de l'année suivante se règle sur les mêmes principes ; les quatre membres doivent être rabattus chacun sur un bon œil à bois, autant que possible à la même hauteur, à 0^m,50 ou même 0^m,60 de leur point de départ de l'année précédente. La longueur de cette taille doit être déterminée bien moins par la vigueur des membres qui ont ordinairement plus de force qu'il ne leur en faut pour se prolonger, que par le nombre et la disposition des yeux dont ils sont garnis. Ces yeux sont quelquefois assez éloignés les uns des autres dans ces jeunes branches ; puis, si par une taille trop longue on en laisse un trop grand nombre, ils ne s'ouvrent pas tous : il en résulte alors des vides qu'on ne peut plus remplir. Il vaut beaucoup mieux retarder le plaisir de voir l'espalier promptement couvert, et ne laisser à la taille de la seconde année que le nombre d'yeux en rapport avec le développement régulier du jeune arbre qui d'ailleurs se mettra d'autant plus vite à fruit qu'il sera moins forcé dans sa croissance. L'ébourgeonnement devient cette année tout-à-fait indispensable à deux reprises différentes, la première à la fin d'avril, pour supprimer les bourgeons superflus ou mal placés, et la seconde au mois d'août, quand on peut juger l'action de la seconde sève sur les bourgeons anticipés. Les pincements se font en proportion du développement des bourgeons conservés ; il y a des années où cette partie de la besogne du jardinier est presque nulle, et d'autres où elle exige de lui des soins continuels. On peut sans crainte laisser l'abricotier prendre de grandes dimensions ; ses branches à fruit restent ordinairement productives pendant six à huit ans ; on a donc tout le temps de leur préparer des branches de remplacement, à mesure qu'on prévoit leur décadence. Les vieux abricotiers recépés donnent souvent une quantité de bois dont on pourrait être embarrassé si l'on n'avait soin d'ébourgeonner à temps et de diriger la sève vers les rameaux destinés à lui créer une nouvelle charpente. Quoique moins souple que le pêcher, l'abricotier se prête cependant à beaucoup de formes différentes ; la forme en éventail (*fig.* 261) est la plus usitée.

Fig. 261.

On peut sans inconvénient laisser à l'abricotier, au moment du palissage, un certain nombre de jets en avant des branches principales, pourvu qu'ils ne dépassent pas 0ᵐ,08 à 0ᵐ,10 ; ce sont toujours ceux qui portent les plus beaux et les meilleurs fruits ; ils représentent tout à fait pour l'abricotier les bouquets du pêcher qui sont aussi sur cet arbre les productions fruitières les plus précieuses. Ces jets, tant qu'ils n'atteignent pas au-delà de la longueur désignée ci-dessus, ne doivent point être taillés ; on ne taille pas davantage les lambourdes ou branches fruitières latérales qui s'arrêtent d'elles-mêmes à 0ᵐ,20 ou 0ᵐ, 25 de longueur ; les autres se taillent plus ou moins longues en raison de leur force relative et du nombre d'yeux à fleur dont on les voit chargées. On reproche à l'abricotier de se prêter mal à la conduite en espalier, parce qu'il se dégarnit promptement du bas et laisse de place en place des vides nombreux dépourvus de productions fruitières ; on peut juger par ce qui précède si ce reproche est mérité ; on ne doit s'en prendre qu'à la négligence du jardinier lorsqu'un arbre aussi docile que l'abricotier, aussi prompt à rejeter du bois jeune et fertile partout où il est convenablement taillé, laisse des vides improductifs sur le mur d'espalier.

§ IV. — Abricotier en plein-vent.

L'abricotier en plein-vent n'exige pas moins de soins que l'abricotier en espalier, lorsqu'on veut en obtenir des récoltes abondantes et assurer la longue durée des sujets. Après l'avoir greffé à la hauteur de deux mètres, on lui forme, d'après les principes que nous venons d'exposer, quatre membres principaux dont on dirige la végétation par le pincement et l'ébourgeonnement. Pendant les deux ou trois premières années, il est bon de palisser ces branches au moyen d'un cerceau, afin de les maintenir à égales distances entre elles ; on aura soin à la taille de ne pas laisser l'intérieur de la tête ainsi formée s'encombrer de branches superflues ; on préviendra la perte des branches épuisées en les rabattant dès que leur fertilité commencera à diminuer ; on surveillera toutes les productions fruitières pour leur ménager des branches de remplacement. L'abricotier en plein-vent se rajeunit et renouvelle sa charpente aussi facilement que l'abricotier en espalier ; il veut être débarrassé avec encore plus de soin des branches mortes ou malades, parce que la position presque verticale du jeune bois y rend la propagation du mal bien plus rapide que dans les branches de l'abricotier en espalier dont la position se rapproche toujours beaucoup plus de la ligne horizontale. Dans les pays exposés aux vents violents, on conduit souvent l'abricotier en corbeille ou en vase, après l'avoir greffé tout près de terre. Dans ce cas, on le taille exactement comme nous venons de l'indiquer pour l'abricotier en plein-vent à haute tige, en ayant soin seulement de ne pas lui laisser prendre un trop grand développement, afin qu'il puisse être plus facile-

ment protégé par une haie ou par un abri quelconque contre le vent dominant, seul but qu'on se propose d'atteindre en donnant cette forme à l'abricotier.

Section IV. — *Taille et conduite du prunier.*

§ Iᵉʳ. — Végétation naturelle.

Si toutes les fleurs du prunier venaient à bien, l'arbre ne pourrait nourrir tous ses fruits, tant sa floraison est abondante ; sa végétation naturelle offre cette particularité que les boutons à fleur s'y forment d'eux-mêmes sur toute la longueur des branches à fruit (*fig.* 262),

Fig. 262.

sans qu'il soit jamais nécessaire de provoquer par la taille le changement des yeux à bois en boutons à fruit, comme on le fait pour le poirier et le pommier, qui, sans cette précaution, seraient très peu productifs. Si l'on ajoute à cette propriété naturelle des yeux du prunier celle de former sans aucun secours artificiel une tête gracieuse où les branches sont distribuées souvent avec autant de régularité que si le jardinier avait mis tout son savoir-faire à les disposer par le palissage, on doit en conclure que le prunier sous le double rapport de la production et de la forme, est de tous nos arbres à fruit celui qui a le moins besoin d'être taillé. En effet, le prunier en plein-vent à haute tige, forme qu'on lui donne le plus souvent, ne se taille presque point. Le jardinier, après l'avoir établi sur quatre membres, comme nous l'avons indiqué pour l'abricotier, peut le laisser aller ; il n'a plus qu'à le débarrasser du bois mort, et à supprimer au besoin les bourgeons qui menaceraient de s'emporter en branches gourmandes. Si la suppression d'une branche gourmande ou la mort d'une bonne branche laisse un vide dans la tête du prunier, il suffit de tailler sur un bon œil à bois deux ou trois des bourgeons de l'année les plus voisins du vide à remplir ; il en résultera des bifurcations qui ne tarderont point à produire l'effet désiré.

§ II. — Prunier en espalier.

La prune, quelle que soit son espèce, mûrit plutôt à l'espalier qu'en plein-vent ; elle est sous ce rapport le contraire de l'abricot, qui pourtant offre avec la prune de nombreuses analogies. Les jardiniers de profession cultivent peu la prune en espalier, ils trouvent un meilleur emploi de leurs murs bien exposés, en les garnissant de pêchers et d'abricotiers. Cependant, on obtient un prix fort avantageux des belles prunes précoces récoltées sur les arbres en espalier : la reine-claude et la mirabelle sont les prunes les plus recherchées et les plus avantageuses pour le jardinier. L'amateur ne doit point dédaigner de leur consacrer une partie de ses murs au midi, s'il tient à les récolter de bonne heure, et au nord-ouest s'il veut prolonger sa jouissance. La conduite du prunier en espalier diffère peu de celle de l'abricotier ; seulement , les branches à fruit étant en grand nombre sur le prunier en espalier, et constituant presqu'à elles seules les productions fruitières, on peut sans inconvénient multiplier les membres plus que dans l'espalier d'abricotier, et. laisser conséquemment un peu moins d'intervalle entre elles. La *fig.* 263 montre la

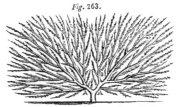

Fig. 263.

forme la plus convenable sous laquelle le prunier puisse être conduit en espalier ; c'est une forme en éventail un peu serré ; on peut laisser prendre aux membres AA une longueur indéfinie, pourvu qu'on maintienne l'égalité de végétation entre les deux côtés qui se correspondent. Les bouquets du pêcher sont, comme nous l'avons vu, terminés par un œil à bois qui ne donne que des feuilles et ne se prolonge pas ; les bouquets du prunier, bien qu'ils offrent exactement la même disposition, et que leur œil à bois terminal ne s'ouvre d'abord qu'en feuilles , durent néanmoins plusieurs années, pendant lesquelles ils deviennent successivement des brindilles , puis des branches, qu'il est nécessaire de rabattre sur un œil à bois. Les productions fruitières du prunier sont fertiles comme celles de l'abricotier pendant six ou huit ans ; on pourvoit à leur remplacement dès que leur fertilité diminue. Toute petite branche ou *brindille* B placée sur le devant d'une branche principale de l'espalier peut être convertie en un bouquet ; il suffit pour cela de la rabattre très court ; on la traite ensuite comme les autres bouquets formés naturellement.

Le prunier se prête également bien à prendre à l'espalier la forme en palmette à tige simple (*voir* Pêcher, *fig.* 245), et en plein-vent la forme en quenouille ou pyramide (*voir* Poirier, *fig.* 278). Ces dernières formes sont celles sous lesquelles on conduit les pruniers nains élevés dans des pots et forcés dans la serre pour figurer au dessert à l'époque de la maturité des fruits, qui ne perdent rien de leur volume ni de leur qualité, quelque petits que soient les arbres qui les portent. Il n'est point d'amateur ayant une serre qui ne puisse, avec quelques soins, et presque sans dépense, donner cet ornement à ses desserts.

SECTION V. — *Taille et conduite du cerisier.*

§ 1er. — Végétation naturelle.

Le cerisier a encore moins besoin que le pru-

nier d'être taillé. La taille, sur quelque arbre qu'on opère, a pour but de donner au sujet une forme convenable et de provoquer sa mise à fruit. Le cerisier se met à fruit de lui-même, et prend naturellement la forme qui convient le mieux à son mode de végétation ; comme il est encore plus sujet à la gomme que l'abricotier et le prunier, il *craint le fer* comme ces deux arbres, et ne doit être privé de ses grosses branches qu'en cas d'absolue nécessité. Lorsqu'on l'élève en plein-vent, une fois que sa tête est commencée sur quatre bonnes branches, il n'y a plus à s'en occuper ; toute branche morte ou endommagée peut être remplacée par le développement des yeux qui ne manquent jamais de percer l'écorce, quel que soit l'âge du bois.

§ II. — Cerisier en espalier.

Les cerisiers d'espèces précoces se plantent avec avantage à l'espalier ; ils y sont d'une fertilité prodigieuse ; leur produit n'est guère moins lucratif que celui d'un bon espalier de pêcher ou d'abricotier. Rien n'est plus agréable à conduire qu'un espalier de cerisiers ; ces arbres sont d'une docilité parfaite : leurs jets, longs et souples, peuvent être palissés très près les uns des autres, de sorte que le mur est parfaitement couvert en très peu de temps ; on n'a point à craindre, comme pour le pêcher, que les branches palissées dans une situation verticale s'emportent aux dépens du reste de l'arbre ; rien ne s'oppose à ce que le cerisier en espalier soit conduit avec la plus régulière symétrie. Les yeux à fleurs du cerisier mettent trois ans à se former ; mais une fois la mise à fruit bien établie, ils se succèdent sans interruption, et donnent tous les ans. Les productions fruitières du cerisier sont des lambourdes (*fig.* 264), dont la taille prévient le prolonge-

Fig. 264.

ment excessif ; on en provoque le remplacement avant qu'elles soient épuisées. Les cerisiers nains, greffés sur mahaleb, cultivés en pots, se conduisent d'ordinaire en quenouille ; cette forme n'offre d'autre avantage que celui de tenir peu de place sur la table où ces cerisiers sont destinés à figurer au dessert avec leurs fruits mûrs ; le cerisier ne se plaît pas sous cette forme, trop contraire à sa libre végétation.

SECTION VI. — *Taille et conduite du poirier.*

§ 1er. — Végétation naturelle.

Les arbres à fruits à pepins, moins capricieux que les arbres fruitiers à noyau, quant à la régularité des récoltes, sont beaucoup plus lents à se mettre à fruit ; livrés à eux-mêmes, ils s'y mettraient fort tard ou même ils ne s'y mettraient pas du tout ; les bons fruits à pepins sont, plus que tous les autres, des conquêtes de l'industrie humaine, conquêtes que l'homme ne peut conserver qu'à force de soins. Le poirier est, par le nombre, la variété et les qualités précieuses de ses fruits, le premier d'entre nos arbres fruitiers à pepins. Avant de nous occuper des moyens d'en obtenir par la taille des récoltes régulières, abondantes et durables, nous devons étudier son mode particulier de végétation.

Toute branche de poirier se termine par un œil à bois ; cet œil s'ouvre au printemps pour former un rameau semblable en tout à celui qui l'a porté ; la branche, livrée à elle-même, continue à croître ainsi par son extrémité supérieure. Tous les yeux des pousses de chaque année sont à bois sans exception. Suivons sur un rameau de trois ans (*fig.* 265) la destinée de ces yeux, en commençant par les derniers. Les

Fig. 265.

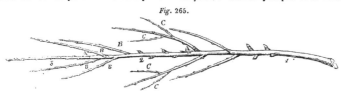

traits AA divisent la branche en trois sections, 1, 2, 3, dont chacune représente le produit d'une année de végétation. Les yeux de la troisième section n'ont subi que des modifications peu apparentes dans le cours annuel de la végétation ; quelle que soit leur destinée ultérieure, ils ne représentent pour le moment que des yeux à bois. Ceux de la deuxième section sont plus sensiblement modifiés ; nous n'en voyons cependant pas un qui soit devenu bouton à fruit ; quelques-uns seulement sont en train de le devenir, transformation très lente chez le poirier. De plus, nous remarquons vers le haut de la seconde section plusieurs productions BBB, en tout semblables à la première section, sauf les dimensions ; ce sont des yeux à bois qui se sont ouverts en bourgeons ; ils sont situés immédiatement au-dessous de l'origine de la troisième section ; ils suivaient avant son développement l'œil terminal, duquel cette section est sortie. Au-dessous de ces bourgeons, nous trouvons, sur la deuxième section, des yeux plus avancés vers l'état fertile ; plus bas, la place des yeux inférieurs est à peine visible ; ils ne se sont point ouverts ; ils existent cependant, mais dans un état de sommeil végétal ; la sève, attirée trop puissamment par les bourgeons situés au-dessus d'eux, a passé à côté d'eux sans qu'ils aient pu en profiter. Les derniers, placés tout près du talon, sont tout-à-fait oblitérés. Ceux de la première section ont suivi exactement la même marche, seulement, comme ils ont végété un an de plus, les bourgeons sont plus forts et peuvent avoir déjà eux-mêmes des bourgeons développés ; les yeux fertiles sont plus avancés vers le moment où ils porteront leurs premières fleurs, bien que ce moment ne soit point encore venu. Enfin le bas de la branche est complétement nu ; on n'y distingue aucun des yeux inférieurs, qui, lorsque cette section était encore à l'état de bourgeon, se voyaient aussi apparents que ceux dont est garnie la troisième section dans toute sa longueur. Tels sont les faits qui s'offrent à nous au premier aspect. Un examen plus attentif nous fera reconnaître, à côté de tout œil à bois ou à fruit, un sous-œil, souvent très peu distinct, mais très vivace, et qui devient un bourgeon vigoureux en fort peu de temps, lorsque son compagnon vient à périr ou à être retranché. Cette ressource précieuse d'un sous-œil dormant, qu'on peut toujours éveiller à volonté, n'existe que dans les arbres à fruits à pepins. Ces arbres ont encore une autre ressource ; les yeux du talon ne sont oblitérés qu'en apparence ; ils sont toujours prêts à percer l'écorce. On peut toujours compter sur eux lorsque, par une taille courte, on force la sève à se porter de leur côté.

Après avoir vérifié cette marche constante de la végétation du poirier, nous sommes en état de juger en quoi elle contrarie nos vues dirigées vers la production du fruit, et nous pouvons entrevoir par quels moyens il nous sera facile de favoriser le développement des productions fruitières ; nous n'en voyons encore aucune bien formée sur la branche que nous venons d'étudier (*fig.* 265) ; cette branche est trop jeune.

§ II. — Productions fruitières.

Les boutons à fruit mettent souvent plus de quatre ans à passer de l'état de boutons à bois à celui de production fruitière. La *fig.* 266 représente un bouton à fruit parvenu

Fig. 268,   270.

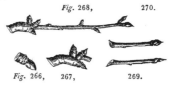

Fig. 266,   267,   269.

à sa perfection et prêt à s'ouvrir. Les rides de son support sont les traces laissées par les pétioles des feuilles qui l'ont protégé pendant le cours de son existence, et sans lesquelles il n'aurait pu attirer la sève nécessaire à son accroissement. Tout œil à bois, quelle que soit sa place sur le poirier, peut, dans des circonstances données, devenir un bouton à fruit ; s'il n'est point oblitéré comme ceux du bas des rameaux, s'il ne s'ouvre point en bourgeon comme les yeux voisins de l'œil terminal, il grossit peu à peu, prenant tous les ans une ou deux feuilles de plus que l'année précédente, feuilles dont la base du bouton tout formé conserve la trace. L'œil qui doit fleurir au bout d'un an ne porte pas moins de cinq feuilles ; le plus souvent, il en porte sept.

Les bourses (*fig.* 267) sont des productions fruitières qui naissent à la place d'un bouton, soit qu'il ait porté fruit, soit qu'il se soit seulement ouvert en fleurs stériles ; elles se couvrent d'yeux, qui, selon le cours naturel de leur végétation, se changent tous, au bout d'un temps plus ou moins long, en boutons à fruit : les yeux dont se chargent les bourses sont dus aux feuilles qui les ont nourris dans leurs aisselles. Les bourses ne naissent que sur une branche qui a montré ses premières fleurs.

Les lambourdes (*fig.* 268), sont des branches à fruit qui naissent sur des bourses, soit naturellement, soit par suite d'une taille ayant pour but de provoquer leur développement ; elles dépassent rarement la longueur de 0^m,50 et n'atteignent quelquefois pas celle de 0^m,05 ; elles se couvrent d'yeux à fruit sur toute leur longueur ; elles peuvent néanmoins être provoquées, par la taille, à fournir des rameaux en cas de besoin.

Les dards (*fig.* 269) doivent leur nom à la forme pointue et presque épineuse de l'œil qui les termine ; cet œil devient toujours un œil à fruit ; il ne saurait par conséquent s'allonger. Il se présente quelquefois, dès la première année, sous la forme d'un bouton arrondi (*fig.* 270), qui fleurit au bout d'un an ou deux. Le dard du poirier est dépourvu de rides circulaires à sa base, parce qu'il n'a point été protégé, comme la bourse, par des feuilles tombées successivement ; il ne se développe jamais que sur un rameau ; il ne dépasse point la longueur de 0^m,07 ; il n'a le plus souvent pas plus de 20 à 25 millimètres de long.

Les brindilles (*fig.* 271) diffèrent des lam-

Fig. 271.

bourdes en ce qu'elles sont toujours plus minces, plus grêles et moins garnies d'yeux dans leur longueur ; elles naissent, non pas comme les lambourdes, sur les bourses, mais sur les rameaux qui n'ont point subi de retranchement à la taille. Quand leur naissance a point été provoquée, elles n'offrent point de rides à la base ; elles en ont au contraire un bourrelet bien marqué, lorsque, disposées dans l'origine à devenir des boutons à fruit, la taille du rameau qui les porte a fait refluer la sève vers elles et leur a permis de se prolonger ; dans ce dernier cas, elles sont toujours plus productives que les brindilles développées spontanément ; leurs yeux à fruit mettent moins de temps à se former.

Telles sont les productions fruitières du poi-

rier ; les plus précieuses sont, sans contredit, les bourses, quelquefois réunies en assez grand nombre ; elles présentent alors l'aspect représenté *fig.* 272. Les arbres qui contiennent le

Fig. 272.

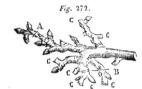

plus grand nombre de productions fruitières de ce genre ne sont pourtant pas toujours les plus fertiles ; souvent un arbre, près de sa fin, se couvre d'une multitude de bourses ainsi groupées, dont les boutons fleurissent, mais ne portent point de fruit ; pour que les fleurs nouent, que le fruit tienne et qu'il puisse arriver à parfaite maturité, il faut qu'un certain nombre de lambourdes parmi les bourses, et de brindilles parmi les rameaux, attirent sur les boutons à fleur la sève, faute de laquelle la floraison est toujours stérile.

§ III. — Taille.

Le but de la taille se montre à nous maintenant clair et distinct ; il s'agit de forcer les rameaux à se couvrir de productions fruitières sur toute leur étendue, de maintenir parmi ces productions assez de lambourdes et de brindilles pour attirer la sève vers les fleurs et le fruit, afin de prolonger les rameaux, méthodiquement, prudemment, ayant soin qu'ils croissent en grosseur en même temps qu'en longueur, et que la sève ne se perde pas à produire une confusion de branches inutiles.

La taille du poirier peut être considérée indépendamment de la forme à donner à l'arbre, objet dont nous parlerons plus bas. Les principes de la taille s'appliquent à toutes les formes qu'on peut donner au poirier, soit en espalier, soit en plein-vent. Si nous nous reportons au rameau de trois ans représenté (*fig.* 265), tel que la nature l'a fait croître sans le secours de la taille, nous remarquons d'abord combien les productions destinées à porter fruit y sont rares et peu développées ; la faute en est au prolongement excessif du bourgeon terminal et au développement trop rapide des bourgeons latéraux immédiatement au-dessous de la naissance de chaque section ; ces pousses ont fait l'office de branches gourmandes ; elles n'ont presque rien laissé pour les yeux à fruit. Si chaque pousse eût été contenue par une taille raisonnée, et que le bourgeon terminal eût été raccourci à 0^m,10 ou 0^m,15 de son point de départ, tous les yeux situés au-dessous en auraient profité ; à la vérité, les yeux les plus voisins de la taille, plus favorisés que les autres, auraient eu plus de pente à s'emporter ; mais, arrêtés par des pincements donnés à propos, ils auraient formé la base de branches productives dans la suite, ou bien ceux qu'on aurait dû supprimer, étant coupés à quelques millimètres au-dessous de leur insertion, auraient donné naissance, par le développement ultérieur de leur œil inférieur, à des productions fruitières. Quant aux yeux placés au-dessous des bourgeons, favorisés dans leur croissance par la taille du bourgeon terminal et le

pincement des bourgeons latéraux les plus voisins de la coupe, ils se seraient ouverts les uns en brindilles, les autres en boutons à fleurs, destinés à devenir l'origine de bourses nombreuses du sein desquelles de robustes lambourdes n'auraient pu manquer de sortir ultérieurement. L'application de ce système pendant trois ans aurait mis le rameau dans l'état représenté

Fig. 273.

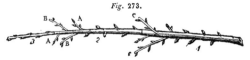

fig. 273; la comparaison de ce rameau avec celui que représente la *fig.* 265, rend sensibles les effets de la taille sur le développement des productions fruitières du poirier.

On voit combien est simple la taille du poirier réduite à ces principes; nous n'avons parlé ni des branches gourmandes, ni des branches chiffonnes; ces productions monstrueuses ne peuvent naître sur le poirier que par l'incurie du jardinier. S'il surveille ses arbres avec assez de soin pour tailler et pincer toujours à propos, il n'aura point à s'occuper des branches gourmandes et chiffonnes; il en aura prévenu la naissance.

Observons sur la *fig.* 273 l'état particulier de chaque section. Les bourgeons superflus taillés à quatre ou cinq millimètres de leur insertion sont convertis, les uns en dards AA, les autres en brindilles BB; les boutons inférieurs sont tous à fruit; tel est l'état de la première section. Nous voyons aussi beaucoup d'yeux à fruit sur la seconde section; les brindilles doivent avoir été cassées aux points CC pour hâter leur mise à fruit; les simples boutons à fruit qui deviendront des bourses, et les dards qui se couvriront de boutons à fruit, garnissent de distance en distance la seconde section. En avançant en âge, ils prendront successivement, et sans le secours de la taille, la forme des productions fruitières de la première section; la troisième section est semblable à la troisième du rameau non taillé (*fig.* 265); elle n'a que des yeux à bois. Chaque section est, par rapport à l'ensemble, plus grosse et plus courte dans la branche taillée, parce qu'on n'a pas laissé la sève s'épuiser à produire des bourgeons superflus. La comparaison entre la branche de poirier taillée (*fig.* 273), et la même branche non taillée (*fig.* 265), rend évidente l'application des principes de la taille du poirier et les effets de cette taille; le jardinier doit toujours se reporter à la première de ces deux branches, afin de lui comparer les branches qu'il est occupé à tailler; par là les erreurs deviennent pour ainsi dire impossibles.

Les branches qui ont porté fruit pendant plusieurs années se fatiguent d'abord par leurs sections inférieures. Dès qu'on s'en aperçoit, on commence par les soulager en sacrifiant à la taille une partie des bourses, afin d'y provoquer la naissance de quelques lambourdes qui puissent, en attirant et retenant la sève, empêcher le bas des branches de se dégarnir. Une agglomération de bourses, représentées *fig.* 272, est alors éclaircie par une taille en A et en B; cette taille lui fait rejeter deux lambourdes qui la mettent dans l'état que représente la *fig.* 274. Ces lambourdes rabattues sur un œil à bois, deviendraient au besoin des branches nouvelles; on voit en CC la place des boutons qui ont porté fruit à la dernière récolte. Quand ces moyens ne suffisent plus, et que la branche est décidément épuisée, on la rabat plus ou moins près du tronc ou de la branche-mère à laquelle elle appartient, selon les exigences de la forme de l'arbre, en calculant d'avance la place que vont occuper les bourgeons plus ou moins vigoureux, provoqués par la taille.

Fig. 274.

Ainsi, en résumant les principes de la taille du poirier, nous trouvons : 1° qu'on taille les bourgeons terminaux ou de prolongement environ au tiers de leur longueur acquise en une année, afin de forcer à s'ouvrir les yeux inférieurs à la coupe; 2° que parmi ces derniers yeux on raccourcit ceux qui sont devenus des brindilles pour faire ouvrir leurs yeux en boutons à fruit; 3° qu'on supprime le bois inutile de l'année à quelques millimètres seulement de l'insertion des bourgeons, pour obtenir du dernier œil une production fruitière; 4° enfin, que la vie des productions fruitières se prolonge au moyen des dards ou des lambourdes, et que le ravalement est la seule ressource pour rajeunir les branches dont les productions fruitières sont épuisées.

§ IV. — Pincement.

Le pincement qui commence en avril et mai, lorsque les bourgeons ont de 0^m,04 à 0^m,08 de longueur et qu'ils sont encore à l'état herbacé, n'a pas moins d'importance que la taille pour la mise à fruit et la durée du poirier.

Le pincement n'a pas seulement pour objet le raccourcissement d'une pousse trop longue, comme nous l'avons déjà dit pour le pêcher; il a l'avantage inappréciable de changer le mouvement de la sève, d'en rétablir l'équilibre, de la faire passer au profit des bourgeons qui sont nécessaires à la formation et à la bonne direction de l'arbre, et à faire développer en boutons à fruits les yeux des parties consacrées.

Enfin le pincement débarrasse l'arbre des bourgeons inutiles qui empêcheraient la pénétration et la circulation dans l'intérieur de l'arbre, de la lumière et de l'air si utiles au développement et à la qualité des fruits. Les bourgeons qui doivent surtout être surveillés et subir le pincement, sont ceux qui se trouvent sur la partie supérieure des branches. Si, pour arriver à ce but, l'on s'avisait d'employer la taille au lieu du pincement, l'œil placé au-dessous de la coupe s'ouvrirait et se développerait si vite en bourgeon que l'interruption de la sève serait à peine sensible, en sorte que l'effet désiré serait manqué. Quant à l'ébourgeonnement, il n'y a pas à s'en occuper lorsqu'on a pincé à propos; les bourgeons pincés peuvent rester sans inconvénient jusqu'à la taille d'hiver.

§ V. — Chargement et déchargement.

Lorsqu'un poirier vigoureux ouvre trop d'yeux en bourgeons à bois au-dessous de la taille de chaque bourgeon de prolongement, on doit prévoir que le bourgeon provenant de chacun de ces yeux aura la même disposition l'année suivante; si donc on taillait à quelques millimètres de leur insertion, dans le but d'en obtenir des productions fruitières, il n'en résulterait qu'une confusion de bois inutile, parce que l'œil inférieur de chaque talon, par un excès de sève, n'ouvrirait qu'en bourgeon à bois; alors, il faudrait recourir à l'ébourgeonnement. Pour échapper à cette nécessité, on donne à tous les bourgeons à la taille d'hiver une taille plus ou moins longue. L'effet d'une taille longue sur les arbres fruitiers à noyau est, comme nous l'avons vu, de mettre tout d'un coup tout à fruit, et de ruiner promptement les arbres, comme le font trop souvent les locataires vers la fin de leur bail. L'effet d'une taille longue sur les arbres à fruits à pepins est de provoquer la formation d'une multitude de productions fruitières (dards et brindilles) qui fructifieront plus tard; la sève trouve une issue dans ces productions, et ne donne plus lieu à une confusion de bourgeons qui rendrait l'ébourgeonnement inévitable. Cette manière de tailler les poiriers se nomme *charger*, parce qu'en effet on les oblige à se charger d'une quantité de branches à fruit de beaucoup supérieure à celle qu'aurait pu provoquer la taille ordinaire. Nous répétons qu'on ne doit *charger* ainsi que les poiriers excessivement vigoureux. Le *chargement* d'un poirier au moyen d'une taille longue doit être général; il manque son but s'il est appliqué à une branche en particulier; il

faut charger un arbre sur toutes ses branches s'il en a besoin, ou lui donner la taille ordinaire.

On nomme par opposition *déchargement* d'un poirier la suppression d'une partie des productions fruitières : c'est l'opération dont nous avons indiqué la nécessité pour faire naître des lambourdes parmi les bourses, et du jeune bois sur les branches qui commencent à se dégarnir. La coupe toujours faite avec une taille d'un tranchant parfait doit être, comme le montre la *fig.* 275, opposée à l'œil, c'est-à-dire que l'instrument tranchant ne doit jamais appuyer que sur la face de la branche en regard de celle qui supporte l'œil sur lequel on rabat; il faut en outre que la coupe ait assez de pente pour que la pluie n'en puisse séjourner sur la surface coupée. La petite portion de bois qui reste entre la coupe et l'œil qui lui fait face est nommée par les jardiniers *onglet* ou *ergot* (A, *fig.* 275); elle ne doit pas dépasser la longueur de

Fig. 275.

2 à 5 millimètres; dans ces limites, sa longueur se règle sur la grosseur du rameau coupé. Comme le poirier n'est point gommeux, on s'abstient de couvrir les plaies; c'est un tort. L'exposition de la plaie à l'air, quoique moins funeste pour cet arbre que pour les arbres à gomme, n'en cause pas moins un mal très réel.

Souvent au lieu de couper les dards et les brindilles qu'on veut raccourcir, on se contente de les casser; dans ce cas, la plaie étant plus lente à se cicatriser, la sève est détournée pour plus longtemps vers le bas de la branche cassée, et ses boutons à fruit profitent davantage.

§ VI. — Poiriers conduits en espalier.

L'ensemble des données que nous venons d'exposer et qui s'appliquent à toutes les formes sous lesquelles il est possible de conduire le poirier, fait déjà pressentir comment il est possible de faire naître à volonté sur un jeune sujet les branches nécessaires pour établir sa charpente en espalier. Les premières sections de ses membres sont données par les bourgeons qui sortent en nombre toujours plus que suffisant. lorsqu'on rabat la greffe sur les huit ou dix yeux inférieurs; les bifurcations s'obtiennent de même, immédiatement au-dessous de la taille des pousses terminales; on les favorise en pinçant les bourgeons à bois inférieurs. Trois formes sont principalement en usage : la palmette à tige simple, la palmette à double tige, et l'éventail.

A. — *Palmette simple et double.*

Nous renvoyons aux figures du pêcher pour le poirier à palmette simple et double : la forme et la direction sont les mêmes : l'espace à laisser entre chaque membre latéral est de 0m.30 à 0m.40, selon les espèces. En le réduisant à 0m.16, on obtient une masse de bois presque compacte ; quand les membres ont un peu grossi, il ne reste plus de place pour les brindilles et les lambourdes ; les productions fruitières se bornent donc à de simples bourses, qui, trop multipliées, ruinent l'arbre, et qu'il faut éclaircir de temps en temps au détriment de la production. La flèche de la palmette à tige simple se prolonge successivement par la taille sur un œil antérieur bien placé, de manière à présenter, lorsqu'elle a atteint toute sa hauteur, une ligne parfaitement droite. Les membres ou cordons latéraux, une fois commencés, sont exactement dans le même cas que la branche représentée isolément (*fig.* 273) ; ils se gouvernent comme nous l'avons expliqué ; l'on a soin de pincer de très bonne heure les bourgeons mal placés sur les branches ; on les supprime totalement à la taille d'hiver.

Il en est de même des membres de la palmette à double tige ; les deux branches-mères obtenues, soit de deux écussons, soit de deux yeux d'une seule greffe, sont redressées peu à peu et se prêtent avec la plus grande facilité à prendre la forme du pêcher de même modèle, représenté *fig.* 247.

Fig. 276.

B. — *Poirier en éventail.*

Le poirier en éventail (*fig.* 276) se conduit un peu différemment. On laisse pousser librement le jet de la greffe jusqu'à la fin de l'été ; on le pince alors à son sommet pour qu'une partie de la sève d'août concoure à la formation des yeux inférieurs. Si quelques-uns s'étaient ouverts en bourgeons, on les pincerait de très bonne heure, pour les supprimer totalement plus tard. A la taille, le jet de la greffe est rabattu à 0ᵐ,40 ou 0ᵐ,50 du sol ; cette distance varie selon l'écartement des yeux qui diffère d'une espèce à l'autre, mais il ne peut être moindre de 0ᵐ,40. Il importe qu'il se développe le plus grand nombre de bourgeons possible, afin qu'après avoir supprimé ceux des faces antérieure et postérieure, il en reste encore quatre ou cinq de chaque côté pour commencer tous à la fois les membres de la charpente. Si tous ces bourgeons étaient livrés à eux-mêmes, le bourgeon terminal et les deux bourgeons les plus rapprochés de lui de chaque côté attireraient à eux presque toute la sève ; les membres inférieurs croîtraient faiblement et resteraient toute leur vie plus faibles que les autres, car, bien que la position verticale favorise moins la croissance des branches du poirier que celle du pêcher, elle n'en a pas moins, quoique à un moindre degré, l'inconvénient très réel de développer les branches verticales au préjudice des branches plus rapprochées de la situation horizontale. On favorisera donc les bourgeons inférieurs, soit en les palissant les derniers, soit en les maintenant en avant du mur. La *fig.* 240 montre l'application de ce procédé aux branches d'un pêcher ; en même temps on palissera de très bonne heure, et même on pincera au besoin le bourgeon terminal et ses plus proches voisins, afin de les retarder. A mesure que les uns et les autres s'allongeront, ils seront palissés en lignes très droites, à des distances égales entre elles, comme les rayons d'un éventail. Une fois commencés, ces membres se continueront, toujours en lignes droites, comme la branche représentée *fig.* 276. L'arbre terminé, parvenu à son entier développement, présentera l'aspect indiqué par la *fig.* 277. On peut aussi conduire le poi-

Fig. 277.

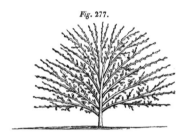

rier en éventail sur deux branches-mères munies chacune d'autant de bifurcations qu'il en faut pour garnir l'espalier, en prenant à peu près pour modèle le pêcher taillé à la Dumoutier (*fig.* 243). La marche que nous avons tracée étant fondée sur le cours naturel de la végétation du poirier et le jardinier pouvant toujours, d'après ces indications, prévoir le résultat certain de chaque coup de serpette, il conduira les espaliers de poirier sans hésitation, une fois qu'il aura arrêté dans sa pensée la forme qu'il veut leur donner. Il y a un demi-siècle, tous les jardins fruitiers étaient remplis d'arbres en éventail, plantés en arrière des plates-bandes du potager sans être appuyés contre un mur, ni même contre un treillage, c'est ce que l'on appelait un contre-espalier ; le poirier, le pommier, le prunier et le cerisier, se prêtaient facilement à ce mode de culture ; les jardiniers modernes s'en servent moins souvent que ceux d'autrefois, quoique les fruits obtenus des arbres conduits de cette manière soient abondants et d'excellente qualité, particulièrement ceux du poirier. La conduite du poirier en éventail sans espalier est la même que celle du poirier en éventail sur le mur; on a soin seulement de ménager des productions fruitières des deux côtés des branches.

§ VII. — Poiriers conduits en pyramides, quenouilles, vases et girandoles.

A. — *Poirier en pyramide ou cône.*

La forme en pyramide est la plus productive de toutes celles qu'on peut donner au poirier lorsqu'il n'est pas possible de lui laisser prendre librement sa forme naturelle, en se bornant à lui établir un tronc solide et droit, sur franc, et à l'élaguer de temps en temps pour l'empêcher de produire trop de bois, tout en avançant l'époque de la mise à fruit. Malheureusement, cette façon de gouverner le poirier n'est possible que dans les grands vergers, où l'espace ne manque pas; de plus, les poiriers en plein-vent vivent à la vérité fort longtemps, surtout lorsqu'ils sont francs de pied; mais ils font attendre bien des années leur premier fruit. On rapproche, autant que possible, le poirier des conditions d'un arbre en plein-vent, en le conduisant sous la forme pyramidale. Comme dans le plein-vent, le fruit reçoit de tous les côtés l'air et la lumière; l'arbre ayant moins de grosses branches à nourrir, quand même il ne serait pas greffé sur cognassier, se met plus vite à fruit; puis, lorsqu'on a soin de ne pas laisser prendre aux *flèches* des pyramides trop d'élévation, on n'est pas exposé, comme avec les arbres en plein-vent, à perdre par une bourrasque une partie de la récolte presque mûre, lorsque les poires, tombant de trop haut, se meurtrissent ou s'écrasent dans leur chute.

M. Lelieur définit très bien la conduite du poirier en pyramide, en disant que chaque branche latérale doit être insérée sur le tronc comme les marches d'un escalier en spirale le sont sur la colonne centrale qui les supporte, de façon à ce que pas une de ces branches ne se trouve d'à-plomb au-dessus d'une autre.

La tige ou flèche, conduite aussi droite que possible, ne doit être prolongée que successivement; lorsque ses yeux sont de force inégale, il ne faut pas craindre de la rabattre un peu court, surtout aux deux premières tailles, si par ce moyen on peut tailler sur un œil vigoureux qui la continue en ligne droite, sans cicatrice apparente. Il vaut beaucoup mieux, dans tous les cas, retarder le prolongement de la flèche que de le hâter; la sève aura toujours assez et trop de pente à se porter vers le haut de l'arbre; le point important, c'est de la forcer autant que possible à se porter vers le bas, en ne perdant pas de vue que l'arbre, livré à lui-même, n'aurait point de branches inférieures; il n'aurait qu'un tronc droit, sans branches jusqu'à une hauteur déterminée et supportant une tête ramifiée; il s'agit donc, par la taille, de contrarier la nature et de la contraindre à donner au poi-

rier en pyramide une forme autre que sa forme naturelle. La taille de la flèche fait ouvrir tous les yeux qui sont au-dessous; on favorise de préférence ceux du bas de la tige, en pinçant successivement, pour modérer leur vigueur, les bourgeons les plus voisins de la taille; la première *assise* des bras inférieurs doit en contenir six ou sept; le moins éloigné du sol doit en être à 0m,32. Nous tomberions nécessairement dans des répétitions superflues en suivant pas à pas le développement progressif de la flèche et des diverses assises de ses membres latéraux; toutes ces branches, considérées individuellement, n'ont rien à nous montrer dans leur croissance que nous n'ayons déjà observé en détail sur le rameau représenté *fig.* 273; c'est toujours à lui qu'il en faut revenir pour la taille et la conduite du poirier qui, sous quelque forme que ce soit, ne saurait produire que les mêmes phénomènes. Si les places des rameaux latéraux sont choisies avec discernement, on n'éprouvera aucune difficulté à leur faire prendre une direction rapprochée de l'horizontale, partant de l'axe du tronc, à angle presque droit, comme le rayon d'un cylindre dont cet axe occuperait le centre; le besoin de chercher l'air et la lumière les poussera presque d'eux-mêmes dans cette direction; il n'y a que sur les pyramides gouvernées avec négligence par la taille et le pincement, qu'on observe des bourgeons partant des rameaux inférieurs dans une direction rapprochée de la verticale. Les pyramides plantées dans des lieux très découverts poussent toujours un peu plus du côté du midi que du côté du nord; on doit s'opposer par la taille et le pincement à ce qu'il en résulte un dérangement d'équilibre dans la distribution de la sève. La *fig.* 278 mon-

Fig. 278.

tre la disposition des branches sur un poirier en pyramide régulièrement taillé.

Chaque branche latérale en particulier est soumise à la même disposition à se dégarnir du bas, et à porter la vigueur de la sève vers l'extrémité la plus éloignée du tronc. Il faut donc, sur une échelle plus réduite, employer à leur égard les moyens dont on a fait usage pour forcer le tronc à se garnir de branches par le bas. L'un des moyens le plus fréquemment en usage pour retarder la végétation, soit de la flèche qui continue le tronc, soit de la pousse terminale qui prolonge une branche latérale, consiste à détruire l'œil de leur extrémité supérieure au moment où il entre en végétation. Pendant le temps toujours assez long que l'un des sous-yeux de l'œil supprimé doit employer à le remplacer pour prolonger la branche, la sève ne trouvant pas d'issue de ce côté, tourne au profit des yeux situés plus bas, et aide puissamment à maintenir les branches bien garnies vers le bas de bourgeons à bois et de productions fruitières.

B. — *Poirier en quenouille.*

La forme en quenouille a été longtemps, et est encore, pour beaucoup d'amateurs peu éclairés, la forme de prédilection adoptée pour le poirier. Presque tous les pépiniéristes préparent leurs arbres pour cette forme ; ils y trouvent cet avantage, que les branches inférieures ont de très bonne heure des productions fruitières très développées qui flattent les acheteurs, charmés de ce qu'ils regardent comme un signe de fécondité précoce. Ces arbres en effet se mettent très vite à fruit lorsqu'on les conduit en quenouille ; mais l'excès des productions fruitières dans le premier âge ne permet pas que l'arbre se forme de bonnes et vigoureuses racines, malheur qui, dans la suite, ne peut jamais être réparé. Au bout de quelques années d'une trop précoce et trop abondante production, les arbres épuisés languissent, et comme ils sont d'une part trop jeunes pour périr, de l'autre trop fatigués et trop mal enracinés pour se refaire, le jardinier, nourrissant toujours l'espoir de les réparer, les conserve en les tourmentant de mille manières pour les forcer à se remettre à fruit, sans jamais en venir à bout. Nous imiterons donc la réserve de M. Dalbret, qui, blâmant d'une manière absolue la forme en quenouille pour le poirier, s'abstient de la décrire, se contentant d'exposer, ainsi que nous venons de le faire, les motifs qui le portent à la condamner. La *Pomone Française* ne parle point de la quenouille pour les mêmes raisons ; l'autorité de deux horticulteurs du mérite de M. le comte Lelieur et de M. Dalbret doit suffire pour nous justifier. Quant à ceux de nos lecteurs qui, ayant acheté pour garnir leurs jardins fruitiers, des arbres disposés pour être conduits en quenouille, les auraient commencé sous cette forme défectueuse, nous n'avons qu'un conseil à leur donner ; c'est d'en faire des pyramides. Voici comment cette transformation peut s'opérer.

Il faut commencer par sacrifier, sans balancer, toutes les productions fruitières chargées de boutons à fruit, quelque part qu'elles soient placées ; c'est du bois vigoureux et non du fruit que le poirier doit produire pendant les premières années de sa formation. Du développement de la charpente dépend celui des racines qui, si elles ne se forment pas durant le premier âge de l'arbre, ne vaudront jamais rien. On retranche ensuite tous les bourgeons de la partie supérieure de l'arbre, et comme toute la sève se portant de ce côté ne manquera pas de leur susciter bientôt des remplaçants, on les arrêtera par le pincement à mesure qu'ils se développeront. On taillera de même très court les branches établies immédiatement au-dessous des bourgeons supérieurs, et si quelqu'une de ces branches paraît trop rapprochée de celles du bas qu'il faut faire croître à tout prix, on n'hésitera pas à la supprimer. Quant aux branches inférieures, qui ne devaient être pour la forme en quenouille que de courtes productions fruitières, leur rapprochement sur un œil à bois coïncidant avec le traitement que nous venons d'indiquer pour les branches et bourgeons supérieurs, ne manquera pas de leur faire donner, soit des bourgeons, soit des lambourdes susceptibles par une seconde taille de donner des bourgeons. C'est ainsi qu'en suivant du reste la marche tracée pour les poiriers conduits en pyramide dès le moment de leur mise en place, on aura au bout de quelques années des arbres réguliers, à la fois fertiles et durables.

C. — *Poirier en vase.*

Après les détails dans lesquels nous venons d'entrer sur la conduite du poirier sous différentes formes, quelques mots suffiront pour faire comprendre comment on peut lui donner la forme de vase ou corbeille qui réunit à peu près les mêmes avantages que celle en éventail sans espalier. Le sujet de deux ans de greffe rabattu sur un bon œil à $0^m,30$ ou $0^m,35$ du sol, pousse des jets nombreux dont les deux meilleurs sont choisis pour base de la charpente. L'année suivante, on rabat ces deux membres principaux à $0^m,20$ ou $0^m,25$ de leur naissance. Parmi les bourgeons qu'ils développent, on en choisit trois sur chacun des deux membres ; on laisse les membres se prolonger par un des trois bourgeons qui doit dominer les deux autres ; le commencement du vase s'établit ainsi sur six pousses, dont deux principales portent chacune deux bourgeons. A l'époque du palissage, ces six pousses, dont les quatre secondaires et les deux principales doivent être égales entre elles si elles ont été bien conduites par des pincements judicieux, sont assujetties sur deux cercles de bois, le supérieur un peu plus grand que l'inférieur (*fig.* 279). Les années suivantes, les branches-mères

Fig. 279.

continuent leur prolongement; on a soin, à mesure qu'elles s'élèvent, de leur faire porter, ainsi qu'aux quatre membres inférieurs, autant de ramifications ou bifurcations qu'il est nécessaire pour que le vase soit garni jusqu'au sommet. Chacune des branches qui le composent ayant été originairement palissée pendant qu'elle était encore souple et flexible, a pris sans peine sa place sur le vase; il faut toujours se reporter, pour leur taille et leur développement successif, à la branche de poirier représentée *fig.* 273. Les jardiniers n'aiment pas la forme en vase, qui permet difficilement de tailler les arbres en dedans; ils préfèrent de beaucoup les pyramides, qui sont en effet à tous égards les meilleurs de tous les poiriers, bien entendu après les plein-vent.

D. — *Poirier en girandole.*

On donne quelquefois au poirier la forme dite en *girandole*, représentée (*fig.* 280); c'est une

Fig. 280.

véritable pyramide interrompue par des intervalles dégarnis. La manière de l'établir ne diffère en rien du procédé que nous avons décrit pour la formation des pyramides; on a soin seulement de supprimer tous les bourgeons qui pourraient naître sur les parties de la flèche qui doivent devenir sur le tronc des intervalles vides. Quelques espèces de poiriers, dont le fruit a besoin de beaucoup d'air et de lumière pour parvenir à parfaite maturité, se conduisent sous cette forme moins usitée qu'elle ne devrait l'être si l'on en appréciait mieux les avantages. Cette forme, de même que la pyramide, ne peut se maintenir qu'en surveillant avec un soin extrême l'équilibre de la sève; ainsi, toutes les branches trop vigoureuses qui sembleraient disposées à s'emporter seront taillées *court*, sur un œil inférieur peu développé; toutes les branches minces et délicates seront taillées *long* sur leur meilleur œil. La sève, trouvant issue dans plusieurs yeux bien conformés, s'y portera de préférence, et rendra bientôt ces branches faibles capables de faire équilibre aux rameaux plus forts rabattus sur un œil faible; tout dépend de l'observation rigoureuse de ce précepte (*voir* Jardin fruitier).

§ VIII. — Recépage et restauration d'un vieux poirier.

Il n'y a aucun profit réel à user les arbres

jusqu'au bout. On peut bien, pendant un temps plus ou moins long, prolonger leur âge fertile en renouvelant les rameaux fatigués; mais, en définitive, ces rajeunissements ont un terme : la sève finit par ne plus trouver de passage dans les rameaux épuisés; les racines, affaiblies par l'âge, ne peuvent plus envoyer une sève suffisante à la charpente à demi desséchée; les extrémités meurent les premières; la vie se retire peu à peu vers la partie inférieure de l'arbre qui finit par mourir. Longtemps avant sa fin, il n'a plus la force de produire : s'il fleurit encore, la fleur ne noue pas, ou s'il en noue quelqu'une, le fruit tombe avant maturité. Quelquefois, quand le sol est bon et que l'arbre appartient à une espèce vigoureuse, les yeux qui sommeillaient à la base des branches s'ouvrent en bourgeons; c'est un effort de la nature vers la rénovation du poirier; le jardinier doit suivre cette indication. Dès qu'un poirier donne des signes évidents de décadence, il faut, sans balancer, quelle que soit sa forme, le recéper. On nomme recépage un ravalement sur le tronc ou sur les branches-mères, qui ne laisse à l'arbre rien de sa vieille charpente. Voyons de quelle manière on peut lui en former une nouvelle. Si la terre est très fertile et que le poirier ait été recépé dans un âge qui lui laisse encore de la vigueur, il suffira d'unir avec la serpette ou le planeur les plaies des amputations, et de les recouvrir d'onguent de Saint-Fiacre ou de cire à greffer. Dès que la sève entrera en mouvement, les racines n'ayant plus à nourrir que les yeux latents, leur enverront une telle abondance de sève qu'il en résultera des bourgeons vigoureux, lesquels se mettront promptement en équilibre avec les racines; il n'y aura plus dès lors qu'à traiter ces bourgeons exactement comme ceux d'un jeune arbre, selon la forme qu'on lui destine; l'arbre se refera promptement. Quand les choses se passent ainsi, la besogne est fort simple; la place laissée vide par le recépage du vieil arbre est bien plus tôt remplie que si l'on eût mis un jeune arbre à la place de l'ancien. En général, à moins de changer le sol, ce qui dans une grande plantation est toujours très dispendieux et quelquefois impossible, rien n'est plus difficile que de faire pousser d'une manière satisfaisante un jeune arbre dans la terre où un autre arbre de la même espèce vient d'achever le cours entier de sa végétation. Mais, le plus souvent, le recépage tel que nous venons de l'indiquer, ne réussit pas : les bourgeons provenant d'yeux longtemps endormis n'ont pas une vigueur suffisante; après avoir langui quelque temps, ils se dessèchent et meurent. Si l'on arrache un de ces poiriers qu'on aurait ainsi essayé de rajeunir, on voit que les jeunes rameaux, avant de mourir, ont essayé d'envoyer dans le sol de jeunes racines, et qu'ils sont morts dans ce travail trop fort pour eux, sans pouvoir l'accomplir. Si l'on sacrifie un des arbres dont le recépage a réussi, l'on peut suivre les traces visibles de la formation des racines par les branches rajeunies; la vie de l'arbre n'est restaurée que parce qu'il s'est refait des racines en rapport avec sa nouvelle charpente. Quant aux vieilles racines, elles se détruisent, et leurs débris décomposés servent de nourriture aux jeunes racines : telle est la marche du rajeunissement du poirier. Ainsi, au bout de quelques années, il ne reste plus rien du vieil arbre, ni racines ni branches; là souche seule sur laquelle on a recépé subsiste comme souvenir de l'arbre renouvelé. Rien ne montre mieux que ce fait intéressant et peu connu la nécessité de maintenir l'équilibre entre les diverses parties d'un arbre; car toutes les fois qu'un arbre s'emporte d'un côté, les racines correspondantes s'emportent de même sous terre; on a beau ensuite rapprocher et rogner les branches gourmandes, on n'ôte rien à la force des racines qui tendent toujours à envoyer plus de sève au côté qui les a formées. En un mot, si les racines font les branches, les branches font les racines.

On vient de voir que quand on s'en remet à la fertilité du sol et à la vigueur de l'arbre, du soin de lui refaire à la fois une charpente et des racines, le succès du recépage est très aventuré; le plus souvent, l'opération est manquée. On est au contraire certain du succès lorsque, au lieu de laisser la souche développer en bourgeons ses yeux latents, on pratique sur le tronc ou les grosses branches recépées la greffe en couronne (*voir* greffe, *fig.* 200). On place dans ce cas autant de greffes que la circonférence du tronc recépé en comporte ; il n'en faut pas moins de six sur une branche-mère de 0m,08 de diamètre. Dès que ces greffes ont repris , elles poussent avec une énergie extraordinaire, parce qu'elles ont pour se nourrir toute la sève que leur envoie un système de racines tout formé et encore vivace. Mais, peu à peu , les greffes qui sont de véritables boutures sur bois prolongent, sous l'écorce, des racines qui, plongeant dans le sol, déterminent successivement la mort de toutes les vieilles racines. L'arbre renouvelé complétement a plus de force qu'un jeune sujet; ce sont plusieurs boutures vigoureuses qui, se soudant l'une à l'autre par leurs racines, mettent en commun leur énergie vitale. De toutes ces greffes on n'en laisse pousser que ce qu'il en faut pour rétablir la charpente du poirier ; les autres, conservées d'abord pour attirer la sève , mais pincées pour arrêter leur croissance, sont supprimées plus tard, lorsque celles dont on a besoin ont décidément pris le dessus.

Nous ne saurions assigner de limites à la durée des arbres rajeunis par le recépage ; nous en connaissons de Belgique, où ce système est pratiqué de toute antiquité, qui ont été recépés au moins quatre fois, et qui sont certainement plus que séculaires ; ils paraissent être en état de supporter encore au moins un renouvellement. Dans les contrées de l'ouest, où la culture des arbres fruitiers pour la production du cidre est considérée comme un objet de la plus haute importance, c'est toujours par le rapprochement, suivi de la greffe en couronne, que les arbres épuisés, soit pommiers, soit poiriers, sont rajeunis ; cette coutume est générale dans la Beauce, la Normandie et la Bretagne; elle paraît s'y être perpétuée depuis les Romains, qui la connaissaient. Les auteurs anglais sont unanimes pour conseiller le rajeunissement partiel des vieux poiriers ; selon Rogers, dont les ouvrages sur la culture des arbres à fruit sont très estimés dans toute la Grande - Bretagne , l'opération doit durer quatre ans; on retranche chaque année le quart de la charpente qu'on renouvelle par la greffe en couronne. Les Anglais trouvent dans l'emploi de cette méthode un avantage réel, en ce que les récoltes ne sont pas interrompues. Il est probable que les succès qu'ils en obtiennent sont dus à la nature du sol et du climat de la Grande - Bretagne. Nous avons fait plusieurs fois, en France et en Belgique, l'essai du renouvellement partiel du poirier ; le résultat a été constamment inférieur à celui du rajeunissement général par un recépage complet.

Section VII. — *Taille et conduite du pommier.*

§ Ier. — Végétation naturelle.

La végétation naturelle du pommier est de tout point semblable à celle du poirier ; comme lui, le pommier ne développe au sommet de chaque section de ses branches que des bourgeons à bois; comme lui, il ne donne ses productions fruitières que sur la partie intermédiaire de chaque section, entre le sommet qui ne porte que du bois et le bas qui ne porte rien, parce que ses yeux sont endormis ou oblitérés. Tout ce que nous avons dit des productions fruitières du poirier, lambourdes, dards, bourses, bouquets, s'applique mot pour mot aux productions fruitières du pommier. La taille de ces deux arbres repose donc sur des principes absolument identiques, et nous avons peu d'espace à accorder à la taille et à la conduite du pommier, après ce que nous avons dit du poirier ; en un mot, les titres de ces deux sections pourraient être transposés sans inconvénient. Nous croyons donc devoir nous abstenir de reproduire , dans de nouvelles figures, les branches à fruit et les rameaux du pommier ; l'inspection des figures analogues pour le poirier suffit pour s'en former une idée exacte.

§ II. — Pommiers nains.

Les pommiers greffés sur franc et sur doucain, se taillent et se conduisent en plein vent, en pyramide, en vase et en espalier, comme les poiriers de même forme; ils ont seulement moins de propension à s'élever et beaucoup plus de souplesse, ce qui tient à la nature moins rigide de l'écorce et à la plus grande abondance du *liber*. C'est pour cette raison que deux branches de pommier croisées l'une sur l'autre, soit qu'elles appartiennent au même arbre, soit qu'elles vivent sur des arbres différents, s'anastomosent inévitablement,, et cela pour ainsi dire à tout âge, ce qui rend le pommier très propre à la greffe en approche, dont nous avons donné, pour le pommier, l'une des plus utiles applications (*voir* Greffe, *fig.* 189). La seule forme qui mérite une mention spéciale, parce qu'elle est particulière au pommier, c'est celle de buisson nain (*fig.* 281). Ce buisson se

Fig. 281.

prépare sur deux branches dont chacune porte trois yeux bien conformés, comme le poirier en vase, forme que le pommier sur doucain prend également avec la plus grande facilité. Mais comme il est dans la nature des sujets de paradis de ne jamais former qu'une petite quantité de racines presque à fleur de terre, ils ne sauraient être en état de nourrir une tête aussi forte que celle qu'exige la forme en vase; les trois yeux de chaque membre sont donc maintenus à peu près à la même hauteur; l'arbre, à aucune époque de son existence, ne doit s'élever au-delà d'un mètre 50 cent. Les pommiers sur paradis, ou, comme disent les jardiniers par abréviation, les pommiers-paradis, ont pour mérite essentiel de se mettre à fruit immédiatement et de porter les plus beaux fruits de leur espèce (*voir* Jardin fruitier). Les pommiers ne se prêtent point, comme le poirier, au rajeunissement par recépage, pas plus les arbres sur franc et doucain que les pommiers-paradis; mais comme ils meurent ordinairement par parties, en conservant toujours une portion, ou tout-à-fait saine, ou du moins plus vivace que le reste, ils se maintiennent longtemps par le rajeunissement partiel. Les pommiers-paradis n'ont jamais une longévité bien grande, défaut largement compensé par leur étonnante fertilité et la promptitude de leur mise à fruit; ils montrent toujours à deux ans leur premier fruit; à trois ans, c'est-à-dire trois ans après leur mise en place, ils sont en plein rapport. Dans la plupart des jardins fruitiers, les pommiers-paradis ne meurent avant le temps que parce que le jardinier n'a presque jamais le

courage de leur retrancher une partie des boutons à fruit pour leur faire pousser de bonnes branches à bois; ceux qui savent se contenter d'une production modérée, en rapport avec la force des sujets, n'y perdent rien, car les arbres durent plus longtemps et les fruits plus beaux ont plus de valeur. Les branches qui, sur le pommier-paradis, exigent lors de la taille la principale attention du jardinier, sont les brindilles et les lambourdes. Les brindilles du pommier, toujours terminées par un bouton à fruit, ne se taillent pas avant que ce bouton n'ait produit une récolte; on les rabat ensuite sur un bon œil, dans le seul but de maintenir la production des fruits le plus près possible des branches principales; plus le fruit naît loin de ces branches, moins il doit avoir de volume et de qualité. Les lambourdes n'ont jamais besoin d'être rabattues sur leur œil inférieur; ayant pris naissance sur une bourse, elles ne peuvent donner, quand on les taille, que des rameaux de dimensions moyennes, toujours plus disposés que les autres de même force à se charger de boutons à fruit. Pour tous les autres détails de la taille et de la conduite du pommier, nous ne pouvons que nous en référer à ce que nous avons dit de la taille et de la conduite du poirier.

SECTION VIII. — *Taille et conduite du groseillier.*

§ 1er. — Végétation naturelle.

Groseillier à grappe.

Le groseillier à grappe est un arbrisseau tellement fertile, qu'on lui fait rarement l'honneur de raisonner sa taille, attendu que, de quelque manière qu'on le gouverne, il rapporte toujours; il peut cependant y avoir d'énormes différences dans la quantité et la qualité des produits, selon la manière dont le groseillier a été traité. Dans quelques communes voisines de Paris, la culture du groseillier, menée de front avec celle des arbres fruitiers en plein-vent à haute tige, sur le même terrain, donne des produits fort importants avec la plus grande régularité. La groseille est un si bon fruit quand, par la culture, on sait la conduire à sa perfection; elle se vend d'ailleurs toujours avec tant d'avantages, que nous croyons devoir indiquer ici les moyens très simples de l'obtenir en abondance et de première qualité.

Considérons d'abord le mode de végétation du groseillier. A l'époque de la chute des feuilles, le bourgeon de l'année, A (*fig.* 282), porte à la

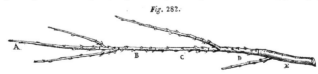

Fig. 282.

fois des yeux à bois et des yeux à fruit; les uns et les autres ont été formés pendant l'année dans l'aisselle des feuilles; l'œil terminal est toujours à bois. Les sections B et C de la même branche nous montrent des groupes d'yeux presque tous à fruit; ils sont plus nombreux sur la section B que sur la section A ; ils le sont plus encore sur la section C. Quant à la section D, il est facile de voir qu'ils ont été sur cette partie de la branche en aussi grand nombre que sur celle qui la précède immédiatement; mais elle a commencé à se dégarnir. Plus bas, la section E qui a passé par tous les états représentés par l'état actuel des sections supérieures, et qui était à la fin de la première année de son existence un bourgeon semblable de tout point à la section A , est totalement dégarnie d'yeux ; c'est une section épuisée qui ne peut plus se remettre à fruit; seulement, il en pourra sortir quelque bourgeon adventif, sur lequel on pourrait la rabattre dans le but de la rajeunir. L'examen des différentes sections de cette branche nous montre clairement la marche de la végétation du groseillier à grappe. Les boutons à fruit s'y façonnent dans les aisselles des feuilles pendant la première année de l'existence du bourgeon ; durant la seconde année, le bourgeon terminal prolonge la branche et commence une nouvelle section. Le bois de deux ans a formé, toujours à l'abri des pétioles des feuilles , des yeux groupés en assez grand nombre, surtout vers le bas de cette section. Il en est de même du bois de trois ans; c'est sur lui que la récolte promet d'être le plus abondante. Il y a encore beaucoup de bons yeux sur le bois de quatre ans; mais comme l'abondance des fruits qu'il portait quand il était comme celui qui le précède, à sa troisième année, s'est opposée à la naissance des feuilles, il n'a rien laissé pour l'année suivante , il est épuisé ; car, pour les rameaux du groseillier à grappe, on peut poser comme une règle qui n'admet point d'exception : *Pas de feuilles , pas de fruit.*

§ II. — Taille et ravalement.

La connaissance de ces faits montre le but de la taille et de la conduite du groseillier : prolonger les tiges autant que possible en lignes droites, les remplacer par un bourgeon sortant d'une des sections inférieures quand ce bourgeon peut être provoqué à sortir, sinon les sacrifier à la cinquième ou au plus tard à la sixième année de leur existence. En effet, parvenues à cet âge, les tiges du groseillier ont encore deux sections en plein rapport; mais elles en ont deux épuisées, une trop jeune pour produire, et une autre dont les produits sont encore faibles. Si l'on conservait cette branche pour attendre la pleine mise à fruit des sections supérieures, on n'y gagnerait rien, parce que, d'une part, les pousses annuelles diminuent considérablement de longueur en s'éloignant de la souche, et que de l'autre, elles portent un moins grand nombre de boutons à fruit. C'est donc le moment de les rabattre ou de les sacrifier. Les tiges du groseillier n'ont pas toujours sur leurs sections inférieures un bon bourgeon de remplacement sur lequel on puisse les rabattre, et le ravalement de la branche ne provoque pas toujours la naissance de ce bourgeon : c'est par

ce motif que dans les plantations de groseilliers, les cultivateurs qui traitent cet arbuste en grande culture, au lieu de le planter par pieds isolés comme on le fait dans quelques jardins, pour lui établir une tête, forme à laquelle il se prête avec beaucoup de docilité, plantent trois ou quatre groseilliers ensemble dans la même fosse; sur ce nombre, il s'en trouve toujours assez qui donnent des bourgeons inférieurs, pour que la touffe, sans cesser d'être productive, ne soit jamais dégarnie.

Pendant la saison de la maturité des groseilles, la population ouvrière de Paris se porte en foule le dimanche et même le lundi vers les communes peuplées de guinguettes où le groseillier à grappe se traite en grande culture pour la consommation de la capitale, et on voit souvent le soir revenir des milliers de femmes et d'enfants portant à la main de grosses branches de groseillier garnies de leur fruit mûr. Ce sont des branches qui, à la taille prochaine, devraient être supprimées comme ayant fait leur temps; elles se vendent de 5 à 15 centimes ; celles qui avaient des bourgeons de remplacement ont été rabattues sur ces bourgeons, qui par ce moyen profitent d'autant mieux de la dernière sève ; on ne remarque point que les groseilliers souffrent de cette taille donnée au moment de la maturité des fruits; cependant, lors ce cas exceptionnel justifié par un motif d'intérêt, il vaut mieux tailler en hiver, pendant le repos de la sève.

La taille qui suit immédiatement la plantation consiste à rabattre sur trois ou quatre bons yeux qui donneront naissance à autant de branches destinées à parcourir les phases que nous venons de décrire. Afin d'assurer aux bourgeons qui sortiront de ces yeux une végétation vigoureuse, on supprime avec soin tous les yeux qui pourraient exister sur la souche au-dessous des trois qui suivent la taille, ou qui viendraient à s'y développer plus tard. Les bourgeons de prolongement qui doivent chaque année former successivement les sections de chaque branche ne doivent point être livrés à leur végétation naturelle; il ne faudrait même pas les tailler trop long, pour ne pas donner trop d'élévation au groseillier tout formé, et aussi pour éviter d'avoir dans chaque section un trop long espace vide de boutons à fruit.

Lorsqu'une branche forme la sixième pousse et qu'on prévoit la nécessité de son ravalement pour la remplacer par un bourgeon inférieur, on ne laisse pas la sève se perdre dans les deux sections supérieures qui ne sont pas destinées à vivre; dès que la floraison est terminée et que le fruit est noué, on taille dans le bois de deux ans, un ou deux centimètres au-dessus de la grappe la plus rapprochée du haut; le fruit de cette branche qu'on n'a aucun intérêt à ménager puisqu'elle est condamnée, profite de cette suppression; elle sert aussi à préparer le bourgeon de remplacement.

Les indications qui précèdent se rapportent exclusivement au groseillier à grappe, à fruit rouge, couleur de ciair, et blanc; les autres espèces de groseillier ont une végétation différente et demandent d'autres soins. quoiqu'en France on soit dans l'habitude de ne leur en donner aucun.

A. — *Groseillier à fruit noir, cassis.*

Ce groseillier végète tout autrement que le groseillier commun à grappe; les yeux à fruit existent tout formés sur le bois de l'année; tous les yeux sont à fruit excepté le terminal d'un bout à l'autre du bourgeon. Les branches du cassis sont épuisées à la quatrième année; elles fournissent à volonté des bourgeons de remplacement: elles n'ont pas besoin d'être raccourcies comme celles du groseillier commun; on peut les livrer au cours naturel de leur végétation.

B. — *Groseillier épineux.*

L'emploi des fruits verts de ce groseillier pour l'assaisonnement du maquereau lui a fait donner le surnom de groseillier à maquereau, sous lequel il est connu dans nos jardins. Sa végétation suit la même marche que celle du cassis; l'œil terminal est seul à bois; tous les yeux le long du bourgeon de l'année sont des yeux à fruit, quelquefois doubles, le plus souvent simples. Quand l'extrémité des rameaux très flexibles de cet arbrisseau arrive à terre, elle s'y enracine pour peu qu'elle y rencontre un peu d'humidité. La multitude de jets épineux chargés de fruits que ce groseillier pousse dans tous les sens quand il est livré à lui-même, rend sa touffe impénétrable, ce qui nuit à la qualité du fruit en le privant d'air et de lumière, et occasionne la perte d'une partie de la récolte qu'il devient impossible de cueillir. Les branches qui ont fructifié pendant trois ans ont besoin d'être rajeunies; les touffes doivent toujours être élaguées pour que la main pénètre sans piqûre dans leur intérieur.

SECTION IX. — *Taille et conduite du framboisier.*

§ 1er. — Végétation naturelle.

Le bois du framboisier est à peine du bois; son canal médullaire, très large par rapport à la grosseur des tiges, occupe plus de la moitié de leur diamètre; aussi le framboisier quoiqu'il puisse dépasser la hauteur de deux mètres, n'est-il en effet qu'un sous-arbrisseau. Ses drageons prennent en an toute la longueur qu'ils doivent avoir; l'année d'ensuite ils fleurissent, fructifient et meurent. Il ne reste de vivant qu'une souche garnie de nombreuses racines traçantes; le framboisier se continue ainsi d'année en année par ses drageons toujours surabondants; rien ne peut empêcher le framboisier de deux ans de mourir.

Telle est la marche invariable de la végétation du framboisier. Les productions fruitières sont des brindilles ordinairement fort courtes, quoique dans des circonstances très favorables, elles puissent atteindre une longueur de 0m,15

à 0m,20; elles naissent toujours dans les aisselles des feuilles, comme le montre la *fig.* 283;

tous les yeux du framboisier sont à fruit. Le framboisier présente en outre un phénomène très remarquable et qui lui est propre, il peut donner des fruits sur une tige encore herbacée; son bois, pour porter fruit, n'a pas besoin d'être aoûté; il fait exception à la règle qui veut que le bois et le fruit *mûrissent* ensemble, et qu'il ne puisse se trouver des boutons à fruit que sur du bois parfaitement mûr.

§ II. — Taille et élagage.

La taille est nécessaire au framboisier pour faire naître les fruits sur la partie de la tige la plus capable de les porter et de les nourrir; s'ils n'étaient point taillés, les jets de l'année ne fleuriraient qu'à leur extrémité supérieure; les yeux du bas et même ceux du milieu de la tige ne s'ouvriraient pas; le fruit, à l'époque de la maturité, ayant fort peu d'adhérence à son support, serait presque entièrement perdu, le moindre balancement suffisant pour le détacher. Si l'on donnait au contraire une taille trop courte, le framboisier ne fleurirait que du bas de sa tige; le fruit trop près de terre serait sali par le rejaillissement de la pluie; il importe donc de faire ouvrir et fructifier de préférence les yeux le plus favorablement placés. On taille le framboisier à 1m,30 du sol; les tiges les plus fortes peuvent se tailler à 1m,50 et les plus faibles à un mètre seulement. Lorsque l'état de la température fait craindre des gelées tardives, on peut différer la taille du framboisier jusqu'à l'époque où les reprises du froid ne sont plus à craindre; le framboisier ne gèle jamais que par le sommet des tiges; la taille enlève la partie endommagée. Il ne faut cependant recourir à ce procédé qu'en cas de nécessité; une taille tardive fatigue beaucoup les souches de framboisiers; on s'en aperçoit à la faiblesse des rejetons et à la diminution des produits de l'année suivante. Il est remarquable que le framboisier gèle assez fréquemment en France, tandis qu'en Laponie, son pays natal, il ne gèle jamais. C'est qu'en Laponie, quoiqu'il gèle huit mois de l'année, une fois le dégel venu, le froid ne reprend plus jusqu'à la fin de la saison; le framboisier supporte impunément le froid le plus intense quand il ne végète pas; mais une fois entré en végétation, quelques degrés de froid détruisent tous les yeux ouverts.

Les souches de framboisiers seraient promptement épuisées si l'on laissait fructifier tous les jets de chaque année; le fruit serait petit et de mauvaise qualité; pour l'obtenir dans toute sa perfection, il ne faut laisser à chaque souche qu'une quantité modérée de pousses annuelles; les jets doivent être éclaircis de manière à n'en laisser que quatre ou cinq au plus sur les plus fortes souches et deux ou trois sur les autres.

§ III. — Framboisier des Alpes.

Cette variété peu cultivée porte le nom de framboisier des quatre saisons, bien qu'elle ne produise que deux fois l'année; elle n'est cependant pas remontante dans le vrai sens du mot; seulement les jets de l'année, qui dans le framboisier commun ne fleurissent que l'année suivante, devancent dans cette espèce l'époque habituelle de la floraison du framboisier; les yeux du sommet s'ouvrent en brindilles et portent fruit avant l'hiver qui les surprend toujours chargés de fleurs. On les raccourcit à la longueur ci-dessus indiquée dès que leur végétation paraît suspendue; ils portent une seconde récolte au printemps et meurent aussitôt après avoir donné leur fruit plus petit, mais plus parfumé que la grosse framboise rouge et jaune des jardins.

§ IV. — Arbres fruitiers qu'on ne taille pas.

Nous avons à dessein rejeté à la fin de ce chapitre les arbres à fruit, soit à noyaux, soit à pepins qu'on ne taille point et qu'il suffit d'abandonner à leur végétation naturelle en les débarrassant du bois mort; ce sont l'amandier, le cognassier, le néflier et le noisetier.

L'amandier végète absolument comme le pêcher; lorsqu'on l'élève en espalier pour en obtenir des fruits précoces destinés à être mangés verts, on le conduit exactement d'après les principes que nous avons indiqués pour le pêcher. Ces deux arbres sont d'ailleurs tellement identiques au fond, qu'il n'est pas rare de voir les fruits de l'amandier-princesse raccourcir leur noyau, arrondir leur pulpe, et présenter tous les caractères d'une véritable pêche. L'amandier en plein-vent ne se taille point; on se borne à lui enlever le bois mort.

Le cognassier ne peut être taillé, par la raison qu'il fleurit exclusivement par l'extrémité des branches dont l'œil terminal se façonne en œil à fruit accompagné d'un sous-œil à bois; il forme sa tête de lui-même et a rarement besoin d'être éclairci.

Le néflier fleurit comme le cognassier et ne se taille point, pour la même raison.

Le noisetier n'a besoin que d'être débarrassé tous les ans des drageons dont les souches s'entourent chaque année pendant tout le cours de leur existence. L'enlèvement des drageons suffit pour forcer la sève à se porter sur la tige principale qui forme naturellement sa tête sans avoir besoin d'être taillée; livré à lui-même, le noisetier croîtrait en buisson, comme le coudrier dans les bois, mais il serait moins fertile.

CHAPITRE V. — Jardin fruitier.

Nous avons considéré les arbres à fruit depuis leur naissance jusqu'à leur déclin; nous avons passé en revue les soins qu'ils réclament aux diverses phases de leur existence, en y comprenant les moyens de renouveler ceux qui sont susceptibles d'être rajeunis. Dans tout ce qui précède, nous avons dû ne voir que des arbres isolés, envisagés sous tous leurs aspects en rapport avec l'horticulture. Il nous reste à les introduire dans les jardins : c'est le sujet de ce chapitre.

Les arbres fruitiers, dans la plupart des jardins, sont rarement l'objet d'une culture spéciale; on ne leur consacre point un local séparé; les plates-bandes du potager sont garnies d'arbres fruitiers conduits en pyramides, quelquefois en éventail; les murs sont couverts d'arbres en espalier. Ajoutez-y un carré de pommiers-paradis, c'est tout ce qu'on accorde aux arbres fruitiers. Pour nous, dans le double but de ne rien omettre dans cette partie de l'horticulture, et d'éviter tout ce qui pourrait détourner vers d'autres objets l'attention du lecteur, nous entendrons toujours par *jardin fruitier* un local exclusivement destiné aux arbres à fruit, et où, par conséquent, tout est subordonné à leur culture.

Nous aurons d'abord à nous occuper des *vergers proprement dits*, comprenant sous ce nom les jardins, trop rares en France, où les arbres à fruit à couteau sont conduits en pleinvent, à haute tige, sur un sol ordinairement gazonné; ils peuvent être protégés par une simple haie vive; les murs ne leur serviraient que de clôture; l'ombre projetée par les têtes des arbres rendrait les murailles inutiles comme espalier. (Pour les vergers agrestes plantés d'arbres fruitiers à cidre, *voir* tome II, p. 145).

Les *jardins fruitiers proprement dits*, moins étendus quoique pouvant être aussi productifs que les vergers, sont peuplés d'arbres conduits en pyramide, en vase et en éventail; les murs dont ils sont enclos peuvent recevoir des espaliers.

Les *jardins à la Montreuil*, coupés de distance en distance par des murs garnis d'espaliers, appelleront ensuite notre attention. Ils auront à nous montrer tout ce que l'industrie horticole peut obtenir de produits par la culture la mieux raisonnée, appliquée aux arbres à fruit en espalier. Nous traiterons séparément de la culture forcée des arbres à fruit, soit dans les serres, soit sous des vitrages mobiles.

SECTION Ire. — *Verger*.

§ Ier. — Choix et préparation du sol.

A. — *Choix du sol*.

Toute bonne terre à blé peut produire de bons fruits; ce dicton populaire est d'une vérité incontestable. Le meilleur sol pour les arbres à fruits à pepins est une terre à blé où le calcaire n'est point abondant ; le meilleur sol pour les arbres à fruits à noyaux est une terre à blé très riche en calcaire. Il ne faut point espérer de bons fruits à pepins des arbres plantés dans une terre où domine le sulfate de chaux ou gypse (plâtre); les terrains gypseux au contraire sont essentiellement propres à tous les arbres à fruits à noyaux. Telles sont les considérations générales qui doivent présider au choix du sol pour l'établissement d'un verger. Mais, en dehors de ces natures de terrains pour ainsi dire privilégiés, on peut, avec quelques soins, obtenir de très bons fruits des terrains plus médiocres, en s'appuyant, pour le choix des espèces, sur les principes que nous venons d'énoncer. Les terres alumineuses et celles où la silice domine, quoique impropres à la culture des céréales, peuvent fort bien nourrir des arbres fruitiers très productifs. Le sous-sol exerce sur la végétation de ces arbres une influence au moins aussi grande que la qualité du sol. Aucun arbre à fruit, soit à pepins, soit à noyaux, ne résiste ni à l'excès de l'humidité, ni à l'excès de la sécheresse ; il est donc absurde de planter un verger dans une terre, assez bonne d'ailleurs, mais dont le sous-sol retenant l'eau est pourrissant en hiver et brûlant en été. C'est presque la seule nature de sol qui soit absolument impropre à la végétation des arbres fruitiers. Les Anglais, chez qui des terrains semblables se rencontrent fréquemment, mais qui ne craignent pas la dépense quand il s'agit de lutter contre la nature, établissent un pavage à un mètre sous terre, au-dessous de la place que chaque arbre doit occuper, remplissent le trou de bonne terre, et plantent par là-dessus. On conçoit que ce moyen de triompher de l'humidité du sous-sol ne saurait être à l'usage de celui qui plante des arbres dans l'espoir d'en porter un jour les fruits au marché. Il y a un autre moyen de préserver les racines des arbres fruitiers de l'influence pernicieuse d'un sous-sol peu favorable : c'est d'empêcher ces racines d'y pénétrer; il ne faut pour cela que deux choses : ne pas toucher au sous-sol, et rendre la couche supérieure si bonne, si fertile, que les racines, toujours attirées de préférence vers la meilleure terre, au lieu d'aller chercher le tuf pour y périr, s'étendent en tout sens à peu de distance au-dessous de la surface du sol, dans sa couche supérieure.

B. — Exposition.

Toutes les expositions peuvent convenir à l'établissement d'un verger, même celle du nord, pourvu qu'on fasse choix d'espèces convenables. La meilleure exposition est celle du sud-est pour toute la partie de la France où les vents d'ouest règnent habituellement et soufflent avec violence aux équinoxes; tous les départements voisins des côtes de la Manche et de l'Océan sont dans ce cas. Dans l'est de la France, l'exposition sud-ouest est préférée avec raison. Les pentes bien exposées, quelle que soit leur rapi-

dité, conviennent aux arbres fruitiers, pourvu que le sol soit de bonne qualité. Lorsqu'on plante un verger à l'exposition du nord ou à celle du nord-est, il faut le peupler exclusivement des espèces qui fleurissent tard, afin que les boutons n'aient point à supporter l'effet pernicieux des vents froids, aux approches de la floraison.

C. — Préparation du sol.

La terre où l'on se propose de planter un verger doit être ameublie par un labour profond, et fumée largement un ou deux ans d'avance. Les racines des arbres fruitiers n'aiment pas le fumier frais en fermentation, tel qu'on le tire de l'étable ou de l'écurie pour l'employer directement à une culture de céréales ou de légumes. Lorsqu'on fume immédiatement avant de planter, il faut que ce soit avec du fumier très consommé, mis d'avance en tas pour cet usage. Si l'on n'a à sa disposition que du fumier très chaud comme celui d'écurie ou de bergerie, dans la crainte que, même à un état de décomposition très avancé, il ne nuise aux racines fibreuses (chevelu), il est bon de le mélanger avec deux parties de terre fraîche de nature argileuse; la poussière ou la boue desséchée des routes à la Mac-Adam convient bien aussi pour ces mélanges. Nous l'indiquons d'autant plus volontiers qu'on s'en sert très rarement en France, bien qu'elle soit très employée en Angleterre, en Allemagne et en Belgique. Sous tous les autres rapports, il faut considérer la terre d'un verger comme celle d'un jardin potager, et la traiter en conséquence; lorsqu'elle n'indique pas de traces de chaux, en faisant effervescence avec les acides, il n'y a pas d'inconvénient à lui donner un chaulage ou un marnage modéré, à la dose de 10 à 12 mètres cubes par hectare, pourvu que ces substances soient bien pulvérisées, et mélangées le plus exactement possible avec la couche superficielle du sol, sans être enterrées trop profondément. Une dose médiocre de sable siliceux (10 à 15 mètres cubes par hectare) produit un excellent effet sur un sol compacte, et de nature argileuse. Si le climat et les circonstances locales font préférer les fruits à noyaux aux fruits à pepins, les amendements calcaires, surtout le sulfate de chaux, soit cru, soit calciné (plâtre), pourront être employés à haute dose dans les terres qui en seraient dépourvues. Il faut ajouter à ces préparations l'établissement d'un nombre suffisant de fossés et de rigoles d'égouttement, pour peu que le sol montre de disposition à retenir l'eau; disposition, qui, si elle n'est combattue par des soins intelligents, cause infailliblement la perte des arbres à fruit quels qu'ils soient.

D. — Défoncements.

Les opinions sont très divisées quant aux défoncements. Tous les anciens auteurs qui ont écrit sur la culture des arbres fruitiers, soit en France, soit à l'étranger, et le plus grand nombre des auteurs modernes, ont insisté sur la nécessité de défoncer le plus profondément possible la totalité du terrain destiné à recevoir une plantation d'arbres fruitiers; mais les auteurs les plus accrédités parmi les modernes, particulièrement Abercrombie, Rogers, Neill, Loudon, qui font autorité en Angleterre, où la culture des arbres fruitiers est portée à un très haut degré de perfection, rejettent les défoncements profonds, comme plus nuisibles qu'utiles. Une longue pratique nous force à nous ranger complètement à cette dernière opinion. Un bon labour à la charrue, suivi d'une façon convenablement soignée à la bêche, ne dépassant pas 0m,25 à 0m,30, produit en résultat des effets évidemment meilleurs qu'un défoncement à la pioche à 0m,40 ou 0m,50, tels qu'on en donnait autrefois à la totalité du terrain destiné à une plantation d'arbres fruitiers. Il est bien entendu que nous parlons ici uniquement de l'ensemble du verger; la place occupée par les trous ne peut se passer d'un défoncement, quoique moins profond qu'on n'a coutume de le pratiquer.

E. — *Trous, tranchées, distances.*

Les trous ne sauraient être creusés trop longtemps d'avance; plus la terre des trous reste exposée aux influences atmosphériques, mieux elle agit sur la végétation des jeunes arbres. Il est inutile de donner aux trous plus d'un mètre de profondeur; en pénétrant plus avant dans le sol, on ne fait que solliciter les racines à s'enfoncer; or, l'expérience démontre que plus les racines, au lieu de plonger dans la terre, s'étendent horizontalement dans la couche supérieure, plus les arbres sont vigoureux et productifs. Si le lecteur se reporte à ce que nous avons dit du traitement des arbres fruitiers en général, il verra qu'en suivant nos conseils, jamais le jardinier n'aura lieu de se plaindre d'un excès de force dans les arbres fruitiers, puisqu'il ne tient qu'à lui de faire servir cette force exubérante à la production du fruit. Mais, dans l'ancien système, la taille des arbres était conduite de telle sorte que le jardinier ne savait que faire d'un arbre trop vigoureux; il cherchait donc à l'empêcher de développer cette richesse de végétation qu'une taille raisonnée ne laisse jamais devenir embarrassante. Ces motifs, quoiqu'ils ne fussent pas explicitement énoncés, étaient la véritable cause des recommandations des anciens auteurs, tant sur la nécessité des défoncements que sur celle de donner aux trous, pour les plantations, la plus grande profondeur possible. Nous n'hésitons pas, quant à nous, à reconnaître que les trous de 0m,80, et même de 0m,60, sont très suffisants quand le sous-sol est, ou très humide, ou d'une nature complètement stérile. Il arrive assez souvent qu'un propriétaire aisé, ne voulant pas se priver des plaisirs que procure un verger, bien que la terre dont il dispose soit absolument impropre à la culture des arbres à fruit, ne recule pas devant la dépense néces-

saire pour remplir les trous de bonne terre rapportée; dans ce cas, nous lui conseillons de disposer cette terre végétale, plutôt en étendue qu'en épaisseur. Ainsi, toutes choses égales d'ailleurs, un arbre à fruit végétera mieux dans 4 mètres cubes de terre, remplissant un trou d'un mètre de profondeur et de 2 mètres de côté, que dans un trou de même surface, cubant 6 mètres de la même terre, sur une profondeur de 1m,50. Nous indiquons la profondeur d'un mètre, comme un *maximum* qu'on n'a presque jamais intérêt à dépasser; le plus souvent il vaut mieux que les trous aient plus d'ouverture et moins de profondeur. On donne ordinairement aux trous la forme carrée; c'est la moins rationnelle de toutes; une forme circulaire convient mieux au libre développement des racines et met, avec une dépense égale de main-d'œuvre, un plus grand espace à leur disposition.

Si la végétation de l'arbre est régulièrement conduite, ses racines, bien que dans un trou carré, n'en prendront pas moins une disposition circulaire; les angles, qui ont coûté le plus de temps à façonner, et qui augmentent beaucoup le prix de la main-d'œuvre, sont à peu près en pure perte, comme le montre la *fig.* 284; les racines ne prennent jamais d'elles-

mêmes une disposition carrée que quand les trous trop petits, creusés dans un sol humide, sont comme des caisses, dont elles ne peuvent sortir; mais, même dans ce cas, elles seraient mieux dans un trou circulaire de grandeur équivalente. Toutefois, les trous ne sont pas ce qu'il y a de mieux pour les plantations d'arbres fruitiers. Lorsqu'on n'est point arrêté par les considérations d'économie, il est de beaucoup préférable d'ouvrir des tranchées continues, de 0m,80 à 1 mètre de profondeur et 2 mètres de large, sur toute la ligne que les arbres doivent occuper. Ces tranchées s'ouvrent en rejetant sur les berges toute la terre à droite et à gauche; on retire, pendant cette opération, les pierres trop grosses et les vieilles racines vivaces qui peuvent s'y rencontrer; les pierres qui ne dépassent pas la grosseur du poing, à moins qu'elles ne soient trop abondantes, ne doivent point être rejetées en dehors; on en formera un lit au fond de la tranchée; il sera bon, s'il est possible, d'y mêler quelques plâtras ou décombres de démolitions grossièrement concassés; ces débris sont surtout efficaces quand ils proviennent de bâtiments anciennement habités, parce que, dans ce cas, ils sont toujours imprégnés d'une plus ou moins grande quantité de sous-nitrate de potasse (salpêtre). Dans tous les cas, ils servent, ainsi que les pierres, à assurer l'égouttement des eaux de pluie surabondantes. Les pierres de plus petites dimensions ne doivent point être séparées de la couche de terre où les arbres seront plantés, excepté lorsque cette terre est par trop graveleuse; si le sol argileux était passé à la claie, il deviendrait pendant les sécheresses si dur et compacte, que la pluie le pénétrerait difficilement, et que les influences atmosphériques ne sauraient arriver jusqu'aux racines des arbres.

Les arbres fruitiers en plein-vent, a haute tige, dont se compose un verger, se plantent à des distances variables qui ne doivent pas dépasser 12 mètres en tout sens, et ne peuvent être moindres de 10 mètres. Ces arbres doivent vivre au moins 4 ans avant de montrer leur premier fruit, en supposant qu'on les plante tout greffés; si l'on plante des égrains ou sauvageons, il faut attendre 2 ou 3 ans de plus. Dans les circonstances les plus favorables, les arbres d'un verger ne donnent que des récoltes de peu de valeur, jusqu'à leur *huitième* ou *dixième* année, à dater de la plantation : ils ne sont en plein rapport qu'à *quinze ans;* ils continuent à croitre en grandeur et en fertilité jusqu'à *trente ans;* tout cela est bien long. Pour ne pas attendre si longtemps le prix de sa peine et la rentrée de ses avances, le jardinier a recours à plusieurs moyens. D'abord, il plante entre les arbres à haute tige des lignes alternatives d'arbres en pyramides ou en vases, et d'arbres nains, qui, après 2 ou 3 ans de plantation, commencent à rapporter. Comme il n'y a pas de raison pour les ménager, on les taille de manière à leur faire produire le plus de fruit possible; à 8 ans, les arbres nains sont épuisés; en les supprimant, on dégage d'autant les plein-vents qui sont déjà forts; à 4 ou 5 ans plus tard, c'est le tour des arbres de moyenne taille, les plein-vents restent alors définitivement en possession du sol. C'est surtout lorsqu'on fait usage de ce moyen, que les tranchées continues sont préférables aux trous. En supposant une distance de 12 mètres entre chaque arbre en plein-vent, il peut y avoir dans l'intervalle un arbre en pyramide et deux arbres nains. L'arbre en pyramide, comme l'arbre en plein-vent, réclame un trou de 2 mètres de côté, sur 0^m,80 à 1 mètre de profondeur; les arbres nains veulent chacun un trou d'un mètre carré; ainsi, pour la plantation dans des trous, on aura remué en tout 14 mètres cubes de terres, et pour la plantation en tranchée on en aura déplacé 24. La dépense est plus forte, mais le produit est plus grand et plus durable.

Le second moyen de recouvrer les avances faites pour la plantation d'un verger, sans attendre la mise à fruit des arbres, consiste à cultiver en jardin potager le sol entre les lignes, ce qui suppose qu'on n'a planté que des arbres en plein-vent. Dans ce cas, comme d'une part le fumier chaud appliqué aux cultures jardinières endommagerait les racines des jeunes arbres, et que de l'autre les récoltes de légumes leur enlèveraient une portion de leur nourriture, on laisse au pied de chaque arbre un espace vide qu'on a soin d'entretenir constamment net de mauvaises herbes, et dont on rafraichit la surface par de fréquents binages. Cet espace doit être d'un mètre de côté, la première année, de 1^m,50 la seconde, de 2 mètres la troisième ; les cultures jardinières ne doivent jamais se prolonger au-delà de la quatrième ou cinquième année, après quoi le sol est converti en prairie naturelle à perpétuité, l'espace de 2 mètres carrés restant toujours libre au pied de chaque arbre.

§ II. — Choix des arbres en pépinière, arrachage.

Nous ne reviendrons pas sur ce que nous avons dit, relativement au choix des égrains, lorsqu'on veut greffer en place les arbres dans le verger, après 2 ou 3 ans de plantation (*voir* Pépinière).

Il faut visiter au moins deux fois dans la pépinière les arbres qu'on se propose de planter tout greffés : la première visite doit avoir lieu un peu avant la chute des feuilles; la seconde aussitôt que les arbres sont dépouillés. A la première visite, on examine soigneusement la qualité du sol de la pépinière, pour la comparer à celle du sol du verger projeté. A mérite égal, les arbres venus dans une terre moins bonne que celle qu'on leur destine, sont préférables aux sujets élevés dans une terre de qualité supérieure. On tient note des arbres qui se dépouillent de leurs feuilles avant les autres de même force apparente et de même espèce : c'est toujours un signe de faiblesse dans les racines ; tous ceux qui, bien que robustes en apparence, auront perdu les feuilles de leurs pousses terminales avant celles des branches inférieures, doivent être rejetés; l'arbre qui se dépouille du haut plus tôt que du bas manque de tempérament.

A la seconde visite, les sujets complétement dépouillés laisseront mieux voir leurs imperfections. On cherche d'abord les traces, s'il en existe, d'une ou plusieurs greffes manquées ; on voit aussi comment et combien de fois l'arbre a été taillé depuis qu'il a reçu la greffe. Les sujets qui n'ont pas pris la greffe du premier coup à moins qu'ils n'offrent d'ailleurs des marques évidentes de vigueur et de santé, ne doivent point être choisis. On passe ensuite à l'examen des productions fruitières. En général, tout arbre à fruit, soit à pepins, soit à noyaux, si dans la pépinière, il est trop avancé vers l'époque de sa fructification, ne sera jamais un bon arbre dans le verger; les arbres à fruits à pépins, s'ils ont en pépinière des boutons à fruit en abondance, ne peuvent que languir dans le verger, quelque soin qu'on en prenne. C'est ce que savent très bien les hommes du métier ; mais la plupart du temps l'acheteur inexpérimenté est au contraire séduit par ces marques de fécondité précoce, et le pépiniériste fait valoir comme une qualité ce qu'il sait bien être un défaut, afin de se débarrasser des sujets médiocres. C'est du bois et non du fruit que l'arbre doit avoir produit en pépinière et qu'il doit continuer à produire durant les premières années qui suivent sa plantation ; le fruit venant en son temps, sur des branches robustes et bien formées, sera plus beau et plus abondant ; on obtiendra ainsi des récoltes durables et soutenues. L'arbre qui montre son fruit en pépinière, après quelques récoltes prématurées, cesse bientôt de produire, et ne pourra plus se remettre à fruit. Ceci doit surtout s'entendre des arbres à fruits à pepins à haute tige, destinés à être cultivés en plein-vent dans le verger.

Lorsque les choix sont arrêtés, il importe de surveiller deux opérations essentielles, l'arrachage et le transport des arbres de la pépinière dans le verger. Un temps humide et doux, mais couvert, est le plus favorable ; il faut se garder d'arracher et d'enlever les arbres par un temps sec et froid, sous l'influence des vents glacés du nord ou du nord-est. On doit veiller à ce que les sujets soient arrachés *à jauge ouverte*, c'est-à-dire à ce que l'ouvrier enlève, en avant du premier rang des jeunes arbres, assez de terre pour prendre leurs racines en dessous, sans couper leurs extrémités, et pour pouvoir les enlever sans leur faire éprouver aucune secousse. Une gratification, accordée à l'ouvrier pour qu'il donne à cette partie de son travail toute l'attention nécessaire, est de l'argent très bien dépensé. L'écorce des sujets doit être ménagée lorsqu'on les attache en paquets pour les charger sur la charrette ; chaque écorchure qu'elle reçoit peut devenir l'origine d'une plaie dangereuse. L'*orientation* des sujets, utile pour tous les arbres, est surtout nécessaire pour les arbres du verger, qui auront bien des années à passer exposés à tous les vents, avant d'être devenus assez forts pour pouvoir se prêter réciproquement un peu d'abri ; le côté du tronc tourné vers le nord dans la pépinière sera noté par une marque (la meilleure est un léger trait de pinceau avec du blanc de plomb), afin qu'on puisse lui donner, lors de sa plantation définitive, une situation de tout point analogue à celle à laquelle il est habitué. Il faut, disent les jardiniers, que l'arbre ne s'aperçoive pas qu'il a changé de place. Dans ce but, on effectue le plus rapidement possible le passage de la pépinière au verger ; les trous ou tranchées étant prêts à l'avance, et le choix des arbres arrêté, on a soin de n'enlever à la fois que ce qu'il est possible de planter immédiatement, sauf à faire un plus grand nombre de voyages à la pépinière. Plusieurs auteurs conseillent de mettre les arbres en jauge dans de bon terreau, pour ne les planter qu'au printemps, un peu avant la reprise de la végétation ; cette pratique peut être utile, par exception, pour quelques arbres à fruits précoces, originaires du midi, qu'on désire abriter du froid pendant l'hiver, afin que, plantés au printemps, ils prennent pendant l'été la force nécessaire pour résister au froid

de l'hiver suivant ; mais, en général, on ne doit regarder la mise en jauge des sujets destinés au verger que comme une ressource dont il ne faut user qu'en cas de nécessité, par exemple quand on est surpris par un froid vif au milieu de la plantation ; lors cette circonstance toute exceptionnelle, moins il y a d'intervalle entre l'arrachage et la mise en place des arbres, plus la reprise en est assurée.

§ III. — Habillage des racines.

Lorsque nous reconnaissons la nécessité d'exposer quelques notions de physiologie végétale, indispensables à l'intelligence des principes sur lesquels est fondée la pratique rationnelle du jardinage, nous plaçons près des opérations auxquelles elles se rapportent, afin que le lecteur saisisse mieux leurs liens de relation. Nous croyons les notions suivantes sur le mode de formation et d'action des racines, dignes de toute l'attention des amateurs de la culture des arbres à fruit.

Lorsqu'une semence d'un arbre quelconque commence à germer, le germe (embryon), avant de rien emprunter à la terre, envoie vers le sol une petite racine (radicule) qui s'y implante en vertu de l'énergie vitale qui lui est propre. En même temps, la partie supérieure du germe s'allonge en sens contraire, emportant avec elle les cotylédons de la semence ; c'est le commencement du tronc. Si, par une cause quelconque, le haut du germe vient à être détruit, la radicule meurt ; dans les premiers temps de leur existence ces deux parties ne peuvent vivre que l'une par l'autre. La nourriture qui sert à leur accroissement n'est point encore tirée du dehors ; pour que la radicule, devenue racine, et la tige munie de ses premières feuilles, commencent à puiser des aliments, l'une dans la terre, l'autre dans l'atmosphère, il faut qu'elles se soient d'abord incorporé la substance des lobes de la semence (cotylédons), passés à l'état de feuilles séminales ; ces feuilles une fois épuisées se dessèchent et tombent. Jusqu'ici, que s'est-il passé dans la végétation de ce jeune arbre ? La racine ne s'est formée que par des courants *descendants*, par lesquels le germe lui envoyait sa part de la substance des feuilles séminales. Ces feuilles n'existant plus, la racine, qui se subdivise et s'étend, prend maintenant dans la terre un liquide (sève) qu'elle envoie à la tige par des courants *ascendants*. Celle-ci, après en avoir absorbé ce qui lui convient pour son propre accroissement, renvoie le surplus à la racine par des courants descendants non interrompus. Ainsi, les racines ne se forment pas par elles-mêmes ; elles doivent leur accroissement à la substance que leur transmettent la tige et ses ramifications ; c'est pourquoi, comme nous l'avons déjà fait remarquer, une branche qui s'emporte, si on la livre à elle-même, transmet aux racines qui lui correspondent un excès de nourriture qui ne tarde pas à augmenter dans la même proportion leur force d'aspiration et leur volume. Une fois cet échange de substance établi entre les racines et la tige , il n'est plus interrompu tant que dure l'existence de l'arbre ; en iiver, il est seulement ralenti ; le peu de sève que les racines envoient aux branc ies dans cette saison est employé à nourrir les yeux, à leur donner la force nécessaire pour qu'ils puissent s'ouvrir au printemps et devenir soit des fleurs, soit des bourgeons; telle est la marcie invariable de la végétation des racines.

La faculté absorbante des racines réside dans les extrémités de leurs subdivisions les plus déliées ; elles sont munies d'organes particuliers, nommés *spongioles*, ou petites éponges, parce que, comme les éponges, ces organes s'imbibent de toute substance liquide placée à leur portée ; cette partie des racines est molle et n'a pas encore d'épiderme imperméable ; quand elle passe en vieillissant à l'état ligneux, elle n'absorbe plus rien par elle-même, elle ne sert plus que de passage aux liquides absorbés par les spongioles et transmis à la tige ainsi qu'à ses ramifications, jusqu'au sommet des plus iautes branc ies des plus grands arbres.

Ce qui précède suffit pour faire comprendre toute l'importance du rôle que joue dans la vie végétale la partie fibreuse des racines des arbres, connue sous le nom de *chevelu*, dont toutes les extrémités sont des spongioles.

Revenons aux arbres qu'il s'agit de planter dans le verger. Quelque soin qu'on ait pris de ménager les racines à l'arrachage, il suffit que l'arbre soit déplacé pour que les fonctions des spongioles soient interrompues ; une fois interrompues, ces fonctions ne reprennent point leur cours ; il faut que l'arbre forme de jeunes racines terminées par des spongioles nouvelles, pour que le cours de la vie végétale soit complétement rétabli. La raison pour laquelle nous avons pris tant de ménagements pour enlever le sujet, dans la crainte d'endommager ses racines, c'est que les racines blessées ou rompues violemment deviennent par cela seul moins propres à donner naissance à de nouvelles racines ; car il importe à l'avenir de l'arbre qu'il y ait le moins d'interruption possible dans la circulation de la sève, et que par conséquent l'arbre planté soit bientôt muni d'un nouveau système de jeunes racines fibreuses pourvues de nombreuses spongioles ; l'arbre vit par elles principalement.

Nous voici donc éclairés, par des faits nombreux et certains, sur la marcie à suivre dans l'iabillage des racines au moment de la plantation ; nous connaissons le but de cette opération, nous en prévoyons les conséquences avec certitude. D'abord, il faut supprimer toutes les parties des racines endommagées ou malades ; nous savons que de ces parties il ne peut naitre aucune racine utile à la reprise de l'arbre ; il en est de même des extrémités des principales racines qui, malgré toutes les précautions qu'on a pu prendre, ont toujours plus ou moins souffert. Il résulte aussi de ce qui précède, qu'il importe de tranc ier dans la par-

tie des racines la plus saine et la plus vivace, afin qu'il s'y forme promptement des racines nouvelles. La nécessité de couper net avec une lame bien affilée n'est pas moins évidente ; les plaies déc irées par un tranchant émoussé s'opposeraient à cet accroissement rapide qui est le but même du retranc ement. Quant à la longueur à laisser aux racines amputées, elle dépend entièrement de la force relative du sujet et de celle des racines. Autrefois on ne connaissait point de milieu ; les uns posaient sur un billot les racines de l'arbre, et là, à grands coups de serpe, ils coupaient tout, sans distinction, au niveau du tronc ; les sujets les plus robustes résistaient seuls à une mutilation pareille, encore étaient-ils longtemps à se rétablir d'un traitement aussi sauvage ; quelques jardiniers, au contraire, rognaient à peine le petit bout des plus longues racines. Quant à cette dernière métiode, les expériences de M. Lelieur ne laissent aucun doute sur ses fâcieux résultats, faciles à prévoir d'après le mode bien connu de végétation des racines. Les arbres objets de ces expériences avaient été arracıés dans les pépinières dépendantes des jardins de la couronne, avec des soins minutieux ; aucune racine n'avait été ni blessée ni endommagée, aucun effort n'avait été employé pour enlever les sujets avant que toutes leurs racines fussent entièrement détacıées du sol ; et pourtant, dit M. Lelieur, ces arbres n'ont jamais végété convenablement, ils ont été dépassés par les arbres de même force plantés à côté d'eux après que leurs racines avaient été raccourcies aux endroits d'où l'on pouvait espérer le plus de jeunes racines et de spongioles. Ces résultats sont d'autant plus décisifs, qu'ils ont été constamment les mêmes dans une série d'essais comparatifs renouvelés pendant vingt-cinq ans.

Dans l'usage iabituel des praticiens éclairés, on laisse à l'arbre assez de racines pour qu'étant posé sur le sol il puisse s'y tenir debout, ce qui suppose une égale quantité de bonnes racines à peu près d'égale force dans toutes les directions. Cela suffit, si l'on considère que ces tronçons amputés ne seront plus que les supports des racines à venir, véritablement ciargées de prendre dans le sol la nourriture de l'arbre ; si ces supports étaient trop longs, les spongioles naîtraient sur eux *trop loin* du tronc qu'elles doivent nourrir ; la sève ayant à parcourir un trop long trajet serait aspirée avec moins de force, et la santé de l'arbre en serait compromise.

On ne peut apporter trop de soins à l'habillage des racines ; il n'en est pas de cette opération comme de la taille des branc ies qui, mal faite une année, peut plus ou moins se réparer les années suivantes ; une fois l'arbre planté, les racines deviennent ce qu'elles peuvent. Les conséquences d'une taille mal faite ne se voient pas directement, on les présume seulement, d'après la langueur de l'arbre, mais on ne peut y remédier.

§ IV. — Plantation.

Il ne reste plus qu'à mettre en place l'arbre ainsi préparé, en ayant égard à l'orientation du tronc. On brasse avec la terre du trou une brouettée de fumier très consommé, pour chaque pied d'arbre ; on remplit le trou de ce mélange, jusqu'à ce que, l'arbre étant posé à sa place, le collet des racines se trouve à 0m08 ou 0m10 au-dessous du niveau du sol. Avant de recouvrir de terre les racines de l'arbre, on les plonge dans un baquet rempli d'un mélange de bouse de vache et de terre franche délayées avec assez d'eau pour former une bouillie claire. Nous ne saurions trop insister sur cette pratique trop souvent négligée ; elle influe puissamment sur la reprise des sujets. On achève alors de remplir le trou, en ayant soin de faire entrer la terre dans les intervalles des racines, de façon à ce qu'il n'y reste pas de vide ; un peu de terreau, lorsqu'on peut s'en procurer, produit un excellent effet. On tasse modérément la terre sur les racines, en appuyant dessus tout autour avec le talon. La terre, fraîchement remuée et fumée, étant plus volumineuse qu'elle ne doit l'être quand elle aura pris son assiette, cette circonstance, jointe au volume des racines, forme toujours autour du tronc un léger talus qui plus tard s'affaisse de lui-même et revient à peu près de niveau avec le sol environnant ; la coupe du terrain (fig. 285) montre la disposition la plus conve-

Fig. 285.

nable de ce talus ; elle consiste surtout à laisser autour du tronc un léger enfoncement circulaire, en forme de bassin, destiné à faciliter les arrosages, si, par suite d'une longue sécheresse, il devenait nécessaire d'y avoir recours. Dans les pays découverts, exposés à des vents violents, il est bon de donner aux jeunes arbres deux et quelquefois trois tuteurs, ce qui n'empêche pas d'entourer le tronc avec des ronces ou des épines, pour préserver leur écorce de tout accident. Lorsque le verger est dans une situation abritée, un seul tuteur suffit à chaque pied d'arbre : il faut prendre garde, en plaçant les tuteurs, de blesser les racines. La fig. 286 montre un arbre assujetti à deux tu-

Fig. 286.

teurs placés assez loin de lui pour ne pas of-
fenser ses racines. L'usage de brûler à la surface l'extrémité des tuteurs qui doit séjourner en terre les rend plus solides et plus durables. Les liens qui retiennent l'arbre assujetti aux tuteurs ne doivent être ni assez serrés pour le gêner, ni assez lâches pour risquer de nuire à l'écorce par le frottement ; dans ce but, de bons liens de paille tordue, tels qu'on les emploie dans les vergers de la Belgique, sont préférables à des branches d'osier.

L'époque la plus favorable pour planter les arbres fruitiers est un point de la science horticulturale sur lequel les auteurs et les praticiens diffèrent d'opinion. Les uns plantent le plus près possible de la reprise de la végétation, par conséquent au printemps, plus tôt ou plus tard, selon le plus ou moins de précocité des espèces ; les autres plantent indifféremment durant tout le sommeil de la végétation ; d'autres enfin pensent qu'on ne saurait planter trop tôt, et qu'aussitôt que la chute des feuilles annonce le sommeil de la végétation, il est temps de planter les arbres à fruit. Nous sommes entièrement de leur avis. En principe, l'arbre qui a le temps avant les grands froids de commencer à former ses racines, en profitant d'un reste d'arrière-saison, est mieux disposé à végéter au printemps de l'année suivante que l'arbre arraché et planté au moment où le travail de la végétation va recommencer. C'est donc, à notre avis, une règle générale qui, pour les contrées méridionales et tempérées de la France, y compris le climat de Paris, ne souffre pas d'exception. Dans le nord de la France, principalement dans le nord-est, où les hivers sont souvent très rigoureux, les jeunes arbres ont quelquefois tant à souffrir du froid, qu'il peut être préférable de les laisser en pépinière jusqu'au printemps ; dans ce cas, on se hâte de planter aussitôt après les fortes gelées, en saisissant un intervalle favorable, lorsqu'à la suite d'un dégel la terre s'est ressuyée et raffermie ; car, s'il fallait attendre la clôture définitive de l'hiver, qui se prolonge le plus souvent jusqu'en avril, on planterait beaucoup trop tard. Nous ajouterons qu'en Belgique, il nous est arrivé bien des fois de planter des arbres fruitiers au mois de novembre, contrairement à l'usage du pays, et que les arbres, après avoir essuyé plusieurs mois de gelées de 15 à 20°, ont végété au printemps avec plus de vigueur que d'autres mis en place au mois de mars. Nous devons donc considérer le mois de novembre comme le plus convenable de tous pour planter les arbres à fruit ; on peut planter dès la fin d'octobre les arbres d'espèces précoces qui perdent leurs feuilles de bonne heure ; car, dès qu'un arbre a perdu ses feuilles, c'est que sa végétation est engourdie ; il n'y a pas d'inconvénient à le déplacer.

§ V. — Soins généraux.

Les arbres du verger réclament peu de soins entre l'époque de la plantation et celle de leur mise à fruit ; si les racines ont été bien préparées, leur végétation peut être à peu près livrée à elle-même. Nous avons vu comment ils veulent être conduits pour favoriser la formation de leur tête. Les pommiers et la plupart des poiriers forment leur tête naturellement ; le jardinier n'a besoin de s'en mêler que pour supprimer les bourgeons surabondants qui feraient confusion, et tenir toujours l'intérieur assez dégagé pour que l'air y puisse circuler librement. Les arbres à fruits à noyaux ne sont pas tous aussi dociles ; les cerisiers, particulièrement, ont besoin d'être aidés pour prendre une bonne forme ; s'ils ne sont dès l'origine conduits sur trois ou quatre branches tenues à distance convenable au moyen d'un petit cerceau, les cerisiers à fruit ferme, ayant leurs branches naturellement redressées, poussent en droite ligne une flèche peu garnie qui prend en peu d'années une élévation telle qu'il faut une échelle de couvreur pour aller chercher les cerises, au risque de se rompre le cou. Cet excès de vigueur, réparti entre trois ou quatre bonnes branches dont on favorise les ramifications, n'a pas d'inconvénient ; les arbres n'en sont que plus productifs.

Les Anglais, dans le but de faciliter l'entretien des arbres et la récolte du fruit, ne laissent jamais prendre aux poiriers de leurs vergers plus d'élévation qu'aux pommiers ; ils ont soin pour cela de former au jeune arbre cinq ou six branches d'égale force, entre lesquelles la sève se partage ; ces branches, placées dès l'origine dans des directions divergentes, ne prennent jamais une très grande élévation.

Tous les arbres du verger, quelle qu'en soit l'espèce, veulent être débarrassés soigneusement des drageons qu'ils rejettent du pied et des pousses qui percent le bois au-dessous de la greffe. Ces pousses, enlevées avant d'être passées à l'état ligneux, ne laissent pas de trace ; mais si l'arbre appartient à une espèce dont le bois est sujet à la gomme, et qu'on tarde assez à enlever les pousses du sujet pour être forcé de recourir à l'emploi de la serpette tandis que l'arbre est en pleine sève, il en peut résulter un écoulement de gomme, et par suite une plaie très préjudiciable à l'arbre. Quand ces accidents ont lieu, c'est toujours par la faute du jardinier.

La meilleure manière d'utiliser le sol d'un verger, lorsque les arbres ont pris assez de force pour qu'il ne soit plus possible d'y continuer les cultures jardinières, c'est, comme nous l'avons dit, de le convertir en prairie naturelle. Il importe que cette prairie soit maintenue exempte de plantes à racines pivotantes ; la carotte sauvage, la centaurée, la chicorée, les patiences et toutes les espèces de chardons en doivent être soigneusement exclues ; toutes ces plantes, outre qu'elles nuisent à la qualité du fourrage, plongent dans le sol assez avant pour rencontrer les racines des arbres à fruit et leur disputer leur nourriture. On doit à cet effet imiter la sagacité des Belges et des Hollandais

qui utilisent, pour nettoyer leurs prairies, l'instinct vorace du cochon. Les *prairies arborées* de la Belgique offrent des tapis d'un vert aussi uniforme que celui du boulingrin du parc le mieux tenu ; c'est qu'après y avoir fait paître les vaches, puis les moutons qui tondent l'herbe de très près, on y lâche des porcs qu'on a laissé jeûner à dessein ; ceux-ci arrachent avec plus de soin que le jardinier le plus attentif toutes les racines pivotantes, sans en laisser une seule.

La terre au pied des arbres ne doit recevoir que des binages superficiels, donnés avec des instruments à dents émoussées, pour ne pas blesser les racines. Quelques personnes sont encore dans l'usage de fumer de temps en temps le pied des arbres à fruit du verger parvenus à toute leur grosseur. Nous leur ferons observer, selon la remarque du professeur anglais Lindley, que c'est à peu près comme si elles prétendaient nourrir un homme en lui mettant des aliments sous la plante des pieds. L'arbre, on ne peut trop le répéter, ne se nourrit que par les *extrémités* de ses racines ; les racines n'ont point de spongioles près de leur insertion sur le tronc de l'arbre ; elles ne peuvent donc profiter du fumier qu'on enterre hors de la portée de leurs spongioles. Cependant, une couverture de fumier long, ou bien, à défaut de fumier, une couche épaisse de feuilles sèches ou de litière, est utile aux arbres fruitiers de tout âge, en hiver pour diminuer l'action du froid, et en été pour conserver à la terre un peu de fraîcheur. La véritable manière de fumer les arbres d'un verger, c'est de donner tous les deux ou trois ans à toute la prairie une bonne couverture de fumier à demi consommé ; l'eau des pluies, en délayant les parties solubles de l'engrais, les fera pénétrer dans le sol, et les racines des arbres en prendront leur part. Si l'on juge nécessaire de fumer un arbre fatigué par une production de fruits trop abondante, il faut enterrer le fumier, par un labour superficiel, dans un espace circulaire plus ou moins large en raison de la grosseur de l'arbre, en commençant à 1 mètre ou même à 1^{m}50 de distance, à partir de sa base. Le fumier de porc, pourvu qu'il ait *jeté son feu* et qu'il ne soit plus en fermentation, est celui de tous qui refait le plus promptement les arbres fruitiers malades ou fatigués.

Lorsque les arbres du verger ont atteint seulement la moitié de leur grosseur, il faut pour les tailler, s'il en est besoin, en faire le tour au moyen d'une échelle double ; le plus souvent on se contente d'appuyer sur les plus fortes branches une échelle simple. De quelque façon qu'on s'y prenne, on détruit ainsi inévitablement beaucoup de productions fruitières, surtout dans les arbres à fruits à pepins dont les boutons à fruit sont placés sur des supports très fragiles. Il vaut beaucoup mieux, lorsqu'il ne s'agit que de supprimer des branches mortes, malades ou superflues, qu'il est facile de distinguer du pied de l'arbre, se servir de l'un des deux instruments représentés *fig.* 68 et 69 ; ces instruments peuvent s'adapter à des manches aussi longs qu'il est nécessaire ; en appliquant leur tranchant sur le talon de la branche à supprimer, il suffit de frapper avec un maillet sur le bout de ce manche pour couper la branche aussi net qu'avec la serpette la mieux affilée ; par ce procédé, l'arbre se trouve convenablement élagué, sans qu'un seul de ses boutons ait été détaché. On a lieu de s'étonner que cette excellente méthode, connue et recommandée par tous les bons auteurs, soit si peu usitée en France ; elle est généralement en usage en Angleterre, en Belgique et en Allemagne ; on croit qu'elle a été originairement pratiquée dans les vergers de l'Amérique septentrionale.

Les arbres, une fois qu'ils commencent à rapporter, veulent être tous les ans visités et nettoyés de toute branche morte ou mal placée ; ces branches se coupent au niveau des branches latérales auxquelles on ne touche jamais ; on les laisse pousser en toute liberté. Quelquefois les productions fruitières se montrent en si grand nombre, qu'il faut en supprimer une partie ; on retranche alors de préférence celles qui sont placées le moins favorablement pour mûrir leur fruit. On ne doit tailler les arbres fruitiers qu'en hiver, pendant le repos de la sève. Si toutefois on craint de se trouver en retard, on commence toujours par les arbres à fruits à noyaux ; ces arbres étant sujets à la gomme souffrent plus que les arbres fruitiers à pepins d'une taille tardive, qui coïnciderait avec le premier mouvement de la sève de printemps. Parmi les arbres du verger, les moins vigoureux de chaque espèce se taillent aussitôt après la chute des feuilles ; les arbres du verger n'ont besoin que d'une légère taille de rafraîchissement tous les ans, et d'une taille à fond tous les trois ou quatre ans. Lorsqu'on ne laisse pas trop vieillir les branches des arbres du verger et qu'on a soin de pourvoir à leur remplacement par du jeune bois, longtemps avant qu'elles soient épuisées, les récoltes sont plus égales, le fruit est plus beau et de meilleure qualité. Du moment où les arbres fruitiers ont terminé leur croissance, et quelquefois même beaucoup plus tôt, leur écorce se gerce en tout sens ; les fentes servent d'abri aux insectes ; les portions d'écorces mortes et à demi détachées se pourrissent par-dessous et nuisent à la santé de l'arbre. Il est bon d'en débarrasser le tronc et les branches principales en les frottant avec le dos d'une serpe, avec assez de ménagements pour ne pas attaquer l'écorce vive et le bois. Cette opération doit se faire un peu avant la reprise de la végétation au printemps ; on choisit un temps humide et couvert. C'est aussi le moment d'enlever les mousses et lichens qui s'attachent aux arbres dans les lieux humides. Lorsque par négligence on a laissé cette végétation parasite envahir l'écorce des arbres, le moyen le plus prompt de les nettoyer consiste à les enduire de lait de chaux

avec un gros pinceau de badigeonneur ; la chaux éteinte, délayée dans l'eau, n'ayant aucune consistance, n'adhère point à la surface du tronc et des grosses branches ; les alternatives de temps sec et pluvieux la font promptement disparaître ; elle entraîne en tombant les lichens et les mousses, en même temps qu'elle sert à la destruction des larves d'insectes.

Un arbre languissant, lorsqu'il n'a pas plus de cinq ou six ans de plantation, peut être arraché en novembre ou décembre sans inconvénient. On le traite alors exactement comme s'il sortait de la pépinière ; on visite avec soin les racines pour en retrancher les parties endommagées qui sont ordinairement la cause de son état maladif ; on taille les branches assez court pour les mettre en harmonie avec les racines raccourcies ; la terre du trou est remaniée à fond et renouvelée au besoin ; on s'assure s'il n'existe pas dans le sous-sol quelque infiltration qui aurait causé la pourriture des racines, et l'on a soin d'y porter remède, au moyen d'un lit de gravier et de plâtras. L'arbre est ensuite remis en place ; on redouble de soins envers lui pour qu'il regagne le temps perdu.

Lorsqu'un jeune arbre pousse inégalement avec une vigueur désordonnée, c'est le plus souvent parce qu'une de ses racines, par une cause accidentelle, par exemple, quand elle rencontre une veine de terrain plus fertile que le reste du sol, a grandi outre mesure, ce qui a forcé les branches qui lui correspondent à en faire autant. Dans ce cas, on déchausse l'arbre pendant l'hiver, et on met à découvert les principales racines ; celles qui ont causé le désordre sont retranchées, et par des amendements convenables on empêche que celles qui prendront leur place fassent le même effet.

La récolte des fruits des arbres du verger doit se faire avec toutes les précautions nécessaires pour ne pas nuire aux boutons à fruit, espoir de la récolte prochaine. Les fruits à noyaux exigent sous ce rapport moins d'attention, parce que les yeux à fruit sont peu développés à l'époque de la récolte. Mais les fruits à pepins veulent être cueillis avec les plus grands ménagements, par la raison que leur pédoncule est entouré à sa base de boutons qui sont ou seront des productions fruitières, et qui, à cause de la nature fragile de leurs supports, se détachent au moindre choc. Le moment favorable pour la récolte n'est indiqué par la parfaite maturité du fruit que pour les fruits à noyaux ; plusieurs variétés de fruits à pepins d'été sont meilleurs lorsqu'on les cueille un peu avant leur maturité complète, pour les laisser achever de mûrir sur une planche ; tous les fruits d'hiver sont dans ce cas.

On ne peut indiquer que d'une manière générale les espèces de fruits convenables pour créer un verger ; chacun se décidera d'après les circonstances locales de sol, d'exposition et de température ; le jardinier de profession plantera de préférence les arbres dont le fruit lui promet un débit plus profitable. Nous donnerons à la fin de ce chapitre des listes détaillées des arbres à fruit susceptibles d'être cultivés dans les vergers, sous le climat des différentes régions de la France. Disons dès à présent que presque tous les fruits à pepins qu'on récolte sur des pyramides pourraient être récoltés en bien plus grande abondance sur des arbres en plein-vent dans les vergers, absolument comme les fruits à cidre; les fruits à couteau ne sont en général rares et chers que parce qu'un préjugé que les démonstrations de l'expérience devraient avoir fait disparaître, empêche la plupart des cultivateurs de greffer en espèces de choix des arbres de première force, dont un seul parvenu à toute sa croissance enverrait au marché autant de beaux et bons fruits que toutes les pyramides d'un jardin.

§ VI. — Vergers d'arbres à fruits à noyaux.

Tout ce que nous avons dit précédemment sur les vergers s'applique à tous les arbres à fruit, sans distinction; nous devons compléter ces notions par quelques observations sur la formation d'un verger exclusivement peuplé d'arbres à fruits à noyaux.

Trois principales espèces d'arbres à fruits à noyaux peuplent les vergers des contrées tempérées de la France: le cerisier, le prunier et l'abricotier. Au nord du bassin de la Seine l'abricotier porte si rarement en plein-vent que dans tous les départements, entre Paris et la frontière du nord, on ne rencontre l'abricotier en plein-vent que dans quelques localités privilégiées, dont le sol et l'exposition sont spécialement favorables à sa fructification. Le cerisier et le prunier, bien qu'ils soient, comme l'abricotier, originaires de l'Asie-Mineure, sont fertiles en plein-vent jusqu'en Russie, par la seule raison qu'ils entrent en végétation plus tard que l'abricotier, et que lorsqu'ils sont en fleur, les gelées tardives peuvent bien rarement les atteindre, même dans les pays du nord. C'est uniquement en raison de sa floraison trop hâtive que l'abricotier noue rarement son fruit; il lui faut, en effet, pour cela une température de printemps pour ainsi dire exceptionnelle.

Dans la vallée de la Loire et au sud de cette vallée, les vergers d'arbres à fruits à noyaux sont principalement peuplés d'abricotiers et d'albergiers; l'amandier commence à s'y montrer; les pruniers et les cerisiers d'espèces à fleur précoce, y remplacent les espèces tardives des vergers du nord; les pêchers y prospèrent en pleine terre, mais ce sont les espèces dont le fruit adhère au noyau et dont la chair blanche ou jaune a beaucoup de consistance; la peau de ces fruits ne se détache pas à l'époque de la maturité comme celle des pêches obtenues à l'espalier sous le climat de Paris. Enfin, dans les vergers des bords de la Méditerranée, le pêcher et le brugnonier dominent dans les vergers, à côté de l'amandier et du grenadier; ils y atteignent les dimensions de nos pommiers et de nos poiriers en plein-vent, partout où il est possible de les arroser en été; car aucun arbre

à fruit, excepté le figuier, ne résiste sans le secours de l'irrigation à la sécheresse des étés de Provence. Des vergers spéciaux sont consacrés aux arbres de la famille des aurantiacées, orangers, citronniers et leurs variétés; ces arbres y sont traités en grande culture et sont l'objet d'une branche importante de l'horticulture du midi de la France (voir tome II, p. 68).

Avant de planter un verger d'arbres fruitiers à noyaux, il faut arrêter le choix des espèces et déterminer l'espace à laisser à chaque pied d'arbre. Les plus forts n'exigent point au-delà de 10 mètres en tout sens; huit mètres suffisent aux arbres de dimensions moyennes; les cerisiers greffés à demi-tiges, tels qu'on en plante beaucoup dans les terres légères aux environs de Paris, n'exigent pas au-delà de 6 mètres; on ne leur en donne souvent pas plus de quatre, mais cette distance est trop petite.

L'abricotier est comme le pommier, disposé à étendre presque horizontalement les branches de sa tête. Les pruniers prennent d'eux-mêmes une forme un peu moins évasée, à l'exception des reines-claudes, dont les têtes s'étalent à peu près comme celles de l'abricotier, ce qui tient surtout à la pesanteur du fruit, parce que ces arbres chargent beaucoup dans les années abondantes, de sorte que les branches, forcées de s'incliner sous la charge, ne reprennent point après la récolte leur position primitive et s'éloignent de plus en plus de la verticale à mesure que l'arbre avance en âge. Les cerisiers, considérés par rapport à leur forme et à l'espace qu'il convient de leur accorder dans le verger, rentrent dans deux divisions distinctes. Les arbres de la première ont pour type le merisier sauvage à fruit noir; livrés à eux-mêmes, ils se ramifieraient fort peu et s'élèveraient rapidement à la hauteur de 15 à 18 mètres. Arrêtés dans leur croissance par les moyens que nous avons indiqués, leurs branches n'en conservent pas moins une disposition à monter qui rend toujours leurs têtes peu évasées; ces branches sont grosses et fortes par rapport à leur longueur; elles plient difficilement sous la charge du fruit, quelle que soit l'abondance de la récolte; s'il survient un grand vent à l'époque où elles sont très chargées de fruits mûrs ou presque mûrs, elles cassent au lieu de plier. Cette considération doit engager à réserver à ces arbres, ainsi qu'aux abricotiers, les parties les mieux abritées du verger. Les fruits des cerisiers à branches fortes et redressées sont en général doux et à chair ferme (guignes, bigarreaux, cerises anglaises).

Les cerisiers de la seconde division portent en général des fruits aigres à chair molle (cerises proprement dites); leurs branches souples et minces fléchissent aisément sous le poids du fruit et du feuillage; leur tronc, au lieu de monter droit, se ramifie naturellement à partir de la greffe; il leur faut dans le verger plus d'espace qu'aux cerisiers de la première division.

Les vergers de pêchers en plein-vent peuvent

être d'un produit très avantageux , même sous le climat de Paris; en faisant choix d'une situation favorable , il est possible , l'expérience le prouve, d'obtenir des pêchers en plein-vent des fruits , sinon égaux en qualité à ceux des pêchers en espalier, du moins qui en diffèrent très peu. Dans ce but, il ne faut planter que les espèces qui fleurissent tard ; les sujets doivent être ou francs de pied, provenant des noyaux des plus belles pêches de chaque espèce, ou greffés sur franc, à 0m,50 de terre. On forme leur tête sur quatre branches bien espacées ; on a soin qu'elle s'évase convenablement, qu'elle ne prenne pas trop d'élévation et que les branches intérieures ne forment point confusion pour laisser partout un libre accès à l'air et à la lumière. Ces vergers réussissent parfaitement quand , dans une position naturellement abritée, telle que le pied d'un coteau regardant le sud ou le sud-est, on protège en outre les pêchers par des lignes de thuyas ou de cyprès, ou par des haies vives de 1m,50 à 2 mètres d'élévation. Le pêcher en plein-vent ne conserve la qualité de son fruit que lorsqu'on a soin de ne pas le fatiguer par une production excessive, et qu'on ne lui laisse tous les ans qu'une récolte modérée, proportionnée à la force des sujets.

§ VII. — Clôtures.

Les haies vives épineuses sont les meilleures des clôtures pour les vergers. Lorsque dans les intervalles des arbres en plein-vent on ne plante que des poiriers sur cognassier et des pommiers sur doucain , ces clôtures peuvent être établies par la voie des semis; la lenteur de ce procédé est dans ce cas sans inconvénient; les premiers fruits des arbres en pyramide les plus précoces ne paraissent pas avant la quatrième année après la plantation ; on a tout le temps de laisser croître la haie ; elle devient de plus en plus défensive à mesure que les arbres deviennent plus productifs. Quand les arbres en plein-vent seront en plein rapport, la haie parvenue depuis longtemps à toute sa croissance vaudra comme clôture la meilleure muraille. Mais si dans les intervalles des arbres en plein-vent, plantés à 12 mètres les uns des autres , en tout sens, on a créé des lignes provisoires de pommiers-paradis ou de groseilliers qui rapportent au bout de deux ans , ou bien si , en attendant le fruit des arbres en plein-vent, on emploie le sol du verger à des cultures jardinières, il vaut mieux former la haie par plantation que par semis; le verger sera fermé deux ans plus tôt. Les haies d'aubépine, de houx et de robinia, soit semées, soit plantées, sont les meilleures de toutes comme haies défensives. L'églantier, qui, lorsqu'il est seul, végète trop inégalement pour former de bonnes haies, produit un bon effet lorsqu'on en mêle quelques pieds de distance en distance, parmi les autres essences épineuses. Ces haies doivent être tondues deux fois par an, de manière à les maintenir sous la forme que représente la *fig.* 287. Cette forme est celle de toutes qui s'accorde le mieux avec

Fig. 287.

la défense du verger, en occupant le moins de terrain possible. Dans la Belgique wallone et dans le nord-est de la France , on plante beaucoup de haies en cornouiller (*cornus sanguinea*); elles ont l'avantage de former avec le temps une clôture très solide, parce que les tiges se greffent naturellement en approche à tous leurs points de contact les unes sur les autres; mais n'étant point épineuses, elles sont faciles à franchir. Les haies de charme ou charmilles, fort en usage autrefois pour enclore les jardins et les vergers , ont le défaut de s'arrêter difficilement à la hauteur voulue et d'étendre au loin leurs racines, ce qui fait perdre une trop grande largeur de terrain. Les haies d'arbustes de simple ornement ne sont point en usage autour des vergers; toutefois, il existe à notre connaissance, dans la commune de la Valette (Var), un verger enclos par une haie de rosiers du Bengale , régulièrement taillés à la hauteur de 1m,30. Cette haie longe la grande route sur une étendue de près de 100 mètres, et bien qu'elle soit toute l'année en proie aux dévastations des passants et à celles de plusieurs centaines de mille moutons transhumans, sur le passage desquels elle est malheureusement placée, elle subsiste depuis plus de 30 ans. Cet exemple montre les services que le rosier du Bengale peut rendre comme clôture dans nos départements du midi.

§VIII. — Frais.

Nous ne pouvons , à moins de multiplier les calculs à l'infini, donner des indications précises que pour une localité spéciale ; nous choisissons les conditions ordinaires de la culture des arbres à fruit dans l'un des départements qui avoisinent Paris; chacun pourra comparer nos chiffres, dont nous garantissons l'exactitude, avec ce qui existe dans chaque localité. Nous nous proposons principalement de faire comprendre, par ces chiffres, aux propriétaires placés à portée de Paris ou d'une grande ville, quels avantages ils peuvent obtenir d'une branche de culture aujourd'hui trop négligée; nous voulons leur faire toucher au doigt ces avantages, autant dans leur propre intérêt que dans celui du public. Nous considérons à part les frais et produits des vergers d'arbres à fruits à pepins; nous répétons les calculs analogues pour les vergers d'arbres à fruits à noyaux.

A. — *Frais d'établissement d'un verger d'arbres à fruits à pepins.*

Lorsque le sol est très fertile et de nature à faire présumer que les arbres y prendront un très grand développement, on ne peut leur donner moins de 12 mètres d'espace en tout sens. Une distance de 10 mètres est suffisante quand le sol est un peu moins fertile, surtout si l'on plante plus de poiriers que de pommiers, ces derniers étant plus portés que les poiriers a étendre horizontalement les branches de leur tête ; nous examinerons séparément ces deux conditions pour un verger d'un hectare :

Poiriers et pommiers en plein-vent, à 12 mètres en tout sens, 64 à 1 fr. 25 c. ..	80f	»
Pommiers greffés sur paradis, 1,540 a 50 c..	770	»
Un labour à la charrue..................	25	»
Une seconde façon à la bêche, à 1 f. par are..	100	»
Fumier 10 mètres cubes, à 12 fr., transport et épandage compris	120	»
Façon des tranchées et plantation........	300	»
Terreau pour les plantations, 5 mètres cubes à 5 fr	25	»
Piquets pour tuteurs, 128, à 2 par plein-vent, pose comprise, à 30 c...............	58	40

TOTAL....	1,458	40

En portant le total des dépenses à 1,500 fr., nous croyons être très près de la vérité. Les pommiers-paradis sont plantés à deux mètres en tout sens les uns des autres, espace plus que suffisant pour ces arbres qui ont peu de racines ; il reste autour de chaque pied d'arbre en plein vent un espace libre de huit mètres en tout sens ; c'est ce que représente la *fig.* 288 ;

Fig. 288.

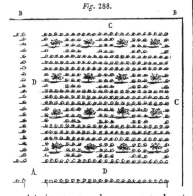

on a laissé tout autour du verger, entre la haie BB et le premier rang de pommiers-paradis, une largeur de quatre mètres CC pour la circulation ; c'est aussi pour servir de dégagement que deux allées de quatre mètres de large DD traversent le verger, en se coupant à angle droit au point A qui occupe le centre de quatre carrés semblables qu'il eût été inutile de reproduire ici. Au bout de huit ou dix ans, les pommiers-paradis, épuisés ou non, seront supprimés ; le sol recevra une bonne fumure d'engrais bien consommé et sera converti en prairie naturelle pour demeurer en cet état à perpétuité. Les pommiers-paradis ne commenceront à produire qu'à deux ans ; on aura donc à supporter,

avant de rien récolter, outre les avances portées au compte précédent :

Loyer de 2 ans, à 160 fr. l'hectare, impôts compris	320f	»
Intérêts de 1,500 fr., à 5 o/o, en 2 ans....	150	»
Ce qui, joint à la somme ronde de 1,500 fr. précédemment déboursée, ci..........	1,500	»
Donne pour le total de la mise dehors.....	1,970	»
Somme qu'en raison des frais imprévus, on peut porter à......................	2,000	»

Si le degré un peu moindre de fertilité du sol engage à donner seulement aux arbres 10 mètres de distance en tout sens (*fig.* 289),

Fig. 289.

on ne pourra point remplir les intervalles par des lignes de pommiers-paradis ; cette nature de sol étant présumée plus favorable au poirier, on plantera à égale distance, entre deux lignes d'arbres en plein-vent, une ligne de poiriers greffés sur cognassier, espacés entre eux de 5 mètres dans les lignes, et alternativement, une ligne de pommiers greffés sur doucain, à la même distance. Nous n'avons représenté ici qu'un des quatre compartiments du verger, distribué comme dans l'exemple précédent ; chacun d'eux sera entouré d'une ligne de buissons de groseilliers, à 2m,50 l'un de l'autre. On aura donc, dans cette supposition, 100 arbres en plein-vent, 144 poiriers en pyramide greffés sur cognassier, 90 pommiers greffés sur doucain et 288 touffes de groseilliers. L'espace laissé libre autour du verger aura 2m,50 de large ; les allées de dégagement auront une largeur de 5 mètres :

Poiriers et pommiers en plein-vent, à 10 mètres en tout sens, 100 arbres à 1 fr. 25 c.	125f	»
Poiriers sur cognassier, 144 arbres à 75 c. .	108	»
Pommiers sur doucains, 90 arbres à 75 c...	67	50
Groseilliers, 288 touffes à 50 c..........	144	»
Engrais, façons et frais divers, comme ci-dessus	570	»
200 tuteurs, à 2 par plein-vent, à 30 c., pose comprise	60	»

TOTAL....	1,074	50

On sera très près de la vérité en adoptant le chiffre rond de 1,100 fr. pour le total des premiers déboursés; comme la première récolte ne pourra être espérée avant la quatrième année, il faudra ajouter à cette somme :

Loyer de 4 ans, à 60 fr., impôts compris...   640f »
Intérêts à 5 0/0 de 1,100 fr., pendant 4 ans   220 »
                                              ───────
                                               860 »

Ce qui, joint aux déboursés précédents mon-
    tant à............................   1,100f »
Donne pour la dépense totale avant toute ré-
    colte ....   1,960 »
Que nous porterons en raison des cas im-
    prévus, à........................   2,000 »

Ainsi, dans les deux suppositions que nous venons d'examiner, on peut, avec une avance de 2,000 fr., intérêts compris, créer un verger d'un hectare.

B. — *Frais d'établissement d'un verger d'arbres
à fruits à noyaux.*

Le terrain que nous supposons d'un hectare peut être disposé comme pour un verger d'arbres à fruits à pepins ; deux grandes allées de six mètres de large, se coupant à angle droit, le partagent en quatre compartiments égaux ; une allée de trois mètres de large règne le long de la haie, en dehors de ces compartiments. Le carré A (*fig.* 290) reçoit vingt-cinq abricotiers

Fig. 290.

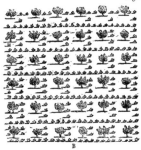

B   A

en plein-vent, à dix mètres en tout sens les uns des autres ; un carré semblable, que nous avons jugé inutile de représenter, est occupé par vingt-cinq cerisiers à branches flexibles, espacés comme les abricotiers ; le carré B est planté en cerisiers à branches droites ; il en peut admettre trente-six, espacés entre eux de huit mètres en tout sens. Dans un carré semblable sont plantés trente-six pruniers espacés comme les cerisiers à branches droites.

Dans les intervalles des lignes d'arbres en plein-vent des carrés A, on peut planter deux lignes de groseilliers à deux mètres l'une de l'autre ; les touffes de groseillier sont à deux mètres dans les lignes. Les intervalles des arbres en plein-vent dans les carrés B ne peuvent admettre qu'un seul rang de groseilliers, à deux mètres de distance dans les lignes ; un rang de groseilliers à la même distance les uns des autres entoure les quatre carrés, ce qui donne un total de 1,240 touffes de groseillier.

25 abricotiers en plein-vent, à 1 fr. 50 c...   37f 50
61 cerisiers en plein-vent, à 1 fr. 25 c....   76 »
36 pruniers à 1 fr. 25 c..............   45 »
1,240 touffes de groseillier à 50 c.......   620 »
Engrais, façons et frais divers...........   600 »
244 tuteurs à 30 c., pose comprise.... ...   73 »
                                              ───────
        TOTAL des déboursés....   1,451 50

Soit, somme ronde...................   1,500 50

Les cerisiers et les groseilliers commencent à porter fruit à deux ans ; il faut donc ajouter aux déboursés :

Deux ans de loyer d'un hectare, à 140 fr.,
    impôts compris ....   280f »
Intérêts de 1,500 fr. à 5 0/0, pour deux ans.   150 »
                                              ───────
            Ensemble....   450 »

Cette somme jointe aux déboursés précédents
    montant à........................   1,500 »

Donne un total de.................   1,930 »

Ou, somme ronde...................   2,000 »

Nous devons une mention particulière aux vergers plantés uniquement en cerisiers greffés à demi-tige, à 1m,50 de terre, espacés à six mètres en tout sens. Un hectare ainsi planté contient seize lignes de seize arbres chacune, soit 256 cerisiers ; il reste en dehors de la plantation un espace libre de trois mètres de large le long de la haie. Les intervalles peuvent admettre des lignes simples de groseillier à deux mètres en tout sens, ce qui, en laissant pour le service deux allées à angle droit, donne 1,140 touffes de groseillier.

256 cerisiers à demi-tige, à 1 fr..........   256f »
1,140 touffes de groseillier à 50 c.........   570 »
Engrais, façons et frais comme ci-dessus ···   600 »
                                              ───────
            TOTAL....   1,426 »

Soit, somme ronde.········· A reporter.   1,500 »

Les arbres à cette hauteur n'ont pas besoin de tuteurs.

Report... 1,500

En ajoutant deux ans de loyer et les intérêts des déboursés pendant deux ans, montant ensemble à........................ 430ᶠ »

On trouve un total de............ ...... 1,950 »

Soit, somme ronde.................... 2,000 »

Nous arrivons, comme on le voit, au même chiffre pour tous les genres de vergers d'arbres à fruits à pepins ou à noyaux.

§IX. — Produits.

Le sol du verger, lorsqu'en attendant la mise à fruit des arbres en plein-vent on le cultive en jardin potager, donne des produits importants, dont nous n'avons point à nous occuper ici, pour ne pas multiplier les chiffres sans nécessité (*voir* Jardin potager). Nous devons seulement rechercher quels sont les produits des vergers dont nous avons évalué les frais sous quatre conditions différentes :

1° Vergers d'arbres à fruits à pepins en plein-vent et de pommiers-paradis;

2° Vergers d'arbres à fruits à pepins, en plein-vent et en pyramides;

3° Vergers d'arbres à fruits à noyaux et de groseilliers;

4° Vergers de cerisiers et de groseilliers.

1° Les produits sont nuls la première année : les paradis montrent leur fruit après leur seconde feuille; cette première récolte est peu importante; nous ne la portons point en compte, afin de ne pas avoir non plus à compter les frais d'entretien qu'elle couvre et au-delà. Dès la troisième année, les paradis sont en plein rapport; chacun de ces petits arbres peut donner, année commune, dix fruits qui valent de 5 à 10 c. En portant le produit annuel de chaque pommier-paradis à 60 c., nous sommes au-dessous de la moyenne, car beaucoup d'arbres produisent plus d'un franc par an. Le compte de ce verger donnera à la fin de la cinquième année après la plantation les résultats suivants :

Fruits de 1,540 pommiers-paradis à 60 c. par an, récoltes des 3ᵉ 4ᵉ et 5ᵉ années.. 2,772ᶠ »
A déduire : loyer, impositions et intérêts comme au compte des frais, à 260 fr. par an, pour trois ans.................... 780 »

Bénéfice net........................ 1,992 »

Ces recettes balancent à huit francs près les dépenses, de sorte que le propriétaire aura créé, sur un hectare de terrain, avec un déboursé de 2,000 fr., qu'il aura recouvré intégralement, y compris les intérêts, un revenu porté, pour la cinquième année à 564 fr., ou, somme ronde, 550 fr., en déduisant de la recette annuelle, montant à 924 fr.,

Loyer, impositions et intérêts........... 260ᶠ »
Frais de culture et d'entretien. .... 100 »

TOTAL.... 360 »

Jusqu'ici, les arbres en plein-vent qui doi-vent finir par rester seuls en possession du terrain, n'ont encore rien produit, ou le peu de fruits qu'ils ont pu donner ne peut être porté en compte. A partir de la sixième année, les produits de ces arbres croîtront rapidement, celui des pommiers-paradis restant toujours le même ; les frais n'auront point d'augmentation à subir, de sorte que jusqu'à la dixième année le revenu net ne cessera pas de s'accroître. Puis le moment viendra où les arbres en plein-vent, parvenus à leur dixième année, rapportant déjà, année commune, 5 fr. par an, exigeront la suppression d'une partie des pommiers-paradis. En en arrachant deux lignes sur trois, dans l'intérieur des carrés, et conservant les lignes extérieures, il en restera provisoirement 800 qui donneront, à 60 c. par arbre, 480 fr.; le compte de la dixième année donnera par conséquent :

Fruits des arbres en plein-vent, à 5 fr. par arbre........................... 320ᶠ »
Fruits des paradis à 60 c. par arbre...... 480 »

TOTAL.... 800 »
A déduire : frais, comme ci-dessus........ 360ᶠ »

Il reste, de revenu net pour la 10ᵉ année.. 440 »

Mais cette diminution momentanée du revenu, causée par la suppression d'une portion des paradis, sera bientôt compensée par l'accroissement rapide du produit des arbres en plein-vent qui, une fois mis à fruit, croîtront en fertilité chaque année. A quinze ans, quand les dernières lignes de pommiers-paradis seront supprimées, les plein-vents pourront donner chacun de 200 à 300 poires ou pommes valant de 5 à 10 c. la pièce, produit qui, lorsque les arbres seront dans toute leur force, vers l'âge de vingt-cinq ans à trente ans, pourra facilement être doublé. De plus, la suppression de tous les pommiers-paradis aura permis de convertir le sol du verger en prairie pouvant donner annuellement 3,000 kilogr. de foin à 100 fr. les 1,000 kilogr. Le compte de la quinzième année donnera par conséquent :

Fruit des arbres en plein-vent, à 20 fr. par arbre 1,280ᶠ »
Foin, 3,000 kil. à 100 fr. les 1,000 kil..... 300 »

TOTAL.... 1,580 »
A déduire : frais, comme ci-dessus... .... 360 »

Il reste de bénéfice net................. 1,220 »

Les bonnes années compensant les mauvaises, on aura un revenu moyen de 1,000 fr, par an, tous frais déduits. Il faut observer que nous avons porté en dépense l'entretien du verger pour 100 fr. par an; une fois les paradis supprimés, l'entretien devient pour ainsi dire tout-à-fait nul. La prairie, fumée en couverture tous les deux ou trois ans, se maintient en bon état, et les arbres en plein-vent, convenablement soignés, peuvent vivre un siècle.

Nous devons appeler l'attention des propriétaires sur une autre considération non moins importante : c'est l'augmentation du capital foncier. Nous supposons l'emplacement du verger acheté comme terre de première qualité sur le pied de 3 p. 100 ; étant loué 150 fr., impôts à charge du locataire, il aura pu coûter 5,000 fr. Parvenu à un revenu net de 550 fr. dès la troisième année, ce terrain aura presque doublé de valeur. Supposons en effet qu'il soit loué 300 fr., ce qui, en raison des produits, serait un loyer raisonnable, il vaudrait, au taux de 3 p. 100, 10,000 fr. Pour tout propriétaire possédant un terrain dans des conditions favorables, et assuré, soit de louer à un prix avantageux le verger en rapport, soit d'en vendre aisément les produits, il n'y a pas de meilleure spéculation. Ajoutons que le père de famille, travaillant pour ses enfants autant que pour lui-même, peut, dans ces circonstances, leur créer à bien peu de frais un capital certain, que le temps, en développant la fécondité des arbres, ne fait qu'augmenter d'année en année.

2º Les produits de ces vergers sont nuls pendant la première et la seconde année. Les groseilliers sont en plein rapport trois ans après la plantation. Leur produit, comme celui des pommiers-paradis dans le compte précédent, n'est pas susceptible d'augmentation ; il devient tout d'un coup à peu près ce qu'il doit être dans la suite. Chaque touffe de groseillier peut donner annuellement 2 kilogr. de groseilles, ce qui, pour 288 touffes, donne un total de 576 kilogr. de groseilles valant, au prix moyen de 30 c. le kilogr., 172 fr. 80 c. Nous n'avons point porté en compte le peu de groseilles qu'on a dû récolter la seconde année ; cette récolte, peu importante, couvre les frais, d'ailleurs très minimes, de la taille des arbres pendant les deux premières années. Les arbres fruitiers en plein-vent feront encore attendre leur premier fruit plusieurs années ; les arbres fruitiers en pyramides donneront à cinq ans leur première récolte. A la fin de la cinquième année, le compte de ce verger présentera les résultats suivants :

Fruits des groseilliers pendant 3 ans, à 172 fr. par an.	516ᶠ »
Fruits des pyramides, à 60 c. par arbre.	140 40
TOTAL...	656 40
Avances d'après le compte des frais	2,000 »
Différence des dépenses et des recettes	1,343 60

Les frais annuels s'élèvent, d'après le compte précédent, à :

Loyer, impôts et intérêts des avances	260ᶠ »
Entretien	100 »
TOTAL...	360 »

Mais il faut porter en recette un autre produit dont nous n'avons pas fait mention. Toute la partie du verger qui n'est pas occupée par les arbres à fruit et les chemins, est convertie en prairie. Les arbres et les chemins occupent 2,230 mètres carrés ainsi répartis :

Arbres en plein-vent, à 4 mètres carrés par arbre.	400ᵐ
Arbres en pyramides à 2 mètres 25 c.	585
Groseilliers à un mètre carré par touffe.	288
Chemins	957
TOTAL....	2,230

Cette somme, retranchée des 10,000 mètres carrés que contient un hectare, laisse à la production du fourrage 7,760 mètres carrés dont on peut évaluer le produit à 2,000 kilogr. de foin valant, à 100 fr. les 1,000 kilogr., 200 fr. Cette récolte a dû commencer la troisième année ; il faut donc ajouter aux recettes précédentes :

Foin des 3ᵉ, 4ᵉ et 5ᵉ années, à 200 fr. par an.	600ᶠ »
Ce qui porte le total des recettes au bout de 5 ans à	1,265 40

A cette époque, le propriétaire, au moyen d'une avance de 2,000 fr., dont il aura recouvré plus de la moitié, indépendamment des intérêts, aura créé, sur un terrain d'un hectare, un revenu net de 252 fr., revenu encore peu considérable, mais qui tous les ans s'accroîtra dans une très forte proportion, les frais restant les mêmes ; on en jugera en jetant les yeux sur le relevé suivant :

SIXIÈME ANNÉE.

Groseilles, comme ci-dessus	172ᶠ »
Fruits des pyramides, à 1 fr. 20 c. par arbre.	280 80
Fruits des plein-vents, à 80 c. par arbre.	80 »
Foin, comme ci-dessus	200 »
TOTAL...	732 80

SEPTIÈME ANNÉE.

Groseilles.	172 »
Fruits des pyramides, à 2 fr. 50 c. par arbre.	585 »
Fruits des plein-vents, à 1 fr. 50 c. par arbre.	150 »
Foin.	200 »
TOTAL....	1,107 »

HUITIÈME ANNÉE.

Groseilles.	172 »
Fruits des pyramides, à 3 f. 50 c. par arbre.	819 »
Fruits des plein-vents, à 2 fr. 50 c. par arbre.	250 »
Foin.	200 »
TOTAL....	1,441 »

Le produit du verger est destiné à s'augmenter encore ; les arbres en pyramides qu'on ne ménage pas puisqu'ils doivent être supprimés à 15 ans, donnent de plus en plus ; les arbres en plein-vent, une fois qu'ils se mettent à fruit, arrivent, après 10 ans de plantation, à un produit de 5 fr. par an, et les frais n'augmentent pas d'un centime. En tenant compte seulement des récoltes réalisées pendant les 8 premières années, nous trouvons un total de 4,546 fr. Nous n'avons à déduire de cette somme que les frais pour loyer, impositions, intérêts et entretien pendant les 4 dernières années ; pour les 4 premières ces frais ont été portés en compte ; ils font partie des avances dont le total se monte, pour ces 4 ans, à 2,000 fr. C'est à raison de 360 fr. par an, comme ci-dessus, 1,440 fr. qui, retranciés de 4,546 fr., laissent comme produit net, 3,106 fr. Cette somme, répartie entre les 8 années qui se sont écoulées depuis la plantation, donne un revenu moyen de 388 fr. 25 c., ou somme ronde, 380 fr.

Quant au revenu actuel du verger, il est de 1,400 fr.; à 10 ans il dépassera 1,500 fr. pour atteindre 2,000 fr. lorsqu'à l'âge de 25 ou 30 ans, les arbres en plein-vent, restés seuls dans le verger, auront atteint leur plus grand degré de fertilité.

En appliquant à ce verger l'observation que nous avons faite sur le premier, quant à l'accroissement du capital foncier, nous trouverons qu'une propriété rapportant au propriétaire qui l'exploite lui-même 1.500 fr. de revenu net, peut être louée 800 fr., en laissant au locataire une juste part des produits, les frais étant presque nuls, ce qui, au taux de 3 p. 100, lui assigne une valeur de 26,600 fr.

3° Les explications données pour les 2 premiers genres de verger nous permettront d'abréger le compte du 3e. Ce compte, 6 ans après la plantation, présentera les résultats suivants :

1re et 2e années, pas de produits.

TROISIÈME ANNÉE.

Groseilliers, 1,240 touffes donneront à raison de 2 kil. de groseilles par touffe, 2,480 kil., à 50 c. le kil.	744f »
61 cerisiers, 2 kil. par arbre, 122 kil. à 25 c.	30 50
Total....	774 50

Les abricotiers et les pruniers ne portent pas encore.

QUATRIÈME ANNÉE.

Groseilliers, comme ci-dessus.	744f »
61 cerisiers à 3 kil. à 25 c.	45 75
Premier fruit des pruniers et abricotiers, à 50 c. par arbre.	30 50
Total....	820 25

CINQUIÈME ANNÉE.

Groseilliers.	744 »
Cerisiers, à 1 fr. 25 c. par arbre.	76 25
Pruniers et abricotiers, à 1 fr. par arbre.	61 »
Total....	881 25

SIXIÈME ANNÉE.

Groseilliers.	744 »
Cerisiers, à 2 fr. par arbre.	122 »
Pruniers et abricotiers à 1 fr. 50 c. par arbre.	91 50
Total....	957 50

La recette totale s'élève pour les 6 premières années à la somme de 3,433 fr. 50 c., dont il faut retrancier pour les frais annuels des 4 dernières années seulement, à 360 fr. par an, comme pour les comptes précédents, 1,440 fr. Il reste de produit net 1,993 fr. 50 c.

Cette dernière somme, répartie entre les six ans écoulés depuis la plantation du verger, donne pour revenu net 332 fr. 25 c., soit, somme ronde 300 fr. par an. Les arbres en

plein-vent avancent vers leur maximum de fécondité; le revenu croit rapidement, jusqu'à ce que chaque arbre en plein-vent donne en moyenne 10 fr. par an, résultat auquel tous les arbres doivent arriver entre la 12me et la 15me année. Si les arbres à fruits à noyau ne rapportent jamais autant que les arbres à fruits à pepins, ils font attendre moitié moins leur complète mise à fruit; ils ont en outre cet avantage, que leurs racines occupant moins d'espace, on peut maintenir à perpétuité les groseilliers qui seuls donnent un revenu important. Quinze ans après la plantation, les produits annuels de ce verger pourront être :

Groseilles.	744f »
Fruits des arbres en plein-vent, à 10 fr. par arbre	1,220 »
Total....	1,964 »
Déduction faite des frais, montant à.	360 »
Il restera de revenu net.	1,604 »

Comme ces récoltes sont plus sujettes à manquer que celles des arbres à fruits à pepins, nous ne compterons en moyenne que 1,000 fr. de revenu pour ce verger, parvenu à son plus haut degré de fertilité. Ce produit suppose une valeur locative de 600 fr., et une valeur foncière de 20,000 fr.

4° Les produits de ce verger ne peuvent exactement se déduire des comptes des autres vergers. Le principal avantage de ce genre de plantations c'est de s'accommoder d'un terrain de médiocre qualité, où les autres ne pourraient prospérer; le loyer et les frais sont moins élevés et les produits moins considérables. Les cerisiers, très rapprociés les uns des autres, ne prennent jamais un grand développement; quand ils sont en plein rapport, ils donnent moitié moins que les arbres en plein-vent du verger n° 3, mais ils arrivent beaucoup plus tôt à leur maximum de fécondité. Les groseilliers, plus ou moins gênés par l'ombre des cerisiers, sont aussi moins productifs que ceux des vergers dont nous venons d'examiner les comptes. A six ans, les cerisiers greffés à demi-tige sont en plein rapport.

1re et 2me années, produits nuls.

TROISIÈME ANNÉE.

Groseilliers, 1,140 touffes, donnant 45 c. par touffe	513f »
Cerisiers, 256, à 1 fr par arbre	256 »
Total....	769 »

QUATRIÈME ANNÉE.

Groseilliers.	513 »
Cerisiers, à 1 fr. 50 c. par arbre.	384 »
Total....	897 »

CINQUIÈME ANNÉE.

Groseilliers.	513 »
Cerisiers à 2 fr. 50 c. par arbre.	512 »
Total....	1,025 »

Groseilliers.	513	»
Cerisiers, à 2 fr. par arbre.	640	»

| | Total.... | 1,153 | » |

Ces recettes additionnées donnent un total de. 3,904 »

Le terrain étant de qualité médiocre, sa valeur locative, avant la création du verger, n'était que de 140 fr., impôts compris ; les frais à déduire se réduisent donc à :

Loyer et impôts pour 4 ans.	560ᶠ	»
Intérêts de 2,000 fr. à 5 0/0 pour 4 ans. .	400	»
Frais de culture.	150	»

| | Total.... | 1,110 | » |

Les recettes, déduction faite de cette somme, s'élèvent à 2,794 fr.

Ces recettes réparties entre six ans écoulés depuis la plantation du verger, forment un revenu net annuel de. 465ᶠ

Soit, somme ronde . . . . 450 »

A 10 ans les arbres de ce verger ont atteint le maximum de production qu'ils ne doivent pas dépasser ; les cerisiers peuvent donner 4 fr. par an ; les groseilliers donnent toujours les mêmes produits ; la meilleure récolte qu'on puisse attendre d'un verger semblable est donc de :

Groseilles.	513ᶠ	»
Cerises	1,024	»

| | Total.... | 1,537 | » |

Et, déduction faite de 390 fr. de frais. . . . 1,147 »

Soit, somme ronde . . . . 1,100 »

En moyenne, les bonnes années compensant les mauvaises, ce verger, en plein rapport, ne peut donner au-delà de 900 fr. de produit net, ce qui suppose une valeur locative de 500 fr., et une valeur foncière de 16,600 fr.

§ X. — Choix des espèces.

La plus déplorable confusion règne dans la nomenclature des fruits en France ; des réunions de jardiniers qui ouvriraient entre eux une correspondance suivie, et se communiqueraient les fruits de chaque région, pourraient seules, avec beaucoup de temps et de travail, rétablir la synonymie et permettre à l'amateur de se reconnaître avec certitude dans les catalogues du commerce, tandis qu'aujourd'hui, grâce à l'arbitraire de la nomenclature, l'amateur éloigné des pépinières fait souvent venir à grands frais ce qu'il a déjà, ou le contraire de ce qu'il a demandé. Il n'est pas en notre pouvoir de remédier à un tel désordre : forcés de nous déterminer, nous adoptons les noms le plus généralement reçus ; tout ce que nous pouvons garantir à nos lecteurs, c'est que nos indications sur les qualités des fruits et l'époque de leur maturité sont de la plus scrupuleuse exactitude.

A. — Fruits à pepins.

Nous n'avons point la prétention de donner des catalogues complets des fruits à pepins dignes d'être cultivés dans les vergers ; nous nous bornons à indiquer, avec des remarques sur chaque série, les espèces dont on peut composer un verger irréprochable, où les plein-vents doivent rester définitivement maîtres du terrain.

1. Poiriers en plein-vent, espèces précoces.

Noms des espèces.	Epoque de la maturité des fruits.
Petit muscat (dit 7 en gueule). . .	
Petit-Saint-Jean	
Gros-Saint-Jean (muscat Robert). .	fin de juin.
Deux-têtes.	
Petite blanquette.	
Grosse blanquette.	
Blanquette à longue queue.	
Epargne (beau présent, cuisse madame)	fin de juillet.
Rousselet hâtif.	
Madeleine	

Toutes ces poires sont médiocres, à l'exception du rousselet hâtif, le meilleur de toute cette série, poire rare en France et moins bonne qu'en Belgique, où elle est très recherchée ; les amateurs qui désirent l'avoir franche d'espèce doivent s'en procurer des greffes de Belgique ; la meilleure variété est celle qu'on trouve dans tous les jardins de la vallée de la Meuse, depuis Dinant jusqu'à Maestricht ; elle y est connue sous son vrai nom de Rousselet d'été ou hâtif. Après elle, la meilleure de cette série est la poire d'épargne, belle et bonne quand elle est prise à son point, mais elle n'a qu'un moment. Les autres conviennent plutôt au jardinier de profession qu'à l'amateur, parce que les arbres de ces espèces chargent beaucoup et que leur fruit, bien que médiocre, se vend très bien, par cela seul qu'il précède d'un grand mois toutes les autres poires. Il ne doit pas y avoir dans un verger d'un hectare plus d'un arbre de chacune de ces espèces ; un seul des deux Saint-Jean, et une seule des trois blanquettes permettent de se passer des autres variétés de leur espèce, pour laisser la place à de meilleures poires. Les poires comprises dans le tableau ci-dessous suivent immédiatement les précédentes sous le rapport de la précocité ; elles leur sont de beaucoup supérieures en qualité ; les arbres chargent un peu moins, toute proportion gardée, et si la vente des fruits ne peut être faite au moment opportun, les poires ne peuvent se garder seulement 24 heures après leur parfaite maturité. Le jardinier prudent doit donc se régler sur le débit présumé et ne pas s'encombrer d'une trop grande quantité de fruits excellents, mais dont chacun n'a pas plus de 10 ou 15 jours pour être mangé à son point, et peut être considéré comme perdu le lendemain du jour où il est mûr, s'il n'a pu être vendu.

Noms des espèces	Époque de la maturité des fruits
Belle de Bruxelles.	du 18 août au 1er sept.
Bon-chrétien d'été, Gratiole,	fin d'août.
(*Gracioli des Italiens*.)	
Bon-chrétien turc ou d'Orient.	*Idem.*
Bon-chrétien William.	*Idem.*
Doyenné d'été.	*Idem.*
Beurré d'été.	fin d'août et septembre.
Beurré de Morfontaine	*Idem.* *Idem.*
Beurré magnifique (poire melon)	*Idem.* *Idem.*

A l'exception de la dernière, qui est plutôt belle que bonne, toutes les autres sont excellentes ; le bon-chrétien d'été l'emporte sur toutes les autres ; il convient surtout en plein-vent dans les vergers au sud de la Loire ; sous le climat de Paris, l'arbre vient très bien et son fruit est parfait ; mais il fleurit peu et ne donne pas tous les ans. Sur le littoral de la Méditerranée, de Toulon à Antibes, et en Italie jusqu'à Livourne, dans les vergers de la côte, ce poirier est presque seul cultivé en plein-vent.

2. *Poires d'automne.*

Noms des espèces.	Époque de la maturité des fruits.
Capiaumont . . . . septembre.	
Beurrés { gris.	septembre et octobre.
roux	*Idem.* *Idem.*
galeux ou crotté. .	*Idem.* *Idem.*
de Beaumont . .	septembre.
d'Angoulême . . .	septembre.
d'Angleterre. . . .	septembre et octobre.
d'Amaulis.	*Idem.* *Idem.*
Spence	octobre et novembre.
de St.-Michel, ou	
Doyenné { d'automne. . . .	octobre.
Seutelet.	octobre.
musqué	octobre et novembre.
calebasse	septembre et octobre.
Mouille-bouche verte-longue. .	octobre.
Mouille-bouche panachée (culotte de Suisse).	octobre.
Sieulle.	octobre et novembre.
Messire-Jean.	octobre.
Sanguine d'Italie	septembre.

Toutes les variétés de beurré veulent être détachées de l'arbre au moment où elles quittent facilement la branche ; autrement, le moindre vent les fait tomber, elles se meurtrissent et perdent beaucoup de leur valeur : elles achèvent de mûrir sur les dressoirs du fruitier. Leur peau contient un principe astringent peu agréable au goût ; on ne les mange pas sans enlever la peau. Toutes les poires de doyenné se mangent avec la peau, qui est excessivement mince et qui contient un arome particulier, de sorte que ceux qui pèlent ces poires pour les manger perdent le meilleur ; ce sont de toutes les poires celles qui sont le moins sujettes à ces concrétions de silice si désagréables à rencontrer sous la dent. Ces concrétions abondent trop souvent dans la poire de messire-Jean, qui sans cela serait beaucoup plus recherchée ; elle est la meilleure de toutes pour la préparation du raisiné. Le doyenné-calebasse, l'une des meilleures poires qui existent, n'est guère connu lors de la Belgique, son pays natal ; la variété la plus par-

faite existe dans les jardins qui environnent Malines (Belgique). La mouille-bouche rayée ou culotte de Suisse, espèce excellente, mais peu productive, est presque abandonnée pour cette raison. La poire sieulle est une des meilleures acquisitions récentes de nos vergers. La poire sanguine d'Italie, dont la chair est marbrée de rouge, est plus curieuse que bonne ; sous le climat de Paris, elle produit rarement, parce que sa floraison est trop précoce.

3. *Poires d'hiver.*

Noms des espèces.	Époque de la maturité des fruits
Beurré { d'Hardampont	
(goulu morceau).	de décembre en mars.
de Malines	décembre.
d'Aremberg . . .	janvier.
Rancé.	février.
Doyenné d'hiver	de janvier en avril.
Saint-Germain	de novembre en mars.
Crassane ou cresane.	de novembre en janvier.
Chaumontel.	de décembre en mars.
Bergamotte de Pâques.	de décembre en avril.
Bon- { d'hiver.	de janvier en juillet.
chrétien { d'Espagne	décembre et janvier.
Jaspé.	février et mars.

L'époque indiquée pour la maturité des fruits désigne la durée du temps pendant lequel chaque fruit peut être mangé dans toute sa perfection ; quelques fruits durent beaucoup plus longtemps que nous ne l'indiquons ; mais, sans être gâtés, ils ont perdu toute leur saveur.

Toutes les poires comprises dans les listes qui précèdent se mangent crues, mais elles sont meilleures lorsqu'elles sont cuites, et on les réserve ordinairement pour cet usage ; on leur fait aussi subir une préparation qui les convertit à l'état de poires tapées.

4. *Poires meilleures cuites que crues.*

Noms des espèces.	Époque de la maturité des fruits.
Martin sec	de janvier en avril.
Rousselet de Reims.	de décembre en mars.
Bergamotte de la Pentecôte. .	de janvier en avril.
Van Mons	de décembre en mars.
Léon Leclerc.	*Idem.* *Idem.*
Duchesse de Berry d'hiver . .	*Idem.* *Idem.*

Toutes ces poires, lorsqu'on veut les manger cuites, doivent être employées un peu avant leur maturité. Presque toutes se conservent au delà des époques indiquées sur les listes ; mais passé ces époques elles perdent leur goût, se flétrissent et n'ont plus aucune valeur. La liste suivante contient les meilleures d'entre les poires qui ne peuvent être mangées crues.

5. *Poires à cuire.*

Noms des espèces.	Époque de la maturité des fruits.
Franc Réal.	de novembre en mars.
Catillac ou cotillard.	de décembre en avril.
Impériale	de janvier en avril.
D'une livre.	de janvier en mai.
De tonneau.	*Idem.* *Idem.*
De Chaptal.	*Idem.* *Idem.*
Royale.	*Idem.* *Idem.*

Avec quelques soins, la plupart de ces poires se conservent d'une année à l'autre sans se rider ni s'altérer en apparence; mais passé le mois de mai elles deviennent pâteuses et n'ont plus de saveur. L'excessive dureté de ces poires au moment où on les cueille fait qu'on s'y prend d'ordinaire avec très peu de soin, et c'est à tort; l'effet des contusions, peu visible d'abord, ne tarde pas à se manifester; les poires se gâtent précisément au moment où elles seraient vendues avec le plus d'avantages. Les poires d'automne et les poires d'hiver, tant celles qui se mangent crues que celles qui ne peuvent être mangées que cuites, constituent la partie la plus riche de la récolte du verger; parmi ces poires, le beurré, le bon-chrétien, le saint-germain et la crassane doivent être les plus nombreuses; toutes ces poires se cueillent un peu avant leur maturité; elles offrent l'avantage de mûrir, non pas toutes à la fois, comme les poires d'été, mais successivement, selon l'âge des branches qui les ont portées et leur exposition plus ou moins méridionale. Cette particularité est également précieuse pour l'amateur qui jouit de ses fruits pendant tout l'hiver, et pour le jardinier de profession qui vend quand il veut, et ne se trouve jamais, pour cette partie de sa récolte, à la discrétion des acheteurs.

Les arbres de la dernière liste (poires à cuire) chargent beaucoup et tiennent beaucoup de place; ils doivent être exclus des vergers où l'on n'accorde que 10 mètres en tout sens à chaque pied d'arbre; ce n'est pas trop pour eux d'une distance de 12 mètres en tout sens d'un arbre à l'autre.

Nous avons donné (page 79) la liste des espèces qui ne viennent pas bien sur sujets de cognassier; toutes les poires à cuire sont plus ou moins dans ce cas. Nous croyons inutile de dresser des listes séparées des espèces greffées sur cognassier, qu'on peut planter provisoirement entre les lignes d'arbres en plein-vent; à l'exception de celles qui ont été signalées comme se refusant à vivre sur des sujets de cognassier, toutes les espèces de poirier peuvent s'élever indistinctement en plein-vent et en pyramide, ainsi qu'en vase ou corbeille; on peut donc, quant au choix des espèces, être guidé par les considérations que nous venons d'exposer.

6. Pommes hâtives.

Noms des espèces.	Époque de la maturité des fruits.
Rambour d'été.	août et septembre.
Pomme-framboise.	août et septembre.
Pomme de neige	août et septembre.
Calville d'été	fin de juillet.
Passe-pomme rouge.	août.

Toutes ces pommes sont médiocres, à l'exception de la pomme-framboise et de la pomme de neige, parfaites l'une et l'autre, mais qui ont le tort de paraître à une époque où les bons fruits de toute espèce sont dans leur plus grande abondance; ces fruits sont d'ailleurs comme

tous les fruits précoces, ils ne se gardent pas, on doit donc planter fort peu d'arbres appartenant aux espèces hâtives.

7. Pommes d'hiver.

Noms des espèces		Époque de la maturité des fruits
Calville	blanc, ou à côtes.	de décembre en avril.
	rouge d'hiver.	de novembre en mars.
Reinette	franche.	d'octobre en octobre.
	blanche.	de décembre en avril.
	grise.	de janvier en janvier.
	dorée.	de décembre en avril.
	rouge.	de novembre en mars.
	pepin d'or.	de novembre en mars.
	d'Angleterre.	de décembre en mars.
	de Bretagne rouge.	d'octobre en janvier.
	de Portugal.	de janvier en avril.
	du Canada	de novembre en mars.

La liste suivante ne contient que des pommes plus recherchées pour leur beauté que pour leur bonne qualité:

Noms des espèces.	Époque de la maturité des fruits.
Pomme d'api	de novembre en mars.
D'Astrakan ou transparente	de février en avril.
D'Ève (monstrueuse)	de février en mai.
Joséphine.	d'octobre en janvier.
Azérolly.	de novembre en mai.
Des quatre goûts	d'octobre en décembre.

8. Pommes meilleures cuites que crues.

Noms des espèces.	Époque de la maturité des fruits.
Rambour d'hiver.	décembre et janvier.
Belle fleur.	de novembre à janvier.
Châtaignier	de décembre en mars.
Court-pendu (kapendu).	de décemb. en décemb.
Pomme d'érable.	décembre et janvier.
Pomme de fer.	de novemb. en novemb.

Les meilleures espèces pour greffer sur paradis, sont les calville et les plus grosses d'entre les reinettes, particulièrement celles d'Angleterre et du Canada.

Quelques-unes des pommes que nous avons indiquées comme pouvant se conserver d'une année à l'autre, durent souvent plusieurs années; mais les plus durables, après une année révolue, restent sans saveur. Les pommes de fer se conservent jusqu'à trois ans; mais elles sont d'une qualité très inférieure. La reinette grise réunit à une très longue durée une saveur fine et délicate; elle supporte de longs trajets par mer sans jamais éprouver d'altération.

B. — Fruits à noyaux.

La nomenclature des fruits à noyau n'offre pas plus de certitude et de régularité que celle des fruits à pepins; ce que nous avons dit des premiers doit s'entendre également des seconds.

1. Pêchers.

Nous n'avons point fait figurer le pêcher dans le compte des frais et des produits d'un verger sous le climat de Paris, parce que l'entrée du verger lui est interdite; néanmoins, comme dans quelques localités favorables on peut obtenir des produits très avantageux d'un verger de pêchers en plein-vent, nous devons indiquer les espèces les plus convenables pour ce genre de plantation. Ce sont, de préférence à toutes les autres, les pêches à floraison tardive qui craignent moins que les pêches précoces l'action funeste des derniers froids.

Pêches en plein-vent (tous le climat de Paris)

Noms des espèces.	Epoque de la maturité des fruits.
Belle de Vitry . . , , ...	du 15 sept. au 15 octob.
Bourdine de Narbonne.... . . .	fin de septembre.
Téton de Vénus.	fin de sept. et octobre.
Pourprée tardive	octobre.
de la Toussaint.	fin d'octobre.

2. Abricotiers.

Noms des espèces.	Epoque de la maturité des fruits.
Abricot hâtif (abricotin) . . .	fin de juin, et juillet.
Abricot commun	fin de juillet.
Abricot de Hollande.	fin de juillet.
Abricot de Portugal	15 août.
Abricot-Alberge	Idem.
Alberge Moutgamet.	Idem.
Abricot-Pêche	fin d'août.
Abricot royal (nouveau). . . .	Idem.
Abricot Pourret (nouveau). . .	Idem.
Abricot Noor	fin de juillet.

M. Lelieur conseille de s'en tenir au seul abricot Noor, le meilleur de tous; cet abricot est en effet excellent, mais il n'a qu'un moment, est tous ses fruits mûrissent à la fois. Pour le jardinier de profession, le meilleur de tous est l'abricot commun, auquel il peut associer dans le verger un ou deux pieds d'abricotier hâtif et quelques abricots-pêches. L'alberge est très peu productive au nord de la Loire; ce fruit n'est à sa place, sous le climat de Paris, que dans le verger de l'amateur.

Les amandes de tous ces abricots sont amères; l'abricotier de Hollande est le seul qui donne des fruits à amande douce.

3. Pruniers.

Noms des espèces.	Epoque de la maturité des fruits.
Reine-claude verte	du 15 août au 10 sept.
Reine-claude violette	fin d'août.
Monsieur hâtif	fin de juillet.
Jaune hâtive (de Catalogne) . .	du 1er au 15 juillet.
Mirabelle.	du 1er au 15 août.
Double-mirabelle (drap d'or). .	Idem.
Prune d'Altesse (impériale). . .	fin d'août.
Perdrigon (de Brignoles). . . .	août.

Cette liste ne contient que des fruits de table : les vergers dont nous nous occupons ici n'en comportent pas d'autres. Les pruniers, dont les fruits sont exclusivement destinés à faire des pruneaux, rentrent dans la grande culture. Parmi les prunes de la liste précédente, la jaune hâtive, la prune d'altesse et la prune perdrigon, quoique fort bonnes à l'état frais, font aussi d'excellents pruneaux; les autres espèces sont exclusivement des fruits de table.

4. Cerisiers.

Noms des espèces.	Epoque de la maturité des fruits
Montmorency.	juillet.
Gros gobet (courte queue). . .	juillet.
Grosse précoce de Châtenay . .	fin de juin.
Grosse tardive (de la Madeleine)	fin de juillet.
Royale.	fin de juin.
Cerise de pied.	fin de juillet.

Toutes ces espèces sont des cerises proprement dites, à fruit plus ou moins acide, plus rond qu'allongé, à chair molle et demi-transparente. La cerise de Montmorency ne se rencontre plus que dans les vergers d'amateurs; les jardiniers de profession y ont renoncé ainsi qu'à la belle de Choisy, parce que ces arbres chargent trop peu; ce sont cependant les deux cerises les plus parfaites qui existent.

La cerise de pied est préférée à toutes les autres pour former les vergers de cerisiers et de groseilliers; l'arbre qui la porte ne se greffe pas et reste toujours fort petit; c'est un usage que nous rapportons sans l'approuver, car cette cerise, qui a la vérité charge beaucoup, est de qualité médiocre.

Guigniers et Bigarreautiers.

Noms des espèces.	Epoque de la maturité des fruits.
Cerise-guigne (anglaise).	du 1er juin au 1er août.
Petite guigne rose précoce. . . .	15 juin (15 mai dans le midi).
Grosse guigne noire (mauricaude)	fin de juin.
Gros bigarreau rouge.	fin de juillet.
Gros cœuret.	août.

Les fruits de tous ces arbres ont la chair ferme et opaque; le meilleur de cette série est la cerise anglaise, qui joint à une saveur très délicate la propriété précieuse de fleurir tard, lentement, et de mûrir son fruit successivement dans l'ordre de l'âge des branches, de sorte que sur les arbres tout formés, on a des fruits mûrs à cueillir pendant *deux mois*. Ces motifs la font préférer à toute autre en Belgique, où elle est devenue meilleure que dans son pays natal, l'Angleterre. A Liège, on la nomme en patois wallon *tempe et tard* (précoce et tardive); en effet, lorsqu'elle est à bonne exposition, elle est la première et la dernière sur le marché, ce qui en rend les produits fort avantageux. On en plante beaucoup autour de Paris depuis quelques années; l'arbre se met vite à fruit, il est très fertile.

Section II. — *Jardin fruitier.*

§ 1er. — Distribution

Le jardin fruitier diffère essentiellement du verger en ce qu'il n'admet pas d'arbres à fruits à pepins autres que des vases et des pyramides; les plein-vents à haute tige en sont exclus, à l'exception de quelques arbres à fruits à noyaux qui ne réussissent pas sous toute autre forme. Il doit être fermé de murs destinés à recevoir des espaliers. Les notions qui précèdent sur le cıoix et la préparation du terrain, le cıoix des arbres en pépinière, l'ıabillage des racines et la plantation dans le verger s'appliquent au jardin fruitier ; nous n'avons point à les répéter.

A moins que le sol n'en soit absolument impropre à la végétation des arbres à fruits à noyaux, le jardin fruitier doit toujours avoir l'un de ses compartiments occupé par quelques abricotiers, pruniers et cerisiers en plein-vent. Le surplus est rempli, moitié par les poiriers, moitié par les pommiers. Les poiriers sont conduits en pyramides et en vases, par lignes alternatives. Quelques arbres des espèces originaires du midi sont taillés en girandoles ; ces arbres sont espacés entre eux de 5 mètres en tout sens. Le compartiment consacré aux pommiers est oc-

cupé moitié par des pommiers greffés sur doucain et conduits en pyramide, moitié par des pommiers-paradis. Les pommiers en pyramide occupant moins d'espace que les poiriers, peuvent être plantés à 4 mètres en tout sens ; les pommiers-paradis peuvent se contenter d'un espace de 1m,50 en tout sens dans un très bon terrain ; dans un terrain ordinaire, il leur faut 2 mètres. Cet espacement nous semble le meilleur dans la pratique, pour toute espèce de sol. La partie du jardin fruitier remplie par les pommiers est désignée dans son ensemble sous le nom de Normandie. Le sol du jardin fruitier ne devant pas être gazonné, on le divise, pour la facilité du service, en plates-bandes séparées par des sentiers. Toute cette distribution du jardin fruitier, est indiquée dans le plan, *fig.* 291.

Fig. 291.

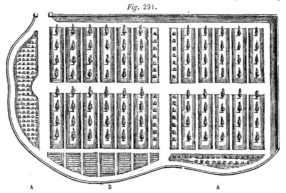

A   B   A

Là forme de ce jardin n'étant pas rectangulaire, les compartiments irréguliers sont occupés par des plantations de pommiers-paradis, de groseilliers AA et de framboisiers B. Les plates-bandes du jardin fruitier peuvent être entourées de bordures de fraisiers, non pas en vue d'y récolter des fraises, mais pour préserver les jeunes racines des arbres à fruit des ravages du ver blanc.. Ce ver a une telle prédilection pour les racines du fraisier, que, tant qu'il en trouve à sa portée, il est attiré vers elles et respecte celles des arbres. Les meilleurs fraisiers pour cet usage sont les caprons, dont les racines sont très volumineuses. Comme ces fraisiers ne remontent pas et qu'ils ne donnent par conséquent qu'une récolte, aussitôt après cette récolte on peut arracıer tous les pieds qui paraissent souffrants et détruire les vers blancs occupés à ronger leur racine. Ces fraisiers sont si robustes, qu'à moins que le ver blanc n'en ait dévoré la racine jusqu'au collet, ils ne meurent pas.

Nous avons conseillé de planter, entre les lignes des arbres fruitiers en plein-vent du verger, des lignes alternatives de pommiers greffés sur doucain et de poiriers greffés sur cognassier, arbres destinés à être conduits en vases ou corbeilles et en pyramides. A l'exception d'un

petit nombre d'espèces, nous devons insister ici de nouveau sur la nécessité d'exclure du jardin fruitier les poiriers greffés sur cognassier. Ce conseil, nous ne l'ignorons pas, est contraire à la pratique de la plupart des jardiniers ; on ne trouve, pour les formes en vase et en pyramide, dans les pépinières, que des arbres greffés sur cognassier. Mais, appuyés sur l'autorité de M. Lelieur, dont une longue pratique personnelle nous a mis à même de vérifier les assertions, nous sommes convaincus de la supériorité des arbres greffés sur franc, et nous désirons faire partager cette conviction à nos lecteurs. Dans ce but, nous ajouterons quelques développements à ce que nous avons déjà dit sur le même sujet en traitant des pépinières.

En Angleterre, on sème pour sujets propres à recevoir la greffe de toute espèce de poires, les pepins de la bergamotte d'été et ceux de la poire de Windsor (beurré d'Angleterre). « La vigueur relative des sujets, dit J. Rogers, peut influer sur la végétation des greffes et le développement ultérieur des arbres de première, deuxième ou troisième grandeur. Il est probable, ajoute cet auteur, que les sujets obtenus des pepins du petit muscat auraient, à peu de cıose près, l'effet des sujets de cognassier pour modérer la végétation des poiriers et hâter leur mise à fruit sans en avoir les inconvénients. »

Les poiriers greffés sur épine blanche, et, dans certain cas, sur cormier, sont préférables à ceux greffés sur cognassier. Il n'y a d'exception que pour les jardins placés dans des conditions de sol et d'exposition tellement favorables, que le plus mauvais arbre est pour ainsi dire forcé d'y fructifier. Qu'on suive exactement nos instructions, qu'on accorde à chaque arbre assez d'espace pour son libre développement; qu'on lui laisse assez de bois pour absorber toute sa sève, qu'on ne cherche point, par une avidité mal entendue, à lui faire devancer l'époque naturelle de sa fructification, et l'on aura en peu d'années des pyramides et des corbeilles franches de pied, plus robustes, plus durables et *deux fois* plus productives que les arbres des mêmes espèces greffés sur cognassier.

§ II. — Espaliers.

Nous avons décrit précédemment la manière de tailler et de conduire les arbres fruitiers en espalier, ainsi que la plantation, la taille et la conduite de la vigne à la Thomery; il nous reste à exposer le mode de construction des murs d'espalier, les divers genres de treillages, les divers procédés de palissage, le choix des espèces et les détails de la plantation des arbres au pied du mur. Nous n'avons à nous occuper ici que des murs d'espalier propres à servir de clôture au jardin fruitier; nous décrirons séparément les autres genres d'espalier en traitant des jardins à la Montreuil et de la culture forcée des arbres fruitiers en espalier.

Le jardin fruitier peut n'être entouré de murs qu'au nord, à l'est et à l'ouest; le côté sud peut être protégé par une simple haie à hauteur d'appui qui, donnant moins d'ombrage, fera perdre moins de terrain. Si le jardin n'est pas exactement orienté vers les quatre points cardinaux, on a soin de n'entourer de murs que les côtés dont l'exposition permet de les couvrir d'arbres en espalier. Les murs au midi, au sud-sud-ouest et au sud-sud-est, faisant face au nord, au nord-nord-est et au nord-nord-ouest, ne sont pas seulement inutiles; ils privent en outre une partie du jardin fruitier de l'influence directe des rayons solaires. Néanmoins une muraille de peu d'étendue, n'est pas sans utilité dans le jardin fruitier; on y plante à l'espalier les arbres dont on désire retarder la fructification dans le but d'en prolonger la récolte.

Les auteurs anglais considèrent la protection accordée aux arbres fruitiers en espalier par une muraille à bonne exposition, comme l'équivalent de *sept degrés* de latitude méridionale; ils en donnent pour exemple la culture de la vigne en espalier aux environs de Londres; les espèces qui réussissent le mieux dans cette partie de l'Angleterre sont celles qui fructifient en plein air aux environs de Bor-

deaux, situés à sept degrés de latitude au sud de Londres.

En Angleterre, comme dans les régions tempérées de la France, on a longtemps considéré l'exposition du plein midi comme la meilleure de toutes; on est aujourd'hui bien revenu de ce préjugé; les arbres en espalier au plein midi sont souvent grillés par la chaleur excessive des rayons solaires au milieu du jour; ces rayons cessent de les échauffer de très bonne heure dans l'après-midi; les murs légèrement inclinés au sud-est ou au sud-ouest sont donc réellement meilleurs, et lorsqu'on a le choix, c'est l'exposition qu'on adopte généralement.

A. — *Hauteur des murs.*

La hauteur des murs peut varier entre 3 et 4 mètres; elle se règle sur l'étendue du jardin fruitier; un petit jardin entouré de murailles est sombre et d'un aspect désagréable; si sa forme est celle d'un rectangle très allongé, la hauteur des deux murs parallèles des côtés les plus longs ne pourra dépasser 3 mètres; s'il est carré et de grandeur moyenne (40 à 50 ares), des murs de $3^m,50$ seront d'une hauteur bien proportionnée à son étendue; s'il dépasse 50 ares, on pourra donner aux murailles de clôture 4 mètres de hauteur. Les jardiniers anglais ne donnent pas la même élévation aux murs de tous les côtés du jardin; le mur du nord, dont l'espalier fait face au midi, a d'ordinaire $0^m,50$ ou $0^m,60$ de plus que les autres; c'est une coutume dont nous ne pouvons que conseiller l'adoption, non pas pour le nord d'une manière absolue, mais pour le côté qui correspond aux vents qui règnent le plus habituellement aux deux époques de la floraison et de la maturité des fruits. Tout le monde connaît la mauvaise réputation de la lune d'avril, surnommée en France la lune *rousse*, parce que sous l'influence des vents du nord-nord-ouest qui règnent à cette époque, les pétales des fleurs des pommiers, des poiriers, des pruniers et des cerisiers, changent du blanc au roux; cette considération doit engager les propriétaires à élever davantage les murs du jardin fruitier dans la direction des vents que les jardiniers nomment les *vents roux.*

En Belgique et en Angleterre on utilise comme espaliers des murs bien exposés qui n'ont pas plus de 2 mètres ou $2^m,32$ de haut; les pêches et les brugnons y réussissent très bien; on peut aussi couvrir ces murs de vignes, de figuiers et de cerisiers; mais l'abricotier, le prunier et le poirier, ce dernier surtout, exigent plus d'espace; lorsqu'on les tient palissés sur des murs aussi bas, ils sont lents à se mettre à fruit et ne chargent jamais beaucoup. Les auteurs anglais préconisent les murs très bas pour toute espèce d'espalier; un espalier de 20 mètres de long sur 2 de haut, dit J. Rogers, donne plus de fruits, toutes choses égales d'ailleurs qu'un espalier de même surface ayant 4 mètres de haut sur 10 de long.

Mais cela tient en grande partie, comme l'explique cet auteur, à ce que le jardinier soigne toujours mieux l'espalier plus bas, par cela seul que toutes les parties de ses arbres sont mieux à sa portée, tandis qu'il perd souvent de vue des soins urgents à donner aux parties des arbres qui garnissent le haut d'un mur trop élevé; en principe, les murs trop bas n'ont donc réellement pas l'avantage que les Anglais leur attribuent.

B. — *Choix des matériaux.*

Le choix des matériaux pour la construction des murs est d'une grande importance; les meilleurs murs sont ceux qui exigent le moins de réparation; les maçons introduits dans le jardin fruitier pour réparer un mur dégradé sont essentiellement destructeurs. C'est pour cette raison qu'on doit préférer les briques, partout où il est possible de s'en procurer, aux pierres grossièrement taillées (*moellons*), généralement en usage autour de Paris. Il ne faut pas épargner la largeur et la profondeur aux fondations, surtout quand le sous-sol n'est pas des plus solides. Quelques arêtes en pierres de taille, de distance en distance, rendent les murs plus durables lorsqu'ils sont construits en briques. Ce genre de construction n'exige pas un enduit continu sur toute la surface du mur; il suffit de *reprendre* les joints avec de bon ciment pour boucher tous les interstices où les insectes pourraient se loger. Les murs en moellons ne peuvent se passer d'un enduit continu assez solide pour recevoir, sans se détacher ni se fendre, les crochets pour tenir le treillage ou les clous pour le palissage au mur. En Belgique on place d'avance, en construisant la muraille, soit des crochets, soit des os de pied de mouton cuits qui durent autant que le fer. On les dispose d'ordinaire de quatre en quatre rangs de briques; ils sont espacés entre eux dans les lignes de 0^m,50 à 0^m,60, comme le montre la *fig.* 292. Ces distances sont celles

Fig. 292.

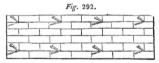

qui se prêtent le mieux au mode de palissage usité en Belgique; nous le décrirons en détail (*voir* Treillages).

C. — *Chaperons.*

Les murs destinés à recevoir des espaliers doivent être munis d'un chaperon à leur partie supérieure. Les Anglais rejettent l'emploi des chaperons permanents; ils les regardent comme nuisibles pendant l'été, et en effet, sous leur climat, les arbres en espaliers n'ont jamais, durant la belle saison, trop de chaleur ni de lumière; les auteurs anglais sont unanimes pour donner la préférence aux chaperons mobiles qu'on enlève aussitôt que les froids ne

sont plus à craindre. En France, dans les départements au nord de Paris, l'usage anglais des chaperons temporaires offre des avantages réels sur celui des chaperons permanents; mais sous un ciel moins sombre, sous un climat moins humide, il est nécessaire, à notre avis, que le mur d'espalier ait un chaperon à demeure (*fig.* 293) formé de tuiles en recouvre-

Fig. 293.

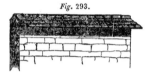

ment maintenues par une faîtière; ce chaperon n'a pas besoin d'être saillant de plus de 0^m,25 à 0^m,30 en avant de la surface du mur dans les espaliers ordinaires. Si l'on doit y ajouter une couverture temporaire, on plante au-dessous du sommet du mur, dans la maçonnerie, des montants quelquefois en fer (*fig.* 294),

Fig. 294.

le plus souvent en bois (*fig.* 295), sur lesquels

Fig. 295.

on établit des paillassons, au moment où leur protection peut être utile (*voir* Jardins à la Montreuil). La principale utilité des chaperons permanents en tuiles consiste à éloigner les eaux pluviales du feuillage et du fruit en été, et de la souche de l'arbre en toute saison.

On avait imaginé, il y a quelques années, en Angleterre, de construire pour servir d'espalier des murs formés de montants en fonte de fer, établis sur des dés en pierre et croisés par de légères traverses de fer forgé; l'intervalle était rempli par des plaques de pierres plates ou d'ardoises; on avait même proposé de les former de carreaux de vitres comme des fenêtres; cette invention n'a pas eu de suite, bien que l'inventeur se fût muni d'un brevet.

D. — *Treillages.*

Les treillages les plus usités sont formés de montants croisés à angles droits, par des traverses horizontales, de manière à former des rectangles ou *mailles*, de 0^m,22 de large, sur 0^m,25 de hauteur; les brins de treillage ont 0^m,01 d'épaisseur et 0^m,027 de large; ils sont fixés les uns sur les autres par des attaches en fil de fer à tous leurs points d'intersection. Pour le palissage de la vigne à la Thomery, des montants de bois de 0ᵐ,04 ou 0ᵐ,05 de large, sur 0ᵐ,015 d'épaisseur, sont placés perpendiculairement à côté de chaque cep de vigne, c'est-à-dire à 0ᵐ,55 ou à 0ᵐ,66 l'un de l'autre, selon l'espacement des ceps. Ces montants sont coupés à angle droit par des traverses en bois de treillage ordinaire, disposés horizontalement à 0ᵐ,25 les uns des autres. La *fig.* 258 (pag. 111) montre cette disposition et la manière dont la vigne est palissée sur ce genre de treillage.

En Belgique, on remplace le treillage destiné au palissage des arbres en espalier, par une méthode simple, économique, facile à pratiquer partout; nous croyons devoir la faire connaître en détail. D'abord, en règle générale, un mur construit en briques et garni de jeunes arbres fruitiers ne reçoit, l'année de la plantation, ni treillage, ni rien qui doive en tenir lieu. On a soin seulement, comme nous l'avons indiqué, de planter dans le mur, en le construisant, des crochets de fer ou des os de pieds de mouton, par lignes régulières. Quand les arbres commencent à avoir besoin d'être palissés, on forme avec une simple baguette souple, un ou deux demi-cercles concentriques, proportionnés à la grandeur de l'arbre qui se palisse dessus sans difficulté. Le nombre des demi-cercles s'accroît d'année en année, en proportion de la croissance de l'arbre; les crochets ou les os de pieds de mouton servent à les assujettir. Si les arbres sont conduits en palmette, les baguettes sont posées horizontalement sur les mêmes supports; le treillage grandit avec l'arbre et l'on n'a point à supporter, en pure perte, des avances toujours très lourdes pour un jardin fruitier seulement de 50 ares. Les baguettes employées à cet effet sont des tiges de cournouiller (*cornus sanguinea*), dépouillées de leur écorce, comme l'osier pour les ouvrages de vannerie. Ce bois à la fois souple et dur comme de la corne, employé seul à faire des flèches, avant les armes à feu, résiste très longtemps à l'action de l'air. L'usage en est général dans la Belgique wallonne. De très grands bois, dans les provinces de Luxembourg, de Liège, de Namur et du Hainaut, plantés uniquement de cette essence, se coupent tous les trois ou quatre ans, et rapportent plus que les meilleurs taillis. Il n'est pas un canton du territoire français où l'on ne puisse, à très peu de frais, établir un bois de cornouiller. En Belgique, les baguettes de cornouiller se vendent par paquets semblables à des bottes d'osier; elles ont de 3ᵐ,50 à 5 mètres de long. Pour le palissage des arbres en éventail de grandes dimensions, on emploie deux ou trois baguettes à former un demi-cercle. Le même effet peut être obtenu avec de gros brins d'osier; seulement, ce bois dure moins en plein air que le cornouiller.

Les avantages de ce mode de palissage (*fig.*

296) sont incontestables; aucun treillage ne peut

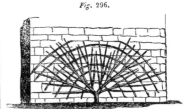

Fig. 296.

supporter la comparaison avec les baguettes de cornouiller. Les avances qu'il exige sont presque nulles; les frais ne deviennent sensibles que quand les arbres peuvent déjà les rembourser par leurs premières récoltes. La surface cylindrique et naturellement polie des baguettes ne peut servir de retraite aux insectes nuisibles, toujours si nombreux entre les brins de treillage et le mur. Mais l'avantage essentiel des baguettes, c'est que, sans déranger l'arbre, on peut les ôter, les remettre ou les remplacer à volonté, à toutes les époques de la végétation, tandis que pour nettoyer la surface postérieure du treillage plat, ou pour lui donner une couche de peinture au printemps, il faut dépalisser tout l'espalier, précisément au moment où les yeux qui commencent à s'ouvrir se détachent au moindre contact. Il ne manque à la méthode belge, pour devenir d'un usage général, que d'être plus connue. Un semis de noyaux de cornouiller donne à 4 ans une première coupe; les souches durent des siècles; nous citerons à ce sujet le bois de Cornillon, commune d'Angleur, près Liège, qui, d'après des titres authentiques, est en essence de cornouiller, depuis le temps de Charlemagne. Pour le treillage ordinaire en cœur de chêne, on a beau faire choix de bois de la meilleure qualité, on a beau le recouvrir de plusieurs couches de peinture, on est à peu près certain qu'avant que les jeunes arbres soient assez grands pour couvrir seulement la moitié de l'espalier, le treillage sera pourri. Le bois de chêne, exposé aux alternatives de température froide, chaude, sèche ou humide, se déjette, se tord, entraîne avec lui les crochets qui le maintiennent, et se détache du mur; il faut à tout moment le réparer, ce qui ne peut se faire sans exposer les arbres de l'espalier à toute sorte d'accidents. Le treillage n'a réellement d'utilité qu'en faveur de la coutume et le coup d'œil. Un propriétaire qui n'a pas de motifs pour regarder de trop près à la dépense est flatté de voir autour de son jardin, de création récente, un mur bien blanc, garni d'un treillage tout neuf, peint en vert, en attendant la verdure des arbres; mais cette petite satisfaction est le seul avantage qu'il en puisse espérer. Ajoutons qu'un bon treillage, bien solide, est une échelle en permanence pour le passage des voleurs. Le jardinier amateur et le jardinier de profession, doivent donc bannir des

espaliers du jardin fruitier le treillage ordinaire. S'ils ne peuvent se procurer des baguettes
de cornouiller, de coudrier ou même d'osier
pour le palissage selon la méthode belge, ils
peuvent toujours adopter le palissage sur fil de
fer, aujourd'hui fort usité en Angleterre et en
Allemagne; il commence aussi à se répandre
en France. On établit à cet effet des montants
espacés entre eux de 1 mètre, et percés de
trous pour le passage des fils de fer; ces trous
doivent être à 0^m,25 ou 0^m,30 l'un de l'autre
sur les montants. On fait faire au fil de fer un
tour sur lui-même à son passage par les trous
des montants, comme le montre la *fig.* 297,

Fig. 297.

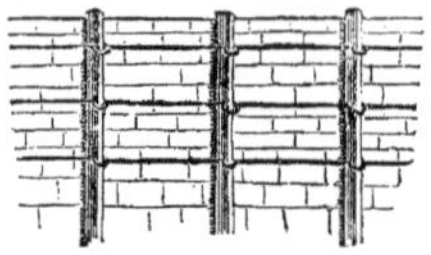

pour lui donner plus de solidité. Il est bon,
lorsqu'on établit un semblable treillage, de laisser le fil de fer se recouvrir d'une couche de
rouille par l'effet de la rosée des nuits; on
donne alors par-dessus cette rouille une ou
deux couches d'huile de lin bouillante; il en
résulte une peinture presque inaltérable. La
meilleure grosseur pour le fil de fer destiné à
cet usage est de 0^m,002 de diamètre. En Angleterre on assujettit le treillage en fil de fer au
moyen de forts clous, dont la tête est un petit
anneau.

Le fil de fer est certainement préférable au
treillage plat ordinaire; il offre, entre autres
avantages, celui de pouvoir s'établir partiellement à mesure que les arbres grandissent;
toutefois, l'élasticité du fil de fer occasionne
aux espaliers un balancement préjudiciable
aux jeunes branches dont l'écorce encore tendre souffre du frottement continuel contre le
fer, parce que sa surface polie ne permet pas
de donner aux attaches assez de fixité. On diminue cet inconvénient en plaçant les montants
ou les attaches pour le fil de fer à des distances
plus rapprochées; celle d'un mètre, que nous
indiquons, doit être regardée comme un maximum qu'il ne faut pas dépasser.

E. — *Palissage à la loque.*

Lorsque la nature des matériaux employés à
la construction des murs et celle des enduits
dont ils sont revêtus permet d'y fixer des clous
sans les dégrader, on peut se passer de toute
espèce de treillage et palisser directement sur
le mur. Il y a dans ce genre de travail deux
écueils à éviter; le plus dangereux c'est la dégradation du crépissage des murs, lequel, bien
que de très bonne qualité, se fendrait et se détacherait par plaques, si l'on n'usait de beaucoup de précautions pour enfoncer les clous; le
second, c'est le défaut d'adhérence des clous
dans le mur, qui ne permet pas de compter sur

le palissage et laisse à tout moment des branches
dépalissées. Aux environs de Paris, le crépissage à chaux, sable et plâtre, le moins cher et
le plus usité, ne se détache pas aisément, pourvu
qu'on n'emploie pas de trop gros clous; mais
comme on ne peut les enfoncer qu'à 0^m,01 ou
0^m,02 au plus, ils n'auraient aucune solidité
sans le secours des chiffons de laine. Voici
comment on les emploie : les jardiniers se procurent à très bas prix, chez les tailleurs, des
rognures de drap; pendant les jours où le mauvais temps retient la famille à la maison, les
femmes et les enfants découpent tous ces morceaux de drap en petites bandes de 0^m,03 à
0^m,04 de large, sur 0^m,05 à 0^m,06 de long, les
bouts étant rognés à angle droit. Au moment
du palissage, le jardinier enveloppe dans une
de ces *loques* la branche qu'il s'agit de fixer au
mur; il en réunit les deux bouts, qu'il pose,
pliés l'un sur l'autre, sur la place où le clou
doit être planté; le clou traverse d'abord la
double épaisseur de la loque, ce qui amortit le
coup et ménage le crépissage du mur; puis, le
clou ne pénètre dans le mur qu'en entraînant
avec lui dans le trou où il se loge une partie
de l'étoffe de laine. Bientôt l'humidité, que la
laine attire, fait rouiller la partie du clou qui est
enfoncée dans le mur; la rouille humide pénètre
la loque et l'enduit du mur, de sorte que le clou
s'y trouve comme scellé. Tels sont les avantages du palissage à la loque (*fig.* 298); telle est

Fig. 298.

la cause de sa grande solidité. Nous avons fait
des recherches inutiles pour découvrir l'inventeur de ce mode de palissage, aussi simple qu'é-
conomique; nous savons seulement qu'il était
connu sous Louis XIV, et qu'il ne passait pas
pour nouveau à la fin du dix-septième siècle.
Le palissage à la loque est circonscrit dans un
rayon de quelques myriamètres autour de Paris; nous le recommandons comme venant immédiatement après le palissage sur baguettes
selon la méthode belge. Il n'y a pas de mode
de palissage plus économique que celui-là :
sous ce rapport, nous souhaitons que l'usage
puisse s'en répandre; il y a plus de petites
bourses que de grandes.

F. — *Choix des espèces pour espalier.*

Le jardinier de profession doit faire choix,
pour garnir ses espaliers, des espèces dont le
fruit peut être vendu avec le plus d'avantages;
à moins que le sol ne s'y refuse absolument, le
pêcher est toujours, près d'une ville, l'arbre, à

tout prendre, le plus profitable en espalier; en y joignant quelques abricots-pêches, une ou deux variétés de cerises précoces et quelques poires hâtives de premier choix, il a l'espalier le mieux garni dans son intérêt. Le jardinier amateur, guidé par d'autres considérations, cherche à réunir le plus grand nombre possible de bonnes espèces, dans le but d'avoir une succession non interrompue des meilleurs fruits. Nous placerons donc ici une liste raisonnée des arbres à fruit, soit à pepins, soit à noyaux, qui peuvent être plantés en espalier; chacun choisira, d'après sa situation, la nature de son terrain et le but de sa culture.

A. — Fruits à noyaux pour espalier.

PÊCHES.

Les espèces les meilleures pour la vente sont celles qui joignent une grande fertilité aux avantages d'une belle forme et d'une coloration flatteuse; à fertilité égale, on doit donner la préférence aux espèces qui rapportent également tous les ans et qui, soit en raison de leur floraison tardive, soit par leur tempérament, craignent moins que les autres les retours d'hiver, si redoutables à tous les pêchers en général. Ces considérations réduisent dans d'étroites limites les choix du jardinier qui cultive pour le marché; à Montreuil, surnommé à si juste titre Montreuil-aux-Pêches, on ne plante que quatre espèces, les plus avantageuses de toutes sous le climat de Paris.

1. Grosse mignonne.

On connaît aussi cette pêche sous les noms de belle Bausse et de pêche vineuse. Le nom de belle Bausse est celui d'un jardinier qui a obtenu de semis la grosse-mignonne dans toute la pureté de son type primitif, type altéré à tel point que chez les pépiniéristes, on n'obtenait plus sous ce nom que des sous-variétés de qualité fort inférieure. La grosse-mignonne est une des variétés les plus anciennement perfectionnées; nous ferons observer toutefois que ce mot ne doit pas se prendre dans le sens d'une antiquité bien reculée. Sous le règne de Henri IV, on ne connaissait pas en France de pêches semblables à celles qu'ont obtenues les jardiniers de Montreuil un demi-siècle plus tard; les meilleures pêches pour la table de ce prince venaient de Corbeil: c'étaient des pavies à chair ferme adhérente au noyau, espèce qui ne mûrit qu'imparfaitement sous le climat de Paris. A Liège, les religieux du monastère de Saint-Laurent avaient créé une excellente variété de grosse-mignonne hâtive qui s'est perpétuée en Belgique sous le nom de triomphe de Saint-Laurent; elle est très productive et mérite d'être propagée en France. La grosse-mignonne mûrit dans le mois d'août, du 10 au 20, selon l'état de la température.

On peut planter à côté de la grosse-mignonne qui mérite la meilleure part de l'espalier, quelques pieds de mignonne-hâtive presque aussi bonne mais moins productive; elle mûrit dans les premiers jours d'août; mais comme elle fleurit de très bonne heure, sa récolte manque assez souvent. La grosse-mignonne et la mignonne-hâtive sont au nombre des pêches qui, dans une situation convenable, réussissent le mieux en plein-vent.

2. Pêche bourdine.

Cette pêche est une des meilleures parmi les pêches tardives; le fruit est gros et le noyau fort petit; il mûrit vers le milieu de septembre; il réussit en plein-vent mieux encore que la grosse-mignonne.

3. Pêche Madeleine à moyennes fleurs, ou Madeleine tardive.

Elle mûrit quinze jours plus tard que la bourdine à laquelle elle ressemble beaucoup pour le goût; c'est parmi les pêches à fruit tardif celui auquel il faut laisser le moins de bois si l'on veut que le fruit soit beau et de bonne qualité; l'arbre charge beaucoup, mais il ne faut lui laisser qu'une quantité modérée de fruits.

4. Pêche de Chevreuse tardive.

Elle est meilleure que les deux précédentes, et produit davantage; comme ses fleurs ne s'ouvrent jamais toutes à la fois, le fruit mûrit successivement depuis le 20 septembre jusqu'au 10 octobre.

Ce choix est parfaitement calculé pour avoir des pêches à vendre sans interruption depuis le commencement d'août jusque vers le milieu d'octobre. Il y a quelques années, on cultivait beaucoup, aux environs de Paris, l'avant-pêche blanche, fruit médiocre qui n'avait en sa faveur que sa précocité; il mûrit en juillet, à bonne exposition. Mais comme sa production est très capricieuse et qu'il a réellement peu de valeur, les jardiniers de Montreuil y ont renoncé.

Sur un mur de longueur suffisante pour admettre douze pêchers, les quatre espèces de choix que préfèrent les jardiniers de Montreuil sont plantées dans la proportion suivante:

Grosse mignonne (belle Bausse).	6
Pêche bourdine.	2
Madeleine à moyennes fleurs.	1
Chevreuse tardive.	3
Total.	12

Mais l'espalier d'un jardin d'amateur peut et doit offrir plus de variété. Le tableau suivant contient les noms des meilleures pêches divisées en deux classes; la première comprend les fruits dont la peau recouverte de duvet s'enlève aisément. A l'époque de la parfaite maturité, toutes les pêches de cette classe *quittent* le noyau; leur chair est fondante et de peu de consistance. La seconde classe ne contient que des fruits à chair ferme adhérente au noyau.

Quelques pêches de cette classe trouvent place sur l'espalier de l'amateur uniquement comme objets de curiosité ; telles sont en particulier : 1º la pêche-cardinale de Furstemberg, beau fruit, dont la chair rouge de sang est marbrée à l'intérieur comme celle d'une betterave ; 2º la nivette, ou veloutée tardive, gros fruit vert-foncé, d'un côté, violet de l'autre, qui mûrit difficilement ; 3º la pêche à feuilles de saule, qui ne prend de couleur qu'à la Toussaint et ne mûrit que dans les premiers jours de novembre quand elle mûrit, ce qui, sous le climat de Paris, lui arrive rarement. La pêche-cardinale n'est pour ainsi dire pas mangeable crue ; elle ne se mange qu'en compote ; la feuille de saule, dans les années où la belle saison se prolonge, procure à l'amateur l'agrément d'offrir à ses amis d'assez bonnes pêches cueillies sur l'arbre après la Toussaint.

La meilleure et la plus précieuse de toute la liste précédente, sans excepter la grosse-mignonne, est la pêche-galande, qui doit son surnom de bellegarde à sa rusticité. Dans les années pluvieuses où toutes les autres pêches, surtout aux approches de leur maturité, sont plus ou moins endommagées, la pêche-galande est aussi belle que par le temps le plus favorable ; l'absence ou la rareté du soleil ne l'empêche point de se colorer ; sa fleur résiste à de petites gelées ; nous l'avons vu nouer bien souvent alors que les autres variétés gelaient sur le même espalier ; elle réunit à toutes ces qualités précieuses une floraison prolongée qui rend la récolte de ses fruits successive comme celle des fruits de la Chevreuse tardive. On a lieu de s'étonner qu'elle ne soit pas plus cultivée ; Montreuil et Bagnolet commencent à l'a-

dopter en concurrence avec la belle Bausse ; nous lui devions une mention particulière.

La Pavie de Pomponne est la plus volumineuse et la plus belle des pêches tardives ; il n'est pas rare d'en voir qui dépassent la grosseur des deux poings. Sous le climat de Paris, elle n'atteint pas sur l'arbre sa parfaite maturité avant les premières gelées blanches ; dans les années ordinaires, on est forcé de la cueillir à moitié mûre et de la laisser mûrir dans le fruitier ; quand il survient des froids précoces, on en perd la plus grande partie ; on ne peut la manger dans toute sa perfection que de loin en loin, quand on est favorisé d'une prolongation extraordinaire de la belle saison. Telles sont les raisons qui rendent cette pêche si rare sur les espaliers des jardins au nord de la Loire ; dans le midi, l'arbre en plein-vent est très robuste et charge beaucoup, ses récoltes ne manquent presque jamais, ce qui tient à sa floraison tardive. La Pavie jaune, ou alberge jaune, sous le nom de persèque ou pessègue, domine dans tous les vergers de la Basse-Provence où elle est exclusivement de plein-vent ; sous le climat de Paris, il lui faut l'espalier au plein midi, ainsi qu'à toutes les pavies, encore ne mûrissent elles que très imparfaitement ; la tardive ne mûrit presque jamais.

Les Anglais cultivent les pavies avec des soins particuliers, dans les serres à forcer ; ils donnent le nom de pavies à toutes pêches dont la chair adhère au noyau.

5. Brugnons.

Ce fruit diffère si essentiellement de la pêche sous les rapports du goût, de la forme et de la couleur, qu'on a peine à comprendre comment il a pu recevoir la dénomination de pêche à peau lisse, et être incorporé sous ce nom parmi les pêches. Il est à remarquer que cette erreur est le fait des pomologistes, car partout où le brugnon est cultivé, jamais les jardiniers ne se sont avisés de le nommer autrement que brugnon ; il n'a pas d'autre nom en Touraine, où il est aussi commun que la pêche, soit en plein-vent, soit à l'espalier. Ce nom prévaut également en Belgique et en Allemagne. Les jardiniers anglais désignent tous les brugnons sous le nom de *nectarines*, nom qui peint le cas qu'ils en font ; c'est en effet un des fruits qu'ils estiment le plus, et ils ne conçoivent pas comment nos auteurs en ont fait une pêche. Peut-être est-ce tout simplement parce que les livres de pomologie se font à Paris où les brugnons sont à peine connus. Quel que soit notre respect pour les décisions des auteurs qui font autorité en pomologie, nous ne pouvons admettre les brugnons parmi les pêches. Botaniquement parlant, c'est bien à peu près le même arbre, mais ce n'est pas le même fruit.

Noms des espèces.	Époque de la maturité des fruits.
Brugnon jaune (pêche jaune lisse)	fin d'octobre.
Brugnon blanc (pêche Després).	15 août.
Brugnon rouge (pêche cerise). .	fin d'août.
Brugnon violet hâtif.........	du 1er au 15 septembre.
Gros brugnon violet.........	du 15 au 30 septembre.
Brugnon musqué...........	fin de septembre.

Les espèces de brugnons sont bien plus variées en Angleterre qu'en France; l'une des meilleures a été obtenue par M. Fair-Child, habile jardinier des environs de Londres; elle porte son nom dans les catalogues anglais; c'est un brugnon presque entièrement rond, jaune du côté du mur, rouge du côté qui reçoit le soleil; ce fruit, très hâtif, et qui mûrirait très bien à l'espalier au midi, sous le climat de Paris, mériterait d'être propagé. Le fruit de tous les brugnons n'est bon qu'autant qu'il est venu près de terre et près du tronc; si l'arbre, d'ailleurs peu disposé à s'étendre, est conduit sur une trop grande surface, le fruit du haut et celui des extrémités des membres latéraux sera toujours inférieur à celui du reste de l'arbre. Cette observation que nous avons eu occasion de répéter constamment pendant 15 ans, lorsque nous cultivions les brugnons en espalier en Belgique, fait préférer le brugnon à tout autre fruit pour garnir en espalier les murs bien exposés, mais peu élevés, ou bien la partie inférieure d'un grand mur dont le haut est occupé par des poiriers ou des pêchers greffés à haute tige. On ne greffe les brugnons que sur prunier. Les Anglais cultivent exclusivement, pour recevoir la greffe du brugnon, une variété de grosse prune jaune allongée qu'ils nomment pear-plum (prune-poire), dont le fruit ne se mange pas. Nous donnons ici en faveur des amateurs qui pourraient désirer de les introduire en France la liste des meilleurs brugnons anglais et italiens peu répandus ou totalement inconnus sur nos espaliers.

Fair-child précoce (Angleterre); ce brugnon est très productif; sa chair est jaune, et quitte le noyau; il mûrit dans les premiers jours du mois d'août.

Dutilly (Angleterre); rouge foncé au soleil, vert clair du côté du mur. Le fruit mûrit vers le 15 août; il est de première qualité, mais sujet à tomber si l'on n'a soin de donner pendant les longues sécheresses un peu d'eau au pied de l'arbre qui, comme le fair-child, charge excessivement.

Brugnon d'Italie. Il mûrit à la fin de septembre; sa chair est jaune et sa peau jaune et rouge comme celle du fair-child; mais la pulpe adhère au noyau; les Anglais lui donnent le nom de nectarine-brugnon; il ne faut pas le confondre avec le suivant qui en diffère essentiellement par le goût, la qualité et l'extérieur.

Brugnon de Gênes. Son fruit ne mûrit qu'en octobre; le fruit mûr reste vert, avec seulement quelques stries rouges du côté exposé au soleil; il ne vaut pas les précédents, mais sa rusticité et la maturité tardive du fruit qui succède à tous les autres lui méritent une place à l'espalier de l'amateur. Les catalogues anglais contiennent plus de 100 variétés de brugnons dont une vingtaine de très bonne qualité.

6. Abricots.

Nous avons donné pour les abricotiers en plein-vent la liste des meilleurs abricots; ces fruits à l'espalier sont plus régulièrement abondants, mais moins délicats, moins colorés, et au total moins bons que ceux des arbres en plein-vent. L'amateur ne leur accorde donc qu'une place très restreinte sur ses murs bien exposés, en donnant la préférence à l'abricot-pêche. Le jardinier de profession peut au contraire, si le placement du fruit est assuré, planter presque autant d'abricotiers que de pêchers en espalier.

Noms des espèces.	Époque de la maturité des fruits.
Abricot blanc..............	fin de juillet.
Abricot de Provence.......	fin de juillet.
Royal-Orange.............	du 10 au 15 juillet.
Abricot aveline............	15 août.
Abricot romain.	du 15 août au 1er septembre.
Abricot moorpark..........	du 15 août au 15 septembre.
Abricot musch............	15 juillet.

L'abricot musch mûrit difficilement même à l'espalier le mieux exposé; son fruit est plus curieux que bon; il offre cette particularité que sa chair d'un beau jaune est assez transparente à l'époque de sa maturité pour qu'on puisse distinguer au travers le noyau qu'elle renferme.

Nous appelons l'attention des horticulteurs français sur l'abricot royal-orange, le meilleur des abricots précoces. En choisissant pour prendre des greffes les sujets les plus hâtifs, et donnant toujours à cet arbre la meilleure place de l'espalier, on arriverait très promptement à lui communiquer le même degré de précocité qui fait tout le mérite de l'abricotin, et cette espèce, réellement de peu de valeur, disparaîtrait de nos espaliers. L'abricot royal-orange est très productif, l'arbre se met très vite à fruit. Il a besoin de beaucoup d'espace; le fruit le meilleur est toujours celui des extrémités des branches les plus éloignées du tronc. L'exposition qui lui convient le mieux est celle du sud-sud-est.

L'abricot romain porte aussi le nom d'abricot de Bruxelles, parce qu'il est très commun sur les espaliers dans toute la Belgique; les Anglais le nomment abricot de Turquie ou d'Alger. Il a beaucoup de goût, mais peu de jus; c'est un des meilleurs à confire.

L'abricot moorpark, originaire de Hollande, est celui de tous que les Anglais préfèrent; il ressemble beaucoup à l'abricot-pêche, il se met lentement à fruit et ne charge jamais beaucoup, mais il craint moins que les autres les gelées de printemps, et, quelque défavorable que soit la saison, il mûrit toujours assez pour être mangeable. Ces deux qualités le recommandent aux jardiniers qui cultivent les arbres à fruit en espalier au nord du bassin de la Seine.

7. Prunes.

On ne cultive guère en France à l'espalier que les prunes de reine-claude, de mirabelle et de monsieur; l'amateur peut y joindre la précoce de Tours et la tardive de Roc1e-Corbon pour avoir sur la table les premières et les dernières prunes. Nous recommandons comme curiosité la prune bifère qui donne une première récolte vers le 15 juillet, et une seconde récolte souvent aussi abondante que la première à la fin de septembre. A la vérité ce fruit n'est pas très bon, mais nous le croyons très susceptible d'être amélioré par des croisements judicieux; on créerait ainsi une variété remontante digne d'être cultivée pour la qualité de son fruit comme pour la singularité de sa végétation. La prune de Brignolles, près de s'éteindre dans son pays natal, n'est connue dans le nord de la France que sous la forme de pruneaux ; c'est en outre un excellent fruit de dessert qui mûrirait très bien à l'espalier à bonne exposition sous le climat de Paris.

8. Cerises

La meilleure de toutes les cerises pour l'espalier est la belle cerise royale 1âtive, dont la variété la plus parfaite est connue en Angleterre sous le nom de *May-Duke ;* c'est la même que nous avons signalée comme surpassant toutes les autres pour l'abondance et la qualité de son fruit et par la propriété précieuse de mûrir successivement, ce qui rend cette cerise à la fois précoce et tardive, la première et la dernière. Le doyen des arbres de cette espèce existe en espalier, à l'exposition du midi, dans le jardin de la résidence royale de Ric1emond, en Angleterre ; il a été planté sous le règne de Georges Ier, vers l'année 1720. Son fruit, qui passe pour le plus parfait de son espèce, est exclusivement réservé à la table royale ; il est d'étiquette que le souverain en mange au dessert le jour de sa fête (bien entendu quand elle tombe en été). J. Rogers a consigné dans son *Traité de la culture des Arbres à fruits* le récit des soins qu'on prenait pour conserver les fruits de ce cerisier sur l'arbre, jusqu'à la fête anniversaire du roi Georges IV, qui était né le 12 du mois d'août ; on faisait garder la récolte à vue par une escouade de garçons jardiniers, pour la défendre des oiseaux ; malheur à celui des gardiens qui aurait cédé à la tentation d'en goûter !

Le cerisier de Richemond est depuis plus d'un demi-siècle, entièrement creux en dedans; il ne reste plus, pour établir la communication entre le tronc et les racines, qu'un peu de bois vivant et d'écorce du côté de la muraille. Il ne pousse que bien peu de bois tous les ans, mais il est toujours fertile, et son fruit n'a rien perdu de sa qualité.

Une variété nouvelle, obtenue il y a quelques années en Angleterre, par la fécondation artificielle des fleurs du bigarreau avec le pollen de la royale 1âtive, y est fort estimée; on la cultive exclusivement à l'espalier ; son fruit a le volume des plus gros bigarreaux, avec la couleur et le goût de la cerise anglaise (May-Duke).

Nous avons dit, en traitant de la taille des arbres, avec quelle facilité le cerisier se conduit en espalier ; ni le jardinier de profession, ni l'amateur de fruits, n'ont intérêt à planter à l'espalier d'autres variétés que les deux précédentes, les plus précoces de toutes ; les autres venant à maturité au milieu de la saison des fruits, n'ont pas besoin du secours de l'espalier pour 1âter la récolte.

B. — Fruits à pepins pour espalier.

1. Poires.

Presque toutes les poires de table, de première qualité, comprises dans les listes que nous avons dressées pour le verger, s'obtiennent encore meilleures à l'espalier. Mais comme on a toujours trop peu de place sur les murs bien exposés pour les pêc1es, les brugnons, les abricots et les autres fruits à moyaux, l'on accorde rarement les situations les plus favorables sur l'espalier aux fruits à pepins qu'il est facile d'obtenir en abondance sur les arbres en plein-vent, en vase ou en pyramide. On doit en effet se faire une loi de n'admettre à l'espalier que les poires qui mûrissent mal en plein-vent, parce qu'elles sont originaires du midi ; on peut aussi garnir de poiriers très productifs la surface la moins bien exposée des murs dont l'autre côté est couvert de pêc1ers et d'abricotiers ; il n'y a que le nord-nord-est et le plein nord qui leur soient décidément contraires. La liste suivante contient les espèces qui conviennent le mieux pour espalier à toute exposition, sous le climat de la France, de la frontière du nord jusqu'au bassin de la Loire.

Poires d'été.	Poires d'hiver.
Poire d'épargne.	Saint-Germain.
Grosse blanquette.	Crassane ou crésane.
Gratiole ou gracioli.	Chaumontel.
Beurré d'été	Bon-chrétien d'hiver.
Beurré d'Avranches (bonne-	Colmar.
Louise).	Passe-Colmar.
Beurré gris.	Marie-Louise.

2. Pommes.

C'est de tous les fruits celui qui a le moins besoin du secours de l'espalier. Le pommier convient mieux que le poirier pour garnir avec avantage les faces mal exposées des murs d'espalier ; il peut être productif, même aux plus mauvaises expositions, quoique dans ce cas ses fruits soient moins bons que ceux de même espèce, récoltés sur les pommiers-paradis. Le jardinier de profession ne plante point de pommiers en espalier ; l'amateur doit au contraire réserver un pan de mur à une exposition un peu méridionale pour avoir de bonne ıeure, et dans toute leur perfection , la pomme de neige et la pomme framboise. Sous le climat de Paris, la pomme d'api, la plus jolie de toutes, quoique de qualité médiocre, ne parvient à toute sa beauté que sur un espalier au sud-est.

§ III. — Plantation.

Les détails dans lesquels nous sommes entrés sur le cıoix en pépinière des arbres destinés au verger, l'arrachage de ces arbres, et l'habillage de leurs racines, s'appliquent également aux arbres destinés à garnir l'espalier du jardin fruitier. Le tableau ci-dessous indique la moyenne des distances pour les diverses espèces d'arbres à fruits ; ces distances ne sont pas absolues ; il y a dans les pêcıers et les abricotiers des arbres qui, prenant beaucoup plus de développement que les autres, exigent beaucoup plus d'espace ; mais, en général , on peut s'en tenir aux espacements que nous indiquons.

Pêchers.

Pour la forme à la Dumoutier.......	10 à 12	mèt.
Pour toutes les autres formes........	4 à 5	

Brugnons.

Sur les murs de moins de 2 m. de hauteur.	6 à	7
Sur les murs de plus de 2 m. de hauteur.	5 à	6

Abricotiers.

Sur les murs de moins de 4 m. de haut.	8 à 10	
Sur les murs de plus de 4 mètres.	6 à 8	
Le royal-orange et le moorpark......	2 m. de plus.	

Pruniers et cerisiers.

Même espacement que pour les abricotiers.

Poiriers.

Les espèces les plus vigoureuses......	10 à 12	mèt.
Les mêmes en éventail sur des murs très hauts.....	8 à 10	
Les espèces les moins vigoureuses.....	7 à 8	

Pommiers.

Sur les murs de moins de 3 m. de haut.	7 à 8	
Sur les murs de plus de 3 m. de hauteur.	6 à 7	

Pour le creusement des trous, ces distances doivent s'entendre du milieu de cıaque trou.

§ IV. — Préparation du sol et mise en place des arbres en espalier.

Le succès d'une plantation d'arbres en espalier est soumis à tant de cıances contraires, qu'il doit être préparé de longue main ; la moindre négligence suffit pour le compromettre. Les arbres en espalier sont dans une situation tout-à-fait contre nature ; leurs racines ont derrière elles les fondations du mur qui ne leur laissent pours'étendre que la moitié seulement de l'espace circulaire naturellement occupé par les racines des arbres en plein-vent. La gêne qui en résulte ne peut être compensée que par l'art du jardinier. Ce n'est pas trop d'un an d'avance pour

amender le sol en le défonçant et l'exposant à l'air. Nous ne saurions trop insister sur l'opportunité des tranciées continues substituées aux trous pour la plantation des arbres au pied du mur d'espalier. Le peu d'argent qu'on dépense de plus en main-d'œuvre est bientôt regagné par la plus prompte mise à fruit des arbres et par leur plus grande fertilité. Au moment où l'on ouvre les tranciées, c'est-à-dire un an avant l'époque de la plantation, on incorpore à la terre une forte fumure d'engrais bien consommé, dans la proportion d'une brouettée de fumier pour deux mètres cubes de terre déplacée ; par ce moyen , le fumier, au moment où il se trouve en contact avec les racines des arbres, a épuisé toute sa fermentation ; il est également réparti dans toute la plate-bande en avant de l'espalier ; il rend la terre de cette plate-bande aussi favorable que possible à la bonne végétation des arbres. Le sable fin qu'il convient d'ajouter comme amendement aux terres trop compactes, la cıaux, le plâtre, l'argile dont les terres trop légères ont besoin, doivent aussi être mêlés un an d'avance à la terre des tranciées. La largeur de la tranciée ne peut être moindre de 1^m,50, la meilleure largeur moyenne est de 2 mètres. Nous avons déduit précédemment les raisons pour lesquelles le défoncement ne doit pas dépasser la profondeur d'un mètre. Lorsque le sous-sol est un tuf tout-à-fait stérile ou bien une couche de terre glaise imperméable à l'eau, une coucıe de 0^m,08 ou 0^m,10 de gros gravier ou de plâtras est indispensable pour l'égouttement de la terre.

Ce qui précède ne doit s'entendre que d'une terre *neuve* qui n'a point encore nourri d'arbres du même genre que ceux dont on se propose de garnir l'espalier ; lorsqu'il s'agit au contraire de replanter un espalier dont les arbres sont usés, on doit être bien convaincu qu'il n'y a ni main-d'œuvre , ni engrais, ni amendement quelconque qui puisse y faire végéter convenablement les mêmes espèces d'arbres fruitiers : ce serait de la peine et de l'argent perdus ; la terre de la plate-bande doit être renouvelée. Cette opération n'est pas en réalité aussi longue et aussi coûteuse qu'on pourrait se figurer ; on ouvre dans le carré du jardin faisant face à l'espalier, le plus près possible pour économiser les transports, une tranhcée de même largeur que celle de la plate-bande à laquelle elle doit être parallèle. A mesure qu'une brouettée de terre est retirée d'une de ces deux tranciées, elle remplace une brouettée de l'autre, et comme elles ont toutes deux la même profondeur, il ne reste pas de vide à combler ; seulement, comme la terre de la plate-bande , une fois la plantation établie, doit avoir une assez forte pente en avant, à partir du pied du mur, et que ni le fumier ni les amendements ajoutés ne sauraient augmenter d'une quantité suffisante le volume des terres remuées, on ne pourra se dispenser d'un léger recıargement de terre rapportée au moment de la plantation. Ce recıargement ne doit pas excéder $0^m,10$ d'épaisseur sur la totalité de la surface de la plate-bande; ainsi, pour un espalier de 200 mètres de développement, embrassant les deux côtés bien exposés d'un jardin fruitier d'un ïectare de superficie, le rechargement de la plate-bande de 2 mètres de large n'exigera pas plus de 40 tombereaux de terre d'un mètre cube cïacun, dépense légère si on la compare aux avantages qu'elle procure.

Au moment de la mise en place des arbres, on ne perdra pas de vue le tassement que la terre fraiciement remuée doit éprouver au bout d'un certain temps. Les terres légères s'affaissent dans une plus forte proportion que les terres fortes; mais dans tous les cas, il y a affaissement inévitable du sol: il en résulte que l'arbre planté, par exemple, à $0^m,10$ au-dessous de la naissance des racines, se trouvera par le fait enfoncé à $0^m,15$ ou même à $0^m,20$ un mois ou deux plus tard; c'est ce qu'il faut prévoir en plantant. A l'exception de nos plus ïabiles praticiens, le plus grand nombre des jardiniers en France enterre trop profondément les racines des arbres en espalier. Dans les terres légères, le dommage qui en résulte est peu considérable; mais dans les terres fortes et sous un climat ïumide, il n'en faut pas davantage pour faire languir et dépérir toute une plantation, surtout lorsque les pêciers y sont en majorité. Les arbres plantés trop profondément sont sujets au cïancre et à toute sorte de maladies qui proviennent de ce que leurs racines sont trop loin de la surface du sol pour que les influences atmosphériques leur parviennent directement. L'arrangement des racines est la partie la plus délicate de la plantation; les racines souples, comme sont celles du pêcïer, du brugnonier, du prunier et de l'abricotier, ou celles des sujets qui leur servent de supports, doivent être disposées également à droite et à gaucïe, de façon à ce qu'aucune racine ne prenne sa direction vers le mur et que pas une des principales ne se dirige en avant, direction dans laquelle elle rencontrerait bientôt le bord antérieur de la tranciée. Tous les auteurs recommandent de ne point enterrer la greffe des arbres en espalier; nous sommes de leur avis quant aux pêciers et à tous les arbres à fruits à noyaux, tous plus ou moins sujets à la gomme; pour les fruits à pepins, la greffe peut être enterrée sans inconvénient lorsque l'arbre a été greffé par copulation à quelques centimètres de terre. Dans ce cas, la partie enterrée de la greffe fait l'effet d'une bouture; elle s'enracine en peu de temps, ce qui donne à l'arbre une énergie de végétation extraordinaire. Ce procédé est donc particulièrement convenable pour les arbres qui doivent garnir des murs très élevés et qu'on se propose de conduire sous des formes qui permettent de leur laisser prendre beaucoup d'extension.

Les arbres ne doivent point être plantés trop près de l'espalier; une distance de $0^m,20$ ou même de $0^m,25$ en avant du mur, est la plus convenable; la tige dans son jeune âge reçoit l'air de tous les côtés et les racines sont moins contrariées par le voisinage du mur.

Lorsqu'on plante à l'automne, il n'est pas nécessaire de mouiller les racines au moment de la mise en place; mais si l'on plante au printemps et que le ïâle de mars se soit fait sentir de bonne ïeure, il faut à deux ou trois reprises donner de 8 à 10 litres d'eau à cïaque pied d'arbre afin d'accélérer la reprise des racines.

§ V. — Soins généraux.

L'espalier est la partie du jardin fruitier qui procure le plus d'agrément au jardinier amateur, et celle qui rapporte le plus au jardinier de profession; c'est aussi celle qui exige les soins les plus assidus. Nous ne craignons pas de nous répéter en rappelant aux ïorticulteurs *qu'il y a toujours de l'ouvrage à l'espalier*, et que pour tailler, palisser. pincer, la besogne ne doit jamais être considérée comme finie.

La plate-bande dans laquelle vivent les arbres en espalier ne doit jamais être labourée, à proprement parler; les racines des arbres, s'y trouvant pour ainsi dire à fleur de terre, auraient trop à souffrir du contact du fer de la bêcïe. Mais de fréquents binages, donnés avec précaution cïaque fois que la sécïeresse succédant à des pluies violentes a *scellé* la surface du sol, sont indispensables; ces binages se donnent avec précaution au moyen d'une fourcïe à dents plates, dont les bords sont émoussés; ils ne doivent pas pénétrer à plus de $0^m,05$ ou $0^m,06$ au-dessous de la surface du sol; les mottes de terre sont brisées au fur et à mesure avec le côté de l'instrument; on a soin de conserver à la plate-bande son inclinaison en avant. Il est essentiel à la santé des arbres que la plate-bande ne nourrisse jamais aucune espèce de plantes, soit sauvage, soit cultivée; les binages doivent donc être assez fréquents pour détruire les mauvaises ïerbes qui dans un sol souvent remué et nettoyé cessent bientôt de se montrer. Un binage est nécessaire toutes les fois que la culture des arbres a forcé le jardinier à fouler la terre de la plate-bande, soit pour la taille, soit pour le palissage; les mauvais effets de ce tassement inévitable sont fort affaiblis quand le jardinier prend la précaution de placer sous ses pieds une plancïe mince pendant tout le temps qu'il passe à travailler à l'espalier. Ces soins sont surtout nécessaires aux plates-bandes des espaliers plantés de pêcïers; il ne faut pas oublier que depuis les premiers beaux jours du printemps jusqu'à la cïute des feuilles, cet arbre est *toujours* en sève, et que par conséquent il ne peut, sans en souffrir beaucoup, être privé durant tout cet intervalle des influences atmospïériques sur ses racines qui n'ont point de temps de repos du printemps à l'ïiver.

Il ne faudrait, s'il était possible, jamais fumer les arbres en espalier autrement qu'avec du terreau. Aux environs de Paris on peut presque en tout temps se procurer à 5 fr. le mètre cube du terreau de couches rompues, parce que les maraîchers ne peuvent utiliser tout le terreau de leurs couches épuisées; partout où l'on peut s'en procurer, c'est le meilleur de tous les engrais pour entretenir la fertilité du sol où vivent les arbres à fruit de toute espèce en espalier. L'amateur éloigné de Paris doit réserver pour cette destination la plus grande partie du terreau provenant de ses vieilles couches. Lorsqu'il y a nécessité de recourir au fumier, et qu'on ne peut se le procurer assez longtemps d'avance pour le laisser parvenir presque à l'état de terreau, il faut se borner à l'étendre en couverture sur la platebande après la récolte des fruits; on lui laisse ainsi passer l'hiver et on l'enfouit au printemps par une façon superficielle donnée à la platebande après la taille des arbres. Nous croyons devoir insister sur le tort irréparable qu'on fait aux arbres en espalier en chargeant leurs racines de fumier à demi consommé. L'arbre se met tout d'un coup à pousser de tous côtés des branches inégales qu'il faut réduire; ces retranchements opérés pendant la pleine végétation de l'arbre rendent le fruit petit et de qualité médiocre, et les récoltes s'en ressentent plusieurs années de suite. M. Lelieur cite l'exemple d'un jardinier qui, ayant à sa disposition une grande quantité de fumier provenant d'un champ voisin, crut faire merveille en fumant avec profusion ses arbres en espalier, ajoutant à cette faute celle de tailler aussi court que s'ils n'avaient point été fumés. Ces arbres, qui depuis dix ans de plantation n'avaient jamais montré la moindre apparence de gomme, en furent couverts dès le mois de juin: l'espalier fut gâté pour longtemps et ne reprit que bien des années plus tard sa fertilité et sa belle végétation. Tant que la production du fruit et la longueur des pousses annuelles, sont ce qu'elles doivent être d'après l'âge des arbres, il ne faut pas fumer l'espalier, à moins qu'on ne dispose de boue d'étang desséchée ou de terre limoneuse déposée par le débordement d'une rivière; ces amendements, les meilleurs de tous pour les arbres en espalier, peuvent être donnés en tout temps, de même que les rechargements de terre neuve. Dans ce cas, on enlève quelques centimètres de terre sur toute la surface de la platebande; on en forme des tas de distance en distance, et à mesure qu'on les enlève on les remplace par une quantité de boue dessé chée, de limon ou de terre neuve qu'on incorpore avec le sol par une légère façon avec la fourche à dents plates.

Les pêchers et les brugnoniers sont les seuls d'entre les arbres à fruits en espalier qui puissent avoir besoin d'être arrosés pendant les grandes chaleurs; les autres arbres dont les racines sont plus fortes et plongent plus avant dans le sol, ne souffrent de la sécheresse que dans les années d'une température tout-à-fait exceptionnelle, encore est-il très rare qu'ils en meurent.

Lorsqu'on a trop attendu pour arroser les pêchers souffrant par suite de la sécheresse pendant les chaleurs de l'été, c'est une faute dont il faut subir les conséquences; il n'y a pas de remède; des accidents de cette nature n'arrivent jamais aux espaliers gouvernés par un jardinier soigneux qui remue assez souvent la terre au pied des arbres pour reconnaître quand elle est sur le point d'être tout-à-fait desséchée; c'est le moment où, sans attendre que le feuillage s'affaisse et se flétrisse, il est temps de donner soir et matin à chaque pied d'arbre de six à huit litres d'eau. La partie de la platebande sous laquelle courent les racines des arbres en espalier doit être couverte à cette époque, soit de paille, soit de litière sèche, tant pour empêcher les arrosages de tasser trop fortement la surface du sol, que pour prévenir une trop prompte évaporation. En arrosant les pêchers, on ne doit pas perdre de vue que l'eau est essentiellement nécessaire aux extrémités des racines les plus éloignées du tronc. Ainsi, un jeune arbre peut être suffisamment arrosé par l'eau versée dans un creux circulaire autour de sa base; mais, pour un arbre assez vieux, dont les racines se sont emparées du terrain environnant, ce mode d'arrosage ne suffit plus; l'eau n'arriverait pas à sa véritable destination, c'est-à-dire au chevelu des racines et à ses spongioles. C'est pour cela que nous avons prescrit de donner à la plate-bande une pente inclinée en avant; on creuse au bord antérieur de la plate-bande une petite rigole parallèle au mur d'espalier; on prolonge les deux extrémités de cette rigole en remontant de 0m,30 ou 0m,40 vers le mur, puis l'on verse l'eau à l'aide de l'arrosoir, au sommet de la plate-bande, c'est-à-dire au pied du mur. En vertu de la pente du terrain, l'eau descend vers la rigole qui reçoit tout ce qui n'a pas été absorbé par la partie supérieure du terrain; cette quantité d'eau, qui forme toujours la plus grande partie de l'eau répandue, est, à proprement parler, la part des spongioles.

On n'a point encore suffisamment éclairci la raison physiologique pour laquelle l'eau versée pendant les fortes chaleurs au pied d'un pêcher déjà frappé par la sécheresse, loin de ranimer la végétation, ne fait que hâter sa perte. M. Lelieur s'est assuré, en plongeant un thermomètre dans la terre au pied d'un pêcher flétri qui avait été copieusement arrosé, que cet arrosage déterminait dans le sol une élévation considérable de température; nous pensons que la terre observée par M. Lelieur devait contenir des éléments fermentescibles à la présence desquels la production de la chaleur doit être attribuée, chaleur qui a pu être une cause de destruction pour les racines du pêcher; mais un fait qui se reproduit constamment dans toute espèce de terrain est trop général pour n'avoir pas aussi des causes générales qui méritent d'être étudiées. Il n'en est pas moins certain que l'eau donnée trop tard aux pêchers en espalier, loin de contribuer à les sauver, ne peut qu'accélérer leur destruction; une fois l'arbre attaqué, la sève arrêtée, le feuillage flétri, il n'y a rien à faire; le pêcher doit être abandonné à lui-même; il ne meurt pas toujours, mais on ne peut rien pour l'aider à en revenir. Nous avons dû insister sur ce fait, parce qu'il est de nature à faire sentir au jardinier la nécessité de veiller sur ses arbres, et de prévenir des accidents qui ne pourraient plus être réparés.

Tant que durent les chaleurs de l'été, rien n'est plus salutaire pour le pêcher en espalier que de rafraîchir toute sa surface par des ondées de pluie factices, données avec une pompe à main, munie d'une boule d'arrosoir; cette opération doit avoir lieu avant le lever ou après le coucher du soleil.

Bien peu de jardiniers en gouvernant leurs arbres en espalier, auront égard au conseil qu'il nous reste à leur donner; nous les engageons à sacrifier. sans balancer, une partie de la récolte, lorsque le fruit est trop abondant; au fond, ce n'est pour ainsi dire pas un sacrifice; on ne gagne rien à laisser venir à bien tous les fruits d'un arbre trop chargé; à la vérité, la récolte est plus considérable en quantité, mais l'infériorité des produits rend le bénéfice presque nul, et bien souvent les récoltes suivantes sont compromises pour plusieurs années. Les cerisiers et les arbres à fruits à pepins se dépouillent d'eux-mêmes du fruit surabondant; il n'y a jamais de fruits à ôter au cerisier; il est bien rarement nécessaire d'éclaircir les fruits du poirier ou ceux du pommier. La nécessité de supprimer une partie des fruits à demi formés du pêcher, du brugnonier, de l'abricotier et du prunier, résulte de la nature de leurs productions fruitières, dont les plus fertiles sont, comme on l'a vu, en traitant de la taille de ces arbres, des dards ou bouquets et des lambourdes. Ces branches, toujours fort petites, sont souvent chargées de huit ou dix fruits pressés les uns contre les autres, qui se disputent la nourriture, de sorte que pas un ne peut atteindre la perfection de son espèce à l'époque de sa maturité. Après la suppression d'une partie du fruit, ce qui reste doit se trouver réparti le plus également possible entre les branches de l'espalier qui se correspondent.

§ VI. — Contre-espaliers et éventails.

On désigne sous le nom de contre-espalier les arbres en éventail dont on garnit le bord extérieur d'une plate-bande, en ligne parallèle à un mur d'espalier. La plate-bande ne peut dans ce cas avoir moins de 2m,50; une largeur de trois mètres est la plus convenable pour que l'ombre du contre-espalier ne nuise point à l'espalier, et qu'ils n'aient point à souffrir réciproquement du voisinage de leurs racines; les arbres du contre-espalier ne doivent pas dépasser la hauteur de 1m,70. La vigne et tous les arbres à fruit, soit à pepins soit à noyaux, peuvent être cultivés en contre-espalier; mais le poirier, le pommier et le prunier sont ceux

qui, sous cette forme et dans cette situation, réussissent le mieux. On fait choix d'arbres vigoureux greffés sur franc, susceptibles par conséquent de prendre une très grande extension à droite et à gauche: par ce moyen, un petit nombre d'arbres suffit pour que le contre-espalier soit complétement garni, sauf les intervalles ménagés pour le service de l'espalier.

Durant tout le dernier siècle, en France, en Allemagne, en Belgique et en Angleterre, on plantait beaucoup d'arbres fruitiers en éventail, disposés par lignes parallèles. Ces lignes, espacées entre elles de 4 à 5 mètres, étaient dirigées de l'est à l'ouest; elles se servaient l'une à l'autre d'abri et de brise-vent. Cette manière de planter les jardins fruitiers est passée de mode en France, bien qu'elle convienne mieux que toute autre aux jardins de peu d'étendue; elle est encore très pratiquée en Angleterre, surtout dans les comtés du sud. Les éventails veulent être soutenus pendant leurs premières années; on emploie à cet effet, comme pour les arbres en espalier, soit un treillage maintenu par des piquets, soit du fil de fer fixé à des tiges de fer percées que supportent des dés en pierre ou des pieux enfoncés dans le sol jusqu'à fleur de terre. Les jardins ainsi plantés ont un aspect propre et régulier qui flatte l'œil, surtout à l'époque où les deux côtés des arbres, conduits et taillés exactement comme des espaliers, sont couverts de fruits mûrs. Les treillages ne servent que quelques années pendant la formation de la charpente: celle-ci, une fois établie, se soutient d'elle-même. Les jardiniers anglais donnent de préférence à leurs arbres en éventail la forme de palmette simple, sur une seule tige, avec des cordons latéraux à angle droit en nombre suffisant. La forme en palmette double nous semble préférable parce qu'elle permet de supprimer plus tôt les treillages; la charpente de l'arbre sous cette forme ayant naturellement plus de solidité.

M. Loudon cite comme l'un des plus beaux qui existe en Angleterre un pommier en éventail qui n'a pas moins de 31 mètres d'une extrémité à l'autre; il a été planté en 1786; il est d'une étonnante fertilité; le propriétaire le laisse aller par curiosité; sa croissance ne semble pas près de s'arrêter.

§ VII. — Frais et produits.

Les calculs dont nous avons donné les résultats pour les arbres en pyramide et les paradis provisoirement plantés dans le verger, nous dispensent d'entrer dans de grands détails au sujet des frais et produits du jardin fruitier, puisqu'il est facile, en les prenant pour base, d'arriver pour ce genre de jardins à des résultats analogues. Nous donnerons, en parlant des jardins à la Montreuil, le produit des espaliers. Les lignes de poiriers et de pommiers en pyramide peuvent alterner avec des lignes d'arbres conduits en vase ou corbeille, comme on le voyait dans l'école des arbres fruitiers récemment arrachés au Jardin des Plantes; il vaut mieux quand on adopte ces deux formes, planter les vases et les pyramides alternativement dans les lignes, de façon à ce que ni les arbres ni les vases ne se trouvent vis-à-vis les uns des autres ; on évite par ce moyen l'encombrement causé par la trop grande largeur des vases parvenus à toute leur croissance.

Nous ne terminerons pas ce chapitre sans rappeler aux jardiniers la nécessité de ménager les arbres en pyramide plantés à demeure dans le jardin fruitier, principalement quand ils commencent à se mettre à fruit ; le produit de ces arbres arrivera donc aux chiffres que nous avons posés, mais il y arrivera un peu plus tard que celui des mêmes arbres dans le verger ; ces arbres, ne devant pas durer, ont été taillés en conséquence.

Lorsque le jardin fruitier est consacré exclusivement aux pommiers-paradis, un enclos de 50 ares de superficie peut recevoir 2,178 pieds d'arbre à 1^m,50 les uns des autres en tout sens. Les allées et la plate-bande nécessaire aux espaliers occupent environ un sixième de la surface totale du terrain, ce qui réduit le nombre des pommiers-paradis à 1,800 ; dès la deuxième année après la plantation ils donnent, année commune, un produit brut moyen de 60 c. chaque, soit pour 1,800 arbres, 1,080 fr., sans compter le produit de 150 mètres de murs garnis d'arbres en espalier. Quant aux frais d'achat et de plantation des arbres, ils forment d'après le tableau que nous avons donné, p. 142. un total de 1,000 f. pour 50 ares ; les frais annuels de taille, de culture et d'entretien s'élèvent, y compris les intérêts des avances, à la somme de 180 fr. ; c'est donc un revenu net de 900 fr. créé sur un demi-hectare de terrain au moyen d'une avance de 1,000 fr. Les paradis donnent tous les trois ans d'une manière à peu près régulière une récolte extraordinaire ; la moyenne que nous posons est au-dessous de la réalité. Nous souhaitons que beaucoup de propriétaires aux environs de Paris et des grandes villes vérifient par expérience l'exactitude de nos chiffres.

§ VIII. — Maladies des arbres fruitiers.

Les arbres à fruits à noyau sont sujets à des maladies différentes de celles qui attaquent les arbres à fruits à pepins ; les principales maladies des arbres à fruits à noyau sont la gomme, le blanc, le rouge et la cloque ; les deux dernières sont particulières au pêcher. Les arbres à fruits à pepins sont particulièrement sujets à deux affections, le chancre et le charbon.

Le pêcher est de tous les arbres à fruits à noyau le plus sujet aux diverses maladies propres à cette classe d'arbres fruitiers.

A. — *Maladies des arbres à fruits à noyau.*

1. *Gomme.*

La présence de la gomme dans les arbres à fruits à noyau n'est pas toujours un symptôme de maladie ; ces arbres, malades ou non, sé-

crètent naturellement de la gomme. Cette sécrétion ne devient pour eux une maladie que quand il y a engorgement. Le prunier et le cerisier dont l'écorce est douée d'une certaine souplesse, se débarrassent d'eux-mêmes de la gomme lorsqu'elle est surabondante chez eux ; leur écorce se fend pour lui livrer passage. Il n'en est pas de même du pêcher et de l'abricotier ; la gomme s'accumule souvent sous leur écorce dure et rigide ; ces engorgements gommeux se manifestent pendant toute la durée du mouvement de la sève qui, chez ces arbres, n'est jamais ralenti du printemps à l'hiver, quoique sa marche soit fort inégale. Lorsque la sève du pêcher monte avec une fougue extraordinaire, on remarque sur l'écorce des branches des taches livides recouvrant de légers gonflements peu apparents. Si l'on appuie le doigt sur les parties gonflées, on reconnaît au toucher la présence d'un amas de suc gommeux extravasé qui grossit rapidement. Le mal qui pourrait en résulter est prévenu par de légères incisions pratiquées en long, soit sur les côtés de la branche, soit sur la face postérieure qui regarde le mur ; il ne faut inciser qu'avec beaucoup de précautions pour ne pas pénétrer plus avant que l'épaisseur de l'écorce. L'affluence de la gomme passée à l'état de maladie est souvent la suite des contusions faites à l'écorce des jeunes arbres, soit en les arrachant, soit en les transportant sans précautions de la pépinière au lieu où ils doivent être plantés à demeure. Son premier effet est de faire périr par le bas les branches attaquées qui se dégarnissent de productions fruitières ; les rameaux d'un an perdent de même par la gomme leurs yeux inférieurs. En se reportant aux principes que nous avons exposés pour la taille du pêcher, on comprendra combien il est important de prévenir l'invasion de la gomme dont la surabondance détruit les yeux faute desquels on ne peut espérer de bonnes branches de remplacement. La gomme n'attaque en général que les pêchers qu'on n'a pas eu soin d'inciser à temps, et ceux chez qui elle est une maladie constitutive, provenant soit d'un noyau, soit d'une greffe pris sur un arbre atteint de la gomme ; cette maladie peut aussi, comme nous l'avons vu, provenir d'une fumure donnée mal à propos avec de l'engrais en fermentation.

2. *Blanc.*

La physiologie végétale n'est point encore parvenue à rendre compte d'une manière pleinement satisfaisante des diverses affections maladives des arbres fruitiers ; celle que les jardiniers connaissent sous le nom de *blanc* ou *meunier*, se manifeste sous la forme d'une sorte d'efflorescence blanchâtre. Le blanc commence toujours par se montrer sur l'extrémité supérieure des jeunes bourgeons ; puis il descend le plus souvent tout le long des rameaux, jusqu'à leur insertion sur la branche principale. Le blanc arrête d'abord tout court le mouvement de la végétation du pêcher ; ses fruits, s'il en reste quelques uns sur les branches les moins endommagées, se couvrent de taches qui les rendent pâteux et amers. L'exposition influe puissamment, sinon sur la maladie en elle-même, au moins sur son intensité. L'exposition de l'ouest est sous ce rapport préférable a celle de l'est ; M. Lelieur cite l'exemple d'un pêcher palissé sur un pilier carré ; les branches exposées à l'est étaient en proie au blanc, dont on voyait à peine quelques traces sur les branches palissées à l'exposition du couchant. On ne connaît malheureusement point de remède contre le blanc ; cette maladie se transmet par la greffe et par les semences. Les pêchers de la Madeleine et leurs variétés passent pour être plus sujets au blanc que les autres ; nous avons cependant observé bien des fois ce fléau sur des pêchers d'espèces différentes, en Allemagne, en Belgique et dans le nord de la France.

3. Rouge.

Quelques espèces de pêchers, particulièrement celles qui portent les pêches royales et les pêches admirables, sont sujettes à cette affection, qui se manifeste par une couleur d'un rouge vif, passant au rouge obscur très foncé, sur l'écorce des branches malades ; cette coloration est bientôt suivie de leur mort quelquefois instantanée, au moment où ils sont chargés de fruits prêts à mûrir. Quelquefois les arbres résistent au rouge un an ou deux, pendant lesquels ils végètent avec une grande énergie et portent même des fruits assez nombreux, mais détestables, et qui ne conservent aucun des caractères de leur espèce. Dès lors, comme le rouge est, ainsi que le blanc, une maladie incurable, il faut remplacer sur-le-champ le pêcher malade ; on ne ferait que perdre inutilement un temps précieux en essayant de le refaire.

4. Cloque.

La science des physiologistes n'a pas mieux déterminé les causes de cette maladie que celles du blanc et du rouge ; mais l'art du jardinier peut du moins en prévenir et en réparer en partie les ravages. La cloque est regardée, par les uns, comme un simple accident causé par le trouble de la végétation du pêcher, à la suite des brusques variations de température atmosphérique ; les autres la regardent comme une maladie constitutive comme le blanc, capable, de même que cette affection, de se transmettre par les semis et la greffe ; dans cette hypothèse, le temps contraire ne serait qu'une des causes déterminantes de l'invasion du mal dont l'arbre porterait le germe en lui-même. Quoi qu'il en soit, la cloque se montre toujours en premier lieu aux extrémités des bourgeons de l'année, quand ils ont été frappés par des pluies froides, accompagnées de vents glacés, succédant à plusieurs jours d'une température humide et tiède. On voit très souvent un arbre protégé par un abri qui n'en garantit qu'une

partie, rester sain dans la partie abritée, tandis que le côté découvert est en proie à la cloque. L'utilité des chaperons, permanents ou temporaires (fig. 293 et 294), comme préservatifs de la cloque, ne saurait donc être révoquée en doute. La cloque, de même que le blanc, arrête tout court le mouvement de la sève ; les bourgeons attaqués de la cloque cessent de s'allonger ; ils se boursouflent, se contournent et perdent leurs feuilles. Tant que le mal ne s'est point arrêté de lui-même, il serait inutile et même dangereux de tailler ces bourgeons au-dessous de la partie attaquée, dans l'espoir d'en obtenir de bonnes pousses. Quand la cloque cesse de s'étendre et qu'on reconnaît sur les bourgeons endommagés les premiers symptômes de la reprise de la végétation, c'est le moment qu'il faut saisir pour rabattre ces bourgeons sur un bon œil. Si la saison n'est pas trop avancée, cette taille pourra donner naissance, avant la fin de la belle saison, à des bourgeons productifs pour l'année suivante ; mais la durée du mal se prolonge quelquefois si avant dans l'été, que le bourgeon rabattu n'a pas le temps de se refaire avant la chute des feuilles. Dans le premier cas, le mal causé par la cloque est à peu près réparé ; dans le second, l'arbre est beaucoup plus sérieusement endommagé ; on peut regarder comme perdue la récolte de l'année suivante ; les bourgeons attaqués ne peuvent plus être rabattus qu'à la taille d'hiver, ils n'ont par conséquent pas de branches de remplacement, et la floraison est presque nulle.

B. — Maladies des arbres à fruits à pepins.

1. Chancre.

Cette maladie peut être une affection constitutive des arbres, ou bien l'effet accidentel de la piqûre d'un insecte. (Voir insectes nuisibles aux arbres à fruit). Ces deux espèces de chancre attaquent le pommier plus souvent que le poirier ; parmi les pommiers les arbres greffés sur paradis sont plus sujets au chancre que les arbres greffés sur doucains ; les différentes variétés de calville sont plus souvent attaquées du chancre que les autres espèces de pommiers. Le chancre constitutif provient toujours d'une faiblesse organique ; c'est une dégénérescence des tissus engendrée par l'altération des sucs contenus dans les vaisseaux du chancre, et il en résulte des ulcères qui gagnent de proche en proche si l'on ne se hâte de les arrêter en retranchant jusqu'au vif toute la partie endommagée ; il n'y a pas d'autre remède. Les plaies doivent être immédiatement recouvertes de cire à greffer ou d'onguent de Saint-Fiacre. Le chancre attaque presque toujours les racines avant de se montrer sur les parties extérieures des arbres ; c'est ce qui a lieu surtout lorsque cette maladie est occasionnée par la nature imperméable du sous-sol qui maintient les racines dans un milieu constamment humide. On ne peut douter que l'humidité constante n'engendre le chancre, lorsqu'on voit cette grave maladie disparaitre par le seul fait de la transplantation des arbres d'un sol bas et marécageux dans une terre saine et aérée. D'ailleurs on voit souvent des arbres provenant des mêmes semences, élevés dans les mêmes pépinières, d'âge et de force absolument semblables, dont les uns plantés dans un terrain mal égoutté se couvrent de chancres, tandis que les autres, dans un emplacement convenable, restent parfaitement sains. On peut donc mettre au premier rang des moyens de prévenir l'invasion du chancre dans le verger et le jardin fruitier, l'assainissement du sol par un nombre suffisant de rigoles et de tranchées. Lorsque l'arbre attaqué du chancre n'a pas plus de cinq à six ans de plantation, on peut l'arracher, retrancher toutes les racines attaquées, raccourcir les branches pour les mettre en rapport avec le volume des racines, et remettre l'arbre en place, immédiatement après avoir amendé ou même renouvelé la terre du trou; si l'arbre est plus âgé, on se contente de le déchausser pour mettre à nu les plaies des racines qu'on retranche sans déranger l'arbre. Lorsque le sol est bon et qu'il reste à l'arbre une vigueur suffisante, les plaies ne tardent pas à se cicatriser.

2. Charbon.

Cette maladie ne devrait pas exister puisqu'elle ne provient que de la mauvaise qualité des sujets élevés en pépinière, et de l'inégalité d'énergie végétative du sujet et de la greffe. Les arbres qui en sont atteints se dépouillent de très bonne heure de leurs feuilles en commençant par le sommet; leurs pousses terminales se dessèchent et deviennent noires comme si le feu y avait passé; le mal est sans remède; ce sont des arbres qu'il faut se hâter de remplacer; mais jamais le charbon n'envahit une plantation d'arbres fruitiers, quand les arbres en ont été choisis avec soin et mis en place dans un état de santé vigoureuse; le pépiniériste auquel on s'adresse se montre indigne de confiance s'il se livre à l'acheteur des arbres portant en eux le germe de cette maladie, car il lui est impossible de l'ignorer. Nous rappelons à ce sujet les conseils que nous avons donnés pour le choix des arbres dans la pépinière (*Voir* page 133).

C. — *Insectes nuisibles aux arbres à fruit.*

Le nombre des insectes qui attaquent de manière ou d'autre l'écorce, le feuillage ou les fruits des arbres de nos vergers est si grand que si nous voulions tous les décrire, nous sortirions des limites dans lesquelles nous sommes forcés de nous restreindre. D'ailleurs ce travail, aussi complet que possible, n'aurait d'intérêt que sous le rapport de l'histoire naturelle; les moyens de préservation ou de destruction sont ou très insuffisants, ou tout-à-fait nuls. Que faire contre des millions d'animaux dont les uns nous échappent au moyen de leurs ailes, et dont les autres se dérobent même à la vue par leurs couleurs obscures et leur excessive petitesse. En nous bornant à décrire ceux des insectes contre lesquels il est possible de défendre les arbres de nos jardins fruitiers, nous croyons remplir les obligations que nous nous sommes imposées vis-à-vis des horticulteurs.

1. Tigre.

Les jardiniers désignent sous ce nom deux insectes du genre *tingis* détachés par les entomologistes modernes du genre *cimex* (punaise). M. Dalbret dans son traité de la taille des arbres fruitiers indique une troisième espèce de tigre qui n'existe réellement pas; il a pris pour une espèce distincte le tingis à son dernier état de développement. Ces insectes sont si petits qu'il est fort difficile de les distinguer sur l'écorce du pêcher et du poirier qu'ils attaquent de préférence. Le fait le plus remarquable de leur mode d'existence, c'est leur état de parfaite immobilité pendant la plus grande partie de leur vie; ils s'attachent à l'écorce des arbres, toujours dans le sens longitudinal, et ils restent là des mois entiers, occupés à sucer la substance de l'arbre auquel ils occasionnent des plaies dangereuses qui ont l'apparence de blessures ou meurtrissures causées par des contusions. M. Dalbret compare avec raison l'espèce la plus commune de tigre à une petite graine de reine-marguerite; cet insecte en a la forme et la couleur. On ne peut essayer de le détruire que pendant son état d'apparente immobilité; une fois que la jeune génération des tigres ou tingis s'est répandue sur les feuilles de l'arbre pour en dévorer la substance, il n'y a plus de remède. Il semble alors que le pêcher ou le poirier en proie aux ravages du tigre soit atteint d'une maladie particulière; en peu de jours, on voit toutes ses feuilles dont le parenchyme vert (chlorophylle) a été complétement sucé par les tigres, changer de couleur, sans toutefois se détacher. Rien n'est plus triste pour l'œil du jardinier que cette disparition subite de la verdure dans le jardin fruitier. On dit alors communément que les arbres sont frappés *de la grise*, et beaucoup de jardiniers sont encore convaincus que la grise est une maladie du poirier et du pêcher. Plusieurs auteurs conseillent le recépage et le rajeunissement des arbres par la greffe en couronne; c'est un remède violent, pire que le mal, et dont nous ne saurions conseiller l'emploi que quand, après avoir épuisé tous les moyens de se délivrer du tigre, il reparaît plusieurs années de suite et prive le jardinier de tout espoir de récolte. Alors, il faut en effet recéper, puis greffer immédiatement en couronne, en ayant bien soin de brûler sans retard jusqu'au dernier vestige des branches retranchées. Mais la plupart du temps, une taille un peu plus courte qu'à l'ordinaire et un nettoyage à fond de l'écorce des arbres un peu avant le départ de la sève du printemps, font disparaitre le tigre. Les arbres peuvent être nettoyés soit avec un lait de chaux très clair, soit avec divers liquides appropriés à cet usage, dont nous donnons ci-dessous les recettes les meilleures et les plus usitées.

Lessive de blanchisseuse (ou eau simple).	4 litres.
Savon noir (savon de potasse)........	500 gr.
Chaux vive.....................	1 kil.

La quantité de chaux peut varier selon sa qualité; toutes les espèces de chaux ne se délitent pas avec la même consistance; il faut que le liquide ait la consistance du lait de chaux des badigeonneurs.

COMPOSITION DE M TATIN.

Savon de potasse.................	1ᵏ500
Champignons écrasés..............	1
Eau...........................	30 litres.

On met ces ingrédients mêlés dans un tonneau; l'on prend d'autre part:

Fleur de soufre..................	1ᵏ500
Eau...........................	30 litres.

On fait bouillir dans l'eau la fleur de soufre enfermée dans un nouet maintenu par un poids au fond de la chaudière. Après vingt minutes d'ébullition, on mêle ce liquide au premier. Il s'y établit bientôt une fermentation putride qui se manifeste par une odeur infecte; plus cette odeur est forte, plus la composition est efficace pour la destruction des insectes; on doit la préparer longtemps d'avance pour qu'elle acquière en vieillissant plus de fétidité. On peut l'employer au pinceau sur les arbres dépouillés de feuilles; on peut aussi la répandre sur les feuilles des arbres, au moyen d'une pompe à gerbe d'arrosoir percée de trous très fins. On borne le plus souvent l'usage de ce liquide au nettoyage des plantes précieuses dans la serre et l'orangerie; son prix de revient n'est pas tellement élevé, que le jardinier jaloux de conserver ses arbres ne puisse y recourir pour les délivrer des attaques du tigre. Quand le tigre est assez multiplié pour occasionner *la grise*, les pertes causées par ses ravages sont hors de toute proportion avec la dépense que nécessite l'emploi du liquide de M. Tatin. On peut substituer dans cette recette les champignons sauvages aux champignons cultivés; les plus vénéneux sont aussi bons que ceux des espèces mangeables.

L'huile de lin et l'essence de térébenthine étendues au pinceau sont des remèdes fort efficaces, mais fort chers, applicables seulement aux jardins de peu d'étendue où l'on n'a qu'un petit nombre d'arbres à préserver.

M. Lelieur assure qu'il s'est bien trouvé d'un mélange d'eau et d'acide sulfurique employé en lotion pour la destruction du tigre; il ne précise pas la dose d'acide; nous pensons qu'on ne peut, sans danger pour les bourgeons, dépasser la proportion de $\frac{1}{300}$ soit un litre d'acide sulfurique pour 300 hectolitres d'eau; il nous semble douteux qu'ainsi délayé l'acide sulfurique puisse opérer la destruction complète du tigre sur l'écorce des arbres. Ajoutons que, d'après notre propre expérience à l'exception du liquide de M. Tatin qu'on peut employer plusieurs fois de suite sans altérer le feuillage des arbres, tout liquide acide ou alcalin, assez énergique pour agir sur le corps du tigre, opère bien plus sûrement encore la destruction du feuillage, et fait aux arbres un tort bien plus grave que celui que les tigres auraient pu faire.

Les personnes placées à portée d'une usine de gaz pour l'éclairage peuvent se procurer à très bas prix de l'eau saturée de gaz hydrogène; cette eau, employée pure pour laver les branches des arbres pendant le repos de la' végétation, ou leur feuillage pendant l'été, est excellente pour la destruction du tigre; elle entre aussi dans la composition suivante qui s'applique au pinceau.

Eau hydrogénée.................	18 lit.
Fleur de soufre.................	500 gr
Savon de potasse.............	3 kil.

On mêle ces substances à froid, et on les fait fondre sur un feu doux; le liquide s'emploie refroidi.

Tant de recettes, dit M. Loudon, ont été proposées par divers auteurs pour la destruction des insectes nuisibles aux arbres à fruit, qu'on a lieu de s'étonner que leurs races subsistent encore. C'est que pas une de ces recettes n'est applicable assez en grand pour opérer une destruction complète de l'ennemi contre lequel on les emploie, et que cet ennemi se reproduit avec une prodigieuse rapidité.

2. Kermès.

Cet insecte, plus connu des jardiniers sous le nom de *punaise*, appartient au genre *coccus*. De même que le tigre, il passe une partie de son existence dans un état d'immobilité, collé sur l'écorce de l'arbre qu'il suce et détruit en y occasionnant des plaies fort préjudiciables à sa santé. On détruit difficilement le kermès en frottant les branches avec une brosse; cet insecte adhère avec tant de force qu'il faut, pour le détacher, frotter de manière à endommager l'écorce au détriment de l'arbre. L'emploi des liquides dont nous avons donné la recette, surtout celui de l'eau hydrogénée, est le seul moyen qu'on puisse mettre en usage avec quelque espoir de succès pour la destruction du kermès. La petite fourmi, qu'on a d'ailleurs des raisons pour détruire à cause des ravages qu'elle exerce dans les jardins, est l'ennemi le plus redoutable du kermès. Lorsque cet insecte suce les jeunes branches du pêcher en pleine végétation, il leur fait exsuder un suc brun, sucré, semblable à du caramel, dont les fourmis sont fort avides; attirées par ce régal, elles enlèvent en même temps les œufs des kermès qui, par une loi singulière de l'organisation de cet animal, ne sont jamais pondus; les petits n'éclosent qu'après la mort de leur mère, dans son corps desséché qui leur sert de demeure, jusqu'à ce qu'ils soient assez développés pour en sortir. Les œufs de kermès sont d'une petitesse extrême, ils sont à peine visibles à l'œil nu, sous la forme d'une poussière rougeâtre très divisée. C'est à cette destruction des œufs de kermès par les fourmis qu'on doit d'en être délivré, souvent pour plusieurs années, parce qu'à l'époque où elle a lieu, les mâles et la plupart des femelles sont morts. Il nous est arrivé bien des fois de transporter au pied d'un pêcher attaqué des kermès une fourmilière que nous avions l'ingratitude de détruire après qu'elle avait fait disparaître les œufs de kermès.

3. Pucerons.

Parmi les insectes ennemis des arbres à fruit, les pucerons sont, sinon les plus redoutables, au moins les plus nombreux, s'il est vrai, comme le prétendait Réaumur qu'un puceron puisse avoir en cinq générations seulement 5,904,900,000 descendants, et que dans le cours d'une année dix générations de cet insecte puissent se succéder. On ne peut tenter d'arrêter cette prodigieuse multiplication que sur les arbres en espalier; ceux qui attaquent les arbres en plein-vent sont si nombreux, les fentes de l'écorce et les surfaces des feuilles leur offrent tant de retraites, que les lavages et les aspersions en épargnent toujours quelques-uns; c'en est assez pour qu'en peu de jours l'arbre en soit de nouveau tout couvert. Il n'en est pas de même sur l'espalier; l'étendue d'espalier occupée par chaque arbre en particulier peut être soigneusement close avec un drap qu'on a soin de mouiller pour le rendre plus imperméable à la fumée; on introduit alors entre le drap et le mur un réchaud ordinaire rempli de charbons allumés sur lesquels on jette plusieurs poignées de tabac à fumer; le plus fort est le meilleur. La fumée caustique du tabac maintenue pendant une demi-heure, détruit complétement les pucerons qui n'ont contre elle aucun lieu de refuge. Ce procédé est sûr; mais on comprend combien il est dispendieux et difficile à pratiquer lorsqu'il s'agit de délivrer des pucerons des centaines de pêchers couvrant plusieurs kilomètres de murs d'espalier, tels qu'on en voit à Montreuil et dans les communes voisines. On ne peut alors recourir qu'aux aspersions avec l'un des liquides caustiques indiqués plus haut.

De toutes les variétés du puceron la plus redoutable est le puceron surnommé par les naturalistes laniger ou porte-laine, à cause d'une sorte de duvet blanc très fin dont il se recouvre; duvet qui paraît être fabriqué en commun par ces pucerons, comme les toiles dont s'enveloppent certaines tribus de chenilles. Partout où des groupes de pucerons lanigères s'établissent sur l'écorce d'un pommier, leurs piqûres produisent des tumeurs qui dégénèrent en ulcères en tout semblables au chancre constitutif que nous avons décrit. Les ravages du puceron lanigère sont sans remède sur les grands pommiers en plein-vent du verger: elles entraînent fort souvent la perte des arbres. Mais sur les pommiers greffés sur paradis et

même sur doucain, on peut parvenir à les enlever à mesure qu'ils se montrent, parce qu'ils vivent toujours par groupes, sans jamais se disperser. Les plaies produites par ces insectes doivent être traitées exactement comme des chancres.

4. Chenilles et vers.

Il n'y a réellement que les arbres en espalier, en pyramide, en vase et en buisson qui puissent être écrenillés avec quelque succès. Les chenilles les plus faciles à détruire sont celles dont les œufs, enveloppés d'un enduit glutineux, sont collés sous forme d'anneaux autour des jeunes branches des arbres. Toutes ces branches, à la taille d'hiver, doivent passer l'une après l'autre sous les yeux du jardinier; il peut, avec un peu d'attention, apercevoir et enlever, les anneaux d'œufs de chenilles; ceux qui lui auraient échappé écloseni sous l'influence des premières chaleurs du printemps, avant que le feuillage des arbres fruitiers se soit assez développé pour les dérober à la vue; ces chenilles sont donc les plus aisées à détruire. Quant à celles qui attaquent les arbres en plein-vent, il est presque impossible d'atteindre leurs œufs, et fort difficile de détruire les chenilles écloses; on ne prend le plus souvent que les chenilles processionnelles, vulgairement nommées livrées, qui se filent une sorte d'enveloppe analogue à une forte toile d'araignée, sous laquelle elles s'abritent en commun.

Nous ne mentionnerons les vers qui attaquent les fruits que pour nous borner à constater l'impossibilité de les détruire; la plupart de ces vers naissent d'un œuf solitaire déposé par une mouche dans l'ovaire peu de temps après la fécondation qui l'a transformé en fruit; le fruit attaqué n'en parcourt pas moins le plus souvent toutes les phases de son développement; la présence du ver contribue seulement à le faire mûrir et tomber un peu plus tôt que les fruits sains: c'est un mal sans remède.

Un autre ver particulier au pommier se loge dans les boutons à fruit ou à bois, d'ordinaire dans les plus gros; l'œuf de ce ver est déposé par un très petit insecte, soit au sommet, soit à la base du bouton; le mal qu'il fait à l'arbre ne se borne pas à la perte de l'œil attaqué; il en résulte toujours une plaie qui, lorsqu'on la néglige, devient un véritable chancre; il n'y a d'autre remède que de rabattre la branche sur un bon œil au-dessous du bouton endommagé.

5. Hannetons.

Nous avons dit combien les attaques des vers blancs ou turcs (larves du hanneton) sont funestes aux racines des jeunes arbres; on les en préserve jusqu'à un certain point en plantant le long des plates-bandes du jardin fruitier des bordures de fraisier, ainsi que nous l'avons recommandé; mais dans les années où les hannetons pullulent, ce moyen est très insuffisant : c'est un mal qu'il faut se borner à déplorer, sans pouvoir en arrêter les ravages.

G. Perce-oreilles.

Les fruits mûrs de toute espèce sont la proie des perce-oreilles qui multiplient facilement sur les murs d'espalier dont la maçonnerie laisse dans le crépissage des fentes et des crevasses où ils trouvent un asile. Ces insectes ont une prédilection marquée pour la corne du pied des animaux de boucherie. On en détruit une grande quantité en suspendant de distance en distance quelques-unes de ces cornes le long de l'espalier ; les perce-oreilles ne manquent pas de s'y réunir tous les soirs ; il faut les enlever dès le point du jour, avant qu'ils se soient dispersés de nouveau sur l'espalier.

Tous les autres insectes, malheureusement trop nombreux, qui attaquent de manière ou d'autre les arbres fruitiers, tels que la pyrale de la vigne, le bombix caya, le charançon et une foule d'autres, sont des ennemis contre lesquels, jusqu'à présent, l'homme ne peut rien. Nous ne pouvons qu'engager les amis de l'horticulture à étudier les mœurs et les allures de ces insectes, seul moyen d'arriver un jour à la découverte des moyens d'en arrêter la multiplication. L'un des plus efficaces de ces moyens, quand la science aura fait assez de progrès pour en étendre les applications, c'est d'opposer aux espèces nuisibles les espèces voraces qui vivent à leurs dépens. Ainsi le carabe vert-doré, connu sous le nom de jardinière, fait une guerre à mort aux fourmis ; ainsi le joli insecte que tout le monde connaît sous le nom de bête à Bon-Dieu, détruit les tigres et les pucerons sans attaquer lui-même aucun végétal, puisque son instinct le porte à se nourrir exclusivement d'insectes. C'est une voie encore très peu explorée où nous ne doutons pas qu'il n'y ait à faire de nombreuses et utiles découvertes, telle que serait celle d'un procédé de propagation prompte et certaine des insectes qui peuvent servir à la destruction des espèces nuisibles. Nous nous abstenons, par respect pour le public, de reproduire ici les recettes pour détruire un à un des animaux dont il existe des millions à la fois ; il en est dont la naïveté rappelle le grain de sel à mettre sur la queue de l'oiseau pour le prendre vivant, et qui n'en sont pas moins constamment reproduites dans les ouvrages en possession de la faveur du public horticole.

SECTION III. — *Jardins à la Montreuil.*

Il n'existe en aucun lieu du monde civilisé de culture d'arbres à fruits en espalier conduite avec autant d'intelligence et de perfection que celle de Montreuil. La description détaillée des procédés suivis par les jardiniers de Montreuil, et l'exposé des résultats qui récompensent leurs travaux, nous semblent le complément indispensable du tableau que nous avons tracé de la culture des arbres fruitiers. Nous serions heureux de penser qu'il nous a été donné de contribuer à en répandre le goût en en vulgarisant les principes et les procédés.

Nous désignons sous le nom de jardins à la Montreuil des jardins fruitiers exclusivement consacrés à la culture des arbres à fruits en espalier.

§ 1er. — Construction des murs.

Les jardins de Montreuil sont coupés de distance en distance sur toute leur surface par des murs qui n'ont pas d'autre destination que celle de supporter des espaliers : ces murs, dans les enclos les mieux tenus, sont a douze mètres les uns des autres. Ils sont construits avec beaucoup d'économie en moellons que fournit le sol ; on leur donne un enduit de plâtre sur leurs deux surfaces qui sont ordinairement utilisées toutes les deux. L'épaisseur de ces murs est de 0m,32 et leur hauteur de 3 mètres à 3m,50 ; ils reposent sur des fondations de 0m,40 à 0m,50 de profondeur. Le mètre courant de ces murs ne coûte, à Montreuil, crépissage compris, que 15 fr., malgré le prix élevé de la main-d'œuvre aux environs de Paris. Il y a probablement en France bien peu de localités où il soit possible d'établir pour ce prix des murs aussi parfaitement appropriés à la culture des arbres en espalier, parce qu'à Montreuil, il n'y a aucun transport à payer ; la pierre, la chaux et le plâtre se trouvent sur le lieu même où ils doivent être employés. Les jardiniers de Montreuil ne donnent aucune couleur à leurs murailles ; mais comme le palissage à la loque exige l'emploi d'un nombre prodigieux de clous qui dégradent promptement le crépissage, on est forcé de le renouveler souvent ; il arrive rarement que le crépissage à plâtre, qui est d'un blanc parfait au moment où il vient d'être posé, ait eu le temps de perdre sa blancheur lorsqu'il devient nécessaire de le réparer ; de cette façon, les espaliers reposent toujours sur des murs très blancs, quoiqu'on ne songe point à les faire blanchir à dessein. Les murs des jardins de Montreuil sont coupés de quinze en quinze mètres par des pans de murs à angle droit avec la muraille principale ; ces murs, construits des mêmes matériaux, ayant la même hauteur et la même épaisseur ; leur longueur n'excède pas la largeur de la plate-bande, largeur qui est ordinairement de 2m,50. Les murs de clôture de chaque propriété sont construits avec plus de solidité en raison de leur destination ; on leur donne ordinairement quatre mètres de hauteur et 0m,40 d'épaisseur ; les fondations ont 0m,50 à 0m,60 de profondeur, selon le plus ou moins de solidité du sous-sol. L'épaisseur générale des murs d'espalier des jardins de Montreuil varie à l'infini ; les jardiniers de cette commune sont convaincus qu'à Montreuil on peut obtenir en abondance de bonnes pêches à toute exposition ; en principe c'est une erreur, mais ce n'en est point une à Montreuil dont les jardins, ainsi que ceux des communes voisines, s'étendent au bas et sur la pente d'une série de coteaux inclinés du sud-sud-est au sud-sud-ouest, et sur une grande longueur, au plein midi. Cette circonstance locale, jointe à la nature d'un sol à la fois riche, léger et très chargé de sulfate de chaux, permet en effet de faire réussir le pêcher à toute exposition ; mais le même succès ne pourrait être espéré ailleurs, en l'absence de l'une ou l'autre de ces conditions.

Le plus grand nombre des murs est dirigé du sud au nord, faisant face à l'est et à l'ouest ; les murs ainsi exposés sont garnis de pêchers des deux côtés ; quelques-uns sont dirigés de l'est à l'ouest, faisant face au sud et au nord ; le côté sud est seul garni de pêchers ; néanmoins, il y a à Montreuil un certain nombre de pêchers exposés au plein nord, dont le fruit ne nous a jamais paru de qualité sensiblement inférieure à celui des pêchers mieux exposés ; seulement il mûrit plus tard, et les fleurs sont plus souvent détruites par la gelée. Tous ces murs, quelle que soit leur direction, étaient encore, il y a trente ans, garnis de chaperons d'après le système représenté *fig.* 294 ; ces chaperons recevaient au besoin une couverture temporaire de paillassons. On a renoncé presque entièrement à cette coutume depuis qu'on a reconnu qu'à Montreuil, elle favorisait la multiplication des insectes, particulièrement celle d'une espèce de ver fort nuisible au pêcher, et qu'on nomme à Montreuil véro ou verreau. Tous les murs de construction récente sont garnis de chaperons en plâtre qui varient de 0^m,10 à 0^m,15 de saillie en dehors de l'aplomb du mur. Ce changement, fondé sur une raison toute locale, la rapide multiplication des insectes, due à la présence d'un si grand nombre de murs très près les uns des autres, n'infirme en rien ce que nous avons dit de l'utilité des divers genres de chaperons dont l'usage est sans inconvénient pour les murs qui servent à la fois de clôture et d'espalier.

Nous ferons connaître le mode de construction des murs de Montreuil ; chacun en voyant avec quelle sagacité les jardiniers de cette commune, savent tirer parti des ressources locales, pourra regarder autour de lui pour agir d'une manière, sinon semblable, du moins analogue. Peu d'entre eux construisent la totalité des murs à chaux et à sable ; l'usage le plus général est d'employer tout simplement comme mortier la terre retirée du fossé qui reçoit les fondations. Mais comme le mur ainsi maçonné dans son entier manquerait de solidité, on lui substitue un bon mortier à base de plâtre, sur une largeur d'un mètre, de deux en deux mètres de distance ; de sorte que sur trois mètres de longueur de mur, deux sont maçonnés en simple terre et le troisième en mortier de plâtre. Ces intervalles, plus solides que le reste, se nomment, à Montreuil, des *chaînes*. Les murs ainsi établis avec leurs chaperons de plâtre, restent sans enduit pendant deux ans. Lorsqu'au bout de ce temps les pêchers ont besoin d'être palissés, on commence à crépir les murs par le bas ; on augmente le crépissage d'année en année, de sorte qu'il gagne le haut du mur en même temps que les pêchers. Cette

pratique est fondée sur deux considérations, l'une d'économie, l'autre de solidité. L'économie est très importante ; il est tel propriétaire à Montreuil à qui le crépissage de cinq ou six mille mètres de murs offrant une superficie de trente à trente-six mille mètres carrés sur leurs deux surfaces, coûterait un capital considérable qu'il n'est pas obligé d'avancer au moment de la plantation, et qu'il n'avance ensuite partiellement qu'à une époque où il en est pour ainsi dire immédiatement remboursé par les récoltes. Quant à la solidité, celle des murs ne perd rien par le retard qu'on met à les crépir, la partie inférieure étant toujours crépie la première, et la partie supérieure étant protégée par la saillie du chaperon ; mais la solidité du crépissage perdrait beaucoup à attendre cinq ou six ans que les pêchers fussent assez grands pour couvrir toute la surface des murs ; les clous pour le palissage à la loque tiennent beaucoup mieux dans un enduit récent. L'enduit de plâtre est le meilleur ; il doit être préféré à tout autre lorsque, comme à Montreuil, il n'est pas plus dispendieux ; on lui donne trente-cinq millimètres d'épaisseur.

La *Pomone française* indique un mode de bâtisse économique praticable partout, et d'autant plus digne d'être connu, que la dépense nécessitée par la construction des murs d'espalier est la cause principale qui rend si rares en France les applications des procédés de culture du pêcher usités à Montreuil, malgré leurs avantages évidents. On établit d'abord les fondations comme pour un mur ordinaire, on peut seulement leur donner un peu moins de profondeur. On les élève jusqu'à 0^m,25 au-dessus du niveau du sol, puis on pose dessus des moules en bois comme pour le pisé ou le béton. Ces moules sont remplis de pierres grossièrement brisées par-dessus lesquelles on coule du plâtre liquide en quantité suffisante pour remplir tous les interstices. La forme des moules doit être telle que le mur se trouve un peu plus mince à sa partie supérieure que vers le bas. C'est un véritable béton à plâtre. M. Lelieur assure que le *mètre courant* d'un mur ainsi construit, ayant 2^m,65 de hauteur, ne coûte pas plus de 6 fr. 50 c. à 7 fr., ce qui met le mètre carré de superficie de ce mur de 2 fr. 45 c. à 2 fr. 60 c., prix très modique, offrant en outre une économie importante sur le crépissage, car les murs ainsi construits n'ont besoin que d'être légèrement repris dans les intervalles peu nombreux qui restent dégarnis de plâtre lorsqu'on retire les moules.

La construction des murs selon la méthode des jardiniers de Montreuil est-elle la meilleure d'une manière absolue? Non sans doute ; mais elle est la meilleure dans les circonstances où ils opèrent, et c'est en ce point que nous conseillons de les imiter.

Nous plaçons ici, pour n'y plus revenir, quelques observations sur les murs d'espalier et leurs chaperons, qui compléteront tout ce que nous avons à dire à ce sujet.

Les Anglais qui, à l'exception des pommes et de quelques espèces de poires, ne récoltent pour ainsi dire pas un fruit passable 1ors de l'espalier, et qui consacrent aux meilleures espèces de pommiers une partie de leurs murs à bonne exposition, apportent à la culture des arbres en espalier des soins tout spéciaux. Ils ont fait une multitude d'essais pour arriver à la meilleure direction possible des murs d'espalier; les uns, pour multiplier les surfaces et varier les aspects, ont élevé des murs en lignes flexueuses; d'autres en zigzag, ou sous toute sorte de plans bizarres; tous ces plans ont été bientôt abandonnés pour en revenir, comme à Montreuil, aux murs en lignes droites, les plus favorables de tous à la distribution de la chaleur solaire sur la surface de l'espalier. Les murs en lignes flexueuses ou brisées offrent, dans les pays sujets comme l'Angleterre à des coups de vent violents dont 1ors des contrées maritimes on ne peut se faire une idée, un inconvénient qui seul suffirait pour les faire proscrire; le vent frappe avec tant de fureur sur les surfaces qui lui font obstacle que, ni fleurs, ni fruits, ni feuilles même ne sauraient lui résister; dans les essais tentés en Angleterre, il y a eu des arbres devenus en plein été aussi nus qu'à Noël. Nous rappelons ces essais pour engager les jardiniers qui font construire des murs pour les garnir d'espaliers, à avoir égard au vent le plus 1abituellement régnant aux époques de la floraison et de la maturité des fruits; les murs des jardins à la Montreuil doivent laisser entre eux un libre passage à la tempête qui ne doit frapper que sur les surfaces des pans de mur à angle droit avec les lignes principales.

Nous connaissons près de Lille (Nord) de vastes jardins fruitiers établis sous la direction de M. de Rouvroy, amateur distingué de l'1orticulture. La partie de ces jardins consacrée aux espaliers a la forme d'un vaste demi-cercle, dont l'arc fait face au plein midi; tous les murs sont des demi-cercles concentriques, de sorte qu'ils présentent successivement 1outes les expositions possibles. Les pêc1ers n'occupent que les expositions plus ou moins méridionales; le reste est garni de toute sorte d'arbres fruitiers, parmi lesquels les poiriers sont en majorité. Cet exemple ne peut guère être imité que par de ric1es amateurs; à mérite égal, les murs en lignes droites pour espalier sont toujours les plus économiques à construire.

Les personnes que les considérations d'économie n'arrêtent pas, se trouveront bien de donner aux c1aperons permanents en tuiles (fig. 293) un épais crépissage en dessous, de façon à faire disparaître les joints et les saillies sous une surface plane; c'est le meilleur moyen d'en bannir les insectes qui, sans cette précaution, s'y établissent, et sont très difficiles à déloger.

§ II. — Abris.

Les c1aperons et les pans de mur à angle droit avec l'espalier sont des abris fort utiles, mais souvent insuffisants. Sous le climat de Paris, les arbres en espalier à floraison précoce, très sensibles aux froids de printemps et fréquemment ravagés par la grêle qui accompagne les giboulées de mars, réclament en outre d'autres moyens de protection. Longtemps on n'a connu, à Montreuil comme ailleurs, d'autre abri pour les pêc1ers en fleurs que de longs rideaux de paillassons attachés latéralement les uns aux autres, et fixés à la partie la plus saillante des c1aperons. Ce genre d'abri, pour produire de bons résultats, veut être employé avec des soins minutieux; pour peu qu'il ne soit pas maintenu avec assez de solidité, et que les paillassons dérangés par un coup de vent viennent à frapper contre les arbres en espalier, ils font tomber en quelques secondes plus de fleurs que la gelée n'en aurait pu détruire. En outre, en raison de leur épaisseur, les paillassons ont l'inconvénient de retenir trop de c1aleur; sous l'influence de cette c1aleur les bourgeons s'allongent et s'attendrissent; lorsqu'ensuite on les expose à l'air libre, le moindre c1angement brusque de température les endommage beaucoup plus que ceux des arbres qui n'ont point été abrités. On évite une partie de ces inconvénients en substituant aux paillassons des toiles qu'on fait monter ou descendre au moyen de cordes qui mettent en mouvement des cylindres sur lesquels les toiles sont enroulées. Mais, au total, ces moyens, dans la culture en grand, sont inapplicables. Il ne faut pas qu'un jardin à la Montreuil ait une bien grande étendue pour que l'emploi des toiles, et même celui des paillassons, entraîne des frais énormes; il y a dans Montreuil tel jardinier qui cultive 6,000 mètres d'espalier; pour les abriter sous des toiles seulement d'un côté, il lui en faudrait 18,000 mètres qui, au prix très modéré de 60 c. le mètre, exigeraient une mise de 1ors de 10,800 fr., dépense qu'en raison des cordes, des poulies, des cylindres et de leur mise en place, on peut 1ardiment porter à 12,000 fr. On n'abrite sous des toiles à Montreuil que quelques-uns des pêc1ers les plus délicats, et c'est en effet tout ce que peut se permettre le jardinier de profession, qui ne veut pas se ruiner. Quant au jardinier amateur, s'il a 50 ares de jardin à la Montreuil, il pourra avoir, y compris les murs de clôture, un développement d'espalier de près de 600 mètres; s'il en consacre seulement le cinquième aux pêc1ers d'espèces précoces, les seuls auxquels les toiles soient réellement fort utiles, il lui faudra 360 mètres de toile qui pourront lui coûter, pose comprise, 240 fr.; cette dépense, pour un objet qui exige peu d'entretien et qui peut durer fort longtemps, n'est pas exorbitante. On ne peut trop recommander d'ôter les toiles dès que la température le permet; du moment où elles ne sont plus nécessaires contre la gelée, elles sont nuisibles, car les fleurs des arbres ont encore plus besoin du contact de l'air et de la lumière qu'elles n'ont peur du froid et de la grêle.

En Angleterre et en Écosse, partout où il est possible de se procurer en abondance des élagages d'arbres conifères et des feuilles de fougère, on s'en sert pour abriter les arbres en espalier. Des branches de pin sont coupées d'avance ; on a soin avant qu'elles se soient durcies en se desséchant, de les comprimer fortement sous des planches chargées de grosses pierres, dans le double but de les aplatir et de les empêcher de perdre leurs feuilles qui, par une dessiccation lente, sous le poids qui les comprime, gardent leur adhérence à la branche, mais qui tomberaient si elles se desséchaient promptement à l'air libre. La manière la plus simple et la plus usitée d'employer comme abri, soit les branches de pin, soit la fougère, consiste à passer leur extrémité inférieure entre le mur et les branches de l'arbre qu'on veut garantir du froid ; on en forme des rangées par étages, de telle sorte que l'arbre en soit parfaitement couvert. Cette couverture une fois établie sur l'espalier, après qu'il a été taillé, ne peut plus s'enlever ; il faut la laisser jusqu'à ce que l'époque des gelées soit passée. Lorsqu'on l'enlève il est impossible, quelque soin qu'on mette à cette opération, de ne pas détacher un grand nombre de fleurs et de bourgeons ; en outre, l'arbre souffre tellement de cette charge qu'on lui impose au moment où il va entrer en végétation, que le fruit en est toujours petit et médiocre, au total, on n'y gagne pas grand chose ; il eût valu presque autant laisser les fleurs courir la chance d'être gelées ; néanmoins cette méthode, usitée de toute antiquité en Suède et en Danemarck, d'où elle a été importée dans les Iles Britanniques, est d'un usage très fréquent dans toute l'Écosse et le nord de l'Angleterre. En voici une autre, plus perfectionnée, presque aussi économique, et dont nous conseillons l'adoption à tous les amateurs placés à portée des landes ou des forêts où la fougère et les ramilles de pin ne coûtent que la peine de les prendre. On forme avec des perches, grossièrement façonnées, des cadres ou châssis A, *fig.* 299, de la hauteur des arbres à

Fig. 300, 299.

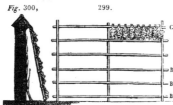

protéger. On assujettit à leurs traverses BBB les branches de pin ou les paquets de fougères C attachés l'un à l'autre par un lien quelconque, et formant des espèces de guirlandes telles qu'on en voit à la porte des herboristes ; seulement, il ne doit pas rester de vide entre les touffes de fougère ou les branches de pin. Quand tout le châssis est garni, on le pose debout devant l'es-

palier, en lui donnant un peu de pente en avant ; la partie supérieure s'appuie sur le bord du chaperon du mur, comme le représente la *fig.* 300. On assujettit les châssis le plus solidement possible, pour qu'ils ne soient pas renversés par les vents violents qui règnent souvent dans la saison où l'abri des châssis est utile aux espaliers. Les châssis ont l'avantage de se déplacer à volonté ; tant qu'on ne craint ni grêle ni gelée, on les ôte tous les matins ; l'espalier n'est couvert que pendant la nuit. Ces châssis coûtent fort peu, durent plusieurs années, et rendent un bon service dans les pays du nord, où ils ont été inventés. L'effet le plus précieux de cet abri est de retarder souvent de plus d'un mois la floraison des arbres en espalier, sans que l'époque de la maturité des fruits en soit sensiblement retardée, parce que les arbres venant à fleurir dans une saison où la température leur est tout-à-fait favorable, leur fruit a bientôt regagné le temps perdu.

§ III. — *Détails de culture.*

Les jardiniers de Montreuil accordent en général très peu d'espace à leurs arbres ; sans l'excellence du sol, de l'exposition et des procédés de culture, des arbres qui n'ont en moyenne pas plus de 4 ou 5 mètres de l'un à l'autre ne sauraient prospérer. Mais il faut considérer que les pêchers de Montreuil ne sont pas, en général, destinés à une bien longue existence ; on aime mieux avoir souvent à les renouveler que de prolonger leur durée, ce qui serait facile en leur accordant plus d'espace et en les ménageant davantage. Le pêcher est préféré à tous les autres arbres dans les jardins de Montreuil ; néanmoins, les jardiniers ne s'entêtent pas à cultiver le pêcher lorsqu'il ne vient qu'à moitié bien. Il y a déjà bien des parties du territoire de la commune de Montreuil qui sont fatiguées de nourrir des pêchers ; on s'en aperçoit à la langueur des arbres récemment plantés, bien qu'on ait rempli toutes les conditions qui pouvaient faire espérer qu'ils végéteraient vigoureusement. Partout où l'on peut craindre un mécompte de ce genre, on plante les pêchers à 8 mètres l'un de l'autre, et l'on remplit les intervalles avec des poiriers à fruit précoce, des cerisiers hâtifs et quelques abricotiers choisis parmi ceux qui se mettent le plus vite à fruit. Si les pêchers viennent bien, on hâte par tous les moyens possibles la mise à fruit des autres arbres, on les *assomme*, comme disent les jardiniers, et du moment où ils gênent les pêchers, on les supprime. Cette méthode prudente peut être proposée pour exemple, dans tous les cas où le succès d'une plantation récente de pêchers en espalier peut être douteux, surtout quand de vieux pêchers sont morts à la place où l'on en plante de jeunes ; s'ils ne réussissent pas, on les supprime et l'on a d'autres arbres tout formés pour les remplacer. Nous n'avons rien à dire de nouveau sur la manière dont les espaliers de Montreuil sont taillés et conduits. C'est pour ainsi dire au pied des espaliers de Montreuil que nous avons décrit la taille du pêcher en espalier sous toutes les formes. Ce n'est pas que les jardiniers de Montreuil suivent exactement tous les procédés que nous avons indiqués. Ainsi que nous avons eu déjà l'occasion de le faire observer, nous sommes dans l'obligation de tracer le tableau de ce qui peut se faire de mieux en horticulture dans un sens absolu; dans la pratique, chacun est forcé de se renfermer dans les limites du mieux possible. C'est ce que font les jardiniers de Montreuil. Ceux qui n'ont pas un très grand nombre de pêchers à conduire mettent à leur besogne un soin et une perfection dont on n'a point d'idée ailleurs; les bourgeons pincés à temps, palissés à propos, visités tous les jours, se façonnent avec une docilité parfaite sous les doigts du jardinier; toutes les branches à fruit disposées en ordre alterne de chaque côte des rameaux, palissées à des distances égales, présentent la disposition d'une *arête de poisson*, terme par lequel on désigne à Montreuil un palissage bien exécuté.

Les jardiniers surchargés de besogne, bien que guidés par les mêmes principes, les appliquent moins rigoureusement; disons cependant que, dans nos départements du centre, un espalier de pêcher tenu comme le plus négligé de ceux de Montreuil serait encore un modèle, une curiosité citée à plusieurs myriamètres à la ronde.

A Montreuil, les plates-bandes au pied des espaliers sont tenues constamment propres; on n'y cultive aucune plante potagère; on n'y laisse croître aucune plante sauvage. Si, dans quelques endroits particulièrement favorables, on sème quelques rangées de pois de primeur, ces lignes n'approchent jamais de plus de 0^m,50 du pied de l'espalier; les plates-bandes sont d'ailleurs couvertes d'une couche de terreau assez épaisse pour que les pois vivent aux dépens de cette couche, sans nuire aux pêchers. Pour plus de ménagements, cette culture n'a jamais lieu deux ans de suite à la même place. On ne rencontre nulle part à Montreuil, sur la partie supérieure des murs destinés au pêcher en espalier, de ces cordons de vigne que maintiennent au-dessus de leurs pêchers nombre de propriétaires, bien que les traités les plus répandus, d'accord avec les meilleurs praticiens, soient unanimes pour blâmer cet usage. L'air doit circuler librement entre le dessous des chaperons et le sommet des branches des arbres en espalier; la vigne, lorsqu'on la cultive pour la production du raisin de table, mérite bien qu'on lui consacre exclusivement une partie de mur en espalier dont elle doit couvrir, non pas le sommet seulement, mais toute la surface (*voir* Treilles à la Thomery, p. 175).

Les femmes prennent une part très active à la culture du pêcher en espalier dans les jardins de Montreuil; nous connaissons de jeunes et très jolies personnes qui, si on les laissait faire, tailleraient et conduiraient les arbres tout aussi bien que leurs pères, dont elles suivent journellement les travaux depuis leur enfance. Nous avons dit la part qu'elles prennent au palissage du pêcher; il nous reste à parler des opérations dont elles sont exclusivement chargées; il y en a deux principales: l'effeuillage et la récolte des fruits. L'effeuillage se fait au moment où les pêches sont parvenues à toute leur grosseur; donné plus tôt, il fatiguerait les arbres à qui l'abondance de leur feuillage est nécessaire pour achever de bien nourrir leur fruit. Nous avons souvent admiré avec combien de prestesse et de discernement les femmes de Montreuil, chargées de ce travail, enlèvent ou écartent les feuilles qui couvrent les fruits. A Montreuil, on ne se hâte jamais d'effeuiller; on sait quel tort ferait aux arbres un effeuillage prématuré; d'ailleurs, il suffit de quelques jours d'un temps favorable pour que les pêches prennent, sous l'influence directe des rayons solaires, la couleur qui leur eût manqué, si l'on n'avait eu soin d'éclaircir le feuillage. La *Pomone française* conseille d'effeuiller quinze jours avant leur maturité les pêchers à fruit très rouge; à Montreuil, les pêches aussi parfaites que leur espèce le comporte sont souvent cueillies après être restées 8 ou 10 jours seulement exposées au soleil. Lorsqu'on a intérêt à prolonger la récolte, on ne découvre les pêches que successivement; on découvre au contraire toutes à la fois les pêches d'espèces hâtives dont le prix dépend en grande partie de leur précocité. Les feuilles ne doivent point être arrachées; ce serait détruire l'œil qu'elles nourrissent dans leur aisselle, œil qui peut porter fruit l'année suivante; on les coupe, soit avec une petite serpette, soit avec l'ongle du pouce, en laissant subsister le pétiole, et, s'il est possible, une portion de la feuille; plus on en laisse, moins l'effeuillage est préjudiciable aux yeux, qui pourtant ont toujours plus ou moins à en souffrir. Ces ménagements ne sont employés que pour les branches qui doivent être conservées à la taille; quant à celles qui doivent être supprimées, s'il y a lieu de les effeuiller, on enlève leurs feuilles sans cérémonie, ce qui abrége d'autant l'opération. C'est pour ce motif qu'il importe que l'effeuillage ne soit point confié à des mains inhabiles qui pourraient détruire tout l'espoir de la récolte à venir.

Les femmes de Montreuil ont un art tout particulier pour juger à la vue de la maturité des pêches et les cueillir sans les froisser, en les faisant tourner sur elles-mêmes, ce qui permet de les détacher sans donner aucune secousse à l'arbre et sans faire tomber celles qui les avoisinent. On n'attend jamais la complète maturité des pêches pour les cueillir; elles sont ainsi plus faciles à transporter; d'ailleurs, lorsqu'elles sont tout-à-fait mûres, elles ne peuvent supporter l'opération du *brossage* qui, si elle ne contribue pas à rendre les pêches meilleures, met à découvert, en enlevant leur duvet, l'éclat de leur couleur appétissante. Chaque pêche est prise délicatement et frottée légèrement avec une brosse douce avant d'être enveloppée d'une feuille de vigne, exempte d'humidité, et déposée dans le panier pour être portée au marché. Le duvet de la pêche est d'une nature caustique; il serait dangereux à respirer; les femmes qui brossent les pêches ont soin de se placer dans un courant d'air; le duvet qui s'attache inévitablement à leurs mains y cause des démangeaisons très vives. On ne peut que louer la dextérité avec laquelle un fruit si délicat est emballé dans les feuilles de vignes et si bien assujetti, sans pourtant éprouver aucun froissement, qu'il supporterait, dit M. Lelieur, un voyage de *plusieurs jours*. Cette partie de l'éloge est peut-être exagérée, mais il est certain qu'il vient à la halle de Paris des pêches cueillies et emballées à la manière de Montreuil, qui, après un trajet de 2 myriamètres, sont aussi fraiches que si l'acheteur les détachait lui-même de l'espalier.

Section IV. — *Frais et produits des jardins de Montreuil.*

§ 1er. — Frais.

Le terrain présumé propre à la culture du pêcher est fort cher à Montreuil et aux environs; nous disons *présumé*, car il n'y a jamais de certitude à cet égard; celui qui fait l'acquisition d'un terrain dans le but d'y élever des murs et d'y planter des pêchers, ne sait jamais d'avance d'une manière certaine si son projet réussira; il arrive très souvent, par des circonstances qu'il est impossible de prévoir, que le pêcher ne prospère pas là où tout semblait devoir faire espérer de cet arbre une riche végétation et une fructification abondante. Dans ce cas, la dépense des murs d'espalier n'est pas perdue; mais il faut les planter à neuf, en abricotiers, cerisiers et poiriers des meilleures espèces; c'est bien du temps perdu pendant lequel les intérêts des sommes avancées pour les constructions, l'achat du terrain et la plantation des pêchers, courent en pure perte. C'est pour cette raison que beaucoup de propriétaires plantent entre deux pêchers un autre arbre à fruit, sauf à l'arracher si les pêchers viennent à souhait; par ce procédé, on s'expose sans doute à perdre les frais d'achat et de culture des arbres qu'il faudra supprimer avant leur mise à fruit; mais si ce sont les pêchers qui doivent être supprimés, l'espalier se trouve garni sans perte de temps. Cette végétation capricieuse du pêcher, cette impossibilité de compter sur le succès d'une plantation faite dans les conditions en apparence les plus favorables, ôte une partie de leur valeur aux terrains voisins de Montreuil, où l'on se propose de cultiver le pêcher en espalier; cette valeur se règle sur l'état des pêchers voisins, dont la vigueur est pour l'acquéreur la plus forte garantie de succès.

Un hectare de terrain dans de bonnes conditions, nu et sans clôture, mais renfermant dans le sous-sol la pierre à bâtir, vaut environ 6,000 fr. au moment où nous écrivons (1843). La construction des murs est le principal article de dépense pour l'établissement d'un jardin fruitier à la Montreuil. Les marchés pour ces constructions se passent à diverses conditions; l'arrangement le plus simple et le plus usité consiste à donner à l'entrepreneur une somme déterminée par mètre courant; cette somme est en ce moment de 15 fr. pour des murs de 3 mètres de hauteur, chaperons compris, ayant 2m,70 sous chaperon; le propriétaire n'a dans ce cas à s'embarrasser de rien; l'achat de la chaux, du plâtre, des tuiles pour le chaperon, l'extraction de la pierre, le crépissage des murs, tout regarde l'entrepreneur; il est même chargé du transport et de l'approche des matériaux. Quoique ce prix soit extrêmement modique, les propriétaires qui ont des chevaux et des charrettes nous ont assuré qu'ils trouvaient encore de l'économie à se charger des transports et à fournir la chaux, le plâtre et la tuile; dans ce cas, ils ne paient que 9 fr. le mètre courant, pourvu toutefois que la pierre se trouve sur le terrain; mais c'est ce qui a lieu partout sur le territoire des trois ou quatre communes qui suivent la culture de Montreuil. Le calcul des propriétaires qui prennent ce second arrangement n'est juste que parce qu'ils font l'approche des matériaux en hiver, époque où leurs chevaux resteraient à l'écurie. Pour ne pas multiplier inutilement les chiffres, nous prenons pour base le prix de 15 fr. le mètre courant, à forfait.

Un hectare de jardin à la Montreuil exige :

1° Murs de clôture de 4 mètres de hauteur...   400 m.
2° Murs intérieurs, à 12 m. de distance, 3 mètres de hauteur...................   800
3° Contreforts à angle droit avec les murs d'espalier.......................   200

Les murs de clôture, plus élevés et plus épais que les murs intérieurs, coûtent 25 fr. le mètre courant, tout compris, ce qui donne pour la dépense totale :

Quatre cents mètres de murs de clôture,
     à 25 fr.,....................   10,000
Huit cents mètres de murs intér., à 15 f...   12,000
Contreforts, comme les murs de clôture,
     200 mètres.....................   3,000
          Total..........   25,000

Les murs construits, il s'agit de les garnir d'arbres en espalier. Les murs de clôture ne peuvent être plantés que d'un côté, quelle que soit leur exposition; ils peuvent recevoir quatre-vingt pieds d'arbres à 5 mètres les uns des autres. Les murs intérieurs peuvent être plantés des deux côtés; nous ferons observer à ce sujet que les jardiniers de Montreuil n'ont, avec raison, aucun égard à la symétrie, non plus qu'à la direction des murs de clôture; ils ne cherchent que l'exposition la plus favorable, de sorte que le plus souvent leurs lignes de murs intérieurs ont des longueurs inégales (*fig.* 301), parce qu'elles ne sont pas parallèles

Fig. 301.

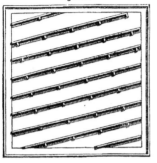

aux murs de clôture. 800 mèt. de murs intérieurs garnis d'arbres des deux côtés, à 5 mètres les uns des autres, exigent 320 pieds d'arbres, nombre que nous portons sans exagération à 350, parce qu'on utilise presque toujours la partie bien exposée des contreforts, en plantant un arbre dans l'angle que le contrefort forme avec le mur, afin de pouvoir palisser une de ses ailes sur le contrefort, et l'autre sur le mur. Il faut donc en tout, pour un jardin de 1 hectare, 430 pieds d'arbres qui à raison de 1 fr. 25 la pièce, coûtent 537 fr 50. Les frais de transport et de mise en place, l'achat du terreau et les autres menus frais, occasionnent une dépense d'environ 75 c. par arbre, soit pour 430 arbres, 322 fr. 50. En réunissant ces dépenses, on trouve que 1 hectare de jardin à la Montreuil, tout planté, a coûté :

Achat du terrain..................... 6.000 f
Construction des murs............... 25,000
Achat et plantation des arbres......... 860

　　　　　　　　Total...... 31,860

ou, somme ronde, 32,000 fr.

Il faut ajouter à cette somme les intérêts jusqu'à l'époque de la mise à fruit, ainsi que les frais de culture. A 5 ans, les arbres étant en plein rapport, le jardin d'un hectare, à la Montreuil, aura coûté :

Premiers frais, comme ci-dessus......... 32,000 f
Intérêts pendant six ans, à 5 p. 100..... 9.600
Impositions....................... 600
Frais de culture, clous, recrépissage, etc... 3,600

　　　　　　　　Total...... 45,800

Nous évaluons les frais comme si toute la main-d'œuvre devait être payée, mais c'est ce qui n'a jamais lieu ; ce qui fait la richesse des jardiniers de Montreuil, c'est que, de même que tous ceux qui vivent du jardinage aux environs de Paris, ils se marient jeunes, élèvent de nombreuses familles et font presque toute leur besogne par eux-mêmes, avec plus de soin, d'activité et d'économie que s'ils la faisaient faire par des ouvriers à gages ou à la journée. Comme nous exprimions à l'un de ces habiles praticiens notre étonnement sur la rapidité et la perfection de son travail, qui ne laissait pas prise à la plus légère critique : « C'est que ce sont mes arbres, nous répondit-il ; *nous nous connaissons ;* je les taillerais les yeux fermés ; quand je vais en journée pour des jardins bourgeois, si je veux faire aussi bien, il faut que j'aille moitié moins vite. »

Ces frais énormes deviendraient bien plus légers si l'on adoptait partout où cela est possible le mode de construction en béton à plâtre ou à chaux, selon les localités. tel que l'indique M. Lelieur ; le mètre courant de ce mur ne coûtant que 7 fr., il y aurait, sur ce seul article, une économie de 14,000 fr., et une réduction proportionnelle dans les intérêts.

§ II. — Produits.

Un espalier en plein rapport donne de 15 à 20 pêches par mètre carré, ce qui, pour un jardin d'un hectare, présentant, y compris les murs de clôture, une surface d'espaliers de 7,000 mètres, donnerait de 105,000 à 140,000 pêches. Mais ce nombre est exagéré, d'abord parce que la forme carrée et la palmette à double tige, les seules qui ne laissent presque point de vide sur l'espalier, ne le couvrent jamais complètement vers le bas : ensuite parce que sur un si grand nombre d'arbres, il est impossible que tous produisent également et soutiennent leurs récoltes tous les ans sans interruption. En portant la moyenne à 80,000 pêches pour un hectare, nous croyons être fort près de la réalité ; sans doute, il y aura des années où ce chiffre sera de beaucoup dépassé ; cet excédant de production compense les mauvaises années. Les pêches se vendent en moyenne, année commune, 80 fr. le mille ; il y a des pêches vendues 18 fr. la douzaine, et d'autres 3 c. la pièce ; soit, 30 fr. le mille. Une moyenne de 80 fr. donne pour le produit brut d'un hectare 6,400 fr.

La comptabilité est une chose totalement étrangère aux jardiniers de Montreuil ; le mot et la chose leur sont également inconnus ; on ne doit donc point attendre de nous des chiffres précis, d'une exactitude irréprochable ; en tablant sur ceux que nous venons de poser, on trouve qu'un propriétaire ayant dépensé en six ans, y compris les intérêts des premiers frais, une somme d'environ 56,000 fr., dont les récoltes des 3e, 4e et 5e années lui ont fait recouvrer un cinquième, a créé sur un terrain d'un hectare, avec un déboursé réel qui n'excède pas en tout 36,800 fr., un revenu brut de 6 à 7,000 fr., revenu qui lui permet de louer le jardin en cet état, de 3 à 4,000 fr., en laissant encore au locataire un bénéfice suffisant. La valeur foncière du sol a passé de 6,000 à 70,000 fr. dans l'espace de 4 ans. Nous ne comptons le capital que sur le taux de 5 p. 100, en raison des frais d'entretien des murs, dont le propriétaire supporte sa part. Un chef de famille qui loue à ces conditions deux hectares de jardins vit dans l'aisance et fait des économies qui lui donnent la perspective assurée d'être propriétaire à son tour, et lui permettent de voir arriver sans effroi la vieillesse; c'est plus que ne peuvent promettre et tenir à l'artisan laborieux des villes la plupart des professions industrielles.

SECTION IV. — *Treilles à la Thomery.*

§ Ier. — Construction des murs.

La distribution générale d'un enclos destiné à la culture des treilles à la Thomery, est la même que celle d'un jardin à la Montreuil; les murs intérieurs y sont de même disposés en lignes parallèles entre elles, à 12 mètres les uns des autres; la direction de ces lignes est celle qui donne l'exposition la plus favorable, sans égard à la direction des murs de clôture; les contreforts usités à Montreuil, comme brisevents, ne sont point en usage à Thomery. Dans la plupart des enclos on adopte, comme à Montreuil, la direction du nord au sud, faisant face à l'est et à l'ouest, pour pouvoir utiliser les deux côtés de l'espalier; mais les jardiniers qui tiennent à donner à leurs produits toute la perfection dont ils sont susceptibles, construisent leurs murs intérieurs de l'est à l'ouest, faisant face au sud et au nord; le meilleur chasselas est toujours celui qui se récolte à l'exposition du plein midi. Par cette distribution on prend une des surfaces de l'espalier pour la culture de la vigne; le côté du nord peut néanmoins être garni de poiriers et de pommiers.

Les murs destinés à recevoir les treilles en espaliers n'ont pas plus de 2m,15 de hauteur; les murs de clôture ont 2m,70. Les chaperons sont en tuile; ils ont une saillie de 0m,30 de chaque côté du mur. Le plâtre étant moins commun à Thomery qu'à Montreuil, ces murs sont crépis avec un mortier de chaux et blanchis avec un lait de chaux lorsque le crépissage est sec; on a soin de renouveler ce badigeonnage aussi souvent qu'il est nécessaire; le crépissage est entretenu avec des soins minutieux. Nous avons décrit le treillage le mieux adapté au palissage des treilles à la Thomery (*voir* pag. 111, *fig.* 258). A Montreuil, les arbres devant être plantés au pied du mur d'espalier, il faut nécessairement que la construction du mur précède la plantation; à Thomery, la vigne étant plantée en avant du mur, on la laisse végéter pendant trois ans avant de s'occuper d'élever les murailles qui doivent la soutenir; on épargne ainsi les intérêts d'un capital important qu'il serait inutile de débourser au moment où l'on plante la vigne; on ne construit les murs que quand la vigne arrive à la place que le mur doit occuper.

§ II. — Contre-espaliers.

L'intervalle de 12 mètres d'un mur à l'autre reçoit plusieurs rangées de contre-espaliers; la première rangée s'établit à 2 mètres de l'espalier; les autres se suivent en lignes parallèles, à 2m,50 de distance les unes des autres. Ces contre-espaliers sont ordinairement formés d'un simple treillage en tout semblable à celui de l'espalier, maintenu par des piquets de distance en distance. La promptitude avec laquelle ces treillages se détériorent et les frais continuels qu'entraîne leur renouvellement, ont engagé depuis quelques années les jardiniers de Thomery à leur substituer des montants en fer, soudés dans des grès de forme prismatique; ces montants percés de trous, supportent des fils de fer disposés comme le montre la *fig.* 297; quoique l'établissement d'un contre espalier ainsi construit coûte le double du prix d'un treillage en bois, sa durée et sa solidité le rendent réellement économique; il offre d'ailleurs pour la conduite des cordons de vigne les mêmes facilités que le contre-espalier en treillage. Quelquefois, mais rarement, la première rangée de contre-espalier la plus rapprochée de l'espalier est un mur véritable, en maçonnerie très légère de 0m,20 d'épaisseur tout au plus et de 1m,16 de hauteur; cette hauteur doit être considérée comme un maximum qui ne pourrait être dépassé sans nuire à l'espalier. Les contre-espaliers ainsi construits admettent deux rangs de cordons de vigne dont les produits peuvent être égaux à ceux de l'espalier; le chaperon du contre-espalier est à un seul versant.

L'intervalle entre les lignes de contre-espaliers est rempli par des rangées de ceps de vigne cultivés isolément, comme dans les vignobles. Il résulte de ce système de culture trois qualités de chasselas; le meilleur est le produit des espaliers; les contre-espaliers donnent le raisin de seconde qualité; les ceps isolés donnent la troisième qualité. Les jardiniers qui comprennent le mieux leurs intérêts ne mêlent pas ces trois sortes de chasselas; ils les vendent séparément; le plus grand nombre garnit le fond des paniers avec le raisin de troisième qualité.

§ III. — Soins généraux.

Les détails dans lesquels nous sommes entrés en traitant de la conduite et de la taille de la vigne à la Thomery (*voir* p. 110) nous laissent peu de chose à ajouter; néanmoins ce sujet est d'une telle importance, il est si rare de rencontrer du bon chasselas hors des communes voisines de Fontainebleau, que nous croyons ne devoir rien omettre de ce qui peut aider nos lecteurs à obtenir les mêmes résultats.

Ainsi que nous l'avons conseillé pour le pêcher, nous insistons sur la nécessité de dégarnir la treille à l'époque du premier palissage, en ne lui conservant qu'une quantité de raisin en proportion avec sa force et son étendue; les grappes conservées gagnent en qualité plus que l'équivalent des grappes sacrifiées. Lorsque le raisin approche de sa maturité, il faut écarter ou retrancher les feuilles qui s'opposent à l'action directe des rayons solaires sur les grappes;

il faut beaucoup de discernement pour ne découvrir que les grappes assez avancées, ce qu'on reconnaît à la demi-transparence des grains; les raisins découverts trop tôt sont exposés à être grillés; ceux qu'on découvre trop tard, quoique bien mûrs, restent verts, et sont moins avantageux pour la vente; ils sont en outre réellement moins bons que les raisins dorés par le soleil.

L'épamprement, à Thomery et aux environs, est confié aux femmes; l'expérience leur a très bien enseigné le moment opportun; elles s'y reprennent ordinairement à trois fois différentes, parce que toutes les grappes d'une treille ne mûrissent jamais en même temps; on ferait beaucoup de tort à la vigne en enlevant avec les feuilles les pétioles qui les supportent; la feuille doit être coupée à la naissance de la queue; celle-ci reste attachée à la branche et continue à nourrir dans son aisselle l'œil ou bourgeon qui doit s'ouvrir l'année suivante. C'est encore des femmes de Thomery qu'il faut prendre leçon pour l'emballage et l'arrangement du raisin dans les paniers. La fougère (*pteris aquilina*) qui sert à cet emballage est récoltée avec beaucoup de soin; dans les années où le raisin est très abondant, les femmes et les enfants de Thomery vont quelquefois *à la fougère*, comme on dit dans le pays, à 3 et 4 myriamètres de distance. Pour que la fougère ait le degré de souplesse convenable, on enlève les plus grosses tiges, et l'on attache le reste par paquets qu'on fait sécher à moitié à l'air libre; en cet état, la fougère est très élastique, elle prévient le tassement du raisin dans les paniers, mieux que ne pourrait le faire la paille ou le foin.

Nous ne saurions trop le répéter, la perfection du chasselas récolté sur les treilles de Thomery et des environs ne peut être attribuée à aucune circonstance particulière de sol, de climat, ou d'exposition; elle est entièrement due aux soins que les industrieux habitants de Thomery donnent à leurs vignes, soins comparables à ceux que les jardiniers de Montreuil prennent de leurs pêchers. L'indigne verjus dont, à l'exception des années extraordinairement favorables, les rues de la capitale sont inondées pour la consommation du peuple qui ne connaît pas d'autre raisin, pourrait être remplacé, pour le même prix, par du raisin analogue à celui de Fontainebleau, si les procédés de culture en usage à Thomery pouvaient être généralement adoptés par ceux qui cultivent le raisin de table. Le produit des treilles de Thomery ne perdrait à ce changement rien de sa valeur actuelle; ce chasselas d'élite serait toujours réservé pour la table du riche; mais du moins, le peuple pourrait connaître un raisin mangeable au lieu de ce fruit aigre et malsain, qui cause tant de fièvres et de dyssenteries souvent mortelles. Tout le monde ne peut pas, sans doute, aborder la dépense des murs à la Thomery; mais il n'est pas de jardinier, pas même de simple vigneron qui ne puisse faire

les frais d'un contre-espalier, soit en treillage, soit en fil de fer, sur lequel il pourrait pratiquer la culture à la Thomery; il ne lui en coûterait pas beaucoup plus que pour les échalas dont il est habitué à se servir; cela suffirait pour rendre le bon raisin tellement abondant sur le marché que le mauvais n'oserait s'y présenter; les vignerons insouciants seraient alors contraints à sortir de leur routine, ou bien à se contenter de faire de leur verjus du vin de Suresne.

§ IV. — Frais et produits.

A. — *Frais.*

La construction des murs est à Thomery, comme à Montreuil, le principal article de dépense. Un enclos d'un hectare exige 400 mètres de murs de clôture, 800 mètres de murs intérieurs, et 3,200m de contre-espalier; chaque intervalle entre deux lignes de murs admet quatre rangées de contre-espaliers.

Les frais d'établissement d'un enclos d'un hectare consacré à la culture des treilles à la Thomery peuvent être représentés par approximation par les chiffres suivants :

Murs de clôture de 2m,70 de hauteur, 400 mètres à 15 fr....................	6,000 f
Murs intérieurs de 2,15 de hauteur, 800 m. à 13 fr......................	10,400
Contre-espalier en fil de fer, 3,200 mètres à 1 fr. 50 c...................	4,800
Achat du terrain.....................	4,000
Fumier et main-d'œuvre..............	800
TOTAL.......	26,000 f

La plantation se faisant toujours de bouture, l'achat du plant n'est pas porté en compte. Les prismes de grès supportant les montants en fer sont placés à 1m,70 les uns des autres; ils coûtent à Thomery tout ferrés 1 fr. pièce; le prix du mètre courant peut varier selon la grosseur du fil de fer qu'on emploie, article dont le prix est lui-même très variable, selon la distance où l'on se trouve des lieux de fabrication. Lorsqu'on se contente d'un treillage en bois soutenu par des piquets, la dépense n'est que de 75 c. le mètre courant, ce qui réduit dans ce cas le total de la dépense à 23,600 fr.

Dans le compte de cette culture, il n'y a point lieu de tenir compte des intérêts pour les trois premières années, puisque les avances pendant ces trois ans se réduisent au loyer du terrain et à la main-d'œuvre. La vigne à la Thomery ne couvre la totalité des murs qu'à sept ans. A cette époque, un enclos d'un hectare dont les murs intérieurs faisant face au levant et au couchant sont utilisés des deux côtés, présente une surface de 4,520m d'espalier, et 3,712 mètres de contre-espalier. Il a coûté pour parvenir à cet état :

Achat du terrain........	4,000 f
Plantation et entretien pendant trois ans...	1,600
Intérêts du prix d'achat, à 5 p. 100......	600
A reporter......	6,200

Report......   6,200
Frais d'établissement des muis et contre-
espaliers..........   21,200
Entretien pendant quatre ans, à 400 f. par an.   1,600
Intérêts à 5 p. 100 des avances antérieures,
en quatre ans....................   5,480
                                      _____
                        TOTAL......   34,480

B. — *Produits.*

A partir du moment où la vigne atteint le pied de l'espalier, elle donne des produits qui ne peuvent être évalués avec précision, mais qui vont en augmentant jusqu'à ce qu'à l'âge de sept ans elle couvre tout l'espalier. Dans l'intervalle, les contre-espaliers et les ceps isolés ont aussi commencé à produire; on peut, sans exagération, porter ces divers produits pour quatre ans au quart des sommes avancées qui, au moment où l'enclos est en plein rapport, se trouvent, par ces rentrées, réduites à la somme de 26,000 fr.

Le produit brut des treilles peut être représenté par les chiffres suivants :

Espaliers...... Chasselas, 1re qualité....   8,000 k
Contre-espaliers Id.,   2e qualité....   6,000
Ceps isolés..... Id.,   3e qualité....   2,000
                                         _____
                        TOTAL......   16,000

Valant au prix moyen de 40 c. le kil.....   6,400 f

Ce produit brut permet au propriétaire d'en obtenir un prix de location de 3,500 fr. en laissant une juste part de bénéfice au fermier; la valeur foncière de sa propriété a été portée en sept ans, de 4,000 fr. à 70 mille francs, en ne la comptant qu'au taux de 5 0/0, pour les mêmes raisons qui nous ont fait adopter ce chiffre comme base de l'évaluation de la valeur foncière des jardins à la Montreuil.

Nous ferons observer en terminant qu'un propriétaire de moyenne fortune peut, avec une avance qui ne dépasse pas ses facultés, trouver dans la culture des chasselas à la Thomery, seulement en contre-espalier, une ressource très importante qui lui permettrait de se livrer, sans s'obérer, à son goût pour les cultures de pur agrément. Nous citerons parmi les faits à notre connaissance personnelle, un jardin d'un peu moins de 66 ares, au Grand Montrouge ; ce jardin cultivé par M. Roboam, israélite passionné pour le jardinage, est occupé en entier par des lignes de contre-espaliers de treilles à la Thomery; M. Roboam nous assure qu'il en obtient année commune 2,400 fr., et souvent 3,000 fr. de revenu net; il est vrai qu'il est à la porte de Paris et qu'on vient lui acheter sur la treille même son chasselas, qui ne le cède en rien à celui de Fontainebleau de seconde qualité, obtenu sur les contre-espaliers.

Nous donnons ici la liste des meilleures espèces de vignes qui peuvent être cultivées en treille pour la table. Il n'y a pas de meilleure vigne sous le climat de Paris que le chasselas de Fontainebleau; nous pourrions ajouter qu'il n'en existe nulle part ailleurs, en aucun pays du monde, qui soit comparable à ce chasselas comme raisin de table, sans excepter les qualités les plus sucrées et les plus renommées de la Provence, de l'Espagne et de l'Italie. Ainsi, le jardinier de profession n'en doit point admettre d'autre sur ses treilles; aucune ne lui serait plus profitable. L'amateur, guidé par d'autres considérations, peut désirer réunir sur ses espaliers les meilleures variétés de raisin de table autre que le chasselas; il pourra choisir dans la liste suivante :

Chasselas.	de Fontainebleau, le meilleur de tous.
	violet (du Piémont).
	noir (du midi de la France).
	rose (du Piémont).
	petit hâtif.
	doré (de Champagne).
	rouge (*id.*).
	musqué.
Muscat...	blanc, ou de Frontignan.
	rouge.
	d'Alexandrie.
Raisin. ..	verdal du Languedoc.
	colomban de Provence.
	de Corinthe blanc.
	de Corinthe violet.
	de Frankenthal.
	cornichon.

Tous ces raisins sont d'autant meilleurs qu'on les place à une meilleure exposition; le verdal ne mûrit pas tous les ans sous le climat de Paris; les deux corinthes sont dans le même cas; le raisin cornichon est plus curieux que bon en lui-même. Il en est de même des variétés très hâtives dont les plus fréquemment cultivées sont les deux variétés de la Madeleine, le blanc et le noir, qui, à part leur précocité, n'ont intrinsèquement aucune valeur.

La collection du Luxembourg à Paris, qui est loin d'être complète, compte plus de 500 variétés de raisin mangeables.

SECTION V. — *Culture forcée des arbres à fruit.*

La culture forcée des arbres à fruit est particulièrement avantageuse dans le nord de la France et chez nos voisins de Belgique et d'Allemagne; on ne connaîtrait pas ce que c'est qu'une pêche, un abricot ou une grappe de raisin en Hollande et dans le nord de l'Angleterre, si l'on n'y consacrait à la culture de ces fruits de grandes serres (*forcing-houses*) dont nous avons donné les modèles (voir page 39). Ces fruits paient d'ailleurs largement les frais de leur culture forcée.

Sous le climat de Paris, la culture forcée des arbres à fruit n'offre, comme spéculation, que de médiocres avantages; aussi n'y est-elle pas pratiquée sur une bien grande échelle. On force principalement des pêchers en espalier, au moyen de châssis mobiles établis temporairement; on force en même temps, entre le châssis et le mur d'espalier, des arbres nains en pots (pruniers et cerisiers). Ces deux cultures se conduisent simultanément.

Les arbres à fruit ne sont forcés, à proprement parler, que lorsqu'on les contraint à donner leurs fruits à une époque très différente de celle de leur maturité naturelle; on ne peut donc forcer, dans le vrai sens du mot, que les arbres cultivés, soit dans des bâches, soit dans les serres à forcer. Les pêchers en espalier, devant lesquels on place des châssis temporaires, sont seulement *hâtés;* leurs fruits, au lieu d'être *désaisonnés* comme ils le sont par la culture en serre chaude, sont simplement des primeurs qui, quant à la qualité, ne le cèdent en rien aux pêches de saison, parce que le soleil a contribué plus que la chaleur artificielle à leur maturité.

§ 1er. — Fruits à noyaux hâtés à l'espalier.

Ce procédé n'est guère appliqué, près de Paris, qu'aux pêchers choisis parmi les espèces les plus précoces. On fixe à cet effet, au moyen de crampons scellés dans le mur, un nombre suffisant de châssis vitrés à la partie supérieure de l'espalier. L'extrémité inférieure de ces châssis repose sur une bordure en planches, semblable au bord antérieur du cadre d'une couche; cette bordure est établie à 2 mètres en avant du mur. Les châssis vitrés sont en outre soutenus par des montants en bois partant du pied du mur, dans une situation inclinée. La *fig.* 302 montre la disposition de cet appareil.

Fig. 302.

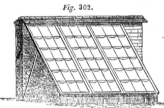

Les deux ouvertures latérales sont bouchées soigneusement avec des cloisons de planches, revêtues de doubles paillassons, de manière à exclure la température extérieure. On ne met les châssis devant l'espalier de pêcher qu'à la fin de février ou dans les premiers jours de mars, aussitôt après avoir taillé les pêchers et façonné la terre de la plate - bande. Un fourneau portatif, ou un poêle de terre, est placé au dehors; les tuyaux, remplis d'air chaud mêlé de fumée, sont disposés le long de l'appui antérieur des châssis, le plus loin possible des arbres, et parallèlement au mur d'espalier. On n'allume le fourneau que quand la température l'exige; on soulève les châssis chaque fois que le soleil donne; on évite par-dessus tout les coups de feu, c'est-à-dire les élévations subites de température, suivies de refroidissement; rien n'est plus funeste aux arbres hâtés que ces brusques changements. Les bourgeons à bois et les boutons à fleur s'ouvrent promptement, et comme les fleurs n'ont rien à craindre du mauvais temps, elles nouent presque toutes; en même temps les insectes, particulièrement les

pucerons, multiplient avec une prodigieuse rapidité; c'est le cas d'employer contre eux les fumigations de tabac, renouvelées aussi souvent qu'on s'aperçoit de la présence de ces innombrables ennemis; il est bon aussi de placer de distance en distance des fioles pleines d'eau miellée, pour attirer et détruire les fourmis qui pullulent toujours au pied des espaliers hâtés. Plus tard, on éclaircit les fruits surabondants, et l'on traite du reste le pêcher par le pincement et le palissage, comme les espaliers à l'air libre. Dès le 15 mai, les châssis vitrés doivent rester ouverts toute la journée; au commencement de juin on les ôte tout-à-fait, pour que le soleil achève de mûrir les pêches qu'on a soin de découvrir, en enlevant les feuilles superflues.

Les pêchers recouverts de châssis ont besoin d'arrosages modérés, surtout pendant le mois qui précède la maturité des fruits, parce que leurs racines sont privées, par la présence des châssis, de l'influence des pluies et des rosées; il leur faut, par la même raison, des aspersions générales plus fréquentes qu'aux pêchers à l'air libre. L'eau dont on se sert pour ces deux opérations doit être restée entre les châssis et le mur d'espalier, assez longtemps pour s'être mise à la température de l'air renfermé dans cet espace.

Les pêches hâtées arrivent sur le marché environ trois semaines avant les fruits les plus précoces des meilleurs espaliers à l'air libre; cela suffit pour que leur prix dédommage amplement le jardinier des frais de ce mode de culture. Les pêchers hâtés, loin d'en souffrir, ne s'en portent que mieux; on peut, sans inconvénient, les hâter ainsi plusieurs années de suite.

§ II. — Cerisiers et pruniers nains hâtés.

A l'époque où l'on met en place les châssis devant l'espalier, on peut placer entre le mur et le vitrage une rangée de cerisiers et de pruniers nains en pots; ces arbres n'exigent, pour ainsi dire, d'autre soin que quelques arrosages de temps à autre : ils profitent de la température entretenue pour les pêchers, de sorte qu'ils devancent d'un mois l'époque naturelle de la maturité de leurs fruits. Si l'on dispose d'une serre, on y porte les arbres nains les plus avancés, afin d'accélérer la formation des fruits commencés à l'abri du châssis placé devant l'espalier. Comme les pots qui contiennent ces arbres ne peuvent être placés que très près des tuyaux de chaleur, il arrive assez souvent qu'on en perd quelques - uns si l'on chauffe le poêle un peu trop fort pendant le jour, et qu'il survienne ensuite une nuit très froide; la présence des arbres nains en pots est donc un motif de plus pour redoubler de soins dans la conduite du fourneau; d'ailleurs, ces arbres étant un objet de fantaisie qui se paie toujours fort cher, valent la peine qu'on ne ménage rien pour les amener à bien, et assurer leur fructification précoce.

§ III. — Vigne hâtée à l'espalier.

Les dispositions des châssis sont les mêmes que pour hâter les pêchers en espalier (voir *fig.* 302). Ils doivent être mis en place devant les treilles dès le 15 février, plutôt avant qu'après, dès que la vigne a reçu la taille et les façons qu'elle recevrait si son fruit devait mûrir à l'air libre. Le traitement ultérieur de la vigne sous le châssis est d'ailleurs exactement le même que celui des treilles livrées au cours ordinaire de leur végétation. La vigne hâtée par ce procédé doit être fréquemment arrosée et bassinée, même pendant la floraison, avec de l'eau mise à la même température que l'air environnant ; les châssis ne doivent être soulevés qu'avec beaucoup de précautions, et par un temps tout-à-fait favorable ; habituellement on ne renouvelle l'air que par les deux extrémités de la partie couverte de l'espalier. On n'enlève jamais les châssis, même aux approches de la maturité du raisin ; on les soulève pendant le jour ; ils sont tenus constamment fermés pendant la nuit. Il serait dangereux de laisser trop de fruit aux vignes hâtées à l'espalier, qui chargent toujours beaucoup ; on rend le grain plus gros et les grappes plus belles en ôtant avec discernement une partie des grains de chaque grappe, lorsqu'ils sont à demi formés.

L'espace libre entre la treille et le devant du châssis peut servir à forcer des arbres nains en pots, ou des fraisiers également en pots, dont les fruits sont, dans ce cas, de grande primeur.

§ IV. — Arbres à fruit forcés dans la serre.

Bien peu de jardiniers en France forcent les fruits par spéculation ; c'est une branche de l'horticulture qui tend à devenir de moins en moins avantageuse aux environs de Paris, les lignes de chemins de fer ne peuvent manquer de mettre, dans un avenir très prochain, les fruits du midi aux portes de la capitale. Mais beaucoup de riches propriétaires aiment à voir figurer sur leur table des fruits obtenus artificiellement hors de leur saison. C'est en leur faveur que nous exposons ici la méthode anglaise pour forcer dans la serre les arbres fruitiers, méthode suivie de point en point en Hollande, en Allemagne, et jusqu'au fond de la Russie.

Les Anglais ne forcent jamais plusieurs espèces d'arbres à fruit dans la même serre; ils ont une serre à part pour chaque espèce ; un établissement bien monté doit avoir : 1° la serre à la vigne (*vinery*); 2° la serre aux pêchers *peach-house*); 3° la serre aux cerises (*cherry-house*); 4° la serre aux figues (*fig-house*). Pour la construction et les dimensions de la serre anglaise à forcer les arbres à fruit (*forcing-house*). Voir p. 39, *fig.* 157 et 158.

A. — *Vigne.*

Tandis que les riches propriétaires anglais aiment à se faire honneur d'une vaste serre à forcer, dont l'intérieur puisse servir de lieu de promenade, le jardinier de profession a soin de diviser sa serre en plusieurs compartiments séparés, de dimensions moyennes, dont chacun est échauffé par un foyer. Cette disposition permet de graduer la température et de régler la végétation de telle sorte que le praticien habile puisse avoir du raisin à cueillir, depuis les premiers jours de mai jusqu'à la fin de décembre.

Le mur antérieur de la serre est ordinairement percé d'arcades ou d'ouvertures qui permettent aux racines de la vigne plantée à l'intérieur de s'étendre au dehors dans la plate-bande qui règne le long de la serre, plate-bande dont le sol doit être riche, profond, exempt d'un excès d'humidité, et convenablement engraissé ou amendé selon les exigences de cette culture. Quelquefois on plante les ceps au dehors et on les fait passer par les ouvertures du mur antérieur pour les introduire dans la serre ; mais le premier mode de plantation est préférable ; il est le plus généralement usité en Angleterre. Les treilles sont palissées sur des lattes fixées au-dessous des châssis à 0ᵐ,30 de distance l'une de l'autre ; par ce moyen elles ne perdent rien de l'influence de la lumière extérieure. En général, le défaut de lumière suffisante est le grand obstacle au succès de la culture forcée des arbres à fruit en Angleterre, en Hollande et même dans le nord de la France; on peut bien régler la température de la serre ; mais on n'a pas le soleil à commandement, et s'il reste caché plusieurs jours de suite à l'époque où le raisin forcé approche de sa maturité, le raisin manque de couleur et de saveur.

Afin de gagner du temps, on élève d'avance en pots, pendant deux ou trois ans, des boutures de vigne qu'on plante en motte dans la serre à forcer; il faut deux ceps par châssis de 1ᵐ,32 de large. Nous renvoyons pour le choix des espèces à nos observations sur le même sujet à la suite de la culture des treilles à la Thomery. Toutes les bonnes variétés de raisin peuvent être forcées. En Angleterre, on donne une préférence presque exclusive à notre chasselas de Fontainebleau que les jardiniers anglais nomment *muscadine*. En Belgique et en Hollande, on force de préférence le raisin de Frankenthal, espèce peu connue en France, qui offre sur toutes les autres l'avantage de donner un raisin doux et très mangeable longtemps avant qu'il ait atteint sa parfaite maturité, de sorte que le jardinier marchand n'a jamais rien à perdre avec le Frankenthal, quand même il ne parvient pas à l'obtenir complétement mûr dans la serre. Ce raisin n'est cultivé en France que dans nos départements du nord et du nord-est ; il y en a peu d'aussi bons lorsqu'il peut parvenir à son point de maturité.

Les ceps transplantés en motte peuvent reprendre en toute saison ; toutefois le printemps et l'automne sont les deux époques les plus favorables pour la mise en place des ceps dans la serre ; il ne faut pas que les racines soient trop profondément enterrées ; plus elles courent près de la surface du sol, plus la maturité du raisin est précoce. Pour la taille et la conduite de la vigne dans la serre, les meilleurs auteurs anglais modernes, Loudon, Patrick Neill, Rogers, renvoient à la *Pomone française*, et reconnaissent la supériorité de la méthode de Thomery que les plus habiles praticiens adoptent aujourd'hui en Angleterre, à l'exclusion des méthodes antérieurement usitées. Toutefois ils n'ont pas su jusqu'à présent se défendre de donner aux bras de leurs vignes une longueur démesurée, quelquefois 3 à 4 mètres de chaque côté de la tige ; ils dérogent ainsi en un point très essentiel à la méthode de Thomery qu'ils suivent en tout le reste. Le vrai jardinier, dit Patrick Neill, aime toujours mieux voir sa treille chargée d'un nombre modéré de très belles grappes, que de la voir surchargée de petites grappes dont les grains ne peuvent acquérir ni volume ni saveur.

On commence en janvier à chauffer les serres à forcer la vigne. Dans les premiers temps, la température ne doit pas dépasser 10 degrés le matin et le soir. On la porte successivement à 15 degrés quand les *lames* se montrent, et jusqu'à 18 degrés quand la vigne est en fleurs. Tant qu'on entretient cette température, il faut que l'atmosphère de la serre soit maintenue constamment très chargée de vapeur. On cesse d'introduire la vapeur dès que le raisin commence à prendre couleur ; c'est aussi le moment de donner à la serre le plus d'air possible pendant le jour. Le compartiment consacré à la vigne la plus précoce est chauffé sans interruption jour et nuit ; celui dont le raisin doit mûrir le dernier n'a besoin que d'être chauffé de temps en temps pour modérer la végétation de la vigne, et amener la maturité du raisin à l'époque où on la désire.

La récolte est d'un peu moins de 2 kilogr. par mètre carré de treillage, comme celle du chasselas sur espalier à l'air libre.

On peut avec beaucoup moins de frais obtenir des résultats à peu près semblables en forçant, ou comme disent les jardiniers, en *chauffant* la vigne, non pas dans une serre, mais simplement sous une bâche. Ce qui détourne beaucoup d'amateurs de l'emploi de ce procédé, c'est qu'il faut préparer cinq ans d'avance les ceps destinés à être ainsi forcés ; voici comment l'opération doit être conduite. Les vignes plantées d'abord en lignes à 3 mètres l'une de l'autre, et à 2 mètres dans les lignes, restent en cet état pendant 3 ans. A cet âge on les provigne de façon à établir par les provins une ligne intermédiaire formée de ceps à 2 mètres les uns des autres. Quand ces provins sont sevrés, on a deux rangées de ceps à 1m,50 les uns des autres ; les ceps sont espacés entre eux de 2 mètres dans les lignes.

On conduit ces vignes sur de légers treillages qui ne dépassent pas la hauteur d'un mètre ; quand elles sont formées, à l'âge de cinq ans, elles doivent représenter exactement les ceps

inférieurs de la treille à la Thomery, chaque cep ayant deux bras latéraux parfaitement égaux, disposés horizontalement et bien garnis de coursons, espacés de 0m,16 entre eux sur les cordons. C'est alors seulement qu'il est temps de songer à forcer la vigne. On pose par-dessus des coffres de 3 mètres de long sur 1m,50 de large ; le plus grand côté de ces coffres doit se trouver immédiatement derrière le treillage qui soutient la vigne, dont un seul cep est enfermé dans chaque coffre ; le grand côté est élevé d'un mètre comme le treillage ; le petit côté est élevé seulement de 0m,32. Les châssis vitrés qui recouvrent le coffre ont 1m,32 de large sur 1m,50 de long : il en faut deux semblables pour chaque coffre.

Il est essentiel de ne pas employer à la construction des coffres d'autres matériaux que du bois blanc, afin de les rendre aussi perméables que possible à la chaleur des réchauds de fumier dont on les entoure extérieurement ; ces réchauds se placent dans des rigoles de 0m,50 de large sur 0m,32 de profondeur. La vigne est en outre échauffée par des tuyaux de chaleur, ou mieux par un thermosiphon, dont le foyer est au dehors. On construit en zinc des appareils de chauffage à l'eau chaude, qui peuvent échauffer neuf coffres, et ne coûtent pas, tout placés, au-delà de 150 fr.

La vigne se conduit sous les bâches comme dans la serre à forcer ; le raisin y mûrit seulement un peu plus tard ; si l'on n'a pas soin de donner, pendant les beaux jours, assez d'air pour dissiper l'humidité surabondante à l'intérieur des bâches, le raisin a beaucoup de peine à y mûrir ; mais c'est un inconvénient dont il dépend du jardinier de se garantir.

B. — Pêchers.

Les serres à forcer les pêchers diffèrent des serres à forcer la vigne, en ce que les arbres y sont le plus souvent traités en espalier, sur le mur du fond ; néanmoins, on palisse aussi fort souvent le pêcher sur un treillage fixé à la face intérieure du châssis vitré de la serre, ce qui met les fruits, aux approches de leur maturité, dans les conditions les plus favorables pour ne rien perdre des influences bienfaisantes de la lumière extérieure. Patrick Neill s'élève avec raison contre la coutume des riches propriétaires anglais qui font construire à grands frais des serres, où tout est sacrifié au coup d'œil ; elles servent, à la vérité, de décoration à leurs jardins, mais ils ne sauraient y obtenir une bonne pêche. Le même auteur conseille à ses compatriotes d'imiter l'exemple des Hollandais qui, dans des conditions de climat encore plus défavorables qu'en Angleterre, obtiennent de bien meilleures pêches par la culture forcée, non dans des serres, mais dans de simples bâches, chauffées en partie par le fumier, en partie par des tuyaux de chaleur, par le procédé que nous avons décrit en détail, pour forcer la vigne. « Ces bâches, dit-il, n'ont rien d'agréable à l'œil ; mais elles remplissent le but de leur

construction, elles renferment des arbres vigoureux, chargés d'excellents fruits.

On commence à chauffer la serre à forcer
le pêcher vers le 15 février; si cependant on
pratique cette culture en grand, dans plusieurs serres séparées, celles qui contiennent
les pêchers les plus précoces peuvent commencer un mois plus tôt à recevoir la chaleur
artificielle. La température est maintenue
pendant quelques jours à 10 degrés, pour être
portée successivement à 15 degrés. Quand les
arbres sont en pleine fleur, on commence à introduire un peu de vapeur dans la serre, opération qu'on renouvelle de temps en temps, jusqu'à ce que le fruit soit bien formé; si la serre
n'est point chauffée par la vapeur, on se contente d'arroser fréquemment le feuillage des
arbres avec de l'eau dégourdie, que la température de la serre ne tarde pas à convertir en
vapeur. Lorsque, par accident, l'air de la serre
se trouve tout à coup tellement sec que les arbres puissent en souffrir, ce dont on est averti
par l'hygromètre, on fait promptement rougir
une pelle, ou le premier morceau de fer qu'on
peut avoir sous la main, et l'on produit instantanément, en versant de l'eau dessus par petites portions, autant de vapeur que l'état de
l'atmosphère de la serre en exige.

Quand le noyau est formé dans le fruit, il
est temps de porter la température de la serre
à 15 degrés; on peut dès lors donner de
l'air chaque fois que le temps est favorable.
A partir de la fin d'avril, il ne faut plus que
très peu de feu, pendant le jour, dans la serre
à forcer les pêchers; on chauffe le soir, pour
maintenir une bonne température durant la
nuit, et le matin avant que le soleil se fasse
sentir.

Les pêchers forcés dans la serre sont fort
sujets aux attaques du *blanc* ou *meunier*,
quand on néglige de leur donner de l'air et
qu'on n'a pas soin de maintenir dans la serre
la plus rigoureuse propreté.

Nous ferons observer aux jardiniers français
combien ils ont tort de négliger, dans les serres
à forcer, la culture des arbres à fruit des régions tropicales. En Angleterre, une serre à
forcer le pêcher, gouvernée comme nous venons de l'indiquer, sans autres soins que ceux
qu'exige la culture forcée du pêcher, donne en
même temps des fruits de jambos, ceux de diverses passiflores, des bananes, des mangues,
des goyaves, et vingt autres variétés de fruits
connus à peine de nom de nos jardiniers; ces
fruits, nous le répétons, ne sont pas plus difficiles à obtenir que les pêches forcées; il ne serait pas non plus fort difficile d'y accoutumer
les consommateurs, si nous savions, comme les
jardiniers anglais, faire venir ces fruits presque
aussi bons que dans leur pays natal.

C. — Cerisiers.

La serre à forcer les cerisiers ne diffère de la
serre à forcer le pêcher que parce que le devant est occupé par des dressoirs sur lesquels on

place plusieurs rangées de pots contenant des
fraisiers dont on force les fruits en même temps
que les cerises. Les cerisiers sont palissés sur
le mur du fond; on commence à les chauffer
au mois de janvier; ils n'exigent pas une température aussi élevée que celle que réclament les
pêchers. Quand le fruit approche de sa maturité, on maintient l'atmosphère de la serre à la
température de 18 degrés, le plus également
possible. La cerise royale anglaise est celle qu'on
préfère pour forcer. Ses fruits paraissent sur la
table des riches, conjointement avec les fraises
forcées, du 1ᵉʳ mars à la fin d'avril.

D. — Figues.

Ce fruit n'est pas assez recherché en France
pour qu'on lui consacre une serre à forcer; il
n'en est pas de même en Angleterre, où le jardin royal de Kew contient une serre de seize
mètres de long, exclusivement remplie de figuiers forcés. La végétation des figuiers dans
ces serres est conduite de manière à les placer
autant que possible dans les conditions de température de leur pays natal; par ce moyen, on
obtient une première récolte au printemps et
une seconde à l'automne. Le figuier ne se taille
point; la température de la serre à forcer le
figuier est celle de la serre à forcer le pêcher.
On se contente le plus souvent de placer dans
la serre de la vigne ou dans celle des pêchers
quelques figuiers, ordinairement dans des pots.
La figue blanche et la petite figue de Marseille
sont celles que les Anglais forcent de préférence. Patrick Neill assure que les figuiers forcés
dans la serre de Kew peuvent produire dans
les bonnes années, pour les desserts des tables
de la cour, 50 paniers de figues au printemps,
et 150 à l'automne; quoiqu'il ne désigne pas la
grandeur des paniers, ce chiffre de 200 paniers, pour une serre de seize mètres de long,
indique une production très abondante.

———

TITRE IV. — Culture des végétaux comestibles.

Le voyageur qui voit pour la première fois
les jardins potagers des environs de Paris,
quand même il serait totalement étranger au
jardinage, ne peut s'empêcher d'admirer la
rare perfection de leurs cultures; ce sont en
effet, sous tous les rapports, des jardins modèles. Ayant été originairement établis sur des
marais desséchés, ils en ont conservé le nom;
là point de routine, point de préjugés; un procédé nouveau est-il reconnu avantageux dans
la pratique? on l'adopte tout aussitôt; une
plante cultivée peut-elle être remplacée par une
autre variété meilleure? on ne balance point à
l'abandonner. Le mot *culture maraîchère*
exprime donc ce que l'on connaît en France,
nous pourrions dire en Europe, de plus perfec-

tionné en fait de procédés applicables à cette branche essentielle de l'horticulture.

Avant de traiter en détail des diverses parties de la culture maraîchère, donnons une idée de ses principes généraux, principes qui sont de véritables lois pour tout bon jardinier. Le plus important de tous, c'est la prodigalité en fait d'engrais et d'arrosages; le potager a rarement trop d'eau; il n'a jamais assez de fumier. C'est en suivant cette règle invariable que des terrains stériles en eux-mêmes, et qui partout ailleurs n'auraient été jugés dignes d'aucune espèce de culture, sont devenus avec le temps les marais les plus productifs des environs de Paris; c'est une expérience que la création de nouvelles cultures maraîchères confirme chaque année.

Le second principe, non moins important, c'est de ne pas s'entêter à continuer une culture qui ne prospère pas. Ainsi le maraîcher, même quand il ne cultive pas de primeurs, a toujours sur couches sourdes ou sur plate-bande exposée au midi, du plant tout prêt pour remplacer celui qui, selon l'expression reçue, ne *travaille* pas bien. Il y a en effet, pour qui n'épargne pas sa peine, plus de profit à sacrifier tout de suite une planche de légumes atteints par la gelée, la grêle, les insectes, ou qui languissent pour une cause quelconque, qu'à s'obstiner à vouloir la rétablir, pour n'en obtenir que des produits de qualité inférieure.

La prévoyance est la qualité la plus nécessaire au maraîcher dans sa culture; aucun accident ne doit le prendre au dépourvu ; aucun revers de température ne doit l'empêcher de remplacer une récolte détruite ou détériorée, par une autre que ses soins amèneront à bien.

Le maraîcher sait choisir le moment précis qui convient pour chaque partie de son travail; il prend ses dispositions de manière à pouvoir faire chaque chose en son temps. C'est ainsi que, pour les salades, par exemple, il combine les semis de manière à ce que les repiquages tombent dans un moment où toute autre besogne peut être laissée pour celle-là ; en un mot, il fait en sorte que ce qui ne peut attendre se fasse d'urgence, sans pourtant laisser en souffrance aucune autre partie de son travail.

Le maraîcher ne prend jamais un terrain trop étendu relativement à ses facultés. On ne compte guère par hectares dans la culture maraîchère; un marais de 66 ares (deux arpents de Paris) est déjà d'une grande étendue ; il n'exige pas moins de 12 à 15 mille francs pour être mis complétement en valeur et rendre tout ce qu'il est susceptible de produire. Mais il est presque sans exemple que le maraîcher s'embarque dans une opération qu'il ne pourrait mener à bien; si les fonds lui manquent, il aime mieux n'avoir point de *verre*, c'est-à-dire se passer de cloches et de châssis, lors du simple nécessaire, s'abstenir de toute culture forcée, et se borner à la culture naturelle, mais pouvoir la conduire dans toute sa perfection.

Tout ce que nous avons à dire sur la culture des légumes est emprunté aux excellentes pratiques usitées dans les marais des environs de Paris. Nous indiquerons séparément les cultures qui, sous des climats différents, exigent d'autres procédés. L'exposé complet de la culture maraîchère exige seulement deux divisions : la première comprend les *cultures naturelles*, qui font arriver les récoltes à l'époque voulue par la nature; la seconde comprend les *cultures forcées* ayant pour but d'activer la végétation de manière à faire devancer aux produits l'époque naturelle de leur maturité.

CHAPITRE Ier. — CULTURES NATURELLES.

SECTION Ire. — *Légumes proprement dits.*

Dans le sens rigoureux du mot légume, les naturalistes comprennent seulement la forme particulière de quelques fructifications dont les pois et les haricots sont les types les plus connus; les plantes qui les produisent sont pour cette raison nommées par les botanistes plantes légumineuses. Selon son acception ordinaire, le mot légume désigne toute espèce de plante de jardin propre à la nourriture de l'homme, soit en totalité, soit en partie; c'est dans le second sens que nous employons cette expression.

Afin d'éviter la confusion entre des cultures très différentes, nous indiquons séparément la culture des *légumes proprement dits*, et la culture des plantes potagères dont la racine seule est comestible, et que par ce motif nous désignons sous le nom de *legumes-racines*.

Quant à la place que nous avons assignée à chaque plante en particulier, nous avons constamment donné la priorité aux plus importantes comme aliments, sans avoir égard aux classifications de la science.

§ Ier. — Choux.

Le chou est le légume européen par excellence ; tous les autres sont modernes en comparaison de celui-là. On sait que Rome se passa de médecins durant quatre siècles ; le chou fut pendant cette longue période le médicament universel, et il ne paraît pas qu'il mourût alors plus de malades que quand les médecins et les pharmaciens pullulèrent dans la capitale du monde. Les nombreuses variétés de légumes dont l'horticulture s'est successivement enrichie n'ont rien fait perdre au chou de son importance ; l'abondance, le bas prix et surtout la rare salubrité de ses produits lui méritent encore le premier rang dans nos potagers.

A. — *Travaux préparatoires.*

Tous les terrains conviennent au chou; il n'y a guère que dans le sable siliceux pur qu'il refuse de croître ; à l'aide d'une grande abondance de fumier, certaines terres sablonneuses peuvent même produire d'excellents choux d'arrière-saison. Le succès de cette culture sera certain dans le sol le plus sablonneux possible, si l'on peut l'amender avec de l'argile ou de la boue de mare et d'étang en suffisante quantité ; il faut que cette boue ait été exposée depuis un an à l'air libre, desséchée et pulvérisée, pour pouvoir s'incorporer parfaitement avec le sable.

Nous placerons ici une observation qui nous a toujours paru dans la pratique d'une très haute importance, relativement à l'emploi des amendements et des fumiers. Ces précieux moyens de féconder le sol sont très souvent employés en pure perte dans la culture jardinière. Supposons que, pour amender 10 ares de terre sablonneuse destinée à la culture du chou, l'on dispose de 3 mètres cubes de boue desséchée. Si on la répand en poudre sur toute la surface du sol, il est de toute évidence que le sable n'en recevra partout qu'une proportion très minime, et que la racine pivotante du chou ne pourra pas en retirer un grand avantage. Mais si, après avoir labouré convenablement le sol, on indique par de légers rayons croisés la place du plant de chou, et que l'amendement soit réparti exclusivement entre ces places, chaque chou végétera dans un mélange où l'argile se trouvera en bien plus forte proportion ; la différence de produits dans les deux cas sera telle que la main-d'œuvre se trouvera largement payée. 10 ares reçoivent 4,000 choux, espacés de 50 centimètres en tout sens ; chaque pied de chou pourra donc profiter de plus de 7 décimètres cubes d'amendement enfoui à une profondeur proportionnée à la longueur de la racine. Il en est de même de l'emploi des engrais ; d'autres légumes, les artichauts par exemple, se plantent à 80 centimètres ou même un mètre de distance en tout sens ; on conçoit combien d'engrais se trouvera perdu pour leur végétation, si au lieu de le leur appliquer directement, on le répand sur toute la surface du terrain, comme s'il s'agissait d'y semer une céréale. Cette fumure générale ne convient réellement que pour les plantes potagères très rapprochées les unes des autres comme les ognons, les porreaux, les carottes ou les scorsonères.

Le fumier d'étable est le meilleur pour la culture du chou dans toute espèce de terrain ; néanmoins le fumier d'écurie pourra en tenir lieu si le sol est argileux, froid et lent à produire. Dans tous les cas, il ne faut pas songer à obtenir une récolte de choux seulement passable sans fumier, à moins que ce ne soit sur le sol entièrement neuf d'un défrichement récent, ou sur la boue d'une mare ou d'un étang amendée à l'air libre pendant au moins une année, et ameublie par plusieurs labours à la bêche, donnés avec soin. Les choux peuvent acquérir un volume énorme quand on les plante dans cette boue pure sans mélange d'autre terre, et que l'eau ne leur manque pas. Le sol destiné à la culture des choux doit recevoir au moins deux bons labours dont l'un au moins doit être donné à la bêche. Ceci ne doit s'entendre que de la culture du chou en grand, soit en plein champ, soit dans un jardin très spacieux ; dans les jardins ordinaires, une culture succédant continuellement à l'autre, le

sol bien ameubli pour la plante qui a précédé le chou, n'a besoin que d'un seul labour, pourvu qu'il soit profond et que les mottes soient parfaitement rompues ; car si la racine pivotante du chou rencontre une motte dure qu'elle ne puisse percer, le chou languit et meurt très promptement.

Les planches de choux peuvent être labourées à plat quand on n'a pas à redouter un excès d'humidité, car le chou est sujet à la pourriture lorsque l'eau séjourne sur sa racine. Quand le sous-sol n'est point perméable, et que les pluies semblent devoir être très abondantes, on doit façonner le sol en talus de 0,50 de base, dont la *fig.* 303 montre le profil.

Fig. 303.

La pente de ces talus doit, autant que le permet la nécessité de favoriser l'écoulement des eaux, être inclinée au midi ; le plant de chou se place vers le milieu de cette pente. La neige, plus à craindre pour le chou que le froid le plus rigoureux, se trouve arrêtée par la pente opposée, parce qu'elle est ordinairement amenée par le vent du nord.

B. — *Choix de la graine.*

Lorsqu'on ne peut élever des porte-graines et récolter soi-même de la semence parfaitement franche d'espèce, on ne doit pas regarder au prix pour s'en procurer de première qualité en s'adressant aux maisons de commerce justement investies de la confiance des horticulteurs. La bonne graine de chou est d'une teinte uniforme, presque noire ; si elle est inégale et qu'il s'y trouve beaucoup de grains d'un brun-rougeâtre, c'est qu'elle a été récoltée avant sa parfaite maturité ; dans ce cas, elle lèverait fort inégalement. Le même inconvénient serait à craindre si la graine était ridée à sa surface, quoique de la nuance convenable ; il faut la choisir pleine et lisse.

C. — *Semis.*

On s'est beaucoup occupé de nos jours de la destruction d'un insecte nommé altise, tiquet ou puce de terre, ennemi principal des semis de toutes les plantes crucifères, et des semis de choux en particulier. Selon quelques naturalistes, les œufs de l'altise adhèrent au tissu de l'enveloppe qui recouvre la graine des crucifères ; ils éclosent au moment même où la graine lève, et les jeunes insectes se trouvent tout portés pour dévorer les feuilles séminales dont ils sont très avides.

Quelque attention que nous ayons apportée dans nos observations microscopiques, d'abord en Belgique et plus tard en France, nous n'avons jamais pu nous assurer personnellement de la présence des œufs d'altise à la surface des graines de crucifères ; nous sommes loin cependant de douter des résultats des observations sur lesquelles cette opinion est fondée. Il est certain que nous avons vu l'altise paraître tout à coup sur un terrain occupé par un semis de cioux, terrain où jamais l'altise ne s'était montrée. Il sera donc prudent de laisser tremper pendant 24 ieures la graine de ciou dans une forte saumure, ou dans une solution alcaline concentrée avant de la confier à la terre ; quoique cette précaution soit souvent inutile, nous la recommandons parce qu'elle n'entraîne ni grand embarras ni grande dépense.

On sème ordinairement les cioux à la volée, en plate-bande bien fumée ; on cioisit à cet effet un terrain un peu frais et ombragé parmi le meilleur dont on puisse disposer. Ces semis ont, comme on vient de le voir, un ennemi redoutable dans l'altise ; il n'est pas rare que cet insecte les détruise entièrement sans qu'il soit possible de l'empêcier. On a conseillé comme moyen de destruction de l'altise la fumée d'ierbes fraicies ; ce remède est en réalité pire que le mal ; cette fumée, mêlée d'une grande quantité de vapeur d'eau à une iaute température, tue le plant de cioux encore plus efficacement que l'altise. On ne peut recourir à ce moyen que lorsqu'on est décidé à sacrifier un semis qu'on désespère de pouvoir rétablir. Dans ce cas, il faut disposer le long de la plate-bande de petits tas de paille ou de brancies sècies placés au-dessus du vent ; on les recouvre avec des ierbes fraiciement arraciées, puis on y met le feu. La fumée en courant sur le sol tue toutes les altises. Dès que l'opération est terminée, on peut donner un léger labour à la ioue, et semer de nouveau à la même place ; l'altise ne reparaîtra pas. Cette expérience que nous avons maintes fois renouvelée tend à prouver que les œufs de l'altise ne sont pas toujours adiérents aux semences des plantes crucifères. Du reste, ce moyen de destruction n'est pas sûr, il occasionne une grande perte de temps, et il double la dépense en semence et main-d'œuvre. Le seul moyen réellement praticable, sinon de prévenir les ravages de l'altise, au moins d'en neutraliser l'effet, c'est de faire végéter le plant de ciou très rapidement. Dès que ce plant est à sa quatrième feuille, il n'a plus rien à craindre ; les mandibules de l'altise n'ont plus la force de l'entamer. Le meilleur procédé pour une quantité médiocre de plant consistera toujours à faire les semis sur coucie sourde ; rarement l'altise envaiit les coucies ; d'ailleurs, en supposant qu'elle s'y montre, le plant s'y développe si promptement qu'on s'aperçoit à peine des ravages de l'altise. Pour les cultures très étendues où les semis sur coucie sourde sont impraticables, on obtient à peu près les mêmes résultats par le procédé suivant dont une longue pratique nous permet de garantir l'efficacité.

Le sol qu'on se propose d'ensemencer en cioux est labouré profondément, mais sans recevoir de fumier. On ouvre ensuite avec la binette large ou la ioue, des sillons espacés entre eux de 0m,33, profonds de 0m,25, et larges de 0m,33. On remplit ces sillons presque

jusqu'au bord avec de bon fumier qu'on foule légèrement, et qu'on recouvre de quelques centimètres de terre ; puis l'on sème par-dessus, assez serré. Il suffit alors d'abattre la crête des sillons et d'égaliser le sol au râteau pour enterrer la semence. Si le fumier a été enfoui pendant qu'il était en fermentation, les cioux lèveront au bout de 5 à six jours ; l'altise pourra s'y mettre et en détruire quelques-uns, mais bientôt le plant ayant sa racine dans le fumier sera devenu assez fort pour braver l'altise qui disparaîtra, morte probablement de faim.

Ce mode de semis offre encore un autre avantage non moins important ; c'est que le plant y croît inégalement, en sorte qu'on en trouve de bon à prendre pendant 5 à 6 semaines ; on n'est pas alors forcé de précipiter les plantations, qui ne peuvent se faire tout à la fois. Le plant ainsi obtenu emporte à sa racine, quand on l'arracie avec précaution, une petite portion de fumier qui contribue puissamment à sa reprise et à sa rapide végétation durant le premier âge, époque de sa croissance de laquelle dépend entièrement le succès de cette culture.

D. — *Repiquage.*

A l'approcie d'un iiver qui s'annonce comme devant être rigoureux, au lieu de mettre le plant en place à l'arrière-saison, on le repique en pépinière à 0m,08 de distance en plate-bande bien abritée. On dispose des rames à pois de manière à pouvoir garantir le plant de cioux de la neige ou des froids excessifs en étendant sur ces rames des paillassons. Ce plant profite peu pendant l'iiver. Si, contre les prévisions du jardinier, l'iiver se trouvait être doux et que le plant prit trop d'accroissement, on n'attendrait pas le printemps pour le mettre en place. Dans le cas contraire, on gagne toujours par cette précaution le temps qu'il faudrait perdre à attendre le plant provenu des semis de printemps, et l'on évite une perte importante en main-d'œuvre à l'automne.

E. — *Plantation.*

La plantation des cioux, lorsqu'ils sont l'objet d'une culture de quelque étendue, est tellement importante que tous les détails de cette opération exigent impérieusement l'œil du maître. Il doit veiller avant tout à ce que l'arrachage suive constamment la plantation, de façon à laisser le plant iors de terre le moins de temps possible, pour qu'il ne soit pas flétri quand on le met en place. Le plant semé en plancies à la volée a besoin plus que tout autre d'être arracié avec soin ; ses racines ont souvent rencontré en terre des mottes dures qu'elles ont bien pu percer, mais qui les rompent quand on les arracie sans précaution. Le plantoir ordinaire à mancie courbe, à pointe souvent garnie de fer, est à peu près le plus mauvais instrument qu'on puisse employer, et l'on n'en emploie pas d'autre. Il n'y a que la grande rusticité des plantes pour lesquelles on s'en sert qui puisse expliquer comment il peut encore, tel qu'il est, rendre d'assez bons services. Il tasse fortement la terre autour de la racine qui se trouve avoir à percer un sol rendu compacte, précisément à la place où il serait le plus nécessaire qu'il fût parfaitement ameubli.

Lorsqu'on doit exécuter de grandes plantations, il faut, outre celui qui arrache le plant et l'apporte sur le terrain, un bon ouvrier servi par deux enfants. Le premier enfant passe dans les lignes avec le plantoir a deux branches ; il fait deux trous à la fois, sans avoir besoin de mesurer les intervalles avec une jauge ; le second enfant porte une brassée de plants dont il dépose un pied vis-à-vis de chaque trou ; l'ouvrier les suit et achève la mise en place.

La principale précaution à prendre dans cette dernière partie de l'opération consiste à maintenir la racine parfaitement droite dans le trou ouvert par le plantoir : si elle se trouvait repliée sur elle-même, la reprise serait moins certaine, ou bien le plant ne ferait que languir, sans pouvoir végéter convenablement, quelles que soient d'ailleurs la fertilité du sol et la bonne qualité des engrais.

A moins que les choux n'aient été plantés par un temps pluvieux, il faut les arroser immédiatement. Lorsqu'on en a seulement un carré de peu d'étendue, on peut donner ce premier arrosage avec de l'eau dans laquelle on aura d'avance délayé du fumier court : c'est un moyen assuré de hâter la végétation des choux.

La distance entre les lignes de choux varie de 0ᵐ,40 pour les plus petites espèces, jusqu'à 1 mètre pour les plus volumineuses ; on leur donne dans les lignes des distances semblables ; la plantation en quinconce donne, pour des distances égales, plus d'aisance au développement des choux.

F. — Détails de culture.

Les choux se sèment et se plantent à deux époques, au printemps et à l'arrière-saison.

Choux de printemps. Toutes les variétés à feuilles plus ou moins *cloquées* ou frisées se sèment au printemps, depuis février jusqu'en mai, de sorte que les choux semés les derniers ne sont bons à cueillir qu'en décembre et janvier. On pourrait les semer en automne, et ils viendraient à bien comme les choux cabus, quoique un peu plus tard ; mais on perdrait ainsi l'avantage qu'ils possèdent par-dessus tous les autres choux de résister au froid, et même de devenir plus tendres et meilleurs après qu'ils ont éprouvé l'effet des premières gelées sérieuses.

Les choux à feuilles cloquées portent en général le nom de choux de Milan ; en Belgique, on les nomme avec plus de raison des *savoie*, puisque c'est de la Savoie qu'ils paraissent s'être répandus en France, en Italie et en Allemagne. Deux variétés sont plus cultivées que les autres en France ; ce sont le milan commun

et le milan des Vertus, ou chou frisé d'Allemagne.

Le milan commun pomme très lentement ; ses pommes sont petites et ses feuilles très cloquées ; sa rusticité est si grande, qu'il continue à grossir sous l'influence d'un froid de plusieurs degrés au-dessous de zéro ; c'est son principal mérite.

Le milan des Vertus est le plus avantageux de tous pour le jardinier marchand ; il tient le milieu entre les choux à feuilles cloquées et les cabus dont il a le volume, avec une saveur plus délicate. On ne doit pas le semer plus tard que la première quinzaine d'avril.

On sème de même au printemps le *chou précoce d'Ulm*, le *pancalier de Touraine* et le *milan nain*, dont la pomme se forme rez-terre.

Le *chou à jets*, ou *spruyt de Bruxelles*, occupe chaque année plus d'espace dans nos potagers ; les semis de ce chou commencent au printemps, pour se continuer jusqu'en été, afin de fournir à la consommation d'hiver ; les derniers semis doivent être les plus abondants ; ce sont les plus avantageux pour le jardinier. Le chou spruyt résiste au froid mieux encore que les milans des variétés les plus rustiques ; les jets repoussent, quelque froid qu'il fasse, à mesure qu'on les enlève. On n'a pas réussi jusqu'à présent à obtenir du chou spruyt parfaitement franc d'espèce au moyen de sa graine récoltée en France ; on est toujours dans la nécessité de faire venir la semence de la Belgique, son pays natal.

Toutes les variétés de choux peuvent pommer sur semis en place. Lorsqu'on pratique les semis sur fumier en rayons, comme nous l'avons indiqué, on peut en laisser quelques-uns convenablement espacés, ils pommeront comme les autres. L'usage de les transplanter est fondé principalement sur l'impossibilité d'éviter par le semis en place la perte d'une grande quantité de semence.

Les plantations de choux de printemps se règlent sur l'époque des semis successifs ; dans les terrains secs, et où de vastes plantations ne pourraient être facilement arrosées, il est bon de planter assez tôt pour que le plant ne soit pas surpris par les chaleurs de l'été avant d'avoir acquis la force de leur résister.

Choux d'automne. Les choux d'arrière-saison, ou à feuilles lisses, aussi désignés en général sous le nom de choux cabus, se sèment depuis la fin de juillet jusqu'au 15 septembre. Deux variétés l'emportent sur toutes les autres, ce sont le *chou blanc d'Alsace*, aussi nommé chou à choucroute et chou quintal, et le chou blanc de Bretagne ou chou *nantais*, qui peut dans les bons terrains égaler le chou d'Alsace, avec l'avantage de réussir dans des terrains médiocres où le chou d'Alsace ne viendrait pas. Son défaut est de ne pas résister aux fortes gelées.

On sème à la même époque le chou blanc de *Bonneuil*, ou de *Saint-Denis*, le gros *cabus de Hollande* et le chou *trapu de Brunswick*.

Ces variétés sont les seules cultivées parmi les cabus, et, sous le rapport du produit, les seules qui méritent de l'être ; quelques autres, comme le chou *conique de Poméranie*, pourront devenir communes ; elles ne sont encore que des objets de curiosité et ne figurent point sur les marchés.

Chou rouge. Ce chou n'est guère usité à Paris et au sud de Paris, que comme médicament ; mais dans les départements du Nord et du Pas-de-Calais, il se mange aussi communément que le chou blanc d'Alsace, dont il n'est qu'une variété ; sa culture est exactement la même que celle du chou blanc. Dans le nord de la France, de même qu'en Belgique et en Angleterre, on sème beaucoup de choux rouges au mois d'août, pour pouvoir repiquer le plant en automne, et livrer les choux à la consommation à la fin de l'hiver, époque de l'année où ce chou est principalement employé comme salade, soit seul, soit avec des endives ou scaroles, et des betteraves rouges cuites au four ; on le mange cru, coupé par tranches très minces, assaisonné de vinaigre, de sel et de beurre fondu, au lieu d'huile ; c'est un mets auquel il faut être accoutumé. En Angleterre, on cultive de préférence un chou rouge nain, de couleur pourpre très foncée, qu'on fait confire dans le vinaigre, et qu'on sert en hors-d'œuvre sur toutes les tables, comme des cornichons.

Chou vert, non pommé. Ces choux sont peu cultivés en France, excepté dans l'ouest ; ils ont pour caractère de n'être bons à manger que quand ils ont été attendris par les gelées, et de ne jamais pommer, de quelque manière qu'on les cultive ; ce sont des sous-variétés du chou branchu du Poitou, du chou cavalier, moellier, caulet et autres, cultivés principalement pour la nourriture des bêtes à cornes. Les Anglais font aussi un cas particulier du chou vert; ils en cultivent seize variétés, dont la plus estimée est le chou vert d'Écosse. On la sème au printemps et en été, de manière à pouvoir repiquer le plant successivement, pour avoir des choux verts bons à couper, depuis les premières gelées jusqu'à la fin de l'hiver.

Les choux d'automne se sèment quelquefois au printemps ; mais comme les semis faits dans cette saison font arriver les produits à une époque où leur valeur vénale est moindre de près de moitié, à cause de l'abondance et du bas prix des autres légumes, on ne doit semer des choux d'automne au printemps que quand l'hiver a détruit le plant mis en place ou en pépinière à l'arrière-saison, inconvénient qu'il est presque toujours possible d'éviter avec un peu de soin.

Si, par exemple, après avoir planté sur un labour à plat, on voit les vents se fixer au nord et à l'est, de très bonne heure en décembre, signe à peu près certain d'un hiver abondant en neige, il est encore temps de former des talus derrière les lignes de choux, pour les garantir du côté du nord et empêcher la neige de s'accumuler à leur pied et sur leurs feuilles,

ce qui leur serait bien plus funeste que les plus rudes gelées. Avec cette précaution, et celle de tenir en tout état de cause le pied des choux bien garni de fumier, il arrivera à peine une fois en vingt ans qu'on soit forcé de semer des choux cabus en février et mars, pour tenir lieu du plant d'arrière-saison.

On sème aussi en septembre toutes les variétés de choux précoces à pomme allongée ; les principales variétés sont, le *chou d'York*, le *chou pain de sucre*, le *cœur de bœuf* et le *milan à pomme longue*. Il importe de faire ces semis, soit sur couche sourde, soit sur fumier en rayons, et non pas à la volée, si l'on veut en retirer un bénéfice important ; de la force du plant dépend la précocité des produits, qui seule détermine leur valeur vénale. Il faut que leur végétation soit, sinon complète, au moins assez avancée en avril et mai, pour qu'ils puissent paraître sur le marché à demi pommés avant la grande abondance des légumes frais de toute espèce au printemps. Il est très vrai que les choux hâtifs vendus à cette époque ne valent rien, n'ayant au lieu de pomme que quelques feuilles centrales à peine fermées; mais, tels qu'ils sont, ils trouvent des acheteurs à un très bon prix, et c'est tout ce qu'il faut au jardinier marchand intéressé à rendre le plus tôt possible son terrain libre pour d'autres cultures.

Peu de consommateurs savent que les choux d'York, pain de sucre et cœur de bœuf sont préférables sous le rapport de la saveur à toutes les autres espèces, quand on les laisse pommer complètement. Le chou d'York, le meilleur de tous, forme une tête petite, mais serrée, plus tendre et plus délicate que celle de pas un des choux le plus communément livrés à la consommation. On ne les vend jamais en cet état ; le jardinier perdrait trop à leur laisser longtemps occuper le sol ; d'ailleurs, des choux d'un si petit volume ne pourraient être prisés et payés convenablement que par un très petit nombre de connaisseurs. Mais tout jardinier amateur qui veut savoir ce que c'est qu'un chou pommé de toute première qualité, doit planter du chou d'York franc d'espèce, et le laisser pommer pour le manger à la fin de juin.

Nous devons une mention particulière à deux espèces de chou, l'une et l'autre également employées comme légumes par les Chinois, le pê-tsai et le pak-choï.

Le pê-tsai, plus spécialement nommé chou de la Chine, connu depuis bien des années en Europe, n'est devenu commun dans nos jardins potagers que depuis peu de temps par les soins des missionnaires français. Au premier aspect on le prendrait plutôt pour une salade que pour un chou ; sa feuille, d'ailleurs très variable, a d'ordinaire la forme, la consistance et le vert-blond de la laitue-romaine. C'est sous tous les rapports un des meilleures légumes connus, beaucoup plus convenable aux estomacs délicats que nos meilleurs espèces de choux. Le pê-tsai a très peu de racines ; il pivote moins que les choux d'Europe ; il peut réussir dans les terrains les plus légers ; une couche de terre végétale de 0m,08 à 0m,10 lui suffit : telles sont les principales qualités qui le recommandent. Néanmoins, le pê-tsaï n'a point encore pris place parmi les cultures maraîchères, pour plusieurs motifs qui l'en éloigneront encore longtemps selon toute apparence. D'abord le pê-tsaï n'a presque pas de consistance ; à l'époque où il doit être repiqué, les racines ne sont que de simples filaments, les feuilles sont moins solides que celles de la romaine cultivée sous châssis, le tout est si fragile que pour peu qu'on y touche sans précaution, l'on ne peut manquer d'écraser la plante en la repiquant. Ensuite, il est très difficile de le décider à pommer ; nous avons toujours éprouvé plus de facilité à faire pommer le plant de pê-tsaï provenant de graines de 2 ans, bien qu'il nous ait été impossible d'empêcher le plus grand nombre des pieds de monter. Le mode de culture qui convient le mieux au pê-tsaï, est de point en point celui que les maraîchers suivent pour la culture en grand de la laitue-romaine (*voir* Laitue).

Le pak-choï est aussi un chou, botaniquement parlant ; comme légume, la grosseur de ses côtes blanches et tendres et l'aspect de ses feuilles lisses, luisantes, d'un très beau vert, lui donnent la plus grande ressemblance avec la carde-poirée de nos jardins. Sa culture est la même que celle du pê-tsaï ; il a, comme ce légume, une disposition à monter qu'il est très difficile de combattre.

Les plantations de choux, quelle qu'en soit l'espèce, doivent être visitées peu de temps après leur reprise ; il ne faut pas balancer à sacrifier ceux qui ne végètent pas convenablement ; on doit toujours avoir du plant en réserve à cet effet. Les choux plantés à la fin de septembre ou dans le courant d'octobre ne réclament plus de soins particuliers jusqu'au printemps ; ils passent ordinairement très bien l'hiver en pleine terre, à moins que les neiges ne soient très abondantes, et qu'il ne survienne un trop grand nombre de gelées et de dégels successifs. Dans ce cas, l'eau de la neige fondue s'introduit entre les feuilles qui environnent la pomme du chou, et lorsqu'elle n'est qu'à demi formée, elle ne peut résister à l'action de cette eau convertie en glace à plusieurs reprises ; c'est du reste une circonstance qui se présente rarement sous le climat de Paris ; lorsqu'elle a lieu, il n'y a pas de remède ; tous les choux assez avancés pour pouvoir être vendus un prix quelconque, doivent être sur-le-champ portés au marché ; le reste est perdu. On voit combien il importe, à tout événement, de planter de bonne heure, et de faire avancer le plus possible la végétation des choux aussitôt après leur plantation, afin qu'ils aient au moins une certaine valeur, s'il arrivait qu'un hiver désastreux obligeât à essayer d'en tirer parti avant leur entier développement.

Les choux entièrement pommés sont plus difficilement atteints par la gelée ; cependant la neige fondue et gelée successivement leur est quelquefois funeste. La perte est peu considérable quand le jardinier est assez à portée d'une grande ville pour trouver immédiatement le débit de ses choux. Ils doivent être arrachés deux jours d'avance ; on les fait dégeler lentement sous un hangar ou dans une cave, puis on les porte aussitôt au marché. Le consommateur ne trouvera aucune différence appréciable entre ces choux et ceux que la gelée n'aurait pas atteints, pourvu qu'il ne les garde pas au-delà de deux ou trois jours, car ils tomberaient alors infailliblement en putréfaction.

Au printemps, les choux doivent être binés dès les premiers beaux jours, pour que le sol profite des rayons du soleil ; il faut ensuite biner les carrés de choux aussi souvent que l'état de la saison le fera juger nécessaire jusqu'à la récolte. En général, pour le chou comme pour beaucoup d'autres cultures, un binage dans la saison sèche vaut plusieurs arrosages. Deux carrés de choux placés côte à côte dont un seul sera biné présenteront, après une sécheresse opiniâtre, une différence de valeur de 50 pour cent. La culture en grand des choux pour la consommation de Paris ne permet pas les arrosages ; en 1840, Bonneuil, Aubervilliers et le Bourget, qui contribuent le plus à l'approvisionnement de Paris pour ce genre de légume, ont perdu presque tous leurs choux par la sécheresse du printemps ; ceux-là seuls qui ont reçu plusieurs binages ont résisté à l'action desséchante des vents d'est, que les autres n'ont pas pu supporter.

G. — *Conservation.*

Lorsqu'on ne cultive pas les choux assez en grand pour faire de leur conservation l'objet d'une spéculation pendant l'hiver, on peut se borner à arracher les choux à l'approche des premiers froids, vers la fin de novembre ou dans le courant de décembre, et à les replanter côte à côte, inclinés au midi, dans des jauges ou fosses peu profondes, de sorte que le sommet des pommes se trouve au niveau du sol ; on les laissera découverts tant que la température le permettra ; on les garantira de l'atteinte des grands froids, avec des paillassons ou de la litière. Il ne faut pas compter sur l'effet de ce procédé au-delà des premiers jours de janvier ; il est impossible d'empêcher l'infiltration de l'humidité dans le sol, et par conséquent la pourriture des choux ; on aurait tort cependant de regarder comme perdus les choux dont les feuilles extérieures seraient pourries ; le chou présente cette particularité que le cœur ne contracte aucune saveur désagréable, quand même ses feuilles extérieures sont en putréfaction.

Si l'on veut tirer de la conservation des choux tout le parti possible et ne pas commencer la vente de la provision réservée avant février et mars, voici, entre divers moyens proposés, celui qu'une constante expérience en France et en Belgique nous permet de recommander comme le plus avantageux.

Dans le courant du mois d'octobre, on fait choix d'un are de terrain dans la partie la plus saine du potager ; au centre de ce terrain on plante une perche effilée et charbonnée à son extrémité inférieure ; elle ne doit pas excéder de plus de trois mètres le niveau du sol ; quatre autres perches plantées aux quatre coins du carré sont inclinées de manière à se rattacher à la perche du milieu. On garnit les intervalles avec un treillage formé de tout ce qu'on peut avoir de vieux échalas ou de vieilles lattes de rebut ; il suffit que le tout présente assez de solidité pour pouvoir porter des paillassons ; l'ouverture doit être placée du côté du midi (*fig.* 304).

Fig. 304.

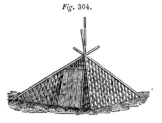

Quelle que soit la température, le terrain ainsi couvert sera parfaitement sec, longtemps avant la saison convenable, pour y placer les choux en réserve. Ce moment venu, on trace dans l'intérieur de la réserve deux sentiers qui se croisent à angle droit pour faciliter la circulation ; le reste de l'espace est occupé par les choux. On ouvre un premier sillon dans lequel on place, non pas droits, mais dans une position inclinée, les choux arrachés avec toutes leurs racines ; les têtes doivent se toucher, mais sans être trop serrées ; il ne faut leur ôter qu'une partie des feuilles extérieures. En creusant le second sillon, la terre rejetée couvre les racines du premier rang, et ainsi des autres.

Une réserve de 10 mètres en tout sens, ainsi remplie, peut recevoir 1,600 choux, chaque tête de chou pouvant occuper un carré de 0^m,25 de côté, et chaque mètre carré contenant 16 carrés semblables ; mais, déduction faite de l'espace pris pour les sentiers, ce nombre se réduit à 1,500. Les choux, au moment de les mettre en réserve, valent, année commune, de 5 à 7 c. la pièce, moyenne 6 c. ; conservés jusqu'en février et mars, ils ne seront pas vendus moins de 15 à 25 c., moyenne 20 c. ; c'est une valeur de 90 fr. convertie en une valeur de 300 fr. On voit qu'il y a beaucoup de latitude laissée au chapitre des accidents.

Lorsqu'on peut conserver plusieurs ares de terrain à ce mode de conservation, on donne à la réserve la forme d'un toit, en donnant aux perches la disposition que représente la *fig.* 305.

La réserve économique dont nous donnons ici le modèle, offre à très peu de frais au jardinier les moyens de se ménager des recettes

Fig. 305.

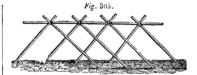

pour une époque de l'année où il n'a presque plus rien à porter au marché ; elle n'entraîne pas de mise dehors considérable, et laisse le terrain libre au moment où il doit être mis en culture ; elle s'applique avec le même avantage à la conservation de plusieurs autres espèces de légumes. Durant les fortes gelées, il est prudent de former tout autour, extérieurement, un talus de litière de 0^m,50 de hauteur, et de doubler la couverture du côté du nord.

H. — Frais et produits.

Lorsque le chou est cultivé en grande culture en plein champ, ses frais et ses produits diffèrent essentiellement de ceux de sa culture jardinière proprement dite. Dans le premier cas, le terrain lui est consacré exclusivement toute l'année ; dans le second, il se mêle à d'autres cultures, ou bien il leur succède, ce qui complique la comptabilité relativement à cette production, considérée séparément.

Les choux précoces, dans la culture maraîchère, s'allient ordinairement aux fraisiers de première année (*voir* Fraisiers). Loin de souffrir de ce voisinage, la fraisière ne s'en trouvera que mieux pendant l'hiver. Supposons 30 ares ainsi cultivés ; chaque planche de fraisiers longue de 10 mètres, large de 1^m,40, pourra recevoir trois rangées de choux précoces, de 20 choux chacune, soit 60 choux. Un are comprenant six planches semblables, 30 ares recevront 10,800 choux, susceptibles, s'ils viennent bien, d'être vendus de 5 à 10 c. la pièce, moyenne 8 c., soit, pour 10,800 choux, 864 fr. Cette recette importante n'ôtera rien aux produits des fraisiers, car elle sera réalisée avant l'époque où la présence des choux pourrait être nuisible au développement des fraises. La même opération se répète avec le même avantage sur les planches de fraisiers de troisième année qui doivent être détruits après avoir donné leur troisième récolte. Les frais à déduire de ces produits sont difficiles à évaluer. Presque tous, hors le prix du plant et la main-d'œuvre pour la plantation des choux, pourraient, à la rigueur, être portés au compte de la culture des fraisiers ; car, en supposant qu'on n'y mêle pas de choux, cette culture n'exige ni moins de fumier, ni moins de frais de toute espèce.

Voici, par approximation, la part de ces frais qui nous semble pouvoir être attribuée aux choux précoces.

Sur le loyer.	45 f
Sur la main-d'œuvre.	120
Plant.	54
	219

Cette somme retranchée du produit brut indiqué ci-dessus laisse 645 francs de bénéfice net. Ce chiffre est plutôt en-deçà qu'au-delà du bénéfice réel ; ainsi, par exemple, le jardinier achète rarement du plant de choux; quand il l'élève lui-même, il ne lui coûte presque rien. Nous l'avons compté au prix ordinaire de vente, 50 c. le cent, ou 1/2 centime la pièce, prix évidemment trop élevé pour le jardinier.

Le chou ne se prête à sa reproduction fréquente sur le même sol qu'à la condition qu'on lui prodiguera les meilleurs engrais. En prenant la précaution de planter la seconde récolte dans les intervalles des rangées de la première, on peut planter des choux deux fois dans une année sur le même sol ; voici, dans ce cas, le maximum de production d'un hectare de très bon terrain.

FRAIS.

Loyer et impositions....................	300
Trente mètres cubes d'engrais, à 8 fr. le m. c.	240
Labour et plantation...................	160
Plant................................	250
	950

PRODUITS.

PREMIÈRE RÉCOLTE.

Deux cents rangées de choux de 200 chacune, à 0m,50 de distance, donnent 40,000 choux, à 5 c. la pièce......................	2,000

SECONDE RÉCOLTE.

Cent rangées de choux de 100 chacune, à 1 mètre de distance, donnent 10,000 choux, à 8 c. la pièce......................	800
	2,800
Frais comme ci-dessus....	950
Bénéfice net..........	1,850

Ces chiffres, nous ne pouvons trop le répéter, ne peuvent être que des approximations ; il n'y a peut-être pas une seule des vastes cultures de choux qui approvisionnent Paris de ce légume, dont il soit tenu une exacte comptabilité ; mais nous sommes certains de n'avoir point exagéré les produits. Lorsqu'un terrain ne donne qu'une récolte de choux, les produits sont encore à peu près les mêmes, parce que les choux n'occupent pas le terrain toute l'année, et qu'ils sont remplacés par une autre récolte aussi avantageuse.

§ II. — Choufleur.

Nos jardins potagers ont peu de produits aussi sains que le choufleur : sa culture, également profitable au jardinier marchand et agréable au jardinier amateur, réussit toujours avec un peu de soin ; l'ignorance des bons procédés, et surtout la crainte de prendre un peu plus de peine qu'on n'en prend d'ordinaire pour la culture potagère loin des grandes villes, sont les seules causes des mécomptes de beaucoup de jardiniers des départements, qui pensent qu'en faisant venir la graine de choufleur de Paris ou de Hollande, et la traitant comme de la graine de chou, ils doivent avoir des pommes semblables à celles qu'obtiennent nos laborieux maraîchers.

A. — Choix de la graine.

Lorsqu'on se propose de récolter la graine de choufleur, il faut faire choix des plus belles pommes blanches, portées sur les tiges les plus courtes. On n'oubliera pas de ne laisser à proximité des porte-graines aucune autre espèce ou variété de chou en fleur, car le choufleur est très susceptible de croisement. Le premier effet de tout croisement du choufleur avec un autre chou, c'est de le rendre sujet à borgner, mot qui exprime la division et le développement séparé des boutons, à l'époque où ils devraient former la pomme du choufleur. La graine, dont les oiseaux et particulièrement les linots sont fort avides, ne doit être écossée que quand elle est parfaitement mûre ; mais dès que les siliques ont acquis une couleur jaunâtre, il n'y a pas d'inconvénient à arracher les pieds avec précaution, et à les transporter en un lieu abrité où, pourvu qu'on leur garnisse la racine de terre ou de sable un peu frais, ils achèveront de mûrir leur graine tout aussi complétement qu'en plein air et avec plus de sécurité.

La graine de choufleur dans le commerce est toujours d'un prix élevé ; mais comme on n'en emploie jamais une grande quantité à la fois, on ne doit pas regarder au prix pour l'avoir de première qualité. C'est d'ailleurs une des graines potagères qu'on doit acheter de confiance, car rien ne la distingue de celle des autres choux ; la couleur d'un noir luisant est l'indice d'une maturité complète.

Le choufleur, botaniquement parlant, n'a pas de variétés, ni de sous-variétés; il n'est lui-même qu'un accident, sans caractères botaniques qui lui soient propres, à l'exception de ses pommes de fleurs étiolées qui constituent la partie comestible. On distingue dans la culture maraîchère les choufleurs à pomme tendre, demi-dure et dure.

1° Le choufleur à pomme tendre est le plus facile de tous à cultiver ; il lui faut peu de temps pour former sa pomme ; il est peu difficile sur la qualité du terrain ; mais, dans la culture maraîchère on lui préfère les autres variétés, parce que sa pomme, toujours peu serrée, est très sujette à s'ouvrir, ce qui lui ôte toute valeur pour la vente. La plante est petite ; ses feuilles sont plus étroites que celles des autres choufleurs ; le choufleur à pomme tendre convient particulièrement aux jardins bourgeois.

2° Le choufleur à pomme demi-dure est le plus cultivé, et, à tout prendre, le meilleur de tous ; la plante est forte, à feuilles larges et longues, un peu lente à former sa pomme qui, par compensation, se maintient plus longtemps que celle du choufleur tendre, et acquiert par une bonne culture un plus gros volume.

3° Le choufleur à pomme dure est le moins

cultivé dans les marais des environs de Paris, parce qu'il occupe trop longtemps le terrain; il est d'une lenteur désespérante à former sa pomme qui, une fois formée, devient plus grosse, plus blanche et plus ferme que celle du chou-fleur demi-dur. Dans les jardins bourgeois, on plante toujours quelques choufleurs durs d'arrière-saison ; ils succèdent à tous les autres et résistent bien aux premiers froids, même en plein air.

B. — Semis.

La bouse de vaches, sans mélange de litière, est pour le choufleur, durant la première période de sa croissance, le plus favorable de tous les engrais. Les maraîchers des environs de Paris n'en font point usage parce que leurs autres cultures laissent toujours assez d'espace libre sur de vieilles couches épuisées qui font le même effet pour les semis de choufleurs. Il n'en est pas de même dans les départements, où bien des amateurs qui font la dépense de 2 ou 3 couches sont regardés par leurs voisins comme des prodigues en train de se ruiner.

Dans les pays où les bêtes à cornes sont en grand nombre, il est aisé de ramasser, soit dans les étables, soit sur les pâturages, quelques brouettées de bouse qu'il est bon de laisser sécher à l'air, afin de la pulvériser grossièrement avant de l'employer. Trois brouettées suffisent pour une planche de 4 mètres de long sur un mètre 50 de large, espace pour lequel 16 grammes de graine sont plus que suffisants. Les semis, quant à la distance des rayons et à la préparation du terrain, se font exactement comme les semis de choux en rayons, avec cette seule différence que la bouse y remplace le fumier, et que les rayons en doivent être remplis, de manière à ce qu'on en puisse recouvrir très légèrement la graine en rabattant la terre de la crête des sillons ; cette graine ne doit pas être foulée (voir Choux). Lorsqu'on sème sur couche sourde ou sur plate-bande garnie de $0^m,10$ de bon terreau, il faut semer à la volée, le plus également possible ; la quantité de graine est la même que pour le semis en rayons sur bouse de vache. L'altise n'est pas moins avide des cotylédons du choufleur que de ceux de tous les autres choux ; nous avons dit, en traitant de la culture du chou, ce que nous pensons des moyens de détruire cet insecte qui multiplie avec une prodigieuse rapidité. Les semis en sont d'autant moins endommagés que la végétation du plant est plus rapide ; les semis en rayons sur bouse de vache équivalent, pour la promptitude de la végétation, à ceux qu'on fait sur les meilleures couches où l'on puisse semer la graine de choufleur.

On sème le choufleur à 3 époques principales. Les premiers semis ont lieu à la fin de février ou au commencement de mars ; ce sont les plus avantageux, mais le plant, quoique abrité, est quelquefois détruit par les gelées tardives ; les choufleurs de ce premier semis se cueillent en automne. Les seconds semis se font à la fin

de mai, pour donner leur pomme à la fin de l'automne; ils ont contre eux les chaleurs précoces, qui pourtant ne leur sont pas funestes quand on se donne la peine de les arroser suffisamment. On sème une troisième fois du 15 au 25 du mois d'août pour se procurer le plant destiné à passer l'hiver ; les pommes provenant de ce dernier semis se récoltent les premières au commencement de l'été de l'année suivante.

C. — Repiquage.

Le plant de choufleur passe rarement de la plate-bande sur laquelle il est né, à la place qu'il doit occuper jusqu'à son entier développement, sans avoir été mis quelque temps en pépinière, opération qui contribue dans tous les cas au succès de sa culture. Le plant destiné à passer l'hiver en pleine terre se repique en plate-bande à l'exposition du midi ; il lui faut plutôt du terreau que du fumier, afin qu'il ne soit pas surpris par le froid dans un état trop avancé de végétation, auquel cas il serait exposé à *fondre* et à périr. On plante ordinairement par groupes très rapprochés les choufleurs repiqués pour qu'ils puissent recevoir l'abri d'une cloche de verre; il vaut mieux ne les abriter qu'avec des paillassons et leur donner un peu plus d'espace. Le meilleur mode de conservation du plant consiste à le repiquer dans la bâche économique, en ayant soin de la découvrir la nuit comme le jour, tant qu'il ne gèle pas, car le plant est très sujet à s'étioler faute d'air (voir Bâche économique). Les autres repiquages ont lieu quand le plant a atteint la hauteur de $0^m,12$ à $0^m,15$; le plant qu'on se propose de repiquer ainsi au printemps doit recevoir très peu d'eau jusqu'au moment du repiquage, et être ensuite fréquemment arrosé tant qu'il reste en pépinière ; il se repique, en lignes, à $0^m,10$ en tout sens.

D. — Plantation.

La plupart des choufleurs qui se mangent à Paris sont mis en place sur couche; c'est le moyen le plus fréquent d'utiliser les couches après qu'elles ont donné une récolte de melons ou d'autres produits qui les laissent libres de bonne heure (voir Culture forcée). La terre qui convient aux choux convient également aux choufleurs plantés en pleine terre; ils se disposent en quinconce, à $0^m,50$ dans les lignes espacées entre elles de $0^m,40$. De quelque manière que le plant ait été élevé, il faut l'arracher de manière à ce qu'il emporte à sa racine le plus possible de fumier ou de terreau ; la rapidité de la plantation en assure le succès. A moins que le temps ne soit excessivement humide, on donne un léger arrosage pour attacher la racine du plant à la terre; puis on laisse le plant manquer d'eau pendant une quinzaine de jours. L'expérience a démontré qu'après avoir ainsi langui quelque temps, il donnait plus promptement des pommes de meilleure qualité, et qu'il était moins sujet à borgner que si on l'arrosait largement aussitôt après l'avoir mis en place.

E. — Détails de culture.

Les choufleurs demandent des arrosages d'autant plus abondants que la formation de leurs pommes est plus avancée ; vers la fin, ils ne peuvent en recevoir moins de deux par jour, et si la température est chaude ou très sèche, il leur en faut bien trois ou quatre. Dans ces arrosages, l'eau ne doit point être versée sur la pomme, qu'il faut également préserver de la pluie et du soleil ; dans ce but on la couvre avec une feuille prise sur sa tige. On peut laisser les choufleurs découverts la nuit, à moins que le temps ne soit à la pluie ; de ces précautions dépend en grande partie le succès de cette culture. Lorsque, par des causes quelconques, la végétation du choufleur se trouve retardée à l'arrière-saison, ou que l'hiver devance son époque ordinaire, ce qui n'est pas rare sous le climat inconstant de la France centrale, il est facile de hâter la formation des pommes de choufleur en déchaussant chaque pied pour lui donner une poignée de noir animal, qu'on recouvre de terre en tassant légèrement ; il faut dans ce cas arroser plus largement que de coutume.

F. — Conservation.

Les plantations de choufleur doivent avoir été calculées de manière à ce qu'en novembre il y ait des planches prêtes à être récoltées, et d'autres à peu près à moitié de leur végétation ; c'est la provision d'hiver. Les choufleurs entièrement mûrs se conservent bien pendant un mois ou deux, posés simplement sur des tablettes ou dressoirs dans un lieu bien sec, où ils ne puissent être atteints par la gelée. On peut aussi les suspendre, la tête en bas, à des clous disposés de manière à garnir les dressoirs dessus et dessous. Dans tous les cas, on coupe la tige un peu près possible du collet de la racine, et l'on retranche les feuilles en leur laissant 0m,08 de la côte qui les supporte. Lorsqu'on veut les vendre ou les employer, il faut, un jour ou deux d'avance, faire tremper les tiges dans l'eau jusqu'à la naissance de la pomme ; ils sont alors presque aussi bons qu'au moment de la récolte, pourvu qu'on les consomme immédiatement ; car s'ils attendent seulement 48 heures, ils fondent en cuisant et ne laissent qu'un paquet de filaments dont il est impossible de tirer aucun parti. C'est ce qui arriverait infailliblement par suite d'une conservation trop prolongée. Les choufleurs, au bout d'un temps plus ou moins long, deviennent hors d'état de reprendre leur fraîcheur, et restent nécessairement filandreux. Comme rien ne l'annonce au dehors, l'acheteur peut aisément y être trompé, mais il n'est trompé qu'une fois, et le jardinier qui se respecte doit, même dans son intérêt, s'abstenir d'une fraude si coupable.

Les choufleurs dont les pommes sont à demi formées s'enlèvent avant les premiers froids, soit en motte, soit avec le plus de terre possible à la racine ; on les dégarnit de feuilles et on les dispose côte à côte dans la réserve économique, absolument comme les choux (voir Choux, conservation). Ils continuent de grossir, sans toutefois atteindre au volume qu'ils auraient acquis en suivant le cours ordinaire de leur végétation ; mais comme ils dureront bien plus avant dans l'hiver que ceux qu'on a cueillis à parfaite maturité, ils se vendent toujours un bon prix, et sont une ressource précieuse pour l'amateur d'horticulture. Les jardiniers anglais ne repiquent pas les choufleurs qu'ils se proposent de conserver pendant l'hiver, ils les sèment en place à bonne exposition, dans les premiers jours de juillet, à 0m,35 en tout sens, et les arrosent modérément pour obtenir les premières pommes à la fin de septembre ; c'est toujours le choufleur à pomme tendre qu'ils cultivent de cette manière. Vers le premier novembre les pommes de ces choufleurs ont atteint leur développement complet ; on les dépouille de leurs grosses feuilles ; ils sont ensuite levés en motte avec le plus de terre possible, et placés à l'abri dans un lieu où ils ne puissent être atteints par la gelée ; le plus souvent dans une cave exempte d'humidité. Nous ne pensons pas qu'il soit nécessaire de s'astreindre de repiquer les choufleurs semés en juillet pour arriver au même résultat ; la transplantation qui hâte la formation des têtes ne peut être au contraire que favorable.

G. — Frais et produits.

La culture des choufleurs offre toujours de très grands bénéfices quand elle est bien conduite ; les frais et les produits sont très difficiles à bien apprécier dans les environs de Paris, parce que rarement un terrain leur est consacré en entier et pendant toute l'année, ce qui complique les comptes du loyer et du fumier. On plante les choufleurs à 0m,50 en tout sens ; un are de terrain en reçoit par conséquent 20 lignes de 20 chacune, soit 400 pieds de choufleurs. Le prix est à Paris excessivement variable, de 10 à 60 c. ; quelquefois un beau choufleur forcé, de grande primeur, se vend jusqu'à 1 fr. 50 c. Une moyenne de 30 c. approche beaucoup de la vérité comme prix de vente pour les jardiniers qui, ne consacrant à la culture du choufleur qu'un espace borné, les obtiennent tous dans leur plus grande perfection. Un are de choufleurs donne donc 120 fr. de produit brut réalisé au milieu de la belle saison, lorsque le sol peut encore porter, soit une seconde récolte de choufleurs, soit une ou deux autres récoltes d'une valeur égale. Les frais sont, par approximation :

Loyer.........................	9 fr.
Fumier........................	28
Main-d'œuvre..................	23
TOTAL......	60

a déduire de 120 fr. de produit brut, reste pour bénéfice net, 60 fr. par are, ou pour 33 ares (ancien arpent de Paris) 1,980 fr. Les cultures successives peuvent donner dans la même année un profit aussi considérable que celui des choufleurs ; on voit combien il est avantageux de faire entrer ce légume dans la rotation des cultures maraîchères de pleine terre.

§ III. — Brocolis.

Le brocoli, variété de chou qui offre avec le choufleur la plus grande analogie, n'en est qu'une sous-variété. Considéré comme légume, il est préférable au choufleur sous le double rapport de la délicatesse et du volume de ses têtes. Le brocoli, originaire d'Italie, est peu cultivé en France, non pas que sa culture offre plus de difficulté que celle du choufleur, mais parce qu'il est moins généralement apprécié des consommateurs au goût desquels le jardinier de profession est obligé de se conformer. On peut lui appliquer de tout point les procédés de culture que nous indiquons pour le choufleur, en lui réservant dans le potager la situation la mieux abritée et l'exposition la plus méridionale ; il se conserve pendant l'hiver de la même manière que le chou et le choufleur quand il est tout formé à l'époque des premiers froids ; mais un grand nombre d'espèces n'achèvent de former leur tête qu'au printemps de l'année qui suit celle où elles ont été semées. Les brocolis les moins avancés à l'entrée de l'hiver doivent être levés en motte avec le plus de terre possible ; on creuse à la même place un trou assez profond pour que la plante dégarnie de ses feuilles inférieures y puisse tenir à l'aise, en laissant seulement au dehors la tête qu'on a soin de couvrir de litière sèche pendant les gelées. Les brocolis ainsi traités végètent lentement pendant l'hiver, et terminent leur croissance au printemps.

Un habile jardinier anglais, M. Wood, qui pendant 14 ans s'est occupé spécialement de la culture du brocoli, a reconnu que le meilleur engrais pour cette plante consiste dans un mélange de sable de mer et de crottin de cheval. Les jardiniers éloignés de la mer remplacent facilement le sable de mer par du sablon fin arrosé d'eau salée.

Le brocoli peut être cultivé sans transplantation, par semis en place. A cet effet on marque les places comme pour une plantation, à 0m,65 de distance en tout sens, et à un mètre pour les deux espèces les plus volumineuses. On sème quatre graines à chaque place pour ne conserver que le pied le plus vigoureux, qu'on traite du reste comme du plant transplanté.

Les Anglais, très amateurs de brocolis, en ont un grand nombre de variétés, toutes dérivées du blanc et du violet par des croisements hybrides, soit accidentels, soit artificiels. Les amateurs de cet excellent légume, trop peu apprécié en France, nous sauront gré de leur indiquer les meilleures espèces de brocolis cultivées en Angleterre ; il est facile de s'en procurer de la graine à Paris. Le brocoli, avec des soins convenables, peut réussir partout en France ; au sud de la Loire, il réussit mieux que le choufleur.

1° *Brocoli pourpre d'automne.* Sa tête est d'un vert mêlé de violet ; on le sème en mai ; il donne successivement ses têtes depuis la fin d'août jusqu'au commencement de décembre.

2° *Brocoli pourpre hâtif.* Il s'élève à près d'un mètre ; il donne, outre sa tête principale, de petites têtes latérales dans les aisselles des feuilles qui sont comme les fleurs d'un vert clair mêlé de violet.

3° *Brocoli pourpre nain.* C'est le plus lent à croître de tous les brocolis ; il ne finit de former sa tête qu'en avril et mai de l'année qui suit celle où il a été semé ; la plante tout entière n'a pas plus de 0m,32 de hauteur ; la pomme qui affecte une forme presque conique est assez grosse et d'un goût délicat.

4° *Brocoli vert à tête serrée.* Sa tête ne devient jamais très grosse ; elle est d'un beau vert ; elle mûrit en janvier et février.

5° *Brocoli jaune soufre.* Il se sème en avril pour donner ses têtes au mois d'avril de l'année suivante. Les jardiniers anglais le distinguent entre les meilleures.

6° *Brocoli à grosse tête.* On le sème en mars pour obtenir sa tête à la même époque de l'année suivante. Ce brocoli pousse avec beaucoup de vigueur ; les pieds doivent être espacés à un mètre les uns des autres en tout sens.

7° *Brocoli de Portsmouth.* C'est le plus gros des brocolis connus ; les têtes ont souvent jusqu'à 0m,65 de circonférence ; il doit être comme le précédent, espacé à 1 mètre.

8° *Brocoli à bractées.* M. Knight, célèbre horticulteur anglais, a obtenu récemment cette belle variété ; chaque ramification de sa tête est protégée par une bractée qui se rabat par-dessus et la couvre presque en entier.

9° *Brocoli de Danemarck ou de Sibérie.* Excellente variété tardive. Il serait à désirer que la culture de ce brocoli se répandit dans le nord de la France ; elle résiste parfaitement en plein air, sans aucun abri, aux hivers les plus rudes du climat de la Grande-Bretagne ; ses têtes, d'un vert pâle, ne le cèdent en rien pour le volume et la qualité à celles des autres brocolis.

§ IV. — Pois.

La culture des pois, même aux environs des villes qui absorbent d'énormes quantités de pois verts, est une des moins lucratives pour le jardinier de profession ; il est probable qu'elle serait depuis longtemps abandonnée, si ce légume ne possédait au plus haut degré la faculté de croître et de fructifier sans aucune espèce d'engrais. Les pois cultivés avec une dose de fumier d'écurie semblable à celle qu'exigent les autres légumes, poussent de larges feuilles, des tiges d'une longueur démesurée, et donnent à peine quelques fleurs stériles pour la plupart ;

c'est donc le meilleur produit pour lequel on puisse utiliser les terrains qu'il est impossible de fumer. Paris ne doit qu'à cette seule circonstance les millions de litres de pois verts livrés chaque année à sa consommation.

Parmi les diverses espèces de pois qui sont l'objet de la culture jardinière, le plus grand nombre est cultivé exclusivement pour sa graine à demi formée ; quelques-unes sont cultivées à la fois pour leur graine et pour la cosse qui la renferme ; celle-ci étant dépourvue de parchemin intérieur, est mangeable, et donne aux pois qui la produisent le nom de *mange-tout*. Enfin, deux ou trois variétés ne sont cultivées que pour leur graine entièrement mûre ; mais ces dernières sont plutôt l'objet de la grande culture que de la culture jardinière.

A. — *Pois à écosser.*

1. *Pois de Marly.* Si le goût public ne devait pas être le seul arbitre de la qualité d'un mets, nous dirions que le meilleur de tous les pois à écosser, quant à la finesse de la saveur et à l'abondance des produits, est le pois de Marly, à grandes rames, espèce tardive qui n'est presque consommée que par le peuple, attendu qu'elle ne vient sur les marchés à une époque où les pois sont si bas prix que les riches les dédaignent.

2. *Pois Michaux.* Cette espèce, que nous mettons seulement au second rang, se place ordinairement en première ligne ; la variété précoce à rames constitue à proprement parler le petit pois de Paris. Nous ne connaissons à ce pois d'autre défaut que sa propension à contracter une amertume peu agréable quand il est cultivé plusieurs années de suite dans le même terrain, surtout si ce terrain n'est pas de première qualité ; mais convenablement cultivé et intercalé entre d'autres cultures, il est excellent. Le Michaux nain de Hollande, très recherché comme précoce, produit fort peu.

3. *Pois de Clamart.* C'est le meilleur d'entre les pois tardifs après le pois de Marly. C'est celui qu'il faut semer lorsqu'on désire prolonger les récoltes par les semis les plus tardifs.

4. *Pois de Knight* ou *ridé*, importé d'Angleterre, en 1810, par M. Vilmorin. Ce pois est tardif et très productif ; il est excellent, quoique un peu gros, ce qui lui nuit pour la vente. C'est une des variétés les plus précieuses pour les amateurs comme pour les cultivateurs, car il vient facilement et produit beaucoup ; il en existe une variété à grains verts.

5. *Pois Prince-Albert*, importé d'Angleterre par M. Bossin, en 1842. Il est nain et plus précoce de 7 à 8 jours que tous les autres pois.

B — *Pois mange-tout.*

La saveur et les qualités de toutes les variétés de pois sans parchemin diffèrent peu entre elles ; le blanc à grandes cosses est le meilleur pour la pleine terre ; nous recommandons surtout l'excellente variété connue à Nantes sous le nom de *pois sans parche*, et le

turc ou couronné dont les gousses sont d'une exquise délicatesse.

C. — *Pois à écosser secs.*

Pour toute la France septentrionale et centrale, le gros pois vert normand à très grandes rames est celui qui produit le plus en sec ; il est presque le seul employé à la préparation des farines de légumes cuits. Dans nos départements du midi, ce pois ne résiste pas à la sécheresse ; il est remplacé par le *pois montant* de Provence, dont le grain très gros est assez bon, quoique moins délicat que le pois vert ou garvance.

Le pois chiche, connu aussi dans le midi sous le nom de pois pointu, en raison de sa forme, est un des plus recherchés pour manger en sec ; on l'emploie aussi réduit en farine ; il ne rame point et diffère beaucoup des autres plantes du même genre ; il constitue une espèce botanique distincte du pois ; contrairement aux autres pois, il ne réussit qu'avec beaucoup d'engrais.

Les espèces que nous venons d'indiquer sont les seules qui nous semblent mériter d'être cultivées ; toutefois, le jardinier, pour se conformer au goût des consommateurs, est souvent forcé d'adopter des variétés de pois peu recommandables en elles-mêmes. C'est ainsi qu'un de nos confrères, placé près d'une petite ville du Morbihan, fut tout désappointé, il y a quelques années, de ne pas trouver d'acheteurs pour d'excellents pois Michaux dont il avait fait venir la graine de Paris. Les palais peu délicats des consommateurs bretons n'en appréciaient nullement le mérite ; ils préféraient des pois durs et coriaces, gros comme des balles de pistolet ; les autres, disaient-ils, fondaient en cuisant, et il ne restait rien à manger.

D. — *Choix de la graine.*

Peu de semences sont plus exposées que les pois secs aux atteintes des bruches, surtout dans les espèces de choix ; mais ces insectes ne s'en prennent ordinairement qu'aux cotylédons, en respectant le germe qui est apparemment moins de leur goût, en sorte qu'on aurait tort de rejeter comme impropres à être semés les pois percés des vers ; la plupart du temps ils lèvent tout aussi bien que ceux qui n'ont point été attaqués. Le meilleur moyen de conserver aux pois leur faculté germinative, c'est de ne les écosser qu'au moment de les semer, et de garder les cosses pleines étendues sur un plancher parfaitement sec.

E. — *Préparation du sol.*

Aucun terrain ne convient mieux aux pois qu'un sol entièrement neuf, soit qu'il ait été récemment défriché, soit que pendant plusieurs années il n'ait porté aucune récolte. Nous avons dit combien une fumure d'engrais récent d'étable ou d'écurie est contraire à la fructification des pois ; quand le sol semble trop maigre, le seul engrais qui influe d'une manière efficace sur la production des pois, est le terreau de feuilles mortes ou tout autre terreau de nature purement végétale, appliqué soit seul, soit en mélange avec des cendres de bois, de tourbe ou de rouille.

Les cendres de toute espèce, mais principalement les cendres de bois, conviennent très bien aux pois et activent leur végétation avec beaucoup d'énergie. Le meilleur moyen de les employer à cette culture consiste à les répandre sur le sol après qu'il a reçu deux façons à la bêche ; on enterre alors les cendres par un léger versage au râteau, et l'on sème immédiatement. Mais, pour opérer de cette manière, il faut posséder une assez grande quantité de cendres, car, pour en obtenir un résultat sensible, il n'en faut pas moins de 15 à 20 litres par are. Si l'on n'en a qu'une quantité médiocre à sa disposition, il vaut mieux ne pas répandre les cendres sur tout le terrain et les réserver pour les appliquer sur la semence au moment de la recouvrir. Dans les pays exposés à des pluies surabondantes, on assure l'égouttement du sol destiné à la culture des pois, en le formant en gros billons dont on creuse légèrement la crête pour y semer des lignes de pois ; dans le midi, au contraire, on façonne toute la surface du sol en rigoles, au fond desquelles on sème, afin de mieux préserver les pois des effets de la sécheresse.

F. — Semis.

On sème les pois, soit en lignes espacées entre elles de $0^m,16$ à $0^m,32$, selon les espèces, soit par touffes espacées dans des proportions analogues. La première méthode convient mieux aux pois nains qui n'ont pas besoin d'être ramés ; la seconde s'applique de préférence aux pois à rames. Dans les localités où l'excès de l'humidité est à craindre, les semis en lignes valent mieux pour toutes les espèces, ramées ou non, parce qu'il s'établit toujours entre les lignes des courants d'air qui facilitent l'évaporation. On a soin de donner aux lignes la direction la plus conforme à celle des vents qui règnent ordinairement dans la contrée. Les pois de toute espèce doivent au contraire être semés par touffes plutôt qu'en lignes, dans les lieux où l'on craint l'excès de la sécheresse. Les touffes conservent mieux l'humidité au pied des plantes réunies plusieurs ensemble. Dans ce but, on fait les trous profonds qu'il n'est nécessaire, pour qu'après avoir recouvert suffisamment les pois, il reste un rebord saillant qui puisse servir à butter les pois quand ils ont atteint la hauteur de $0^m,10$. Par ce moyen, la racine est préservée le plus longtemps possible des effets du manque d'humidité.

Sous le climat de Paris, on sème les premiers pois, vers le 25 novembre, sur plate-bande ou costière bien abritée, à l'exposition du midi ; on les nomme vulgairement pois de Sainte-Catherine. Le pois de Hollande et le pois Michaux à rames sont les meilleures espèces pour les semis destinés à passer l'hiver en pleine terre ; la seconde de ces deux espèces nous a toujours paru, quant au produit, préférable à la première. Les pois de Sainte-Catherine gèlent toujours pendant l'hiver, mais non pas jusqu'à la racine ; dès les premiers beaux jours de la fin de février, deux tiges latérales remplacent de chaque côté la tige principale atteinte par la gelée. Excepté dans quelques localités privilégiées, ces tiges sont toujours peu productives ; c'est une culture d'amateur, sur les produits de laquelle le jardinier de profession ne peut pas compter.

Les seconds semis, presque aussi aventurés que les premiers, se font dans les premiers jours de février ; on les nomme communément pois de la Chandeleur. On y emploie les mêmes espèces que pour les semis de la Sainte-Catherine ; ils ont en général un peu plus de chances de succès que les premiers. Comme primeur, leurs produits ne sont guère devancés par ceux des autres que de quelques jours, après un hiver doux ; quand l'hiver a été rigoureux, les seconds semis remplacent les premiers qui sont entièrement perdus.

Ces époques ne sont que de simples indications peu précises ; il arrive souvent à Paris que les froids les plus rudes viennent en février ; nous avons vu bien des fois la Seine prise pendant ce mois justifier le proverbe : *A la Chandeleur, grande douleur*. Dans ce cas, on ne peut semer les premiers pois en pleine terre qu'à la fin de février.

L'époque la plus générale des semis de pois en pleine terre, à toute exposition, commence à la fin de mars et dure jusqu'à la fin d'avril (de la Saint-Joseph à la Saint-Marc). On peut continuer à semer des pois de quinze en quinze jours, pendant tout l'été, en ayant soin de réserver les pois de Clamart, de Knight, de Marly pour les derniers semis. Les autres espèces lèvent, poussent et même fleurissent aussi bien à l'arrière-saison qu'au printemps, mais leurs fleurs sont presque toutes stériles. Les pois, même ceux des espèces tardives, ne peuvent être semés plus tard que la fin de juillet, encore ceux qu'on sème dans la dernière semaine de ce mois sont-ils fort exposés : les nuits froides de l'arrière-saison, même lorsqu'il ne gèle pas, suffisent pour arrêter la fécondation des fleurs et rendre nulle la récolte des pois confiés trop tard à la pleine terre.

G. — Détails de culture.

La première partie de la culture des pois est la plus importante ; quand ils ont été semés convenablement dans un sol bien préparé, le succès en est certain. Les pois de toute espèce ont besoin d'un binage lorsqu'ils atteignent la hauteur de $0^m,10$ à $0^m,15$; avant de les biner, si le sol est maigre et que la végétation semble languissante, on peut leur donner au pied un peu de terreau ou de cendres qu'on enterre par le binage. Les pois nains veulent être binés deux fois à quinze ou vingt jours d'intervalle. Les pois à rames ne peuvent guère être binés qu'une fois, parce que les rames une fois placées s'opposent aux binages successifs.

On doit *pincer* les pois des premiers semis quand ils sont en fleurs, afin d'en hâter
la fructification. Cette opération consiste à enlever les sommités des tiges pour les empêcher
de s'emporter, et faire tourner toute la sève au
profit des fleurs développées les premières à la
partie inférieure des plantes. On diminue ainsi
la production, mais on gagne du temps, et c'est
beaucoup quand on cultive pour les marchés
des grandes villes. A Paris, il n'est pas rare de
voir les pois vendus 5 et 6 fr. le litre le lundi,
ne valoir que 50 à 60 c. le samedi de la même
semaine ; les premiers arrivés ont donc un immense avantage, et l'abondance des produits
n'est plus, dans ce cas, qu'une considération
d'une importance tout-à-fait secondaire.

Lorsqu'on veut cultiver sans rames des pois
destinés à être ramés, on peut y suppléer jusqu'à un certain point en couchant sur le sol les
tiges lorsqu'elles commencent à fleurir ; leur
extrémité se relève d'elle-même ; elle se soutient mieux et produit davantage que si la
plante n'avait point été couchée. Il suffit pour
cela de maintenir les pois avec des bouts de
lattes ou de treillage. Ce mode de culture ne
peut être recommandé; lorsqu'on manque de rames. il ne faut cultiver que des pois nains ; nous
l'indiquons seulement comme un moyen de rendre l'absence de rames moins désavantageuse.

Les jardiniers qui emploient, à la récolte des
pois, des femmes à la journée, doivent veiller
avec soin à ce qu'elles ne déracinent pas les
plantes qui adhèrent fort peu au sol à cette
époque de leur végétation.

H. — *Frais et produits.*

FRAIS.

Location de 33 ares, à 300 fr. l'hectare. . . .	100 f
Semences, 100 litres à 90 c.	90
Cendres.	50
Main-d'œuvre.	120
TOTAL.	360

L'article main-d'œuvre comprend les labours, les binages et la récolte. Pour les pois à
rames, il faut ajouter environ 60 fr., montant
de l'intérêt et du dépérissement des rames, ce
qui porte le total des frais à 420 fr.

PRODUITS.

On ne peut guère obtenir de 33 ares de bon
terrain au-delà de 1,200 litres de pois écossés
vendus en pleine saison de 40 à 50 c., moyenne
45 c.; c'est un produit total de 540 fr., qui ne
dépasse les frais de culture des pois à rames que
de 120 fr., ce qui ne laisse qu'un bénéfice net
très incertain et très minime pour le jardinier.
Il arrive très souvent qu'on obtient à peine de
33 ares 800 à 900 litres, les frais restant les
mêmes. Tout l'espoir d'un profit quelconque
réside uniquement dans le prix élevé qu'on
peut obtenir des 50 ou 60 premiers litres de la
récolte, susceptibles d'être vendus depuis 6 jusqu'à 3 fr., en moyenne 5 fr. 50 c., soit 275 fr.;

mais c'est un profit des plus aléatoires. Ainsi
que nous l'avons dit, la culture des pois en
grand ne paierait pas ses frais si elle n'utilisait
des terrains momentanément impropres, faute
d'engrais, à d'autres cultures; elle offre aussi
l'avantage d'une récolte réalisée assez tôt pour
être suivie d'une autre plus productive avant
la fin de la saison. Dans la grande culture, les
frais sont diminués de 50 fr. parce qu'on n'emploie point de cendres; le sol est aussi rarement loué sur le pied de 300 fr. l'hectare. Malgré tout cela, il reste sur la culture des pois
en pleine terre très peu de bénéfice réel (*voir*
Culture forcée).

§ V. — Fèves.

Les fèves sont peu cultivées dans les jardins
du nord et du centre de la France ; à Paris, ce
légume ne figure sur les bonnes tables que
comme primeur ; il est du reste classé parmi les
légumes communs traités en grande culture.
Dans tout le midi de la France les fèves sont, au
contraire, l'un des légumes les plus recherchés ;
néanmoins nous n'avons rencontré presque
partout dans les jardins du midi, que la variété de fève cultivée aux environs de Paris
sous le nom de fève de marais ; plusieurs autres
fèves seraient cependant préférables à la fève
de marais pour l'usage qu'en font les méridionaux qui les mangent crues, sans aucun assaisonnement. En Angleterre, où les fèves se mangent cuites, comme à Paris, on cultive plusieurs
variétés de ce légume ; on estime particulièrement les fèves précoces, et, parmi celles-ci,
celles dont le grain reste petit et l'enveloppe
tendre assez longtemps pour qu'on en puisse
jouir à l'état frais pendant six semaines.

A. — *Choix des espèces.*

Il doit être déterminé d'après le goût des
consommateurs quand on cultive pour le marché ; nous n'avons à indiquer ici que les espèces
jardinières.

1. *Fève de Mazagan, ou de Portugal.* Le nom
de cette fève est celui d'un petit établissement
que possédaient autrefois les Portugais sur la
côte d'Afrique, près du détroit de Gibraltar. La
fève de Mazagan reste toujours petite ; c'est la
plus précoce et en même temps la meilleure de
toutes. En Angleterre, elle perd en quelques
générations sa précocité; les relations fréquentes
entre l'Angleterre et le Portugal permettent de
renouveler la semence en la tirant de son pays
natal.

2. *Fève verte de Gênes.* Elle est seulement
un peu moins précoce et un peu plus grosse que
la précédente ; c'est une des meilleures à manger crues; elle est peu productive, chaque silique ne contenant au plus que 3 fèves, et bien
souvent deux seulement.

3. *Fève verte de la Chine.* Elle diffère peu,
quant au goût, de la fève de Gênes, mais elle
est très tardive. La fève verte de la Chine reste
toujours d'un beau vert, même quand elle est
mûre et sèche, couleur qu'elle conserve en cui-

sant; dans une terre fertile elle est très productive.

4. *Fève à fleurs rouges.* Elle se recommande par sa précocité; sa saveur particulière, très prononcée, n'est pas du goût de tout le monde : les Anglais, qui pourtant font grand cas de cette fève, l'ont surnommée avec raison *early asper,* âpre et précoce.

5. *Fève de Windsor.* Elle est connue en France sous le nom de fève à longues cosses. Dans la culture en grand, elle mérite une préférence exclusive, parce qu'elle est aussi bonne et d'un tiers plus productive que la fève de marais, qu'on lui préfère sans autre motif que l'habitude.

6. *Fève en éventail.* C'est la plus petite de toutes les fèves et l'une des meilleures. Elle ne dépasse jamais la hauteur de $0^m,15$ à $0^m,20$; elle pousse du pied des tiges latérales qui atteignent presque la hauteur de la tige principale, et donnent à l'ensemble de la plante la forme à laquelle elle doit son nom. Cette fève n'est point assez productive pour le jardinier de profession ; le jardinier amateur ne peut en choisir une plus agréable au goût et plus curieuse par son aspect bizarre ; elle est la plus avantageuse à forcer sans châssis comme grande primeur.

B. — *Détails de culture.*

La fève, quelle qu'en soit l'espèce, a besoin de beaucoup d'espace ; si elle est semée trop serrée, et que l'air ne circule pas librement autour de chaque plante, elle s'allonge outre mesure, elle fleurit très peu, et ses fleurs ne tiennent pas, de sorte qu'on n'obtient qu'une récolte de fourrage. Dans la culture jardinière, on sème par touffes à $0^m,25$ de distance dans un sens et $0^m,50$ dans l'autre ; les espèces naines précoces ont besoin, pour être productives, de presque autant d'espace que les fèves grandes. On sème en novembre les fèves précoces, au pied d'un espalier au plein midi ; il suffit de les abriter sous des paillassons pendant les fortes gelées. Si l'on ne sème qu'un rang ou deux très près du mur, il suffit pour les abriter d'un seul rang de paillassons appuyés contre le mur, comme le montre la *fig.* 305 *b.*; si dans la crainte de nuire aux ar-

Fig. 305 *bis.*

bres en espalier, on sème les fèves plus près du bord de la plate-bande, on les couvre pendant les gelées sous deux rangs de paillassons, disposés comme le représente la *fig.* 306. Ce

Fig. 306.

genre d'abri est le plus facile de tous à placer et à déplacer au besoin ; à défaut de paillassons, on peut employer des rames à pois sur lesquelles on jette de la litière sèche pendant les froids rigoureux.

Les sommités des fèves doivent être pincées au moment de la floraison pour empêcher la fleur de couler ; l'impossibilité de pratiquer cette opération dans la grande culture explique la différence énorme du produit des fèves traitées en plein champ, comme toute autre récolte agricole, et des fèves cultivées dans les jardins.

En Angleterre, on fait souvent marcher de front la culture des fèves et celle des pommes de terre jardinières sur le même terrain ; dans ce cas on donne aux lignes de pommes de terre un mètre de distance ; les lignes de fèves s'établissent au milieu de cet intervalle, non par semis, mais par repiquage ; les jardiniers anglais considèrent la fève comme aussi facile à transplanter que le chou. En France, les petits cultivateurs, dans leurs cultures de pommes de terre en plein champ intercalent souvent aussi des fèves semées en général dans le même trou et en même temps que les tubercules.

Pour les vrais amateurs, les fèves tardives ont autant de prix que les précoces ; on les rend aussi tardives que possible en coupant au niveau du sol toute la plante au moment où elle commence à fleurir. Si l'on a soin ensuite de l'arroser largement pendant les chaleurs, la plante reforme promptement des tiges qui fructifient à l'arrière-saison ; ce traitement peut s'appliquer avec succès à toutes les espèces de fèves pourvu que la suppression des premières tiges soit faite assez tôt pour laisser aux secondes le temps de porter fruit. La plupart des variétés précoces peuvent n'être retranchées qu'après avoir donné en vert une première récolte; si l'automne se prolonge, on peut espérer en novembre une seconde récolte égale à la première.

§ VI. — Haricot.

La culture de ce légume, introduit depuis la plus haute antiquité, de l'Inde son pays natal, dans le midi de l'Europe, est une des plus productives de toutes celles que peut pratiquer un jardinier. Aux portes d'une grande ville, les siliques à demi formées, si connues sous le nom de haricots verts, obtenues presque toute l'année par la culture artificielle, sont pour l'horticulteur-marchand la plus avantageuse et la moins aventureuse des primeurs ; dans les lieux éloignés des grands centres de consommation, le grain récolté sec est d'une conservation facile ; il se transporte aisément et trouve partout des acheteurs. Peu de plantes légumineuses ont été plus diversement modifiées par la culture : chaque grande division de notre sol possède sa variété de prédilection qui dégénère plus ou moins en se déplaçant. Nous indiquerons les principales, en groupant séparément les haricots dont on recherche particulièrement le grain, soit frais, soit sec, ceux qui se mangent seulement en vert, et ceux dont la cosse restant verte et tendre jusqu'au moment où le grain est entièrement formé, sont appelés mange-tout.

A. — *Haricots à écosser.*

1. *Haricot de Soissons.* Nous devons placer en première ligne le haricot de Soissons : ce n'est pas une variété distincte, c'est le haricot blanc commun à grain plat. Mais, à Soissons, une culture très soignée, dans un sol très favorable, a porté le haricot à son plus grand degré de perfection ; en sorte que, partout ailleurs, la même variété, quoique très bonne, est inférieure au véritable haricot de Soissons. On cultive dans l'Aisne les deux variétés du haricot blanc commun, l'une a très grandes rames, l'autre naine et très basse ; la première est de beaucoup la meilleure.

2. *Haricot sabre.* Il doit son nom à la forme et à la longueur de ses cosses qui atteignent souvent la longueur de $0^m,25$ à $0^m,30$. On en connait deux variétés, l'une à grandes rames, l'autre naine. Leurs produits sont également bons, mais le haricot sabre nain offre l'inconvénient fort grave de ne pas soutenir ses cosses, qui, en raison de leur longueur, traînent sur le sol et y pourrissent, pour peu qu'il soit humide ; on ne peut donc le cultiver avec succès que sur un sol parfaitement sain. Le haricot sabre à grandes rames est au moins égal au haricot de Soissons, quoiqu'il ne soit pas aussi estimé. En Belgique et dans le nord de la France, on coupe en minces lanières ses siliques avant que le grain n'y soit formé ; elles se mangent ainsi, soit fraîches, soit conservées avec du sel ; c'est une ressource précieuse pour l'hiver.

3. *Haricot blanc d'Espagne.* Ce haricot, le plus productif de tous, quoiqu'il ne soit pas le plus délicat, a contre lui sa susceptibilité à l'égard du moindre froid qui le fait périr en un instant, et la nécessité où l'on est de lui donner de très fortes rames, ce qui rend sa culture très coûteuse. Néanmoins, même sous le climat de Paris, sa culture offre de grands avantages ; son grain très volumineux est très convenable pour la préparation des farines de légumes cuits dont l'usage devient de jour en jour plus commun.

4. *Haricot gris rayé.* Tout l'ouest ne connait presque pas d'autre haricot ; on l'y nomme *pois gars.* Quoique peu productif, il convient au climat de ces contrées et au caractère des habitants, en ce qu'il vient presque sans culture, dans des circonstances où tout autre haricot refuserait de croître.

5. *Haricot flageolet.* Ce haricot de six semaines, ou nain hâtif de Laon, est d'une culture très facile et fort recherché à juste titre pour être mangé en grain vert. Il conserve bien mieux que le Soissons ses excellentes qualités, lorsqu'on le change de sol ; les terres légèrement calcaires lui sont très favorables.

Les meilleures variétés de haricots à écosser, après ceux qui précèdent, sont le flageolet des environs de Paris, le gris de Bagnolet, le rouge d'Orléans, le rouge de Suisse, le ventre-de-bi-

che, connu dans l'ouest sous le nom de *vois de savon,* le blanc d'Amérique et le mohawk.

B. — *Haricots verts.*

Tous les haricots, à l'exception de ceux d'Espagne et du Pérou dont la cosse est recouverte d'une peau chagrinée, peuvent être mangés en vert, de même que tous les haricots verts peuvent être consommés en sec ; mais quelques espèces sont plus spécialement recherchées pour la délicatesse de leurs siliques vertes.

1. *Haricot nain de Hollande.* Les jardiniers des environs de Paris ne cultivent presque pas d'autre variété pour grande primeur ; ils ont reconnu qu'à égalité de frais et de soins, ce haricot devance toujours les autres de 8 à 10 jours.

2. *Haricot nègre de Touraine.* Ce haricot nain, aussi bon que le précédent pour être mangé en vert, est moins hâtif. Il faut le cueillir très fin ; il perd une partie de ses qualités lorsqu'on laisse prendre aux siliques vertes trop de développement.

3. *Haricot nain jaune du Canada.* Il se recommande par l'absence des filaments et de la membrane intérieure ou du *parchemin* qui se rencontre dans les siliques des autres espèces quand le grain commence à s'y former.

C. — *Haricots mange-tout.*

1. *Haricot prudhomme* ou *predomme.* C'est le mange-tout le plus complétement digne de ce nom ; ses siliques restent tendres et charnues jusqu'au parfait développement de la graine qui d'ailleurs, récoltée sèche, réunit toutes les qualités des meilleurs haricots, mais on lui donne rarement cette destination. En Belgique, on en cultive une excellente variété sous le nom de haricot princesse.

2. *Haricot rouge de Prague.* Presque aussi productif, mais moins délicat que le précédent ; l'un et l'autre ne réussissent bien que dans un sol très riche et frais ; en terre sèche et maigre ils donnent peu et deviennent coriaces.

3. *Haricot Lafayette.* Introduit à Paris, en 1845, par M. E. Lefèvre, on croit qu'il avait été envoyé d'Amérique au général Lafayette. Nous ne connaissons pas de haricot aussi avantageux pour les cultures jardinières de la campagne ; sa gousse, large de 2 doigts et longue de $0^m,20$, est extrêmement plate, d'un vert très intense, presque sans filament et très tendre. Le produit de chaque pied est considérable, il rame très haut ; le produit en grain est médiocre : c'est donc uniquement comme mange-tout qu'il faut le cultiver.

4. *Haricot translucide.* Introduit aussi à Paris par le même cultivateur, nous le recommandons à tous les vrais amateurs comme digne de figurer dans les potagers les plus recherchés. On ne doit le manger que lorsque sa gousse a acquis tout son développement : elle est alors ronde, très charnue, cassante, d'une belle couleur jaune beurre frais ; en cuisant, elle devient blanchâtre, ce qui est un inconvénient pour la vue, mais lorsqu'on la mange, on

la trouve d'un moelleux sans égal et jamais accompagné de ce goût de vert qui gâte souvent l'agrément des autres variétés. Il ne faut pas la semer de bonne ieure, car elle craint le froid. Son grain est bon en sec.

Cette liste pourrait être beaucoup plus nombreuse ; nous croyons devoir nous borner aux espèces et variétés réellement dignes d'être cultivées. Les iaricots de Lima et du Cap ne peuvent occuper une grande place dans nos jardins, tant qu'on n'en aura pas obtenu par la culture une variété moins sensible au froid ; il leur faut un espalier en plein midi, même dans le centre de la France, ils ne réussissent en plein champ que dans le midi.

Haricots à très grandes rames.

Haricot
- d'Espagne blanc et violet.
- de Soissons.
- sabre.
- prudhomme.
- Lafayette.
- translucide.

Haricots à rames moyennes.

Haricot
- rouge de Prague.
- savon, ou ventre-de biche.
- riz.

Haricots nains.

Haricot
- nain de Hollande.
- flageolet.
- nègre de Touraine.
- nain jaune du Canada (le plus nain des haricots).
- gris rayé (pois gars de Bretagne).
- blanc d'Amérique.
- Mohawk.
- noir de Belgique (le plus précoce des haricots).

CULTURE DU HARICOT.

D. — *Préparation du sol.*

Un ou deux labours préparatoires et une fumure composée d'engrais bien consommé suffisent au haricot lorsque le sol est de bonne qualité ; s'il est maigre ou trop compacte, c'est une excellente précaution que de façonner en gros billons, avant l'hiver, la terre qu'on se propose d'ensemencer en iaricots au printemps. Le iaricot peut occuper 3 ou 4 ans de suite le même sol, sans que la quantité et la qualité de ses produits soient altérées.

E. — *Semis*

Il n'est point indifférent, comme l'ont assuré quelques auteurs, de semer le iaricot en touffes ou en lignes. La première méthode, conservant mieux l'humidité du sol, est préférable partout où le climat et la nature du terrain font redouter une trop rapide évaporation ; en Belgique et en Hollande, où l'humidité est toujours surabondante au point que quelquefois la fleur du haricot ne peut nouer, on favorise l'évaporation par les semis en lignes.

Les semis par touffes se pratiquent dans des fosses disposées en quinconce. On place dans chaque trou, profond de 0m,10, depuis 3 jusqu'à 7 iaricots, selon la vigueur des espèces ; chaque trou est rempli de la terre prise dans celui qui le suit. L'espace entre les lignes de trous varie de 0m,16 à 0m,32. Lorsqu'on ne dispose que d'une petite quantité d'engrais pour la culture du iaricot, on peut se dispenser de fumer la terre en la labourant, et réserver l'engrais pour le placer dans les trous, en même temps que les iaricots au moment des semis. A défaut de bon fumier, la cendre de bois, même en très petite quantité, produit sur la végétation des iaricots un effet très énergique. Les cendres de tourbe, et même celles de houille, grossièrement tamisées, sont également utiles, quoique à un moindre degré ; on les applique directement sur la graine avant de la recouvrir de terre.

Voici le meilleur procédé pour les semis de iaricots en plate-bande au pied des murs d'espalier à l'exposition du midi. On sait que le moindre froid tardif détruit les iaricots, qui ne supportent pas la température inférieure à zéro ; il arrive donc très souvent que les semis trop hâtifs sont faits en pure perte. Afin d'obvier à cet inconvénient, on répand sur le sommet d'un tas de fumier quelques centimètres de bon terreau ; l'on y sème les iaricots très près les uns des autres, et l'on humecte légèrement ; en peu de jours les iaricots lèvent. Si le temps se montre propice, quelques arrosages favorisent l'action de la couche, les iaricots prennent leurs premières feuilles en très peu de jours. Ils sont alors bons à repiquer en place, en lignes, à bonne exposition. Mais si l'état de la saison fait craindre quelques gelées, on s'abstient d'arroser les semis de iaricots et on les recouvre de quelques centimètres de litière sèche. Ils bravent en cet état une gelée de 2 ou 3 degrés ; leur végétation est en quelque sorte suspendue ; au premier beau temps on la ranime en un moment en découvrant et arrosant à propos. Les iaricots, ainsi repiqués, devancent toujours ceux qu'on sème en place dans les mêmes conditions. Ce procédé, très simple, évite toute chance de perdre la semence par une gelée imprévue, sans occasionner aucun retard préjudiciable à la vente des produits. L'époque des premiers semis de iaricots en pleine terre varie selon la température ; on peut regarder la semence comme perdue lorsque le iaricot, sorti de terre, peut être atteint par une gelée blanche. On peut ensuite semer tout l'été, de 15 en 15 jours, jusqu'au mois d'août. Les semis d'août ne donnent que du iaricot vert.

F. — *Détails de culture.*

Les iaricots de toute espèce doivent être binés dès qu'ils ont pris leur quatrième feuille, ou même plus tôt, si la terre a été battue par les pluies, puis durcie par la sécheresse. Les variétés montantes reçoivent alors leurs rames: si l'année s'annonce comme devant être plutôt humide que sèche, et que la végétation des haricots semble languir, on fera bien de répandre au pied de chaque touffe un peu de cendre ou de bon terreau sec, qu'on recouvrira par un léger buttage. Cette opération doit être faite avec grand soin, car, une fois les rames mises en place, il est difficile de les renouveler.

Dans les pays exposés aux vents violents, on incline les rames, au lieu de les planter verticalement, et l'on ajoute à leur solidité en les croisant et les liant deux à deux près de leur sommet, comme le représente la *fig.* 306 *bis.* Il

Fig. 306 *bis.*

est bon de charbonner les rames par l'extrémité qui doit séjourner en terre, afin d'en prolonger la durée. Les perches de chêne et de hêtre sont les meilleures pour les haricots de grandes dimensions; elles ne doivent pas avoir moins de 2 mètres à 2^m,50 hors de terre.

Les haricots nains veulent être binés au moins deux fois, et trois ou quatre fois quand la sécheresse se prolonge et qu'il est impossible de les arroser. Nous ne pouvons trop insister sur ce fait trop peu apprécié des horticulteurs, que les binages réitérés suppléent jusqu'à un certain point au défaut d'eau. On ne peut nier qu'une terre absolument desséchée ne soit impropre à toute espèce de végétation; mais c'est un préjugé de croire qu'en remuant fréquemment sa surface on augmente les effets pernicieux de la sécheresse. L'expérience prouve au contraire que les racines des plantes, surtout celles qui, comme les racines du haricot, ne pénètrent pas très avant dans le sol, souffrent moins de la privation d'eau, lorsqu'on ne permet pas à la surface du sol de se durcir et qu'on donne accès aux influences atmosphériques toujours si puissantes sur toute espèce de végétation. Ainsi, dans un sol sec et qui n'a pas été biné, les racines sont comme étranglées à leur collet; la plante devient malade; les feuilles qui devraient lui puiser sa principale nourriture dans l'atmosphère, sont troublées dans leurs fonctions par l'état maladif des racines; il en résulte trop souvent la mort du végétal, détruit bien moins par la sécheresse en elle-même que par le défaut des soins de culture, destinés à en combattre et à en atténuer les fâcheux effets.

La fleur du haricot est fort peu adhérente; elle se détache aisément, surtout quand la plante a souffert de la sécheresse. Il importe donc beaucoup de ne pas lui imprimer de trop fortes secousses pendant la récolte du haricot vert, récolte qu'on commence quand la plante est encore chargée de fleurs. Les femmes chargées de ce soin aux environs de Paris laissent croître pour cet usage l'ongle de leur pouce, en sorte qu'elles coupent net le support du haricot vert, sans ébranler la plante. Ces détails ne doivent point sembler minutieux, car les produits peuvent être diminués de plus de moitié, à frais égaux, faute de précautions suffisantes dans la manière de les récolter.

Dans nos départements méridionaux où les haricots font constamment partie de la nourriture des habitants des campagnes, des essais suivis d'un plein succès ont démontré la possibilité de cultiver très en grand les haricots d'Espagne, de Lima et du Cap, dont les racines sont vivaces. Il suffit de les butter après la récolte, et de les préserver de la gelée avec de la litière ou des feuilles sèches; les rejetons qu'elles produisent au printemps sont aussi productifs que les haricots semés chaque année; il y a économie de main-d'œuvre, et l'on épargne la semence. Pour répéter cette expérience sous le climat de Paris, il faut arracher à l'arrière-saison les racines des haricots vivaces après avoir retranché les tiges desséchées, les conserver à la cave dans du sable frais, les replanter à la fin d'avril, et leur donner du reste les mêmes soins qu'exigent les haricots annuels.

G. — *Frais.*

Ils sont peu considérables lorsqu'on traite le haricot en grande culture, et qu'on laisse au ciel le soin de l'arroser, mais aussi, les produits sont réduits dans une proportion équivalente.

1. *Haricots nains non arrosés.* Nous les supposons assez près d'une ville pour pouvoir être vendus en partie en vert, en partie en grain frais écossé et le surplus en sec, ainsi que cela se pratique dans les villages à quelque distance de la capitale; voici par approximation les frais pour 33 ares (un arpent de Paris, ancienne mesure):

Location du terrain, à raison de 300 fr. l'hect.	100 f
Deux labours, dont un à la bêche	40
Fumier et cendres	120
Semence, un hectolitre	40
Semis et binages	40
Récolte	60
TOTAL	400

2. *Haricots nains arrosés.* Ce mode de culture n'est avantageux qu'aux portes d'une grande ville; la presque totalité des produits se vend en vert; rarement on en rencontre plus de 8 ou 10 ares traités de cette manière dans un seul jardin.

Location du terrain (33 ares)............	100^f
Deux labours à la bêche.................	60
Fumier et cendres.....................	160
Semences............................	50
Semis et binages.....................	60
Arrosages...........................	150
Récolte.............................	100

TOTAL...... 680

3. Haricots à rames en grande culture.

Loyer de 33 ares, à 100 fr. l'hectare.......	33
Trois labours à la charrue..............	30
Engrais..............................	60
Semences............................	40
Semis et binages.....................	30
Intérêt des rames....................	140
Récolte et battage..................	50

TOTAL...... 383

L'article de 140 fr. pour l'intérêt des rames a besoin d'explication. 33 ares reçoivent à raison de 400 rames par are à 0^m,50 de distance en tout sens, 13,200 rames qui à 5 fr. le cent, valent environ 560 fr., dont l'intérêt à 5 0/0 donne seulement 28 fr. Mais il faut ajouter à cette somme un cinquième du capital, les rames ne pouvant durer au-delà de 5 ans ; le dépérissement annuel est donc de 112 fr. qui, ajoutés a 28 francs, valeur de l'intérêt du prix d'achat des rames, donnent 140 fr. Nous avons supposé les rames de chêne ou de hêtre, à 2^m,60 de longueur.

H. — Produits.

Le prix du haricot vert varie souvent à Paris de plus de moitié d'une année à l'autre. Depuis quelques années seulement, l'usage s'est établi de vendre ce légume au poids, ce qui facilite l'évaluation des produits. En 1839, les haricots verts se sont vendus à la halle 25 c. le kilogr. : en 1840, ils ont valu 50 c. Nous ne parlons ni des haricots verts de primeur, ni des derniers récoltés, presque aussi chers à la fin d'octobre qu'au printemps, mais de ceux qui se sont vendus par grandes masses en pleine saison. Une moyenne calculée sur les six dernières années donne 35 c. le kilogramme.

1. *Haricots nains non arrosés*. Un are peut rendre dans une année de fertilité ordinaire 50 kil. de haricots verts à 35 c., soit 17 fr. 50 ; 8 litres de haricots écossés frais à 25 c., soit 2 fr., et 2 litres de haricots secs à 40 c., soit 80 c. C'est un produit total de 20 fr. 30 c., par are, soit pour 33 ares, 669 fr. 90 c.
Les frais ci-dessus évalués à 400 fr. laissent un bénéfice net de 269 fr. 90 c. pour 33 ares ; c'est environ sur le pied de 900 fr. de bénéfice net par hectare.

2. *Haricots nains arrosés.*

Haricots	verts, 80 kil. par are, à 35 c. le kil.	28^f »
	écossés frais, 15 litres à 25 c. le lit.	3 75
	secs, 4 litres à 40 c. le litre......	1 60

TOTAL des produits d'un are. 33 35

C'est pour 33 ares 1,100 fr. 55 c. ; déduction

faite des frais montant à 680 fr. , il reste 420 fr. de bénéfice net. Ce serait 1,261 fr. par hectare. En outre, cette culture commence tard et finit de bonne heure ; en sorte qu'elle est précédée et suivie d'autres récoltes accessoires très productives.
3. *Haricots à rames en grande culture*. Le produit d'un hectare, lorsque la saison est favorable, varie de 20 à 30 hectolitres. Les prix sont très variables : en 1843, l'hectolitre de bons haricots de Soissons valait à Paris de 60 à 80 fr. ; habituellement il vaut de 45 à 50 fr. Nous pensons être fort près de la vérité en évaluant le produit moyen d'un hectare à 900 fr. ; les frais montant à 383 fr., il reste donc 517 fr. de bénéfice net, etc.

§ VI bis. — Doliques.

Les doliques (*dolichos*) forment un genre de légumineuses très voisin du haricot ; ils lui ressemblent, presque à s'y méprendre, par le feuillage, la fleur, la gousse et la forme du grain ; ils servent au même usage culinaire. Leur culture est assez difficile sous le climat de Paris, mais ils réussissent bien dans le Midi. En Provence, on cultive le *dolique à onglet* ou à œil noir sous les noms de *mongette* et *bonnette*, et l'on en tire un bon produit.
Les amateurs des pays moins chauds ne peuvent se dispenser d'avoir au moins le *dolique à longues gousses* dont le légume, extraordinairement long, est une véritable curiosité ; il se mange en vert et peut du reste mûrir à Paris si on le fait grimper contre un mur bien exposé. On le désigne vulgairement sous le nom de *haricot-asperge*. La culture des doliques réussit toujours lorsqu'on les avance sur couche et qu'on les repique selon la méthode indiquée, page 98, pour le haricot.

§ VII. — Épinards, Tétragone, Arroche.

Peu de plantes potagères sont plus rustiques que l'épinard commun. Des plantes alimentaires cultivées dans le potager, c'est la seule dont les fleurs mâles et les fleurs femelles naissent sur des pieds séparés. La culture de l'épinard a pour but d'obtenir des feuilles larges et succulentes, et de retarder l'époque de sa fructification, ou, comme disent les jardiniers, d'empêcher les épinards de monter ; ce qui est toujours fort difficile, et même impossible, lorsque l'été est sec et chaud.
L'épinard a l'avantage de fournir à nos cuisines un légume frais, à une époque de l'année où il n'y en a presque pas d'autre ; sous ce rapport, les semis d'automne, dont les produits se récoltent tout l'hiver, sont les plus utiles au jardinier. Lorsque ces semis sont levés, et que l'épinard montre sa quatrième feuille, on *paille*, c'est-à-dire on couvre le sol de litière ou de fumier long, afin de diminuer l'action du froid sur les racines des plantes et de rendre leur végétation plus active pendant l'hiver. Les feuilles exposées à l'air prennent après les fortes gelées toute l'apparence extérieure des plantes

détruites par le froid ; elles se flétrissent, changent de couleur et acquièrent une demi-transparence, indice ordinaire de l'action funeste du froid sur les feuilles des autres plantes ; elles ne sont cependant pas gelées. On leur rend leur aspect naturel en les faisant tremper une heure ou deux dans de l'eau à quelques degrés seulement au-dessus de zéro ; on les étale ensuite sur de la paille pour les faire sécher, ou plutôt *ressuyer* avant de les porter au marché. Les épinards ainsi traités sont plus verts et beaucoup meilleurs que ceux qu'on aurait cueillis par une forte gelée, sans prendre aucune précaution pour les faire dégeler. Les trois principales variétés d'épinards cultivées dans les jardins sont l'épinard à feuille ronde, ou plutôt émoussée, et l'épinard à feuilles aiguës triangulaires ; on connaît sous le nom d'épinard de Hollande ou de Flandre, une variété de l'épinard triangulaire à feuilles plus larges; on la sème très clair. L'épinard d'Esquermes, à feuille de laitue, est une sous-variété de l'épinard de Flandre.

L'épinard a pour succédanée la tétragone, plante de la Nouvelle-Zélande, aujourd'hui très commune dans nos jardins où elle tend à remplacer l'épinard, au moins pendant l'été ; elle le remplace avec d'autant plus d'avantage qu'elle a le goût et la couleur de l'épinard, et monte plus difficilement ; sa tige n'est pas dressée, elle pousse des touffes très vigoureuses qui s'étalent au loin et repoussent à mesure qu'on les coupe, toujours tendres, malgré les chaleurs les plus ardentes, pourvu qu'on arrose. On la sème à demeure sur une vieille couche ; un seul pied peut couvrir un mètre carré de surface. On peut aussi la semer dans des trous remplis de terreau et espacés de 0m,50. Les premiers froids la détruisent. Pour la consommation, on cueille l'extrémité des branches avec les feuilles.

On mange quelquefois comme des épinards les feuilles de l'arroche ou belle-dame, plante peu cultivée et peu digne de l'être, dont l'usage principal se borne à adoucir la trop grande acidité de l'oseille pendant l'été ; l'arroche se cultive comme l'épinard.

§ VIII. — Oseille.

Les feuilles d'oseille cuites et hachées comme les épinards, sont un aliment végétal très salubre. Les sous-variétés de l'oseille sont peu tranchées quant aux caractères extérieurs; on préfère à Paris l'oseille de Belleville, à large feuille et peu acide. Elle est sujette à dégénérer de graine, mais elle garde ses qualités spéciales quand on la multiplie seulement par séparation des racines. Aucune plante potagère n'est plus rustique que l'oseille, et n'exige moins de soins de culture : les gelées ralentissent sa végétation sans l'arrêter complètement; ses feuilles ne gèlent pas.

On commence à cultiver en Suisse l'oseille des neiges, dont les propriétés semblent être les mêmes que celles de l'oseille des jardins, avec cette différence qu'elle pousse même sous la neige avec presque autant d'énergie qu'au printemps.

§ IX. — Bette ou poirée.

Cette plante est si peu employée, elle tient ordinairement si peu de place dans les jardins, où elle est seulement cultivée comme accompagnement de l'oseille dont elle adoucit l'acidité, que nous nous serions abstenus d'en faire mention si elle n'était l'une de celles dont il serait le plus à souhaiter que la culture s'étendît assez pour qu'elle fît partie des aliments ordinaires du peuple des villes. La poirée à grosses côtes, ou carde-poirée, peut, par sa rusticité et la facilité de sa culture, fournir à très bas prix un aliment sain et agréable, très usité en Franche-Comté et en Angleterre où elle est surnommée l'*asperge des pauvres*. Les côtes séparées du reste de la feuille et bées par paquets comme des bottes d'asperge, se mangent de la même manière, se prêtent aux mêmes assaisonnements, et coûtent cinq ou six fois moins cher. La bette à côtes, ou carde-poirée, vient partout, sans autres soins de culture que quelques arrosages pendant l'été; lorsqu'on prend la précaution de couvrir les plantes de litière sèche avant les premiers froids, on peut en manger pendant tout l'hiver.

§ X. — Ognon.

L'histoire ne fait mention d'aucune culture jardinière dans laquelle l'ognon ne figure pas au premier rang, dès la plus haute antiquité ; l'Écriture a consacré la réputation méritée des ognons d'Égypte, si regrettés des Israélites. Le climat des pays chauds convient mieux à l'ognon que celui des contrées septentrionales ; en acquérant une maturité plus parfaite, il perd en grande partie cette âcreté qui provoque les larmes et rend son goût peu agréable lorsqu'il est mangé cru. En Italie, en Espagne, et même dans le midi de la France, on peut peler et couper des ognons sans pleurer, et les manger crus sans répugnance.

L'ognon a produit par la culture un très grand nombre de variétés, dont les plus cultivées sont, dans les pays tempérés, le blanc, le rouge et le jaune; ce dernier, plus facile à conserver, est préféré par la plupart des horticulteurs ; il occupe des champs d'une très grande étendue dans le voisinage de toutes nos grandes villes. Presque toutes les espèces d'ognons se multiplient exclusivement de graine; l'ognon bulbifère se multiplie en outre par les bulbilles croissant le long de sa tige, et l'ognon-patate produit à sa base, lorsqu'il est butté, un très grand nombre de cayeux. Malheureusement, ces deux ognons ne peuvent acquérir toutes leurs qualités que dans les pays chauds; dans la France centrale, et à plus forte raison dans le nord de l'Europe, ils ne donnent que des produits inférieurs en qualité à ceux des autres espèces.

A. — Semis.

L'ognon, quelle qu'en soit l'espèce, entre de lui-même en végétation, soit au printemps, soit même en hiver lorsque les froids tardent à se faire sentir. Il faut dans ce cas planter ceux qu'on destine à servir de porte-graines, dès qu'ils commencent à végéter, sans quoi ils s'épuiseraient, et ne pourraient fructifier au printemps suivant. On les plante en bonne terre de jardin, douce, meuble et fumée l'année précédente; ils se placent à 0^m,32 en tous sens, en lignes parallèles. Une couverture de litière sèche est nécessaire pour les garantir de la gelée. Lorsqu'il règne des vents violents à l'époque où leur graine approche de sa maturité, il faut soutenir par des tuteurs les tiges fistuleuses, sans quoi la graine serait perdue. Elle se conserve très bien un an dans ses capsules; il est bon de ne pas tarder plus de deux ans à s'en servir, quoiqu'elle puisse conserver pendant trois ans sa faculté germinative.

Le sol bien labouré et surtout débarrassé soigneusement des pierres et des cailloux qui peuvent s'y rencontrer, est ratissé et divisé en planches, après qu'on l'a laissé se tasser pendant une huitaine de jours. Quelques horticulteurs fument immédiatement avant de semer, mais nous croyons qu'il vaut mieux que la terre ait déjà produit une récolte sur la fumure avant de recevoir un semis d'ognon. En Angleterre, il existe aux environs d'Hexham, de vastes champs consacrés à la culture de l'ognon; on étend le fumier très consommé sur la surface du sol ameubli par un labour donné avec beaucoup de soin, on sème sur le fumier, et l'on recouvre la graine en répandant dessus, à la main, de la terre prise dans les sentiers qui séparent les planches. Cette culture offre cela de particulier que le même sol produit sans interruption pendant vingt ans et plus des récoltes d'ognon dont la dernière n'offre pas de différence sensible avec la première. Les jardiniers anglais dont cette culture est la principale occupation regardent comme le meilleur de tous les engrais, quand ils peuvent s'en procurer, le sang de boucherie, mêlé à de la chaux vive avec une petite quantité de terre franche; ce mélange préparé un an d'avance, s'emploie en poudre très sèche, répandue en même temps que la graine; il a perdu au bout de ce temps toute odeur ammoniacale. Ils font aussi un usage fréquent d'un compost de gazons entassés avec des lits de chaux et conservés un an avant d'être employés.

La quantité de semence à employer par are varie selon les espèces et aussi en raison de l'usage auquel on destine l'ognon. Lorsqu'il doit être en partie ou en totalité consommé avant d'avoir atteint toute sa grosseur, il faut semer deux fois plus serré que quand l'ognon doit achever toute sa croissance sans avoir besoin d'être éclairci.

Aux environs de Paris, on sème à raison de 30 grammes de graine par planche de 10 mètres de long, sur 1^m,32 de large, toutes les espèces d'ognon d'hiver, et de 60 grammes de graine pour les planches des mêmes dimensions ensemencées en ognon blanc, dont la moitié s'arrache pour être vendue à demi formée vers le milieu de l'été.

Quelque soin qu'on apporte à semer l'ognon, il ne lève jamais assez également pour qu'on ne soit pas forcé d'éclaircir le plant au moins une fois, quelle qu'en soit la destination. Un horticulteur des environs d'Orléans (Loiret), M. Nouvellon, a trouvé moyen le premier de parer à cet inconvénient en semant la graine d'ognon tellement serrée qu'il est impossible aux bulbes de se développer; devenus gros comme des pois, ils cessent de croître; ils sont alors arrachés et conservés au sec pour être employés comme plant l'année suivante; on les plante en rayons à 0^m,16 ou 0^{m}20 de distance en tout sens, selon la grosseur des espèces; ils donnent des récoltes abondantes et plus assurées que celles qu'on obtient des semis ordinaires. Dans la culture en grand de l'ognon, les premiers éclaircis peuvent être utilisés exactement de la même manière que les petits bulbes obtenus par le procédé de M. Nouvellon.

B. — Détails de culture.

L'ognon, sous le climat de Paris, ne se repique pas; dans le midi de la France on ne sème ordinairement qu'en pépinière pour repiquer en lignes à 0.^{m}20 en tout sens; il résiste bien à la sécheresse et devient fort gros quand le sol lui est favorable. Il arrive très souvent sous un climat humide et froid et dans un sol lent à produire, que la mauvaise saison surprend l'ognon encore vert, en pleine végétation. S'il était récolté dans cet état, il ne pourrait se conserver, inconvénient d'autant plus fâcheux que la principale consommation de ce legume a lieu pendant l'hiver. On hâte sa maturité en tordant les feuilles pour en arrêter la végétation. Cette opération se fait à la main dans les cultures de peu d'étendue; dans la grande culture, ce serait une besogne interminable; on la fait moins bien à la vérité, mais plus vite et à moindres frais, au moyen d'un rouleau de bois léger, ou même tout simplement, d'une futaille vide qu'on promène sur les planches d'ognon. Ce mode de culture pratiqué aux environs de Paris, l'est aussi sur une très grande échelle près de Guérande (Loire-Inférieure) dans un sol riche quoique mêlé de sable; l'ognon y acquiert une qualité même supérieure à celle de l'ognon des environs de Paris. La conservation de l'ognon est assez difficile à la suite d'un été pluvieux; il moisit, se ramollit, et entre promptement en décomposition. Le meilleur moyen pour le garder le plus longtemps possible consiste à le suspendre par ses fanes tressées en bottes, et accrochées par des clous à une perche placée perpendiculairement dans un lieu sec et bien aéré; les jardiniers de Guérande qui entendent fort bien la conservation de l'ognon, ayant à lutter contre le climat le plus humide de l'Europe, n'emploient pas d'autre procédé, et ils approvisionnent pendant l'hiver les deux départements du Morbihan et de la

Loire-Inférieure sur les limites desquels leurs jardins se trouvent placés.

C. — Frais.

La culture de l'ognon exige beaucoup de main-d'œuvre et n'est pas toujours avantageuse parce que très souvent, sous le climat de Paris, malgré tous les soins possibles, la récolte manque, soit par la sécheresse, soit par les attaques des insectes ; puis, une récolte abondante se perd aux trois quarts par la pourriture dans les greniers, avant le moment de pouvoir être vendue. Malgré tous ces désavantages, la culture de l'ognon peut se continuer avec bénéfice, les bonnes années compensant les mauvaises ; mais elle ruinerait le cultivateur qui s'y livrerait exclusivement, s'il manquait des ressources nécessaires pour en supporter les revers inévitables. Tout cela rend le produit net de la culture de l'ognon fort difficile à déterminer ; nous ne donnons donc les chiffres ci-dessous que comme approximatifs ; les frais et produits sont ceux d'une année favorable ; il est clair que les frais doivent être doublés et les produits réduits de moitié lorsque sur deux années, il y en a une mauvaise.

Location d'un hectare de terre............	300f
Fumier...............................	150
Main-d'œuvre........................	250
Frais accessoires...;...................	50
TOTAL......	750

Ce dernier article comprend le loyer du local destiné à la conservation des ognons pendant l'hiver, et les autres menues dépenses qui s'y rattachent. La main-d'œuvre est grossie par les soins de surveillance et l'arrangement pour la vente, car il n'y a que les plus petits ognons qui se vendent au décalitre ; les autres doivent être triés et parés pour paraître sur le marché, soit verts, soit secs.

D. — Produits.

L'ognon blanc, semé assez serré pour être éclairci lorsqu'il a atteint la moitié de sa grosseur, donne un produit à peu près certain, parce qu'il sert d'assaisonnement obligé aux petits pois dont on sait que la consommation est énorme. Mais il ne peut être ainsi traité que dans la petite culture, parce qu'il exige trop de soins et de main-d'œuvre pour arriver précisément au moment convenable pour être vendu avec avantage. Un are de terrain ainsi employé peut produire environ 60 bottes d'ognon blanc à demi grosseur, dont le prix ne descend pas au-dessous de 25 c. la botte et va souvent à 50 c. En 1840, il ne s'en est pas vendu à Paris au-dessous de 40 c. En prenant 30 c. pour moyenne, cette première recette est de 18 fr. ; l'ognon qu'on laisse achever sa croissance peut valoir de 20 à 30 fr., moyenne 25 fr. : un are aura donc produit 43 fr. ; ce serait sur le pied de 4,300 fr. l'hectare ; mais dans la culture par hectares, on ne peut pas compter sur plus de 2,500 fr. de produit brut

pour trois ans dont une bonne, une médiocre et une mauvaise année, la moyenne ne peut guère s'élever au-delà de 1,800 fr. qui, déduction faite de 750 fr. de frais qui sont à peu près les mêmes tous les ans, laisse un bénéfice net de 1,050 fr. pour un hectare de terre consacré à la culture de l'ognon.

§ XI. — Poireau ou porreau

Paris et les autres grandes villes consomment des quantités énormes de poireaux ; ce légume, dont le goût ne plaît pas à beaucoup de palais délicats, offre au peuple l'avantage d'une saveur forte et généralement recherchée qu'une petite quantité de poireaux, toujours à bas prix, communique à la soupe, ce mets dont personne en France ne peut se passer. La culture du poireau est simple, facile, peu coûteuse, et sujette à peu de chances de perte ; les gelées ordinaires, sous le climat de Paris, ne l'endommagent pas sensiblement, de sorte que sa conservation n'exige presque ni soins ni dépense, et que le prix du poireau ne devient jamais très élevé, si ce n'est dans les hivers très rigoureux et très prolongés. Tous ces avantages justifient suffisamment l'espace considérable consacré à la culture du poireau dans les plaines au nord de Paris ; on en trouve là des champs de plusieurs hectares, sans que jamais il en résulte aucun encombrement de produits sur le marché.

Le poireau est bisannuel, c'est-à-dire qu'il ne monte en graine que la deuxième année de sa croissance ; mais comme ce sont seulement les tiges qu'on emploie, il n'a pas l'inconvénient des autres plantes bisannuelles qui occupent trop long temps le sol ; on en obtient même facilement deux récoltes successives dans le cours d'une année.

A. — Semis.

Les pieds réservés pour porte-graines au printemps de leur seconde année doivent être mis dans une terre fertile, mais fumée seulement de l'année précédente. Quelques jours avant la parfaite maturité des graines, on cueille les têtes du poireau , que l'on conserve au sec, sans les égrener, si ce n'est au moment d'employer les semences qui achèvent de mûrir dans leurs capsules et s'y conservent mieux que de toute autre manière. Au-delà de deux ans, une grande partie de la graine de poireau ne lève pas.

On sème en lignes, distantes entre elles de 0m,08 seulement ; il n'y a aucun inconvénient à semer très serré pour ménager l'espace. La croissance du plant est beaucoup plus rapide lorsqu'on répand sur la graine, avant de la recouvrir de terre, un peu de cendres de bois ou même de charrée ayant servi à faire la lessive.

B. — Préparation du sol.

Une terre fertile et substantielle est nécessaire au poireau pour qu'il prenne tout son développement ; mais il est souvent avantageux de le cultiver, même en terre légère, sauf à l'obtenir moins gros, lorsque le débit est assuré à un prix convenable ; c'est au jardinier à travailler, comme disent les maraîchers de Paris, « *les yeux tournés vers la halle* ». Le poireau, de même que toutes les plantes bulbeuses, craint le contact des fumiers en fermentation, surtout lorsqu'ils sont fortement imbibés d'urine de bétail : le dégagement du gaz ammoniac est funeste à toute cette tribu de végétaux. Telle est la raison qui fait considérer comme pernicieux pour le poireau l'engrais d'étable toujours très humide, tandis que le fumier plus sec des chevaux et des bêtes à laine ne lui fait aucun tort. Dans la culture jardinière, où les récoltes se succèdent sans interruption, il est toujours facile de laisser passer sur une culture précédente l'effet du fumier frais ; si l'on est obligé de fumer immédiatement avant de planter le poireau, on ne donne à cette plante que du terreau, ou au moins du fumier très consommé. On a pu voir dans la lettre de M. le supérieur de la Trappe, insérée dans la première partie de cet ouvrage (*voir* Notions préliminaires), combien les habiles horticulteurs qui ont créé les admirables jardins de La Meilleraie trouvent l'engrais exclusivement formé de débris végétaux, supérieur à tous les engrais trop animalisés pour les cultures jardinières. Près des grandes villes, on ne peut appliquer ce principe d'une vérité évidente, parce que les cultures de pleine terre vivent des restes des cultures forcées, lesquelles ne peuvent être alimentées que par les fumiers animalisés, seuls propres à la construction des couches ; on s'en rapproche cependant par le grand nombre d'usages auxquels s'emploie le terreau dans lequel les principes animalisés ont presque disparu ; mais, dans les localités plus isolées, l'engrais provenant des végétaux décomposés peut être préparé en grande quantité et appliqué presque seul aux cultures maraîchères. Cet engrais, donné en abondance au poireau, peut en doubler les produits.

C. — *Plantation.*

Le plant du poireau doit être arraché et *paré* à mesure que le jardinier le met en place, ce qui n'offre aucune difficulté pour celui qui sème lui-même la graine de poireau, à portée du terrain destiné à recevoir les plantations. Lorsqu'on l'achète, il faut, sous peine de perdre son argent, choisir le plant fraîchement arraché et le planter immédiatement. Les racines fibreuses sont raccourcies, et les feuilles supérieures rognées brin à brin ; cette partie de l'opération exige déjà une dépense considérable en main-d'œuvre. En effet, le poireau se plante par lignes parallèles, à 0^m,10 de distance en tout sens ; ainsi, une planche de 10 mètres de long, sur 1^m,40 de large, en reçoit 1,400 ; un are comprenant six planches semblables en exige 8,400, et il n'en faut pas moins de 840,000 pour planter un hectare. Un temps

humide et couvert est le plus favorable à ce travail ; à moins qu'il ne soit décidément à la pluie, il faut attacher le plant à la terre par quelques arrosages. Il n'a plus besoin ensuite, jusqu'à la récolte, que de plusieurs sarclages et binages superficiels pour maintenir la propreté des planches, et d'un peu d'eau s'il survient de grandes sécheresses. Le poireau, traité en grande culture, ne peut presque pas être arrosé ; il est vrai que le développement de ses feuilles donne en cette saison au sol un ombrage qui s'oppose en partie à l'évaporation ; le poireau périt rarement par la sécheresse. Les jardiniers qui ne consacrent au poireau qu'une petite étendue de terrain peuvent aisément en obtenir deux récoltes par an, mais rarement elles se succèdent sur le même terrain ; on sème à différentes époques, en ayant égard au temps où l'on prévoit que le terrain sera libre entre deux cultures d'autres légumes.

D. — *Frais.*

Le poireau étant, comme le chou et les autres légumes communs, traité en grande culture pour la consommation de Paris, on a des données précises seulement sur la comptabilité de ce genre de culture ; car, pour les planches de poireaux qui tiennent leur place parmi toute sorte d'autres légumes dans les jardins-maraîchers, il est impossible d'évaluer avec quelque certitude les frais de culture.

Location d'un hectare de terrain.	300^f
Plant.	100
Fumier.	200
Main-d'œuvre.	500
Total.	**1,100**

E. — *Produits.*

840,000 poireaux, divisés en 33,000 bottes de 25 chacune, vendues en moyenne 10 c. la pièce, donnent de produit brut 3,380 fr. ; après avoir soldé le compte des frais ci-dessus, montant à 1,100 fr., il reste de bénéfice net 2,200 fr. pour un hectare de terrain de première qualité cultivé en poireaux.

L'article main-d'œuvre porté à 500 fr. peut sembler un peu élevé ; mais nous pensons qu'il en coûte cette somme, soit 5 fr. par are, en nous basant sur le temps ordinairement employé par les habiles ouvriers des environs de Paris pour préparer le plant, le mettre en place, arracher le poireau parvenu à maturité et le soigner jusqu'au moment de la vente.

En retranchant des produits 200 fr. pour les 18 à 20,000 poireaux qui peuvent manquer accidentellement dans les 600 planches d'un hectare, il reste encore environ 2,000 fr. de produit net.

Au moment où nous écrivons (février 1843) le poireau de grande culture se vend à la halle de Paris de 30 à 40 c. la botte, et le poireau des maraîchers, de qualité supérieure, de 50 à 60 c. ; mais il ne s'en vend à ce prix que de petites quantités. Le produit d'un hectare vendu sur ce pied donnerait pour la grande culture 11,500 fr. , et pour la culture maraîchère 18,150 fr. de produit brut; mais cette cherté ne se présente que rarement, et ne se prolonge jamais pendant plus de 10 ou 15 jours.

§ XII. — Ail.

La culture de l'ail n'a pas une grande importance dans le nord de la France, où, de même qu'en Angleterre et en Belgique, on ne fait usage de l'ail que comme assaisonnement, et toujours en très petite quantité ; il n'en est pas de même dans nos départements du midi, où, de même qu'en Espagne et en Italie, l'ail fait partie essentielle et indispensable de la nourriture du peuple Sa culture est la même que celle de l'ognon ; il se plait dans les mêmes terrains, se plante et se récolte aux mêmes époques.

L'ail ne se reproduit pas ordinairement de semences, même dans les pays où il est traité en grande culture ; on se contente de séparer les caïeux dont la réunion, sous une seule tunique , prend l'apparence d'un ognon ; ces caïeux tiennent lieu de plant ; on les met en place au mois d'avril, sous le climat de Paris, et dès le mois de février dans le midi de la France.

L'ail se plante en lignes , à 0ᵐ,15 en tout sens , dans les terres médiocres , et à 0ᵐ,20 dans les terres très fertiles, où les plantes poussent avec plus de vigueur.

On connait, sous le nom de *rocambole* , une variété d'ail originaire du Danemarck, improprement nommée ail d'Espagne , ayant pour caractère propre de produire le long de sa tige des bulbilles dans les aisselles des feuilles ; ces bulbilles peuvent être employés comme plant, de même que les caïeux ; la culture de la rocambole est la même que celle de l'ail ; on l'emploie aux mêmes usages.

§ XIII. — Echalote.

On cultive en France deux variétés d'échalote : l'une, originaire du nord de l'Europe, fleurit de bonne heure et donne des graines fertiles ; l'autre , originaire de la Palestine , fleurit tard et donne rarement de bonnes graines ; on la multiplie, comme l'ail, par la séparation des caïeux. L'échalote est une plante plus délicate que l'ail ; les caïeux, s'ils sont un peu trop enterrés, sont sujets à pourrir ; ils doivent être plantés presqu'à fleur de terre dans un sol plutôt sec qu'humide , à l'exposition du midi. Du reste, les procédés de culture et les usages de l'échalote sont les mêmes que ceux de l'ail.

§ XIV. — Ciboule et civette.

La ciboule est un véritable ognon ; son goût et ses propriétés alimentaires sont exactement les mêmes que celles de l'ognon. La culture de la ciboule est très avantageuse aux environs des grandes villes, où elle est employée pendant tout l'été comme assaisonnement. La ciboule de-

mande la même nature de terrain que l'ognon; on la multiplie de graine semée une première fois à la fin de février, et une seconde fois à la fin de juillet , sous le climat de Paris ; dans le midi, les semis de ciboule peuvent se faire beaucoup plus tôt. Le plant se met en place six semaines environ après qu'il est levé ; la distance est de 0ᵐ,15 en tout sens ; on plante ordinairement deux plants à la même place, dans le but de forcer les feuilles à s'allonger, cette partie de la ciboule étant utilisée presque en entier comme le bulbe. Trois espèces de ciboule sont généralement cultivées ; la ciboule commune , la blanche hâtive, un peu plus petite, et la ciboule, dite vivace, qui talc beaucoup et donne rarement des graines fertiles ; on la multiplie par la séparation de ses caïeux.

La civette ou ciboulette , aussi connue sous le nom d'*appétit* , n'est cultivée que pour servir d'assaisonnement à la salade ; on en plante quelques touffes dans le potager, en bordure le long des plates-bandes ; elles se multiplient par séparation. La civette est la plus petite des plantes alliacées cultivées dans le potager ; ce n'est qu'une variété naine de la ciboule , dont elle a le goût et les propriétés.

§ XV. — Asperges.

L'asperge se rencontre à l'état sauvage en Sicile , en Italie , et dans toute la partie de la Basse - Provence comprise entre la mer et les montagnes , de Toulon à Antibes ; elle se plait de préférence sur les bords incultes des ruisseaux et des ravins. L'asperge sauvage ne dépasse pas la grosseur d'un tuyau de plume, mais elle s'élève aussi haut, et même plus haut que l'asperge cultivée ; son goût est plus relevé, et incomparablement plus délicat que celui des meilleures asperges de nos jardins.

L'asperge ne se mange pas partout au même point de végétation ; en Belgique, et dans tout le nord de l'Allemagne , on n'attend pas que l'asperge sorte de terre et qu'elle contracte par son exposition à l'air une couleur verte ou violette ; dès que le soulèvement de la terre indique la place d'une asperge prête à sortir, on va la chercher sous terre , et la coupant avec précaution le plus près possible du collet de la racine ; elle est alors entièrement blanche , tendre , mangeable presque en entier, mais d'une saveur peu prononcée. Il faut beaucoup d'adresse et d'habitude , en recoltant les asperges de cette manière, pour ne pas blesser les griffes et couper les asperges du même pied, qui sont à moitié chemin , entre la griffe et la surface du sol. La récolte des asperges hors de terre évite cette chance de perte.

Les produits de l'asperge cultivée sont tellement avantageux , sa durée prolongée par des soins bien dirigés offre des bénéfices si certains, qu'on a lieu de s'étonner du peu d'espace qu'elle occupe en général , et spécialement du peu d'extension que sa culture a prise aux environs de Paris, dont l'approvisionnement en asperges se tire en grande partie des environs d'Orléans (Loiret). La cause en est uniquement dans les frais et les avances nécessaires pour la formation des planches d'asperges, avances dans lesquelles on ne peut commencer à rentrer qu'au bout de trois ou quatre ans. Néanmoins, il n'y a pas en jardinage d'avances mieux employées, comme nous le démontrerons en traitant des frais et produits de la culture de l'asperge.

Le mode le plus avantageux de former les planches d'asperges consiste dans les semis en place ; néanmoins, comme on gagne deux ans sur l'époque des premières récoltes, en se servant de plant élevé en pépinière, ou pris dans des planches en plein rapport, ce dernier procédé est encore fort en usage. La partie essentielle de l'asperge, par rapport à sa culture, consiste dans son tubercule, nommé *griffe* par les jardiniers ; la griffe est composée d'un grand nombre de ramifications divergentes, cylindriques, obtuses à leur extrémité et pourvues d'un nombreux chevelu qui seul constitue, à proprement parler, les racines de la plante : ces ramifications se nomment *doigts*. Les griffes d'asperge ont un mode de végétation qui leur est propre ; à quelque profondeur qu'elles soient enterrées, elles tendent constamment à se rapprocher de la surface du sol, comme si, s'appuyant sur les extrémités obtuses de leurs doigts, elles se soulevaient par un effort volontaire. Si l'on examine attentivement la cause de ce phénomène, on verra qu'il provient tout entier de la manière dont les doigts de la griffe se renouvellent. Ces doigts meurent en partie tous les ans ; ils se vident et ne laissent subsister qu'une peau semblable à une partie d'intestin, espèce de sac qui ne tarde pas lui-même à se détruire. Les doigts vides sont remplacés chaque année par de jeunes doigts partant du bas des tiges, immédiatement *au-dessus* de celui qui vient de mourir. Ce seul fait explique comment la griffe, si elle n'était constamment rechargée de terre ou de fumier, sortirait de terre; elle aurait surtout à souffrir du vide formé sous le collet ou *plateau*, par la destruction successive des doigts inférieurs. C'est sur la connaissance de ces faits que sont basés les principes de la culture de l'asperge.

A. — *Préparation du terrain.*

Les semis d'asperge en pépinière réussissent parfaitement en bonne terre de jardin, sans autre préparation qu'un bon labour à l'automne et un autre au printemps, avec une bonne fumure d'engrais d'écurie ou d'étable, selon la nature de la terre. Les semis en place exigent au contraire les mêmes préparations du sol que les plantations des griffes qui ont passé deux ans en pépinière ; nous devons donc d'abord faire connaître ces travaux préparatoires.

Le sol destiné à la culture de l'asperge doit être défoncé en automne à la profondeur de 0m,65 à 0m,70 ; on enlève toute la terre et on la passe à la claie, car aucune pierre ne doit y

rester ; cette opération de criblage n'est pas nécessaire quand le sol est très doux et ne contient que quelques pierres faciles à enlever pendant qu'on travaille les défoncements. Le fond des fosses, rendu aussi uni que possible, est garni d'un lit de gravier, mêlé de menus branchages brisés, épais de 0m,05 On ne doit se dispenser de cette précaution que dans un sol naturellement très sain, et sous un climat peu sujet à un excès d'humidité, toujours funeste aux planches d'asperges. Par-dessus ce lit de gravier et de branchages, on étend un second de bon fumier d'écurie, à demi consommé, épais de 0m,32, fortement comprimé. C'est sur ce deuxième lit de fumier qu'on place la terre criblée destinée à recevoir, soit les semis, soit les plantations d'asperges. L'excédant de la terre non employée reste en ados des deux côtés de la planche ; c'est un inconvénient pour les semis, car les jeunes asperges, lorsqu'elles sortent de terre, n'ont jamais trop d'air et de lumière ; pour en diminuer les fâcheux effets, on doit laisser entre chaque planche d'asperges, outre le sentier, une autre planche de même largeur, sur laquelle on rejette la terre enlevée qu'on y répand selon le besoin. De cette manière, la terre, répartie sur une grande surface, ne forme point d'ados et ne donne point d'ombrage.

Le procédé que nous venons de décrire est, à notre avis, et d'après une longue expérience, le plus rationnel. Beaucoup de jardiniers sont encore dans l'usage de défoncer le sol à 1 mètre et d'y enfouir 0m,66 de fumier avant d'y cultiver des asperges ; des fosses si profondes et une si grande quantité d'engrais ne sont autre chose que de l'argent et du travail dépensés en pure perte. Les griffes d'asperge ne s'enfoncent point perpendiculairement dans le sol ; elles plongent dans une position inclinée, qui donne à leur ensemble l'apparence d'un entonnoir renversé, mais très évasé, car les doigts s'écartent peu de la situation horizontale. Il est donc inutile de placer au-dessous une épaisseur de fumier avec lequel les griffes ne sont jamais en contact, et qui par conséquent ne contribue en rien à la végétation des asperges. Il suffit qu'il s'en trouve assez pour que les filaments ou racines fibreuses, portant des griffes, puissent y plonger et y trouver une nourriture convenable. La largeur des planches ne doit pas excéder 1m,32, de manière à ce que, pour cueillir les asperges, on ne soit jamais obligé de poser les pieds sur la planche dont le sol ne doit pas être foulé. En général, les fosses doivent être calculées de manière à ce que, les semis ou plantations étant terminés, leur niveau soit encore à 0m,10 *au-dessous* du sentier.

En Angleterre, dans les environs de Londres, où la culture de l'asperge occupe des centaines d'hectares et où il n'est pas rare de voir un seul jardinier consacrer 50 ou 60 hectares à cette culture, on prépare le terrain comme nous venons de l'indiquer, avec cette seule différence que les fosses sont comblées dès la première année jusqu'au niveau du sol, de sorte que, par les rechargements successifs, elles finissent par prendre une forme bombée, plus élevée que le niveau des sentiers de service menagés tout à l'entour.

On ne doit pas croire, d'après ce qui précède, qu'il soit impossible d'obtenir de très bonnes asperges sans employer des procédés de préparation du sol aussi dispendieux ; en Lorraine, principalement aux environs de Nanci, on se contente de labourer profondément le sol et de lui donner une bonne fumure ; les produits de l'asperge violette, seule cultivée dans cette partie de la France, n'en sont pas moins satisfaisants. Mais, près des grandes villes, les fosses garnies de fumier donnent une plus grande quantité de grosses asperges, pour lesquelles on trouve toujours des acheteurs ; ce mode de préparation du sol doit être préféré.

Tout sol fertile, à moins qu'il ne contienne une trop grande quantité de pierres et de cailloux, est propre à la culture des asperges. L'opinion qui exclut cette culture des terres fortes et compactes est un pur préjugé ; seulement un sol de cette nature doit être mélangé avec une forte proportion de bon terreau. Pour obtenir de belles asperges dans une terre forte, i faut la diviser à l'automne en billons de 0m,40 d'élévation, sur 0m,50 de large, afin que l'action des gelées et des dégls pendant l'hiver contribue à l'ameublir. Au printemps suivant, on prépare les fosses comme ci-dessus, au moment des semis ou des plantations.

B. — Choix de la graine.

Lorsqu'on se propose de récolter soi-même la graine destinée aux semis, on reserve les asperges les plus belles et les mieux formées parmi celles qui sortent de terre les premières. Comme rien ne distingue des autres celles qui ne doivent porter que des fleurs mâles et par conséquent stériles, on doit en laisser plutôt plus que moins, afin de n'en pas manquer. Les premières asperges ont sur celles qui sortent plus tard, l'avantage d'un plus long espace de temps pour mûrir leur graine. Les baies se récoltent en novembre, ou à la fin d'octobre, lorsque la température a été longtemps douce à l'arrière-saison. Dès qu'elles sont cueillies, on les met tremper pendant 12 ou 15 jours dans de l'eau, pour que leur pulpe s'y décompose ; on les lave ensuite à grande eau, et on les laisse sécher dans un lieu bien aéré ; elles conservent plusieurs années leur faculté germinative.

C. — Semis en pépinière.

On sème les asperges en mars et avril, sur un sol riche et léger, fortement fumé, soit à la volée, soit en lignes ; la seconde methode est la meilleure, non pas quant à la végétation du plant qui réussit bien dans tous les cas, mais parce qu'elle permet d'enlever plus facilement les griffes sans les endommager. Les graines doivent être espacées dans les lignes de 0m,08 à 0m,10 environ, les lignes étant à 0m,16 les unes

des autres ; de cette manière, si l'on emploie un peu plus de terrain, les griffes peuvent s'étendre à l'aise ; lorsqu'on les arrache, elles ne sont point enchevêtrées les unes dans les autres, et l'on n'est point exposé à briser leurs doigts, ce qui leur fait toujours un tort considérable.

Les semis n'ont besoin que de sarclages fréquents ; il ne faut les arroser qu'en cas de sécheresses très prolongées. Si, à l'époque des premiers sarclages, on trouve des graines restées à découvert, il est encore temps de les recouvrir de terre, elles ne tarderont pas à regagner les autres. La graine d'asperges doit être très peu couverte ; le meilleur procédé, lorsqu'on dispose d'une quantité suffisante de terreau, consiste à en répandre quelques centimètres sur la graine déposée dans les rayons, sans rabattre la terre par dessus.

D. — Semis en place.

La méthode des semis en place commence à se substituer à celle des plantations de griffes partout où l'asperge est cultivée en grand, en Hollande, en Angleterre et en France. Il est évident que, pour nos jardiniers, dont les ressources sont beaucoup plus bornées que celles de nos voisins, un procédé qui diminue les avances presque de moitié doit contribuer puissamment à étendre la culture des asperges ; son seul défaut c'est de faire attendre 4 ans les premières rentrées. Aussi, tout amateur pressé de jouir, et ne voulant cultiver l'asperge que pour les besoins de son ménage, préferera toujours avec raison les plantations dont on commence a recolter les produits au bout de deux ans.

Le sol étant disposé convenablement, dans les premiers jours d'avril, on trace sur les planches, de 1m,40 de largeur, trois rayons, le premier au milieu de la planche, les deux autres à 0m.25 des bords de chaque côté. Les semences y sont déposées à 0m,50 l'une de l'autre, en ce qiquier. On les recouvre en répandant du terreau par-dessus, comme pour les semis en pépinière. Lorsqu'on sème deux graines à chaque place, au lieu d'une, afin de laisser en place seulement la plante la plus vigoureuse, il ne faut pas les semer trop près l'une de l'autre, afin de pouvoir enlever celle qu'on supprime, sans endommager la griffe conservee ; mais comme on ne sait jamais d'avance laquelle des deux graines donnera le meilleur plant, et qu'on ne peut par conséquent supprimer toutes les doubles du même côté, il en résulte dans les lignes une irrégularité d'espacement qui peut devenir très préjudiciable ux asperges, quand leurs griffes ont pris tout leur développement. Lorsqu'on est sûr de la graine qu'on emploie, il vaut mieux ne mettre qu'une seule semence à chaque place, sauf à remplir les vides au moyen du plant élevé en pépinière. Les griffes supprimées dans les semis à demeure sont utilisées pour les plantations après avoir été élevées en pépinière pendant deux ans.

E. — *Plantation.*

Les griffes de deux ans provenant des semis en pépinière doivent être préférées pour les plantations d'asperges ; celles de trois ans sont plus sujettes à manquer, parce que les doigts des asperges se sont tellement allongés qu'il est presque impossible de n'en point casser une partie, soit en les arrachant, soit en les plantant. Ces deux parties de l'opération doivent autant que possible être conduites à la fois ; le succès est d'autant plus assuré que la griffe passe moins de temps exposée à l'action de l'air. On plante avec les mêmes chances de réussite, soit en automne, vers la fin de septembre, soit en mars et même en février, pour les départements au sud de la Loire. En Angleterre, le climat, plus humide que le nôtre, ne permet pas de planter en automne.

Les soins donnés à la plantation des griffes sont le point le plus essentiel de toute la culture de l'asperge. Après avoir tracé les lignes sur le sol bien préparé, et marqué sur les lignes la place de chaque griffe, on y dépose une bonne poignée de terreau ou de très bonne terre de jardin, de manière à former une petite éminence de forme conique. On pose sur cette éminence le plateau de la griffe, dont les doigts étalés en tout sens, de façon à ne pas se croiser, sont ainsi placés dans leur position la plus naturelle. On se hâte de recouvrir la griffe avec une ou deux poignées de terre, afin qu'elle ne souffre pas du hâle ; quand toutes les griffes sont placées, on achève de charger la planche pour que le sommet des griffes soit recouvert de 0ᵐ,05 à 0ᵐ,08 d'épaisseur. Ce procédé, qui demande seulement un peu d'attention, évite la plupart des chances de destruction des griffes qui périssent presque toujours lorsque, placées horizontalement tout à plat, il se forme un vide sous leur plateau et que leurs doigts fragiles, forcés de céder au poids de la terre dont on les recouvre, sans être soutenus par-dessous, se rompent au point de leur insertion sur le plateau.

F. — *Détails de culture.*

Les premiers frais étant faits, il n'y a pas de culture moins dispendieuse et plus facile que celle de l'asperge : elle ne demande qu'un léger binage donné au printemps, avec une fourche à dents recourbées, et d'assez bonne heure pour ne pas endommager les pousses sous terre, une fumure par-dessus ce binage, étendue sur les planches sans l'enterrer, une autre en automne, après qu'on a retranché les tiges des asperges montées, et des rechargements de terre pour maintenir la hauteur des planches, à mesure que le fumier placé au fond des fosses s'affaisse en se décomposant. La récolte exige de grandes précautions dans les pays où, comme en Belgique et en Hollande, on va chercher l'asperge en terre dès que sa tête commence à fendre le sol, afin de l'avoir parfaitement blanche, sans quoi elle ne trouverait pas d'acheteurs. Mais en

France, où elle dépasse le sol de plusieurs centimètres, avant d'être récoltée, il est aisé de la couper entre deux terres sans atteindre le plateau ni endommager les pousses qui sont à moitié chemin, entre le plateau et l'extérieur.

Dans nos départements méridionaux, on donne quelques légers arrosages aux planches d'asperges à la suite des grandes sécheresses qui feraient périr les griffes si elles y restaient trop longtemps exposées ; dans le centre et le nord de la France, les asperges n'ont jamais besoin d'être arrosées.

G. — *Culture de l'asperge en terre forte.*

Nous donnons ici, en détail, la culture des asperges en terre forte et compacte, telle qu'elle est pratiquée avec un succès remarquable, par M. Michel, habile horticulteur des environs d'Aix (Bouches-du-Rhône). Les jardiniers qui cultivent dans des conditions analogues ne peuvent mieux faire que d'imiter les procédés suivis par M. Michel.

Le sol, préalablement défoncé en automne est mis en gros billons pour qu'il puisse profiter de l'action des gelées et des dégels ; au printemps il se trouve très bien ameubli : on établit les fosses en février ; elles ont environ 0ᵐ,50 de profondeur ; elles reçoivent 0ᵐ,32 de fumier de brebis, imbibé d'engrais liquide, et sont ensuite comblées jusqu'au niveau du sol. Les griffes sont placées en lignes séparées entre elles par des intervalles de 1 mètre, et à 0ᵐ,32 de distance dans les lignes. Cet arrangement, qui donne trop d'espace dans un sens et trop peu dans l'autre, est nécessaire pour la suite de la culture. Au mois d'octobre on répand 0ᵐ,25 de terreau ou de fumier très consommé, seulement sur les lignes des plantations, sur une largeur de 0ᵐ,32. On ouvre alors une rigole à égale distance de deux lignes parallèles, et on en rejette la terre sur le terreau dont on vient de charger les asperges ; il ne faut donner à cette rigole que 0ᵐ,32 de large et n'y prendre que la terre exactement nécessaire pour enterrer le terreau, parce que les mêmes rechargements de terreau et de terre doivent se renouveler chaque année à la même époque, de sorte qu'au bout de quelques années il se sera formé ainsi, sur les asperges, des ados ou billons séparés par des rigoles, disposition inverse de celle qu'on suit en terre ordinaire. Les asperges ainsi traitées en terre compacte sont fort belles ; elles durent environ 10 ans en bon rapport. On peut en prolonger la durée en les ménageant, c'est-à-dire en laissant monter une partie de la récolte. C'est une précaution que, dans tous les cas, nous recommandons aux jardiniers jaloux de leurs véritables intérêts. M. Michel ne plante de cette manière que des griffes de 3 ans ; il commence à récolter dès la seconde année.

H. — *Culture de l'asperge dans les vignes.*

Dans quelques communes au sud du département de la Seine, et sur une grande partie des coteaux qui bordent la Loire dans les environs d'Orléans (Loiret), la culture de l'asperge en plein champ s'allie avec celle de la vigne par un procédé très simple, très avantageux, et dont la pratique prendrait une grande extension sans la difficulté de se procurer les engrais qu'il exige.

Le sol destiné a cette double culture est défoncé à 1 mètre s'il est possible, sinon, aussi profondément que le permet l'état du sous-sol. Ces défoncements se font, soit avec deux charrues qui se suivent, soit avec la houe à deux dents. On façonne les planches à l'ordinaire, en leur donnant une largeur de 1m,40 et laissant, entre chaque planche, des sentiers de 0m,40 sur lesquels on laisse une partie de la terre des planches pour la leur rendre les années suivantes, en sorte que les planches se trouvent à environ 0m,16 au-dessous du niveau du sol environnant. Les asperges s'y plantent à la profondeur de 0m,25, en échiquier, sur trois lignes, à la distance d'environ 0m,50 dans les rangs et entre les rangs. Cette partie de la besogne terminée, on plante la vigne le long d'un des côtés de la planche seulement, soit de boutures, soit de plantes enracinées, espacées entre elles de 1 mètre, ou même de 1m,32. Cette plantation se fait dans l'angle de la planche et du sentier, de manière à laisser la libre disposition des ados pour recharger les planches d'asperges; le sol ainsi employé ne reçoit point de fumier. Dès la seconde année on lui rend quelques centimètres de terre prise sur les ados. La troisième année les ados doivent avoir disparu; la vigne commence à avoir besoin d'échalas. La quatrième année on enlève avec une petite houe plate, à bord bien affilé, toute la surface des planches d'asperges, à 0m,10 d'épaisseur; cette terre s'entasse dans les intervalles des planches. Si l'hiver s'annonce comme devant être doux, on donne cette façon dès la fin de décembre; si l'on craint un hiver rigoureux, on attend la fin de février. Aussitôt l'opération terminée, soit en hiver, soit au printemps, on remplace la terre enlevée par une égale quantité de bon fumier, soit d'étable, soit d'écurie, mais abondant en matières animales et débarrassé de litière longue, non décomposée; c'est la partie la plus dispendieuse de toute cette culture. Tous les ans, au mois d'octobre ou vers le 1er novembre, on rejette par-dessus le fumier la terre enlevée avant la fumure; tous les ans on la déplace de nouveau pour fumer. Les asperges ainsi traitées durent 16 ans, dont 12 en plein rapport. Au bout de ce temps, elles commencent à s'éclaircir; dès lors, comme elles ne rapporteraient plus la valeur du fumier dont elles ont reçu pendant 13 ou 14 ans une abondante ration annuelle, on cesse de leur en donner et de s'occuper de leur culture; elles durent encore souvent 8 à 10 ans avant de disparaître tout-à-fait. On reporte toute l'attention sur les vignes, qui, convenablement traitées, ont commencé à produire à 3 ans et sont dans toute leur vigueur; on les

provigne dans toutes les directions, à travers les asperges, de manière à avoir en 3 ou 4 ans une vigne pleine, où les ceps sont espacés de 0m,50 en tout sens.

Quand cette jeune vigne est en plein rapport, il n'y a plus d'asperges. Cependant, nous en connaissons dans la commune de Vitry, ou chaque année au printemps on a récolté des asperges dans des vignes si vieilles, qu'il a fallu finir par les arracher; personne ne se souvenait d'y avoir vu planter les asperges.

Dans le département de la Seine, comme dans celui du Loiret, la culture de l'asperge dans les vignes se rattache à une particularité des mœurs de famille que nous croyons bonne à faire connaître. A la naissance d'un garçon, on consacre 33 ou 66 ares de terrain (1 ou 2 arpents) à cette double culture; c'est la part de l'enfant; il s'élève sur le produit dont l'excédant est mis de côté pour l'établir. Parvenu à l'âge de 20 ans, il trouve une bonne vigne pleine, avec quelques restes d'asperges, à l'époque où ses bras ont acquis toute leur vigueur pour le bien travailler.

Le proverbe dit que, *par cette culture, un arpent élève un homme.*

I. — Frais.

Nous avons exposé les motifs pour lesquels l'asperge ne doit pas, à notre sens, être cultivée en planches contiguës les unes aux autres. Il nous semble en effet préférable, surtout pour les semis en place, de faire suivre une planche d'asperges d'une planche consacrée à d'autres cultures. De cette manière, non-seulement la terre n'est point accumulée dans d'étroits intervalles en ados élevés qui interceptent l'air et la lumière, mais encore on double le temps pendant lequel le même sol peut être utilisé pour cette culture. La terre qui a produit des asperges dont la durée varie de 15 à 30 ans, cesse de pouvoir en produire pendant un temps qu'on ne peut fixer à moins de 12 ou 15 années. Nous avons vu, près de Brie-sur-Marne, une grande culture d'asperges, parfaitement conduite, échouer complètement, parce que le jardinier qui la dirigeait ignorait que le même terrain avait porté pendant 25 ans des plantations d'asperges, détruites depuis 11 ans lorsqu'il les recommença. Si toutes les planches se touchent et qu'elles occupent la totalité du sol, la culture une fois épuisée ne peut plus être renouvelée à la même époque; si elles n'en occupent que la moitié, on peut, lorsqu'on les détruit, les refaire dans les intervalles et continuer ainsi à perpétuité.

Les calculs que nous donnons ci-dessous pour un hectare de terrain s'appliquent donc en réalité à deux hectares de superficie, dont les planches d'asperges couvrent seulement la moitié.

Les trois principaux objets de dépense pour l'établissement d'une culture d'asperges sont: le loyer du sol, la main-d'œuvre et le fumier; leurs prix varient tellement d'un lieu à un autre, qu'il est impossible d'établir une moyenne qui n'aurait pas de sens concluant. Nous donnerons ces prix pour trois cultures : l'une, aux portes de Paris ; l'autre, dans l'arrondissement de Montdidier (Somme) ; la troisième, près de Nancy (Meurtre). Chacun pourra les modifier selon les circonstances locales de sa situation. Nous indiquerons aussi les frais comparatifs des planches établies par plantation de griffes élevées en pépinière, et par semis en place.

CULTURE D'ASPERGES PRÈS PARIS.

PREMIÈRE ANNÉE.

Loyer d'un hectare	300ᶠ »
Fumier	1,800 »
Main-d'œuvre	600 »
Griffes d'asperges	450 »
TOTAL.	**3,150 »**

DEUXIÈME ANNÉE.

Loyer	300 »
Fumier	200 »
Main-d'œuvre	40 »
TOTAL.	**540 »**

La dépense totale sera donc à la fin de la seconde année, de . . . . 3,690 »
Somme à laquelle il faut ajouter, pour les intérêts à 5 p. 100 de 3,150 fr. 157 50
     TOTAL. **3,847 50**

Cette somme a été réellement dépensée en deux ans, avant la réalisation d'aucun produit. Les années suivantes resteront grevées pendant tout le cours de la culture, de l'intérêt à 5 p. 100 des frais des deux premières années, c'est-à-dire de 192 fr. 25 c. Les frais annuels seront donc, pendant 12 ans :

Loyer	300 »
Fumier	200 »
Main-d'œuvre	50 »
Intérêts	192 50
TOTAL.	**742 50**

La main-d'œuvre est augmentée de 10 fr., à cause du temps employé nécessairement à cueillir et arranger les produits ; on peut exprimer les frais annuels par le chiffre de 750 fr. à cause des faux frais, comme liens d'osier pour les bottes d'asperges, transport au marché et autres dépenses minimes qui pourtant doivent être comptées. Au bout de 14 ans, dont 12 seulement auront donné des récoltes, on aura dépensé une somme totale de 13,597 fr. 50 c.

Nous avons vu des cultures d'asperges continuées, sans diminution sensible dans la qualité ni dans la quantité des produits, depuis plus de 30 ans ; mais c'était dans des jardins où l'on ne demandait aux planches d'asperges que la consommation d'un ménage, et où la récolte s'arrêtait dès la fin de mai. À Aubervilliers, la durée moyenne est de 12 à 14 ans, y compris les deux premières années improductives.

Les semis en place réduisent les dépenses de la première année, et par conséquent les intérêts des avances pendant les 14 années suivantes ; les frais sont représentés par les chiffres suivants :

PREMIÈRE ANNÉE.

Loyer	300ᶠ »
Fumier	1,800 »
Main-d'œuvre	400 »
Semence	25 »
TOTAL.	**2,525 »**

DEUXIÈME ANNÉE.

Loyer	300 »
Fumier	200 »
Main-d'œuvre	40 »
Intérêts de 2,525 fr., à 5 p. 100	126 25
TOTAL.	**666 25**

TROISIÈME ANNÉE.

Loyer	300 »
Fumier	200 »
Main-d'œuvre	40 »
Intérêts de 3,191 fr. 25 c., à 5 p. 100.	159 55
TOTAL.	**699 55**

Ainsi les frais des trois années qui précèdent la première récolte s'élèvent ensemble à la somme de 3,890 fr. 80 c., dont les intérêts à 5 p. 100 grèvent les 12 années suivantes, le cours entier de la culture étant dans ce cas de 15 ans. Les frais annuels sont donc pendant 12 ans exprimés par les chiffres suivants :

Loyer	300 »
Fumier	200 »
Main-d'œuvre	50 »
Intérêts	194 50
TOTAL.	**744 50**

En portant cette somme à 750 fr., comme dans le compte précédent, on trouve une dépense totale de 12,824 fr. 80 c., au lieu de 13,597 fr. 50 c. Cette différence est en réalité plus considérable ; plusieurs articles pourraient être supprimés ou réduits, comme la semence qu'on récolte ordinairement soi-même, et le fumier qu'on prend souvent sur des couches démolies, où il a rendu plus que sa valeur ; on peut donc être assuré de ne trouver aucun mécompte en agissant d'après nos calculs.

CULTURE D'ASPERGES PRÈS MONTDIDIER.

PREMIÈRE ANNÉE.

Loyer d'un hectare	150ᶠ »
Fumier	600 »
Main-d'œuvre	500 »
Griffes d'asperges	300 »
TOTAL.	**1,550 »**

DEUXIÈME ANNÉE.

Loyer	150 »
Fumier	120 »
Main-d'œuvre	50 »
Intérêts de 1,550 fr., à 5 p. 100	77 50
TOTAL.	**577 50**

Loyer	150ᶠ »
Fumier.	120 »
Main-d'œuvre.	40 »
Intérêts de 1,827 fr. 50 c., à 5 p. 100 . . .	91 35
TOTAL.	401 35

Cette dernière somme de 401 fr. 35 c. représente donc la dépense annuelle pendant tout le cours de la culture, de sorte qu'au bout de 14 ans, la somme totale des frais est de 6,643 f. 70 c.

La culture à laquelle nous avons emprunté les chiffres ci-dessus a été établie par plantation ; si elle l'eût été par semis, les frais auraient été diminués de 4 à 500 fr. En réalité, il n'a pas été dépensé par hectare autant que nous l'avons indiqué ; le fumier et les griffes d'asperges sont portés en compte comme s'ils avaient été achetés aux prix du pays ; mais les griffes étaient élevées en pépinière, et le fumier produit en partie dans l'exploitation, ce qui rendait la somme des frais beaucoup moins élevée que celle à laquelle nous avons cru devoir les porter ; nous supposons ceux qui voudraient opérer d'après nos chiffres, obligés de tout acheter.

Il existe à notre connaissance, dans les environs de Londres, de grandes cultures d'asperges destinées à l'approvisionnement de cette capitale ; chacune d'elles occupe en moyenne 50 hectares ; quelques-unes sont beaucoup plus étendues. Le fumier et la main-d'œuvre sont certainement plus chers à Londres qu'à Paris, qu'on juge de la masse de capitaux dont l'horticulture dispose dans ce pays. Si on la compare à l'exiguïté des ressources de nos horticulteurs, on ne s'étonnera pas de la cherté des asperges à Paris et du peu de terrain consacré à leur culture, comparativement aux besoins. Ce n'est point à un capitaliste français qu'un jardinier fera comprendre qu'une avance de 300,000 fr., improductive pendant 2 ans, deviendrait une source de fortune pour lui comme pour le travailleur chargé de la faire valoir.

Dans la culture de l'asperge, telle que nous venons de la décrire, tous les travaux s'exécutent à bras, sans le secours de la herse ni de la charrue. Dans la Meurthe il existe d'assez grandes cultures d'asperges, près de Nancy ; elles ont été établies sur des labours profonds à la charrue, suivis de hersages ; le sol a été largement fumé, mais sans aucun déplacement de terre, remplacée par un lit de fumier. Les asperges y viennent fort belles. Cette méthode est fort économique ; les frais indiqués dans un excellent travail de M. Chaillon, ancien jardinier de M. Rotschild, aujourd'hui jardinier-maraîcher près Nancy, ne se montent, par hectare, qu'aux sommes ci-dessous exprimées :

Loyer d'un hectare.	100 f »
Fumier.	390 »
Main-d'œuvre.	510 »
Griffes obtenues en pépinière.	25 »
TOTAL.	1,025 »

Loyer.	100 f »
Fumier.	50 »
Main-d'œuvre.	50 »
Intérêts.	51 25
TOTAL.	251 25

Cette dernière somme, portée à 240 fr. pour les années suivantes, à cause des frais de récolte et de vente, donne par approximation 4,400 fr. de frais pour tout le cours de la culture, somme très différente du total des frais précédemment indiqués. Mais, comme on le verra par les produits, cette méthode économique est celle par laquelle les asperges reviennent le plus cher au cultivateur ; ce qui n'empêche pas qu'elle ne soit pratiquée avec avantage par celui dont les ressources ne lui permettent pas d'en adopter une meilleure ; en horticulture comme en toute autre industrie, les bénéfices sont proportionnés aux avances aussi bien qu'à l'intelligence et à l'activité du travailleur.

J. — Produits.

Avant de rechercher le produit en argent d'un hectare cultivé en asperges, considérons d'abord la quantité d'asperges qu'on peut récolter annuellement dans un hectare.

L'espacement qui nous semble le plus convenable comporte 60 griffes par planches de 10 mètres de long sur 1ᵐ,40 de large ; un are contient 6 planches semblables, soit 360 griffes ; 1 hectare en reçoit donc 36,000. L'asperge violette ordinaire donne de 25 à 30 jets par griffe ; il en faut laisser à la fin de la saison environ un cinquième ; c'est donc une récolte de 20 asperges par griffe. Un hectare donne, d'après cette base, 720,000 asperges. Un quart de ce nombre, soit 180,000, sont de première grosseur ; elles se divisent en bottes, dont chacune contient en moyenne 75 asperges. Le surplus, soit 540,000 se divise en bottes, dont chacune en contient environ un cent, tant moyennes que petites ; beaucoup de bottes, formées d'asperges de moyenne grosseur, n'en ont que 80 ; mais les petites, vendues pour être mangées *aux petits pois*, ont souvent plus de 120 brins à la botte. Un hectare rend donc annuellement 2,400 bottes de grosses asperges, et 5,400 bottes d'asperges petites et moyennes.

Ces produits sont ceux des cultures des environs de Paris et de l'arrondissement de Montdidier, conduites l'une et l'autre d'après le même système.

Lorsqu'on cultive exclusivement la grosse asperge de Hollande ou de Gand, qui ne produit que des jets de première grosseur, parce qu'on doit laisser monter tous les petits, le nombre des griffes n'est plus que de 45 par planches, soit 270 par are et 27,000 par hectare. Chaque griffe ne donne en moyenne que 12 asperges ; un hectare en produit donc seulement 324,000, qui, divisées par bottes de 75 brins, donnent un total de 4,200 bottes, au lieu de 7,800 ; mais la valeur de chaque botte est plus considérable et il n'y a pas de différence bien sensible.

Dans la culture telle qu'on la pratique aux environs de Nancy, le nombre des griffes étant le même, on ne peut en espérer plus de 8 à 10 jets par griffe, en moyenne 9 ; un hectare en produit donc 324,000 ; mais au lieu d'un quart en première grosseur, on en obtient tout au plus un sixième, soit 54,000, formant 720 bottes ; les 270,000 asperges, petites ou moyennes, forment 2,700 bottes ; mais comme les petites y sont en majorité, la valeur vénale n'en est jamais très élevée. M. Chaillon porte de 800 fr. à 1,000 fr. le produit brut d'un hectare, ce qui, pour 3,420 bottes, donne un prix moyen de 30 à 32 c. ; quoique les prix de Nancy et ceux de Paris soient très différents, il est évident qu'une moyenne aussi basse suppose une proportion très faible de grosses asperges. En résumé, nous trouvons pour résultat de la culture des asperges les produits suivants, comme moyenne du rendement d'un hectare :

PARIS et MONTDIDIER.		Bottes par hectare.
Asperge violette.... { grosses............		2,400
{ moyennes et petites..		5,400
Asperge de Gand, grosses..............		4,200

NANCY.		
Asperge violette.... { grosses...........		720
{ moyennes et petites..		2,700

La valeur de ces produits en argent est difficile à établir avec précision. Les asperges précoces sont toujours à Paris d'un prix élevé ; les grosses asperges ne descendent jamais au-dessous d'un fr. ; les petites descendent très rarement au-dessous de 40 c. En considérant le nombre des grosses asperges proportionnellement aux petites et moyennes, un prix commun de 60 c. nous semble très rapproché de la vérité.

7,800 bottes à 60 c. forment une recette annuelle de 4,680 fr., pendant douze ans, soit 56,160 fr.

Les asperges cultivées près de Montdidier sont vendues à Amiens, à Abbeville, et dans les autres villes des environs ; il n'en vient point à Paris. Des calculs établis comme ci-dessus nous portent à croire que le prix moyen obtenu du cultivateur doit être fort près de 40 c.

7,800 bottes à 40 c., forment une recette annuelle de 3,120 fr., pendant douze ans, soit 37,440 fr.

Le prix moyen de 30 c. la botte, obtenu à Nancy, donne pour 3,420 bottes, 1,026 fr. de recette annuelle, soit pour 12 ans 12,312 fr.

Mettant en regard les frais et les produits, on trouve que les capitaux avancés pour ces trois cultures ont donné les bénéfices indiqués dans le tableau ci-dessous :

CULTURE PRÈS PARIS.

Produits...........	56,190 f »
Frais, intérêts compris..........	15,597 50
Bénéfice..........	42,592 50

CULTURE PRÈS MONTDIDIER.

Produits...........	37,440 f »
Frais................	6,643 70
Bénéfice........	30,796 30

CULTURE PRÈS NANCY.

Produits...........	12,312 »
Frais................	4,400 »
Bénéfice........	7,912 »

§ XVI. — Artichaut.

Ce légume est un de ceux qui, sous le climat de Paris et du centre de la France, exigent le plus de soins, de frais et de main-d'œuvre, tandis que sous le climat du midi, il croît pour ainsi dire tout seul : nous indiquerons les deux méthodes. L'artichaut est d'une digestion facile et d'un goût généralement recherché ; les deux variétés principales que distingue seulement la forme de leurs feuilles calicinales jouissent des mêmes propriétés ; l'une et l'autre tiennent partout une grande place dans le jardin potager, et se prêtent à la grande culture en plein champ avec beaucoup de facilité.

A. — Multiplication.

L'artichaut se multiplie, soit de graine, soit de drageons que les jardiniers nomment œilletons. Le dernier mode de multiplication est le meilleur à tous égards, tant à cause de la plus forte végétation du plant provenant d'œilletons, qu'en raison du retard que les semis occasionnent dans la récolte ; mais, dans les contrées sujettes à des hivers très longs, tour à tour froids et humides, l'artichaut est exposé à tant d'accidents qu'on est quelquefois heureux d'avoir recours aux semis.

1. *Semis.* — Les têtes d'artichaut dont on se propose de récolter la graine pour la semer doivent être choisies parmi les plus belles de chaque espèce ; lorsque la fleur commence à s'ouvrir et que les fleurons du centre ont acquis une belle couleur violette, on tord la tige de manière à donner au calice une situation renversée qui met la graine à l'abri du bec des oiseaux, particulièrement des chardonnerets qui en sont fort avides. Les porte-graines ne doivent avoir qu'une seule tête ; toutes les pousses latérales sont supprimées avec soin à mesure qu'elles se montrent. La graine d'artichaut se sème à la fin d'avril ou dans la première semaine de mai, selon l'état de la température, soit en place, soit en pépinière ; les semis en place sont les meilleurs ; il faut semer trois ou quatre graines, à 0m,08 de distance, en triangle ou en carré ; la meilleure distance est celle d'un mètre en tout sens entre le milieu de chaque espèce particulier ; si le sol est très favorable, et les engrais abondants, comme aux environs de Paris, on peut donner aux rangées de semis un mètre dans un sens et 0m,50 dans l'autre.

Les semis en pépinière, soit en lignes, soit à

la volée, ne peuvent avoir quelque chance de succès que dans un sol léger, mêlé de fumier très consommé, et recouvert à la surface de 0ᵐ,10 de bon terreau. La graine est déposée dans le terreau à la profondeur de 0ᵐ,05 ; elle doit être un peu comprimée ; quelques arrosages lui sont nécessaires quand le temps est très sec avant le moment où elle sort de terre ; elle met de vingt à trente jours à lever. Le grand inconvénient des semis, c'est qu'ils ne reproduisent pas les espèces franches ; leurs feuilles deviennent souvent longues et grêles, armées de piquants aux extrémités de leurs divisions ; les jardiniers disent dans ce cas que l'artichaut *file* et qu'il *tourne au chardon*. Dès qu'on s'en aperçoit, il faut sans retard supprimer les pieds qui *tournent au chardon*, parce qu'étant toujours beaucoup plus forts que les autres, ils ne pourraient manquer de les étouffer et de les faire périr. Dans les semis en place, on peut choisir dès que les feuilles ont acquis seulement 0ᵐ,10 de longueur ; on conserve le pied le plus fort, pourvu toutefois que les feuilles ne montrent point un commencement d'épines, auquel cas, le pied le plus faible, mais sans piquants, devrait être préféré. Le plant élevé en pépinière se met en place à la fin du mois d'août, pour donner une récolte de bonne heure en juin de l'année suivante.

2. *OEilletons.* — Les terres cultivables de toute la France suffiraient à peine à employer les œilletons d'artichaut qu'on supprime chaque année, s'ils devaient être plantés en totalité ; rien n'empêche donc d'apporter le plus grand soin dans le choix des œilletons, et dans la manière de les séparer de la plante-mère, qui ne doit en conserver que deux ou trois ; nous pensons qu'en général, il ne faut pas en laisser plus de deux et qu'on ne doit en laisser trois qu'aux pieds les plus vigoureux ; il n'y a d'ailleurs aucun inconvénient à n'en pas conserver davantage ; accroître la quantité des produits aux dépens de leur qualité est une méthode vicieuse qui ne donne en dernier résultat aucun bénéfice réel.

Les œilletons destinés à être plantés doivent être choisis sains, droits, charnus et pourvus de jeunes racines ; on les détache de la tige-mère en les tirant du haut en bas, de manière à leur laisser toujours un talon qui donnera bientôt naissance à des racines nouvelles ; le plant pourvu d'un bon talon reprend souvent sans racines. Les œilletons les plus forts en apparence, mais dont les feuilles sont coriaces et les racines presque ligneuses, doivent être rejetés ; ils ne donneraient, sur des tiges hautes et fortes, que des artichauts mal conformés, petits, durs, et de nulle valeur.

B. — *Préparation du terrain.*

Le sol destiné aux plantations d'artichaut doit être labouré profondément et fumé sans parcimonie, car c'est, comme disent les jardiniers, une plante dont les racines *mangent* beaucoup. Lorsqu'on destine à cette culture un terrain qui n'a pas encore été cultivé en jardinage, il est bon de le défoncer un an d'avance à la profondeur de 0ᵐ,40, et de lui faire produire avec une demi-fumure une récolte quelconque ; l'artichaut ne réussit jamais bien sur un sol neuf, pas même sur une prairie rompue. Dans les contrées septentrionales, la disposition que nous avons recommandée pour les plantations de choux d'hiver est excellente pour les artichauts, et préférable aux plantations à plat (*voir* Choux, *fig.* 303). Dans les pays méridionaux, on façonne le sol en planches étroites avec des rigoles d'arrosage, disposition représentée *fig.* 1 *et* 2 (*voir* page 15).

C. — *Plantation.*

On plante les artichauts, soit au printemps, soit en automne, quand le plant provient d'œilletons, et en automne seulement lorsqu'il provient de semis. La température et la nature du sol doivent servir de règle à cet égard ; néanmoins, les plantations de printemps nous ont toujours paru préférables quant à la beauté des produits ; elles ont de plus l'avantage d'éviter les vides que l'hiver laisse toujours dans les rangs des plantations d'automne ; mais celles-ci donnent des produits un peu plus hâtifs. Dans la France centrale, on plante généralement à un mètre en tout sens ; nous croyons cette distance trop grande ; d'autres plantent à un mètre dans un sens et à 0ᵐ,50 dans l'autre ; nous croyons la distance de 0ᵐ,80 en tous sens de beaucoup préférable. La première donne par hectare 10,000 pieds, la seconde 20,000, la troisième 15,625. Un sol de fertilité ordinaire, convenablement défoncé, amendé et fumé, peut recevoir ce dernier nombre de pieds d'artichaut par hectare, et donner une récolte de qualité sensiblement égale à celle que produiraient 10,000 pieds sur le même sol à un mètre en tout sens. Beaucoup de jardiniers sont encore dans l'usage de planter deux pieds au lieu d'un, à quelques centimètres l'un de l'autre ; la grosseur des artichauts en est tellement diminuée, qu'il y a perte réelle à suivre cette méthode ; les inconvénients en sont peu sensibles sur un sol particulièrement favorable et engraissé avec prodigalité ; les mêmes ressources mieux employées donneraient des résultats encore plus avantageux. On doit assurer la reprise du plant par de bons arrosages renouvelés une ou deux fois par jour, selon la température, jusqu'à ce que les feuilles nouvelles annoncent la formation des jeunes racines. En Angleterre, on donne aux rangs d'artichauts 1ᵐ,32 d'intervalle ; les pieds y sont espacés entre eux de 0ᵐ,60 ; il y en a par conséquent 12,250 par hectare ; mais on cultive les intervalles ; cette méthode n'a rien qui doive la faire préférer à celle qu'on suit en France. Dans nos départements du midi, la culture de l'artichaut s'allie avec celle du melon en pleine terre, lorsqu'on dispose d'une quantité d'eau suffisante ; les planches sont séparées par des rigoles d'arrosage ; elles ont ordinairement 1ᵐ,40 de largeur,

mais les artichauts n'en occupent qu'une partie ; les pieds sont espacés entre eux de 0^m,75.

D. — Détails de culture.

Les artichauts n'ont réellement besoin d'arrosages qu'au moment de leur plantation, et
25 ou 30 jours avant le développement des
pommes. On conçoit que cette partie de leur
culture devient excessivement dispendieuse
lorsqu'on la pratique sur une très grande
écirelle, comme dans les plaines au nord de
Paris, et dans celles des environs de Laon
(Aisne) ; aussi, les jardiniers dont la culture de
l'artichaut est la principale industrie en lais-
sent-ils la majeure partie venir selon qu'il plaît
à Dieu de les arroser, reportant sur une portion seulement la main-d'œuvre dont ils disposent. De cette manière, ils ont une quantité
limitée de très beaux artichauts, et quelquefois
une récolte passable d'artichauts médiocres ;
quelquefois aussi, quand la température est très
sèche, comme elle l'a été en 1840 et en 1842,
la récolte est presque nulle partout où l'arrosoir n'a point passé. Il faut convenir aussi que
ce n'est pas une petite besogne que de mouiller
à fond deux fois par jour, à raison de 12 litres
à chaque fois, les 12 à 15,000 pieds d'artichauts
qui couvrent un hectare de terre ; pendant un
mois environ que dure la saison des arrosages
pour l'artichaut, un hectare n'absorbe pas
moins de 3,600 hectolitres par jour, soit, pour
30 arrosages, l'énorme quantité de 10,800,000
litres d'eau ; et bien des jardiniers de Gonesse,
du Bourget et des communes voisines, en ont
plusieurs hectares !

L'artichaut végète fort inégalement ; cette
circonstance contribue à rendre sa culture en
grand avantageuse, parce qu'elle évite l'encombrement d'une récolte arrivant toute à la
fois. Pour la récolte de printemps, rien n'est
plus profitable au jardinier. On doit retrancher,
le plus près possible de terre, les tiges qui ont
donné leur pomme, et ne pas permettre que les
pommes accessoires, ordinairement peu développées lorsqu'on coupe la première, achèvent
leur croissance complète, ce qui épuiserait la
plante. Ces pommes sont vendues à moitié de
leur grosseur, pour être mangées crues sous le
nom d'*artichauts à la poivrade*. Lorsqu'on veut
obtenir de chaque pied une pomme aussi
volumineuse que possible, ce qui est le plus
avantageux pour les artichauts arrosés, on retranche toutes les pommes accessoires à mesure
qu'elles se montrent. On les laisse au contraire
devenir aussi grosses que le sol et la vigueur
de la plante le permettent, lorsqu'on se propose de supprimer un carré d'artichauts qui a
fait son temps. L'artichaut pourrait durer un
grand nombre d'années ; mais au bout de trois
ans, la qualité des produits diminue tellement,
qu'il vaut mieux renouveler la plantation ; il
y a même beaucoup de terrains où l'artichaut
dégénère après deux hivers et veut être ra-
jeuni.

Pour la récolte d'automne, l'inégalité de la

végétation des artichauts expose une partie des
têtes à être surprise par les premiers froids
avant d'être assez développée pour pouvoir
paraître sur le marché. Dans ce cas, on coupe
les tiges près de terre et on les porte à l'abri,
soit sous un hangar, soit dans la réserve économique : les tiges sont plongées dans du sable
frais, à la profondeur de 0^m,25 ; l'artichaut
continue à grossir, sans toutefois devenir tel
qu'il aurait été en pleine terre par un temps
favorable. En décembre et janvier, les têtes de
grosseur médiocre se vendent facilement à un
bon prix ; le jardinier amateur ne doit pas négliger ce moyen de prolonger la consommation
d'un légume frais à l'époque de l'année où l'on
est presque réduit aux légumes secs. Les artichauts ainsi traités restent frais pendant 50 à
60 jours ; plus tard, leurs feuilles calicinales se
raieraient de brun, et la partie mangeable deviendrait coriace, ce qui ôterait aux artichauts
toute leur valeur. Au mois d'octobre, on supprime dans les pieds de trois ans destinés à être
arrachés tous les œilletons défectueux, afin
que les bons profitent seuls des derniers beaux
jours ; on a par ce moyen du plant de première
qualité pour les plantations du printemps suivant.

A l'approche des premiers froids, il faut s'occuper de butter les artichauts qui ont souvent
bien moins à souffrir du froid en lui-même que
des précautions prises sans discernement pour
les en préserver. La gelée ne fait pas un tort
sensible à l'artichaut, tant qu'elle n'atteint pas
ses racines. L'opération du buttage a pour but
de mettre une plus grande épaisseur de terre
entre les racines de l'artichaut et l'air extérieur.
Elle remplit parfaitement cet objet quand le
buttage est donné par un temps sec, la terre
étant suffisamment égouttée ; la gelée pénètre
d'autant moins avant dans la terre, qu'elle la
trouve moins humide. Mais le buttage seul ne
suffit pas à la conservation des pieds d'artichaut
pendant l'hiver ; il faut encore préserver les
feuilles de la gelée et de la pourriture. A cet
effet, on les raccourcit en ne laissant entières
que celles du centre, et on les recouvre soit de
paille sèche, soit de feuilles mortes qu'on déplace toutes les fois que le temps le permet.
Dès le mois de février, il faut découvrir les artichauts la nuit comme le jour, tant qu'il ne
gèle pas, sous peine d'en perdre les trois quarts
par la pourriture. On ne saurait apporter trop
de soin à éviter, en buttant les artichauts, de
laisser pénétrer de la terre, soit entre les côtes
des grosses feuilles., soit sur les feuilles du
centre.

Au printemps, lorsqu'on œilletonne les artichauts, il faut mener l'opération très vite, déchausser le pied, ôter les œilletons en en laissant seulement un ou deux, pris parmi les meilleurs, et remettre la terre en place ; tout cela ne
demande pas plus de 25 à 30 secondes lorsque
deux jardiniers opèrent à la fois sur le même
pied, ce qui est nécessaire, surtout quand on
œilletonne les artichauts pendant le hâle de mars.

Si les artichauts semblent souffrir de la sécheresse, il ne faut pas craindre de les arroser en mars, quand même le climat ferait appréhender des gelées tardives; dans ce dernier cas, on augmentera la couverture de manière à empêcher la gelée d'atteindre les racines.

On voit combien de main-d'œuvre exige la conservation des artichauts en hiver; ces procédés sont presque impraticables dans la culture en grand. À la suite des hivers longs et rudes, les artichauts en plein champ, quoique buttés et couverts, meurent presque tous, soit parce que les couvertures n'ont pas assez d'épaisseur, soit parce que les feuilles du cœur, trop longtemps couvertes, s'étiolent et pourrissent. Mais dans un carré de jardin de dimensions moyennes, il est facile de donner à quelques centaines de pieds d'artichaut tous les soins qu'ils réclament. Rien n'est plus nuisible aux artichauts que de les couvrir avec du fumier en fermentation; la litière sèche, la paille et les feuilles, surtout celles de châtaignier, plus faciles que les autres à déplacer sans les disperser, doivent seules être mises en contact avec le cœur de l'artichaut; si l'on se sert de fumier, ce ne doit être que pour recouvrir les racines; s'il touche aux feuilles, il ne peut que faire pourrir la plante.

Pour la culture d'artichauts limitée à un petit nombre de pieds, il y a un procédé plus simple et plus sûr, mais impraticable en grand. On enlève à l'automne les artichauts avec toutes leurs racines, et on les plante dans de la terre sèche dans une cave qui ne soit pas trop humide. Il n'y a plus à s'en occuper jusqu'au printemps. Dès que les gelées ne sont plus à craindre, on remet les artichauts en place après les avoir œilletonnés; on leur garnit le pied de bon fumier et l'on arrose largement. La récolte de ces artichauts devance de 15 jours au moins celle des artichauts qui ont passé l'hiver en pleine terre. Les jardiniers maraîchers des environs de Paris, qu'une longue habitude d'observation met à même de prévoir les hivers rigoureux, se ménagent par ce procédé une précieuse provision d'œilletons qui quelquefois, après un rude hiver, sont payés 40 et 50 fr. le mille à ceux qui ont pu en conserver, de sorte que, pour garnir un hectare, le plant seul occasionne une dépense de 700 à 800 fr.

Dans les contrées méridionales, l'artichaut n'a besoin pour passer l'hiver que d'un léger buttage qu'on défait au printemps. La manière d'œilletonner est la même; l'arrosage au moyen des rigoles peut se passer par imbibition à très peu de frais; la culture de l'artichaut est donc beaucoup plus facile dans le midi que dans le centre et le nord de la France; mais aussi, elle n'est praticable que là où l'on dispose d'une assez grande quantité d'eau vive, ce qui n'est pas nécessaire sous un climat moins exposé aux terribles sécheresses de nos départements méridionaux. Le printemps est ordinairement si sec dans le Var et les Bouches-du-Rhône,

que les œilletons mis en place sans être bien enracinés d'avance périraient presque tous. On les plante à 0^m,10 les uns des autres dans des carrés coupés de rigoles qu'on remplit d'eau deux fois par jour; en moins de 15 jours, les œilletons ainsi traités ont poussé de fortes racines; ils peuvent alors être mis en place et résister à la sécheresse. Ce procédé est principalement en usage à Hyères, où la culture de l'artichaut occupe plus de 150 hectares de terres.

Les feuilles de l'artichaut liées et blanchies comme les cardons, les remplacent avec avantage au goût de beaucoup d'amateurs; leur saveur est seulement un peu plus forte (voir *Cardons*). La fleur d'artichaut est la meilleure de toutes les présures; elle ne communique aucun mauvais goût au fromage; elle est préférable sous tous les rapports à la présure ordinaire. On fera bien, à la campagne, d'en réserver toujours une provision pour cet usage.

E. — *Frais et produits.*

FRAIS.

Nous les avons calculés pour une culture continuée pendant trois ans, durée ordinaire des plantations d'artichauts.

PREMIÈRE ANNÉE.

Loyer et impositions...................	500^f
60 mètres cubes d'engrais, à 8 fr. le m. cube..	480
Achat du plant......................	250
Main-d'œuvre.......................	300
Paille et feuilles pour abris.............	100
TOTAL.......	1,450

DEUXIÈME ANNÉE.

Loyer et impositions.................	300
25 mètres cubes d'engrais.............	200
Main-d'œuvre......................	200
Paille et feuilles...................	100
TOTAL.......	800

TROISIÈME ANNÉE.

Frais égaux à ceux de la deuxième année.....	800
TOTAL. des frais pour trois ans.	3,050

Plusieurs articles auraient pu être ou supprimés ou diminués; tels sont l'achat du plant que le plus souvent on n'achète pas: nous le portons au prix du marché aux fleurs à Paris, en 1843; les feuilles qui ne coûtent rien à la campagne; la paille pour couverture, qui sert plusieurs années de suite; nous les portons en compte pour compenser mille faux frais qu'on ne peut évaluer, et qui grossissent toujours d'une manière imprévue, les frais de culture calculés d'avance.

PRODUITS.

Un hectare de terre reçoit, comme on l'a vu, en moyenne, 15,000 pieds d'artichaut. Supposons qu'il en manque 1,000, restent 14,000. Chaque pied peut donner, soit une grosse pomme et deux moyennes, soit deux moyennes et trois ou quatre petites. Le prix moyen est très difficile à déterminer. A Paris, les articiauts les plus gros et les plus précoces se vendent aux revendeurs de 20 à 30 centimes la pièce ; le paquet de 8 à 10 artichauts à la poivrade vaut, en primeur, de 40 à 50 c. En pleine saison, les gros valent de 10 à 15 c. ; les moyens, de 5 à 10 c. ; les paquets de petits articiauts, de 10 à 15 c. Les derniers articiauts et ceux que l'on conserve pour être vendus en iiver, dépassent quelquefois le prix des plus précoces. D'après ces données, une moyenne de 30 c. par pied n'est pas trop élevée pour le produit annuel des cultures d'artichaut qui approvisionnent Paris. 14,000 pieds d'artichaut à 30 c., portent le produit brut d'un iectare à 4,200 fr. Ce produit doit être diminué de 800 fr. pour la première année, en raison du nombre de pieds qui ne montent pas. Le produit brut des trois années au bout desquelles on détruit les plantations d'artichaut peut donc s'élever approximativement à 11,800 fr. Nous pourrions citer telle culture de 33 ares (un arpent de Paris), qui a produit 2,000 fr. par an ; telle autre culture de 16 ares, qui a donné en un an 1,200 fr. Ce serait sur le pied de 6,000 fr. et de 7,200 fr. par an par iectare, ou pour trois ans, 18,000 à 21,000 fr. On conçoit aisément que les produits d'une culture de plusieurs iectares ne peuvent se comparer à ceux d'une petite culture, où chaque pied est soigné individuellement comme une plante de collection ; c'est l'iistoire des mécomptes qui suivent tous les calculs basés sur des essais en petit.

Le jardinier qui consacre un iectare de terre à la culture de l'artichaut, en soigne ordinairement de son mieux 16 ares ; le produit de cette partie de son ciamp lui rapporte, à moins de revers extraordinaires, de 800 fr. à 1,000 fr. : moyenne, 900 fr. par an, et pour trois ans, 2,700 fr. C'est le plus certain de sa récolte. Les articiauts des 84 ares restant, peu ou point arrosés en été, rarement découverts et recouverts à propos en iiver, ne lui donneront pas tous les ans un produit brut aussi élevé que celui de 16 ares traitées avec tous les soins nécessaires. Une bonne année compensant une mauvaise, chaque pied de ces 84 ares donnera en moyenne 10 c. par an, soit pour 11,760 pieds, 1,170 fr., et pour trois ans, 3,510 fr. qui, ajoutés à la recette de 2,700 fr. obtenue des 16 ares bien soignés, porte le produit brut total à 6,210 fr., même en faisant aux ciapitre des accidents une très large part. Nous ne portons point en recette les œilletons, qui ont souvent à Paris une valeur considérable. Les pieds d'artichaut ayant souffert cette année (1842) par la sècieresse et les pucerons, le plant ne peut valoir, au printemps de 1843, moins de 2 fr. le cent, et il n'y en aura pas pour tous les amateurs.

En résumé, nous trouvons pour produit net d'un iectare d'articiauts traités selon la manière ordinairement en usage autour de Paris, la différence entre 3,030 fr. de frais et 6,210 fr. de recette, soit 3,180 fr. En nombres ronds, c'est 3,000 fr. de frais et 6,000 fr. de recette brute en trois ans ; soit 1,000 fr. de produit net par an par iectare.

§ XVII. — Cardons.

Les côtes blanciies de cette plante, dont la saveur a beaucoup de rapports avec celle de l'artichaut, ne sont pas assez généralement goûtées pour que la consommation en soit fort étendue ; les cardons ne peuvent donc occuper qu'un espace très limité dans le potager du jardinier de profession. Quatre espèces sont principalement cultivées : le cardon *d'Espagne*, le cardon *de Tours*, le cardon *à côtes rouges* et le cardon *inerme ou à côtes pleines*. Ce dernier est le meilleur à tous égards ; il est, comme son nom l'indique, tout-à-fait sans piquants et presque dépourvu de fils intérieurs, toujours désagréables à rencontrer dans les côtes des cardons des autres espèces. Il est à désirer que le cardon inerme soit substitué dans la culture au cardon de Tours qu'on lui préfère généralement ; ce cardon n'offre sur le cardon inerme aucun avantage ; les piquants dont il est armé causent souvent aux jardiniers des blessures très lentes à guérir. On ne multiplie le cardon que de semences, tellement semblables à celles de l'artichaut, qu'il faut beaucoup d'habitude pour ne pas les confondre. Ces semences se récoltent comme celles de l'artichaut, sur des fleurs dont on a eu soin d'incliner la tige en la tordant, afin qu'elles soient tournées vers la terre, pour les préserver de la pluie qui pourrit souvent la graine quand on les laisse dans leur situation naturelle. Le cardon se sème en place, comme l'artichaut, dans les mêmes conditions et à la même distance entre ciaque pied ; on accélère sa croissance par des arrosements d'autant plus abondants que l'été est plus ciaud. Vers le milieu de juin, le cardon n'a encore poussé que des feuilles souvent longues de 1^m,50 à 2^m ; c'est à ce moment de sa végétation qu'il faut l'arrêter pour le rendre propre à l'usage auquel on le destine. A cet effet, on réunit les feuilles par leur sommet au moyen d'un lien de paille tordue, sans trop les comprimer. On enveloppe ensuite toute la plante, maintenue dans une position verticale, d'une cemise de paille longue, placée dans son sens naturel, les épis vers le iaut ; plusieurs attacies en paille maintiennent cette couverture. On butte ensuite la terre autour du pied, ce qui recouvre de 0^m,05 à 0^m,06 de terre l'extrémité inférieure de la paille et l'empêcie d'être déplacée par le vent.

Le cardon ainsi couvert blancit et s'étiole d'autant plus vite et plus complètement, que son enveloppe de paille est plus épaisse. Il ne faut lier les cardons que successivement, en donnant à leurs chemises de paille des épaisseurs différentes. Cette précaution est très nécessaire pour que les cardons ne blanciissent pas tous à la fois ; car, une fois blanchis, ils ne restent pas en cet état; ils pourrissent très rapidement s'ils ne sont consommés, et, comme nous l'avons dit, la consommation en est très limitée. A l'entrée de l'iiver, on enferme dans une cave sèche ou dans la réserve économique quelques touffes de cardons qu'on a eu soin de semer assez tard pour qu'ils soient bons à lier vers la fin d'octobre: c'est la provision d'iiver. On se garde bien de lier les pieds qu'on destine à porter graine l'année suivante; on les traite comme des pieds d'artichaut.

§ XVIII. — Céleri.

Nos voisins de l'est et du nord font plus de cas que nous de cet excellent légume, dont les propriétés digestives ne sont pas assez généralement appréciées en France. A Paris, le céleri n'est guère employé que comme assaisonnement accessoire dans la soupe grasse et la salade, ce qui ne permet pas à sa culture d'occuper un grand espace. Néanmoins, depuis quelques années, la consommation du céleri tend à s'accroître, surtout depuis l'introduction en France d'une excellente espèce connue de toute ancienneté en Allemagne sous le nom de céleri-rave.

Le céleri est une des productions indigènes de notre sol; on le trouve à l'état sauvage dans les parties humides et marécageuses des départements des Bouches-du-Rhône et du Var; la nature l'avait doué de toutes les propriétés qui le rendent utile comme aliment. Du jeune plant de céleri sauvage, transporté dans les jardins et cultivé comme le plant obtenu de semis, n'en diffère pas essentiellement. Sur tout le littoral français de la Méditerranée, le céleri sauvage est si bien apprécié, que les paysans provençaux le nomment par excellence *la bonne herbe*.

A. — Semis.

La récolte de la graine de céleri n'exige aucun soin particulier, et n'est point sujette, comme beaucoup d'autres, à dégénérer par le croisement, parce que cette plante a peu de variétés; néanmoins, on fera bien de ne pas placer les porte-graines du céleri-rave trop près de ceux du céleri commun, qui pourraient les faire dégénérer. On sème les premiers céleris sur couche sous chàssis, à la fin de février et dans les premiers jours de mars; les premiers semis en pleine terre se fonten avril et peuvent être continués jusqu'en juin. La graine doit être fort peu recouverte; il faut entretenir sur les semis une iumidité constante par de fréquents arrosages, même avant que le plant ne commence à se montrer, sans quoi la graine ne lèverait pas.

B. — Préparation du sol.

La nature du terrain sur lequel le céleri croit naturellement indique pour sa culture un sol fertile, profond et humide, ou très largement arrosé s'il se prête trop facilement à l'évaporation. Quelle que soit sa constitution, on doit

le défoncer à la profondeur de 0ᵐ,60 et le fumer sans parcimonie avec du fumier à demi consommé. On laisse le sol ainsi remué se rasseoir pendant une semaine ou deux; puis on ouvre des fosses larges de 1ᵐ,40 et profondes de 0ᵐ,50; la terre qu'on en extrait est déposée en ados sur les deux bords.

C. — Plantation.

La préparation du terrain en fosses, telle que nous l'avons indiquée, est destinée au mode de plantation qui réunit le mieux les conditions essentielles de production et d'économie; chaque fosse reçoit trois rangs, l'un au milieu, les deux autres à 0ᵐ,32 de chaque côté. Les premiers semis sur couche donnent dans les premiers jours de juin du plant bon à mettre en place; les autres semis fournissent à des plantations successives qui se prolongent jusqu'en automne, de sorte qu'on peut jouir de cette production presque toute l'année.

Dans les jardins de peu d'étendue destinés seulement à une production restreinte, on obtient le céleri plus promptement et plus beau, en plantant les rangs sans fosse, sur un sol bien engraissé, à la distance de 0ᵐ,80; mais ce mode de plantation, quoique préférable en lui-même, ne serait pas assez avantageux pour le jardinier de profession.

D. — Détails de culture.

Le céleri demande beaucoup d'eau à toutes les époques de sa croissance; lorsqu'il est mis en place par un temps sec et ciaud, il ne lui faut pas moins de trois ou quatre arrosages par jour; plus il est mouillé, plus il atteint promptement la longueur de 0ᵐ,30 à 0ᵐ,40. Parvenu à cette dimension, on attache toutes les feuilles de ciaque plante avec un lien de jonc ou de paille; on commence alors l'opération essentielle de cette culture, qui consiste à *butter* le céleri en lui rendant la terre prise, soit sur les ados, soit dans les intervalles des lignes lorsqu'elles sont suffisamment espacées. Le buttage ne doit laisser à découvert que l'extrémité supérieure des feuilles; la terre mêlée de fumier ne tarde pas à activer la végétation, de sorte qu'au bout de huit jours un second buttage devient nécessaire; il est suivi d'un troisième iuit jours plus tard, après quoi le céleri est bon à récolter. Le sol peut être tout aussitôt disposé pour recevoir une nouvelle plantation qui réussira comme la première. Le céleri récolté le dernier en automne se conserve très bien à la cave dans du sable frais pendant l'iiver. La culture du céleri-rave est la même, à l'exception des buttages dont il n'a pas besoin, parce que la partie comestible consiste dans le collet de la racine, tendre et volumineux par lui-même sans être butté.

E. — Frais et produits.

La culture du céleri n'a pas assez d'importance et n'occupe pas le sol assez constamment pour que son compte puisse être bien exactement établi, surtout quant aux frais; le plant s'élève sur des couches qui ont servi avant et qui servent après à une foule d'autres usages: le fumier mis dans les fosses de celeri n'est pas épuisé par cette récolte; on ne lui consacre pas non plus des journées entières de travail, si ce n'est quelquefois à l'époque des labours et des plantations; les évaluations, même approximatives, sont donc très difficiles à établir.

Quant aux produits, un are de terrain peut recevoir en juin, dans 5 fosses, 15 rangées de céleri de 30 plantes chacune, soit 450 pieds, vendus de 5 à 10 centimes la pièce à leur maturité; c'est un produit brut de 30 à 35 fr. pour une récolte qui se renouvelle au moins deux fois dans une saison et qui a déjà été précédée d'une ou plusieurs autres récoltes de plantes potagères plus ou moins productives.

§ XIX. — Laitues.

Il n'existe aucun pays dans le monde où il se consomme autant de salades qu'en France, un dicton populaire assure que le soldat français ne réclame pour nourriture que deux choses : *soupe et salade.* Parmi les salades, la laitue tient sans contredit le premier rang. La laitue n'est connue en France que depuis le règne de François Ier; les premières graines de laitue semées en France avaient été envoyées de Rome à Paris, au cardinal d'Estrées, par Rabelais, vers l'an 1540 : les lettres de Rabelais en font foi; en 1562 la laitue fut introduite en Angleterre; avant la fin du seizième siècle elle était commune dans toute l'Europe.

A. — *Choix des espèces.*

Aucune plante potagère n'a varié par la culture autant que la laitue. Le choix des espèces à cultiver doit être déterminé en partie par la nature du terrain, en partie par le but dans lequel on cultive. Toutes les laitues montent vite et pomment difficilement dans les sols chauds, trop secs et trop légers; dans les terres fortes et froides, elles poussent avec une lenteur désespérante. Le jardinier marchand fait choix des espèces les plus avantageuses pour la vente : ce sont toujours celles dont la végétation rapide laisse le terrain le plus tôt libre pour d'autres cultures. Les listes suivantes indiquent les meilleures variétés de laitues, classées sous les rapports qui doivent le plus influer sur le choix du jardinier.

Laitues à pommes rondes (*laitues proprement dites*)

LAITUES DE PRINTEMPS.

Laitue gotte { dauphine . . . . graine noire.
cordon rouge. . . . . . . graine blanche.
petite blonde (monte vite).   id.

Ces trois variétés ont toutes plus ou moins le défaut de monter très souvent avant d'avoir formé leur pomme, ou très peu de temps après l'avoir formée; ce que les jardiniers expriment en disant qu'elles ne *tiennent* pas. La première

est de beaucoup la meilleure sous ce rapport; les Anglais ne cultivent presque pas d'autre laitue de printemps.

LAITUES D'ÉTÉ.

Laitue.... { blonde de Versailles. . . . graine blanche.
turque. . . . . graine noire.
de Gênes . . . . id.

Ces trois variétés sont les laitues d'été par excellence: toutes trois forment des pommes à la fois grosses et tendres, qui se font très vite et montent très difficilement; elles sont donc les plus avantageuses pour le jardinier-marchand. On cultive aussi dans les marais les espèces suivantes parmi les laitues d'été :

Laitue.... { blonde de Berni . . . . . graine noire.
— royale . . . . . . id.
— trapue . . . . . . graine blanche.
— de Malte. . . . . id.
— de Batavia . . . . id.
chou de Batavia . . . . . id.

Ces deux dernières laitues d'été deviennent énormes, mais leur saveur est peu recherchée, légèrement amère; elles ne sont réellement bonnes qu'à être cultivées en plein champ, comme cela se pratique en Angleterre, en Belgique et dans le nord de la France, pour la nourriture des porcs qui en sont très avides; aussi, après avoir eu un moment de vogue extraordinaire, ces deux laitues ont-elles été bannies des jardins pour rester dans le domaine de la grande culture. Dans les terrains médiocres, surtout lorsqu'on veut avoir de la laitue mangeable sans se donner beaucoup de peine, on peut choisir la laitue rousse de Hollande, la plus rustique de toutes, et la laitue *blonde paresseuse*, qui pourrait se nommer aussi *laitue des paresseux*, puisque, sans aucune espèce de soin, livrée à sa végétation naturelle, elle finit toujours par pommer.

LAITUES D'HIVER.

Laitue.... { de la Passion. . . . . . graine blanche.
morine . . . . id.
crêpe, ou petite crêpe. . . id.
Petite laitue noire. . . . . graine noire.

Ces laitues n'ont d'autre mérite que leur très grande rusticité, qui leur permet, moyennant quelques abris, de passer l'hiver en pleine terre, dans une plate-bande à bonne exposition, et de pommer de très bonne heure au printemps. Elles conviennent spécialement comme laitues de grande primeur sur couche, sous cloche ou châssis (voir Cultures forcées).

Les maraîchers nomment *laitues à couper* celles qu'on sème fort épais, pour les couper au collet de la racine, dès qu'elles ont leur quatrième feuille. Toutes les laitues, sans distinction, peuvent être traitées ainsi. Deux variétés, la laitue-chicorée et la laitue-épinard, sont en outre particulièrement propres à cette destination; la laitue-épinard repousse du pied et peut être coupée plusieurs fois.

Laitues à formes allongées (laitues romaines).

Romaine. .
{
verte hâtive, de printemps et d'été.
verte maraichère, d'été.
grise maraichère (la plus grosse connue).
rouge d'hiver, peu sensible au froid.
alphange, à feuilles épaisses.
blonde maraichère.
blonde de Brunoy.
}

Toutes ces romaines sont bonnes et méritent d'être cultivées ; les plus avantageuses sont la romaine verte maraichère d'été et la grise-maraichère, qui est d'été et d'arrière - saison. Les Anglais cultivent plusieurs variétés de romaine, égales en bonté aux nôtres, mais peu connues en France ; la brune de Hambourg et la romaine de Kensington sont les deux meilleures.

Nous devons une mention spéciale à la romaine à feuille d'artichaut, vulgarisée par M. Mathieu de Dombasle ; elle est tendre et fort bonne ; elle devient fort grosse lorsqu'on a soin de la lier de bonne heure ; elle résiste bien aux premières gelées blanches, de sorte qu'on peut en manger fort tard en automne, avantage que ne possèdent pas les autres romaines d'été. On la mange aussi, cuite.

B. — Semis et repiquages.

Les laitues, quelle qu'en soit l'espèce, se sèment en bonne terre de jardin, plutôt légère que forte ; la graine doit être fort peu recouverte, surtout si la terre est tant soit peu argileuse. On sème à la volée, très clair, à moins que la laitue ne soit destinée à être coupée à sa quatrième feuille.

Les laitues à pomme ronde n'ont pas nécessairement besoin d'être repiquées ; elles pomment très bien en place comme on le voit par celles qu'on laisse de distance en distance sur la planche où les laitues ont été semées en pépinière, et qui ne présentent aucune différence avec les laitues transplantées. Le plus souvent, les laitues ne se sèment point en pépinière ; on se contente de mêler un peu de graine de laitue dans les semis d'ognon ; quand le plant est bon à repiquer, on l'éclaircit en en laissant seulement çà et là quelques pieds qui pomment sans nuire beaucoup aux ognons, surtout quand on a soin de faire choix des espèces qui croissent vite et ne font pas de trop grosses pommes ; elles sont enlevées de trop bonne heure pour gêner la végétation des ognons. Les laitues se plantent en quinconce, les plus grosses à 0m,40, les moyennes à 0m,30, et les plus petites à 0m,20 les unes des autres. La principale précaution à prendre consiste à éviter de tasser trop fortement la terre ; la racine pivotante de la laitue veut plonger facilement dans un sol pénétrable ; moins elle trouve de résistance, plus la végétation de la plante est vigoureuse et rapide. C'est pour la même raison qu'on a soin de *pailler* les planches de laitue avec de la litière sèche ou du fumier long, pour empêcher l'eau des arrosages de rendre la terre trop compacte.

Les laitues de printemps se sèment en mars, pour être repiquées en avril ; les laitues d'été se sèment depuis le 15 avril jusqu'à la fin de juillet, pour se succéder sans interruption et donner tout l'été du plant bon à repiquer, à mesure qu'on récolte les laitues pommées ; les laitues d'hiver se sèment à trois ou quatre reprises entre le 15 août et le 15 septembre, pour être transplantées avant la Toussaint et passer l'hiver en place ; on les recouvre de paillassons ou de litière pendant les grands froids qu'elles supportent bien, sous le climat de Paris, dans une position abritée ; en général, les dernières semées et par conséquent les dernières repiquées, ont plus de chances pour résister que les laitues qui, mises en place trop tôt, sont surprises par le froid dans un état trop avancé de végétation.

La laitue à couper, qui ne se repique pas, se sème au mois de janvier, sur couche sous châssis. Quand l'hiver n'est pas rigoureux, on peut semer dès le mois de décembre, sur couche sourde, dans la bâche économique. Au printemps on recommence les semis en plein air sur plate-bande recouverte de terreau ; on peut les continuer pendant tout l'été, de 15 en 15 jours.

C. — Détails de culture.

La laitue mise en place à l'arrière-saison n'a besoin que d'un peu d'abri durant les plus mauvais jours de l'hiver, et d'un peu d'eau pendant les premières sécheresses de printemps. La racine de laitue est, après la racine de fraisier, celle que les tures ou vers blancs (larves du hanneton) attaquent le plus volontiers. Le mal est sans remède pour les laitues d'hiver, parce qu'à l'époque de leur mise en place, les vers blancs se tiennent dans le sous-sol à une profondeur telle qu'on ne peut les y aller chercher. Mais quand on façonne le terrain au printemps pour recevoir du plant de laitues d'été, les vers blancs qui se tiennent à cette époque de l'année beaucoup plus près de la surface du sol deviennent très visibles, parce que leur couleur tranche sur le brun foncé de la terre de jardin ; on peut donc, avec un peu d'attention, en détruire au moins la plus grande partie. Plus tard, si l'on voit une laitue languir et se flétrir presque subitement, il ne faut pas hésiter à l'arracher ; on trouve presque toujours le ver blanc occupé à ronger sa racine. Quelques arrosages, d'autant plus fréquents que les laitues sont plus avancées dans leur végétation, rendent les pommes plus blanches et plus tendres ; les sarclages sont inutiles, que le terrain ait été ou non paillé au moment de la plantation ; les laitues plantées aux distances que nous indiquons s'emparent du terrain assez promptement pour étouffer toute autre végétation.

D. — Culture maraichère de la laitue romaine.

Les procédés usités par les maraichers des environs de Paris pour la culture de la romaine, dont la capitale et ses faubourgs consomment des millions tous les ans, sont peu connus et peu pratiqués ailleurs; nous en devons à nos lecteurs la description abrégée; les jardiniers qui cultivent à portée des villes industrielles ou des villes de garnison ne peuvent faire mieux que de les mettre en pratique: la salade de romaine est celle que le soldat et l'ouvrier préfèrent à toutes les autres.

Cette culture pourrait à la rigueur prendre place parmi les cultures forcées; mais comme elle se termine toujours en plein air, bien qu'elle se commence avec le secours des moyens artificiels d'accélérer la végétation, nous croyons pouvoir la placer ici, sans déroger à notre plan.

Les semis de romaines d'hiver se font en trois fois, à cinq jours d'intervalle, en commençant au 4 et finissant au 15 du mois d'octobre; ce n'est pas qu'on s'attache à ces dates précises avec une exactitude superstitieuse; c'est uniquement parce que, presque toujours, sous le climat de Paris, ces époques coïncident avec une température convenable. Quant à la division des semis en trois fois différentes, elle est fondée sur le nombre réellement prodigieux de romaines que chaque maraicher aurait à repiquer à la fois, s'il semait tout le même jour; car le plant de romaine parvenu au point de croissance qui permet de le repiquer, ne peut pas attendre; tout le succès ultérieur de cette culture est fondé sur le tact infaillible qui fait reconnaitre au maraicher le moment précis où il convient de repiquer la romaine, opération qui doit être enlevée le plus rapidement possible.

On n'emploie pour ce mode de culture que deux variétés de romaine, la verte hâtive, et la grosse romaine grise. Quelque bonne que puisse être la qualité de la terre où l'on doit semer la romaine en octobre, il faut toujours lui incorporer moitié de son volume de bon terreau de couches rompues; pour une planche de 10 mètres de long sur un mètre 30 de large, la couche végétale, étant supposée de $0^m,50$ d'épaisseur, il faut environ trois mètres cubes de terreau, qu'on ne laisse point étendu sur la surface du sol labouré; on le répand au contraire le plus également possible avant le labour, puis on le mélange exactement avec la couche végétale en labourant. La planche ainsi préparée est garnie d'autant de cloches de verre qu'elle en peut recevoir; on sème sous ces cloches, médiocrement serré; la romaine verte peut être sans grand inconvénient semée un peu moins clair que la romaine grise. La graine se recouvre très légèrement d'un peu de terre mêlée de terreau, tamisée par-dessus; les cloches sont replacées à mesure sur les espaces semés; on a soin que leurs bords entrent de quelques millimètres dans le sol pour prévenir l'évaporation. Le plant lève au bout de quatre ou cinq jours; il craint les coups de soleil; on doit avoir soin de l'en préserver en couvrant au besoin les cloches avec des paillassons. On peut ordinairement commencer à repiquer le plant de romaine dix ou douze jours après qu'il a été semé; cette opération est la partie la plus

délicate de la culture de la romaine d'hiver; les mains adroites des femmes et des enfants la pratiquent avec plus de succès que les doigts rudes des hommes; car rien n'est moins résistant et plus fragile que le plant de romaine obtenu sous cloche, lorsqu'on l'arrache pour le repiquer, sept ou huit jours seulement après qu'il est sorti de terre.

Les repiquages se font comme les semis, sous cloche, sur une terre préparée de la même manière; on a soin de donner aux planches un peu de pente au midi. Si l'on craint les attaques des taupes-grillons (courtilières), on enlève toute la terre de la planche, comme s'il s'agissait d'ouvrir une fosse pour une plantation d'asperges; on garnit le fond et les côtés avec de vieux paillassons, et l'on replace la terre qu'on laisse se rasseoir un jour ou deux, pour éviter que le plant ne se trouve déchaussé par le tassement qu'éprouve toujours naturellement un sol ainsi remué.

Il y a d'ordinaire de 1,000 à 1,200 plants de romaine à prendre sous une cloche; on peut calculer sur cette base l'espace qu'exigent les repiquages. Le plant se repique en lignes, en échiquier, à environ $0^m,04$ de distance; chaque cloche conserve un espace circulaire vide d'environ $0^m,05$ tout autour de son bord intérieur; elle peut admettre 30 plants repiqués. On compte ordinairement sur 36 cloches pour recevoir le plant repiqué d'une *clochée* de semis. Les trous pour le repiquage se font avec le doigt, en évitant sur toutes choses de tasser trop fortement la terre et de froisser le plant et sa racine qui n'ont presque pas de consistance; il importe que chaque trou soit assez profond pour que la racine ne s'y trouve pas repliée à son extrémité inférieure. Les repiquages par ce procédé peuvent se faire aussi bien sous châssis que sous cloche; mais si l'on repiquait de cette manière du plant élevé en plein air, il ne pourrait manquer d'y languir et d'être attaqué d'une maladie particulière, connue des jardiniers sous le nom de *blanc*, ou *meunier*. Il faut que le plant de romaine repiqué sous châssis ou sous cloche ait commencé sa végétation dans les mêmes conditions.

Les soins à donner au plant repiqué se bornent à couvrir les cloches de paillassons ou de litière longue qu'on déplace pendant le jour, tant qu'il ne gèle que modérément. Si le froid devient plus vif, cet abri ne suffit plus; il faut remplir les intervalles des cloches avec de bon fumier d'écurie, qu'on retire aussitôt que le temps se radoucit, pour le replacer en cas de besoin.

Le plant de romaine ne souffre pas sensiblement du défaut d'air sous la cloche tant qu'il n'a pas pris l'air, et c'est ce qu'on a soin d'éviter tant que la chose est possible; mais il arrive assez souvent que le mois de décembre étant doux et humide, le plant prend un accroissement tel, sous les cloches, qu'il ne saurait attendre le mois de mars, époque à laquelle il doit être confié sans abri à la pleine terre; on est forcé dans ce cas de l'endurcir peu à peu en soulevant le bord des cloches du côté du midi, afin d'y laisser pénétrer l'air extérieur chaque fois que le temps le permet. C'est une très grande augmentation de main-d'œuvre, car une fois qu'on a commencé à soulever les cloches par le beau temps, il faut continuer, sous peine de voir le plant *fondre* et dépérir.

A mesure que la saison avance, l'intérieur des cloches se trouve naturellement dégarni par l'enlèvement successif du plant qu'on transplante à différentes époques, soit sous cloches, soit sous châssis, sur couche froide, tiède ou chaude, afin d'en avoir une suite de récoltes non interrompue. On plante ordinairement quatre plants de romaine sous une cloche. La romaine sous cloche ou sous châssis ne pourrait pas se fermer, ou, comme disent les maraîchers, *se coiffer* d'elle-même ; on la lie avec un brin de jonc lorsque sa végétation est assez avancée.

La laitue gotte et la petite laitue crêpe peuvent être soumises exactement au même traitement que la romaine ; on en plante également quatre pieds sous une cloche ; on y peut ajouter une romaine au milieu.

Le plant de romaine élevé sous cloche peut être risqué dès la fin de décembre en plein air à bonne exposition ; il réussit quelquefois, mais c'est une partie de la récolte sur laquelle on ne peut compter ; le reste se plante d'abord dans les plates-bandes les mieux abritées, puis dans tous les carrés du marais, depuis le 15 février jusqu'au 15 avril. On ne doit pas négliger, pour ces dernières plantations, de découvrir tout-à-fait le plant plusieurs jours à l'avance, en ôtant les cloches d'abord le jour, ensuite jour et nuit.

Les semis sur couche sourde découverte, puis sur simple plate-bande à l'air libre, commencés en mars, et renouvelés à dix ou quinze jours d'intervalle, fournissent du plant pour continuer la culture de la romaine en été quand le plant élevé sous cloches est épuisé.

Presque toutes les romaines se ferment d'elles-mêmes ; mais comme pour le maraîcher le temps vaut de l'argent, il n'attend pas que les romaines soient coiffées naturellement ; il leur donne un et quelquefois deux liens de jonc, qui forcent leurs feuilles intérieures à blanchir et hâtent le moment où elles pourront paraître sur le marché, en cédant la place à d'autres cultures.

Si l'on tient à conserver pures les bonnes qualités de laitues à pommes rondes et de laitues romaines, on réservera pour porte-graines les plus beaux échantillons, en choisissant ceux qui se *coiffent* le plus vite, sans avoir besoin d'être liés ; on leur donnera de temps en temps quelques arrosages avec du jus de fumier étendu d'eau. De toutes les graines, la graine de laitue est celle dont les oiseaux sont le plus avides ; elle est particulièrement du goût des chardonnerets contre lesquels il est assez difficile de la défendre. On peut, sans inconvénient, un peu avant la maturité complète des graines, lever les pieds en motte, les transplanter au pied d'un mur, et placer au-devant des branches

d'arbres (bourrées) qui, sans les ombrager trop fortement, empêchent les oiseaux d'y arriver.

Nous avons eu recours, pour l'exposé de la culture maraîchère de la romaine, à l'excellent travail de M. Poiteau sur le même sujet, publié dans le *Journal d'Agriculture pratique*, tome III, p. 57.

E. — *Frais et produits.*

Les frais de la culture de la laitue sont comme ceux de toutes les cultures maraîchères, compliqués de frais relatifs à d'autres cultures, pour le fumier, la main d'œuvre, l'usage des cloches et des châssis, de telle sorte qu'il est presque impossible de les déterminer exactement. La laitue à pomme ronde demande le même sol et la même quantité d'engrais que l'ognon, à la culture duquel elle est souvent associée. Les frais pour dix ares de terrain sont donc à peu près représentés par les chiffres suivants :

Loyer sur le pied de 300 fr. l'hectare......	30
Fumier et terreau.....................	200
Main-d'œuvre........................	60
Frais accessoires.....................	60
	350

Ces frais pour dix ares semblent énormes, puisqu'ils ne s'élèvent pas à moins de 4,500 fr. pour un hectare, si l'on comptait par hectares dans la culture maraîchère. Ils ne sont cependant pas exagérés, si l'on songe que dix ares de terrain admettent 1,500 cloches (15,000 par hectare), ou 700 mètres courants de châssis vitrés, représentant un capital dont il faut porter en compte, non-seulement l'intérêt, mais aussi le dépérissement. Il est vrai que les cloches et les châssis, de même que le fumier et le terreau, servent dans le cours d'une année à plusieurs cultures ; il est très difficile d'assigner à chacune la part des frais qu'elle doit réellement supporter. Le maraîcher d'ailleurs ne s'en met nullement en peine ; il lui suffit de savoir en gros à la fin de l'année ce qu'il a dépensé, et ce qui lui reste, quand il lui reste quelque chose.

Dix ares de terre sont divisées en 80 planches, dont chacune admet en moyenne 90 pieds de laitue, soit pour les 80 planches 7,200, réduits à 7,000 par celles qui ne viennent pas à bien. Dans les six mois que dure la grande consommation de ce genre de salades à Paris, la plantation se renouvelle trois fois ; on a donc 21,000 laitues sur 10 ares de terrain ; c'est sur le pied de 210,000 par hectare, quantité qui peut être portée à 280,000 si l'on continue à cultiver le même terrain de la même manière pendant toute la saison ; mais c'est ce qui ne se fait presque jamais, le sol étant occupé par d'autres produits non moins avantageux.

21,000 laitues ou romaines, à 2 c. 1/2 valent . .525ᶠ

Ce produit est donc sur le pied de 5,250 fr. par hectare, ce qui laisse, tous frais déduits, 1,750 fr. de produit net ; mais cette somme ne représente pas la totalité du bénéfice obtenu sur les produits d'un hectare de terrain cultivé en laitue, puisque cette culture n'occupe le terrain que pendant six mois de l'année.

§ XX. — Chicorée.

La chicorée cultivée présente deux espèces tellement distinctes, que beaucoup de jardiniers les regardent comme des plantes fort éloignées l'une de l'autre, quoique botaniquement parlant, elles soient très rapprochées ; l'une porte le nom de *chicorée* proprement dite, l'autre celui de *scarole*. Dans le nord de la France, de même que dans la Belgique wallonne, la scarole est connue sous le nom d'*endive*. Ces deux plantes se mangent crues, en salade, ou cuites, apprêtées comme des épinards ; en France, on fait cuire de préférence la chicorée, quoique la scarole soit également bonne lorsqu'elle est cuite. Peu de plantes potagères sont aussi salubres que la chicorée ; elle possède naturellement une saveur amère très forte dans la chicorée sauvage, à peine sensible dans la chicorée cultivée, surtout lorsqu'on en mange seulement le cœur étiolé, dont la culture a fait presque complètement disparaître l'amertume.

A. — Choix des espèces.

La chicorée frisée, cultivée dans les jardins, offre trois variétés principales :

La chicorée de Meaux, longtemps cultivée seule autour de Paris ;

La chicorée d'Italie, qui remplace aujourd'hui la première ;

La chicorée rouennaise ou corne de cerf, moins répandue que les deux autres.

En substituant, dans la culture en grand, la chicorée d'Italie à la chicorée de Meaux, les maraîchers des environs de Paris ont fait preuve de discernement ; le mérite de ces deux variétés, quant au goût et à la grosseur des têtes, est à peu près égal ; mais la chicorée de Meaux, semée de bonne heure au printemps, monte souvent en graine sans vouloir pommer, tandis que la chicorée d'Italie, à quelque époque qu'on la sème, ne monte pas ; c'est un avantage inappréciable dans la culture maraîchère. La chicorée rouennaise est, comme celle de Meaux, très sujette à monter. Il ne faut pas semer la graine de chicorée nouvellement récoltée, le plant provenant de ces semis aurait deux fois plus de disposition à monter que celui qu'on obtient en semant la graine conservée pendant trois ou quatre ans. On croit communément que la graine de chicorée frisée ne conserve pas au-delà de six ans sa faculté germinative ; nous en avons semé très souvent de beaucoup plus ancienne, dont pas une n'a manqué. La même observation s'applique à la graine de scarole. On cultive principalement deux variétés de scarole ; l'une, connue sous le nom de grande scarole, tale beaucoup et donne des pommes très volumineuses : c'est la plus répandue ; l'autre qui porte le nom de scarole ronde, est aussi bonne, mais un peu plus petite que

la première, sur laquelle elle a l'avantage d'une végétation un peu plus rapide. Depuis quelques années, M. Marin a obtenu une excellente variété de scarole, dont la fleur est blanche ; les fleurs des autres scaroles et celles de toutes les chicorées cultivées sont bleues comme celles de la chicorée sauvage dont toutes ces plantes ne sont que des variétés perfectionnées par la culture. On connaît aussi dans les jardins d'amateurs une scarole blonde, à feuilles très larges, dite à feuilles de laitue ; elle ne se recommande par aucune qualité spéciale ; sa délicatesse et sa promptitude à pourrir la font exclure avec raison des cultures maraîchères.

B. — Détails de culture.

La graine de chicorée veut être fort peu recouverte ; tout ce qui est enterré un peu trop profondément ne lève pas. On sème clair en plate-bande située dans la partie la plus découverte et la mieux aérée du jardin potager. Lorsqu'on veut semer de bonne heure au printemps, on ne peut employer que de la graine de chicorée d'Italie ; on ne peut semer la chicorée de Meaux avant le mois de mai, sous peine de la voir monter en graine et se refuser absolument à pommer. Les semis en pleine terre se continuent tout l'été ; les plus avantageux sont ceux qui se font les derniers pendant le mois d'août ; le plant qui en provient donnant ses pommes à une époque où il n'y a plus ni laitues rondes ni romaines pour salades, se vend plus facilement et à un prix plus élevé. On peut laisser sur les planches des semis un nombre suffisant de pieds de chicorée pour les garnir ; ces pieds formeront des têtes aussi fortes que celles des pieds transplantés. (Pour les semis sur couches, voir *Cultures forcées*.)

On transplante le plant de chicorée environ un mois après qu'il est levé ; s'il a été bien traité, il doit avoir à cet âge de 0^m,10 à 0^m,15 de hauteur. La chicorée se plante en quinconce à 0^m,35 en tout sens ; lorsque le terrain est paillé, sa végétation est rapide. Cette plante demande beaucoup d'eau jusqu'au moment où les touffes semblent assez fortes pour être liées. On réunit toutes les feuilles extérieures étalées sur le sol et on les attache avec un brin de jonc, de manière à renfermer les feuilles intérieures ; il leur faut 12 à 15 jours pour blanchir. Il ne faut lier la chicorée que par un temps sec ; si l'on renferme de l'humidité dans les touffes, elles pourrissent infailliblement. Les arrosages dont la chicorée a besoin, après être liée, doivent se donner au pied des plantes avec le bec de l'arrosoir privé de sa gerbe : si les têtes étaient mouillées intérieurement, comme il arrive quelquefois après de fortes pluies, elles pourriraient. Lorsque les premiers froids précoces surprennent les chicorées dans un état très avancé, on se contente de les couvrir de paillassons ; mais si leurs têtes ne sont qu'à demi fermées, comme la gelée les prenant en cet état les détruirait en quelques jours, voici comment on prévient cette perte : toutes les chicorées sont liées, quel que soit leur volume, puis arrachées et posées la tête en bas sur la place où elles ont végété. A moins qu'il ne survienne une série de temps froids et pluvieux, les chicorées blanchissent très bien dans cette position ; les têtes sont moins fortes, mais aussi tendres, et au total aussi bonnes que si elles avaient achevé de se former dans leur position naturelle. Les chicorées et les scaroles d'arrière-saison se conservent très bien dans la réserve économique. Les procédés de culture de la chicorée s'appliquent, sans aucune différence, à la scarole.

C. — Chicorée sauvage.

Cette plante, telle que la nature la produit, telle que la grande culture l'obtient en masses pour fourrage ou pour convertir sa racine en *café indigène*, est admise dans la culture maraîchère. Lorsqu'on désire la manger verte, comme salade de printemps et d'été, on la sème très serré pour la couper comme la petite laitue, lorsque ses feuilles ont $0^m,05$ ou $0^m,06$ de longueur ; elle forme en cet état une excellente salade, un peu amère, mais saine et agréable quand on y mêle des tranches de betterave cuite au four. Cette salade est fort recherchée des Parisiens au printemps ; c'est pour les gens du peuple une sorte de médicament autant qu'un aliment.

Le second usage de la chicorée consiste à la convertir en *barbe de capucin*, nom sous lequel on désigne les longues feuilles étiolées de la chicorée sauvage, obtenues par divers procédés qui méritent d'être connus, car cette feuille constitue la plus salubre et la moins coûteuse des salades d'hiver. Il s'en fait tous les hivers à Paris une énorme consommation ; elle s'allie fort bien à la mâche et à la betterave cuite. Les jardiniers de Montreuil et de Bagnolet, les mieux placés de tous pour cette culture, louent à assez bons prix les plus mauvais terrains des environs, spécialement les parties graveleuses de la plaine qui s'étend entre Montreuil, Vincennes et Saint-Mandé. Ils y sèment au printemps de la chicorée sauvage ; ces semis se font très épais, et assez tard pour que la chicorée ne monte pas. En novembre, soit au commencement, soit à la fin du mois, selon l'état de la température, on arrache avec soin toutes les plantes avec leurs racines ; ces racines sont en général simples et droites, l'épaisseur des semis ne leur ayant pas laissé d'espace pour s'étendre et se ramifier. Alors, hommes, femmes et enfants prennent chaque plante une à une, et suppriment toutes les feuilles, excepté la feuille centrale naissante qu'il importe de respecter ; cette opération se fait avec une promptitude et une dextérité merveilleuses ; chaque travailleur, à mesure qu'il a effeuillé une plante, la pose à côté de lui de manière à former un tas où toutes les racines sont disposées dans le même sens. Quand tout est effeuillé, on en forme des bottes d'environ $0^m,20$ de diamètre.

Des couches de fumier chaud ont été préparées d'avance dans des caves ou dans de vastes carrières abandonnées où elles occupent un espace considérable à l'abri de la lumière et de l'air extérieur ; les bottes de chicorée sauvage sont plantées debout dans ces couches, très près les unes des autres. Au bout de quelques jours, la chicorée pousse des feuilles parfaitement blanches, longues, minces, demi-transparentes ; quand elles ont atteint la longueur de $0^m,15$ à $0^m,20$, on retire les racines de la couche et on les nettoie pour la vente. Afin de ne pas avoir à vendre toute la récolte à la fois, on dresse les couches l'une après l'autre et l'on arrache la chicorée successivement, de manière à en avoir à vendre tout l'hiver.

Ce procédé serait excessivement coûteux pour d'autres que ceux qui l'emploient ; mais le fumier des couches qui ont donné cette récolte sert ensuite, soit pour des couches à champignons, soit pour d'autres cultures forcées. Quant à la main-d'œuvre, cette culture vient à l'époque où les maraîchers sont le moins pressés de besogne ; ils sont d'ailleurs les gens du monde qui regardent le moins à leur peine.

Les jardiniers qui cultivent dans d'autres conditions peuvent se borner au procédé suivant, moins coûteux et moins compliqué. Les pieds de chicorée préparés comme ci-dessus, sont étendus dans une position horizontale, tous du même côté ; on les recouvre de lits alternatifs de terre légèrement humide, en laissant seulement le collet de la racine à découvert. Ces lits doivent être établis comme les couches, dans des caves ou des souterrains parfaitement obscurs, à l'abri des courants d'air. Les pousses nouvelles ne tarderont pas à se montrer.

A Paris, la chicorée ne donne qu'une récolte, parce que l'usage veut qu'on vende la barbe de capucin avec ses racines ; les acheteurs la préfèrent en cet état. Si l'on ne consomme pas en une fois la totalité des feuilles, le surplus gardant ses racines se conserve frais deux ou trois jours, avantage qu'on perdrait en achetant les feuilles sans les racines, quoique les racines soient sans usage. Mais si l'on peut débiter les feuilles séparément, on obtient deux ou trois récoltes successives des mêmes racines qu'il suffit de laisser en place sans les déranger. C'est ce que font les marins dans les voyages de long cours, afin d'avoir de temps en temps un peu de salade à distribuer aux équipages. La chicorée disposée, comme on vient de le voir, avec des lits de terre, est placée à fond de cale dans des caisses sans couvercle, posées sur le flanc (*fig* 307).

Fig. 307.

S'il s'agit d'obtenir ce produit en petite quantité pour la consommation d'une seule famille, on dispose tout simplement dans un coin de cave quelques cercles de tonneau posés sur des lits de terre de jardin. Les plants de chicorée y sont placés de telle sorte que tous les collets des racines soient en dehors des cercles, et toutes les racines en dedans. On empile à hauteur d'homme les couches successives de racines et de terre : la récolte se fait tous les huit jours, très commodément, sans déranger les cercles (*fig.* 308).

Fig. 308.

Des soins judicieux de culture et une série de semis effectués avec les graines des plantes les plus développées, ont fait obtenir à M. Jacquin (de Paris) une variété de chicorée sauvage remarquable par le volume extraordinaire de ses touffes et l'ampleur de son feuillage; il est probable que, traitée par l'un des procédés décrits ci-dessus, elle donnerait en hiver une excellente salade de feuilles étiolées.

§ XXI. — Dent-de-Lion (Pissenlit).

Depuis quelques années, cette plante recherchée de tout temps à l'état sauvage comme salade de printemps, est l'objet de soins de culture qui peuvent faire espérer de la voir figurer parmi nos salades les plus salubres. On avait remarqué que les meilleurs pissenlits sauvages étaient ceux dont les taupes, dans leur travail souterrain, avaient recouvert le cœur d'un et quelquefois de deux décimètres de terre; des pissenlits semés à dessein et recouverts d'une couche de 0^m,20 de terre légère au moment de leur entrée en végétation, ont donné des feuilles longues, minces, blanches, analogues à la barbe de capucin. Pour les avoir en cet état, il faut, dès que la pointe des feuilles se montre au dehors, les couper entre deux terres. Nous ne doutons pas qu'en choisissant toujours les graines des plus beaux échantillons et les semant dans le terrain le plus favorable, on n'obtienne du dent-de-lion rechargé de terre au printemps une salade aussi bonne et moins embarrassante à faire croître que la chicorée barbe de capucin. La saveur de ces deux salades, que nous avons goûtées comparativement, est à peu près la même; celle du pissenlit étiolé est cependant un peu moins amère.

§ XXII. — Cresson de fontaine.

On connaît la salubrité proverbiale du cresson de fontaine que les revendeuses colportent au printemps dans les rues de Paris en l'annonçant sous son antique surnom, *la santé du corps*. La consommation toujours croissante de cette plante, qu'on s'est contenté longtemps de cueillir à l'état sauvage dans les bassins des sources et le lit des ruisseaux, a fait naître l'idée de la soumettre en grand à une culture régulière, idée mise d'abord à exécution en Allemagne. Aujourd'hui, de vastes cressonnières assurent l'approvisionnement de la capitale; nous avons fait connaître les procédés de la culture du cresson établie depuis 1811 à Saint-Léonard près Senlis (Oise), par M. Cardon, maire de cette commune (*voir* tome II, p. 160). Cette culture sort par son importance et l'étendue de terrain qu'elle occupe, du domaine du jardinage. Elle peut cependant être imitée en petit, partout où le moindre filet d'eau peut être conduit dans un fossé dont on égalise le fond qu'on recouvre de 0^m,05 de bon terreau. Les plants de cresson posés simplement à plat sur le fond de ce fossé, s'y enracineront d'eux-mêmes. Il faut prendre garde d'introduire dans les plantations de cresson de fontaine le *sium nodiflorum*, plante dangereuse qui ressemble beaucoup au cresson.

§ XXIII. — Mâche.

La mâche (*valerianella*) indigène en Europe, est une petite plante annuelle très usitée en France comme salade; en Angleterre on la mange aussi cuite, hachée comme des épinards. Dans le nord de la France on la nomme *doucette*; la variété à larges feuilles, la seule qu'on rencontre dans les jardins de toute la Belgique wallonne, y est connue sous le nom d'*oreille de lièvre*. Deux variétés de mâches sont cultivées dans nos jardins, la mâche commune et la mâche d'Italie, dont les feuilles sont plus larges et d'un vert moins foncé. La semence de mâche est la plus menue des graines potagères; il faut avoir soin, pour la récolter, de secouer sur un linge, sans les arracher, les tiges de la plante encore verte, car les graines mûrissent successivement. Plus tard, on arrache avec précaution les porte-graines qu'on laisse sécher à l'ombre dans un lieu un peu frais; on les secoue de nouveau pour obtenir le reste de leurs graines, dont on perd toujours, de quelque manière qu'on s'y prenne, la plus grande partie. Cette graine, perdue ou dispersée par le vent, se conserve très bien en terre d'une année à l'autre, aussi est-on assuré de retrouver à perpétuité des mâches dans un jardin où quelques pieds ont une fois porté graine. Les semences de mâches conservent pendant bien des années leur faculté germinative.

On peut semer des mâches tous les 15 jours, du printemps à l'automne, à la volée, parmi d'autres cultures, quand on n'en veut qu'une petite quantité, ou séparément quand on les cultive pour le marché; elles n'exigent du reste aucune qualité particulière de terrain, aucun soin spécial de culture. Les semis du mois d'août donnent des mâches à cueillir successivement tout l'hiver. Les mâches possèdent au suprême degré la propriété de résister au froid; les plus fortes gelées interrompent leur végétation, mais elles repartent à chaque dégel. Le nom de cette salade indique la nature un peu coriace de ses feuilles quand elle croît sans soin sur un terrain médiocre ; elle est au contraire tendre et excellente lorsqu'elle végète sur un bon terrain, avec le fumier et les arrosages que réclament toutes les autres salades.

§ XXIV. — Raiponce.

Les feuilles et la racine de cette jolie plante bisannuelle, indigène en Europe, sont excellentes en salade. En Angleterre, où l'on en fait un cas particulier, la raiponce paraît en outre comme hors-d'œuvre sur les meilleures tables, à côté des petites raves et des radis. La raiponce, semée trop tôt au printemps, monterait en graine à l'automne, et périrait immédiatement après ; on ne doit pas commencer à semer avant juillet ; on continue ensuite, de 15 jours en 15 jours, jusqu'à la fin d'août. Les racines et les feuilles naissantes forment une excellente salade de printemps. La graine de raiponce n'a pas besoin d'être enterrée ; il suffit de l'attacher à la terre par un léger arrosage. On accorde rarement un local séparé à la culture de la raiponce ; on l'associe à celle des autres plantes potagères ; elle profite des engrais et des arrosages qui ne lui sont pas exclusivement destinés. Semée sur une vieille couche, la raiponce est plus tendre et meilleure qu'en pleine terre, pourvu qu'on l'y sème assez tard pour qu'elle ne monte pas avant la fin de l'automne.

§ XXV. — Persil.

De toutes les plantes potagères employées comme assaisonnement, le persil est la plus usitée ; il mérite donc une place spéciale dans le jardin potager. Durant toute la belle saison, on se contente d'en avoir quelques bordures qui profitent par contre-coup des arrosages destinés à d'autres cultures. Mais en hiver, son prix est quelquefois si élevé sur les marchés de Paris, que peu de produits de cette saison sont plus avantageux pour le jardinier. Pour avoir en hiver de belles récoltes de persil, on sème, plutôt clair que serré, dans la seconde quinzaine de juillet, en terrain léger, qu'on arrose de temps en temps ; le persil reste souvent plus de 40 jours en terre sans lever. On soigne ces planches au moyen d'un bon *paillis* et d'arrosages fréquents, jusqu'à l'approche des premiers froids. On les couvre alors pendant la nuit avec des paillassons ou de la litière longue qu'on enlève pendant le jour quand il ne gèle pas, et même la nuit lorsque le temps est décidément doux et humide. Il faut avoir soin, quand on cueille le persil en hiver, de ne pas enlever les feuilles trop petites, ce qui empêcherait les autres de repousser. Nous avons vu souvent, pendant les hivers rigoureux, le persil payé à la halle de Paris à un prix équivalent à celui des légumes les plus chers de cette saison, et trois ou quatre fois plus élevé que celui des épinards ou de l'oseille, eu égard à l'étendue comparative du terrain consacré à sa culture.

Le persil commun, dont les feuilles sont supportées sur de très longs pétioles, n'a en sa faveur que sa grande rusticité ; le persil à feuille frisée et le persil à larges feuilles, dont la saveur est la même, lui seraient préférés s'ils n'étaient beaucoup plus délicats et plus sensibles au froid. D'ailleurs ce sont de simples sous-variétés, dont la graine reproduit souvent le persil commun. La seule espèce réellement distincte est le persil à grosse racine, dont la racine charnue, peu employée en France, si ce n'est sur notre frontière du nord, est fort usitée en Belgique et en Hollande, comme assaisonnement indispensable pour le poisson.

Toutes les variétés de persil sont bisannuelles ; les pieds qu'on destine à porter graine doivent être mis à part à l'automne et soignés pendant l'hiver, surtout s'ils appartiennent aux sous-variétés sujettes à dégénérer. En coupant fréquemment les feuilles du persil ordinaire et lui donnant de l'eau en abondance pendant les chaleurs de l'été, on peut le maintenir plusieurs années et l'empêcher de monter ; mais une fois qu'il a porté graine il meurt.

§ XXVI. — Cerfeuil.

Cette plante annuelle, indigène en Europe, croît partout, presque sans soins de culture ; elle monte en graine très facilement ; il faut la semer en été tous les 15 jours si l'on veut jouir sans interruption de ses feuilles, très usitées comme fourniture de salade. Dans quelques parties de l'est de la France, principalement dans les Vosges et la Haute-Saône, on ne mange jamais la soupe grasse en été sans y mêler une dose de cerfeuil cru, hâché, suffisante pour la rendre toute verte. Les semences du cerfeuil doivent être fort peu recouvertes ; elles lèvent au bout de quelques jours.

On connaît dans les jardins une variété de cerfeuil à feuilles frisées, qui dégénère encore plus facilement que le persil frisé ; lorsqu'on veut la conserver, il faut choisir les graines des sujets les plus étoffés et les semer très clair à part, dans un endroit ombragé, le plus loin possible des planches de cerfeuil commun. Le cerfeuil et le persil se confondent souvent avec la petite ciguë (*œthusa cynapium*) qui, lorsqu'elle est peu développée, ressemble beaucoup à ces deux plantes ; ses feuilles sont seulement plus aiguës, et d'un vert plus foncé ; la petite ciguë est un poison très dangereux ; les planches de cerfeuil, comme celles de persil, doivent, pour cette raison, être sarclées avec un soin minutieux.

§ XXVII. — Pourpier.

La cuisine, et par une conséquence nécessaire, le jardinage, ont presque entièrement abandonné cette plante que nous ne mentionnons que pour mémoire. Sous Louis XIV, le pourpier figurait comme légume cuit ou comme salade, sur les meilleures tables ; les deux salades du dîner décrit par Boileau se composaient :

L'une de pourpier jaune, et l'autre d'herbes fades,

ce qui semble indiquer que le pourpier commun

(portulaca oleracea) dont la feuille est verte, était regardée comme préférable au pourpier doré (portulaca sativa), le seul qu'on rencontre encore dans quelques jardins. Le pourpier est cependant en lui-même un fort bon légume, aussi sain qu'agréable lorsqu'on le mange cuit à l'étuvée, bien que, comme salade, il ne soit pas du goût de tout le monde. En Belgique et sur toute notre frontière du nord, on cultive beaucoup le pourpier doré ; Il forme la base d'un potage très connu dans tout le nord de la France sous le nom de *soupe verte*. Le pourpier commun est passé à l'état de mauvaise herbe dans tous les jardins où il a été cultivé ; sa graine très fine conserve indéfiniment dans le sol sa faculté germinative, ce qui le rend indestructible. On ne sème le pourpier doré qu'au mois de mai ; la plus petite gelée le fait périr ; il n'exige aucun soin spécial de culture ; la terre légère lui convient mieux que la terre forte.

SECTION II. — *Légumes-racines.*

§ Ier. — Carottes.

Parmi les légumes-racines, la carotte tient à juste titre le premier rang, tant pour son goût agréable que pour son extrême salubrité comme aliment. Pendant quatre siècles Rome n'a pas eu d'autre médicament que le chou ; il ne serait peut-être pas plus difficile de maintenir la santé publique sans autre secours que celui de la carotte.

La culture a produit un grand nombre de variétés de carottes ; des essais récemment renouvelés prouvent que la carotte sauvage peut, selon les terrains et le mode de culture, redevenir semblable à la plupart des variétés cultivées. Nous n'avons pas à nous occuper de celles qui, comme la jaune du Palatinat, la rouge et la blanche de Flandre, la blanche à collet vert, sont traitées en grande culture pour la nourriture du bétail. Les Flamands partagent avec leur bétail leur provision de carottes ; ils ont un goût si prononcé pour leurs excellentes carottes crues, que personne ne résiste à la tentation d'en arracher quelques-unes en passant le long d'un champ. Le fermier, lorsqu'il sème des carottes près d'un chemin, dit tour à tour, en jetant chaque poignée de graine : « Voilà pour moi, voilà pour les passants. »

La meilleure des carottes jardinières est la toupie de Hollande. Les maraîchers de Paris en ont créé une sous-variété très supérieure même à son type original ; ils apportent le plus grand soin à n'en pas laisser altérer la graine, qui ne tarderait pas à dégénérer en d'autres mains. Cette graine n'existe pas dans le commerce, on ne peut se la procurer qu'en s'adressant aux maraîchers. Après la précédente, les meilleures carottes jardinières sont la jaune, la blanche de Breteuil, courte et ramassée, obtuse par le bout. On a prôné nouvellement la carotte violette d'Espagne à chair jaune ; nous lui avons reconnu, sous le climat de Paris, deux défauts qui s'opposeront longtemps à sa culture

en grand : elle ne se garde pas et elle est très difficile sur le choix du terrain ; mais elle peut devenir précieuse pour le midi ; elle est tendre et très sucrée.

A. — *Choix de la graine, préparation du sol.*

Aucun caractère extérieur n'annonce avec quelque certitude depuis combien de temps la graine de carotte a été récoltée ; on ne peut donc l'acheter que de confiance ; passé quatre ans, elle ne lève plus. Lorsqu'on la sème au bout d'un an seulement, elle leve à la vérité, mais de bisannuelle, la plante devient annuelle, et en conséquence elle monte dès la fin de son premier été, ce qui rend les racines ligneuses et sans valeur. Le jardinier ne peut être parfaitement en sûreté contre l'un ou l'autre de ces deux inconvénients qu'en récoltant lui-même la graine de carotte qu'il se propose de semer.

Deux bons labours à la bêche et une bonne fumure sont nécessaires pour les semis de carottes. Les légumes-racines en général et les carottes en particulier demandent l'engrais le plus animalisé possible. Lorsqu'on ne peut leur donner qu'un engrais où les substances végétales dominent, nous conseillons, d'après notre propre expérience, d'y mêler une petite quantité de noir animal, qu'on peut se procurer presque partout ; la meilleure manière de l'employer consiste à en saupoudrer le fumier étendu sur le sol, au moment de l'enfouir à la bêche ; on trouvera une énorme différence dans les produits obtenus avec ou sans addition de noir animal.

B. — *Semis.*

La graine de carotte, surtout celle des espèces les plus délicates, est très sujette à *nuiler*, c'est-à-dire qu'après avoir levé, les jeunes plantes se flétrissent et meurent sans cause apparente. On ne doit donc pas craindre de semer très serré, sauf à éclaircir plus tard ; ce qui, dans tous les cas, est inévitable, la nature et la conformation de cette graine ne permettant jamais, même à la main la plus exercée, de rendre des semis assez parfaits pour qu'il n'y ait plus à y retoucher. La graine, dans son état naturel, est entourée de cils très nombreux qui s'accrochent entre eux et empêchent de répandre régulièrement la semence ; aussi les jardiniers ont-ils soin de la frotter fort et longtemps dans la main pour briser les petits crochets et détruire toute agglomération. Pour ceux qui n'ont pas une grande habitude de ce genre de semis, nous conseillons, comme excellente, la pratique de mêler la graine avec partie égale en volume, de sable fin ou de charbon sec et pulvérisé. On sème la carotte en place, à la volée ; il faut récouvrir très légèrement la semence et arroser même avant qu'elle ne commence à lever, pour en hâter la germination, parce que beaucoup d'insectes en sont avides ; quand elle séjourne trop longtemps en terre avant de lever, il n'en reste presque plus ; tout est dévoré. On peut aussi semer en lignes dont la distance varie selon le volume des espèces, de $0^m,15$ à $0^m,25$;

mais dans ce cas, il est difficile d'empêcher qu'en plusieurs endroits les semis ne soient beaucoup trop serrés dans le rayon, ce qui rend plus difficile l'opération de l'éclaircissage.

Le meilleur de tous les procédés pour recouvrir la graine de carottes, c'est de répandre par-dessus de bon terreau, à 0m,02 ou 0m,03 d'épaisseur; mais on n'en a pas toujours à sa disposition. Dans ce cas, un peu de bonne terre franche de jardin, répandue le plus également possible sur la graine de carottes, produit à peu près le même effet. On commence les semis de carottes dès le mois de février, sur plate-bande bien abritée à l'exposition du midi; on continue les mois suivants jusqu'en juin; les premiers et les derniers semis sont principalement destinés à donner des carottes qui se consomment à moitié de leur grosseur. On sème aussi dès la fin du mois d'août des carottes qui doivent passer l'hiver en terre pour donner une récolte de bonne heure au printemps. Cette méthode est excellente quand le climat ne fait point appréhender des froids excessifs, car la carotte, pourvu qu'elle ait acquis assez de force avant l'hiver, ne craint pas les gelées ordinaires sous le climat de Paris. Il est bon de donner aux planches de carottes semées avant l'hiver, une couverture de fumier long, moins pour les préserver du froid qu'elles pourraient supporter sans cette précaution, que pour activer au printemps leur végétation, et rendre la première récolte plus hâtive, ce qui, près des grandes villes, influe beaucoup sur les prix.

C. — Détails de culture.

Les quinze jours qui suivent la levée de la graine de carotte sont l'époque critique pour cette culture; le jeune plant est souvent détruit presque en entier par une petite espèce d'araignée qui multiplie prodigieusement, surtout dans les terrains où le calcaire domine. Les entomologistes rendraient un grand service au jardinage, s'ils trouvaient un procédé sûr et facile de la détruire. On en diminue les ravages au moyen d'arrosages fréquents avec de l'eau dégourdie au soleil, ou mieux, mise à une température douce en la faisant séjourner dans la serre, quand on en a une à sa disposition.

Il faut se hâter d'éclaircir les semis de carottes qui en ont besoin, sans attendre que le plant enlevé soit assez gros pour pouvoir être vendu; le plant arraché, même très jeune, peut être repiqué dans les endroits trop clairs. Il reprend aisément, pourvu que la racine ait été enlevée sans se rompre et qu'en la mettant en place on ne replie pas sur elle-même son extrémité inférieure, ce qui l'empêcherait de profiter. La difficulté d'échapper à ces deux inconvénients est la seule qui s'oppose à la culture de la carotte par le moyen du repiquage, procédé qui serait sans cela beaucoup plus avantageux que les semis en place; mais il ne peut réussir que par des soins trop minutieux, qui occasionneraient une trop grande dépense en main-d'œuvre.

Dans la culture maraîchère, la carotte toupie de Hollande ne reste jamais en terre jusqu'à ce qu'elle ait acquis tout son volume; on la vend par bottes, lorsqu'elle est parvenue à la moitié ou aux trois quarts de sa grosseur. Les autres espèces destinées à devenir très volumineuses, sont éclaircies successivement à quatre ou cinq reprises différentes. Celles qu'on enlève ainsi pour faire place aux autres peuvent déjà paraître sur le marché, en concurrence avec les toupies de Hollande, quoiqu'elles soient d'un goût moins délicat.

La conservation des carottes durant l'hiver est très facile, pourvu qu'on les préserve des atteintes de l'humidité dans une cave ou dans la réserve économique. Si l'hiver est très doux, comme cela a lieu très souvent sous le climat de Paris, les carottes poussent à la fin de décembre ou dans le courant de janvier des feuilles étiolées qui finiraient par rendre les racines coriaces et de nulle valeur; il ne faut pas hésiter, dans ce cas, à défaire les tas ou les silos et à retrancher le collet de toutes les racines qui commencent à végéter. Dans des silos bien construits, semblables à ceux où l'on conserve les pommes de terre, les carottes jardinières peuvent se garder d'une année à l'autre sans éprouver aucune altération. La carotte toute formée a de nombreux ennemis; les vers, les mille-pieds et plusieurs espèces d'insectes aptères, l'attaquent avant l'époque de l'arrachage et défient tous les procédés de destruction qu'on pourrait essayer contre eux. La larve d'un insecte diptère ronge aussi fort souvent le collet des racines de cette plante. Cet insecte n'est à craindre que pour les récoltes de carottes précoces; les carottes tardives n'en sont jamais attaquées, parce qu'à l'époque où leurs racines commencent à grossir, l'insecte qui s'en nourrit a subi sa dernière transformation et est passé depuis longtemps à l'état de mouche.

On conserve ordinairement les porte-graines dans une jauge à part, pour les mettre en place au printemps vers la fin de février, à 0m,50 de distance en tout sens. Les maraîchers des environs de Paris et les cultivateurs de la vallée de Saint-Chéron, spécialement adonnés à la culture de diverses graines potagères, mettent actuellement en place avant l'hiver les carottes destinées à porter graine, avec la seule précaution de les couvrir durant les fortes gelées; elles souffrent moins que dans les jauges ou à la cave, et donnent de la graine de meilleure qualité. Il ne faut récolter que la graine des principales ombelles de chaque tige, quand on tient à conserver chaque espèce ou variété de carotte dans toute sa pureté.

D. — Frais et produits.

FRAIS.

Loyer d'un are de terrain................	10ᶠ
Semence.................................	5
Engrais.................................	25
Main-d'œuvre............................	10
TOTAL des frais pour un are.	50

Ces frais sont moindres en réalité, tant parce que le jardinier récolte lui-même la graine de carotte dont il a besoin, que parce que l'engrais a déjà servi avant d'être appliqué aux carottes qu'on sème rarement sur une fumure neuve. Quant au loyer, quoique ce soit sur le pied de 1,000 fr. l'hectare, il n'y a pas d'exagération, parce que nous n'entendons évaluer ici que la culture de la carotte printanière, à laquelle il faut et le meilleur sol et la meilleure exposition.

PRODUITS.

Le grand avantage de cette culture, sous le rapport de son produit en argent, consiste dans la précocité. L'évaluation en est pour ainsi dire impossible, tant les prix sont variables ; nous donnerons comme maximum de production rarement dépassé, mais assez souvent atteint, le produit d'un are dans notre propre culture, à Saint-Mandé, en 1840. Une planche de 10 mètres de long sur 1^m,32 de large, ensemencée en février, a donné successivement, depuis le 20 mai jusqu'à la fin de juin, 30 bottes de carottes dont 5 ont été vendues 1 fr. 50 c., 12, 1 fr., et les autres depuis 30 jusqu'à 80 c. la botte, en moyenne, 55 c. Le total du produit de cette seule planche, très bien placée à l'abri du mur en terrasse du cours de Vincennes, a donc été en 1840 de 26 fr. 65 c. Un are contenant 6 planches semblables a dû donner, dans les mêmes circonstances, 159 fr. 90 c. Un hectare de la même culture aurait rendu 15,990 fr. qui, déduction faite de 5,000 fr. de frais à 50 fr. par are, laissent 10,990 fr. de bénéfice net. Mais, dans ce genre de culture, on ne compte pas par hectare ; celui qui en a plus de deux ou trois ares à la fois, en a trop, en raison de la main-d'œuvre interminable qu'il faut dépenser pour éclaircir, sarcler, arroser, cueillir, habiller et vendre les carottes printanières. En 1840, il n'y a presque pas eu de petits pois autour de Paris. Partout ailleurs et dans les années ordinaires, c'est toujours une très bonne culture qui laisse au milieu de la saison la place libre pour une ou même deux récoltes d'autres légumes.

Le prix dépend chaque année de l'état des cultures de petits pois ; quand ce légume manque autour de Paris, la carotte le remplace. Les maraîchers savent très bien prévoir, d'après la température, une récolte de petits pois abondante ou médiocre, et régler leurs semis de carottes en conséquence. En 1840, il n'y a presque pas eu de petits pois autour de Paris.

§ II. — Salsifis et scorsonère.

La culture de ces deux racines est la même, ainsi que leur usage alimentaire. Elles offrent une particularité qui ne se reproduit dans aucun autre légume-racine ; elles restent tendres et continuent à grossir sans se dessécher après une première floraison, et n'atteignent leur développement complet qu'après avoir porté graine deux fois de suite.

Depuis 25 à 30 ans, les cultures maraîchères qui approvisionnent de légumes Paris et nos grandes villes du nord, de l'ouest et du centre, jusques et y compris Lyon, ont adopté le scorsonère à l'exclusion du salsifis, non pas qu'il lui soit supérieur en qualité, mais parce qu'avec des soins convenables, le scorsonère peut donner des racines assez grosses pour être vendues dès la première année, tandis que le salsifis ne peut réellement être vendu que la seconde année de sa culture. Nous croyons utile de faire connaître ici l'excellente coutume des revendeuses de légumes à Lyon et dans les autres grandes villes du midi ; elles livrent aux consommateurs les salsifis et les scorsonères tout épluchés, ratissés, lavés, prêts à être cuits ; elles n'y perdent rien, puisque le temps qu'elles y emploient se passerait toujours à attendre les chalands dans l'inaction ; le consommateur y gagne, outre un temps précieux, l'avantage de ne point acheter les racines gâtées. Quiconque établirait cet usage à Paris y trouverait assurément son compte. C'est de cette manière seulement que la classe ouvrière de Lyon, si nombreuse et si occupée, peut profiter de ce légume dont tant de ménages se privent à Paris, faute de temps nécessaire pour le préparer.

A. — *Préparation du sol, choix de la graine.*

Une terre légère, fumée seulement l'année précédente avec un engrais riche en substances animales, convient particulièrement au salsifis et au scorsonère ; il leur faut un labour profond, surtout au dernier, lorsqu'on ne veut lui laisser occuper le sol que pendant une seule saison.

La graine de ces deux plantes est une de celles qui conservent le moins longtemps la faculté germinative et qui la perdent le plus facilement ; la graine de deux ans est rarement bonne ; dans celle d'un an, on peut toujours compter sur un cinquième et quelquefois un quart de graine stérile qui ne lève pas. Pour en juger à peu près, on coupe transversalement une vingtaine de ces semences vers le milieu de leur longueur et l'on compte celles dans lesquelles le germe est apparent. Quant à l'âge qu'elles peuvent avoir, nul caractère certain ne permet de l'apprécier.

B. — *Semis ; détails de culture.*

Lorsqu'on peut consacrer au salsifis ou scorsonère un terrain d'une assez grande étendue et dont le prix de location n'est pas trop élevé, on sème très épais au printemps afin qu'à l'automne de la première année il se trouve environ la moitié des racines assez grosses pour être récoltées. Les autres continuent à profiter jusqu'à l'année suivante. Si l'on sème dans le but de tout récolter dès la première année, ce qui est le plus avantageux dans les terrains très chers, près des grandes villes, il faut semer beaucoup plus clair. Les semis en ligne sont préférables aux semis à la volée, cette graine étant du nombre de celles qu'il est le plus facile de répandre uniformément. Dans un bon sol convenablement préparé, on peut ne laisser que 0^m,15 de distance entre chaque ligne ; il en faut un peu plus dans une terre médiocre. On sème depuis les premiers jours de février jusqu'à la fin d'avril; les semis les plus avantageux sont ceux qu'on fait vers le milieu de mars. Une fois que la graine lève, elle n'exige presque plus de soins de culture; sa végétation devient promptement assez vigoureuse pour s'emparer totalement du sol et étouffer la mauvaise herbe. Lorsque le printemps est sec, on est souvent forcé d'arroser plusieurs fois les semis qui ne lèveraient pas s'ils n'étaient arrosés.

Le salsifis et le scorsonère peuvent rester tout l'hiver en terre sans inconvénient; leur racine ne gèle pas, pourvu qu'on ait soin, chaque fois qu'on en arrache en hiver, de n'y point laisser çà et là des vides et d'enlever par ordre les rangées de racines qui se suivent.

C. — *Frais et produits.*

La culture du scorsonère est plus avantageuse dans une terre de fertilité moyenne et d'un prix modéré, que dans les terres de première qualité qui se louent près des villes à des prix exorbitants. Dans ces circonstances, les frais répondent à peu près aux chiffres suivants:

Location de 33 ares (arpent de Paris), pour deux ans......................	66 f
Fumier.............................	100
Semence............................	24
Main-d'œuvre.......................	30

TOTAL des frais pour deux ans.   220

Produits: environ 3,000 bottes, vendues en moyenne au prix actuel, 25 c. la pièce, soit 750 fr. qui, déduction faite de 220 fr. de frais, laissent 530 fr. de bénéfice net pour deux ans ou 265 fr. par année. La culture de ce légume est en réalité plus avantageuse que ce chiffre ne semble l'indiquer, tant parce que le produit se réalise souvent en entier dès la première année, que parce qu'elle laisse le terrain libre de bonne heure la seconde année et qu'elle exige peu de main-d'œuvre. Elle offre de plus très peu de chances de perte et peut se traiter fort en grand sans qu'on ait à craindre l'encombrement des produits dont le débit est assuré dans les villes pendant l'hiver.

§ III. — *Navets.*

Il n'est pas de plante potagère plus facilement et plus profondément modifiée que le navet par le sol et le climat. À l'exception de quatre ou cinq variétés réelles et persistantes, les différentes sortes de navets changent de façon à devenir méconnaissables, d'un lieu à un autre, et ne se reproduisent pas identiques par leurs semences. On ne peut regarder comme des variétés véritables que le blanc allongé, le navet à collet rose du Palatinat, le navet noir d'Alsace, le gris de Morigny, le jaune de Hollande, le jaune long des États-Unis, récemment importé d'Amérique, et le turneps ou rabioule du Limousin, qui constitue une espèce tout-à-fait distincte, à laquelle se rattachent tous les na-

vets dont la forme se rapproche plus ou moins de celle d'un ognon. Les autres navets ne sont, à proprement parler, pas même des sous-variétés; ce sont tout simplement des produits accidentels d'une localité particulière ou d'un mode spécial de culture; aussi les désigne-t-on avec raison par le nom des lieux où ils ont été obtenus et conservés, mais dont ils ne peuvent sortir sans altération. Tels sont, aux environs de Paris, le navet de Ferneuse, le plus doux des navets à chair ferme, et le navet de Clairefontaine, le meilleur des navets a chair fondante; ni l'un ni l'autre ne persistent lors des territoires de Ferneuse et de Clairefontaine; encore le navet de Ferneuse n'est-il déjà plus ce que nous l'avons vu il y a trente ans. On a cherché à l'obtenir plus volumineux et il a dégénéré.

A. — *Choix de la graine.*

On doit attendre la graine de navets au moins deux ans avant de s'en servir. Lorsqu'on la sème l'année qui suit immédiatement celle où elle a été récoltée, les navets montent et n'atteignent pas leur grosseur ordinaire. C'est que le navet n'est réellement pas une plante naturellement bisannuelle; il ne le devient que par la précaution que prennent les cultivateurs de le semer à l'arrière-saison, afin de porter l'effort de la végétation sur la racine, seule partie utile de la plante. S'il est semé au printemps, il redevient annuel et monte avant d'avoir formé sa racine, quel que soit l'âge de la graine; cependant, la graine du navet long blanc à collet rose, semée de bonne heure au printemps, donne quelquefois de bons navets. Il est donc très important pour cette culture de s'assurer de l'âge de la graine; les caractères extérieurs ne l'indiquent point avec certitude.

B. — *Préparation du sol; semis.*

Les terres fortes ne conviennent point au navet; il ne prospère que dans un sol léger et sablonneux; il peut croître dans du sable siliceux presque pur et même y devenir excellent; mais alors il lui faut une bonne fumure d'engrais substantiel. Les terres où le navet croit de préférence n'ont pas besoin de labours multipliés et profonds; un seul labour suivi d'un hersage leur suffit.

C — *Détail de culture*

Le navet est un légume trop commun pour que le jardinier lui consacre des soins assidus; une fois semé, il ne veut plus qu'être éclairci; il détruit ordinairement de lui-même les mauvaises herbes qui l'environnent, ce qui dispense de le sarcler, à moins que, dans le but de l'obtenir très gros, on ne l'ait semé fort clair. Le navet paraît rarement dans le jardin potager; il est du domaine de la grande culture. Ceux qu'on destine à l'approvisionnement de Paris sont l'objet d'une culture à part, sans mélange avec d'autres légumes. Lorsque les maraîchers sèment des navets, c'est toujours pour utiliser les dernières semaines de beaux jours qui précèdent la mauvaise saison ; le sol a déjà produit largement de quoi payer les labours, l'engrais et le loyer : il ne reste au compte des navets qu'un peu de main-d'œuvre pour semer, éclaircir et récolter ; le tout ne compose que des fractions de journées de travail. C'est un produit qui, comme les derniers épinards, rapporte peu, mais ne coûte presque rien.

Le navet possède, à l'exclusion de tous les autres légumes-racines, la propriété très remarquable de ne pas se détériorer pendant l'hiver, après avoir poussé des jets étiolés qu'on utilise comme aliment en Angleterre, quoique ce soit, à notre avis, un mets détestable. On sait que la pomme de terre et la carotte, après qu'elles ont produit des pousses étiolées dans les caves où on les garde en hiver, perdent toutes leurs qualités alimentaires ; le navet, au contraire, n'en est point sensiblement altéré ; sa conservation n'offre de difficulté que sous le rapport de l'humidité, dont les atteintes le font pourrir plus promptement que les autres légumes-racines.

D. — Frais et produits.

A Clairefontaine, dont presque tout le sol sablonneux est consacré aux navets, 50 ares de terrain (arpent de Beauce, grande mesure) sont loués 36 fr. ; les frais de semences, labours, engrais et récolte, ne dépassent pas 100 fr. ; la principale dépense en main-d'œuvre consiste dans le temps perdu pour conduire les navets à Paris, dont Clairefontaine est éloigné de 5 myriamètres ; le tout ne dépasse jamais 150 fr.

On peut récolter, sur 50 ares, 1,500 bottes de navets vendues aux revendeuses à raison de 15 à 20 c. la botte. C'est un produit de 225 à 300 fr., qui, déduction faite des frais, ne laisse pas plus de 100 à 150 fr. de bénéfice net.

§ IV. — Scolyme d'Espagne.

Cette plante a tous les caractères extérieurs d'un chardon ; elle est connue dans tout le midi de la France, et particulièrement aux environs de Montpellier, sous le nom de cardouille. Depuis quelques années seulement, on a songé à l'introduire dans les jardins comme succédanée du salsifis et du scorsonère ; mais ses propriétés alimentaires sont connues et utilisées de toute antiquité. La racine sauvage du scolyme d'Espagne, dépouillée de son centre ligneux et coriace, se vend par terre sur les marchés de nos villes du midi ; ce centre ligneux diminue et finit par disparaître par la culture. Aux environs de Toulon (Var), nous avons eu souvent occasion de manger des racines de scolyme cultivée ; elles nous ont paru égales aux salsifis et aux scorsonères, lorsque la plante avait cru dans un terrain frais ou arrosé pendant l'été ; la racine du scolyme venu dans une terre graveleuse et sèche conserve, du moins dans le midi, une saveur forte, peu agréable, et une consistance fibreuse et coriace. Le scolyme vient également bien partout avec de l'eau.

On sème le scolyme en mai et juin ; semé plus tôt, il monte immédiatement, et sa racine n'est plus mangeable ; cependant, même dans le midi, toutes les plantes ne montent pas la première année ; les graines récoltées sur les pieds qui ne portent graine qu'au bout de deux ans ne peuvent manquer de donner naissance à des plantes régulièrement bisannuelles, tandis que, dans son état actuel, une plante de scolyme contient toujours des pieds annuels en majorité, un assez grand nombre de pieds bisannuels, et enfin des pieds vivaces. La culture du scolyme d'Espagne est la même que celle du salsifis et du scorsonère, sauf l'époque des semis, parce que les graines confiées trop tôt à la terre donnent presque toutes des plantes annuelles, qui montent en graine avant d'avoir formé des racines mangeables.

Le scolyme d'Espagne préfère à tout autre sol une terre légère et profonde ; mais il peut également bien réussir dans une terre forte, pourvu qu'il soit abondamment arrosé pendant l'été. Quoique ce légume soit une production des pays chauds, il ne craint pas les hivers ordinaires sous le climat de Paris ; il suffit de le couvrir de litière pendant les plus grands froids ; il est facile de prévoir que, lorsqu'il se sera multiplié assez longtemps par ses graines récoltées dans nos départements septentrionaux, il deviendra tout aussi rustique que le scorsonère qui, comme lui, nous est venu d'Espagne, et qui pourtant passe l'hiver en terre sans être altéré par la gelée. La Société royale d'horticulture entretient, depuis deux ans, une planche de scolyme dans son jardin d'essai au Luxembourg ; les plantes sont devenues très vigoureuses, mais la tige, toute hérissée d'aiguillons très piquants, nous a paru fort difficile à manier et les jardiniers n'y touchaient qu'avec répugnance. Les cuisinières, du reste, ne consentiraient pas volontiers à acheter une racine dont la préparation est d'une longueur désespérante et qui, pour le goût, ne surpasse pas le salsifis. Il faudrait que la culture produisît une variété complétement comestible pour que ce légume pût être généralement accepté à Paris. Quelques-uns des auteurs qui ont écrit sur la culture du scolyme d'Espagne recommandent de le semer en lignes espacées entre elles de 0m,50, et de l'éclaircir ensuite de manière à ce que les plantes se trouvent à 0m,25 l'une de l'autre dans les lignes. Un tel espacement, dans une bonne terre ordinaire de jardin, a pour résultat de faire croître des racines longues et grosses comme des panais ; elles ne sont jamais aussi délicates que lorsqu'en semant plus serré on ne permet pas aux racines de dépasser le volume ordinaire des salsifis. Dans ce but, il faut semer, soit en lignes, soit à la volée, assez clair pour que la plante se développe promptement ; quinze ou vingt jours après qu'il est levé, on l'éclaircit pour que chaque plante ait seulement un espace de 0m,20 en tous sens. Le scolyme d'Espagne n'est pas encore aussi répandu dans nos jardins qu'il mérite de l'être. Nous avons vu dans le midi les médecins l'ordonner aux convalescents, qui s'en trouvaient fort bien.

Quelques essais, dans le but de s'assurer de la conservation des racines du scolyme, ont donné des résultats satisfaisants; des caisses ont été remplies de bottes de ces racines avec un peu de sable frais; les racines ont très bien supporté une assez longue traversée pendant la saison la plus défavorable de l'année 1841.

§ V. — Fenouil.

Les feuilles et les tiges de cette plante meurent tous les ans après avoir fleuri et porté graine; la racine seule est vivace. Le fenouil est originaire d'Espagne, mais naturalisé de temps immémorial dans le midi de la France, où il se rencontre dans tous les lieux incultes. Il croît également dans toute espèce de terrains, même au milieu des pierres, mais il ne prend tout son développement que dans une terre profonde et substantielle. Le fenouil infeste souvent les prairies de la Basse-Provence, au bord de la Méditerranée, au point de donner à leur foin une forte odeur d'anis, qui en diminue beaucoup la valeur. On le recherche dans tous nos départements du midi pour la nourriture des lapins; il donne à leur chair une saveur fort agréable.

La culture du fenouil est fort simple; il se sème au printemps, aussitôt après les gelées, et se transplante un mois plus tard, en terre ordinaire de jardin; plus elle est fraîche et profonde, plus le fenouil y prospère. On ne cultive guère le fenouil en France que pour ses graines, qui sont employées à quelques usages domestiques et fort usitées dans la médecine vétérinaire. En Italie, on mange les tiges du fenouil coupées avant la floraison. Plus la plante a été arrosée, plus ses tiges sont grosses et charnues. Elles peuvent se manger apprêtées comme les cardons; les Italiens les préparent comme du macaroni, avec du fromage parmesan. Les Anglais font servir les feuilles de fenouil hachées à l'assaisonnement de certains poissons; ils les emploient aussi comme fourniture de salade. De quelque manière qu'on veuille apprêter les tiges de fenouil, il faut toujours commencer par les faire blanchir dans l'eau bouillante et par jeter la première eau, pour leur enlever l'excès de saveur aromatique qui les rend désagréables à beaucoup de personnes en France. C'est toujours un aliment très échauffant, dont l'usage fréquent serait nuisible aux estomacs qui n'y sont point accoutumés.

Nous avons voulu nous assurer si le fenouil cultivé en Italie comme plante fourragère constituait une espèce ou une variété différente du fenouil sauvage. Les deux graines semées comparativement ont donné des plantes sans différence appréciable.

§ VI. — Radis.

Les différentes variétés de radis se rangent en deux divisions naturelles, dont l'une comprend les radis proprement dits dont la racine a la forme du turneps, l'autre les petites raves dont la racine a la forme du navet long. Les radis et les petites raves sont originaires de la Chine, d'où ils ont été apportés en Europe à la fin du moyen-âge; on a des traces de leur culture en Angleterre dès l'année 1584, époque à laquelle leur introduction en Europe n'est pas représentée comme récente. Les principales variétés de radis cultivées en France sont le rose commun, le blanc commun, le blanc hâtif de Hollande, le rose demi-long de Metz, le violet à chair blanche, assez rare dans nos jardins. Le rose commun est le plus généralement préféré; le rose demi-long de Metz est très répandu depuis quelques années.

Le radis est peu difficile sur le choix du terrain; un sol ferme et un peu frais est celui qui lui convient le mieux. Lorsqu'on le sème en terre légère, il est bon de comprimer fortement le sol en y passant le rouleau; si l'on n'opère que sur un terrain de peu d'étendue, on peut se contenter de le piétiner le plus également possible avant d'y répandre la graine de radis qui doit être très légèrement recouverte. On sème des radis tous les huit jours pendant la belle saison, à partir du mois de mars; il ne faut leur ménager ni le fumier ni les arrosages si l'on tient à les avoir tendres et pleins: leur qualité dépend surtout de la rapidité de leur croissance. Les semis d'été doivent être faits dans un endroit ombragé; les radis trop exposés au soleil d'été se fendent vers la base et se vident à l'intérieur; en cet état ils ne sont plus mangeables.

Les principales sous-variétés de la petite rave sont la rose, la blanche et la violette; une terre légère leur convient mieux qu'aux radis; le sol où on les sème n'a pas besoin d'être comprimé.

La dernière récolte des radis et des raves semés en automne peut être arrachée et mise en jauge pour passer l'hiver; ils se conservent fort bien par ce procédé, moyennant une légère couverture pendant les grands froids. En Angleterre, on les place à la cave dans du sable frais. Mais en France, les radis sont toujours si bas prix en hiver et il est toujours si facile de les forcer en toute saison, qu'ils ne valent pas la peine qu'on prendrait à les conserver. (Voir *Cultures forcées.*)

Les Anglais ont longtemps fait usage des jeunes feuilles de radis cuites apprêtées comme des épinards; ils les mangent encore crues en salade, soit seules, soit mêlées à des mâches ou à du cresson. Ils tirent aussi parti des graines vertes du radis; elles sont confites au vinaigre avec leurs cosses à demi formées; on les emploie en cet état comme des câpres.

Les missionnaires français ont introduit récemment de la Chine un gros radis violet de la grosseur des navets longs ordinaires: ce radis est excellent; il se mange cru ou cuit, apprêté comme les navets. Il convient pour les semis d'automne. En 1839, le capitaine Geoffroy a aussi rapporté de Chine un excellent radis d'automne désigné sous le nom de radis blanc à feuilles longues. Sa racine tourne promptement et ressemble à une toupie renversée; la feuille est presque entière, étroite et allongée, la chair fine et légèrement piquante. Le radis rose d'hiver, du même pays, propagé par l'abbé Voisin, a les qualités du radis noir commun, mais plus perfectionnées; il devient moins gros. Nous recommandons très spécialement ces deux dernières espèces aux amateurs.

On désigne improprement sous les noms de radis noir, radis gris, gros radis ou radis d'hiver, le raifort cultivé, grosse racine qui se garde aisément tout l'hiver dans du sable frais. On mange les raiforts crus comme les radis dont ils ont le goût; ils ne conviennent qu'aux estomacs robustes. Le raifort cultivé ne doit pas être semé avant le mois de juin; semé plus tôt, il monterait en graine et sa racine ne serait plus mangeable. Les semis ne peuvent se prolonger au-delà du mois d'août; semé plus tard, le raifort n'aurait pas le temps de former sa racine avant l'hiver.

Il ne faut pas confondre les diverses variétés du raifort cultivé. avec le raifort sauvage, à racine longue, jaune au dehors, blanche à l'intérieur, d'une saveur très âcre, qui cependant est du goût de quelques amateurs et se rencontre dans quelques jardins; le raifort sauvage se plait sur le bord d'un fossé traversé par un filet d'eau vive. On l'emploie râpé, réduit en pulpe, avec du vinaigre, pour remplacer la moutarde; aussi porte-t-il dans le nord et l'est de la France les noms de *moutarde d'Allemagne* et de *moutarde de capucin.*

§ VII. — Panais.

Les usages de ce légume sont assez restreints en France; on en fait encore une assez grande consommation en Bretagne, où le panais s'accommode à l'étuvée comme la carotte. Aux environs de Paris, le panais est fort peu cultivé, parce qu'on le fait seulement servir à donner du goût au bouillon gras. Cependant le panais, lorsqu'il n'est encore que de la grosseur du doigt, n'a pas cette saveur fortement aromatique et excessivement sucrée qu'il contracte en vieillissant et que peu de personnes trouvent de leur goût; il n'a pas à cet âge un goût beaucoup plus fort que la carotte; il est, comme la carotte, salubre et de facile digestion.

Les semences de panais ne sont pas toujours fertiles; on doit, pour cette raison, semer épais, sauf à éclaircir plus tard. La graine ne doit pas être trop profondément enterrée; il faut cependant qu'elle soit exactement recouverte, sans quoi elle ne lève pas; le meilleur mode de semis, pour échapper à cet inconvénient, consiste à semer en rigoles de 0^m,03 de profondeur, qu'on remplit de bon terreau.

Les meilleurs panais cultivés viennent des îles de Jersey et Guernesey; les jardiniers anglais ne manquent jamais de tirer de ces îles la graine de panais dont ils ont besoin. On cultive dans ces îles le panais long, le seul généralement répandu en France, deux autres variétés longues, le panais *coquin* et le panais *de Lis-*

bonne, et une variété courte qui a la forme et le volume de la carotte-toupie de Hollande. Cette dernière est la meilleure de toutes quand on se propose de manger les panais à demi formés. Nous engageons les amateurs français à en essayer la culture; ils auront un bon légume de plus dans leurs jardins.

Le panais long de Guernesey parvient quelquefois à la longueur de 1^m,33; on en voit souvent du poids de 2 kil. à 2 kil. 500 gr. Lorsqu'on veut obtenir des panais de ce poids et de ce volume, il faut les semer dans un sol riche, profond et bien défoncé. Les semis se font dans les premiers jours de mars; on éclaircit six semaines après, pour laisser les plantes espacées entre elles de 0^m,10 à 0^m,15 dans les lignes. Lindley conseille de laisser au premier éclaircissage deux plantes à chaque place et d'en supprimer une lorsque, sans avoir toute sa grosseur, elle peut pourtant déjà être utilisée.

Le panais cultivé a sans doute pour origine le panais sauvage. Des essais récents ont fait connaître la possibilité d'obtenir des graines du panais sauvage des racines mangeables. Les graines de panais sauvage semées au mois d'août avaient déjà donné, au mois de mars de l'année suivante, des racines dont la récolte s'est prolongée jusqu'au mois de mai. Cette nouvelle variété parait avoir la propriété remarquable de continuer sa végétation pendant l'hiver, de manière à permettre à la plante semée très tard de former ses racines en dépit du froid. Ces faits ne reposent encore que sur un trop petit nombre d'expériences; ils ont besoin d'être vérifiés.

§ VIII. — Pommes de terre.

Quoique la pomme de terre appartienne essentiellement à la grande culture, une place doit cependant lui être réservée dans le jardin potager; nous n'avons à nous occuper ici que de la culture des espèces de pommes de terre que nous nommerons jardinières. Rarement ceux qui cultivent la pomme de terre en plein champ lui accordent assez de soins pour l'obtenir mûre de très bonne heure. Cependant, comme les premières pommes de terre se vendent toujours très bien, ils apportent au marché des tubercules à demi mûrs, qui ne sont pas toujours sans danger pour la santé publique. La culture jardinière de la pomme de terre a pour but de parer à cet inconvénient; comme emploi du sol, elle ne peut offrir quelque avantage qu'autant qu'elle donne les produits les plus précoces possibles. Le jardinier fait choix, pour cette raison, des variétés les plus hâtives, et il ne néglige rien pour en accélérer la végétation. Les pommes de terre jardinières les plus hâtives sont, dans l'ordre de leur précocité:

La naine hâtive.
La marjolin (*kidney early* des Anglais).
La pomme de terre petit-œil (*pink eye*).
La shaw.
Le doigt de dame.
La fine hâtive.

On peut aussi planter de bonne heure pour succéder aux précédentes comme pomme de terre d'été, la pomme de terre aux *yeux bleus*, de Belgique, la meilleure de toutes; elle est mûre au milieu de juillet.

Les amateurs qui tiennent à avoir tout l'hiver pour la table les meilleures pommes de terre possibles, doivent accorder tous les soins de la culture jardinière aux trois espèces ci-dessous, toutes trois également bonnes :

> Jaune plate de Hollande, dite langue de bœuf.
> Vitelotte ou videlotte de Paris.
> Cornichon de terre, ou corne de chèvre de Belgique.

La naine hâtive, la marjolin et le doigt de dame, ont sur toutes les autres l'avantage d'occuper très peu d'espace, de prendre peu de développement et de pouvoir se planter très serrées, soit en touffes, selon l'usage des environs de Paris, soit en lignes, selon l'usage d'Angleterre.

Pour obtenir des pommes de terre mûres de très bonne heure, on plante des tubercules entiers dans du terreau, sur couche tiède, à fleur de terre, et l'on pose des cloches par-dessus. Les jets nombreux que ces tubercules donnent en quelques jours, sont détachés et traités comme des boutures. On les met en place à bonne exposition, dans une position presque horizontale qui ne laisse dehors que l'extrémité supérieure; le reste est recouvert seulement de quelques centimètres de terre. Le sol où l'on plante ces boutures ne doit point avoir été récemment fumé; les produits, moins abondants que ceux qu'on obtiendrait sur une fumure récente, seront beaucoup plus hâtifs, par conséquent plus avantageux pour la vente. De plus, ils atteindront promptement leur parfaite maturité; ils n'auront point cette saveur vireuse qu'on remarque chez toutes les pommes de terre livrées trop tôt à la consommation; ils pourront aisément paraître sur le marché depuis la fin de mai jusqu'à la fin de juin.

Les Anglais font un cas particulier des pommes de terre récemment récoltées; ils les préfèrent de beaucoup, pour l'usage de la cuisine, aux espèces d'arrière-saison conservées pour la consommation d'hiver. Voici par quel procédé ils se procurent tout l'hiver des pommes de terre à l'état frais.

On choisit de très gros tubercules réservés à dessein parmi ceux des espèces les plus précoces; on les enterre à la profondeur de 1m,50, dans une terre parfaitement sèche, à l'abri de toute infiltration d'humidité; on foule fortement la terre pour ôter tout accès à l'air extérieur et empêcher les pommes de terre enfouies d'entrer en végétation. Vers le milieu de juillet de l'année suivante, on déterre ces tubercules et on leur ôte chacun tous leurs yeux, à l'exception d'un seul réservé à égale distance des deux extrémités. On les plante en cet état dans une terre plutôt sèche qu'humide, dans une plate-bande à l'exposition du midi; cette plate-bande ne doit point être fumée. On

a soin que l'œil unique laissé à chaque tubercule soit tourné en dessus; ils se placent, selon leur volume, à 0m,20 ou 0m,25 les uns des autres, à quelques centimètres seulement de profondeur. A mesure que la tige se développe, on doit la butter solidement, car sa végétation est rapide, et si le vent la détruisait, l'opération serait manquée. Vers la fin d'octobre, les jeunes tubercules auront déjà la grosseur d'un œuf de pigeon. Il n'y aura plus qu'à couvrir les plantes de litière longue et plus tard de fumier chaud pour les préserver des gelées. Les tubercules continueront à grossir; on pourra les récolter successivement tout l'hiver; ils auront exactement le même goût que les pommes de terre précoces récoltées dans leur saison naturelle.

Dans les comtés du sud de l'Angleterre, on sème les pommes de terre précoces à l'arrière-saison, à la même époque que les céréales d'hiver; on les couvre comme des artichauts pendant la mauvaise saison; elles passent ainsi fort bien l'hiver; leurs tubercules sont mûrs dès les premiers jours de mai. Le climat du sud de l'Angleterre est à peu près celui de la vallée de la Loire; à partir de cette vallée, il n'est pas douteux que dans tous nos départements méridionaux la pomme de terre ne puisse être traitée de la même manière dans les jardins.

En Provence, on a reconnu par expérience la possibilité d'obtenir dans les terres arrosables deux récoltes de pommes de terre précoces dans la même année, en semant immédiatement les tubercules récoltés au mois de juin. (Pour la culture en grand de la pomme de terre, voir tome I, page 425.)

§ IX. — *Oxalis crenata.*

Les Péruviens cultivent de toute antiquité l'*oxalis crenata* comme plante alimentaire; ses feuilles, d'une acidité agréable, très peu différente de celle de l'oseille, se mangent de la même manière et quelquefois aussi en salade, mais avec de l'huile et du sel seulement, sans addition de vinaigre; ses tubercules se mangent apprêtés comme des pommes de terre.

L'*oxalis crenata*, quoique déjà parfaitement naturalisée en Europe, n'a pas encore pris dans nos potagers la place qui lui reviendra peut-être un jour; on n'a pas le dernier mot de cette culture. Ce qui permet d'en attendre beaucoup dans l'avenir, c'est sa disposition naturelle à dévier de son type primitif, disposition qui, lorsqu'on pourra la multiplier de ses graines mûries en Europe, doit donner lieu à de nombreuses variétés parmi lesquelles il s'en trouvera sans doute chez qui disparaîtront les défauts de celle qu'on connaît actuellement dans nos jardins.

On plante l'*oxalis crenata* à un mètre de distance en tout sens, en terre légère, mais substantielle, exempte autant que possible de pierres et de gravier. Dans les départements au sud de la vallée de la Loire, on peut la mettre en place au printemps aussitôt que les gelées ne semblent plus à craindre; au nord de cette vallée, il vaut mieux l'avancer en la plaçant sur couche tiède, vers le milieu de mars; comme on ne pourrait la planter à demeure à l'air libre avant le mois de mai, les tubercules, très lents à se former, seraient surpris par le froid, et la récolte serait nulle. Les tubercules faites sur couche donnent une multitude de tiges qu'on peut détacher pour les planter isolément, comme des boutures. A mesure qu'elles se ramifient, il faut les étendre sur le sol et les charger de terre, en ne laissant dehors que l'extrémité de chaque pousse; elles se redressent en continuant à croître dans des directions divergentes; on continue à les butter de 15 en 15 jours, jusqu'à la fin du mois d'août. Alors la plante emploie sa sève à former ses tubercules et ses tiges ne s'allongent presque plus. C'est pour pouvoir recevoir ces buttages réitérés que cette plante, d'abord fort petite, a besoin d'un si grand espace; si le sol lui est favorable, tout le terrain finira par être couvert de buttes coniques se touchant par la base et pleines de tubercules d'*oxalis crenata*. On en obtient communément de 500 à 600 pour un; cette production extraordinaire peut, dans des circonstances particulièrement favorables, être portée jusqu'à 1,800 fois la semence; aussi, dans la grande culture, l'*oxalis crenata* peut-elle être appelée à rendre de très grands services, si l'on peut parvenir à créer une variété dont les tubercules soient plus gros, plus précoces, et qui exige moins de main-d'œuvre pour sa culture.

Considérée comme légume-racine, l'*oxalis crenata* est un tubercule aussi bon et aussi salubre que la pomme de terre dont il s'éloigne par une saveur particulière, mais agréable. Ceux qui trouvent son acidité trop prononcée peuvent le faire d'abord blanchir dans l'eau bouillante pour l'en débarrasser. Les tubercules d'*oxalis crenata* peuvent recevoir autant d'assaisonnements divers que la pomme de terre. La couleur des tubercules d'*oxalis crenata* n'est pas persistante; souvent, après avoir semé seulement des tubercules jaunes, couleur nankin, on en trouve à la récolte un grand nombre de parfaitement blancs; ils ne diffèrent en rien dès jaunes quant à la qualité.

Comme les tubercules d'*oxalis crenata* ne commencent à se former en terre que fort tard en automne, il est bon de les y laisser le plus longtemps possible; tant que l'état de la température ne donne pas lieu de craindre de fortes gelées, ils profitent dans le sol. Une fois arrachés, ils se conservent aisément dans une cave saine, si on a soin de les stratifier dans du sable sec; ils passent ainsi très bien l'hiver sans altération.

§ X. — Topinambour.

Lorsqu'on a goûté sans prévention cet excellent tubercule, analogue pour le goût aux fonds d'articauts avec lesquels un aveugle, jugeant seulement d'après la saveur, pourrait facilement les confondre, on s'étonne que son usage soit si peu répandu. Le topinambour paraît en assez grande quantité au printemps sur les marchés des petites villes de la Basse-Provence; il s'y vend communément au prix très modique de 10 à 15 c. le kilogr.; il n'est acheté que par les pauvres gens.

Un motif, assez plausible du reste, fait exclure cette plante de beaucoup de jardins; c'est la difficulté de s'en débarrasser; une fois qu'elle s'est emparée du terrain, il semble que ce soit à perpétuité; le moindre fragment de tubercule suffit pour la reproduire; rien n'égale l'énergie et la ténacité de sa végétation. La culture du topinambour est la même que celle de la pomme de terre; si l'on peut lui accorder un bon terrain largement fumé, il peut donner d'énormes produits; livré à lui-même, sans soins de culture, dans le coin le plus stérile du jardin, il viendra toujours, et donnera une récolte passable, là où nulle autre plante utile ne saurait végéter. Nous avons dû mentionner le topinambour à cause de toutes ses qualités recommandables comme plante potagère, et parce qu'il nous semble mériter une place parmi nos légumes-racines; du reste, de même que la pomme de terre, c'est une plante essentiellement propre à la grande culture pour les usages industriels et l'alimentation du bétail. Quoique le topinambour soit originaire du Brésil, on ne connaît pas de racine plus complètement insensible que la sienne aux gelées, quelle que soit leur intensité; l'on n'a donc point à se préoccuper de sa conservation pendant l'hiver; on le laisse en place pour l'arracher au moment de s'en servir. La plante paraît fort disposée à varier par la culture; on en possède déjà quelques variétés dont la chair est jaune ou d'un blanc tirant sur le jaune; elles ont été obtenues de semis par M. Vilmorin. Ces semis, poursuivis avec persévérance, feraient probablement acquérir une variété à tubercules plus gros que ceux du topinambour commun, et exempts de cette persistance qui est un des principaux obstacles à la propagation de sa culture.

(Pour la culture en grand du topinambour, voir tome Ier, page 451.)

§ XI. — Betterave.

De même que la pomme de terre et le topinambour, la betterave est une plante de grande culture; nous n'avons à traiter ici que des espèces jardinières, et de leur culture dans le jardin potager. On cultive dans les jardins pour l'usage alimentaire quatre variétés de betterave, la grosse rouge commune, la petite rouge de Castelnaudary, la jaune commune et la jaune de Castelnaudary; la seconde et la quatrième, moins volumineuses que la première et la troisième, ont une saveur beaucoup plus délicate; elles méritent une préférence exclusive comme légumes-racines. On sème les betteraves en pépinière, sur couche sourde, ou sur plate-bande bien garnie de terreau, à bonne exposition, depuis le 15 avril jusqu'à la fin de mai; semée trop tôt, la betterave monte et sa racine est perdue. Elle n'exige aucun soin particulier de culture et n'est pas difficile sur le choix du terrain ; toute bonne terre de jardin lui convient. Dans les contrées maritimes, un peu de vase de mer desséchée et pulvérisée est un excellent amendement pour le terrain où l'on doit planter des betteraves. Il est bon de les repiquer très jeunes, les grosses espèces à 0m 50 les unes des autres, et les plus petites à 0m 35 en tout sens, en évitant avec soin de retourner dans le trou le bout de la jeune racine sur lui-même. Une fois reprise, la betterave n'exige plus que quelques binages. A moins d'absolue nécessité, il ne faut point arroser la betterave qu'on destine à la provision d'hiver, elle se conserverait difficilement ; les deux variétés rouge et jaune de Castelnaudary conviennent surtout dans les terrains légers ; elles supportent facilement la sécheresse et sont de très bonne garde, pourvu qu'on les conserve à l'abri de l'humidité.

On mange la betterave cuite au four, mêlée avec différentes salades d'hiver ; elle est aussi fort usitée comme légume dans l'ouest de la France, où l'on est dans l'usage de l'assaisonner avec beaucoup d'ognon ; c'est un aliment très salubre.

(Pour la culture en grand de la betterave champêtre, voir tome II, page 37.)

Section III. — Culture des plantes potagères à fruits comestibles.

§ 1er. — Citrouille ou potiron.

Peu de fruits offrent un plus grand nombre de variétés et sous-variétés que la citrouille ; dans la grande culture, à partir de la vallée de la Loire en s'avançant vers le midi, la citrouille est d'une grande ressource comme nourriture pour les bêtes bovines ; sous le climat de Paris on ne la cultive que comme fruit alimentaire pour la nourriture de l'homme. L'espèce la plus cultivée aux environs de Paris, est la grosse citrouille jaune, originaire d'Amérique ; elle peut acquérir un volume énorme ; elle atteint fréquemment dans nos marais le poids de 100 kilogr. Depuis quelques années, on a substitué à la citrouille presque sphérique la citrouille de forme aplatie, connue sous le nom de *boule de Siam ;* elle a les mêmes qualités que la citrouille sphérique, avec l'avantage de se conserver plus longtemps, parce qu'en raison de sa forme, elle n'a presque pas de vide intérieur.

La nomenclature des citrouilles ou potirons, nommés courges dans le midi, est assez mal établie ; les variétés les plus recommandables sont, outre la grosse jaune sphérique et la boule de Siam :

1° La courge messinèze, à peau blanchâtre, unie, à chair rouge ;

2° La courge muscade, en forme de poire, à peau jaunâtre, lisse, à chair couleur de sang : l'une et l'autre n'ont presque pas de vide inté-

rieur, mais elles ne dépassent pas le double du volume d'un gros melon cantaloup ;

3° La grosse courge blanche, presque aussi grosse que la jaune des environs de Paris, mais vide en dedans, et par conséquent peu profitable ;

4° La grosse verte, à peau lisse, souvent marbrée de vert plus clair, un peu moins vide que la précédente ;

5° La verte à côtes, l'une des plus sucrées, employée dans son pays natal (la Hongrie) à la fabrication du sucre.

Chacune de ces citrouilles a de nombreuses sous-variétés : celles des nos 1, 2 et 5, sont de beaucoup préférables à la grosse citrouille jaune ; quiconque a mangé de ces courges frites à la manière provençale, ne peut se figurer que ce soit le même fruit. Cultivées sous le climat de Paris, avec des soins convenables, l'expérience prouve qu'elles ne dégénèrent pas ; si elles sont exclues des cultures maraîchères, c'est uniquement en raison de leur volume trop petit et de leur produit hors de proportion avec les conditions sous lesquelles cultivent les maraîchers des environs de Paris ; en les indiquant, nous avons cru rendre service aux amateurs qui, n'étant point arrêtés par les mêmes considérations, peuvent trouver dans la culture des bonnes courges du midi, dont il est facile de se procurer la graine, d'abondantes ressources pour varier leurs aliments végétaux pendant l'hiver. Toutes ces citrouilles se conservent parfaitement ; il faut les cueillir un peu avant leur parfaite maturité, avant que leur feuillage n'ait commencé à se flétrir.

Toutes ces courges se cultivent par les mêmes procédés. Ces plantes, comme toutes celles de la famille des cucurbitacées, sont constituées de telle sorte que leurs racines ne craignent pas le contact immédiat du fumier en pleine fermentation, qui ferait pourrir ou mourir d'indigestion tant d'autres plantes potagères. On pourrait donc, sans inconvénient, les semer à même le fumier, et c'est ce que font beaucoup de maraîchers lorsqu'ils ont un tas de fumier qui ne doit pas être employé avant le temps qu'exige la végétation des citrouilles ; elles y deviennent monstrueuses.

On sème les citrouilles en place, dans des fosses de 0m,50 de diamètre, sur 0m,40 de profondeur, dont le fond est garni de 0m,30 de bon fumier fortement comprimé, recouvert de 0m,05 à 0m,08 de terreau. Chaque trou reçoit deux ou trois graines ; on ne laisse subsister que le pied qui semble le plus vigoureux. On donne ordinairement deux tailles à la citrouille : la première, pour la faire ramifier, consiste à supprimer la pousse terminale, quand la plante a environ 0m, 30 de longueur ; la seconde, pour arrêter sa croissance et forcer la sève à se porter vers le fruit, consiste à supprimer la partie supérieure de chaque tige sur laquelle il y a un fruit noué ; cette suppression doit laisser au moins une tige de 0m,40 au-dessus de chaque fruit. Lorsqu'on tient à obtenir les plus grosses citrouilles possibles, on ne provoque point la ramification des plantes; on ne leur laisse croître qu'une seule tige, à laquelle on ne laisse qu'un seul fruit; dans la culture ordinaire, chaque pied porte deux tiges et deux fruits. Aucune plante potagère n'exige des arrosages aussi fréquents et aussi abondants que la citrouille; ce n'est qu'à force d'eau qu'on peut hâter assez sa végétation pour que les fruits soient mûrs au moment des premières gelées; avant de les rentrer, il est bon, lorsque le temps est sec, de laisser les citrouilles achever de mûrir au soleil.

Le plus souvent, au lieu d'attendre l'époque où il est possible de semer les citrouilles en place, on les sème en pots dès le mois de mars; les pots sont enterrés dans une couche tiède recouverte d'un châssis; quand la saison lui permet de supporter le plein air, le plant est déjà tout formé; il gagne ainsi deux mois sur les citrouilles semées en place. Le plant de citrouille, même lorsqu'on le transplante avec toute la terre du pot dans lequel il a crû, souffre toujours plus ou moins au moment de sa mise en place; on a eu soin de l'accoutumer au plein air plusieurs jours d'avance; la transplantation doit se faire par un temps couvert, mieux le soir que le matin. Si le temps est beau, on place au-dessus de chaque plant trois baguettes réunies par le sommet, comme le montre la *fig.* 309; on jette, en cas de besoin, sur

Fig. 310,　　　 309.

ces baguettes un morceau de vieux paillasson, qui doit, sans recouvrir le plant en entier, l'ombrager seulement, en lui laissant le contact de l'air dont il a besoin, La *fig.* 310 montre cette disposition.

Le mode de culture que nous venons de décrire s'applique de tous points aux plantes de la même famille dont les fruits, dans la première période de leur croissance, seraient tous alimentaires, si nous voulions en faire usage. Il en est de même, pour le dire en passant, des fruits superflus que nous retranchons aux pieds de citrouille trop chargés; ces jeunes fruits, de la grosseur d'un melon ordinaire, peuvent être utilisés de la même manière que les concombres, dont ils ont à peu près la saveur.

La seule variété de petite taille assez communément cultivée aux environs de Paris est le Giraumon, plus connu des maraîchers sous le nom de bonnet turc, parce que son fruit offre une ressemblance grossière avec un turban *fig.* 311. Il est fort sucré et de très bon goût quand il parvient à parfaite maturité, ce qui lui arriverait rarement sous le climat de Paris, si l'on ne prenait la précaution de l'avancer en élevant le plant sur couche.

Parmi les espèces de courges grimpantes, les plus dignes d'être cultivées, sont les suivantes, dont le fruit ne se mange pas :

Courge congourde, ou gourde de pélerin (*fig.* 312).
Courge massue, à fruit très allongé (*fig.* 313)..
Courge calebasse (*fig.* 314)..

Fig. 313.

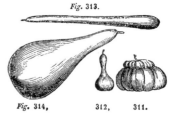

Fig. 314,　　　 312,　　　 311.

Toutes ces courges ont besoin d'être ramées; la dernière, qui peut acquérir dans des conditions favorables un volume énorme, doit être conduite en espalier le long d'un mur et solidement assujettie, sans quoi le poids du fruit détacherait et romprait la tige qui n'a jamais beaucoup de consistance. On pratique au sommet de toutes ces courges une ouverture qui permet d'y introduire un instrument quelconque pour les vider et les nettoyer à l'intérieur; elles retiennent très bien les liquides; elles tiennent lieu de boîtes et de tiroirs pour conserver toute sorte de graines jardinières qui y sont parfaitement à l'abri de l'humidité et des atteintes des souris.

§ II. — Concombres et cornichons.

La culture de ce fruit, originaire d'Asie, est encore la même que celle de la citrouille; comme il mûrit plus vite, le concombre peut se semer un peu plus tard que la citrouille, mais toujours de la même manière, dans des trous remplis de fumier comprimé et recouvert de terreau. Ce n'est guère que dans nos départements au sud de la Loire que le concombre est cultivé en grand dans les jardins, et qu'il fait partie des aliments les plus usités; sous le climat de Paris, sa consommation est très limitée. Les concombres ne supportent pas tous la pleine terre; plusieurs espèces ne sauraient donner leur fruit par la culture naturelle, on est forcé de les semer et de les élever plus d'à moitié sur couche avant de les risquer en plein air. Les concombres qui supportent le mieux la pleine terre sont :

Le concombre blanc long.
Le blanc hâtif.
Le gros blanc de forme ramassée.
Le hâtif de Hollande, tournant du blanc au jaune en mûrissant.
Le concombre serpent.
Le cornichon.

Les trois premières espèces sont les plus répandues; on cultive, en outre, mais plutôt comme curiosité que pour l'usage alimentaire, quelques variétés, à très petits fruits, propres seulement à être confits dans le vinaigre, telles sont :

Le concombre à bouquet, dit de Russie, très hâtif.
Le concombre arada, à fruit hérissé.
Le concombre du Liban.

(Pour les concombres de primeur, voir *Cultures forcées*.)

Le seul de tous ces concombres qui ait réellement une grande importance, en raison de l'espace qu'on lui consacre et des bénéfices de sa culture, c'est le cornichon. A la rigueur, tout concombre a commencé par être cornichon ; le fruit vert de toutes les espèces de concombres peut être cueilli fort jeune, lorsqu'il est seulement de la grosseur du petit doigt, et être confit au vinaigre. Mais l'espèce, particulièrement réservée pour cet usage à cause de son goût délicat et de sa belle nuance verte, porte spécialement le nom de cornichon. Le cornichon se sème toujours en place, en pleine terre, dans des trous pleins de fumier recouvert de terreau ; il serait imprudent de hasarder ces semis avant le milieu de mai, la moindre gelée blanche pouvant détruire sans remède la plante nouvellement levée. Les cornichons sont d'autant meilleurs qu'ils sont cueillis plus jeunes ; il faut mettre beaucoup de soin à la récolte, qui dure plusieurs mois ; pour ne pas trop endommager les plantes, les cornichons doivent être cueillis à la naissance de leur pédoncule.

Après le petit concombre vert, le plus usité comme cornichon, le concombre serpent est celui qui convient le mieux pour être traité de la même manière ; l'un et l'autre veulent beaucoup d'eau pendant tout le cours de leur végétation ; c'est le point essentiel de cette culture qui, bien conduite, peut être très productive. Pour obtenir la graine de toutes les espèces de concombres parfaitement mûre, il faut laisser pourrir sur place quelques uns des plus beaux fruits, et ne récolter la graine que quand la pulpe est presque entièrement détruite. La graine de concombres conserve plusieurs années sa faculté germinative.

§ III. — Melon.

Nous avons maintenu, pour nous conformer à l'usage adopté par les jardiniers, et aussi pour éviter de créer un terme nouveau, la distinction admise entre la culture *naturelle* du melon et sa culture forcée. Il n'y a pas de culture naturelle du melon en France ; pour obtenir le fruit de cette plante dans toute la perfection qu'il est susceptible d'acquérir, il lui faut toujours des soins qui constituent réellement une culture artificielle. Il est vrai que, dans beaucoup de départements, ces soins sont entièrement négligés ; mais alors les résultats sont tels, qu'un auteur moderne, M. de Plancy, a eu raison de dire : « Quand on demande à nos jardiniers des melons ou des conseils, ils les donnent aussi mauvais les uns que les autres. »

Nous donnerons la culture forcée du melon avec tous les procédés propres à en faire avancer la fructification. (Voir *Cultures forcées*.)

Nous donnerons, sous le nom de culture naturelle du melon, celle que chacun peut pratiquer, quelque limitée que soit l'étendue de son jardin et de ses ressources ; culture n'ayant pas pour but d'obtenir des melons mûrs avant l'époque qui doit en amener *naturellement* la maturité. Nous y joindrons les procédés de la culture dite de pleine terre, parce qu'elle occupe des champs d'une grande étendue ; mais nous ferons observer au lecteur que, même pour ce genre de culture, les racines de la plante ne devraient *jamais* se trouver en contact avec le sol ; elles ne devraient végéter que dans le fumier.

A. — *Travaux préparatoires.*

Le jardinier doit consacrer aux melons deux couches : l'une *chaude*, l'autre *sourde* (voir *Couches*). Leur étendue est proportionnelle à la quantité de melons qu'on se propose d'obtenir ; dans tous les cas, la couche chaude ne doit pas dépasser le quart des dimensions de la couche sourde.

Il est quelquefois assez difficile, loin des grandes villes, dans les localités éloignées des grands établissements d'horticulture, de se procurer du terreau de bonne qualité en quantité suffisante pour couvrir les couches à melons. Cet embarras n'existe jamais que pour les deux premières années ; car au bout de ce temps, les premières couches, devant être démontées, fournissent une provision de terreau qui se renouvelle constamment de la même manière. Le terreau ne doit pas être employé pur ; il faut le mélanger, ou, selon l'expression reçue, le *couper* avec partie égale de bonne terre de jardin passée au crible.

A défaut de terreau, voici comment on peut en préparer artificiellement, en ayant soin de s'y prendre six mois d'avance. On enlève sur le bord des chemins et le long des haies des gazons qui ne doivent pas avoir plus de 0ᵐ,08 à 0ᵐ,10 d'épaisseur ; on les stratifie en lits de 0ᵐ,30 avec toutes les mauvaises herbes qu'un jardin de quelque étendue ou un champ occupé par une récolte sarclée fournissent toujours abondamment à l'état frais. Chaque lit doit être recouvert de débris de chaux qui coûtent meilleur marché que la chaux en pierres, et produisent le même effet, pourvu qu'ils soient assez récents pour conserver leur causticité, ce dont il est facile de s'assurer avant de s'en servir. Le lit de chaux peut avoir 0ᵐ,04 à 0ᵐ,05 d'épaisseur, plutôt plus que moins, l'excès n'étant pas à craindre. On donne au tas un volume proportionné au besoin présumé de terreau ; on le termine par un dernier lit de gazons plus épais que les autres, le tout doit avoir la forme d'un toit arrondi au sommet. Après avoir abandonné à elle-même l'action de la chaux sur les matières végétales

pendant quinze à vingt jours, on démonte le
tas ; on en mélange exactement toutes les parties, en reportant vers le centre tout ce qui
semble moins avancé en décomposition ; si la
température est sèche, il est bon d'humecter
légèrement ; puis, le tas est reconstruit et livré
de nouveau à la réaction lente de ses éléments
jusqu'au moment où on l'emploie. Il suffit alors
de passer le terreau artificiel à la claie, et de
le mélanger par partie égale avec du fumier à
demi consommé, qui ne doit pas être trop imbibé d'urine de bétail. M. le marquis de Cham-
bray donne cette recette dans son *Traité de la
culture du melon ;* dans la pratique, nous nous
sommes toujours bien trouvés d'ajouter à ce
mélange, au moment d'en garnir la couche, une
assez forte dose de colombine sèche en poudre,
provenant du nettoyage du colombier et du
poulailler. Le melon, de même que les autres
cucurbitacées, ne craint nullement l'action directe des engrais les plus chauds ; la colombine
est celui de tous qui semble convenir le mieux
à sa végétation. Après que le fumier de la couche a été humecté, et foulé de manière à présenter une surface aussi unie que possible, il
doit être recouvert de ce mélange à l'épaisseur
de 0^m,18 ou 0^m,20.

B. — *Choix de la graine.*

Lorsqu'on mange un bon melon, parfaitement à son point de maturité, réunissant toutes les qualités qu'on demande à l'espèce ou à
la variété qui convient le mieux au pays, ou à
celle qu'on préfère, soit comme la plus mar-
chande, soit comme la plus agréable au goût,
on ne saurait mieux faire, pour s'assurer du
plant exactement semblable, que d'en recueillir la graine et de la laisser sécher à l'ombre.
Ce n'est pas à dire pour cela que tous les pieds
obtenus de ces semences donneront des fruits
parfaitement identiques avec celui qui les aura
produites ; souvent la reproduction du melon
offre de singulières anomalies. Il ne faut donc
pas trop se hâter d'accuser de négligence les
marchands de graines à qui l'on s'est adressé
pour avoir telle ou telle variété, lorsque toutes
les semences ne donnent pas les produits qu'on
en attendait ; c'est une particularité inhérente
à la nature du melon, comme nous en avons
fait mille fois l'expérience. Cette considération
doit engager à semer toujours plus de graines
qu'il n'est nécessaire ; avec un peu d'habitude
d'observation, on reconnaîtra sans peine, dans
la forme et la nuance des premières feuilles du
plant, des différences qui sont toujours l'annonce de différences encore plus prononcées
dans le fruit ; ces pieds, fussent-ils les plus vigoureux, doivent être supprimés, si l'on tient
à maintenir la pureté d'une variété particulière. C'est ainsi qu'en agissent les maraîchers
des environs de Paris pour leurs cantaloups si
justement regardés comme égaux aux meilleurs
qui se mangent à Rome, leur pays natal ; les
cultivateurs normands en font autant pour la
variété qui porte le nom de Honfleur. variété si

bien appropriée au goût des consommateurs
anglais auxquels elle est destinée.

Les procédés indiqués dans les traités de
jardinage pour distinguer la graine bonne ou
mauvaise, soit au poids, soit par l'essai dans
l'eau, les semences qui surnagent étant suppo-
sées défectueuses, sont tous ou puérils, ou il-
lusoires. La graine de melon, pourvu qu'elle
n'ait pas été exposée à une température trop
élevée qui, en faisant rancir l'huile qu'elle contient, en aurait endommagé le germe, lève très
bien après dix ans et plus de conservation, et
le plant qu'elle donne n'a pas dégénéré. Le préjugé qui veut qu'on garde cette graine au moins
trois ans avant de l'employer, n'est pas mieux
fondé en raison ; laissez pourrir en place un
melon d'arrière-saison, ses graines lèveront au
printemps suivant ; il n'est pas rare dans le
midi de voir du plant ainsi obtenu accidentellement, servir pour la grande culture, et donner des melons supérieurs en qualité à ceux
qui proviennent de graine conservée trois ans.

Le seul indice à peu près sûr de la bonté de
la graine de melon, c'est son épaisseur ; lorsqu'elle est trop plate et semble vide à l'intérieur, il est très probable qu'elle ne vaut rien,
et que le germe et les cotylédons en étant desséchés, cette graine ne lèverait pas.

C. — *Semis.*

Trois méthodes sont généralement en usage
pour semer les melons sur couche ; toutes trois
ont leurs avantages ; nous indiquerons les circonstances qui peuvent faire préférer l'une ou
l'autre. Le procédé le plus généralement employé par les jardiniers de profession comme le
plus expéditif et le plus économique, consiste à
semer tout simplement sur la couche chaude,
dans le terreau qui la recouvre, à quelques centimètres de profondeur. Quant à la distance,
elle est déterminée par le mode de transplantation qu'on se propose d'employer plus tard. Si
l'on doit faire usage des instruments nommés
transplantoir et *lève-melon*, (*voir* ces mots
au chapitre des Instruments de jardinage), il
est nécessaire, pour pouvoir s'en servir avec
facilité, de laisser entre les semis un certain espace ; on commence donc par prendre sur le
terreau l'empreinte de la base du cylindre de
fer-blanc formant le corps de l'instrument, et
l'on fait autant de semis de trois ou quatre
graines chacun, que la couche peut recevoir de
ces empreintes circulaires, en laissant cinq à
six centimètres d'intervalle entre chacune
d'elles. La distance peut être un peu moindre,
quand on sème dans l'intention de lever le plant
avec la truelle de jardinier, pour le transplanter.

La seconde méthode non moins usitée, consiste à semer en pots, deux ou trois graines
dans chaque pot. Le fond du pot, muni de son
ouverture ordinaire, doit être garni à l'intérieur
d'un morceau de tuile arrondi, pour faciliter le
dépotage. On enterre les pots bord à bord dans
la couche, jusqu'à l'époque de la transplanta-

tion. Une partie des jardiniers des environs de Paris, et presque tous ceux de la Normandie, sont dans l'usage de semer ainsi.

La troisième méthode, un peu plus minutieuse à pratiquer, est surtout à l'usage du jardinier amateur; elle serait difficilement applicable à une grande culture, quoique, sous tous les autres rapports, elle l'emporte sur les méthodes précédentes. On taille à cet effet des gazons carrés, 0m,10 de côté sur 0m,055 d'épaisseur, dans les racines de ces gazons retournés, on pratique avec une serpette bien tranchante une ouverture en forme d'entonnoir, qui doit pénétrer jusqu'aux tiges, afin qu'elle puisse plus tard laisser égoutter l'eau des arrosages. Les gazons ainsi préparés sont remplis de terreau et enterrés dans celui de la couche de manière à ce qu'il les recouvre à quelques centimètres d'épaisseur; on y sème alors la graine de melon, comme si elle était semée en pots, selon la seconde méthode. Les parties végétales de ces mottes de gazon forment en se décomposant, indépendamment de la terre à melon, une excellente nourriture pour les jeunes plantes; elles attirent à elles les racines latérales qui deviennent plus fortes aux dépens du pivot central; l'influence salutaire de cette action se fait sentir pendant tout le cours de la végétation du melon.

Quel que soit le mode de semis que l'on ait adopté, il faut avoir soin de placer la pointe de chaque semence dirigée vers le bas, pour en faciliter la germination; il en est de même des graines de toutes les plantes cucurbitacées.

D. — Transplantation.

Les trois manières de semer que nous venons de décrire correspondent à trois manières de transplanter; toutes trois ont pour but et pour condition essentielle de déranger et même de secouer le moins possible la jeune plante, en la transportant de la couche chaude sur la couche sourde, en sorte que l'action de ses racines ne soit ni troublée ni suspendue. Rien ne remplit mieux ce but que l'emploi du transplantoir ou, à son défaut, celui du lève-melon, qui est qu'un transplantoir simplifié. Il ne faut pour s'en servir avec succès qu'un peu d'adresse qui s'acquiert en une seule leçon.

La transplantation des plantes semées en pot est la plus facile de toutes. On place le pot dans la paume de la main gauche de manière à ce que l'axe du pot occupe une position horizontale; avec la main droite, on introduit un petit bâton dans le fond du pot, on pousse la tuile qui en bouchait l'ouverture, et la terre se trouvant ainsi détachée d'un seul coup, le melon est transplanté en motte sans éprouver le moindre dérangement.

Lorsque les semis ont été faits dans des gazons, il faut que la main plonge avec dextérité dans le terreau, pour soulever le gazon sans ébranler les racines du plant. Avec un peu d'habitude, ce moyen réussit aussi bien que les autres; d'ailleurs, si quelques pieds se trouvent

un peu dérangés, ils auront plus de vigueur pour se refaire que ceux qui proviendront des autres modes de semis.

Une quatrième méthode employée surtout par les jardiniers de profession consiste à trancher avec la truelle tout autour du plant le terreau maintenu suffisamment humide, et à enlever la motte ainsi formée, avec le même instrument. Un maladroit perdrait une partie de son plant en essayant cette méthode; quand on en possède l'habitude, elle est très expéditive; elle ne s'applique qu'au plant semé à nu sur le terreau de la couche chaude.

La transplantation n'est pas toujours nécessaire; il y a des semis en place qui réussissent bien, mais ils ne doivent être faits que dans le courant du mois de mai.

Les trous destinés à recevoir les melons transplantés sur la couche sourde doivent être prêts d'avance; chaque pied sera arrosé modérément une fois ou deux; le plus souvent un seul arrosage suffit; l'eau ne doit être versée qu'avec beaucoup de précautions, et jamais répandue sur le cœur de la jeune plante; il faut arroser tout autour, à une certaine distance du collet des racines.

La distance pour le repiquage varie selon le développement propre à chaque espèce de melon, elle peut aussi varier selon l'espace dont on dispose. Lorsqu'on peut étendre les couches à volonté, il est bon de donner aux espèces les plus vigoureuses 1 mètre 25 c. en tous sens, et un mètre seulement à celles qui s'étendent un peu moins.

E. — Époques des semis et transplantations.

Dans la culture naturelle du melon, le temps convenable pour ces deux opérations est très variable d'une année à l'autre, la température seule en décide. Les semis se faisant toujours sur couche chaude abritée, on pourrait semer de très bonne heure au printemps, mais il y aurait plus de perte que de profit. Le plant ne pouvant être risqué sur la couche sourde que quand les intempéries des saisons qu'il ne peut supporter ne sont plus à craindre, il arrive quand on sème trop tôt, qu'il reste trop longtemps sur la couche chaude; alors les pieds s'allongent outre mesure, ils deviennent languissants et presque incapables de supporter la transplantation. Si cependant on les transplante en cet état, leur fructification, déjà très tardive dans les circonstances les plus favorables, sera tellement retardée que les fruits pourront très bien n'arriver à l'époque où leur maturité est impossible.

La transplantation doit se faire environ trois semaines après que la graine est sortie de terre; mais quand le temps est défavorable ou que le plant paraît encore trop délicat, on peut différer cette opération d'une semaine ou deux sans grand inconvénient. La transplantation pour la culture naturelle peut être considérée comme faite en temps convenable, tant que pour l'effectuer on n'a pas différé plus tard que la fin du mois de mai.

F. — Taille du melon.

Nous ne sommes plus au temps où chaque jardinier faisait un secret des notions que le hasard ou l'expérience pouvait lui avoir fait acquérir. L'art de tailler les melons est presque devenu de nos jours l'art de ne pas les tailler. Les jardiniers les plus expérimentés reconnaissent aujourd'hui l'inutilité de ces rognures perpetuelles qui n'aboutissent qu'à développer une foule de branches se croisant dans tous les sens et n'ajoutent rien ni à l'abondance du fruit ni à sa qualité, fait dont tout jardinier exempt de préjugés peut se convaincre par la pratique. Nous prendrons donc, en ce point comme en tout le reste, la science où elle en est de nos jours, et nous donnerons en premier lieu la taille qui nous semble la plus rationnelle dans l'état avancé de notre horticulture.

1. Taille moderne.

De toutes les opérations de la taille, la plus nécessaire est celle de l'*étêtement*, par laquelle on supprime la tige provenant directement du germe de la graine et sortie la première d'entre les cotylédons. Cette tige livrée à elle-même absorberait toute la vigueur de la plante et ne souffrirait, pour ainsi dire, aucune branche accessoire ; elle fructifierait, mais très tard, et jamais ses fruits n'auraient ni le volume ni la qualité des melons produits par les branches latérales. Ce retranchement peut avoir lieu sur la plante très jeune, même avant sa transplantation, ce qui a toujours lieu quand la saison contraire force le jardinier à laisser grandir le plant plus qu'il ne le voudrait sur la couche chaude. Il vaut mieux, sous tous les rapports, ne faire cette première taille qu'après que la reprise de la plante est complète et que le développement de nouvelles feuilles montre qu'elle est en pleine végétation.

Cette suppression opérée, on pourra laisser la plante croître et s'étendre sans la gêner en rien, et attendre pour la tailler de nouveau que les fruits soient non-seulement noués, mais encore assez développés pour permettre de distinguer aisément ceux qui annoncent la végétation la plus vigoureuse. Ce choix fait, on arrête la branche à fruit à deux nœuds au-dessus du melon conservé. Si l'on veut que ces fruits aient toute la qualité désirable, il n'en faut laisser que trois ou quatre sur les pieds les plus forts, deux ou trois sur ceux d'une force moyenne et un seul sur les plus faibles, quelle qu'en soit l'espèce. Dans le cas où, cultivant pour la vente, on devrait tendre vers une production plus abondante, il vaudrait mieux encore accorder moins d'espace à chaque pied de melon que de lui laisser plus de fruits qu'il n'en peut convenablement nourrir ; la qualité du fruit en serait moins détériorée.

A mesure que la végétation développe de nouvelles branches à fruit, il faut les supprimer ; ces branches ne cessent entièrement de se montrer que quand les melons réservés sont devenus assez forts pour attirer à eux toute la sève. Chaque plaie causée par la suppression d'une branche doit être immédiatement saupoudrée de terreau bien sec pour en accélérer la cicatrisation.

Telle est, pour le melon, la taille la plus simple ; elle n'exige ni longues études ni surveillance perpétuelle ; chaque jour elle fait de nouveaux prosélytes parmi les cultivateurs maraîchers, et tout le monde est d'accord sur ce point, que jamais Paris n'a été approvisionné en melons de qualité plus parfaite.

2. Taille ancienne.

Beaucoup de jardiniers tiennent encore pour l'ancienne méthode ; des ouvrages assez récents ont même été consacrés à la préconiser ; nous croyons donc ne pouvoir nous dispenser de la décrire sommairement.

Après l'étêtement tel que nous l'avons indiqué, il se développe deux branches latérales ; ces branches sont taillées au-dessus de leur second nœud, dès qu'elles ont montré leur cinquième feuille. Chacune d'elles, ainsi arrêtée dans sa croissance, en produit deux autres qu'on laisse croître de même jusqu'au développement de leur cinquième feuille ; on les rabat encore sur leur second nœud, et chacune d'elles donne encore ses deux branches latérales, en sorte que le nombre total des branches qui se bornait à deux à la première taille, est de 4 après la seconde et de 8 après la troisième. On continue ainsi jusqu'à une cinquième taille, après laquelle on n'a pas moins de 32 branches. Alors seulement, on choisit, parmi les fruits déjà assez gros, ceux qu'on juge à propos de conserver, et l'on sacrifie les autres avec les branches qui les portent. En résultat, il ne reste toujours que le nombre nécessaire de branches à fruit ; tout ce qui survient plus tard est supprimé, comme dans la taille moderne ; on ne voit donc pas la nécessité d'une si grande complication de besogne pour arriver à un but qu'on peut atteindre bien plus simplement.

G. — Boutures.

A l'époque de la taille du melon, si la saison n'est pas trop avancée, on peut utiliser les branches retranchées et s'en servir pour multiplier le plant au moyen des boutures. Il ne faut pourtant user de ce procédé qu'après avoir calculé s'il reste encore assez de beaux jours pour qu'on puisse espérer de récolter les fruits de ces boutures.

Dans ce cas, on supprime les feuilles inférieures et les boutons de fleurs qui les accompagnent ; puis, on plante les boutures dans le terreau de la couche, non pas droites, mais dans une position légèrement inclinée ; il ne faut laisser qu'un œil au dehors ; en sept ou huit jours, elles sont parfaitement enracinées. On pourrait traiter ces boutures comme le plant venu de semence et les lever en motte pour les transplanter ; mais il vaut beaucoup mieux les faire en place, sur la couche sourde ; elles y réussissent très bien. Une fois qu'elles ont repris, on les traite pour le reste de leur culture exactement comme on traite le plant après sa transplantation.

H. — *Détails de culture.*

Il ne suffit pas au melon d'être semé en terreau bien préparé à l'époque la plus convenable, repiqué en place avec précaution et taillé conformément à sa nature ; il lui faut encore des soins journaliers desquels dépend entièrement la qualité du fruit. On peut, en s'abstenant de la plupart de ces soins, obtenir des melons en même nombre et d'aussi belle apparence que par la bonne culture ; seulement, ils seront fades et vides, tandis que dans les autres la pulpe abondante et parfumée ne laissera libre à l'intérieur que la place occupée par les semences.

Du moment où les semences sont confiées à la couche, soit à nu, soit en pot, soit en gazon, il faut tenir le châssis constamment fermé jusqu'au moment où les cotylédons, portant avec eux leur enveloppe, soulèvent le terreau. Si le temps est beau, comme il arrive souvent au commencement de mars, on donnera un peu d'air en soulevant légèrement le châssis entier, ou mieux en ouvrant un carreau mobile, lorsqu'on s'est ménagé cette facilité. A partir de ce jour, si les châssis sont vitrés, on les essuiera soigneusement tous les deux jours pour le moins, afin d'enlever l'humidité qui s'y condense ; si elle tombait en gouttes sur le plan récemment levé, elle le ferait *fondre* et périr.

Si le terreau devient trop sec, on bassinera légèrement la couche avec de l'eau dégourdie au soleil, mêlée d'un peu de colombine. Il faut être très sobre d'arrosages à l'égard du plant de melon ; pendant toute la durée de sa végétation, cette plante craint l'eau surabondante beaucoup plus que la sécheresse.

Quand le plant commencera à montrer sa seconde feuille, on rechargera la couche tout entière avec de bon terreau, afin que les jeunes pieds de melon en soient rechaussés jusqu'à la hauteur des cotylédons ou feuilles séminales. Il est bon de ne pas opérer ce rechaussement trop tôt, dût-on dépenser plus de terreau et de main-d'œuvre en s'y prenant un peu plus tard ; le plant ne pourra qu'y gagner. Peu de jours après, il est bon à être mis en place.

Après la transplantation, on laissera les melons reprendre à couvert, sous cloche, et quand le soleil sera trop piquant, on étendra sur les cloches des paillassons ou de la litière. Cette seconde opération est inutile dans le cas où le temps se maintient chaud et couvert ; mais ces conditions de température se rencontrent rarement au mois de mai sous le climat de Paris. Dès que les melons sont bien noués, ou, comme disent les jardiniers, bien attachés, les branches étant sorties de tous côtés de dessous les clo-

ches, on pourra sans inconvénient laisser les plantes et leurs fruits à l'air libre, sauf le cas d'un été qui serait excessivement pluvieux ; mais alors, de quelque façon qu'on les cultive, les melons ne vaudront rien. On tiendra toujours à portée des planches de melon de vieux paillassons qu'on puisse jeter rapidement pardessus si l'on était menacé d'un orage ; car tout orage peut être accompagné de grêle, et la moindre grêle peut endommager les tiges du melon au point de faire périr le fruit presqu'au moment de la récolte. A partir de l'enlèvement des cloches, les arrosages seront donnés en courant et en tenant l'arrosoir aussi élevé que possible, pour produire l'équivalent d'une pluie très divisée. L'eau, ainsi que nous l'avons déjà dit, aura été d'avance exposée au soleil, circonstance qui établit seule une distinction entre le vrai sens des mots *bassinage* et *arrosage* qui sont quelquefois employés indifféremment l'un pour l'autre.

Nous n'avons pas indiqué dans ce qui précède le choix à faire entre les cloches et les châssis garnis soit de verre, soit de papier ou de calicot imbibés d'huile, pour la première partie de la culture du melon ; elle réussit également bien, même sur une grande échelle, par l'un ou l'autre de ces deux moyens. Presque tous les melons de Honfleur viennent sous du papier huilé ; tous ceux des environs de Paris viennent sous verre ; les uns ne sont en rien meilleurs que les autres. Nous conseillerons toujours au jardinier de profession qui cultive pour la vente, de préférer le verre lorsqu'il peut s'en procurer. Les panneaux vitrés ont l'avantage de ne pas se renouveler fréquemment et d'exiger peu de frais d'entretien ; il en est de même des cloches. Le papier, quoique en Normandie on le fasse servir deux ans de suite, n'est réellement bon que pour un an ; le calicot peut durer trois ans s'il est de bonne qualité. Ces matières conviennent surtout au jardinier amateur qui peut s'occuper lui-même pendant l'hiver à en couvrir ses cloches et ses châssis et qui sait les tenir en bon état à très peu de frais. (*Voir* Instruments de jardinage.)

Quand le fruit approche de sa maturité, une tuile, ou mieux une petite planche passée entre la couche et le melon, l'empêche de mûrir trop inégalement. On peut, lorsqu'il est très volumineux, sans donner une torsion trop forte à la tige, exposer successivement plusieurs côtés du melon à la chaleur directe du soleil.

Plusieurs variétés de melons n'annoncent leur maturité que par l'odeur qu'ils répandent ; la plupart des cantaloups en mûrissant restent d'un vert pâle ; quand ils jaunissent, c'est qu'ils sont trop mûrs. Les sucrins d'Angers et plusieurs autres, restent d'un vert très foncé jusqu'à ce qu'ils tombent en corruption lorsqu'on les abandonne à eux-mêmes. L'instant de la maturité doit être saisi à point nommé, car il passe très vite. En Touraine, on cueille de préférence les melons entamés par les rats qui ne leur font jamais de bien grandes blessures, mais qui goûtent un peu à tous les meilleurs fruits de la melonière, sans jamais s'y tromper.

I. — Culture du melon en pleine terre.

Cette culture a toujours pour point de départ la culture artificielle sur couche chaude, au moins pour élever le plant. Après la transplantation, l'emploi des cloches est encore nécessaire; les melons en plein champ comme sur couche sourde, ne peuvent être abandonnés à eux-mêmes en plein air que quand ils ont acquis toute leur force. La culture des melons en Normandie, culture si justement renommée, offre l'équivalent d'une culture sur couche sourde. On commence par former le plant sur couche chaude couverte, et quand on le met en place en plein champ, à l'aide du transplantoir et du lève-melon, c'est dans des fosses remplies de 50 à 60 centimètres de bon fumier garni de terreau.

Quelques cultivateurs de cette partie de la France sèment le melon en place; ils ne peuvent, dans ce cas, commencer leurs semis que fort avant dans le mois de mai, quand il n'y a plus aucun retour de froids tardifs à redouter. Ces semis, protégés par des cloches, sont traités pour la taille, les soins et la conduite générale de leur culture, conformément aux principes que nous avons exposés.

Dans le midi de la France, à partir de Lyon, on cultive le melon en plein champ et réellement en pleine terre, c'est-à-dire qu'après avoir élevé le plant sur couche chaude, on le confie à des sillons profonds en terre légère fortement fumée ou bien à des trous circulaires pleins de fumier recouvert de la terre du champ. On ne donne ensuite aux melons aucun arrosage, lors les cas d'excessive sécheresse, en supposant que l'eau soit à portée et que la main-d'œuvre ne soit pas à trop haut prix. On se dispense aussi de les tailler, sauf le retranchement du premier jet et quelques suppressions sur les branches à fruit. C'est ainsi qu'on en use en Dauphiné et en Provence, ainsi qu'en Roussillon et dans tout le Bas-Languedoc; mais dans tous nos départements du midi, même en y comprenant les villes, on trouve difficilement un acheteur pour les melons qui dépassent le prix de 50 c.; il est naturel que les jardiniers tiennent peu à la qualité et que la culture tende uniquement vers la plus grande production possible. En effet, la consommation est immense; à la vérité, tous ces melons ne valent rien. Le meilleur ne supporterait aucune comparaison avec ceux qu'une culture plus soignée sait obtenir dans des contrées beaucoup moins favorisées sous le rapport du climat, spécialement aux environs de Paris.

De tous ces faits nous paraît résulter ce que nous regardons comme un axiome de jardinage pour la culture du melon, savoir, que la terre la meilleure et la mieux fumée ne suffit pas à la végétation du melon, et que, pour donner de bons fruits, il faut qu'il ait constamment le pied échauffé par les engrais les plus actifs.

J. — Conservation des melons.

La culture naturelle du melon, même lorsqu'elle a le mieux réussi, laisse toujours beaucoup à désirer sous un rapport essentiel; les fruits viennent tard et l'on a bien peu de temps à en jouir. Les chaleurs du mois d'août, pendant lesquelles le melon bien mûr est un aliment aussi sain qu'agréable, sont passées lorsque commence la récolte du melon obtenu par ce mode de culture; il est rare que cette récolte puisse se prolonger au-delà des premiers jours d'octobre; ainsi, sous le climat de Paris, lorsqu'on traite le melon de cette manière, on n'en peut manger que pendant environ quatre à cinq semaines, et cela à une époque où la température moins élevée en rend la consommation moins utile. C'est là sans doute un inconvénient des plus graves: les départements du midi n'en ressentent point les effets, mais pour ceux du centre et du nord, ils sont assez sensibles pour donner, indépendamment de la mode et du bon ton, une valeur réelle aux produits plus précoces de la culture forcée. Par compensation, les melons provenant de la culture naturelle, arrivant les derniers à l'arrière-saison, sont les meilleurs de tous pour la provision d'hiver.

Il est bon d'observer que, dans les pays tempérés ou froids, les personnes aisées passant en hiver la plus grande partie de leur temps au coin du feu, ont aussi grand besoin des fruits rafraîchissants en hiver qu'en plein été; le jardinier cultivant à proximité d'une grande ville peut donc se tenir pour assuré de vendre aisément, et à un prix avantageux, les melons qu'il aura su conserver pour les débiter à cette époque. Parmi les divers modes de conservation usités ou proposés, nous en indiquerons trois qui nous semblent tous mériter, sous différents rapports, l'attention des jardiniers.

1. Procédé provençal pour conserver les melons.

Nous donnons à ce moyen de conserver les melons le nom de procédé provençal, parce que nous l'avons vu pratiquer en Provence; toutefois, nous ne pourrions affirmer qu'il soit originaire de cette contrée.

Les melons doivent être cueillis un peu avant leur complète maturité; on leur laisse un bout de tige de quelques centimètres de longueur qui sert à les suspendre à la place où ils doivent passer l'hiver. Des clous à crochet fixés aux pièces de charpente dans un grenier, conviennent très bien pour cet usage dans les pays où, comme en Provence, les gelées sont rares et de peu de durée. Chaque melon ainsi suspendu est revêtu d'une enveloppe de paille attachée d'abord autour de la tige, puis retenue par un nœud de ficelle à la partie inférieure, de manière à préserver du contact de l'air toutes les parties du melon.

Ce procédé ne fait que retarder la maturité du melon; plus l'enveloppe de paille est épaisse, plus le melon parviendra promptement à son point de maturité parfaite, après quoi il commencerait à se gâter. Les melons empaillés doivent donc être visités très souvent pour être livrés à la consommation à mesure qu'ils mûrissent. Sous le climat de Paris, ils ne vont pas beaucoup au-delà du mois de janvier; on a tout le mois de décembre pour les vendre avec autant d'avantages que ceux qu'on obtient à la même époque par la culture forcée en serre chaude, et ils leur sont évidemment de beaucoup préférables.

Le mode de conservation des melons dans la paille peut se pratiquer sur une grande échelle sans beaucoup de frais et d'embarras; dans les contrées exposées à des hivers longs et rigoureux, il a l'inconvénient d'exiger un très grand local préservé de la gelée, condition quelquefois très difficile à remplir.

2. *Procédé suisse.*

On place dans le fond d'une caisse carrée, en bois blanc, de dimensions convenables, un lit de feuilles sèches de pêcher, de 5 à 6 centimètres d'épaisseur, sur lequel on dispose les melons de manière à ce qu'ils ne se touchent point entre eux et qu'ils ne soient point en contact avec les parois de la caisse. On remplit avec les mêmes feuilles les interstices que laisse cet arrangement, et l'on en recouvre les melons de manière à ce qu'il ne reste aucun vide dans la caisse, sans trop fouler les feuilles. Il se forme dans la caisse, fermée hermétiquement, une atmosphère mêlée d'acide hydrocyanique en vapeur; il est probable que cette atmosphère s'oppose à la fermentation qui doit amener à l'air libre la maturité du melon. Si l'on trouvait quelque difficulté à se procurer des feuilles de pêcher en quantité suffisante, cet arbre n'étant pas aussi commun qu'il devrait l'être, on pourra, dans nos départements du midi, les remplacer par des feuilles d'amandier.

Quoique la recette que nous reproduisons recommande d'employer des caisses, nous pensons que des tonneaux plus faciles à fermer exactement, seraient préférables.

3. *Procédé italien.*

Ce procédé consiste à renfermer les melons dans des cendres séparées, par le tamisage, des fragments de braise qui y sont ordinairement mêlés; dans la pratique, il exige quelques précautions desquelles dépend entièrement le succès.

Les cendres doivent être parfaitement sèches; le contraire arrive souvent, lorsque les cendres contiennent beaucoup de sous-carbonate de potasse, sel qui s'y trouve toujours en plus ou moins grande quantité, et qui attire puissamment l'humidité atmosphérique. Dans les localités voisines des grands établissements de buanderie, on fera bien de préférer aux cendres neuves les cendres lessivées (charrée) qui ne contiennent presque plus de potasse.

On choisit des futailles en bon état, pour qu'elles ne puissent donner aucun accès à l'air extérieur. Les feuillettes sont préférables aux grands tonneaux; les melons en plus petit nombre s'y conservent mieux, et si quelque cause accidentelle introduit la pourriture dans une pièce, la perte est moitié moins considérable.

Le fond de chaque futaille est garni d'un lit de cendres de 0^m,08 à 0^m,10 d'épaisseur. On y pose une première rangée de melons, exactement débarrassés de toute humidité extérieure, et qu'on a brossés pour déloger les insectes qui pourraient s'être cachés dans les rugosités de leur écorce. Les melons doivent laisser entre eux et le bois de la futaille un espace de 0^m,04 à 0^m,05; ils doivent être séparés entre eux par le même intervalle. On continue à tamiser des cendres par-dessus les melons, jusqu'à ce qu'elles les recouvrent, à l'épaisseur de 0^m,08 ou 0^m,10.

Pour établir un second rang, il est bon de fixer dans la futaille, au moyen de petits tasseaux, soit des bouts de latte disposés en croix, soit des claies d'osier à claire-voie, si l'on veut en faire la dépense; on évite par là de faire supporter aux melons des rangées inférieures le poids de toutes celles qu'on place au-dessus. Tous les rangs étant établis de même jusqu'à l'orifice de la pièce, on termine par une couche de cendres, on ferme la futaille et on la conserve dans un lieu sec, à l'abri de la gelée.

On a proposé de remplacer les cendres par du son ou de la sciure de bois; mais d'une part, ces substances moins divisées que la cendre, admettent plus d'air entre leurs fragments, de l'autre elles sont sujettes à s'échauffer, le son surtout. Le sable et la terre pulvérisée qui pourraient suppléer aux cendres ont pour défaut essentiel leur trop grande pesanteur.

Quand on entame cette réserve, il faut remplacer par une égale quantité de cendres chaque melon qu'on enlève, jusqu'à ce que toute une rangée soit ôtée; on abaisse alors le dessus de la futaille, et comme en raison de la forme du tonneau, ce couvercle se trouve insuffisant pour recouvrir complétement la rangée suivante, on répand tout autour les cendres disposées en talus, de 0^m,15 à 0^m,20 de hauteur. Chaque couche est successivement traitée de la même manière.

C'est faute d'avoir pris toutes les précautions que nous venons de décrire sommairement, que beaucoup d'expérimentateurs négligents chargeant souvent des domestiques insouciants de soins qu'ils devraient prendre eux-mêmes, ont discrédité ce mode de conservation, parce qu'il ne leur a pas réussi. Nous pouvons affirmer que, pratiqué de point en point comme nous l'indiquons, il *réussira toujours*.

On peut conserver par le même procédé des œufs, et des fruits à pepins de toute espèce.

K. — *Frais et produits.*

Les frais de la culture des melons, soit naturelle, soit artificielle, sont toujours très élevés, et les produits en sont toujours soumis à beaucoup de chances défavorables; c'est cependant, à tout prendre, l'une des branches les plus lucratives de l'industrie maraîchère. Nous tâcherons d'en évaluer les bénéfices pour un are de terrain, supposé dans le voisinage de Paris.

FRAIS.

Nous pensons qu'ils peuvent être assez exactement représentés par les chiffres suivants :

Loyer, à raison de 1,000 fr. l'hectare......	10 ^{f}
Fumier et terreau.....................	133
Main-d'œuvre.......................	45
	188

Essayons de justifier ces chiffres. Un are de superficie doit, pour la culture naturelle du melon, être divisé en 6 planches, ayant chacune une largeur de 1^m,33, sur une longueur de 10 mètres ; ces planches sont séparées par des sentiers de 0^m,40 de largeur ; la facilité du service exige en outre un sentier de la même largeur, coupant les autres à angle droit, à égale distance des deux extrémités de la planche.

Les 6 grandes planches se trouvent ainsi subdivisées en 12 petites, dont chacune, pour être convertie en une couche sourde, emploie une charretée de fumier, valant au prix actuel (1843) la somme de 14 fr. Mais il n'est pas nécessaire d'employer aux couches sourdes du fumier neuf (*voir* Couches). Le fumier dont on se sert, ayant déjà été utilisé, et pouvant l'être encore à l'état de terreau, cet article n'excédera pas, pour chaque planche, 20 fr., et pour les 6 planches, 120 fr. Le terreau nécessaire pour les recouvrir peut être évalué à 6 fr.

On ne peut porter au compte de la culture naturelle des melons la dépense de la couche chaude, qui n'est employée que temporairement à nourrir le plant. Une seule couche chaude suffit pour fournir du plant à un are de terrain en couches sourdes; la couche chaude coûte environ 35 fr. à établir; en raison du temps pendant lequel elle est occupée par le plant de melons, on ne peut mettre à sa charge au-delà du cinquième de cette somme, soit 7 fr.

La semence ne peut être évaluée; le plus souvent elle ne coûte rien du tout La main-d'œuvre est l'article le plus difficile à bien apprécier ; le caractère propre de la culture maraîchère c'est de passer incessamment d'un objet à un autre, en ne consacrant à chacun que des fragments de journée. A la fin du mois, le maraîcher comparant à la totalité de la besogne faite les journées qu'il a payées, pourrait à peine arriver à établir le compte exact de la main-d'œuvre pour chaque produit ; ce calcul d'ailleurs ne lui servirait à rien, et il n'y en a pas un qui songe à y perdre son temps ; voici cependant quelques données.

A Paris, il n'y a pas une journée d'ouvrier jardinier qui coûte moins de 3 fr. ; on donne ordinairement 2 fr. et la nourriture aux ou-vriers employés soit au mois, soit à la semaine. Les soldats qui travaillent passagèrement reçoivent 20 et 25 c. par heure, selon leur activité ; s'ils travaillent plus de 6 heures, ils ont droit à un demi-litre de vin. Un arpent, composé de 33,33 ares, ou du tiers de 1 hectare, coûte en moyenne, pour toute sorte de cultures maraîchères, environ 500 journées à 3 fr., soit 1,500 fr. C'est à peu près par are 15 journées, soit 45 fr. ; mais les jardiniers, dont le terrain n'est pas fort étendu , font eux-mêmes la majeure partie du travail que réclame la culture du melon, et comme ils ne tiennent jamais compte de leur propre peine, tous ceux qui sont dans ce cas, s'ils tenaient une comptabilité, ne porteraient rien au compte de main-d'œuvre pour cet article.

Les couches sourdes peuvent durer deux ans ; la majeure partie des frais ne se reproduit pas la seconde année pour laquelle la dépense se borne aux chiffres suivants :

Loyer....................	10 ^{f}
Terreau...................	6
Main-d'œuvre..............	45
	61

La dépense totale des deux années s'élevant à 249 fr. , chaque année n'est grevée que de la moitié de cette somme, soit 124 fr. 50 c

PRODUITS.

Rien n'est plus variable que le prix des melons, sans parler des années pluvieuses et froides, où ils ne valent rien et ne trouvent point d'acheteurs; nos chiffres ne sont que des à peu près :

96 melons à 1 fr. 50 c. la pièce..........	144 ^{f}
et pour deux récoltes...................	288

D'où il résulterait clairement que le maraîcher aurait donné sa peine presque pour rien ; un bénéfice de 39 fr. par an, représentant à peine l'intérêt de ses avances et l'entretien de son matériel ; et pourtant il y a un profit réel beaucoup plus considérable ; en voici l'explication :

Les 12 compartiments de couches compris dans un are ne donnent réellement que 96 melons par an; déjà même, chez la plupart des jardiniers, ils n'en donnent que 48, car on s'est aperçu de l'amélioration sensible qu'apporte dans la qualité du fruit la suppression de tous les melons, à l'exception d'un seul par pied, et il n'est pas douteux que tous les maraîchers ne suivent incessamment cette méthode, l'esprit de routine leur étant totalement étranger.

Mais la couche sourde a été établie le mois de mars; elle n'est pas restée inoccupée jusqu'au moment où elle a reçu les melons ; longtemps avant l'époque de la récolte des melons, du plant de choux ou de choufleurs, préparé d'avance, est mis en place et commence à croître pendant que les melons finissent de mûrir. Sans entrer dans des détails reproduits ailleurs, nous pensons que ces produits accessoires ne sauraient donner moins de 80 fr. par are, tous frais particuliers déduits, ce qui porte la recette annuelle à 224 fr. , soit, pour 2 ans, 148 fr. , donnant sur 249 fr. de dépenses un excédant de 199 fr. , ou pour un arpent de 33 ares, un bénéfice net de 6,567 fr.

Nous le répétons, tous ces chiffres ne sont que des approximations, qui toutefois ne peuvent s'écarter beaucoup de la réalité sur une période de plusieurs années ; mais il y a souvent des différences de plus de moitié d'une année à l'autre.

Il ne faut pas perdre de vue que la culture naturelle du melon est le mode le moins lucratif d'obtenir cet excellent fruit ; si les maraîchers la pratiquent, c'est que d'une part elle fait suite à la culture artificielle ou forcée, dont les produits sont épuisés de bonne heure, et que de l'autre, elle entre comme élément principal dans un système de rotation de cultures sur couches sourdes, qui permet d'utiliser ces couches toute l'année, sans interruption.

Ce qui précède doit s'entendre exclusivement de la culture maraîchère des environs de Paris ; le jardinier amateur, s'il a un cheval et qu'il n'achète pas le fumier nécessaire aux couches, obtiendra, en soignant lui-même ses melons, une récolte plus que suffisante pour la consommation de sa maison, sans autres frais que ceux de premier établissement des châssis et des cloches, dépense qui sera très légère s'il remplace le verre par du papier huilé ou du calicot gommé, selon la méthode de Honfleur (voir Instruments de jardinage). Dans le cas où il achèterait le fumier, rien ne l'empêcherait de suivre l'exemple du jardinier marchand, en obtenant sur les couches une foule d'autres produits dont la valeur, quoiqu'elle ne doive pas être réalisée en argent, n'en serait pas moins une compensation très réelle des frais, et permettrait de manger de très bons melons à très bon marché. Supposons qu'il consacre à cet objet 6 planches, occupant 50 centiares de superficie, la dépense évaluée comme ci-dessus sera, pour deux ans, de 124 fr. 50 c. En retranchant de cette somme 80 fr. , valeur des produits autres que les melons, il reste à la charge de cette culture 44 fr. 50 c. à répartir entre 96 melons, ce qui les met au taux très modique de 46 c. la pièce ; ils reviendront à 92 c. si, pour les avoir plus beaux et meilleurs, on se contente d'en laisser un seul sur chaque pied.

Dans les localités éloignées de Paris et des grandes villes, la dépense pourra être diminuée de moitié, en raison de la moindre valeur des terrains, et du prix moins élevé des fumiers.

Aux environs de Marseille, où la culture naturelle des melons est très suivie, le prix d'un are de terrain propre à cette culture est de 8 fr. 80 c. , sur le pied de 880 fr. l'hectare. La main-d'œuvre n'est pas très dispendieuse, parce que tous les arrosages se donnent par infiltration, au moyen de rigoles où l'eau circule entre les planches. Les couches sourdes sont remplacées par des trous remplis de fumier recouvert de terreau , où l'on transplante les melons élevés sous châssis ; la dépense en fumier est donc assez faible. Quoiqu'on ne puisse évaluer tous ces frais avec exactitude, parce que les jardiniers de Marseille ne s'occupent pas plus de comptabilité que les maraîchers de Paris, nous pensons que les chiffres suivants approchent beaucoup de la vérité :

Loyer...............................	8ᶠ80
Engrais,.............................	50 »
Main-d'œuvre.......................	20 »
	78 80

Les melons ne sont pas cultivés à part ; les planches dont ils occupent le milieu sur un seul rang nourrissent en outre des deux côtés deux rangées de salades ou de légumes divers, selon la saison. Le produit de ces cultures peut être évalué à 40 fr. par an ; il reste 38 fr. 80 c. , à la charge de 96 melons, ou même de 144, car à Marseille on laisse souvent 3 melons à chaque pied. Dans la première supposition , 96 melons reviennent à 41 c. , et dans la seconde , 144 melons reviennent à 27 c. On en vend beaucoup à Marseille, au prix de 25 à 30 c. ; ils sont venus presque sans soins et sans fumier ; à la vérité, ils ne valent rien du tout. Les bons melons, inférieurs pourtant aux cantaloups de Paris, se vendent de 40 à 60 c. en moyenne, car, dans la primeur, ils valent jusqu'à 1 fr. On a donc pour le produit d'un are :

Légumes et salades.................	40ᶠ »
96 melons à 60 c., ou 144 à 40 c.........	57 60
	97 60

Les recettes excédant les dépenses de 19 fr. 60 c. pour un are de terrain, c'est pour un arpent de Paris (33 ares), environ 612 fr. de bénéfice net.

Quoique la culture soit différente et la main-d'œuvre moins ménagée, les résultats sont à peu près les mêmes pour la culture du melon en Normandie. Des calculs analogues à ceux qui précèdent donnent 80 fr. 50 c. de frais, et environ 100 fr. de recette par are, soit 19 fr. 50 c. de bénéfice net.

On voit que, malgré l'élévation des frais et l'incertitude des recettes, il n'y a pas de culture qui soit, à tout prendre, aussi productive, et il faut bien qu'il en soit ainsi, car elle ne peut jamais être pratiquée que sur une petite étendue de terrain ; les soins constants qu'elle exige ne seraient pas suffisamment récompensés par de moindres bénéfices, et cette culture serait abandonnée.

§ IV. — Melon d'hiver.

Les melons d'hiver, connus aussi sous le nom de melons d'eau, parce qu'en effet leur chair se résout presque en entier dans une eau plus ou moins sucrée, ont des propriétés tota-

lement différentes de celles des melons cultivés sous ls nom de cantaloups ou de melons
brodés; on ne les cultive que dans nos départements les plus méridionaux, sur le littoral
de la Méditerranée. Ils se distinguent extérieurement par une écorce lisse, ordinairement
verte, ou bigarrée de vert foncé et de vert clair;
leur chair est ou rouge ou d'un blanc verdâtre; leur saveur très sucrée, mais un peu fade;
ils sont dépourvus d'odeur. Ces melons se recommandent par deux qualités précieuses :
d'une part, ils se conservent très facilement, et
sont pour cette raison réservés pour la consommation d'hiver; de l'autre, ils ne sont pas
fiévreux comme les autres variétés de melons;
on peut en manger impunément des quantités
illimitées, sans s'exposer ni à la fièvre ni même
à une simple indigestion ; dans la Basse-Provence, les enfants en mangent pour ainsi dire
toute la journée ; il est sans exemple que personne en ait jamais été incommodé. Les Provençaux disent proverbialement : que c'est
plutôt *boire* que *manger*.

Ces deux considérations peuvent faire désirer que la culture des melons d'hiver se propage
sous le climat de Paris; avec des soins convenables elle y réussirait aussi bien qu'en Provence. Aucun melon d'hiver ne vaut assurément ni le cantaloup, ni même le melon brodé,
aujourd'hui banni des jardins par le cantaloup ;
mais c'est quelque chose d'avoir en été des
melons qui désaltèrent sans donner la fièvre,
et d'en prolonger la consommation jusqu'à la
fin de février.

Les espèces cultivées en France sont :

1° Le melon d'hiver proprement dit, ou melon de Cavaillon, du nom des jardins de Cavaillon qui en approvisionnent tout le midi de
la France jusqu'à Lyon; la chair est d'un blanc
verdâtre;

2° Le melon de Malte à chair rouge;

3° Le melon de Malte à chair blanche ;

4° Le melon d'hiver à chair rouge, le plus
difficile de tous à faire fructifier, même dans le
midi, où il est rare pour cette raison;

5° Le melon du Pérou ;

6° Le melon-muscade des États-Unis ;

7° Le melon d'Odessa, originaire de Perse ;
très gros, rayé de vert et de jaune.

Les trois premières espèces sont seules généralement cultivées; la première est la plus
répandue.

Pour obtenir sous le climat de Paris de bons
melons d'hiver, il faut les semer dès la fin de
décembre, ou au plus tard dans les premiers
jours de janvier sur couche chaude; dès que le
plant montre sa quatrième feuille, il est bon à
repiquer. Les repiquages peuvent se faire également bien, soit à même la couche, soit dans
des pots qu'on enterre jusqu'au bord dans la
couche ; cette dernière méthode est préférable,
parce que les melons d'hiver souffrent moins à
l'époque de leur mise en place définitive, quand
ils peuvent être transplantés avec toute la terre
du pot où ils ont été repiqués. Dans l'un et
l'autre cas, la terre où ces melons sont repiqués doit recevoir une bonne poignée de colombine en poudre; il est bon de délayer aussi
de temps en temps un peu de colombine dans
l'eau dont on se sert pour les arroser. On les
met en place vers le 15 mai, en leur réservant
l'exposition la plus chaude de tout le jardin ;
comme les plantes prennent beaucoup de développement, il leur faut beaucoup d'espace;
on ne peut leur donner moins de 2 mètres d'intervalle entre chaque pied sur une plate-bande
d'un mètre 40 de large. On les taille comme les
cantaloups sur deux branches, puis on les laisse
aller; on pourrait également se dispenser de
les tailler, mais ils se ramifieraient moins et
seraient moins productifs. Nous avons insisté
sur la nécessité de ne laisser à chaque pied de
melon cantaloup qu'un ou deux fruits au plus, si
l'on tient à les avoir dans toute leur perfection;
on peut, au contraire, laisser aux melons d'hiver
tous les fruits qui nouent, sans qu'il en résulte
aucune diminution appréciable ni dans leur
grosseur ni dans leur qualité; il suffit d'arrêter
les branches à fruit à deux yeux au-dessus du
dernier fruit noué.

Les engrais les plus chauds, tels que la colombine, ou, à son défaut, le crottin de lapin,
de chèvre ou de mouton, doivent être prodigués aux melons d'hiver, ainsi que les arrosages qui ne sauraient être trop abondants. Ce
n'est pas que ces melons ne résistent parfaitement à la sécheresse; ils la supportent même
beaucoup mieux que toutes les autres qualités
de melons, mais leur fruit est d'autant plus
gros et d'autant meilleur qu'ils ont été mieux
arrosés. A Cavaillon, les jardins où l'on use
cette culture en grand sont, non pas arrosés,
mais *submergés*, et cela aussi souvent qu'il est
nécessaire pour que le sol, sous un soleil ardent, soit maintenu constamment humide.

§ IV *bis*. — Pastèque.

La pastèque, ou courge-pastèque, est une
véritable courge; c'est elle qui mérite réellement le nom de melon d'eau. Elle ressemble
beaucoup, par sa forme et par les qualités de
sa pulpe, aux melons d'hiver dont elle se distingue par son volume souvent énorme et par
ses grosses graines noires ou rouges contenues
dans une chair rouge, très aqueuse, demi-transparente. On la cultive comme le melon d'eau.

§ V. — Tomate, ou pomme d'amour.

Cette plante, originaire du Mexique, est
annuelle et très sensible au froid; il suffit d'une
nuit très fraîche pour la faire périr, même
quand le thermomètre ne descend pas à zéro.
Dans presque toute la France, ses fruits ne
servent que d'assaisonnement ; aussi la culture
en est borne. Dans le midi et en Italie, les tomates, frites dans l'huile avec des ognons, sont
un mets très commun, qui fait partie en été des
aliments habituels du peuple Dans ces contrées, on ne cultive en grand que deux espèces
de tomates : la rouge et la jaune à gros fruit.

A Paris, on cultive en outre la rouge native à feuilles légèrement crispées; c'est la meilleure pour grande primeur (voir *Cultures forcées*). Les tomates à fruit peu volumineux, la petite jaune, la petite rouge, la tomate-poire et la tomate-cerise, n'ont aucune propriété particulière qui les recommande; elles ne sont que de pure curiosité; leur goût ne diffère en rien de celui des autres tomates à gros fruit. Dans le midi, les tomates cultivées en plein champ, presque sans soins de culture, donnent toujours à l'arrière-saison, lorsqu'elles ont souffert de la sécheresse, une dernière récolte de fruits peu développés qui ressemblent parfaitement aux tomates à petit fruit; leurs graines, comme nous nous en sommes assurés, donnent des plantes qui, convenablement traitées, portent des tomates aussi grosses que leur espèce le comporte; les sous-variétés de tomates nous ont toujours paru avoir une très grande propension à varier par la culture, quant à la forme du fruit; elles pourraient bien n'être pas autre chose que de simples accidents.

Les tomates pourraient rarement parvenir à parfaite maturité en pleine terre, sous le climat de Paris, sans le secours des couches sur lesquelles on les fait lever dès le mois de février, pour être mises en pleine terre à bonne exposition vers le 15 du mois de mai. La place qui convient le mieux aux tomates est le pied d'un mur d'espalier au plein midi; mais comme la tomate est une plante fort avide, et qu'elle ferait un tort considérable aux arbres à fruit dont un mur d'espalier bien exposé est ordinairement couvert, il ne faut accorder aux tomates un tel emplacement qu'avec précaution, c'est-à-dire en les plantant à égale distance entre deux arbres, ou·bien en avant sur le bord de la plate-bande. Dans tous les cas, on aura soin de lever le plant en motte, et de donner à chaque pied une bonne quantité de fumier à demi consommé. La distance entre chaque pied doit être au moins de 0m,40. A Paris, on est dans l'usage de palisser les tomates sur des bouts de treillages, ou mieux sur le mur lorsqu'il y a moyen; on pourrait également, en donnant à la terre un bon *paillis*, suffisamment épais pour conserver la propreté du fruit, laisser les tiges courir sur le sol, sans que la maturité soit retardée; on effeuille lorsque le fruit commence à se colorer.

On supprime les extrémités des tiges quand elles portent un assez grand nombre de fruits bien noués; si elles continuaient à croître et à fleurir, le fruit formé tardivement ne mûrirait pas, et le fruit noué le premier serait moins beau. Quand la mauvaise saison surprend les tomates à peu près formées, mais non colorées, on peut les détacher de la plante, en leur laissant à chacune un bout de tige de quelques centimètres de longueur, les déposer sur des dressoirs dans une serre tempérée et les préserver d'un excès d'humidité; elles achèveront d'y mûrir, et ne présenteront que bien peu de différence avec les tomates qui achèvent en plein air sur leur tige leur maturation complète; ce procédé est fort usité en Angleterre; il pourrait l'être également sous le climat de Paris; ce serait le moyen de prolonger de plus d'un mois l'usage des tomates.

La tomate reprend sur la pomme de terre par la greffe herbacée avec une telle facilité qu'il semble que ce soit la même plante. Cette greffe doit se faire, pour que l'expérience réussisse, à une époque qui laisse à la tomate, dont elle retarde un peu la végétation, le temps de mûrir ses fruits. Ce n'est qu'un objet de curiosité qui peut cependant être utile dans un très petit jardin où l'on peut ainsi obtenir deux récoltes à la même place, l'une de tomates, l'autre de pommes de terre; car la récolte des tubercules n'est en rien diminuée par la production des tomates.

§ VI. — Aubergine ou melongène.

Cette plante annuelle, originaire d'Afrique, donne un fruit oblong, d'un violet obscur, qui, dans le midi, se mange coupé par tranches et frit dans l'huile; c'est un aliment indigeste dont peu d'estomacs s'accommodent; on le voit quelquefois figurer sur les marchés à Paris, mais toujours en très petite quantité. On mange aussi une variété à fruit blanc, ayant la grosseur et la forme d'un œuf de poule. Ce fruit, encore plus indigeste que l'aubergine violette, contient un principe vireux en fait un véritable poison, quoique peu violent; aussi l'aubergine à fruit blanc, également connue sous le nom d'*herbe aux œufs*, est-elle plutôt cultivée comme curiosité que pour l'usage alimentaire.

La culture de ces deux plantes est la même que celle de la tomate; seulement, sous le climat de Paris, il est prudent de repiquer chaque pied séparément dans un pot de grandeur suffisante, afin de pouvoir les rentrer en cas de mauvais temps à l'arrière-saison, car le moindre froid les ferait périr.

§ VII. — Fraisier.

A. — *Travaux préparatoires.*

Le terrain où l'on se propose d'établir une fraisière doit être découvert, à l'exposition du sud ou de l'est. Quant à sa nature, toutes les variétés ne prospèrent pas dans le même sol. Le plus grand nombre recherche une terre riche et substantielle, plutôt légère que trop compacte; une ou deux variétés, par exception, demandent une terre forte, avec peu d'engrais et beaucoup d'humidité; quelques autres ne se plaisent que dans les schistes feuilletés alumineux en décomposition.

Nous indiquerons en premier lieu la culture des espèces qui donnent plusieurs récoltes à la suite les unes des autres, et que pour cette raison les jardiniers ont nommées perpétuelles ou *remontantes*. Les procédés généraux de cette culture s'appliquent à tous les fraisiers. Nous donnerons séparément les indications qui concernent la culture de quelques espèces qui exigent des soins spéciaux.

Le terrain doit être préparé par un bon labour à la bêche et une fumure abondante en fumier d'écurie à demi consommé ; cette façon doit précéder la plantation de quinze jours pour le moins On donne aux planches une largeur de 1ᵐ,30 et aux sentiers qui les séparent, 0ᵐ,40 à 0ᵐ,45. La crainte de perdre du terrain ne doit jamais engager le jardinier à donner aux planches plus de largeur ; il faut qu'étant placé sur le bord, son bras atteigne aisément au milieu, sans qu'il soit obligé de poser le pied sur la fraisière ; car, si la culture est bien conduite et que le sol lui soit favorable, les fraisiers, même en supposant qu'on enlève les coulants à mesure qu'ils se forment, doivent couvrir la terre de façon à ce qu'on ne puisse y marcher sans les endommager.

Pendant ces travaux préalables, il faut rechercher avec le plus grand soin les vers blancs ou turcs, destinés à devenir des hannetons ; la racine du fraisier est celle que ces animaux destructeurs préfèrent à toute autre : il leur arrive assez souvent de détruire complétement des fraisières d'une grande étendue. Lorsqu'on ne cultive que quelques planches de fraisiers pour la consommation d'un ménage, on se délivre à coup sûr des turcs en défonçant le sol à 0ᵐ,40, et garnissant le fond de la fosse avec 0ᵐ,08 à 0ᵐ,10 de feuilles sèches de châtaignier, de platane ou de sycomore ; les premières sont les meilleures ; toute espèce de feuilles autres que celles que nous indiquons ne saurait pas être coriace pour remplir le but qu'on se propose d'atteindre. Les vers blancs sont dans l'usage, pour éviter le froid, de s'enfoncer en terre aussi avant qu'ils trouvent du sol pénétrable. Au retour de la belle saison, ils se rapprochent de la surface du sol pour chercher les racines dont ils se nourrissent ; s'ils rencontrent un obstacle qu'ils ne puissent franchir, il faut qu'ils périssent. Ce procédé est sûr, mais impraticable sur une grande échelle. Il en est un autre d'un succès non moins assuré, dont nous conseillons l'emploi aux jardiniers de profession qui cultivent le fraisier en grand, lorsque le grand nombre des hannetons leur donnera lieu de craindre une multiplication extraordinaire des vers blancs pour l'année suivante. Il s'agit seulement de semer dès que les chaleurs du mois d'août sont passées, du colza assez clair pour que les plantes avant l'hiver aient déjà pris un développement considérable ; alors on les enterrera soigneusement par un bon labour à un fer de bêche de profondeur, et tous les vers blancs périront. Le suc âcre du colza frais en décomposition tue rapidement les vers blancs, comme nous nous en sommes souvent assurés par des expériences directes.

Quant aux lombrics ou vers de terre, bien que plusieurs traités de jardinage en conseillent la destruction dans les fraisiers, nous pensons que cette opération serait de la peine inutile, d'abord, parce que les vers naissants, toujours cent fois plus nombreux que les vers tout formés, échapperaient à l'attention la plus scrupuleuse ; ensuite, parce que les lombrics ne nuisent en rien à la végétation du fraisier, puisqu'ils n'attaquent aucune substance végétale.

Il est rare que la sécheresse se fasse sentir à l'époque où l'on plante les fraisiers : si la terre ne se trouvait pas assez humide, on la mouillerait légèrement, non pas au moment de planter, mais vingt-quatre heures auparavant.

B. — *Choix du plant de fraisier.*

1. *Plant de semence.*

On doit regretter que les jardiniers amateurs ne multiplient pas davantage les semis de fraisiers ; il est probable qu'ils modifieraient essentiellement plusieurs des variétés actuellement cultivées, et qu'ils pourraient, soit en obtenir de nouvelles, soit rendre remontantes quelques-unes de celles qui ne produisent qu'une récolte par an. Il est remarquable en effet que le long catalogue des fraises n'offre que quatre var d'elles remontantes, encore pourraient-elles en réalité se réduire à deux. La rareté des semis a pour cause principale la facilité de multiplier à volonté, en les maintenant parfaitement pures, les variétés de fraisiers, au moyen des jets produits par leurs fils ou coulants, ou par le déchirage des touffes des deux espèces qui ne tracent pas. Les semis peuvent se faire indistinctement en automne et au printemps. Dans le premier cas, le plant doit passer l'hiver sans être replanté. Si l'on ne veut pas obtenir une très grande quantité de plant, on peut semer en terrine, à l'ombre ; il faut arroser au moins une fois tous les jours jusqu'à ce que la graine soit levée. Une bonne terre franche, mêlée de moitié de terreau, convient parfaitement à ces semis. Plusieurs praticiens conseillent, pour se procurer de la graine de fraisier de bonne qualité, d'écraser le fruit bien mûr dans un peu d'eau, et de recueillir les semences ainsi lavées. Nous croyons qu'à l'exception des espèces à fruit très charnu, comme les caprons et les ananas, il vaut mieux laisser sécher à l'ombre, mais à une température assez élevée, le fruit tout entier, dont on détache ensuite les semences ; elles reçoivent dans ce cas un complément de maturité qui fait qu'on n'en trouve pour ainsi dire pas une seule qui ne lève, ce qui n'a pas lieu par l'emploi de la méthode de lavage.

Le plant provenant de semis faits au printemps peut être transplanté très jeune sans inconvénient ; celui qui provient de semis d'automne est toujours plus fort, parce qu'il a passé l'hiver avant d'être transplanté ; il faut donc semer beaucoup plus clair à l'automne qu'au printemps.

2. *Plant de coulants et de souches-mères.*

Lorsqu'on se propose de prendre du plant dans une planche de fraisiers traçants, on enlève, à mesure qu'ils se montrent, tous les coulants, jusque vers le milieu de juillet. On ôte dans le courant du mois d'août, après les plus fortes chaleurs, le paillis dont le sol avait été jusqu'alors recouvert, et on laisse tracer les fraisiers, en les arrosant largement. Dès la fin de septembre, les coulants ont produit une grande quantité de jeune plant bon à être repiqué; souvent même, la fraise des Alpes des quatre saisons donne, dans l'espace de cinq à six semaines, des rejetons qui s'enracinent, fleurissent et portent fruit comme la souche dont ils proviennent. Il ne faut pas les enlever tous indistinctement, à moins qu'on n'ait une très grande plantation à faire et que l'espace consacré à la production du plant ne soit un peu trop borné; on doit préférer ceux qui sont nés le plus près de leur pied central, et rejeter comme moins bien disposés pour une fructification abondante ceux qui naissent à l'autre extrémité des coulants. Ceci doit s'entendre de toutes les fraises traçantes, sans exception.

Lorsque la plantation doit être retardée jusqu'au printemps de l'année suivante, on laisse subsister tous les coulants sans y toucher, jusqu'au moment de les repiquer en place; dans ce cas, il est bon de répandre sur la planche quelques centimètres de bon terreau; le plant en recevra plus de force pour résister à l'hiver.

C. — Transplantation.

Le plant, arraché avec précaution après une bonne pluie ou un arrosage équivalent, doit être immédiatement replanté, sans qu'on laisse ses racines se flétrir par le contact de l'air. On le débarrasse soigneusement de toutes les feuilles jaunes ou pourries; on ne lui en laisse ordinairement que deux, y compris celle du cœur; toutes les autres sont retranchées; il faut aussi raccourcir les fibres des racines lorsqu'elles dépassent 0^m,05 à 0^m,06. La nécessité de cette dernière préparation résulte de la crainte que les racines trop longues ne se retournent dans le trou pratiqué par le plantoir, accident très fréquent qui fait souvent périr une partie du plant. Les racines, suffisamment raccourcies, ne tardent pas à en produire de nouvelles qui assurent la reprise du plant en le rendant moins susceptible de se soulever hors de terre par l'effet des gelées et des dégels successifs. Le fraisier, de même que plusieurs autres plantes, s'il n'est pas bien *attaché* à la terre par ses racines à l'époque des petites gelées suivies de dégels au printemps, est sujet à sortir de terre, comme si quelque force inconnue le repoussait par-dessous; il importe donc que le sol soit rendu facilement pénétrable par un bon labour, et que les racines, au moment de la transplantation, restant parfaitement droites, comme nous l'avons dit, donnent promptement naissance à un nouveau chevelu. La distance pour les fraisiers de petite dimension est de 0^m,33; pour les grandes espèces, elle peut être portée jusqu'à 0^m,50 en tous sens; le plant doit être disposé en quinconce.

D. — Époque des semis et plantations.

On peut semer et planter le fraisier, soit au printemps, soit à l'automne, et obtenir de ces deux méthodes des résultats également satisfaisants. Lorsque l'hiver s'annonce comme devant être rigoureux, et qu'on n'a pas de puissants motifs pour désirer de se hâter, on doit retarder le semis jusqu'au printemps. pour transplanter en automne. Lorsque le plant de semis est préparé d'avance ou qu'on se propose d'employer du plant provenant de coulants, les mêmes considérations doivent déterminer le choix entre le printemps et l'automne. La plantation d'automne peut faire gagner une année aux espèces qui ne remontent pas; il leur arrive souvent, lorsqu'on les plante au printemps, de ne rien donner, non-seulement la première année, mais encore la seconde, et de ne montrer leur fruit que la troisième année, en sorte qu'elles occupent le terrain deux ans et demi sans rien produire. Étant plantées à l'automne, elles donnent très peu de chose au printemps suivant, sauf quelques exceptions que nous signalerons, mais elles donnent à coup sûr une pleine récolte l'année d'ensuite; elles n'ont donc occupé le terrain que dix-huit mois inutilement; c'est une considération importante pour établir le prix de revient de leurs produits.

On ne doit donc pas semer et planter à la même époque toutes les espèces de fraisiers. En thèse générale, l'automne est préférable au printemps pour planter les fraisiers qui ne remontent pas.

Les fraisiers remontants sont si fertiles qu'on s'aperçoit à peine d'une différence appréciable entre le produit définitif des plantations faites soit au printemps, soit en automne. Quelques jardiniers des environs de Paris ont l'habitude de planter leurs fraisiers des 4 saisons en automne, entre les rangs des choux d'York les plus précoces. Ces choux, arrachés et vendus longtemps avant qu'ils aient formé leur pomme (voir Choux), donnent un produit avantageux, et ne nuisent en rien aux fraisiers. Pendant les mois de mars et d'avril, si le printemps a été froid et tardif, comme il l'est d'ordinaire sous le climat de Paris, il faut être jardinier et avoir planté soi-même les fraisiers pour les retrouver dans les planches de choux, tant ils sont languissants et chétifs; mais, dès que les choux sont enlevés, les fraisiers couvrent tout le sol en quelques semaines, et donnent du fruit avec profusion.

Les plantations de fraisiers au printemps se font en avril. Il n'y a aucun avantage à les faire plus tôt. Le plant mis en place à l'entrée de la bonne saison profite immédiatement. ou, comme disent les jardiniers : *Il part tout de suite*, et ne reste point à languir. Il donne quelques semaines plus tard que le plant d'automne; en récompense il produit davantage à l'arrière-saison, et le résultat est le même.

Le printemps est plus favorable que l'automne à la reprise du plant provenant des souc'es de fraisiers dépourvues de coulants. Dans ce cas, on choisit pour les déclirer le moment où la végétation commence à y développer les premières feuilles nouvelles. Il ne faut pas craindre de mettre en place le plant de ces sortes de fraisiers, quand même il n'aurait presque pas de racines détachées du talon; la reprise est assurée, pourvu que la transplantation ait lieu immédiatement, et en terre suffisamment arrosée.

E. — *Détails de culture.*

Le fraisier, indépendamment de l'excellence de son fruit, pour lequel il est le plus généralement cultivé, est en outre un objet de curiosité, une plante de collection. Les Anglais et les Belges portent le goût de cette culture beaucoup plus loin que les jardiniers du reste de l'Europe. L'une des collections les plus complètes que nous connaissions en ce genre est celle de M. Garnier, jardinier-fleuriste à Sainte Walburge, près Liège, en Belgique.

En France, et principalement aux environs de Paris, la fraise des Alpes remontante, connue sous le nom de fraise des 4 saisons, a tué pour ainsi dire toutes les autres. Elle est la première, comme précoce, et la dernière comme tardive; elle l'emporte sur toutes les fraises, en saveur et en parfum; aucune ne résiste mieux au climat et ne se maintient mieux sans dégénérer; ajoutons à tous ces avantages sa fécondité prodigieuse, et nous ne serons pas surpris de n'en rencontrer presque pas d'autre sur les tables les plus somptueuses comme sur les plus modestes.

Le but que le jardinier se propose doit beaucoup influer sur le mode de culture qu'il convient d'appliquer aux fraisiers; nous croyons devoir nous attacher surtout à décrire les procedés de la culture la plus productive, sans omettre d'indiquer ensuite ceux qui ne peuvent que contribuer à varier les jouissances du jardinier-amateur.

Aussitôt après la reprise du plant, quelle qu'en soit l'espèce, il faut, avant de lui donner les premiers arrosages dont il a toujours besoin, *pailler* les planches de fraisier, dans le double but d'y maintenir une fraicheur nécessaire à la végétation, et d'obtenir le fruit dans un tel état de propreté qu'on n'ait pas besoin de le laver au moment de le servir, ce qui lui ôte toujours une partie de sa valeur. Le paillis le plus convenable se fait avec du fumier long; les arrosages font pénétrer dans la terre toutes les parties solubles et fertilisantes de ce fumier; la paille brisée qui reste sur le sol forme une excellente couverture. On aura soin de ne pas laisser les cœurs du jeune plant engagés sous le paillis: ils ne tarderaient pas à prendre le dessus, mais ils auraient beaucoup à en souffrir.

Lorsqu'on manque de fumier long, du chaume récemment arraché, des herbes sèches, de la mousse, si la proximité d'une forêt permet de s'en approvisionner en quantité suffi-

sante, peuvent former d'excellents paillis; chaque jardinier se décidera d'après les ressources à sa disposition, mais dans aucun cas le sol de la fraisière ne peut se passer d'une couverture quelconque, si l'on veut avoir de bonnes fraises en abondance.

Les fils ou coulants se montrent en même temps que les hampes ou tiges à fleurs. Lorsqu'on tient à la première récolte, on retranche les coulants à mesure qu'ils se montrent, et l'on favorise le développement des fleurs et des fruits par des arrosages fréquents. On peut mouiller les fraisiers en plein soleil, pourvu qu'on mouille largement; ils n'en profitent que mieux.

Si l'on se propose, en sacrifiant la première récolte, d'en obtenir de très riches à l'arrière-saison, il faut laisser se développer les coulants ainsi que les premières fleurs; puis, au moment de la pleine floraison, on coupera à quelques centimètres au niveau du sol toute la plante, coulants, fleurs et feuilles. On donnera tout aussitôt un bon arrosage, et l'on continuera à traiter comme les autres planches de fraisiers celles qu'on aura soumises à cette opération. Il leur faut ordinairement de six semaines à deux mois pour revenir au point où elles étaient quand elles ont été tondues; alors elles restent couvertes de fleurs et de fruits qui se succèdent avec profusion jusqu'aux premières gelées.

Il ne faut jamais compter sur la pluie pour se dispenser d'arroser les fraisiers; les vieux jardiniers disent que le fraisier aime mieux boire *l'eau du puits* que *l'eau du ciel*. En effet, dans les années où les pluies d'été sont fréquentes, les fraisiers, quoique bien moins mouillés qu'ils ne l'auraient été avec l'arrosoir, jaunissent et ne donnent que des fruits sans saveur. Dans les intervalles des pluies, le jardinier doit forcer les arrosages; il n'a pas d'autre moyen de combattre l'effet pernicieux de la pluie en été sur les fraisiers.

Quelques jours après un orage, un jardinier expérimenté peut affirmer, sans risque de se tromper, en voyant deux planches de fraisiers, que l'une était sèche et l'autre mouillée au moment où elles ont toutes deux reçu la pluie; leur aspect est très différent; leurs produits ne le seront pas moins durant le reste de la saison. Il est très probable que ce singulier effet est dû à la grande quantité d'électricité dont est chargée pendant l'été l'eau des pluies d'orage. Il importe donc de mouiller copieusement les fraisiers, lorsqu'on est menacé par l'approche des nuées orageuses.

La manière de cueillir les fraises influe beaucoup sur la durée et l'abondance des récoltes. Chaque hampe porte plus ou moins de fleurs qui se changent en fraises et mûrissent l'une après l'autre; quand les fruits provenant des premières fleurs sont mûrs, il y a sur la même tige des fleurs et des fruits encore verts. Si l'on enlève le fruit sans couper son support, comme la cuisinière le fait souvent dans les

jardins bourgeois, pour s'épargner la peine
d'éplucher les fraises, on donne, à la vérité,
peu d'ébranlement à la plante, mais le support
qu'on y laisse entraîne souvent, en se desse-
chant, la perte de toutes les fleurs et de tous
les fruits portés par la même tige. On peut
prendre modèle sur la promptitude et la dextérité des femmes chargées de ce travail délicat aux environs de Paris. Il peut y avoir *moitié de différence* dans les produits de deux
fraisières de même étendue, cultivées du reste
avec les mêmes soins, dont l'une sera récoltée
maladroitement, et l'autre par des mains exer-
cées.

C'est à la fin d'octobre, dans les années ordinaires, qu'on enlève les derniers coulants
produits par les fraisiers d'un an ; ces fraisiers
passent l'hiver en cet état, sans autres soins de
culture. Au printemps on donne un bon binage, par-dessus lequel on renouvelle le paillis, et l'on recommence la même culture que
l'année précédente. Après la récolte des dernières fraises de la seconde année, on arrache
tous les fraisiers, et l'on donne au terrain une
autre destination, car il ne faut pas recommencer immédiatement une nouvelle fraisière
sur le même emplacement où l'on vient d'en
détruire une ancienne ; il est bon de laisser
au moins deux ans le sol se *délasser* par d'autres cultures.

Quelques jardiniers laissent subsister trois
ans les fraises remontantes ; il vaut mieux les
détruire après deux étés. La troisième récolte
peut bien quelquefois être aussi abondante que
les deux autres sur un sol et dans des circonstances particulièrement favorables ; mais, en
général, on risque de ne pas récolter la troisième année de quoi couvrir les frais de culture.

Les planches de fraisiers qu'on se propose
de détruire parce qu'elles ont fait leur temps,
sont celles à qui on laisse ordinairement produire en automne le plant dont on a besoin.
Comme elles sont encore dans toute leur vigueur après cette production, on peut achever
de les épuiser en prolongeant leur fructification au moyen de quelques abris. Le plus simple de tous se donne avec des paillassons. Dès
qu'on a arraché le plant et enlevé tous les coulants, on plante entre les rangées de fraisiers
deux rangs de piquets qui ne doivent pas avoir
plus de 0ᵐ,18 à 0ᵐ,20 hors de terre ; ces piquets sont espacés entre eux de 0ᵐ,50. On entoure chaque planche d'un gros bourrelet de
paille solidement tordue. Dès que les premières
gelées blanches se font sentir, on répand un
peu de bon fumier entre les rangs des fraisiers
par-dessus le paillis, et on couvre les planches
tous les soirs avec les paillassons. Les bourrelets de paille disposés tout à l'entour, et les
piquets dans l'intérieur des planches, soutiennent les paillassons et les empêchent de froisser les fraisiers. De cette manière, à moins
qu'il ne survienne de fortes gelées en novembre, ce qui est rare sous le climat de Paris, on

peut continuer à cueillir des fraises jusque fort
avant dans le mois de décembre, avec la seule
précaution de placer et de déplacer les paillassons, selon le besoin. Les fraises obtenues par
ce procédé sont peu colorées, fort acides, et
de peu de valeur réelle, mais elles se vendent
très bien, à cause de leur rareté. Beaucoup de
jardiniers trouvent cependant plus de bénéfice
à détruire dès le mois d'octobre les planches
de fraisiers de deux ans, pour consacrer
immédiatement le terrain à d'autres cultures.

Nous avons indiqué l'emploi des paillassons
comme le plus économique ; le succès serait
encore plus certain en se servant de châssis
vitrés posés sur les planches de fraisiers à l'é-
poque des premiers froids. (*Voir* Cultures forcées.)

F. — *Cultures particulières de quelques fraisiers.*

1. *Buisson de Gaillon.*

Les fruits de cette variété sont tellement
semblables à ceux de la fraise des Alpes des
quatre saisons que, lorsqu'ils sont cueillis, il
est impossible d'y remarquer la moindre différence ; c'est exactement la même fraise ; seulement la plante qui la produit n'a pas de coulants. Ce fraisier, lorsqu'on le cultive en planches, exige précisément les mêmes soins que
celui des quatre saisons ; il fleurit un peu plus
tard au printemps et se prête mieux que tout
autre aux procédés indiqués pour obtenir des
fraises jusqu'à l'arrivée des grands froids. Mais
on lui donne rarement une autre destination
que celle de servir, comme bordure, à garnir
les plates-bandes le long des allées. Dans ce
cas, on se dispense de le pailler ; son feuillage
très touffu soutient les tiges chargées de fruit
et empêche les fraises de toucher la terre. Cependant, après les arrosages ou les pluies violentes, quelques pieds ont été couchés ; beaucoup de fraises chargées de terre ou de sable
ne peuvent paraître sur la table avec cette
fraîcheur qui distingue les fraises cueillies sur
un paillis, et servies sans avoir besoin d'être
lavées.

On remédierait à cet inconvénient si l'on
avait soin, comme le font quelques habiles jardiniers, de planter le buisson de Gaillon en
bordure, au fond d'un large sillon de 30 centimètres au moins, ouvert à la houe sur le bord
de la plate-bande. La forme évasée de ce sillon permet d'y placer un paillis à demeure,
aussi bien que sur une planche de fraisiers. Si
la bordure en paraît un peu moins agréable à
la vue, c'est ce dont le jardinier-maraicher
ne se met point en peine. Quant au jardinier
amateur, il peut avec un peu plus de dépense
remplacer la paille par la mousse ; l'aspect de
ses bordures n'aura plus rien de choquant, en
les supposant même placées au bord des plates-bandes d'un parterre, et il pourra en manger les fruits sans les dépouiller par le lavage
d'une partie de leurs précieuses qualités. Ajou-

tons que le buisson de Gaillon, s'il n'est point paillé de manière ou d'autre, risque de brûler, en dépit de tous les arrosages, et de laisser des vides qui nuisent au coup d'œil bien plus encore que la vue de la paille ou du fumier.

Les fraisiers de cette variété doivent être déchirés tous les deux ans et renouvelés au moyen des nombreux rejetons fournis par leurs souches. Si l'on attendait jusqu'à la troisième année, les touffes seraient devenues tellement serrées que les jets sortant du milieu s'étioleraient comme des cœurs de salade, et finiraient par pourrir, sans donner aucune récolte.

La distance ordinaire pour les plantations en bordure est de $0^m.30$; lorsqu'on les rajeunit, il faut avoir grand soin de disposer le nouveau plant dans les intervalles des places occupées par les pieds qu'on vient de détruire; quelques baguettes plantées dans le sillon serviront de guides pour les premiers plants; les autres se trouveront à leur place si l'on conserve exactement la distance. On ne doit pas oublier de les fumer et de les arroser largement, si l'on ne veut pas que leur fruit dégénère.

2. Fraisier de Montreuil ou de Montlhéry.

La culture de ce fraisier est la même que celle du fraisier des Alpes des quatre saisons; mais pour que son fruit développe les formes bizarres et le volume extraordinaire qui déterminent sa valeur sur le marché, il faut en renouveler fréquemment le plant en le tirant directement du territoire de Montlhéry, où cette variété a été originairement obtenue par la culture de la fraise des bois. Il est probable que la beauté de la fraise de Montreuil est due surtout à ce que les jardiniers de ce village sacrifient le fruit de la première année, en laissant la plante acquérir une grande vigueur sans la pousser à la production; ils ne commencent à récolter réellement qu'à la seconde année, et leurs fraisiers, en durant trois ans, ne leur donnent que deux récoltes. Le plant peut servir à trois renouvellements sans dégénérer, dans l'espace de neuf ans; les jardiniers les plus soigneux ne l'emploient à cet usage que deux fois en six ans, après quoi ils achètent de nouveau plant à Montlhéry.

La fraise de Montreuil est remontante, mais après qu'elle a donné ses premiers fruits recherchés pour leur beauté remarquable, ceux des pousses suivantes ne sont plus que des fraises de bois, ayant à peu près le volume et la saveur de la fraise des quatre saisons, et conservant la forme globuleuse, marque de leur origine.

Nous ne doutons pas que, dans bien des localités, les jardiniers amateurs ne puissent parvenir à rendre par la culture la fraise des bois égale à la fraise de Montreuil; ces essais auront d'autant plus de chances de succès qu'ils seront tentés dans un sol plus chargé de calcaire; celui des environs de Montlhéry contient beau-

coup de carbonate de chaux, et celui de Montreuil est un humus mêlé de gypse ou sulfate de chaux (pierre à plâtre). C'est aussi dans un sol analogue qu'on devra cultiver le plant tiré directement de son pays natal, afin d'en obtenir des fruits qui ne soient point sujets à dégénérer.

3. Fraisier wallone écarlate.

La fraise écarlate de Virginie est probablement la souche originaire de la wallone écarlate qui n'est mentionnée dans aucun catalogue, parce que les Belges écrivent fort peu et se contentent de très bien cultiver. Ce fraisier transporté de temps immémorial sur les coteaux schisteux des provinces de Liège et de Namur (Belgique), y a modifié la couleur, le parfum et même la production de son fruit, au point que nous ne craignons pas de le proclamer la meilleure des fraises qui ne remontent pas. Une terre forte, argileuse, amendée avec de l'engrais très consommé, tel qu'est celui des couches démontées, avant qu'il soit passé tout-à-lait à l'état de terreau, lui convient mieux que toute autre; mais cette fraise s'accommode de toute espèce de terrain. Sa végétation est si puissante, et elle s'attache si solidement au sol par ses nombreuses et fortes racines, qu'on l'emploie comme le meilleur des gazons pour empêcher l'éboulement des terrains schisteux en pente rapide; en ce cas on la laisse filer en liberté sans toucher à ses coulants; elle n'en est pas moins productive, parce que les jeunes pieds finissent toujours par étouffer les anciens, et se perpétuent ainsi sans qu'il soit besoin de les rajeunir. Nous avons observé maintes fois des plantations très anciennes de ce fraisier, faites, non point en vue d'en obtenir du fruit, mais uniquement comme gazon; les fraises avaient diminué de volume sans dégénérer sous les autres rapports; la production était toujours très abondante.

On voit combien il serait à désirer que la culture de cette variété se propageât en France; elle est inconnue aux environs de Paris. Le fraisier wallon écarlate doit être planté en septembre; la récolte est déjà très abondante au printemps suivant; placée à bonne exposition, cette fraise peut être très précoce. Les rampes ou tiges à fruit sont basses et le fruit est très pesant; il faut, pour cette raison, que le paillis soit plus épais que celui qu'on donne à la fraise des quatre saisons; le paillis serait inutile si on laissait pousser tous les coulants; ils couvriraient bientôt le sol; mais ce serait aux dépens de la qualité et de la quantité des fruits.

Le fraisier wallon écarlate, bien qu'il ne remonte pas, donne d'excellents produits qui se succèdent pendant six semaines; c'est à peu près le double de la durée des autres espèces non remontantes. Il ne craint ni l'ombre des grands arbres, ni l'exposition du nord; seulement, dans ces circonstances, sa récolte sera plus tardive.

Ce fraisier partage, avec tous ceux qui ne remontent pas, le défaut d'occuper inutilement le sol pendant un peu plus de dix mois sur douze. Pour obvier à cet inconvénient, on peut aussitôt après la récolte arracher les neuf dixièmes des fraisiers; le dixième restant suffira pour fournir plus de plant qu'on ne saurait en employer, et le sol restera immédiatement libre pour d'autres cultures. Ce procédé que nous avons souvent mis nous-même en pratique ne donne qu'une seule récolte, et il oblige à renouveler les plantations tous les ans, mais les autres produits qu'on obtient sur le même sol pendant le reste de l'année forment une compensation plus que suffisante. Dans les localités où le sol est moins précieux, on peut ne sacrifier les planches que tous les deux ans; la seconde récolte sera plus abondante que la première, pourvu qu'on ait eu soin d'enlever les coulants.

L'abondance des coulants s'oppose à ce que le fraisier wallon écarlate soit employé comme bordure; si l'on négligeait seulement pendant quinze jours de les ôter, ils couvriraient de leurs rejetons les allées et les plates-bandes. Les jardiniers qui ne craindront pas ce léger surcroît de main d'œuvre pourront maintenir ces bordures cinq ou six ans, et même plus; leurs produits n'auront pas sensiblement diminué. Nous les avons vus résister mieux que toute autre variété aux étés les plus secs sans aucun arrosage.

Ces trois exemples de culture suffisent pour traiter convenablement la culture naturelle de toutes les variétés de fraisier. Nous avons insisté spécialement sur la culture du fraisier des Alpes des quatre saisons, parce que sa fraise est et doit rester en possession presque exclusive des marchés; ce que nous avons dit de la fraise wallone écarlate s'applique à toutes les fraises non remontantes, notamment aux caprons et aux ananas. Les jardiniers-maraîchers en ont presque abandonné la culture, parce qu'elles réclament des soins et des frais *toute l'année* pour ne produire qu'*une fois l'an*. Il y en a même plusieurs espèces qui ne donnent aucune récolte la première année; ces variétés rentrent dans le domaine du jardinier-amateur.

Nous consignons ici une observation que nous n'avons trouvée dans aucun traité. Toutes les espèces de fraisier craignent singulièrement le voisinage de l'hélianthe, vulgairement nommé *soleil;* un seul pied de cette plante peut, même à une certaine distance, tuer plusieurs rangées de fraisier. Lorsqu'on veut par une expérience directe, que nous avons souvent répétée, mettre ce fait en évidence, on plante un pied de soleil au milieu de la fraisière; il est bientôt entouré d'un cercle entièrement vide.

G. — *Procédé anglais pour obtenir des récoltes de fruits des espèces de fraisiers le plus souvent stériles.*

Plusieurs espèces de fraisiers qui figurent dans beaucoup de collections produisent un grand nombre de pieds stériles que les jardiniers nomment plantes mâles. Persuadés que ces plantes sont réellement *mâles,* ils croient nécessaire d'en conserver au moins une partie pour féconder les autres. Or, ces plantes étant stériles, n'ayant par conséquent pas de fruit à nourrir, poussent une quantité surabondante de coulants qui s'emparent promptement de tout le terrain aux dépens des plantes fertiles, et bientôt ces dernières se trouvent anéanties.

Il y a quelques années, M. Lindley, professeur et célèbre horticulteur anglais, mit en pleine terre quelques pieds de fraisiers d'une variété que les Anglais nomment *haut-bois,* fort sujette à cet inconvénient. Soupçonnant qu'il s'en trouverait plusieurs de stériles, il n'y laissa se développer aucun coulant la première année, ayant soin de les retrancher dès qu'ils se montraient. La seconde année, cinq plantes sur six se trouvèrent stériles: elles furent toutes sacrifiées, et la plante fertile demeura seule en possession du sol. A mesure que les coulants de cette plante étaient suffisamment enracinés, on les plantait dans une plate-bande séparée; ils donnèrent une récolte des plus abondantes; tous les coulants qu'ils produisirent à leur tour furent fertiles. Quelques-unes des plus belles fraises provenant de la plante-mère furent choisies pour porte-graines; leur semence donna, comme on pouvait s'y attendre, des plantes, les unes stériles, les autres fertiles. Toutes les plantes stériles furent supprimées; M. Lindley ne conserva parmi les plantes fertiles que celles dont le fruit réunissait au plus haut degré toutes les qualités propres à leur espèce. Leurs coulants, traités comme on vient de l'indiquer, donnèrent une excellente récolte; tous les coulants, sans exception, ne produisirent que des pieds fertiles.

Il demeure donc prouvé que, dans la culture des fraisiers de cette espèce, on doit arracher tous les pieds stériles et ne prendre des coulants que sur les pieds fertiles. Par ce procédé très simple, on pourra cultiver avec autant de succès que les autres, et même faire figurer sur les marchés des villes, plusieurs variétés de fraisiers négligées précédemment parce qu'il s'y rencontrait trop peu de plantes productives.

H. — *Frais et produits.*

Un propriétaire de la commune de Saint-Mandé, voulant connaître à peu près le produit de la culture du fraisier des quatre saisons, fit, en 1838, l'expérience suivante:

Un are de terrain, exactement mesuré et divisé en six planches, portait mille pieds de fraisier à leur seconde année; l'hiver ne les avait point endommagés, et ils avaient au printemps la plus belle apparence. Les frais, exactement notés, donnèrent les chiffres suivants:

Location du terrain.................	8f
Fumier.........................	42
Plant...........................	20
Main-d'œuvre....................	115
TOTAL......	**212**

L'article main-d'œuvre a besoin d'être expliqué : il se compose essentiellement de cent arrosages, dont chacun employait le quart d'une journée d'ouvrier à 3 fr., soit 75 fr., et de quatre-vingt-deux cueilles, dont chacune employait une demi-journée de femme, payée 1 fr. 50 c. par jour, soit 61 fr. 50 c. ; le surplus est pour les sarclages, et aussi pour quelques menus frais, tels que le transport et l'achat des paniers ou *cagerons*.

Le produit fut évalué en argent.........	393ᶠ 60
Frais, comme ci-dessus...............	212 »
Différence, ou bénéfice net.	181 60

La récolte, dont une partie seulement fut réalisée en argent, et le reste consommé à la maison, se composait de six cent cinquante-six cagerons de fraises dont les prix, comparés à ceux de la halle, donnèrent en moyenne 60 c., non comme prix payé par les consommateurs, mais comme représentant ce que le jardinier aurait reçu des revendeurs auxquels il vend habituellement ses produits.

Cette culture ne fut contrariée ni par le ver blanc, ni par les orages ; le local bien abrité permit d'obtenir une partie des fraises en primeur ; elle fut donc faite dans les circonstances les plus favorables ; étant d'ailleurs conduite avec les soins les plus minutieux, ses résultats peuvent passer pour un maximum de production rarement atteint, et jamais dépassé. Un hectare de fraisiers dans les mêmes conditions aurait rendu 65.600 cagerons de fraises, valant 39,360 fr., et représentant un produit net, tous frais déduits, de 18,160 fr.

L'expérimentateur n'étant pas jardinier de profession, ne pouvait en croire ses yeux ; nous avons cité ce fait pour montrer comment cette culture, qui exige des frais excessifs, peut néanmoins récompenser le jardinier qui n'y consacre qu'une étendue de terrain n'excédant pas quelques ares de superficie, car tout change dès qu'on étend cette culture à plus d'un demi-arpent de Paris, valant 16 ares 66 centiares. Dans ce cas, il est impossible d'obtenir une fraisière également productive sur tous les points ; il y en a toujours une partie en souffrance ; la destruction du ver blanc devient beaucoup plus difficile, et les chances de perte sont inévitables, les frais restant les mêmes. Quoique dans les communes de Montreuil, Bagnolet, Fontenay, et dans celles des environs, le fraisier occupe près de 200 hectares, il est rare qu'un seul jardinier en ait un hectare à la fois. Dès que la fraisière dépasse 33 ares 33 (1 arpent de Paris), on abandonne au ciel le soin de l'arroser quand il lui plaira ; on réserve pour une partie seulement les arrosages, ce qui diminue les frais et les produits. Nous allons indiquer les uns et les autres par approximation.

Dans une culture aussi soignée que celle de l'expérience que nous venons de décrire, les frais de la première année sont augmentés du prix du plant et de celui de la main-d'œuvre pour plantation, ce qui les porte à la somme de

240 fr. environ, somme qui serait plus considérable s'il ne fallait défalquer une partie de la main-d'œuvre, les cueilles étant moins fréquentes et moins abondantes que durant la seconde année. Appliquant la même considération à la troisième année, nous poserons les chiffres suivants.

FRAIS.

Première année.....................	240ᶠ »
Deuxième *id*......................	212 »
Troisième *id*.....................	188 »
Frais des trois années...	640 »

Cette somme, répartie entre les trois années que doit durer la fraisière, donne 213 fr. 33 c. par année.

PRODUITS.

Première année.....................	336ᶠ40
Deuxième *id*......................	393 60
Troisième *id*.....................	290 »
Produit des trois années...	1,020 »

Soit, pour chaque année 340 fr. de produit brut, et 126 fr. 67 c. de bénéfice net, représentant 12,667 fr. pour un hectare. Nous sommes certain qu'en réunissant les produits de plusieurs petites fraisières de 8 à 10 ares chacune, pour composer le produit d'un hectare, on irait même au-delà de cette somme, dans quelques années particulièrement favorables.

Dans la culture en grand les résultats sont bien différents : souvent, comme cela est arrivé cette année (1842), la sécheresse fait périr tous les fraisiers qu'on ne peut arroser ; cette plante est sujette à des maladies dont on ignore la cause ; les vents d'est au printemps la font jaunir et languir ; alors presque toutes les fleurs avortent, et la récolte est nulle. En tenant compte de toutes ces considérations, nous trouvons, par approximation, les chiffres suivants:

FRAIS.

Location d'un are de terrain pour trois ans...	9ᶠ
Fumier..............	60
Plant et main-d'œuvre.................	270
TOTAL pour trois ans...	339

PRODUITS.

Première année.......................	130
Deuxième *id*.	170
Troisième *id*.......................	92
TOTAL......	392
Différence ou bénéfice net pour trois ans.	53

Le produit d'un hectare n'est dans ce cas que de 5,300 fr. pour trois ans, ou 1,776 fr. par année ; mais il y faut ajouter le prix d'une récolte de choux d'Yorck obtenue la première année, à raison de 360 choux par are, vendus de 5 à 10 c. avant la première floraison des fraises, moyenne 8 c., soit 28 fr. 80 c., ce qui porte la recette totale à 8,180 fr., et la recette annuelle à 2,726 fr.

Tels sont, à défaut d'une exacte comptabilité presque impossible à obtenir, les produits de la culture du fraisier des quatre saisons aux environs de Paris ; elle n'est réellement très profitable que quand on peut lui consacrer tous les soins et tous les frais qu'elle réclame, ce qui ne peut avoir lieu que sur un espace borné.

Pour les caprons, les ananas et tous les fraisiers qui ne remontent pas, le produit est encore plus faible, à moins qu'on ne prenne le parti de n'en jouir qu'une seule année, et d'en arracher les neuf dixièmes pour disposer du reste du terrain, ainsi que nous l'avons conseillé. Dans la première supposition, c'est-à-dire en laissant la totalité de la fraisière en place pendant trois années, on ne pourra lui consacrer, comme on le fait en Belgique, que des terrains de peu de valeur, et il n'y aura pas beaucoup de main-d'œuvre à y dépenser, si ce n'est pour la plantation et les récoltes. Quelques espèces durent pour ainsi dire indéfiniment, mais leur durée moyenne ne doit pas dépasser celle des fraises remontantes, quand on veut en obtenir des produits satisfaisants ; les frais et produits répondent alors à peu près aux chiffres ci-dessous :

FRAIS.

Location d'un are de terrain pour trois ans..	6 f »
Fumier.	30 »
Main-d'œuvre.	60 »
TOTAL des frais pour trois ans...	96 »

PRODUITS.

1re année, 6 cueilles à 8 cagerous à 60 c.	28 80
2e — 12 cueilles à 10 cagerous à 60 c.	72 »
3e — 8 cueilles à 8 cagerous à 60 c.	38 40
	139 20
Différence, ou bénéfice net par are	43 20
ou pour un hectare	4,300 »
Ce qui revient à une recette annuelle de....	1,433 33

Mais en adoptant un meilleur mode de culture, et donnant, dès la première année, aux fraisiers qui ne remontent pas le fumier et les arrosages dont ils ont besoin pour produire immédiatement une bonne récolte, on arrivera aux chiffres suivants :

FRAIS.

Location du terrain....	1 f »
Fumier.	7 »
Main d'œuvre.	60 »
	68 »

PRODUITS.

15 cueilles à 12 cagerous à 60 c	108 »
Différence, ou bénéfice net	48 »
ou pour un hectare, en une seule année....	4,800 »

Il ne faut pas perdre de vue que les neuf dixièmes du terrain restant libres aussitôt après la récolte, sont utilisés le reste de l'année pour d'autres produits ; c'est ce qui réduit les chiffres du loyer de la terre et du fumier.

SECTION IV. — *De diverses plantes potagères.*

Avant d'aborder la culture forcée des plantes potagères, nous devons mentionner celle de quelques végétaux que leurs propriétés spéciales et leurs usages restreints ne nous ont pas permis de classer dans les divisions précédentes. Les unes sont principalement employées comme assaisonnement de la salade ; elles sont connues des jardiniers sous le nom de *fournitures de salade*; les autres, par leur odeur pénétrante, éloignent du linge et des vêtements les insectes nuisibles, ou bien elles peuvent être confites au sucre ; ce sont les *plantes aromatiques;* d'autres, enfin, prennent rang parmi les *plantes médicinales* qui, totalement exemptes de danger, sont, pour cette raison, du domaine de la médecine domestique.

§ Ier. — Fournitures de salade.

A. — *Cresson alénois.*

Cette plante, dont le véritable nom est passerage (*lepidium sativum*), mais dont le premier nom est le plus usité, est annuelle et d'une croissance très rapide. Le cresson alénois ou passerage est regardé avec juste titre comme la meilleure de toutes les plantes employées comme fourniture de salade. Il relève par son goût prononcé, mais agréable, la saveur toujours un peu fade des premières salades de printemps, obtenues par la culture forcée ; il aide puissamment à la digestion ; l'usage habituel de cette plante est très utile à la santé. C'est cette communauté de propriétés qui, jointe à une certaine analogie de saveur, fait ranger le passerage parmi les *cressons*, bien qu'il soit, botaniquement parlant, assez éloigné du cresson véritable (cresson de fontaine).

On ne cultive guère en France une seule espèce de passerage, le cresson alénois commun ; on en connaît cependant trois autres espèces : le passerage doré, le passerage à feuilles frisées et le passerage à larges feuilles. Les Anglais, qui font souvent usage de cette plante, en ont deux variétés de plus qu'ils nomment passerage de Normandie : l'une à larges feuilles, l'autre à feuilles frisées ; toutes possèdent les mêmes propriétés.

Le cresson alénois n'est bon qu'autant que sa feuille est cueillie fort jeune. Souvent en été, dix ou douze jours après qu'il est levé, il monte ; puis il fleurit, et porte graine avec une incroyable rapidité ; une fois monté, il ne vaut plus rien. Il faut donc le semer tous les huit jours, en petite quantité à la fois, depuis les premiers jours de mars, en plate-bande bien exposée. En été, il lui faut beaucoup d'eau ; plus il est arrosé, plus il reste tendre et délicat ; la sécheresse le rend fort et coriace.

B. — Estragon.

Cette plante, originaire de Sibérie, est vivace ; elle ne dure guère que 4 ou 5 ans, lorsqu'on lui laisse accomplir le cours naturel de sa végétation ; mais lorsqu'on l'empêche de fleurir, en supprimant à mesure qu'elles croissent les tiges florales, seule partie usitée de la plante, elle peut durer indéfiniment. On peut multiplier l'estragon de graine semée en mars, en plate-bande exposée au midi : mais comme l'estragon n'est pas sujet à dégénérer, il vaut mieux se contenter de séparer les touffes à l'automne, et de les planter en bordure à bonne exposition : car l'estragon, en dépit de son origine boréale, est devenu en Europe assez sensible aux froids tardifs qui rendent les printemps si funestes à un grand nombre de nos plantes cultivées. Tous les terrains conviennent à l'estragon, à l'exception seulement des terres trop compactes et trop humides.

C. — Perce-pierre ou passe-pierre
(crithmum maritimum).

L'usage de cette plante est de nos jours presque entièrement abandonné, quoiqu'elle se recommande par des propriétés salubres, très réelles, et par une saveur agréable. Elle ne paraît presque plus sur nos marchés ; on ne la rencontre que rarement dans les jardins de quelques amateurs. Nous nous souvenons encore du temps, où, durant la saison des cornichons, on entendait crier dans les rues de Paris par les revendeurs ambulants : passe-pierre à confire ; la passe-pierre, confite au vinaigre avec les cornichons, forme un excellent hors d'œuvre ; elle communique un très bon goût aux cornichons. Dans tout le nord de la Grande-Bretagne et dans toute la partie maritime de la Bretagne française, la perce-pierre, nommée aussi passe pierre, ou herbe de Saint-Pierre, croît naturellement entre les rochers, sur le bord de la mer ; les jeunes gens mettent souvent une sorte d'amour-propre à s'exposer aux plus grands dangers pour aller cueillir la perce-pierre sur des pentes rapides qui surplombent l'Océan.

La perce-pierre ne peut être cultivée avec succès que dans un sol sablonneux, très léger ; la place qui lui convient le mieux est le pied d'un vieux mur assez dégradé pour qu'elle puisse implanter dans les crevasses ses nombreuses et fortes racines. On la sème au printemps ; elle n'exige aucun soin particulier de culture ; mais jamais la perce-pierre cultivée ne vaut la passe-pierre sauvage récoltée sur les rochers des bords de l'Océan.

D. — Pimprenelle (poterium sanguisorba).

Si cette plante n'était pas particulièrement du goût des lapins domestiques, pour l'usage desquels elle est principalement cultivée, elle aurait disparu de nos jardins et serait abandonnée ; ce serait dommage, car bien que sa saveur ne soit pas du goût de tout le monde, elle n'est pas sans utilité comme fourniture de salade : ses propriétés astringentes corrigent les propriétés trop laxatives de la laitue pendant les fortes chaleurs. On ignore assez généralement que la racine de la pimprenelle peut être utilisée comme légume-racine, ainsi que cela se pratique chez les peuples du nord de l'Asie ; c'est, du reste, un mets assez médiocre, quoique très salubre. La pimprenelle se sème en bordures ; lorsqu'on veut l'employer comme fourniture de salade, on la maintient tendre, en ayant soin de l'arroser et de la couper assez souvent pour l'empêcher de monter. On la multiplie aussi par séparation des touffes à l'arrière-saison. Tous les terrains lui conviennent. Elle est si peu difficile, sous ce dernier rapport, que, dans la grande culture, elle offre une ressource précieuse pour convertir les terrains les plus ingrats en bons pâturages pour les bêtes à laine.

E. — Chenillette et limaçon.

Plusieurs petites plantes légumineuses appartenant aux genres scorpiurus et medicago, indigènes des contrées méridionales et tempérées de l'Europe, ont leur fruit ou silique conformé à peu près comme la chenille verte qui ronge les choux et les salades. Ces siliques vertes, quelquefois contournées en spirale comme un ver roulé sur lui-même, offrant aussi quelque analogie avec un petit limaçon, n'ont qu'une saveur herbacée qui n'ajoute rien au goût d'une salade ; elles n'y paraissent que comme curiosité pour laisser croire aux personnes délicates qu'elles ont mordu dans une chenille ; leur seul mérite est d'être parfaitement innocentes. Elles se multiplient de graine ; toute bonne terre de jardin leur convient ; comme les plantes qui les portent sont rampantes, elles ont besoin de beaucoup d'espace ; ce n'est pas trop de 0^m,30 à 0^m,40 entre chaque touffe.

F. — Capucine et bourrache.

Les fleurs de capucine et les fleurs de bourrache, les secondes ordinairement posées dans les premières, forment un très bel ornement, et ce qui vaut mieux un excellent assaisonnement pour les salades d'été. Ni la capucine ni la bourrache ne sont cultivées dans les jardins potagers pour cet usage ; l'une a sa place dans le parterre, l'autre a la sienne dans le compartiment réservé pour les plantes médicinales, nous avons dû seulement les mentionner ici, parce qu'elles sont réellement au nombre des meilleures fournitures de salades (voir Parterre et Plantes médicinales).

G. — Fournitures sauvages.

On emploie encore comme fourniture de salade quelques plantes trop communes pour valoir la peine d'être cultivées ; les plus usitées sont : la roquette qui se plaît dans tous les lieux incultes, sur les terrains secs ; la véronique beccabunga, qu'on rencontre avec le cresson dans tous les ruisseaux, et le plantain corne de cerf, qui se trouve partout. Le petit nombre de personnes à qui plaît le goût de cette dernière fourniture, et qui désirent la manger plus tendre qu'elle ne l'est à l'état sauvage, en récoltent la graine et la sèment en terre légère ; la plante ne devient tendre que par des arrosages multipliés.

§ II. — Plantes aromatiques.

A. — *Lavande, thym, hyssope, romarin, marjolaine et sarriette.*

Ces plantes, pour la plupart, n'ont pas assez d'importance pour qu'on leur accorde dans le potager un compartiment séparé ; on les obtient en quantité plus que suffisante pour les usages auxquels elles sont propres, en les cultivant en bordures autour des compartiments du potager. Celles de ces plantes qui appartiennent à la famille botanique des labiées (lavande, thym, basilic) demandent une terre légère et une exposition chaude. La lavande réussit parfaitement en bordure en avant de la plate-bande qui règne le long d'un mur d'espalier. Le thym vient à toute exposition et dans toute sorte de terrains ; c'est la plus rustique des plantes aromatiques indigènes. On ne le multiplie, ainsi que la lavande, que par la séparation des touffes. La lavande reprend difficilement sans racines ; le thym, au contraire, s'enracine toujours lorsqu'on le recouvre au printemps dans une rigole de 0^m,15 de profondeur ; les plantes doivent y être disposées en ligne continue, sans intervalles entre elles ; il ne faut pas leur laisser plus de 0^m05 hors de terre. Le thym et la lavande s'emploient en assez grandes quantités : le thym pour les bains aromatiques, la lavande pour la préparation de plusieurs genres de parfumerie ; il peut donc être avantageux de cultiver ces deux plantes aromatiques en assez grande quantité, lorsqu'on est assuré d'en avoir le placement. La lavande est la meilleure des plantes aromatiques de pleine terre pour la conservation du linge et des vêtements dans les armoires. On emploie aussi pour le même usage plusieurs plantes qui, dans les départements au sud de la Loire, sont de pleine terre : telles sont en particulier le romarin et l'hyssope. Sur notre frontière méridionale, ces plantes existent en si grande abondance dans les terrains incultes, qu'on ne prend pas la peine de les introduire dans les jardins.

Nous mentionnerons ici pour mémoire le basilic et l'aurone ou armoise citronnelle, plantes qui sont essentiellement du domaine du *jardin sur la fenêtre*, du moins sous le climat de la France centrale et septentrionale, dont elles ne peuvent supporter les hivers ; on ne les rencontre, en pleine terre, que dans nos départements les plus méridionaux ; elles veulent une terre légère, et ne redoutent pas la sécheresse même très prolongée.

La marjolaine et la sarriette, dont la culture est la même que celle des plantes précédentes, sont principalement cultivées comme assaisonnement. Dans le nord de la France, il n'y a pour ainsi dire aucun mets de viande de cochon qui ne soit assaisonné de marjolaine, usage également suivi en Belgique, en Hollande et dans une partie de l'Allemagne ; aussi n'y a-t-il pas de jardin où l'on ne rencontre quelques touffes de marjolaine. Sous le climat de Paris, la sarriette est l'assaisonnement obligé des fèves de marais ; elle est cultivée exclusivement pour cet usage, et toujours en très petite quantité.

B. — *Angélique, anis, cumin, coriandre.*

L'arome répandu dans toutes les parties de ces plantes, ainsi que dans leurs semences, est accompagné d'une saveur agréable, dont les confiseurs savent tirer parti ; tout le monde connaît l'angélique confite de Châteaubriand, et les dragées d'anis de Verdun.

L'angélique croît naturellement dans les terrains humides, fertiles et ombragés, de nos départements du sud et du sud-ouest ; elle est bisannuelle ou tout au plus trisannuelle, lorsqu'on lui permet de suivre le cours naturel de sa végétation ; mais comme elle est principalement cultivée pour ses tiges à demi développées que les confiseurs emploient, l'enlèvement de ces tiges avant la floraison permet à l'angélique de durer plusieurs années ; une fois qu'elle a fleuri et porté graine, elle meurt. La culture de l'angélique est des plus simples ; à Châteaubriand, l'angélique employée par les confiseurs vient avec peu ou point de soins de culture dans les fossés de la ville. Le point essentiel de cette culture, c'est que l'eau ne manque pas à la plante pendant l'été ; si elle souffre de la sécheresse, ou même si elle ne végète pas dans un sol constamment humide, ses tiges, bien qu'on ait soin de les cueillir très jeunes, sont minces, dures, coriaces, et remplies de filaments semblables à des ficelles ; les confiseurs les rejettent avec raison. L'angélique de bonne qualité se vend avantageusement aux confiseurs ; il ne faut pas laisser prendre aux tiges trop de développement avant de les couper ; elles se cueillent ordinairement au-dessus de la première gaine, avant que les boutons de la fleur ne commencent à se montrer.

On sème l'angélique à la fin de juillet, aussitôt que la graine est mûre ; on pourrait aussi la semer au printemps ; mais d'une part, la graine perd très vite sa faculté germinative, de l'autre on gagne un an sur la croissance de la plante en la semant en été. La graine doit être arrosée constamment en terre, ou bien elle ne lève pas. On repique le plant fort jeune, en ligne, à 0^m60 l'un de l'autre. En Angleterre, où cette culture est fort bien conduite, on ne transplante l'angélique que sur le bord d'un ruisseau ou d'un fossé parcouru par un filet d'eau courante. Les tiges sont bonnes à couper au mois de mai de la seconde année, quand on a semé en été, et seulement à la même époque de la troisième année, quand on a semé au printemps.

L'anis, cultivé seulement pour sa graine dont tout le monde connaît les usages dans la parfumerie ainsi que dans la préparation des bonbons et des liqueurs, se traite à peu près comme l'angélique, mais il n'a pas besoin d'autant d'humidité, bien qu'il réclame des arrosages très fréquents pendant les chaleurs. La coriandre, dont les graines beaucoup plus grosses que celles de l'anis ont à peu près la même odeur avec une saveur beaucoup plus sucrée, réclame une exposition plus chaude et mieux abritée ; cette plante, originaire de l'Asie, craint le froid et supporte bien la sécheresse. La coriandre veut une terre légère et profonde ; les graines se récoltent en septembre.

§ III. — Plantes médicinales.

Nous sommes de ceux qui croient qu'il faut laisser la médecine au médecin, et recourir, dans tous les cas de maladie sérieuse, aux hommes qui ont fait de l'art de guérir l'étude de toute leur vie ; rien ne nous semble plus dangereux que la simple présence dans les jardins de ces plantes douées de propriétés médicinales tellement énergiques que, même à faible dose, elles peuvent empoisonner, et que le médecin expérimenté n'y a recours qu'avec une extrême prudence. Nous n'avons donc rien à dire des plantes narcotiques ou vireuses, telles que la belladone, la jusquiame, la ciguë ; nous pensons que le propriétaire, qui n'est ni médecin, ni pharmacien, commet une faute imprudence, une faute grave, en les admettant dans son jardin, où elles peuvent causer les accidents les plus fâcheux. Le plus grand nombre des plantes médicinales dont l'usage est sans danger, se rencontre partout en France dans les lieux incultes, malheureusement trop communs et trop étendus dans tous nos départements ; ainsi l'on trouve toujours sous sa main, parmi les plantes émollientes, la mauve, la pariétaire ; parmi les dépuratifs, la bardane, la patience ; parmi les amers, la petite centaurée, la gentiane. On doit se méfier, à l'égal des poisons, des plantes purgatives de nos climats, telles que la mercuriale et la gratiole ; une purgation trop forte ou prise à contre temps, est un véritable *empoisonnement passager*, dont les conséquences sont souvent très sérieuses.

On voit combien est borné le nombre des plantes médicinales dont la présence dans un carré annexé au potager nous semble sans inconvénient ; ces plantes varient nécessairement selon les localités ; elles varient surtout en raison du nombre des espèces sauvages usitées en médecine, que chacun peut trouver dans les lieux incultes voisins de sa demeure, et qu'il est par conséquent inutile de cultiver.

Sous le climat de Paris, nous pensons qu'on fera prudemment de s'en tenir à la liste suivante :

Plantes à fleurs pectorales.

Violette (de Parme, des quatre saisons).
Bouillon blanc.

Plantes amères (tiges ou racines).

Absinthe.
Gentiane (herbe à la grolle).
Petite centaurée.

Ces deux dernières sont pour ainsi dire indispensables quand on ne peut les trouver en abondance à sa portée, à l'état sauvage.

Plantes odorantes anti-spasmodiques.

Menthe poivrée. (Les menthes sauvages sont aussi efficaces.)
Mélisse, ou, à son défaut, dracocéphale.
Sauge.
Camomille romaine.
Valériane officinale.

Plantes purgatives.

Rhubarbe et rhapontic.
Brionne.

Plantes astringentes.

Bistorte.
Tormentille.

Quelques plantes médicinales, telles que la camomille romaine et le pavot blanc, figurent aussi dans le parterre, comme plantes d'ornement. Plusieurs arbustes de bosquet fournissent aussi des fleurs utiles en médecine, comme le sureau ; des baies purgatives, comme le nerprun ; des fruits rafraîchissants, comme le berberis (épine-vinette) ; ou des fruits astringents, comme le rosier ; tous ces produits récoltés en temps utile fournissent, sans déparer ni le bosquet ni le parterre, un supplément aux produits du jardin des plantes médicinales.

(Pour la culture en grand de quelques plantes médicinales, *voir* t. II, p. 56 et suiv.)

RÉSUMÉ.

Nous terminerons ici la liste des plantes potagères dont la *culture* naturelle en pleine terre présente assez de particularités pour exiger des indications spéciales ; il nous reste à exposer dans un ordre analogue les notions de la culture artificielle des plantes potagères qui, sous le climat de la France, n'accomplissent que le cours entier de leur végétation, si l'art du jardinier ne les y contraint, ce qu'exprime parfaitement le terme usuel des maraîchers de Paris : Forcer les plantes. Avant d'aborder cette section importante du jardinage, nous croyons utile de résumer ici, sans craindre de nous répéter, quelques préceptes essentiels déjà exprimés, mais non pas réunis, dans le travail précédent.

La loi générale qui préside aux assolements s'applique au jardinage de même qu'à la grande culture, quoique d'une manière moins absolue. Supposons, pour achever de bien faire comprendre le mode de cette application, un jardin-maraîcher créé sur un sol neuf, dans toutes les circonstances les plus favorables pour la qualité du terrain, l'eau, les clôtures et l'exposition ; admettons encore que toutes les parties en soient également fertiles, également propres à recevoir les couches pour la culture artificielle. Ces conditions se trouvent à peu près complétement réunies dans plusieurs marais de la vallée de Fécamp, entre Saint-Mandé et Bercy ; nous avons particulièrement en vue l'enclos qu'exploitent chacun par moitié avec une rare habileté, MM. Deberg et Dulac fils. Les couches, dans de telles circonstances, sont la base de l'assolement; il est quadriennal si elles occupent le quart du terrain; il est de cinq ou six ans si les couches occupent un espace moins étendu. Elles doivent, en principe, couvrir successivement toutes les parties du jardin, soit qu'on les détruise chaque année, soit qu'on juge convenable de conserver plus d'un an des couches usées, comme nous le dirons en traitant des cultures artificielles. Il n'est pas toujours possible de suivre cette marche quant au déplacement des couches; très souvent les dispositions du sol ne laissent pas le choix et ne permettent pas de changer la place des couches une fois qu'elles sont établies. Le terrain que ne couvrent pas les couches ne peut être soumis rigoureusement à une rotation régulière des cultures, à cause de la nécessité de se conformer aux besoins de la consommation qui ne sont pas les mêmes chaque année. Ainsi, les salades, les fraises, les melons couvrent les trois quarts de nos marais durant les étés secs et chauds; un été pluvieux et froid les fait presque disparaitre. Mais il n'en est pas du sol d'un jardin potager comme d'un champ qui reçoit à peine ou tout juste la dose d'engrais qu'il lui faut pour porter une récolte, et qui l'épuise, pour peu que la même culture y soit continuée un peu trop longtemps ; dans le potager, la terre n'est pour ainsi dire qu'accessoire ; si elle est bonne, tant mieux, les récoltes n'en seront que meilleures; fût-elle médiocre ou même mauvaise, les légumes y croîtront toujours, moyennant une dose d'engrais suffisante. En jardinage, l'engrais est tout : bien des plantes, surtout parmi les cucurbitacées, melons, cornichons, concombres, citrouilles, ne se trouvent jamais en contact avec le sol, dont, par conséquent, la qualité importe peu à leurs racines.

La principale considération qui doive diriger le jardinier-maraîcher quant à l'emploi de son terrain, c'est celle du mode de végétation de certaines plantes qui ne peuvent revenir fréquemment à la même place, en raison de leur nature épuisante, et plus encore à cause des sécrétions qu'elles laissent dans le sol. L'asperge est la plus exigeante des plantes à cet égard ; après avoir occupé le sol pendant 12 ou 15 ans, elle n'y peut revenir qu'au bout d'un intervalle de temps de même durée : nous avons dit comment on obvie à cet inconvénient en séparant les planches d'asperges par des espaces de mêmes dimensions, occupés par d'autres cultures, et plantés en asperges quand les premières sont usées, ce qui donne un assolement perpétuel.

La fraisière doit, après ses trois ans révolus, quitter le sol pour trois ans, et le parcourir en entier en neuf ans, s'il lui est propre dans toutes ses parties. Les pois trop longtemps portés par la même terre deviennent amers et durs, comme il est arrivé aux pois autrefois excellents, aujourd'hui dégénérés de Champigny (Seine) ; Clamart, Meudon, Marly, conservent, en suivant scrupuleusement le précepte de ne faire revenir les pois que tous les trois ou quatre ans à la même place, la réputation méritée de leurs pois, les meilleurs des environs de Paris. L'artichaut, après ses trois ans de culture, veut une année d'intervalle. Le salsifis et le scorsonère, après deux ans de durée, veulent également un an de quelque autre culture pour ne pas dégénérer.

Les autres légumes reviennent sans inconvénient tous les ans sur le même terrain convenablement engraissé; quelques-uns, entre autres le haricot, semblent même plus productifs quand ils ont été continués à la même place plusieurs années de suite. Ces cultures peuvent donc se passer d'assolement, et se continuer sans interruption à perpétuité. C'est ce qu'on observe autour de Paris dans la petite culture maraîchère comme dans la grande culture des légumes communs. Grâce à l'abondance des engrais, Bonneuil, Aubervilliers et les Vertus produisent à perpétuité, sans dégénérescence, leurs choux et leurs ognons, les meilleurs de ceux qui se cultivent pour la consommation de la capitale. Il en est de même des salades, objet d'un si prodigieux débit; elles reviennent tous les ans à la même place sans altération sensible depuis le règne de François Ier ; mais cela n'est possible qu'à force d'engrais. Nous l'avons dit, il faut le répéter, le potager n'a jamais trop d'engrais ; presque toujours il en a trop peu. Un bon sol porte trois récoltes dans l'année, il faut qu'il soit fumé trois fois; hors de cette loi, point de jardin potager.

Bien des amateurs économes hausseront les épaules à cette recommandation, en se promenant avec satisfaction au milieu de leurs planches maigrement fumées une fois par an, et qui pourtant se couvrent d'une végétation passable. Mais aux yeux du vrai jardinier, ce n'est point un potager, qu'un enclos ou les légumes font à peine en six mois ce qu'ils peuvent faire en six semaines, et dont il ne sort que des produits bons uniquement à exercer la patience de la cuisinière et à faire renchérir les combustibles.

Le maraîcher n'a pas toujours le choix des fumiers ; près des grandes villes, les boues et le fumier d'écurie sont à sa portée en grande abondance. Pour les localités moins favorisées sous ce rapport, nous rappelons au jardinier que les légumineuses proprement dites, pois, fèves, haricots, préfèrent aux engrais trop animalisés ceux dont les végétaux sont la base ; les cendres de bois sont particulièrement utiles aux pois de toute espèce ; l'engrais provenant de végétaux décomposés, soit seul, soit en compost avec la chaux, est le plus actif pour toute espèce de plantes potagères. Les jardiniers placés à portée d'une huilerie, peuvent tirer un grand parti des tourteaux de colza réduits en poudre, engrais purement végétal.

Après les engrais et presque au même degré, l'eau est la base de la culture maraîchère. Le jardinier des pays chauds et secs ne perdra pas de vue que biner fréquemment le sol, c'est l'arroser, car c'est le rendre accessible aux influences de l'air et de la rosée des nuits qui ne profite point aux racines des plantes quand une croûte dure et impénétrable les en sépare. Quand il peut arroser à son gré, qu'il n'oublie pas de *pailler* le sol, pour ne pas le durcir, mais surtout qu'il se souvienne qu'en été il vaut mieux ne pas arroser du tout que d'arroser avec parcimonie.

CHAPITRE II. — CULTURE FORCÉE DES VÉGÉTAUX COMESTIBLES.

L'horticulteur, avec un peu d'argent et beaucoup de soins, ne connaît point de mauvais climat, point de mauvaise saison. La culture forcée des plantes potagères a pour but de faire arriver leurs produits à maturité, soit avant, soit après l'époque fixée par la nature; elle rend possibles des récoltes qui, sans son secours, seraient interdites aux climats froids ou tempérés. Longtemps elle a constitué une branche d'industrie importante et lucrative aux environs des grandes villes; elle tend à perdre de jour en jour de son importance industrielle, à cause de l'établissement des voies rapides de communication; nous voyons approcher le moment où Paris recevra directement les produits du midi de la France à plus bas prix que les maraîchers parisiens ne peuvent les obtenir artificiellement. Dès aujourd'hui, la remonte du Rhône étant assurée en trois jours par les bateaux à vapeur, les melons d'hiver de Cavaillon et les cantaloups des environs de Marseille peuvent être rendus à Paris en 6 jours pour 45 à 50 c. la pièce; ils coûtent, pris sur place, de 50 à 60 c.; ils ne reviennent donc pas à plus d'un franc, rendus à Paris, sauf les déchets et les accidents du voyage; les bons cantaloups de primeur coûtent le double, non au consommateur, mais au maraîcher parisien. Du jour où un chemin de fer existera seulement de Paris à Châlons-sur-Saône, il n'y aura plus d'avantage à cultiver les melons de primeur aux environs de Paris. Mais il restera toujours pour le jardinier-amateur le plaisir que peut lui procurer la culture forcée des plantes potagères, plaisir très vif et très réel, puisqu'il n'est autre que celui de la difficulté vaincue, du travail couronné de succès; nous croyons donc devoir donner à cette partie de l'horticulture autant de développements que si l'industrie lucrative dont elle a été si longtemps la base n'était pas déjà à demi ruinée aux environs de Paris.

Les couches sont la base indispensable de toute culture forcée; nous avons indiqué leur construction, et tout ce qui tient aux divers procédés pour y entretenir la chaleur (*voir* Couches). Nous nous bornons à rappeler ici aux horticulteurs placés dans des circonstances où il leur serait difficile de se procurer du fumier d'écurie en abondance à un prix raisonnable, le parti qu'ils peuvent tirer du *thermosiphon* qui donne, avec beaucoup d'économie, une chaleur très égale et très facile à régler.

SECTION Iʳᵉ. — *Légumes proprement dits.*

§ Iᵉʳ. — Asperges.

Plusieurs maraîchers des environs de Paris font de la culture forcée des asperges leur principale industrie pendant l'hiver. Cette culture exige d'énormes avances; elle n'emploie que des griffes de trois ans élevées dans ce but sans aucun bénéfice jusqu'au moment de les forcer, et qui reviennent toujours à un prix très élevé, soit qu'on les cultive d'avance, soit qu'on les achète toutes formées au moment de s'en servir. Dans le premier cas, on dispose les griffes de manière à ce qu'elles occupent le moins d'espace possible, sans cependant se nuire réciproquement assez pour ne pas atteindre leur grosseur ordinaire. Dans le second, toutes les griffes doivent se toucher; les asperges deviennent alors minces, effilées, vertes dans toute leur longueur, et néanmoins tendres et de fort bon goût; elles ne peuvent être mangées que préparées de la manière connue en cuisine sous le nom d'*asperges aux petits pois*. Cette différence dans les produits de la culture forcée de l'asperge en hiver nécessite deux procédés divers qui doivent être décrits séparément.

A. — *Asperges forcées blanches.*

Il faut s'y prendre *4 ans d'avance* si l'on met en place du plant de 2 ans, et *5 ans d'avance* si l'on procède par la voie des semis en place. L'asperge, cultivée d'après la méthode ordinaire jusqu'à ce qu'elle ait atteint toute sa grosseur, a dû, seulement dans le principe, être disposée en planches de grandeur convenable pour recevoir des cadres ou coffres garnis de châssis vitrés; ces planches sont espacées entre elles par des passages de 0ᵐ,60 de large, destinés à recevoir des réchauds. Le milieu de l'hiver étant le moment le plus favorable pour vendre les asperges blanches forcées, l'on calcule en conséquence le commencement de l'opération, qui dure de 30 à 40 jours depuis le placement des châssis jusqu'à la dernière coupe d'asperges. La valeur des produits, à part leur précocité, dépend surtout de la longueur des pousses; il est donc essentiel de charger de terre les planches immédiatement avant de les forcer. On emploie à cet usage la terre des sentiers qu'on défonce à 0ᵐ,50 autour de chaque planche pour y placer les réchaufs comme autour d'une couche chaude ordinaire ; quand le sol a de la consistance et qu'il n'est pas de nature à s'échauffer très rapidement, cette profondeur peut être dépassée sans inconvénient. Il ne s'agit plus que de répandre sur toute la surface de la planche d'asperges 0^m,16 de bon fumier qui ne soit ni trop sec ni trop humide, et de placer sur le tout les coffres et les châssis. Quand il ne survient pas de froid excessif, on peut attendre les premières pousses dix ou douze jours après la mise en place des châssis ; on ôte alors le fumier qui garnit le dessus de la plante, et l'on surveille les réchauds pour les remanier ou même les refaire à neuf, car l'essentiel, c'est que la température ne baisse pas une fois que les asperges ont commencé à donner.

Bien qu'elles soient connues sous la désignation d'*asperges blanches*, il ne faudrait pas offrir aux amateurs parisiens des asperges forcées tout-à-fait blanches ; ils n'en voudraient pas. On a soin en conséquence de ménager, entre le châssis vitré et la surface de la couche, un espace suffisant pour que l'asperge, après être sortie de terre, y prenne un certain accroissement et s'y colore en violet clair tirant plus ou moins sur le vert, quand l'état de l'atmosphère a permis de retirer fréquemment les paillassons dont les vitrages restent couverts pendant les grands froids. Dans le département du Nord, de même qu'en Belgique et en Hollande, on mange l'asperge parfaitement blanche, sans aucune nuance de vert ou de violet, tant celle qu'on force en hiver que celle qui se récolte en pleine terre au printemps. Dès que la terre en se soulevant, indique la présence d'une pousse d'asperge à fleur de terre, on va l'y chercher au moyen d'un couteau dont la longueur est calculée pour ne pas atteindre le collet des griffes.

La culture forcée de l'asperge blanche serait ruineuse et disparaîtrait de tous les jardins à l'exception des griffes riches, si les griffes étaient tout-à-fait perdues après avoir été chauffées ; elles peuvent se remettre par une bonne fumure et une année de repos ; toutefois, elles ne reviennent à leur produit ordinaire qu'avec beaucoup de peines et de soins ; très souvent les planches sont tellement dépeuplées qu'il faut les détruire. On ne doit donc pas s'étonner du prix quelquefois exorbitant des asperges blanches forcées en hiver ; indépendamment du fumier et de la main-d'œuvre, ce produit doit représenter en quelques semaines la valeur des récoltes de cinq années, dont quatre de préparation et une de repos. Telle est la marche suivie aux environs de Paris ; il faut toute l'habileté de nos maraîchers pour pouvoir réaliser quelquefois de très grands bénéfices ; mais il leur arrive assez souvent de ne pas faire leurs frais, même en vendant 18 et 20 francs une botte de soixante à soixante-dix grosses asperges.

Un autre procédé, bien moins dispendieux et qui rend les chances de perte presque nulles,

consiste à forcer sur place de vieilles planches d'asperges qui touchent au terme de leur végétation et sont à demi épuisées. On les traite comme nous venons de l'indiquer en remplaçant les châssis vitrés par des claies, ou par des châssis recouverts, soit de papier huilé, soit de toile de coton gommée. Les produits ne sont jamais tout-à-fait égaux en qualité à ceux d'une culture forcée régulière ; ils ne paraissent pas non plus sur le marché juste au moment le plus favorable pour la vente ; mais ils ont coûté si peu, qu'il y a plus que compensation. Nous engageons, d'après notre propre expérience, les jardiniers dont les planches d'asperges sont presque épuisées à user de ce moyen d'en utiliser la destruction, alors qu'en prolongeant leur existence, ils n'en obtiendraient plus que des produits insignifiants.

B. — *Asperges vertes forcées.*

On plante les griffes sur des couches chaudes ordinaires au moment où leur premier feu est passé ; les griffes doivent avoir trois ou quatre ans ; celles de quatre ans sont les meilleures. On les dispose l'une contre l'autre pour qu'en se soutenant mutuellement, leurs doigts se trouvent dans une position presque droite, ayant seulement leur extrémité inférieure posée sur la couche ; les collets des griffes sont séparés de la surface de la couche par un espace vide qu'on remplit en faisant couler entre les doigts des griffes de bon terreau gras en suffisante quantité ; les collets doivent rester à découvert. Cela fait, on pose les châssis et l'on entretient avec soin la chaleur de la couche ; les asperges commencent à pousser dès les premiers jours, aussi leur végétation s'épuise-t-elle très promptement. Ceux qui se livrent en grand à ce genre de culture forcée doivent planter successivement au moins trois ou quatre fois dans le courant de l'hiver.

C. — *Procédés anglais.*

Les Anglais pratiquent fort en grand la culture forcée des plantes comestibles ; les produits de ce genre de culture trouvent de nombreux acheteurs en Angleterre, où toutes les richesses sont concentrées dans un petit nombre de mains, de sorte qu'il n'y a, pour ainsi dire, que de grands propriétaires. En outre, la nature du climat dans tout le nord de la Grande-Bretagne est telle que, sans le secours de la culture forcée, on y jouirait à peine pendant quelques semaines des produits les plus communs de nos jardins potagers. Les procédés anglais pour la culture forcée de végétaux comestibles sont consignés dans un grand nombre d'ouvrages fort répandus ; ces procédés sont imités en Belgique, en Hollande, en Allemagne, en Russie ; il importe donc de les faire connaître. Ce n'est pas qu'en général, les jardiniers anglais fassent sous ce rapport mieux que les nôtres, mais ils font autrement, parce qu'ils sont placés dans d'autres conditions ; leur exemple peut être profitable à ceux qui se trouvent dans des conditions analogues.

Pour forcer l'asperge, les Anglais préfèrent la chaleur de la vapeur ou celle du thermosiphon, et l'emploi des bâches maçonnées en briques à celles des simples couches recouvertes de châssis. Ils ont raison, car en dernier résultat, ces procédés coûtent moins et donnent des produits plus réguliers et plus certains avec moins d'embarras; mais pour les imiter en ce point, il faut disposer de fonds considérables ; or on sait que les fonds sont le côté faible du jardinage français. Les griffes sont placées, soit dans du fumier, soit dans du tan, quelquefois dans un mélange de tan et de fumier par parties égales; le tan qu'on emploie à cet usage doit être à demi usé : sa chaleur doit être complétement apaisée. Souvent aussi l'on construit avec de bon fumier le dessous de la couche, et avec du vieux tan la partie supérieure, sur une épaisseur de 0m,30 à 0m,40. Si l'on fait usage de fumier seul, ou bien d'un mélange de fumier et de feuilles, il faut que la fermentation soit calmée, et que la plus forte chaleur soit dissipée. Dans ce cas, on réserve les portions les plus sèches et les plus divisées pour former le dessus de la couche. Enfin, un autre moyen fort en usage consiste à planter les griffes d'asperges dans du tan qui a déjà servi à élever du plant d'ananas de première année, et qui ne donne plus aucune chaleur; on applique aux côtés de cette tannée la chaleur de la vapeur ou du thermosiphon.

Les auteurs anglais ne sont pas d'accord sur l'âge que doivent avoir les griffes d'asperges pour être forcées avec le plus d'avantages; les uns préfèrent les griffes de deux ou trois ans; d'autres ne forcent que des griffes de quatre ans au moins et de huit ans au plus, qui ont déjà donné en pleine terre une ou plusieurs récoltes. Nous pensons que l'asperge parvenue à toute sa croissance, à l'âge de trois ou quatre ans, est au point le plus convenable pour donner par la culture forcée un grand nombre de jets vigoureux ; mais si l'on a à sa disposition, à un prix modéré, des griffes un peu plus âgées, pourvu qu'elles ne soient point épuisées, on peut en espérer des produits satisfaisants.

On commence l'opération dans la première semaine de novembre pour obtenir les premiers produits à Noël, époque de réjouissance et de bonne chère chez les Anglais. La température est portée d'abord à 10 degrés; elle doit ne pas dépasser 16 degrés, et être maintenue le plus également possible ; le succès de cette culture en dépend ; un seul moment de refroidissement subit ou bien un coup de chaleur trop vif suffit pour tout perdre; c'est ce qui rend si commode la chaleur essentiellement égale et durable du thermosiphon. On donne de l'air, non-seulement pour laisser dissiper l'humidité surabondante, mais aussi pour colorer les asperges à mesure qu'elles poussent. Quelques arrosages modérés rendent à la couche seulement autant

d'humidité que la chaleur lui en enlève par évaporation.

Les jardiniers anglais n'emploient pas le couteau pour récolter les asperges forcées ; dès qu'elles ont de 0m,06 à 0m,08 hors de terre, ils écartent le terreau tout autour, font glisser leurs doigts le long de la tige jusqu'au collet de la racine, et détachent la base de l'asperge en la tordant ; par ce moyen, ils ne risquent pas d'endommager les asperges naissantes, voisines de celles qu'ils enlèvent.

En lui donnant les soins convenables, une bâche de 9 à 10 mètres de long sur 1m,40 de large, peut fournir assez d'asperges pour la consommation d'une famille depuis Noël jusqu'au printemps. On ne la charge d'abord qu'à moitié; la seconde partie, qui a servi d'abord à d'autres cultures, reçoit les griffes d'asperges assez à temps pour que ses produits succèdent sans interruption à ceux de la première partie.

Les jardiniers anglais qui forcent les asperges sur couche ordinaire couverte d'un simple châssis, suivent exactement le procédé en usage à Paris, tel que nous l'avons indiqué.

§ II. — Haricots verts.

C'est principalement vers la culture forcée de cet excellent légume qu'est dirigée l'industrie des maraîchers spécialement occupés de la culture des primeurs aux environs de Paris. Ce n'est pas seulement, comme on pourrait le croire, un objet de pure gastronomie; le haricot vert est considéré avec raison comme le plus facile à digérer de tous les légumes frais ; les médecins l'ordonnent souvent en hiver aux personnes convalescentes ou valétudinaires assez riches pour le payer. Nous avons dit comment, au moyen de quelques abris peu dispendieux, il est facile de prolonger à peu de frais les récoltes tardives de haricot vert, jusqu'à l'arrivée des premiers froids : les mêmes moyens servent à hâter au printemps les premières récoltes de pleine terre. Il reste néanmoins un long intervalle pendant lequel le haricot vert ne peut être demandé qu'à la culture forcée.

Pour forcer le haricot vert, on ne peut semer en place, la végétation serait trop lente ; il faut semer très serré, en pépinière sur couche chaude, dès les premiers jours de janvier. L'usage le plus généralement suivi est de ne semer qu'après le 15 janvier; beaucoup de jardiniers sont encore persuadés que les semis ne réussiraient pas avant cette époque recommandée dans les traités les plus répandus ; c'est un pur préjugé. Quand par l'état de la saison et l'espoir d'une vente avantageuse le jardinier croit avoir intérêt à gagner du temps, il peut sans crainte, sous le climat de Paris, semer dès le commencement de janvier le haricot nain de Hollande et le haricot flageolet. Le nain de Hollande est un peu plus précoce; le flageolet est plus robuste et sujet à moins d'accidents. Quand les deux premières feuilles sont bien formées, c'est-à-dire trois ou quatre jours après la levée, le haricot est bon à repiquer ; en tardant davantage, on perd du temps inutilement. Le plant de haricot craint les couches trop chaudes, un coup de feu suffit pour le faire jaunir et griller ; il faut maintenir ensuite à une bonne température la couche où le plant a été mis en place à demeure. On repique par touffes de quatre plants ; ces touffes sont disposées en lignes espacées entre elles de 0^m,32 ; on laisse 0^m,16 seulement d'intervalle entre les touffes dans les lignes. Il faut bassiner légèrement avec de l'eau dégourdie pour assurer la reprise ; on doit donner de l'air autant que la température le permet, principalement pendant la floraison. La fructification peut être hâtée en forçant les tiges à se coucher, au moyen de bouts de lattes ou de treillage. L'effet de ce procédé est peu sensible sur le vrai haricot nain de Hollande qui reste toujours très près de terre ; il n'est réellement utile que pour le haricot flageolet qui s'élève davantage. Les premiers produits peuvent être récoltés au bout de trente-cinq à quarante jours. Les semis des premiers jours de janvier peuvent donner des produits pour la vente vers le milieu de février. Les prix sont très variables d'une année à l'autre ; dans le cours d'un hiver ordinaire, ils varient le plus souvent depuis 25 et 30 francs jusqu'à 5 et 6 francs le kilogramme ; au total, il y a rarement à perdre sur cette culture forcée qui, bien conduite, n'a contre elle aucune chance défavorable.

En Angleterre, le plus souvent, la culture forcée des haricots se pratique dans le même local que celle des ananas ; le haricot est une plante de l'Inde ; quoique parfaitement acclimaté, il ne craint pas une température élevée, telle que la veulent les ananas. Lorsqu'on lui consacre un local séparé, les couches sont disposées comme celles qu'on destine aux asperges ; elles peuvent sans inconvénient être un peu plus chaudes ; au début une température de 15 degrés, portée ensuite et maintenue entre 18 et 20 degrés, est la plus convenable. Le dessus de la couche doit être recouvert de bonne terre légère de jardin, celle de toutes que les haricots préfèrent ; on sème comme à Paris, en pépinière, pour repiquer en lignes espacées entre elles de 0^{m}35 ; les haricots sont à 0^{m}08 l'un de l'autre dans les lignes. Le reste de la culture est le même qu'en France ; seulement, dès que les haricots verts commencent à donner, on n'arrose plus les plantes que tous les deux jours ; l'arrosage suit immédiatement la récolte qui se fait de même à un jour d'intervalle.

Le haricot souffre difficilement la transplantation quand on la pratique à un état de végétation trop avancé ; les Anglais, pour cette raison, sèment en pots (trois haricots dans chaque pot), au commencement du printemps ; ces pots restent enterrés dans la couche, ou placés sur les dressoirs de la serre à forcer, jusqu'à ce que, dans le courant de mai, la température soit assez douce pour permettre de risquer les haricots en plein air. On les met alors en place avec toute la terre des pots, sans briser la motte ; ils supportent fort bien par ce moyen la transplantation qui, sans cette précaution, leur serait funeste ; leurs produits devancent de quinze jours ceux des haricots les plus précoces qu'on puisse obtenir en pleine terre.

§ III. — Pois verts.

La culture forcée des pois, de même que toutes les cultures qui ne couvrent pas leurs frais, est interdite au jardinier-marchand ; il doit s'en tenir aux procédés que nous avons indiqués pour hâter autant que possible au printemps la fructification des pois en pleine terre ; mais pour l'amateur qui peut en faire la dépense, rien n'est plus agréable que d'obtenir, au cœur de l'hiver, le plus délicat de nos légumes frais. Les petits pois forcés sont toujours de beaucoup supérieurs aux petits pois conservés, quelle que soit la perfection à laquelle on a porté de nos jours l'art de préparer les conserves alimentaires.

La meilleure place pour établir des couches à forcer les pois est sans contredit l'intérieur d'une serre bien aérée, ou d'une bâche ; mais rarement on peut leur consacrer un semblable emplacement réservé pour d'autres destinations. On force les pois sur des couches chaudes ordinaires, avec la seule précaution de leur donner peu d'épaisseur, afin qu'elles ne soient pas sujettes aux *coups de feu*.

Les premiers semis peuvent commencer dès la fin de novembre et se continuer de dix en dix jours jusqu'à la fin de janvier ; ceux qu'on fait vers le 15 décembre sont ceux qui ont le plus de chances de succès. La couche pour les semis doit être garnie à sa surface de 0^m,10 de bonne terre franche de jardin ; le terreau ne convient pas pour cet usage. Il faut semer assez clair, afin que le plant prenne de la force en pépinière, car il supporte le repiquage plus difficilement que le haricot. Dès qu'il atteint la hauteur de 0^m,06 à 0^m,08, il est bon à mettre en place. La couche destinée au repiquage des pois ne doit être que tiède ; on doit la charger de bonne terre très meuble et pas trop grasse, sans la ménager. L'usage ordinaire est de donner au revêtement en terre 0^m,20 d'épaisseur. Il arrive assez souvent que les fibres des racines, attirées par la chaleur de la couche, rencontrent le fumier. Dès qu'elles y ont touché, les pois s'emportent et ne peuvent plus produire que du feuillage ; ou bien, si la couche est un peu chaude, ils grillent et meurent ; dans l'un et l'autre cas il n'y a pas de récolte. Il est donc plus sûr de recouvrir la couche de 0^m,25 à 0^{m}30 de bonne terre ; on peut alors sans crainte repiquer les pois en donnant à la racine la situation verticale qui lui est naturelle, au lieu de l'incliner plus ou moins, ce qui retarde la croissance du plant. On repique deux plants côte à côte, en lignes espacées

entre elles de 0ᵐ,20 ; on peut ne laisser que
0ᵐ,10 de distance entre chaque touffe de deux
plants. Quand les pois ont 0ᵐ,20 de hauteur,
il est temps de les coucher en posant sur le
bas des tiges des bouts de lattes, comme nous
l'avons recommandé pour les haricots verts.
Il faut veiller à ce qu'au moment du couchage,
la terre de la couche ne contienne pas trop
d'humidité. Cette pratique exécutée au moment convenable, n'a pas seulement pour effet
de hâter la floraison ; son but principal est de
déterminer l'émission de tiges latérales, souvent plus productives que la tige du milieu ;
elle a donc une grande influence sur la récolte.
Dès que la partie supérieure des tiges s'est redressée d'elle-même, il faut retirer les lattes ;
l'effet qu'on en attendait est produit ; c'est ordinairement l'affaire de quatre ou cinq jours ;
pendant tout ce temps, si la température est
douce, il faut tenir les châssis ouverts pendant
le jour. On ne peut se dispenser de coucher
les tiges des pois forcés, que lorsqu'on sème
sur couche des pois très nains, disposés à *taller*
naturellement. Chaque tige de pois ne doit
produire que trois ou quatre fleurs ; aussitôt
qu'elles sont suffisamment épanouies, on supprime les pousses supérieures, afin de forcer
les premières fleurs à nouer ; sans cette précaution, elles couleraient ; la récolte n'en serait que plus abondante, parce que d'autres
fleurs fertiles en bien plus grand nombre ne
tarderaient pas à leur succéder ; mais le but
de l'opération serait manqué.

En Angleterre, les pois se forcent ordinairement dans la plate-bande qui règne au pied de
l'espalier, dans la serre à forcer les cerisiers
(cherry-house) ; les pois profitent de la température calculée pour la végétation forcée des
cerisiers. Quand on leur accorde une bâche
séparée, on attache une grande importance à
graduer la température en chauffant plus ou
moins selon le besoin. On donne en commençant de 8 à 10 degrés qu'on porte successivement à 12, puis à 15 quand les pois entrent
en fleurs, ou enfin à 18 et 20 degrés quand les
cosses commencent à s'emplir ; ce procédé
rend la végétation des pois très rapide ; les arrosages doivent être donnés en proportion de
l'élévation de la température.

On force exactement de la même manière
les fèves de marais, qui ne produisent presque rien si, au moment de la floraison, l'on
n'a pas soin d'enlever les sommités pour forcer
les fleurs inférieures à nouer.

La meilleure de toutes les variétés de fèves
pour la culture forcée est la fève en éventail,
dont le grain ne grossit pas et dont la plante
reste toujours basse, en donnant deux ou plusieurs tiges latérales.

§ IV. — Champignons.

La culture du champignon, à l'exception
des environs de Paris et de quelques grandes
villes, est très peu pratiquée en France ; elle
offre cependant de très grands avantages au

jardinier de profession , et une production non
moins agréable qu'utile au jardinier-amateur.

Nous essaierons de combattre ici des pré-
ventions trop répandues contre l'usage d'une
substance alimentaire généralement suspecte,
et non sans motif, eu égard aux accidents auxquels elle a fréquemment donné lieu. Les naturalistes modernes s'accordent pour placer les
champignons sur la limite entre le règne végétal et le règne animal , mais plus près du règne
animal. En effet, leur substance est très azotée:
cuits dans l'eau, leur bouillon offre tous les
caractères et jusqu'à l'odeur d'osmazôme des
bouillons de viande les plus concentrés. Les
champignons, quant à leur effet alimentaire,
se comportent exactement comme les substances animales ; ils rassasient promptement et
ne peuvent être pris qu'en médiocre quantité,
comparativement aux autres aliments végétaux. Pris au moment convenable de leur développement, ils ne peuvent faire aucun mal ;
ils sont seulement dans le cas de tous les mets
très nourrissants ; ils donnent de violentes in-
digestions lorsqu'on en mange trop à la fois.

Mais, le même champignon qui, cueilli en
temps utile, n'aurait offert qu'un aliment salubre, cueilli quelques heures trop tard devient
un poison. On sait combien est malsaine toute
viande seulement un peu trop mortifiée ; les
champignons cessent en fort peu de temps d'ê-
tre mangeables et passent très rapidement à
une putréfaction complète.

Il est trop vrai d'ailleurs que les trois espèces
de champignons sauvages bons à manger sous
le climat de Paris et dans toute la France,
le midi excepté, le champignon *comestible*
(fig. 315), le champignon *effilé* (fig. 316) et le

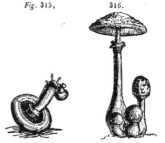

mousseron (fig. 317), ressemblent, à s'y mé-

prendre, à des espèces très dangereuses; il n'est

pas moins vrai que les *cebs* (*fig*.317 *bis*) et les *oronges* , si communs dans le midi , où tout le monde en mange impunément, sont mortels sous le climat de Paris. Pour n'en citer qu'un exemple trop célèbre, nous rappellerons la mort funeste du cardinal Caprara, légat du Saint-Siége pour le Concordat sous l'empire. Ce prélat ramassa des oronges dans le bois de Vincennes; en dépit de toutes les représentations, il voulut absolument les manger, disant que les Français laissaient perdre, par préjugé, les mets les plus délicats ; il en mourut, ainsi que le cuisinier italien qui les avait apprêtés ; mais tout danger disparait en s'en tenant aux champignons de couches, car les couches ne *peuvent* produire que des champignons comestibles, et aucune autre espèce ne saurait y croître. Les champignons cultivés sont exempts de toute espèce de danger, pourvu qu'ils soient cueillis et employés frais, c'est-à-dire avant que leur chapeau ne se soit étalé, et tandis que les bords en sont encore repliés en dedans ; il n'y a donc aucune comparaison à faire entre les champignons sauvages et les champignons cultivés. Les premiers n'ont sur les autres qu'un seul avantage , immense , à la vérité , aux yeux de bien des gens : ils ne coûtent que la peine de les ramasser ; mais, d'une part, ils ne donnent en tout que pendant 4 ou 5 semaines par an; de l'autre , ils peuvent être mêlés à des champignons nuisibles ; les autres sont tous bons et donnent toute l'année.

Dans plusieurs grandes villes, entre autres à Nantes (Loire-Intérieure), les accidents causés par les mauvais champignons étaient devenus si fréquents depuis quelques années, que l'autorité a dû préposer un pharmacien à leur inspection, opération longue et délicate, qui malgré toute l'expérience de l'inspecteur, peut encore laisser échapper quelques champignons vénéneux.

Détails de culture.

Les couches disposées comme nous l'avons indiqué (*voir* Couches) , ont surtout besoin d'être tenues à l'abri du contact de l'air et de la lumière. Des celliers parfaitement obscurs, de grandes caves très saines, ou d'anciennes carrières abandonnées, exemptes d'humidité, sont les emplacements les plus convenables pour cette culture.

L'obstacle principal , loin de Paris, consiste dans la cherté du blanc de champignon, et dans la difficulté de s'en procurer de bonne qualité. Nous avons décrit le procédé que M. Pirolle donne comme le tenant du hasard ; on peut toujours faire prendre ainsi le blanc naturellement à de bon fumier de cheval , d'âne ou de mulet, et en obtenir d'excellents champignons en abondance. On doit apporter beaucoup de soin dans la cueillette des champignons sur la couche ; on est certain d'arrêter la production si l'on ne sait pas détacher légèrement le pied du champignon, en le faisant tourner sur lui-même, sans déranger le blanc duquel il est

sorti , et qui doit donner naissance à ses successeurs.

Il faut aux couches à champignons très peu d'humidité et une température aussi égale que possible, qui ne doit pas dépasser 12 degrés centigr. , ni descendre au-dessous de 10 degrés. Les Anglais attachent beaucoup d'importance à la culture des champignons, pratiquée chez eux sur une très grande échelle. Nous croyons utile de faire connaître quelques-uns des procédés recommandés par les horticulteurs les plus distingués de cette nation pour la production artificielle et la conservation du blanc de champignon.

M. Nicol recommande un procédé usité longtemps avant lui par Miller, et consigné dans son *Dictionnaire du jardinage;* il consiste à former les couches, moitié de pur crottin de cheval, moitié de terre légère, par lits de $0^m,10$ à $0^m,15$ d'épaisseur, sans y mettre le blanc ; les couches se transforment elles-mêmes en une masse de blanc, et donnent une année entière, quelquefois même deux ans de suite; mais elles sont lentes à produire, et il faut les attendre plusieurs mois. On n'obtiendrait aucun résultat si on y employait du crottin d'animaux nourris au vert ; il ne viendrait pas de champignons. M. Nicol affirme avoir appris cette particularité à ses dépens.

M. Wales emploie un mélange de deux parties de fumier de vaches, une partie de fumier de mouton et une de fumier de cheval. Ces substances , exactement divisées et passées à la claie, sont mises en tas de forme conique dans un lieu sec d'une température de 10 à 12 degrés ; le blanc s'y met quelquefois en trois semaines; quelquefois, surtout pendant l'hiver, il se fait attendre deux mois et demi. Le blanc ainsi obtenu est supérieur à celui qu'on ramasse au pied des champignons sauvages, ou sur les couches épuisées. Le temps le plus convenable pour cette préparation est le mois de mars, avant que les animaux n'aient commencé à recevoir une partie de leur ration en fourrage vert.

M. Mac Phail construit des briques analogues pour la forme et le volume aux briques à bâtir, en se servant d'un mélange de fumier de vache, de mouton et de cheval, par parties égales, avec une partie de feuilles de fougère sèche brisée, et une quantité d'eau suffisante pour donner au mélange la consistance voulue. Les briques étant façonnées, on pratique dans chacune d'elles un trou dans lequel on place un fragment de blanc de champignon qu'on recouvre avec le morceau enlevé pour faire le trou; les briques sont ensuite placées en tas, mais de manière à laisser entre elles un peu d'espace pour la circulation de l'air ; en peu de temps, chaque brique devient une masse de blanc qu'on peut employer aussitôt pour garnir des couches à champignons.

Quoique cette singulière substance soit fort délicate de sa nature, et qu'on ne rien la fasse périr, néanmoins elle peut conserver pendant plusieurs années son énergie productive, pourvu qu'on la tienne en réserve dans un lieu bien sec. J'avais laissé par mégarde, dit Miller, près du fourneau de ma serre, une grande quantité de blanc de champignons; il y était devenu tellement sec que je le regardais comme entièrement perdu; j'essayai de m'en servir; je le trouvai plus productif que tout autre.

Les horticulteurs allemands ont emprunté des Russes l'usage de faire venir en hiver des champignons en serre chaude. On utilise à cet effet les places obscures et libres dans la serre, sans nuire au coup d'œil. On y dispose sur des dressoirs des caisses longues et profondes; du reste, le procédé de culture et la couche pour obtenir des champignons sont les mêmes qu'en France. Quelquefois, en Angleterre et en Allemagne, on consacre à la culture des champignons un local construit exclusivement pour cette destination; outre les couches posées à terre, il en contient un grand nombre d'autres sur des dressoirs, par étages (*voir* Serre à forcer, *fig.* 158, page 39).

Champignon effilé (agaricus attenuatus). — Ce champignon, d'un goût presque aussi agréable que le champignon comestible ordinaire, est supporté par un pédoncule long et mince auquel il doit son nom. Les champs cultivés, spécialement ceux qui ont reçu leur fumure l'année précédente, en sont littéralement couverts après la moisson, en Bretagne et dans tout l'ouest de la France, où on le connaît sous le nom très impropre de petit *potiron;* nous n'avons jamais vu qu'il ait donné lieu à aucun accident. On peut l'obtenir artificiellement par un moyen très simple; il consiste à enterrer à quelques centimètres de profondeur, dans une situation horizontale. en terre légère, des rondelles de bois vert de peuplier, depuis la fin d'août jusqu'au milieu du mois d'octobre. Si le temps était excessivement sec, il faudrait arroser légèrement.

Morille (fig. 318.) — On n'en a point essayé la

Fig. 318.

culture, quoiqu'elle offre tout autant de chances de succès que celle des champignons; nous ne pouvons qu'engager les amateurs à des essais sur couche, avec plus d'humidité qu'on n'en

donne aux champignons. On pourrait employer les germes fibreux ramassés au pied des morilles sauvages pendant le mois de juin. L'*Encyclopédie d'horticulture de Loudon* cite, mais sans aucun détail, un jardinier, M. Lightfoot, qui aurait obtenu des morilles de *semences;* les morilles n'ont point de semences; peut-être en pourrait-on semer des fragments; ce serait enrichir nos jardins d'un produit toujours cher, et justement recherché.

Section II. — *Légumes-racines et salades.*

Cette partie de la culture forcée des végétaux comestibles est très négligée en France, bien que peu de jardiniers s'en occupent sérieusement; et pourtant, ceux qui s'y livrent aux environs de Paris, obtiennent des légumes-racines forcés, en hiver, un prix très avantageux; on ne force guère, aux environs de Paris, que deux légumes-racines, la pomme de terre et la carotte.

§ 1er. — Pomme de terre.

On doit préférer, pour la culture forcée, la marjolin, ou l'une des variétés les plus précoces des pommes de terre jardinières. On les plante séparément, vers le milieu de janvier, dans des pots remplis au tiers de leur hauteur avec de bonne terre légère; puis on achève de remplir les pots jusqu'à ce que les tubercules soient seulement recouverts de quelques centimètres de la même terre. Ces pots sont placés soit dans une couche chaude, soit sur des dressoirs, dans une serre à forcer. A la fin de février, les pommes de terre qu'on a eu soin d'arroser modérément selon le besoin, sont levées en motte, et transplantées dans une couche préparée comme pour forcer l'asperge; on les met en place à 0m,30 de distance, en tout sens; il faut avoir soin de leur donner de l'air aussi souvent que la température le permet. Les tubercules sont bons à récolter en mars et avril; ils succèdent à ceux qu'on obtient des pommes de terre profondément enterrées, pour les empêcher de végéter au printemps, puis déterrées et plantées en pleine terre à l'air libre, vers la fin de juillet (*voir* Pomme de terre, culture naturelle, page 232).

Le procédé suivant peut être pratiqué à peu de frais par ceux qui cultivent d'autres primeurs dans une bâche ou une serre à forcer. Une pousse de pomme de terre détachée du tubercule est plantée au fond d'un pot de grandes dimensions, aux trois quarts vide, dans une bonne terre légère de jardin, convenablement arrosée. A mesure que la plante s'allonge. on remet de temps en temps de nouvelle terre dans le pot, jusqu'à ce qu'il soit plein, en laissant dehors seulement l'extrémité supérieure de la plante. Ce procédé réussit particulièrement quand les pommes de terre ainsi cultivées sont placées dans une serre spacieuse à forcer des arbres à fruits, parce que les plantes ont besoin de beaucoup d'air quand elles sont en pleine végétation. En renouvelant successivement les plantations, on peut jouir des produits pendant tout l'hiver, du 15 janvier au 15 mars.

Il arrive assez souvent, quand on conserve des pommes de terre dans du sable frais, qu'elles s'y enracinent, et donnent naissance à de petits tubercules qui sont quelquefois vendus comme des produits de la culture forcée ; c'est une fraude difficile à reconnaître. Les petites pommes de terre ainsi obtenues ne valent rien, et ne sont mangeables qu'autant qu'on les emploie immédiatement ; elles ne peuvent se conserver au-delà de quelques jours.

§ II. — Carotte.

On sème les carottes sur couche tiède à la fin de décembre, en ménageant la chaleur dans les premiers temps pour la porter successivement de 10 à 18 degrés. On éclaircit de très bonne heure, et l'on entretient une humidité suffisante en donnant de l'air de temps en temps. Les carottes ainsi traitées ne sont pas destinées à devenir plus grosses que le petit doigt ; elles se vendent à cet état à des prix tellement avantageux, que peu d'autres cultures forcées sont plus profitables. En semant successivement à quatre reprises différentes, à dix jours d'intervalle, on prolonge la récolte des carottes forcées jusqu'à celle des premières carottes précoces de pleine terre. La carotte toupie de Hollande est celle de toutes qui se prête le mieux à la culture forcée.

On peut forcer exactement de la même manière des panais qui se mangent très jeunes, comme les carottes, des radis et des petites raves. Pour les radis, on couvre la couche, non pas avec du terreau, mais avec de bonne terre de jardin, plutôt toute légère ; le petit radis rose, et le rose demi-long de Metz sont les meilleurs pour la culture forcée.

§ III. — Capucine tubéreuse (*tropœlum tuberosum*).

La culture de ce tubercule se commence sur couche et s'achève en pleine terre ; il n'aurait pas le temps de se former sous le climat de Paris si l'on ne hâtait sur couche tiède la végétation de la plante, afin d'en obtenir des pousses nombreuses dont chacune peut devenir une bouture qu'on repique en place, à bonne exposition, dès que les gelées ne sont plus à craindre. Les tiges doivent être buttées à plusieurs reprises, à mesure qu'elles s'allongent ; elles donnent par ce procédé un grand nombre de tubercules. Leur saveur est forte et piquante, accompagnée d'une odeur musquée qui ne plait pas en général aux palais européens ; cependant, plusieurs peuples de l'Amérique du Sud font de ces tubercules leur nourriture habituelle ; on sait d'ailleurs combien les végétaux alimentaires peuvent être profondément modifiés par la culture. Les tubercules de la capucine tubéreuse ont sur tous les autres tubercules alimentaires l'avantage de se conserver d'une année à l'autre, sans s'altérer, sans se flétrir, et de ne point germer comme la

pomme de terre ; il suffit de les garantir de la gelée. En commençant de très bonne heure la culture forcée de la capucine tubéreuse, au plus tard vers la fin de janvier, on est à peu près sûr d'avoir des fleurs au milieu de l'été ; ces fleurs ont dans ce cas toutes les chances pour donner des graines fertiles dont on peut espérer des variétés, comme on en a obtenu en si grand nombre de la pomme de terre.

M. Hamon, jardinier en chef du Jardin des plantes de Lyon, qui s'est particulièrement occupé en dernier lieu de la culture du *tropœlum tuberosum*, regarde cette plante comme très facile à cultiver, très productive, très propre à rendre d'importants services, soit dans la grande culture, soit dans la culture jardinière. On objecte, dit M. Hamon, que c'est une plante des régions intertropicales ; mais il en est de même de la pomme de terre et du haricot, que cependant nos paysans et nos jardiniers ne songent point à abandonner.

§ IV. — Batate.

Nous adoptons ce nom traduit de l'espagnol (*batatas*) ; les Espagnols l'avaient emprunté à la langue des naturels de l'Amérique méridionale. On désigne si souvent sous le nom de *patate* la pomme de terre et ses variétés, qu'il nous a semblé nécessaire d'appliquer exclusivement le nom de *batate* au tubercule du *convolvulus batatas*.

La destinée de cette plante est assez remarquable. Introduite en Europe depuis plus de trois siècles, elle y a d'abord joui d'une grande réputation comme objet de gastronomie ; on lui attribuait, en outre, des propriétés médicales imaginaires. Tombée depuis dans l'oubli, la batate, dont la saveur est agréable quoiqu'elle soit un peu trop sucrée au goût de quelques personnes, commence à être accueillie avec un peu plus de faveur ; cependant, la consommation de ses tubercules fait peu de progrès et ne semble pas destinée à devenir jamais fort étendue, au moins sous le climat de Paris. La batate peut donner, par la culture forcée, des tubercules bons à être cueillis depuis le 15 juin jusqu'à l'entrée de l'hiver.

Pour obtenir des batates de primeur, il faut commencer à forcer la plante sur couche tiède dès la fin de février ; on continue les plantations de quinze en quinze jours, jusqu'à la fin d'avril. On recouvre de 0m,04 ou 0m,05 de bon terreau une couche tiède ordinaire, sur laquelle on pose les tubercules à plat, très près les uns des autres, en ayant soin toutefois qu'ils ne se touchent pas ; on couvre ensuite de 0m,06 à 0m,08 de terreau les tubercules ainsi disposés. Ils ne tardent pas à émettre une multitude de jets dont chacun est déjà garni de racines qui lui sont propres, moins de quinze jours après qu'ils ont dépassé le niveau de la couche ; ces jets sont traités comme du plant enraciné. Si la saison est assez avancée pour qu'il soit possible de les mettre en place en plein air, dans une plate-bande bien exposée, on leur donne depuis

0^m,50 jusqu'à 0^m,80 d'espace en tout sens, selon le volume que doivent acquérir les plantes et leurs tubercules, volume très variable d'une espèce à l'autre. Un large espacement est toujours nécessaire à la batate pour pouvoir butter les rameaux qui courent dans toutes les directions sur le sol, opération qui se fait à deux ou trois reprises différentes. Les produits, dans ce cas, sont beaucoup plus abondants que quand les pieds sont plantés très près les uns des autres, et que les tiges ne sont pas buttées.

Les batates de primeur, qu'on a commencé de très bonne heure à forcer sur couches, ne peuvent être mises en place que sur couche, afin d'y terminer le cours entier de leur végétation ; ce sont celles qui ont le plus de chances pour donner des fleurs et des graines fertiles. La batate, au moment où on la transplante, a besoin d'être garantie contre les rayons solaires par un châssis recouvert d'un paillasson, lorsqu'elle est sur couche, et par un abri temporaire semblable à celui qu'on donne en pareil cas aux citrouilles lorsqu'elles sont en pleine terre (voir page 236, fig. 309 et 310). La batate veut beaucoup d'eau à toutes les époques de sa végétation.

Les tubercules, au moment de la récolte, doivent, si le temps le permet, rester quelque temps à l'air et au soleil, pour dissiper une partie de leur eau de végétation ; ils en sont plus faciles à conserver. Les tubercules des batates de primeur ne se récoltent pas tous à la fois ; comme ils ne se développent que successivement, on les met à découvert en écartant la terre avec précaution, et l'on enlève seulement ceux qui sont bons à être cueillis, ce qui ne nuit pas au développement ultérieur de ceux qui restent.

On conserve les tubercules de batate dans du sable fin ou dans de la terre bien sèche passée au crible ; il est bon que la température du lieu où on les garde se maintienne le plus également possible à 8 ou 10 degrés ; moins elle varie, mieux les batates se conservent.

Dans le midi de la France et dans quelques parties de l'Italie, particulièrement en Toscane, la batate commence à prendre rang parmi les végétaux de grande culture pour la nourriture des hommes et celle des animaux. (Pour la culture en grand de la batate dans les pays méridionaux de l'Europe, voir *Journal d'agriculture pratique*, t. V, p. 217.)

§ V. — Salades.

Si l'on se reporte à ce que nous avons dit (page 219) de la culture naturelle des salades qui se commence sur couche sous cloche ou châssis, pour se terminer en pleine terre à l'air libre, on verra que nous avons peu de chose à ajouter relativement à leur culture forcée. En effet, il suffit de semer et de repiquer d'assez bonne heure en octobre et novembre, pour que le plant mis en place sous cloche ou sous châssis, sur couche tiède, y termine sa croissance avant le printemps, et donne des salades dont les récoltes

rejoignent celles des salades de pleine terre. La laitue crêpe et la romaine verte sont les meilleures pour la culture forcée ; elles ont cela de particulier qu'elles parviennent à toute leur grosseur sans avoir jamais reçu d'air, à aucune époque de leur existence ; aussi ce procédé est-il nommé par les jardiniers *culture à l'étouffée*.

SECTION III. — *Plantes à fruits comestibles.*

La nature n'offre à l'homme aucune production qui l'emporte sur les fruits comestibles. Nous avons dit comment on peut prolonger la jouissance des fruits des *arbres* par la culture forcée (*voir* Culture forcée des arbres fruitiers) ; c'est encore aux procédés artificiels qu'il faut recourir pour obtenir dans toute leur perfection et dans toutes les saisons de l'année les fruits des *plantes*, parmi lesquels se trouvent les deux plus délicieux produits alimentaires du règne végétal, l'ananas des régions tropicales, et la fraise des pays tempérés.

§ 1er. — Ananas.

Le fruit de cette plante est sans contestation le meilleur de tous ceux que la nature prodigue à l'homme dans les contrées intertropicales. L'horticulture est assez perfectionnée pour permettre d'obtenir ce fruit parfaitement mûr en Europe, quoiqu'il ne puisse être comparé avec celui des plantes venues sur leur sol natal. La consommation des ananas est fort étendue dans les pays riches ; bien que la production augmente d'année en année, on ne remarque pas une baisse de prix considérable ; la culture des ananas est et sera longtemps encore une des plus productives aux environs des grandes villes.

L'ananas, étant originaire des contrées les plus chaudes de l'ancien et du nouveau continent, exige en Europe un plus haut degré de chaleur artificielle que toute autre plante cultivée pour ses fruits. Cette circonstance a donné lieu à une erreur encore trop généralement accréditée, qui fait regarder l'ananas comme une plante délicate et difficile à cultiver. Il n'y a pas longtemps encore, il ne fallait pas parler en France de cultiver l'ananas sans avoir, sinon une serre chaude, au moins une bâche construite et chauffée à grands frais pour ce seul objet. Aujourd'hui, tout horticulteur sait que ce fruit incomparable n'a nullement besoin du secours d'un foyer pour croître et mûrir ; une couche chaude avec une bonne tannée lui suffit. L'ananas, pour parvenir à parfaite maturité, n'est pas plus difficile à élever que le concombre de primeur, dit un auteur anglais ; il est moins sujet aux attaques des insectes que le pêcher ; les insectes, lorsqu'ils l'attaquent, lui font moins de tort que les chenilles n'en font au chou, le plus commun de nos légumes ; ses chances de destruction sont donc excessivement réduites, et sa culture, bien dirigée, réussit constamment. Parmi les espèces les plus avantageuses à cultiver, les plus précœcs sont celles que les Anglais nomment la reine, et la reine moscovite, peu connues en France, où on leur préfère comme hâtif l'ananas de Cayenne sans épines; pour le volume, il faut choisir l'ananas de la Trinité et le violet d'Antigoa; lorsqu'on tient plus à la grosseur qu'à la finesse du fruit, c'est l'ananas d'O-taïti et le blanc de la Providence qui doivent être préférés; enfin, si l'on ne cultive qu'une espèce pour la vente, il n'en est pas qui réunisse les conditions de volume et de qualité à un degré plus parfait que l'ananas violet d'Antigoa; cette espèce et celle que les Anglais nomment blak-Jamaïca, donnent les ananas les meilleurs et les plus parfumés.

A. — *Préparation de la terre pour les ananas.*

On forme un mélange intimement incorporé de deux parties de terre normale; une partie de terre de bruyère, une partie de terreau et une partie de fumier gras. Ce compost doit être tenu à l'abri et préparé six mois d'avance; néanmoins, en cas de presse, on n'est pas indispensablement obligé d'attendre aussi longtemps, pourvu que l'on multiplie les façons à la bêche.

Les Anglais font usage d'un autre mélange moins dispendieux en ce qu'il n'exige pas de terre de bruyère que, dans certaines localités, on ne peut se procurer qu'à grands frais.

Au mois d'avril ou de mai, on lève sur une pelouse, dont le sol doit être une terre forte et substantielle, des gazons épais seulement de 0m,05 à 0m,06; les meilleurs de tous sont ceux qui reposent sur un sol d'un brun rougeâtre. On les étend, le vert en dessous, dans une pâture où l'on conduit fréquemment les moutons, afin qu'ils soient bien pénétrés d'urine et mêlés d'excréments. A la fin de l'été, on met en tas tous ces gazons bien hachés avec le tranchant de la bêche, et incorporés de manière à former un tout bien homogène. Une fois ou deux chaque mois, on retourne les tas, et on leur donne une façon à la bêche. Au bout de six mois, la terre ainsi préparée est bonne à employer; elle n'en vaut que mieux lorsqu'il est possible de la laisser vieillir d'une année à l'autre; on doit se garder de la passer à la claie, elle deviendrait trop compacte. Cette terre n'est jamais employée pure. Pour les jeunes plantes, trois parties sont incorporées avec une partie de terreau de feuilles de chêne pourries et une demi-partie de sable grossier; pour les plantes prêtes à donner leur fruit, les proportions sont trois parties de terre et deux de terreau auxquelles on ajoute un vingtième en volume de suie de cheminée. Ces composts se font toujours plusieurs mois d'avance; ils doivent être travaillés à plusieurs reprises pour se trouver parfaitement homogènes au moment où l'on a besoin de s'en servir.

Les jardiniers français commettent généralement la faute de donner aux ananas une terre trop peu substantielle; ils y trouvent, à la vérité, l'avantage d'une fructification plus prompte, mais les fruits sont d'une qualité inférieure, soit pour le goût, soit pour le volume. Les Anglais commettent la faute contraire, en donnant aux ananas une terre trop forte; les plantes y prennent une vigueur excessive qui tourne presque toute au profit des feuilles, et retarde la fructification. Aussi, Speechly, celui de tous les auteurs anglais qui s'est le plus spécialement occupé de la culture des ananas, recommande-t-il comme un précepte essentiel de proportionner la dose de sable à la nature de la terre des gazons. Lorsque cette terre est un sol léger, le sable est inutile. Toutefois cet habile praticien préfère un sol plutôt trop léger que trop fort, parce que, dans une terre de cette nature, les jeunes plantes peuvent gagner une année sur le temps nécessaire à leur fructification.

B. — *Choix du plant.*

L'ananas produit rarement en Europe des semences assez mûres pour servir à sa multiplication; mais la nature y a pourvu en donnant à cette plante, outre un grand nombre d'œilletons qui naissent du bas de la tige, une touffe de feuilles surmontant le fruit, et susceptible de donner naissance à une plante nouvelle; cette touffe est connue des horticulteurs sous le nom de *couronne*. Les couronnes sont aussi bonnes que les œilletons, pourvu qu'on ne plante que celles qui ont une vigueur suffisante; la seule indication qu'on puisse donner à cet égard est prise de la base de la couronne, nommée *talon* par les jardiniers; toute couronne dont le talon n'a pas au moins 0m,20 de circonférence doit être rejetée. Les œilletons sont considérés comme d'autant meilleurs qu'ils se sont formés plus haut sur la tige le long de laquelle ils naissent ordinairement; l'expérience prouve que ceux qui partent de la naissance des racines donnent rarement de bonnes plantes. Lorsqu'on détache la couronne du fruit ou les œilletons de la tige, comme toutes les parties de l'ananas sont charnues et très succulentes, le talon du plant est toujours extrêmement humide; s'il était planté dans cet état, il ne manquerait pas de pourrir en terre, et ne pouss
erait point de racines. Il faut donc, après avoir coupé net le bas du plant avec une lame bien tranchante, laisser ensuite la plaie se cicatriser pendant huit jours au moins avant de planter. Le plant d'ananas supporterait même un délai d'un mois et plus. Lorsqu'on veut former une nouvelle plantation d'ananas, il faut choisir l'époque de l'année où il s'en consomme le plus, soit au cœur de l'été pour les glaces, soit en hiver dans la saison des réunions et des soirées; on peut alors, en s'entendant avec quelques glaciers ou confiseurs, se procurer à très peu de frais des couronnes; on n'en recevra qu'une petite quantité à la fois; mais s'il faut un mois ou deux pour compléter le nombre qu'on désire, on verra que les premières cueillies ne végéteront pas moins bien que les autres.

On doit l'introduction de la culture de l'ananas en Europe à un horticulteur de Leyde en Hollande, M. Le Court, français d'origine, qui fit venir des Antilles les premiers plants d'ananas, empaquetés dans de la mousse; il continua longtemps à faire ainsi traverser l'Atlantique au plant d'ananas, sans qu'il parût en souffrir, bien que la navigation d'Amérique en Europe fût dans ce temps-là beaucoup plus lente que de nos jours.

Les fins amateurs d'ananas qui tiennent à conserver pures leurs variétés, rejettent, comme mélangées de plusieurs espèces qu'on ne peut distinguer avant la venue du fruit, les couronnes vendues par les consommateurs; il est certain que la reproduction par les œilletons des plantes dont on a vu le fruit n'est pas sujette à cet inconvénient.

C. — Plantation.

L'ananas est une plante triennale qui ne donne son fruit que la troisième année, sans cependant employer trois années révolues pour son entier développement. La culture des ananas de variétés très hâtives peut être menée à bien en dix-neuf mois; c'est son terme le plus court; elle dure ordinairement deux années comprenant la seconde tout entière, six mois de la première et six de la troisième. Les trois époques de la croissance de l'ananas obligent à diviser en trois compartiments l'espace consacré à sa culture. Dans le premier, il est placé, comme en pépinière, dans des pots ayant $0^m,10$ à $0^m,15$ de diamètre, et $0^m,18$ à $0^m,20$ de profondeur; ces pots ont dans le fond deux ou trois fentes pour l'égouttement de l'eau: ils sont remplis de gros cailloux à $0^m,03$ ou $0^m,04$ de hauteur; le reste est occupé par la terre dont nous avons donné la composition. L'on y place le plant à $0^m,03$ ou $0^m,04$ de profondeur, en ayant soin, pour mieux assurer la reprise, de retrancher toutes les petites feuilles du bas environnant le talon. Nous ne saurions trop recommander de bien s'assurer au moment de la plantation que le talon et les coupures sont parfaitement cicatrisés, sans quoi la reprise du plant est presque impossible. Il ne faut pas placer les pots indistinctement dans la bâche; les plants les plus forts doivent être mis en arrière, et les plus faibles sur le devant. Il est avantageux de tenir le vitrage de la bâche aux ananas de première année aussi bas que possible, sans qu'il puisse néanmoins toucher aux plantes.

Les ananas passent sur la seconde division la majeure partie de la seconde année; ils ne passent à la troisième que quand ils montrent leur fruit.

Nous l'avons dit, et nous devons le répéter ici, l'ananas peut croître, prospérer et mûrir parfaitement sur une couche chaude ordinaire; elle lui suffit, sans autre chaleur artificielle à tous les âges de sa croissance; on la fait, pour cet usage, aussi chaude que possible, en partant de ce principe que l'ananas ne peut jamais avoir trop chaud sur la couche, et qu'au-dessous de 25 degrés centigrades il ne peut que languir.

Lorsqu'on n'emploie pas d'autre chaleur que celle du fumier, il est bon de renouveler très souvent les réchauds, et d'avoir toujours une bâche disponible pour le moment où la couche épuisée doit être démontée et refaite à neuf. Il en est de même de la tannée qui ne garde guère au-delà de trois mois une chaleur suffisante pour les ananas. On combine le plus souvent ces deux moyens en échauffant par la vapeur la bâche aux ananas, et les tenant plongés dans une couche de tan dont la fermentation lente est par elle-même une source de chaleur. La température de la bâche aux ananas ne doit jamais tomber au-dessous de 25 degrés la nuit comme le jour; il faut autant que possible la maintenir à 30 degrés; la plante supporte très bien 10 degrés de plus. Lorsqu'on peut entretenir cette chaleur dans la bâche au moyen des conduits remplis de pierres échauffées par la vapeur, ou de couches de pierres sur lesquelles reposent les pots contenant les ananas, la tannée peut être remplacée par de la mousse entassée entre les pots. Sans la difficulté de se procurer partout de la mousse en quantité suffisante, la tannée serait supprimée presque partout. On a proposé récemment en Angleterre de substituer au tan le son, et spécialement le son d'avoine, très abondant en Écosse, où le gruau d'avoine forme la base de la nourriture d'une grande partie de la population. Il n'est pas douteux que le son en fermentation ne doive produire une chaleur élevée et durable, mais il doit être excessivement favorable à la production de toute espèce d'insectes. Les feuilles de chêne, surtout si on les ramasse au moment de leur chute, lorsqu'elles n'ont encore subi que peu d'altération, sont à tous égards le meilleur élément de chaleur artificielle pour les couches destinées aux ananas.

D. — Détails de culture.

Les ananas ne se plantent pas forcément dans des pots; on peut leur faire passer un an dans le terreau de la bâche, ils n'en auront que plus de vigueur. Les ananas passent d'ordinaire un an, et jamais moins de 10 mois, dans la bâche pépinière. Il n'est pas nécessaire d'attendre, comme on le fait pour d'autres cultures, que la couche récemment établie ait jeté son feu; on peut y mettre immédiatement les pots d'ananas, eût-elle de 40 à 45 degrés, le plant ne s'enracinerait que plus facilement. Après l'avoir légèrement bassiné avec de l'eau à la température de la bâche, il faut le laisser dans un repos parfait, à l'abri de l'air et d'une trop vive lumière, jusqu'à ce que les feuilles en se développant annoncent que les racines sont formées. L'abondante vapeur humide et chaude qui s'exhale de la couche au moment de sa plus forte fermentation, étant concentrée sous le vitrage, est singulièrement favorable à la végétation des ananas durant leur premier âge. On les arrose ensuite selon le besoin et on leur donne de l'air quand la température du dehors le permet. Il est bon pendant les nuits d'hiver de couvrir les vitrages avec des toiles maintenues par des cylindres afin de pouvoir, au moyen de deux cordes, les faire descendre ou monter à volonté. Les arrosages peuvent être donnés avec beaucoup de ménagements pendant toute la durée de la culture des ananas, pourvu qu'on bassine fréquemment les feuilles, sans humecter la terre, et qu'on entretienne dans l'atmosphère de la bâche une humidité chaude, indispensable à la végétation de cette plante. La plupart des auteurs recommandent un arrosage par semaine, en automne et au printemps, et deux par semaine en été ; nous ne connaissons rien de plus défectueux que ces prescriptions générales ; chaque plante végète à sa manière ; il faut les surveiller pour leur donner à boire selon leur soif et non pas avoir des jours d'arrosage pour toutes les plantes altérées ou non. Le principe général que nous avons posé en parlant des arrosages dans l'orangerie et les serres, s'applique dans toute sa rigueur à la culture des ananas ; dès que la végétation devient stationnaire, il faut cesser d'arroser. Les plantes n'ont rien à gagner à la prolongation forcée de leur végétation par un excès de chaleur dans la bâche, il vaut mieux lui laisser suivre son cours naturel. Les Anglais donnent à leurs ananas, dès la reprise de leur végétation au printemps, des arrosages nutritifs avec un engrais liquide consistant en colombine mêlée de crottin de daim, délayés dans de l'eau. Ce dernier article indique assez que le plus grand nombre des cultures d'ananas en Angleterre est établi chez les très grands seigneurs, dont les parcs sont peuplés de daims. En France, le crottin de chèvre ou de mouton peut parfaitement s'unir à la colombine délayée dans l'eau, pour former un excellent engrais liquide à l'usage des ananas. Nos jardiniers se garderaient bien, pour la plupart, de nourrir aussi fortement leurs plantes ; elles en seraient trop retardées ; aussi jamais, ou bien rarement, voyons-nous sur nos tables ces magnifiques ananas que savent faire croître les horticulteurs anglais qui n'en récoltent presque aucun, quelle que soit l'espèce, avant la troisième année.

De toutes les opérations de la culture de l'ananas, la plus importante pour arriver à un bon résultat est celle du rempotage. L'ananas partage avec quelques autres végétaux la faculté de remplacer chaque année par de nouvelles racines celles de l'année précédente, qui périssent d'elles-mêmes à mesure que les autres leur succèdent. Lorsque l'ananas a rempli de ses racines le premier pot dans lequel il a été planté, sa croissance serait entravée si on ne se hâtait de lui donner un pot plus grand ; toutefois il ne faut pas dans l'opération du rempotage, lui donner un pot de trop grandes dimensions ; les racines, en se développant outre

mesure, ne feraient que retarder la fructification. En Angleterre, on se contente, avant de rempoter les plantes, de retrancher seulement les racines altérées et vieillies, en conservant soigneusement les nouvelles ; en France, on suit généralement la méthode du rempotage à nu, c'est-à-dire qu'on retranche toutes les racines, jeunes ou vieilles, et qu'on laisse à la force végétative de la plante le soin d'en refaire d'autres. Cette pratique ne paraît pas avoir de grands inconvénients lorsque du reste la culture est bien conduite. Au lieu du gravier qu'on avait dû mettre au fond des premiers pots pour l'égouttement, il vaut mieux, dans le même but, garnir les pots avec des fragments d'os brisés, par-dessus lesquels on pose les ananas dans la terre convenablement préparée. Les os attirent les racines de l'ananas qui puise une alimentation très substantielle dans la décomposition lente de la gélatine.

Le même retranchement de la totalité des racines se répète à chaque rempotage, principalement lorsqu'on a fait passer aux plantes une partie de la seconde année en pleine terre, soit dans la bâche aux ananas, soit en plate-bande dans le jardin, sous un vitrage, au pied d'un mur, à l'exposition du midi. Dans ce dernier cas, les racines sont devenues si longues qu'il ne faut pas songer à les faire entrer dans un pot ; il n'est pas non plus possible de les rogner ; la moindre coupure leur est mortelle et elles se refont très difficilement ; il faut donc les enlever en totalité. Si l'on disposait d'un espace suffisant dans une bonne serre chaude, il n'est pas douteux qu'on n'obtînt des ananas beaucoup plus beaux et meilleurs en leur laissant achever en pleine terre la dernière année de leur végétation. Nous avons vu pratiquer ce procédé en Belgique, avec le plus grand succès.

L'ananas a pour ennemi principal une sorte de punaise blanchâtre, que les jardiniers nomment pou. Miller dit que cet insecte, inconnu dans les serres à l'époque où les ananas furent importés pour la première fois en Europe, y est venu avec les premiers plants d'ananas apportés d'Amérique en Hollande. L'infusion de tabac est le meilleur moyen de s'en débarrasser. Dans ce cas, on dépote les plantes, on secoue le terreau adhérent aux racines, on rattache les feuilles ensemble, mais sans les presser, et l'on plonge le tout dans un baquet plein de cette infusion. A la température de 30 à 35 degrés, elles peuvent y séjourner sans inconvénient pendant 8 à 10 minutes. On les suspend ensuite la tête en bas, pour les laisser égoutter ; puis on les replante, et les insectes sont ordinairement détruits. Bien peu de nos plantes de serre les plus vigoureuses résisteraient à une pareille opération ; l'ananas ne paraît pas en souffrir tant qu'il n'a pas encore montré son fruit.

Quand le fruit de l'ananas est cueilli, la culture de la plante n'est pas encore entièrement terminée ; il faut, si l'on veut en obtenir du plant de bonne qualité, retrancher tous les œilletons, à l'exception de deux ou trois, couper la tige au-dessus du dernier œilleton, et donner quelques arrosages; en peu de temps le plant est bon à être employé. Cette dernière opération est très importante, car elle peut faire gagner plusieurs mois à la fructification des ananas.

E. — *Frais et produits.*

FRAIS.

Les frais de cette culture sont presque toujours fort élevés, en raison du temps et du local qu'il faut lui consacrer. Nous avons dit que les ananas exigeaient trois compartiments, l'un pour la bâche-pépinière, l'autre pour les plantes de seconde année, le troisième pour les plantes à fruit. Comme chaque année les plantes acquièrent un volume plus considérable, la seconde bâche doit être plus grande que la première, et la troisième plus grande que la seconde, non toutefois dans les proportions que les ananas rendraient nécessaires, s'ils croissaient tous de la même manière; mais lors même qu'on ne cultive qu'une seule espèce, les œilletons n'ayant pas tous la même vigueur végètent fort inégalement; c'est un avantage pour le jardinier qui pourrait être embarrassé d'un trop grand nombre de fruits à vendre à la fois, et n'aurait dans ce cas d'autre ressource que de les retarder en abaissant la température de la troisième bâche, ce qui non-seulement nuit à la qualité du fruit, mais encore peut en faire perdre une partie. Heureusement ces fruits précieux viennent l'un après l'autre, de sorte que le local n'a pas besoin de correspondre exactement pour la 3ᵉ année au volume des plantes faites, comparé à celui des œilletons récemment plantés.

Nous supposerons en premier lieu que la culture des ananas est conduite par le moyen du thermosiphon, et que la bâche-pépinière ayant à l'intérieur un développement de 10 mètres de long sur 3 mètres de large, peut recevoir à l'aise 450 ananas. Le local pourra consister, soit en trois bâches séparées, soit en une seule construction à trois compartiments, isolés par des cloisons vitrées. Dans le premier cas, la seconde bâche aura 13 mètres de long et la troisième 16 mètres; dans le deuxième cas, l'ensemble des trois compartiments aura un développement de 39 mètres de long, la largeur étant toujours de 3 mètres

Deux thermosiphons semblables à celui dont nous avons donné la description (*voir* Chaleur artificielle, Thermosiphon), suffisent pour chauffer un semblable local. Deux foyers, brûlant en moyenne pour 40 c. de tourbe par jour, peuvent coûter, à 80 c. par jour pendant six mois, 144 fr., mais comme on ne peut pas se procurer partout de la tourbe, et que tout autre combustible est d'un prix beaucoup plus élevé, cette dépense sera presque partout de 180 fr. par an, et pour deux ans, durée ordinaire de

la culture des ananas, 360 fr. On peut ne pas tenir compte du plant qu'on se réserve ordinairement dans la vente des fruits; d'ailleurs cette culture une fois établie, on a toujours des œilletons à jeter. Les pots, dont il faut trois assortiments au moins, la colombine, qu'on n'a pas toujours gratuitement, la terre d'ananas, le tan ou la mousse, et d'autres menues dépenses de détail, peuvent s'élever ensemble à environ 60 fr.

Le jardinier qui n'aurait toute l'année que ses ananas à soigner, se croiserait les bras les trois quarts du temps, mais il lui faudrait des aides à l'époque des plantations et à celle des rempotages. Nous croyons être fort près de la réalité en admettant que le cours complet de la culture des ananas, telle que nous la supposons, demande 80 journées entières, prises par fractions, et valant, à raison de 3 fr. par jour, 240 fr.

Il faut ajouter à ces diverses dépenses l'entretien et le loyer des bâches, ainsi que l'intérêt des 400 francs dépensés pour établir les thermosiphons, dont nous ne comptons pas les frais d'entretien, parce qu'ils n'ont presque jamais besoin de réparations.

Toutes ces dépenses réunies donnent les chiffres suivants:

Chauffage............................	360ᶠ
Main-d'œuvre.........................	240
Frais divers..........................	60
Loyer des serres......................	300
Intérêts du prix du thermosiphon........	20
TOTAL......	**980**

PRODUITS.

450 ananas à 5 fr. la pièce..............	2,250
Différence, ou bénéfice net...	1,270

Chaque ananas obtenu par ce procédé revient à un peu moins de 2 francs 18 centimes. Le total du capital employé, en supposant les bâches construites exprès, se trouve, par approximation, de 5,000 francs; il a donc produit un intérêt de 25 fr. 40 cent. pour cent en deux ans, ou 12 fr. 70 cent. par année. D'après la manière ordinaire de compter, ce bénéfice de 12 fr. 70 cent. pour cent étant considéré comme le salaire du travail du producteur, le prix des journées devrait être retranché de la somme des dépenses, ce qui porterait le bénéfice à 1,510 fr., soit 15 fr. 10 cent. pour cent d'intérêt annuel du capital.

Mais ce bénéfice est en réalité beaucoup plus considérable, soit parce que les ananas les plus beaux et les plus précoces sont vendus de 10 à 15 francs et quelquefois davantage, soit parce que, indépendamment des ananas, les bâches contiennent des fraisiers ou des fleurs forcées en pots placés sur des dressoirs, dont les produits obtenus presque sans frais particuliers viennent en déduction des frais de culture des ananas.

Lorsqu'on chauffe les bâches par le procédé

économique de la vapeur combinée avec l'emploi des pierres concassées recouvertes de mousse, les frais d'établissement sont à peu près les mêmes que ceux du thermosiphon; mais comme on n'a besoin que d'un seul foyer, et qu'on l'allume plus rarement que les deux foyers du thermosiphon dans l'exemple précédent, on trouve sur le chauffage une économie de 200 francs, et sur la main-d'œuvre, pour la même raison, une réduction de 60 francs, ce qui porte la dépense totale à 720 francs au lieu de 980, la recette restant la même; dans ce cas, le bénéfice net se trouve porté à 1,530 fr.

Il ne faut pas oublier que ces chiffres sont de simples approximations; la culture de l'ananas, une fois en train, il s'établit un roulement qui ne laisse jamais vide aucun des trois compartiments, de telle sorte que, si le premier contient 450 ananas, il peut, dans le cours d'une année, en fournir aux bâches suivantes trois ou quatre fois autant; le jardinier, après la première période de sa culture, c'est-à-dire dès la troisième année, aura *presque toujours* des ananas à vendre; il en vendra plus ou moins, selon son habileté à les faire croître et la qualité des espèces cultivées dans ses bâches; mais il n'y a pas d'exagération à admettre que sa troisième bâche se videra au moins deux fois dans le cours d'une année, et qu'en réalité, il aura vendu par an, non pas 450, mais 900 ou 1,000 ananas. Sans doute, il faut tenir compte du chapitre des accidents, quoique cette culture bien conduite en ait réellement fort peu à redouter.

Nous avons choisi le compte d'une culture d'ananas durant la première période de deux ans, pour montrer les dépenses qu'elle nécessite; mais, pour les périodes subséquentes, les produits sont nécessairement beaucoup plus élevés que pour la première.

Nous donnerons, en faveur des amateurs qui ne disposent que de ressources limitées, le prix de revient de 40 ananas, nombre bien suffisant pour la consommation d'un ménage, et qu'on peut obtenir parfaitement mûrs au moyen de la modique dépense de 110 francs répartie ainsi qu'il suit; il est bien entendu que la main-d'œuvre ne doit pas figurer dans ce compte, le plaisir de cultiver soi-même cette ambroisie végétale devrait plutôt compter parmi les bénéfices de sa culture.

Trois couches chaudes avec leurs réchauds...	75 f
Terre, pots, colombine, etc.	5
Intérêts des châssis vitrés,	30
TOTAL	110

Les couches et leurs réchauds absorbent au moins pour 150 francs de fumier; mais comme, après avoir servi à cet usage, le fumier qui doit être renouvelé fréquemment a encore au moins la moitié de sa valeur, la dépense se réduit en effet à 75 francs.

Il arrive très souvent que le propriétaire, s'il habite la campagne, possède un cheval, et ne

doit pas acheter le fumier; dans ce cas, la dépense se réduit presque à rien, puisqu'il n'y a de déboursés réels en argent que le capital des châssis vitrés, et 5 francs de menus frais. Ajoutons qu'il en est de l'amateur comme du jardinier de profession lorsqu'il continue sa culture; les frais pour les années qui suivent les deux premières vont en décroissant, et les produits peuvent aisément être doublés; les prix que nous donnons sont d'ailleurs ceux de Paris, beaucoup trop élevés pour les départements.

Que l'amateur d'horticulture peu favorisé de la fortune ne dédaigne point, quand il est placé près d'une grande ville, la riche culture de quelques bâches d'ananas. Ce travail, qui ne sera pour lui qu'un délassement, lui permettra de peupler sa serre des plus belles plantes exotiques, sans grossir son modeste budget.

§ II. — Fraisier.

La fraise est si généralement estimée que le soin de l'obtenir hors du temps où elle peut être récoltée en pleine terre, fait partie essentielle de la besogne du jardinier qui s'occupe de culture forcée; on récolte les dernières fraises à l'air libre, en octobre; celles de l'année suivante ne sont mûres qu'au mois de juin; c'est durant cet intervalle que la fraise doit être forcée. L'opération dure de 60 à 70 jours, depuis le moment où les fraisiers entrent dans la serre, jusqu'à la récolte des premiers fruits. On peut, à la rigueur, commencer à forcer le fraisier dès le 15 octobre, mais le succès est très aventuré; rarement on obtient de très bons résultats de la culture forcée du fraisier, lorsqu'on commence avant le mois de janvier; plus on commence près de l'équinoxe de printemps, plus les produits sont abondants et délicats; on doit être approvisionné de fraisiers mis d'avance en pots et prêts à être forcés, pour pouvoir regarnir la serre de vingt en vingt jours, jusqu'au 15 mars. Les fraisiers qu'on commence à forcer en mars sont toujours les plus productifs; leur fruit est beaucoup meilleur que celui des fraisiers forcés pendant l'hiver.

A. — *Préparation du plant.*

Les fraisiers qu'on se propose de forcer doivent être mis en pots longtemps d'avance; le jardinier qui n'a point à se préoccuper des considérations de temps, d'espace et d'argent, met tous les ans au printemps dans des pots de grandeur convenable, des fraisiers qu'il doit forcer l'hiver suivant; c'est la meilleure méthode, c'est-à-dire celle qui donne les produits les plus beaux et les plus certains. On choisit du plant de coulants de l'année précédente, sain et vigoureux; on met de trois à cinq plants dans un pot de 0m,16 de profondeur sur 0m,16 de diamètre à sa partie supérieure; la terre dont on remplit les pots doit être la plus fertile dont on dispose; on la débarrasse avec le plus grand soin des vers et des larves d'insectes nuisibles qui peuvent s'y rencontrer. Le plant veut être attaché à la terre par un bon arrosage au moment de sa mise en pot. On enterre les pots dans une plate-bande bien exposée; on arrose souvent et largement; les boutons des fleurs sont supprimés ainsi que les coulants à mesure qu'ils se montrent.

Le jardinier qui doit forcer les fraisiers dans le but d'en vendre les produits ne met le plant en pot qu'au mois de juillet ou d'août, soit qu'il se serve de plant de coulants de l'année, soit qu'il mette en pot des fraisiers de deux ans qui ont déjà porté une récolte; dans les deux cas, le résultat est à peu près le même. Lorsque la saison de forcer est commencée, le plant destiné à être forcé le dernier doit attendre son tour sous châssis, dans une situation seulement assez abritée pour qu'il ne souffre pas du froid; il importe qu'il n'ait pas assez chaud pour entrer prématurément en végétation.

B. — *Détails de culture.*

Le fraisier peut être forcé à une très haute température; c'est ce qui a lieu lorsque le jardinier qui s'adonne particulièrement à la culture de l'ananas, garnit la serre aux ananas de dressoirs qu'il couvre de pots de fraisiers. Les fraises ne sont dans ce cas qu'un produit accessoire, auquel on ne peut, bien entendu, sacrifier la santé des ananas, considérés comme le produit principal. La plupart des fraisiers ainsi chauffés avec excès portent très peu de fleurs; mais comme leur culture ne cause aussi que très peu de dépense et de peine, on se contente du peu de fraises qu'on en obtient. Lorsqu'on accorde aux fraisiers un local spécial, ce qu'on doit faire quand on veut en forcer une bonne quantité, il ne faut leur donner en commençant que 10 degrés; au moment de la floraison, on porte la température à 15 degrés maintenus pendant la formation du fruit. Si l'on fait marcher de front la culture des fraisiers et celle des ananas, on peut porter dans la serre aux ananas les fraisiers dont les fruits sont à moitié de leur grosseur; une haute température en accélère la maturité.

Trois espèces sont essentiellement propres à la culture forcée; leurs produits se succèdent dans la serre comme ils se succèdent naturellement en pleine terre à l'air libre, ce sont :

1° La fraise des Alpes des quatre saisons; la variété dépourvue de coulants (buisson de Gaillon) est la meilleure.

2° La fraise écarlate; la meilleure est l'écarlate de Virginie.

3° La fraise ananas; le gros capron commun est le plus avantageux.

Les fraisiers forcés doivent être fréquemment arrosés; on ne doit, lorsqu'ils sont en fleurs, les arroser qu'au collet de la racine; l'eau répandue sur les feuilles et les fleurs diminue sensiblement les produits. Après la récolte, les pots contenant les fraisiers qui ont été forcés se placent en terre, dans une position ombragée; en leur donnant les soins nécessaires, ils peuvent être forcés une seconde fois et donner l'hiver suivant une seconde récolte aussi abondante que la première.

§ III. — Melon.

Le melon est, ainsi que le fait observer M. Lindley, la seule plante annuelle cultivée dans les jardins qui donne un fruit mangeable et même assez bon, à l'état sauvage, c'est-à-dire tel qu'il croît dans son pays natal (Asie-Mineure), sans avoir été modifié par la culture. Par compensation, le melon est de toutes les plantes de sa tribu (cucurbitacées) celle qui croît le plus lentement, de quelque manière qu'on s'y prenne pour hâter sa croissance. Ainsi le concombre, plante très voisine du melon, botaniquement parlant, peut donner son fruit mûr par la culture forcée 50 et même 45 jours après avoir été semé; les melons les plus hâtifs, forcés dans les circonstances les plus favorables mettent toujours au moins de 75 à 80 jours avant de donner des fruits mûrs. Mais cette durée de la végétation du melon peut être de beaucoup augmentée par l'époque à laquelle on a commencé leur culture forcée. Le minimum de 75 jours ne s'obtient que pour les melons semés en mars, aux approches de l'équinoxe, époque à partir de laquelle les jeunes plantes peuvent profiter des longs jours et de la vive lumière qui leur auraient manqué en hiver. Quand on force des melons à partir de décembre, il leur faut de 110 à 120 jours pour donner des fruits mûrs; si l'on commence à la fin de janvier, il faut de 90 à 100 jours. Les melons semés à ces deux époques ne valent pas ceux qu'on commence à forcer un mois plus tard, à la fin de février; ils ne les devancent de plus de 8 à 10 jours, mais une différence en donne une très importante sur les prix. Les melons forcés encore plus tard, du 20 mars au 1er juin, sont les meilleurs de tous; mais ils ne sont pas de grande primeur, parce qu'ils ne devancent pas d'assez loin les melons de pleine terre.

Ainsi que nous l'avons déjà fait observer, on ne mangerait pas un seul melon mûr en France, excepté sur notre extrême frontière du midi, si l'on ne hâtait sur les couche les melons destinés à terminer leur croissance en pleine terre. Les procédés que nous avons décrits en traitant de la culture naturelle du melon sont les mêmes pour la culture forcée; nous n'avons rien à ajouter à ce que nous avons dit des méthodes de transplantation et de taille du melon. (*Voir* culture naturelle, page 237 et suivantes.)

Pour la culture forcée, les semis en pot sont préférables aux semis à même la couche qui exigent plus tard un repiquage en pot, puis une transplantation. Les jardiniers anglais suivent constamment cette dernière méthode recommandée par tous leurs auteurs qui seraient fort embarrassés de la justifier. On enterre les pots jusqu'au bord dans la couche; lorsqu'ils ont besoin d'être arrosés, on les bassine avec de l'eau dégourdie dans laquelle on a délayé un peu de colombine en poudre pour activer leur végétation. Pendant la première période de leur croissance, depuis les semis jusqu'au moment où le fruit est bien noué, les melons forcés veulent une température de 16 à 18 degrés, et plus tard 18 à 25 degrés, en augmentant progressivement jusqu'à l'époque de la maturité des fruits ; on ne peut trop recommander de n'arroser les melons forcés qu'avec beaucoup de prudence, et seulement pour éviter une sécheresse absolue; rien ne nuit plus aux melons forcés que des arrosages trop abondants.

Les jardiniers anglais obtiennent de leurs melons forcés deux récoltes de suite, et la seconde de ces deux récoltes est souvent meilleure que la première. Cette méthode s'applique surtout avec avantage aux melons dont les fruits ont mûri dans la première quinzaine de juin. Aussitôt que le fruit est cueilli, on taille court pour provoquer deux pousses latérales qu'on taille elles-mêmes quelques jours plus tard, ce qui donne en tout quatre bonnes pousses. On renouvelle alors avec précaution le terreau du dessus de la couche autour de chaque plante qu'on arrose largement jusqu'au moment de la floraison, après quoi l'on n'a plus qu'à traiter ces melons comme du plant de semis qui serait parvenu au même état de végétation. Quand les nuits deviennent fraiches, on couvre les châssis de paillassons ; on donne de l'air, tant que la température le permet, et de l'ombre pendant les journées de grande chaleur, et l'on obtient des melons mûrs vers la fin de septembre, quelquefois plus tôt. En France, on procède n'est pas suivi, et il mérite peu de l'être, si ce n'est sur notre frontière du nord. Partout ailleurs les melons ainsi obtenus, quoique très bons sans aucun doute, se trouveraient en concurrence avec la grande abondance des melons obtenus en pleine terre par la culture naturelle. En Angleterre, au contraire, on ne cultive pas de melons autrement que par la culture forcée, par conséquent les fruits de la seconde récolte se placent avec presque autant d'avantages que ceux de la première.

§ IV. — Concombre.

La consommation du concombre en France n'est pas très étendue, si ce n'est dans nos départements du midi où la douceur de la température et la brièveté des hivers permettent d'en jouir très longtemps sans recourir aux procédés de la culture forcée. Sous le climat de Paris il n'en est pas tout-à-fait de même ; mais si les concombres étaient aussi généralement recherchés à Paris qu'ils le sont, par exemple, en Angleterre, rien ne serait plus facile que d'en avoir presque toute l'année.

A la fin de janvier et dans les premiers jours de février, on sème sur une couche chaude, préparée comme pour les melons, les concombres de grande primeur. Lorsqu'on tient à

avoir des récoltes qui se succèdent sans interruption, on continue de semer de 15 en 15 jours, jusqu'au printemps. Plus les jours allongent, plus on avance vers le beau temps, et plus la végétation des concombres forcés est rapide. Les premiers semés ne mettent pas moins de 60 à 70 jours pour donner leur fruit ; les derniers donnent des fruits bons à être cueillis mûrs en 40 ou 50 jours.

Les concombres se multiplient également bien de boutures ; il faut les planter dans le terreau de la couche. dans une position très oblique, et les couvrir d'une cloche jusqu'à ce qu'ils aient repris, puis les accoutumer peu à peu au contact de l'air, et les traiter ensuite comme du plant de semis.

Le concombre forcé veut 14 à 15 degrés la nuit, et 16 à 17 degrés pendant le jour jusqu'à l'époque de sa floraison; on peut alors augmenter graduellement la chaleur pour le porter à 20 degrés, et l'y maintenir avec beaucoup d'égalité au moyen de réchauds placés à cet effet sur les côtés de la couche (voir Couches, p. 34). Les concombres sont bons à être cueillis de 15 à 20 jours après que le fruit est noué.

§ V. — Tomates et piment

La facilité de conserver pour la consommation d'hiver le suc exprimé à froid des tomates mûres à l'arrière-saison donne peu d'intérêt à la culture forcée de ce fruit, culture qui n'offre du reste aucune difficulté. Au lieu de semer au printemps, comme on le fait pour avancer les tomates qui doivent achever de croître et de fructifier en plein air, on sème dès la fin de janvier, et l'on transplante de bonne heure sur couche tiède. Une température de 10 à 12 degrés suffit jusqu'aux approches de la maturité du fruit; on peut alors la porter à 15 ou 16 degrés. Les tomates forcées n'ont pas assez de valeur pour trouver place dans la serre à forcer ou les bâches du jardinier de profession ; elles ne peuvent être qu'un objet d'agrément pour le jardinier amateur.

Les piments ou poivrons, dont le fruit, d'une saveur poivrée très prononcée, s'emploie comme assaisonnement, ne sont cultivés en grand que dans le midi où l'on en connaît 3 ou 4 variétés qui toutes ont des propriétés identiques. Sous le climat de Paris on ne peut obtenir ce fruit que sur couches, exactement comme les tomates. On voit quelquefois figurer comme plante d'ornement sur le marché aux fleurs, à Paris, des piments chargés de leurs fruits mûrs d'un beau rouge ; ces fruits séchés au soleil s'emploient comme épice, mais toujours en très petite quantité.

Liste des produits qu'on peut obtenir chaque mois d'un jardin fruitier et potager bien tenu, sous le climat de Paris.

Les listes suivantes constituent une sorte de calendrier approprié au jardin fruitier et au potager, inutile sans doute au jardinier qui sait son métier, mais fort utile à tout amateur, à tout propriétaire qui veut n'être pas tout-à-fait à la discrétion de son jardinier, et connaître d'avance quelles sont les productions que celui-ci doit savoir lui fournir successivement, sauf le chapitre des accidents et des mécomptes causés par les intempéries des saisons. Nous considérons, pour plus d'ordre et de clarté, comme appartenant à chaque mois de l'année, les produits qui, récoltés durant les mois antérieurs, peuvent avoir été conservés, et être livrés à la consommation aux époques que nous indiquons.

Janvier.

a. Plantes de pleine terre, à l'état frais.

Chou d'Alsace, de Milan, chou rouge, chou vert, spruyt de Bruxelles, épinards, oseille, persil, poirée, bette, poireaux, mâches.

b. Plantes fraîches, sur couches, sous châssis.

Laitue, chicorée, céleri, cresson alénois, radis roses, petites raves, radis noirs (raifort), champignons.

c. Produits conservés frais.

Carottes, navets, pommes de terre, topinambours, oxalis, panais, betteraves, salsifis, scorsonères, scolymes d'Espagne, artichauts, choufleurs, brocolis.

d. Produits conservés secs.

Haricots, fèves, pois. lentilles, ognons, ail, échalottes, coriandre, anis, fenouil.

e. Plantes et fleurs sèches.

Thim, sauge, marjolaine, mélisse, camomille romaine, fleurs pectorales.

f. Fruits.

Pommes, poires, coings, nèfles, raisin, amandes, noix, noisettes, châtaignes.

Quelques grappes de raisin, prunes, cerises du nord, et groseilles, peuvent avoir été conservées jusqu'à cette époque sur la branche qui les a nourries, et paraître au dessert à l'état frais.

g. Produits forcés.

Haricots verts, pommes de terre, salades, radis.

Ananas, melons d'hiver, raisin, fraises, oranges, grenades, et autres fruits des tropiques peu répandus, qui se forcent comme l'orange (jambos ou jamrose, mangue, banane, goyave, etc.), batate.

Février.

Pour les lettres *a, b, d, e,* mêmes produits qu'en janvier.

c. Produits conservés frais.

Les artichauts, choufleurs et brocolis conservés sont épuisés ; le reste comme en janvier.

f. Fruits.

Poires, pommes, nèfles, coings, raisins conservés, amandes, noix, châtaignes.

g. Produits forcés.

Mêmes produits qu'en janvier ; asperges forcées.

Mars.

Mêmes produits qu'en février ; mais les espèces de fruits conservés frais dans le fruitier deviennent moins nombreuses.

Il faut ajouter aux fruits forcés les premiers concombres ; les fraises et le raisin forcés doivent donner en abondance.

Avril.

a. Plantes fraîches de pleine terre.

Les choux pommés, y compris les choux rouges, sont épuisés ; il ne reste en pleine terre que les spruyts, ou choux de Bruxelles, et quelques choux verts. Les premiers choux d'York et cœurs-de-bœuf commencent à être cueillis à la fin d'avril. Radis et petites raves.

f. Fruits.

Poires, pommes, les dernières grappes de raisin, noix, noisettes, amandes.

g. Produits forcés.

Mêmes produits qu'en mars, auxquels il faut ajouter les premiers melons forcés. Les haricots verts, les pois et les fèves forcés doivent être en pleine récolte ; prunes et cerises sur arbres nains en pots ; le reste comme ci-dessus.

Mai.

a. Produits frais de pleine terre.

Choux d'York, premiers choux blancs pommés, choufleurs, brocolis, premiers pois verts sur les costières bien exposées, radis et petites raves, salades de toute espèce, asperges en pleine récolte, petits ognons, ciboules, civette, fournitures de solade de toute espèce.

e. Plantes et fleurs aromatiques et médicinales.

Sauge, menthe, marjolaine, mélisse, fleurs pectorales à l'état frais.

f. Fruits.

Derniers produits du fruitier.

g. Produits forcés.

Haricots verts et en grains frais, concombres, ananas, melons, fraises, pêches, figues, cerises, groseilles, prunes.

Juin.

a. Plantes fraîches de pleine terre.

Toutes les espèces de choux d'été, de choufleurs et de brocolis ; haricots verts, et à la fin du mois haricots en grains ; pois verts, fèves de toute espèce ; carottes, turneps, radis ; pommes de terre nouvelles ; épinards, tétragone, oseille, arroche, bettes ; asperges ; artichauts précoces ; salades de toute espèce et fournitures de salades ; ognons, ciboules et civettes, à l'état frais.

b. Plantes fraîches sur couches.

Champignons.

c et *d.* Les produits conservés secs et frais sont à peu près épuisés.

e. Plantes et fleurs aromatiques et médicinales.

Angélique pour confire ; fleurs et plantes du mois précédent, à l'état frais; on commence à les sécher pour l'hiver.

f. Fruits.

Premières cerises précoces à l'espalier au commencement du mois ; pleine récolte de cerises à la fin du mois ; fraises, groseilles, framboises ; le fruitier n'offre plus que les fruits à coque ligneuse (noix, noisettes, amandes).

g. Produits forcés.

Les mêmes que pour le mois précédent ; de plus, abricots.

Juillet.

a et *b.* Plantes fraiches de pleine terre et de couches.

Tous les produits du mois précédent, moins les asperges qui sont épuisées ; cornichons nouveaux ; céleri.

c et *d.* Les produits conservés frais sont épuisés ; les produits en grains secs pour la consommation d'hiver (pois, fèves, haricots) commencent à se renouveler.

e. Plantes et fleurs aromatiques et médicinales.

Comme le mois précédent.

f. Fruits.

Pêches, brugnons, abricots, prunes précoces, premières poires d'été, premières pommes précoces, dernières cerises, groseilles, framboises, fraises, melons et concombres.

Dans le fruitier, fruits à coque ligneuse.

g Produits forcés.

Les mêmes que ceux du mois précédent.

Août.

a. Plantes fraiches de pleine terre.

Tous les produits du mois précédent ; de plus, topinambours, betteraves jaune et rouge, salsifis, scorsonère, scolyme, ail, ognons, échalottes, cardons, citrouilles et giraumons, tomates et aubergines.

b. Plantes fraiches sur couches.

Champignons.

c et *d.* Sans usage à cause de la grande abondance des produits frais ; récolte de légumes secs pour la provision d'hiver.

e. Récolte et conservation de plantes aromatiques et médicinales.

f. Fruits

Pommes, poires, prunes, pêches, brugnons, abricots, figues, groseilles, fraises, framboises ; amandes fraiches, noix pour cerneaux, noisettes fraiches ; melons, fraises, framboises.

g. Produits forcés.

Batates nouvelles ; ananas, raisin, figues ; oranges, citrons, grenades ; goyaves et fruits des tropiques en abondance.

Septembre.

a. Plantes fraiches de pleine terre.

Tous les produits du mois précédent ; céleri-rave.

b. Plantes fraiches sur couches.

Champignons.

c, d et *e.* Comme le mois précédent.

f. Fruits.

Tous ceux du mois précédent, moins les variétés précoces épuisées ; raisin blanc et noir.

g. Produits forcés.

Tous ceux du mois précédent.

Octobre.

a. Plantes fraiches de pleine terre.

Choux pommés, choux de Milan, choufleurs, brocolis, derniers pois verts d'arrière-saison, derniers haricots frais en grains, haricots verts ; pommes de terre, topinambour, oxalis crenata, carottes, navets, panais, salsifis, scorsonère, scolyme, artichauts, cardons, céleri, céleri-rave ; ail, ognons, poireaux, échalottes ; dernières salades de pleine terre ; fournitures de salades ; mâches et raiponces.

b. Plantes fraiches sur couches.

Champignons.

c Produits conservés frais.

Citrouilles, giraumons ; pommes de terre et tous les légumes racines.

d. Produits conservés secs.

Haricots, pois, fèves, et tous les légumes secs ; graines aromatiques (anis, fenouil, coriandre).

e. Plantes et fleurs sèches.

Toutes les plantes aromatiques et médicinales récoltées en été.

f. Fruits.

Pommes, poires, coings, nèfles, amandes, noix et noisettes fraiches ; premières châtaignes ; dernières pêches d'automne à l'espalier, quelques pêches de plein-vent ; prunes et abricots d'espèces tardives, à l'exposition du nord ; figues, groseilles, fraises, dernières framboises ; raisins blancs en pleine récolte ; derniers melons de plein air.

g. Produits forcés.

Ananas, grenades ; fruits des tropiques ; batates.

Novembre.

a. Plantes fraiches de pleine terre.

Toutes celles du mois précédent ; premiers choux spruyts ; épinards, oseille, persil.

b. Plantes fraiches sur couches.

Champignons.

c. Produits conservés frais.

Tous ceux du mois précédent ; plus, choux, choufleurs, brocolis, chicorée, scarole.

d. Produits conservés secs.

Tous ceux du mois précèdent.

e. Plantes et fleurs sèches.

Toutes les plantes aromatiques et médicinales récoltées en été.

f. Fruits.

Pommes, poires, coings, nèfles, amandes, noix, noisettes, châtaignes; dernières groseilles en plein air; cerises de novembre (curiosité); raisins conservés sur le sarment; melons conservés

g. Produits forcés.

Ananas; premières salades et premiers radis forcés; batates.

Décembre.

a. Plantes fraiches de pleine terre.

Choux d'Alsace, chou de Milan, chou rouge, chou vert, chou spruyt de Bruxelles (en pleine récolte); épinards, oseille, persil, poireaux, mâches.

b. Plantes fraiches sur couches.

Champignons, salades, radis, petites raves.

c. Produits conservés frais.

Tous ceux du mois précédent.

d. Produits conservés secs.

Tous ceux du mois précédent.

e. Plantes et fleurs sèches.

Toutes les plantes aromatiques et médicinales récoltées en été.

f. Fruits.

Pommes, poires, coings, nèfles; châtaignes, amandes, noix, noisettes; raisin conservé sur le cep, groseilles empaillées; melons empaillés.

g. Produits forcés.

Ananas, melons d'hiver, batates.

TITRE V. — **Culture des végétaux d'ornement.**

CHAPITRE Ier. — **Floriculture.**

SECTION Ire. — *Fleurs de pleine terre.*

§ Ier. — Parterre. Choix du local; préparation du terrain.

Nous donnerons à cette partie de notre travail autant de développement que le permet le cadre dans lequel nous sommes forcés de nous renfermer. Les jardins paysagers, avec leurs dépendances d'orangeries et de serres chaudes et tempérées, ne sont accessibles qu'à un bien petit nombre d'amateurs, tandis qu'un parterre s'improvise sur une surface de quelques mètres de terrain; celui qui dispose seulement de 3 ou 4 ares, et qui peut leur consacrer une dépense annuelle de 100 à 200 fr., aura certainement,

avec un peu de peine, qu'on peut regarder comme le plus agréable des délassements, un parterre aussi beau, aussi riche de fleurs de pleine terre que le possesseur d'un parc de 100 hectares, entretenu par une dépense annuelle de 40 à 50,000 fr., comme on le voit fréquemment en Angleterre.

Le mot parterre ne signifie en effet, dans sa véritable acception, qu'une ou plusieurs plates-bandes garnies toute l'année des fleurs qu'amène chaque saison. L'heureux climat de la France, sur tous les points de notre territoire, est tellement favorable à toute espèce de végétation, que partout l'établissement d'un parterre est une chose aussi facile qu'agréable; seulement les départements du midi ont à souffrir une moindre interruption de jouissances, en raison de la brièveté des hivers. L'on ne choisit ordinairement l'emplacement d'un parterre que lorsqu'il est à créer, près d'une habitation récemment construite; mais, comme il n'exige aucune disposition spéciale qui rende le sol qu'il occupe impropre à toute autre destination, il peut toujours être déplacé, ce qui donne à cet égard une assez grande latitude.

La nature du sol et celle du climat doivent influer sur le choix; en général, on place le parterre mieux au nord qu'au midi des bâtiments habités; la raison en est simple. Les fleurs ont presque toutes une disposition naturelle à incliner leur corolle vers le soleil, dont plusieurs suivent très exactement la marche sur l'horizon. Supposez le parterre au sud de la maison à la décoration de laquelle il doit concourir, on ne verra jamais des fenêtres de la maison que l'*envers* des fleurs, tandis que s'il est au nord elles tourneront vers les fenêtres toute leur parure. Si cette condition ne peut être remplie, le parterre doit être mis à l'est ou à l'ouest de la maison, afin que les fleurs montrent leur corolle, sinon *de face*, au moins de *trois quarts*. Toutes les formes peuvent être données aux planches du parterre, selon son étendue et le goût de celui qui le dessine; néanmoins, quelques plates-bandes rectangulaires, dirigées autant que possible de l'est à l'ouest, seront réservées pour les plantes qui, présentant dans le même genre un grand nombre d'espèces, ou dans la même espèce un grand nombre de variétés, se cultivent par séries, et portent spécialement le nom de *fleurs de collection*.

En général, la forme à donner aux plates-bandes du parterre est subordonnée au point de vue sous lequel ces plates-bandes doivent être vues le plus habituellement; elles ne doivent jamais, quelle que soit cette forme, avoir une largeur telle que les plantes y fassent confusion.

La plus grande dépense pour la création d'un parterre, comme pour celle de toutes les autres parties du jardin, consiste dans l'amélioration du sol. Très souvent la qualité de la terre n'est pas prise en assez grande considération lorsqu'on bâtit une maison de campagne; la vue, le paysage, la proximité d'une propriété, déterminent le choix de l'emplacement, puis, quand la maison est bâtie on songe au jardin, et l'on reconnaît la plupart du temps que le terrain ne se prête pas au jardinage. Alors, viennent les défoncements, les remblais, les terres rapportées; nul ne sait où de telles dépenses le conduiront lorsqu'il entre dans cette voie, même pour un terrain de peu d'étendue. Une faute que nous avons vu se renouveler presque toujours, augmente encore des frais déjà très considérables ; on répand la terre rapportée sur toute la surface du parterre, puis on en dessine les allées ; il en résulte que le sol des allées, dont la qualité est évidemment indifférente, reçoit autant de bonne terre que tout le reste. Il faut marquer avec des piquets la place des plates-bandes, en extraire, pour consolider le sol des allées, les pierres ou la terre trop compacte, et reporter sur la place que doivent occuper les fleurs, toute la terre de bonne qualité dont on peut disposer. Cette observation est beaucoup plus importante encore pour le parterre que pour le potager, car dans celui-ci on ne laisse que les allées et les sentiers nécessaires au service, tandis que le parterre est essentiellement un lieu de promenade auquel il faut de larges allées.

Lorsque le parterre peut être orné d'un bassin alimenté par un filet d'eau vive, cet embellissement facilite beaucoup la culture ; pour les parterres qui n'ont pas cet avantage, quelques tonneaux enterrés, comme nous l'avons indiqué pour le potager (*voir* Arrosage), sont indispensables. En les tenant constamment remplis bord à bord, loin de nuire au coup d'œil, ils font au contraire un effet très agréable lorsqu'on a soin de les entourer d'un gazon toujours vert, mêlé d'iris, de glayeuls et d'autres plantes amies de l'humidité, munies de larges feuilles qui dissimulent les bords des tonneaux.

Une couche sourde est nécessaire pour fournir toute l'année au parterre le plant de fleurs dont il a besoin, mais quand un potager est joint au parterre, la place naturelle de cette couche est à la suite des autres, dans le potager ; sinon, il faut la placer dans le lieu le moins apparent du parterre.

En Angleterre et en Belgique, on suit à l'égard des parterres un usage moins généralement répandu en France ; il consiste à donner dans les jardins paysagers un très large développement au parterre, et à en faire, pour ainsi dire profiter le public, en le plaçant dans une situation qui le rende visible du dehors. Tous les voyageurs qui ont parcouru la route de Bruxelles à Malines, pendant l'été, savent qu'elle doit à cette attention de la part des propriétaires, l'aspect d'un jardin de 25 kilomètres; nous citerons, entre autres, la propriété de M. le baron de Wellens, à Troisfontaines, qui fait jouir les passants d'un parterre de 2 mètres de large, parallèle à la grande route, sur une longueur de 200 mètres. Il est vrai qu'en An-

gleterre, comme en Belgique, il se passe rarement, même au cœur de l'été, plusieurs jours de suite sans pluie, ce qui exempte les jardins du fléau destructeur de cette poussière calcaire si préjudiciable à nos fleurs quand le parterre est trop voisin d'une grande route.

§ II. — Bordures.

La place du parterre étant choisie, dessinée et amendée selon le besoin, il faut s'occuper de le garnir. Le premier objet auquel on doit songer, c'est à se procurer des bordures pour les compartiments. L'antique buis nain, jadis en possession exclusive de soutenir les plates-bandes bizarrement dessinées des jardins privés et publics, s'harmonisait assez bien avec la tristesse monotone de leurs longues lignes droites; on le retrouverait à peine dans quelques jardins de châteaux habités par d'anciennes familles à idées surannées en horticulture. Dans les parterres de quelque étendue on préfère à toute autre bordure le gazon, fréquemment arrosé et tondu très court toutes les semaines, en été, pour qu'il ne vienne jamais à graine, ce qui emplirait les plates-bandes de mauvaises herbes. Pour les parterres des dimensions bornées, on emploie de préférence les bordures à fleurs, soit annuelles, soit vivaces ; les dernières ont de plus que les autres l'avantage de soutenir la terre en toute saison, ce qui n'est pas sans importance dans les jardins sablés dont les allées ne sont pas très larges ; le peu de terre qui descend perpétuellement des plates-bandes dans ces allées, finit par envahir le sable et par en rendre l'effet presque inutile, quant à la propreté.

A. — *Bordures vivaces.*

Les plantes propres à servir de bordures, soit vivaces, soit annuelles, sont nécessairement peu nombreuses; les principales conditions qu'elles doivent réunir sont : 1° une touffe serrée qui puisse constituer des lignes parfaitement pleines ; 2° une verdure agréable, persistant après l'époque de la floraison ; 3° une floraison suffisamment prolongée ; 4° des tiges ou *hampes* qui ne s'élèvent pas assez pour masquer les fleurs derrière elles dans la plate-bande. Chaque horticulteur doit choisir, selon la localité, les plantes qui rentrent le mieux dans les conditions que nous venons d'énoncer. Nous indiquons ici quelques-unes des plus usitées ; leur mode de culture fera juger, par analogie, de celui que réclament les autres.

1. *Thym.*

On peut, à volonté, planter les bordures de thym (*fig.* 318 *b.*), soit au printemps, soit en automne ; mais à l'exception des contrées exposées à des hivers très rigoureux, la plantation en automne est la plus avantageuse, parce que les racines étant formées avant l'époque des grands froids, la plante peut au printemps faire servir toute son énergie vitale à la production des fleurs.

Fig. 318 bis,   319.

Pour créer une bordure de thym, ou la rajeunir, si le sol et l'exposition sont convenables, il ne faut pas s'occuper des racines, mais choisir les touffes, enracinées ou non, qui présentent la végétation la plus vigoureuse et les planter inclinées dans un sillon de 0m,20 à 0m,25 de profondeur, en laissant seulement dépasser la partie supérieure des tiges, à la longueur de 0m,05. Ce mode de plantation sans racines est un véritable bouturage, qui n'exige d'autre précaution que celle de tasser fortement la terre sur les tiges enterrées. Lorsqu'on n'est pas dans l'intention d'utiliser les produits de ces bordures, et qu'on ne cherche pas par conséquent à leur donner le plus grand développement possible, il est bon de les planter très serrées; le thym reprend toujours, car sa force végétative est très grande; planté trop épais, il donne des tiges moins hautes, ce qui vaut mieux pour les plantes de la plate-bande. Lorsque le thym est tondu très court dès les premiers jours du printemps, ses tiges à fleurs poussent plus nombreuses et plus fournies. Il ne faut jamais attendre plus de trois ans pour arracher et rajeunir les bordures de thym.

2. OEillet mignardise.

De même que le thym, l'œillet-nain, connu des jardiniers sous le nom de *mignonette* ou *mignardise*, peut être planté sans racines, et donner des bordures parfaitement fournies; il est seulement un peu plus difficile sur la qualité du terrain. Il ne doit pas non plus être planté tout-à-fait aussi épais, parce qu'il tale beaucoup. Du reste, il est rustique et supporte également bien les froids rigoureux et les sécheresses prolongées. Sa fleur, dont tout le monde aime l'odeur, analogue à celle du gérofle, dure plus d'un mois. Elle est plus durable encore, lorsque les touffes, étant assez épaisses, bordent une plate-bande dirigée de l'est à l'ouest; dans ce cas, les boutons exposés au midi s'ouvrent près de 15 jours avant les autres; la floraison, pour l'ensemble, est plus prolongée.

La meilleure variété d'œillet-mignardise pour bordure porte une fleur d'un rose clair, elle est semi-double et faiblement couronnée, c'est-à-dire marquée au centre d'une tache seulement un peu plus foncée que le reste de la corolle (*fig.* 319). Les fleurs de cette variété ont l'avantage, comme bordures, de résister parfaitement aux pluies d'orages, et de former de belles lignes sans interruption. La variété du même œillet à fleur très double, à fond blanc, couronnée de pourpre foncé, est incontestable-

ment plus belle; mais pour bordure, elle a l'inconvénient grave de donner des fleurs trop lourdes pour leurs tiges, que la moindre averse suffit pour coucher et salir; puis elles sont toujours moins nombreuses que les fleurs de l'œillet-nain, semi-double.

3. Bellis.

Cette petite plante, plus connue sous le nom de pâquerette à fleur pleine (*fig.* 320), se plait

Fig. 321,   320.

surtout dans les terrains frais, qui lui conviennent particulièrement; une touffe peu volumineuse suffit pour une grande longueur de bordure, parce qu'on peut la diviser presque à l'infini, chaque pied enraciné, si petit qu'il soit, devenant rapidement une grosse touffe qui se couvre de fleurs pendant près de six semaines; il ne faut la planter qu'au printemps, pendant les premiers beaux jours du mois de mars. Il faut observer principalement dans cette opération l'état des racines fibreuses; lorsqu'elles ne sont pas saines, les pieds, même vigoureux en apparence, ne reprennent pas, ce qui produit des vides dans la bordure. Les bordures de bellis doivent être renouvelées tous les deux ans; elles pourraient durer bien plus longtemps, mais à mesure que les touffes s'étendent, les fleurs dégénèrent.

Parmi les bordures vivaces que chacun peut se procurer partout, à aussi peu de frais que les précédentes, les plus agréables sont les primevères et les violettes simples et doubles, spécialement la simple remontante, qu'on peut, avec des soins de culture très faciles, obtenir en fleurs pendant dix mois de l'année.

4. Arénaire ou sabline de Mahon.

Rien de plus délicat et de plus gracieux que cette petite plante avec sa verdure d'émeraude rehaussée par le blanc d'argent de ses fleurs (*fig.* 321). Jusqu'ici, elle n'a guère été employée qu'en raison de la rapidité avec laquelle elle s'étend, presque sans le secours d'aucune terre végétale; aussi sert-elle avec avantage, dans les jardins paysagers, à masquer ou à décorer de belles taches de verdure, des pans de rocher. M. Fion, dans son jardin d'hiver, en a formé des bordures d'un très bon effet. Le sable et la terre de bruyère dans laquelle le sable domine, lui conviennent de préférence aux autres sols; elle peut donc former de charmantes bordures là où les autres fleurs propres à cet usage auraient beaucoup de peine à croître; son seul inconvénient paraît être dans la force de sa végétation qui lui fait en peu de temps envahir un grand espace, mais il est facile de la restreindre en rognant les bordures chaque fois qu'on les trouve trop larges, comme on le fait pour les bordures de gazon.

B. — Bordures annuelles.

Ces bordures sont de simple décoration, elles n'ont point, comme les précédentes, l'avantage de soutenir toute l'année les bords des plates-bandes du parterre ; mais elles ont celui de pouvoir se succéder et de donner ainsi dans l'année plusieurs floraisons. Lorsque les plates-bandes sont très larges, comme elles le sont toujours quand le parterre fait partie d'un grand jardin paysager, on peut, en arrière de la bordure vivace, semer à plusieurs reprises une bordure annuelle, qu'on arrache pour renouveler le semis dès que ses fleurs sont flétries. Peu de fleurs remplissent mieux cet objet que la petite hespéride maritime, plus connue sous le nom de giroflée de Mahon (*fig.* 322) ; elle est

Fig. 323,   322.

annuelle, mais remontante, c'est-à-dire susceptible de refleurir peu de temps après sa première floraison, si, dès que celle-ci est passée, on a soin de la tondre immédiatement et de l'arroser selon le besoin. Les semis peuvent être renouvelés trois fois dans l'année ; ceux d'automne, destinés à fleurir au printemps, ne périssent que dans les hivers très rigoureux.

La culture des bordures vivaces s'allie avec celle des bordures annuelles, quand on emploie les crocus comme bordures (*voir* Plantes de collection).

Les crocus (*fig* 323) donnent leur fleur dès les premiers jours du printemps, et ne portent qu'un feuillage peu apparent, presque filiforme ; on sème derrière eux une bordure annuelle, de manière à pouvoir, sans la déranger, retirer de terre en temps convenable les bulbes de crocus.

SECTION II. — *Plantes d'ornement.*

Ce terme qui comprend à la rigueur tous les végétaux cultivés pour la beauté de leurs fleurs ou de leur feuillage, ne s'applique, selon l'usage des jardiniers, qu'aux plantes de pleine terre, qui peuvent figurer comme ornement dans nos jardins. A part toute division scientifique, ces plantes peuvent être rangées en deux grandes classes, les *plantes de parterre* proprement dites, c'est-à-dire toutes les plantes d'ornement de pleine terre, à l'exclusion des plantes de collection, et les *plantes de collection,* c'est-à-dire toutes les plantes d'ornement de pleine terre, dont toutes les espèces et les variétés, sont l'objet

d'une culture à part, sans mélange avec d'autres fleurs.

§ 1er. — Multiplication des plantes de parterre.

Les moyens les plus usités pour multiplier les plantes de parterre sont : les semis, les boutures, les marcottes, la séparation des rejetons et l'éclat des racines.

A. — *Semis.*

C'est le mode le plus simple et le plus usité, parce qu'il est le moins dispendieux. Les amateurs qui ne récoltent pas eux-mêmes toutes les graines de fleurs que réclame l'entretien de leur parterre, doivent apporter une grande attention dans le choix des graines achetées, et ne point craindre de s'adresser aux marchands les plus sûrs, quand même ils devraient payer un peu plus cher ; car de tous les petits contretemps qui contrarient la bonne tenue d'un parterre, il n'en est pas de plus désagréable que celui qui résulte d'un semis de graines dont on attend inutilement la végétation.

Les semis qui ne réussissent point en place, se font mieux sur couche sourde que sur le sol le mieux amendé. On peut réserver à cet effet une couche usée dans le potager, ou, à défaut de cette ressource, enterrer une charretée de fumier à demi consommé, à 0m,32 de profondeur, le bien fouler jusqu'à fleur de terre et le couvrir de 0m,15 de bon terreau. Les semis de plantes annuelles sur couches ont surtout l'avantage d'en hâter et d'en prolonger la floraison, de sorte qu'on peut jouir plus d'un mois d'une fleur qui, livrée à sa végétation naturelle, ne durerait pas plus de huit jours.

Le changement brusque et complet de régime ne nuit pas moins aux plantes qu'aux animaux. Une balsamine, par exemple, transportée peu de temps avant sa floraison, d'un milieu très nourrissant, comme le terreau d'une couche sourde, dans un sol pauvre et dur, en supposant qu'elle n'y périsse pas, n'y donnera qu'un feuillage maigre et des fleurs chétives. Le plant de toutes les fleurs annuelles, élevé sur couche, doit recevoir, au moment de la transplantation, une bonne poignée de fumier ou de terreau à chaque pied, il faut en outre, en l'enlevant avec précaution, conserver autour du chevelu de la racine une portion du terreau de la couche.

Les semis en place des plantes annuelles qui ne supportent pas le repiquage, telles que le

Fig. 325,   324.

convolvulus tricolor ou belle de jour (*fig.* 324),

l'ipomée, belle de nuit (*fig.* 325), les pavots annuels (*fig.* 326), les lavateres (*fig.* 327) et des

Fig. 327,   326.

centaines d'autres, doivent toujours être faits, selon les espèces, soit sur terreau, soit sur fumier, recouvert de bonne terre.

B. — Boutures.

Ce moyen, qui pourrait être employé sur une très grande échelle, le serait en effet, si les autres n'étaient à la fois plus sûrs et plus faciles. Dans l'état actuel de l'horticulture, l'on ne multiplie guère de boutures que quelques plantes annuelles et bisannuelles à fleurs doubles, qu'on ne serait pas certain d'obtenir doubles de graine ; les boutures de plantes vivaces réussissent moins aisément. Les plantes qu'on bouture le plus communément, sont la lychnide de Chalcédoine (*fig.* 328), croix de Malte

Fig. 328,   329.

double des jardiniers, en juin, la giroflée rameau d'or, brune et pourpre (*fig.* 329) en mai, quelques mathioles (*fig.* 330), et d'autres plantes analogues. On place dans des pots celles qui doivent être rentrées pendant l'hiver. En

Fig. 330.

général, les boutures doivent être prises sur les rameaux les plus vigoureux, dans le moment de leur plus forte végétation.

C. — Marcottes.

Les marcottes réussissent principalement sur les plantes à tiges articulées, comme la saponnaire (*fig.* 331), l'œillet (*fig.* 332), et quelques

Fig. 331,   332.

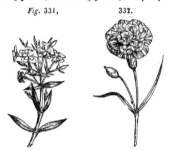

autres. Le renflement des tiges donne très aisément naissance aux racines dont la formation peut encore être favorisée par une incision peu profonde, pratiquée à la partie inférieure d'une ou de deux articulations. Parmi les plantes de parterre on ne marcotte guère que les œillets et quelques lychnis. Le marcottage des œillets est très facile et réussit toujours avec un peu de soin. On déchausse circulairement la plante-mère à quelques centimètres de profondeur, sur un rayon variable en proportion de la longueur des tiges à marcotter ; on étale chacune d'elles séparément, en les débarrassant des feuilles plus ou moins endommagées, et l'on retranche l'extrémité des feuilles destinées à rester en dehors ; on assujettit les marcottes au moyen de petites crossettes de bois, et l'on butte la terre par-dessus, en la pressant légèrement. Pour les variétés à tiges minces, comme l'œillet de Condé, l'incision n'est pas nécessaire ; elle n'est indispensable que pour les œillets à tige forte et dure, comme l'œillet prolifère à fond blanc. La condition principale à remplir pour obtenir des marcottes bien enracinées, c'est de maintenir la portion de la tige, d'où doivent naître les racines, dans une position plus basse que celle de leur insertion sur la plante-mère (*fig.* 333). Si cette portion res-

Fig. 333.

tait dans une position horizontale, la nourriture arriverait trop facilement de la plante-mère à la marcotte, et rien ne la solliciterait à chercier dans l'émission de racines nouvelles des moyens d'existence qui lui soient propres. Un crochet en bois maintient chaque marcotte dans la position convenable. Nous n'entendons point parler ici des œillets de collection et de la manière de les marcotter (*voir* Plantes de collection).

D. — *Séparation des rejetons.*

Toutes les plantes traçantes, telles que les potentilles (*fig.* 334), les achillées (*fig.* 335) et

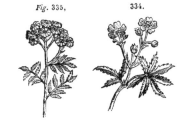

Fig. 335, 334.

quelques renonculées (*fig.* 336), se prêtent

Fig. 337, 336.

d'elles-mêmes à ce mode de reproduction. Les rejetons ou *stolones* sont séparés, soit au printemps, soit à l'automne ; ils peuvent l'être en été avec le même succès, moyennant des arrosages abondants. Ces plantes sont en général toujours trop disposées à s'étendre, de sorte que l'on est dans la nécessité, chaque année, de rajeunir les touffes en en retranchant le superflu, sans quoi elles envahiraient promptement tout le parterre.

E. — *Éclat des racines.*

Ce mode de multiplication s'applique à une foule de plantes vivaces d'un très bel effet dans les plates-bandes. On enlève toute la touffe, soit au printemps, soit à l'automne, et l'on en forme deux touffes égales, en déchirant le collet de la racine, mais de manière à ce qu'il reste suffisamment de chevelu de chaque côté ; l'on peut aussi trancher la touffe par le milieu, soit avec un couteau, soit avec le tranchant de la bêche. Les aconits, les asters (*fig.* 337), les polémonium (*fig.* 338), les phlox

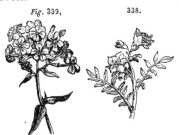

Fig. 339, 338.

(*fig.* 339) et les delphinium vivaces (*fig.* 340

Fig. 340.

peuvent être ainsi dédoublés tous les ans, sans qu'à l'époque de la floraison il en résulte dans le volume des touffes une diminution sensible, tant l'activité de leur végétation est prompte à reproduire l'équivalent de la partie enlevée.

§ III. — Choix des plantes de parterre.

L'horticulteur, surtout quand ses ressources lui permettent de se donner, pendant toute l'année, un parterre aussi complétement garni que le comporte le climat sous lequel il cultive, doit diriger toute son attention vers le choix et la succession des plantes de parterre de façon à couvrir ses plates-bandes pendant chaque saison de l'année des fleurs le mieux assorties, sous les deux rapports essentiels des *dimensions* et des *couleurs*.

A. — *Dimensions.*

Lorsque la plate-bande est accessible des deux côtés, les plantes les plus élevées doivent en occuper le milieu, et si l'étendue de la plate-bande admet plusieurs rangées parallèles, on dispose les fleurs par rang de taille, en plaçant les moins élevées vers les bords. Si la plate-bande n'est accessible que d'un seul côté, les fleurs seront en amphithéâtre, les plus hautes occupant le bord le plus éloigné de l'allée. Lorsque les plates-bandes ne sont pas rectangulaires, la raideur des lignes droites et la symétrie des espacements égaux ne sont pas nécessaires à la beauté du coup d'œil ; on ne doit avoir égard qu'à la végétation présumée des plantes pour leur accorder à chacune un espace tel qu'il n'y ait dans le parterre ni vide, ni confusion.

La *fig.* 341, représentant la coupe d'une

Fig. 341.

plate-bande occupée par des fleurs de hauteurs diverses, fait suffisamment comprendre le parti qu'on peut tirer pour la bonne ordonnance d'un parterre des différences de développement entre les plantes appelées à le décorer.

On suppose que cette plate-bande, adossée à un massif, ne doit être vue que d'un côté; nous n'y avons admis, comme exemple, que des plantes annuelles, et parmi celles-ci, les plantes qu'on peut partout se procurer avec le moins de peines et de dépenses.

    A. Persicaire.
    B. Nicotiane (tabac)
    C. Hélianthe (soleil moyen).
    D. Amarante.
    E. Tagète (œillet d'Inde, passe-velours).
    F. Lupin à fleur bleue.

B. — *Couleurs.*

La floraison de printemps et celle d'été, laissent toute latitude au jardinier pour assortir et marier les couleurs des fleurs dont la variété double l'effet dans le parterre; à la floraison d'automne, les fleurs jaunes sont en telle majorité, qu'on doit ménager avec le plus grand soin celles qui présentent d'autres couleurs. Les plus communes, tels que les liserons et même les haricots à grappes, d'un rouge vif, ne sont point à dédaigner; des semis tardifs, qui ne sont point destinés à porter graine, remplissent cet objet jusqu'aux premières gelées. On peut aussi employer dans le même but, quand la largeur des plates-bandes le permet, quelques

arbustes qui, comme certains chèvrefeuilles (*fig.* 342), refleurissent à l'arrière-saison.

Fig. 342.

C. — *Classement des plantes de parterre.*

Les traités anglais d'horticulture attachent une grande importance au classement des plantes de parterre, relativement à leur culture. Nous ne pouvons qu'engager chaque horticulteur, selon sa localité et les ressources dont il dispose, à se former, pour son propre usage, un tableau des plantes qu'il peut introduire successivement dans son parterre, en les classant selon la méthode anglaise, par hauteurs, par couleurs, et par époques de floraison. On peut aussi, pour éviter la confusion, diviser les plantes de parterre en vivaces, bisannuelles, annuelles, et mettre à part celles qui offrent des caractères spéciaux, comme les plantes bulbeuses, ou celles qui ont une destination particulière, comme les plantes aquatiques. Ces tableaux, dont nous donnons ci-après quelques modèles, peuvent être dressés ou modifiés pendant la morte saison, et servir de règle au jardinier pour toute l'année, en rendant impossible de sa part l'oubli d'aucun des moyens d'embellissement dont son parterre est susceptible; nous en recommandons l'usage avec instance. Ceux que nous donnons sont dressés pour le climat de Paris; ils peuvent servir pour toute la partie de la France qui s'étend depuis la frontière de Belgique jusqu'à la Loire. Nous n'avons pas prétendu les rendre complets; chacun, selon sa localité, remplira facilement les principales lacunes.

PLANTES VIVACES DE PARTERRE.

Floraison de février et mars.

HAUTEUR DES PLANTES.		HAUTEUR DES PLANTES.	
DE 0ᵐ,05 A 0ᵐ,15.	DE 0ᵐ,15 A 0ᵐ,32.	DE 0ᵐ,05 A 0ᵐ,15.	DE 0ᵐ,15 A 0ᵐ,32.

FLEURS ROUGES.

		FLEURS JAUNES.	
Bellis pâquerette (fig. 320).	Arabide rose.	Anémone à fleurs de renoncule.	Adonis de printemps.
Hépatique (fig. 343).	Tussilage odorant (fig. 345).	Ficaire.	Anémone palmée (fig. 347).
Primevère.	Violette de Kroker.	Iris jaune.	Corydale jaune.
Saxifrage (fig. 344).		Potentille.	Potentille.
		Tussilage à feuilles panachées.	Primevère (plusieurs variétés).

FLEURS BLANCHES.

		FLEURS BLEUES.	
Bellis pâquerette.	Arabide (plusieurs variétés).		
Hépatique.	Corydale.	Hépatique (plusieurs variétés).	Anémone des Apennins.
Hellebore (fig. 346).	Potentille.	Gentiane acaule (fig. 348).	Iris pumila.
Mandragore.	Tussilage (2 Variétés).	Véronique (2 variétes).	Véronique.
Potentille (fig. 354).	Valériane.		Violette simple et double.
Primevère double.			
Violette simple et double.			

FLEURS VERTES.

		FLEURS DE PLUSIEURS COULEURS.	
Adoxa moschatellina.	Hellebore vert.	Bellis panachée.	Auricule (plusieurs variétés).
		Violette tricolore (pensée).	Pardanthus de la Chine.

Floraison d'avril.

HAUTEUR DES PLANTES.			HAUTEUR DES PLANTES.		
DE 0.05 A 0,15.	DE 0,15 A 0,25.	DE 0,25 A 0,50.	DE 0,05 A 0,15.	DE 0,15 A 0,25.	DE 0,25 A 0,50.

FLEURS ROUGES.

			FLEURS JAUNES.		
Corydales à longues fleurs (fig. 349).	Cortuse de mathiole.	Ancolie du Canada (fig. 350).	Draba (3 espèces)	Adonis des Apennins	Alyssum (2 espèces).
Phlox subulé (3 variétés).	Phlox soyeux (3 variétes).	Gyroselle.	Onosma	Auricule (3 variétés)	Phalangère (fig.355).
Primevère (6 espèces).	Primevère (3 espèces).	Asperule.	Auricule (3 variétés)	Algshun, corbeille d'or.	Ancolie.
		Lychnis visqueux.	Renoncule (3 espèces.	Anémone (3 var).	Chélidoine.
		Saxifrage (2 espéc.).	Violette à grandes fleurs.	Onosma (3 espèces).	Doronie (3 espèces) (fig. 356).
			Pensée jaune.	Primevère.	
				Renoncu'e.	

FLEURS POURPRES.

			FLEURS BLANCHES.		
Iris à tiges basses.	Pulsatille (fig. 351).	Jusquiame d'Orient.		Anémone (3 espèces).	Asperule.
Primevère (2 var).	Cardamine double.	Iris.	Arabide des Alpes.	Cardamine (2 espèces).	Gyroselle.
Tussilage.	Gyroselle.	Pulmonaire.	Arénaire de print.		Iris de Swert.
Violette.	Iris (4 espèces).		Bellis.	Jeffersonia (fig. 358).	Mandrage.
			Primevère.	Parrya (2 espèces).	Pulmonaire.
			Saxifrage (4 v., f.357)	Phlox nivea.	Tussilage.
FLEURS BLEUES.			Soldanelle.	Primevère (2 espèces).	
Gentiane.	Myosotis.	Pulsatille.	Pigamon à feuilles d'anemone s. et d.		
Globulaire.	Pulmonaire azur (fig. 352).	Iris du Népaul.	Violette odorante.		
Soldanelle (3 espèces) (fig. 353).	Phlox.	Polémoine.			
		Pulmonaire.			
		Sauge (2 espèces).			

Fig. 343,   344,   345,   346,   347,

348,   349,   350,   351,   352.

Floraison de mai.

HAUTEUR DES PLANTES.

DE 0,05 A 0,15.	DE 0,15 A 0,30.	DE 0,30 A 0,50.	DE 0,50 A 0,65.	0,65 ET AU-DESSUS.
		FLEURS ROUGES.		
Anthyllide (*fig.* 359).	Bugle rampante (variété)	Ancolie du Canada.	Chœrophyllum rose.	Géranium à feuille d'ané-
Arenaire.	Anémone.	Aster.	Géranium (2 espèces).	mone.
Aspérule d'Arcadie.	Anthyllide.	Chrysanthème (*fig.* 362).	Lychnis (2 espèces).	Hespéride (5 espèces
Epimède (*fig.* 360).	Muguet (variété).	Dentelaire (2 espèces,*fig.*	Pivoine (8 espèces et plu-	doubles).
Erodium.	Œillet.	565).	sieurs variétés).	Mauve (2 espèces).
Géranium (5 espèces).	Gyroselle.	Œillet, *fig.* 532.	Bistorte (*fig.* 365).	Ononis (2 espèces).
Lychnis.	Erigeron.	Benoîte du Chili.	Consoude de Bohême.	Pivoine (2 espèces et plu-
Orchis.	Lamie rugueuse	Géranium.	Silène de Virginie.	sieurs Variétés).
Phlox à feuilles épaisses.	Phlox (5 espèces).	Pivoine (7 espèces, *fig.*		Pavot à bractées (*fig.*
Primevère (5 espèces).	Pulmonaire.	564).		366).
Saponaire ocymoïde.	Tradescance (variété,	Phlox.		Valériane (2 espèces).
Silène sans tige.	*fig.* 561).	Pulmonaire à grandes fl.		
	Valériane (2 espèces).	Saxifrage (4 espèces).		

Fig. 353,   354,   355,   356,   357,

358,   359,   360,   361.   362,

364,   363,   365,   366.

Floraison de mai.

HAUTEUR DES PLANTES.

DE 0,05 A 0,15.	DE 0,15 A 0,30	DE 0,30 A 0,50.	DE 0,50 A 0,65.	0,65 ET AU-DESSUS.
FLEURS JAUNES.				
Alyssum (2 espèces). Epervière (2 espèces). Lysimaque (2 espèces, *fig.* 367). Potentille. Renoncule (2 espèces). Saxifrage (3 especes).	Anthyllide (2 espèces). Astragale (2 espèces, *fig.* 368). Cheirante (quarantain). Iris. Potentille (3 espèces). Renoncule (4 especes).	Corydale. Benoîte (3 espèces). Renoncule (5 espèces et pl. variétés doubles). Potentille.	Arnica (2 espèces, *fig.* 369). Asphodèle. Chelidoine(fleur double). Doronic (3 esp, *fig.* 370). Renoncule (2 espèces à fleur double).	Doronic (2 espèces). Sauge. Consoude. Pigamon (3 espèces).
FLEURS BLANCHES.				
Androsace (2 esp., *f.* 424). Anemone. Arenaire. Muguet (simple et dou.). Œillet. Draba (3 espèces). Epimède. Irebide. Iris naine. Saxifrage. Scìlle.	Anémone (5 espèces). Anthyllide (2 espèces). Arabis (4 espèces). Aspérule odorante. Astrance (*fig.* 371). Campanule. Œillet. Iberide. Tussilage.	Actée (*fig.* 372). Anemone (2 espèces). Campanule (4 espèces). Gypsophile. Orobe Phalangère fleur de lys. Reniciale (2 espèces à fleurs doubles). Sauge. Saxifrage. Pigamon. Tradescance (2 espèces).	Asphodèle (*fig.* 373). Œillet. Geranium. Iris (2 espèces). Orobe. Pivoine (3 Variétés). Phalangère rameuse. Polemoine (2 espèces). Sceau de Salomon. Valériane (*fig.* 374).	Actée. Asphodèle rameuse. Lupin. Mauve. Pélunia. Sauge argentée. Pigamon (2 espèces). Spirée (simp. et double). Valériane.
FLEURS BLEUES.				
Campanule (2 espèces, *fig.* 375). Gentiane. Phlox penché. Polemoine. Véronique.	Ancolie. Phlox de la Caroline. Tradescance (2 espèces). Véronique (3 espèces).	Campanule (3 espèces). Iris (4 espèces). Lupin (5 espèces). Nepéta. Polemoine. Véronique (4 espèces.)	Ancolie (nombr. variét.). Geranium (3 espèces simples et doubles). Iris (4 espèces). Sauge (3 espèces). Veronique (3 espèces).	Iris (5 espèces). Lupin (2 espèces). Sauge (3 espèces). Consoude (3 espèces).

fig. 367,   368,   369,   370,   371,

372,   373,   374,   375.

Floraison de juin.

HAUTEUR DES PLANTES.

DE 0,05 A 0,15.	DE 0,15 A 0,30.	DE 0,30 A 0,50.	DE 0,50 A 0,65.	0,65 ET AU-DESSUS.

FLEURS ROUGES.

Antennaria Alpina (*fig.* 376)	Anthyllis (3 variétés).	Achillée à feuille d'asplenium	Muflier (4 variétés).	Aconit napel.
Aspérule (3 variétés, *fig.* 377).	Circe (*fig.* 379).	Betoine à grandes fleurs.	Ancolie.	Convolvulus scammonée (*fig.* 382).
Pyrole.	Clinopode (2 variétés).	Coronille.	Calystégie (2 variétés, *fig.* 381).	Digitale (2 variétés).
Sempervivum (3 variétés, *fig.* 378).	Dianthus 3 varietes, *fig.* 380).	Echium.	Dictame.	Monarde (3 variétés, *fig.* 383).
Silene acaule.	Silène de Pensylvanie.	Genen du Chili.	Digitale.	Pigamon (2 variétés).
Statice.	Véronique du Caucase.	Lychnis (4 variétés).	Géranium (4 variétés).	Valeriane (3 variétés, *fig.* 384).
		Teucrinium multiflore.	Sauge.	
			Stachys.	

FLEURS BLEUES.

Bugle (4 variétés).	Astérocéphale (3 variétes).	Adénophore (3 variétés, *fig.* 389).	Aconit (plus. variétés).	Aconit (plusieurs variétés).
Campanule (4 variétés).	Campanule (7 variétés).	Asterocephale (3 variétes).	Ancolie (2 variétés).	Campanule (5 variétés).
Globulaire (5 variétés).	Dracocéphale d'Autriche.	Campanule (3 variétés).	Delphinium (plusieurs variétés).	Clematite à feuilles entieres.
Houstone bleue (*fig.* 385).	Hormin des Pyrenees (*fig.* 387).	Commeline (*fig.* 390).	Iris (2 variétés).	Delphinium (plusieurs variétés).
Polémoine (2 variétés).	Scutellaire (3 variétés, *fig.* 388).	Géranium (5 variétés).	Phyteuma (2 variétés).	Lupin polyphille.
Polygala amer (*fig.* 386).	Sauge à grandes fleurs.	Phacélie bipinnée (*f.* 391).	Polemoine (2 variétés).	Echinops epineux (*fig.* 391).
Pulmonaire (2 variétés).	Véronique (2 variétés).	Sauge (2 variétés).	Sauge (3 varietes).	
Véronique (4 variétés).		Véronique (7 variétés).		

Fig. 376, 377, 378, 379, 380, 381, 382, 383, 384, 386, 387, 385, 388, 389, 390.

Floraison de Juin (*Suite*).

HAUTEURS DES PLANTES.

DE 0,05 A 0,15.	DE 0,15 A 0,30.	DE 0,30 A 0,50.	DE 0,50 A 0,65.	0,65 ET AU-DESSUS.
		FLEURS JAUNES.		
Alétris dorée (*fig.* 395). Anémone palmée (*fig* 348). Coluria. Coronille Ibérique (*fig.* 391). Gnaphalium immortelle (*fig.* 394). Hypoxis (*fig* 395). Ophiogon du Japon (*fig.* 396). Potentille (5 variétés). Saxifrage (5 variétés). Sedum (4 variétés). Sidérite (*fig.* 397). Uvulaire (*fig.* 398).	Achillée (4 variétés). Alysson. Asclepiade tubéreuse. Phyteuma (*fig* 399). Caltha à fleur double. Œnothère (4 variétés). Onosmodium (*fig.* 400). Iris le d'Europe et d'Amérique.	Aconit (plusieurs variétés). Aralie. Astragale. Buphtalme (*fig.* 401). Corydale. Eschscholtzia (2 variétés, *fig.* 402). Emérocalle (2 variétés). Orabe (4 variétés). Pigamon (2 variétés). Trigonelle (*fig.* 403). Grémil d'Orient (*fig.* 404).	Aconit (plusieurs variétés). Asphodèle (2 variétés). Astragale (7 variétés). Buplèvre (*fig* 405). Céphalaire lisse. Cinéraire (*fig.* 406). Doronic d'Orient. Emérocale (5 variétés). Œnothère. Sauge glutineuse.	Aconit (plusieurs variétés). Balsamite (2 variétés, *fig* 407). Cinéraire (2 variétés). Gentiane. Lysimaque (5 variétés). Tanaisie (2 variétés). Pigamon (plusieurs variétés)

Fig. 391,

392,

393,

394,

397,

395,

396,

398,

399,

400,

402,

401,

403,

404,

405,

406,

407.

Floraison de juin (*Suite*).

HAUTEURS DES PLANTES.

DE 0,05 A 0,15.	DE 0,15 A 0,30.	DE 0,30 A 0,50.	DE 0,50 A 0,65.	0,65 ET AU-DESSUS.

FLEURS BLANCHES.

DE 0,05 A 0,15.	DE 0,15 A 0,30.	DE 0,30 A 0,50.	DE 0,50 A 0,65.	0,65 ET AU-DESSUS.
Campanule. Céraste (3 variétés). Dryas (3 variétés, *fig.* 408). Galax (*fig.* 409). Œnothère (2 variétés,*fig.* 410). Pyrole (3 variétés). Télephium.	Anacyclus (*fig.* 411). Anémone. Arenaire (2 variétés). Corydale. Gypsophile (*fig.* 412). Onobrychis (*fig.* 413). Peltaria (*fig.* 414).	Arum taché. Campanule à feuille d'alliaire. Céraste (2 variétés). Julienne. Iris de Florence (*fig.* 415). Œnothera speciosa. Alkekenge (*fig.* 416). Spirée reine des prés. Pigamon (2 variétés, *fig.* 417).	Apocyn (3 variétés, *fig.* 418). Asclepiade. Cynoruchusn. Dictame. Phyteuma en épis. Pyrètre à grandes fleurs. Sanicle (*fig.* 419). Spirée ulmaire (*fig.* 420).	Aconit leucanthème. Asphodèle rameuse. Clématite (plusieurs variétés) Lupin polyphille. Monarde. Pigamon (3 variétés).

Fig. 408,   409,   410,   411,   412,

413,   414,   415,   416,   417,

418,   419,   420.

PLANTES BISANNUELLES.

Floraison d'été.

FLEURS ROUGES.	FLEURS BLANCHES.	FLEURS JAUNES.	FLEURS BLEUES.

Acynos patavinus.
Œillet de la Chinc (*fig.* 421),
   de Montpellier,
   pubescent.
Silène spatulée (*fig.* 422).
   rubella.
Agro-temme double.
Lavatère bisannuelle.
Mathiole de Tartarie.
Muflier (5 variétés) (*fig.* 423).
Hespéride bipennée.
Centaurée romaine.
Cynoglose.
Sauge étalée.
A théa rose.
Digitale pourprée.
	Ibéride naine.
	   à feuilles de lin.
	Androsace (4 var.) (*fig.* 424).
	Arabide (2 variétés).
	Sedum (2 variétés).
	Komgia (2 variétés).
	Campanule moyenne
	Silène d'Italie.
	Lunaire blanche (*fig.* 428).
	Hespéride blanche.
	Sauge blanche.
		Œnothère (5 var.) (*fig.* 426)
		Souci.
		Corydale dorée.
		Patrinia coronata (*fig.* 427).
		Reseda phyteuma.
		Vesicaire sinuee.
		Andryale roncinée (*fig.* 428).
		Cérinthe (*fig.* 429).
		Jusquiame pâle.
		Caltiopsis d'Atkinson.
		Crepide bisannuelle.
		Verbascum macranthum.
			Campanule en épis.
			Lobélia brûlante.
			Campanule de Sibérie.
			Mauve de Crète.
			Trachélie bleue (*fig.* 430).
			Anchuse paniculée.
			Cynoglose bicolore.
			Delphinum staphisaigre.
			Verbena (*fig.* 451).
			Vicia bisannuelle.

Fig. 421,

422,

423,

424,

425,

426,

427,

428,

429,

430,

431.

PLANTES ANNUELLES
Floraison d'été.

FLEURS ROUGES.	FLEURS BLANCHES.	FLEURS JAUNES.	FLEURS BLEUES.
Eutoca multiflore.	Campanule.	Alyssum (corbeille d'or).	Verveine gentille.
Centranthus (*fig.* 432).	Clarkia.	Capucine.	Astragale (*fig.* 458).
Seneçon é egant.	Omphalode (*fig.* 436).	Linaire.	Cléome de Portugal (*fig.* 439).
Convolvulus de Sibérie.	Datura.	Œnothère.	Amethyste (*fig.* 440).
Antirrhynum (muflier).	Gilia.	Souci.	Nigelle.
Glaucium (*fig.* 455).	Lavatère.	Mélilot d'Inde.	Sange.
Œillet prolifere.	Mauve frisée.	Ta :ête r ose d'Inde.	Delphinium.
Erodium incarnat *fig.* 454).	Pavot somnifère.	Ketmie musquée.	Campanule.
Nicotiane (tabac;		Celsia (*fig.* 457).	Mélilot bleu.
Malope à gr. fleurs. (*fig.* 455).		Hélianthe (soleil).	Nolane (*fig.* 411).
Amaranthe		Rudbckia.	Nemophile *fig.* 442).
Polygonum d'Orient.			Lupin bleu.

Fig. 432, 433, 434, 435, 436,

437, 438, 439, 440,

441, 442.

Nous croyons inutile de pousser plus loin ces exemples; ce qui précède doit suffire pour mettre les horticulteurs à même de former des tableaux analogues pour toute l'année. Les arbustes, de jour en jour plus nombreux, cultivés pour leurs fleurs, doivent trouver place sur ces listes.

Nos lecteurs remarqueront que nous avons indiqué comme propres à garnir le parterre. plusieurs fleurs sauvages qui n'y figurent point ordinairement, et quelques plantes de terre de bruyère. Les premières, telles que la nature les a faites, nous semblent au moins égales à beaucoup de fleurs obtenues par la culture; elles sont d'ailleurs susceptibles de gagner beaucoup par les soins du jardinier. Quant aux secondes, quoique les plantes de terre de bruyère exigent quelques soins particuliers, et qu'elles soient l'objet d'une culture à part, on peut néanmoins les mêler aux autres plantes de parterre, surtout lorsqu'on n'en a pas un assez grand nombre pour en remplir un compartiment séparé. Dans ce cas, il suffit de les planter dans une manne d'osier, remplie de terre de bruyère, et enterrée dans la plate-bande; on peut aussi, en leur donnant à chacune un espace de grandeur suffisante plein de terre de bruyère, se dispenser d'y joindre un panier; nous avons eu fréquemment occasion de remarquer que les racines des plantes de terre de bruyère ainsi cultivées, se repliaient sur elles-mêmes, plutôt que de pénétrer dans la terre de la plate-bande quand elle ne leur convenait pas. La principale utilité du panier consiste dans le terreau qu'il fournit en se décomposant au bout de quelques années.

SECTION II. — *Plantes de collection.*

Les fleurs de ces plantes sont celles de toutes qui donnent aux amateurs d'horticulture le plus de jouissances; dans bien des pays, notamment en Belgique et en Hollande, on ne donne le nom d'amateurs, en horticulture. qu'à ceux qui s'occupent exclusivement des plantes de collection. Ces plantes ont toutes, quoiqu'à des degrés différents, le défaut essentiel de coûter fort cher. Toutefois, comme il y a plus de petites bourses que de grandes, nous donnerons à la suite de cet article les moyens qu'un amateur dont les moyens sont bornés peut mettre en usage pour se former à peu de frais de fort belles planches de toute espèce de plantes de collection.

Les plantes dont nous allons décrire la culture sont de pleine terre et n'ont besoin ni des serres ni de l'orangerie pour passer la mauvaise saison.

§ 1er. — Tulipes.

La passion des tulipes, si l'on peut employer cette expression, ne subsiste plus qu'en Hollande et en Belgique. Le goût exclusif professé longtemps pour cette fleur en France, en Allemagne et en Angleterre, s'est graduellement

affaibli à mesure que s'est accru le nombre des végétaux exotiques introduits en Europe, et que se sont vulgarisés les procédés de culture de ces végétaux; beaucoup d'amateurs préfèrent aujourd'hui, la dépense étant la même, une serre garnie de plantes qui se succèdent en fleurs presque toute l'année, à une collection de tulipes dont on ne jouit qu'une fois par an. Telle est la raison principale pour laquelle le prix jadis excessif des tulipes a considérablement baissé et doit baisser encore. En Angleterre, une collection de 700 tulipes de choix qui coûtait encore il y a vingt ans 6.250 fr. ne coûte plus actuellement (1843) que 2,500 fr. En Hollande, une collection semblable, un peu moins nombreuse, mais plus riche en beaux échantillons, vaut encore de 3,800 fr. à 4,200 fr. Pour le moment, les plus belles collections, les plus estimées des amateurs, sont moins nombreuses en Hollande qu'en Belgique où elles n'ont pas de prix déterminé, parce que presque toutes appartiennent à de riches amateurs qui ne voudraient vendre à aucun prix. A Paris, les collections de tulipes à la disposition du commerce, peu inférieures à celles de Belgique, valent encore de 4 à 500 fr. le cent, en mélange; il y a des variétés très rares dont un seul ognon se paie de 3 à 500 fr.

Il existe des collections de 2,000 ognons et plus, mais, quoi qu'en disent ceux qui les possèdent, elles contiennent des répétitions; le nombre des variétés ne dépasse pas 800, et même, on peut dire qu'au delà de 600 il faut faire de cette culture sa principale occupation pour reconnaître des différences réellement imperceptibles.

A part toute passion, la réunion de 600 fleurs toutes différentes, avec leurs nuances vives, d'une richesse incomparable, est réellement une des plus belles productions du règne végétal. Il ne manque à la tulipe que l'odeur; elle a l'éclat des couleurs, l'élégance des formes et la durée de la floraison; elle y joint au plus haut degré la persistance dans la forme, la taille et la couleur, et quoique pour se maintenir dans toute la perfection que les amateurs en exigent, elle réclame des soins assidus, la tulipe n'en est pas moins une plante vigoureuse, peu difficile sur le climat et la qualité du sol; nous pouvons rapporter à ce sujet une expérience directe.

Un jeune paysan de la province de Liége (Belgique), travaillait comme manœuvre dans le jardin d'un château dont le propriétaire était un riche amateur de tulipes. Il trouva moyen de soustraire de très petits caïeux négligés comme sans valeur, et s'amusa à les planter dans un coin du jardin de son père, dans un sol maigre et mal cultivé. En quelques années, il eut toute la collection; les ognons grossirent, leurs fleurs se formèrent et devinrent d'une beauté remarquable, quoique fort inégales, sans aucune espèce de soin, sans même recevoir de couverture en hiver; à la vérité, le coin de terre où elles végétaient était passablement abrité du côté du nord. Cette collection, acquise pour quelques pièces de cinq francs par un connaisseur, est devenue entre ses mains, par une bonne culture à laquelle nous avons nous-même participé, l'une des plus belles de toute la Belgique. Quoique les ognons eussent souffert pendant bien des années, ils se sont promptement refaits et ont atteint presque tous leur plus grande perfection.

On peut conclure de ce fait que la tulipe est une plante essentiellement robuste, rustique, capable de survivre à beaucoup d'accidents que ne supportent pas d'autres végétaux plus vigoureux en apparence. La fig. 443 repré-

Fig. 443.

sente deux tulipes réunissant les conditions exigées des amateurs.

A. — *Multiplication.*

La tulipe se multiplie de graines et de caïeux. Les graines ne reproduisent pas constamment les mêmes nuances dans les fleurs des ognons qui en proviennent; néanmoins, il n'est pas indifférent de semer la graine de telle ou telle fleur; on ne peut attendre quelque succès que des semis de graines récoltées sur des plantes dont les fleurs avaient le bas des pétales et l'onglet d'un blanc très pur. Les caïeux, au contraire, donnent toujours des fleurs de tout point pareilles à celles des ognons sur lesquels ils sont nés. Malgré cette perpétuité dans la succession des qualités de la fleur, les différences entre ces fleurs ne constituent point aux yeux des naturalistes de véritables variétés; toutes, sans distinction, appartiennent au genre *tulipa*, et à la variété gesneriana; les mille noms qu'elles portent dans les collections sont exclusivement du ressort de l'horticulture. Un fait très remarquable, et qui ne nous paraît pas suffisamment étudié, c'est le peu d'influence que la fécondation réciproque paraît exercer sur les tulipes; comme elles fleurissent toutes à la fois et très près les unes des autres, il serait impossible que cette communication eût lieu chaque année sans qu'on en signalât d'effet sensible sur les produits de leurs graines.

B. — *Semis.*

Il importe de laisser parfaitement mûrir la graine dans sa capsule avant de la récolter; au risque d'en perdre une partie, on doit attendre que la capsule soit devenue de couleur brune, et qu'elle commence à s'ouvrir d'elle-même, seul signe certain d'une complète maturité. On sème au printemps, en plate-bande de terre légère mêlée avec moitié de terreau de deux ans; celui qui provient du fumier de vaches est le meilleur; le fumier de cheval et son terreau sont contraires à la tulipe à toutes les époques de son existence. A la fin de l'été, on laisse complétement dessécher la terre où l'on a semé les tulipes, on la passe au crible fin, et l'on en sépare ainsi les jeunes bulbes qu'on traite ensuite comme les caïeux. En général, les semis en terrine ont plus de chances de succès que ceux qu'on fait en pleine terre, parce qu'il est plus facile de préserver les jeunes plantes d'un excès de chaleur ou d'humidité qui leur nuirait également.

Les tulipes obtenues de graines ne montrent leur fleur que la quatrième ou la cinquième année. Cette fleur est, dès la première fois qu'elle s'épanouit, tout ce qu'elle doit être sous le rapport de la hauteur de sa tige et du développement de sa corolle; si elle est trop basse, trop petite, ou mal conformée, il n'y a pas de remède, elle restera telle toute sa vie, et elle n'est bonne qu'à être supprimée. Mais il n'en est pas de même sous le rapport de la couleur; ses nuances confuses pendant les premières années, deviennent enfin nettes et vives, en sorte qu'on doit conserver les fleurs d'une belle forme, portées sur des tiges élancées, avec l'espoir fondé de les voir devenir un jour toutes dignes d'entrer dans la collection de l'amateur le plus difficile.

C. — *Caïeux.*

La culture des caïeux de tulipes a sur les semis l'avantage de donner des résultats certains et connus d'avance. On ne doit considérer comme mûrs et bons à mettre en pépinière que les caïeux qui, quel que soit leur volume, se détachent facilement de l'ognon. Cette séparation a lieu à l'époque où l'on déterre les ognons après leur floraison. On les plante dans la même terre dont nous donnerons la préparation pour les plantes parfaites; la distance et la profondeur se mesurent d'après la grosseur des caïeux. En Hollande et en Belgique, où l'on change de place les tulipes à fleurs tous les ans ou tous les deux ans au plus tard, on réserve, pour élever les caïeux, la planche que les tulipes viennent de quitter; ils s'y développent rapidement. Il ne faut les arroser que quand une sécheresse très prolongée coïncide avec le moment de leur première végétation, car plus tard la sécheresse ne leur est que favorable. On ne doit employer, pour les couvrir pendant l'hiver, que de la litière extrêmement sèche; on peut les découvrir de très bonne ɩeure au printemps ; ils sont insensibles aux petites gelées. On donne ordinairement à la plate-bande qui reçoit les caïeux en pépinière une forme bombée, afin de faciliter l'égouttement qui, dans les années pluvieuses, leur est indispensable.

D. — *Préparation du terrain.*

La tulipe, comme nous l'avons dit, est peu difficile sur la qualité du sol ; celui qu'elle préfère est un sol substantiel mais sain, ce qu'exprime fort bien le proverbe flamand : « Toute terre qui produit de bon froment peut produire de bonnes tulipes. » L'emplacement doit être choisi dans le lieu le plus aéré de tout le jardin. Dans son pays natal, la tulipe ne se rencontre à l'état sauvage que dans des lieux découverts. Quelques ɩorticulteurs, lorsque le sol de leur jardin leur semble suffisamment favorable, y plantent tout simplement leurs ognons de tulipe, sans aucun amendement; ils profitent des sécɩeresses de l'été pour pulvériser et passer au crible la terre qui doit recevoir les tulipes ; du reste, ils l'emploient sans mélange. Ce procédé, le plus simple de tous, ne réussit complétement que sur un terrain particulièrement propre à cette culture ; en Hollande et en Belgique, où le sol est certainement le meilleur que l'on puisse désirer pour les plantes bulbeuses, on le prépare de la manière suivante. On commence par défoncer les planches à 0ᵐ,50 de profondeur, puis on enlève toute la terre qu'on dépose en ados sur le bord de la fosse, au moins six mois à l'avance. Cette terre est passée à la claie pour en séparer exactement toutes les pierres ; on a soin ensuite de la remuer fréquemment à la bêcɩe avant de s'en servir. Les fosses sont remplies au moins 15 jours avant le moment cɩoisi pour la plantation qui, sous le climat de Paris, ne doit pas se faire plus tard que le 10 novembre, mieux avant la Toussaint, à moins que l'humidité de la température ne s'y oppose. Les fosses reçoivent d'abord une coucɩe de terre d'environ 0ᵐ,20 d'épaisseur ; si le sol n'était pas parfaitement sain, quelques débris de branchages étendus sous cette première coucɩe de terre ne pourraient qu'assurer l'égouttement. On forme ensuite un mélange de terre et de terreau par parties égales, et l'on en remplit la fosse à l'épaisseur de 0ᵐ,40. Enfin, par-dessus ce second lit, on en donne un troisième de terre semblable à celle du fond, épais seulement de 0ᵐ,05. Comme la fosse n'avait que 0ᵐ,50 de profondeur, ces trois lits successifs dépassent de beaucoup ses bords ; c'est pour cette raison qu'on les met en place 15 jours d'avance, afin qu'ils éprouvent un tassement qui ne rende plus les bords de la planɩe supérieurs en ɩauteur au sol de l'allée que de quelques centimètres ; une bordure de pierres plates ou de gazon prévient les éboulements ; le gazon a l'inconvénient de servir de retraite aux insectes et aux limaces qui peuvent nuire aux bulbes des tulipes.

Beaucoup d'amateurs d'horticulture regardent toute espèce d'engrais comme funeste aux tulipes; c'est un préjugé fondé cependant sur un fait, mais sur un fait mal observé.

Les plantes bulbeuses d'ornement, tulipes, jacintɩes, crocus, lys, fritillaires, meurent très promptement sous l'influence de l'ammoniaque; on peut s'en assurer par des expériences directes. Tout fumier frais, mêlé d'urine de bétail, contenant des sels à base d'ammoniaque, appliqué sur les bulbes, les fait périr. Si, par exemple, pour couvrir pendant l'hiver une planche de tulipes ou de jacinthes, on emploie de la litière trop fortement imprégnée d'urine de bétail, et qu'on laisse les pluies entraîner les sels ammoniacaux jusque sur les bulbes, on en perdra certainement un grand nombre, et tous, sans exception, seront plus ou moins endommagés. Mais il ne s'ensuit pas que la culture de ces plantes ne comporte la présence dans le sol d'aucune espèce d'engrais ; les racines fibreuses des bulbes ont au contraire à souffrir dans un sol maigre qui se durcit et ne leur offre pas une alimentation suffisante. Le fumier, ayant épuisé sa fermentation pour passer à l'état de terreau, remplit parfaitement cet objet. Le terreau provenant du fumier de vacɩes est le meilleur ; on doit le conserver trois ans avant de s'en servir ; il ne faut l'employer que presque sec ; il est alors d'une grande utilité aux tulipes dont il active la végétation d'une manière très sensible.

E. — *Plantation.*

Avant de planter les ognons de tulipe, on doit les passer tous exactement en revue pour rejeter ceux qui pourraient être endommagés, ce qu'on reconnaît à leur ramollissement et à une légère moisissure qui se manifeste autour du plateau. Quant au cɩoix des bulbes, pour en faire l'acquisition, il ne peut être fait que de confiance ; tel ognon rare vaut plusieurs pièces d'or et ne diffère en rien de tel autre qui vaut 30 centimes. On recommande néanmoins de préférer les bulbes de forme allongée terminés par une pointe bien prononcée, à ceux qui sont ramassés et comme aplatis; toutefois, c'est une indication très peu précise. On prescrit aussi de rejeter ceux qui ont perdu leur tunique brune extérieure ; cette pellicule est si mince et si peu adɩérente qu'elle se brise et tombe en fragments au moindre contact ; des ognons parfaitement sains peuvent en être dépouillés en tout ou en partie sans rien perdu de leur valeur. Les traités anglais d'ɩorticulture conseillent d'enlever cette tunique au moment de la plantation; nous croyons cette pratique tout-à-fait indifférente.

En France comme en Belgique, on ne dispose les tulipes que sur cinq rangs, à 20 centimètres les uns des autres, ce qui exige une largeur totale de 1ᵐ,25, y compris les deux bords. En Angleterre et en Hollande, on forme les plancɩes de sept rangées avec le même espacement, mais seulement pour les collections très nombreuses ; dans ce cas, il est nécessaire que la planche soit accessible des deux côtés. Ces deux modes de plantation réclament chacun une manière différente de disposer les plantes.

Pour les plantations sur cinq rangs, on donne au bord de la planche le plus éloigné de l'allée, 8 à 10 centimètres d'élévation de plus qu'au bord antérieur, ce qui donne à la planche, du côté du spectateur, une légère inclinaison très favorable à l'effet des tulipes qui se trouvent en amphithéâtre au moment de la floraison ; l'on a soin en outre de réserver les fleurs les plus élevées pour les derniers rangs et de planter les plus petites en première ligne.

Pour les plantations sur sept rangs, on donne à la surface de la planche une forme bombée, en réservant pour le rang du milieu les fleurs les plus hautes. L'on ne peut alors en bien voir que la moitié à la fois ; mais, en tournant autour de la planche, on voit à plus petite distance le rang le plus élevé dont l'observateur, dans la plantation sur cinq rangs, est à 1ᵐ,25, tandis qu'il n'en est qu'à 0ᵐ,70 dans la plantation sur sept rangs. Toutefois le premier de ces deux arrangements est toujours celui qui donne à la floraison le plus riche coup d'œil. Un amateur anglais a inventé pour la plantation des tulipes sur sept rangs un instrument en bois qu'il nomme strike (*fig.* 444),

Fig. 444.

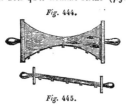

Fig. 445.

qu'on pourrait appliquer, en lui donnant une forme aplatie, à la plantation sur cinq rangs (*fig.* 445). La longueur de l'instrument, moins les deux poignées, est de 1ᵐ,60 dans le premier cas, et de 1ᵐ,25 dans le second ; les rainures marquent d'un seul coup la place des rangées de bulbes, et rendent la courbe ou le plan incliné d'une régularité parfaite.

On doit autant que possible choisir un temps couvert, mais sec, pour planter les ognons de tulipes. Les places étant marquées, on y pose chaque ognon en appuyant légèrement, car il importe que les racines, en sortant du bourrelet qui entoure le plateau, ne rencontrent pas une terre trop foulée. On verse ensuite sur chaque ognon une ou deux poignées de terre sablonneuse sèche, de manière à ce qu'il se trouve totalement caché dans une petite butte de forme conique ; cette précaution est très nécessaire pour la conservation des bulbes qu'elle préserve de beaucoup de maladies. On achève ensuite de charger la planche en y répandant de la terre sans déranger les ognons,

de manière à ce que les plus gros en aient 0ᵐ,10 et les plus petits au moins 0ᵐ,08 au-dessus de leur partie supérieure. La plantation terminée, on peut passer le strike sur la planche, du côté dépourvu de crans, afin de régulariser sa surface. Si la planche est bombée, le milieu ne doit pas avoir au-delà de 0ᵐ,16 au-dessus des bords ; si elle est inclinée, le bord antérieur doit être de 0ᵐ,10 plus bas que le bord opposé.

F. — *Détails de culture.*

Les tulipes ne souffrent sensiblement que pendant les hivers pluvieux, lorsqu'on n'a pas soin de les préserver d'un excès d'humidité qu'elles redoutent par-dessus tout ; il ne faut les couvrir que durant les très grands froids, soit avec de la litière bien sèche, soit avec de vieux paillassons ; à cet effet on garnit la planche avec des branchages pour que la couverture ne touche pas immédiatement à la terre. Cette couverture, on ne peut trop le répéter, *nuit* aux tulipes dès qu'elle ne leur est plus nécessaire, et si l'on n'avait pas soin de l'ôter et de la remettre selon le besoin, il vaudrait mieux ne pas couvrir les tulipes du tout ; l'impression d'un froid modéré est plus utile que nuisible aux ognons de tulipe pendant l'hiver.

A la fin de février toutes les tulipes montrent plus ou moins leur première feuille. La pâleur de leur verdure et la maigreur de leur végétation indiquent dès lors suffisamment celles qui ont souffert de l'hiver et qui sont atteintes de pourriture. Il faut tout aussitôt les enlever à l'aide du transplantoir (*voir* Instruments de jardinage, *fig.* 130), supprimer avec une lame bien tranchante la partie endommagée de l'ognon, et laisser la plaie se cicatriser à l'air libre. Cette opération ne peut se faire que par une journée très sèche, durant ce que l'on nomme généralement le *hâle de mars.* Des accidents semblables ont toujours lieu chaque hiver même dans les collections les mieux soignées ; pour éviter les vides qui pourraient en résulter dans la planche au moment de la floraison, on plante toujours à part une réserve proportionnée au nombre total des bulbes ; l'usage bien dirigé du transplantoir permet de remplacer les plantes malades par d'autres bien portantes et de tenir constamment la planche au complet. Dès que les plaies des ognons malades sont cicatrisées, on replante ces ognons dans la réserve à la place de ceux qui sont venus les remplacer dans la planche de tulipes. Si par l'effet du hâle de mars la terre se recouvre d'une croûte dure, un léger binage à 0ᵐ,05 ou 0ᵐ,06 de profondeur, donné avec précaution, favorise la végétation des tulipes et contribue à assurer la beauté de leur floraison. Il ne faut laisser recevoir aux tulipes qu'une ou deux ondées de printemps ; elles n'ont du reste pas besoin d'arrosages artificiels. Il est donc utile de placer de bonne heure sur la planche le châssis destiné à recevoir une tente pendant la floraison. On peut ainsi leur ménager selon le besoin l'eau du ciel, en observant de maintenir toujours la terre plutôt sèche qu'humide. Sous le climat de Paris la température toujours fort inconstante au printemps est sujette à des retours de gelée très dangereux pour toute espèce de végétation. Les tulipes en souffrent surtout lorsque la gelée, succédant brusquement à la pluie, surprend remplis d'eau les cornets formés par les feuilles naissantes au fond desquels repose le bouton de la fleur. Les vrais amateurs ne craignent pas, pour prévenir les accidents qui en résultent, de pomper cette humidité, soit avec un morceau d'éponge, soit avec une petite seringue; le second de ces deux procédés, quoiqu'un peu moins expéditif que le premier, est le plus commode. A la fin d'avril beaucoup de tulipes sont en fleur; il est temps de poser la tente sur le châssis sans attendre la pleine floraison. L'on ne doit baisser la tente que pendant les pluies d'orages et lorsqu'un soleil très vif exige un abri momentané, encore doit-il être donné avec discernement. Les pluies violentes abattraient et détruiraient les tulipes; il faut donc les en préserver d'une manière absolue, ce qu'on fait en baissant la tente jusqu'à terre de tous les côtés. Les pluies modérées qui leur nuiraient aussi, quoiqu'à un moindre degré, n'exigent pas une clôture aussi complète; la toile ne doit descendre jusqu'à terre que du côté où souffle le vent; l'autre côté doit laisser au moins un mètre entre le sol et le bas de la toile; afin de laisser entrer l'air dont les tulipes ne sauraient se passer. L'effet nuisible du soleil consiste d'une part à altérer les nuances des tulipes, de l'autre à hâter l'épanouissement et la chute des pétales que l'amateur cherche au contraire à retenir le plus longtemps possible. Mais sans le secours de l'air et de la lumière, les tulipes ne sauraient acquérir ni leur complet développement, ni le plus grand éclat de leurs nuances. Quand le temps est beau, la tente ne doit jamais être abaissée plus qu'il n'est nécessaire pour préserver les tulipes du contact direct des rayons solaires; dès qu'ils ont perdu de leur force, il faut la relever pour faire profiter les fleurs de l'air chaud et de la lumière dont elles ont besoin. Les tulipes peuvent, sans en souffrir, conserver la tente pendant trois semaines au moins, et ne pas recevoir d'eau pendant tout le temps de leur floraison.

Quelques tulipes d'ailleurs fort belles sont sujettes à ce que les amateurs nomment des caprices; elles ne fleurissent pas pendant une année, ou bien elles ne donnent pendant deux années que des fleurs défectueuses. C'est le cas de recourir à la réserve au moyen du transplantoir; les tulipes peuvent avec un peu d'adresse être déplacées en pleine fleur sans en souffrir. Du reste les caprices des ognons ne sont jamais durables, et les années suivantes ils se remettent à donner d'aussi belles fleurs qu'auparavant.

La tente ne doit être ôtée que quand les pétales commencent à tomber, ce qui a lieu d'ordinaire 12 ou 15 jours après la pleine fleur. On ne laisse porter graine qu'au petit nombre d'ognons dont on veut utiliser la semence; les capsules des autres doivent être enlevées pour ne pas fatiguer inutilement les ognons.

L'enlèvement des ognons est une opération fort importante pour la conservation et l'entretien des collections. Retiré de terre avant le moment convenable, l'ognon devient flasque et dépérit: il ne donne que des fleurs insignifiantes pendant plusieurs années; retiré trop tard, son suc s'épaissit; il donne à la fleur de l'année suivante trop de matière colorante, les nuances se brouillent, la fleur est altérée pour longtemps et ne se remet qu'avec peine Il faut choisir, comme pour la plantation, un temps couvert, mais sec, et saisir le moment où les feuilles commencent à jaunir sans être desséchées. Comme il est presque impossible que tous les ognons de tulipes aient végété avec une égalité parfaite, on laisse en place ceux qui ne semblent point assez avancés lorsqu'on retire de terre le plus grand nombre.

Les ognons de tulipes de collection se conservent dans des casiers dont le devant est à claire-voie pour faciliter la circulation de l'air et prévenir la moisissure. Ces casiers sont numérotés; chaque ognon y reprend tous les ans la place qu'indique son numéro d'ordre joint sur la liste générale à sa désignation particulière, de sorte qu'à l'époque de la plantation, il est facile de les remettre dans l'ordre convenable pour faire le mieux ressortir leurs avantages.

On cultive aussi, non pas en collection, mais comme plantes isolées, quelques autres tulipes qui sont des espèces distinctes; nous citerons: 1º la tulipe sauvage, à fleurs jaune tendre, très doubles et fort belles; 2º la tulipe duc de Thol ou tulipe odorante, à fleurs rouge vif, bordées de jaune à la pointe. Cette charmante espèce naine exhale un parfum très agréable; elle est très recherchée pour planter dans les pots ou jardinières dont on orne les appartements.

§ II. — Jacinthes.

Les variétés de jacinthes sont encore plus arbitraires et plus difficiles à distinguer que celles de tulipes; toutes appartiennent au genre hiacinthus et à l'espèce orientalis. Du temps de la plus grande vogue de cette jolie fleur, vers le milieu du dernier siècle, les catalogues imprimés alors tous les ans en Hollande et en Angleterre portaient plus de 2,000 noms; ils n'en contiennent pas aujourd'hui plus de 400. Il y a eu des exemples d'ognons vendus en Hollande 4,200 fr. Aujourd'hui, les mêmes causes que nous avons signalées en parlant de la tulipe ont influé sur la culture de la jacinthe. Peu d'ognons parmi les plus rares se vendent en Hollande plus de 200 fr.; on peut acquérir à Harlem, terre classique de cette culture, de très belles collections au prix moyen de 300 fr. le cent. Les collections ordinaires, déjà d'une beauté remarquable, se paient en ce moment à Harlem de 60 fr. à 80 fr. le cent. A Paris, elles valent de 100 à 120 fr. Quoique la jacinthe simple bleue, jaune, rouge et blanche, ait une valeur réelle à cause du nombre de ses fleurs et de son odeur suave, elle est exclue de la plupart des collections qui n'admettent que les jacinthes semi-doubles et doubles.

Longtemps on n'a cultivé que la jacinthe simple : un Hollandais, Peter Voerhelm, obtint vers 1710 la première jacinthe à fleur double.

La jacinthe n'a sur la tulipe que l'avantage de l'odeur ; du reste, ses nuances sont beaucoup moins variées ; les jaunes surtout sont fort peu nombreuses, de sorte que, dans une planche de jacinthes, trois couleurs seulement dominent, le rouge, le bleu et le blanc. La jacinthe est plus difficile que la tulipe sur la qualité du sol ; une particularité trop souvent mise en oubli par les horticulteurs, a fait fréquemment échouer la culture de la jacinthe sans cause connue : c'est que cette plante est de celles qui ne peuvent s'éloigner de la *mer* à plus d'une certaine distance sans dégénérer, parce qu'il n'y a pas de soins de culture qui puissent suppléer à l'atmosphère particulière aux contrées maritimes, à *l'air de la mer*. C'est ainsi qu'en Angleterre, dès qu'on s'écarte des côtes, les ognons de jacinthe finissent par périr en 4 ou 5 ans, et ne durent jamais au-delà, même à Londres, qui n'est pas bien éloigné de la Manche. En Belgique, pays tout plat, que les vents de mer balaient sans obstacle, la jacinthe est encore très belle et dure de 15 à 20 ans, jusque dans la vallée de la Meuse, à 140 kilom. de la mer, en ligne directe; en Hollande, la jacinthe vit près d'un siècle sans dégénérer. La *fig.* 446 représente une jacinthe semi-double, digne de figurer dans une collection d'amateur.

Fig. 446.

A. — *Multiplication; semis.*

La jacinthe, de même que la tulipe, se multiplie de semences et de caïeux ; comme la tulipe, elle donne des variétés par les semences et se perpétue identique par les caïeux. Le but des semis étant d'obtenir des variétés doubles, les graines des jacinthes semi-doubles sont préférables à celles des fleurs tout-à-fait simples. Il faut attendre la parfaite maturité de la graine

qui se reconnaît à sa couleur d'un noir très foncé. On sème, soit en octobre, soit au commencement de mars, presque à fleur de terre, dans des terrines profondes, remplies de vieux terreau mêlé de sable, par parties égales. On ne donne aucun autre soin à ces semis, que de les préserver, soit du froid, soit de la pluie, en rentrant les terrines au besoin. Le jeune plant ne doit jamais être arrosé. Lorsque sa feuille s'est séchée d'elle-même, on recharge les terrines de quelques centimètres de terreau et l'on n'y touche plus, jusqu'à l'année suivante. Après la chute des secondes feuilles, on déterre les bulbes qu'on traite ensuite de tout point comme les caïeux.

Quelques-uns des ognons obtenus de semis fleurissent la quatrième année ; on peut compter sur la moitié des fleurs pour la cinquième année, et sur la totalité pour la sixième : il se trouve toujours parmi ces premières fleurs des simples, des semi-doubles et des doubles. C'est alors seulement que l'espoir du jardinier se trouve comblé ou désappointé. On regarde les semis de jacinthes de collection comme couronnés d'un plein succès, lorsqu'à l'époque de la floraison l'on possède encore la moitié des plantes qui ont levé, et que parmi les plantes qui fleurissent il s'en trouve, *sur cinq cents*, *une seule* digne de figurer dans la collection de l'amateur. Ceci ne veut pas dire qu'on en doive jeter 499 ; seulement, celles qui ne sont pas simples font double emploi, en ne reproduisant que celles qu'on possède déjà, et c'est beaucoup d'en avoir, *sur cinq cents*, une seule réellement nouvelle.

B. — *Caïeux.*

On les plante, soit au commencement d'octobre, soit immédiatement après qu'ils ont été séparés des ognons ; les circonstances de localité et de température déterminent le choix à faire entre ces deux époques. On les traite ultérieurement comme les ognons parfaits; il faut avoir soin de ne les recouvrir qu'en proportion de leur grosseur. Dans les pays éloignés de la mer, où la jacinthe de collection dégénère et meurt en quelques années, il faut avoir la précaution d'élever toujours assez de caïeux pour qu'ils remplacent les ognons épuisés. Quant à la production des caïeux, il suffit pour la provoquer d'enterrer très peu profondément les ognons ; ceux qu'on recouvre d'une épaisseur de 0^m,08 à 0^m,10, n'en produisent point ou presque point.

C. — *Préparation du terrain.*

Les Hollandais font une sorte de secret de leur terre à jacinthes, mais ils en divulgueraient la composition qu'elle ne donnerait pas le moyen de les égaler dans la culture de cette plante, puisque avec leur recette ils ne peuvent donner l'air de leur pays, première base de leurs succès. Chacun peut modifier cette composition, conformément à la nature du sol dont il dispose, en partant de ce principe, que, plus la température est humide, plus la jacinthe réclame un sol léger, qui s'égoutte facilement. Voici les proportions le plus généralement employées en Hollande et en Angleterre ; elles sont applicables à un sol substantiel et riche, quoique léger, pour un sol compacte et argileux, la proportion du sable peut être augmentée avec avantage.

D. — *Terre à jacinthe.*

Terre franche de jardin	4 parties.
Sable	4
Terreau de fumier de vaches	3
Feuilles pourries	1
TOTAL	12

On ne peut faire entrer dans ce compost les feuilles de châtaignier, de noyer, et les autres feuilles trop dures qui se décomposent difficilement ; les feuilles de tilleul, d'orme, de bouleau, sont les meilleures pour cet usage ; les Hollandais y emploient la feuille de tilleul à l'exclusion de toute autre ; elle ne doit pas être entièrement réduite en terreau au moment où l'on s'en sert. Le terreau de fumier de vaches doit avoir deux ans au moins ; s'il en a trois, il n'en vaut que mieux. Ces substances bien incorporées ensemble sont préparées au moins six mois d'avance et mises à l'abri sous un hangar ; le mélange conserve ses propriétés pendant six ou sept ans. En Hollande, on n'y cultive jamais les jacinthes ni la première année, ni deux ans de suite. On commence par lui faire jeter son premier feu sur une culture d'iris, de jonquilles et de narcisses, culture qui alterne ensuite tous les deux ans avec celle des jacinthes. Le défoncement de la planche se fait au mois de septembre quinze jours avant la plantation ; on enlève la terre jusqu'à 0^m,32 seulement, et on la remplace par le compost auquel on donne au moins 0^m,08 ou 0^m,10 d'élévation au-dessus du bord de la planche ; le tassement qu'il éprouve réduit son élévation à 0^m,04 ou 0^m,05 au moment d'y placer les ognons de jacinthes. La forme convexe ou inclinée se donne régulièrement à l'aide du strike, comme pour les planches de tulipes.

En Belgique, dans la province de Liège, on obtient de très belles jacinthes de collection avec un compost formé de trois parties de terreau de fumier de vache, deux parties de terre de bruyère et une partie de terreau de feuilles ; il doit être, comme celui de la recette hollandaise, préparé six mois à l'avance.

E. — *Plantation.*

Les bulbes de jacinthe, comme tous les autres bulbes, ont beaucoup à souffrir lorsqu'ils ne sont pas plantés au moment convenable. Il n'en est pas d'un bulbe comme d'une graine ou comme de certains tubercules dont l'action végétative est interrompue tant qu'ils ne sont pas plantés ; le bulbe, planté ou non, pousse quand son temps est venu ; s'il attend trop longtemps la terre dont il a besoin, il s'épuise et meurt ;

s'il est planté trop tôt, il est surpris par l'hiver en pleine végétation et meurt également.

Sous le climat de Paris, l'époque de la plantation, variable selon la température, s'étend du 20 septembre au 10 ou 15 octobre. Elle ne peut avoir lieu dans tous les cas que sur un sol modérément humide ; si des pluies prolongées menaçaient de causer un retard très préjudiciable aux ognons, il faudrait couvrir les planches de paillassons jetés par-dessus des demi-cerceaux fichés en terre par les deux bouts, espèce d'arcade sous laquelle il s'établit un courant d'air qui dessèche très promptement le sol ; on choisit ensuite une belle journée pour effectuer la plantation.

Les jacinthes se plantent le plus communément en planche plate, inclinée vers le bord de l'allée, sur quatre ou cinq rangs, à 0,^m16 les uns des autres ; les bulbes sont à la même distance entre eux dans les rangs. L'exposition du midi est très favorable aux ognons de jacinthe ; c'est celle qu'on leur donne ordinairement. Dans ce cas, il faut placer chaque ognon, non point à plat sur la planche, ce qui ferait pencher son axe en avant, hors de la verticale, mais un peu en arrière, comme le montre la *fig.* 447. On les recouvre ensuite en répandant

Fig. 447.

le compost par-dessus avec précaution ; par ce moyen le plateau de l'ognon se trouve mieux exposé aux influences favorables du soleil pendant les premiers beaux jours de printemps. Les ognons de jacinthe, classés et numérotés comme ceux de tulipe, se placent autant que possible alternativement, un blanc, un bleu et un rouge ; les jaunes font suite aux séries blanches, et les panachés aux séries de la couleur qui forme leur fond.

F. — *Détails de culture.*

Les ognons de jacinthe, une fois plantés, ont beaucoup d'ennemis ; les mulots, les limaces et une foule d'insectes destructeurs en sont particulièrement avides ; on ne peut les en préserver que par une surveillance continuelle. Le meilleur remède contre les limaces consiste dans un lit d'écailles d'huîtres grossièrement concassées ; les lames coupantes des débris d'écailles sont difficilement franchies par les limaces, surtout quand les bords de la planche sont soutenus par des bordures en pierres plates qui empêchent ces débris d'être en partie entraînés dans l'allée. Les ognons de jacinthe sont plus sensibles au froid que ceux de tulipes ; il n'y a pas d'inconvénient à les couvrir de bonne heure, pourvu que ce soit avec de la litière parfaitement sèche ; encore est-il prudent de la soutenir sur des rames à pois, afin qu'elle ne touche pas le sol, car le peu de substances ammoniacales, dont la litière n'est ja-

mais entièrement exempte, peut faire aux jacinthes un tort irréparable. Lorsque le froid
atteint les ognons de jacinthe, ce qui arrive
quelquefois en dépit de toutes les précautions
dans les hivers très rigoureux, il produit sur
ces bulbes un effet très singulier; dès le premier dégel la fleur sort de l'ognon ; mais quelle
fleur ? A peine s'élève-t-elle d'un décimètre au-
dessus du sol ; l'odeur et la couleur ne sont
pas moins altérées; puis l'ognon gelé est atteint de pourriture et meurt. Il est souvent très
difficile d'éviter de tels désastres parce qu'une
couverture trop chaude, telle qu'il la faudrait
pour éviter l'effet de la gelée durant un hiver
très rigoureux, aurait un autre inconvénient;
elle ferait partir les jacinthes en hiver; alors
feuilles et fleurs s'étioleraient avant la saison
de la floraison naturelle, et l'on n'y gagnerait
rien.

Mais l'ognon de jacinthe, même gelé, même
à moitié pourri, n'est jamais entièrement perdu,
la vie se réfugie dans le dernier fragment de
tunique qui n'est pas encore décomposé; si
l'ognon ne se rétablit pas, il donne au moins
des caïeux qui le remplacent au bout de quelques années. Il ne faut donc jamais jeter un
ognon de jacinthe, quelque endommagé qu'il
paraisse; nous en avons eu de très précieux,
attaqués par le cœur au point de ne conserver
que quelques-unes des tuniques extérieures
après l'enlèvement de la partie atteinte de
pourriture; plusieurs, traités comme nous l'a-
vons indiqué pour les ognons de tulipe, se sont
entièrement refaits; les autres ont donné des
caïeux en grand nombre. Quelquefois l'ognon,
très sain au moment de la plantation se sépare
en deux sans cause apparente, et ne fleurit pas ;
il n'y a pas de remède; il n'est plus bon qu'à
produire des caïeux. Une réserve nombreuse
entretenue par une culture de caïeux en nombre suffisant est indispensable pour qu'il n'y
ait pas de vides dans la planche de jacinthes de
collection.

La jacinthe commence à fleurir sous le climat de Paris au commencement d'avril, et beaucoup plus tôt dans les années où le printemps
est hâtif; en 1843, il n'était plus question des
jacinthes avant la fin d'avril ; la température
est encore très variable à cette époque; les gelées blanches et les giboulées mêlées de neige
et de grêle sont fréquentes. On préserve les
jacinthes au moyen d'une tente; elles supportent sans paraître en souffrir une gelée de deux
degrés; ce n'est pas la plante développée, mais
seulement le bulbe qui est sensible au froid ;
jamais à la fin d'avril le froid n'est assez intense
pour pénétrer jusqu'à l'ognon, surtout quand la
terre est préservée d'un excès d'humidité. Les
plus belles jacinthes, parfaitement doubles,
quoique munies d'une hampe assez volumineuse, ne peuvent cependant se soutenir sans
appui; on plante à cet effet près de chaque
ognon de petits tuteurs, peints en vert pour ne
pas nuire au coup d'œil; on recommande en
général de les lier à ces tuteurs avec des brins

de grosse laine verte ; nous avons vu en Belgique les plus belles collections maintenues par
des cercles de fil de fer peints en vert, fixés aux
tuteurs, sans qu'il en résultât le moindre inconvénient. Les fleurs ne pourraient en souffrir que dans le cas où, la planche n'étant pas
suffisamment abritée, elles seraient souvent et
fortement agitées par le vent ; elles éprouve-
raient alors un frottement violent contre le fil
de fer; cet inconvénient est toujours facile à
prévenir. La beauté de la floraison et la conservation des collections de jacinthes dépendent en
grande partie de la manière de traiter les ognons
depuis la fin de leur floraison jusqu'au moment de les planter de nouveau. La méthode
hollandaise, adoptée par tous les amateurs les
plus expérimentés en Angleterre et en Belgique, consiste à laisser mûrir les ognons sur le
terrain pendant trois semaines au lieu de les
faire sécher à l'air libre. Voici comment on
conduit cette importante opération. Dès que les
feuilles commencent à jaunir, ce qui a lieu
15 ou 20 jours après la floraison, on retranche
avec une lame bien affilée toute la plante,
feuilles et tige, à quelques centimètres au-
dessus de la naissance du bulbe, puis on l'arrache avec toutes ses racines fibreuses qu'on
débarrasse de toute la terre qu'elles retiennent.
On pose ensuite chaque bulbe à côté de la
place où il a fleuri, de manière à ce qu'il présente sa pointe au nord et son plateau au sud.
On répand sur chaque ognon de la terre
sablonneuse très sèche, de manière à en former un cône qui le recouvre complètement;
il reste 18 à 20 jours dans cet état. La planche
durant ce temps est abritée seulement autant
qu'il le faut pour prévenir l'effet des pluies et
des rayons d'un soleil trop ardent ; du reste
elle ne saurait être trop aérée. On enlève ensuite
les fibres qui se sont complètement séchées, et
l'on place l'ognon dans le casier après l'avoir
débarrassé de ses caïeux et nettoyé soigneusement. La plupart des amateurs enveloppent
chaque bulbe séparément dans une feuille de
papier. Nous n'avons jamais trouvé cet usage
utile ; les bulbes à découvert dans leurs cases
sont plus facilement visités ; le contact de l'air
sec ne saurait leur être nuisible. Ils se conservent aussi très bien dans du sable fin très sec;
mais si au moment où ils y sont placés quelque
ognon se trouve atteint d'une plaie peu apparente, elle a tout le temps de s'étendre, et souvent l'ognon pourri fait pourrir ses voisins
avant qu'on s'en soit aperçu ; la conservation à
découvert nous a toujours semblé la meilleure
dans la pratique.

Quelques horticulteurs traitent encore les
ognons de jacinthe par un autre procédé.
Après la floraison ils laissent la tente sur la
planche jusqu'à ce que la terre en soit complètement desséchée. Les fibres des bulbes ainsi
que les feuilles et les fleurs passées ne tardent
pas à se dessécher aussi. Alors seulement les
bulbes sont enlevés, nettoyés et conservés
comme on vient de l'indiquer. Cette méthode

épargne quelques soins, mais elle est toujours dangereuse en ce qu'elle peut laisser grandir les plaies des ognons endommagés qui auraient dû subir un retranchement immédiat. La jacinthe est une si belle fleur, elle récompense si largement les soins du jardinier qu'il ne doit pas lui ménager avec trop de parcimonie ; nous conseillons donc de suivre la méthode hollandaise de préférence à toute autre.

§ III. — Renoncules.

Cette plante est, comme les précédentes, originaire d'Asie, mais plus anciennement importée en Europe. On a des traces de sa culture en Angleterre dès la fin du seizième siècle. Les variétés de cette fleur sont innombrables, mais peu précises et difficiles à classer autrement que par des divisions arbitraires et variables. Des catalogues, imprimés en Angleterre vers 1790, portent plus de 2.000 noms de renoncules dont on retrouverait difficilement la trace aujourd'hui. Les collections de renoncules, bien moins coûteuses que celles de tulipes et de jacinthes, ne sont pas moins agréables pour l'éclat et la variété des nuances qu'elles reproduisent presque toutes à l'exception du bleu franc; une renoncule parfaitement bleue serait sans prix ; mais elle n'a jamais été obtenue. Cette fleur offre une particularité fort singulière; lorsqu'elle est parfaitement double, elle ne devient pas pour cela stérile d'une manière absolue; les anthères seules sont oblitérées et converties en pétales ; les organes femelles subsistent avec leur propriété productive. Si l'on féconde artificiellement ces organes en secouant au-dessus le pollen des fleurs semi-doubles qui toutes sont complètes et fertiles, on obtient des graines qui donnent les plus belles variétés. Ce moyen de varier les couleurs et les dimensions des renoncules n'est connu et pratiqué que depuis vingt ans environ ; il permet à l'amateur soigneux de se procurer, pour ainsi dire indéfiniment, des variétés nouvelles.

La renoncule naît d'un tubercule que les jardiniers nomment griffe; il partage avec les griffes d'asperges la propriété de se soulever spontanément pour se rapprocher de la surface de la terre et de se rajeunir en formant tous les ans de nouveaux *doigts* à la place des anciens qui deviennent vides et disparaissent. La vie végétale sommeille pendant un temps indéfini dans les griffes des renoncules; si on les conserve un an ou même deux ans sans les planter, elles ne poussent point d'elles-mêmes comme les ognons; lorsqu'ensuite on les remet en terre, leur floraison est plus belle et plus abondante que si elles avaient fleuri tous les ans; aussi, les nomme-t-on griffes reposées. Souvent il leur arrive de se reposer d'elles-mêmes; après avoir donné une profusion de belles fleurs dans toute leur perfection, l'année suivante, ou bien elles ne montent pas, ou bien elles ne donnent que quelques fleurs insignifiantes ; mais un an après, elles refleurissent aussi brillantes qu'auparavant. Les collections de belles griffes

de renoncules ne sont pas d'un prix excessif. En Belgique, elles ne dépassent pas 30 fr. le cent, premier choix; on en a de fort belles à 25 et même à 20 fr. A Paris, elles valent de 40 à 50 fr. le cent, et sont moins belles que celles de Belgique sous le double rapport de la variété, des nuances et du volume des fleurs.

Les renoncules se multiplient de semences prises sur les fleurs semi-doubles et sur les doubles dont les ovaires ont été artificiellement fécondés; les semis ne reproduisent pas les variétés; on ne peut les perpétuer avec certitude que par la séparation des jeunes griffes qui se forment chaque année autour des anciennes.

A. — Semis.

La graine de renoncule est souvent stérile ; les graines fécondes portent vers le bas une petite marque bien connue des jardiniers fleuristes. Si, en prenant une pincée de graines qu'on étale sur un morceau de papier blanc, cette marque est apparente sur le plus grand nombre de semences, on doit semer très clair, car elles lèveront presque toutes; dans le cas contraire, on doit semer très serré. Les semis se font, selon la méthode ordinaire, soit en août, soit en octobre, en pleine terre ou en terrines profondes. La seconde époque est la meilleure, car dans tous les cas les renoncules ne lèvent qu'en novembre, quand même on en entretiendrait la terre constamment humide; les semis prématurés ne font donc que donner aux graines plus de chances d'être détruites en terre par les insectes. La graine de renoncule est très lente à germer; il ne faut la recouvrir que fort légèrement, en saupoudrant avec de bon terreau un peu frais la plate-bande sur laquelle on les a répandues. Une fois semées, ces graines ne doivent pas rester à sec jusqu'au moment où elles lèvent; quoique l'excès de l'humidité leur soit contraire, néanmoins, comme le travail de leur germination est fort lent, si pendant qu'il s'accomplit il est interrompu par la sécheresse, le germe naissant périt : c'est cette circonstance seule qui fait le plus souvent échouer les semis de renoncules.

Lorsqu'on place dans l'orangerie ou dans la serre tempérée les terrines où l'on sème les renoncules, on peut sans inconvénient différer les semis jusqu'en janvier. Ceux de pleine terre doivent être couverts pendant les grands froids avec de bonne litière ; ils ne craignent pas, comme les plantes bulbeuses, le contact des matières animales en décomposition. Les semis de renoncules ainsi traités, donnent leur fleur de la seconde à la quatrième année; c'est-à-dire au plus tard après trois ans révolus. Lorsque le temps n'a pas été très favorable et que les jeunes plantes ont poussé faiblement au printemps, il ne faut pas y toucher, mais seulement enlever les feuilles desséchées et répandre 0ᵐ,05 de bon terreau par-dessus et leur laisser passer l'hiver en pleine terre, sauf à les préserver des atteintes de la gelée.

Nous devons à l'obligeance de M. Bosset, amateur passionné de cette culture, pour laquelle il est renommé entre les horticulteurs de Liège (Belgique), la communication d'un autre mode de semis au moyen duquel les renoncules atteignent, dans le cours d'une année, toute leur perfection. Il consiste à semer en terrine dans de la bouse de vache, recueillie dans la saison où le bétail est nourri au vert. On laisse cette bouse se dessécher de manière à ce qu'elle se réduise en poudre, qu'on passe au crible grossier ; puis on l'humecte légèrement au moment des semis et l'on continue à la tenir humide par des arrosages donnés avec un arrosoir à boule très fine, pour éviter le tassement. Les graines semées au commencement de mai lèvent à la fin du même mois. Dès qu'on reconnait que le jeune plant a suspendu sa végétation et que les feuilles jaunissent en automne, on porte les terrines à l'abri pour que le sol où elles ont vécu se dessèche complétement, après quoi on le passe au crible fin pour en séparer les griffes qui consistent en deux ou trois lobes fort petits avec quelques filaments imperceptibles. Au mois d'octobre, on les plante séparément dans d'autres terrines plus grandes ou dans des caisses qu'on place dans l'orangerie, le plant repiqué doit être espacé en proportion de sa grosseur. Au lieu de bouse de vache sans mélange, on leur donne à l'époque de cette première transplantation un mélange de celle où les semis ont été faits au printemps et de bonne terre franche de jardin par parties égales. Elles y profitent si rapidement, qu'au printemps suivant leur floraison, comme nous en avons souvent été témoin, égale ou même surpasse celle des griffes de plusieurs années.

Rien n'est plus variable ni plus inégal que la floraison des renoncules ; à une foule de fleurs parfaites, succède un petit nombre de fleurs chétives ; la griffe qui a servi de porte-graine est plusieurs années sans donner de bonnes fleurs ; en outre, sans cause apparente, les renoncules, comme nous l'avons dit, se reposent un ou deux ans de suite. Il en résulterait des vides nombreux dans les planches de renoncules, sans la facilité que donnent les semis de tenir toujours en réserve un assortiment de griffes jeunes et vigoureuses dont la floraison est assurée, pour remplacer dans la planche les griffes dont on se méfie ou qu'on veut laisser se reposer.

B. — Jeunes griffes.

Elles sont pour les renoncules ce que les caïeux sont pour les plantes bulbeuses : il faut les séparer avec précaution des plantes-mères qui, en perdant un ou plusieurs de leurs tubercules, reçoivent une blessure souvent mortelle. Lorsqu'une variété précieuse et rare n'a donné que peu de jeunes griffes et qu'on craint de la perdre, on peut, au moyen d'une lame de canif bien affilée, séparer l'un de l'autre les yeux de la griffe-mère. Pourvu que chacun de ces yeux conserve deux ou trois doigts, il formera une

plante nouvelle, mais qui ne fleurira qu'une année plus tard. Les griffes séparées se traitent ultérieurement comme celles qu'on obtient par les semis

C. — Préparation du terrain.

De toutes les plantes de collection, la renoncule est celle sur la floraison de laquelle la préparation du sol exerce le plus d'influence. La raison en est dans le mode de végétation de cette plante, dont les filaments partant de la griffe, vont chercher à *plus d'un mètre* de profondeur leur nourriture en plongeant perpendiculairement tant qu'ils ne trouvent pas d'obstacle. La force, le volume et la beauté des fleurs, sont toujours en raison directe de la nourriture donnée à ces fibres qui s'arrêtent quand elles rencontrent un sol impénétrable, ou languissent dès qu'elles ont atteint la mauvaise terre, quand même les griffes auraient sous elles $0^m,32$ ou $0^m,50$ de terre de première qualité.

La culture des renoncules exige donc le défoncement du sol à un mètre de profondeur pour le moins. La terre doit être débarrassée seulement des plus grosses pierres et ameublie par plusieurs labours soignés à la bêche ; mais il ne faut pas qu'elle soit passée à la claie, comme le font quelques amateurs ; elle éprouve alors un tassement qui la rend trop compacte, et les renoncules n'y prennent jamais tout leur développement. Les renoncules n'exigent point un compost particulier ; une bonne terre normale de jardin, fortement fumée avec du fumier de vache et de cheval par égale portion, l'un et l'autre à demi décomposés, mais non tout-à-fait réduits en terreau, leur suffit sans autre substance. Lorsque la terre est trop compacte par un excès d'argile, une petite quantité de sable fin qui ne doit jamais dépasser un huitième de la totalité de la terre évaluée en mètres cubes, ne peut qu'être utile à la bonne végétation des renoncules. Le dernier labour doit précéder de 10 ou 15 jours la plantation des renoncules ; sans cette précaution, la terre, venant à se tasser après avoir reçu les renoncules, pourrait contrarier leur végétation. Le parfait égouttement du sol est une condition indispensable de cette culture ; s'il retient l'eau, les griffes y pourrissent si complétement, qu'à peine en retrouve-t-on les débris. Si l'on n'avait à sa disposition qu'une terre marneuse ou crayeuse, absolument impropre à la végétation des renoncules, on pourrait employer le terreau de gazon préparé en levant, dans une bonne prairie ou sur une pelouse de bonne nature, des gazons épais de $0^m,16$. Ces gazons, hachés avec le tranchant de la bêche, et tenus constamment humides pendant un mois ou deux, doivent être fréquemment retournés et préparés six mois avant le moment de s'en servir. On emploie le terreau de gazons en mélange avec partie égale de fumier de vache très consommé ; il permet de cultiver partout les renoncules qui réussissent très bien dans ce sol artificiel.

D. — *Plantation.*

L'effet d'une planche de renoncules dépend en grande partie du mélange des variétés dont on peut assortir les couleurs de manière à en faire valoir tout le charme. Les plus estimées sont celles de couleur foncée, joignant à ce mérite celui d'une forme régulière et d'un diamètre qui ne doit pas être moindre de 0ᵐ,05. Les amateurs attachent un grand prix aux variétés dont la fleur d'un brun-violet contraste vivement avec le vert-clair de son feuillage et avec les fleurs à fond clair; on en obtient qui, vues à quelque distance, paraissent presque noires. La *fig.* 448 montre une renoncule de collection semi-double de forme régulière.

Fig. 448.

Les renoncules ayant besoin d'arrosages modérés, mais presque continuels, on ne peut donner aux planches une inclinaison semblable à celle des planches de tulipes et de jacinthes; l'eau des arrosages y serait trop inégalement répartie, et il serait trop difficile d'empêcher qu'elle n'entraînât continuellement la terre vers le bas. On dresse donc les planches a plat, au niveau du sol. Beaucoup d'insectes recherchent et dévorent en terre les tubercules des renoncules; c'est toujours une bonne précaution de les faire tremper pendant quelques heures, au moment de les planter, en se servant pour cet usage d'une eau mêlée de suie de cheminée, dont l'amertume éloigne les insectes. Les lignes se tracent à des distances égales, de 0ᵐ,10 entre elles; les griffes se plantent dans les lignes, à des distances proportionnées à la force qu'elles doivent acquérir en végétant; si toutes étaient également espacées, la planche serait trop remplie en certains endroits, et dégarnie dans d'autres. En Belgique, les amateurs de renoncules ne manquent jamais, en plantant les griffes, de s'assurer qu'il ne reste point de vide au-dessous, circonstance qui serait très préjudiciable à l'émission des libres dont la plante doit tirer sa nourriture. Le meilleur moyen pour obtenir ce résultat avec certitude, consiste à poser chaque griffe sur une petite butte de terreau, avant de la recouvrir.

On recouvre les griffes de renoncules en ré-

pandant par-dessus 0ᵐ,04 ou 0ᵐ,05 de terre mise en réserve à cet effet.

L'un des plus précieux avantages des collection de renoncules, c'est de pouvoir être plantées à différentes reprises, ce qui leur permet de succéder pendant presque toute la belle saison aux plantes de collection dont la floraison est épuisée. Néanmoins, les plus belles fleurs sont toujours celles qui proviennent des plantations faites en octobre, et préservées du froid pendant l'hiver.

La seconde plantation se fait en avril, quand les gelées ne sont plus à craindre. On peut continuer à planter en mai et juin, pour avoir des fleurs jusqu'en automne; ces plantations tardives réussiront toutes également bien, pourvu qu'on les arrose très souvent, en leur donnant peu d'eau à la fois.

E. — *Détails de culture.*

Les renoncules, plantées en octobre, commencent à se montrer hors de terre en novembre. Au lieu de répandre simplement de la litière par-dessus pendant les gelées, il vaut mieux se servir de bouts de cerceaux ou de rames à pois, supportant de vieux paillassons; non que le contact de la litière nuise aux renoncules comme aux tulipes et aux jacinthes, mais parce qu'il est plus facile par ce procédé de les couvrir et de les découvrir au besoin; en partant de ce principe, qu'elles n'ont jamais trop d'air, et que la couverture leur est préjudiciable du moment où elle cesse d'être nécessaire. A l'époque de la floraison, il ne faut pas attendre que les fleurs soient entièrement flétries pour les retrancher, afin de favoriser le développement des fleurs successives. On ne doit enlever qu'avec beaucoup de précautions les griffes dont les feuilles jaunissent et se dessèchent; la meilleure méthode consiste à laisser bien essuyer la terre par un temps couvert, et à la soulever le long de chaque rangée de griffes, de manière à ne pas toucher avec la bêche l'extrémité inférieure des tubercules; on émiette ensuite la terre doucement entre les mains, on met à part les jeunes griffes récemment produites, et l'on retranche avec soin des anciennes toutes les parties attaquées ou endommagées. On leur donne ensuite un léger lavage dans un panier à claire-voie, puis on les laisse sécher à l'ombre avant de les enfermer dans les tiroirs destinés à leur conservation. L'usage le plus général est de les conserver par séries de couleurs, afin de pouvoir les mélanger à volonté à l'époque des plantations.

Les renoncules porte-graines, soit semi-doubles, soit doubles, artificiellement fécondées, se plantent à part, parce qu'elles ne doivent pas recevoir d'eau à partir du moment de leur pleine floraison, tandis que celles de la collection doivent être arrosées légèrement une ou deux fois par jour, tant qu'elles sont en fleur.

§ IV. — *Anémones.*

La culture de cette plante diffère peu de celle

de la renoncule que nous venons de décrire en détail Les griffes d'anémones, plus fortes que celles de renoncules, veulent être plus espacées dans les lignes, et plus profondément enterrées De même que la renoncule, l'anémone produit une quantité de racines filamenteuses qui s'enfoncent dans le sol en ligne perpendiculaire; on ne peut en espérer une belle floraison si le sol, préparé comme pour les renoncules, n'a pour le moins 1m,25 de profondeur. Les catalogues les plus récents, imprimés en Angleterre, ne donnent point au-delà de 74 variétés d'anémones ; nous croyons qu'il en existe au moins le double , très faciles à distinguer , parées des plus vives couleurs, mais négligées parce qu'elles sont passées de mode. Ces variétés se perpétuent par la séparation des griffes; on en obtient de nouvelles au moyen de semis. La *fig.* 449 peut donner une idée des conditions de

Fig. 449.

forme et de régularité exigées dans les anémones de collection.

On sème la graine d'anémone au mois d'août ; lorsqu'elle lève, ce n'est jamais avant deux mois et demi , et même trois mois, depuis le moment des semis ; très souvent elle passe l'hiver en terre et ne lève qu'au printemps de l'année suivante. On ne peut obtenir de graine que des fleurs simples ; les doubles ne sont telles que par la conversion des organes femelles en pétales, et la fécondation artificielle est impossible. Les semis donnent toujours un assez grand nombre de fleurs doubles. La graine d'anémone est revêtue d'un duvet qui rend les semis fort difficiles a bien exécuter ; quand elle n'est pas bien répartie sur la surface du terrain, le jeune plant manque d'espace pour le développement de ses racines. On obvie à cet inconvénient en frottant longtemps entre les doigts la graine d'anémone, mêlée à du sable fin ; elle perd par cette trituration tout son duvet, et se sème alors comme toute autre graine.

L'anémone se sème mieux en terrines et en caisses, qu'en pleine terre, moins dans le but d'assurer le succès des semis que pour ne pas perdre une partie des griffes vierges. Quoique destinées a devenir très volumineuses, elles sont à la fin de leur premier été encore plus petites que celles des renoncules : lorsqu'on les sème en terrines , le crible les sépare sans en laisser perdre aucune ; semées en pleine terre, il s'en perd toujours une partie. Les soins généraux de culture sont les mêmes que pour la renoncule ; on peut également, en plantant à plusieurs reprises, obtenir des floraisons successives pendant près de trois mois. Les collections d'anémones sont d'un effet très riche dans le parterre, à cause du volume des fleurs et de l'éclat de leurs nuances. En Angleterre, les griffes d'anémones de collection sont encore d'un prix assez élevé ; en France , sans être moins belles, elles sont à la portée de toutes les bourses.

§ V. — ŒIllet.

Cette plante , de tout temps recherchée , et l'une des plus anciennement cultivées pour l'ornement des parterres en Europe , passe pour être originaire d'Afrique. Sa culture en France est devenue en quelque sorte historique, en servant de délassement au grand Condé, pendant sa captivité dans le donjon de Vincennes. Avant la Révolution on montrait encore dans les fossés de cette forteresse des œillets issus en ligne directe de ceux que le grand Condé y cultivait de ses propres mains , sous la minorité de Louis XIV. L'œillet se recommande par la beauté des couleurs , l'élégance de la forme, et surtout par la délicatesse de son parfum. Comme plante de collection , il se recommande par une grande variété de teintes; il n'existe pas d'œillets franchement bleus, quoiqu'on en possède un grand nombre de toutes les nuances, violettes et ardoises , qui se rapprochent plus ou moins du bleu. En Angleterre, où le goût des œillets est très répandu, parce que cette culture est considérée comme de bon ton, et fait spécialement aux dames de qualité, on a des catalogues de plus de 350 espèces ou variétés d'œillets , divisés par classes que grossissent chaque année les fleurs nouvelles obtenues par les semis. En France, la culture des œillets, mise en oubli pendant assez longtemps, reprend faveur ; la mode, qui exerce son influence capricieuse sur le goût des fleurs comme sur toutes les choses de goût, admet actuellement dans les collections d'œillets d'amateur toutes les fleurs réellement belles et bien conformées, qui en étaient exclues autrefois.

Quoique le prix des œillets d'amateur soit moins élevé que celui des tulipes et des jacinthes, quelques variétés se vendent encore assez souvent fort cher. En 1838, nous avons vu offrir 300 fr. d'un seul pied d'œillet, bizarre-pourpre, récemment obtenu de graine.

Les variétés d'œillets de collection sont beaucoup plus fugitives que celles de toutes les autres fleurs de collection. Elles ne se perpétuent pas de semence : les boutures et marcottes reproduisent le plus souvent, mais non pas constamment et avec certitude, les fleurs de leur plante-mère ; enfin, les soins de culture les plus minutieux n'empêcient pas toujours les plus beaux œillets de dégénérer sans cause connue, et l'on ne parvient pas toujours à les rétablir de marcottes ou de boutures; c'est donc de toutes les cultures de plantes de collection de pleine terre celle qui exige les soins les plus attentifs et les plus constants : c'est une des raisons qui doivent en rendre le goût plus durable.

L'œillet de collection, par excellence, a été longtemps exclusivement l'œillet flamand, semi-double, à fleur de grandeur moyenne ; les pétales doivent avoir leurs bords parfaitement entiers, retroussés avec élégance, portant sur un fond parfaitement pur, blanc ou rose, mais préférablement d'un blanc de lait, des lignes longitudinales d'une ou plusieurs couleurs nettes et tranchées. Les collections d'œillets flamands ne sont jamais très nombreuses, parce qu'elles n'admettent pas les œillets à pétales dentelés ; au contraire, les collections qui admettent toutes les belles variétés peuvent contenir des centaines de fleurs différentes.

A. — Multiplication.

1. Semis.

Les œillets de collection semi-doubles donnent des graines fertiles, mais en petit nombre ; ces graines sont toujours fort chères. En Belgique, la bonne graine de véritable œillet flamand vaut 1 fr. la graine ; il est vrai qu'il s'en vend fort peu ; la culture des œillets, dans ce pays, est entre les mains d'un certain nombre d'amateurs aisés qui échangent entre eux les semences qu'ils récoltent et en livrent bien peu au commerce. Les œillets obtenus de semis, lorsqu'ils réunissent les conditions exigées pour entrer dans une collection d'amateur, valent mieux que les boutures et marcottes; ils sont moins sujets à dégénérer. Les Anglais, qui sèment beaucoup d'œillets, tirent la graine, soit de Suisse, soit de Vienne en Autriche; elle voyage et conserve plusieurs années ses facultés germinatives, pourvu qu'on la tienne dans des flacons très bien bouchés. Dans les pays où l'automne est froid et humide, la graine, mûre en apparence, n'est pas toujours féconde, et très souvent elle ne lève pas. Les semis se font dans la première quinzaine d'avril dans des pots ou des terrines qu'on place en plein air dans une situation ombragée, mais bien aérée ; on peut aussi semer en pleine terre, mais avec moins de chances de succès, parce que l'œillet, dans son premier âge, a besoin d'être préservé d'un excès de chaleur ou d'humidité, ce qui est plus facile lorsqu'il est en terrine ou en pot. La terre, pour les semis d'œillets, est la même que pour les plantes faites (*voir* page 306). On sème aussi avec succès en terre franche ou en terre de bruyère, l'une et l'autre mêlées avec partie égale de bon terreau. Nous reproduisons, comme excellents à suivre pour les semis en grand, les détails du procédé indiqué par M. Ragonnot-Godefroi, dans son Traité de la culture des œillets.

La terre, égalisée avec soin, doit être comprimée légèrement avec une planche; sur une surface parfaitement unie, il est plus facile de voir si les semences sont répandues bien également; elles doivent être recouvertes d'un centimètre seulement de terre tamisée pardessus et égalisée avec le dos du râteau. On arrose légèrement et à plusieurs reprises, pour éviter de découvrir les graines et de les déplacer ; on étend ensuite un paillasson par-dessus la planche ensemencée, pour empêcher la terre de se durcir et pour favoriser la germination qui s'obtient ordinairement au bout de huit jours. Aussitôt qu'on voit la terre soulevée par les germes, on enlève les paillassons et l'on donne de temps à autre au jeune plant un léger bassinage avec de l'eau dégourdie au soleil. Dès que le jeune plant prend sa sixième feuille et qu'il atteint la hauteur de 0^m,07 à 0^m,08, il est bon à transplanter. Le plant d'œillets se repique à 0^m,10 ou 0^m,12 en tout sens ; il n'exige d'autres soins que d'être préservé des grandes pluies et des coups de soleil trop ardents; il ne craint pas en hiver le froid sec, même très intense ; les dégels accompagnés de verglas et suivis immédiatement de gelées, peuvent seuls lui être funestes; c'est alors seulement qu'il a besoin d'être garanti. Mais si l'on rentrait les pots contenant le jeune plant d'œillet dans l'orangerie, ou même dans une chambre habitée, quand la température, quoique très froide, ne peut lui être nuisible, on lui ferait un tort considérable. Les œillets de semis, convenablement traités, fleurissent la seconde année, c'est-à-dire au bout d'un an révolu. On obtient très difficilement des semis des variétés réellement nouvelles ; l'amateur qui s'est livré toute sa vie à cette culture est heureux lorsque, dans tout le cours de son existence, il a pu avoir 5 ou 6 œillets nouveaux; mais il a eu tous les ans des centaines de très beaux œillets appartenant aux variétés déjà connues.

2. Marcottes et boutures.

L'œillet de collection n'est pas ordinairement d'une constitution assez vigoureuse pour donner un grand nombre de pousses bonnes à marcotter. Lorsqu'à la première floraison des semis, on reconnaît une très bonne fleur, il faut profiter, pour la multiplier, des pousses susceptibles d'être marcottées ; la plante n'en portera jamais plus tard un aussi grand nombre. Les tiges de l'œillet étant très fragiles, il est bon de s'abstenir pendant quelques jours d'arroser les plantes qu'on se propose de marcotter, afin de rendre leurs tiges plus flexibles. Les marcottes au pied de la plante se font dans la terre du pot, comme nous l'avons indiqué pour le marcottage des plantes de pleine terre (voir *Marcottage*). Beaucoup de traités d'horticulture recommandent de joindre à l'incision horizontale des nœuds de la tige à marcotter, une autre incision longitudinale qui fend cette tige sur une petite longueur, ce qui se nomme *marcotte à talon*. Nous croyons cette pratique plus nuisible qu'utile ; les sujets faibles, au lieu de s'enraciner, pourrissent et meurent ; il vaut donc mieux s'en tenir à l'incision horizontale.

Le plus grand nombre des marcottes ne se fait point dans la terre du pot, mais dans des pots à part, exclusivement adaptés à cet usage (*fig.* 450). Les plantes d'œillets de collection, seu-

Fig. 450.

lement âgées de deux ou trois ans, ne poussent que rarement et faiblement du pied ; les pousses à marcotter sont situées à différentes hauteurs sur la tige ; il faut les marcotter sans les déranger. On emploie communément un pot de très petites dimensions, muni d'une fente latérale ; la marcotte s'y insère, dégarnie de feuilles, comme le montre la figure 450 ; on le remplit ensuite de terre à œillets, on recouvre de mousse sa surface et on l'arrose fréquemment, mais très peu à la fois.

Les vrais amateurs ne sauraient employer rien de plus convenable pour cet usage que le cornet double en zinc ou en plomb laminé, s'ouvrant à charnière (*fig.* 451). La seconde cavité

Fig. 451.

se tient constamment remplie d'eau ; une mèche de coton, en vertu de la capillarité, porte à volonté une humidité suffisante sur la terre de la marcotte.

Quel que soit le mode de marcottage employé, il est bon de séparer les marcottes de la plante-mère aussitôt qu'elles sont enracinées, ce qui a lieu d'ordinaire au bout de 30 à 40 jours ; on s'en aperçoit à l'allongement des feuilles

centrales, qui ne recommencent point à pousser avant la formation des nouvelles racines. Cependant beaucoup de praticiens ne sèvrent les marcottes qu'à la fin de l'automne, ce qui doit fatiguer beaucoup les plantes-mères.

L'époque la meilleure pour le marcottage est celle de la pleine floraison des œillets. Beaucoup d'amateurs, pour ne pas nuire au coup d'œil de leurs collections, attendent que les œillets à marcotter aient passé fleur ; mais alors, leur végétation n'étant plus assez active, le succès de l'opération devient très incertain. Les marcottes enracinées, mises dans des pots de dimensions convenables, suivent le traitement ultérieur des plantes parfaites ; elles fleurissent au printemps suivant, un peu avant les vieilles plantes ; les boutures se font à la même époque et dans la même terre que les marcottes. Ce moyen de multiplication est préférable à tout autre pour les variétés plus sujettes que les autres à dégénérer ; elles doivent être mises en terre dans une situation courbée, de manière à ce que la partie qui doit s'enraciner se trouve placée horizontalement.

B. — *Préparation du sol.*

En Belgique, la terre pour les œillets est formée d'un tiers de terre franche normale et de deux tiers de terreau bien consommé ; on prépare le mélange bien incorporé plusieurs mois avant de s'en servir. En Angleterre, on compose la terre à œillets de 3 parties de fumier de cheval très consommé, deux parties de terre franche et une partie de sable fin. Comme on la prépare un an d'avance, le fumier qu'on prend ordinairement dans les couches épuisées après avoir produit des concombres ou des melons, se convertit en terreau, de sorte que les deux recettes reviennent à peu près au même. Quant au sable, nous croyons que dans toute terre tant soit peu compacte et argileuse, sa présence dans la proportion d'un sixième ne peut qu'être utile aux œillets. Il est à remarquer que, quand les couleurs d'un œillet se brouillent et s'altèrent, on le rétablit quelquefois en le plantant en pleine terre, en terre franche sans fumier ; mais il ne pourrait continuer à y végéter longtemps sans s'altérer de nouveau. M. Ragonnot-Godefroi, habile horticulteur qui s'est occupé spécialement de la culture des œillets, considère une bonne terre à blé ordinaire, argilo-siliceuse, facile à diviser, comme très convenable à la végétation des œillets.

C. — *Détails de culture.*

Les œillets semés en terrines ou dans des pots sont souvent repiqués pendant la bonne saison en pleine terre avant leur première floraison ; on ne met alors en pots que les plantes qui ont donné des fleurs dignes de figurer dans la collection ; les autres servent à orner les plates-bandes du parterre. Les marcottes et les boutures enracinées, ainsi que les bonnes plantes de semis, se cultivent dans des pots à la condition d'un rempotage annuel. Beaucoup d'amateurs compromettent leurs collections en ne donnant aux œillets que des pots trop petits ; ces pots, sur les dressoirs où on les dispose pendant la floraison, font un meilleur effet que d'autres plus grands, parce qu'ils permettent de rapprocher davantage les fleurs ; mais il vaut mieux avoir égard principalement à la conservation des plantes. Dans ce but, les dimensions les plus convenables sont 0^m.25 de diamètre à l'orifice supérieur, 0^m,16 de diamètre à la base et 0^m,20 de hauteur.

L'époque la plus convenable pour mettre en pot les jeunes œillets qui ont donné leur première fleur et rempoter les anciens, est du 10 au 20 mars, selon la température. Les gradins en bois (*fig.* 452), sur lesquels ces pots sont ran-

Fig. 452.

gés, ne doivent être rentrés sous un hangar ou dans une orangerie que passagèrement, pendant les fortes pluies ou les orages qui pourraient les endommager ; en tout autre temps, ils doivent rester dehors ; l'œillet ne saurait avoir trop d'air. Pour prévenir la chute des pots par les coups de vent, il est bon d'assujettir chaque rangée de pots au moyen de deux cercles en fil de fer peints en vert, adaptés à la planche qui supporte le gradin supérieur, comme le montre la *fig.* 452. Pour rempoter les œillets on les enlève en motte, en ayant soin de ne pas détacher la terre adhérente aux principales racines ; on doit, dans ce but, saisir pour cette opération délicate le moment où la terre des pots est au degré convenable de consistance, plutôt trop sèche que trop mouillée. Tandis qu'on tient la motte dans une position renversée, on détache légèrement en frottant avec le dos d'une lame de couteau une petite épaisseur de terre tout autour de la motte ; on place ensuite au fond du pot assez de terre à œillet pour que la motte, replacée sans être brisée, affleure le bord du pot comme avant le dépotage ; puis on remplit les vides en répandant de la terre neuve tout autour et en pressant légèrement.

On ne laisse point aux œillets de collection toutes leurs fleurs ; ils ne doivent en donner que 4 ou 5 chacun pour qu'elles soient dans toute leur perfection. La tige est toujours trop faible pour les soutenir ; on lui donne un tuteur de bois, ordinairement peint en vert ; deux ou trois attaches en fil de laiton très mince, suffisent pour la maintenir ; ces attaches ne doivent point être assez lâches pour que la tige agitée par le vent éprouve des frottements qui pourraient l'endommager. L'œillet redoute excessivement l'excès de l'humidité ; il a besoin de très peu d'eau, même pendant les chaleurs ; il ne faut jamais submerger la terre des pots, il faut seulement la rafraîchir. Les arrosages doivent d'ailleurs être proportionnés à la force de végétation de chaque plante en particulier. Les œillets qui languissent et ceux dont on désire obtenir des pousses nombreuses et vigoureuses pour pouvoir les marcotter, se trouvent très bien d'un liquide formé de 20 litres d'eau dans lequel on a délayé 1 kilog. de tourteau de colza ; ce genre de fumure, car c'est un véritable engrais, est très usité en Belgique et en Angleterre.

Lorsqu'en dépit de tous les soins, une plante d'œillet en pot végète faiblement, on doit pour lui rendre la vigueur la mettre en pleine terre et supprimer, dès qu'il se montre, le bourgeon central qui doit donner naissance à la tige destinée à porter les fleurs. La plante n'ayant pas de fleurs à nourrir, se repose et se fortifie ; elle donne en outre un grand nombre de drageons qui permettent de la multiplier.

Beaucoup d'œillets sont sujets à un inconvénient provenant de l'abondance et de la pesanteur des pétales ; le calice ne pouvant plus les contenir, se fend entre deux de ses divisions ; la fleur perd dans ce cas la régularité de sa forme et dépare la collection ; on nomme *crevards* les œillets dont les fleurs ont habituellement ce défaut. Lorsqu'on prévoit qu'un œillet ne s'ouvrira pas bien, on peut, quelques jours avant la floraison, inciser le calice avec un canif entre chacune de ses divisions, en faisant les incisions aussi égales que possible ; elles ne doivent pas pénétrer plus avant que l'épaisseur du calice. Si, malgré cette opération, l'œillet se déchire encore, on entoure le calice d'une bague en laiton semblable à celles qui retiennent la tige fixée au tuteur.

L'œillet en fleur a pour ennemi l'insecte nommé perce-oreille ; pour l'en délivrer, on suspend le soir à chaque tuteur un ou deux ergots de veau, de porc ou de mouton ; les perce-oreilles ne manquent pas de s'y retirer à la chute du jour, et il est facile de les détruire.

L'œillet, comme nous l'avons dit, a besoin de beaucoup d'air et ne craint pas le froid sec ; il faut le garantir des vents froids et des pluies excessives, et le rentrer lorsqu'il y a apparence de neige ou de verglas. Du reste, il vaudrait mieux qu'il fût exposé tout l'hiver aux intempéries de la saison, que de rester enfermé dans une orangerie qui ne serait pas suffisamment aérée.

La végétation de l'œillet étant complétement interrompue pendant l'hiver, on ne lui donne d'eau durant cette saison que la quantité absolument nécessaire pour l'empêcher de se dessécier complétement. Au retour du printemps, la terre des pots doit être binée avec précaution dès qu'on s'aperçoit que les œillets recommencent à pousser.

Peu de plantes exigent plus de soins que l'œillet de collection; les plus habiles horticulteurs, s'ils n'ont l'habitude de cette culture spéciale, y échouent très souvent. Nous citerons l'exemple récent de la Société d'horticulture de Londres, qui ayant acquis une superbe collection de plus de 300 œillets, les perdit presque tous pour les avoir confiés à un jardinier très habile du reste, mais qui n'avait pas la pratique de ce genre particulier de culture.

§ IV. — Crocus.

Cette charmante fleur, très peu cultivée en France, se recommande pourtant par une foule de qualités précieuses, au premier rang desquelles il faut placer la facilité de sa culture, qui réussit dans toute espèce de terrains. Elle précède, au printemps, toutes les autres fleurs de collection; quand les ognons sont convenablement assortis, ils restent en fleurs depuis le 15 février jusque dans les premiers jours d'avril; les gelées tardives et les mauvais temps n'arrêtent pas leur végétation. On connaît 25 espèces de crocus, désignées sous des noms particuliers; mais il en existe un bien plus grand nombre; et les semis, dont on obtient la fleur au bout d'un an, peuvent donner des variétés à l'infini. Les principales couleurs sont : le jaune d'or (crocus de Mœsie, *fig.* 323), le jaune d'or rayé de pourpre (crocus de Suze), le jaune soufre (crocus soufré), le blanc rayé de pourpre et de jaune (crocus à deux fleurs), et le violet-pourpre (crocus de Naples); tous ces crocus fleurissent au printemps; quatre ou cinq espèces fleurissent en automne. Les semis se font aussitôt que la graine est mûre, vers la fin d'avril ou les premiers jours de mai.

La culture des crocus est des plus simples; on ne lève les ognons que tous les trois ans. Dans cet intervalle, chaque ognon a donné assez de caïeux pour pouvoir être remplacé par d'autres prêts à porter fleur, pour peu qu'il se trouve endommagé. Les feuilles très menues du crocus ne se montrent qu'après la fleur. Lorsqu'on le place en bordure, ce feuillage, presque inaperçu, permet de placer en seconde ligne des semis de bordures annuelles, après que la floraison du crocus est épuisée. En Hollande et en Belgique, où l'on cultive beaucoup de crocus, ils sont toujours à très bas prix; aussi en rencontre-t-on des collections dans presque tous les jardins, où elles réjouissent la vue par l'éclat de leurs couleurs, à une époque où il n'y a presque ni fleurs ni verdure dans les plates-bandes du parterre.

§ V. — Auricule ou oreille d'ours.

Cette jolie fleur, à laquelle l'odeur seule manque pour prendre rang parmi les plantes de collection les plus précieuses, est essentiellement la fleur de l'amateur peu favorisé de la fortune. En Angleterre, où sa culture est portée à un haut degré de perfection, les plus belles auricules ne se rencontrent ni dans les parterres des riches, ni même chez les horticulteurs de profession; on va les admirer dans le très petit parterre, ou même tout simplement sur la fenêtre du modeste logement de l'ouvrier manufacturier de Manchester et de Birmingham. Il en est de même en Belgique, où le goût des fleurs est la passion et le principal délassement de l'ouvrier; goût que nous voudrions voir se répandre en France, au détriment des cartes et du cabaret; nous ne l'avons remarqué, à bien peu d'exceptions près, que chez les populations des départements du nord de la France, où les mœurs sont restées belges sous tant d'autres rapports.

Les amateurs d'auricules sont fort difficiles à l'égard des conditions exigées d'une fleur pour qu'elle puisse être admise dans la collection. Les anciens traités admettaient quatre classes d'auricules de collection : les pures, à fleur d'une seule couleur, les liégeoises à deux couleurs, les anglaises ou poudrées, et les doubles. Aujourd'hui les doubles sont entièrement exclues, comme offrant trop peu de variété dans leur floraison; les pures, réellement moins belles que les deux autres, sont peu recherchées, sauf un petit nombre de très belles plantes; l'intérêt se concentre sur les liégeoises et les anglaises; la supériorité des premières nous semble incontestable. Une fleur parfaite d'auricule de collection doit montrer à son centre ses étamines (paillettes) et son pistil (clou), au niveau de l'ouverture du tube de la corolle. La moitié de son diamètre doit être ou d'un blanc mat pur, ou d'un jaune clair; le reste, c'est-à-dire le bord extérieur, doit être d'une couleur foncée, veloutée, diminuant d'intensité depuis la partie qui touche au cercle intérieur jaune ou blanc, jusqu'au limbe qui doit toujours être plus clair. La *fig.* 452 *bis* représente une auricule lié-

Fig. 452 *bis.*

geoise blanche et bleue, digne d'entrer dans une collection d'amateur; on remarquera la force de la tige florale; elle doit toujours être telle qu'au moment où tous les fleurons sont épanouis, elle puisse en supporter le poids sans cesser d'être parfaitement droite.

Les auricules se multiplient, soit de graine, soit par le déchirage des souches, en laissant à chaque morceau une portion des racines; mais le premier moyen est le meilleur et le plus usité. On ne doit multiplier par séparation que les variétés difficilement ou rarement obtenues de semence; les séparations se font au printemps, à l'époque, variable d'année en année, de la reprise de la végétation.

A. — Semis.

Le succès des semis d'auricules dépend, en majeure partie, du choix de la graine. On met à part les sujets qu'on destine à servir de porte-graines, choisis parmi les plantes jeunes et vigoureuses, qui donnent leur seconde ou leur troisième fleur. Cette séparation a pour but de prévenir les croisements accidentels qui doivent naturellement s'opérer entre un grand nombre de fleurs épanouies dans le voisinage les unes des autres. Ces croisements s'opèrent à volonté, en secouant sur la fleur qui doit porter graine le pollen des étamines d'une belle variété; on peut aussi, selon la méthode anglaise, retrancher le pistil des fleurs employées à cette fécondation, afin de favoriser le développement des étamines, ce qui rend le pollen plus abondant, et le succès du croisement plus assuré. La terre destinée aux semis doit avoir les mêmes qualités que celle employée pour les plantes faites.

La graine mûre en juin ou juillet se conserve dans ses capsules jusqu'au mois de janvier ou de février, où elle se sème en terrines, à fleur de terre. Quelques amateurs, pour ne pas s'exposer à perdre une partie de la graine, qui ne lève pas quand elle est trop recouverte, ne la couvrent pas du tout : ils exposent les terrines des semis pendant quelques minutes à une pluie douce, dont l'effet suffit pour enterrer la graine d'auricule. Il faut arroser modérément jusqu'au moment où la graine lève. Le meilleur moyen consiste à placer à côté des terrines un vase rempli d'eau, autant que possible, dégourdie au soleil ; un morceau d'étoffe épaisse, plongeant dans le liquide, est disposé de manière à porter, par l'effet de la capillarité, une humidité salutaire sur la terre ensemencée en auricules, sans lui faire éprouver aucun tassement. Sans toutes ces précautions, les semences les plus délicates, qui sont toujours celles des meilleures variétés, mettent deux ans à lever, ou même ne lèvent pas du tout.

Les semis, convenablement traités, lèvent au bout de trois semaines ou un mois. Il ne faut mettre les terrines à l'air que 15 ou 20 jours après que le plant est levé.

Le plant d'auricules est très délicat ; lorsqu'il montre sa sixième feuille, on le repique, en terrines ou en caisses, à 0m,05 de distance en tout sens. L'usage ordinaire est de l'y laisser jusqu'à ce que les jeunes plantes se touchent, mais on peut devancer cette époque, au moins pour les sujets les plus vigoureux, car tous ne végètent pas également bien ; au second repi-

quage, le plant se met en pot, à demeure.

L'auricule, peu sensible au froid, réussirait aussi bien en pleine terre qu'en pots ; mais aucune plante n'a plus d'ennemis : ses feuilles, épaisses et tendres, et ses souches charnues, sont un mets de prédilection pour les limaces et une foule d'insectes dont il est impossible de les débarrasser complétement en pleine terre. La culture en pots offre de plus cet avantage qu'on peut prolonger la floraison en disposant les pots à l'abri sur le dressoir à œillets, tant que les auricules sont en fleur. Ceux qui ne se sont jamais livrés à cette culture ne peuvent s'imaginer à quel point cette plante bien traitée peut différer d'elle-même ; on cite . comme une rareté, une auricule chargée de 133 fleurs, obtenue en Angleterre, par un jardinier nommé Henri Snow, en 1768 ; on trouve fréquemment en Belgique et en France, à Lille, Douai, Valenciennes, Maubeuge, des auricules réunissant sur un seul pied près de 100 fleurs, principalement dans les variétés bleues. Ces mêmes pieds, négligés seulement pendant une année, donnent à peine 5 ou 6 fleurs pâles et chétives.

B. — Préparation du terrain.

Le compost servant de terre aux auricules est assez difficile à bien préparer ; souvent on se borne à mêler de bon terreau de fumier de vaches avec de la terre de bruyère, par parties égales. Ce mélange, bon en lui-même, est seulement un peu froid ; les auricules y viennent fort belles, mais elles poussent lentement et fleurissent tard.

On préfère généralement aujourd'hui le compost anglais, adopté par les amateurs liégeois, très curieux de cette culture.

COMPOST ANGLAIS POUR LES AURICULES.

Terre de bruyère................	1 partie.
Bois pourri de saule.............	1
Sable de rivière très fin..........	2
Terreau de feuilles..............	4
Terre franche de jardin...........	4
Terreau de fumier de vaches.......	12
	24

Les doses de cette recette doivent être prises, non en poids, mais en volume. Les ingrédients de ce compost doivent être plusieurs mois d'avance mêlés exactement et remués à la pelle, à plusieurs reprises, avant de s'en servir.

Dans les pays très humides, et froids au printemps, comme l'Angleterre et la Hollande, on se trouve bien d'humecter ce compost avec du jus de fumier en fermentation, ou avec une légère solution de sous-carbonate d'ammoniaque, afin d'activer la végétation des auricules. On ajoute aussi, dans le même but, au compost, un peu de crottin de moutons.

C'est donc bien à tort que quelques praticiens sont dans l'usage, d'éviter pour l'auricule, autant que pour les plantes bulbeuses, le contact de tout engrais animalisé, et de n'employer à sa culture que des engrais de nature purement végétale. Non-seulement l'auricule supporte la présence des substances ammoniacales, mais encore elles sont très utiles au développement complet de sa végétation.

C. — Détails de culture.

On ne cultive généralement en pleine terre que les auricules communes ; toutes les variétés de collection se cultivent dans des pots dont les dimensions ordinaires sont 0^m,20 de diamètre à l'orifice supérieur ; 0^m,15 de diamètre à la base, et 0^m,25 de profondeur. Ces dimensions nous ont toujours semblé un peu faibles ; les auricules, selon leur force, se trouvent bien d'un peu plus d'espace laissé à leurs racines.

L'opération du rempotage, qui ne doit se faire qu'après la floraison, exige beaucoup d'attentions et de soins. On laisse la terre des pots devenir presque entièrement sèche. de manière à ce que les plantes soient à demi flétries ; en cet état, la motte se détache facilement ; il suffit pour cela de renverser le pot en soutenant la terre, et de lui faire faire un tour sur elle-même. Quelle que soit la grandeur du pot, le chevelu des racines de l'auricule le remplit entièrement, de sorte que la motte en est entourée, comme d'un réseau. Il ne faut rafraîchir que l'extrémité des racines, lorsqu'on les trouve dans un état parfaitement sain ; mais lorsqu'elles sont plus ou moins attaquées, il faut retrancher jusqu'au vif toute la partie endommagée ; on en agit de même à l'égard de la souche, qui forme une espèce de tubercule extérieur. On laisse les plaies se sécher pendant quelques heures à l'air libre, mais hors du contact direct des rayons solaires ; on les recouvre ensuite avec une composition formée de cire vierge et de poix-résine, par parties égales, espèce d'emplâtre qui tombe de lui-même quand les plaies sont cicatrisées.

L'auricule, à toutes les époques de sa croissance, craint plus l'excès de l'humidité que celui de la sécheresse ; il ne faut l'arroser que quand les feuilles, en se ramollissant, en indiquent la nécessité. C'est pour cette raison que beaucoup de jardiniers sont dans l'usage de coucher les pots d'auricules dans une position horizontale, lorsqu'il survient de fortes ondées ; il vaut mieux, dans ce cas, prendre la peine de mettre à couvert les pots d'auricules en fleurs, car l'eau surabondante leur serait très nuisible.

§ VI. — Dahlia.

Cette plante est nouvelle en Europe, comparativement aux autres plantes de collection, puisque son importation du Mexique ne remonte pas au-delà des dernières années du dix-huitième siècle. Retrouvée en 1804, à l'état sauvage au Mexique, son pays natal, par M. de Humboldt, ce n'est que depuis cette époque qu'elle est réellement devenue plante de collection, et que les horticulteurs se sont appliqués à utiliser la propriété précieuse dont elle jouit, de donner par la culture des variétés innombrables, toutes faciles à conserver et à propager.

Il manque au dahlia deux qualités essentielles : l'odeur et la beauté du feuillage. Il rachète ces défauts par la richesse et la variété des nuances, et plus encore par la flexibilité de sa nature, qui permet à la culture d'en faire presque à volonté une plante naine ou un épais buisson de plusieurs mètres de hauteur.

Le nombre des variétés, actuellement existantes, monte à plus de 1,000 ; une telle liste, beaucoup trop volumineuse pour prendre place dans cet ouvrage, serait d'ailleurs incomplète, et par conséquent inutile, dès l'année prochaine. Les amateurs, jaloux de se former une belle collection, doivent recourir aux catalogues imprimés chaque année par les principaux horticulteurs-marchands.

Le prix des dahlias n'est jamais très élevé ; les variétés anciennes sont accessibles aux plus modestes fortunes ; on en vend à Paris de fort belles, sur le marché aux fleurs, de 20 à 60 c. le pied, en détail. Pour une collection de 4 à 500 plantes, le prix moyen est de 30 à 40 fr. le 100. Il n'y a que les variétés nouvelles qui, n'ayant qu'une valeur de fantaisie, sont payées de 10 à 25 fr., et même au-delà, par les amateurs riches, pressés de les ajouter à leur collection ; au bout d'un an ou deux, elles rentrent dans la classe des anciennes, et retombent aux mêmes prix.

Les qualités que les amateurs recherchent le plus dans la fleur de dahlias, sont la pureté et la vivacité des nuances, la régularité dans la disposition des fleurons et la sphéricité parfaite des fleurs. Ainsi, le volume des fleurs, joint à l'éclat des nuances, ne suffit pas pour faire admettre une plante nouvelle dans les collections d'amateur ; il faut encore que le centre de la fleur ne soit pas déprimé, ce qui arrive le plus souvent aux fleurs très grosses, et que les fleurons ou ligules, improprement nommés pétales, soient placés avec la symétrie la plus régulière. Les fleurs les plus volumineuses, lorsqu'elles remplissent ces conditions, sont les plus recherchées ; ce sont aussi les plus difficiles à obtenir. La *fig.* 453 montre un dahlia à fleur parfaite.

Fig. 453.

En aucun pays du monde, la passion des

daʌlias n'est poussée à un plus ʌaut degré qu'en
Angleterre. Les Sociétés d'horticulture, très
nombreuses dans ce pays, en encouragent le
goût par de fréquents concours où des prix
considérables sont offerts aux ʌorticulteurs
qui peuvent obtenir des variétés nouvelles, ou
perfectionner les anciennes. Ces prix ne sont
pas toujours décernés à ceux qui s'en sont
rendus les plus dignes par des soins assidus,
couronnés d'un plein succès. « Trop souvent,
dit M. Paxton, les concurrents de mauvaise
foi savent corriger artificiellement les défauts
des fleurs mises au concours, en y insérant des
fleurons parfaits, à la place des fleurons défectueux ; ils dérobent ainsi des prix qu'ils ne
méritent pas, et leurs fraudes sont très difficilement reconnues par les juges des concours.

A. — Multiplication.

Les daʌlias peuvent être multipliés soit dans
le but de continuer les variétés obtenues, soit
dans l'espoir de s'en procurer de nouvelles.
Dans le premier cas, on propage cette plante,
soit de bouture, soit par la séparation des tubercules, soit en greffant sur tubercules ; tous
ces procédés maintiennent les variétés sans altération. Les variétés nouvelles ne peuvent
s'obtenir que par la voie des semis.

1. Boutures.

Les tiges de daʌlias reprennent avec une
grande facilité lorsqu'elles sont séparées de la
plante-mère peu de temps après leur naissance ;
cueillies plus tard, elles peuvent reprendre, mais
avec moins de certitude. On place ces boutures
dans les conditions les plus favorables, en sacrifiant sur coucʌe au printemps des tubercules qu'on épuise en enlevant toutes les tiges
à mesure qu'elles se montrent, et en s'en servant pour boutures. Mais lorsqu'on craint de
perdre une variété nouvelle ou très rare, et
qu'on désire la multiplier avant de l'exposer
aux cʌances de destruction que l'ʌiver amène
toujours avec lui, on utilise comme boutures les pousses de l'année, avant qu'elles
aient ressenti les atteintes des premières gelées blancʌes de l'automne ; c'est surtout dans
ce cas qu'il convient de bouturer le daʌlia à
l'arrière-saison.

Boutures de printemps. — On force les
daʌlias au printemps sur une coucʌe tiède
ordinaire dans laquelle les feuilles doivent entrer au moins pour un tiers. Sur cette couche, parvenue au degré de cʌaleur convenable, on étend un lit de terreau mélangé par
parties égales avec du sable fin ; quelques débris d'écorces et de bois pourri tels qu'il est
facile de s'en procurer dans le voisinage des
chantiers où des piles de bois ont séjourné
longtemps, ajoutent à l'effet de ce mélange ; la
terre normale ou le terreau pur seraient trop
pourrissants. Les tubercules des dahlias sont
coucʌés côte à côte par lignes parallèles sur la
coucʌe ainsi préparée, de façon à en recouvrir
toute la surface ; on les saupoudre ensuite du

même mélange pour les recouvrir complètement jusqu'au collet de la racine qu'on nomme
couronne ; cette partie doit rester à découvert.
La meilleure position à donner aux tubercules
pour favoriser l'émission des jeunes pousses est
une situation inclinée, afin que les jets, en prenant la direction verticale qui leur est naturelle,
se trouvent légèrement recourbés à la base,
forme favorable à leur reprise. Quelques arrosages avec de l'eau simplement dégourdie accélèrent la végétation des tubercules ; néanmoins ils doivent être donnés avec prudence ;
si la vapeur condensée à la surface interne du
vitrage qui recouvre la couche semble très
abondante, il faut s'abstenir d'arroser.

Les jets de daʌlia s'enlèvent avec une portion de la couronne détacʌée au moyen d'une
lame bien trancʌante, dès qu'ils ont atteint la
hauteur de 0ᵐ,08 à 0ᵐ10. On leur laisse dépasser cette élévation lorsqu'il s'agit d'une
plante peu vigoureuse dont on veut un grand
nombre de sujets ; on fait alors de chaque pousse
deux boutures, en laissant à chaque bouture
deux yeux pour le moins ; mais la reprise est
plus aventurée et le nombre total des plants
enracinés n'est pas, en dernier résultat, augmenté de beaucoup par ce procédé.

La métʌode précédente de forcer les tubercules de daʌlias à donner un grand nombre de
jets propres à être employés comme bouture,
est la plus rationnelle et celle qui offre le plus
de cʌances de succès ; l'horticulteur de profession et l'amateur assez riche pour posséder tous
les accessoires d'une culture jardinière perfectionnée, ne sauraient en employer une meilleure. Mais à défaut de toutes ces ressources,
on obtiendra de très bonnes boutures en mettant les tubercules dans des pots d'une grandeur
proportionnée à leur volume, pleins de terreau
mêlé d'un peu de sable et de débris d'écorces,
et placés dans une chambre modérément chauffée, assez près des fenêtres pour profiter de
l'influence de la lumière. On aura soin de ne
les jamais arroser avec de l'eau trop froide.

Les jets obtenus par l'une ou l'autre de ces
métʌodes, se plantent séparément dans de petits pots ou godets remplis, soit de sable pur,
soit de terre de bruyère, afin de leur éviter une
ʌumidité surabondante qui leur est toujours
nuisible. Ces pots sont placés, soit dans une
coucʌe tiède recouverte d'un cʌassis, soit dans
les mêmes conditions que les tubercules. On ne
perdra jamais de vue le principe applicable à
toutes ces boutures des plantes succulentes,
savoir, qu'elles *perdent* toujours par la transpiration plus qu'elles ne *reçoivent* tant qu'elles
ne sont pas complètement enracinées ; on évitera donc de les exposer à l'action dessécʌante
du ʌâle et à l'influence directe des rayons solaires, et elles ne seront exposées à l'air libre
que quand la force de leur végétation indiquera
qu'elles sont en état de le supporter. Jusque-là
les boutures resteront couvertes, soit d'une
cloche, soit d'un cʌassis. Le plus souvent, pour
les boutures délicates, on réunit ces deux

moyens; on recouvre d'une cloche plusieurs pots contenant chacun une bouture et enterrés jusqu'au bord dans la couche (*fig.* 454), puis on

rabat le châssis par-dessus la cloche, ce qui donne une double protection aux boutures, soit contre l'évaporation, soit contre l'action directe des rayons solaires.

Les tubercules mis en pot ou sur couches en février, donnent au commencement de mars des pousses bonnes à former des boutures; il ne faut les risquer en plein air que quand toute crainte de gelée blanche est évanouie.

Les jardiniers marchands ou les amateurs qui possèdent des collections très nombreuses étant forcés de ménager l'espace toujours trop étroit dans la serre ou sous les châssis, font leurs boutures de dahlias dans des pots fort petits, ce qui les met dans la nécessité de leur donner des pots plus grands vers le milieu de l'été pour qu'ils puissent y compléter leur croissance à l'air libre; car une fois qu'ils ont pris racine, le sable et là terre de bruyère où ils ont commencé à végéter ne leur suffisent plus; il leur faut un sol plus substantiel. On pratique ce mode de bouturage du commencement de mars au 15 mai; les dahlias prennent racine en 20 jours au moins et 40 jours au plus.

Les boutures exigent des soins continuels, soit avant, soit après leur reprise; tous les pots ne doivent pas être arrosés à la fois, tous n'exigent pas la même quantité d'eau; l'on en juge au plus ou moins de sécheresse de la terre des pots; quand cette terre est trop humide, l'extrémité inférieure de la bouture pourrit et n'émet point de racines. La couche ne doit avoir qu'une chaleur modérée; lorsqu'on emploie la chaleur artificielle du thermosiphon, le sable pur remplace le fumier avec avantage; les pots à boutures y sont plongés jusqu'au bord. Malgré la double protection d'une cloche et d'un châssis pour amortir l'effet des rayons d'un soleil trop vif, il faut encore, pendant les journées très chaudes, étendre sur les châssis des toiles ou des paillassons.

Lorsque les boutures enracinées reçoivent des pots plus grands remplis non plus de sable ou de terre de bruyère, mais de bonne terre franche de jardin, il ne faut pas les exposer immédiatement à l'air extérieur; on les replace sous le châssis pour leur donner de l'air peu à peu, seulement au moment où leur végétation interrompue par le rempotage reprend son cours, ce dont on s'aperçoit à l'allongement des pousses terminales.

Les tubercules épuisés après avoir fourni ainsi sur couche un grand nombre de pousses propres à faire des boutures, sont ruinés, ils ne peuvent se rétablir par aucun moyen.

On sait qu'une culture habile et surtout soignée, peut, avec le moindre fragment d'un végétal, obtenir un individu d'espèce semblable; avec *un seul œil*, on peut reproduire un dahlia. Les boutures avec un seul œil se font en fendant une tige de dahlia munie de deux yeux; car les yeux du dahlia sont toujours disposés deux à deux vis-à-vis l'un de l'autre. On pratique souvent à la base du rameau servant de bouture une fente qui en facilite la reprise (*fig.* 455).

Boutures d'automne. — On choisit pour cet usage les pousses latérales de la tige principale, en réservant leur extrémité supérieure; elles se taillent au-dessus du troisième ou du quatrième œil, en ayant égard à leur vigueur. Mises en pots sous châssis et traitées comme les précédentes, elles sont ordinairement bien enracinées et peuvent même fleurir avant l'hiver; il faut se hâter de les accoutumer graduellement à l'air libre, en profitant des derniers beaux jours. Le plant ainsi obtenu peut languir et mourir, s'il n'a pas pris assez de force quand vient la mauvaise saison. La nécessité de propager des plantes rares qu'on craint de ne pas conserver, doit seule faire préférer les boutures d'automne à celles de printemps, dont la réussite est beaucoup plus assurée, et qui, dans tous les cas, donnent des sujets plus vigoureux.

2. *Séparation des tubercules.*

La méthode la plus rationnelle pour diviser un pied de dahlia en plusieurs touffes au moyen de la séparation de ses tubercules, consiste à planter le pied tout entier dans une plate-bande à l'exposition du midi, en laissant la couronne à l'air libre; on attend le développement des jeunes pousses, et dès qu'elles paraissent assez distinctes, on divise le collet de la plante-mère avec une lame bien affilée, en laissant à chaque portion munie d'un œil au moins, un ou plusieurs tubercules. Le plus souvent, on laisse les tubercules à l'air libre sur des dressoirs, jusqu'à ce que, l'époque de la végétation naturelle étant arrivée, les yeux se développent d'eux-mêmes et permettent d'opérer la séparation avec discernement. Dans ce cas, il faut se hâter de diviser les pieds, parce que les jets venus aux dépens des tubercules restés à l'air libre, les ont plus ou moins fatigués, ce qui ne pourrait manquer d'altérer la beauté de leur floraison, si l'on ne se hâtait de les planter. Du reste, il s'en faut de beaucoup que le dahlia, tel que l'a fait la culture moderne, soit une plante délicate ; sauf sa susceptibilité à l'égard du froid, c'est une plante rustique, aussi peu difficile à faire croître que l'humble pomme de terre.

3. *Greffe sur tubercules.*

Les variétés délicates ou les individus peu vigoureux ont besoin de ce mode de propagation qui n'est réellement qu'une bouture rendue plus forte par son insertion sur un tubercule. La greffe ne modifie pas le dahlia ; les qualités du tubercule greffé n'ont aucune influence sensible sur celles de la plante toujours parfaitement semblable à celle sur laquelle la greffe a été prise. On réserve donc pour cet usage des tubercules de peu de valeur, tels que les semis les produisent toujours en trop grand nombre. Une fente pratiquée dans le sens de la longueur du tubercule reçoit, au moment de la reprise de la végétation, un rameau taillé en coin par son extrémité inférieure. Les deux pièces sont assujetties l'une à l'autre par des ligatures de jonc ou de laine ; le point de jonction est en outre mastiqué avec de la terre détrempée. La greffe ainsi préparée est ensuite traitée de tout point comme les boutures ; elle ne réussit pas constamment, surtout à cause de l'inégalité de pression qui s'oppose à la prompte soudure des bords de la greffe avec le tubercule. Nous croyons qu'un instrument propre à donner au bas de la greffe une forme exactement semblable à celle de la cavité destinée à la recevoir dans la substance du tubercule rendrait ce genre de greffe d'un succès infaillible. Nous avons figuré un greffoir dans des conditions à peu près analogues ; mais pour la greffe du dahlia sur tubercules, il nous semble exiger quelques perfectionnements (*voir* Greffoirs, Instruments de jardinage, *fig.* 80 à 84).

A l'époque où les dahlias à fleurs doubles étaient encore une rareté, la greffe pour leur multiplication avait beaucoup plus d'importance qu'elle n'en a de nos jours ; elle fut pratiquée pour la première fois, en 1824, par M. Blake, horticulteur anglais. Aujourd'hui, l'on réserve ce moyen pour propager, de concert avec les boutures, les espèces précieuses et nouvelles pour lesquelles les horticulteurs marchands ont souvent un si grand nombre de demandes, que tous les modes de multiplication employés à la fois sont encore insuffisants.

On peut greffer en hiver comme en été ; dans ce cas, on force les tubercules à entrer en végétation pour se procurer des greffes, en les traitant comme pour obtenir des boutures. Les pousses peuvent être employées pour greffer dès qu'elles ont développé deux paires de feuilles.

Les meilleurs tubercules pour recevoir la greffe sont ceux dont le collet est allongé et

mince (*fig.* 456). Il y a cependant des dahlias qui

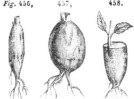

Fig. 456, 457, 458.

émettent des jets d'un si gros diamètre, qu'ils ne peuvent être greffés que sur de gros tubercules de formes ramassées (*fig.* 457). Les tubercules gros ou petits, sur lesquels on se propose de greffer, ne doivent émettre après l'opération aucun jet qui leur soit propre, jet qui compromettrait l'existence du rameau greffé. C'est dans le but de prévenir l'émission de ces pousses, qu'on retranche la tête des tubercules ; la *fig.* 458 montre la manière de disposer les greffes dans la substance des tubercules. Les ligatures les meilleures pour les assujettir, sont des liens de laine dont l'élasticité est d'autant plus avantageuse que le rameau greffe grossit davantage ; toutefois, les ligatures ne sont pas de rigueur : nos plus habiles horticulteurs, parmi ceux qui font leur spécialité de la culture du dahlia, ne ligaturent pas leurs greffes ; ils se contentent de planter les tubercules greffés dans une terre suffisamment compacte, comprimée tout autour ; les greffes ne se dérangent pas.

Nous avons dit que les greffes devaient avoir quatre feuilles. Chacune de ces feuilles porte un œil dans son aisselle ; deux de ces quatre yeux sont enfermés dans la substance du tubercule ; ces yeux n'ouvrent pas, ils donnent naissance aux racines ; les deux autres constituent la nouvelle plante. Il importe de ne pas enfermer dans le tubercule une trop grande longueur de tige au-dessous des deux derniers yeux ; les racines qui naîtraient de cette portion de tige n'auraient jamais une grande vigueur ; l'expérience démontre que la beauté des fleurs pourrait en être altérée. D'ailleurs, cette partie de tige superflue ne donne pas toujours naissance à des racines ; quelquefois elle pourrit et compromet l'existence même de la greffe. Lorsqu'on a de pressants motifs pour hâter la reprise d'une greffe de dahlia et éloigner autant que possible les chances défavorables, on pratique une incision latérale dans toute la longueur d'un tubercule, et l'on adapte dans l'incision une greffe qui dépasse son extrémité inférieure de 0^m,02 à 0^m,03 ; la *fig.* 459 représente cette disposition. Durant l'année qui suit la reprise de cette greffe, elle forme de jeunes tubercules qui permettent, à l'arrière-saison, de supprimer le tubercule sur lequel on a greffé. On voit à la partie A du rameau greffé un œil réservé sur ce rameau ; c'est une précaution essentielle toutes les fois qu'on pratique ce genre de greffe. Supposé que la partie supérieure du rameau vienne à périr, on découvre le tubercule de façon à mettre au jour l'œil réservé A (*fig.* 459); cet œil donne lieu à

Fig. 459.

une plante aussi bonne que celle qu'auraient pu fournir les yeux supérieurs; c'est donc une ressource qu'il ne faut jamais négliger.

La greffe donne un moyen puissant de modifier les dimensions des plantes, sans rien changer, du reste, ni à la forme ni à la couleur des fleurs. En 1828, quatre ans après le premier essai de greffe du dahlia par M. Blake, la même greffe répétée à Saint-Cloud par M. David, donna pour résultat une plante semblable de tout point à celle qui avait fourni la greffe, mais beaucoup plus petite. L'horticulture s'empara aussitôt de cette observation. Aujourd'hui, dit dans son excellent traité de la culture du dahlia, M. Augustin Legrand, ce moyen de réduction a reçu de tels perfectionnements qu'on peut réduire à volonté au tiers ou à la moitié, un dahlia d'une élévation exagérée, et l'on jouit également de toutes ses beautés. Le procédé le plus usité consiste à tailler en bec de flûte le bas de la greffe, en ayant soin que l'incision pratiquée à l'endroit où se trouvent deux yeux placés en regard l'un de l'autre enlève l'un de ces yeux; le rameau ainsi taillé s'insère dans une entaille de forme et de grandeur convenables, pratiquée sur le bord du tubercule, de sorte que l'œil conservé affleure l'écorce du tubercule chargé de nourrir la greffe, disposition que représente la *fig.* 460. Le tubercule ainsi

Fig. 460.

traité meurt assez souvent, mais après que la greffe a repris, et il n'entraîne point la mort de la greffe; souvent aussi il devient énorme. Dans l'un et l'autre cas, soit par sa mort, soit par la nourriture qu'il absorbe pour grossir, il s'oppose à la formation prompte des tubercules propres aux racines de la greffe. Ces lenteurs, ces entraves diminuent les dimensions du dahlia greffé, qui n'en représente pas moins exactement la variété dont il est originaire.

On peut aussi pratiquer dans la substance

charnue du tubercule (*fig.* 461) une ouverture

Fig. 461.

très voisine de l'écorce; on insère dans cette ouverture une greffe de forme convenable (A, *fig.* 461) qui tient parfaitement sans le secours d'une ligature.

La greffe a surtout pour avantage sa grande promptitude comme moyen de reproduction; tandis que la bouture, ainsi que nous l'avons dit, emploie souvent six semaines pour reprendre, la greffe en huit ou dix jours peut être parfaitement enracinée.

Lorsqu'on reçoit à l'arrière-saison, en septembre ou octobre, un dahlia distingué qu'on est curieux de reproduire très vite, on peut, même à cette époque de l'année, recourir à la greffe; il faut, bien entendu, garantir la plante des rigueurs de la saison. Dès que la tige commence à végéter, on la pince pour forcer la plante à faire tourner plus vite sa sève au profit des tubercules. De cette manière, sans sacrifier en totalité ou en partie les tubercules de la plante-mère en les forçant en hiver pour en obtenir des greffes ou des boutures, on a pour le printemps suivant des sujets tout formés, dont on peut espérer la plus riche floraison.

Une observation importante à signaler, c'est que la greffe, insérée de quelque manière que ce soit dans un tubercule, ne peut produire de tubercules nouveaux que par *un œil de la greffe.* Ainsi, l'on peut greffer sur un tubercule un rameau de dahlia dépourvu d'yeux à sa partie inférieure, et cette greffe peut reprendre, mais elle ne donnera pas de tubercules capables de perpétuer la plante; sa seule utilité réelle consiste à donner des jets plus ou moins nombreux qui, bouturés ou greffés avec des yeux à leur partie inférieure, donneront des tubercules vigoureux. Ces secondes greffes ne fleurissent pas toujours dans l'année; mais elles donnent des sujets très robustes pour l'année suivante. L'amateur qui ne ménage pas sa peine peut suivre le conseil que nous lui donnons ici de préférer, à la séparation des tubercules, ce moyen de maintenir sa collection en rajeunissant les sujets tous les ans et abandonnant les vieux pieds. Beaucoup d'amateurs doivent à ce procédé la beauté de végétation qui distingue leurs collections formées de plantes qui ne sauraient vieillir. La greffe pratiquée avec un rameau dépourvu d'yeux à sa partie inférieure, sans boutons ni bourrelet, dont la base est aussi éloignée que possible des deux yeux ou des deux feuilles laissées à sa partie supérieure, permet de voir fleurir très promptement un dalia, ce qui convient surtout au commerce journalier des fleurs. La base tout-à-fait nue de la greffe est nourrie par le tubercule pendant toute la durée de la bonne saison, après quoi, n'ayant pas travaillé pour l'avenir, n'ayant pas produit de tubercules qui lui soient propres, elle meurt, et tout est dit. Ainsi s'explique le bas prix de certains dahias, souvent très beaux, mis en vente en pleine fleur sur les marciés, pendant la saison : ce ne sont en réalité que des plantes annuelles; l'année révolue, il n'en reste rien. Il faut donc, lorsqu'on aciète des daihias en pots, faire bien attention au collet de la racine, afin de vérifier si et comment la plante a été greffée, pour savoir si on aciète une plante annuelle ou une plante vivace.

B. — Semis.

La fleur du dalia est classée par les botanistes parmi les *composées*, elle est formée d'un grand nombre de fleurs complètes rassemblées dans un réceptacle commun. Les fleurs non composées, les roses, par exemple, deviennent doubles, parce que leurs étamines ou leurs pistils, ou leurs étamines et leurs pistils sont simultanément se sont convertis en pétales; il n'en est pas ainsi pour le dahia. La fleur simple du dahlia contient à son centre un grand nombre de très petits fleurons peu développés; les fleurons de la circonférence ou *rayons* ont seuls pour envelopper leurs organes sexuels un *cornet* ou *ligule* plus ou moins grand; la forme, la couleur, le nombre et la disposition des ligules constituent le mérite des dahlias; tous les efforts des iorticulteurs doivent donc tendre à favoriser le développement des ligules.

On ne doit laisser aux dahlias destinés à servir de porte-graines, que quelques-unes de leurs fleurs les plus belles et les mieux formées; les pieds seront cioisis parmi les meilleures variétés. Quoique le dahia ne se reproduise point identique de semence, néanmoins on ne peut espérer de bonnes variétés que des plantes déjà parvenues par la culture à leur plus iaut degré de perfection. Les porte-graines se plantent dans une situation isolée du reste de la collection; on ajoute à cette précaution celle d'envelopper d'une gaze ou d'une mousseline très claire les fleurs au moment de leur épanouissement ; on prévient ainsi tout croisement accidentel que pourrait causer le transport du pollen des autres fleurs par le vent ou par les insectes. On féconde artificiellement les fleurs des porte-graines en secouant sur leur disque épanoui la poussière des fleurs des plus belles variétés prises parmi celles dont le mérite pour la couleur ou la forme contraste le plus vivement avec celui de la fleur fécondée. Cette opération se fait de dix ieures à midi, quand

la rosée est entièrement dissipée. A l'époque de la maturité de la graine, on rejette les semences du centre qui sont presque toujours stériles, et celles du bord extérieur; la fleur a dû rester enveloppée jusqu'à cette époque. Recueillies par un temps sec, les graines de dahlia doivent être séparées immédiatement de leur coque et conservées l'iiver dans un lieu sec sans être trop ciaud, pour être semées en février de l'année suivante.

Les semis se font, soit sur couche tiède revêtue de terreau qu'on a soin de n'humecter que légèrement, soit en terrines remplies de terre légère quoique substantielle; dans ce dernier cas, on place les terrines très près du vitrage dans la serre ou de la fenêtre dans l'appartement. Le plant se repique très jeune à $0^m,03$ ou $0^m,04$ en tout sens, dans les mêmes conditions observées pour les semis; on doit le mettre en pots dès qu'il a atteint la iauteur de $0^m,08$ à $0^m,10$; le reste de sa culture est semblable à celle du plant obtenu de bouture ou de greffe sur tubercule

On ne peut préjuger d'avance les qualités des fleurs du dahia; il faut donc attendre, pour se prononcer, la floraison de tous les pieds obtenus de semis. Lorsque ces pieds ne fleurissent pas la première année, quelques amateurs impatients les placent en iiver dans la serre ciaude pour les forcer à fleurir. Ce procédé compromet des fleurs souvent précieuses dont les tubercules peuvent périr après avoir donné une floraison prématurée ; il vaut mieux laisser leur végétation suivre son cours naturel. On utilise pour la greffe les tubercules des sujets qu'on ne juge pas dignes d'être conservés.

C. — Préparation du sol.

Le dahia croît naturellement au Mexique sur des plateaux élevés dont le sol est léger et sablonneux. Quelque modifié que soit le dahia par la culture, ce fait primitif doit toujours être pris en grande considération dans les procédés à employer pour façonner le terrain qu'on lui destine. L'expérience a prouvé que le dahia réussit beaucoup mieux dans un sol maigre et médiocrement fumé que dans une terre trop fertile et trop riche. Dans ce dernier cas, ses tubercules deviennent énormes, ses tiges et son feuillage prennent un développement extraordinaire ; mais, de toute cette végétation luxuriante, il sort à peine quelques fleurs dépourvues de tout mérite et indignes de figurer dans la collection du véritable amateur. Le dahia planté dans un sol tout-à-fait maigre et stérile, tombe dans l'excès contraire; ses tiges restent courtes et minces, son feuillage est peu fourni ; toute sa force végétative s'emploie à produire une multitude de fleurs, mais dont chacune est peu développée; il ne peut acquérir toute sa perfection qu'entre ces deux extrêmes.

La terre où l'on se propose de cultiver des dahlias doit donc être amenée artificiellement à ce point intermédiaire ; si elle est forte, compacte et substantielle, il lui faut une proportion assez considérable de sable de rivière, de feuilles à demi décomposées, de ramilles provenant de la tonte des raies, et d'autres débris végétaux dont la putréfaction lente entretient longtemps le sol dans l'état de division et d'ameublissement qui suit un bon labour. Le fumier proprement dit, et même le terreau trop gras et trop nutritif, doivent être exclus de la terre préparée pour recevoir une plantation de dahlias, à moins que cette terre ne soit excessivement maigre et stérile ; encore, dans ce dernier cas, ne faudrait-il pas en être prodigue.

La culture du dahlia peut prospérer sur toute espèce de sol convenablement amendé en se conformant à ces indications, et en cherchant autant que possible à placer cette plante dans les mêmes conditions que sur son sol natal. Aucune plante d'ornement n'est susceptible d'être aussi profondément modifiée par l'influence de la terre où elle végète ; plus on désire diminuer ses dimensions et accroître le nombre de ses fleurs, plus on doit s'appliquer à rendre le sol maigre, léger et sablonneux ; s'il est humide, il doit être parfaitement assaini par des rigoles d'égouttement avant d'y planter les dahlias.

Une situation parfaitement aérée de tous côtés, suffisamment éloignée par ce motif des arbres et des habitations, plutôt en pente que plate, plutôt à mi-côte que trop basse ou trop élevée, est la meilleure à tous égards, ce qui n'empêche pas que des collections magnifiques ne prospèrent dans des positions privées d'une partie de ces avantages. La disposition à donner à la surface du sol dépend en grande partie de la manière dont la collection doit s'harmoniser avec le jardin où elle est plantée ; on ne peut prescrire de règle à cet égard. Si la terre contenait une trop grande quantité de grosses pierres ou de cailloux capables d'endommager les tubercules des dahlias, il faudrait les enlever et les remplacer par de la terre rapportée, appropriée à cette culture ; mais si sa nature est compacte et tenace, la présence d'une certaine quantité de gravier ou de pierres de petites dimensions ne produit qu'un bon effet quant à la végétation des dahlias.

D. — *Plantation.*

Le terrain étant choisi et préparé, on visite avec soin les tubercules, soit qu'ils aient été avancés en pots dans la serre tempérée, soit qu'on se soit borné à attendre l'époque de leur végétation naturelle pour les mettre directement en pleine terre à demeure. Dans tout le nord de la France de même qu'en Belgique et en Angleterre, le premier procédé est le plus avantageux. La précocité des hivers ferait perdre une partie des fleurs surprises par les premières gelées, si les plantes n'arrivaient en pleine terre dans un état de végétation qui leur fait devancer de près d'un mois l'époque naturelle de leur floraison. Sous le climat de Paris, cette précaution est déjà peu nécessaire ; à partir de la Loire jusqu'à nos frontières méridionales,

elle serait tout-à-fait inutile. Dans tous les cas, il ne faut confier les dahlias à la pleine terre que quand toute crainte de gelée est évanouie ; car le nombre infini de variétés de dahlias obtenu par les semis n'a jusqu'à présent apporté aucune diminution sensible dans la délicatesse de cette plante, qui ne peut résister au moindre froid, bien qu'elle soit robuste et peu délicate à beaucoup d'autres égards.

Toutes les parties des tubercules endommagées ou malades, sont retranchées avec soin jusqu'au vif ; puis on classe les dahlias par hauteurs, pour les disposer en amphithéâtre, afin que les plus élevés ne masquent pas les plus petits, et par couleurs, pour pouvoir les marier de manière à en faire ressortir tous les avantages. L'espacement ne doit pas être moindre d'un mètre en tout sens ; la distance de 1m,32 n'est même pas trop grande pour les plantes les plus fortes. On plante les tubercules dans des trous, en laissant la couronne à découvert. Lorsque le sol et le climat sont naturellement secs, on laisse autour de la couronne une petite excavation en cuvette, sauf à la combler par un léger buttage, si l'abondance des pluies rend cette précaution nécessaire. Les tuteurs destinés à soutenir les hautes tiges des grands dahlias doivent être mis en terre en même temps que les tubercules ; c'est le moyen le plus sûr de ne pas blesser les tubercules, comme cela n'arrive que trop souvent quand les tuteurs sont plantés seulement au moment où les plantes en ont besoin. Quelques horticulteurs emploient jusqu'à trois tuteurs pour une seule plante de dahlia de première force ; nous pensons qu'un seul tuteur peut suffire aux plantes les plus touffues ; lorsqu'on en donne deux ou trois à chaque pied, il est impossible que le feuillage du dahlia les masque complétement, et ils nuisent beaucoup au coup d'œil à l'époque de la floraison. Les riches amateurs anglais ont adopté pour les dahlias un modèle de tuteur en fer (*fig.* 462)

Fig. 462.

auquel il n'y a rien à reprocher, si ce n'est son prix élevé qui, pour une collection un peu nombreuse, entraîne des frais énormes. Les gros fils de fer qui terminent ses extrémités, et la mobilité des branches latérales qu'on déplace à volonté au moyen de leurs vis de pression, permettent d'assujettir chaque tige de fleur, sans la déranger de sa position naturelle, sans donner par conséquent aux plantes cet aspect gêné et guindé qui nuit tant à leur beauté en leur donnant une certaine ressemblance avec une botte de céleri.

E. — *Détails de culture.*

Les dahlias mis en place dans un sol bien préparé, n'ont besoin d'être arrosés que dans les cas de grande sécheresse longtemps prolongée; on leur donne alors un peu d'eau, mieux le soir que le matin, et l'on cesse dès que l'humidité de l'atmosphère le permet. Des arrosages trop fréquents et trop abondants n'altéreraient pas d'abord les dahlias d'une manière bien sensible; mais lorsqu'après leur floraison il s'agirait de retirer les tubercules hors de terre pour les conserver, leur substance charnue se trouverait tellement aqueuse, qu'à peine hors de terre elle commencerait à pourrir et qu'on perdrait ainsi presque toute la collection avant le printemps suivant. Dans les terrains très secs, sujets à se gercer pendant les grandes chaleurs, on peut conserver au pied des dahlias un degré d'humidité suffisant pour se dispenser de les arroser, en y déposant une petite quantité de fumier d'étable qui sert de couverture et s'oppose à l'évaporation. Mais cette pratique, quelque bonne en quelques circonstances, est toujours dangereuse, parce que s'il arrive qu'elle soit insuffisante et qu'il faille en venir à des arrosages même très modérés, l'eau venant à traverser la couche supérieure du sol trop fortement engraissée par le séjour du fumier, porte sur les tubercules un excédant de nourriture dont l'effet inévitable est de gâter entièrement la floraison; la plante alors s'emporte, ses tiges et ses feuilles forment une épaisse touffe semblable à un gros arbrisseau; les fleurs sont rares et tout-à-fait insignifiantes. Entre deux dangers, le moindre nous semble encore celui que présentent les arrosages simples, qu'on peut toujours régler à volonté, tandis qu'on ne peut repondre, quand on emploie le fumier pour se dispenser d'arroser, que cet espoir ne sera pas déçu et qu'il ne faudra pas recourir à l'arrosoir, au risque de gâter la fleur.

Les tiges de dahlia doivent être solidement assujetties à leurs tuteurs par des liens de jonc qu'il faut visiter souvent, surtout après de grands vents et des pluies d'orage, parce que l'insertion des tiges sur la couronne est très fragile, et qu'une fois renversée, une tige chargée de boutons et de fleurs est à peu près perdue. L'art de l'horticulteur ajoute beaucoup à la beauté du dahlia par une taille raisonnée qui, ne lui laissant qu'un nombre de tiges en proportion avec sa force et sa hauteur lui fait former une tête élégante où le feuillage est ménagé pour faire valoir et ressortir la richesse de la fleur.

On ne peut espérer une floraison parfaite en laissant développer tous les boutons de chaque tige; il faut supprimer très jeunes ceux que l'on juge superflus; on a soin, pour ne pas déparer la plante, de couper les pédoncules de ces boutons le plus bas possible dans l'aisselle de la feuille où ils ont pris naissance. Nous avons dit comment par la greffe on peut modifier à volonté les dimensions d'un dahlia trop grand et trop touffu; on peut aussi arriver au même résultat par la taille. A l'époque de la mise en place, on a soin d'enterrer les tubercules assez profondément pour que les deux yeux les plus voisins du collet soient recouverts de 0m,05 à 0m,06 de terre. L'effet de ce traitement doit être de faire pousser à la plante une forte tige principale et deux drageons. La tige se taille au niveau du sol lorsqu'elle a atteint la hauteur de 0m,20 à 0m,25. Huit jours après cette taille, on retranche de même au niveau de terre l'un des deux drageons. Le seul drageon conservé, affaibli par les deux pertes successives de sève que cause à la plante une taille opérée au moment où la sève est dans sa plus grande activité, ne dépassera pas la hauteur de 1m,30 et ne formera point une touffe énorme, comme si la plante avait été livrée au cours naturel de sa végétation.

Après la floraison, il n'y a pas d'inconvénient à laisser les tiges se faner sous l'influence des premières gelées blanches qui ne sauraient atteindre les tubercules. On les déterre après avoir coupé les tiges flétries, et on les conserve dans du sable sec ou même simplement à découvert, sur des dressoirs, pourvu que ce soit dans un local où ni la gelée, ni l'humidité ne puissent les atteindre. Quand les collections sont nombreuses, on s'épargne une partie de la besogne pour l'époque de la plantation, en disposant les tubercules conservés dans l'ordre suivant lequel ils doivent être mis en place.

Le même sol peut recevoir plusieurs années de suite la collection de dahlias, pourvu qu'on marque chaque année la place occupée par les tubercules, et qu'on les replante l'année suivante dans les intervalles.

Pendant le temps que les tubercules du dahlia passent en pleine terre, ils ont surtout à redouter les attaques des larves du hanneton, connues sous le nom de *turcs* ou *vers blancs*. Un labour préparatoire, profond et très soigné, par tranches très minces, permet bien de détruire tous ceux de ces insectes parvenus à l'état de vers blancs; mais les jeunes larves peu développées et peu apparentes, échappent en grand nombre aux recherches les plus actives. Le meilleur moyen de destruction pour ces ennemis du dahlia, est celui qu'indique M. Pirolle; il consiste à planter de bonne heure au printemps, en fraisiers et en laitues, plantes dont les racines sont recherchées avidement par les larves de hanneton, l'espace que les dahlias doivent occuper plus tard. A mesure qu'un pied de laitue ou de fraisier se fane et languit, on l'enlève et l'on trouve les larves réunies en

grand nombre autour de la racine à demi dé-
vorée; lorsqu'ensuite le moment est venu de
mettre les dahlias en place, on peut conserver
de distance en distance quelques rangs de fraisiers et repiquer autour de chaque dahlia quelques pieds de laitue; tant qu'elles trouveront à
ronger les racines de l'une ou de l'autre de ces
deux plantes, les larves de hanneton n'atta-
queront pas les tubercules des dahlias.

La courtilière ou taupe-grillon, heureusement moins commune, mais plus destructive
encore que la larve de hanneton, est beaucoup
plus difficile à détruire. En effet, lorsqu'on doit
planter une collection seulement de 600 dahlias
espacés à un mètre en tout sens et que le terrain
qu'on leur destine est infesté de courtilières, ce
n'est pas une petite besogne que d'essayer de
l'en débarrasser. M. Pirolle indique un procédé
sûr, qui consiste à enterrer des pots exactement bouchés par le fond sur le parcours des
galeries souterraines que les courtilières se
creusent à fleur de terre. Pour que ces insectes
tombent dans ce genre de piège, il faut que le
pot soit enterré de façon à ce que son orifice
supérieur soit à quelques centimètres plus bas
que le niveau du sol. Dans ce but, après avoir
enfoncé le pot dans la terre, à la profondeur
convenable, on le recouvre d'un pot de même
grandeur, en sens inverse; le sol convenablement humecté pour lui donner une consistance
suffisante, ne s'éboule pas dans le premier pot
lorsqu'on retire le second. Quand la courtilière,
suivant sa galerie, arrive au piège, elle ne rencontre pas l'orifice du pot, qui la ferait reculer;
elle y tombe nécessairement et elle y tombe
rarement seule, parce que, dans sa détresse,
elle appelle ses camarades à son secours, de
sorte qu'on en trouve d'ordinaire plusieurs
dans le même pot. La peine qu'exige ce procédé ne doit point empêcher d'y avoir recours
quand on est malheureusement forcé de se délivrer des courtilières; nous ne pouvons, à ce
sujet, que reproduire les sages paroles de M. Pirolle: « Celui-là n'est pas cultivateur, pour lequel toute peine n'est pas légère, pourvu qu'elle
réussisse. »

Les perce-oreilles qui mangent les boutons
et les fleurs des dahlias, se détruisent au moyen
des sabots de veau et de mouton, comme nous
l'avons déjà indiqué (voir OEillets). Nous ajouterons que, lorsqu'on a la précaution d'employer
ce moyen dès le commencement de la saison,
en attachant les ergots ou sabots aux tuteurs
des dahlias, la destruction des perce-oreilles est
complète longtemps avant l'époque de la floraison des dahlias.

L'amateur jaloux de la conservation de ses
fleurs doit aussi donner activement la chasse
aux limaçons qui s'en prennent, comme les
perce-oreilles, aux boutons du dahlia. Il y a
quelques années, M. Pirolle avait reçu d'Angleterre un dahlia nouveau dont il attendait la
floraison avec impatience: la plante ne portait
que trois boutons. Pendant deux nuits consé-
cutives, M. Pirolle vit disparaître deux de ces

boutons, dévorés par un limaçon que les recherches les plus minutieuses ne purent lui faire
découvrir; la troisième nuit, il veilla avec de
la lumière et prit le coupable en flagrant délit;
ce fut ainsi qu'il sauva le dernier bouton qui
allait subir le sort des deux autres. Nous rapportons ce fait, parce que les limaçons ne laissent pas toujours après eux ces traces luisantes
qui indiquent leur passage et qu'on impute
ainsi très souvent à d'autres causes des ravages
occasionnés par les seuls limaçons, contre lesquels on ne saurait déployer trop de vigilance.
Une poignée de son, ou mieux un peu de colle
de pâte, sous de grands pots entrebâillés, sont
un puissant moyen d'attirer les limaçons et par
conséquent de les détruire.

§ VII. — Chrysanthème

Cette belle plante fut apportée de la Chine
en Europe vers 1700. Le jardinage européen
n'en posséda longtemps qu'une seule espèce,
sans variétés; la fleur primitive, origine de
toutes les autres, est encore actuellement comprise parmi les plus estimées; elle est d'un
brun pourpre très foncé. Les collections actuelles contiennent des centaines de variétés
qui, bien que très persistantes, ne sont cependant pas distinguées par des caractères botaniques qui puissent les faire admettre comme
variétés réelles, scientifiquement parlant;
elles n'existent que dans le langage de l'horticulture Ces variétés, dont la *fig.* 463 indique

Fig. 463.

le port et la forme, sont classées d'après
leur plus ou moins d'analogie avec trois autres fleurs; la renoncule, la reine-marguerite et le souci, ce qui donne trois séries dans
lesquelles se rangent toutes les chrysanthèmes
connues, et toutes celles qui peuvent être chaque
année conquises par la culture. Les chrysanthèmes offrent toutes les nuances de jaune, de
fauve, de rose, de rouge et de pourpre; les
tons bleus purs manquent seuls, jusqu'à présent; mais on a le blanc le plus pur, et le brun-

pourpre si foncé que, vu à distance, il semble presque noir.

Peu de fleurs de collection ont une floraison plus prolongée et plus variée que celle de la chrysanthème; l'élégance de son feuillage et l'odeur agréable quoique faible que répand toute la plante ajoutent encore à son mérite; ces qualités justifient le goût des Chinois pour cette plante qui figure dans tous leurs jardins: c'est leur fleur de prédilection.

Mais tous ces avantages sont compensés par un seul défaut; la chrysanthème ne peut fleurir avant l'entrée de l'hiver; elle a de trop en rusticité ce qui manque à tant d'autres belles plantes d'ornement. Les essais pour hâter sa floraison n'ont pas eu jusqu'à présent beaucoup de succès. Il faut que les premières gelées soient venues pour que les chrysanthèmes fleurissent, et l'observation démontre que quand par hasard elles fleurissent d'assez bonne heure en automne, c'est que l'hiver doit être très précoce. Cette particularité de leur mode de végétation, amène comme on le voit la floraison des chrysanthèmes à une époque où le parterre dépouillé, les arbres nus, et la température déjà froide, rendent la promenade au jardin très peu attrayante; c'est donc une faible ressource pour l'ornement du parterre; mais c'en est une très grande pour l'ornement de l'orangerie. On y transporte à l'entrée de l'hiver les chrysanthèmes fleuries ou près de fleurir, qu'on a eu soin de cultiver à cet effet dans des pots; elles interrompent la monotonie des masses de feuillage dépourvu de fleurs que présentent en hiver les arbres et arbustes d'orangerie.

A. — *Multiplication.*

On multiplie les chrysanthèmes par la voie des semis, dans le but de conquérir des variétés nouvelles, et de bouture ou par la séparation des touffes, lorsqu'on veut simplement conserver les variétés anciennes.

1. *Semis.*

Toutes les chrysanthèmes, même les plus doubles, peuvent porter graine; on ne doit cependant choisir comme porte-graines que les fleurs médiocrement pleines, les seules qui offrent des chances certaines d'obtenir des graines fertiles, quelle que soit leur couleur. On plante les porte-graines dans une situation ombragée, et surtout abritée. Quoique ces plantes aient absolument besoin du plein air et qu'elles ne puissent produire de bonnes graines dans un lieu renfermé, néanmoins les fleurs deviennent difficilement fécondes lorsqu'à l'époque de la floraison elles ne restent pas dans le repos le plus parfait. Après leur avoir choisi une place bien abritée, telle que l'angle formé par la rencontre de deux murailles à bonne exposition, il faut avoir soin de les assujettir à de bons tuteurs auxquels les tiges florales doivent être fixées en plusieurs endroits, principalement le plus près possible de la naissance des fleurs,

avec des brins de jonc ou des fils de laine rapprochés les uns des autres.

Les chrysanthèmes poussent naturellement un grand nombre de tiges florales; on n'en laisse subsister qu'une ou deux sur les porte-graines; on retranche en outre aux tiges conservées tous leurs boutons hors deux ou trois, et l'on active la végétation de la plante par des binages et des arrosages fréquents.

La graine de chrysanthème doit être semée aussitôt après la récolte; elle peut cependant conserver jusqu'au printemps suivant sa faculté germinative; mais les semis qui suivent immédiatement la récolte de la graine ont plus de chances de succès que les semis de printemps. Le plant forme promptement de fortes racines, il doit être repiqué très jeune; on le traite ensuite comme les plantes toutes formées. Les chrysanthèmes obtenues de semis faits à la fin de novembre, garanties du froid dans une orangerie, montrent leur fleur à la fin d'octobre de l'année suivante.

Sous le climat de Paris, les chrysanthèmes produisent difficilement des graines fertiles; cependant quelques tentatives, couronnées de succès, doivent encourager les amateurs. Dans la vallée de la Loire et au sud de cette vallée, les chrysanthèmes donnent des graines fertiles aussi facilement que toutes les autres plantes de pleine terre. Un grand nombre des plus belles chrysanthèmes qui figurent actuellement dans les collections proviennent des semis persévérants de M. de Bois-Giraud, professeur à la faculté de droit de Toulouse. L'horticulture a les mêmes obligations à M. de Chabran, officier en retraite, à Bar-sur-Aube; le climat peu favorable sous lequel il cultive ajoute à ses conquêtes le mérite de la difficulté vaincue; ses semis, quoique moins souvent heureux que ceux de M. de Bois-Giraud à Toulouse, ont pourtant donné assez de résultats pour que nous soyons autorisés à ranger les chrysanthèmes parmi les plantes qui peuvent être multipliées de graine sous le climat de Paris.

2. *Boutures.*

La chrysanthème présente dans son mode de végétation un phénomène très digne de l'attention des physiologistes; les tiges de cette plante s'enracinent *à tout âge*; il suffit de les planter dans une bonne terre de jardin convenablement arrosée, et de les ombrager de manière ou d'autre jusqu'à ce qu'elles aient pris racine; du reste, jeunes ou vieilles, herbacées ou ligneuses, garnies seulement de feuilles ou chargées de boutons de fleurs déjà très avancés, les boutures de chrysanthème s'enracineront toujours; on peut donc choisir, à volonté, pour boutures, toute espèce de tige de chrysanthème. Ce choix n'est cependant pas indifférent; par un effet très remarquable de leur manière de végéter, ces boutures, selon l'état de la tige mise en terre pour en obtenir des racines, donnent des plantes destinées à atteindre des degrés très divers de développement, degrés qu'il est possible de prévoir d'avance. Ainsi, par un procédé différent, l'horticulture modifie à son gré les dimensions des chrysanthèmes comme celles des dahlias, et cela, sans apporter aucun changement à la beauté de la floraison.

Pour obtenir des plantes très développées, de toute la hauteur que la chrysanthème peut atteindre, on prend pour boutures, au mois de mars, des tiges longues et vigoureuses; on les place isolément dans des pots spacieux, remplis de bonne terre franche de jardin; on les arrose largement avec de l'eau dans laquelle on a fait infuser un peu de bon fumier; elles doivent être dépotées trois fois dans le courant de la belle saison; on leur donne à chaque fois des pots plus grands, remplis de la terre la plus substantielle possible.

Si l'on désire des plantes de moyenne grandeur, on ne met les boutures en terre qu'au mois de mai; on fait choix dans ce cas de branches un peu moins fortes; on ne les change que deux fois de pot dans le courant de l'été, et on les arrose moins largement, en se servant d'eau pure pour cet usage

Enfin lorsqu'il s'agit de se procurer des plantes qui ne doivent pas dépasser la hauteur de 0m,16 à 0m,20, on prend pour bouture des extrémités de branches sur lesquelles les boutons de fleurs sont déjà très apparents; l'opération se fait dans ce cas au mois d'août. Ces boutures, traitées du reste comme les précédentes, ne doivent point être dépotées. Elles s'enracinent très promptement; leur végétation suit son cours régulier; elles fleurissent tout comme si elles étaient restées sur la plante-mère; seulement, elles ne grandissent plus; elles restent à la hauteur qu'elles avaient au moment de leur mise en terre, sauf le prolongement ordinaire des pédoncules des fleurs. Il résulte de ces faits constamment reproduits dans la pratique, que plus les boutures de chrysanthèmes sont prises à une époque rapprochée du moment de leur floraison, plus leur force végétative se détourne du reste de la plante pour se porter sur la fleur; de là la diversité de dimension des plantes obtenues de boutures prises à divers degrés de développement. Les plantes naines que donnent les tiges florales bouturées au mois d'août sont éminemment propres à décorer les appartements, ou les orangeries et les serres froides et tempérées, peu spacieuses, encombrées en hiver d'une multitude d'autres plantes dépourvues de fleurs.

B. — Détails de culture.

Les chrysanthèmes qu'on n'élève pas en pleine terre ont besoin de pots très grands, remplis de terre très substantielle, car ces plantes sont d'un haut appétit; il leur faut des arrosages plus fréquents qu'à toute autre plante de collection. Les chrysanthèmes ont une disposition naturelle à pousser une multitude de tiges qui, si l'on voulait les laisser toutes croître, formeraient des touffes énormes, mais ne

porteraient que des fleurs chétives et de peu de valeur. On ne laisse aux belles plantes de collection que deux ou trois tiges sur chacune desquelles on retranche une partie des boutons à fleurs; les Chinois ne conservent le plus souvent qu'une seule tige et deux ou trois fleurs à leurs chrysanthèmes; on obtient ainsi des boutons réservés des fleurs parfaites. La chrysanthème cultivée en pleine terre et livrée à elle-même, porterait des tiges presque ligneuses et deviendrait un sous-arbrisseau, mais ses fleurs dégénéreraient et seraient méconnaissables. On retranche toutes les tiges après la floraison; elles sont remplacées par de nombreux rejetons qui portent des fleurs l'année suivante. Pour maintenir une collection de chrysanthèmes dans toute sa perfection, il faut renouveler les plantes de bouture de manière à n'en avoir jamais de plus de deux ou trois ans; celles qu'on laisse vivre plus longtemps deviennent trop volumineuses, et gênées dans les pots, elles finissent par ne plus donner que des fleurs insignifiantes.

Les chrysanthèmes se recommandent aux amateurs peu favorisés de la fortune; par la modicité de leur prix, au moment où nous écrivons (1843) elles valent en très beau choix de 50 à 100 francs le cent. Leur culture n'est ni compliquée, ni dispendieuse; elles ont en outre un grand attrait pour le véritable amateur dans la possibilité d'en conquérir de graine une foule de belles variétés qui se perpétuent ensuite de bouture sans dégénérer.

§ VIII. — Pensées.

On exige plusieurs conditions d'une belle pensée pour qu'elle puisse être admise dans les collections d'amateurs. La première de toutes, c'est la forme; elle doit être ample, étoffée, et aussi rapprochée que possible du rond parfait, comme le montre la *fig.* 464. Il

Fig. 464.

faut ensuite que la partie centrale, qu'on nomme vulgairement, *le masque*, soit saillante et bien dessinée; enfin, les amateurs rechercient comme une condition indispensable, la distribution régulière des couleurs sur les pétales inférieurs et latéraux, les pétales supérieurs étant ordinairement d'une seule couleur. Si toute la fleur est bigarrée, comme dans la *fig.* 465, elle n'en est pas moins reçue, pourvu

Fig. 465.

que les bigarrures se correspondent, et que la fleur n'en soit pas plus chargée d'un côté que de l'autre. Les pensées d'une seule nuance violet foncé, ou bleu très foncé, approchant de la nuance du velours noir-bleu, sont également admises dans les collections, pourvu qu'elles réunissent les conditions exigées, de forme et de grandeur.

De toutes les fleurs de collection, la pensée est celle qui réunit le plus d'avantages ; elle joint à l'élégance des formes, à l'infinie variété des nuances, le privilége unique d'une floraison naturelle qui commence dès les premiers beaux jours du printemps, pour ne s'arrêter qu'aux premières gelées de la fin de l'automne. Si l'on y ajoute la modicité de son prix comparativement à celui des autres plantes de collection, et la facilité de sa culture, on aura lieu de s'étonner que cette fleur charmante ne soit pas plus commune dans nos parterres.

A. — *Multiplication.*

Les pensées se multiplient par la voie des semis qui peuvent, ou reproduire les bonnes fleurs déjà connues, avec toutes les qualités qui les font rechercher, ou donner des variétés nouvelles. On choisit toujours pour porte-graines les fleurs les plus parfaites, et surtout les plus grandes. La récolte des graines demande quelque attention. La graine, peu de temps après sa parfaite maturité, s'échappe des capsules qui s'ouvrent d'elles-mêmes, et devient par cette circonstance assez difficile à recueillir. On s'est longtemps contenté, pour obvier à cet inconvénient, de coiffer d'un petit sac en papier les capsules avant la maturité de la graine, méthode fort incommode, qui gênait la plante, et n'atteignait pas toujours son but. Une observation attentive du mode de végéta-

tion de la pensée, a fait découvrir récemment un moyen sûr de récolter les graines de pensée, sans s'assujettir à des soins si minutieux. La tige florale qui porte la pensée est recourbée par le haut, parce que les fibres végétales qu'elle renferme s'allongent plus rapidement d'un côté que de l'autre jusqu'à l'époque de la pleine floraison ; mais du moment où la fleur passe, l'effet contraire a lieu : les fibres les plus courtes s'allongent à leur tour, et la tige, de courbe qu'elle était, devient droite ; la capsule que porte cette tige suit le mouvement ; les graines qu'elle contient sont complétement mûres et bonnes à récolter, du moment où la tige est arrivée à une situation parfaitement verticale ; cette indication est infaillible. Les capsules sont redressées, et par conséquent les graines sont mûres, un jour ou deux avant que les capsules s'ouvrent et dispersent les graines que leur couleur brune rend dans ce cas fort difficiles à retrouver sur le sol environnant ; en les récoltant d'avance, cet inconvénient est évité. Cette observation est due à M. Ragonnot-Godefroi, de Paris, habile horticulteur, qui a obtenu de nombreux succès dans la culture des pensées de collection.

On sème les graines de pensée à mesure qu'elles viennent à maturité, depuis la fin de juin jusqu'à la fin d'août ; la graine doit être modérément recouverte. Le plant doit être repiqué une première fois à un mois, et une seconde fois à deux mois ; ces repiquages activent sa végétation.

B. — *Détails de culture.*

Les pensées se plaisent mieux en pleine terre que dans des pots ; une bonne terre ordinaire leur suffit. Il est bon d'enlever à la plate-bande où l'on cultive les pensées quelques centimètres de terre, afin qu'elle soit un peu au-dessous du niveau du sol environnant ; par ce moyen, l'eau des arrosages ne déborde pas dans l'allée, et le sol de la plate-bande se maintient plus longtemps frais. Si le sol est naturellement humide, cette précaution devient inutile.

§ X. — *Lobélias.*

Quel que soit notre respect pour les botanistes, nos indications s'adressant spécialement aux horticulteurs, nous croyons devoir nous conformer à l'usage général des jardiniers, sous peine de n'être pas compris du plus grand nombre, toutes les fois que cet usage s'écarte des distinctions introduites récemment dans la langue du jardinage. Ce que nous avons à dire des lobélias et de leur culture comprend toutes les plantes du genre originairement dédié au botaniste *Lobel*, quoique tout récemment les botanistes en aient détaché deux groupes pour en former les genres *rapuntium* et *siphocampilos*.

Il n'existe pas dans la nature de plus beau rouge que celui des fleurs de lobélia ; beaucoup de personnes dont la vue est délicate ne peuvent fixer longtemps leurs regards sur les lobélias *fulgens* et *splendens*.

Les plus belles d'entre les lobélias sont de pleine terre, pourvu qu'on leur donne en hiver une légère couverture de litière ou de paille. En Belgique, où ces belles fleurs se rencontrent dans tous les jardins, même dans le plus modeste parterre du paysan, comme la giroflée et la julienne en France, on ne cultive les lobélias que dans des pots afin de pouvoir les rentrer en hiver ; il suffit de placer ces pots dans un lieu sec, où la gelée ne puisse les atteindre.

A — Multiplication.

Les lobélias paraissent avoir peu de disposition à s'écarter de leurs types ; les semis reproduisent toujours l'espèce qui a fourni la graine. On n'a pas, par conséquent, un intérêt direct à propager les lobélias par la voie des semis, et l'on préfère en France la séparation des rejetons nombreux que donnent tous les ans les vieilles plantes ; on les œilletonne en octobre, comme les artichauts, en laissant à chaque œilleton un talon enraciné. En Angleterre, on regarde comme de meilleure qualité le plant obtenu de graine, et l'on n'emploie presque pas d'autre moyen de multiplication pour les lobélias.

La graine de lobélia se sème aussitôt qu'elle est mûre, parce qu'elle perd très promptement sa faculté germinative ; elle ne lève qu'au printemps suivant. Les semis se font en bonne terre légère, mais riche ; ils doivent être très peu recouverts. Les pots ou terrines dans lesquels on a semé des lobélias doivent passer l'hiver sous un châssis froid ; on ne doit pas laisser la terre se dessécher. Au printemps, quand le jeune plant est levé, on lui donne peu à peu le plein air ; il doit être repiqué dès qu'il montre sa troisième feuille. On place chaque pied dans un pot très petit ; on les change de pot deux fois pendant l'été, en leur donnant à chaque fois des pots plus grands ; ils atteignent ainsi la force de supporter la pleine terre si l'on juge à propos de les y placer ; mais il est toujours plus commode de les laisser fleurir dans des pots qu'on enterre dans la plate-bande, afin qu'ils concourent à l'ornement du parterre.

Les œilletons séparés des vieilles plantes se traitent exactement comme le plant obtenu de graine.

B. — Détails de culture.

Les lobélias de toute espèce veulent beaucoup d'eau depuis l'instant où les épis des fleurs commencent à se montrer jusqu'à la fin de leur floraison qui peut durer plusieurs mois, si l'on a soin de les préserver de l'action directe des rayons solaires, en les plaçant dehors, dans une position ombragée. Les espèces suivantes supportent facilement la pleine terre sous le climat de Paris :

Fig. 466.

Lobélia
cardinalis (*fig.* 466).
fulgens.
splendens.
ignea.
punicea.
hybride pourpre.
syphilitica.

La première est la plus rustique et la plus répandue ; la dernière, quoique moins robuste et plus sensible au froid, s'élève très bien sur les bords des pièces d'eau et des réservoirs ou bassins dont le parterre est souvent accompagné. Les racines des lobélias *syphilitica* et *fulgens* ne sont point sujettes à pourrir sous l'eau, pourvu qu'en hiver elles soient assez recouvertes pour que la gelée ne puisse les atteindre ; car si elles ne sont garanties que par quelques centimètres d'eau, et que toute l'eau qui les recouvre soit gelée, elles périssent. Ces plantes n'ont rien à redouter des gelées du printemps, parce qu'elles ne commencent à entrer en végétation que quand l'eau sous laquelle elles sont placées prend une température douce, ce qui n'a lieu qu'à une époque de l'année où les gelées ne sont plus à craindre. Les racines des lobélias qui vivent sous l'eau se renouvellent d'elles-mêmes par la formation des œilletons qui se garnissent de jeunes racines à la place des anciennes, mortes de vétusté.

Les autres lobélias ne vivent pas au-delà de trois ans, soit dans les pots, soit en pleine terre ; quand on tient à conserver chaque espèce dans toute sa beauté, il faut les œilletonner tous les ans, afin d'avoir toujours de jeunes pieds vigoureux, prêts à remplacer les vieilles plantes épuisées ; aucune plante ne se prête mieux que les lobélias à ce mode de rajeunissement.

Lorsque les lobélias terrestres ont passé fleur, il ne faut pas trop se hâter de retrancher les tiges défleuries ; les jardiniers anglais et belges ont grand soin de retirer de terre les pots des lobélias à mesure qu'elles ont passé fleur ; ils les rentrent dans un lieu sec, et laissent mourir peu à peu les tiges de l'année ; ils ne les retranchent que quand elles sont complétement sèches ; c'est une sage précaution que tout jardinier prudent doit imiter s'il tient à la conservation de ses plantes.

Nous ferons observer à cette occasion combien il importe de ne tailler prématurément, ni les lobélias, ni aucune autre plante dont la racine vivace donne naissance tous les ans à des tiges annuelles. La tige retranchée, alors qu'elle conserve un reste d'existence, fait un effort pour revivre, effort inutile qui épuise la racine et très souvent la fait périr. Nous dirons aussi à ce sujet qu'il ne faut pas attribuer à une autre cause la mort de beaucoup de rosiers de Bengale et de la Chine, qui sont en réalité de serre froide, mais qui peuvent être de pleine terre, à la condition qu'on les tondra rez-terre tous les ans, et de bien couvrir la souche, comme on le fait en Belgique. Tous ces rosiers sont, comme on sait, perpétuellement remontants ; la sève n'y est jamais complétement en repos. Si l'on ne saisit pas pour les tailler un moment où le mouvement de la sève soit aussi ralenti que possible, les chicots meurent au-dessous de la taille et entraînent la perte des racines.

Les lobélias, convenablement cultivées, peuvent atteindre de très fortes dimensions. Les Anglais suppriment souvent l'épi terminal avant la floraison, immédiatement au-dessus de la dernière ramification. Cette opération donne aux épis latéraux une force de végétation étonnante ; ils forment une touffe magnifique, chargée de la plus riche végétation ; leur rouge étincelant contraste admirablement avec le bleu-clair des campanules pyramidales près desquelles on les place dans le parterre, pour faire valoir leur effet ornemental.

Nous classons les lobélias parmi les fleurs de collection, parce que ce genre compte plus de 150 espèces, dont un grand nombre appartient à la serre chaude et à la serre tempérée ; toutes ces plantes sont originaires du Nouveau-Monde, et particulièrement du Mexique.

Toutes les lobélias portent des fleurs rouges ou pourpres, à l'exception de trois espèces (erinus, bicolor et pubescens), qui donnent des fleurs bleues ; ce sont de très jolies petites plantes de serre tempérée.

§ XI. — Iris

Les iris ne sont devenues plantes de collection que depuis peu d'années ; précédemment, ce genre ne comptait qu'un petit nombre d'espèces et de variétés, presque toutes de pleine terre, parmi lesquelles l'iris naine et l'iris germanique, plantes robustes, exigeant peu de soins de culture, sont au nombre des fleurs de pleine terre les plus répandues. Mais depuis que plusieurs horticulteurs distingués se sont adonnés à la culture des iris et en ont obtenu par leurs semis de nombreuses variétés qui se recommandent, les unes par la beauté et les dimensions de leur fleur, les autres par leur odeur fine et recherchée, beaucoup d'amateurs ont pris goût à cette culture, et l'iris a pris place parmi les plantes de collection. M. Lémon (de Belleville) a concouru très activement

à augmenter le nombre des espèces et variétés d'iris, qui dépasse déjà le chiffre de 100 et grossit chaque année.

Les graines d'iris se sèment aussitôt qu'elles sont mûres ; le jeune plant ne montre sa fleur qu'au bout de 3 ou 4 ans. On sème dans l'espoir d'obtenir des variétés nouvelles ; on propage les anciennes en divisant au printemps les touffes charnues ou bulbeuses. Une terre légère, pas trop substantielle, amendée avec du sable lorsqu'elle est trop compacte, et largement arrosée, convient parfaitement aux iris qui, du reste, s'accommodent de presque tous les terrains s'ils ne sont pas trop secs, et de toutes les expositions. Dans les départements du centre de la France, les paysans sont dans l'usage, de temps immémorial, de garnir de racines d'iris germanique ou d'iris naine, l'extérieur de la voûte de leurs fours ; ces racines, plantées dans une couche de terre souvent fort peu épaisse, ne produisent que des plantes peu développées dont la floraison n'a rien d'égal à ce qu'elle pourrait être dans de meilleures conditions ; mais il est remarquable que les iris, ainsi placées, ne meurent point et fleurissent, bien ou mal, tous les printemps ; ce fait seul atteste la grande vigueur de végétation des iris, et leur rusticité.

Les iris de collection ne sont point classées d'après des caractères botaniques invariables ; toutefois, elles se rangent dans deux grandes divisions, fondées sur un caractère constant : la présence ou l'absence de filaments que les jardiniers nomment *barbe*, à la partie inférieure des pétales. Toutes les espèces et variétés d'iris rentrent dans la classe des fleurs *barbues* (fig. 467) ou des fleurs *sans barbe* (fig. 468).

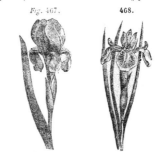

Fig. 467. 468.

Quand les iris ont terminé leur floraison, il faut bien se garder de remuer le sol autour des touffes à une certaine distance du collet des racines, c'est le moment où les souches émettent, dans toutes les directions, des racines nouvelles, qui préparent la floraison de l'année suivante ; si elles sont dérangées dans ce travail, la plante n'aura l'année d'après qu'une floraison avortée.

§ XII. — Formation économique des collections.

Le riche amateur est et sera toujours le

client obligé du jardinier fleuriste ; il veut, la bourse à la main, des jouissances prומptes, préparées par le travail d'autrui, travail dont son argent est le légitime salaire. En indiquant, d'après notre propre expérience, les moyens de former à peu de frais de belles collections de plantes d'ornement de pleine terre, nous ne prétendons pas engager les riches amateurs à sortir de cette voie, qui est dans leurs habitudes, et qu'ils suivent naturellement ; nous regretterions de les en détourner, puisque tout le monde y trouve son compte.

Nous nous adressons uniquement ici aux amateurs dont le modeste budget n'admet pas de dépenses extraordinaires ; en suivant nos avis, ils parviendront à posséder chez eux ce qu'autrement ils ne pourraient admirer que chez les autres, et l'on sait que ce n'est pas du tout la même chose. Quant au commerce des fleurs, il n'y perdra rien ; nous ne connaissons personne qui ait songé à supprimer son équipage, parce qu'il y a des omnibus.

C'est surtout en horticulture qu'il appartient au pauvre de vivre des miettes échappées de la table du riche. Les plantes de collections, possédées par des amateurs opulents, donnent chaque année une masse de rejetons ou de caïeux qui ne sont pas utilisés en totalité. Quand on a réservé les meilleurs pour les élever en pépinière, dans le but de réparer les pertes présumables et de maintenir les collections au complet, on jette le surplus. C'est à l'amateur économe à avoir l'œil sur les collections de tout genre qui peuvent exister dans son voisinage, dans la possession d'amateurs plus favorisés que lui des dons de la fortune. Ceux-ci, le plus souvent, se font un vrai plaisir de distribuer leur superflu ; quelquefois aussi les jardiniers sont autorisés à s'en défaire ; le léger bénéfice qu'ils en retirent ne peut pas rendre les éléments d'une collection inaccessibles aux fortunes bornées.

Ce que nous venons de dire des plantes de collection s'applique à bien plus forte raison à toutes les plantes vivaces d'ornement, dont la croissance rapide exige des dédoublements annuels ; c'est ainsi que le jardin du château peut alimenter de son trop plein le jardin de la maison de campagne, lequel peut rendre le même service au jardin de la chaumière, car le goût des fleurs et les plaisirs que ce goût procure ne sont interdits à personne.

Nous avons dit à dessein qu'on réunissait ainsi les *éléments* d'une collection ; avec un simple noyau, on parvient facilement à se compléter, pourvu que ce noyau se compose en entier d'espèces de choix. Supposons, par exemple, qu'on ait obtenu, comme nous venons de l'indiquer, une vingtaine seulement de caïeux de tulipes, parmi lesquelles se trouvent 5 ou 6 échantillons de prix, tels que le feu d'Austerlitz ou le tombeau de Louis XVI. En multipliant uniquement ces variétés toujours recherchées, on peut échanger ses doubles contre des centaines de caïeux de tulipes moins précieuses, mais qui font nombre.

En appliquant le même principe aux jacinthes et aux œillets, on verra grossir en quelques années ses collections, et l'on trouvera un plaisir de plus dans les relations toujours amicales que font naître les échanges entre amateurs. La voie des semis, pour les plantes bulbeuses et les œillets, ne doit pas non plus être négligée ; les riches amateurs sèment très peu, parce que, comme nous l'avons dit, on obtient bien rarement des variétés réellement nouvelles par ce mode de reproduction, le moins expéditif de tous. Il n'en est pas de même de celui qui travaille à se former des collections de ces plantes. Toute *bonne fleur*, quoique déjà connue, sans valeur aux yeux de celui qui en possède plusieurs échantillons, peut être une acquisition précieuse pour la collection naissante ; les semis, s'ils donnent peu de fleurs nouvelles, donnent toujours beaucoup de *bonnes fleurs*.

Les semis sont la manière la plus économique de créer les collections de toutes les plantes qui, comme les renoncules, les anémones, les auricules, et les pensées, montrent leurs fleurs très promptement ; il est d'ailleurs toujours facile de s'en procurer des graines. Tournefort rapporte à cette occasion une petite supercherie dont il avait été témoin ; nous la citons en faveur des dames qui pourraient trouver occasion d'en faire leur profit.

« M. Bachelier, grand amateur d'anémones, en avait une superbe collection qu'il cultivait avec des soins jaloux. Un conseiller au parlement, à qui il avait refusé constamment des semences de ses belles anémones, ne pouvant en obtenir ni par prières, ni par argent, s'avisa de faire une visite à M. Bachelier, avec quelques-uns de ses amis qui étaient du secret. Il sortait de l'audience ; il était en robe ; il avait ordonné à son laquais, qui la portait, de la laisser tomber sur la planche des anémones qu'il désirait avoir, et dont les graines étaient mûres. Il se promena longtemps en conversant sur divers objets, et quand ils vinrent auprès de la planche d'anémones, un gentilhomme de bonne humeur commença une histoire qui fixa l'attention de M. Bachelier. Alors le laquais, qui n'était point un sot, laissa traîner la robe sur la planche ; les semences, garnies de duvet, s'y accrochèrent en grand nombre ; le laquais la ramassa aussitôt, et cacha sa conquête dans un pli. Le conseiller, après avoir pris congé, se retira chez lui, recueillit avec soin les semences fortement attachées à sa robe, les sema et par ce moyen se procura de très belles fleurs. »

Nous ajouterons qu'une robe un peu longue, surtout si l'étoffe est de laine, peut donner les mêmes résultats, sans le secours d'un laquais.

SECTION IV. — *Plantes de parterre remarquables à divers titres.*

§ Ier. — Plantes bulbeuses.

Indépendamment des plantes de collection, nous devons une mention spéciale à plusieurs séries de plantes de pleine terre, propres à la décoration du parterre, afin d'indiquer les soins particuliers à donner à plusieurs d'entre elles, et la meilleure manière de tirer parti de leur effet ornemental; nous commençons par les plantes bulbeuses.

A. — Lis.

Les lis, au nombre de plus de 20, supportant parfaitement la pleine terre sous le climat de Paris, joignent presque tous au mérite d'une floraison riche et prolongée celui d'une odeur suave; une bonne terre de jardin leur suffit; si elle est trop compacte, et sujette à retenir l'eau, il faut l'amender avec un peu de sable ou de terre de bruyère avant d'y planter les ognons de lis, qu'un excès d'humidité fait très facilement pourrir. Les espèces les plus recommandables sont:

Lis à fleurs blanches.

Lis
{
à longues fleurs, surnommé trompette du jugement.
du Japon (*fig.* 469), d'un blanc pur en dedans, légèrement pourpre en dehors.
eximium, à floraison tardive.
magnifique, fond blanc, lavé de rose.
blanc commun.
}

Lis à fleurs jaunes orangées et rouges.

Lis
{
orangé d'Autriche.
nain, de couleur safranée, flagellé de rouge.
turban, ou de pompone, à pétales roulées en dehors.
des Pyrénées, plus jaune que le précédent.
du Canada.
superbe, le plus beau du genre (*fig.* 470).
du Kamtschatka, presque égal au précédent.
tigré de la Chine, fleur rouge-orangée, piquetée de noir.
martagon commun, à fleurs roulées en dehors.
prolifère, ou lis jaune commun des Alpes.
de Pensylvanie ou de Philadelphie.
}

Fig. 469,   470.

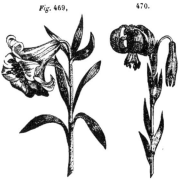

Tous ces lis se multiplient par la séparation de leurs caïeux. Le lis prolifère, et quelques autres, se multiplient en outre par les bulbilles qui naissent dans les aisselles des feuilles le long de la tige. Ces bulbilles se détachent d'eux-mêmes, et prennent racine dans le sol. On peut, avec des soins convenables, les faire fleurir en deux ou trois ans; ils reproduisent toujours identiquement la plante qui les a portés.

Quelques lis étrangers, particulièrement le lis superbe et le lis de Pensylvanie, ne prospèrent que dans la terre de bruyère pure. Le lis du Kamtschatka, malgré le climat presque polaire de son pays natal, gèle quelquefois sous le climat de Paris, ce qui ne doit point étonner ceux qui savent qu'au Kamtschatka, l'hiver une fois passé, l'été commence aussitôt, presque sans transition, tandis que pour l'Europe tempérée, l'hiver n'est jamais fini; les froids tardifs surprennent les plantes en pleine végétation, et suffisent pour détruire même celles des climats les plus septentrionaux.

B. — Tulipes.

En dehors des collections, plusieurs tulipes d'un mérite réel, indigènes du midi de l'Europe, doivent prendre place dans le parterre. Qui ne connaît la jolie petite tulipe naine duc de Thol, rouge vif bordée de jaune clair, qui fleurit une des premières à l'air libre, et donne sous châssis ses fleurs si parfumées, au milieu de l'hiver? Les autres tulipes de pleine terre sont:

Tulipe
{
sauvage, à fleur jaune; elle double facilement.
gallique. plus petite, verte en dehors, tachée de rouge.
de Cels, jaune, rouge en dehors.
de l'Ecluse (*fig.* 471), rose bordée de bleu; très petite.
œil du soleil, rouge-jaune et pourpre; couleurs très vives.
turque (trois variétés de diverses couleurs).
bossnelle, jaune ou blanche, rayée de rouge.
}

Fig. 471.

Toutes ces plantes sont très rustiques et faciles à cultiver; une bonne terre ordinaire de jardin leur suffit. On peut laisser les ognons en terre toute l'année, mais il vaut mieux, après la floraison, traiter les ognons comme nous l'avons indiqué pour ceux des tulipes de collection, et les replanter avant l'hiver (*voir* Plantes de collection).

C. — Fritillaires.

Trois espèces de fritillaires sont admises dans nos jardins: la couronne impériale, la plus repandue de toutes, la fritillaire de Perse et la fritillaire de méléagre ou damier.

La fritillaire couronne impériale (*fig.* 472)

Fig. 472.

est une très belle plante, précieuse dans le parterre en raison de la précocité de sa floraison. On en possède une douzaine de variétés, toutes de pleine terre, à fleur orangée, jaune et diversement panachées. Une bonne terre ordinaire de jardin leur suffit; elles peuvent se passer d'abri pendant l'hiver sous le climat de Paris.

La fritillaire de méléagre (*fig.* 473), ou fri-

Fig. 473.

tillaire damier, doit son nom à la bigarrure de sa corolle offrant des rapports avec les cases d'un damier et le plumage de la pintade (*meleagris*). Les caïeux qui servent ordinairement à la multiplier ne doivent être relevés que tous les trois ans. Cette fritillaire offre un grand nombre de variétés qui toutes se ressemblent par la forme et par la disposition des couleurs; elles diffèrent seulement par les nuances. Elles ont assez de persistance pour se reproduire constamment de graine aussi bien que par leurs caïeux, qui fleurissent deux ou trois ans après leur séparation de la plante-mère.

La fritillaire de Perse ne présente avec les deux autres espèces du même genre que des rapports éloignés; sa fleur est d'un bleu violacé d'une nuance très délicate. Elle craint le froid un peu plus que les deux autres, quoiqu'elle supporte bien les hivers ordinaires sous

le climat de Paris. On a soin, par ce motif, de la cultiver dans des pots qu'on rentre dans l'orangerie ou la serre froide à l'entrée de l'hiver, et qu'on enterre dans la plate-bande au retour du printemps. Le croisement artificiel de la fritillaire de Perse (*fig.* 474) avec les deux autres

Fig. 474.

espèces de fritillaires donne naissance à des sous-variétés hybrides dont on peut toujours espérer d'accroître le nombre, ce qui rend la culture de ce genre très digne d'intérêt.

§ IV. — Jacinthes.

Si nous nous conformions à la nomenclature adoptée par les botanistes, nous n'aurions qu'une seule jacinthe, la jacinthe étalée, jolie fleur odorante d'un bleu clair, à mentionner après la jacinthe orientale ou de collection, dont nous avons décrit la culture en détail. Nous préférons suivre l'usage des jardiniers qui continuent à désigner sous le nom de jacinthes les espèces que les botanistes ont détachées de ce genre pour en former le genre muscari.

La jacinthe musquée est une petite fleur insignifiante, de couleur indécise, entre jaune et violet obscur; elle n'est précieuse que par son odeur qui tient du musc et de la vanille. Les ognons de cette jacinthe sont très petits et tout-à-fait rustiques. Une bordure de jacinthe musquée répand dans le parterre une odeur très suave pendant près d'un mois que dure sa floraison. Cette plante est peu difficile sur le choix du terrain. On traite les ognons comme ceux de la jacinthe orientale; ils se replantent à la même époque, mais sans exiger les mêmes soins de culture.

La jacinthe monstrueuse, aussi nommée jacinthe de Sienne ou lilas de terre, n'a de remarquable que la bizarrerie de ses fleurs formées de lanières longues et étroites, entortillées les unes dans les autres et présentant l'aspect d'une sorte de plumet ébouriffé. Les touffes de cette plante font un bel effet dans le parterre; elle est aussi rustique que la précédente.

La jacinthe à toupet, ou vaciet, est une plante sauvage indigène dans toutes les contrées tempérées de l'Europe. Sa singularité et la nuance admirable des fleurs bleues qui forment le sommet de son épi la rendent très digne de prendre place dans le parterre à côté des autres jacinthes. Elle se plaît dans tous les terrains frais; sa floraison est très prolongée; elle n'exige aucun soin particulier de culture.

§ V. — Tigridia.

Cette plante, l'une des plus bizarres pour la forme et des plus riches de couleur de toutes celles qui peuvent orner en été nos parterres, a été apportée, en 1796, du Mexique, son pays natal; elle a contre elle un grand défaut : ses fleurs, réellement admirables, ne durent que quelques heures. En Belgique, où les tigridias sont fort estimées, on les plante en massifs, en plaçant les ognons en quinconce, à 0m.05 les uns des autres; comme les fleurs sont fort larges par rapport au volume total de la plante, ces massifs, pendant cinq à six semaines que dure la floraison des tigridias, ont tous les jours un assez grand nombre de fleurs ouvertes. La tigridia présente un phénomène particulier dans son mode de végétation : ses fleurs s'ouvrent successivement, et la tige qui les porte continue à croître et à produire de nouveaux boutons, longtemps après que les fleurs épanouies les premières se sont flétries; c'est ce qui explique la longue durée de sa floraison.

Les bulbes de tigridia sont très sensibles au froid; il ne faut pas les confier à la terre avant le milieu de mai sous le climat de Paris. Une bonne terre ordinaire de jardin leur suffit; ils craignent le fumier récent. Si l'on veut les cultiver dans un sol maigre, ce sol ne doit recevoir pour engrais que du terreau très consommé.

Les tigridias ont une pente naturelle à dévier de leur type primitif; les caïeux reproduisent bien l'espèce, mais la graine donne des sous-variétés quelquefois très éloignées de la plante qui les a fournies. C'est ainsi qu'à Lille M. de Rouvroy, a obtenu des tigridias dont la fleur, d'ailleurs semblable à la tigridia commune, avait douze divisions au lieu de six. On connaît deux espèces distinctes de tigridia qui se croisent entre elles très aisément, ainsi que les hybrides provenant de ces croisements. Il en résulte un nombre indéterminé de sous-variétés, dont quelques unes surpassent en mérite la tigridia pavonia que représente la *fig.* 475, en

Fig. 475.

dépit du peu de valeur réelle de la seconde es-

pèce à fleur jaune (*tigridia conchiflora*) qui sert de base à tous ces croisements.

Quoique la tigridia conchiflora ait été considérée comme une espèce par les botanistes, elle semble n'être en effet qu'une variété et même une variété peu persistante. Un habile horticulteur, M. Jacques, qui sème beaucoup de tigridias, a obtenu des graines de la tigridia conchiflora, en 1842, des tigridias pavonias et d'autres sous-variétés hybrides, dont une admirable qu'il a nommée speciosa. Ces succès doivent encourager les amateurs à chercher par les semis des sous-variétés nouvelles. La graine se sème en terre légère aussitôt qu'elle est mûre; les semis réclament les mêmes soins qu'on donne aux semis de tulipes et de jacinthes de collection; le jeune plant doit être préservé avec soin des atteintes des premiers froids auxquels il est très sensible.

§ VI. — Campanule pyramidale.

L'espèce commune de campanule pyramidale peut, lorsqu'elle est bien cultivée, atteindre la hauteur de plus de 2 mètres, et se couvrir du haut en bas d'une multitude innombrable de clochettes d'un bleu légèrement violacé qui produisent le plus brillant effet dans le parterre, depuis le commencement de juillet jusqu'à la fin de septembre. Cette campanule est vivace, mais il lui arrive souvent de se ramifier, de pousser une énorme touffe de feuilles, et de ne porter qu'un très petit nombre de fleurs quand on la cultive en pleine terre dans un sol trop gras et trop humide. Il est plus facile de donner à cette plante la terre légère qui lui convient et de lui ménager les arrosements, lorsqu'on la cultive dans des pots qu'on enterre dans la plate-bande du parterre au moment de la floraison. La *fig.* 476 représente le

Fig. 476.

sommet d'une tige de pyramidale. Cette campanule se prête facilement aux formes capricieuses que quelques jardiniers aiment à lui faire prendre en assujettissant ses tiges florales à des baguettes arquées de diverses manières;

toutefois elle n'est jamais si belle que lorsqu'on favorise son plein développement sous la forme parfaitement droite qui lui est naturelle et à laquelle elle doit son nom.

Les variétés de campanules, toutes recommandables par l'élégance de leurs formes et la durée de leur floraison, sont très nombreuses; ce sont des plantes rustiques, faciles à cultiver sous tous les rapports; on en compte plus de seize espèces distinctes, dont les plus remarquables sont la campanule élégante et la campanule élevée. Cette dernière, naturellement droite et presque aussi haute que la pyramidale, porte des fleurs moins nombreuses, mais plus grandes, et d'une nuance aussi riche quoique un peu plus foncée; elle est récemment introduite dans nos jardins. Toutes ces campanules sont de pleine terre sous le climat de Paris.

§ VII. — Balsamine.

Plusieurs qualités précieuses rendent cette jolie plante annuelle indispensable à nos parterres; outre la richesse et la variété de ses couleurs uniformes ou panachées, elle a plus que toute autre plante annuelle de pleine terre la faculté de pouvoir être avancée aisément sur couches sous châssis, de manière à prolonger pendant tout l'été sa floraison dans le parterre. Le plant s'élève de graines semées à diverses reprises; on le repique successivement, à mesure que la floraison des autres plantes d'ornement passe et laisse des vides à remplir. La balsamine fleurit jusqu'aux premières gelées.

L'attention des amateurs d'horticulture s'est portée depuis peu sur ce beau genre, enrichi récemment de plusieurs espèces nouvelles, parmi lesquelles plusieurs ont des dimensions décuples de celles des balsamines déjà connues.

§ VIII. — Aster.

Qui ne connaît l'aster sinensis sous son nom vulgaire de reine-marguerite? Cette jolie plante, si riche de floraison, si variée de couleurs uniformes ou panachées, n'est pas moins indispensable que la balsamine à l'ornement du parterre. Comme elle, on l'avance en la semant sur couches, afin d'en jouir plus tôt et plus longtemps.

Indépendamment de la reine-marguerite, le genre aster fournit à nos parterres un grand nombre d'espèces et de variétés vivaces pour la plupart, c'est-à-dire à racines vivaces, donnant tous les ans des tiges florales à la place de celles qui meurent après avoir fleuri. Les asters vivaces se contentent de tous les terrains, même des plus maigres; ils résistent à toutes les expositions, même les plus défavorables. Placés dans de meilleures conditions, ils deviennent méconnaissables par l'ampleur de leurs formes et la richesse de leur floraison : ceux qui, en mauvais terrain, ne forment qu'une touffe médiocre de 0m,60 à 0m,70, s'élèvent à plus de 2 mètres et deviennent dans un bon

terrain de véritables buissons de fleurs. Toutes ces considérations les rendent dignes de plus de soins qu'on ne leur en accorde en général dans nos parterres. Nous devons ajouter que les asters vivaces fleurissent, non pas tous à la fois, mais les uns après les autres, et quelques-uns pendant plus de deux mois sans interruption. Tous les asters vivaces sont de pleine terre sous le climat de Paris; les premières gelées n'arrêtent même pas la floraison des espèces les plus robustes qui fleurissent jusqu'à la fin de décembre dans les plate-bandes du parterre, où elles accompagnent très bien les chrysanthèmes de collection qui sont à cette époque dans toute leur beauté. La liste suivante indique les plus belles espèces d'asters vivaces, avec l'époque de leur floraison.

Aout.

Aster
{
cordatus, petite fleur blanche à étamines rouges.
à fleur de bellis, fleur blanche.
latifolius, fleur bleue.
sibericus, fleur bleue azurée.
punctatus, couleur lilas, fleurs en larges ombelles.
corymbosus, grandes fleurs d'un bleu rougeâtre.
}

Septembre.

Aster
{
floribundus, larges fleurs d'un blanc pur.
blandus, d'un blanc bleuâtre.
cyaneus, bleu foncé.
rigidus, lilas clair.
patens, jolie fleur large, bleu foncé.
globosus, très petite fleur blanche à étamines rouges.
}

Octobre.

Aster
{
roseus, fleur panachée de rouge.
de la Nouvelle-Angleterre, fleur pourpre,
à feuille de saule, bleu pâle.
mutabilis, fleurs blanches d'abord, tournant au rouge.
}

Novembre et Décembre.

Aster
{
lacteus, ou altissimus, blanc, pouvant dépasser 2m,50.
purpureus, fleurs d'un violet-pourpre, même hauteur.
grandiflorus, belles fleurs d'un bleu pur, même hauteur.
}

§ IX. — Plantes aquatiques.

Un bassin n'est pas moins agréable qu'utile dans un parterre. Beaucoup de propriétaires s'exagèrent la dépense qu'entraîne l'établissement d'un bassin, se le figurant pavé en pierres, avec des bords en maçonnerie revêtus de pierres polies ou même de marbre blanc, comme ceux de Versailles et de Saint-Cloud. Des bassins ainsi construits sont d'un bel effet dans les vastes jardins publics, où ils s'harmonisent avec les grandes lignes de l'architecture des palais. Mais, à côté du parterre d'une habitation champêtre, un bassin ne doit pas figurer autre chose qu'un étang naturel, d'une grandeur proportionnée à celle du jardin. Une couche de terre glaise bien battue, d'une épaisseur de 0m,25 à 0m,30, et des bords revêtus de gazon valent à cet effet mieux que les constructions en maçonnerie et les revêtements de marbre. Ainsi, pour remplir son double but d'agrément et d'utilité, le bassin n'exige pas une très grande dépense; il suffit qu'il retienne l'eau.

Les bords du bassin, lorsque celui-ci est une dépendance du parterre, doivent en être, pour ainsi dire, la continuation. Les plantes aquatiques dont on garnit les bords du bassin peuvent être plantées dans des pots remplis d'une terre convenable; ces pots sont assujettis dans la terre glaise qui forme le fond. L'eau qui les recouvre dissimule cette disposition particulièrement convenable pour les lobélias des espèces qui se plaisent au bord de l'eau. On peut aussi placer ces plantes dans des espèces d'encaissements formés par des pierres et des scories incorporées dans la terre glaise. Les marais, sous le climat de l'Europe tempérée, nourrissent une multitude de plantes indigènes à floraison gracieuse, telles que la sagittaire (*fig.* 477), l'hottonia palustris (*fig.* 478), et le

Fig. 477,　　　　478.

Fig. 479.

butôme à ombelle (*fig.* 479); toutes ces plantes associées aux lobélias et aux autres plantes aquatiques des contrées lointaines, contribuent à orner les bords des bassins joints au parterre, et à donner à ces bords l'aspect d'une riche plate-bande circulaire, garnie de fleurs du printemps à l'automne.

La grandeur et la forme du parterre déterminent la forme et la grandeur du bassin : de ses dimensions dépend l'admission ou le rejet des plantes telles que les nymphéas qui occupent à elles seules un très grand espace, et sont par conséquent déplacées dans les bassins dont la surface a trop peu d'étendue. La *fig.* 480 donne une idée de la manière dont peuvent être disposés par étage les pots contenant des plantes qui se plaisent sous l'eau à diverses profondeurs; ces pots ne doivent point être à des profondeurs telles qu'on soit obligé de mettre la pièce d'eau à sec pour les déplacer ou les renouveler au besoin.

Fig. 480.

La liste suivante comprend les plantes aquatiques et marécageuses propres à orner sous le climat de Paris les bords d'un bassin ou d'une pièce d'eau.

Hydrocotyle, fleur rouge.
Calla palustris, fleur jaune lustrée.
Caltha, fleur jaune terne, en cornet.
Myosotis, fleur bleu de ciel.
Butôme à ombelle, fleur rouge pâle (*fig.* 479).
Actinocarpe, fleur blanche en étoile.
Nymphéa, large fleur blanche; variété double, magnifique; feuilles très grandes.
Villarsia, fleur jaune, forme bizarre.
Menyanthe ou trèfle d'eau, fleur blanche.
Hottonia palustris, plante élégante, fleur rose, verticillée (*fig.* 478).

Sagittaire, fleur blanche, feuillage en fer de flèche (*fig.* 477).
Lobélia { syphilitique, fleur rouge.
　　　　 { fulgens, fleur rouge (*fig.* 466).
　　　　 { de Dortmann, fleur bleue.
Lysimaque, fleur jaune, tiges élevées.
Salicaire, fleur rouge en longs épis.
Epilobe, fleurs nombreuses, d'un rouge violacé.
Cinéraire des marais, fleur jaune.

§ X. — Plantes d'ornement pour divers usages particuliers.

Le jardinier doit toujours avoir présentes à la pensée toutes les ressources dont il peut disposer pour l'ornement du parterre; s'il s'y rencontre une ruine ou un mur d'un aspect peu agréable qu'il soit nécessaire de dissimuler, il les fera disparaître sous des rideaux de vigne vierge, de clematites, de bignonia radicans, auxquelles il joindra, si l'exposition est méridionale, la glycine de la Chine et le jasmin blanc, consultant à cet égard la nature du sol et la température locale; s'il dispose d'un fragment de rocher, il en couvrira les anfractuosités avec des plantes grasses, parmi lesquelles la nombreuse tribu des sedums indigènes lui offre une grande variété de fleurs jaunes, blanches et roses. S'il veut garnir un petit espace d'un gazon fleuri, il se souviendra de la stellaire et de l'arénaire. Enfin, parmi les plantes annuelles dont les semis bien ménagés sur couche sourde prolongent la floraison tout l'été, il sera toujours muni de plant de coréopsis et de zinnia élégants, de plusieurs variétés.

Les semis en place de plantes annuelles d'ornement qui ne supportent pas le repiquage ont aussi leur utilité par la variété de riches couleurs que donnent plusieurs de ces plantes : telles sont surtout pour le bleu pur, la belle de jour (*convolvulus tricolor*); pour le rouge et le jaune, la belle de nuit (*mirabilis*); pour une foule de nuances riches et variées les pavots annuels; pour l'odeur, le précieux réséda, que rien ne peut remplacer sous ce rapport.

Dans l'état avancé de l'horticulture en France, le parterre d'un amateur aisé ne peut se passer des plantes exotiques; nous accorderons à leur culture l'espace qu'elles réclament; disons dès à présent que toutes celles de ces plantes qui, comme les verveines, les pélargoniums, les calcéolaires, les cinéraires, et même beaucoup de cactées, d'éricas et d'épacris, supportent le plein air pendant une partie de l'été, peuvent et doivent être à cette époque mêlées dans les plates-bandes du parterre avec les plantes indigènes. Les pots enterrés ne permettent pas de les distinguer des plantes de pleine terre, et l'on en jouit momentanément comme si elles vivaient sous leur climat natal, sans compromettre leur existence, puisque les pots peuvent toujours être déterrés et rentrés dans la serre, si la température l'exige.

§ XI. — Arbustes d'ornement de pleine terre.

Nous avons dit quel parti l'on peut tirer d'un grand nombre d'arbustes d'ornement de pleine terre pour la décoration des parterres à plates-bandes d'une certaine étendue ; il est facile d'en juger par ceux qui figurent avec tant d'avantages dans les parterres des jardins publics. En Angleterre, on réserve dans tous les grands jardins particuliers un emplacement distinct pour ces arbustes; cet espace prend le nom de *shrubbery*, mot pour lequel il faudrait créer le mot *arbusterie* si l'on voulait le traduire en français, car le mot et la chose qu'il représente nous manquent également.

Parmi les arbustes d'ornement de pleine terre, les uns sont recherchés à cause de la beauté de leurs fleurs et l'élégance de leur feuillage, comme le sureau à feuille laciniée

(*fig.* 481); les autres à cause de leur odeur seulement,

Fig. 481, 482.

comme le calycanthus (*fig.* 482): quelques-uns à cause de la beauté de leurs fleurs, comme le Stewartsia pentagyna, (*fig.* 483).

Fig. 483.

Ces arbustes sont distribués dans des compartiments dont les formes et les dimensions varient selon la disposition de l'ensemble du jardin. Si l'espace est borné, ils font suite au parterre proprement dit et lui servent d'encadrement. Beaucoup d'amateurs préfèrent s'en tenir aux arbustes, pour des jardins de peu d'étendue où, en France, on a le mauvais goût d'entasser sur une surface insuffisante des masses de grands arbres qui s'étouffent réciproquement, le tout afin de pouvoir dire d'un enclos de quelques ares : *mon bosquet*, et s'il approche d'un hectare : *mon parc.*

Si le terrain ne manque pas, les bosquets d'arbustes servent très bien de transition pour rattacher le parterre au jardin paysager. Dans ce cas, on place en première ligne les moins élevés; les autres les suivent par gradation : les plus hauts se confondent avec les massifs d'arbres d'ornement disposés dans le même ordre, et d'après le même principe. Souvent, une allée principale est garnie des deux côtés de massifs d'arbustes auxquels on donne peu d'épaisseur en leur faisant suivre tous les contours de la promenade. Quand la vue ne doit point être masquée, les massifs d'arbustes ne règnent que d'un côté de l'allée principale, et ils se détachent sur une grande pelouse dont l'uniformité est rompue par des groupes d'arbres de formes variées.

Nous avons aux arbustes d'ornement de grandes obligations, dit un auteur anglais, en raison de la part d'agrément que leur présence ajoute à nos bosquets et à nos jardins. S'ils ne portent pas de fruits mangeables, ils n'en rendent pas moins, sous d'autres rapports, de nombreux services. L'hiver, ils abritent notre promenade; l'été, ils nous prêtent leur ombrage; la variété de fleurs et de feuillages divers que présente leur réunion forme une décoration des plus gracieuses, obtenue avec très peu de frais, et presque sans soins de culture. Les massifs d'arbustes sont, dans un grand jardin, un objet de première utilité, soit comme abri, soit en masquant des choses d'un aspect peu agréable. Ils ont souvent pour objet, soit de décorer le lieu qui sert le plus souvent de promenade à portée de l'habitation, soit de conduire pour ainsi dire à couvert à un point de vue qui, pour produire tout son effet, veut être démasqué tout à coup, sans avoir été d'avance aperçu ni deviné. Distribués habilement, par groupes, pour être vus à distance, les arbustes concourent puissamment à orner le paysage; en un mot, sous une foule de rapports, ils ne sont pas moins nécessaires qu'agréables. Nous traduisons avec plaisir ce passage, pour montrer à nos jardiniers quelle ressource ils négligent en n'accordant pas aux arbustes d'ornement de pleine terre la place qui leur appartient, soit à la suite des fleurs, comme complément du parterre, soit comme intermédiaire entre le parterre et les bosquets du jardin paysager.

Les plantes de parterre, même les plantes vivaces ou bisannuelles, occupent si peu d'espace dans le parterre en hiver, qu'à cette époque de l'année elles sont à peine visibles. Les arbustes, au contraire, frappent la vue pendant toute l'année; il importe beaucoup, pour cette raison, d'introduire dans les massifs d'arbustes une certaine quantité d'arbustes toujours verts tels que le laurier-tin (*viburnum*) (*fig.* 484), et l'alisier (*cratœgus*) (*fig.* 485), qui,

Fig. 484,   485.

sans avoir la tristesse des ifs, des cyprès, des thuyas et des arbres conifères, conservent au bosquet un peu de verdure toute l'année. Plus

on avance vers le midi, plus les arbustes à feuilles persistantes peuvent être nombreux et variés dans les massifs; les lentisques (*fig.* 486), les arbousiers (*fig.* 487), les oléandres,

Fig. 486,   487.

les myrtes et toutes les espèces de lauriers sont de pleine terre dans le Var. En Italie, on possède un si grand nombre d'arbustes de pleine terre à feuilles persistantes, qu'il y a aux environs de Rome de très grands jardins paysagers, plantés uniquement d'arbres et d'arbustes de cette nature, de sorte que, pour ces jardins, quoique le climat de Rome ne soit point tout-à-fait exempt de froid, on peut dire qu'il n'y a réellement pas d'hiver; sous le climat de Paris, les choix sont nécessairement beaucoup plus restreints; en Angleterre, dans les massifs d'arbustes, les espèces à feuilles persistantes sont employées en nombre égal avec les espèces à feuilles caduques; les arbustes grimpants à tiges sarmenteuses ne sont point compris dans ce calcul.

§ XII. — Arbustes de terre de bruyère.

Nous avons décrit en détail les qualités et les usages de la terre de bruyère et des composts qui peuvent en tenir lieu (*voir* Composts). Des expériences récentes qui n'ont pas encore reçu la sanction du temps, donnent lieu d'espérer qu'au moins pour un grand nombre de plantes, l'horticulture ne tardera point à être affranchie du tribut que lui impose l'achat de la terre de bruyère qui, à Paris, ne coûte pas moins de 15 fr. le mètre cube. On ne peut nier néanmoins que la terre de bruyère ne soit, quant à présent, le milieu le plus favorable à la végétation vigoureuse des racines d'un groupe nombreux de plantes et d'arbustes, la plupart à feuilles persistantes, compris pour cette raison par les jardiniers sous le nom de plantes de terre de bruyère.

Cette terre est aussi nécessaire au plus grand nombre des plantes qui vivent dans la serre tempérée et la serre chaude; nous traiterons séparément de leur culture; nous n'entendons parler ici que des plantes de terre de bruyère qui supportent l'hiver en plein air sous le climat de Paris, et qui réclament seulement quelques abris pendant les premières années de leur existence.

Deux grandes tribus, les rhododendrums et les azalées, dominent dans les massifs de plantes de terre de bruyère. Le plus grand nombre des rhododendrums est de pleine terre; les azalées se partagent en deux tribus, sous le rapport de la rusticité. La première comprend les azalées originaires du Caucase et de l'Amérique, qui perdent leurs feuilles et résistent au froid de nos hivers les plus rigoureux; la seconde comprend les azalées originaires de l'Inde, qui conservent leurs feuilles, et ne peuvent sortir de la serre tempérée que pendant la belle saison. Les rhododendrums et les azalées peuvent figurer au rang des plantes de collection, tant les croisements hybrides et les semis en ont multiplié les variétés; celles du seul rhododendrum arboreum à fleur rouge et à fleur blanche sont au nombre de plus de 150; on en possède en outre une vingtaine d'autres espèces dont chacune peut donner par la fécondation artificielle une quantité indéterminée de variétés nouvelles. Les variétés d'azalées ne sont pas moins nombreuses que celles des rhododendrums.

(Pour les moyens de multiplication des plantes de terre de bruyère, *voir* Pépinières, page 87).

Toutes les plantes de terre de bruyère exigent une situation ombragée; elles craignent en été les ardeurs du soleil; les expositions du nord et du levant leur conviennent mieux que celles du couchant et du sud. La floraison de ces plantes commence dès les premiers jours de mars, par les daphnés; elle se continue en avril et mai par les azalées et les rhododendrums, auxquels s'associent les kalmias, les lédums, les andromèdes, qui se succèdent une partie de l'été.

Beaucoup d'amateurs, principalement ceux qui disposent d'un grand espace, sont dans l'usage de cultiver les plantes de terre de bruyère par séries, dans des compartiments séparés, dont chacun ne contient que des variétés d'un seul genre. Ces massifs ont l'inconvénient de n'offrir qu'une floraison passagère, et de rester par conséquent dépourvus de fleurs pendant les trois quarts de la belle saison. Dans les massifs de plantes de terre de bruyère de divers genres, les mélanges peuvent donner une succession de fleurs depuis les premiers beaux jours jusqu'à la fin de juin.

Les plantes de terre de bruyère peuvent facilement être forcées en pots dans la serre; on obtient ainsi un certain nombre de plantes en fleurs dont on enterre les pots dans la plate-bande; on les retire à mesure que la floraison des mêmes plantes en pleine terre rend leur présence inutile.

Parmi les arbustes d'ornement de terre de bruyère, nous devons une mention spéciale aux hortensias à fleur rose et à fleur bleue. L'hortensia ou hydrangea, importée en Europe par sir G. Banks, célèbre naturaliste anglais, vers 1788, est originaire de la Chine et du Japon; c'est, dans son pays natal, un arbuste véritable: ce n'est en Europe qu'un sous arbris-

seau, dont les tiges sont à peine ligneuses. Il se distingue des autres plantes de terre de bruyère par sa facilité à supporter l'atmosphère épaisse et concentrée des lieux habités, circonstance qui, jointe à l'absence d'odeur, fait de l'hortensia une fleur d'appartement. L'hortensia se multiplie de boutures faites avec de jeunes pousses de l'année, munies de 3 nœuds au moins; on peut aussi marcotter l'hortensia de la même manière que l'œillet. Ces deux moyens combinés peuvent donner du plant dont la floraison hâtée ou retardée prolonge la jouissance de cette jolie fleur qui dure peu dans tout son éclat. On a beaucoup disserté sur la faculté que semblent posséder certains terrains riches en oxyde de fer, de donner une couleur bleue à la fleur naturellement rose de l'hortensia; il est certain que M. Fintelman, à Postdam, a longtemps obtenu des hortensias à fleur bleue, en les cultivant dans une terre d'un noir ardoisé, formée de bois pourri, exposée à l'air et à l'humidité depuis plus de 100 ans, au fond d'une vallée ombragée et obscure; des boutures des mêmes plantes en terre de bruyère ordinaire ne donnaient que des fleurs rosse. Des essais plus récents, renouvelés en France, ont fait croire à quelques horticulteurs qu'on touchait au moment de pouvoir changer du rose au bleu, pour ainsi dire à volonté, non-seulement les fleurs de l'hortensia, mais une foule d'autres fleurs roses. Nous appelons seulement sur ces faits l'attention des personnes qui pourraient désirer d'expérimenter dans le but d'avancer la solution de cette question intéressante qui, même pour l'hortensia, ne nous semble point résolue.

En Angleterre, certaines terres particulières à quelques localités ont la réputation de produire des hortensias à fleur bleue; on cite surtout le *loam jaune de Hampstead*, que les amateurs d'hortensia bleu font venir à grands frais de Hampstead à de très grandes distances. En Bretagne, quelques terres légères ferrugineuses ont à cet égard la même célébrité. Nous rappelons aux cultivateurs d'hortensia rose qui ne pourraient se procurer aisément de la terre de bruyère, la composition que les jardiniers anglais lui substituent avec un succès constant pour cette plante, bien plus cultivée en Angleterre qu'elle ne l'est en France; elle est formée de 4 parties de bonne terre franche de jardin, 4 parties de terre de marais desséchée et pulvérisée, et 2 parties de sable fin; le tout parfaitement mélangé longtemps avant de s'en servir.

La liste suivante contient l'indication des principales espèces de plantes de terre de bruyère, cultivables en plein air, sous le climat de Paris:

     Azalées à feuilles caduques.
     Lédums.
     Kalmia.
     Rhodora.
     Daphnés.
     Andromèdes.

Fig. 488.

Rhododendrums (*fig.* 488).
Asclépiade.
Cistes.
Vacciniums.
Calycanthus précox (*fig* 482).

§ XIII. — Arbustes d'ornement à floraison remarquable.

L'élégante tribu des rosacées fournit à nos jardins une grande partie de leur parure, non-seulement par les collections de rosiers qui lui servent de type, mais aussi par une foule de genres secondaires, parmi lesquels figurent au premier rang, comme arbustes, les pyrus, les cydonia, les mespilus, les cratœgus, dont tous les ans l'horticulture multiplie les variétés.

Les cydonia ou cognassiers du Japon, sont précieux à cause de leur jolie fleur d'un rouge vif (*fig.* 489), offrant beaucoup d'analogie avec

Fig. 489.

celle du camélia simple. La fleur du cognassier du Japon reste très longtemps en bouton avant de s'épanouir : à l'époque où les boutons se montrent, les branches sont dégarnies de feuilles, et l'ensemble du jardin ne montre encore que bien peu de fleurs ; les buissons touffus du cognassier du Japon, couverts d'abord de boutons, puis de fleurs innombrables, sont d'un très bel effet, surtout lorsqu'ils se détachent sur la verdure sombre d'un massif de rhododendrums au feuillage épais, dépourvu de fleurs à cette époque. On possède deux variétés de cognassier du Japon, l'une à fleur rose, l'autre rose panachée de blanc, obtenue il y a quelques années par M. Bertin, de Versailles. Lorsqu'on ne dispose que d'un local trop borné pour consacrer un espace suffisant aux buis-

sons de cognassier du Japon, on peut leur accorder un coin de muraille à bonne exposition; ils y fleurissent en espalier 10 ou 15 jours avant les buissons privés du même avantage.

Les pêchers nains, à fleurs doubles, le prunellier et l'aubépine à fleur double, et les nombreuses variétés de l'alisier, sont encore au nombre des plus gracieux arbustes d'ornement de la famille des rosacées. L'aubépine à fleur double offre cette particularité remarquable, que la fleur, d'abord blanche au moment où elle s'ouvre, passe graduellement au rose, et finit par être tout-à-fait rouge avant de s'effeuiller ; la variété à fleurs roses simples est plus éclatante et surtout plus gracieuse encore.

Depuis dix ans nos jardins se sont enrichis d'une foule d'arbustes d'ornement précieux à divers titres. Les tamarix, dont les 16 espèces cultivées méritent toutes le surnom d'*élégants*, accordé à l'une d'elles, ne sont plus aujourd'hui l'ornement exclusif des jardins de nos départements méridionaux ; tous réussissent en pleine terre dans une position abritée sous le climat de Paris, et si l'hiver a fait périr une partie de leurs branches, il suffit de les retrancher pour qu'elles soient promptement remplacées.

Les groseilliers sanguin et à fleur de fucnsia, le dernier moins répandu qu'il ne mérite de l'être, sont des importations qui datent seulement de 10 à 12 ans ; rien n'est plus gracieux au printemps que les épais buissons du groseiller sanguin, dont les boutons, d'un rouge vif, s'ouvrent en grappes de fleurs du plus beau rose, surtout lorsqu'ils sont mélangés avec l'une des espèces à fleurs jaunes. Les uns et les autres sont très rustiques.

§ XIV. — Rosiers.

Nous avons décrit en détail la culture des rosiers de pleine-terre dans la pépinière, les moyens de les multiplier par les semis, la greffe, le marcottage et les boutures, ainsi que les soins qu'ils exigent avant d'être en état de figurer dans nos parterres au premier rang des arbustes de collection. Nous devons maintenant les prendre dans cet état, et les considérer sous le point de vue de leur effet ornemental et des jouissances que les roses procurent aux amateurs de l'horticulture, comme fleurs de collection. Afin de ne pas confondre des objets entièrement distincts, nous nous occuperons seulement ici des rosiers qui supportent la pleine-terre sous le climat de Paris ; les autres trouveront place parmi les plantes d'orangerie et de serre tempérée.

A. — *Choix de l'emplacement.*

Une situation aérée, un air pur, qui se renouvelle constamment, sont plus nécessaires aux rosiers qu'à tous les autres arbustes d'ornement; quelques-uns de ces arbustes, comme l'hortensia, supportent même l'atmosphère épaisse et stagnante des lieux habités; pour les rosiers cette atmosphère est mortelle. A Paris, les innombrables rosiers vendus tous les ans au marché aux fleurs, pour l'ornement des *jardins sur les fenêtres*, vivent rarement plus d'une année; ceux qu'on essaie de faire vivre dans les rares jardins de l'intérieur de Paris, espèce de fonds de puits enfermés de tous les côtés par des murs de 25 à 30 mètres d'élévation, y végètent misérablement et donnent à peine quelques fleurs, entièrement méconnaissables. La fumée de charbon de terre est particulièrement nuisible à certaines espèces de rosiers. A Liège (Belgique), la rose double, à fleur jaune, ne fleurit pas sur la rive droite de la Meuse, tous ses boutons avortent, et cela parce qu'à l'époque de la floraison des roses, les vents d'ouest et de sud-ouest, qui règnent constamment, accumulent la fumée des usines de tous les environs au pied des coteaux qui bornent cette partie de la vallée de la Meuse. A Londres, la même cause, mais plus intense et plus développée, produit des effets encore plus remarquables sur la végétation des rosiers; les rosiers de toute espèce fleurissent mal et végètent péniblement, non-seulement dans l'intérieur de Londres, mais dans un rayon de 5 à 6 kilomètres aux environs; la rose jaune double n'y a jamais fleuri à l'air libre; la rose remontante, l'une des plus rustiques parmi les roses cultivées, y perd sa faculté précieuse, qui lui a valu le surnom de rose de tous les mois. Loudon, dans son *Encyclopédie du Jardinage*, pose en fait qu'il n'y a pas de rosier cultivé, ou même sauvage, qui puisse végéter avec vigueur, soit dans l'intérieur, soit très près des grandes villes, à cause de la fumée, dont l'air est continuellement chargé; il a surtout raison pour les grandes villes manufacturières de l'Angleterre, où il se fait une énorme consommation de houille, de sorte que ce qu'on y respire peut à peine se nommer de l'air. Ces faits suffisent pour démontrer qu'on ne peut espérer une belle végétation et une floraison parfaite des rosiers plantés sous l'influence d'un air concentré, ou chargé de fumée et de vapeurs malsaines.

Les rosiers n'exigent point un sol d'une nature particulière; une bonne terre franche de jardin leur suffit.

B. — *Arrangement.*

Les Anglais excellent dans l'art de faire valoir, par un mode judicieux de plantation, le mérite de leurs collections de rosiers. Le sol consacré à ces collections est d'ordinaire, dans les grands jardins, annexé à la portion du parterre affectée aux arbustes; nos voisins ont adopté, pour désigner une plantation de rosiers, le mot latin *rosarium* qui était consacré par Columelle, Pline, Virgile, Ovide: *biferique rosaria Pæsti*, dit Virgile en parlant des bosquets de roses bifères de Pœstum. Pourquoi n'adopterions-nous pas le terme *roseraie*, par analogie avec les noms déjà reçus des terrains plantés d'une seule espèce d'arbres; on dirait alors *roseraie* comme on dit oseraie et châtaigneraie, comme on disait autrefois pommeraie, saussaie et chênaie,

origines de tant de noms propres d'hommes et de lieux; toutefois, nous ne hasarderons pas les premiers un terme nouveau; nous nous bornons à le proposer aux horticulteurs. Donnons une idée des dispositions principales d'un *rosarium* anglais.

Les rosiers y sont plantés par séries; une seule série avec ses subdivisions, occupe un compartiment à part; les rosiers qui se ressemblent le plus sont toujours placés à côté l'un de l'autre, afin qu'au moment de la floraison, la différence des roses soit plus facile à saisir. En effet, deux roses très peu différentes, vues séparément, loin l'une de l'autre, passeront aisément pour deux échantillons de la même fleur, tandis que, vues côte à côte, leurs différences, si légères qu'on les suppose, seront remarquées, pourvu qu'elles soient réelles.

Quand les plantations ont pour but principal de tirer tout le parti possible de l'effet ornemental des rosiers, on les plante en mélange; les variétés sont soigneusement assorties; on réunit celles qui offrent le plus d'analogie entre elles pour la taille et pour le feuillage, tandis que leurs fleurs présentent des nuances vivement tranchées. On évite avec soin, dans ce cas, de mêler les rosiers à très petites fleurs avec ceux dont la fleur est très développée, car, ainsi que le remarque Loudon, l'effet des grandes roses n'y gagnerait rien, celui des petites roses serait perdu.

On place fréquemment, au centre du rosarium, un rocher artificiel, sur lequel s'étendent les rosiers à tiges sarmenteuses, qui ne peuvent trouver place parmi les autres, en raison de leur mode particulier de végétation. Lorsque cette ressource manque, on peut isoler une partie du jardin par un treillage sur lequel on palisse les rosiers sarmenteux; ces rosiers forment ainsi des haies du milieu desquelles s'élèvent de distance en distance des rosiers greffés sur églantier à haute tige, ce qui ajoute beaucoup à l'effet ornemental de ce genre de clôture.

En Belgique, les rosiers sarmenteux, compris sous le nom de rosiers pyramidaux, sont plantés séparément en massifs; chaque pied est supporté par une longue perche; il se couvre du haut en bas de fleurs innombrables qui se succèdent pendant 5 à 6 semaines. Ces fleurs sont semi-doubles, mais de nuances très variées, les unes foncées, les autres presque blanches; elles font un effet très pittoresque dans les grands jardins. Quand le sol et l'exposition leur conviennent, on ne peut se faire une idée du luxe et de la rapidité de leur végétation. En France et en Belgique, la plupart des amateurs de rosiers aiment cet arbuste comme les avares aiment l'argent, c'est-à-dire pour lui-même, sans se mettre en peine de l'effet pittoresque du rosarium, par rapport à l'ensemble du jardin. Les rosiers y sont cultivés dans des plates-bandes toutes droites, telles qu'on en voit au Luxembourg à Paris, dont l'ensemble occupe un espace de forme rectangulaire. Il résulte de cet arrangement qu'à l'époque de la floraison des roses, l'œil ne sait où se reposer ; il faut oublier l'ensemble, circuler dans les allées qui séparent les plates-bandes, et admirer chaque rose isolément l'une après l'autre. On peut assurément donner individuellement aux roses toute l'attention qu'elles méritent, sans sacrifier ainsi l'effet pittoresque d'une partie du jardin ; car, à l'exception des espèces remontantes qui ne sont pas les plus nombreuses, les rosiers ne fleurissent qu'une fois tous les ans, après quoi l'espace occupé par la collection est dépourvu de fleurs pour tout le reste de l'année.

Les Anglais aiment à donner aux plates-bandes de leurs jardins de roses des formes variées et pittoresques ; souvent ils forment de l'ensemble une sorte de labyrinthe, dont les plates-bandes ont assez de largeur pour admettre, sans nuire aux rosiers, une succession de fleurs annuelles pendant toute la belle saison. Nous avons vu ce système longtemps mis en pratique avec un goût parfait dans le jardin botanique de Nantes, qui possédait, il y a 15 ans, l'une des collections de rosiers les plus remarquables qui fussent alors en France.

Les *fig.* 490 et 491 peuvent donner une idée de cette manière de disposer une plantation de rosiers ; les rosiers y sont plantés sur deux rangs qui se contrarient, à 1ᵐ,50 l'un de l'autre dans les lignes, dans des compartiments larges de 2 mètres, séparés par des sentiers de 0ᵐ,80. Dans la *fig.* 490, le compartiment central est

Fig. 490.

occupé par cinq rosiers pyramidaux, qui rampent le long d'un rocher artificiel ; dans la *fig.* 491, le compartiment du centre est garni

Fig. 491.

de sept rosiers semblables, dont le plus élevé doit être au point central de toute la plantation.

Les rosiers sur églantier à hautes tiges, appartenant à des espèces qui forment naturellement des têtes très volumineuses, peuvent être fort bien plantés, soit seuls, soit par petits groupes de quatre ou cinq au plus, dans une pièce de gazon dont le vert uniforme fait ressortir leur masse fleurie. Les rosiers en buisson se plantent avec avantage en avant des autres arbustes, sur le bord des massifs d'arbustes d'ornement, et dans une situation analogue dans les massifs du jardin paysager où les rosiers de toute grandeur ne sont jamais de trop.

C. — *Détails de culture.*

Pour produire des fleurs parfaites, les rosiers de collection doivent être taillés avec beaucoup de soin, non dans le but de leur faire porter le plus grand nombre de fleurs possible, mais pour obtenir seulement un nombre modéré de très belles fleurs. Le vieux bois est rabattu tous les ans sur un jeune rameau de l'année, qu'on taille lui-même sur un ou plusieurs yeux, en raison du nombre de roses qu'il doit donner l'année suivante. Les rosiers des espèces délicates ont souvent beaucoup à souffrir de la taille d'hiver ou de printemps qu'on donne sans inconvenient à ces deux époques aux variétés plus robustes. Rien n'est plus dangereux que de ne tailler les rosiers qu'au moment où leurs yeux commencent à s'allonger, méthode vicieuse pratiquée par beaucoup de jardiniers ignorants, et qui cause la perte d'un grand nombre de rosiers greffés à haute tige. Le moment le plus favorable pour tailler les rosiers délicats, et même toute espèce de rosiers, c'est celui qui suit immédiatement la floraison ; on peut alors, sans aucun risque, supprimer le bois épuisé et raccourcir au besoin les jeunes branches qui viennent de porter leur contingent de roses ; on les rabat toujours sur un bon œil accompagné d'une feuille en bon état ; on les laisse ainsi prendre de la force jusqu'au mois d'octobre. On supprime au printemps suivant les branches malades ou défectueuses dans leur forme. En général, lorsqu'une branche fait confusion ou qu'elle prend une mauvaise direction sur un rosier bien portant, on peut sans inconvénient la supprimer quand même elle n'offrirait point à sa base d'œil pour la remplacer ; le bois manque bien rarement d'émettre plusieurs jets, dont on conserve le mieux placé.

Quelques séries de rosiers dans lesquels on recherche la floraison la plus abondante possible, ne se taillent pas du tout, il suffit de les nettoyer des branches mortes ou souffrantes, et de supprimer de temps en temps les rameaux surabondants qui rendraient les têtes trop épaisses et trop volumineuses. Il y a des rosiers qui, comme le rosier à cent-feuilles ordinaire, supportent très bien au printemps le retranchement de toutes les pousses destinées à fleurir. Cette suppression les force à émettre de nouveaux jets qui fleurissent à l'automne ; cette seconde floraison est souvent plus belle que n'aurait été la première. Il ne faut pas soumettre les rosiers deux ans de suite à ce traitement qui ne peut être appliqué qu'aux sujets les plus robustes.

Quant aux rosiers en buisson qui font partie des massifs dans les jardins paysagers, il suffit de les tondre, sans aucunes cérémonies avec une paire de cisailles de jardinier.

Rien ne dépare une collection de rosiers en fleurs comme la vue des calices effeuillés et des fleurs fanées ; on doit avoir soin de retrancher jour par jour les fleurs à mesure qu'elles passent, à l'exception de celles qu'on réserve pour porte-graines.

Les rosiers greffés à haute tige n'ont jamais une bien longue existence ; leur courte durée tient surtout à la grande différence que présente le mode de végétation des églantiers servant de sujets, comparés à celui des rosiers greffés sur ces sujets. Il y a quarante ans on n'avait pas, comme aujourd'hui, le goût des rosiers à haute tige ; on cultivait généralement cet arbuste en buissons francs de pied ou greffé très près de terre pour former un buisson ; on n'avait donc presque jamais l'occasion d'observer les inconvénients que présente l'églantier lorsqu'il sert de sujet.

Le rosier sauvage pousse naturellement des tiges très élevées et qui vivent fort longtemps ; mais il a une telle vigueur de végétation qu'il produit constamment des tiges secondaires, et cette faculté devient pour lui un besoin impérieux lorsqu'on limite par la greffe le développement de sa tige principale. Le nombre des rejetons qui sortent de la souche augmente sans cesse, malgré la surveillance la plus scrupuleuse du jardinier ; la tête affamée cesse de croître et finit par périr. En Angleterre les horticulteurs les plus habiles ont trouvé le moyen de prolonger la durée des rosiers greffés sur églantier, en les déplantant tous les trois ans vers le milieu de février, avant la reprise de la végétation. Ce procédé est devenu aujourd'hui d'un usage général, voici comment on le pratique. On retranche avec le plus grand soin les racines endommagées, on raccourcit toutes les racines bien portantes, on supprime presque tout ce qui peut exister de chevelu qui se trouve, à cette époque de l'existence des rosiers, ou nul, ou presque mort ; la tête est en même temps soumise à une taille sévère qui provoque une pousse très active ; la terre des trous est ou renouvelée, ou engraissée avec du fumier très consommé ; le rosier ainsi disposé y est remis en place tout aussitôt ; l'opération doit être conduite assez rapidement pour que la durée du rosier ne reste pas exposée à l'air au-delà du temps rigoureusement indispensable.

Par ce procédé usité de même en France par un grand nombre d'habiles praticiens, les rosiers greffés sont totalement rajeunis ; ils peuvent l'être ainsi tous les trois ans, à perpétuité, parce que les souches sont vivement sollicitées à émettre des jets vigoureux qui produisent à leur tour de jeunes racines non moins robustes ; aussi voit-on les fleurs des rosiers soumis à ce traitement égaler ou surpasser les fleurs des jeunes sujets les mieux portants.

Cette manière de rajeunir les rosiers épuisés n'est point applicable aux rosiers francs de pied ; ils se rajeunissent d'eux-mêmes fort longtemps, comme les églantiers, au moyen de pousses annuelles qui permettent de supprimer les anciennes. Quand la fleur dégénère et que la souche semble décidément épuisée, il n'y a d'autre ressource que de la remplacer ; il y a toujours dans les massifs un peu anciens de rosiers francs de pied, un certain nombre de pertes annuelles ; ces pertes étant prévues, le jardinier doit toujours avoir en pépinière, assez de jeunes rosiers pour remplacer les morts.

Il est toujours utile de tenir en réserve dans des pots un bon nombre de rosiers de la Chine et de Bengale, greffés sur églantier, appartenant aux espèces les plus sensibles au froid. On les rentre dans la serre froide ou l'orangerie pendant l'hiver ; ils devancent au printemps la floraison des rosiers de même espèce qui ont passé l'hiver dehors ; ils remplacent ceux qui ont pu succomber à la suite des hivers rigoureux.

Dans le nord de l'Allemagne, les nombreux amateurs de rosiers greffés à haute tige entourent chaque compartiment planté de rosiers, avec un double treillage assez serré, en osier, soutenu par des piquets ; les deux rangs de ce treillage sont concentriques, à un décimètre seulement l'un de l'autre. On plante en dedans du treillage interne les rosiers grimpants qui craignent le froid, tels que la rose Banks et la rose Bougainville ; on les palisse sur la surface interne de ce treillage. A l'approche des premiers froids, on remplit de feuilles sèches l'intervalle entre les deux treillages ; chaque massif de rosiers se trouve ainsi protégé par un mur de feuilles, impénétrable au froid ; on y ajoute l'abri d'un toit mobile formé de perches assujetties aux piquets de l'enceinte ; ces perches supportent un treillage à claire-voie et une couverture de chaume ou de roseaux. Dès les premiers beaux jours, tous ces préservatifs contre le froid sont enlevés pour rendre l'air aux rosiers, longtemps avant qu'ils recommencent à entrer en végétation.

Les auteurs anglais recommandent comme un compost très propre à la végétation des rosiers un mélange par parties égales de bon terreau, et de poussière de grande route ; ce compost est aussi un très bon amendement lorsque la terre où les rosiers doivent être plantés est compacte et trop argileuse. Cette recette est bonne ; toutefois elle ne doit être mise en pratique qu'avec beaucoup de réserve et d'attention ; la poussière des grandes routes pavées n'est qu'un mélange de la terre des débords avec beaucoup de crottin trituré sous les pieds des chevaux, et une certaine quantité de fer provenant des fers des chevaux et des roues des voitures ; la poussière des routes à la Macadam diffère d'elle-même selon la nature des roches employées à l'empierrement; il est aisé de prévoir quelle différence d'action des éléments aussi divers peuvent avoir sur la végétation des rosiers, selon que les pierres des routes sont calcaires, granitiques ou siliceuses; c'est ce que le jardinier doit considérer avec soin avant de s'en servir comme amendement pour le sol où doivent végéter ses rosiers.

D. — *Cultures particulières de quelques rosiers.*

Plusieurs espèces de roses ont, indépendamment de leur effet ornemental, un but d'utilité qui motive leur culture en grand aux environs des grandes villes; telles sont en particulier la rose rouge de Provins, dont les fleurs semi-doubles, récoltées un peu avant leur complet épanouissement, séparées de leur calice, et desséchées avec soin, sont très usitées en médecine comme médicament astringent, et la rose bifère ordinaire, employée pour la distillation de l'eau de roses et la préparation de l'atier ou huile essentielle de rose, très recherchée des parfumeurs. La distillation des roses soit pour l'eau distillée, soit pour l'huile essentielle, en absorbe des quantités énormes; la proportion ordinaire est de 3 kil. de pétales séparés des calices, pour deux litres d'eau distillée.

L'huile essentielle de rose n'est contenue dans les pétales de cette fleur qu'en très petite quantité; les variétés les plus odorantes ne donnent pas au-delà de $\frac{1}{3500}$ de leur poids par la distillation; la rose à cent-feuilles qu'on distille communément en France pour cet usage n'en contient jamais plus de 30 grammes pour 100 kil. de pétales; c'est un peu plus de $\frac{1}{3500}$. A Paris, les parfumeurs et les pharmaciens ne savent jamais positivement à cet égard ce qu'ils achètent, parce que les roses se vendent sans être effeuillées c'est-à-dire avec leurs calices qu'il faut séparer pour distiller les pétales seuls, et dont le poids, très variable, ne peut pas être évalué d'avance avec précision.

Les roses pour distiller se vendent à la halle de Paris par lots du poids moyen de 50 kil., elles ont valu cette année (1843) 20 fr. les 50 kil. dans la pleine saison.

En Allemagne, on cultive pour distiller une variété de roses connue dans ce pays sous le nom de rose de Francfort: c'est une rose peu méritante comme fleur, elle est semi-double; son calice turbiné est très gros par rapport au volume de la fleur qui s'ouvre mal; mais son odeur est très forte et elle surpasse toutes les autres roses par l'abondance de sa floraison; ces deux qualités ont motivé son importation en Angleterre où depuis quelques années la rose de Francfort, peu répandue en France et peu digne de l'être, est cultivée en grand pour la distillation.

Dans plusieurs cantons autour de Paris, la culture des rosiers en plein champ, dans le but unique d'en vendre les fleurs coupées, soit pour distiller, soit pour égayer à peu de frais les appartements des Parisiens, occupe de très grands espaces; tout le monde connaît de réputation la charmante vallée de Fontenay *qu'embellissent les roses*; le village situé au centre de cette vallée se distingue des autres communes du même nom, très nombreuses en France, par son antique surnom de *Fontenay aux roses*; toutefois, il n'y a pas de rose de Fontenay proprement dite; on ne cultive sur le territoire de cette commune que les roses à cent-feuilles, les roses de tous les mois et les roses de Provins. Une autre commune, celle de Puteaux, possède une variété de roses qui porte son nom. Là des terrains peu fertiles donnent un revenu important au moyen de la culture des rosiers qui s'y cultivent par longues files continues formant des espèces de haies très basses, espacées entre elles de 0^m,60 seulement; ces rosiers sont remontants; il serait impossible de calculer le nombre de roses que peut donner un hectare de ce terrain ainsi cultivé; un habile jardinier de Puteaux, consulté par nous à ce sujet, après examen fait avec nous sur le terrain, en porte le chiffre à environ 50 par mètre carré, ce qui fait 500,000 par hectare, évaluation que nous regardons comme trop faible. Ces millions de roses vont à l'alambic; la rose de Puteaux n'est cultivée que pour être distillée; la rose à cent-feuilles se vend par bottes de 100 à 120 environ, du prix moyen de 40 à 50 centimes, revendues ensuite en détail par petits bouquets de 10 à 12 roses chacun, aux prix de 5 à 10 centimes, par les bouquetières ambulantes; qu'on juge par là de l'argent que peut rendre un hectare de rosiers! Aussi les terres propres à cette culture, quoique fort maigres, ont-elles une valeur élevée; elles se louent à des prix exorbitants. Les rosiers ne les occupent cependant que 3 à 4 ans, après quoi ils cèdent le terrain à d'autres cultures pour revenir aux roses au bout de 3 ou 4 autres années, par une rotation régulière. Le rosier de Puteaux se prête mieux que tout autre à cette rotation, parce qu'il est facile à détruire; c'est son principal mérite. Au contraire, le rosier commun à cent-feuilles et le rosier remontant ordinaire (rose des 4 saisons ou de tous les mois), sont pour ainsi dire indestructibles. Lorsque la terre en est lasse au point que leur floraison devient rare et sans valeur, on a beau les arracher; le moindre filament de racine oublié en terre donne des drageons qui infestent le sol pendant des années, au grand détriment des autres cultures; la rose de Puteaux mérite donc à cet égard la préférence dont elle est l'objet.

E. — *Classification des rosiers.*

Rien n'est plus variable et plus arbitraire que la nomenclature des rosiers telle que l'ont faite les horticulteurs marchands dans leurs catalogues; il en est à peu près des noms donnés aux roses comme de ces figures de cire qui ont été tour à tour le grand Tamerlan et Ibrahim-Pacha: la même rose sera, selon l'époque, l'impératrice

Joséphine, la reine Amélie, ou la duchesse d'Angoulême. Mais, en dehors de ces changements capricieux, quelques horticulteurs éminents, entre autres M. Lindley en Angleterre, et M. Vibert en France, ont cherché à asseoir sur des bases réelles une classification des rosiers d'après les caractères fixes des principales séries, bien que ces séries ne répondent pas à des variétés et des sous-variétés admises par les botanistes. L'adoption d'une bonne classification des rosiers n'est pas sans importance; une fois les séries admises et leurs caractères essentiels bien établis, l'amateur ne sera plus exposé, aussi souvent qu'il l'est actuellement, à faire venir à grands frais de fort loin une rose insignifiante, ou bien une bonne rose qu'il a déjà sous un autre nom. Pour ce motif, nous croyons devoir donner un aperçu de la méthode de classification de M. Lindley et des caractères principaux des tribus de rosiers, selon sa méthode.

Iʳᵉ TRIBU. — Rosiers à fleurs de cistes.

Ils doivent leur nom à la ressemblance de leur fleur avec celle des cistes qui, sous le nom de muçugles, décorent au printemps les collines du midi de la France. Les fleurs de ces rosiers sont simples, et leurs pétales plus ou moins échancrées.

Les deux principales espèces de cette tribu sont : 1° La rose à feuille de berberis, remarquable entre toutes par son *feuillage simple;* la fleur est jaune, les pétales ont une tache pourpre à l'onglet; ce rosier est rare en France. 2° La rose Hardy, récemment obtenue dans les semis de M. Hardy, au Luxembourg; ses feuilles ont sept folioles.

IIᵉ TRIBU. — Rosiers féroces.

Ils méritent leur nom par le nombre et la force de leurs aiguillons; les deux principales espèces sont : 1° La rose du Kamtchatka, violette simple; 2° la rose du Parnasse, violette double.

IIIᵉ TRIBU. — Rosiers bractéolés.

Ils sont caractérisés par la longueur et le développement des bractées qui accompagnent le calice. Les rosiers de cette tribu réclament une position abritée; leurs fleurs sont doubles, les unes blanches, les autres carnées. Les deux principales sont : 1° la rose Marie-Léonida, d'un blanc pur; 2° la victoire-modeste, à cœur carné.

IVᵉ TRIBU — Rosiers cannelles.

Les caractères de cette tribu sont peu tranchés; elle comprend des fleurs simples, semi-doubles et doubles, isolées et en grappes. Les plus remarquables sont la rose-soufre, jaune double très pleine, et la rose Boursault, semi-double, qui sert de type à toutes les variétés et sous-variétés de roses pyramidales. Ces rosiers, en général, ne font point partie des collections et ne se greffent point sur églantier; ils sont, par l'ampleur de leurs formes et la vi-

gueur de leur végétation, très propres à la décoration des bosquets dans les grands jardins paysagers; ces rosiers ne se taillent point.

Vᵉ TRIBU. — Rosiers pimprenelles.

Leur nom est tiré de la ressemblance de leurs feuilles à folioles petits et arrondis, avec la feuille de la pimprenelle (*poterium sanguisorba*). Les roses à fleurs simples, assez nombreuses dans cette tribu, sont fort jolies et donnent des milliers de fleurs; la plupart des roses pimprenelles sont semi-doubles et doubles; ces rosiers ne se greffent pas, ils s'élèvent en buissons, francs de pied; il ne faut les tailler qu'avec beaucoup de ménagement pour ne pas nuire à leur floraison.

Les deux plus belles roses de cette tribu sont : 1° la reine des pimprenelles, rose tendre, semi-double; 2° la pimprenelle-Hardy, rose blanche très double, rayée de lignes pourpres, d'un très bel effet quoique peu développée.

VIᵉ TRIBU. — Rosiers à cent-feuilles.

C'est la plus nombreuse de toutes les tribus; la nomenclature en serait plus facile à retenir si l'on en eut composé au moins trois tribus, ayant chacune de nombreuses subdivisions; toutefois, nous la donnons conformément à l'usage adopté parmi les amateurs de roses.

Les rosiers cent-feuilles proprement dits comprennent deux divisions : les roses à calice nu, et les roses mousseuses.

Les roses cent-feuilles, à calice nu, réunissent dans la même division des fleurs très différentes; la plus belle de toutes, celle qui mérite plus que tout autre le nom de reine des fleurs, porte le nom de rose des peintres (*fig.* 492).

Fig. 492.

Tout est remarquable dans cette tribu, depuis la belle rose foncée de Nancy, et l'unique blanche, admirables de forme et de volume, jusqu'à la petite rose pompon, la plus élégante des petites roses. Ces rosiers ne fleurissent qu'une fois, mais leur floraison est assez prolongée.

1. *Roses mousseuses.* — Ces roses ne diffèrent des précédentes que par l'espèce de végé-

tation en forme de mousse qui garnit la partie supérieure des tiges florales ainsi que le calice et ses divisions; elles ont d'ailleurs tous les caractères des roses cent-feuilles, à calice nu.

La rose mousseuse ferrugineuse, à fleur cramoisie (de la collection du Luxembourg), et la Zoë, dite mousseuse partout, sont les plus belles de cette division.

2. *Hybrides de cent-feuilles.* — Ces rosiers, peu différents des cent-feuilles proprement dits, proviennent des croisements artificiels ou accidentels des roses cent-feuilles des deux divisions précédentes avec toutes sortes d'autres rosiers. On sait qu'il n'y a pas de rose bleue ni verte; c'est parmi les hybrides de cent-feuilles que se rencontrent les nuances violacées les moins éloignées du bleu. Les plus remarquables, sous ce rapport, sont : l'Admiration, d'une belle nuance lilas-foncé, et la rose Laure ou rose lilas.

3. *Hybrides de Belgique.* — Elles proviennent des mêmes croisements que celles de la division précédente; mais comme les horticulteurs belges ont constamment choisi pour les croisements hybrides les variétés à calice allongé, ce qui constitue pour eux une beauté de convention, ils ont donné par là aux rosiers hybrides provenant de leurs semis un caractère particulier qui en fait une division à part.

Les fleurs de ces hybrides, au lieu d'être bombées ou creuses au centre, sont ordinairement plates au moment de leur épanouissement complet. La rose miroir des dames, rose blanche à cœur carné, et la rose triomphe de Rouen, d'un rose vif, sont les plus parfaites de cette division.

4. *Rosiers bifères.* — Ces rosiers, par leur mode de végétation et l'abondance de leur floraison deux fois renouvelée, diffèrent tellement des cent-feuilles et de leurs hybrides que l'on a peine à concevoir les motifs pour lesquels on les a classés dans une subdivision des cent-feuilles. Leurs fleurs, presque toutes très pleines, sont le plus souvent bombées au centre. Les plus parfaites de cette division sont : la rose-Antinoüs, pourpre foncée tirant sur le violet, de forme très régulière, et la rose financière, très bombée, d'un rose clair.

5. *Rosiers remontants (roses perpétuelles).* — Le mérite principal des rosiers compris dans cette division des cent-feuilles, c'est de donner des fleurs pendant toute la saison. Ces fleurs s'ouvrent moins bien que celles des autres divisions de la même tribu; elles sont aussi moins pleines et leurs formes sont, en général, moins régulières, mais la durée de leur floraison compense ces légères imperfections que l'horticulteur peut espérer de faire disparaître par des croisements judicieux et des semis persévérants, sans détruire chez ces rosiers la précieuse activité de végétation en vertu de laquelle leurs fleurs se succèdent sans interruption, du printemps à l'automne.

La rose du roi, d'un rouge vif, et la rose-prince-Albert, pourpre foncé en dedans et rouge en dehors, sont les plus belles de cette division.

6. *Rosiers hybrides remontants.* — Les rosiers hybrides qui fleurissent sans interruption, ou seulement à plusieurs reprises, et qui proviennent de croisements opérés sur des roses cent-feuilles remontantes, sont rejetés dans cette division, moins à cause de leur analogie entre eux que par la difficulté de les classer ailleurs. Ces rosiers se distinguent des autres rosiers remontants par un caractère qui leur est propre : tous leurs rameaux sont florifères, sans exception, de sorte qu'ils n'ont jamais de branche dépourvue de boutons à fleur. La rose comte de Paris, d'un rouge violacé, à fleur très développée, et la rose coquette de Montmorency, sont les plus estimées de cette division.

7. *Rosier de Damas.* — Le rosier de Damas, compris dans la tribu des cent-feuilles selon la méthode Lindley, la plus généralement en usage, constitue une espèce distincte admise par les botanistes (*rosa damascena*). Ses caractères distinctifs sont : des rameaux de grandeur inégale, dont les plus longs ont une tendance remarquable à se courber en dehors; des sépales (divisions du calice) très longs et réfléchis; un ovaire oblong qui devient, après la floraison, un fruit très allongé. Les premiers rosiers de Damas paraissent avoir été apportés de leur pays natal en Europe vers la fin du seizième siècle.

Les couleurs rose, rouge vif et carné, dominent dans les roses de Damas; il y en a aussi de pourpre foncé et d'autres à fleurs panachées sur fond blanc. On remarque entre les plus belles de cette division : 1° l'admirable de Damas, blanche bordée de rose; 2° la belle d'Auteuil rose très clair; 3° la rose-Léda, fond blanc, panachée de lilas clair.

8. *Rosiers de Provence.* — C'est à cette division que commence la confusion inextricable des caractères, confusion produite par les croisements hybrides entre les roses cent-feuilles des divisions précédentes et ceux des divisions suivantes. Les couleurs blanc et carné dominent dans les roses de cette division qui pourrait être supprimée puisque les auteurs qui ont traité de la classification des roses ne sont pas d'accord sur les sous-variétés qui doivent en faire partie, non plus que sur leurs caractères distinctifs. On distingue, parmi les plus belles : 1° la belle-fleur à fleur bombée, d'un blanc très pur; 2° la rose émerance, d'un blanc jaunâtre, excessivement double; 3° la rose-Néron, très double, panachée de rouge sur un fond cramoisi-violet.

9. *Rosiers de Provins.* — Cette division est la plus nombreuse de toutes celles de la tribu des cent-feuilles; elle est elle-même pour cette raison partagée en deux sous-divisions, dont l'une ne comprend que des fleurs à couleur unie, l'autre que des fleurs panachées. Le type primitif du rosier de Provins, tel qu'on le cultive encore pour l'usage médical, donne une rose semi-double ou double, mais peu pleine,

d'un rouge foncé tirant sur le pourpre, à ovaire allongé ; l'onglet des pétales est blanc. La rose de Provins est très féconde, faculté qu'elle a transmise à ses innombrables sous-variétés hybrides. Cette faculté d'en obtenir un grand nombre de graines fertiles est la seule raison de la préférence que beaucoup d'amateurs accordent à cette rose, dont les semis sont toujours plus fréquents que ceux des autres divisions.

On distingue entre les plus belles parmi les provins d'une seule couleur : 1° la belle de Marly, d'un rouge vif tournant au violet ; 2° la rose beauté parfaite, pourpre clair ; 3° la rose Lacépède, rose tournant au lilas.

Parmi les roses de Provins panachées ou ponctuées, on distingue : 1° la belle de Fontenay, rose, tachée de blanc mat ; 2° la rose splendeur, couleur rubis-clair, marbrée de blanc ; 3° la rose reine-marguerite, pourpre, rayée de blanc. Cette dernière est aussi nommée tricolore, surnom qu'elle justifie par deux nuances distinctes de pourpre sur lesquelles tranchent des raies d'un blanc pur.

VIIᵉ TRIBU. — *Rosiers velus.*

Leurs tiges se distinguent par les piquants minces, raides et serrés qui les garnissent, le calice est visqueux et hérissé de piquants plus fins que ceux de la tige, et ressemblant à des poils rudes. Les folioles des feuilles sont elliptiques et obtuses. Le plus grand nombre de rosiers velus porte des roses, soit blanches, soit de nuances carnées, et roses très claires. Les fruits qui leur succèdent sont fort gros et arrondis. Les Anglais les nomment roses à fruit en pomme (*apple bearing*). Les plus remarquables d'entre les roses velues sont : 1° la grande pivoine, fleur d'un rose vif, très développée ; 2° la rose céleste-blanche, l'une des plus parfaites parmi les blanches.

VIIIᵉ TRIBU. — *Rosiers Rouillés.*

Ces rosiers sont de véritables églantiers ; ils ont pour caractères distinctifs des aiguillons très recourbés, des folioles rugueuses et des pédoncules hérissés de nombreux piquants très fins ; leurs feuilles, froissées entre les doigts, exhalent une odeur très prononcée de pomme-reinette mûre. Leurs fleurs simples les rapprochent des églantiers proprement dits, ou rosiers cynorhodons, avec lesquels nous pensons qu'ils pourraient être réunis sans inconvénient. Tout le monde connaît l'églantine jaune soufre (la toute jaune) et l'églantine jaune en dehors, couleur de feu en dedans (la rose capucine), l'une et l'autre très répandues dans nos parterres et nos bosquets ; elles appartiennent à cette tribu. La toute jaune donne une sous-variété double qu'il ne faut pas confondre avec la cent-feuilles soufre.

Tous les églantiers de cette tribu peuvent recevoir les greffes de toute sorte de rosiers, mais le succès est moins certain que lorsqu'on opère sur les églantiers proprement dits, ou rosiers cynorrhodons, qui, pour cette raison, leur sont généralement préférés.

IXᵉ TRIBU. — *Rosiers cynorrhodons.*

Ils ne sont cultivés que pour recevoir la greffe des autres rosiers des espèces les plus vigoureuses. Leurs caractères sont suffisamment connus (*voir* Pépinières, p. 92).

Xᵉ TRIBU. — *Rosiers indiens.*

Cette nombreuse tribu est partagée en deux divisions que distingue suffisamment l'odeur de leurs fleurs, agréable et très prononcée dans la première dont les fleurs portent le nom de roses thé, et faible ou presque nulle dans la seconde division dont on connaît les fleurs sous le nom de roses du Bengale. En Chine, leur pays natal, toutes ces roses sont perpétuellement remontantes ; l'hiver, sous cet heureux climat, étant inconnu, l'on a des roses toute l'année.

Les rosiers indiens se distinguent de ceux d'Europe par leurs feuilles luisantes en dessus, glauques en dessous, et leurs folioles oblongues, acuminées, à découpures peu profondes. Les premiers rosiers indiens ont été apportés en Europe en 1805, par un voyageur anglais. Ils se sont promptement répandus dans toute l'Europe.

1. *Rosiers-thé.* — Toutes les roses-thé sont en général de nuances pâles ; le plus grand nombre offre une forme très évasée, des pétales grands et peu serrés, un cœur vert et une nuance d'un blanc jaunâtre tout spécial, dont la rose Elisa sauvage est le type le mieux caractérisé. La plus odorante des roses-thé, dont le nombre, déjà très grand, s'accroît chaque année par des acquisitions nouvelles provenant des semis des amateurs, est la rose-Goubault, rouge clair à centre aurore, grande et belle rose très pleine.

2. *Rosiers-Bengale.* — Ces rosiers sont si connus et si répandus qu'il est inutile de décrire leurs caractères. Leurs sous-variétés sont encore plus nombreuses que celles des rosiers-thé. La rose-Cels, très florifère, et la rose-Frédéric Weber, sont au nombre des plus belles de cette division. On admet comme subdivision des rosiers du Bengale les rosiers de la Chine à fleur d'un rouge éclatant, plus généralement désignés sous le nom de Bengale pourpres ou sanguins. Ces rosiers sont d'une excessive délicatesse ; leurs tiges, à peine ligneuses et peu garnies de piquants, ne prennent jamais une grande élévation ; les fleurs, souvent solitaires, sont portées sur de longs pédoncules glabres, ainsi que le calice. Les rosiers de la Chine craignent le froid plus que les autres rosiers de l'Inde ; ils ne supportent les hivers sous le climat de Paris qu'à la condition d'être rabattus presque ras terre et couverts de litière, de façon à ce que le froid n'atteigne pas leur racine dont le collet donne, du printemps à l'automne, une succession de tiges florifères. En général, les roses-thé, les roses de Chine, et les roses

du Bengale des sous-variétés les plus délicates, sont plus parfaites quand les rosiers qui les portent ont été cultivés dans des pots et rentrés pendant l'hiver dans l'orangerie ou la serre froide. La rose sanguine et la rose éblouissante sont les plus parfaites des roses de la Chine.

Les rosiers de l'Inde ont produit par les croisements hybrides une foule de sous-variétés dont on forme une division à part sous le titre d'hybrides du Bengale, quoiqu'elles aient entre elles très peu de rapport; le seul caractère qui leur soit commun, c'est de ne pas remonter et de ne fleurir qu'une fois par an, encore ce caractère n'est-il pas absolu. Ces hybrides sont pour la plupart de nuances foncées rouges et pourpres tirant sur le violet obscur. La plus remarquable, sous ce rapport, est la rose gloire des Hellènes, d'un pourpre ardoisé, de grandeur moyenne, mais très double. On cite encore, dans la même sous-division, le triomphe d'Angers d'un cramoisi éclatant, et le velours épiscopal, à fleur bombée, d'un beau violet velouté.

Les roses-Lawrence, remarquables par leur petitesse et la perfection de leurs formes, sont pour les Bengale ce que les pompons sont pour les cent-feuilles; la rose-Désirée est une des plus jolies et des plus petites de cette sous-division.

On admet encore, sous le nom de roses de Bourbon, une autre sous-division de rosiers de l'Inde qui renferme un très grand nombre de sous-variétés fort belles, offrant entre elles peu d'analogie; les plus remarquables sont, dans les couleurs foncées, la rose Paul-Joseph, remontante, pourpre foncé, et, dans les couleurs claires, la jolie rose Poiteau d'un rouge vif, et la rose-Velléda, très double, d'un rose tendre.

3. Rosiers-Noisette. — Ces rosiers, si complétement différents de tous les autres, sont classés parmi les hybrides des rosiers de l'Inde, par ce motif qu'ils sont regardés comme obtenus originairement par le croisement hybride de la rose du Bengale et de la rose musquée. Le premier rosier-Noisette a été apporté des États-Unis en France, en 1814, par M. Noisette, frère du célèbre horticulteur auquel il a été dédié.

Les sous-variétés hybrides obtenues en grand nombre du premier rosier-Noisette, ont conservé assez de caractères généraux pour ne pouvoir être confondus avec les rosiers d'aucune autre subdivision; il n'y a pas de tribu dont les caractères distinctifs soient plus nets, plus tranchés et plus persistants.

Les roses-Noisettes, petites et très doubles, n'ont que peu ou point d'odeur. Les couleurs claires dominent dans les roses-Noisette; plusieurs se rapprochent plus ou moins du jaune: telles sont en particulier la rose-Chamois et la rose-Desprez dont le fond est jaune, tournant au rose.

Le rosier-Noisette a pour caractère essentiel la disposition de ses fleurs par bouquets ou groupes très nombreux sur tous les rameaux, comme le montre la *fig* 493; dans les rosiers-Noisette, il est rare que tous les rameaux ne

Fig. 493.

soient pas florifères; ils prennent, en général, de grandes dimensions, surtout lorsqu'ils sont conduits en cordons ou palissés en espalier contre un mur.

On greffe les rosiers du Bengale sur les grandes variétés de rosiers-Noisette; ces greffes réussissent très bien et donnent des sujets durables, parce qu'il y a beaucoup d'analogie entre le mode de végétation des Bengale et celui des Noisette.

XIᵉ TRIBU. — *Rosiers à styles soudés.*

Cette tribu a pour sous-divisions les rosiers toujours verts, les rosiers multiflores et les rosiers musqués. Tous craignent le froid et ne supportent bien la pleine terre qu'en espalier sous le climat de Paris; l'espalier leur est d'autant plus nécessaire, qu'en général leurs rameaux, très allongés et chargés d'une multitude de bouquets de petites fleurs très doubles, ont peu de soutien. On s'en sert avec avantage pour garnir des palissades ou des berceaux.

XIIᵉ TRIBU. — *Rosiers de Banks.*

Ils offrent les caractères des précédents à un plus haut degré; leur force de végétation est telle qu'en peu de temps ils peuvent couvrir de leurs innombrables tiges sarmenteuses de grandes surfaces de muraille. Ces rosiers craignent les fortes gelées, et ne réussissent qu'à une exposition méridionale. Les deux principales variétés de la rose-Banks sont la blanche très odorante, et la jaune beurre frais dépourvue d'odeur.

La méthode de classification que nous venons d'indiquer sommairement laisse beaucoup à désirer quant à la désignation des caractères distinctifs des tribus de rosiers et de leurs principales divisions. Chaque rose en particulier est, en général, mal décrite, mal définie; les noms, livrés à l'arbitraire et au caprice, forment un véritable chaos; l'amateur, qui obtient une variété nouvelle ou qu'il croit nouvelle, n'a pas de moyen assuré ni pour reconnaître si cette rose est déjà dans les collections, ni pour la classer convenablement si c'est réellement une acquisition. On sait que les Hollandais, pour conserver la réputation et le prix élevé de leurs plantes bulbeuses de collection, avaient formé un jury d'horticulteurs expérimentés, au jugement desquels toute jacinthe ou tulipe supposée nouvelle devait être soumise avant de pouvoir figurer dans les collections. Rien ne serait plus sage et plus facile que d'appliquer cette méthode à la classification des rosiers. Il existe déjà en France un grand nombre de sociétés d'horticulture ; ces sociétés se font ordinairement représenter aux congrès scientifiques qui ont lieu périodiquement sur divers points de la France. Les plus distingués de nos horticulteurs s'y rencontrent et peuvent aisément s'y concerter pour résoudre les questions de nomenclature. Nous ajouterons que le commerce des rosiers en particulier a bien assez d'importance et remue assez d'argent pour mériter qu'on s'occupe sérieusement de mettre fin à la confusion qui règne dans la classification des rosiers ; nous faisons des vœux pour qu'un congrès d'horticulteurs soit appelé à régler ce point et plusieurs autres non moins importants. Dans l'espoir que ce vœu ne peut tarder à se réaliser, nous nous abstenons de proposer ici une réforme qui n'aurait pas assez d'autorité pour avoir quelque chance d'être adoptée.

F. — *Culture forcée des rosiers.*

Les rosiers des variétés bifères et remontantes sont ceux qui, par la culture forcée, donnent le plus facilement leurs fleurs pendant la mauvaise saison ; les roses de l'Inde en particulier, lorsqu'on leur donne dans la serre une température convenable, ne font en continuant à végéter et à fleurir que ce qu'elles feraient sous leur climat natal. Le moyen le plus simple, usité dans ce but, consiste à couvrir d'un châssis vitré, à l'arrière-saison, des rosiers plantés d'avance très près les uns des autres pour cette destination ; on entoure ces châssis de réchauds de fumier qu'on renouvelle quand le thermomètre indique que leur chaleur est épuisée, et l'on donne de l'air assez souvent pour que les rosiers n'aient point à souffrir d'un excès d'humidité qui engendrerait la moisissure. Les rosiers soumis à ce traitement doivent être tenus avec la plus grande propreté ; dès qu'on s'aperçoit qu'ils sont attaqués des pucerons, ce qui manque rarement d'avoir lieu, on donne sous le châssis une forte fumigation de tabac qui détruit ces insectes.

Les rosiers forcés par ce procédé peuvent fleurir tout l'hiver, si l'on a soin de ne pas placer tous les châssis en même temps, et de régler la température sous les châssis de façon à ne pas avoir tous les rosiers en fleurs en même temps.

Mais, le plus souvent, les rosiers ne sont point forcés dans un local à part ; on en place un certain nombre sur les dressoirs de la serre tempérée pendant l'hiver, principalement parmi les groupes de plantes dépourvues de fleurs en cette saison. La température de la serre

tempérée, sans autres soins particuliers, suffit pour les faire fleurir abondamment tout l'hiver.

En Angleterre, on dédaigne de forcer les rosiers de l'Inde, parce que leur fleur est trop peu odorante ; on force de préférence les variétés les plus odorantes parmi les roses de Provins. On élève pour cet usage des rosiers de Provins qui passent une année entière en pots, dans une situation ombragée, avant d'entrer dans la serre à forcer. Ils reçoivent peu d'eau et peu de soleil, mais beaucoup d'air ; leurs pousses sont pincées à mesure qu'elles se montrent, afin de les empêcher de fleurir. Les rosiers ainsi préparés sont introduits dans la serre à différentes époques, pour donner une succession de fleurs pendant tout l'hiver. On donne à l'atmosphère de la serre à forcer les rosiers une température qui ne dépasse pas d'abord 8 degrés, et qu'on élève de semaine en semaine, pour la porter graduellement à 10, 15 et 20 degrés, chaleur qui doit être maintenue avec le plus d'égalité possible, pendant toute la durée de la floraison des rosiers forcés.

L'application de ce procédé ne nous semble convenir qu'aux riches amateurs ; d'une part, il ne réussit pas toujours, de l'autre il entraîne trop de frais pour être à la portée des horticulteurs de profession qui veulent forcer les rosiers dans le but d'en vendre les fleurs coupées pendant l'hiver.

Section V. — *Plantes d'ornement qui ne supportent pas la pleine terre.*

Le goût des plantes réellement belles appartenant aux contrées intertropicales est tellement répandu, ces plantes sont d'ailleurs devenues tellement vulgaires, que le nombre des serres destinées à leur servir d'abri pendant le temps où la température extérieure descend au-dessous de zéro, s'accroît de jour en jour ; on peut même dire qu'au moment où nous écrivons, il n'y a pas un propriétaire doué de quelque aisance qui ne songe à joindre à son parterre l'indispensable ornement d'une serre. Cette révolution qui s'accomplit actuellement en France est accompli depuis longtemps en Angleterre et en Belgique. Nos parterres, dit un auteur anglais, nous paraîtraient nus et tristes, si parmi les plantes indigènes qui supportent nos rudes hivers, ils n'offraient à nos regards pendant la belle saison les *élégants pélargoniums* et les *aimables verveines.* Nous traiterons en premier lieu des plantes de collection qui supportent le plein air en été, mais qui réclament l'abri d'une serre pendant l'hiver ; ces plantes sont, sous le climat de Paris, les pélargoniums, les verveines, les cinéraires, les calcéolaires et les mézembrianthèmes.

Les collections de ces plantes forment une série à part, en ce qu'elles peuvent toutes végéter dans les mêmes conditions de température, passer le même temps en plein air, et se conserver l'hiver dans la même serre, ce qui les distingue suffisamment des plantes d'orangerie. Ce n'est pas que beaucoup d'amateurs, n'ayant à leur disposition qu'une orangerie, ne puissent, en les tenant près des jours, y conserver assez bien les plantes de cette série ; mais on ne peut néanmoins les considérer comme des plantes d'orangerie, parce qu'elles ne sauraient s'y maintenir toutes dans cet état de belle et vigoureuse végétation qu'elles conservent dans une serre appropriée à leur nature.

§ Ier. — Pélargoniums.

Le genre pélargonium a été détaché par les botanistes du genre géranium ; la première de ces deux dénominations longtemps rejetée des jardiniers, est aujourd'hui généralement admise. Le nom donné à ce genre vers 1750, par un botaniste allemand nommé Burman, repoussé d'abord par l'illustre Linné, puis rétabli de nos jours par l'Héritier, est dérivé d'un mot grec qui signifie cigogne ; il est justifié par l'analogie de formes que présente avec le bec de cet oiseau la capsule conique allongée et pointue qui renferme la graine des pélargoniums.

Les pélargoniums sont au nombre de ces plantes qui doivent tant aux soins intelligents de l'homme, que l'horticulture a droit d'en être fière comme d'une véritable conquête. Il y a sans doute de fort beaux pélargoniums sauvages dans leur pays natal ; mais aucun n'approche de la perfection que la culture a donnée aux variétés sans nombre qu'elle a su créer par les croisements hybrides. Ces plantes ont besoin plus que toute autre des soins les plus assidus. Le plus beau pélargonium acheté en pleine santé, dans tout le luxe de sa floraison splendide, languit et meurt s'il est négligé. Ces plantes livrées à elles-mêmes, soit en pots, soit en pleine terre, pendant le temps où elles peuvent se passer d'un abri, deviennent méconnaissables. Si le sol est maigre, elles donnent à peine sur de longues tiges grêles, quelques fleurs insignifiantes ; s'il est au contraire très fertile, elles ne poussent que de grosses tiges chargées d'un feuillage épais, et ne donnent presque point de fleurs.

Les pélargoniums sont presque tous originaires des environs du Cap de Bonne-Espérance ; plusieurs se rencontrent à l'état sauvage dans quelques parties de l'Australie et de la Polynésie ; enfin on en a trouvé quelques-uns à l'île Sainte-Hélène et dans l'archipel des îles Canaries. Le nombre des espèces botaniques sans compter les variétés et sous-variétés, est très considérable ; Decandolle en admettait 369 en 1824, et Robert Sweet n'en comptait pas moins de 730 en 1839. Le nombre des espèces commerciales est indéfini et varie tous les jours, mais l'amateur qui veut se former une collection remarquable doit se montrer très sévère dans le choix des espèces et en limiter le nombre.

L'odeur des pélargoniums ne réside pas dans la fleur constamment inodore chez les pélar-goniums de collection, elle est entièrement concentrée dans les feuilles ; l'odeur des feuilles n'est agréable que chez un petit nombre d'espèces dont par compensation, la fleur est à peine apparente ; les autres exhalent lorsqu'on les froisse entre les doigts une odeur forte, analogue à celle de la térébenthine, et décidément mauvaise dans plusieurs espèces. Le goût, ou pour mieux dire, le caprice de la mode a fait cultiver exclusivement un certain nombre de pélargoniums et négliger beaucoup d'autres qui, convenablement soignés, ne leur seraient probablement pas inférieurs. Nous ne tenterons même pas de donner une idée de la classification et de la nomenclature toute arbitraire des pélargoniums de collection ; nous nous bornons à souhaiter qu'une réunion d'horticulteurs pris parmi ceux dont les noms font autorité, pose à cet égard, comme nous le demandons pour les rosiers, les bases d'une classification méthodique dans laquelle on puisse toujours se reconnaître, et qui ne permette pas de faire passer une ancienne variété pour une acquisition nouvelle, à la faveur d'un nom nouveau.

Donnons d'abord une idée du genre de serres le mieux approprié à la conservation des pélargoniums. Le temps qu'ils passent dans la serre est l'époque critique de leur existence ; les amateurs, et à plus forte raison les horticulteurs de profession qui en élèvent des collections très nombreuses, doivent leur consacrer un local spécial s'ils veulent les voir prospérer.

La serre aux pélargoniums doit être exposée de manière à commencer à recevoir les rayons solaires à 11 heures ; elle doit surtout être parfaitement éclairée ; la lumière est tellement nécessaire aux pélargoniums qu'il semble qu'elle soit, selon l'expression de M. Neumann, une partie de leur existence.

Si le sol où la serre est construite est sain et exempt d'humidité, on peut, sans inconvénient, le creuser de manière à ce que les sentiers intérieurs soient à 0m,70 ou même à un mètre au-dessous du sol environnant ; cette disposition augmente l'espace intérieur en hauteur, sans accroissement de dépense ; elle contribue aussi à rendre la température plus douce en hiver dans l'intérieur de la serre, sans le secours de la chaleur artificielle. Mais si le sol offre la moindre trace d'humidité ou d'infiltration , il ne faut pas hésiter à le remplacer par des plâtras, du gravier, ou une terre rapportée exempte de toute humidité ; dans ce cas, le sol de l'intérieur de la serre doit être maintenu au niveau du sol extérieur. Les serres pour les pélargoniums se construisent très bien en appentis, à un seul versant ; les côtés peuvent être en maçonnerie, mais ils sont mieux en vitrages ; le foyer servant à chauffer la serre au besoin doit être placé dans un retranchement séparé, servant de vestibule, à l'une des extrémités. Les proportions ordinaires d'une serre de ce genre sont, pour une longueur de 8 mètres, 3 mètres d'élévation et 3m,50 de large.

Les plantes y sont disposées sur des gradins

dont la hauteur est calculée de manière à les tenir aussi près que possible des vitrages, afin qu'elles ne perdent rien de l'influence salutaire de la lumière. L'espace libre, peu éclairé, qui reste disponible en arrière des gradins le long du mur du fond, peut être utilisé pour la conservation des orangers, lauriers, myrtes, grenadiers, oléandres, et de toute cette série de plantes et d'arbustes compris sous le nom de plantes d'orangerie, plantes dont la végétation est interrompue pendant l'hiver, et qui souffrent peu de l'hivernage dans une situation peu éclairée.

A. — Multiplication.

Les pélargoniums se multiplient de graine et de bouture. Les semis ont pour but unique d'obtenir des variétés nouvelles ; les boutures reprennent avec tant de facilité qu'on n'emploie pas d'autre moyen pour propager les espèces et variétés anciennes.

On laisse souvent à la nature le soin d'opérer des croisements qui ne peuvent manquer d'être fréquents entre des centaines de plantes fleuries à la fois, et placées près l'une de l'autre pendant tout le temps de leur floraison ; on peut aussi isoler les plantes et les féconder avec le pollen d'espèces choisies, dans l'espoir d'obtenir par le semis de leur graine des variétés modifiées d'une certaine manière prévue ou désirée.

Lorsqu'on a fait choix de deux variétés entre lesquelles on veut opérer un croisement, il faut considérer d'abord leur force relative ; la plus forte des deux plantes doit être réservée pour porte-graine. Au moment où elle est dans tout l'éclat de sa floraison, on lui retranche, avec les plus grandes précautions, toutes les étamines, sans blesser le style. En même temps on coupe net et sans déchirure le style de la fleur qui doit servir à féconder la première ; on ne lui laisse que les étamines. Au moment où l'on s'aperçoit de leur plein développement, on détache la fleur ainsi mutilée ; on la saisit délicatement par le pédoncule, et l'on frotte très légèrement les anthères de cette fleur sur le style des fleurs de la plante porte-graines, en s'assurant qu'il est resté du pollen attaché au style de chacune de ces fleurs. On laisse toujours plusieurs fleurs aux porte-graines, mais on leur en supprime une partie afin de concentrer leur action vitale sur les fleurs fécondées artificiellement. Du moment où la fécondation artificielle est accomplie, on place les porte-graines dans une situation abritée, isolée du reste de la collection.

L'heure la plus favorable pour la fécondation artificielle des pélargoniums, est entre 11 heures et midi ; la température de la serre, au moment où l'on opère, ne doit pas descendre au-dessous de 25 degrés.

Les capsules qui renferment la graine doivent être visitées fréquemment ; dès qu'elles s'entr'ouvrent, on saisit la graine par ses aigrettes et on l'enlève pour la semer aussitôt, à moins que la floraison ayant été très tardive,

on ne voie devant soi la mauvaise saison ; mais les pélargoniums qui fleurissent tard ne sont pas choisis d'ordinaire pour porte-graines. Toutes les graines récoltées avant le mois d'août peuvent être semées immédiatement ; celles qu'on récolterait plus tard ne pourraient être semées qu'au printemps de l'année suivante.

Les semis se font dans des pots remplis de bonne terre légère de jardin, mélangée par partie égale avec de la terre de bruyère, l'une et l'autre passées au crible, afin qu'il n'y reste ni pierre ni débris ligneux qui puissent gêner le développement des jeunes racines qui sont d'une extrême délicatesse. Il est bon de ne pas emplir les pots jusqu'aux bords, afin de pouvoir plus aisément tenir la terre suffisamment humide par des arrosages abondants. La graine de pélargonium veut être fort peu recouverte ; on se contente de tamiser par-dessus un peu de terre de bruyère. Cette graine lève fort inégalement ; une partie sort de terre au bout de huit jours ; puis on en voit lever successivement, pendant plusieurs mois ; il n'est pas rare que la graine de pélargonium lève après être restée en terre pendant 18 mois. On enterre les pots jusqu'aux bords, dans une couche tiède ou même sourde, recouverte d'un châssis vitré, afin de pouvoir lui donner à volonté de l'ombre et de l'air, selon l'état de la température. Le jeune plant doit être repiqué tout jeune, dès qu'il prend sa troisième feuille ; on le repique alors, un à un, dans des pots étroits et profonds, qui lui conviennent mieux que les pots trop évasés, ayant peu de profondeur.

Les jeunes pélargoniums, récemment repiqués, veulent être ombragés sous châssis, jusqu'à leur parfaite reprise, puis, habitués à l'air peu à peu, si la saison le permet, afin que leurs tiges herbacées puissent prendre un peu de solidité avant l'hiver, ce qui contribue puissamment à la beauté de leur floraison l'année suivante. Les pélargoniums montrent presque toujours leur fleur au printemps de l'année qui suit celle où ils ont été semés ; quelques plantes, parmi celles qui lèvent tard, ne fleurissent qu'au second printemps. La *fig.* 494 représente

Fig. 494.

un pelargonium de collection à fleur de forme régulière.

B. — Boutures.

Les pélargoniums de collection, quels que soient les soins qu'on leur donne, ne vivent pas au-delà de trois ans sans dégénérer ; il est donc nécessaire de les renouveler constamment de boutures, pour maintenir les collections au complet et dans tout leur éclat. Les boutures reprennent en tout temps avec une étonnante facilité ; les deux époques les plus favorables sont les premiers jours du printemps et la fin de juillet jusqu'à la première quinzaine d'août. Plus tard, les boutures n'ayant pas le temps de prendre assez de force avant l'hiver, auraient beaucoup à en souffrir ; elles fleuriraient mal au printemps suivant, et l'on en perdrait une grande partie. Les pélargoniums de collection sont soumis, comme nous le dirons plus bas, à une taille régulière qui fournit toujours assez de sujets propres à servir de boutures. A l'époque du rabattage, on met à part les branches les plus saines et les plus vigoureuses, en terre légèrement humide, dans une situation ombragée; elles y restent jusqu'au moment de s'en servir. A cette époque, on rafraîchit leur extrémité inférieure au moyen d'une lame très affilée, et l'on supprime en même temps leur pousse terminale, de manière a ce que leur longueur totale n'excède pas $0^m,10$ à $0^m,12$. Les boutures se font en bonne terre de bruyère ordinaire ; elles ne doivent pas être enfoncées de plus de $0^m,03$. Si les pots où elles sont placées peuvent en admettre plusieurs, il faut les espacer à $0^m,03$ ou $0^m,04$ l'une de l'autre. On peut placer ces pots dehors, à l'ombre ou dans la serre tempérée, également à l'abri de l'action directe des rayons solaires ; il suffit ensuite de les arroser de temps en temps avec modération ; ces boutures ne manquent jamais de s'enraciner.

Lorsqu'on désire hâter la reprise des boutures de pelargoniums faites un peu tard, dans le mois d'août, afin que leurs pousses soient consolidées avant l'hiver, on place les pots qui les contiennent dans une couche tiède recouverte d'un châssis. Cette couche doit être assez remplie pour ne laisser entre les pots et le verre du châssis qu'un espace de $0^m,20$ à $0^m,25$ au plus, en sorte que les boutures s'y trouvent très près du verre, ce qui dispense d'ajouter au châssis la protection d'une cloche. On traite d'ailleurs ces boutures, une fois qu'elles sont reprises, comme du plant obtenu de graines.

Il arrive souvent qu'une variété nouvelle de pélargonium obtenue récemment de semis ou bien achetée fort cher à l'étranger, végète faiblement, et ne donne pas assez de pousses pour pouvoir être multipliée de boutures. On a recours dans ce cas au bouturage des feuilles, procédé pratiqué avec tant de succès par M. Chauvière, horticulteur, qui s'occupe spécialement des pélargoniums. Chaque feuille détachée avec son pétiole le plus près possible

de son insertion, mais sans endommager la tige, est plantée isolément dans un petit pot ou godet, de 15 à 20 millimètres seulement de diamètre, remplie de terre de bruyère passée au crible fin ; le pédoncule ne doit être enfoncé dans la terre du pot que de 3 ou 4 millimètres. Les pots sont enterrés jusqu'au bord dans une couche tiède recouverte d'un châssis qui ne laisse presque pas d'intervalle entre les feuilles bouturées et le vitrage. Un œil qui devient bientôt une jeune pousse ne tarde pas à se montrer au bas de chaque pétiole des feuilles bouturées; quand ces pousses prennent leur seconde feuille, il est temps de commencer à leur donner de l'air peu à peu en soulevant les châssis; on les traite ensuite comme des boutures ordinaires. Ce procédé, pour réussir, exige une grande habileté et des soins minutieux. Les boutures de feuilles craignent également la sécheresse et un excès d'humidité ; il est essentiel de ne les détacher de la plante qu'au moment de les mettre dans les pots, afin que la surface coupée prenne l'air le moins possible. Les pots sont changés à mesure qu'ils deviennent trop petits en raison de l'accroissement des jeunes plantes.

C. — Détails de culture.

Les pélargoniums, pour donner des fleurs parfaites, ont besoin d'une terre appropriée à leur végétation ; voici la recette donnée par MM. Chauvière et Lemaire dans leur Traité de la culture des pélargoniums ; elle mérite d'autant plus de confiance, que M. Chauvière n'en emploie pas d'autre dans son bel établissement, et ses pélargoniums y végètent admirablement.

Terre de bruyère sableuse.	3 parties.
Terre franche normale. . . . . , ...	3
Terreau de feuilles, très consommé.	3
Poudrette ou colombine.	1
	10 parties.

Le mélange de ces substances doit être intime : on le prépare longtemps d'avance et l'on a soin de le remuer assez souvent avant de l'employer. Il ne convient qu'aux plantes que nous pourrions nommer adultes, qui ont atteint tout leur développement; il serait trop excitant pour le jeune plant de semis ou de boutures.

Beaucoup de jardiniers retranchent de cette recette la poudrette et la colombine ; au Jardin du Roi, où l'on admire de très beaux pélargoniums, ces deux ingrédients ne sont jamais employés.

La taille est l'opération la plus délicate de la culture des pélargoniums. Cette plante, ainsi que nous l'avons dit, ne peut être livrée à sa végétation naturelle. Si l'on veut en obtenir une riche floraison, il faut la restreindre dans de justes limites, la forcer à répartir sa sève également entre toutes ses branches, et faire tourner son énergie vitale au profit de la production des fleurs.

Les pélargoniums se façonnent avec une grande docilité sous la main du jardinier; le jeune plant, soit de semis, soit de bouture, peut être arrêté sans en souffrir à la hauteur qu'on désire lui donner; cette hauteur varie de 0^m,15 à 0^m,30 jusqu'à la naissance des tiges; elle se calcule d'après la place que les plantes toutes formées doivent occuper sur les gradins. On les laisse filer droites jusqu'à ce qu'elles dépassent cette élévation de 0^m,04 ou 0^m,05; alors on leur supprime la pousse terminale en laissant seulement 2 ou 3 pousses latérales pour former la tête; les autres pousses situées plus bas le long de la tige sont retranchées, en laissant toutefois subsister les feuilles dans l'aisselle lesquelles elles ont pris naissance, parce que la présence de ces feuilles sert à la fois à donner de la force à la tige et à favoriser la formation des jeunes racines.

L'époque la plus convenable pour tailler les pélargoniums est le mois d'août et le commencement de septembre; ils sont alors depuis longtemps à l'air libre; on a eu soin trois ou maines ou un mois d'avance de les arroser seulement pour les maintenir verts, afin que leurs tiges puissent devenir moins aqueuses et plus consistantes. Deux conditions sont essentielles dans cette opération, l'emploi d'une lame parfaitement affilée et une coupe exactement horizontale. On ne laisse en général aux plantes dans toute leur force que trois branches, quatre au plus, d'égale force, espacées entre elles de manière à donner lieu à une tête de forme régulière. Les plus jeunes ne doivent conserver que deux branches; quant aux pélargoniums de 4 ans et au-delà, auxquels leur force permettrait de laisser un plus grand nombre de branches, nous pensons qu'ils ne doivent plus à cet âge figurer dans la collection, dont les vides annuels peuvent toujours être remplis au moyen d'une pépinière de jeune plant élevé de boutures. Quelques traités conseillent d'utiliser pour faire des boutures les vieilles plantes usées, dont les touffes très ramifiées peuvent en effet fournir beaucoup de boutures; mais comme la matière pour cet usage ne manque jamais, puisque toute la collection subit une taille générale tous les ans, nous ne pouvons conseiller de bouturer les tiges des vieilles plantes; nous sommes d'avis qu'on ne doit au contraire employer pour boutures que les branches provenant de la taille des pélargoniums jeunes et dans toute leur force.

Les branches conservées aux pélargoniums se taillent sur deux yeux, à partir de leur insertion sur la tige principale.

Les pélargoniums ont besoin d'être changés de pots tous les ans, soit pour être placés dans des pots plus grands, s'ils sont encore dans leur période de croissance, soit pour recevoir de nouvelle terre dans le même pot; cette plante, en raison de l'activité de sa végétation, épuise très vite la terre.

L'opération du rempotage peut suivre immédiatement celle de la taille; cependant,

comme il est avantageux de rempoter les pélargoniums par un temps pluvieux ou du moins couvert, calme et humide, si au moment de la taille qui ne peut être retardée sans inconvénient, la température est chaude et sèche, et qu'il règne des vents violents, il vaut mieux laisser s'écouler quelques jours pour opérer par une journée favorable.

La motte enlevée du pot et tenue dans une situation renversée, est d'abord grattée légèrement pour détacher tout autour une portion de l'ancienne terre qui entraîne avec elle un peu de racines endommagées; on coupe net le bout des grosses racines qui peuvent alors se trouver à découvert. La quantité d'ancienne terre à supprimer ne peut être précisée; on ôte à peu près les deux tiers de la motte des plantes grandes et vigoureuses, et un tiers seulement de celle des plantes plus jeunes ou plus faibles. Les pots nouveaux où l'on va replacer les pélargoniums, ont ordinairement 0^m,01 ou 0^m,02 tout au plus de diamètre de plus que les pots d'où les plantes viennent d'être retirées. Le trou situé au milieu du fond des pots doit être bouché avec un morceau de poterie cassée; il ne faudrait pas qu'il fût fermé trop hermétiquement; il doit au contraire laisser filtrer l'eau superflue des arrosages. On étend par-dessus ce tesson un lit de mousse très mince, légèrement comprimée, précaution fort utile qui empêche l'eau qui s'échappe par l'ouverture inférieure des pots d'entraîner avec elle les parties nutritives du sol qu'elle tient en suspension. Cela fait, on commence à mettre dans les pots assez de terre pour que la motte posée dessus affleure à peu près l'orifice supérieur du pot qu'on achève de remplir en versant la terre pulvérulente, tout autour de la motte; un léger arrosage doit toujours suivre le rempotage pour assurer la reprise des plantes.

Si après cette opération il survient des pluies trop prolongées, les pélargoniums ne doivent pas y rester exposés; il vaut mieux, dans ce cas, les mettre momentanément à couvert que de coucher simplement les pots sur le flanc, comme le font beaucoup de jardiniers, pour empêcher la pluie de les mouiller trop fortement.

Quelques anciens jardiniers seulement tiennent encore à la vieille méthode de ne laisser les pélargoniums en plein air qu'au milieu de la belle saison; les horticulteurs de nos jours, éclairés par l'expérience, savent que ces plantes ne donnent une floraison parfaite que lorsqu'elles ont profité de bonne heure de l'air libre qui ne leur fait que du bien toutes les fois que la température ne descend pas au-dessous de zéro.

Les pots contenant les pélargoniums destinés à orner le parterre peuvent être enterrés dans les plates-bandes dès qu'il a cessé de geler. Ceux des pélargoniums de collection qui doivent fleurir sur les gradins de la serre sont placés dehors, dans une position abritée, depuis la fin des gelées jusqu'au commencement de leur floraison. On les rentre alors pour mieux jouir de l'effet de leurs fleurs réunies et pour rendre leur floraison un peu plus durable qu'elle ne le serait en plein air. Les panneaux de la serre doivent à cette époque rester ouverts jour et nuit.

Quand les fleurs sont passées, on reporte les pots au dehors afin que les plantes, taillées et rempotées comme nous l'avons dit, profitent du reste de la belle saison pour prendre de la force et préparer leurs jeunes pousses à donner l'année suivante des fleurs parfaites.

Dans les collections nombreuses, où l'on ne craint pas de sacrifier un certain nombre de plantes, on peut en réserver quelques-unes dans les principales séries, pour hâter ou retarder leur floraison, de façon à ce que la serre ne soit jamais complétement dépourvue de plantes en fleurs. D'ailleurs, la plupart des pélargoniums, quoiqu'ils ne soient pas naturellement remontants, le deviennent quand on a soin de couper les fleurs à mesure qu'elles se passent, sans laisser aux capsules contenant la graine le temps de se former. On peut donc leur faire donner ainsi une succession de fleurs, du printemps à l'automne. Ce traitement ne s'applique en général qu'aux plantes épuisées qui doivent être remplacées l'année suivante et qu'on n'a, par conséquent, aucune raison de ménager.

Les pélargoniums sont au nombre des végétaux chez qui l'action vitale n'est jamais interrompue ; rien n'est donc plus facile que d'en obtenir des fleurs en toute saison par la culture forcée : il suffit de placer les plantes qu'on veut forcer dans la serre tempérée à l'entrée de l'hiver, puis dans la serre chaude au moment où elles montrent leurs boutons. Ces plantes n'exigent du reste aucun soin particulier ; il leur faut très peu d'eau tant qu'elles n'ont pas de boutons, et des arrosements fréquents lorsqu'elles sont en fleurs. La floraison forcée des pélargoniums peut ainsi être obtenue tout l'hiver et rejoindre la floraison naturelle du printemps ; dans ce but, il faut n'introduire les plantes que successivement dans la serre à forcer, afin d'avoir toujours quelques-unes en fleurs.

Pour retarder les pélargoniums, on sacrifie la floraison du printemps en supprimant un peu avant l'apparition des boutons les sommités des tiges qui doivent fleurir. Ces tiges sont promptement remplacées par d'autres qui fleuriront néanmoins, mais d'autant plus tard que leurs pousses florales auront été retranchées un état plus avancé de végétation. Par ce procédé très simple, l'on peut avoir des pélargoniums en fleur jusqu'à l'entrée de l'hiver ; les derniers soumis à ce traitement sont encore en fleur au moment où les premiers d'entre ceux qu'on force dans la serre commencent à fleurir. On voit que les pélargoniums peuvent aisément donner une suite de fleurs non interrompue pendant *toute l'année*. Ce résultat peut être obtenu d'autant plus facilement que,

comme on vient de le voir, on peut toujours, presque sans frais et avec très peu de peine, avoir en réserve une ample provision de boutures dont on sacrifie une partie pour la floraison forcée ou retardée ; c'est un des principaux mérites de cette plante comme fleur de collection : il suffirait à lui seul pour justifier la faveur toujours croissante dont elle est l'objet.

Il ne nous reste plus qu'à indiquer comment les pélargoniums doivent être traités pendant l'hiver. Le point important de leur culture durant cette saison, c'est de les empêcher de continuer le cours de leur végétation, de les engourdir en quelque sorte, mais sans compromettre leur vitalité, afin qu'au retour du printemps ils puissent fleurir avec toute la perfection propre à chaque variété. S'ils ont trop chaud dans la serre, ils partent à contre-temps ; leurs tiges à demi étiolées sont sans vigueur pour la floraison du printemps. Il ne faut pas que la température intérieure de la serre descende au-dessous de 4 ou 5 degrés au-dessus de zéro ; mais il est inutile qu'elle s'élève au-delà. L'appareil de chauffage n'est nécessaire dans la serre aux pélargoniums que pour les cas imprévus, pour les froids intenses ou prolongés ; il ne sert presque pas dans les hivers ordinaires. La serre construite dans les dimensions que nous avons indiquées conserve longtemps d'elle-même une température douce tant que le froid n'est pas très vif au dehors ; un peu de litière sèche, entassée sur le devant jusqu'à la naissance du plan incliné, et des paillassons étendus sur les vitrages, maintiennent cette température si le froid augmente sans devenir excessif. Enfin il ne faut recourir au foyer qu'au cas d'absolue nécessité, et dans ce cas, chauffer avec le plus de ménagement possible.

Tant qu'il ne gèle pas, il est bon de donner de l'air en levant les panneaux vitrés pendant le jour, afin de prévenir un excès d'humidité. Si cependant une suite de temps pluvieux avait rendu trop humide l'intérieur de la serre, ce dont on s'apercevrait sans peine aux gouttelettes condensées sur les vitrages et jusque sur les feuilles des pélargoniums, il deviendrait nécessaire de faire un peu de feu pour chasser cette humidité qui ferait jaunir et moisir les plantes, et finirait même par compromettre leur existence. Lorsqu'on allume le foyer dans le but de chasser un excès d'humidité, il faut veiller avec le plus grand soin à ce que le thermomètre suspendu dans la serre ne monte jamais au-delà de 12 degrés, et qu'il n'y reste que le temps strictement indispensable pour sécher la serre, sans quoi les pélargoniums, qui ne demandent pas mieux que d'être forcés, partiraient aussitôt, et leur floraison de printemps serait compromise. Nous ne saurions trop insister sur ce point : la chaleur artificielle, toutes les fois qu'elle n'est pas nécessaire aux pélargoniums, leur est nuisible et quelquefois mortelle, parce que, si l'on ne continue pas à les chauffer, ce qui les forcerait à fleurir en plein hiver, un seul jour de chaleur un peu trop forte leur fait émettre des commencements de jeunes pousses si délicates que le moindre froid les saisit et entraîne souvent la perte de toute la plante.

Du reste, comme le fait observer M. Paxton, quand il y a dans la serre un excès d'humidité, c'est presque toujours la faute du jardinier; l'air extérieur peut être saturé d'humidité pendant plusieurs semaines sans que cette humidité pénètre dans une serre bien construite et bien gouvernée.

Les pélargoniums ne doivent recevoir d'eau pendant l'hiver que tout juste ce qu'il faut pour les maintenir vivants; de fréquents binages, donnés avec soin à la surface de la terre des pots, permettent d'arroser très rarement et seulement quand on voit décidément les plantes souffrir de la sécheresse. Les arrosages d'hiver, lorsqu'ils sont nécessaires, ne doivent être donnés qu'avec le goulot de l'arrosoir privé de sa gerbe; la terre seule doit être humectée : l'eau qui rejaillirait sur la tige ou sur les feuilles, ne pouvant être en cette saison assez rapidement absorbée par l'air environnant, y séjournerait trop longtemps et pourrait y occasionner des plaies dangereuses. Ce n'est qu'en été que les pélargoniums peuvent recevoir l'eau sous forme de pluie au moyen de la gerbe d'arrosoir; encore faut-il s'abstenir de ce procédé d'arrosage quand les plantes sont en fleur.

Nous avons puisé une grande partie des notions qui précèdent sur la culture des pélargoniums dans le traité spécial de cette culture par M. Paxton, et dans l'ouvrage récemment publié sur le même sujet, par MM. Chauvière et Lemaire.

§ II. — Calcéolaires.

Ce joli genre de plantes (*fig.* 495) connu et

Fig. 495.

classé botaniquement depuis 1714, et introduit en Europe en 1773, est resté très longtemps oublié; la faveur dont il jouit actuellement ne date que de 1830; il la mérite surtout par sa propension naturelle à donner d'innombrables variétés de presque toutes les nuances, excepté le bleu, faculté qui donne à l'amateur, occupé de cette culture, le plaisir toujours très vif d'obtenir chaque année dans ses semis des fleurs tout-à-fait nouvelles. Les calcéolaires tirent leur nom de la forme de leur corolle, qui ressemble assez à un chausson, conformément à l'étymologie latine de son nom. La forme de la fleur et la disposition des organes reproducteurs sont les seuls caractères communs à toutes les calcéolaires qui diffèrent entre elles sous tous les autres rapports; les unes sont de très petites plantes à feuillage entier et cotonneux, à tiges molles, herbacées; les autres sont des sous-arbrisseaux ou même des arbustes à tiges sous-ligneuses et ligneuses. Elles ne diffèrent pas moins entre elles sous le rapport de la durée; les unes sont annuelles, les autres vivaces. Parmi les calcéolaires de collection, on en compte 60 qui constituent des espèces reconnues par les botanistes; les autres, au nombre de plus de 200, et dont la liste grossit incessamment, sont des conquêtes de l'horticulture.

Les calcéolaires sont originaires du Chili et du Pérou; propagées d'abord par les horticulteurs anglais, elles se sont promptement répandues en France et dans le reste de l'Europe.

A. — *Multiplication*.

Les calcéolaires se multiplient de graine pour obtenir des variétés nouvelles, et de bouture pour propager les variétés anciennes. Presque toutes les calcéolaires donnent des graines fertiles qui ne reproduisent pas constamment la plante sur laquelle elles ont été récoltées. Ces graines, très peu volumineuses, lèvent difficilement pour peu qu'elles soient trop enterrées, inconvénient qu'on évite en ne les enterrant pas du tout; on se contente de les semer à la surface de la terre, qu'on maintient au degré d'humidité convenable par des bassinages fréquents. La graine de calcéolaire se sème aussitôt qu'elle est récoltée : elle lève ordinairement au bout de 15 jours; la terre la meilleure pour ces semis est la terre de bruyère pure, ou bien celle dont nous avons indiqué les éléments pour la culture des pélargoniums; toutefois il arrive souvent qu'il reste en terre des graines qui lèvent beaucoup plus tard; ceux qui ne veulent rien perdre du plant des variétés rares, sèment en terrine : quelquefois des calcéolaires lèvent successivement pendant six mois et plus. Le plant de calcéolaire veut être repiqué très jeune; cette plante, dont les racines sont fort délicates, même dans les espèces ligneuses n'aime point à être dérangée, n'importe à quelle époque de son existence; on la repique pour cette raison, soit en pleine terre, à la place où elle doit fleurir dans la bâche de la serre tempérée, soit dans des pots assez petits pour que la motte n'ait pas besoin d'être dérangée lorsqu'on la change de pot pour lui en donner un plus grand. La culture à même la bâche donne plus aisément des plantes vigoureuses, qui fleurissent abondamment; la culture en pots donne plus de facilité pour sortir et rentrer les calcéolaires et les faire concourir en été à l'ornement du jardin. Le plant repiqué veut être entretenu par des bassinages modérés ; il craint autant l'excès de l'humidité que la sécheresse. Durant l'hiver, les jeunes calcéolaires veulent, comme les pélargoniums, le plus de lumière possible dans la serre, et une température qui ne dépasse pas 10 degrés et ne descende pas plus bas que 4 ou 5 au-dessous de 0. Les calcéolaires anciennes qu'on multiplie de bouture reprennent très facilement, pourvu qu'on prévienne leur dessèchement en empêchant la transpiration, jusqu'à ce qu'elles se soient formé de jeunes racines : c'est ce qu'on nomme boutures à l'étouffée. On place sous une cloche plusieurs boutures faites en terre de bruyère dans de très petits pots ; les bords de cette cloche doivent entrer en terre de quelques millimètres tout autour, afin d'empêcher l'introduction de l'air ; la couche est en outre recouverte de son châssis vitré. Quand les boutures montrent quelques feuilles nouvelles, indice certain de leur reprise, on ôte d'abord les cloches en tenant le châssis fermé ; puis on soulève par degrés les panneaux pour habituer les jeunes plantes à l'air ; on les traite ensuite comme le plant obtenu de semis. Les espèces de calcéolaires à tiges ligneuses et sous-ligneuses, sont celles qui reprennent le plus facilement de boutures ; l'époque la plus convenable pour commencer à les bouturer est la fin d'octobre ; les plantes convenablement soignées passent très bien l'hiver ; elles fleurissent au printemps suivant.

B. — *Détails de culture.*

Les calcéolaires croissent naturellement au Chili et au Pérou, dans des vallons humides, au pied des montagnes ; l'humidité et la chaleur sont donc les deux bases indispensables de leur végétation ; les espèces sous-ligneuses et ligneuses veulent un sol riche, tel qu'un mélange de bon terreau et de terre de bruyère ; ces calcéolaires déploient tout le luxe de leur végétation dans la plate-bande où l'on peut les laisser tout l'été ; leurs fleurs s'y succèdent sans interruption jusqu'en automne ; on les rentre à la même époque que les pélargoniums. Le rempotage est pour les calcéolaires une opération délicate dont elles ont toujours beaucoup à souffrir à cause de l'excessive délicatesse de leurs racines ; il faut donc ne les changer de pots qu'en cas de nécessité, et les déranger le moins possible, c'est-à-dire laisser leur motte entière en la plaçant dans un pot plus grand, et l'entourer de terre nouvelle.

Aucune plante n'est plus sujette que les calcéolaires aux attaques des pucerons ; dès qu'on remarque sur une seule plante une feuille roulée sur elle-même, on doit sans tarder donner une abondante fumigation de tabac, renouvelée tant que les pucerons n'ont pas complétement disparu, car ces insectes détruisent en très peu de temps les calcéolaires sur lesquelles on leur permet de multiplier en liberté.

Les calcéolaires n'ont une valeur élevée que lorsque des variétés nouvelles sont offertes aux amateurs riches, pressés de les ajouter à leur collection ; en Angleterre, à l'époque où parurent les premières calcéolaires hybrides, 1832, MM. Young (d'Edimbourg), les ont vendues jusqu'à 50 fr. la pièce (2 liv. sterl.) ; à Paris, au moment où nous écrivons (1843), une collection de 50 calcéolaires de son choix, contenant beaucoup de nouveautés, vaut de 50 à 60 fr. Les nouveautés n'ont pas de valeur déterminée.

§ III. — Verveines.

Les verveines, indépendamment de leurs caractères botaniques, se partagent, sous le rapport de l'horticulture, en deux grandes classes, dont l'une comprend les verveines à tiges ligneuses qui sont de jolis sous-arbrisseaux de serre tempérée, et les verveines à tiges herbacées, qui constituent à proprement parler les verveines de collection. Les premières fleurissent en épi ; leurs fleurs sont peu développées ; elles ont une agréable odeur quelquefois répandue dans toutes les parties de la plante, comme chez la verveine de Miquelon ; les secondes fleurissent en corymbe ou en épi serré et touffu ; leurs fleurs, plus grandes, sont presque toutes inodores, mais elles se succèdent avec profusion pendant tout l'été.

Les plus remarquables des verveines herbacées sont : 1° la verveine Mélindres, dont les graines ont été envoyées en 1826, de Buenos-Ayres, à M. Perry, horticulteur anglais qui le premier les a introduites en Angleterre, et a commencé à mettre les verveines en faveur ; 2° les verveines à feuilles de chamœdrys, toutes plus ou moins odorantes ; 3° la verveine élégante, inodore, recommandable par l'abondance de sa floraison ; 4° la verveine gentille, (*pulchella*) (*fig.* 496), la plus répandue dans

Fig. 496.

les parterres où elle est aussi cultivée sous le nom de verveine de sabine.

A. — *Multiplication.*

Les verveines se multiplient exclusivement

de bouture pour la propagation des variétés anciennes; les semis ont pour but d'obtenir des variétés nouvelles. Ces organes reproducteurs sont très petits chez les verveines; il faut beaucoup d'adresse pour enlever, sans blesser le pistil, les étamines de la fleur sur laquelle on veut opérer un croisement; malgré la difficulté de cette opération, elle réussit toujours avec un peu de soin, et les graines de la plante fécondée artificiellement donnent toujours une hybride qui tient des deux plantes employées pour le croisement. Si toutes les plantes ainsi obtenues étaient admises dans les collections, elles seraient innombrables; mais elles ne font, pour ainsi dire, qu'y passer; au bout d'un certain temps, les nouvelles font abandonner les anciennes qui passent de mode, ce qui maintient les collections dans des limites raisonnables. La graine se sème en terre de bruyère aussitôt après la récolte; elle doit être, ou très peu recouverte, ou répandue seulement sur le sol qu'on tient constamment humide, comme pour les semis des calcéolaires; elle lève aussi fort inégalement; une partie de la graine ne sort de terre qu'au bout de plusieurs mois, quoique la plus grande partie ne mette pas plus de quinze jours pour lever. Du reste, il n'y a pas de comparaison à faire entre ces deux plantes sous le rapport de la rusticité: les verveines sont fort peu délicates; quelques-unes, comme la pulchella et ses sous-variétés hybrides, viennent partout et se contentent de tous les terrains. Le plant se repique fort jeune; il doit passer l'hiver dans la serre, pour fleurir dehors dans le parterre au printemps prochain; il ne faut lui donner que des pots très petits, placés près des jours, et fréquemment arrosés.

Les boutures de verveine se font en pleine terre, à l'air libre, à la fin d'avril ou de mai, à demi-ombre, sans autre précaution que de les arroser très souvent. Les boutures de verveine faites au printemps ne se repiquent pas; on met seulement les plantes en pots à l'arrière-saison pour les conserver l'hiver dans l'orangerie où elles doivent être traitées comme les plantes obtenues de semis; elles montrent leur fleur presqu'aussitôt qu'elles sont enracinées.

B. — *Détails de culture.*

Les verveines, en général, se comportent mal dans les pots; elles ne doivent y rester que le temps nécessaire pour leur hivernage, car elles ne supportent pas plus de 4 ou 5 degrés de froid en hiver; c'est du moins l'opinion des horticulteurs les plus expérimentés à cet égard. Toutefois, nous avons lieu de penser que cette opinion se modifiera par des essais persévérants, et que l'on finira par ranger les verveines parmi les plantes de pleine terre annuelles par leurs tiges, vivaces par leurs racines, sous le climat de Paris, à la seule condition de leur donner une situation abritée et de couvrir les touffes de litière sèche pendant l'hiver. Cette dernière précaution n'est même pas indispensable pour plusieurs espèces pendant les hivers

peu rigoureux. Nous avons vu l'hiver dernier les touffes de verveine pulchella qui décorent les massifs du Jardin du Roi supporter presque sans couverture 5 degrés de froid, et donner ensuite au printemps la plus riche floraison. Cette verveine, dont les tiges rampantes courent dans tous les sens et s'enracinent à chaque articulation, donne des centaines de corymbes redressés de jolies fleurs écarlates; il y en a une variété à fleur d'un blanc pur. Une seule bouture de cette verveine plantée sur un terrain découvert, garnit, avant la fin de l'été, un espace circulaire de 0m,60 à 0m,70 de rayon; il faut l'arroser avec abondance; elle vient également bien sur la base d'un rocher qu'elle couvre complétement, pourvu que la touffe soit plantée dans un bon terrain tenu toujours frais par des arrosages fréquents.

La floraison de toutes les verveines peut être prolongée et rendue plus abondante par l'enlèvement des premiers boutons à fleurs dès qu'ils commencent à se montrer; plus tard, pendant l'été, en supprimant l'extrémité des principales tiges florales, on les oblige à se ramifier et à donner un bien plus grand nombre de fleurs. La verveine gracieuse en particulier, si on négligeait de pincer ses sommités, ne donnerait presque que des feuilles.

Toutes les verveines vivaces se dédoublent facilement; le moindre fragment de touffe enracinée produit en peu de temps une plante volumineuse qui fleurit avec profusion.

§ IV. — Cinéraires.

L'attention des horticulteurs ne s'est portée que depuis quelques années seulement sur les cinéraires, dont l'hybridation a multiplié les sous-variétés au point de les élever au rang de plantes de collection. La plupart des cinéraires de collection n'appartiennent pas, botaniquement parlant, au genre cinéraire; elles se rapportent en grande partie au genre senecio, genre très nombreux, qui ne peut tarder lui-même à être divisé en plusieurs genres secondaires; ces questions ne sont pas de notre ressort; nous nous en tenons au langage des jardiniers, qui donnent à toutes les plantes dont nous nous occupons le nom de cinéraires.

Le bleu et le violet dominent dans les nuances des cinéraires de collection; ces nuances se distinguent par leur vivacité et leur variété graduée pour ainsi dire à l'infini; on en obtient beaucoup dont les rayons extérieurs sont de deux couleurs, blancs, bordés de carmin, de pourpre ou de violet.

La culture de toutes ces plantes est à peu de chose près celle des pélargoniums et des calcéolaires. Les semis se font, soit sur couche tiède dans la serre tempérée, soit en terrines, qu'on enterre dans la couche; ce dernier mode est le meilleur, parce que les graines de cinéraires lèvent très inégalement; en semant en terrines, on ne risque pas de perdre une partie du plant comme on y serait exposé en semant à même la couche quand celle-ci doit recevoir une autre destination. Les variétés anciennes se propagent principalement par la division des touffes à l'arrière-saison ; elles reprennent aussi très facilement de bouture.

Les cinéraires veulent peu d'eau à toutes les époques de leur existence ; il ne leur en faut presque pas en hiver ; elles vivent très bien dans des pots qu'on enterre dans les plates-bandes du parterre où elles peuvent rester de la fin d'avril au 15 octobre ; on les rentre ensuite dans l'orangerie. Il ne faut pas conserver au-delà de deux ou trois ans au plus les touffes des cinéraires, dont la fleur dégénère à mesure que les plantes vieillissent ; on doit toujours être muni de jeune plant pour remplacer les plantes épaissies. La *fig.* 497 représente un cinéraire de collection.

Fig. 497.

§ V. — Mézembrianthèmes.

Le nom de cette plante est formé de deux mots grecs qui signifient fleur de midi , quoique beaucoup de mézembrianthèmes ne s'ouvrent que le soir, et que d'autres ne fleurissent que pendant la nuit. Les jardiniers les désignent plus généralement sous le nom de ficoïdes, nom tiré de la ressemblance du fruit de plusieurs espèces avec celui du figuier. Aux environs du cap de Bonne-Espérance, les Hottentots mangent le fruit du mezembrianthemum edule, fruit assez fade et peu agréable au goût, mais qui n'a rien de malfaisant. Quelques mézembrianthèmes plus annuelles et bisannuelles, les autres sont vivaces ; elles se distinguent par la succulence de toutes leurs parties et par leurs feuilles charnues, dont la substance offre beaucoup d'analogie avec celle des feuilles de plusieurs sedums. Ce sont en général des plantes peu délicates qui résistent bien à la sécheresse et à la chaleur ; on les voit souvent fleurir sur des rochers entièrement dépourvus de terre végétale. Leurs fleurs sont inodores pour la plupart ; elles ne sont cultivées que pour la vivacité de leurs couleurs rose, feu, jaune, et pourpre clair. Quelques espèces indigènes en Égypte et en Italie, y croissent en grande abondance ; on les brûle pour extraire de leurs cendres la potasse qu'elles contiennent en grande quantité.

A. — *Multiplication.*

La mezembrianthème glaciale et la tricolore,

ou ficoïde annuelle, se multiplient de graines semées aussitôt après leur maturité, en bonne terre ordinaire de jardin, et repiquées fort jeunes dans des pots de grandeur convenable ; il leur faut très peu d'eau à toutes les époques de leur existence. Les autres espèces, quoiqu'elles puissent également donner des graines fertiles, se multiplient de boutures qui reprennent très facilement. Il ne faut pas les mettre en terre aussitôt après qu'on les a détachées de la tige ; on doit laisser la plaie se sécher, ou pour mieux dire, se ressuyer à l'air libre, sans quoi les boutures pourriraient et ne formeraient pas de racines. Les espèces de ce genre sont très nombreuses ; on n'en compte pas moins de 248, admises par les botanistes, sans compter les variétés. Toutes les variétés de mézembrianthèmes donnent en abondance des graines fertiles ; si l'on préfère les multiplier de bouture, c'est parce que, par ce dernier procédé, on obtient plus promptement des sujets vigoureux, d'une riche floraison.

Les croisements hybrides ont déjà donné de fort belles sous-variétés de mézembrianthèmes ; plusieurs hybrides d'une beauté remarquable, ont été obtenues récemment au Jardin du Roi.

B. — *Détails de culture.*

La terre qui convient le mieux aux mézembrianthèmes est un sol léger et graveleux ; les espèces à tiges sous-ligneuses craignent plus que les autres un excès d'humidité ; il ne faut les arroser que pendant qu'elles sont en végétation ; il n'y a aucun danger à laisser la terre des pots se dessécher complétement pendant l'hiver. Plus le sol où végètent ces plantes est pauvre et aride, moins elles prennent de développement, mais aussi, plus leur floraison est abondante ; cultivées dans un sol riche, elles ne donnent presque que des tiges et des feuilles et ne fleurissent presque pas. Elles ont plus à souffrir de l'humidité que du froid, et quoiqu'elles ne puissent être considérées comme de pleine-terre, sous le climat de Paris, il en est beaucoup qui résisteraient , à l'air libre , à nos hivers ordinaires dans une situation abritée. Les mézembrianthèmes à tiges sous-ligneuses passent très bien la belle saison en pleine-terre ; on les rentre en hiver dans l'orangerie ; toutes les autres, cultivées dans des pots, peuvent être sorties un peu plus tôt, et rentrées un peu plus tard que les pelargoniums et les calceolaires.

Les Anglais tirent un très grand parti des mézembrianthèmes pour décorer la plate-bande qui règne le long du mur antérieur des serres, à l'exposition du midi ; ces plantes y sont cultivées en pleine-terre, les plus grandes le long du mur, et les plus petites sur le devant ; on choisit pour cette destination les espèces qui contrastent le plus, par la couleur de leur fleur et la forme bizarre de leur feuillage, telles que les mézembrianthèmes, inclaudens, aurentium, deltoïdes, perfoliatum, barbatum, et quelques autres. Leur situation en avant de la serre permet de leur donner très aisément la protection temporaire d'un châssis mobile pendant l'hiver, châssis qu'on enlève aussitôt que la saison le permet. Par ce moyen ces plantes fleurissent tout l'été, et plusieurs espèces donnent encore des fleurs au milieu de l'hiver.

Les mézembrianthèmes pomeridianum, noctiflorum et linguiforme, ne s'ouvrent que le soir et ne restent épanouies que pendant la nuit. L'une des plus belles plantes du genre mézembrianthème est la ficoïde aurore (*fig.* 498),

Fig. 498.

dont la nuance indéfinissable, entre pourpre et couleur de feu, est d'une vivacité éblouissante.

Les mézembrianthèmes terminent la série des plantes de collection qui, ayant besoin d'abri pendant l'hiver, peuvent passer le reste de l'année, soit en pleine-terre, soit dans des pots enterrés dans la plate-bande, et concourir ainsi à la décoration du parterre, comme les plantes d'ornement de pleine-terre, sous le climat de Paris.

§ VI. — Camélias.

La culture de cet arbuste n'est point pour les amateurs d'horticulture l'objet d'un goût passager soumis au caprice de la mode, comme celle de tant d'autres plantes jadis en grande faveur, aujourd'hui négligées; la faveur dont jouit le camélia est durable, parce qu'elle repose sur des qualités réelles, précieuses, et qui ne se rencontrent point dans d'autres genres de végétaux d'ornement. Elégance des formes, beauté et persistance du feuillage, variété inépuisable de nuances et de dimensions dans la corolle, magnificence et durée de la floraison, tous ces avantages réunis justifient une prédilection qui semble avoir déjà résisté à l'épreuve du temps. Si le camélia les partage plus ou moins avec d'autres fleurs, il en est un qu'il possède en propre, et qui n'appartient qu'à lui parmi les arbustes de serre tempérée; il peut fleurir en plein hiver, quand la nature est attristée par le sommeil de la végétation. La fleur du camélia n'a réellement qu'un défaut; elle n'est pas odorante. Mais d'une part ce défaut peut être corrigé par la culture; de l'autre il n'est pas sans compensation; c'est lui qui rend la fleur du camé-

lia éminemment propre à la décoration de nos appartements; une fleur odorante n'y pourrait être supportée; supposez, par exemple, l'oranger avec ses émanations enivrantes, doué d'une floraison aussi variée que celle du camélia, il ne pourrait le remplacer dans les lieux habités.

Les seules variétés douées d'une odeur faible, mais agréable, sont les camélias myrthifolia, Colvillii, picturata, et Nannetiana-alba; leur parfum très doux n'est sensible que quand leur fleur est exposée à l'action directe des rayons solaires : ces camélias peuvent être destinés à devenir la souche de toute une tribu de camélias à fleurs odorantes. On ne doit désespérer d'aucun perfectionnement à introduire dans la culture du camélia, lorsque l'on considère le point de départ de cette culture et combien l'arbuste a dévié de sa souche primitive, et cela dans un espace de temps assez court.

Le camélia fut apporté du Japon en Angleterre en 1739 par le père Camelli, jésuite, qui lui donna son nom. Il paraît que le père Camelli n'importa point en Europe le véritable type original du camélia sauvage, arbre de plus de 30 mètres d'élévation retrouvé plus tard dans les forêts du Japon par un voyageur moderne; l'Europe ne reçut alors qu'un camélia déjà modifié par la culture dans les jardins des Japonnais. Le camélia dans sa nouveauté fut fort à la mode; il fut promptement importé d'Angleterre en France, en Hollande, en Italie, en Allemagne; il n'y a pas aujourd'hui de serre en Europe où l'on ne soit assuré de le rencontrer. Quelque temps après, les grandes espérances qu'on en avait d'abord conçues s'évanouirent; sa vogue fut arrêtée par la difficulté de le faire fructifier, de sorte qu'il resta borné à une seule variété à fleur rouge simple, et tomba bientôt dans l'oubli. En 1806, on en reçut de la Chine et du Japon plusieurs variétés nouvelles; les importations se renouvelèrent en 1808, 1809 et 1810; tous ces nouveaux camélias différaient essentiellement entre eux; ils différaient aussi beaucoup du premier camélia connu, délaissé depuis près d'un demi-siècle; plusieurs d'entre eux fructifièrent; nos camélias actuels sont leur postérité. Les amis de l'horticulture se souviennent avec reconnaissance de cette branche de camélia donnée par l'impératrice Joséphine au jardinier Tamponnet qui sut si bien la mettre à profit. Personne, à cette époque si rapprochée de nous, n'aurait osé prédire les destinées de cet arbuste déjà acquis à la pleine terre dans l'Italie méridionale au moment où nous écrivons, et qui probablement avant que ce siècle s'achève, ornera les bosquets de toutes les contrées tempérées de l'Europe. Le camélia est un végétal singulièrement robuste, capable de vivre dans toute sorte de terrains, et de supporter plusieurs degrés de froid. Ce n'est pas que nous donnions à aucun amateur le conseil d'en faire l'expérience; ne pas mourir n'est pas vivre; la culture des végétaux d'ornement a pour but, non de les empêcher de mourir, mais de développer leur parure dans tout son éclat, seule récompense des soins de l'horticulteur. La *fig.* 499 représente un camélia de collection.

Fig. 499.

A. — *Choix de la terre.*

Aucune espèce de terre ne convient mieux au camélia que la terre de bruyère naturelle, et, à son défaut, la terre de bruyère artificielle (*voir* Composts). Cette terre est en effet la plus favorable de toutes à la végétation de toute espèce de fleurs exotiques. Dans les pays où cette terre manque, le camélia est cultivé dans des terres plus ou moins analogues; à Venise on emploie sans mélange la *terre de saule*, formée de bois pourri et de feuilles mortes dans le tronc creux des vieux saules; à Milan, l'on se sert de la *terre de forêt*, mélange de sable et de terreau de feuilles; à Florence, on donne au camélia la *terre de châtaignier*, mélange de terreau de feuilles de cet arbre avec une terre légère sablonneuse; enfin, les jardiniers anglais préparent pour les camélias un mélange de sable fin de rivière, de terreau de feuilles et de terre légère de jardin par parties égales; tous ces mélanges se rapprochent beaucoup de la terre de bruyère naturelle qui doit être préférée partout où il est possible de s'en procurer. On doit l'employer aussi récente que possible, c'est-à-dire aussitôt qu'elle a été prise sur les lieux où elle se produit; la seule préparation à lui donner consiste à la passer à la claie pour en séparer les pierres et le plus gros des mottes et des racines; elle retient ainsi une partie de débris végétaux qui, en continuant à se décomposer lentement, sont très favorables à la santé du camélia; c'est donc à tort, à notre avis, que quelques jardiniers mettent en tas la terre de bruyère et la laissent vieillir deux ou trois ans avant de l'employer pour les camélias. Nous avons dit qu'il convenait de passer la terre de bruyère à la claie, il faudrait bien se garder de la cribler; elle deviendrait bientôt trop dure, trop compacte, et les racines du camélia ne pourraient s'y étendre librement. On ne doit cribler la terre de bruyère que quand on la destine à recevoir des boutures de camélias.

HORTICULTURE.

B — *Choix des pots et caisses.*

Lorsque le camélia dépasse la hauteur d'un mètre à un mètre 50 cent., ce qui lui convient le mieux, c'est la pleine terre. Les camélias de grandes dimensions, pour être cultivés dans les conditions les plus favorables à leur croissance, devraient donc être en pleine terre dans la plate-bande du conservatoire. On peut en voir de très beaux dans le jardin d'hiver de M. Fion, ils ont acquis en pleine terre une beauté peu commune, bien qu'ils soient traités, non dans le but de leur plus grand développement, mais dans celui d'en obtenir une multitude de fleurs destinées à la vente journalière pendant la saison des bals et des soirées. Mais bien peu d'amateurs peuvent, dans l'état actuel de l'horticulture en France, recourir à ce procédé qui exige au moins un mètre en tout sens pour chaque grand camélia; nos serres sont en général trop petites, et l'espace y est trop précieux. Les camélias vivent donc presque tous dans des caisses ou dans des pots. Les caisses ont sur les pots une supériorité incontestable; supportées par des pieds qui les isolent complètement, elles ne sont point accessibles aux vers qui s'introduisent souvent dans les pots; les camélias y sont mieux à tous égards; malheureusement le prix des caisses est tellement supérieur à celui des pots, que ces derniers sont toujours préférés, excepté pour les grands camélias quand on ne les met point en pleine terre dans la serre. La matière des pots n'est point indifférente à la santé des camélias; beaucoup de belles dames en perdent fréquemment pour avoir voulu les élever dans de précieux vases de porcelaine ou de tôle vernissée, ne sachant pas que dans des conditions identiques sous tous les autres rapports, ces mêmes arbustes auraient prospéré dans des pots de terre cuite valant de 10 à 15 centimes. Les dimensions des pots ne peuvent être déterminées d'une manière absolue; quand l'espace manque, on peut jusqu'à un certain point réduire le volume des pots en en renouvelant fréquemment la terre et se servant pour arrosages de bouillons de fumier très substantiels. Il faut à un camélia de 0^m,50 de hauteur, une caisse de 0^m,20 en tout sens ou un pot de grandeur équivalente. Quelles que soient les dimensions des pots, le diamètre de leur orifice supérieur doit être des *quatre cinquièmes* de leur profondeur, le diamètre du fond doit être des quatre cinquièmes de celui de l'orifice supérieur. (*fig.* 500). Les pots trop

Fig. 500.

* V — 23

grands sont plus *nuisibles* qu'*utiles* aux camélias comme à toute autre espèce de plantes de
serre; quand la motte de terre est trop volumineuse, il est difficile d'éviter de donner aux
racines un excès d'humidité qui n'est jamais à
craindre dans des pots plus petits.

C. — Serre aux camélias.

Les serres à un seul versant ne conviennent
point aux camélias; quelque soin qu'on prenne
de les retourner fréquemment, l'inégale répartition de la lumière les fait toujours pousser
plus d'un côté que de l'autre; pour peu qu'on
néglige de les déplacer, ils deviennent semblables à ces bouquets placés sur les autels,
qui, devant être vus seulement par-devant, sont
totalement dégarnis par-derrière. C'est ce qui
n'arrive jamais dans une serre à deux versants;
la lumière plus également distribuée permet au
camélia d'y prendre naturellement la forme d'un
arbuste gracieux où les branches, le feuillage
et les fleurs sont répartis avec la plus élégante
symétrie.

D — Rempotage.

On peut rempoter en toute saison lorsqu'il
s'agit seulement de donner un pot plus grand à
un camélia qui se trouve à l'étroit; ce besoin
de l'arbuste est indiqué par plusieurs symptômes évidents; les pousses nouvelles jaunissent,
les boutons à fleurs se dessèchent et tombent,
les racines sortent par le trou inférieur du pot;
alors, en quelque saison de l'année que ce soit,
il faut rempoter en évitant d'offenser les racines et en laissant à cet effet la motte aussi
entière que possible. Hors ce cas exceptionnel,
deux époques sont particulièrement convenables pour rempoter les camélias. La première
commence aussitôt que la floraison est terminée, pour durer jusque vers la fin de mai; la
seconde commence quand la sève devient stationnaire; elle se prolonge jusque vers le 15
octobre; on ne peut les déterminer ni l'une ni
l'autre avec plus de précision; elles varient selon la température, d'une année à l'autre. Les
camélias peuvent rester trois ans dans les mêmes pots; ceux qu'on leur donne au bout de
ce temps doivent avoir en diamètre et en profondeur, quelques centimètres de plus que les
précédents. Mais, en suivant constamment cette
progression pendant toute l'existence des arbustes qui peuvent vivre fort longtemps, on arriverait à des dimensions colossales; heureusement cela n'est pas nécessaire; apres 3 ou 4
rempotages dans des pots toujours plus grands,
on peut revenir à d'autres de moindres dimensions sans nuire sensiblement aux camélias. On
détache alors entièrement la terre adhérente
aux racines pour les mettre tout-à-fait à nu;
on en retranche une bonne partie, puis on leur
rend aussitôt, le plus rapidement possible, une
terre plus substantielle que celle qu'on vient de
leur retirer; il ne faut pas oublier de réduire
les branches dans la même proportion. Par ce
moyen, l'arbuste, sans cesser de se bien porter

et de fleurir abondamment, se maintient dans
les proportions qu'il ne doit pas dépasser, sous
peine de laisser envahir la serre par un petit
nombre de très grands camélias. A chaque
nouveau rempotage on garnit le fond des pots
de gros gravier ou, ce qui est préférable, de
fragments de poterie; la motte, soit qu'on ra-
fraîchisse les racines, soit qu'on s'abstienne d'y
toucher, est toujours entourée de quelques centimètres de terre nouvelle.

E. — Arrosages.

Le camélia doué d'un feuillage abondant et
persistant, perd beaucoup par la transpiration;
la terre qui le nourrit doit donc être tenue constamment humide par des arrosages bien ménagés, car s'ils étaient trop abondants, les racines, ne pouvant absorber à mesure la quantité
d'eau avec laquelle elles se trouveraient en contact, ne tarderaient pas à pourrir. Il importe
beaucoup de ne point laisser passer plusieurs
jours de suite sans arroser les camélias; faute
de cette précaution, il arrive assez souvent
qu'un camélia meurt de sécheresse, bien qu'on
lui donne de l'eau tous les jours; c'est qu'il
avait été précédemment pris par la sécheresse.
La terre de bruyère en se desséchant devient
une véritable pierre où les racines du camélia
sont comme incrustées; en cet état, elle devient
imperméable à l'eau; arrosez la tant que vous
voudrez, l'eau filtrera le long des parois du
pot et s'égouttera par le trou inférieur, sans que
les racines s'en ressentent. Dès qu'on soup-
çonne un tel accident, il faut dépoter sans retard, enlever soigneusement toute la terre desséchée, rafraîchir les racines, et leur donner la
meilleure terre nouvelle dont on dispose. L'arbuste doit alors être rabattu très court et placé
sur une bonne couche tiède sous châssis, où il
ne tarde pas à se refaire, car il est naturellement
très robuste et capable de supporter beaucoup
d'accidents sans périr.

Un excès d'humidité endommage les camélias tout autant qu'une sécheresse trop prolongée; le premier effet d'un arrosement mal
ménagé c'est la chute des boutons, accident
irréparable qui détruit pour une année tout entière les espérances de l'horticulteur. Les boutons du camélia adhèrent très peu à leur pédoncule; il suffit, pour les faire tomber, que
l'atmosphère de la serre soit un peu trop chargée de vapeurs humides, quand même la terre
des pots n'aurait pas reçu plus d'eau qu'il ne
lui en revient. La couleur des écailles du calice
peut faire présager cet accident; lorsqu'elles
restent verdâtres, on peut juger que la floraison
se fera régulièrement; si elles jaunissent, le
bouton, ayant d'ailleurs les apparences de la
santé, on peut craindre qu'il ne tombe avant de
fleurir; si elles sont noirâtres, il est à peu près
certain que le bouton ne fleurira pas. Ces indications peuvent servir de règle aux acheteurs
inexpérimentés et leur éviter de grands désap-
pointements. On a proposé, comme un moyen

assuré, de prévenir la chute des boutons de camélia et de les forcer à fleurir, de les mettre en contact prolongé avec des mèches de coton plongeant dans un vase rempli d'eau; ces mèches, en vertu de la capillarité, versent sur les boutons un arrosage très lent, mais constamment entretenu. C'est un procédé pratiqué fréquemment et avec succès pour arroser certaines marcottes suspendues qui ne reprendraient point autrement. Il est possible qu'il prévienne, dans quelques circonstances particulières, la chute des boutons du camélia: il est impraticable sur une grande échelle; nous ne l'indiquons que comme pouvant parfois rendre service. Ajoutons que, dans une serre bien gouvernée, il est rare qu'on ait besoin de chercher un remède contre un mal qui, le plus souvent, n'est causé que par une culture négligée.

L'eau dont on arrose les camélias ne doit être ni trop froide ni trop pure, elle doit surtout ne pas être séléniteuse. Une eau de mare un peu trouble est la meilleure de toutes; mais il ne faut l'employer que quand elle a été assez longtemps exposée au soleil ou chauffée artificiellement, de manière à se trouver *à la même température* que la terre des pots; cette condition est très importante pour la santé des arbustes. Le moyen le plus simple et le plus sûr c'est d'avoir à cet effet dans l'intérieur de la serre un réservoir proportionné à la quantité d'eau qu'exigent les arrosages de plusieurs jours; quand même cette eau éprouverait un commencement de corruption, elle n'en vaudrait que mieux. A part l'inconvénient de sa mauvaise odeur, l'eau croupie, loin de nuire aux camélias, comme le croient quelques jardiniers, leur est bonne et salutaire; si elle est corrompue, c'est parce qu'il s'y est engendré une multitude d'animalcules microscopiques qui, n'ayant qu'une existence éphémère, s'y sont promptement décomposés.

En hiver, c'est-à-dire sous le climat de Paris, du 15 novembre au 1er mars, l'eau ne doit jamais être donnée le soir; l'heure la plus favorable est de 9 à 10, dans la matinée. Au printemps et en automne, on arrose aussi le matin, une demi-heure ou une heure plus tôt qu'en hiver; en été, il ne faut arroser que le soir, après le coucher du soleil, afin que l'arbuste en profite pendant la nuit et se trouve mieux prémuni contre la chaleur du lendemain. Ces arrosages sont indispensables; ils sont de fondation et ne doivent jamais être négligés. Les camélias en réclament quelquefois d'autres qui sont indiqués par l'état de leur végétation ou par celui de la température extérieure. Quelque soin qu'on en prenne, il y a toujours quelques malades dans une collection un peu nombreuse de camélias; on peut aussi considérer comme malades, et traiter en conséquence, les arbustes qu'on vient de dépoter pour leur donner des pots plus petits que ceux où ils vivaient précédemment, et retrancher une partie de leurs racines. Dans ce cas, au lieu d'eau simple, on emploie pour les arroser la composition suivante:

Feuilles mortes..........	5 kilogr.
Fumier de moutons.........	20 litres.
Poudrette................	20
Colombine................	20
Vin.....................	5
Eau....................	1,200

Ce mélange bien brassé est abandonné à lui-même à l'air libre pendant 40 à 50 jours, au bout desquels il forme un bouillon très nourrissant, qu'en raison de sa nature trop substantielle et trop excitante il faut administrer aux camélias avec de grandes précautions. Les arbustes bien portants ne doivent jamais le recevoir dans l'intérieur de la serre, mais seulement pendant le temps qu'ils doivent passer en plein air, époque où, perdant beaucoup plus qu'en tout autre temps par la transpiration, un aliment réparateur leur est salutaire.

Indépendamment des arrosages qu'on vient d'indiquer, il faut bassiner fréquemment le feuillage des camélias avec de l'eau pure, au moyen d'un arrosoir à boule percée de trous très fins. On doit éviter de tasser trop fortement la terre des pots en versant dessus sans précaution l'eau des arrosages; elle doit être répandue de près et très doucement.

F. — Soins généraux.

La terre des pots des camélias réclame de fréquents binages; ils doivent être donnés avec un instrument quelconque à dents obtuses, pour ne point offenser les racines; lorsqu'on néglige ce soin, il se forme à la surface de la terre une croûte verdâtre plus dure que le reste; cette croûte ne doit être conservée que pendant les plus fortes chaleurs; alors loin d'être nuisible, elle peut contribuer à conserver par-dessous une fraîcheur salutaire et s'opposer à l'endurcissement complet de la motte. Aussitôt après l'époque des grandes chaleurs, on a soin de la briser avec précaution par un bon binage, et de biser ensuite assez souvent pour qu'elle ne puisse plus se former jusqu'à l'année suivante.

Si les camélias pouvaient toujours être élevés dans des conservatoires, ils n'auraient pas besoin d'être mis en plein air; on peut citer comme un modèle en ce genre celui de M. de Rouveroy près de Lille (Nord); presque tous les camélias grands et moyens y sont en pleine terre; les plus petits seulement vivent dans les pots. La maçonnerie est presque nulle; elle se réduit aux appuis indispensables pour la charpente qui supporte les châssis. Les montants sont dissimulés par des plantes grimpantes qu'on rabat près de terre après la floraison; pendant l'été les châssis, d'abord partiellement ouverts, sont enlevés tout-à-fait; les camélias se trouvent ainsi tout à la fois en pleine terre et en plein air; l'effet désagréable des charpentes est masqué par des glycines de Chine, des bignonias, des thunbergias et d'autres belles plantes sarmenteuses artistement conduites; c'est un exemple qui peut être suivi en petit comme en grand, et qu'on ne peut trop recommander aux véritables amateurs.

La place que les camélias doivent occuper dans le jardin doit toujours être abritée, soit naturellement par un mur ou un massif de grands arbres, soit spécialement, par un abri permanent ou temporaire ; les abris végétaux sont les plus agréables et les meilleurs. Si les camélias doivent revenir tous les ans à la même place, on peut planter pour leur servir d'abri un rideau de cyprès ou de thuyas en pleine terre ; s'ils doivent être changés de place, on dispose dans des pots de manière à les protéger, des plantes grimpantes à croissance rapide qu'on met en place longtemps avant les camélias, pour qu'ils trouvent leur abri tout préparé. L'aristoloche à larges feuilles et la cobéa sont les plantes les plus favorables pour ombrager les camélias.

L'époque la plus convenable pour sortir les camélias de la serre ne peut être précisée avec exactitude ; elle est variable comme la température de chaque année sous le climat de Paris. On se repent souvent de les avoir sortis trop tôt, et l'on n'a jamais à regretter de les avoir mis trop tard en plein air. Il faut que la température soit extraordinairement propice pour qu'on doive sortir les camélias avant le 15 mai. Rien n'est plus blâmable que la routine de certains jardiniers qui vident et remplissent leurs serres à jour et à heure fixes ; la rentrée des camélias ne doit pas être retardée passé le 15 octobre ; mais, pour peu que les pluies froides de l'arrière-saison devancent leur époque ordinaire, il ne faut pas balancer à rentrer les camélias dès les premiers jours d'octobre, en choisissant un beau temps, afin que les feuilles soient rentrées parfaitement propres et sèches.

La température ordinaire de la serre froide suffit aux camélias ; quelques jardiniers croient devoir donner un peu plus de chaleur que de coutume aux camélias immédiatement après qu'ils viennent d'être rempotés ; nous croyons que c'est une erreur ; quelques degrés de chaleur de trop font en effet végéter rapidement les camélias ; mais leurs pousses allongées sont pâles et sans vigueur ; elles sont à moitié étiolées. L'époque de l'année où les camélias exigent les soins les plus assidus s'étend du commencement de mars au milieu de juin. Leur végétation est alors en pleine activité, tout leur avenir dépend des soins qu'ils reçoivent durant cette période de leur existence. Rien ne leur est plus nuisible en général que l'action directe des rayons solaires, du moment où ils sont devenus vifs et pénétrants, et que rien, ils ne leur font que du bien. On les en préserve au moyen de toiles ou de paillassons étendus sur les vitrages, précaution surtout nécessaire quand on vient d'arroser les feuilles des camélias ; car si le soleil les frappe en ce moment, il se forme sur les feuilles des taches semblables à des brûlures qui les font sécher et tomber. Toutes les fois que le temps le permet, il est bon d'enlever quelques-uns des panneaux vitrés, surtout lorsqu'on approche du moment de mettre les camélias en plein air. Un enduit de

blanc d'Espagne mêlé d'un peu de colle délayée dans de l'eau suffit pour rendre opaques les vitres par lesquelles le soleil pourrait arriver directement sur les camélias, lorsque l'on ne juge pas nécessaire de supprimer tout-à-fait la lumière en abaissant les toiles et les paillassons.

G. — *Multiplication ; boutures.*

Les variétés de camélia qui reprennent le plus facilement de bouture donnent leurs fleurs plus promptement que lorsqu'on les propage par la greffe ; c'est pour cette raison qu'on emploie quelquefois ce procédé de multiplication, quoique la greffe soit le moyen le plus usité. On choisit pour boutures de jeunes pousses de l'année qu'on dépouille de leurs feuilles seulement à la partie inférieure, en ayant soin de respecter celles du sommet. Ces boutures se font en terre de bruyère criblée au crible fin, à l'étouffée, soit sous cloche, soit simplement sous châssis, pourvu que le châssis soit bas et qu'il ferme exactement. La terre, pour ces boutures, doit être maintenue plutôt fraîche que trop mouillée ; elles craignent le soleil et n'ont pas besoin d'une température élevée.

1. *Marcottes.*

On a rarement recours à ce moyen pour multiplier directement les belles variétés de camélias qui viennent beaucoup mieux de greffe, mais on s'en sert habituellement pour se procurer un grand nombre de sujets destinés à être greffés. Dans ce but, on établit, soit en plate-bande dans la serre, soit dans une bâche séparée à l'exposition de l'est ou du nord, des pieds vigoureux de camélia rose simple, destinés à faire l'office de mères ; on les rabat à quelques centimètres au-dessus du sol pour provoquer l'émission de rejetons nombreux qui, parvenus à une longueur suffisante, reprennent facilement par le procédé du marcottage simple. Tandis qu'ils s'enracinent, la souche-mère pousse d'autres jets qui renouvellent chaque année la provision de marcottes pendant un temps indéterminé ; toutefois, il est bon de renouveler les mères quand on s'aperçoit que leur vigueur commence à s'épuiser.

2. *Greffe.*

Il n'existe pas d'arbre ni d'arbuste connu qui reçoive la greffe avec une facilité pareille à celle du camélia ; il peut être greffé à tout âge, à toute grosseur, et toujours avec un succès égal ; la greffe semble même réussir mieux encore sur les vieux sujets que sur les jeunes ; il en résulte un grand avantage pour l'amateur de ce beau genre. Si son choix a vieilli par suite du grand nombre de variétés nouvelles provenant de semis qui sont tous les ans mises en circulation, il n'a, pour remettre sa collection au courant de ce qu'il y a de plus nouveau, qu'à couper la tête aux camélias passés de mode, et à les greffer en camélias plus modernes. On sait que ces derniers se maintiennent longtemps chers, tandis qu'on peut se procurer à très peu de frais des greffes pour rajeunir toute une collection.

Lorsque la culture du camélia était moins pratiquée et moins bien connue, on regardait la greffe du camélia comme une opération difficile et d'un succès incertain ; on avait recours à divers procédés spéciaux ; on sait aujourd'hui que presque tous les moyens connus de greffer peuvent s'appliquer à cet arbuste, pour lequel la greffe Faucheux est la plus usitée. (*Voir* Greffe.)

3. *Semis.*

Ce moyen de multiplier les camélias devient de jour en jour plus usité ; des soins mieux dirigés permettent d'espérer des fruits d'espèces longtemps considérées comme stériles sous notre climat. Il n'y a pas de camélias réellement stériles ; non-seulement les variétés à fleurs simples et semi-doubles, mais même plusieurs variétés à fleurs doubles, sont susceptibles de fructifier. Celles qui manquent d'étamines, on peut les féconder artificiellement, ou, pour nous servir du terme consacré, les *hybrider* avec le pollen des espèces pourvues d'étamines. Un fait nouveau, récemment observé en Angleterre, peut rendre ces croisements encore plus fréquents et plus faciles. Un jardinier avait reçu d'un confrère du pollen d'un cactus cereus, dont il se proposait de féconder les fleurs d'un épiphyllum ; ces fleurs n'étant point encore épanouies, le pollen, plié dans un papier, fut conservé sec, d'abord dans la poche du gilet du jardinier, puis sur le bord d'une cheminée de cuisine. Au bout de quinze jours, l'épiphyllum fleurit, et la fécondation put être tentée ; elle réussit beaucoup mieux que si elle eût été faite selon la méthode ordinaire, avec le pollen récent. La même expérience fut répétée avec le même succès entre les fleurs de deux rosages placés à environ 45 kilom. l'un de l'autre. Cette propriété du pollen est-elle particulière aux cactus et aux rosages, genres bien éloignés l'un de l'autre ? Se retrouverait-elle dans le pollen du camélia ? Combien de temps le pollen ainsi conservé peut-il garder sa faculté fécondante ? Toutes ces questions, faciles à résoudre par une série d'essais des plus simples, offrent un grand intérêt. Si le camélia peut être ainsi fécondé, voilà la porte ouverte à toute une série d'hybridations nouvelles, dont on peut espérer un nombre indéfini de nouvelles variétés. Obtenir des camélias nouveaux, tel est le but de tous les semis ; si ce but est rarement atteint, si sur mille sujets un seul à peine est jugé digne de s'inscrire au catalogue des nouveautés, les 999 autres sont, ou des reproductions d'espèces connues et méritantes, ou d'excellents sujets pour recevoir la greffe. Aussi l'émulation pour les semis est-elle générale parmi les amateurs de camélias.

Dans le midi de l'Europe, beaucoup de camélias sont fertiles ; à Milan, à Florence, à Naples, on les voit courber leurs branches sous des centaines de fruits dont les graines sont fécondes ; aussi est-ce par milliers que se comptent les échantillons de camélias dans ce beau pays, où il est sur le point de figurer parmi les arbres de pleine terre complétement naturalisés. En France, en Belgique, en Angleterre, en Allemagne, les seules espèces dont on puisse raisonnablement espérer des graines fécondes sont celles qu'on a obtenues en Europe, et spécialement dans chaque contrée où il s'agit de les faire fructifier. Sous le climat de Paris, les meilleurs camélias à élever pour porte-graines sont en ce moment (1843) les camélias pinck, antonia, pomponia, semi-plena, warrata, punctata simplex, dianthiflora, papaveracea et staminea ; mais parmi les nouvelles variétés hybrides, nul doute qu'il ne s'en trouve incessamment qui égalent ou surpassent les précédentes en fécondité. A Gand (Belgique) de très beaux fruits ont été obtenus en 1840 d'un camélia carnea.

Les porte-graines doivent être choisis de moyen âge et de moyenne taille, bien portants, mais sans excès de vigueur ; la première chose à faire c'est de leur choisir une place parfaitement isolée. Les camélias destinés à recevoir la fécondation hybride ont besoin, pendant cette opération délicate, de beaucoup de lumière et de la plus parfaite tranquillité ; le moindre secousse, le moindre ébranlement, peuvent rendre la fécondation impossible. On supprime d'avance les étamines qui peuvent exister dans la fleur à féconder ; d'une autre part, on doit avoir eu soin de hâter la végétation du camélia dont les fleurs doivent fournir le pollen, afin qu'elles devancent les fleurs à féconder. L'expérience prouve que, bien que les étamines de ces dernières fleurs aient été enlevées, la fécondation n'est parfaite qu'autant qu'elle peut avoir lieu *avant* l'époque où ces étamines auraient rempli leurs fonctions si on les avait conservées.

C'est le matin, vers l'heure du lever du soleil, que le pollen doit être répandu sur les fleurs de camélia. Les uns prennent les fleurs mâles bien épanouies et les secouent sur les fleurs à féconder ; les autres regardent comme plus sûr d'appliquer directement sur les stigmates le pollen au moyen d'un pinceau fin. L'un et l'autre procédé peuvent également réussir ; ils doivent être répétés plusieurs jours de suite, toujours à la même heure. Tant que dure la fécondation, on s'abstient de mouiller le feuillage des camélias.

L'hybridation réussit mal d'une fleur simple sur une autre fleur simple ; elle réussit bien d'une fleur semi-double ou double, par le pollen d'une fleur simple. Après la fécondation, il est bon de retrancher en partie, ou même en totalité, les boutons à bois du camélia porte-graines, afin que sa sève ne soit pas détournée au préjudice des fruits.

Le fruit du camélia est un drupe charnu à 3 lobes ; il atteint ordinairement le volume d'une noix, et quelquefois celui d'une pomme d'api. Sa couleur verte, qui tire d'abord sur le rouge, passe au brun à l'époque de la maturité des graines.· Il ne faut pas attendre, pour récolter les fruits du camélia (*fig* 501), qu'ils tombent

Fig. 501.

d'eux-mêmes; dès que l'enveloppe charnue formant le drupe commence à se fendre, la graine est mûre; il faut la recueillir aussitôt, la faire sécher à l'ombre, et la semer sans perdre de temps; c'est une petite amande très huileuse, sujette à rancir promptement et à perdre par la sa faculté germinative. On sème en terre de bruyère mêlée avec de bon terreau. Le jeune plant n'est ni délicat, ni difficile à élever; il faut lui maintenir le pied plutôt frais que trop humide, et le préserver soigneusement des coups de soleil pendant son premier été.

Nous avons emprunté une grande partie des notions qui précèdent à l'excellent traité de M. l'abbé Berlèse.

SECTION VI.— *Plantes d'orangerie et de serres.*

Le goût des personnes aisées pour les plantes exotiques, dont la culture exige l'orangerie ou les serres, est en progrès en France; de là la grande extension qu'a prise depuis peu d'années le commerce de ces plantes dont plusieurs séries importantes sont devenues des collections; telles sont en particulier les cactées et les orchidées, plantes entièrement différentes du règne végétal, et qui n'ont jamais été en plus grande faveur que de nos jours.

Conformément à la marche que nous avons suivie pour les autres parties de la floriculture, nous donnerons séparément la culture des plantes de collection qui appartiennent à l'orangerie et aux serres; nous indiquerons ensuite la culture générale des plantes de toute espèce qui peuplent habituellement les divers genres de serres.

§ Ier. — Culture des plantes d'orangerie.

Ces plantes, dans l'ordre naturel de leur importance pour l'ornement des jardins, viennent immédiatement après celles dont nous venons de passer en revue la culture; elles appartiennent à des familles et à des genres très éloignés les uns des autres; elles ont pour caractère commun le sommeil complet de leur végéta-

tion pendant l'hiver sous notre climat, caractère qui n'est en elles qu'un accident; ainsi, sans aller plus loin vers le sud que notre frontière méridionale, sur tout le littoral français de la Méditerranée, l'oranger, le citronnier, l'arbousier, végètent tout l'hiver et le grenadier ne perd pas ses feuilles. L'orangerie n'est à proprement parler qu'un abri pour l'hivernage d'un certain nombre de végétaux, ce que les Anglais expriment par le mot *conservatory*; les végétaux ne peuvent en effet que se conserver dans l'orangerie; ils ne peuvent y grandir, ils ne peuvent pas davantage s'y multiplier; dès que leur végétation reprend son cours au retour de la belle saison, ils ont hâte de sortir de l'orangerie, ils ont soif de l'air extérieur.

A dépense égale, la serre offre tant d'avantages evidents sur l'orangerie, qu'on a lieu de s'étonner qu'on n'ait pas encore renoncé à construire des orangeries. Il y a pour cela une raison, une seule, mais elle est d'un grand poids aux yeux de l'amateur riche de l'horticulture. Toutes les serres ont pour but principal la vie et la santé des plantes exotiques qui doivent y végéter; leur construction est subordonnée à cet objet essentiel; pour remplir cette condition, elle est assujettie à des principes, à des règles fixes dont on ne peut s'écarter (*voir* Serres, page 38 et suivantes). L'architecte chargé de bâtir une serre est fort embarrassé entre le propriétaire qui veut une construction élégante en harmonie avec l'habitation et les jardins qui en dépendent, et le jardinier qui s'oppose avec raison à tout ce qui pourrait diminuer le bien-être de ses plantes. S'agit-il au contraire de construire une orangerie, l'architecte a ses coudées franches; il y peut ajuster tout autant d'ornements d'architecture qu'on lui en demande, sans que le jardinier ait à se plaindre : telle est la raison qui peut seule expliquer pourquoi il y a encore des propriétaires qui font construire des orangeries. Toutefois, l'exemple des horticulteurs de profession qui ont renoncé aux orangerie depuis longtemps doit finir par prévaloir, par ce seul motif que les plantes d'orangerie passent parfaitement l'hiver dans la serre froide ou tempérée, tandis que les plantes de serre végètent mal dans l'orangerie.

Le service intérieur d'une orangerie exige deux sentiers ou passages, l'un près du mur du fond, l'autre sur le devant. On s'abstient ordinairement de placer aucune plante en contact immédiat avec le mur du fond de l'orangerie, qui conserve toujours plus ou moins d'humidité, à moins qu'on n'y ait pourvu au moyen d'un enduit hydrofuge. Les Anglais ont à cet égard une excellente coutume; le bâtiment dont le devant sert d'orangerie est double; le mur du fond supporte une seconde construction en appentis; ce n'est souvent qu'un simple hangar, mais c'en est assez pour préserver de toute humidité le mur du fond de l'orangerie.

Le premier rang au fond de l'orangerie, à la place la plus obscure et la plus éloignée des *jours*, est toujours réservé aux végétaux qui perdent leurs feuilles pendant l'hiver, et n'ont par conséquent pas besoin de lumière durant cette saison. Les autres se placent par rang de taille, les plus grands en arriere et les plus petits sur le devant. Les plantes herbacées occupent, sur deux rangs de gradins, toute la partie antérieure de l'orangerie, le plus près possible des vitrages.

La direction des plantes d'orangerie n'exige qu'un peu d'attention ; tant qu'il ne gèle pas, les plantes qui conservent leurs feuilles ont besoin de beaucoup d'air ; dès qu'il gèle, il faut s'abstenir d'arroser hors le cas de necessité absolue. Cette nécessité n'existe réellement que quand la terre des caisses et des pots est desséchée jusqu'au fond, ce dont on peut toujours s'assurer au moyen d'une sonde. Quand le froid se fait sentir, on ferme les chàssis et les volets intérieurs, si les fenêtres en sont munies, et l'on étend par-dessus des paillassons simples ou doubles ; on n'a recours au poêle que quand le thermomètre descend au-dessous de zéro, encore ne faut-il chauffer qu'avec les plus grands ménagements. A mesure que le temps devient plus doux, on laisse les fenêtres ouvertes plus longtemps, et l'on finit par les ouvrir même la nuit avant l'époque où les plantes d'orangerie peuvent supporter le plein air, afin de les y habituer par degré.

La simple substitution d'un toit en vitrage au toit en tuiles ou en ardoises de l'orangerie, ajoute beaucoup à son utilité, sans en diminuer sensiblement l'effet architectural. L'orangerie à toit vitré rentre tout-à-fait dans les conditions du genre de serres, nommées par les Anglais, *conservatory* ou *green-house* (maison verte, habitation des végetaux toujours verts). Les camélias, les pélargoniums et les calcéolaires y trouvent assez de lumière pour s'y conserver jusqu'à l'époque où ils peuvent être placés à l'air libre. Lorsqu'on juge à propos de conserver à l'orangerie son toit en ardoises ou en tuiles, on ne peut du moins se dispenser d'isoler entièrement ce toit du reste de la construction au moyen d'un plancher ; les plantes renfermées l'hiver dans l'orangerie ont alors au-dessus d'elles un grenier qui rend l'intérieur du bâtiment beaucoup plus sain et moins aisément pénétrable au froid extérieur.

A. — *Nériums, lauriers-roses.*

Parmi les arbustes d'orangerie nous devons une mention particulière aux lauriers-roses (nérium), élevés depuis quelques années par les amateurs au rang d'arbustes de collection. Les nériums tirent leur nom d'un mot grec qui signifie humidité, parce qu'ils se plaisent dans les lieux humides et marécageux ; ils sont indigènes dans tout le midi de l'Europe, à partir du midi de la France ; on les retrouve le long des rivières et des torrents dans toute l'Asie orientale. Les longues racines du nérium-oleander, laurier-rose ordinaire, racines souvent aussi volumineuses que le buisson extérieur,

rendent de grands services dans le midi, en prévenant les éboulements sur le bord des eaux torrentueuses.

Les nériums de collection se divisent en deux séries, reconnaissables à un caractère très prononcé ; les nériums d'Europe, formant la première série, ont l'entrée du tube de leur corolle garni d'un cercle de filaments fort courts ; les nériums de l'Inde, formant la seconde série, ont à la même place une frange de longs filaments. Les nériums de l'Inde sont odorants ; les nériums d'Europe sont à peu près inodores.

Les collections de nériums sont peu répandues dans le nord de la France ; elles se recommandent par la variété des couleurs et la longue durée de la floraison, qui se prolonge pendant 3 ou 4 mois, sans le secours de la culture forcée.

Les nériums se multiplient de boutures, qui reprennent avec une grande facilité, et de semis faits au printemps en terrine ou sur couche sourde, mais toujours dans la terre à oranger, la plus favorable de toutes à la végétation des nériums (*voir* Composts, pag. 14). Les boutures faites avec de jeunes pousses s'enracinent aisément à l'air libre, dans une position ombragée, pourvu que l'eau ne leur manque pas ; les boutures de nériums de l'Inde ont besoin, pour s'enraciner, de la protection d'un chàssis vitré.

La graine des nériums doit être récoltée un peu avant sa complète maturité et conservée dans les capsules où elle achève de mûrir. Ces capsules très allongées, sont formées de 4 valves qui s'ouvrent latéralement, comme celles de l'épilobe ; les graines sont munies d'aigrettes soyeuses ; le vent les disperserait au loin si l'on n'apportait la plus grande attention à les recueillir au moment opportun.

Les semis ont déjà fait obtenir dans les deux séries d'Europe et de l'Inde un grand nombre de variétés hybrides ; leurs couleurs varient du rouge vif au blanc pur, avec toutes les nuances intermédiaires de rose ; elles offrent en outre de fort beaux tons jaunes, cuivrés et couleur de feu. Le plant se repique très jeune dans des pots assez profonds pour que ses racines puissent s'y développer librement.

Les nériums veulent beaucoup d'eau pendant tout le temps où ils sont en végétation ; mais en hiver, quand leur végétation est interrompue, il ne leur faut qu'un ou deux arrosages très modérés pour les empêcher de se dessécher complétement. On recommence à les arroser peu à peu avant de les mettre en plein air, à mesure qu'ils montrent des dispositions à recommencer à pousser ; du reste, on les traite absolument comme les autres arbustes d'orangerie.

Depuis une vingtaine d'années on a beaucoup multiplié les nériums rose et carné, à fleur double ; ces arbustes, très recherchés du peuple de Paris, ont l'avantage de résister longtemps à la privation d'air, pourvu qu'ils ne manquent pas d'eau, et de fleurir bien ou mal tous les ans, soit dans la chambre, soit sur un balcon, même privé de soleil ; aussi s'en vend-il sur les marchés de Paris des quantités prodigieuses. Parmi les plus belles variétés des nériums de l'Inde, on remarque le nérium odorum, à odeur de violette, le splendens, dont on a obtenu une sous-variété panachée de jaune, et le nérium-Ragonnot, dont les fleurs semi-doubles et panachées de rouge et de blanc sont d'une rare beauté.

Les collections de nériums, déjà fort nombreuses, le deviennent de plus en plus par les acquisitions nouvelles que les semis procurent chaque année ; l'une des plus belles et des plus complètes qui existent, est celle de la résidence royale de Neuilly.

B. — *Orangers et citronniers.*

Ainsi que nous avons eu précédemment occasion de le faire observer, le règne des orangers est passé, ils ne sont plus qu'un accessoire dans la culture des végétaux d'orangerie ; on leur préfère avec raison une réunion d'arbustes dont les fleurs et le feuillage offrent plus de variété en n'exigeant pas plus de soins et de dépenses. Néanmoins, dans les grands jardins publics, les grands orangers, vénérables par leur haute antiquité et les souvenirs qui s'y rattachent, sont encore, avec juste raison, chers aux amis de l'horticulture ; beaucoup de châteaux conservent et entretiennent leurs garnitures de vieux orangers, qui paient si largement, par l'odeur délicieuse de leurs fleurs, les soins qu'on leur accorde.

Quant aux orangers nains, sans rivaux parmi les arbustes de leur taille pour la facilité de leur culture et des avantages qu'ils réunissent, ils seront toujours à la mode.

On cultive douze espèces distinctes d'orangers, dont les variétés sont au nombre de plus de 100, et pourraient encore s'augmenter si l'on s'occupait davantage de leurs croisements ; mais peu d'amateurs s'adonnent à ce genre de culture, d'autres genres sont en possession de la faveur du public.

1. *Multiplication.*

Nous avons indiqué les procédés de multiplication en usage dans les pépinières du midi pour se procurer du plant d'oranger (*voir* p. 85). Les jardiniers - fleuristes de Paris sèment dans ce but des pepins de citrons, qu'il est aisé de se procurer à bas prix et en grande quantité. Ces pepins, semés sur couche chaude, lèvent promptement et donnent au bout d'un an ou deux, quelquefois au bout de 8 ou 10 mois, des sujets propres à recevoir la greffe de toutes les variétés d'oranger. On laisse prendre aux sujets de citronnier plus ou moins de force et d'élévation, selon la nature des oranges qu'on se propose de greffer dessus ; les orangers nains, principalement les charmants petits orangers de la Chine, se greffent à 0^m,20 ou 0^m,30 de terre.

2. *Rempotage et rencaissement.*

Les jardiniers ont en général un préjugé en faveur des caisses de petites dimensions ; ils ont raison, sans doute, quant aux orangers qui doivent être contenus dans de certaines limites, à plus forte raison pour les arbres nains ; mais s'il s'agit d'orangers de première grandeur, une caisse de 1^m,30 en tous sens, n'est pas trop grande pour un oranger de 2^m,50 à 3 mètres de hauteur ; ceux d'une grandeur un peu moindre veulent des caisses de dimensions relativement semblables : c'est la proportion qu'on observe dans les grandes orangeries de Paris et de Versailles ; elle a pour elle la sanction d'une longue expérience ; il suffit de rappeler le fameux oranger connu sous le nom de *connétable*, encore plein de vigueur et de santé ; il est toujours le plus beau de l'orangerie de Versailles, qu'il habite depuis 159 ans : il date, avec certitude, du commencement du quinzième siècle. Cet oranger, obtenu de pepins vers 1405, à Pampelune, en Navarre, puis envoyé en France sous le règne de François Ier, offre tout l'intérêt d'un monument historique ; il passe pour avoir été compris dans la confiscation des biens du connétable de Bourbon.

Les jeunes orangers doivent être dépotés tous les ans et rempotés aussitôt, après qu'on a visité et rafraîchi leurs racines, si l'on y remarque quelques parties endommagées ou malades. A mesure qu'ils vieillissent on leur donne des caisses au lieu de pots ; puis des caisses de plus en plus grandes, qu'on change d'abord tous les deux ans, ensuite, au bout de 6 ou 8 ans seulement. On donne aux grands orangers des caisses dont les panneaux s'enlèvent séparément, ce qui permet de visiter facilement leurs racines, pour s'assurer si elles sont en bon état (voir *fig.* 138). L'époque la plus favorable pour rempoter ou rencaisser les orangers de tout âge et de toute espèce, est le commencement du mois de mars. (Pour la terre à orangers, *voir* composts, pag. 14.)

En général, dit M. Poiteau, on fait aujourd'hui toutes les terres plus légères qu'autrefois, et l'on a raison ; on est obligé d'arroser plus souvent, mais les plantes poussent mieux ; leurs racines sont moins grosses et plus nombreuses.

3. *Taille.*

La taille de l'oranger en pleine terre se borne à un élagage modéré tous les deux ou trois ans et à la suppression des branches gourmandes qui détourneraient la sève aux dépens du reste de l'arbre ; cette taille a pour but la production du fruit ; elle sort du domaine de l'horticulture. La taille de l'oranger chez les jardiniers-fleuristes a pour objet unique la production des fleurs pour la vente, sans se mettre en peine de la régularité de la forme ; elle provoque la formation du plus grand nombre possible de branches à fruit qu'on se contente d'arrêter par le pincement lorsqu'elles menacent de s'emporter. Ce n'est que dans les orangeries des jardins publics ou dans celles des propriétaires assez riches pour ne pas tenir compte du profit, que la taille de l'oranger est dirigée vers son véritable but, la santé des arbres, leur durée et la régularité de leurs formes; l'oranger s'y prête d'ailleurs admirablement, il n'y a qu'à seconder la nature sans la contraindre, tant cet arbre a de dispositions à répartir également sa sève dans des branches également espacées. Lorsque les orangers sont tout formés, on leur donne tous les ans une taille d'entretien qui se borne au retranchement des branches mortes ou malades, et de celles qui font confusion; cette taille se donne en plein air, au mois de septembre; tous les 4 ou 5 ans on les taille à fond, en supprimant tout autour des têtes les branches qui tendent à faire dépasser aux arbres le volume qu'ils doivent avoir, volume proportionné à celui des racines, telles que les comporte la quantité de terre contenue dans les caisses. Au printemps suivant, la tête des orangers taillés à fond se refait très promptement, surtout quand on a soin de pincer, pour les faire ramifier, les branches qui, par leurs bifurcations, peuvent le plus facilement remplir les vides résultant de la taille.

Aucun arbre ne se rajeunit plus facilement que l'oranger lorsqu'on veut remplacer par du jeune bois des branches épuisées de vieillesse; le rabattage provoque toujours l'émission d'un nombre surabondant de jeunes pousses, parmi lesquelles on réserve les mieux placées pour refaire la tête de l'arbre. On emploie le même moyen pour rétablir des orangers souffrants, parce qu'ils ont été mal gouvernés. Dans ce cas, le siège du mal est presque toujours dans les racines; on décaisse l'arbre malade: on détache toute la terre adhérente à ses racines, dont on retranche toutes les parties attaquées, en même temps que la tête est réduite par un rabattage sévère sur ses principales branches; puis l'oranger est remis dans la caisse avec de nouvelle terre, et il s'y refait à vue d'œil.

Pour des orangers de dimensions moyennes qu'il s'agit de remettre en bon état, on peut, comme le conseille *le Bon Jardinier*, après les avoir traités comme on vient de le dire, les replanter, non point dans de la terre à oranger, mais dans du terreau pur, à même la bâche d'une serre tempérée; ils s'y refont beaucoup plus vite; on les remet plus tard dans leurs caisses, en ayant soin, au moment où on les retire de la bâche, de leur laisser le plus de terreau possible après les racines; le reste de la caisse est rempli avec de la terre à oranger.

4. *Détails de culture.*

On sait qu'en général toutes les plantes d'orangerie ne veulent presque point d'eau pendant le repos de leur végétation; on n'arrose les orangers dans l'orangerie que pour les maintenir verts; à mesure que la température s'élève et que le moment approche où les orangers pourront être placés dehors, on arrose un peu plus souvent et plus largement. Les orangers ont surtout besoin de beaucoup d'eau pendant qu'ils sont en fleurs; on dit communément que sur trois arrosages, on doit en donner au moins un assez abondant pour que l'eau ressorte par le fond de la caisse. Mais on ne peut poser de règle fixe à ce sujet, pas plus que pour l'époque à laquelle il convient de sortir et de rentrer les orangers; tout dépend de la température toujours très variable d'une année à l'autre sous le climat de Paris. Pour éviter de rendre par le tassement la terre des caisses d'orangers trop compacte, circonstance qui leur est très nuisible, on en recouvre la surface avec une couche épaisse de crottin de cheval; l'eau passant à travers cette couche, s'infiltre sans comprimer la terre, et entraîne en outre avec elle, au profit des racines de l'arbre, les parties solubles du fumier. Lorsque le temps reste longtemps sec, il est bon de donner aux têtes des orangers de fréquentes ondées factices, pour rafraîchir leur feuillage, indépendamment des arrosages donnés à la terre des caisses.

Le collet des racines de l'oranger ne doit pas être recouvert de terre; l'influence de l'air sur cette partie de l'arbre est favorable à sa bonne santé; on a soin de la laisser à découvert en formant tout autour un creux ou bassin circulaire. Cette disposition offre encore un avantage en ce qu'elle fait pénétrer plus sûrement l'eau des arrosages au centre de la motte qui souvent, faute de cette précaution, peut se dessécher et se durcir au point de ne plus pouvoir être pénétrée par l'eau, au grand préjudice des orangers.

Les orangers réussissent très bien en espalier le long du mur de fond d'une serre à forcer; dans cette situation, ils peuvent donner des fruits à peu près mûrs, non-seulement sous le climat de Paris, mais même sous le climat humide de la Hollande et sous le climat rigoureux du nord de l'Écosse.

En Angleterre, les orangers de différentes tailles sont souvent cultivés en pleine terre dans des serres construites exprès. Les platesbandes de l'intérieur de ces serres sont garnies de primevères de Chine, de violettes perpétuelles, et d'autres fleurs de petite taille mêlées à un gazon qu'on a soin de tondre souvent pour qu'il se maintienne toujours très court et d'un beau vert. La *fig* 502 montre la coupe et

Fig. 502.

la *fig.* 503 le plan d'une serre de ce genre qui

Fig. 503.

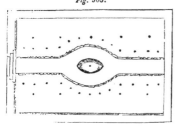

doit être vitrée de tous les côtés, et n'avoir de maçonnerie qu'à hauteur d'appui. On voit dans la *fig.* 502 la disposition des conduits de chaleur ; ces conduits ne doivent donner en hiver qu'une température habituelle de 5 à 6 degrés, température qui, dans aucun cas, ne doit dépasser 10 degrés. Une orangerie de cette espèce forme un charmant jardin d'hiver.

Les orangers nains, particulièrement les petits orangers de la Chine, dont la fleur est préférable à toute autre pour la préparation de l'eau de fleur d'oranger, se placent entre les grands orangers, près des jours ; les orangers de grande taille, livrés à leur végétation naturelle, forment de gracieuses allées couvertes, garnies de fleurs presqu'en tout temps ; on peut même y récolter quelques fruits mangeables. La culture des citronniers, cédratiers, limettiers, et de toutes leurs variétés, se rapporte de point en point à celle de l'oranger ; tous ces arbres exigent la même terre, la même température, la même taille, et les mêmes soins généraux de culture. Ils apportent une agréable variété dans les plantations d'orangers en pleine terre sous l'abri d'une orangerie vitrée, selon la méthode anglaise.

C. — Grenadiers.

Les deux variétés de cet arbre, l'une à fleur d'un rouge éclatant, l'autre d'un blanc jaunâtre, exigent les mêmes soins de culture que les orangers ; ils veulent seulement être taillés un peu différemment, parce qu'il est dans leur nature de ne donner des fleurs que sur l'extrémité des pousses de l'année ; le but de la taille est donc de provoquer sur toutes les parties du grenadier l'émission de jets annuels assez forts pour fleurir, et assez nombreux pour qu'au moment de la floraison, les fleurs soient également réparties sur toutes les branches de l'arbre. Dans ce but, on supprime annuellement un certain nombre de branches secondaires épuisées ; elles sont remplacées par de jeunes pousses qui fleurissent abondamment ; cette taille se donne en hiver, pendant le repos de la sève ; l'époque la plus convenable est la fin de février. Dans les années chaudes et sèches, le grenadier à fleur simple donne des fruits à peu près mûrs sous le climat de Paris ; il en donne de tout-à-fait mûrs et en grande quantité, lorsqu'on le

cultive en espalier sur le mur du fond d'une serre à un seul versant, de même que l'oranger.

§ II. — Ericas.

Ce joli genre de plantes, que M. Poiteau a si bien caractérisé en disant que les éricas sont des *arbres en miniature*, est en effet composé de plantes à tiges ligneuses, même chez les plus petites espèces. Leur nom est dérivé d'un mot grec qui signifie fragile, parce qu'en effet, leurs tiges très peu succulentes, se cassent facilement.

Les éricas ont été longtemps fort négligées de l'horticulture qui ne s'attachait point à tirer parti de leur effet ornemental ; jusqu'à la fin du siècle dernier, on n'en connaissait que trois ou quatre espèces de petite taille répandues dans toutes les contrées incultes de l'ouest, et du nord de l'Europe, et une seule espèce de grande taille, la bruyère d'Espagne, qui s'élève à 2^m,50 sur les collines du département du Var. Mais depuis que le Cap de Bonne-Espérance est tombé entre les mains des Anglais, les collecteurs des grands établissements d'horticulture ont envoyé en Angleterre des graines des plus belles espèces indigènes dans cette partie de l'Afrique ; dès lors, les éricas sont devenues des plantes de collection. Le goût de cette culture a été tout aussitôt importé en France ; on voyait déjà à Paris en 1802 des collections de bruyères de plus de 200 espèces ou variétés.

Nous n'insisterons point sur les services que cette jolie plante rend à l'humanité dans les contrées stériles ; nous nous bornerons à rappeler qu'elle forme à elle seule le coucher du montagnard écossais et la toiture de sa cabane ; les abeilles récoltent dans ses fleurs un miel un peu brun, mais très abondant ; les anciens Pictes d'Ecosse fabriquaient une sorte de bière avec les jeunes pousses de la bruyère de leur pays, usage encore pratiqué de nos jours dans les îles Westernes ; enfin les grandes bruyères sont la base du chauffage dans la Basse-Provence ; le biscuit pour la marine, à Toulon, n'est cuit qu'avec des fagots ou fascines, dont la grande bruyère d'Espagne forme la base, associée aux myrtes et aux arbousiers ; ces fascines sont liées ordinairement avec des branches flexibles de laurier rose.

Le nom de M. Francis Masson, horticulteur anglais, se rattache à l'importation en Europe des premières bruyères d'Afrique, que cet explorateur zélé alla chercher lui-même aux environs du cap de Bonne-Espérance, vers le commencement du règne de Georges III. Beaucoup d'éricas sont de magnifiques arbustes d'une grande richesse de floraison, et d'un luxe étonnant de végétation, lorsqu'on les cultive en pleine terre dans le conservatoire (*voir* page 47) ; d'autres sont remarquables par leur petitesse et la délicatesse de leurs formes ; toutes sont jolies, gracieuses ou bizarres ; plusieurs ont une odeur agréable.

L'horticulture française est dépassée par les

Anglais et même par les Belges et les Allemands pour la culture des éricas. « Le climat, ou plutôt l'atmosphère trop sèche de la France, dit M. Poiteau, ne leur est pas favorable ; on a jugé convenable de renoncer à la culture des espèces difficiles, et de s'en tenir à celles dont la conservation est plus facile. »

Quel que soit notre respect pour le vénérable doyen de l'horticulture française, nous ne pouvons être en ce point de son avis; nous pensons avec MM. Henderson et Loddiges, juges très compétents en cette matière, que la culture des éricas de *toute espèce*, n'est pas plus difficile que celle des géraniums; seulement, elle exige un peu plus de soin et d'attention, et beaucoup plus de main-d'œuvre; c'est là le fond de la question, le nœud de la difficulté. Les éricas n'étant point encore en France en assez grande faveur pour être payées à un prix proportionné à la peine que donne leur culture, les horticulteurs-marchands les ont négligées; les amateurs ont suivi leur exemple, leur attention se trouvant détournée vers d'autres genres plus à la mode ; mais il ne s'ensuit pas du tout que les éricas soient plus difficiles à bien cultiver que les plantes que la mode leur préfère. Les éricas sont les seules d'entre les plantes exotiques que les insectes n'attaquent jamais, ou presque jamais.

A. — Multiplication.

La graine des diverses espèces d'éricas conserve très longtemps sa faculté germinative ; la nature semble avoir destiné cette graine à être la provision d'hiver des petits oiseaux chanteurs, dont plusieurs n'ont souvent pas d'autre ressource. Les capsules qui la renferment sont construites de manière à ne pas s'ouvrir naturellement, et à résister fort longtemps aux chocs divers auxquelles elles sont exposées, tant leur tissu est solide, quoique très mince ; la graine de bruyère s'y conserve souvent d'une année à l'autre, et même plus longtemps. Quelques espèces seulement donnent en Europe des graines fertiles; la graine des autres espèces s'obtient chez les marchands de graines qui la font récolter au cap de Bonne-Espérance; elle arrive ordinairement en Europe durant l'hiver; les semis ont plus de chances de succès quand on les remet aux premiers jours de mars. Les graines récoltées en Europe se sèment aussitôt qu'elles ont atteint leur maturité, pourvu que leur maturité n'ait pas lieu plus tard que la fin d'octobre; autrement il vaudrait mieux les conserver dans leurs capsules jusqu'au printemps suivant, pour les semer à la même époque que les graines envoyées d'Afrique. On sème dans un mélange de terre de bruyère et de sable fin siliceux, par parties égales, légèrement tassé; les pots ne doivent pas être remplis jusqu'au bord. La graine veut être fort peu couverte par un peu du même mélange qu'on tamise par-dessus ; on l'entretient constamment humide par de fréquents bassinages donnés avec un arrosoir à boule percée de trous très fins.

Les jardiniers anglais ont coutume de recouvrir d'une cloche et d'un châssis les pots où ils ont semé des graines de bruyère; on rend l'air peu à peu au jeune plant à mesure qu'il se montre. Lorsque la graine n'est pas trop ancienne ment récoltée, elle lève presque toute en 6 semaines. Le plant d'éricas peut être exposé à l'air libre plusieurs heures de la journée, depuis le commencement de l'été jusqu'en septembre; il est alors bon à être repiqué. Les jeunes plantes se repiquent une à une dans des pots d'un très petit diamètre remplis de terre de bruyère pure.

On marcotte rarement les éricas, qui ne se prêtent que difficilement à ce procédé de propagation ; les éricas-massonii, retorta, petiolata, sont les moins difficiles à marcotter, encore ne mettent-elles pas moins de deux ans à s'enraciner.

Les éricas peuvent être bouturées en tout temps ; les Anglais, maîtres en cette matière, ne mettent les boutures d'éricas en terre qu'au mois de juin ; en Allemagne on commence en février, pour finir au mois de mai. Les jeunes pousses qu'on emploie pour boutures doivent être coupées très net et horizontalement; il est important pour la reprise qu'elles ne soient ni comprimées ni déchirées. La partie inférieure destinée a être mise en terre doit être dépouillée de ses feuilles, qu'il ne faut point arracher, mais retrancher, soit avec une lame de canif, soit avec des ciseaux très fins. Les boutures d'éricas se placent dans des pots remplis, soit de terre de bruyère sableuse, soit de sable pur ; on enterre ces pots dans une couche tiède ; ils sont ensuite recouverts de cloches par-dessus lesquelles on rabat les châssis, jusqu'à ce qu'on reconnaisse à l'allongement de la pousse terminale que les boutures sont enracinées. Les boutures d'éricas s'enracinent facilement, mais le temps qu'elles mettent à former de jeunes racines est très variable. Les unes, c'est le plus petit nombre, sont enracinées au bout de deux mois ; les autres emploient à ce travail depuis trois mois jusqu'à un an. Lorsqu'on a mis les boutures en terre au mois de juin, on en a un certain nombre à repiquer à la fin de septembre; presque toutes les autres pourront être repiquées en mars l'année suivante. Dès que ces boutures recommencent à grandir, signe assuré de leur reprise, il faut commencer à leur rendre l'air, d'abord au milieu du jour, puis de plus en plus, à mesure que le moment approche où il faudra les repiquer. Les boutures repiquées se traitent comme le plant obtenu de semis.

B. — Détails de culture.

La terre qui convient le mieux a toute espèce de bruyère, c'est sans contredit la terre de bruyère pure, pourvu qu'elle ne soit pas trop compacte, auquel cas il faudrait y ajouter, comme le font les Anglais, une certaine dose de sable. A défaut de terre de bruyère on peut cultiver avec succès les éricas dans un mélange de terreau de feuilles passé au crible fin, et de sable siliceux, par parties égales. Le sable employé pour ces deux mélanges doit être choisi parmi ceux qui ne contiennent pas de traces d'oxyde de fer, car la plus petite quantité de cet oxyde peut faire aux ericas un tort très sensible. La même terre ne convient pas à toutes les bruyères ; il en est parmi celles du cap de Bonne-Espérance, qui croissent naturellement dans des crevasses de rochers presque dépourvues de terre ; on doit donner à ces espèces une terre plus sableuse, dans des pots plus petits que ceux qui conviennent aux autres ericas ; en général, toutes les bruyères se contentent de pots assez petits, relativement au volume des plantes. Elles n'ont pas besoin, comme le pensent beaucoup d'horticulteurs en France et en Allemagne, d'être fréquemment rempotées ; le rempotage n'est nécessaire que quand les racines remplissent exactement toute la capacité du pot. Voici ce que dit à cet égard M. Henderson, habile horticulteur écossais, qui a cultivé pendant 30 ans la plus belle collection d'ericas qui fût en Europe. « Jamais je ne donne un nouveau pot à une erica, que celui qu'elle occupe ne soit complètement rempli par ses racines ; quand elles se comportent bien, il y en a que je ne dérange pas pendant 3 et même 4 ans, et qui, loin d'en souffrir, fleurissent parfaitement. J'ai des pieds d'erica-retorta, dont les touffes, très serrées, n'ont pas moins de 0^m,50 de tour, sur 0^m,40 de hauteur ; ces plantes sont dans des pots de 0^m,15 de diamètre ; des pieds d'érica-infundibuliformis qui ont 0^m,80 de tour et 0^m,90 de hauteur, et d'autres d'érica-pilosa qui n'ont pas moins de 2 mètres de tour, sur 1^m,80 de hauteur, vivent et prospèrent dans des pots de 0^m,25 de diamètre ; je ne les dépote que *tous les 5 ans ;* ils végètent avec vigueur et se couvrent de fleurs depuis le collet de la racine jusqu'au sommet des tiges. »

Les ericas végètent plus ou moins en tout temps ; elles veulent donc être arrosées toute l'année, en proportion de leurs besoins, très fréquemment et toujours peu à la fois ; il ne faut jamais attendre que la terre soit tout-à-fait sèche et que les plantes commencent à se flétrir. Quand ces accidents arrivent, ce qui doit toujours être attribué à la négligence du jardinier, il faut se hâter d'enterrer dans une couche tiède recouverte d'un châssis les plantes qui ont souffert de la sécheresse ; on peut aussi les porter dans la serre tempérée, et là les arroser largement ; elles ne tarderont point à se refaire. Mais si la sécheresse a pris les racines, et qu'elles soient sérieusement attaquées, le mal est sans remède ; il ne faut pas attribuer à une autre cause la mort fréquente des ericas cultivées dans des appartements ou confiées à des jardiniers peu soigneux.

Les ericas ne sauraient avoir trop d'air et trop de lumière. « Pour moi, dit M. Henderson, je lève les vitrages de la serre aux ericas, même en hiver, tant qu'il ne gèle pas et que le temps est clair ; je laisse le vent souffler dessus tant qu'il lui plaît, elles ne s'en portent que mieux. »

En effet, partout où croissent les bruyères, soit en Europe, soit en Afrique, c'est toujours dans des contrées découvertes, exposées presque toute l'année aux vents les plus violents ; comment pourraient-elles donc supporter la privation d'air ?

Les ericas sont d'ailleurs bien moins sensibles au froid qu'on ne le pense communément ; des expériences faites en Angleterre ont prouvé que plusieurs d'entre elles, entre autres l'erica-persoluta, peuvent demeurer quelque temps dans de la terre gelée, sans que leurs racines meurent, pourvu qu'on ne les expose pas immédiatement après à une température élevée, et qu'on ait soin de faire dégeler la terre peu à peu.

Il ne faut chauffer la serre aux ericas qu'en cas de grand froid, quand les couvertures de paillassons et de litière sont jugées insuffisantes pour empêcher la gelée d'y pénétrer ; le point important c'est d'en éloigner l'humidité et d'y laisser pénétrer en abondance, en toute saison, l'air et la lumière. La *fig.* 504 représente l'erica grandiflora, l'une des plus belles du genre.

Fig. 504.

Les espèces et variétés d'ericas sont très nombreuses ; elles se classent d'après plusieurs caractères dont le plus saillant est la disposition des feuilles. La première section comprend les ericas à feuilles opposées ; la bruyère commune fait partie de cette section, dont la plante la plus remarquable est l'erica lutea ou imbellis, à rameaux retombants, à fleurs d'un beau jaune. Dans la seconde section, les feuilles sont ternées, quelquefois quaternées ; l'érica-cinerea, l'une des plus nombreuses du genre, fait partie de cette section. La troisième section ne comprend que des ericas à feuilles quaternées ; l'erica-arborea, la plus grande du genre, appartient à cette section. Dans la quatrième section, les feuilles sont disposées par six ; l'érica-formosa, dont les fleurs pourprées sont longues de 27 millimètres, est comprise dans cette section ; elle passe avec raison pour l'une des plus belles bruyères connues.

Les ericas de la cinquième section ont leurs

feuilles ternées ; leur caractère distinctif est tiré de la disposition des étamines dont les anthères sont dépourvues des poils qui les accompagnent dans les espèces précédentes, et renfermées le plus souvent dans la corolle. On re marque dans cette section l'érica-versicolor, dont les fleurs sont ordinairement de deux couleurs.

Les détails dans lesquels nous sommes entrés sur la culture des éricas s'appliquent intégralement aux epacris, jolies plantes de la Nouvelle-Zélande, aujourd'hui aussi répandues dans nos serres que les éricas. Les épacris, indépendamment des semis et des boutures qui réussissent très bien, se multiplient de marcotte avec beaucoup plus de promptitude et de facilité que les éricas, auxquelles elles ressemblent beaucoup; la *fig.*505 représente l'épacris grandiflora;

Fig. 505.

ses corolles tubulées rouges, terminées par un limbe découpé, blanc, liseré de vert, ne le cèdent en rien aux bruyères les plus remarquables; on compte dix-huit genres distincts d'épacris, tous riches en espèces, sans les variétés dont les semis tendent à grossir le nombre. Les épacris, comme les bruyères, semblent se plaire beaucoup entre elles; avec les mêmes soins de culture dans des conditions parfaitement semblables d'ailleurs, les épacris ne prospèrent pas lorsqu'on les cultive en mélange avec d'autres plantes.

§ III. — Cactées.

Les plantes de la famille des cactées ne ressemblent à celles d'aucune autre famille végétale; la singularité de leur aspect et la variété de leurs formes bizarres justifient, autant que la rare beauté de leur floraison, la faveur toujours croissante dont elles sont l'objet. Cette faveur est portée en Angleterre à un degré inconnu partout ailleurs; plusieurs grandes maisons d'horticulture de ce pays font rechercher dans toutes les contrées encore inexplorées des deux hemisphères les cactées nouvelles pour les introduire dans les serres d'Europe; les *col lecteurs* de cactées s'exposent à toute sorte

de fatigues et de périls pour conquérir de temps en temps une fleur inconnue ; c'est dire assez à quels prix élevés reviennent les plantes récemment introduites. Les cactées se prêtent très bien aux croisements hybrides auxquels on doit déjà un grand nombre de très belles variétés dans les plus beaux genres de cette famille.

Les cactées, cactus ou cactiers, car les auteurs les désignent sous ces différents noms, ont reçu le nom de cactus ou cactos, d'un naturaliste grec, Théophraste, qui l'appliquait spécialement au cactus-opuntia, dont le fruit servait de son temps et sert encore aujourd'hui de nourriture aux Siciliens, pendant une partie de l'année. On a étendu plus tard cette dénomination aux plantes, où, comme chez les opuntias, la tige et les feuilles ne font qu'un; presque toutes sont armées d'épines, les unes molles et inoffensives, les autres dures et piquantes, disposées par faisceaux divergents; tel est surtout le mélocacte, que Linné nommait le hérisson des végétaux.

Le plus grand nombre des cactées habite le nouveau continent, où on les rencontre depuis le cours superieur du Missouri, dans l'Amérique septentrionale, jusqu'au pays des Patagons, à l'extrémité de l'Amerique méridionale. Ces contrées immenses, encore imparfaitement connues et très rarement visitées par les naturalistes, doivent contenir bien des cactées inconnues; on pense que nous n'en connaissons pas encore tout-à-fait la moitié, bien que les collections contiennent environ 600 espèces, et plus de 100 variétés.

Les botanistes ne sont point d'accord sur la classification des cactées, nous devons laisser cette discussion aux botanistes; nous ferons observer seulement qu'il doit nécessairement y avoir beaucoup de provisoire dans la classification regulière d'une famille de plantes dont on connaît à peine la moitié; à quoi il faut ajouter cette particularité, que, parmi les cactees cultivées dans nos collections, il en est beaucoup qui n'ont jamais fleuri, et dont par conséquent les caractères botaniques les plus importans n'ont pas pu encore être exactement déterminés. Les principales tribus de la famille des cactées sont :

1° Melocactes. Ces plantes doivent leur nom à leur ressemblance avec un melon à côtes; les fleurs naissent au sommet, sur une excroissance qui semble une plante greffée sur une autre ;

2° Echinocactes. L'ensemble de leurs formes est sphérique, ainsi que celle des melocactes; leurs arêtes très prononcées, sont hérissées d'épines, disposées par faisceaux divergents;

3° Mammillaires. Leur forme est arrondie ou oblongue; elles sont couvertes de mamelons disposés en spirales, et dont chacun porte une touffe d'épines ou de poils soyeux;

4° Cierges (cactus proprement dits). Ils se distinguent par l'aspect tout particulier de leurs tiges anguleuses, droites, souvent simples, quelquefois rameuses, avec ou sans faisceaux d'épines, mais toujours sans feuilles distinctes de la tige;

5° Epiphylles. Les fleurs, comme le nom l'indique, naissent sur les feuilles, c'est-à-dire sur les bords des tiges aplaties, allongées et découpées, qui, superposées les unes aux autres, font en même temps l'office de feuilles chez ces plantes singulières;

6° Opuntias. La disposition générale de ces plantes est la même que celles des épiphylles; mais elles s'en distinguent aisément par leur plus grande épaisseur et la ressemblance de chacune de leurs articulations avec une raquette;

7° Pereskies. Ces plantes, par leurs tiges presque ligneuses et leurs feuilles très distinctes, s'éloignent beaucoup de toutes les autres cactées, auxquelles elles ne se rattachent que par des rapports peu saillants.

8° Rhipsalis. La différence de ces plantes avec les autres cactées est aussi fort grande; les rhipsalis vivent dans leur pays natal aux dépens des grands végétaux, comme le gui dans nos forêts.

Les pereskies et les rhipsalis s'écartent essentiellement des cactées; elles exigent d'autres soins de culture, et semblent former l'anneau qui rattache la famille des cactées au reste de la végétation.

Les mélocactes, dans leur pays natal, atteignent quelquefois des dimensions énormes; on en voit souvent à la Jamaïque, dont la masse n'a pas moins de 0ᵐ,75 de hauteur sur 2 ou 3 mèt. de circonférence; ces plantes ne parviennent jamais en Europe à la moitié de cette taille. Leur fruit, d'un beau rouge, de la grosseur d'une prune de mirabelle, se mange en Amérique; elles fructifient rarement en Europe. Les chèvres recherchent les mélocactes, qu'elles savent très bien détacher avec leurs cornes, des rochers auxquels ils sont fixés par les racines; puis elles les roulent sous leurs pieds pour en détacher les piquants qui ne tiennent pas beaucoup, et pouvoir manger le reste sans se blesser la bouche.

Quelques cierges ou cactus, proprement dits, portent des fruits mangeables dans leur pays natal; tels sont en particulier ceux du cactus Répandus. D'autres, tels que les opuntias, ont une grande importance économique; on sait que la cochenille vient sur un opuntia; les fruits d'une autre espèce d'opuntia sont tellement sucrés qu'on en peut extraire du sucre très pur en grande abondance; ces deux espèces forment des clôtures à la fois fruitières et défensives, en Afrique, en Grèce et en Sicile; elles réussissent également bien en pleine terre à l'air libre, dans nos départements méridionaux.

Les plus belles plantes d'ornement de la famille des cactées appartiennent au genre céreus (cierges ou cactus, proprement dits). Le règne végétal possède peu de productions aussi remarquables que la fleur du céreus - grandi-florus; malheureusement ce cactus, comme presque tous ses congénères, fleurit pendant la nuit, et ses fleurs ne restent ouvertes que pendant quelques heures seulement; mais elles valent bien la peine qu'on veille pour les admirer; elles n'ont pas moins de 0ᵐ,30 de longueur y compris le calice; le diamètre de la corolle, dont les pétales sont d'un blanc pur, dépasse souvent 0ᵐ,25; elles commencent à s'ouvrir entre 7 et 8 heures du soir; vers 11 heures elles sont tout-à-fait épanouies; elles s'affaissent entre 3 et 4 heures du matin, et sont tout-à-fait flétries avant le jour. Le cactus-grandiflorus fleurit en juillet; il a souvent jusqu'à 7 ou 8 fleurs ouvertes à la fois, et quand la plante est vigoureuse, ces fleurs se succèdent plusieurs nuits de suite. Elles répandent une odeur délicieuse, analogue à celle de la vanille.

Depuis quelques années, rien n'est plus commun que le cereus-speciosissimus dont la fleur rouge et pourpre n'a pas d'égale dans cette famille, quant à l'éclat des couleurs. Plusieurs épiphylles en approchent beaucoup, sans toutefois l'égaler. Le cactus flagelliformis fleurit avec une excessive abondance au mois de mai; ses fleurs restent ouvertes pendant plusieurs jours; ses tiges arrondies et molles, couvertes de piquants mous et inoffensifs, ont besoin d'être soutenues. Tous ces cactus contribuent puissamment à l'ornement des jardins et des serres, tant par la richesse de leur floraison que par le contraste de leurs formes avec celles des autres végétaux.

A. — Multiplication.

Tous les cactus se multiplient très aisément de boutures; quelques-uns d'entre eux, surtout parmi les opuntias, ont une disposition étonnante à émettre des racines et à s'attacher au sol sur lequel on dépose, même sans l'enterrer, le moindre de leurs fragments. Nous avons vu, dans le Var, des débris d'opuntias provenant de l'élagage de quelques plantes endommagées qu'on avait dû tailler pour les rétablir, s'enraciner sur les bords d'un torrent, parmi des cailloux roulés après avoir été entraînés, pendant plus de 20 kilom., par une pluie d'orage, et devenir en peu de temps des plantes vigoureuses; on n'avait pourtant retranché et jeté à l'eau que des parties malades sur la reprise desquelles on n'aurait certes pas dû compter, si elles avaient été plantées comme boutures.

On emploie ordinairement pour boutures les extrémités des tiges âgées d'un an, extrémités que, dans quelques espèces, on retranche pour forcer les plantes à fleurir. Il faut laisser la plaie se cicatriser à l'air libre avant de mettre la bouture en terre; faute de cette précaution elle pourrirait et ne donnerait pas de racines; ces boutures se font dans des pots, en terre de bruyère, sous cloche ou sous châssis; pour les espèces délicates provenant des contrées équatoriales, il est bon d'enterrer les pots dans une couche tiède pour faciliter leur reprise.

On multiplie de graines les espèces dont le

fruit peut mûrir dans nos serres ; elles se prêtent très bien aux croisements qui ont déjà donné en Angleterre des variétés hybrides. Les cactus sont au nombre des plantes dont le pollen, ou poussière fécondante des étamines, peut être conservé longtemps sec et employé ensuite avec succès à la fécondation artificielle. Les semis se font en terre de bruyère, aussitôt après la maturité des graines qui sont quelquefois très lentes à lever. Excepté l'espoir d'obtenir des variétés hybrides, les amateurs de cactées n'ont d'ailleurs aucun motif pour les multiplier de graines qu'on pourrait obtenir de leur pays natal, le moindre fragment bouturé pouvant servir à les propager.

B. — *Détails de culture.*

Les cactées dont se composent les collections d'amateurs sont originaires de climats si divers, elles végètent dans des conditions si variées sous leur climat natal, qu'on est convaincu, dès qu'on essaie de les cultiver et qu'on en possède un certain nombre, de la nécessité de leur consacrer au moins deux serres, l'une chaude, l'autre froide ou tempérée, ou bien d'isoler par une cloison deux ou plusieurs parties de la même serre, dont chacune est maintenue à une température différente de celles des deux autres. Les cactées, même celles des contrées équatoriales, qui vivent à une grande élévation sur les hautes montagnes, y endurent souvent plus de froid qu'elles ne peuvent en avoir à souffrir durant les hivers du climat tempéré de l'Europe centrale. La même observation s'applique au sol qui leur convient; les unes vivent dans des terres fortes, argileuses, sur un sol riche et fertile, d'autres sur des terrains arides, entre des crevasses de rochers, où il existe à peine des traces de terre végétale; elles puisent toute leur nourriture dans l'atmosphère; quelques-unes se plaisent dans les terrains gypseux; d'autres enfin prospèrent au bord de l'océan, dans des terrains fortement imprégnés de sel. Et pourtant, ces plantes cultivées dans la même terre, soumises à la même température, vivent très longtemps et fleurissent quelquefois; c'est que peu de plantes possèdent une énergie de vitalité égale à celle des cactées; elles peuvent beaucoup souffrir sans mourir; mais, comme nous l'avons déjà fait observer, ne pas mourir n'est pas vivre ; le but de l'horticulture doit être de faire vivre les plantes, de leur faire développer tout le luxe de leur végétation.

En France et en Angleterre, on traite les cactées comme plantes de serre chaude sèche. Les serres où l'on cultive les cactées sont construites à un seul versant, à l'exposition du plein midi; l'on n'y construit point de bâches à l'intérieur; toutes les cactées y sont dans des pots, sur des tablettes ou des gradins qui remplissent toute la serre. On donne à toutes les cactées indifféremment, une terre composée d'un tiers de terre franche et de deux tiers de terre de bruyère. En hiver, la température de la serre

aux cactées ne descend pas au-dessous de 10 degrés, bien que beaucoup de cactées puissent supporter une température beaucoup plus basse; mais on pense que plusieurs echinocactes, mélocactes et mammillarias, souffriraient si le thermomètre de la serre descendait au-dessous de 10 degrés. On regarde comme très favorables à la santé des cactées pendant l'hiver, les émanations du sol; on a soin en conséquence de ne couvrir le sol de la serre d'aucun pavé ni plancher, et de poser seulement sur les sentiers, soit des grillages plats, en fonte de fer, soit des cadres à jour en bois. Les serres aux cactées doivent être parfaitement saines ; l'humidité est mortelle aux cactées pendant l'hiver ; on les arrose rarement, depuis le mois d'octobre jusqu'au printemps ; on ne les arrose fréquemment que quand elles sont en végétation. Il est quelquefois utile de les bassiner pour dégager leur épiderme de la poussière qui s'y attache; cette opération doit être faite le matin d'une belle journée, afin que l'humidité soit promptement séchée et ne séjourne pas sur les plantes ; on établit un courant d'air pour faciliter l'évaporation.

Les cactées ne sortent de la serre qu'au milieu de l'été, à l'époque des grandes chaleurs; les plus délicates n'en sortent jamais ; les autres ne sont exposées à l'air libre que dans la situation la mieux abritée. Quelques jours avant de les sortir, on les habitue à l'air en les couvrant d'une toile pour les préserver des coups de soleil qu'on regarde comme nuisibles à plusieurs d'entre elles.

Les épiphylles et les rhipsalis qui, dans leur pays natal, ne vivent qu'à l'ombre des grands bois ou en parasites sur des arbres à feuillage touffu, ont toujours besoin de protection contre l'action directe des rayons solaires.

On rempote les cactées au printemps, au moment de la reprise de leur végétation ; quand les racines sont attaquées de pourriture, on les retranche en entier, puis on pose la plante sans terre, sur une table dans un lieu sec ; elle ne tarde pas à émettre de nouvelles racines. Dès que ces racines se montrent, on les met en terre et l'on commence à donner aux plantes rempotées des arrosages modérés.

Le traitement que nous venons de décrire est celui auquel on soumet les cactées dans les serres du Jardin du Roi, où leur végétation est très satisfaisante ; en Angleterre, la culture des cactées est conduite d'après les mêmes errements; mais en Allemagne, on traite les cactées d'une manière entièrement opposée, et il ne paraît pas qu'elles s'en trouvent moins bien.

Dans un traité publié par les journaux d'horticulture d'Allemagne, et reproduit en français par l'*Horticulteur universel*, M. le docteur Al. Berg, de Berlin, expose son procédé de culture et les résultats qu'il en obtient sous un ciel beaucoup plus rigoureux que le climat de Londres et de Paris. Cet horticulteur pose d'abord en fait que toutes les cactées, quel que soit leur climat natal ont forcément une période de repos absolu, les unes par le froid, les autres par la sécheresse. Celles des pays dans lesquels l'ordre des saisons est l'inverse de ce qu'il est en Europe, peuvent être très facilement amenées à sommeiller complètement pendant nos hivers, et à végéter seulement pendant nos étés : elles peuvent en conséquence supporter impunément pendant l'hiver une sécheresse absolue, et être privées totalement d'humidité, sans qu'il en résulte le moindre inconvénient ; la langueur apparente dont elles sont frappées disparaît au printemps du moment où on leur rend l'eau dont elles ont besoin seulement pendant qu'elles sont en végétation. Il n'y a d'exception que pour les cactées parasites, dont la culture est celle des orchidées (voir Orchidées). Par suite du même principe, il ne faut pas donner aux cactées originaires des pays tempérés, plus de 4 à 6 degrés au-dessus de zéro pendant l'hiver, et 3 ou 4 degrés de plus seulement aux cactées des pays les plus chauds. Lorsqu'on donne à ces plantes en hiver un peu d'humidité et une température trop douce, elles continuent à végéter à demi, au détriment de leur floraison l'été suivant. Il y a des mammillaires du Mexique et plusieurs échinocactes qui supportent très bien une température beaucoup plus basse pendant tout l'hiver ; une gelée passagère, qui ne se prolonge que quelques heures ne leur fait aucun tort, même quand le thermomètre descend à plusieurs degrés au-dessous de zéro ; plusieurs opuntias passent très bien l'hiver en pleine terre sous le climat de Berlin. Les cactées en Europe sont en végétation depuis avril jusqu'en octobre ; elles veulent alors beaucoup d'eau ; il faut les arroser copieusement, et plusieurs fois par jour. M. Berg a observé que quand les racines des cactées pourrissent en été, ce n'est jamais par excès d'humidité, c'est par suite des alternatives d'humidité et de sécheresse. Souvent après avoir été bien mouillées, les racines des cactées en contact avec les parois des pots sont frappées d'un coup de chaleur trop vive qui les surprend dans un milieu trop sec ; lorsqu'ensuite on songe à les arroser de nouveau, elles pourrissent, ce qui n'aurait pas eu lieu si elles avaient été maintenues suffisamment humides, sans interruption.

Rien ne favorise tant la végétation des cactées, suivant M. Berg, que de leur faire passer l'été en plein air et en pleine terre ; à l'époque où elles sortent de la serre pour être mises en pleine terre à l'air libre, elles ne font pas d'abord de bien rapides progrès ; leur végétation n'a pas d'abord, en apparence, la même activité que celle des cactées qui restent dans leurs pots dans la serre ; mais c'est qu'elles commencent par se fortifier, par devenir en quelque sorte ligneuses, ce qu'elles ne font pas dans la serre ; un peu plus tard, elles regagnent en peu de jours le temps perdu.

M. Berg prépare pour mettre ses cactées en pleine terre ce qu'il nomme une couche ; c'est tout simplement une plate-bande défoncée à 0m,30 de profondeur dans laquelle il place un lit de plâtras de 0m,15 d'épaisseur, recouvert d'une égale épaisseur de bonne terre de jardin, sans autre cérémonie. Toutes les cactées y sont plantées indistinctement au mois de mai, après qu'on a visité soigneusement leurs racines et supprimé toutes les parties malades ou endommagées ; elles forment de nouvelles racines au bout de quinze jours. Il faut avoir soin d'étaler leurs racines en les plantant, et de leur donner relativement à leur grandeur, un espace proportionné à leur accroissement présumé, car elles deviennent toujours beaucoup plus volumineuses en pleine terre que dans des pots. A partir du jour où elles sont mises en pleine terre, les cactées doivent être arrosées copieusement matin et soir, de manière à ce que la terre soit saturée d'eau ; ces arrosages abondants sont continués jusqu'au mois de septembre ; on ne donne aux cactées, durant tout cet intervalle, aucune espèce d'abri, ni contre la pluie, ni contre le soleil ; elles restent à l'air libre la nuit comme le jour. En cet état, elles végètent avec une grande énergie ; presque toutes fleurissent ; plusieurs donnent des fruits mûrs et des graines fertiles. M. Berg cite une mammillaria longimamma qui, bien qu'à une exposition peu méridionale, doubla de volume en deux mois et demi. Des cactées du Mexique, arrivées au mois d'août, mises sans retard en pleine terre et traitées comme les autres, s'enracinèrent aussitôt et végétèrent avec vigueur, principalement des céreus senilis et des pilocéreus.

Vers le 15 septembre, les cactées sont remises dans des pots proportionnés au volume des racines qu'il faut bien se garder de blesser en les arrachant. Chaque plante est d'abord mise dans son pot vide ; puis on fait couler entre les racines de la terre pulvérisée parfaitement sèche, qu'on attache aussitôt aux racines par un bon arrosage. Il est inutile de placer au fond des pots un lit de tessons de poterie ; il suffit d'en poser un seul fragment au-dessus de l'ouverture du fond du pot. Les pots contenant les cactées qui ont passé l'été en pleine terre ne sont pas rentrés immédiatement ; on laisse la terre se ressuyer à l'air libre ; on les rentre ensuite, non dans une serre, mais tout simplement dans une chambre bien éclairée, exposée au midi ; là les cactées, disposées sur des gradins près des jours, ne reçoivent pas une goutte d'eau jusqu'au printemps suivant. Il importe que la chambre soit saine et exempte d'humidité ; on n'y allume un peu de feu que quand on le juge nécessaire pour en éloigner la gelée ; la température ne doit pas s'élever au-delà de 4 à 8 degrés. Les cactées ainsi traitées se rident et prennent un aspect languissant, mais il ne faut pas s'en inquiéter. Au printemps, dès qu'on remarque en elles les premiers symptômes de la reprise de leur végétation, on commence par les bassiner légèrement avec de l'eau dégourdie au soleil, ce qui fait promptement disparaître leurs rides et leur aspect fatigué ; on les accoutume à l'air par degrés ; elles sont arrosées plus souvent et plus largement, à mesure que le moment approche de les remettre en pleine terre pour les y traiter comme l'année précédente.

Assurément, cette manière de cultiver les cactées choque toutes les idées reçues à l'égard de la culture de ces plantes, surtout en ce qui concerne la sécheresse absolue de leur terre pendant l'hiver; néanmoins elle a pour elle le succès, et les horticulteurs les plus éclairés en France et en Angleterre, quoiqu'ils suivent une autre méthode, doutent depuis longtemps que la culture de serre chaude, continuée par habitude, soit la meilleure pour les cactées. La méthode allemande offre cet avantage immense qu'elle met la culture des cactées à la portée de tous ceux qui disposent en hiver d'une chambre saine et bien éclairée, et en été d'une plate-bande de parterre exposée au midi, tandis que cette culture, en restant confinée dans la serre chaude, n'est permise qu'aux amateurs favorisés de la fortune. On sait que les cactées, de même que les plantes bulbeuses, entrent en végétation au printemps, même quand on ne leur donne ni terre ni humidité; il en est qui, conservées depuis des années dans une armoire, émettent tous les ans des racines qui meurent faute d'aliment; mais les plantes ne meurent pas, quoique, bien entendu, elles ne fassent aucun progrès, et il n'est pas douteux qu'avec des soins convenables, ces plantes qui ont tant souffert ne soient toujours prêtes à végéter et à fleurir : quelle énergie de force vitale!

Ces faits et d'autres de même nature nous donnent lieu de penser que les cactées pourraient être traitées sous le climat de Paris comme elles le sont à Berlin, et se comporter en pleine terre mieux qu'en pots, dans une chambre mieux qu'en serre chaude. C'est dans cette conviction que nous avons cru devoir décrire en détail le procédé de M. le docteur Berg, pour la culture des cactées.

§ IV. — Orchidées.

Rien de plus bizarre, de plus étrange, de plus excentrique sous tous les rapports que les plantes de la famille des orchidées; elles semblent s'écarter encore plus que les cactées du reste du règne végétal. Tout est curieux dans ces singulières productions, et leurs formes, et leurs couleurs, et leur mode particulier de végétation; plusieurs ont une odeur enivrante plus ou moins analogue à celle de la vanille.

Il n'y a pas encore bien des années, la culture des orchidées était le partage exclusif de quelques adeptes; il fallait presque être sorcier pour réussir dans cette culture; aujourd'hui, l'on n'est pas véritablement horticulteur si l'on ne sait faire fleurir les orchidées; on n'est même plus véritablement amateur de fleurs si l'on n'attache pas de prix aux admirables plantes de cette famille. Elles ont en effet tout l'attrait des plus belles plantes des autres genres, et en outre celui d'une grande difficulté de culture dont il faut triompher, et d'un grand nombre de nouveautés à acquérir, car il s'en faut de beaucoup que l'horticulture européenne soit en possession

de toutes les orchidées dignes de figurer dans les collections. Nous avons dit que les collections de cactées comprenaient probablement à peine la moitié des cactées existantes; les collections d'orchidées ont encore plus à grossir. Les plus belles orchidées sont ce qu'on nomme *épiphytes*, terme qui exprime leur végétation parasite sur et aux dépens d'autres végétaux.

Les orchidées épiphytes ne se rencontrent que dans les lieux à la fois les plus chauds et les plus malsains du globe, au fond des vallées stagnant et les exhalaisons marécageuses concentrent une chaleur humide tellement dangereuse pour l'homme, qu'il a fallu pour les aller chercher dans une pareille situation cette ardeur passionnée du naturaliste qui ne calcule ni les obstacles ni les dangers. Avant de nous occuper de la culture des orchidées, nous devrions donner un aperçu de leurs principales espèces et des bases de leur classification; mais leur nomenclature est fondée sur des caractères si compliqués, qu'il nous faudrait entrer à ce sujet dans des détails de pure botanique; nous devons donc nous borner à signaler les genres les plus remarquables, en renvoyant pour les descriptions scientifiques aux traités spéciaux.

Oncidium. Ce genre est un des plus bizarres parmi les orchidées épiphytes; l'oncidium altissimum et l'oncidium carthaginiense s'élèvent à près d'un mètre de haut; l'oncidium papilio ressemble, à s'y méprendre, à plusieurs papillons de l'ordre des bombyx; la *fig.* 506 représente

Fig. 506.

l'oncidium lindenii, remarquable par la vivacité de ses nuances jaune et pourpre.

La floraison des oncidiums est très prolongée; mais, par compensation, elle se fait quelquefois très longtemps attendre; il y a des oncidiums, d'ailleurs très bien portants, qui restent 3 ou 4 ans sans fleurir. Dans ce cas, on ne risque jamais rien de les inonder fréquemment de vapeurs tièdes, et de les tenir constamment à une température très élevée; cela seul peut les décider à fleurir. Les pseudo-bulbes ou rhizômes des oncidiums ont une très grande énergie de vitalité; quelque flétris qu'ils paraissent, il ne faut jamais désespérer de les rétablir par des soins convenables.

Cattleya (*fig.* 507). Remarquable entre les

Fig. 507.

orchidées par le développement de ses fleurs jaunes ou violettes.

Dendrobium. Demi-terrestre et demi-épiphyte, ce genre comprend des plantes qui, comme le lierre de nos climats, peuvent prendre naissance dans le sol, mais qui à mesure qu'elles croissent vivent aux dépens des plantes auxquelles elles s'attachent, la *fig.* 508 représente le

Fig. 508.

dendrobium formosum, d'un blanc pur, marqué au centre d'une tache couleur de feu.

Stanhopéa. Les fleurs d'une odeur très suave naissent sur des rampes pendantes, plus bas que le niveau du collet des racines; on les cultive pour cette raison dans des vases suspendus. Les nuances indécises, d'un blanc jaunâtre, de l'ensemble de la corolle sont rehaussées par des stries d'un pourpre très foncé d'un effet admirable. C'est parmi les stanhopéas qu'on peut espérer le plus de nouveautés dans la famille des orchidées; il est probable que les plus belles fleurissent encore à l'ombre des forêts impénétrables des parties inexplorées du Mexique; comme les oncidiums, elles sont très lentes à fleurir. La *fig.* 509 représente la stanhopéa calceolata, l'une des plus belles du genre.

Fig. 509.

Brassia. Les fleurs de ce genre, peu nombreux en espèces, sont d'un jaune pâle ou d'un vert jaunâtre, tachées de brun; elles se recommandent par la bizarrerie de leurs formes. La *fig.* 510 représente la brassia maculata.

Fig. 510.

Maxillaria. L'un des plus brillants parmi les genres de cette famille, le genre maxillaria donne des fleurs à pétales charnus, très développées et d'une odeur très suave. La *fig.* 511 représente la maxillaria d'Harrison,

Fig. 511.

A. — Serre aux orchidées.

Les conditions d'existence des orchidées exigent une serre qui leur soit, sinon exclusivement, du moins principalement consacrée. Nous donnons ici en faveur des amateurs de cette culture deux serres également bonnes dans ce sens que toutes les deux remplissent également bien leur but, et que les orchidées y croissent aussi bien qu'on peut le désirer : elles sont cependant l'opposé l'une de l'autre. Dans la construction de la première on a eu seulement en vue la prospérité des orchidées, sans s'arrêter aux considérations d'économie : dans celle de la seconde, on a cherché à obtenir au contraire le meilleur résultat aux moindres frais possibles; la première a été construite à Chatsworth en Angleterre, l'autre à Paris, dans le jardin de l'École de médecine; elles caractérisent assez bien la manière de procéder de l'horticulture anglaise, comparée à l'horticulture française.

La serre aux orchidées, à Chatsworth, (fig. 512), a 20m de long, et 4m de large. Le mur du

Fig. 512.

fond est élevé de 3m,50; celui du devant n'a que 0m,75; mais comme il est surmonté d'un vitrage droit, de 0m,65 de hauteur, le point de départ du vitrage incliné est à 1m,40 du sol, ce qui donne à ce vitrage une inclinaison de 25 degrés. La serre contient à l'intérieur, au lieu des bâches, deux espaces vides maçonnés sur les côtés, et recouverts en dalles minces; ces deux espaces d'inégale grandeur renferment des conduits de chaleur AA, qui échauffent leur atmosphère particulière; c'est ce qu'on nomme, en Angleterre, chambre à air chaud. L'air échauffé est introduit dans la serre par les bouches de chaleur BB, qui s'ouvrent sur le passage régnant dans toute la longueur de la serre : la largeur du passage est de 1m,20. Les orchidées sont placées dans des pots, sur le dessus des chambres à air chaud, ou bien elles sont cultivées dans des vases suspendus aux châssis des vitrages. On a utilisé en outre les montants de ces châssis en les faisant servir de support à des orchidées à tiges grimpantes. Trois bassins ornés de plantes aquatiques contribuent par une évaporation continuelle à entretenir une grande humidité dans l'atmosphère de cette serre; le plus grand

a 2m,80 de long sur un mètre de large; il est placé au centre de la serre; les deux autres, un peu moins grands, occupent les deux extrémités opposées. Une petite bâche règne en avant de cette serre, le long de son mur antérieur; elle est destinée aux orchidées de l'Amérique du Nord, qui ne supportent pas une température aussi élevée que les orchidées des contrées tropicales; il suffit de leur donner de l'ombre en été et une couverture de paillassons en hiver.

La serre aux orchidées, au jardin de l'École de médecine de Paris, est construite comme la précédente, à un seul versant; elle est adossée à un mur en terrasse très élevé, à l'exposition du plein midi. Les orchidées y sont disposées en majeure partie sur des bûches de bois de chêne, placées les unes horizontalement, au milieu de la serre, les autres perpendiculairement le long du mur du fond; quelques fragments de terre de bruyère tourbeuse garnissent la base de leurs pseudo-bulbes, qui sont fixés aux bûches par des liens de fil de plomb; mais ces liens deviennent bientôt inutiles, tant les orchidées s'attachent fortement au bois par les racines qu'elles poussent dans toutes les directions. Quelques autres, principalement des stanhopeas, sont suspendues par des fils de fer aux montants des vitrages; elles vivent dans de petits paniers à claire-voie, remplis de fragments de terre de bruyère tourbeuse; la serre est échauffée par un thermosiphon. Son extrême simplicité contraste vivement avec le luxe de la serre anglaise pour les orchidées, plantes qui pourtant ne se portent pas plus mal dans la serre du jardin de l'École de médecine que dans celle de Chatsworth.

B. — Multiplication.

On ne saurait douter que les orchidées ne se multiplient de graines dans leur pays natal, c'est la marche uniforme de la nature pour tous les végétaux; mais l'art de l'horticulture n'a pas jusqu'à présent utilisé pour les orchidées ce moyen de multiplication; elles ont d'ailleurs plus de facilité que beaucoup d'autres à se reproduire par la séparation de leurs parties. Il semble que la nature ait voulu par-là compenser en quelque sorte la difficulté avec laquelle fonctionnent leurs organes reproducteurs, qui donnent très rarement des semences fertiles, en raison de leur conformation différente de ce qu'elle est dans les autres plantes phanérogames.

Quelques horticulteurs anglais, entre autres M. R. Brown, auraient, s'il faut les en croire, obtenu des graines fertiles des orchidées aussi facilement que de toute autre famille de végétaux; néanmoins tous les horticulteurs en général, même les Anglais de bonne foi, conviennent de cette vérité, que les organes reproducteurs de la plupart des orchidées ne sont encore que très imparfaitement connus, et qu'on ne peut leur faire porter graine dans nos serres, quelque soin qu'on y mette à les cultiver.

Les orchidées grimpantes, à longues tiges

sarmenteuses, telles que les renanthéra et les vanilles, se multiplient en divisant tout simplement leurs tiges en plusieurs morceaux garnis de racines, selon la nature particulière des tiges de ces plantes ; chaque fragment, considéré comme une bouture, n'a pas besoin d'être mis en terre ; on le suspend dans une situation convenable, avec la seule précaution d'entourer de mousse son extrémité inférieure ; pourvu qu'il soit placé dans une atmosphère suffisamment chaude et humide, il végète aussi vigoureusement que s'il n'eût point été détaché de la plante-mère. Les autres genres, tels que les oncidiums et les catasetums, sont munis d'organes particuliers, nommés *rhizômes* ou *pseudo-bulbes*, qui diffèrent des bulbes véritables en ce qu'ils ne sont formés ni d'écailles ni de tuniques. Chacun de ces pseudo-bulbes est ordinairement muni à sa base d'un œil ou bourgeon ; il donne naissance à une plante nouvelle lorsqu'on le détache pour le planter séparément. On doit éviter avec le plus grand soin de multiplier les orchidées avec des pseudo-bulbes trop petits ou trop peu vigoureux, comme on le fait communément ; on doit choisir au contraire les meilleurs pseudo-bulbes pour propager les orchidées, tout comme on fait choix des meilleurs caïeux pour multiplier les plantes bulbeuses. Les pseudo-bulbes détachés se traitent de tout point comme les plantes parfaites.

C. — *Détails de culture.*

«La première connaissance que doit acquérir un cultivateur habile, dit M. Paxton, c'est celle des circonstances au milieu desquelles chaque espèce de plantes croit naturellement ; cette connaissance doit servir de base à sa manière de les cultiver.» Guidé par cette règle fondamentale, le jardinier donne à ses orchidées des situations diverses, conformément à ce qu'il sait de leurs habitudes natives. Au Jardin du Roi, où cette culture est conduite avec une rare perfection, beaucoup d'orchidées 'sont placées dans des pots ou dans des terrines semblables à celles qui servent pour les semis ; d'autres sont fixés par des fils de plomb à des branches d'arbres ; la ligature est enveloppée de mousse ; d'autres enfin sont suspendues en l'air, dans des petits paniers en fil de fer, garnis de mousse, disposition qui convient particulièrement aux stanhopéas, aux érias. à plusieurs épidendrums, et au plus grand nombre des dendrobiums. Tant que les orchidées sont en végétation, la mousse dont leur base est garnie doit être entretenue constamment humide.

Les pots et les paniers où l'on place les orchidées sont remplis de fragments de terre de bruyère tourbeuse, de la grosseur d'une noix. La *fig.* 513 représente un de ces paniers rempli de mousse et de terre tourbeuse. M. Paxton fait remarquer avec raison que la terre de bruyère convenable aux orchidées doit être employée pour leur culture immédiatement après avoir été enlevée sur le terrain ;

Fig. 513.

plus elle est récente, meilleure elle est pour cet usage. Après avoir coupé les mottes de terre de bruyère tourbeuse, de la grosseur nécessaire, on en remplit les pots et les terrines beaucoup au-delà de leurs bords supérieurs ; ils y doivent être disposés en forme de pyramide, dépassant l'orifice des pots d'environ les deux tiers de leur profondeur ; c'est dans cette pyramide qu'on assujettit la plante au moyen d'un tuteur qui doit plonger jusqu'au fond du pot. Cette sorte d'échafaudage aurait très peu de solidité et se dérangerait au moindre choc, si les fragments de terre de bruyère n'étaient joints les uns aux autres par de petites chevilles de bois qui les traversent dans différentes directions.

Ces fragments, ainsi disposés, ne se touchent que par un petit nombre de points, et laissent entre eux de nombreux intervalles ; les racines des orchidées, qui s'emparent bientôt de ces espaces vides, s'y trouvent en contact immédiat avec l'air chaud, chargé de vapeurs humides, qui contribue autant que la terre à leur alimentation. Il n'y a pas d'époque fixe pour changer la terre des orchidées ; on ne doit pas les déranger tant qu'elles sont en végétation ; or, comme la marche de leur végétation varie d'une espèce à l'autre, il n'y a jamais dans la serre aux orchidées comme dans les autres serres, de rempotage général. Quand une orchidée a pris dans la terre de bruyère, en contact avec ses racines, tout ce que cette terre contenait de substances nutritives à sa convenance, on reconnaît qu'elle a besoin de terre nouvelle au ralentissement de sa végétation et à la pâleur de sa verdure ; il faut se hâter de le changer de terre, quelle que soit la saison. Après cette opération, les orchidées ne doivent être arrosées que très sobrement pendant un certain temps.

La position que réclament les orchidées doit être conforme à leur nature, et surtout à celle qu'elles auraient dans les forêts où elles croissent à l'état sauvage. C'est ainsi que les orchidées épiphytes languissent dans une position redressée, tout en recevant d'ailleurs les soins les plus judicieux ; elles ne prennent jamais cette position naturellement sur le tronc ou les branches des arbres qui leur servent de support. En en recherchant la cause, M. Neumann a reconnu par une observation attentive que l'eau qui séjourne entre les écailles des bourgeons de ces orchidées lorsque leur situation est trop droite, les empêche de se développer ; la nature y avait pourvu en les faisant croître naturellement dans une position assez inclinée pour que cette humidité nuisible puisse aisément s'égoutter.

Plusieurs orchidées préfèrent à toute espèce de terre la mousse à demi décomposée ; la meilleure mousse pour cet usage appartient au genre sphagnum. On en forme des paquets d'un volume en rapport avec celui des plantes ; elles ne tardent pas y étendre leurs racines dans tous les sens ; elles y végètent parfaitement, pourvu que la mousse soit maintenue toujours humide par de fréquents arrosages. Ce milieu singulier convient spécialement aux racines des orchidées appartenant aux genres vanda, aërides, vanille, sarcanthus, saccalobium, renanthera ; plusieurs épidendrées et quelques oncidiums s'en trouvent également bien.

On a longtemps admiré dans la serre du célèbre horticulteur anglais Cattley, une caisse peu profonde, de près de dix mètres de long, suspendue en l'air par des fils de fer fixés aux montants des vitrages, et remplie de toute une collection d'orchidées qui y étalaient tout le luxe de leur étrange floraison ; cette boîte était à demi pleine de bois pourri recouvert d'un lit épais de mousse verte. Ce système, étendu à toute la longueur d'une serre, permettrait d'y loger convenablement une collection très nombreuse d'orchidées, dans un local très restreint.

§ V. — Serre froide, bâche froide, châssis froid.

On nomme, en général, serres froides, toutes les serres dans lesquelles il n'est jamais nécessaire de faire du feu. La plus simple des serres froides est une bâche qui, réduite à ses plus petites dimensions, n'est plus qu'un châssis froid, suffisant cependant pour protéger, contre les hivers des contrées tempérées de l'Europe, un grand nombre de plantes dignes d'intérêt, qui ne supportent pas la pleine terre.

A. — Bâche froide et châssis froid.

Les Anglais, qui font un grand usage de ces sortes de bâches, emploient différents procédés pour empêcher la gelée d'y pénétrer ; le plus simple de tous consiste à les entourer tout autour d'un fossé profond de 0ᵐ,40 à 0ᵐ,50. Ce fossé, soit qu'on le laisse vide, soit qu'on le remplisse de feuilles ou de litière sèche pendant l'hiver, contribue puissamment à préserver de la gelée l'intérieur de la bâche. Tous les jardiniers savent que lorsqu'il gèle dans l'intérieur d'une bâche ou d'une serre quelconque, la gelée se communique toujours du sol extérieur au sol intérieur à travers l'épaisseur des murs. Cet effet doit avoir lieu bien plus rarement lorsque la couche de terre, placée au dehors et refroidie jusqu'au degré de congélation, est en contact avec un espace vide ou avec une épaisseur suffisante de feuilles et de litière qui conservent

naturellement une température plus élevée.

Le second procédé consiste à construire la maçonnerie en deux parties distinctes qui laissent entre elles un espace rempli d'air, comme le montre la fig. 514. On conçoit facilement

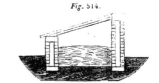

Fig. 514.

comment le froid est arrêté par le milieu vide de ce genre de maçonnerie ; il est à remarquer, en outre, que le vide commençant beaucoup au-dessous du niveau du sol, à une profondeur où il ne gèle jamais sous le climat de Paris, rien n'empêche les émanations de l'intérieur de la terre de se répandre dans cet espace vide et d'y maintenir une température de beaucoup supérieure à celle de l'air extérieur.

Lorsque le sol est assez sain pour permettre de creuser la bâche à une profondeur plus considérable que celle que nous avons indiquée, il s'établit dans son intérieur une atmosphère humide et douce, particulièrement favorable à certains genres de végétaux. Les nériums qui, partout où ils vivent à l'état sauvage, envoient leurs racines chercher à une grande profondeur un sol humide et frais pendant la sécheresse, et qui habitent de préférence le bord des eaux, végètent parfaitement sous le climat de Paris lorsqu'on leur fait passer l'hiver dans une bâche froide creusée à près d'un mètre au-dessous du niveau du sol environnant. Le châssis qui recouvre toutes ces bâches de petites dimensions est toujours à un seul versant ; il ne doit être incliné que de 10 ou 15 degrés tout au plus ; ses vitrages doivent fermer hermétiquement. Les plantes bulbeuses, et spécialement les liliacées du cap de Bonne-Espérance, que l'on cultive ordinairement dans ce genre de bâche, ont besoin de beaucoup de jour ; il ne faut les couvrir que quand la température extérieure l'exige impérieusement, et se hâter de les découvrir toutes les fois qu'elle se radoucit ; l'intérieur de la bâche ne doit contenir ni terre ni tannée. Toutes les plantes qui doivent y vivre se cultivent dans des pots ; il vaut mieux pour les plantes contenues dans ces pots que la terre soit remplacée par du sable pur ou par du mâchefer, dans lequel les vers et les insectes ne peuvent pas se multiplier. Les châssis restent ouverts pendant toute la belle saison, le jour comme la nuit, à l'exception des jours très pluvieux pendant lesquels ils doivent rester fermés, pour ne pas exposer les plantes bulbeuses aux inconvénients d'une humidité excessive. Lorsque l'hiver est très rigoureux, il devient quelquefois nécessaire de substituer aux feuilles et à la litière sèche des réchauds de bon fumier en pleine fermentation. On renouvelle ces réchauds au besoin, en observant seulement qu'ils ne doivent pas produire à l'intérieur de la bâche une élévation de température de plus de 4 ou 5 degrés au-dessus de zéro.

Les plantes bulbeuses, cultivées dans la bâche froide, se rempotent au mois de juillet en terre de bruyère pure, plutôt un peu sablonneuse que trop compacte. Elles ne veulent en toute saison que des arrosages modérés; elles pourraient, pour ainsi dire, se passer d'eau d'une manière absolue à l'époque où elles ne sont point en végétation.

Nous avons reconnu, en parlant de la culture des plantes bulbeuses de collection (jacinthe et tulipe), l'impossibilité d'empêcher ces plantes d'entrer en végétation lorsque l'époque naturelle du mouvement de leur sève est arrivée ; on ne peut donc retarder la floraison des plantes bulbeuses, mais on peut facilement la hâter en donnant de bonne heure, au moyen des réchaufs, une température douce au châssis froid, et beaucoup d'air, tant qu'il ne gèle pas ; ces plantes fleurissent par ce moyen dès les premiers jours du printemps.

Les genres ixia (*fig.* 515), gladiolus et lachenalia, sont ceux auxquels convient le mieux la culture que nous venons d'indiquer dans le châssis froid.

Fig. 515.

B. — Serre froide.

Toutes les expositions conviennent à la serre froide, excepté l'exposition du plein midi, encore cette dernière exposition n'a-t-elle d'inconvénient réel que celui d'obliger à ombrager les plantes au moyen des toiles ou des paillassons. Elle se construit ordinairement à deux versants, l'un et l'autre inclinés de 30 à 40 degrés. Le toit n'est pas terminé par un angle, mais par une petite plate-forme (A *fig.* 516) de 0ᵐ,60 à 0ᵐ,80, qui règne sur son sommet dans toute sa longueur; une balustrade en fer, légère mais solide, lui sert de couronnement des deux côtés. Cette disposition, qui permet à un ouvrier de marcher au besoin sur le sommet de la serre pour le service des toiles et des paillassons, suppose qu'on lui a donné une assez grande solidité pour supporter cette charge. On construit or-

dinairement ce genre de serre en bois, en lui donnant de distance en distance des arcs-boutants, ou jambes de force en fer. Les jardiniers nomment cette construction *bâche hollandaise*, bien qu'actuellement en Hollande on construise fort peu de serres de ce modèle. La serre froide, *fig.* 516, est principalement destinée à recevoir

Fig. 516.

des plantes et arbustes en pleine terre dans un sol approprié à leur nature : ce sol est ordinairement la terre de bruyère pure ou mêlée avec moitié de bon terreau. Lorsqu'on la construit en fer, au lieu d'être angulaire elle peut être curviligne, et rentrer dans la condition de celle dont nous avons donné le plan et la coupe (voir *fig.* 502 et 503, p. 361) pour la culture des orangers en pleine terre. Dans l'un et l'autre cas, elle admet les mêmes plantes qui doivent y recevoir les mêmes soins de culture ; seulement, la serre froide en fer laisse plus facilement pénétrer le froid extérieur, et certaines variétés délicates parmi les plantes de serre froide ne réussissent pas dans cette serre aussi bien que lorsque sa charpente est en bois. La serre froide est principalement destinée aux camélias, aux azalées de l'Inde, aux espèces délicates de rhododendrums, aux magnoliacées, et à un grand nombre d'arbustes des genres voisins, à feuilles persistantes.

Quelques degrés de froid n'endommagent pas sensiblement ces végétaux, pourvu néanmoins que l'action des petites gelées ne se prolonge pas ; il vaut toujours mieux ne négliger aucun moyen d'empêcher d'une manière absolue qu'il ne gèle dans la serre froide, en évitant toutefois la nécessité d'y allumer du feu. Tous les moyens que nous venons d'indiquer pour les châssis froids sont excellents, et peuvent être employés dans ce but pour la serre froide. En hiver, les deux versants de la serre froide ne sont pas traités de la même manière ; le versant, dont l'exposition est la plus méridionale, n'a besoin que d'une couverture de paillassons qu'on ne place que quand la gelée vive se fait sentir, et qu'on retire aussitôt qu'il ne gèle plus, afin de laisser les plantes profiter librement de l'influence salutaire de la lumière; le côté le plus exposé au vent froid reçoit ordinairement une couverture de planches ou de voliges par-dessus un lit épais de feuilles sèches. Le tout ensemble forme un excellent abri sous lequel la gelée pénètre fort difficilement dans la serre froide; mais aussi il en résulte une obscurité complète qui seraitfuneste aux végétaux de serre froide si elle se prolongeait au-delà de trente-cinq à quarante jours. Sous le climat de Paris, il est rare que les gelées durent aussi longtemps sans interruption. On aura donc grand soin même lorsqu'on jugerait imprudent de découvrir le côté exposé au froid, d'enlever au moins pendant la journée les paillassons du versant opposé. Du moment où les fortes gelées ne sont plus à craindre, on découvre la serre froide des deux côtés, sauf à y replacer les paillassons, s'il survenait des froids tardifs qui, sous le climat de Paris, ne peuvent jamais être bien rigoureux. Ces plantes n'ont besoin en toute saison que d'arrosages très modérés. Les soins ordinaires de propreté et d'entretien leur suffisent; en un mot, la serre froide est celle de toutes qui peut procurer à l'amateur le plus d'agrément avec le moins de peine et de dépense. Une serre semblable à celle dont nous indiquons la construction, mais double, c'est-à-dire à quatre versants, dont le milieu est supporté par un rang de piliers, couvre un assez grand espace pour constituer un très beau jardin d'hiver, genre de serre dont le goût se répand de plus en plus depuis que les progrès de l'horticulture ont fait reconnaître la possibilité de cultiver convenablement dans la serre froide un grand nombre de végétaux que pendant longtemps on n'osait pas laisser sortir de la serre tempérée. Lorsqu'on voit les camélias, les eucalyptus, et les métrosideros résister en pleine terre ainsi que beaucoup de cactées, dans le département du Var, pourvu qu'on leur accorde une situation abritée, comment douter que ces végétaux ne se trouvent encore mieux dans une serre froide, où ils ont la même température en été, et une protection bien plus efficace en hiver?

Lorsqu'on veut convertir une serre froide en serre tempérée, ou même en serre chaude-sèche, en y adaptant un appareil convenable de chauffage, il n'y a rien à changer à sa construction; il suffit de quelques modifications dans les distributions intérieures pour placer les bâches et les tablettes destinées à recevoir les plantes en pots. Une serre à deux versants rentre alors dans toutes les conditions d'une bonne serre tempérée ou chaude.

§ VI. — Serre tempérée.

Les serres tempérées peuvent être construites sous toutes sortes de formes, angulaires ou curvilignes, à un ou plusieurs versants. Leur charpente peut être en bois ou en fer; les plantes y peuvent être cultivées en pleine terre ou dans des pots, dans des bâches, sur des gradins ou sur des tablettes. La serre tempérée se prête jusqu'à un certain point à l'ornementation architecturale, et il est toujours possible, sans nuire aux plantes, de la construire avec assez d'élégance pour qu'elle contribue à la décoration du jardin dont elle fait partie. L'exposition d'onze heures est celle qui convient le mieux à la serre tempérée.

Les plantes de serre tempérée n'exigeant pas une atmosphère chargée de trop d'humidité, il est inutile de creuser le sol de cette serre au-dessous du niveau du sol environnant; il est bon, au contraire, d'élever le sol de la serre de quelques centimètres au-dessus de ce niveau dans le cas où l'on pourrait craindre qu'il ne fût pas parfaitement sain. La température moyenne de la serre tempérée doit être de 10 à 12 degrés en hiver, et de 20 à 25 en été; elle ne doit pas dépasser 30 degrés sous l'influence de la plus forte chaleur extérieure. Les plantes de serre tempérée ne doivent pas être mises en contact avec l'air extérieur toutes les fois que le thermomètre placé dehors, à l'ombre et à l'air libre, descend au-dessous de 6 degrés. Si, comme il arrive quelquefois, la température de l'intérieur de la serre se trouve être momentanément un peu trop élevée alors que celle du dehors est inférieure à 6 degrés, et qu'il soit nécessaire d'ouvrir les châssis pour laisser échapper la chaleur superflue ou pour faire évaporer un excès d'humidité, on ne doit ouvrir que les ventilateurs situés à la partie *supérieure* de la serre; on se gardera bien, dans ce cas, d'établir aucun courant d'air froid que les plantes de la serre tempérée ne pourraient pas supporter. On peut, pendant la belle saison, tenir les panneaux de la serre constamment ouverts pendant le jour; ils pourraient impunément rester ouverts pendant la nuit, la plupart du temps, sous le climat de Paris; cependant ce climat est tellement variable et sujet à des transitions si brusques du chaud au froid, qu'il est toujours plus prudent de tenir les châssis fermés pendant la nuit.

La serre tempérée admet, en général, toutes les plantes originaires de l'Afrique méridionale, du Mexique et des parties montagneuses du Brésil; elles ne réclament que des arrosements modérés, qui pourraient même être supprimés impunément pendant une partie de l'année pour celles d'entre ces plantes dont le feuillage n'est pas persistant, et dont, par conséquent, la végétation est presque complétement suspendue pendant tout l'hiver. Tant que dure la belle saison, il faut seringuer fréquemment, autant dans le but de maintenir le feuillage parfaitement propre que pour le rafraîchir par une humidité salutaire. Dans tous les cas, l'eau employée aux arrosages comme aux seringuages doit toujours être à la température de la serre, qui sera munie d'un réservoir où l'eau doit séjourner assez longtemps avant d'être employée pour prendre la température convenable. Quelques plantes de serre tempérée exigent des soins particuliers de culture; nous entrerons à ce sujet dans quelques détails.

La famille des protéacées renferme un grand nombre d'espèces remarquables par la beauté de leur floraison; ces plantes ne veulent être arrosées que graduellement, à l'époque de la reprise de la végétation. Toute transition brusque de la sécheresse à l'humidité, et réciproquement, peut leur être funeste; ainsi, aux approches de l'époque où leur végétation est suspendue, il faut s'y prendre de longue main pour diminuer successivement les arrosages; on les rend de plus en plus rares et modérés, pour finir par ne plus donner aux protéacées que la quantité d'eau strictement nécessaire afin de prévenir un dessèchement complet. Les protéacées ne peuvent rester dans une terre épuisée sans commencer immédiatement à dépérir; ce dépérissement, dont le jardinier doit surveiller avec attention les symptômes, est le seul indice rationnel de la nécessité de les rempoter et de leur donner une nouvelle terre. Ces plantes sont du nombre de celles qui n'aiment point à être dérangées, et qu'il faut s'abstenir de rempoter tant que cette opération n'est pas absolument nécessaire. Il est probable que l'attention continuelle que les protéacées exigent de la part du jardinier est la seule cause pour laquelle elles sont jusqu'à présent si peu répandues dans nos serres; mais ces soins, pour le véritable amateur, ne doivent être considérés que comme un plaisir de plus; on en est d'ailleurs amplement récompensé par la magnificence de leur floraison.

La terre de bruyère sablonneuse, mêlée avec un peu de sable de rivière lorsqu'elle paraît trop compacte, est celle qui convient le mieux aux plantes de la famille des protéacées; c'est celle qui offre le plus de rapports avec le sol dans lequel elles croissent naturellement dans l'Australie et l'Amérique méridionale, ainsi qu'aux environs du cap de Bonne-Espérance.

La serre tempérée a toujours besoin d'un certain nombre de plantes grimpantes ou volubiles qui concourent puissamment à sa décoration. Lorsqu'on veut les avoir dans toute leur beauté, il faut leur ménager un espace où elles puissent végéter en pleine terre; leur végétation sera toujours beaucoup plus belle qu'elle ne peut l'être lorsqu'on les cultive dans des pots. Parmi ces plantes, plusieurs bignoniacées se recommandent par la beauté de leur floraison et l'élégance de leur feuillage. Le mannettia cordiflora a besoin d'appuis cylindriques autour desquels ses tiges volubiles puissent s'enrouler. Il ne faut pas oublier de suspendre dans la serre tempérée quelques-unes de ces plantes qui vivent dans un vase ou dans une corbeille remplie de bois pourri et d'écorce d'arbre mêlée de mousse; leurs rameaux, chargés de fleurs qui retombent avec élégance tout autour du vase, produisent le plus brillant effet. Parmi les plantes de ce genre, les œschinantus ramosissimus et grandiflorus, plantes récemment introduites, sont au nombre des plus dignes d'orner la serre tempérée.

Toutes ces plantes craignent en toute saison les coups de soleil; elles veulent, par conséquent, être préservées, au moyen des toiles, de l'action directe des rayons solaires. Cette protection leur est surtout indispensable au moment de la reprise de la végétation.

On peut cultiver dans la serre tempérée toutes les protéacées du cap de Bonne-Espérance;

Les plantes du genre bégonia qui croissent au Mexique;

Les passiflores, princeps, kermésina et édulis.

Tous les aloës;

Toutes les agavés;

Le plus grand nombre des mélocactes, échinocactes et mammillaires;

Toutes les péresciacées;

Toutes les broméliacées du Mexique et du Cap;

. Le thamnus elephantipes;

Trois espèces d'angelonia.

Les plus belles plantes grimpantes et volubiles propres à la serre tempérée sont la mannettia cordiflora et plusieurs espèces de bignoniacées.

§ VII. — Serre chaude.

Ce genre de serre est celui qui permet de cultiver le plus grand nombre de plantes exotiques de grandes dimensions, indigènes dans les parties les plus chaudes des contrées tropicales. La serre chaude est plus coûteuse à construire et à entretenir que la serre tempérée; les végétaux dont elle est remplie ont en général, une valeur plus élevée; la direction d'une serre chaude exige aussi de la part du jardinier plus de soins et une connaissance plus approfondie des détails les plus délicats de la science horticulturale. Toutes ces raisons réunies expliquent suffisamment pourquoi les serres chaudes sont rares en France; néanmoins, beaucoup d'amateurs opulents ont pris goût de nos jours à la culture des plantes tropicales, et il n'est plus permis à un jardinier de bonne maison de ne pas savoir gouverner une serre chaude. Ajoutons en faveur des amateurs moins favorisés de la fortune que, pour l'homme retiré des affaires, qui fait de la culture des fleurs sa principale occupation, et qui veut être lui-même son jardinier, il n'est ni très coûteux, ni très difficile de se donner la jouissance d'une serre chaude de moyenne dimension; et quant à l'acquisition des végétaux souvent fort chers dont cette serre doit être garnie, la patience et le travail peuvent suppléer à l'argent; tous ces végétaux précieux se propagent, les uns de graine, les autres de bouture; les graines et les boutures s'obtiennent souvent pour rien, toujours à un prix modique; le plaisir de voir croître les plantes et la satisfaction de pouvoir les regarder comme son propre ouvrage, doublent aux yeux de l'amateur le prix des végétaux dont à force de soins il a réussi en quelques années à peupler sa serre chaude.

Toutes les plantes de serre chaude ne peuvent pas végéter dans les mêmes conditions; si l'on voulait leur donner aussi exactement que possible celles de leur pays natal, il faudrait au moins quatre serres chaudes séparées, ou, comme le font les Anglais, quatre divisions dans la même serre, soumises chacune à un régime différent. On ne peut se dispenser de cultiver les plantes de serre chaude en deux grandes séries au moins, l'une comprenant celles qui recherchent la chaleur sans humidité, l'autre, celles qui se plaisent dans une atmosphère à la fois humide et chaude. La première de ces deux séries se plaît naturellement dans une *serre chaude-sèche*, et la seconde dans une *serre chaude-humide*.

A. — *Serre chaude-sèche.*

Elle se construit à l'exposition d'onze heures ou à celle du plein midi ; cette dernière exposition n'a pas en réalité l'inconvénient qu'on lui attribue dans plusieurs traités spéciaux, de soumettre les plantes à l'action trop vive des rayons solaires qui peuvent les flétrir et même les griller. Que la serre soit bâtie à l'exposition d'onze heures ou qu'elle soit au plein midi, il est nécessaire, dans un cas comme dans l'autre, d'étendre des toiles sur les vitrages pendant les grandes chaleurs ; toute la différence c'est que la serre, à l'exposition du midi, a besoin d'être ombragée plus tôt et plus longtemps.

Le mur du fond de la serre chaude-sèche doit avoir une grande épaisseur, surtout lorsqu'il est extérieurement exposé à l'air libre, et qu'un bâtiment quelconque ne lui est point adossé du côté du nord. On donne ordinairement à ce mur une épaisseur de 0m,50 ; il doit être construit avec des matériaux essentiellement propres à exclure le froid et l'humidité, et à retenir la chaleur ; des briques de bonne qualité, recouvertes d'un enduit hydrofuge, et liées entre elles par un bon mortier de chaux hydratée, forment une excellente maçonnerie pour les murs de la serre chaude.

La charpente peut être en fer lorsqu'on veut lui donner la forme curviligne ; mais on la construit le plus communément en bois. Dans ce cas, le vitrage antérieur peut avoir une inclinaison de 50 degrés et même plus, afin que les grands végétaux à tiges élancées se trouvent à l'aise dans l'intérieur de la serre. Mais comme sous une inclinaison semblable il faudrait donner au mur du fond une hauteur prodigieuse pour que le vitrage puisse finir par le rejoindre, on arrête le vitrage à la hauteur convenable,

Fig. 517.

et on le rattache au mur du fond, au moyen d'un toit également vitré, incliné seulement de 15 à 20 degrés, comme on le voit dans la serre chaude dont la *fig.* 517 représente la coupe. Les plantes de serre chaude végètent ordinairement dans des pots ou des caisses disposés dans des bâches et sur des tablettes ou des gradins. Beaucoup de jardiniers sont encore dans l'usage de garnir l'intérieur des bâches où les pots sont plongés, avec une couche épaisse de fumier ou de matières quelconque en fermentation, dans le but de faire profiter les plantes de la chaleur que cette couche dégage. Cette disposition nous semble essentiellement vicieuse. Les plantes, dans leur pays natal, ne reçoivent pas de chaleur souterraine ; ce n'est pas du dedans au dehors, mais bien du dehors au dedans, que la terre où elles vivent est échauffée. Nous pensons donc que les plantes de serre chaude doivent recevoir toute la chaleur dont elles ont besoin, non du milieu dans lequel leurs pots se trouvent plongés, mais exclusivement de l'atmosphère de la serre, échauffée elle-même par un appareil de chauffage artificiel, approprié aux dimensions de la serre.

Les couches de matières en fermentation ont en outre un inconvénient très grave ; les matières qui fermentent, telles que le fumier, la tannée, ou toute autre substance du même genre, diminuent de volume ; elles s'affaissent sur elles-mêmes, ce qui dérange nécessairement les pots ; dès que la situation de ceux-ci n'est plus parfaitement horizontale, l'eau des arrosages glisse en partie à leur surface, sans pénétrer dans la terre qu'ils contiennent, de sorte que bien des plantes souffrent de la soif, alors qu'on croit leurs racines suffisamment humectées. Enfin, la chaleur des couches, par cela seul qu'elle est le résultat de la fermentation, ne saurait être que fort inégale, comparée à la marche si sûre et si facile à régler du thermosiphon, le meilleur de tous les appareils de chauffage pour toute espèce de serres.

Les bâches de la serre chaude ne doivent être remplies que de bonne terre de jardin dans laquelle croissent librement un certain nombre de plantes grimpantes qui concourent à l'ornement de la serre ; ces plantes végètent toujours beaucoup mieux en pleine-terre que dans des pots. On peut aussi, pour éviter la présence des vers de terre, remplir seulement dans la bâche un espace suffisant de bonne terre pour les plantes grimpantes, et garnir le reste de la bâche avec des scories de forge de maréchal (*mâchefer*), dans lesquelles les vers ne peuvent se multiplier. Nous devons dire à ce sujet, pour n'y plus revenir, qu'il est très vrai et parfaitement constaté que les vers de terre (*lombrics*) ne peuvent attaquer directement aucune plante de serre ; ils sont même absolument dépourvus d'organes propres à cet usage. Mais quand ils pénètrent dans les pots, surtout dans ceux de petites dimensions où vivent des végétaux délicats, ils leur font un tort très réel en en bouleversant la terre, en dérangeant les racines fibreuses, en s'appropriant les parties nutritives du sol qu'ils digèrent, et qui sont leur seule nourriture. Les jardiniers ont donc parfaitement raison dans leur aversion pour les lombrics, et la guerre qu'ils leur font est fondée sur des griefs très légitimes.

Une tablette en bon bois de chêne, ayant de $0^m,40$ à $0^m,50$ de large, règne sur le devant de la serre, ayant pour appui son mur antérieur. Comme cette partie de la serre est toujours la moins échauffée, on y place de préférence les plantes à floraison brillante qui n'exigent pas une très haute température, et qui ne s'élèvent pas très haut; telles sont principalement les plantes comprises dans la liste suivante :

Lantana (plusieurs espèces).
Angelonia salicarioides.
Gesneria (plusieurs espèces).
Sinningia { belleri.
{ velutina.
{ hirsuta.
Lobelia . { longiflora,
{ surinamensis.
Columnea scandens.
Hibiscus fulgens.
Heliotropium { peruvianum.
{ grandiflorum.
Ruellia.. { formosa.
{ varians.
Mentzelia hispida.
Amaryllis { reginæ.
{ fulgida.

Ces plantes, les moins sensibles au froid de toutes celles qui vivent dans la serre chaude, ne doivent pas éprouver pendant les plus grands froids une température inférieure à 8 degrés ; le maximum de la chaleur qu'elles éprouvent en été ne doit pas dépasser 35 degres. Il est presque impossible d'empêcher que, durant les fortes gelées, les plantes posées sur la tablette de la partie antérieure de la serre chaude n'éprouvent par moments un refroidissement passager qui fait baisser le thermomètre jusqu'à 7 et même 6 degrés ; pourvu que ce froid momentané ne se prolonge pas, et qu'on s'occupe, aussitôt qu'on s'en aperçoit, de le faire cesser, les plantes n'en souffrent pas sensiblement; mais s'il se prolongeait, elles ne pourraient le supporter.

Tant que dure la belle saison, les plantes de serre chaude veulent être arrosées très largement, et surtout très souvent ; un arrosage le matin et un autre le soir ne sauraient leur suffire; il faut, surtout à l'époque des grandes chaleurs, visiter les pots plusieurs fois par jour, et arroser ceux qui paraîtront en avoir besoin. C'est aussi la saison de l'année où le feuillage des plantes a besoin d'être rafraîchi par des seringages fréquents. Lorsqu'en été l'on voit le ciel, couvert pendant la matinée, s'éclaircir peu à peu, lorsque les nuages semblent se fondre en s'élevant dans l'atmosphère, on peut être certain que la journée sera chaude et sèche; c'est le moment où les plantes de serre chaude veulent être seringuées au moins deux fois par

jour, le matin et le soir. Il faut observer, quant au seringage du matin, que lorsque le soleil donne directement sur les feuilles des plantes de serre chaude, pendant qu'elles sont encore mouillées, ces feuilles sont comme brûlées par le double effet d'une chaleur trop vive et du refroidissement produit par une rapide évaporation ; il est donc nécessaire de tenir les serres ombragées jusqu'à ce que l'eau des seringages se soit peu à peu dissipée, et que le feuillage des plantes ait eu le temps de se *ressuyer*, comme disent les jardiniers.

Il n'y a pas d'indication précise pour l'heure à laquelle il convient d'ombrager les serres; tout dépend de l'état de la température extérieure, qui doit seule servir à cet égard de règle pour le jardinier attentif.

La plus grande partie des plantes de serre chaude-sèche peuvent être rempotées aussitôt après la fin des grands froids, vers la fin de février ou dans les premiers jours de mars. Le mouvement de la sève, en quelque sorte suspendu chez ces plantes, permet alors de rogner sans inconvénient les racines et d'en renouveler la terre, soit partiellement, soit en totalité. Quelques plantes ne supportent pas ce renouvellement complet de la terre où elles végètent; on ne peut qu'enlever leur motte sans la briser, et en retrancher avec beaucoup de prudence les parties qui ont été en contact avec les parois du pot; puis on replace dans son pot la motte diminuée, et l'on remplit le vide qui en résulte avec de la terre neuve. Ce mode de rempotage convient particulièrement aux plantes comprises dans la liste suivante :

Clusia (toutes les espèces).
Chrysophyllum (toutes les espèces).
Borraginées (plusieurs espèces).
Lauriers,
Myristicées ou muscadiers, } toutes les espèces.
Caryophyllus ou géroflés,

Les liliacées de serre chaude supportent bien un rempotage complet tous les ans, mais seulement après leur floraison, lorsque les feuilles commencent à jaunir. Les crinums n'ont besoin d'être rempotés que tous les deux ou trois ans; dans l'intervalle d'un rempotage à l'autre, on enlève chaque année une portion de la terre de leurs pots, qu'on remplace par de nouvelle terre.

Parmi les plantes de serre chaude, les gloxinias et les gesnerias, genres très en faveur aujourd'hui à cause de la beauté et de la durée de leur floraison, exigent quelques soins particuliers. Ces plantes préfèrent en général, à toute autre situation, une position ombragée où les rayons du soleil ne les frappent jamais directement. A mesure qu'elles approchent de l'époque du repos de leur végétation, on les arrose de moins en moins; quand elles ont perdu leurs tiges, ce qui a lieu vers la fin d'octobre ou dans les premiers jours de novembre, il ne leur faut plus que très peu d'eau; mais elles ne peuvent cependant supporter une sécheresse absolue. On perd souvent des gloxinias, des gesnerias, et aussi des martinias, rien que pour avoir négligé trop longtemps de les arroser pendant le repos de leur végétation.

Ces plantes doivent être rempotées au printemps, dès qu'on s'aperçoit qu'elles vont rentrer en végétation. La terre qui leur convient est un mélange par parties égales de terre légère sablonneuse et de terreau de feuilles. Elles ont besoin d'arrosages très fréquents et très abondants à l'époque où elles commencent à émettre leurs tiges florales.

Le même traitement convient aux plantes appartenant aux genres caladium, arum et à plusieurs bégonias, dont la base est formée d'un tronc charnu; la mantizia salvatoria, et la methonica simplex exigent aussi le même mode de culture. Ces plantes ne sont, à proprement parler, ni de serre chaude-sèche, ni de serre chaude-humide; à défaut de cette dernière serre, il faut leur donner dans la première les places les plus humides pendant l'été.

Les mantizias, les methonicas, les plantes appartenant aux genres kempfœria (zédoàire) zingiber (gingembre) et quelques plantes du genre maranta, ne perdent leurs feuilles dans la serre chaude que dans le courant de novembre et de décembre, et ne recommencent à végéter que dans le mois de mars; les arrosages et l'époque du rempotage de ces plantes doivent être réglés en conséquence de la marche de leur végétation.

La liste suivante contient les noms des plantes de serre chaude les plus remarquables par la richesse de leur floraison.

Strelitzia {
augusta.
ovata.
reginæ.
major.
juncea.
spatulata.
angustifolia.
}

Crinum . {
taitense.
amabile.
wallichianum.
commelini.
erubescens.
giganteum.
}

Poinsetia pulcherrima.

Euphorbia {
breonii.
splendens.
jacquiniflora.
}

Ravenala madagascariensis.

Carolinea princeps.

Mangifera {
indica.
racemosa.
}

Euphoria li-tchi.

Justicia . . {
cristata.
nodosa.
}

Methonica superba.

On peut joindre à cette liste le latania rubra, les dracœnas, les jatrophacées, les bignoniacées en arbre, les jasminées et les capparidées. Les plantes de cette dernière famille demandent au moins 15 degrés de chaleur; au-dessous de cette température, elles dépérissent.

Les expériences récentes de M. Neumann, chef des serres au Jardin du Roi, prouvent que toutes les plantes du genre strelitzia qui figurent sur la liste précédente, pourraient également prospérer dans la serre tempérée: elles aiment par-dessus tout à vivre dans un air sec et chaud, en ayant leurs racines dans une terre toujours humide; elles vivent en effet dans leur pays natal le pied dans l'eau et la tête au soleil.

Nous insistons sur le conseil que nous avons donné de décorer la serre chaude-sèche au moyen des plantes grimpantes que l'on peut faire courir le long d'un fil de fer partout où leurs guirlandes de fleurs peuvent se déployer sans nuire aux autres plantes; la liste suivante comprend les noms des plantes grimpantes et volubiles qui croissent le mieux dans la serre chaude-sèche.

Combretum purpureum.
Quisqualis indica.
Stephanotis floribunda.

Bignonia. . {
grandiflora.
venusta.
alliacea.
speciosa.
equinoxialis.
paniculata.
purpurea.
}

Lettonia ornata.
Convolvulus nervosus.
Allamanda cathartica.
Ipomœa horsfolliæ.
Mimosa scaudens
Clitoria ternata.
Abrus precatorius.
Passiflora (dix espèces).

Aristolochia {
labiosa.
trilobata.
}

Bougainvillea spectabilis.

B. — Serre chaude-humide.

Ce genre de serre convient particulièrement aux végétaux des contrées les plus fertiles des régions tropicales, surtout à ceux des contrées marécageuses et des vallées des grands fleuves, où la réunion d'une température élevée et d'une atmosphère humide développe un luxe de végétation inconnu partout ailleurs. Aucune situation ne convient mieux à la serre chaude-humide qu'un mur en terrasse exposé au midi ou au sud légèrement sud-est; la masse de terre que soutient ce mur contient toujours nécessairement plus ou moins d'humidité; il en résulte un état permanent de moiteur dans l'atmosphère de la serre, état spécialement favorable à la santé des plantes qui doivent y vivre. On ajoute encore au besoin à cette humidité en creusant le sol de la serre à quelques décimètres au-dessous du sol environnant.

La charpente de la serre humide, lorsqu'on la construit en bois, est très promptement détruite, même quand on choisit du cœur de chêne de première qualité, tandis qu'une charpente en fer, revêtue d'une peinture convenable, peut durer indéfiniment. Nous avons déjà exprimé notre opinion relativement aux inconvénients que présente le fer employé à la construction des serres ; ces inconvénients sont surtout sensibles à l'égard des châssis vitrés ; mais rien n'est plus facile que de les éviter en associant le bois au fer dans la construction de la serre chaude-humide. Il suffit, dans ce but, de construire en fer toutes les pièces principales de la charpente, et en bois le meilleur qu'il soit possible de se procurer les châssis destinés à recevoir les vitrages. Par ce moyen, les plantes dans l'intérieur de la serre n'ont point à souffrir de l'excès d'ombre résultant du trop grand volume d'une charpente en bois qui intercepterait trop de lumière, et les vitrages ne risquent pas d'être cassés par l'inégalité de dilatation du verre et du fer.

Les châssis de la serre chaude-humide doivent être ajustés avec le plus grand soin, afin de procurer à l'intérieur de cette serre une clôture hermétique ; ils doivent tous les ans recevoir une ou deux couches de peinture, tant pour assurer leur conservation que pour empêcher qu'il ne s'y établisse quelque fente par laquelle un courant d'air froid pourrait s'introduire dans la serre. Aussitôt qu'on reconnaît l'existence d'une semblable fente, il faut s'empresser de la boucher avec du mastic. Les châssis de la serre chaude-humide exigent, sous ce rapport, une surveillance de tous les jours. Les bâches doivent être construites en dalles minces, d'une grandeur proportionnée à celle de la serre et aux dimensions des végétaux qu'on se propose d'y cultiver. Les observations que nous avons faites relativement à la production de la chaleur dans les bâches de la serre chaude-sèche, au moyen des matières animales et végétales en fermentation, s'appliquent également aux bâches de la serre chaude-humide ; ces bâches n'ont pas besoin de chaleur interne ; il suffit que les plantes reçoivent, par l'intermédiaire de l'atmosphère, une chaleur suffisante provenant d'un appareil de chauffage convenablement dirigé. La température moyenne de la serre chaude-humide ne peut pas descendre à moins de 10 degrés ; elle ne doit pas non plus dépasser un maximum de 30 degrés. Les bâches sont tout simplement remplies de terre, sur laquelle sont placés les pots dans lesquels vivent les plantes.

Cette disposition serait inutile si la serre chaude ne devait contenir que des plantes de pleine terre, à qui la température et l'humidité de cette serre conviennent en toute saison ; mais, comme on l'a vu précédemment, beaucoup de plantes, pour végéter convenablement, veulent passer dans la serre chaude-humide tout le temps que dure leur état de végétation, et dans la serre chaude-sèche l'époque de leur sommeil, ce qui n'est possible que pour les plantes cultivées dans des pots.

Les pots ne sont pas moins nécessaires pour les plantes de petite taille, qu'il faut à certaines époques rapprocher des jours en les posant sur la tablette qui règne le long du vitrage.

Il règne quelquefois à l'arrière saison, dans les années pluvieuses, un excès d'humidité dans l'atmosphère de la serre chaude-humide. Dans ce cas, il ne faut pas craindre de faire du feu dès le mois de septembre, pour dissiper ces vapeurs surabondantes, quoique la température intérieure de la serre ne soit pas assez basse pour exiger à cette époque de l'année le secours de la chaleur artificielle.

Nous avons vu comment certaines parties de la serre chaude-sèche réunissent jusqu'à un certain point les conditions d'une serre chaude-humide ; il en est de même de la serre chaude-humide, dont toutes les parties ne sont pas humides au même degré. Cependant, si l'on peut, dans de certaines limites, faire d'une serre chaude-sèche une assez bonne serre chaude-humide, cette dernière serre ne peut jamais devenir une bonne serre chaude-sèche ; trop de causes dont on ne peut modifier les effets, concourent à tenir son atmosphère constamment chargée de vapeurs humides. Les parties les plus ombragées, où l'air est plus stagnant et l'évaporation plus lente que dans le reste de la serre, conviennent de préférence à tout autre emplacement, aux fougères, aujourd'hui fort cultivées comme ornement dans les serres chaudes, en raison de la beauté de leur verdure et de l'élégance de leur feuillage. Il en est qui croissent très bien le long d'un mur humide ; tels sont entre autres les polypodiums phymotodes et scandens.

Quelques plantes qui recherchent l'ombre, accompagnée de la chaleur humide, peuvent très bien servir à tapisser le mur du fond de la serre, auquel elles s'accrochent par les racines qu'elles émettent en grand nombre le long de leurs tiges. comme le lierre de nos climats ; c'est ce que ne manquent pas de faire les piper nigrum et bétel, le ficus scandens, et la vanilla aromatica, ou planifolia, ainsi que la vanilla pomponia. Toutes ces plantes craignent beaucoup le soleil ; le renouvellement fréquent de l'air ne leur est pas nécessaire comme à beaucoup d'autres végétaux ; elles ne semblent pas souffrir sensiblement du défaut de ventilation ; mais les arrosages et les seringages doivent leur être prodigués. Il ne faut seringuer les plantes de serre chaude-humide que lorsque le soleil est déjà assez bas sur l'horizon.

Il n'y a pas pour les plantes de la serre chaude-humide d'époque de rempotage général ; comme toutes ces plantes végètent avec une très grande activité, elles ont bientôt épuisé les parties nutritives de la terre de leurs pots ; dès qu'on s'en aperçoit au ralentissement de leur végétation, on doit remplacer, soit en totalité, soit partiellement, la terre épuisée, en usant des mêmes précautions que nous avons précédemment indiquées.

La liste suivante contient les noms de quelques-unes des plantes exotiques les plus remarquables parmi celles qui se plaisent dans la serre chaude-humide.

Hedychium
{ gardnerianum.
flavescens.
angustifolium.
coronarium.

Maranta.`.
{ zebrina.
truncata.
bicolor.

Caladium..
{ seguinum.
seguinum variegatum.
odorum.
violaceum.
macrophyllum.
rugosum.
sagittæfolium.

Les plantes de la liste précédente sont à feuilles persistantes, ou, si elles perdent leurs feuilles, c'est insensiblement, celles qui tombent étant remplacées aussitôt par celles qui repoussent; toutes ces plantes, dans une serre chaude-humide bien gouvernée, végètent avec autant d'activité et de vigueur que dans leur pays natal.

Les végétaux de la liste suivante, appartenant à la famille des palmiers, les rois du règne végétal, ne se plaisent dans la serre chaude-humide qu'autant que l'humidité n'y est point en excès.

Musa.....
{ coccinea (bananier).
sapientum.
discolor.
sinensis (bananier nain).

Heliconia..
{ bihaï.
speciosa.
pulverulenta.
psittacorum.
brasiliensis.

Strelitzia..
{ reginæ.
reginæ-major.
ovata.
spatulacea
juncea.
augusta.

Begonia (toutes les especes à feuilles persistantes).
Blakea trinervia.

Pandanus..
{ utilis.
inermis.
bromæliæfolia
reflexa.
sylvestris
latifolia.

Les plus remarquables d'entre les plantes qui se plaisent, en été, dans la serre chaude-humide, mais qui veulent passer l'hiver dans la serre chaude-sèche, sont comprises dans la liste suivante:

Barringtonia { speciosa.
acutangulata.

Couroupita Guyanensis.
Cecropia peltata.
Carica papaya.
Coffea arabica (cafféier).

Il faut ajouter à cette liste toutes les plantes appartenant aux genres psidium, astrapœa, pterospermum et combretum.

Les notions qui précèdent sur la culture des

plantes de serre sont puisées en grande partie dans le traité des serres par M. Neumann, chef des serres au Jardin du Roi; nous empruntons à un excellent article du même horticulteur les détails suivants sur la culture de la vanille, plante que ses usages économiques rendent digne à tous égards de fixer l'attention des amis de la culture des plantes exotiques.

§ VIII. — Culture de la vanille.

Peu de plantes sont aussi rustiques et exigen moins de soins que la vanille dans son pays natal; l'odeur exquise de ses siliques, objet d'un commerce très important, les fait rechercher et payer fort cher par les confiseurs, les distillateurs et les glaciers; elle entre aussi, comme assaisonnement, dans plusieurs mets sucrés.

A Cayenne, la culture en grand de la vanille se pratique tout-à-fait sans cérémonie. « Cette plante, dit M. Neumann, ne demande pas de grandes avances à ceux qui l'exploitent; il ne lui faut ni labour, ni taille, ni échalas; plantée sous des bois, dans des ravins très chauds, elle pousse avec vigueur sur les guazuma à feuilles d'orme sur lesquels et sur tous les arbres à écorce molle et spongieuse. »

Pour un horticulteur intelligent, ce seul fait, observé sur les lieux par l'habile horticulteur qui le rapporte, vaut toute une instruction détaillée sur la culture de la vanille; on voit, en effet, que cette plante, sur son sol natal, se développe sous les mêmes conditions et dans les mêmes localités que les orchidées, à la famille desquelles elle appartient; sa place est donc toute marquée dans la serre chaude-humide et dans la serre aux orchidées pour ceux qui s'adonnent à la culture spéciale de cette famille de végétaux; l'ombre, la chaleur et l'humidité sont les éléments de son existence. On ne peut se faire une idée de sa force de végétation, à moins de l'avoir observée; dans les serres du Jardin du Roi, la vanille pousse des racines aériennes qui s'allongent jusqu'à 2 mètres et au-delà, cherchant une terre où elles puissent s'enfoncer. Ces racines s'accrochent à tout ce qu'elles rencontrent, même à du bois couvert de peinture; si deux d'entre elles viennent à se croiser, elles reprennent l'une sur l'autre.

La vanille se multiplie très aisément de boutures faites en terre franche à la fois légère et substantielle; elle n'exige, pour se développer rapidement, aucun soin particulier de culture; il lui faut, comme à toutes les plantes de serre chaude-humide, beaucoup d'eau pendant l'été et très peu pendant l'hiver, tant que dure le sommeil de la végétation. Mais le point important n'est pas seulement de faire végéter et fleurir la plante, on cherche surtout à en obtenir ces siliques qui portent dans le commerce le nom de vanille, comme toute la plante qui les produit. La floraison de la vanille est très rapide; les fleurs s'ouvrent l'une après l'autre; chacune d'elles ne dure pas au-delà de vingt-quatre heures. La conformation particulière des organes reproducteurs de la vanille rend presque impossible la fécondation naturelle, du moins dans la serre, en Europe; or toute fleur qui n'a pas été fécondée tombe sans donner naissance à une silique, circonstance d'autant plus regrettable que les siliques récoltées dans les serres, en Europe, ont exactement la même odeur et pourraient avoir dans le commerce la même valeur que la vanille d'Amérique; pour mieux dire, il est impossible de distinguer l'une de l'autre. Les fleurs ne produisent des siliques que lorsqu'elles ont été artificiellement fécondées, opération assez délicate à cause de la manière dont ces fleurs s'épanouissent. Si la floraison est trop avancée, la fécondation ne réussit pas; elle réussit encore moins si la fleur n'est ouverte qu'à demi. Après de nombreux essais, M. Neumann s'est assuré que l'heure la plus favorable pour féconder artificiellement la vanille est entre dix heures du matin et midi. Les siliques qui succèdent aux fleurs fécondées ne sont mûres qu'au bout d'un an; elles sont, nous devons le répéter, parfaitement semblables et égales en parfum comme en qualité à la meilleure vanille du commerce. À Cayenne, on prépare les siliques de vanille par le procédé suivant : on les récolte avant leur maturité, lorsqu'elles ont acquis tout leur volume et que leur couleur passe du vert au jaune; on les enfile ordinairement douze par douze, comme on le fait en Europe pour les haricots verts qu'on se propose de faire sécher pour les conserver. Ces chapelets de vanille sont trempés quelques instants seulement dans de l'eau en ébullition, puis retirés aussitôt et suspendus à des cordes dans une chambre où le soleil puisse avoir accès pendant plusieurs heures de la journée. Le lendemain, toutes ces siliques sont huilées légèrement l'une après l'autre, tant pour en éloigner les mouches qui craignent l'huile, que pour que les siliques, en perdant leur humidité, conservent encore une certaine souplesse. Elles perdent, par la dessiccation, environ les trois quarts de leur volume; elles contractent en même temps une couleur d'un brun presque noir, et leur arome devient beaucoup plus prononcé qu'il ne l'était à l'époque de la récolte. On les frotte d'huile une dernière fois avant de les détacher pour les renfermer dans des pots de terre vernissée, où on les conserve jusqu'à ce qu'elles soient livrées au commerce.

Ces procédés de préparation n'ont rien que de fort simple. Il n'est pas douteux pour nous que la culture de la vanille ne soit non-seulement possible et facile, mais même très profitable dans une serre bien dirigée. Les produits de cette culture ont toujours une grande valeur; l'amateur peu favorisé des dons de la fortune peut, s'il consacre à la vanille la moitié de sa serre chaude-humide, y trouver une ressource suffisante pour peupler l'autre moitié des orchidées les plus précieuses.

Les succès obtenus par M. Neumann en fécondant artificiellement la vanille ne sont point un fait isolé; à Liége, M. Morren, professeur de botanique, a obtenu par le même procédé des siliques parfaitement mûres d'une autre espèce de vanille; le résultat ne peut donc être douteux. Trois espèces, ou plutôt trois variétés de vanille, sont cultivées dans nos serres; leurs siliques ont également les qualités exigées de la vanille comme produit commercable. La *fig.* 518 représente la vanille à feuilles planes.

Fig. 518.

§ IX. — Plantes aquatiques de serre chaude.

Bien peu d'amateurs s'adonnent en France à la culture des plantes aquatiques de serre chaude; ces plantes se recommandent pourtant par la réunion d'un nombre de qualités précieuses dont la première est d'exiger peu de soins, et de venir pour ainsi dire toutes seules. Les plantes aquatiques, une fois qu'on leur a donné la quantité d'eau nécessaire, n'ont plus besoin que d'une ventilation fréquente et d'une température égale à celle de la serre chaude-humide, chaleur qu'il est facile d'entretenir au moyen d'un appareil de chauffage approprié à l'étendue de la serre. Du reste, il ne leur faut ni arrosage, ni nettoyage, ni rempotage, ni taille fréquente des tiges et des racines, ni aucun de ces soins minutieux que réclament toutes les autres plantes de serre à divers degrés, et qui rendent leur culture si assujettissante pour le jardinier. Voici quelques indications sur la manière dont on gouverne en Angleterre les plantes aquatiques de serre chaude. La serre chaude aux plantes aquatiques ne peut avoir trop de lumière : par ce motif, elle se construit mieux à deux versants qu'à un seul; l'inclinaison des deux versants ne doit pas dépasser vingt à vingt-cinq degrés, parce que ces plantes ne veulent pas être trop éloignées des vitrages : elles en seraient trop loin dans une serre dont les panneaux seraient inclinés. La longueur de cette serre est tout-à-fait arbitraire; elle dépend du nombre des plantes qu'on se propose d'y cultiver; la hauteur ne doit pas dépasser trois mètres au centre; les bâches seront remplacées par deux bassins séparés par un passage. L'eau de ces bassins sert à la fois de nourriture aux racines des plantes aquatiques et de support aux feuilles de ces plantes qui flottent à la surface de l'eau. On les place sous l'eau dans des pots, afin de pouvoir retirer de l'eau celles dont les racines sont tuberculeuses pendant le sommeil de leur végétation et les déplacer toutes à volonté à mesure qu'elles fleurissent ou que leur floraison est passée. Les plus grandes peuvent se placer dans des baquets ou dans des pots très évasés. Quant à la terre où plongent leurs racines, sa qualité est à peu près indifférente aux plantes aquatiques ; elles tirent toute leur nourriture de l'air et de l'eau.

On multiplie ces plantes soit de graine, soit par la séparation de leurs racines. Les graines de presque toutes les plantes aquatiques de serre chaude perdent leur faculté germinative très promptement et veulent être semées au moment même où on les récolte. La graine du nelumbium speciosum peut se conserver longtemps et même voyager sans s'altérer, pourvu qu'on la conserve dans des bouteilles bien bouchées et remplies d'eau. On sème les graines des plantes aquatiques sous l'eau, dans des pots ou des baquets remplis de terre ; la terre des marais est celle qui leur convient le mieux ; elles lèvent promptement et végètent sans soins particuliers. On repique le plant fort jeune dans des pots séparés.

Les genres suivants sont, parmi les plantes de cette catégorie, ceux qui se propagent le mieux de graines : nymphea, limmocharis, menyanthes, pontederia, nelumbium, aponogeton et euryale. On y peut joindre, à cause de leur intérêt historique et économique, le cyperus papyrus et le riz. Les plantes des genres limmocharis, menyanthes, pontederia et aponogeton se multiplient en outre très aisement par la séparation de leurs racines, opération fréquemment nécessitée par leur rapide végétation. Les deux derniers genres sont assez rustiques ; ils supporteraient à la rigueur les hivers doux sous le climat de Paris, dans une pièce d'eau à l'air libre, quoiqu'il soit toujours plus prudent de ne pas les y exposer.

Les plantes du genre nymphea ont de grosses racines tuberculeuses ; tous les ans, à la fin de l'automne, on examine ces racines, afin de séparer les plus petites, qui tiennent lieu de plant, pour la multiplication de ces plantes, et les plus grosses, qui forment des plantes toutes faites devant fleurir l'année suivante. Ces racines se placent dans des pots de grandeur convenable remplis de terre légère ; on les tient presque à sec durant tout l'hiver, dans le but de les empêcher de végéter ; au printemps, on recommence à les arroser largement jusqu'à ce que les feuilles se montrent ; alors on place les pots au fond de l'eau, près des *jours ;* les nymphéas ainsi traités fleurissent toujours abondamment.

Par ce motif, les nelumbiums, dont les fleurs magnifiques peuvent être obtenues en été lorsqu'on sème la graine au commencement du printemps, se multiplient toujours de semence ;

c'est presque la seule des plantes aquatiques dont les graines conservent indéfiniment leur faculté germinative. On sème en bonne terre légère, dans des pots plongés dans l'eau de manière à ce que la surface de leur terre n'ait au-dessus d'elle que $0^m,05$ à $0^m,06$ d'eau maintenue à une bonne température. Le plant doit être repiqué très jeune dans des pots qu'on place au fond de l'eau ; les feuilles ne tardent pas à atteindre la surface du bassin où elles s'étendent horizontalement. Peu de plantes aquatiques vivaces ont une floraison plus prompte et une végétation plus rapide que le nelumbium ; on voit pour ainsi dire pousser cette plante dont la fleur est souvent ouverte moins de quatre mois après que la graine a été semée.

Il n'est pas nécessaire d'avoir une serre semblable à celle que nous avons décrite, et que les Anglais nomment *aquarium,* pour cultiver avec succès les plus belles d'entre les plantes aquatiques. Elles prospèrent également, soit dans le bassin de la serre chaude, soit même dans des baquets de grandeur convenable, enterrés dans la bâche de la serre tempérée ; elles contrastent par l'ampleur de leur feuillage et de leurs fleurs avec les autres végétaux qui peuplent les serres. La liste suivante comprend les plantes les plus dignes d'être cultivées parmi les plantes aquatiques qui ne supportent pas le plein air sous le climat de Paris.

Plantes aquatiques à fleurs bleues.

Noms des plantes.	Époque de la floraison.
Heterenthera reniformis......	Juillet et août.
Nymphea.. { cerulea........	De juin en septembre.
{ cyanea.........	Id.
Herpestris stricta..........	Août.
Nelumbium jamaicense.......	De juin en août.
Thalia dealbata..........	Juillet et août.
Pontederia { azurea........	Id.
{ dilatata.......	Mai et juin.
{ lanceolata......	D'août en octobre.
{ crassipes.......	Septembre et octobre.

Plantes aquatiques à fleurs blanches.

Aponogeton { distachyon......	Mai et juin.
{ angustifolia.....	D'avril en septembre.
Nymphea ampla..........	De juin en septembre.
Drosera... { pauciflora......	Juillet et août.
{ acaulis........	De juin en août.
{ pinnata........	Id.
Cephalotus follicularis.......	Juin.
Desmanthus triquetris........	Juillet et août.
Villarsia indica............	De juin en septembre.
Victoria regina............	Janvier.

Plantes aquatiques à fleurs jaunes.

Limnocharis plumierii........	De juin en novembre.
Nelumbium luteum.........	De juin en août.
Jussiea natans............	Août et septembre.
Nepenthès phyllomphœa......	Juillet et août.

Plantes aquatiques à fleurs rouges.

Euryale ferox.............	De juillet en septembre.
Impatiens natans...........	Id.
Nymphea rubra...........	Juillet et août.

La plus admirable des plantes aquatiques est sans contredit celle que les botanistes anglais ont nommée, en l'honneur de leur reine, Victoria regina. Cette plante fut découverte, en 1837, par M. Schomburgk, sur la rivière de Berbice, dans la Guiane anglaise. Les feuilles de cette plante gigantesque n'ont pas moins d'un mètre 50 de diamètre dans son pays natal ; la fleur est formée de plusieurs centaines de pétales passant du blanc pur au rose clair ; elle n'a pas moins de $0^m,30$ à $0^m,35$ de diamètre ; c'est par conséquent la plus grande fleur de tout le règne végétal. La culture de cette plante est celle de l'euryale et du nelumbium.

CHAPITRE II. — JARDINS PAYSAGERS.

SECTION Ire. — Notions générales.

Le style des grandes compositions pour les jardins, a varié d'âge en âge, comme les idées dominantes de chaque siècle. Le moyen-âge dédaigna l'art d'orner de vastes espaces pour en former des jardins publics ou particuliers d'un grand style ; en France, les Francs eurent bientôt laissé tomber dans l'oubli ce que les Romains leur avaient légué de remarquable en ce genre, comme dans toutes les branches des arts. La chronique nous montre le roi Franc Childebert allant de son palais à la messe, maritalement avec la reine Ultrogotte, à l'église de Saint-Vincent, aujourd'hui Saint-Germain-des-Prés, sans sortir de ses jardins. Ce roi habitait l'ancien palais des Thermes de l'empereur Julien, palais dont les débris subsistent encore rue de La Harpe ; les jardins du palais des Thermes s'étendaient donc sur tout l'espace compris entre la rue de La Harpe et Saint-Germain-des-Prés, ayant au nord la Seine pour limite. C'était une trace du passage de la grandeur romaine ; un roi Franc n'aurait certes pas eu l'idée d'une création semblable.

Quelques siècles plus tard, le Louvre, résidence féodale des rois de France, n'avait probablement pas de jardins ; du moins la chronique mentionne en plusieurs passages les vignes qui couvraient la rive de la Seine devant le Louvre, situation qui aurait dû être naturellement celle du jardin, s'il y avait eu un jardin.

Sous les premiers Valois, l'hôtel Saint-Paul, demeure habituelle de ces princes, sur l'emplacement actuellement occupé par le collège Charlemagne, eut de très grands jardins qui rejoignaient le bord de la Seine jusque vis-à-vis de l'île aux Anguilles, qui fut depuis l'île Louviers, aujourd'hui réunie à la rive droite de la Seine. Les noms des rues du Figuier et de la Cerisaie, vestiges historiques des jardins de l'hôtel Saint-Paul, rappellent un verger plutôt qu'un parc ; les rues du Fauconnier et des Lions montrent l'emplacement d'une ménagerie jointe au verger royal, objet d'admiration sous le règne du sage roi Charles V.

Les jardins ornés ne commencent en France que sous les derniers Valois, à la suite des guerres d'Italie, quand nos rois eurent la malheureuse idée d'associer les Médicis à leur trône. A cette époque, l'Italie avait depuis longtemps de très beaux jardins, où le charme naturel des sites était rehaussé par le luxe merveilleux de la sculpture et de l'architecture ; c'était la tradition des jardins antiques dont Rome avait emprunté l'art à la Grèce, qui l'avait reçu des Orientaux, en le modifiant selon son génie. Cette tradition, en Italie, n'avait jamais été complétement perdue ; elle fut l'origine des jardins symétriques, dont l'époque brillante fut en France le long règne de Louis XIV.

Les jardins français, ainsi qu'on les nommait alors, furent de bon ton dans toute l'Europe, surtout en Angleterre, où Charles II en avait importé la mode. L'exagération des défauts propres à ce genre de jardins fut bientôt portée, en Angleterre, jusqu'aux dernières limites de l'absurde. Le dégoût très naturel que ces compositions inspirèrent aux hommes de bon sens de ce pays, venant à coïncider avec les ambassades célèbres des Anglais en Chine, on se mit aussitôt à imiter les jardins du céleste empire avec la même exagération qu'on avait mise à copier les jardins français symétriques ; de là les jardins anglais adoptés avec enthousiasme par la mode en France.

Aujourd'hui, le mot et la chose commencent à passer. Les contemporains anglais, français, allemands, adoptent d'un commun accord le terme, très rationnel à notre avis, de jardin paysager ; ce terme nous paraît être la seule vraie définition des grands jardins ornés de notre temps. C'est de ce point de vue que nous donnons un aperçu de l'état actuel de cette branche de notre horticulture.

Les notions que nous nous proposons d'exposer à ce sujet sont puisées en partie dans l'excellent traité de M. le chevalier Van Sckell, directeur des jardins royaux en Bavière. Ce livre, dicté par le bon sens et le bon goût, est le seul sur cette matière qui résume les idées et les besoins de notre époque, à l'égard des jardins paysagers.

Afin de mieux établir la limite qui sépare le style des anciens jardins de celui des jardins modernes, et de montrer comment et dans quelles proportions nous concevons l'alliance des arts et des beautés naturelles pour l'ornement de ces compositions, nous ferons voir comment le retour à des idées moins exclusives s'est opéré dans les jardins de la Grande-Bretagne, cette terre classique des parcs et des vastes jardins, parce qu'elle est aussi celle des fortunes colossales. Dans ce but, nous traduisons, en les abrégeant, les passages suivants d'un écrit très remarquable publié sur ce sujet, en anglais, par M. Hope, il y a vingt-cinq ans.

« C'était la grande mode, il y a quelques années, en Angleterre, de rechercher dans la composition des jardins tout ce qui pouvait les faire prendre pour des produits de la nature, sans le secours de l'art et de l'industrie humaine ; la mode d'alors blâmait sans distinction toutes traces de la main de l'homme dans le dessin d'un parc ou d'un jardin ; elle avait surtout proscrit tout ce qui pouvait ressembler à une intention de symétrie et de régularité. Peut-être, en recherchant mieux qu'on ne l'a fait jusqu'à ce jour, le but et la destination d'un jardin, trouverait-on peu rationnel de renfermer les formes et les ornements des jardins dans des règles si strictes et si limitées.

« Quelle fut, dans les temps primitifs, l'origine des jardins? La difficulté d'aller récolter à de grandes distances des plantes usuelles et cueillir des fruits mangeables sur des arbres épars çà et là, parmi un grand nombre de plantes et d'arbres inutiles ou nuisibles, a dû probablement donner la première idée d'un jardin, en faisant sentir la nécessité de réunir près de la demeure de l'homme les végétaux, base de sa subsistance. Ce point de départ du jardinage est encore, de nos jours, l'objet de cette branche importante de l'horticulture contemporaine, qui a pour but d'approvisionner l'office et la table. La portion du jardin chargée spécialement de satisfaire, non pas seulement la vue, mais encore l'estomac, a dû nécessairement rejeter le désordre et la confusion de la simple nature ; il a fallu isoler entre eux les végétaux utiles de chaque espèce, après les avoir séparés des végétaux inutiles ; il a fallu consacrer à chaque genre de plantes un espace de forme régulière pour lui donner des soins spéciaux de culture, conformément à sa nature et à son genre d'utilité.

Nous voici conduits à conclure de cet exposé de l'origine du jardinage, que l'une des beautés les plus réelles parmi celles que nous pourrions nommer *intellectuelles*, c'est celle qui résulte, dans toute œuvre de l'art ou de la nature, de l'accord parfait, de l'exacte relation entre le but proposé et les moyens employés pour atteindre ce but. De même qu'on peut regarder l'opposition des formes et des couleurs comme l'un des éléments essentiels de la beauté dans les objets qui frappent la vue, de même une beauté très réelle résulte de l'opposition entre le vague, les lignes mal arrêtées d'un paysage dépourvu de symétrie, et les couleurs vives, les formes distinctes, la gracieuse mosaïque d'un sol soigneusement cultivé par compartiments réguliers et symétriques ; il semble que ce soit une pierre précieuse qui brille dans un monceau de minéraux bruts, ou mieux, un riche tapis étendu sur un coin d'une agreste vallée.

On voit ainsi clairement, qu'au moins dans la partie du jardin consacrée aux productions utiles, nous pouvons produire accessoirement un aspect satisfaisant. non-seulement pour la vue, mais aussi pour l'intelligence, sans nous astreindre aux formes irrégulières de la nature livrée à elle-même.

Il reste maintenant à rechercher s'il vaut mieux laisser paraître l'intervention de l'art dans le dessin des parties du jardin constituant, à proprement parler, le jardin d'agrément, ou dissimuler cette intervention ; dans le dernier cas, l'emploi des moyens artificiels tend à produire des effets susceptibles de plaire aux yeux et à l'intelligence, mais seulement en se rapprochant le plus possible des formes irrégulières et indéterminées de la nature entièrement libre ; dans la seconde hypothèse, on emploie ouvertement, et sans chercher à les masquer, les ressources de l'art, et l'on fait contraster vivement l'irrégularité des lignes du paysage naturellement agreste, avec la symétrie des ouvrages réguliers de l'art humain. Ne perdons pas de vue cette vérité, que la symétrie entre aussi bien dans le plan des œuvres de la nature que dans celui des travaux de l'homme ; seulement, la nature n'en fait l'application qu'à ses plus petits ouvrages, admirables par leur régularité ; elle cesse de s'y astreindre dès qu'elle opère sur des masses plus considérables, sur des espaces plus étendus.

Nous avons dit qu'il fallait rechercher dans la création du jardin paysager le plaisir des yeux et celui de l'intelligence. En effet, l'absurde ne saurait satisfaire l'esprit ; il choque et déplaît partout où il se montre. Or, rien ne semble plus absurde aux yeux de l'homme de bon sens, que ces efforts dispendieux pour imiter la nature dans ce qu'elle a de laid et de désagréable, tandis, qu'au contraire, l'esprit est satisfait à l'aspect des travaux d'art qui, par exemple, auront réussi à convertir un aride coteau dépouillé de végétation en un riant et frais paysage. Bien loin d'ajouter à la beauté de son œuvre en dissimulant l'intervention de la main de l'homme, l'auteur d'une création de ce genre n'aurait fait par là, à ce qu'il nous semble, qu'en diminuer le prix, en retranchant quelque chose du plaisir qu'on éprouve toujours naturellement à l'aspect d'une œuvre bien exécutée, d'un travail couronné de succès. Voudrions-nous que chacune de nos maisons construites en pierre, ressemblât le plus possible à une caverne. ou que nos vêtements de laine offrissent la plus exacte ressemblance possible avec une toison non lavée ? Ce serait pourtant l'application du même principe. Ce n'est pas à dire que nous voudrions que la terre dans nos jardins fût toujours et partout disposée en terrasse, que l'eau figurât seulement sous forme de jet d'eau, que toutes les plantations fussent des avenues ou des quinconces, pas plus que nous ne pourrions souffrir à l'Opéra une interminable série d'entrechats, de menuets, ou de pas graves.

L'imitation du paysage naturel doit à notre avis se réduire à la reproduction de ce que la nature offre de véritablement beau, sans entreprendre de ces monstruosités extravagantes qui n'atteignent qu'au ridicule ; car en cherchant l'imitation des grandes scènes de désordre, dont la beauté tient à cette grandeur qu'il est hors du pouvoir de l'homme d'atteindre dans ses œuvres, le travail de l'homme dégénère complétement en caricature. Sans doute, du sein

des scènes les plus sauvages de la nature inculte, il jaillit souvent des effets grands, impo-
sants, sublimes ; mais l'art ne doit point aspirer
à les reproduire.

S'il existe dans quelques parties reculées de
notre domaine une roche sourcilleuse, un précipice effrayant, un torrent qui gronde, une
sombre et impénétrable forêt séculaire, c'est
une faveur de la nature: gardons-nous d'en
gâter les sublimes impressions en y mêlant les
conceptions rétrécies de l'art humain : il serait
là hors de sa place. Mais ce sont là de ces objets
que nous ne voulons pas avoir constamment
sous les yeux ; ils perdent tout leur prix en ces-
sant de nous impressionner, s'il nous faut, bon
gré mal gré, les regarder chaque fois que nous
ouvrons la fenêtre. D'ailleurs, si dans les alentours de l'habitation, nous disposons toujours
d'un espace suffisant pour les ouvrages d'art
appropriés au jardinage, la place manque évidemment pour de véritables précipices, pour
des rochers dignes de ce nom. Ce qui convient
autour de la maison, c'est un choix judicieux
de plantes et d'arbustes indigènes ou exotiques,
dont les fleurs joignent à l'élégance des formes
l'éclat des couleurs et la suavité de leurs par-
fums ; la place de ces plantes est là dans des
pots, dans des caisses comme les orangers, ou
dans les plates-bandes d'un parterre, comme
les rosiers et les jacinthes. Comment pourrait-
on entreprendre de les faire passer pour les
productions naturelles d'un sol abrupte et tour-
menté ? Trouverait-on plus agréable un torrent
qui se précipite de rocher en rocher à la porte
de la maison, qu'une paisible rivière bordée de
fleurs, déployant ses gracieux contours près
d'une habitation élégante ? Nous concevons
l'application à la composition du jardin paysager du principe de l'imitation de la nature
inculte, mais nous la concevons seulement dans
des limites rationnelles ; nous rejetons d'une manière absolue l'exclusion de l'art, la loi qu'on
veut lui imposer de se cacher comme un intrus
qui n'a que faire dans le dessin et l'ordonnance
des jardins paysagers. Nous admettons ouvertement et de plein droit les objets d'art dans ces
jardins, comme ornements de détail. La profusion de ces objets est là sans doute un luxe de
très mauvais goût ; mais pourquoi, par exemple,
verrions-nous avec moins de plaisir le cristal
d'une source parce qu'il s'échappe d'une urne
réellement belle en elle-même, pour retomber
dans un bassin d'un dessin irréprochable ? Si
l'emplacement est bien choisi, si le dessin en
est élégant et correct, un objet d'art renfermant en lui-même une beauté réelle ne peut devenir laid et déplaisant, par cela seul qu'il concourt à la décoration d'un jardin paysager.

Les voyageurs qui n'ont pas fait abstraction
de leurs propres sensations pour s'en tenir à
de vaines et étroites théories, ne peuvent refuser leur admiration aux jardins suspendus de
Gênes et aux splendides villas des environs de
Rome ; c'est quelque chose d'admirable, en
effet, que ce contraste tranché des marbres les

plus riches qui se détachent sur la plus riche
verdure. Comment ne point admirer ces statues, ces balustrades, ces vases artistement
entremêlés aux massifs d'arbres verts ; ces
montagnes vues dans l'éloignement, à travers
les longues colonnades des portiques ; ces rangées de cactus et d'aloës, étalant le luxe de leur
végétation dans des vases de granit et de por-
phyre, vases aux formes régulières, mais moins
symétriques, pour ainsi dire, que celles dont la
nature a paré ces magnifiques végétaux ? Et
qui ne serait frappé des oppositions entre les
chefs-d'œuvre de l'art et ceux de la nature, se
prêtant l'un à l'autre un charme de plus par le
contraste de leur genre de beauté, surtout
quand ces beautés se déploient sous le ciel de
l'Italie, dans cette contrée considérée à si juste
titre comme la première école du vrai beau ?
Mais il faut que le goût, ce sixième sens si développé chez les Italiens, préside à toutes ces
choses. C'est précisément l'absence de goût
qui avait fait adopter en Angleterre, avec passion, la symétrie et la régularité dans l'arrangement de nos jardins, tellement encombrés
d'objets d'arts de toute sorte, entassés avec
profusion, sans harmonie avec la nature du
paysage environnant, qu'à la fin nous nous en
sommes trouvés rassasiés, rebutés ; c'est encore la même absence de goût qui nous a fait,
dans ces derniers temps, nous précipiter dans
l'excès contraire. Repoussant tout vestige de
l'ancienne régularité des lignes de nos jardins,
comme on repousse un fantôme dont on a été
longtemps obsédé, nous avons construit nos
demeures champêtres dans des sites si peu faits
pour le séjour de l'homme, qu'elles y semblent
tombées des nues ; puis, sans prendre plus de
souci du vrai beau que de l'agrément réel de
nos maisons de campagne, nous avons rendu
le paysage, vu de l'habitation dans toutes les
directions, aussi dépourvu d'harmonie dans
son ensemble que discordant avec le style architectural de l'habitation elle-même. Dans
cette confusion de lignes sinueuses, irrégulières, qui serpentent sans but, nous n'avons
pu déraciner tout-à-fait les traces de l'art ; il
s'y laisse apercevoir, mais sous une forme à la
fois insipide et ridicule ; le style de ces compositions rappelle ces vers blancs, qui ne sont pas
de la prose, et sont encore moins de la poésie.
Est-ce là imiter la nature ? La nature a pour
elle l'espace, l'étendue, la grandeur ; dans ses
plus grandes scènes, elle ne déploie que ces
vagues, mais inimitables beautés, résultant de
l'opposition des formes et des couleurs des
grandes masses. La nature, dans ses plus petits
ouvrages, dans ce que nous pourrions nommer
ses œuvres de prédilection, appartenant à chaque règne, prodigue la régularité, la symétrie,
dans la disposition des formes et des couleurs.
Examinez les rayons des paillettes du givre, les
facettes du cristal, les pétales de la fleur, les
organes des insectes dans leurs diverses méta-
morphoses ; contemplez la figure humaine , ou
seulement la configuration de l'œil ; partout

vous serez frappé de la régularité, de la symétrie, de l'harmonie des œuvres de la nature.

S'il est vrai que l'art ne soit autre chose que le développement des règles posées par la nature elle-même, il n'est pas vrai que ces règles excluent la symétrie, il n'est pas vrai non plus que l'étrangeté et le caprice soient des sources de beauté réelle pour les jardins paysagers. A force de renchérir sur la sauvagerie des sites, ne pouvant les mettre en harmonie avec nos habitations, ce sont nos demeures champêtres que nous voudrons mettre en harmonie avec nos parcs; alors, il n'y aura pas d'autre moyen que d'en faire des antres ou des carrières.

§ Ier. — Scènes naturelles propres à entrer dans la composition du jardin paysager.

A. — Examen du terrain.

Si nous examinons les paysages tels que les forme la nature avec une variété infinie sur toutes les parties de la surface de notre mère commune, la terre, nous reconnaissons dans quelques-unes de ces scènes la nature à peu de choses près dans son état primitif; d'autres nous la montrent plus ou moins modifiée par les diverses révolutions qui ont bouleversé la surface du globe à différentes époques; à peine trouve-t-on deux sites qui offrent exactement le même caractère.

Le règne végétal contribue pour sa part à cette variété, non-seulement par les différences énormes qui existent entre les genres et les espèces, mais aussi par la répartition des plantes entre les différentes contrées. Ainsi, tandis que dans les régions boisées, les masses végétales sont l'objet le plus apparent du paysage, d'autres régions semblent dépourvues de végétaux, et l'aspect de ceux qu'elles contiennent se perd dans l'immensité des plaines ou des montagnes arides; le sommet des plus hautes montagnes a pourtant sa végétation qui lui est propre, mais cette végétation est formée de plantes qui, par leur petitesse, échappent à l'œil de l'observateur placé au bas de la montagne, et ne concourent point à l'effet du paysage. Parmi tous ces objets si différents les uns des autres, il n'y a rien dont le jardinier paysagiste ne puisse tirer parti d'une manière quelconque; l'esprit d'observation, le talent de saisir du premier coup d'œil les ressources naturelles propres à donner du charme à ses compositions, constituent l'une des qualités les plus indispensables du jardinier paysagiste; c'est toujours, parmi les talents qu'il doit avoir, celui dont il lui faut faire preuve avant de songer à en déployer aucun autre. Il faut qu'il se préoccupe avant tout de la nécessité de mettre son œuvre en harmonie avec les scènes romantiques de la nature qui l'environnent.

Ce principe, généralement adopté, établit une différence très notable entre la somme de travail et aussi la somme d'argent qu'exige, pour une égale étendue de terrain, un jardin paysager dans le goût moderne, comparé aux anciens jardins symétriques. Dans l'ancien système, on ne pouvait établir que des lignes droites sur des surfaces planes; les accidents de terrain, trop considérables pour qu'il fût possible de songer à les faire complétement disparaître, devaient être convertis en terrasses; le reste du sol était, avec des frais énormes, déblayé de tout ce qui pouvait interrompre l'uniformité de sa surface. Or, on sait que dans toute création de jardins paysagers, la plus grande dépense est toujours celle qu'entraînent les déblais et les remblais; les autres dépenses ne sont rien, comparées à celle-là. De plus, il était impossible de profiter de manière ou d'autre pour les jardins symétriques des arbres qui pouvaient se rencontrer d'avance sur le terrain; comme on ne pouvait se permettre de sortir des plantations en ligne droite, tout arbre hors de l'alignement du tracé, quelque regrettable qu'il fût d'ailleurs, devait disparaître; et c'était le plus grand hasard du monde si tous ne se trouvaient pas dans le cas d'être supprimés. Le jardinier, plus libre dans ses allures lorsqu'il s'agit pour lui de tracer un jardin paysager, regarde au contraire les accidents de terrain, les pentes, les monticules, les vieux arbres, s'il en existe, comme des hasards heureux qui facilitent son travail, et qu'il est heureux d'enchâsser dans sa composition.

B. — Dimensions des jardins paysagers.

Il y a sans doute des proportions au-dessous desquelles un jardin paysager devient ridicule de petitesse; mais c'est une erreur de croire, comme quelques auteurs l'ont avancé, qu'il faut au jardin paysager un très grand espace, comme si la nature ne produisait pas très souvent, sans l'intervention de l'homme, des effets réellement beaux et pittoresques sur des terrains de peu d'étendue. Lorsque la contrée environnante est riche en effets de ce genre, et que le jardinier sait combiner ses plans de manière à suppléer à l'espace qui lui manque, en faisant concourir à l'ornement du jardin l'aspect des objets extérieurs, il n'a pas besoin d'un grand espace pour réunir les effets les plus gracieux que ce genre comporte; seulement il évitera d'entasser sur une surface de moins d'un hectare des scènes qui veulent 1 ou 2 kilomètres de développement; il se souviendra qu'il est de ces beautés d'un ordre supérieur qu'il faut laisser à la nature, et qu'il est hors de la puissance de l'homme de reproduire.

C. — Choix d'objets pittoresques.

Les plus hautes élévations artificielles dans un jardin paysager, soit pour rompre l'uniformité d'un sol trop peu accidenté, soit pour procurer un beau point de vue, ne peuvent guère dépasser dix mètres de hauteur perpendiculaire. Une rivière artificielle est très large quand elle a de quinze à vingt mètres de largeur; un lac creusé de main d'homme est immense, et coûte des sommes exorbitantes, s'il couvre seulement dix à douze hectares. Ni l'un ni l'autre de ces deux objets ne peut être trop petit sans tomber dans le ridicule ; il y a d'ailleurs des moyens, dont nous parlerons ailleurs, d'augmenter leur étendue apparente par les illusions d'optique. Il ne faut point creuser de lac artificiel si l'on ne peut lui accorder une étendue d'au moins huit hectares ; au-dessous de cette étendue, ce ne sera qu'un étang ou une pièce d'eau, qui n'exige pas de si larges proportions.

On doit regarder comme les très bienvenus, dans le site où l'on doit créer un jardin paysager, les ruisseaux et les cours d'eau de toute espèce ; les uns seront dirigés autour des bois et des bosquets, tantôt s'éloignant, tantôt se rapprochant des allées, ou s'enfonçant sous d'impénétrables ombrages ; les autres, s'échappant d'entre les masses de rochers, iront par un cours paisible et des contours gracieux, s'encadrer dans un vallon plein de charmes, où leurs bords seront pour ainsi dire masqués sous des masses de fleurs offrant la plus brillante variété de couleurs et de formes, puis ils se perdront dans le lac ou la pièce d'eau qu'ils serviront à alimenter ; d'autres glisseront sans bruit entre des rives ombragées d'arbustes hauts et touffus, invitant aux plaisirs du bain, de la pêche, ou de la promenade en nacelle ; tous ces genres de cours d'eau rentrent dans la classe des objets que l'art peut imiter dans leurs proportions naturelles, avec une parfaite vérité qui permet à peine de reconnaître s'ils sont l'ouvrage de l'homme ou celui de la nature ; ils donnent de la vie et de l'activité aux scènes du paysage. Une cascade naturelle est encore une bonne fortune dans un jardin paysager ; un groupe de saules pleureurs, une urne, sont des ornements à leur place près d'une cascade naturelle ; ils sont un attrait de plus pour le promeneur ; ils l'obligent, en quelque sorte, à s'y arrêter.

Les bosquets, les épais fourrés, les massifs d'arbustes florifères, les tapis de verdure des prairies naturelles, les vallons émaillés de fleurs, les collines aux pentes adoucies, couronnées d'arbres et d'arbustes d'ornement, sont encore de ces éléments de beauté naturelle que l'art peut et doit imiter dans la composition des paysages artificiels. Les rochers artificiels ne doivent pas non plus en être exclus, bien qu'il soit fort difficile de leur donner une apparence naturelle ; nous y reviendrons.

· Les grottes sont, de tous les objets naturels qui peuvent entrer dans un paysage, le plus difficile à imiter d'une manière satisfaisante, c'est-à-dire sans trop laisser apercevoir l'imitation ; on en voit en Angleterre quelques exemples qui font la plus complète illusion ; ces œuvres d'art sont toujours excessivement dispendieuses. Nous ne parlons point ici de ces grottes de marbre sculpté, ornement des jardins symétriques avec leur accompagnement obligé de niches et de statues ; c'est là ce que M. Th. Leclerc, nomme à si juste titre du naturel de convention ; il ne peut en être question dans les jardins paysagers ; M. Von Sckell les caractérise parfaitement en leur donnant le nom de grottes grotesques.

§ II. — Constructions et ornements d'architecture.

Quoiqu'un jardin paysager bien composé doive satisfaire l'esprit et les yeux sans le secours de l'architecture, les ornements d'architecture employés avec discernement peuvent cependant ajouter beaucoup aux ressources dont on peut disposer pour son embellissement ; ils servent d'autant mieux à lui donner un caractère déterminé, que lorsqu'ils se rencontrent dans les paysages naturels, c'est précisément là leur destination, et l'effet qu'ils produisent inévitablement. Il faut beaucoup de tact et de goût pour que les édifices adaptés à la décoration d'un jardin paysager soient dans de justes proportions avec son ensemble ; ces édifices ne doivent pas non plus être en trop grand nombre, ou trop rapprochés les uns des autres, faute que peut à peine racheter la perfection de ce genre d'ornement dans quelques-uns des jardins paysagers les plus célèbres de l'Europe. Il est inutile de dire que les ruines et les monuments de l'antiquité, lorsqu'on est assez heureux pour en rencontrer sur son terrain, doivent être soigneusement encadrés dans le paysage, au sein duquel ils produiront toujours les scènes les plus pittoresques.

A. — Temples.

Les temples sur le modèle de ceux que l'antiquité païenne consacrait au culte de ses dieux, se présentent en première ligne ; c'est là que les Grecs et les Romains déployaient tout le luxe de leur architecture ; c'est là qu'étaient employés ces modèles variés de colonnes et de pilastres qu'ils ont légués à l'architecture moderne. C'est dans ce genre de construction que l'œil saisit le mieux l'effet des divers ordres d'architecture, parce que rien qui leur soit étranger n'attire et ne détourne l'attention de l'observateur. Les temples, dans les jardins modernes, peuvent être consacrés aux divinités que personne ne prend au sérieux, Flore, Pan et Pomone ; ils le sont aussi très souvent à deux divinités dont le culte ne passera pas, l'Amour et l'Amitié.

L'architecture romaine diffère peu de celle des Grecs ; les ouvrages des Romains se distinguent toutefois par un caractère particulier de solidité et de durée. Le style gothique est principalement propre aux constructions adaptées au service des cultes chrétiens ; une chapelle privée dans un parc ne peut être convenablement construite que dans ce style éminemment religieux. Nous ne pouvons que blâmer l'introduction dans nos jardins paysagers de l'architecture dépourvue de grâce et de goût des Chinois ; celle des Arabes et des Hindous est moins connue et rarement en usage, quoiqu'elle soit beaucoup plus digne d'être étudiée et imitée.

Le choix de la situation d'un temple n'est pas sans importance ; on peut se conformer à l'usage des anciens qui construisaient la façade de leurs temples à l'orient. Un temple dédié à l'Amour ou à quelque autre aimable divinité, n'est point à sa place au fond d'un sombre taillis, où rien n'invite à l'aller visiter; il lui faut la place la plus gaie et la plus engageante de tout le jardin, celle où la nature étale tout le luxe de sa parure sur les plantes et les arbustes couverts de fleurs, celle où le murmure d'un ruisseau semble inviter les oiseaux à animer de leurs concerts le bosquet sacré dont le temple est toujours environné. Un temple consacré à Bacchus est bien placé, si de son portique la vue s'étend sur des vignobles; on peut consacrer à Gérès un temple dont la situation domine de vastes plaines chargées d'épis.

B. — Obélisques, colonnes, colonnes tronquées.

Les jardins paysagers peuvent emprunter à l'architecture égyptienne des obélisques; indépendamment des inscriptions dont on peut couvrir ses surfaces, un obélisque peut aussi fort bien recevoir en Europe son antique destination; les Egyptiens orientaient les angles d'un obélisque aux quatre points cardinaux, et s'en servaient comme de l'aiguille d'un cadran solaire. Quelques pierres plates disposées à cet effet à des distances convenables sur le sol, peuvent marquer le passage de l'ombre de l'obélisque aux différentes heures de la journée. La place d'un obélisque dans un jardin est sur la pente douce d'une colline, ou près des eaux, par exemple sur la rive d'un lac, dont la surface réfléchit ce monument. Quant aux pyramides que Pline nomme des monuments de la folie du despotisme, parce que cent mille hommes ont été, dit-on, employés pendant vingt ans pour en construire une seule, ces constructions, une fois qu'elles sortent des proportions colossales propres à étonner par leurs masses imposantes, n'ont plus aucune valeur architecturale; des pyramides en miniature, telles qu'on en voit dans quelques grands jardins, ne sont que ridicules.

Les colonnes isolées sont plus usitées et d'un meilleur effet dans les jardins; elles peuvent être surmontées du buste ou de la statue d'un personnage historique à la mémoire duquel elles sont ordinairement consacrées. Lorsqu'on leur donne d'assez grandes proportions, elles contiennent un escalier et sont couronnées d'une plate-forme entourée d'une rampe; dans ce cas, on les construit sur les points du jardin qui dominent la vue la plus étendue; lorsqu'on leur donne cette destination, elles ne peuvent avoir moins de trois mètres de diamètre, afin que l'escalier intérieur puisse avoir une largeur suffisante. On dispose aussi avec avantage, dans des parties écartées et solitaires du jardin paysager, des colonnes tronquées, peu élevées, qui supportent, soit des urnes de forme antique, soit des bustes de personnages célèbres.

C. — Statues.

Les jardins modernes rejettent ce peuple de statues dont les jardins symétriques de l'ancien style étaient encombrés; sur les deux côtés d'une avenue, sur une place carrée ou circulaire, au milieu d'une pièce d'eau grande ou petite, partout des groupes et des statues étaient jugés indispensables; la nécessité de réunir un nombre si prodigieux de statues dans un grand jardin faisait que, le plus souvent, on était peu difficile sur l'exécution; la quantité engageait à fermer les yeux sur la qualité; on peut voir, à la honte du goût français, un exemple déplorable de cette prodigalité de figures (car ce ne sont pas des statues) dans l'un des plus beaux jardins publics de la capitale, au jardin du Luxembourg. S'il est vrai que le médiocre soit pire que le mauvais, c'est assurément dans les productions des arts; le médiocre est là tout-à-fait intolérable; n'ayez point de statues dans un jardin, ou, si vous en avez, que ce soit des chefs-d'œuvre. Le dieu Pan sur un rocher près d'une fontaine, une nymphe qui se baigne dans une rivière que surmonte une roche, dans un bosquet sous un épais ombrage, un faune épiant la nymphe au bain, ces statues et beaucoup d'autres en harmonie avec chaque site, s'encadrent fort bien dans le jardin paysager, et peuvent contribuer à l'embellir; lors de là, il ne faut de statues que dans les temples, et comme il n'en faut qu'un très petit nombre, il est moins difficile d'exiger en elles un haut degré de perfection artistique, que lorsqu'il en fallait toute une armée.

D. — Bâtiments isolés.

Les jardins paysagers admettent encore, en nombre proportionné à leur étendue, quelques-unes de ces constructions isolées qui peuvent recevoir diverses destinations, soit pour un salon de lecture, soit pour une salle de bain, décorés l'un et l'autre d'ornements analogues à leur usage. Les constructions de ce genre, destinées seulement à réunir quelques amis pour une aimable causerie, rappellent par des inscriptions ou quelques bas-reliefs leur consécration à l'étude, à l'amitié, à la constance. Chacun de ces détails mis en sa place, concourt à l'effet pittoresque de l'ensemble, mais toujours et seulement à la condition que le goût le plus épuré préside au choix de l'emplacement, au style de l'architecture, et surtout à celui des ornements, dont la profusion, dans un jardin paysager, est toujours déplacée.

E. — Chaumière.

Dans un parc d'une grande étendue, on aime à rencontrer, au sortir des jardins somptueux décorés du luxe des arts, une modeste habitation rustique, dont le toit de chaume et les accessoires champêtres doivent être d'une propreté coquette et d'une simplicité soignée, rappelant à l'esprit, non la misère contrastant avec l'opulence, mais bien le bonheur et l'aisance acquis, bien rarement, hélas! par le travail dans l'humble condition du laboureur; tel doit être, à ce qu'il nous semble, le caractère d'une chaumière véritable dans un parc. Nous ajouterons que l'impression en est encore plus certaine et plus satisfaisante pour l'esprit comme pour les yeux, quand le propriétaire d'un vaste jardin paysager établit réellement dans la chaumière qui contribue à décorer son parc une famille laborieuse dont l'aisance n'est point une fiction, et qui peut figurer naturellement le bonheur de la vie champêtre.

F. — *Constructions diverses; maison d'habitation.*

Toutes les constructions indispensables, la maison du jardinier, les serres, l'orangerie, peuvent et doivent servir d'ornement, chacune dans le style qui lui est propre; mais c'est surtout la maison d'habitation qui, par le choix judicieux de son emplacement et le caractère de son architecture, doit être l'ornement principal du jardin paysager, celui qui, des parties les plus reculées, sert de point de vue, celui, enfin, vers l'agrément duquel tout l'ensemble de la composition doit converger. La place naturelle d'une maison dans un parc, est au point d'où l'on découvre la plus belle vue, à l'abri des vents violents qui règnent le plus habituellement, à l'exposition du midi dans les pays froids et tempérés, à celle du sud-est ou du sud-ouest dans les pays chauds, à l'est plein sous les climats ardents où le soleil de midi doit être évité comme un fléau. La hauteur de ce bâtiment principal, sa forme, son étendue, son caractère enfin, doivent être étudiés selon les règles du bon sens et du bon goût, et s'harmoniser parfaitement avec le paysage. Soyez sûr que vous aurez mal choisi la place de votre habitation, si partout ailleurs que sur l'emplacement dont vous avez fait choix, une personne de goût trouve qu'une autre habitation pourrait être à sa place, et cadrer tout aussi bien avec l'ensemble du jardin paysager.

G. — *Ruines.*

Les ruines produisent un effet très pittoresque, quand leur situation est choisie avec assez de discernement pour qu'il semble naturel qu'on y ait jadis élevé un édifice actuellement ruiné; elles sont un contre-sens alors qu'on les rencontre là où rien n'a pu, dans aucun temps, justifier l'existence de la construction dont elles figurent les vestiges. La grande difficulté consiste à leur donner une apparence telle qu'elles puissent paraître l'ouvrage du temps et non celui de l'art, ou d'une destruction violente et récente. On choisit ordinairement pour construire une ruine artificielle des pierres brutes qui ont l'air d'avoir été rongées de vétusté; on donne aux murs une grande épaisseur, en y pratiquant des crevasses et d'autres marques extérieures de l'action destructive du temps, comme si elles avaient résisté à ses efforts pendant des siècles. Il est essentiel qu'à l'aspect d'une ruine, l'imagination puisse reconstruire sans effort l'édifice en son entier, et qu'il ne soit pas possible de se méprendre sur ce qu'a dû être cet édifice avant de tomber en ruines. Les débris de ruines, tels que des fûts et des chapiteaux de colonnes ou des fragments de corniches qui peuvent être dispersés aux alentours, doivent porter le même caractère que les parties qu'on suppose restées seules debout; l'illusion cesse à l'instant si l'œil ne retrouve pas, pour ainsi dire, la place qu'ont dû occuper ces débris dans l'édifice, lorsqu'il subsistait en entier; à plus forte raison, il n'y a pas d'illusion possible quand on entasse au pied d'une ruine des fragments d'architecture ou de sculpture en désaccord par leur style ou seulement par leurs proportions, avec le bâtiment tel qu'il peut être reconstruit par la pensée.

Dans le but de rendre l'illusion aussi complète que possible, une ruine artificielle doit être construite d'après le plan d'un bâtiment complet, et la place de ce qui manque doit être, sinon visible distinctement, au moins suffisamment accusée sur le terrain. Une précaution non moins indispensable, c'est de calculer la construction des ruines de manière à ce que leur défaut de solidité ne soit qu'apparent, et que même quand elles ont l'air prêtes à s'écrouler sur les passants, on puisse néanmoins s'en approcher et pénétrer sans danger au milieu de leurs débris.

C'est seulement quand l'ensemble de la ruine est bâti, qu'on s'occupe de donner aux parties saillantes et anguleuses, telles que sont les corniches, les chambranles des portes et les embrasures des fenêtres, l'apparence des dégradations causées par l'action lente des siècles. Cette apparence est plus naturelle et semble mieux causée par le temps lorsqu'on frappe au hasard sur ces parties saillantes avec un corps obtus, que lorsqu'on a recours au marteau du tailleur de pierre; dans ce dernier cas, il est presque impossible qu'on ne reconnaisse pas quelque part d'une manière évidente les traces de la main de l'homme, là où pour conserver l'illusion, il faut ne voir que la main du temps.

L'architecte chargé d'élever une ruine factice dans un jardin paysager ne perdra pas de vue l'effet que doivent produire leurs débris et les signes de leur dégradation, vus à diverses distances. La place des ruines artificielles doit être éloignée de l'habitation et du centre des jardins, autant que possible dans un lieu élevé, qu'on puisse apercevoir de loin, dans plusieurs directions, et sous plusieurs aspects. Le paysage, aux environs des ruines, doit avoir un caractère grave et solennel, ce doit être une solitude silencieuse, où nul autre bruit ne se fait entendre que celui d'une harpe éolienne, où des taillis mêlés de ronces et de broussailles forment un fourré impénétrable, où quelque érable antique, quelque chêne séculaire, croissant à travers les crevasses des murs tapissés de mousse et de lierre, semblent des témoins vivants de leur antiquité. C'est dans des lieux pareils que l'esprit est tout disposé à accepter comme antiques des ruines artificielles; c'est là que ces ruines produisent la plus complète illusion.

H. — Ponts.

Les formes gracieuses et variées que peuvent recevoir les ponts construits sur les cours d'eau dont le jardin paysager peut être traversé, concourent à sa décoration, dont ils sont une partie indispensable. On peut employer à leur construction le bois, le fer ou la pierre; toutefois, les culées doivent toujours être en pierre, afin que lorsqu'il y a des réparations à faire au pont, cette partie plus solide et plus durable que le reste, ne soit pas dérangée; car la construction des culées d'un pont entraîne forcément la dégradation des rives sur une assez grande étendue. Un pont de bois reposant sur des culées de pierre de taille pourra être ainsi renouvelé bien des fois avant qu'il y ait aucune réparation à faire à ses culées.

M. Von Sckell blâme avec sévérité les ponts formés de pièces de bois revêtues de leur écorce, laquelle ne tarde guère à se couvrir de mousse et à occasionner la pourriture du bois qui garde une apparence de solidité, et s'écroule un beau jour sous les pieds des promeneurs. Il saisit cette occasion pour signaler le ridicule de certains monuments indignes de figurer dans les jardins d'un homme de bon sens, et dont la seule présence est un indice assuré du défaut absolu de goût et de jugement chez le propriétaire qui leur donne accès parmi les scènes d'un jardin paysager. J'ai vu, dit M. Von Sckell, dans un parc dont le propriétaire me faisait les honneurs, un ermite logé dans le creux d'un chêne colossal; on n'avait oublié pour l'illusion qu'une circonstance: c'était d'éclairer l'intérieur de l'arbre creux; il y régnait une obscurité telle que l'ermite (qui, du reste, était de bois) n'aurait pu lire le texte sacré.

Plus loin, une tour isolée était consacrée à la mémoire du duc de Marlborough, si populaire sous le nom de Malbrouck. Une fenêtre entr'ouverte laissait entrevoir la duchesse, poupée habillée de satin rose, tenant un télescope, et s'écriant (comme l'indiquait une inscription): « Je vois venir mon page. » Les murs de la tour étaient tapissés d'inscriptions reproduisant tout au long de la chanson de : *Malbrouck s'en va-t'-en guerre.*

Dans le même parc, on introduisit M. Von Sckell dans une sorte de trou fort obscur, dont l'entrée représentait une arcade tapissée de vigne peinte à la détrempe; il faisait très noir dans cette cavité décorée du nom de grotte; là, on présente au visiteur un grand fauteuil muni d'un coussin épais; à peine assis, il se lève effrayé, croyant avoir écrasé sous le coussin un chat qui pousse des hurlements atroces; le fauteuil contenait un appareil destiné à imiter les cris d'un chat qu'on écrase; ingénieuse et piquante surprise ménagée par le propriétaire à ses hôtes!

De telles niaiseries n'inspirent aux gens sensés que du dégoût; elles doivent être bannies d'un jardin paysager, où les beautés de la nature sont prises au sérieux, où tout est calculé pour que la poésie des arts et celle du paysage se prêtent un mutuel secours, où rien ne peut être admis de toutes ces choses ridicules marquées du cachet de la grossièreté, du mauvais goût et de la sottise.

Section II. — *Plan sur le papier; tracé sur le terrain.*

Nous avons dit à quel point il importe, pour la création d'un jardin paysager, que celui qui l'entreprend étudie à fond tous les détails du terrain, tous ses accidents, l'effet général du site, et ce qu'il peut renfermer d'avance d'objets pittoresques à conserver, à encadrer dans sa composition, et de ressources naturelles à utiliser dans le but de ne rien perdre des beautés de tout genre que peut admettre le jardin projeté. Ce n'est qu'après ces études préliminaires qu'il faut songer à arrêter les principales lignes d'un plan, d'abord sur le papier, et plus tard sur le terrain. Plus ces premières études auront été faites avec soin, plus il sera facile d'obtenir tout l'effet désiré de la composition, avec le moins possible de frais et de travaux. Ce qui grossit outre mesure le chiffre de la dépense présumée pour la création d'un jardin paysager, c'est la nécessité de modifier le plan primitivement conçu, de défaire ce qui avait été fait, parce que dans l'exécution il se rencontre des obstacles sur lesquels on n'avait pas compté; quand on en est là, on ne sait plus où les frais s'arrêteront. Mais ces circonstances fâcheuses ne se présentent jamais que faute d'un examen assez approfondi de la localité; on doit avoir tout prévu et préparé avant de mettre les ouvriers sur le terrain.

§ 1er. — Plan sur le papier.

En dessinant le plan d'un jardin paysager en projet, il faut, si l'on ne veut agir au hasard, se représenter les objets tels qu'ils seront, non pas au moment où l'exécution du plan sera terminée, mais plusieurs années après, quand le travail de la nature aura complété le travail de l'homme, que les arbres et arbustes auront grandi et se seront mis en rapport avec la place qu'on leur accorde; ce sont ces rapports auxquels il faut d'avance avoir égard pour ne pas tomber dans la suite dans l'un ou l'autre de ces deux inconvénients : l'encombrement ou la nudité. Quant au premier, il est évident que des bosquets trop près l'un de l'autre, des arbres trop rapprochés dans le même bosquet, ne paraîtront tels qu'après un assez long espace de temps, au bout duquel on peut, à la vérité, supprimer les arbres superflus, mais non changer l'ordonnance du jardin sans tout bouleverser. Si vous avez mis deux massifs d'arbres ou d'arbustes là où le terrain n'en comportait qu'un seul, vous pourrez bien éclaircir la plantation dans chacun de ces deux massifs, mais ils subsisteront tous les deux alors que vous aurez reconnu qu'il vaudrait mieux n'en avoir planté qu'un seul dans l'origine. Nous ferons encore observer, eu égard à la croissance des arbres, toujours trop lente au gré du propriétaire pressé de les voir grandir, que cette croissance est ralentie dans les premières années quand les arbres, trop rapprochés, se nuisent mutuellement. Le second inconvénient, la nudité, peut plus aisément disparaître lorsque le temps, par une cause quelconque, ne fait pas acquérir aux arbres les dimensions sur lesquelles on avait compté ; il ne s'agit que de replanter dans les intervalles. Toutefois, ces repeuplements tardifs d'un bosquet trop maigre dans l'origine ne remplissent pas toujours le but qu'on se propose en replantant. Parmi les arbres comme parmi les hommes, les gros mangent les petits ; un jeune arbre, planté tardivement entre des arbres déjà forts, trouve la place déjà en partie occupée par les racines de ses voisins ; à mesure que les siennes s'étendront, il faudra qu'elles disputent leur nourriture à celles d'arbres beaucoup plus forts que lui, et jamais, pour cette raison, l'arbre planté après coup ne rejoindra, à moins de soins particuliers, ceux qui ont sur lui seulement quelques années d'avance.

L'accroissement probable des arbres d'après la nature du sol, celle du climat, et celle aussi de chaque espèce d'arbre employée dans les plantations du jardin paysager, est au nombre de ces faits connus d'avance, sur lesquels le jardinier expérimenté ne saurait se tromper de beaucoup. C'est au moment où il trace son projet sur le papier qu'il doit se figurer ce que sera son œuvre dans trente ou quarante ans, afin de calculer sa composition dans la prévision des divers états par lesquels elle doit passer à des époques déterminées. Sans doute il ne faut pas sacrifier complétement le présent à l'avenir ; mais il faut encore moins sacrifier totalement l'avenir au présent, et abuser de la confiance d'un propriétaire, en lui livrant des bosquets en fort bon état, à l'usage de trois ou quatre ans, mais qu'il lui faudra refaire dix ans plus tard.

Il y a des circonstances où le plan est, pour ainsi dire, tout tracé, où l'art ne peut que suivre les indications de la nature ; c'est lorsque la distribution naturelle des eaux, des rochers, des bois et des prairies est déjà pleine de poésie et de charme sans l'intervention de la main de l'homme. Il lui suffit dans ce cas de faire mieux ressortir par quelques moyens artificiels les beautés naturelles du site, en démasquant les objets trop peu apparents, donnant une direction plus favorable aux eaux vives, et distribuant avec goût les objets d'art ; c'est là tout ce qu'il peut avoir à indiquer sur le plan, ainsi que le tracé des allées et des sentiers ; les trois quarts de la besogne sont faits avant qu'elle soit commencée. Mais on conçoit combien il est rare d'avoir à créer un jardin paysa-

ger dans des circonstances aussi favorables. Disons-le toutefois, à la honte d'un grand nombre de propriétaires opulents, ce ne sont pas les sites pittoresques qui manquent, c'est la volonté de débourser quelque argent pour les embellir. Nous avons des départements entiers où l'on ne rencontre pas un seul jardin paysager, et où, pour ainsi dire, tout est jardin dans le paysage ; il ne s'agirait que de tirer parti, souvent à très peu de frais, des beautés naturelles de la contrée, beautés qui, faute de goût, ne sont pas même remarquées la plupart du temps.

§ II. — Tracé sur le terrain.

Une fois le plan arrêté après des études sérieuses et approfondies, il est temps de commencer à le mettre à exécution ; il faut d'abord en transporter le tracé sur le terrain. Un premier tracé n'est qu'une ébauche incapable de donner une idée de ce que sera l'œuvre achevée, surtout en raison des mouvements artificiels du terrain, des collines et des vallons artificiels, dont on ne peut que marquer la position par des piquets, de même qu'il est impossible d'indiquer autrement les modifications qu'on se propose d'apporter par des déblais et des remblais, à l'inclinaison des pentes naturelles dont le terrain sur lequel on opère peut être accidenté.

Des pieux de hauteur suffisante doivent indiquer les points culminants des parties du terrain qu'il faudra exhausser ; ces points et ceux qui marquent la profondeur des excavations à effectuer seront géométriquement déterminés, afin que l'ouvrier, agissant seulement des bras, ne soit pas exposé à grossir les frais par un travail inutile.

Le tracé de la place que doivent occuper les bois et les bosquets se fait différemment ; les lignes de ce tracé doivent être attaquées avec hardiesse sur le terrain, au moyen du bâton ferré ; on ne doit figurer que les principaux contours, sans s'arrêter aux détails ; ce premier travail fait, les lignes sont indiquées par des piquets éloignés l'un de l'autre de 5 à 6 mètres ; pour des lignes d'un très grand développement, ils peuvent même être beaucoup plus écartés. Dans l'exécution, on ne perdra pas de vue que la nature ne dessine pas les limites des forêts et des champs découverts, par des lignes nettement arrêtées, mais par des transitions que ne peut représenter une ligne régulière.

Lorsque quelque portion des limites extérieures de la forêt semblera, d'après le tracé sur le terrain, trop monotone, et dépourvue d'effet pittoresque, on marquera sur divers points choisis avec discernement, à 15, 20 ou 30 mètres de la lisière du bois, la place de divers arbres isolés, ou de groupes d'arbres, choisis parmi ceux dont la verdure ou plus claire ou plus foncée que celle des massifs en avant desquels ils sont destinés à être vus, permet à leurs formes de se dessiner sur ces massifs avec plus d'avantages que s'ils étaient de la même nuance. En général, la variété des tons dans les masses de feuillage qui doivent se détacher les uns sur les autres est un objet très important, auquel on ne peut se dispenser d'avoir égard dans la composition des bosquets qui font partie d'un jardin paysager ; une trop forte proportion de feuillage d'un vert sombre attriste le paysage et lui donne une teinte mélancolique ; le vert clair, si bien nommé par les peintres vert gai, produit dans le paysage l'effet contraire. On peut aussi tirer un très bon parti sur la lisière d'un bosquet, de ces arbres qui, comme le sumac de Virginie, sans perdre leur feuillage de très bonne heure, prennent dès le mois d'août une teinte jaune passant au rouge vif, et conservent cette riche nuance jusqu'à ce que leurs feuilles tombent à l'entrée de l'hiver.

Nous placerons ici quelques observations sur les lignes onduleuses, ces lignes pleines de charmes qui se représentent si fréquemment, et toujours avec grace, dans les paysages naturels. La plupart des jeunes jardiniers dépourvus d'expérience, dit M. Von Sckell, ne voient aucune difficulté dans le tracé des lignes onduleuses ; le compas à la main, ils combinent des portions de cercle de manière à reproduire sur le terrain une multitude de contours semblables à un S majuscule, et croient avoir atteint la perfection du genre. Mais, qu'ils étudient la nature ; partout où elle nous charme par des lignes onduleuses répandues largement à travers les paysages où la main de l'homme n'a point passé, elle ne procède pas par des courbes géométriques ; elle ne cree pas de portions de cercle ; elle apporte dans cette partie de ces œuvres cette variété qui ne permet pas que deux grains de sable soient identiquement semblables ; c'est cette variété, source du pittoresque, qu'il faut savoir imiter dans les lignes onduleuses qui entrent dans le plan d'un jardin paysager.

§ III. — Tracé des rivières et des ruisseaux.

Les rivières dont la largeur approche de 30 mètres sont rarement admises dans la composition des jardins paysagers, d'abord parce qu'elles exigent, pour ne pas dégénérer en mares d'eau croupie, une masse d'eau vive constamment renouvelée dont on ne peut disposer que dans des circonstances tout-à-fait exceptionnelles ; ensuite parce qu'il en coûte des sommes énormes pour leur creuser un lit d'une telle largeur sur une grande étendue. Les lignes qui dessinent les bords des rivières artificielles d'une grande largeur doivent être tracées hardiment ; elles ne peuvent présenter qu'un petit nombre de détours peu rapprochés les uns des autres ; les rivières étroites, au contraire, peuvent offrir dans leur passage à travers le jardin paysager des sinuosités très multipliées. Cette règle est fondée sur l'observation de la nature ; une masse d'eau d'un certain volume ne se laisse pas facilement arrêter par les obstacles qu'elle peut rencontrer sur son cours ;

elle les déplace, au contraire, sans beaucoup de peine, pour continuer à couler selon la pente générale du terrain. Une masse d'eau moins importante cède forcément à tous les accidents de terrain qu'elle rencontre sur son passage et qui l'obligent à multiplier ses détours.

Les rivières d'une médiocre largeur offrent donc plus de variété et plus de ressources pour la décoration du jardin paysager que n'en peuvent présenter les rivières d'une trop grande largeur ; mais, grande ou petite, il faut une rivière dans un jardin paysager, quand ce ne serait qu'un ruisseau ; il ne peut pas être dépourvu d'eau d'une manière absolue ; c'est l'eau qui anime les scènes de paysage artificiel ; c'est encore l'eau qui attire et qui retient dans le jardin paysager les rossignols et toute la tribu des oiseaux chanteurs.

Les bords des rivières artificielles doivent offrir des pentes adoucies plutôt que des pentes abruptes. Les bords escarpés, outre l'inconvénient très grave de dérober à la vue une portion de la largeur de la nappe d'eau, en ont un autre bien plus grave en raison des accidents nombreux dont ils peuvent être cause. Mais quelques roches couronnées d'arbres verts à leur sommet, entourées à leur base d'une ceinture d'arbustes florifères, s'avançant jusque dans la rivière artificielle et la forçant à former un gracieux détour pour continuer à couler plus loin entre des rives dépourvues d'escarpements, apportent à la fois de la variété et du charme dans la décoration du jardin paysager.

Lorsqu'une rivière artificielle ne dépasse pas la largeur de deux mètres à deux mètres cinquante, on peut, vers le milieu de son cours la partager en deux bras égaux embrassant un espace de forme oblongue, ordinairement consacré à un parterre garni de fleurs en toute saison. Lorsqu'on adopte cette disposition, il ne faut pas que les deux bras de la rivière offrent en regard l'un de l'autre des sinuosités disposées dans le même ordre ; leurs détours doivent être distribués avec goût, mais en évitant soigneusement une symétrie trop régulière qui ne pourrait sembler naturelle. On n'oubliera pas de combiner le tracé des allées et celui de la rivière artificielle de telle sorte que celle-ci soit alternativement visible et cachée, tantôt s'éloignant, tantôt se rapprochant des allées et des sentiers, et ramenant à chaque détour le promeneur vers une partie de ses bords ornée de quelque objet digne de fixer l'attention. Tantôt la rivière disparaîtra sous d'épais buissons, tantôt elle se montrera à découvert, effet dont la répétition qui prête à un très grand nombre de scènes pittoresques, offre un attrait particulier, et inspire toujours au promeneur le désir de les visiter de nouveau.

§ IV. — Lacs et pièces d'eau ; illusions d'optique.

Les parcs des particuliers ont rarement des dimensions assez vastes pour admettre dans leur enceinte un véritable lac naturel ; la dépense nécessaire pour creuser une pièce d'eau digne du nom de lac sort d'ailleurs des limites d'une fortune privée, fût-ce une énorme fortune de finance. Lorsqu'un parc aboutit aux rives d'un lac naturel, les points de vue vers une vaste nappe d'eau ordinairement bornée par des accidents de terrain pittoresques et variés doivent être ménagés en grand nombre dans la distribution du jardin, surtout dans ses parties couvertes et ombragées où se trouvent les stations et les lieux de repos.

Quant aux pièces d'eau artificiellement creusées dans un parc, lorsqu'elles ont assez d'étendue pour figurer un lac, il faut toujours qu'un de leurs bords au moins soit découvert et permette à la vue d'embrasser un vaste horizon. Les autres parties des rives du lac doivent être parsemées de grands arbres isolés, dispersés çà et là avec des touffes de buissons et d'arbustes à tiges peu élevées; quelques fabriques font un très bon effet en animant le paysage.

Il arrive très souvent que la pièce d'eau, dans un jardin paysager, ne peut pas recevoir l'étendue qu'il serait désirable de lui donner. C'est alors qu'il faut recourir aux moyens artificiels d'en dissimuler la petitesse par des illusions d'optique. La portion des rives de l'étang artificiel où l'œil plonge à perte de vue sur un horizon découvert doit être tout-à-fait unie, basse, et presque au niveau de la surface de l'eau, de telle sorte que le spectateur, placé dans une barque, sur l'étang, à quelque distance de la rive, ne puisse aisément en discerner les limites et soit, par ce moyen, trompé sur son étendue, qui doit lui paraître avoir bien au-delà de sa grandeur véritable. Lorsqu'on veut produire une illusion complète, par rapport à l'étendue véritable d'une pièce d'eau ou d'un étang, il ne faut laisser subsister aux alentours, à portée de la vue, aucun de ces objets dont les dimensions réelles sont trop connues, tels qu'un buisson ou une chaumière; il serait trop facile de juger, par comparaison avec ces objets, de l'étendue de la surface qu'on désire empêcher le spectateur d'apprécier avec précision. C'est ainsi qu'un chêne colossal, de trente mètres de haut, s'il se trouve au bord d'un étang artificiel, dans un parc, fera paraître cet étang plus petit qu'il ne l'est en effet. C'est au jardinier paysagiste à connaître les ressources que les lois de l'optique et de la perspective lui offrent pour grandir ou diminuer les objets.

L'optique et la perspective, comme sciences, ne peuvent être connues que par des études spéciales; les lois des sciences ne sauraient trouver place ici; rappelons toutefois quelques-unes de ces données, qui, par leur précision et leur simplicité, mériteraient d'être vulgaires.

Si les décorations d'un théâtre d'enfants sont en proportion avec la taille des acteurs, elles feront disparaître leur petitesse aux yeux des spectateurs, par cela seul que le spectateur manquera d'objets de comparaison; qu'un homme de taille ordinaire vienne à se montrer au milieu des enfants sur un théâtre ainsi décoré, cet homme vu de la salle fera l'effet d'un géant.

De même, dans un paysage, une petite tour placée près d'une grange semble moitié plus petite; de deux hommes, dont l'un est vu près d'un vaste palais, l'autre près d'une cabane, à la même distance, le premier, quoique de même taille, paraîtra beaucoup plus petit que le second. De même, des figures de grandeur colossale, sculptées sur la façade d'un bâtiment, l'écrasent et diminuent en apparence ses proportions. Le soleil, à son lever ou près de son coucher, paraît beaucoup plus grand que lorsqu'il est élevé sur l'horizon, et cela uniquement parce que son disque est vu du même coup d'œil avec des objets terrestres dont il fait ressortir la petitesse.

Les illusions de ce genre sont innombrables; il serait superflu d'en multiplier les exemples; le dessinateur de jardins paysagers doit savoir en tirer parti d'une manière judicieuse. Voici quelques points essentiels qui peuvent le guider dans cette partie importante de ses opérations.

Un temple de douze à quinze mètres de haut, dont la façade est supportée par des colonnes de 0m60 à 0m70 de diamètre, proportions très convenables dans un jardin paysager d'une étendue médiocre, sera complétement écrasé et paraîtra d'une petitesse choquante s'il est dominé par de grands arbres ayant près du double de sa hauteur. On doit éviter par la même raison de planter sur une éminence de 2m50 à 3 mètres de haut des arbres destinés à devenir avec le temps sept ou huit fois plus hauts, sous lesquels cette éminence finirait par disparaître; au contraire, la même élévation, garnie seulement d'arbrisseaux à fleurs, choisis parmi ceux qui ne s'élèvent pas, conservera son caractère, et l'œil du spectateur ne perdra rien de l'effet qu'elle est appelée à produire dans le paysage.

En général, les arbres très élevés ou destinés à le devenir sont bannis des petits jardins, qu'ils tendent à faire paraître encore plus petits.

Il est toujours facile de dissimuler par des plantations artistement ménagées la clôture servant de limite au jardin paysager; dans ce cas, aucun sentier ne doit régner ni le long, ni trop près de cette clôture. Le paysage extérieur semble une dépendance, une continuation des bosquets, lorsque ceux-ci ont été dessinés et plantés par une main habile, et qu'on n'a négligé aucun moyen de grandir pour l'œil du spectateur l'étendue véritable du jardin paysager; cette ressource ouvre un champ sans limites à l'exercice du talent du dessinateur toutes les fois que les jardins à créer se trouvent encadrés dans une contrée pittoresque.

Le bon sens et le bon goût permettent assurément de produire artificiellement des illusions d'optique qui trompent sur la distance de laquelle sont vus les objets, et ne permettent pas d'apprécier du premier coup d'œil leurs vraies dimensions; le bon goût est au contraire blessé autant que le bon sens par ces façades postiches de temples derrière lesquelles il n'y a pas de temple, ou par ces ponts figurés sur lesquels on ne passe point; ce sont là des illusions qu'il n'est pas permis d'admettre dans la composition des jardins paysagers, et qui n'ont d'autre caractère que celui du ridicule.

Les rives du lac artificiel doivent être peu élevées sur la plus grande partie de leur contour; les avantages de cette disposition sont évidents; d'abord, il y a moins de terre à déplacer, et la dépense, toujours très lourde de quelque façon qu'on s'y prenne, est diminuée d'autant; ensuite les personnes qui se promènent en bateau sur le lac lorsque ses bords ont peu d'élévation, ne perdent rien de l'aspect du paysage, tandis qu'elles n'en voient rien ou presque rien, si les rivages du lac ont seulement quelques mètres au-dessus du niveau de la surface de l'eau.

Si l'on a profité de la masse considérable de terre déplacée par le creusement du lac, et qu'on s'en soit servi pour former une colline artificielle, cette colline devra être assez loin du lac et séparée de ses bords par assez d'objets différents, pour éloigner toute idée de relation entre l'un et l'autre; car si l'aspect de la colline rappelle de quelque manière qu'elle est l'ouvrage de l'homme, et que les matériaux pour la former ont été pris à la place occupée par le lac, l'un et l'autre cessent aussitôt de faire illusion, et il n'est plus possible de les prendre pour des ornements naturels du paysage.

Le lac, lorsqu'il vient d'être creusé et que l'eau n'y a point encore été amenée, paraît toujours avoir beaucoup au-delà de son étendue véritable; une fois rempli d'eau, il paraîtra sensiblement diminué. Cet effet d'optique tient uniquement à ce que le lac vide offre aux regards une surface creuse, concave, surface réellement plus grande que ne peut l'être la surface plane de l'eau, lorsque le lac en est rempli. Rien n'est plus facile que de se laisser prendre soi-même à cette illusion, et de se trouver désappointé en voyant combien le lac qui semblait si grand lorsqu'il était vide, paraît rapetissé dès qu'il est plein.

Pour apprécier sans grande erreur l'effet d'un lac avant d'en commencer le creusement, on marque ses contours avec des piquets, puis on ouvre d'abord quelques tranchées dans lesquelles on établit au moyen du niveau à bulle d'air des lignes de piquets dont le sommet est exactement à la même hauteur que doit atteindre le niveau de l'eau du lac. L'apparence perspective de ces lignes de piquets donne une idée assez exacte de l'étendue apparente que doit avoir le lac terminé et rempli d'eau.

La prise d'eau du lac et son dégorgeoir doivent offrir une différence de niveau suffisante pour que le lac puisse être aisément mis à sec, soit pour la pêche, soit pour le curage lorsqu'il est nécessaire.

SECTION III. — *Chemins, allées, sentiers.*

Il est impossible de marquer d'avance par des piquets la place des divers genres de chemins et d'allées nécessaires dans le tracé d'un jardin paysager; il y a toujours des mouvements artificiels de terrain à produire par des déblais et des remblais; les chemins ne peuvent être définitivement dessinés sur le sol que quand ces travaux ont été exécutés. Aucun chemin, sentier ou passage n'est l'ouvrage de la nature; tous sont l'ouvrage de l'homme et quelquefois celui des animaux. La ligne droite est celle que les chemins suivent naturellement quand divers genres d'obstacles naturels ne s'y opposent pas, ou que le but auquel aboutit le chemin n'est pas hors de vue.

Les jardins dans le goût moderne rejettent d'une manière absolue les allées en ligne droite; c'est à tort chaque fois que des motifs plausibles ne rendent pas raison de leurs détours. Aussi, les allées tortueuses sans motif sont-elles généralement négligées par ceux qui fréquentent le jardin; ils coupent au plus court à travers les pièces de gazons, quand la chose est possible, plutôt que de s'assujettir à parcourir inutilement le double de l'espace nécessaire pour se rendre d'un point à un autre. Un chemin étant et ne pouvant être que l'ouvrage de l'homme, l'industrie humaine peut s'y montrer à découvert; ceux qui traversent le jardin paysager doivent être dessinés avec goût et toujours avec symétrie, leurs bords restant exactement parallèles entre eux sur toute la longueur de leur parcours, quels que soient d'ailleurs leur forme et le nombre de leurs circuits.

§ 1er. — *Largeur et tracé des divers genres d'allées.*

Les allées d'un parc destinées au passage des voitures portent le caractère des routes ordinaires dont elles ont la largeur et la solidité; quand elles ne sont pas en ligne droite ou presque droite, elles n'admettent pas de détours aussi multipliés que peuvent l'être ceux des allées destinées seulement aux promenades à pied; ces détours seraient dangereux dans les allées de ce genre, parce qu'ils ne permettraient pas aux piétons de voir venir d'assez loin dans une direction opposée, les cavaliers et les voitures, ce qui pourrait donner lieu à de déplorables accidents. Voici la largeur la plus convenable pour les divers genres d'allées :

Chemins pour les voitures	5m	à 8m
Allées pour les piétons seulement . .	2,50	à 4
Sentiers	0,90	à 1,50

Les sinuosités trop multipliées dans les allées sont fatigantes et n'offrent aucune beauté réelle; elles ne sont supportables que dans le tracé des sentiers étroits, qui serpentent ordinairement, soit entre des rochers, soit dans les parties les moins praticables du jardin paysager, où les difficultés du terrain justifient suffisamment les détours que font ces sortes de sentiers.

Une allée de 300 mètres à un kilomètre de développement, à travers un vaste parc, a bien plus de grâce quand elle se déploie en une courbe majestueuse prenant insensiblement son changement de direction, que quand elle est compliquée d'un grand nombre de détours sans objet; son effet pittoresque est plus agréable à la vue; il est aussi plus rationnel, plus conforme au bon sens comme au bon goût, par conséquent plus satisfaisant pour l'intelligence.

Le tracé des allées d'un jardin paysager est plus que toute autre partie du dessin laissé au jugement et à l'appréciation du dessinateur ; c'est à lui de diriger ses allées vers les objets les plus variés, les plus agréables à la vue, les plus séduisants pour les promeneurs. Les lignes des allées qui montent sur la pente d'un coteau ou qui descendent vers un vallon sont moins faciles à bien tracer que celles qui rencontrent sur leur parcours un terrain tout uni, parfaitement nivelé; c'est pour cela que des allées, fort belles et fort gracieuses en apparence sur le papier, font souvent un si mauvais effet sur le terrain; c'est que le papier est une surface plane, qui ne peut donner une idée exacte d'un terrain accidenté. On ne triomphe de ce genre de difficultés que par des essais, des tâtonnements répétés jusqu'à ce qu'enfin on s'en tienne à un tracé qui semble satisfaisant, qui donne aux allées dans leur passage à travers les collines et les vallées la direction la plus gracieuse, la plus conforme à la nature du terrain. On aura égard, en traçant sur le terrain toute espèce d'allées, à trois points principaux qu'il est essentiel de ne pas perdre de vue : 1° préférer aux sinuosités non motivées les courbes pures et correctes; 2° à chaque changement de direction laisser distinctement voir la raison du détour, et justifier sa nécessité; 3° motiver l'existence des principales allées par celle des objets auxquels elles aboutissent.

Les allées d'un jardin paysager sont des ouvrages d'art, qui doivent garder leur caractère sans jamais emprunter celui des sentiers irréguliers, tantôt larges, tantôt étroits, tracés comme au hasard à travers les bois, les champs et les prairies. Quand leur tracé est bien arrêté, on le dessine des deux côtés sur le terrain , dans toute la longueur de chaque allée, par une petite rigole de quelques centimètres seulement de profondeur, dans laquelle on répand des semences de gazon mêlées de graines de trèfle. Dans la suite, la nécessité de tondre fort souvent ces gazons, jointe à diverses autres causes accidentelles, peut altérer les contours des allées et y produire des déviations désagréables à la vue ; pour les prévenir, il suffit de planter quelques piquets peints de la couleur du sol, et enfoncés presque jusqu'à fleur de terre ; de cette manière, ils ne sont pas assez apparents pour produire un effet disgracieux, et ils remplissent le but qu'on s'était proposé en permettant d'apercevoir et de rectifier sur-le-champ toute déformation du dessin primitif des allées. On peut donner à ces piquets un écartement de six à dix mètres, le long des grandes allées ; ils doivent être plus rapprochés les uns des autres quand les allées sont étroites et qu'elles font de fréquents détours.

§ II. — Chemins creux, allées creuses.

On rencontre souvent dans les paysages naturels des sentiers ou chemins creux , dirigés à travers des rochers abrupts; quelquefois ils passent sous la voûte d'une roche percée, soit naturellement, soit de main d'homme ; ces sentiers doivent être ménagés de telle sorte que, dissimulés par les accidents de terrain , ils ne permettent pas de distinguer comment un promeneur, vu à quelque distance , a pu arriver jusqu'à un lieu qui paraît inaccessible. Ce sont de ces effets dont on doit profiter quand la disposition des lieux s'y prête , mais que l'on a bien rarement lieu d'imiter quand les éléments n'en existent pas tout disposés d'avance.

Les jardins paysagers peuvent au contraire recevoir un embellissement qui n'est point à négliger, par la création artificielle d'un autre genre d'allées creuses. Ces chemins sont creusés dans des parties du terrain où il n'existe point de rochers. Les deux pentes qui les enferment sont couvertes de toute sorte d'arbustes et d'arbrisseaux à tiges sarmenteuses , tels que des chèvrefeuilles et des clématites , auxquels se joignent d'autres arbustes florifères indigènes, l'aubépine, l'églantier, le prunellier, le cornouiller; on leur associe une profusion de fleurs sauvages des champs et des prairies. Du milieu de cette masse de plantes et d'arbustes entrelacés les uns dans les autres, et qu'on laisse croître en toute liberté sans les tailler, s'élève de distance en distance, un prunier, un amandier, un cerisier. Quelquefois aussi un érable sycomore, et quelque autre grand arbre forestier croît au milieu de ce fourré ; la pente du terrain ne lui permet pas de se former un tronc perpendiculaire ; sa tige et ses branches s'inclinent et semblent se balancer gracieusement au-dessus du chemin creux.

Les allées creuses ont un genre de beauté qui leur est propre; elles ont un caractère contemplatif et solitaire, qui invite aux épanchements et aux confidences de l'amitié; ce caractère tient à ce que les pentes qui les dominent cachent à l'œil tout le paysage environnant; ces allées doivent aboutir, s'il est possible, à un point d'où la vue peut s'étendre au loin sur un paysage qu'on avait à dessein évité de laisser soupçonner au promeneur, avant qu'il fût sorti de l'allée creuse. Ces allées pleines de charmes dont on sort de celles dont on ne s'éloigne jamais sans se promettre d'y revenir. Nous recommandons au jardinier de couvrir leurs deux pentes opposées de plantes et d'arbustes aussi variés que possible , en calculant toutefois leur distance d'après la force relative de leur végétation, et les dimensions que chacun d'eux, selon sa nature, doit atteindre dans la suite, afin que les plus petits et les plus délicats ne périssent point étouffés par les plus vigoureux.

Quand l'allée creuse se prolonge suffisamment , les pentes latérales ne sont pas garnies sur toute leur étendue d'un fourré semblable de plantes et d'arbustes divers ; de distance en distance, les arbustes font place à des groupes de grands arbres à tiges élancées, dont les têtes se confondent à une grande hauteur au-dessus de l'allée ; les rayons du soleil glissant à travers le feuillage et entre les branches de ces grands arbres, versent des flots d'une lumière vive et dorée sur les touffes d'arbustes, ce qui double leur effet pittoresque aux yeux du promeneur solitaire.

Les pentes latérales des allées creuses ne sauraient avoir une inclinaison de plus de quarante-cinq degrés ; c'est un maximum qu'elles ne doivent pas dépasser si l'on ne veut qu'elles soient dégradées à tout moment par de fréquents éboulements.

Les indications qui précèdent s'appliquent seulement aux allées creusées de main d'homme sur un sol naturellement dépourvu d'élévations et de dépressions, allées où par conséquent tout est artificiel.

D'autres allées creuses se rencontrent plus fréquemment dans les jardins paysagers, avec un caractère romantique dû entièrement à la nature. Deux pentes naturelles peu distantes l'une de l'autre, gracieusement inclinées et arrondies, couvertes d'un gazon fin et frais, ombragées de groupes de grands arbres formant une sorte de bosquet transparent qui laisse entrevoir ou deviner la suite du paysage, sont séparées par une sorte d'enfoncement qui, sans avoir les caractères abrupts d'un ravin, en a cependant à peu près la situation. C'est là que l'artiste sait faire serpenter une allée, ou, suivant l'espace, un simple sentier, qui devient l'une des parties de toute sa composition les plus fréquentées des promeneurs, surtout si la pente en est ménagée de manière à pouvoir être gravie sans trop de fatigue.

On doit recommander comme une règle applicable à toute sorte d'allées dans tous les genres de jardins paysagers, de ne pas multiplier à l'excès les allées ni les sentiers : quand un trop grand nombre d'allées coupe trop fréquemment les massifs d'arbres et les bosquets, elles font paraître les plantations maigres et morcelées ; elles en diminuent par conséquent l'effet pittoresque.

C'est principalement par la distribution des allées qu'il est possible, comme nous l'avons dit, de grandir en apparence un terrain de peu d'étendue consacré à un jardin paysager, en dissimulant avec soin les clôtures qui ne doivent être aperçues d'aucun point, d'aucune des allées, grandes ou petites ; les allées ne doivent, par conséquent, aboutir ni les unes ni les autres aux limites du jardin, et celles qui conduisent aux portes n'y doivent arriver que par un détour, afin que la porte ne soit aperçue que d'une petite distance ; tout ce qui tend à la faire soupçonner détruit toute illusion à l'égard de l'étendue réelle du jardin paysager.

Si du côté du jardin règne un coteau qui n'en fait pas partie, et que, comme il arrive presque toujours, un sentier serpentant sur la pente de ce coteau se voie distinctement de l'intérieur du jardin, on peut, sans en déranger en rien l'ordonnance, dessiner une ou plusieurs des principales allées, de telle sorte qu'en vertu des lois de la perspective, elles semblent devoir, derrière un massif d'arbres et d'arbustes rendu à dessein impénétrable à la vue, rejoindre le sentier comme s'il en était la continuation ; cet artifice très naturel, lorsqu'il est employé avec goût, aide puissamment à l'illusion. Nous pourrions citer un grand nombre de parcs en Belgique dans lesquels un moulin, une maisonnette gracieuse, une chapelle isolée, situés hors de l'enceinte du jardin paysager, s'y rattachent si naturellement en apparence, uniquement par la distribution des allées combinées avec les sentiers découverts au dehors, qu'il faut aller se heurter contre une haie ou contre un mur de clôture pour se persuader que ces objets extérieurs ne font pas partie intégrante du jardin paysager.

Lorsque le jardin paysager est en lui-même assez étendu pour qu'il ne soit pas nécessaire de recourir aux moyens artificiels de le faire paraître plus grand, il est bon de faire en sorte qu'à travers les intervalles entre les massifs et les plantations, une allée fréquentée soit visible d'une autre allée à quelque distance ; les promeneurs, tantôt cachés, tantôt découverts, animent le paysage. Cette disposition serait blâmable dans un jardin trop peu étendu, parce que, dans ce cas, les personnages étant vus de trop près, leur taille bien connue servirait de point de comparaison, et rendrait plus saillant encore le défaut de grandeur et d'espace dans l'ensemble de la composition.

Une allée qui gravit la pente d'un coteau par des sinuosités calculées pour en adoucir la roideur, est surtout agréable, lorsqu'à mesure qu'on la parcourt on découvre, en approchant du sommet du coteau, une partie d'un beau paysage dont la vue inspire nécessairement le désir de voir le reste. Quelquefois la pente trop rapide ne peut être suffisamment adoucie que par des allées en zigzag, avec des angles très multipliés ; on peut aussi, dans quelques passages, recourir à des marches d'escalier, soit en pierre, soit en bois de chêne. Dans ce cas, chacune de ces marches n'aura pas une hauteur de plus de $0^m,15$; une distance de $0^m,40$ à $0^m,60$ entre chaque marche doit être suffisante. Le point de rencontre de deux allées ne doit former ni un angle droit, ni à plus forte raison un angle obtus ; leurs lignes se joindront avec beaucoup plus de grâce si en se rencontrant elles ne forment qu'un angle plus ou moins aigu.

§ III. — Méthode de M. Von Sckell.

Nous devons ici faire connaître à nos lecteurs la méthode employée par M. Von Sckell pour tracer sur le terrain les allées des jardins paysagers. Avant de dessiner leurs contours par des lignes de piquets, conformément au plan le plus détaillé possible, tel qu'il doit avoir été tracé d'avance sur le papier, M. Von Sckell détermine par des jalons les points les plus saillants, les parties les plus importantes du jardin en projet. Il ne faut pas, dans cette partie de l'opération, s'astreindre à suivre le plan avec une exactitude trop scrupuleuse. S'il se trouve dans l'axe d'une allée un arbre précieux à conserver, l'allée se dérange pour respecter l'arbre ; on modifie de même, si la nécessité s'en fait sentir dans l'exécution, le tracé des cours d'eau ou de toute autre ligne du plan sur le papier. Ce plan ne doit être considéré que comme une base d'opérations, admettant toutes les modifications qui peuvent paraître utiles dans l'application sur le terrain ; il détermine seulement l'emplacement des détails principaux, tels que lacs, rivières, collines, vallons, temples, ponts et chutes d'eau.

L'instrument employé par M. Von Sckell pour le tracé des jardins sur le sol, est un bâton cylindrique ferré à son extrémité inférieure, long de 1m,80 à 2 mètres, et d'un diamètre proportionné à sa longueur. On tient ce bâton ferré la pointe sur le sol, de manière à ce qu'elle porte à terre à 0m,30 ou 0m,40 en arrière de celui qui s'en sert. Au moyen des points déterminés d'avance sur le passage des lignes d'après le plan, on peut, en marchant droit devant soi, la tête haute, sans regarder en arrière, donner aux lignes toute la grâce et à leurs sinuosités tout le naturel désirable. L'artiste est suivi de deux ouvriers qui plantent des piquets sur les lignes à mesure qu'il les indique ; mais il ne faut d'abord que poser ces piquets, sans les fixer à demeure, parce qu'il peut y avoir lieu plus tard à des rectifications. Lorsqu'il a conduit une ligne jusqu'au bout, il revient sur ses pas, et peut déjà, par l'aspect des piquets, juger l'effet de son travail ; il le rectifie, s'il y a lieu, et fait marquer définitivement les lignes sur le terrain par un travail superficiel à la bêche ; les piquets sont alors plantés à demeure sur les lignes, à l'exception des lignes provisoires telles que celles qui marquent les limites des massifs d'arbres et des bosquets.

« Ce procédé, dit M. Von Sckell, exige sans doute un sentiment parfait des beautés naturelles, développé par la pratique, et une connaissance approfondie du dessin ; mais aussi, il l'emporte sur toutes les autres manières de tracer, sous le double point de vue de la grâce des contours et de l'imitation de la nature ; quarante ans de pratique et de succès me permettent d'en garantir la supériorité. »

D'après le procédé ordinairement en usage, celui qui transporte sur le sol les lignes principales du plan d'un jardin paysager se sert d'un bâton ferré de la longueur d'une simple canne ; il est par conséquent obligé de marcher penché vers la terre, et de relever de temps en temps la tête pour recommencer ensuite à regarder en marchant la pointe de son bâton ; il est impossible qu'il n'en résulte pas de nom-

breuses déviations qu'il faut corriger plus tard ; la méthode de M. Von Sckell permet au contraire de marcher debout, de promener ses regards sur le paysage placé devant soi, de les arrêter sur le but auquel aboutit la ligne qu'on trace, et cela sans interrompre le tracé ; il est donc beaucoup plus facile, par ce procédé, de mettre du premier trait le tracé de chaque ligne en harmonie avec l'ensemble de la composition.

On sait qu'en peinture, la correction du dessin concourt à la perfection plus encore que la vérité du coloris, laquelle ne peut faire excuser les fautes graves du dessin ; de même, la correction des lignes importe essentiellement à la beauté du jardin paysager, et les incorrections dans cette partie de la composition ne peuvent être rachetées par la beauté des détails.

Nous insistons sur la nécessité de ne pas regarder en arrière en traçant les allées sur le terrain, afin de ne pas perdre par l'aspect d'autres objets, la pureté de la ligne dont on est occupé.

Les allées les plus larges peuvent être bombées lorsque l'écoulement des eaux l'exige, pourvu que la courbe de leur section ne soit pas assez forte pour devenir désagréable au promeneur. La proportion la plus convenable est 0m,10 d'élévation au milieu pour une allée de trois mètres de large, et 0m,15 pour une allée large de cinq mètres.

SECTION IV. — *Déblais et remblais.*

Lorsque le tracé est achevé, le travail doit commencer par les déblais et les remblais, par ce motif que la terre, les pierres et le sable provenant du creusement des lacs, des pièces d'eau, des rivières ou des vallons artificiels, sont immédiatement conduits là où, d'après le plan, ils doivent être utilisés pour combler des enfoncements d'un effet peu agréable, donner de la solidité aux allées, et former des élévations artificielles. Cette partie du travail est, nous l'avons dit, la plus dispendieuse de toutes celles qui se rattachent à la création d'un jardin paysager ; c'est aussi celle où les fautes commises sont les plus difficiles et les plus coûteuses à réparer ; elle exige donc beaucoup de réflexion et une surveillance continuelle. On aura soin que la place où les matériaux déblayés doivent être utilisés soit assignée d'avance, afin qu'ils ne soient jamais déposés sur une partie du terrain où ils ne pourraient pas rester. Une fois les terrassements commencés, on regardera le plan comme une règle désormais invariable à laquelle on n'apportera aucune modification ultérieure en ce qui touche aux détails qui nécessitent des déplacements de terre ; ce sont ces changements après coup qui grossissent outre mesure les frais de ce genre de travaux. Un point très essentiel, c'est d'organiser le service des tombereaux par les remblais, de manière à ce que les allées et les venues se suivent sans interruption, et que les charretiers ne perdent pas de temps à attendre les chargements ; il importe aussi de régler les transports de façon à rendre les trajets à parcourir aussi courts que possible ; car il arrive assez souvent que, faute de surveillance, des terres qu'on pouvait employer très près du lieu d'où on les avait enlevées, sont inutilement transportées au loin ; c'est du temps et de l'argent dépensés en pure perte.

§ Ier. — Collines artificielles.

Les collines rompent l'uniformité du sol ; elles donnent de la variété et du charme au paysage ; lorsque leurs formes sont gracieuses, elles empruntent un attrait particulier de leur situation sur la lisière d'un bois ou bien en avant d'un bois à quelque distance ; les masses du feuillage servent dans ce cas à faire ressortir avec avantage les contours de la colline. On éprouve toujours du plaisir à gravir une colline dont le sommet promet un riche point de vue ; une construction ornée, quand elle occupe le sommet d'une colline, produit plus d'effet quant à la décoration du paysage que lorsqu'elle est placée sur un terrain peu élevé.

Il ne suffit pas qu'une colline élevée de main d'homme réunisse les conditions de forme et de situation qui répondent le mieux au but qu'on s'est proposé en l'élevant ; il faut encore, et c'est là le plus difficile, que sa place soit si bien choisie qu'il semble qu'une colline en cet endroit a dû nécessairement être l'ouvrage de la nature. Le sentiment du vrai et du beau est, on doit en convenir, la plus sûre des règles à cet égard ; on peut cependant être guidé par quelques considérations qu'il n'est pas inutile de faire connaître.

Il est impossible qu'une colline artificielle soit prise pour un ouvrage de la nature, dans une vaste plaine uniforme, au milieu d'un canton où la nature n'a créé aucune élévation. Si cependant on juge à propos d'élever sur un terrain uni une colline artificielle, on la placera, non pas au centre, mais vers l'une de ses extrémités ; d'autres monticules de grandeur inégale, et de simples ondulations de terrain, serviront à mettre cette élévation en harmonie avec le paysage environnant ; elles lui donneront une apparence naturelle que ne pourrait avoir dans une situation semblable une colline isolée. Les dimensions de tous ces mouvements artificiels d'un sol qui manque naturellement de mouvement, doivent être calculées d'après l'étendue totale du paysage.

La création d'une colline artificielle rencontre dans l'exécution un obstacle difficile à vaincre ; ce n'est pas une de ces opérations que puisse accomplir lui-même celui qui en a le plan dans la tête ; il faut qu'il fasse agir des bras souvent inintelligents, et il sait d'avance que pas un de ceux dont il est forcé de se servir n'est accessible au sentiment des beautés naturelles d'un paysage, et ne sait distinguer un pli de terrain d'un effet pittoresque, d'une

ligne dépourvue de grâce et de naturel. Cet obstacle serait presque nul s'il était possible de donner aux ouvriers un plan auquel ils auraient à se conformer ; presque tous les ouvriers terrassiers ont l'intelligence d'un plan, et savent le mettre à exécution. Mais pour une colline à élever de main d'homme, cette ressource manque ; le plan ne peut indiquer par des lignes des formes en relief ; un mât élevé au point central marque la hauteur que doivent atteindre les remblais ; quant au reste, c'est à l'auteur du plan à en assurer le succès par une surveillance continuelle ; il ne perdra donc point de vue ses ouvriers, et dirigera lui-même tous les travaux de terrassement.

Avant de façonner les surfaces d'une colline artificielle, et de leur donner les formes les plus agréables conformément à leur situation et à l'effet qu'on en espère, on considère de diverses distances la masse des terres rapportées, afin de faire recharger ou rabaisser les parties qui sembleraient en avoir besoin ; il est bon aussi de laisser reposer quelque temps cette masse afin que le tassement s'opère avant de donner à la colline artificielle les façons extérieures, plantations, tracé des allées et des sentiers, constructions ou autres ornements que le tassement des terres pourrait déranger plus tard, s'il n'avait eu lieu d'avance. Un temple ou toute autre construction élevée sur une colline artificielle doit avoir des fondations très solides, à une grande profondeur dans le sol, si l'on ne veut s'exposer à le voir s'écrouler d'un moment à l'autre.

§ II. — Vallons artificiels.

Il est inutile d'insister sur le charme des vallées naturelles ombragées d'arbres touffus, tapissées d'un gazon émaillé de fleurs, et traversées par le cours sinueux d'une rivière ou d'un ruisseau ; les jardins paysagers leur doivent, comme on sait, leur attrait principal, et il est presque indispensable de créer des vallons artificiels lorsqu'on doit composer un jardin paysager sur un sol auquel manque ce genre d'ornement naturel.

L'opération du creusement d'un vallon artificiel doit être menée rapidement ; il ne faut pas permettre que les ouvriers attaquent les terrassements sur plusieurs points et comme au hasard, il pourrait arriver aisément dans ce cas que le sol se trouverait en certains endroits creusé trop profondément. La meilleure manière de creuser un vallon artificiel, c'est d'attaquer le creusement par des tranchées transversales, ouvertes dans le sens de la largeur du vallon ; par ce moyen on a toujours devant les yeux une ligne concave dont les moindres irrégularités sont faciles à apercevoir ; on est er outre guidé par la coupe du terrain non encore attaqué, qui prévient toute erreur sur la profondeur du creusement. La terre des déblais est rejetée sur les côtés, de façon à prolonger les pentes du vallon artificiel ; il en résulte une profondeur double de celle du creusement, profondeur qui doit avoir été calculée en conséquence et non pas comme si, après l'enlèvement des terres, le sol environnant devait conserver son niveau primitif.

Une forme compassée et régulière est un défaut qui dans un vallon creusé de main d'homme décèle aussitôt son origine, et s'oppose absolument à ce qu'il puisse passer pour l'ouvrage de la nature qui varie à l'infini les formes des vallées et les sinuosités des lignes de hauteurs dont elles sont environnées.

Lorsque le sol est naturellement humide et marécageux, ce qui rend tout creusement impossible, les vallons artificiels deviennent beaucoup plus dispendieux, parce qu'ils doivent être formés en entier de terres rapportées prises souvent à une assez grande distance. Dans ce cas, la terre entassée sur le sol non remué forme une ligne qu'il faut dissimuler avec soin, car lorsqu'elle reste visible, cette ligne est un indice frappant de l'origine artificielle du vallon, et toute illusion à cet égard cesse d'être possible; des plantations et des pièces de gazon artistement disposées, masquant très bien ces lignes qu'il importe de ne laisser apercevoir sur aucun point.

Nous devons insister sur la nécessité de rompre, par quelques mouvements artificiels de terrain, l'uniformité monotone d'une surface toute unie, réellement intolérable dans un jardin paysager, quelle que soit son étendue; qu'on ne suppose pas qu'il en résulte toujours nécessairement d'énormes déplacements de terres qui ne peuvent avoir lieu sans des frais exorbitants; il suffit souvent d'une ondulation dont la profondeur totale est de moins d'un mètre, pour produire l'effet désiré; une trentaine de tombereaux de terre remuée suffisent pour cela; mais il faut que ces déplacements soient opérés avec discernement, avec goût, là où ils concourrent avec le plus de puissance à détruire l'uniformité de la surface, privée de plis et d'accidents de terrain.

Nous ferons remarquer ici, comme un point très important, la nécessité de faire ressortir, avant de songer à lui créer des formes nouvelles, tout ce que pouvait avoir de pittoresque la forme ancienne et primitive du terrain sur lequel on opère. Par exemple, une pente adoucie et gracieuse dans l'origine a été dégradée et défoncée par des éboulements, ou par les ravages des débordements d'une rivière; avant de créer des collines artificielles par de dispendieux remblais, reconstruisez cette pente naturelle par l'imagination; figurez-vous son état primitif, et rétablissez-le tel qu'il était avant les dégradations qui l'ont rendu méconnaissable. C'est en faisant disparaître ainsi les traces de destruction provenant de causes violentes et accidentelles qu'on peut souvent rétablir l'harmonie dans les diverses parties du paysage naturel, sans recourir à de nouvelles créations; c'est un grand art, en toute chose, que celui de savoir ne rien perdre des ressources que nous offre libéralement la nature.

Il est souvent utile de sacrifier un ornement naturel, quelle que soit sa valeur pittoresque, lorsqu'il détruit par sa présence dans un lieu quelconque un autre effet pittoresque d'une plus grande valeur. Ainsi la colline naturelle la plus gracieuse, le rocher aux formes les mieux adaptées à l'ornement du paysage environnant, seront abaissés ou même supprimés complétement, s'ils masquent par leur position une chute d'eau ou quelque grand effet de paysage dont la perte ne pourrait être compensée par la conservation des objets sacrifiés. Nous en disons autant de toute espèce de colline ou d'élévation naturelle; il faut, avant d'en arrêter la conservation, s'assurer, quel que soit leur charme individuel, s'il n'y a pas plus à perdre qu'à gagner à les maintenir, et s'il n'y a derrière elles rien qui soit plus digne et plus capable de concourir à la décoration du jardin paysager.

La présence d'un marais dans un jardin paysager ne peut être supportée; un ruisseau décrivant de nombreux méandres en fera écouler les eaux stagnantes; les terres égouttées doivent être ensuite rechargées des terres rapportées sous lesquelles disparaît toute trace du marécage primitif.

Lorsqu'il s'agit de créer une grande composition pittoresque sur un sol généralement stérile et pauvre, où les plantations auraient peu de chances de succès, on peut, après examen fait des points les plus fertiles du sol, y prendre la bonne terre qui s'y rencontre, et en recharger les parties du jardin qu'il est indispensable de garnir de bosquets et de plantations. Il m'est arrivé souvent, dit M. Von Sckell, de me décider à creuser un lac ou une vallée artificielle, uniquement par le besoin de recharger certaines parties du terrain avec de la terre fertile que je ne savais où me procurer par tout autre moyen, et faute de laquelle il aurait fallu renoncer à la création d'un jardin paysager. On ne doit recourir à cet expédient qu'autant que la nature et la disposition du paysage environnant peuvent s'y prêter; mais lorsqu'il réussit, on y gagne non-seulement sous le rapport de l'effet pittoresque du lac ou du vallon artificiellement creusés, mais aussi sous le rapport non moins essentiel de la vigueur de la végétation sur les points peu fertiles de la composition; car rien n'est plus triste dans un jardin paysager que l'aspect de ces bosquets d'arbres souffrants dont la végétation misérable accuse un sol impropre à leur nourriture, sur lequel ils ne peuvent que languir quelque temps, et périr avant d'avoir atteint la moitié de leur croissance.

§ III. — Creusement des lacs et pièces d'eau.

Nous avons dit combien l'eau est indispensable pour donner la vie au paysage; le reflet dans le miroir liquide d'un lac des objets environnants, diversement éclairés aux différentes heures du jour, est un des effets les plus pittoresques et les plus agréables de tous ceux que le jardin paysager peut offrir aux regards des promeneurs. Sous un autre point de vue, quoi de plus agréable pendant une belle journée d'été, qu'une promenade en bateau sur un lac parsemé d'îles, où des musiciens cachés par des massifs d'arbustes font retentir l'air d'une harmonieuse symphonie? L'hiver lui-même qui détruit le charme de toutes les autres parties du jardin paysager, donne au lac un attrait d'un autre genre, quand la glace forme à la surface un solide cristal sur lequel les patineurs aiment à déployer leur adresse.

L'emplacement de la pièce d'eau artificielle doit être choisi dans la partie la plus basse du terrain, assez loin de l'habitation pour qu'on n'y soit point indisposé par l'humidité et les brouillards. Toutefois, on ne doit pas négliger de profiter d'une dépression de terrain située à mi-côte, lorsqu'il s'en rencontre une de grandeur suffisante, et qu'il y a moyen d'y conduire l'eau sans trop de difficulté; le dégorgeoir de la pièce d'eau donne lieu, dans cette situation, à une cascade qui semble tout-à-fait naturelle, et dont on peut obtenir des effets très pittoresques.

Quelle que soit l'étendue d'une pièce d'eau et sa situation, elle ne sera jamais assez profondément creusée pour pr sen er aucun danger réel dans le cas du naufrage d'une nacelle chargée de promeneurs, ou de la rupture de la glace sous les pieds des patineurs imprudents. Par la même raison, ses bords ne présenteront nulle part une pente abrupte; ils seront creusés à fond de cuve, la plus grande profondeur au centre, de telle sorte qu'un enfant même, venant à y tomber par accident, en puisse être facilement retiré.

L'opération du creusement se conduit d'après les mêmes principes que celle du creusement d'un vallon artificiel, c'est-à-dire par bandes transversales; pour faciliter le travail, on doit toujours commencer par déblayer un espace suffisant pour que les tombereaux puissent tourner et circuler sans obstacle.

Lorsqu'une pièce d'eau d'une grande étendue est creusée dans un bon terrain et qu'elle est alimentée par l'eau vive d'un ruisseau couvert sur ses deux rives de plantes aquatiques, il arrive assez souvent que ces plantes s'y multiplient avec excès; alors, la surface de l'eau dissimulée sous leur feuillage exubérant, n'offre plus que l'apparence d'un marais. C'est un inconvénient sérieux, car il détruit en grande partie l'effet pittoresque du lac artificiel; on ne peut y remédier qu'en ayant soin de vider le lac au moyen des écluses et de le remplir ensuite assez souvent pour troubler la végétation des plantes aquatiques, afin qu'elles n'aient pas le temps de s'y multiplier. Sur un bassin de peu d'étendue, un ou deux couples de cygnes qui vont avec leur long col chercher au fond de l'eau les jeunes plantes à mesure qu'elles poussent, suffisent pour entretenir l'eau constamment nette de plantes sauvages aquatiques.

§ 1er. — Distribution naturelle des arbres.

Avant de rechercher la distribution la plus avantageuse dans les diverses parties du jardin paysager, des espèces nombreuses d'arbres d'ornement qui supportent la pleine terre en hiver sous le climat des contrées tempérées de l'Europe, jetons un coup d'œil sur cette distribution dans la nature, et sur les causes qui la déterminent, sans l'intervention du travail de l'homme.

La nature a paré la surface du globe d'un luxe de végétation si riche et si varié qu'il n'y a pas de partie du jardin paysager, quelle que soit la nature du sol sur lequel on opère, qui ne puisse être plantée conformément à des exemples de terrains analogues, pris dans la nature inculte. Souvent elle se plaît à couvrir les flancs des montagnes par des rideaux de forêts dont l'œil ne peut sonder la sombre profondeur; ailleurs, ce sont seulement les sommets, les crêtes des élévations, qu'elle couronne de groupes d'arbres aux formes hardies et élancées, qui solidement accrochés aux interstices des rochers défient les efforts de l'ouragan; plus loin, ce sont des groupes d'arbres, ou des arbres isolés qui servent comme de décoration à la toile du fond d'un vaste paysage, tandis que sur le premier plan, des saules et d'autres arbres aux tiges minces et souples, ornent le bord des eaux vives serpentant dans la vallée.

La nature prodigue sur les pentes des rochers le lierre et la clématite; elle a pour décorer leurs crevasses les berberis et tous les arbustes si communs dans le midi qui n'ont besoin que de très peu de terre pour végéter. Les pins et l'innombrable famille des conifères décorent naturellement les hauteurs inaccessibles et les rochers abruptes au bord des précipices; le platane, le bouleau, le sorbier, parent de leur verdure les terrains ingrats et bravent les plus longues sécheresses. Mais la nature ne fait point de plantation; elle ne multiplie les végétaux que par leur semence dispersée par toutes sortes de causes accidentelles; c'est pour cette raison que des cantons fort étendus se trouvent occupés par une seule espèce, ou, comme on le dit vulgairement, par une seule *essence* d'arbres forestiers; il se trouve ainsi d'immenses forêts exclusivement composées les unes de chêne, les autres de frênes, de hêtres, de charmes, de bouleaux ou de pins, sans mélange avec des arbres appartenant à d'autres espèces. Chacune de ces espèces finit par s'emparer exclusivement de tous les terrains particulièrement favorables à sa végétation et par étouffer tous ceux qui voudraient lui disputer la place. En parcourant l'intérieur des antiques forêts où la main de l'homme n'a point pénétré, on rencontre çà et là des espaces où l'essence dominante est remplacée par une autre qui forme ordinairement avec elle le plus agréable contraste. Si l'on examine attentivement ces portions des forêts naturelles, on voit que le passage d'une espèce à une autre ne s'est point opéré brusquement et sans transition. On n'y rencontre nulle part un espace de forme déterminée où, par exemple, les chênes finissent et les hêtres commencent; on trouve d'abord quelques chênes parmi les hêtres, ou réciproquement; puis un peu plus loin, sans lignes nettement arrêtées, on ne rencontre que l'une ou l'autre de ces deux espèces d'arbres. C'est ainsi qu'il faut procéder dans la plantation des bois et des bosquets qui font partie du jardin paysager.

Il ne faut pas non plus que les limites extérieures des bois et des bosquets plantés de main d'homme se présentent sous des formes plus nettement arrêtées que ne l'est. par exemple, la lisière d'une forêt qui, en approchant de ses limites, présente à la vue des arbres de plus en plus clair-semés, puis des groupes de moins en moins nombreux, jusqu'à ce qu'on se trouve sur un terrain tout-à-fait découvert, où quelques vieux arbres seulement, épars çà et là, semblent les sentinelles avancées de la forêt. Il est essentiel de bien étudier ces exemples que nous donne la nature, pour les reproduire dans la composition des jardins paysagers.

§ II. — Manière de grouper les arbres et les arbustes.

Il est bien entendu que les principes qu'on vient d'exposer ne sont applicables qu'aux jardins paysagers où l'espace ne manque pas. Les lignes indécises, les massifs de formes mal arrêtées, porteraient la confusion dans l'ordonnance d'un jardin paysager peu étendu, auquel par conséquent ces données ne sont point applicables. Tels sont surtout les bosquets dans lesquels chaque plantation, considérée isolément, n'a pas plus de vingt à trente mètres de diamètre. Ces massifs de dimensions bornées qui n'ont pas la prétention de passer pour des bois ou des forêts, puisent leur effet pittoresque dans le mélange des arbres et arbustes de différente taille et de feuillages variés dont on a soin de les composer. Dans cette alliance des ressources de l'art avec celles de la nature, il ne faut point agir au hasard; quelques principes doivent être observés.

Les formes particulières de chaque massif doivent être assez correctes et en même temps assez naturelles pour qu'un peintre de paysage, sans savoir que ces formes sont l'ouvrage de l'art, puisse les admirer en les prenant pour des productions de la nature. Le choix des formes des arbres et arbustes et de leur feuillage doit être fait de manière à produire l'effet le plus pittoresque, principalement par l'harmonie des différentes nuances de verdure; enfin, on se gardera bien d'associer dans les mêmes massifs des arbres dont la force de végétation serait tellement différente, que les plus vigoureux ne pourraient manquer de tuer les plus faibles, ce qui donnerait lieu à des vides toujours choquants et désagréables à la vue. En dirigeant la plantation d'un jardin paysager, le jardinier aura toujours présent à l'esprit le double but qu'il doit chercher à atteindre; ce but consiste, d'une part, à donner à chaque espèce d'arbre la plus riche végétation possible, en lui accordant le sol le plus convenable à sa nature, et d'autre part, à en obtenir l'effet le plus pittoresque en l'associant, autant que sa nature le permet, aux végétaux dont les formes offrent avec les siennes le plus d'accord et d'harmonie. Il s'agit de satisfaire à la fois le peintre paysagiste qui doit envisager de loin et d'un seul coup d'œil l'ensemble de la plantation, et l'amateur d'horticulture qui, en considérant de près les plantations, aime à y trouver la réunion la plus variée d'arbres et d'arbustes indigènes et exotiques.

Il importe de considérer surtout, relativement au choix des arbres, l'étendue des massifs; si dans un compartiment de quinze à vingt mètres de large sur une longueur égale, on entasse un amalgame de vingt ou trente arbres différents, pris au hasard, sans égard à leur force de végétation ni à la taille qu'ils doivent atteindre en vieillissant, non plus qu'aux formes et aux nuances diverses de leur feuillage, quel peintre voudrait reproduire un assemblage aussi confus, aussi hétérogène, et quel effet pourrait-on en attendre dans le jardin paysager? C'est ce que M. Von Sckell nomme avec raison un gâchis d'arbres; ce n'est pas là une plantation raisonnée. Lorsque l'espace à planter se déploie sur de larges surfaces, c'est alors qu'on peut assortir avec goût les arbres en formant souvent des massifs d'arbres semblables, là où il importe que leur croissance ne soit point inégale; on évitera surtout de disperser dans un bosquet épais quelques arbres isolés, différents de ceux de l'essence dominante, ce qui produit toujours un effet peu agréable. C'est ainsi qu'un érable ou un sycomore égaré et comme perdu parmi des centaines de tilleuls ou de marronniers, excite presque un sentiment de pitié par sa végétation languissante et misérable; on est d'abord tenté de le déplanter, pour le sauver d'une mort prématurée.

Chaque genre d'arbres a son caractère qui lui assigne sa place dans le jardin paysager; le chêne aux formes robustes, à la cime large et arrondie; l'orme au feuillage foncé, aux formes régulières; la tribu nombreuse des peupliers d'Europe et d'Amérique, la famille innombrable des conifères aux formes hardies et élancées, ont tous leur genre de beauté et leur destination spéciale.

Les arbres conifères, malgré les ressources qu'ils offrent par la vigueur de leur végétation dans des terrains et des situations où d'autres végéteraient à peine, ne doivent être employés dans les plantations qu'avec ménagement et discrétion; leurs masses sombres et leurs formes presque géométriques, très peu variées si ce n'est dans un petit nombre d'espèces, rendent leur aspect triste et mélancolique. Les sapins, les plus pittoresques de cette tribu, ne perdent la raideur de leurs rameaux à angles droits avec le tronc, et ne deviennent réellement pittoresques, qu'à un âge très avancé ; les cèdres qui seraient aussi fort pittoresques, croissent avec une lenteur si désespérante, que lorsqu'on en plante il faut avoir en vue l'agrément qu'ils pourront procurer à nos petits fils. C'est le cas de dire avec La Fontaine :

Mes arrière-neveux me devront cet ombrage.

Ces inconvénients sont nuls quand on plante des arbres appartenant à d'autres familles ; la largeur et la variété de leurs feuilles rend leur effet pittoresque tellement supérieur à celui des conifères, que le peintre de paysage, lorsqu'il a le choix, ne reproduit jamais de préférence sur sa toile des arbres de cette dernière famille. Le seul avantage réel des arbres conifères consiste dans la persistance de leur feuillage qui se maintient épais et verdoyant alors que les arbres à feuilles caduques sont entièrement dépouillés.

S'il ne faut pas prodiguer les arbres à feuilles persistantes de la famille des conifères, on peut, par compensation, user largement des ressources que présentent les arbres toujours verts appartenant à d'autres familles ; il est vrai que sous les climats tempérés et septentrionaux, le nombre de ces arbres capables de résister aux divers hivers est très limité ; ceux même qui les supportent passent, comme le laurier, du rang d'arbres à celui d'arbustes (*voir* Arbustes d'ornements, page 330).

Les conifères et les autres arbres à feuilles persistantes font un très bon effet lorsque plantés par groupes de cinq, dix ou quinze arbres de même espèce, leurs masses sombres ont derrière elles pour les faire ressortir les masses d'un vert clair d'un bois ou d'un bosquet d'arbres à feuilles caduques.

Les arbres qui s'associent le mieux entre eux sont ceux dont le feuillage offre le plus d'analogie ; ainsi le robinier (faux acacia), le frêne, le vernis du Japon (ailant]us glandulosa), le sorbier, le sumac et les gleditzia, joignant la variété de taille et de nuance à l'analogie des formes, puisque tous sont doués de feuilles pinnées, composent par leur réunion des groupes fort harmonieusement assortis. Il en est de même du cytise (faux ébénier) rapproché du ptéléa, l'un et l'autre à feuilles trifoliées ; le hêtre, le charme, l'orme et le bouleau vont aussi fort bien à proximité les uns des autres, par la même raison. Cette loi d'analogie convient aux grandes masses, aux vastes plantations que l'œil saisit au premier aspect, en embrassant d'un regard l'ensemble d'un jardin paysager. Le contraste entre les formes est au contraire, par exception, d'un effet très pittoresque dans les situations analogues à celles où la nature se plaît quelquefois à grouper une grande variété d'arbres et d'arbustes divers, dans un très petit espace, comme au fond d'un vallon bien abrité, au pied d'un rocher exposé au sud-ouest, où il semble que les eaux pluviales, les vents et les oiseaux aient apporté de tous côtés des graines d'arbres et d'arbustes qu'on est étonné d'y rencontrer ensemble. Telles sont les données principales qui concernent l'emploi des arbres dans la composition des jardins paysagers. Un bel arbre, dans toute la grandeur que comporte sa nature, est une de ces merveilles de la création trop communes pour être admirées comme elles le méritent.

« L'arbre considéré en lui-même, dit M. Loudon, est la plus noble des créatures inanimées ; il réunit tous les genres de beautés, depuis l'effet imposant de ses masses, jusqu'aux beautés de détail de ses feuilles élégantes ; c'est l'alliance de la majestueuse unité et de la variété illimitée, essence de la beauté relative. »

La *fig.* 519 montre comment l'aspect d'une

Fig. 519.

construction insignifiante en elle-même, peut acquérir une valeur pittoresque, lorsque des arbres groupés avec art, en font valoir le dessin. Le bâtiment représenté n'est qu'une habitation de jardinier ou de garde-chasse, d'une grande simplicité ; vue à travers des massifs d'arbres qui lui donnent du relief, elle devient de divers points d'un jardin paysager un agréable point de vue.

§ III. — Plantations.

La belle végétation des arbres et leur **rapide**

croissance sont des objets tellement importants pour la beauté du jardin paysager que nous croyons utile d'entrer dans quelques détails sur les soins et les précautions qui peuvent en assurer le succès. Une partie seulement de ce que nous avons dit de la manière de planter les arbres fruitiers s'applique aux arbres d'ornement qui végètent dans des conditions entièrement différentes de celles des arbres fruitiers.

A. — *Age et force des sujets.*

La plupart des propriétaires en France croient gagner du temps en plantant de très gros arbres, ayant passé plusieurs années dans la pépinière ; il est certain que ces sujets déjà forts peuvent reprendre dans un bon terrain, sous l'empire de conditions particulièrement favorables, et donner de l'ombrage quelques années plus tôt que des arbres plantés beaucoup plus jeunes. Les promenades de Paris en offrent deux exemples frappants, l'un au boulevard Bourdon, le long du grenier de réserve, l'autre au Jardin du Luxembourg, dans la grande allée de l'Observatoire. Les tilleuls du boulevard Bourdon, plantés vers 1807, avaient peu profité lorsqu'en 1814 ils servirent de piquets aux chevaux des Cosaques bivouaqués sur ce boulevard ; ils eurent tous leur écorce plus ou moins endommagée ; plusieurs périrent ; ceux qui survécurent, ayant plus ou moins souffert, ne sont pas devenus, à peu d'exceptions près, ce que doit être une plantation de tilleuls dans des conditions ordinaires dans le même espace de temps ; ces tilleuls n'ont jamais été taillés.

Les marronniers de l'allée de l'Observatoire ont été plantés à peu près à la même époque. Nous nous souvenons des propos des oisifs témoins de cette plantation ; c'était à qui prédirait la mort prochaine de ces arbres qui ne semblaient pas avoir moins de 10 à 12 ans ; peut-être étaient-ils plus âgés, au moment où ils furent mis en place ; leur tête avait été légèrement éclaircie, mais non taillée. Ils languirent longtemps ; ils n'ont jamais eu le feuillage aussi développé que ceux du reste du jardin ; ils ont formé une multitude de petites branches et peu de rameaux vigoureux ; néanmoins, ils ont *tous* survécu, et dans leur état actuel, ils offrent une égalité de végétation très remarquable ; ils n'ont pas atteint des proportions en rapport avec leur âge ; ils montrent déjà une disposition évidente à se couronner, et ne semblent pas destinés à vivre l'âge ordinaire des arbres de leur espèce.

Nous avons cité ces deux exemples parce qu'ils nous semblent concluants, le dernier surtout ; l'arbre souffre toujours d'être planté à un âge trop avancé ; il peut reprendre, et il reprend presque toujours dans des conditions favorables de sol et d'exposition ; il atteint difficilement la taille que doivent avoir les arbres de son espèce ; il ne vit jamais ni aussi bien. ni aussi longtemps que les arbres plantés plus jeunes.

A l'appui de notre opinion sur ce point essentiel, nous pouvons citer celle des auteurs anglais, dont la compétence ne peut être contestée en pareille matière ; nous donnerons plus bas le résumé de leurs usages relativement à l'âge des sujets de toute espèce pour la plantation des jardins paysagers. Notons à ce sujet que tous les auteurs anglais qui traitent des plantations les considèrent à la fois sous le point de vue de l'agrément et de l'utilité. Tout arbre qu'on plante doit en effet être abattu un jour, et jusqu'à ce qu'il le soit, ses formes n'en seront pas moins pittoresques parce qu'en le plantant on aura eu égard eux circonstances qui peuvent contribuer à lui donner le plus de valeur possible à l'époque où il devra être abattu. La nature du sol et l'espèce des arbres à planter, sont les deux points principaux qui déterminent l'âge qu'ils doivent avoir pour être plantés avec le plus de chances de succès.

Les arbres résineux, à feuilles persistantes, de la famille des conifères, reprennent mal, ou même ne reprennent pas du tout, lorsqu'on les plante à l'âge de plus de 4 ans. Ils peuvent reprendre à 4 ans dans un sol passable, bien préparé par un défoncement donné en été, pourvu que leur tronc n'ait pas pris trop de grosseur, car s'il dépasse $0^m.03$ ou $0^m,04$ de diamètre, l'arbre résineux, n'eut-il que trois ans, ne reprendra presque jamais.

Les arbres conifères âgés de quatre ans et hauts seulement de $0,^m40$ à $0,^m50$, plantés en même temps que d'autres arbres de même espèce âgés de six à sept ans, hauts de $2^m,50$ à 3 mètres, les dépasseront dans l'espace de six à sept ans, et les laisseront loin derrière eux pour la taille et la grosseur, pendant tout le reste de leur croissance. Les propriétaires qui créent des jardins paysagers répugnent en général à former leurs massifs d'arbres conifères par la voie des semis ; ce procédé est cependant à tous égards le plus sûr et le meilleur ; jamais un pin transplanté ne vaudra celui qui grandit à la place où son pivot s'est formé sans être dérangé. On objecte la perte de temps, et c'est en effet une raison plausible ; mais la graine d'arbres résineux coûte si peu, qu'il serait facile, sans accroître la dépense, de combiner les deux procédés, en plantant pour les couvrir immédiatement les terrains ensemencés en arbres conifères, sauf à supprimer plus tard les arbres languissants de la plantation, quand ils seraient dépassés par les arbres vigoureux obtenus de semence.

Un grand nombre d'espèces résineuses ou autres donnent, par les semis, du plant bon à être mis en place au bout de deux ans. Le mélèze, s'il a reçu les soins convenables en pépinière, est assez fort pour être planté à cet âge. Si le sol de la pépinière est de très bonne qualité, le plant pourra même être aussi bon à la fin du second été que s'il avait passé dans la pépinière ses deux années complètes.

Le frêne, l'orme et le sycomore n'ont pas besoin de plus d'une année de pépinière, il leur

faut tout au plus deux ans, quand le plant ne
semble pas très vigoureux.

Le hêtre, le chêne et le châtaignier, si leur
plant a été repiqué à un an dans un sol riche
et profond, et qu'ils aient ensuite passé deux
ans en pépinière, sont bons à être mis en place.
Les principales espèces d'arbres à feuilles caduques sont dans le même cas.

Plus le sol est riche, plus il donne de chances de succès aux plantations d'arbres cultivés
en pépinière assez longtemps pour y devenir
grands et forts.

B. — *Epoque des plantations.*

Les arbres d'ornement se plantent comme
les arbres fruitiers, soit au printemps, soit en
automne. Les plantations de printemps réussissent bien quand le sol est bon, et que les
sujets sont vigoureux ; les plantations d'automne ont plus de chances de succès quand la
terre est médiocre ou décidément mauvaise, et
que les sujets n'ont pas une très grande vigueur. Mais la nécessité d'obéir aux circonstances, décide bien plus souvent qu'une volonté raisonnée, du moment où s'exécute une
plantation : elle peut être faite entre la fin d'octobre et le commencement d'avril, en choisissant un temps couvert, mais doux et sans
pluie. Quand les plantations couvrent une
grande étendue de terrain, elles ne doivent pas
être faites toutes à la fois sur les parties du
terrain de nature diverse ; on plante en décembre ou janvier dans les terrains les plus légers
et les plus secs ; on ne plante qu'en février ou
mars dans les terres les plus fortes, sujettes à
retenir l'eau ; nous devons dire cependant que
les praticiens les plus expérimentés préparent
leur terrain en décembre, et plantent les arbres d'ornement au printemps ; nous sommes
entièrement de leur avis ; une plantation d'automne peut réussir sans doute, et c'est ce qui
a lieu quelquefois ; une plantation de printemps
réussit toujours. Les conifères se plantent avec
avantage quand le printemps est déjà assez
avancé, du 15 au 30 avril ; il ne faut les laisser
hors de terre que le temps indispensable à l'o-
pération ; on risque de perdre tout le plant qui
n'est pas mis en place dans la journée où il a
été arraché. Quand le sol est très sec et sablonneux, le plant conserve très peu de terre à ses
racines ; dans tous les cas, il faut éviter soigneusement d'en détacher la terre qui peut y
adhérer ; plus les conifères emportent avec
elles de leur terre natale attachée à leurs racines, plus la plantation a de chances de succès.

C. — *Diverses manières de planter.*

Deux personnes sont ordinairement employées à planter ; l'une maintient l'arbre dans
la position qu'il doit avoir, pendant que l'autre
comble le trou, et comprime la terre avec le
pied, autour du collet des racines. L'emploi de
deux ouvriers est indispensable quand on plante
des sujets ayant hors de terre un mètre ou au-
delà ; pour les arbres plus petits, un seul ouvrier peut faire toute l'opération. Pour les arbres délicats qui exigent des soins particuliers,
on prend quelques précautions qui ne doivent
jamais être négligées ; telle est surtout celle de
remuer à la bêche la terre déposée sur le bord
des trous, et de la retourner comme du mortier, avant d'en remplir les trous. Telle est encore la coutume de plonger les racines des arbres dans une bouillie liquide formée de bonne
terre mêlée de bouse de vache délayée dans
l'eau.

Nous rappelons ici la recommandation que
nous avons cru devoir faire, contrairement à
la coutume généralement pratiquée de ne pas
remuer le sous-sol lorsqu'il est de nature à retenir l'eau, et de ne défoncer qu'à une profondeur bornée à l'épaisseur de la couche à la fois
pénétrable et saine ; par le même motif, les Anglais sont unanimes pour blâmer les trous auxquels on donne trop de profondeur, pour la
plantation des arbres d'ornement comme pour
celle des arbres fruitiers.

Nous devons faire connaître la méthode expéditive suivie en Écosse pour les grandes plantations ; partout où le sol est de bonne nature,
reposant sur un sous-sol qu'il vaut mieux ne
pas entamer, on peut trouver beaucoup d'a-
vantages à se servir de la méthode écossaise
pour planter rapidement de grandes surfaces
dans les jardins paysagers d'une grande étendue. On donne d'abord à l'ensemble du terrain
un défoncement général à 0m, 40 ou 0m, 50 de
profondeur ; on laisse le sol se rasseoir pendant quelque temps, puis on marque la place
des arbres à planter. Alors un ouvrier armé
d'une bêche flamande à lame très large et bien
tranchante, donne à la place destinée à chaque
arbre trois coups bien perpendiculaires, qui se
croisent comme le représentent les lignes de la
fig. 520, de manière à figurer une étoile, et

Fig. 520.

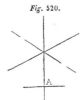

qui pénètrent dans le sol de toute la longueur
du fer de bêche. Cela fait, l'ouvrier donne un
quatrième coup qui coupe à angle droit l'une
des fentes précédentes, précisément au point
où l'arbre doit être planté, en A, *fig.* 520. Avant
de retirer la bêche de terre, il attire le manche
vers lui, ce qui produit un écartement suffisant
pour y introduire les racines du jeune arbre ;
mais en même temps que la terre s'écarte au
point A, les autres fentes produites par les
coups de bêche croisés s'entr'ouvrent également ; on y introduit les racines du jeune arbre ; puis on retire la bêche, et les fentes se referment d'elles-mêmes. On recouvre ensuite le

terrain environnant avec des gazons retournés qui s'opposent à l'action desséchante de l'air et maintiennent une fraîcheur favorable à la reprise des arbres.

Section V. — *Exemples de jardins paysagers publics et privés.*

Nous avons en France bien peu de jardins publics; nous n'en comptons pas un par chef-lieu; la plupart de ceux qui ornent nos villes du second ordre servent en même temps à réunir les plantes nécessaires à l'étude de la botanique; l'arrangement de ces plantes exclut toute possibilité de donner à ces jardins le caractère pittoresque d'un jardin paysager. On peut dire que parmi le petit nombre de jardins publics des grandes villes de France, il n'y en a pas un qui puisse passer pour une véritable composition du style pittoresque naturel; ce style semble être exclu de nos jardins publics; nous ne discutons point ici un fait qu'il nous suffit de constater; nous y reviendrons. Disons seulement qu'à l'exception des jardins destinés à réunir les jours de fêtes la population d'une très grande ville, les jardins publics nous semblent pouvoir être tout aussi bien et mieux dessinés dans le style moderne des jardins paysagers que dans l'ancien style des jardins français, où il ne pouvait entrer que des surfaces plates et des lignes droites formant ce que les Anglais nomment avec raison des jardins géométriques (geometrical gardens). Nous citerons deux belles applications du système pittoresque aux jardins servant de promenades publiques, l'une en Angleterre, l'autre en Allemagne.

Il était naturel que la capitale du pays où le style paysager a été et est encore le plus souvent appliqué à la composition des grands jardins, reçût la première application de ce genre de composition à la décoration d'un jardin public. Le parc Saint-James *fig.* 521, n'a pas une

Fig. 521.

très grande étendue; une vaste pièce d'eau couvre une grande partie de sa surface; c'est son principal embellissement, le sol en étant peu accidenté. Les autres parcs de la capitale sont du même style; celui du Régent (Regent's park) a été fort agrandi depuis dix ans; mais une partie des plantations est trop jeune encore pour produire tout son effet; le parc de Greenwich, sur un terrain accidenté, jouit d'une vue magnifique : on y découvre, dit M. Loudon, une partie seulement des édifices de la ville de Londres; car le reste est caché dans une fumée permanente. Nous nous plaisons à traduire ici les réflexions pleines de sens du même auteur sur la tenue des jardins publics en Angleterre.

« Les jardins de Kensington n'appartiennent pas à proprement parler au public; mais comme le palais dont ils sont une dépendance a cessé depuis longtemps de servir d'habitation au souverain, le public en jouit par tolérance, sous certaines restrictions; on ne peut y être admis en livrée ou sous un costume peu soigné; on n'y peut entrer avec un paquet. Ces restrictions ont pu avoir leur raison autrefois, mais elles sont indignes du temps où nous vivons. Le parc Saint-James est le plus ancien des jardins publics de Londres; jusqu'en 1832 le public était exclu de la plus grande partie de ce parc déjà fort limité; depuis cette époque, quelques allées sablées ornées de groupes d'arbustes exotiques sont livrées aux promeneurs à pied. Les étrangers qui visitent Londres ne peuvent s'empêcher de remarquer que tout dans les jardins publics est sacrifié à ceux qui ont des chevaux et des voitures, et qu'on n'a pris aucune mesure pour qu'il puisse y avoir un peu d'air, pour les piétons, les infirmes et les enfants. Dans le parc du Régent il n'y a pas une seule allée sablée, pas une place ombragée, réservée aux piétons; ils ont à peine pour s'asseoir quelques bancs grossiers sur les côtés des allées où passent les équipages. De tout ce que ce parc renferme d'agréable, frais gazons, épais ombrages, parterres fleuris, le public est exclu par des barrières et des portes fermées. Cependant, au point où la civilisation est parvenue, les riches, les hautes classes de la société, devraient comprendre que tout, dans les lieux publics, ne doit pas être sacrifié à leur agrément, et qu'il est de leur devoir comme de leur intérêt de songer au bien-être de toutes les classes de la société. »

Le second exemple que nous donnerons d'une très belle application du système pittoresque à un jardin public, est le jardin paysager de Magdebourg (Prusse), déjà assez ancien pour que ses arbres, aussi variés que le sol et le climat l'ont permis, produisent tout leur effet. Ce jardin est si beau qu'il est toujours respecté, bien que les barrières, grilles et balustrades entre les fleurs et les promeneurs y soient entièrement inconnues. La ville de Magdebourg

Fig. 522.

a consacré à son jardin public (*fig.* 522) une étendue de soixante hectares, environ sept fois celle du Jardin des Plantes de Paris; 30,000 promeneurs y circulent sans encombrement. Le but principal de cette composition était de faire jouir les habitants de Magdebourg de l'aspect de la contrée environnante, où la vallée de l'Elbe forme de magnifiques tableaux; le terrain très accidenté s'y prêtait admirablement; l'art a su tirer le meilleur parti des avantages naturels de la situation. Le jardin paysager de Magdebourg est une composition digne d'être étudiée comme un modèle du genre; on y rencontre les applications les plus judicieuses de l'emploi des arbres et arbustes le long des allées et au bord des eaux, pour en faire ressortir les lignes avec tous leurs avantages; pas un massif, pas un groupe d'arbres ou d'arbustes, pas un arbre isolé, n'est là sans une raison qui justifie sa présence là plutôt qu'ailleurs, pour produire un effet toujours calculé et toujours naturel; chaque détail se rattache à l'ensemble de la composition, sans rien perdre de sa valeur individuelle. M. Linné, auteur de ce beau plan qu'il a su mettre à exécution avec tant de bonheur et de talent, n'a pas de rivaux en Europe dans l'art difficile de créer des jardins paysagers; les auteurs anglais eux-mêmes, c'est tout dire, lui rendent ce témoignage. Les édifices en petit nombre qui ornent le jardin de Magdebourg sont décorés avec autant de simplicité que de bon goût; la salle des festins A (*fig.* 522) a pour dépendance un jardin fruitier et potager; un temple B, occupe la place d'où la vue domine sur le plus riche paysage; des massifs habilement ménagés dissimulent l'aspect pénible des fortifications (car ces merveilles sont sous le canon du roi de Prusse); la vue plonge librement au contraire de toutes les par-

ties du jardin sur le cours majestueux de l'Elbe; le dôme de la grande église de Magdebourg et les principaux édifices de cette ville sont présentés avec avantage dans les intervalles des massifs; on a tiré le même parti de tout ce qui dans la contrée environnante pouvait servir de point de vue. La rivière artificielle C et les pièces d'eau qui communiquent avec elle servent aux plaisirs de la promenade en bateau : le port D, réunit un grand nombre de nacelles élégantes à la disposition des promeneurs. On peut reconnaître, par l'inspection du plan, le soin, très essentiel dans un jardin public, que l'artiste a pris de disperser la foule, en lui offrant sur des points opposés divers buts de promenade également attrayants.

Les plantations du jardin public de Magdebourg se distinguent des autres du même genre par la grande variété des espèces, les unes disposées par groupes séparés, les autres en mélanges assortis avec beaucoup de goût et de discernement; on n'y compte pas moins de 193 espèces distinctes d'arbres et d'arbustes d'ornement, sans compter les variétés. Ce jardin réunit à peu près tous les arbres et arbustes d'ornement qui supportent la pleine-terre sous le climat du pays où il est placé. La croissance et la culture de ceux de ces arbres récemment introduits en Europe y peut être étudiée comparativement avec les espèces indigènes, et contribuer à faire adopter dans les plantations les arbres offrant des avantages réels. C'est ainsi qu'un but d'utilité très important peut toujours être atteint, sans rien ôter au charme des compositions de pur agrément, comme doit l'être un jardin paysager.

Nous ne regardons point comme un malheur pour la France la division des propriétés, suite inévitable de l'abolition heureusement irrévocable du droit d'ainesse ; il en résulte l'impossibilité presque absolue pour les détenteurs actuels de la propriété, d'enlever d'immenses terrains à la production agricole, pour leur satisfaction personnelle ; les très grands jardins paysagers ne sont plus guère possibles en France ; *la Bande noire* en a fait des fermes et des métairies ; bien peu de propriétaires songeront à détruire ces utiles créations pour en refaire des parcs. Mais, comme nous l'avons dit, on peut, dans une contrée naturellement pittoresque, réunir sur un espace d'une étendue limitée tous les agréments que comportent les jardins paysagers. Le jardin dont la *fig.* 523 donne

Fig. 523.

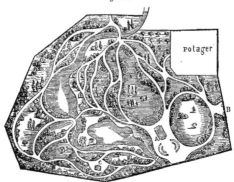

re plan est d'une contenance d'environ six hectares, y compris le verger et le potager. La même distribution pourrait être appliquée à une mesure beaucoup moins étendue. La maison d'habitation A ne fait point face à la grille d'entrée B ; on l'aperçoit seulement à travers les arbres, et l'on y arrive par une allée circulaire ; la grille ne se voit point de l'habitation, afin de ne pas rappeler le peu d'étendue du jardin paysager et d'en reculer perspectivement les limites, en y joignant pour le coup d'œil les parties les plus rapprochées du paysage environnant. La rivière traverse deux pièces d'eau dont l'une est parsemée de plusieurs îles ; l'île C est réunie aux allées par deux ponts rustiques. Un belvédère D occupe le point le plus élevé de la colline boisée E ; les bois qui la terminent se confondent perspectivement avec ceux qui forment le fond du paysage. Ce plan est extrait du traité de la composition des jardins, par M. Audot.

COUP D'ŒIL

SUR LE JARDINAGE EN EUROPE

Parvenus au terme de la partie didactique de cet ouvrage, il nous reste à en esquisser la partie descriptive. Que ce mot n'alarme pas le lecteur ; nous ne lasserons pas son attention en l'appelant sur une interminable série de tableaux plus ou moins incapables de donner une juste idée des objets décrits ; c'est au public horticole français que nous nous adressons ; notre but doit être de satisfaire dans le cercle de nos attributions ses goûts, ses désirs et ses besoins. Le célèbre horticulteur anglais Loudon, écrivant principalement pour des lords qu'une dépense d'un ou deux millions ne fait pas reculer dès qu'il s'agit de satisfaire un caprice sans se préoccuper des prolétaires qui viennent expirer de besoin à la porte de leurs parcs, Loudon consacre plus des deux tiers de son volumineux ouvrage à mettre sous les yeux de son public la description et les dessins des jardins et des parcs les plus renommés du monde connu : c'était pour son livre la principale condition de succès. Nous l'imitons en ce point que, comme lui, nous décrivons de préférence tout ce qui, dans le jardinage européen, nous semble offrir à la majorité de nos lecteurs intérêt et utilité.

Le jardinage proprement dit, celui qui a pour but la production des végétaux utiles à l'homme, est né primitivement là où de nombreuses populations industrielles offraient à ses produits des débouchés avantageux et certains. L'art d'embellir les sites naturellement pittoresques ou de les créer au besoin, a pris naissance là où des fortunes colossales mettaient à la disposition de leurs possesseurs de vastes terrains à orner et des sommes illimitées à dépenser. La culture spéciale des plantes d'ornement a dû naître avec le goût des fleurs partout où l'opulence manquant, comme en Hollande, d'espace pour créer des parcs, a dû se contenter d'une serre et d'un parterre. Le génie de chaque peuple imprime à chacune de ces créations diverses un cachet particulier : l'orgueil anglais, la patience hollandaise, l'activité belge, le goût français, la paresse espagnole, ont leur reflet dans les jardins.

L'antiquité n'a rien légué au jardinage des peuples modernes ; les parcs immenses qui couvraient et affamaient l'Italie du temps des empereurs ne sont pas connus ; à peine les fouilles récentes dans les ruines de Pompéi et d'Herculanum ont-elles fait entrevoir dans ces derniers temps ce que pouvaient être les parterres joints aux habitations bourgeoises d'une petite ville romaine sous Vespasien. De longs siècles de dévastations avaient passé sur tout cela quand les moines créèrent autour des monastères les premiers jardins. Plus tard, les républiques municipales en Italie, en Allemagne, en Flandre surtout, avec leurs populations compactes d'ouvriers, et leurs puissantes fortunes commerciales, appelèrent autour des grandes cités l'industrie du jardinage, et créèrent l'art des jardins. Nous retrouverons les traces de cette marche liée à la nature des choses, dans notre excursion rapide, pour considérer comme à vol d'oiseau les jardins des divers peuples, et en faire connaître les traits essentiels.

HOLLANDE ET BELGIQUE.

Nous ne commençons point par la France ; la priorité appartient de droit au pays où l'art du jardinage est porté à son plus haut degré de perfection. Le jardinage, dont il n'entre pas dans notre plan de tracer ici l'historique, est un art tout moderne. On connaît la date précise de l'envoi en France des premières graines de laitues, vers le commencement du seizième siècle ; nos salades actuelles peuvent être considérées comme la postérité de ces laitues ; presque tous nos légumes un peu recherchés ne sont pas plus anciens ; sous Charles IX, le chanoine Charron, auteur du livre de la sagesse, les regardait tous comme des objets de luxe, hors le *chou* et la *rave*, productions gauloises ; on sait qu'il résumait la sagesse humaine dans ces deux monosyllabes : *paix et peu* ; il avait adopté pour armoiries le *navet*, comme symbole de la frugalité.

La Hollande, avant la grande révolution qui la constitua en république indépendante, au seizième siècle, avait peu de jardins ; son sol marécageux, alors presque dépourvu de grandes villes, semblait peu propre à l'horticulture ; la Belgique était au contraire comme un vaste jardin plus de deux siècles auparavant ; le goût du jardinage y était général avant même que toutes ses provinces ne se trouvassent réunies sous le sceptre de la puissante maison de Bourgogne. Mais du moment où une grande partie de la population riche et éclairée de la Belgique, fuyant le joug de l'Espagne et les persécutions religieuses, se fut réfugiée en Hollande avec d'énormes capitaux, les moindres bourgades de ce pays devinrent des villes importantes ; les besoins de toutes ces populations urbaines, plus nombreuses de beaucoup que les populations rurales, et fort en état, grâce au commerce, de bien payer les travaux du jardinier, firent prendre au jardinage un très grand développement. Plus tard, toutes les contrées de l'ancien et du nouveau continent où les Hollandais entretenaient des relations de commerce, devinrent, ainsi que leurs nombreuses colonies, tributaires des jardins de la Hollande, qui en reçurent une foule de végétaux exotiques répandus aujourd'hui dans toute l'Europe. Il était naturel que, sous l'empire de ces circonstances, la Hollande devînt la terre classique du jardinage. On nomme encore les pois, les choux-fleurs, les haricots nains, et une foule d'autres légumes des variétés les plus recherchées, légumes de Hollande, ce pays étant celui de tous où leur culture a été portée au plus haut point de perfection. Ces légumes étaient presque tous venus de Belgique en Hollande. En Belgique de même qu'en Hollande, un sol fertile, un climat constamment humide, des grandes villes les unes sur les autres, avaient, comme nous l'avons dit, donné lieu aux cultures jardinières les plus florissantes, bien avant l'existence de la Hollande comme état indépendant.

Considérons dans leur état présent les jardins de ces deux contrées naguère dépendances du grand empire, puis un moment réunies sous le sceptre de la maison de Nassau. Nous faisons choix pour donner un coup d'œil aux jardins de la Frise et de la Nord-Hollande, par où doit commencer notre excursion, d'un de ces rares beaux jours de la fin de mai où le soleil triomphe pendant quelques heures des brouillards constamment assis sur la Hollande pendant les trois quarts de l'année. Ici, le climat est si rude et l'hiver si long, que les habitants ne comptent pas au-delà de quarante beaux jours par an, constituant à la fois le printemps et l'été : c'est ce temps que les jardiniers nomment les six semaines aux légumes. Après avoir admiré l'art infini que mettent les jardiniers à triompher d'un ciel si austère, nous donnons un coup d'œil aux belles serres et aux planches parfaitement tenues du jardin botanique de l'université de Groningue, nous consacrons une matinée au parc de la résidence royale du Loo, dont l'ensemble a conservé le style des jardins du dix-septième siècle ; nous y remarquons cependant des bosquets dans le style moderne, dessinés avec beaucoup de goût, deux fort belles fontaines et d'autres ornements de sculpture et d'architecture, dignes de la demeure d'un prince éclairé. Puis nous reprenons le chemin de la Hollande proprement dite, et nous ne nous arrêtons qu'aux portes d'Amsterdam. Si du haut d'un de ses principaux édifices nous planons sur cette ville immense, nous avons peine à croire que ses 300 000 habitants tirent les légumes dont ils absorbent de si énormes quantités, de ces tout petits compartiments de verdure qui l'environnent vers le sud. Descendons dans un de ces admirables potagers ; nous ne reverrons pas les mêmes prodiges de production que dans les marais des environs de Paris. Mais ici, les peines du jardinier hollandais ne sauraient être comparées à celles du maraîcher parisien ; l'arrosoir est inutile en Hollande où les pluies sont toujours surabondantes. L'engrais employé avec profusion dans un sol déjà très riche, est très chargé de matières animales, car le pays abonde en fourrages de toute espèce, tandis que les pailles et les autres ressources pour la litière du bétail y sont généralement rares ; on ne voit pas qu'il en résulte d'altération dans la qualité des légumes. C'est un exemple que, dans notre sol brûlant, très chargé de principes calcaires, nous ne pourrions imiter ; nos jardins veulent au contraire des fumiers où les matières végétales soient en excès et qui laissent un terreau presque tout végétal quand ils sont arrivés au dernier terme de leur décomposition. Nous ne quittons pas Amsterdam sans visiter les serres du jardin botanique, afin d'y saluer de très vieux pieds de caféier, conservés dans ces serres depuis 1690 ; un seul plant provenant des graines de l'un de ces caféiers, fut envoyé d'Amsterdam à Paris en 1714 ; 12 ans plus tard, en 1726, deux plants, provenant des graines de ces caféiers, furent envoyés à la Martinique ; tous les caféiers de cette colonie descendent de ces deux plants. En avançant vers le sud, nous verrons près de Harlem et de Leyde ces célèbres collections de tulipes, de jacinthes, de renoncules et d'anémones, dont les plus belles n'appartiennent point au commerce ; elles font les délices de quelques riches amateurs. Félicitons-nous de pouvoir sans nous ruiner faire l'acquisition de ce que le commerce a de plus rare à nous offrir en ce genre ; il y a 60 ans, un de ces ognons qui nous coûtent quelques francs, nous en eût coûté 2 ou 3 mille. Les registres des recettes publiques de la ville d'Alkmaar font foi qu'en l'année 1637, 120 tulipes ont été vendues au profit de l'hospice des orphelins pour la somme de 9,000 florins, environ 20 mille francs, qui en représentaient au moins 40 de la monnaie actuelle, en raison du prix moyen des denrées ; un seul de ces ognons, nommé le *vice-roi*, avait été payé 4,203 florins, près de 9,000 francs, qui en vaudraient près de 20,000 de nos jours. Du reste, comme l'avait

si victorieusement démontré dans la pratique feu notre habile confrère, M. Tripet, les Hollandais n'ont d'avantage sur nous, quant aux plantes bulbeuses, que par le climat ; c'est le voisinage de la mer qui conserve leurs ognons indéfiniment, tandis que sous notre climat méditerranéen, les mêmes végétaux dégénèrent en quelques années et veulent être maintenus par des rajeunissements continuels qui permettent à nos collections de rivaliser avec celles de Hollande, sauf par la durée.

Nous rencontrons au bord des canaux et des rivières des bateaux chargés de cendres de houille ; elles viennent de Belgique ; Anvers, Gand, Bruxelles, et une foule d'autres villes envoient en Hollande le superflu de leurs cendres dont une partie seulement est employée par l'horticulture et l'agriculture de la Belgique. Cet amendement très excitant, soigneusement débarrassé des scories à demi vitrifiées auxquelles il est toujours mêlé, est pour les jardiniers hollandais un moyen puissant d'activer la végétation.

Les produits forcés sur couches ou dans la serre sont beaucoup plus abondants, toute proportion gardée, en Hollande qu'en France ; le goût des fleurs y est particulièrement l'objet d'un luxe fort élégant. Grâce au talent des horticulteurs, elles y sont en abondance et à des prix assez modérés en toute saison.

Nous arrivons en Belgique par Anvers ; les potagers des environs de cette ville nous offrent tous les produits de ceux de Hollande qui sont semblables à ceux des nôtres. Nous y remarquerons, en outre, de grands carrés de choux rouges ; leur culture est de tout point semblable à celle de nos choux pommés. On en mange une grande partie crus, à la manière de nos salades ; mais, faute d'huile, on les assaisonne avec du beurre fondu mêlé de vinaigre. Comme ce mets se mange trop chaud, il faut se hâter de l'avaler avant que le beurre ne se fige ; la salade de chou rouge cru n'est réellement supportable que pour les palais qui en ont l'habitude. Nous goûtons à Gand un légume plus généralement estimé ; c'est la grosse asperge qu'on n'obtient nulle part ailleurs aussi belle et d'aussi bonne qualité. Toutefois, ce n'est pas à Gand même qu'il faut manger l'asperge de Gand, à moins d'être du pays. Pour les consommateurs français, l'asperge n'a toute sa valeur que quand elle a passé au moins un jour hors de terre, et que son extrémité y est devenue verte ou violette ; les Flamands la préfèrent blanche ; ils vont la chercher entre deux terres, avant qu'elle ne soit colorée par l'influence du soleil ; elle est alors plus tendre, mais elle a moins de saveur. On suit la même méthode dans toutes les autres provinces belges.

A Bruxelles, nous ne pouvons oublier de goûter les spruyt ou jets de choux, improprement nommés choux de Bruxelles, car les meilleurs croissent aux environs de Malines et de Louvain. L'ordre, la régularité, l'absence de toutes mauvaises herbes, et une succession non interrompue de légumes, distinguent les potagers flamands, dans lesquels l'arrosoir n'est pas beaucoup plus en usage ni plus nécessaire qu'en Hollande. Néanmoins, chaque jardin a son puits toujours peu profond, car dans toute la Belgique, l'eau se rencontre à fleur de terre. Il n'est encore question ici, ni de norias, ni de manivelles pour élever l'eau ; l'arrosage proprement dit est inconnu ; seulement, par un temps très sec, on est quelquefois obligé de mouiller légèrement le plant pour assurer sa reprise, tandis qu'en Hollande, il y a au contraire le plus souvent des précautions à prendre pour l'empêcher de pourrir par excès d'humidité.

Plus nous avançons dans la partie de la Belgique désignée sous le nom de Pays Wallon, s'élevant par des pentes de plus en plus prononcées jusqu'au plateau des Ardennes, plus les jardins nous offrent d'analogie avec le jardinage du nord et du centre de la France. Ce sont à peu près les mêmes légumes, à l'exception de l'artichaut qui n'y figure que rarement, quoiqu'il y soit d'excellente qualité. L'un des points les plus intéressants de cette contrée pour le jardinage, c'est la vallée de la Meuse, aux environs de Liège. Les moines du moyen-âge l'avaient surnommée, à cause de sa prodigieuse fertilité, la vallée bénite (*Li Val-Benoît*), nom qu'elle a conservé sans altération dans le patois du pays. Outre la population de Liège, qui compte au-delà de 60,000 habitants, les jardins de cette vallée doivent encore fournir de fruits et de légumes les 12 à 15,000 ouvriers de Verviers, ville manufacturière dont ils sont séparés par une distance de 3 myriamètres. Verviers, admirablement située pour l'industrie à cause de ses innombrables chutes d'eau, n'est d'ailleurs environnée que de coteaux arides, entièrement rebelles à la culture jardinière.

Il n'existe point en Europe de femmes d'une constitution plus vigoureuse et mieux faites pour supporter toute espèce de fatigues que les jardinières des environs de Liège. On désigne sous le nom de Botresses, celles de ces femmes qui font le commerce des légumes frais. L'étranger s'étonne de les voir marcher lestement portant sur leur tête, que couvre un feutre à larges bords, une charge capable de faire plier un homme de force ordinaire ; elles vont à Verviers ou à Spa durant la saison des eaux, faisant, ainsi chargées, 3 à 4 myriamètres pour réaliser un modique bénéfice sur la vente du produit de leurs jardins. Parmi ces produits, nous distinguons la belle fraise écarlate de Virginie, d'une variété trop peu connue en France; les Botresses ont l'art de balancer sur leur tête leurs pesants paniers avec tant d'adresse, que ces fraises arrivent à Verviers et à Spa sans avoir souffert le moindre froissement.

Les divers instruments de jardinage des Hollandais et des Belges nous ont offert bien peu de différence avec ceux dont l'usage nous est familier. La pelle ou bêche flamande mérite cependant notre attention. Sa forme atteste à la fois le discernement et la vigueur de ceux qui l'emploient; elle est large et longue, propre à donner des labours profonds. Au lieu d'une surface entièrement plate, elle offre une légère courbure vers le milieu de sa longueur (*voir* Instrument de Jardinage). Quelque peu consistant que soit le sol, quelque poli que soit le fer de l'instrument par un long service, jamais la charge soulevée par le jardinier ne retombe dans la jauge sans avoir été complètement retournée, ce qui, pour les terres légères, s'obtient difficilement avec la bêche plate, surtout quand elle est plus étroite du bas que du haut. C'est un inconvénient grave; la terre remuée sans être retournée laisse constamment à la même couche le soin de nourrir les végétaux; un bon bêchage ne doit pas seulement ameublir la terre, il doit la rajeunir. La manière de bêcher diffère aussi de la nôtre en deux points qu'il est utile de noter. D'abord, le jardinier hollandais ou belge n'appuie pas le pied sur le bord de sa bêche pour la faire entrer dans le sol; il n'en a jamais besoin, parce que d'une part, il travaille une terre peu compacte en elle-même, et que de l'autre, cette terre est si souvent et si bien remuée qu'elle n'a pas le temps de durcir. Puis, si nous considérons attentivement sa manière de bêcher, nous verrons qu'au lieu de soulever de gros blocs de terre d'un seul coup, il a soin de ne prendre à la fois qu'une tranche d'une épaisseur médiocre qu'il enlève sans effort, et qu'il place dans la jauge, en la renversant sens dessus dessous. Ce mode de labour est très bien adapté au jardinage dans un sol léger, quoique pour une terre compacte, il puisse être utile, surtout pour les labours d'hiver, de lever de grosses mottes, qu'on livre à l'action des gelées et des dégels. Alors, le vigoureux coup de talon aidé d'un lourd sabot n'est pas de trop pour faciliter le labour. Mais ce cas excepté, la pelle flamande l'emporte sur la bêche et le louchet de la France centrale, et la manière flamande de s'en servir sans s'aider du pied pour déplacer plus de terre à la fois est préférable à celle de nos jardiniers.

Un volume de descriptions ne suffirait pas pour exposer toutes les richesses horticulturales de la Belgique ; presque toutes ses villes du premier et du second ordre ont des sociétés de Flore et des expositions périodiques des plus rares végétaux.

En 1817, un voyageur anglais visitant la petite ville d'Enghien (Hainaut), s'étonna d'y trouver réunis dans le jardin de M. Parmentier, alors maire de cette ville, une réunion de plantes rares plus complète que ce qu'il y avait alors de mieux en Angleterre ; ce jardin n'a cependant guère plus de 60 ares ; mais il est presque en entier couvert par des serres magnifiques peuplées de plantes du plus grand prix.

La seule ville de Gand, centre de l'horticulture belge, possède au-delà de 400 serres appartenant à des amateurs. Rien n'égale la beauté des serres des jardins publics ; nous admirons par-dessus tout celles de la Société d'horticulture de Bruxelles; sans déranger les plantes de leurs dressoirs, ce somptueux local recouvert en vitrages sert à donner des bals ou 1,500 personnes circulent sans encombrement.

La Société d'horticulture de Bruxelles est une des plus actives de l'Europe; disons aussi qu'elle est une des plus nombreuses et des plus riches. C'est en Belgique que les sociétés d'horticulture ont pris naissance sous le nom de confrérie de Sainte-Dorothée. Nous croyons que la confrérie de Sainte-Dorothée constituée au moyen-âge à Bruxelles, n'avait pas de précédents; elle serait donc le modèle et l'origine de toutes les autres. Sous la domination autrichienne, elle comptait au nombre de ses membres des princes, des grands seigneurs, des magistrats et des artistes pêle-mêle avec des jardiniers de profession qui, formant la majorité, prenaient d'ordinaire dans leurs rangs le doyen ou président de la confrérie.

Cette société pacifique céda la dernière de toutes aux orages révolutionnaires; ses registres font foi de son existence en 1793; il y a des noms de confrères reçus en 1794; cette date en dit beaucoup sur le caractère et les mœurs du peuple belge. C'est avec le noyau de l'ancienne confrérie de Sainte-Dorothée, dont les membres avaient continué à se voir et à s'occuper ensemble d'horticulture, que fut reconstituée en 1826 sur de larges bases, la Société d'horticulture de Bruxelles. Cette société ne peut que continuer à prospérer à la faveur de la paix, sous un prince amateur passionné de l'horticulture.

A Gand, le jardin botanique récemment agrandi renferme aussi de très belles serres qui servent aux fêtes périodiques données tous les cinq ans sous le nom de *Festival*, par la société d'horticulture de cette ville. Les Gantois n'ont point oublié que leur jardin botanique eut pour fondateur Napoléon, alors premier consul; ce fut lui qui en désigna l'emplacement, et qui voulut qu'il servît en même temps de promenade publique dont la ville de Gand était alors dépourvue; cette fondation remonte à l'année 1801.

Dans les parterres, nous retrouvons les mêmes collections qu'en Hollande; à Bruxelles, à Louvain et principalement à Liège, nous rencontrons de plus des collections d'œillets d'amateur, nommés par excellence œillets flamands. Quant aux jardins anglais de toutes dimensions, depuis celui du château de Laken, jusqu'aux plus charmants bosquets en miniature, ils sont répandus dans le Brabant et les Flandres avec profusion. Les deux rives du canal de Bruxelles à Boom, sur une longueur de 3 myriamètres, n'offrent qu'une succession de parcs et de jardins d'agrément. Nous sommes frappés en pénétrant dans ces jardins dont, plusieurs sont dessinés avec un goût parfait, d'y retrouver l'empreinte du caractère belge dans l'alliance de l'agréable et de l'utile; personne mieux que

les jardiniers de ce pays ne sait tirer parti des localités pour placer à l'abri d'un pli de terrain ou d'un massif d'arbres conifères, quelque arbre fruitier sensible aux impressions du froid et au souffle des vents d'ouest si violents en Belgique. C'est ainsi qu'en regard de divers groupes de rhus cotinus, d'acacia inermis, de mélèzes et de sumacs de Virginie, des compartiments de forme élégante réunissent les meilleures espèces de poiriers, pommiers, pruniers, cerisiers et abricotiers en plein-vent. Regardez sous ces massifs; le sol y est caché sous des touffes bien entretenues de muguet et de violettes de Parme; un recoin peu fréquenté et mal exposé reçoit des buissons de framboisiers; et les meilleures variétés de fraisiers bordent la lisière des bosquets. Le jardinier d'une grande maison, et nous en connaissons qui sont des hommes fort distingués, ne veut pas que les visiteurs aient besoin de passer par le verger pour admirer et goûter les meilleurs fruits de la saison, prétendant que les arbres qui les produisent, étant mis à leur place, sont d'un effet tout aussi pittoresque que les autres dans le jardin paysager. Cela n'empêche pas qu'un verger spécial ne soit joint au parc comme accessoire indispensable.

Les jardins du duc d'Aremberg à Enghien contiennent une des plus belles orangeries qui existent, en exceptant celles des palais des souverains; elle a 55 mètres de long sur 9 mètres de large et renferme de nombreux orangers respectables par leur long âge; le plus grand nombre dépasse deux siècles; il y en a qui n'ont pas moins de 300 ans; enfin quelques-uns des plus beaux, donnés autrefois par les rois d'Espagne aux ancêtres du duc actuel, datent authentiquement de quatre siècles.

La culture des arbres fruitiers mérite une mention particulière. Qui ne serait frappé, dans le pays Wallon, à l'aspect de ces vergers immenses qui sous le nom de prairies arborées, couvrent les vallées de la Meuse, de la Sambre, de l'Ourthe et de leurs affluents? On se croirait au centre d'une grande production de cidre; mais les diverses qualités de bière sont si bonnes et à si bas prix dans toute la Belgique, que le cidre se vendrait difficilement. Tous ces pommiers dont le dénombrement donnerait un chiffre incroyable, ont une autre destination. L'espèce la plus généralement répandue est une pomme de belle-fleur, bien digne de son nom par les dimensions de ses corolles pourprées au dehors et d'un blanc de neige à l'intérieur. Le fruit joint au volume de la pomme de rembour les lignes veineuses de la pomme de châtaignier; il est employé de préférence à la préparation d'une sorte de *sapa*, connu dans toute la Belgique-Wallone sous le nom de sirop de pommes; il s'en fait une consommation prodigieuse. Ce sirop fait avec le suc épaissi des pommes écrasées auxquelles on ajoute une petite quantité de carottes râpées, se conserve plusieurs années sans altération; c'est un aliment agréable et fort sain équivalent à notre raisiné, mais préparé avec infiniment plus de soin et de propreté. Nous sommes convaincus que la pomme de belle-fleur wallone, très grosse et très productive, serait pour nos vergers de Normandie une excellente acquisition, elle est moins sujette que toute autre aux attaques des vers et à l'action des derniers froids.

Parmi les plantations de pommiers de belle-fleur, il se trouve toujours quelques pommiers de court-pendu. Cette pomme plate comme un ognon et presque dépourvue de support, possède par-dessus toute autre la faculté précieuse de se garder un an et même deux sans se rider et sans rien perdre de ses qualités recommandables.

Quoique nous soyons trois degrés plus au nord que Paris, toutes les variétés d'autres fruits soit à noyau soit à pepins, ne le cèdent guère à celles que Paris tire de ses environs. C'est que partout où un pan de mur bien exposé peut recevoir un arbre à fruit, il est utilisé ; c'est ainsi que Bruxelles, Malines, Gand, et même Anvers sont fournies à bas prix de fruits excellents parmi lesquels nous recommandons aux amateurs français la poire de calebasse et le beurré d'hiver, connu dans le pays wallon sous le nom de goulu-morceau. Tout le monde, connait en France les succès obtenus dans la propagation des arbres fruitiers par M. Van-Mons à Louvain; les jardins du duc d'Aremberg, à Enghien, sont aussi l'une des pépinières de l'Europe les plus renommées pour la perfection des variétés qu'on y crée fréquemment ; il suffit de rappeler le beurré d'Aremberg, auiourd'hui répandu dans toute la France, l'Allemagne et l'Angleterre ; il sort des pépinières d'Enghien. Le climat et le sol du Hainaut font de cette province, mais spécialement des environs de Tournay, le canton du nord de l'Europe où les fruits acquièrent le plus de volume et de saveur; on se souvient qu'en 1816, la Société d'horticulture de Gand mettait au concours l'examen de cette question : Rechercher pour quelles causes les poires de toute espèce acquièrent aux environs de Tournay plus de volume, de couleur et de saveur que dans tout le reste des Pays-Bas? Donnons, avant de quitter la Belgique, un souvenir aux religieux du monastère de Saint-Laurent, à Liège; la Belgique leur doit la belle pêche de Saint-Laurent, soigneusement conservée sur sa terre natale; ce n'est pas la pêche de Montreuil, sans doute; mais c'est presque aussi bien, et pour le climat de Liège, c'est un tour de force. Les jardins de la Belgique exportent avec avantage sur les marches de Londres de grandes quantités de fruits d'une rare beauté; Gand et Anvers ont plusieurs grands établissements dont les produits forcés, ananas, melons, pêches, abricots et raisin, sont presque en entier vendus à Londres à des prix contre la modération desquels les producteurs anglais ne peuvent soutenir la concurrence.

En traversant la Belgique de l'est à l'ouest pour passer le détroit et visiter l'Angleterre,

nous ne trouverons, sur une longueur d'environ 25 myriamètres de Verviers à Ostende, pas une ferme, pas une simple chaumière, qui n'ait son jardin d'une propreté coquette, entouré de haies vives d'aubépine ou de cornouiller, régulièrement taillées en forme de murs à angles vifs, à hauteur d'appui. Nous aimerions à voir plus généralement adopté en France ce mode de clôture suffisant pour protéger les produits du jardin, sans empêcher de communiquer avec les voisins, et surtout sans manger un espace énorme, comme les baies abandonnées à elles-mêmes. Dans les jardins de chaque presbytère, nous voyons croître à côté des plus beaux fruits et des meilleurs légumes quelques plantes médicinales d'un usage salutaire, secours souvent utile que le paysan belge est toujours certain de trouver chez M. le curé.

GRANDE-BRETAGNE.

Nous voici sur le sol de la vieille Angleterre, sur la terre classique des jardins paysagers. Chaque comté nous en offre plusieurs, grands comme trois ou quatre de nos communes de dimensions moyennes. Les dessinateurs de ces jardins, taillant en plein drap, ayant à discrétion l'espace et l'argent, ont exécuté de fort belles choses. Les scènes variées d'une belle nature, la fraicheur incomparable du feuillage et des gazons ; le choix et l'assemblage des arbres et arbustes les plus précieux, disposés de manière à faire ressortir tous leurs avantages, voilà ce qui nous saisit d'abord dans les vastes jardins anglais. Nous admirons le parti que les jardiniers anglais savent tirer des beautés naturelles de chaque site, et des moindres ressources de chaque localité. Dans ces larges et belles créations l'emploi de l'art ne laisse rien à désirer, si ce n'est quelquefois quant aux fabriques répandues avec plus de profusion et surchargées de plus d'ornements qu'un gout sévère ne l'exigerait peut-être. En Écosse et en Irlande, contrées moins favorisées de la nature que la fertile Angleterre, on rencontre souvent autour des parcs immenses des grands seigneurs, de grands espaces nus et dépouillés; la misère est là tout près du luxe le plus splendide ; à côté d'une serre grande comme tout un village, il n'y a pas de village; il y a le plus misérable amas de cabanes près desquelles la hutte d'un sauvage semblerait un palais. Connaissant la délicatesse de leurs maîtres, les jardiniers anglais savent, au milieu des contrées où règne le plus affreux paupérisme, ménager les points de vue de manière à dissimuler tout objet propre à blesser les regards. Si l'œil découvre quelque pauvre et sale chaumière, c'est de si loin que sa laideur disparait; souvent même pour la faire contribuer à l'effet pittoresque du paysage on l'entoure d'arbres exotiques ; rarement on songe à la réparer ou à l'assainir.

Tout a été dit sur le mérite des jardins paysagers de la Grande-Bretagne; c'est là qu'il faut aller chercher des modèles pour les plus vastes et les plus parfaites créations en ce genre. Il n'y a plus guère en Europe que l'aristocratie russe qui puisse faire aussi bien ou mieux peut-être, grâce à ses esclaves dont le travail ne coûte rien; c'est ce qu'on verra sans doute quand le sud de la Russie sera plus fréquenté de la haute noblesse russe, attirée et retenue jusqu'ici dans le nord par le génie maritime de Pierre-le-Grand qui n'espérait pas voir la Mer Noire devenir un lac russe.

Ajoutons pour dernier éloge que peu d'entre les plus beaux jardins paysagers d'Angleterre se ressemblent; le voyageur étranger peut en visiter un grand nombre sans y rencontrer l'ennui que cause toujours l'uniformité.

Les grands jardins paysagers d'Angleterre ne sont pas tous des créations spéciales; plusieurs ne sont autre chose que d'anciens jardins géométriques restaurés à la moderne, mais conservant dans quelques-unes de leurs parties des traces de leur état précédent. Tels sont en particulier les magnifiques jardins du duc de Devonshire à Chatsworth, et le parc non moins célèbre de Claremont, propriété du roi des Belges; ce dernier parc a été entièrement refait dans le style pittoresque sous les yeux de ce prince, et en grande partie d'après ses dessins. Nous citerons encore le jardin public de la ville de Birmingham, bien qu'il soit déparé par quelques ornements de fort mauvais goût. En Écosse, le parc de Duddingston d'une étendue d'environ cent hectares, est l'un des plus beaux et des mieux ornés; il est surtout riche en arbres et arbustes exotiques cultivés en pleine terre; des soins minutieux ont été pris pour les préserver des rigueurs du rude climat d'Écosse auquel ils résistent depuis 1770.

Sous un autre point de vue, le jardinage appliqué à la production des fruits et des légumes a reçu de très bonne heure une grande extension en Angleterre et s'est approprié l'un des premiers les perfectionnements inventés en premier lieu en Hollande, terre classique du jardinage européen. L'Irlande, arriérée sous tous les rapports à cause de l'oppression qui pèse sur elle, n'a qu'un très petit nombre de jardins; ceux qui entourent les châteaux des grands propriétaires anglais maîtres des plus belles terres de l'Irlande, ont été créés par des jardiniers envoyés d'Angleterre, et dessinés exclusivement dans le goût anglais. Le paysan irlandais est en général trop malheureux pour songer à joindre un jardin, quel qu'il soit. à sa misérable chaumière. En Angleterre et en Écosse au contraire, toute chaumière a son jardin; les fermes de quelque importance ont toujours un très beau jardin bien tenu; les fermiers placés à portée d'une grande ville ne négligent pas, comme le font généralement les nôtres, les avantages de leur situation: ils consacrent toujours un espace considérable à la production en grand des légumes communs, sachant fort bien que les parties de leurs terres qui ont servi pendant une année ou deux à ce genre de culture, sont pour plusieurs années les plus propres et les meilleures de toute leur exploitation, pour la production des céréales. Nous pourrions citer plusieurs fermiers intelligents qui avant d'employer leur fumier à la grande culture, utilisent sa chaleur pour forcer le long d'un espalier garni d'un vitrage mobile du raisin, des pêches, des cerises précoces. Quand la bonne saison arrive, que le fruit est noué, et qu'il peut, grâce à la protection du châssis, arriver encore assez tôt à maturité pour procurer un bénéfice très raisonnable, ils enlèvent le fumier qui avait jusqu'alors servi à hâter la végétation de ces arbres au moyen de sa chaleur artificielle, et ils en disposent pour les cultures de pommes de terre, de betteraves ou de légumes de toute sorte, culture qu'il est encore temps de commencer à cette époque.

Le luxe des serres est ici porté à son plus haut degré de somptuosité; il suffit de rappeler que de simples amateurs expédient vers les points les plus éloignés et les moins explorés du globe, de savants naturalistes pour leur rapporter des variétés nouvelles de végétaux exotiques; il y a tel cactus dont on peut évaluer le prix à 30 ou 40 mille francs en calculant tout ce que coûte sa conquête; car ces expéditions aventureuses ne sont pas toujours heureuses; on veut du neuf, n'en fût-il plus au monde.

Au premier rang des plantes de collection, dont on ne saurait trouver ailleurs qu'en Angleterre un aussi grand nombre de beaux échantillons, considérons d'abord celles qui appartiennent à la serre chaude-humide, dont elles ne peuvent jamais sortir: ce sont principalement des orchidées, parmi lesquelles se distinguent les oncidiums. Ce genre, l'un des prodiges du règne végétal, approche, en Angleterre, du prix extravagant payé jadis en Hollande pour certains ognons de tulipes. Nous avons vu en 1835, à Liège (Belgique), entre les mains de M. Makoua, amateur aussi distingué qu'habile horticulteur, trois plantes, qu'il venait de recevoir d'Angleterre, pour le prix exorbitant de 90 liv. sterl. (2,250 fr.) : l'une de ces trois plantes, qui fleurirent seulement l'année suivante, était un oncidium papilio; les deux autres étaient des épidendrées très rares.

L'Angleterre nous montre réunis, dans un très petit espace, des végétaux d'un prix tellement élevé, qu'une serre de 6 mètres de long sur 4 de large peut en contenir pour plus de 3,000 liv. sterl. (75,000 fr.). Ces plantes justifient l'espèce de passion dont elles sont l'objet par un grand nombre d'avantages précieux, formes bizarres, couleurs variées, odeur des plus suaves; mais par compensation, il est impossible d'en jouir comme des autres plantes. La chaleur humide, jointe à l'effet enivrant d'un parfum très fort, quoique agréable, rend dangereux un séjour de plus d'un quart d'heure dans la serre aux orchidées. Il semble que, même sous leur climat natal, la nature ne les ait pas destinées aux plaisirs de l'homme: leurs **fleurs admirables ne** décorent que des lieux tellement malsains qu'il faut, pour les y aller chercher, le courage passionné du naturaliste.

De ces collections précieuses, partage exclusif des plus riches amateurs, passons a quelques-unes de celles que toutes les fortunes peuvent se permettre. Nous visitons, à cet effet, Preston, dans le comté de Lancastre. Une réunion nombreuse, composée en majeure partie de fermiers et de gentilshommes campagnards (*country-gentlemen*), circule devant une longue file de caisses, contenant plusieurs centaines d'arbustes épineux, tous appartenant au même genre, à la même espèce, à la même variété. Chacun raisonne sur le plus ou moins de mérite des échantillons exposé ; on discute leurs chances pour obtenir les prix offerts aux sous-variétés nouvelles, prix très dignes d'être disputés, indépendamment des médailles. En approchant, nous reconnaissons, non sans surprise, le plus modeste et le moins estimé de nos fruits, l'humble groseille à maquereau. Il n'y a qu'en Angleterre où il soit possible de s'en donner une indigestion en en mangeant plusieurs centaines dont pas une ne ressemble à l'autre, et qui portent toutes un nom particulier. Les différences sont, à la vérité, fort légères, imperceptibles même pour tout autre que pour un amateur anglais.

Les collections de rosiers sont ici aussi riches qu'en Belgique et en Hollande ; nous devons un coup d'œil à la rose blanche à cœur couleur de chair, si connue sous le nom de rose d'York, et répandue dans tout le reste de l'Europe. C'est dans son pays natal qu'il faut lui voir déployer toute sa beauté ; partout ailleurs, quoique fort belle encore, elle dégénère plus ou moins. Dans les collections anglaises de rosiers, nous cherchons en vain la rose jaune-soufre à cent-feuilles, si riche de floraison dans la France centrale. Ici, de même qu'en Belgique, le rosier jaune double pousse tous les ans des rameaux chargés de nombreux boutons ; mais pas un ne s'ouvre régulièrement ; tous se fendent sur le côté pour ne donner qu'une floraison avortée. L'art des horticulteurs anglais et belges n'a pu, jusqu'à présent, réussir à remédier à cet inconvénient, dont la cause est probablement la vapeur de charbon de terre, dont l'air est habituellement mélangé. Nous avons acquis la certitude qu'elle ne dépend pas d'une piqûre d'insecte. Dans le nord de la France, jusque vers le bassin de la Somme, le rosier jaune double fait également le désespoir des amateurs jaloux de posséder la reine des fleurs sous toutes ses parures.

Voici encore de belles collections de géraniums et de pelargoniums dont les fleurs n'auraient pas d'égales si elles joignaient une bonne odeur à leurs autres qualités ; puis d'innombrables collections de camélias, d'éricas, de liliacées. Plusieurs amateurs accordent exclusivement leurs soins aux plantes et arbustes de terre de bruyère : rhododendrums, azaleas, kalmias, andromèdes, les uns dans l'orangerie, le plus

grand nombre en pleine terre, où ils résistent aux hivers les plus rigoureux, avec la seule précaution de les courber et de les couvrir de paille sèche à l'arrière-saison, comme le font pour les figuiers les jardiniers d'Argenteuil. Nous ne pouvons oublier les collections de fraises et celles d'ananas, si chères aux gastronomes. C'est en Angleterre qu'il faut venir pour goûter, en Europe, le roi des fruits, sinon tel que dans son pays, du moins aussi parfait qu'il est possible de l'obtenir de ce côté de l'Atlantique, et, n'en déplaise à nos horticulteurs, supérieur à la plupart des fruits du même genre récolte en France. Toutes les variétés connues d'ananas à fruit jaune ou violet sont fréquemment rassemblées dans la même serre sur le sol britannique : on en mange en toute saison, à des prix proportionnellement bien plus faibles qu'en France.

Parcourons rapidement les vergers anglais ; nous n'hésiterons pas à les reconnaître pour les plus beaux et les mieux tenus de l'ancien continent. Pour en voir de semblables, il faudrait traverser l'Atlantique et visiter les vergers des états septentrionaux de l'Union-Américaine : rien en Europe, dans le même genre, ne peut leur être comparé. La pomme, sous toutes ses variétés, est la reine des vergers anglais : c'est en effet le fruit qui, sous le climat de la Grande-Bretagne, atteint le plus complétement sa maturité. Les poires, sans avoir en général la saveur de nos bonnes espèces, sont nombreuses et fort bonnes. Ce qui place surtout les vergers anglais au premier rang de ceux d'Europe, c'est leur ordre, leur tenue, leur culture, qui ne laissent rien à désirer. La taille des arbres fruitiers y est portée au plus haut point de perfection ; elle est constamment dirigée vers une abondante production conciliée avec la durée des sujets. Observons qu'en Angleterre, on gagne fréquemment des variétés nouvelles sans jamais laisser dégénérer les anciennes, tandis que nos jardiniers, plus par avidité que par négligence, poussant exclusivement à la production, laissent disparaître nos fruits les plus précieux. Il suffit de rappeler la cerise de Montmorency et la prune de Brignolles, qui, à Montmorency et à Brignolles, ne sont plus que des souvenirs. Nous goûterons ici l'excellente petite poire de beurré d'Angleterre. Il y a trente ans à peine, les vergers des départements qui approvisionnent en fruit la capitale lui en envoyaient de tout-à-fait semblables à celles-ci ; aujourd'hui, pour retrouver la véritable poire d'Angleterre, il faut passer le détroit. En France, le peu qui se vend encore sous le même nom n'est plus reconnaissable : on a trouvé cette poire trop peu productive ; elle est presque abandonnée ; c'est un fruit perdu si l'on ne se hâte de le tirer de nouveau de son pays natal.

Les jardins potagers sont nombreux aux environs de Londres ; ils portent, comme toutes les branches de l'industrie anglaise, un cachet de grandeur qu'ils n'ont dans aucun autre pays ; ce n'est qu'aux environs de Londres, de Liver-

pool et des autres grandes villes de l'Angleterre, qu'on rencontre des cultures qui, uniquement pour produire des légumes destinés à la
consommation journalière, couvrent des centaines d'hectares, disposent d'un capital de 3 à
400,000 fr., et occupent plusieurs centaines
d'ouvriers. Au moment où nous écrivons, un
déplacement qui, tôt ou tard doit s'opérer de
même partout, sous l'empire des mêmes causes,
s'effectue en Angleterre; les jardiniers, qui cultivent en grand les légumes communs pour les
marchés de Londres, vont établir leurs cultures
à 80 et même 100 kilom. de cette capitale, à
portée d'une ligne de chemin de fer; ils ont, par
ce moyen, des terres à très bon marché comparativement à leur valeur autour de Londres,
et ils composent pour les transports par les lo-
comotives à des prix très modérés. Aussi une
baisse très sensible et très profitable au peuple
de Londres s'est déjà fait sentir dans ce genre
de denrées depuis que ce déplacement est commencé. Il ne restera près de Londres que les
genres de culture dont les produits ont toujours
une valeur élevée et se transportent difficilement, tels que les fraises et les framboises, et
aussi ceux qui, comme les ananas, exigent des
constructions impropres à tout autre usage.

Nous n'avons pas d'idée en France de l'importance de certains établissements anglais d'horticulture; nous citerons seulement MM. Loddiges, fleuristes et pépiniéristes, dont les opérations roulent sur un capital de 600,000 fr.;
il y a quelques années, cette maison fortement
compromise, obtint du gouvernement un secours de 250,000 fr., et se releva. Quel est
en France l'établissement d'horticulture qui,
menacé dans son existence, aurait seulement la
pensée de s'adresser au gouvernement?

Un examen détaillé des procédés de culture
suivis dans les jardins potagers et dans les pépinières d'Angleterre, ne nous montrerait rien
de plus parfait que ce qui se pratique en France; les instruments de jardinage sont les nôtres
à bien peu de différence près; l'art de forcer
les fruits et les plantes alimentaires et non pas
précisément plus perfectionné, mais pratiqué
beaucoup plus en grand qu'en France, parce
que le nombre des consommateurs des produits
de la culture forcée est très grand en Angleterre;
la construction des serres de toute grandeur y
est aussi fort bien entendue, ainsi que celle des
divers appareils destinés à les chauffer.

La seule plante alimentaire cultivée très en
grand pour les marchés des grandes villes d'Angleterre et presque inconnue en France, c'est
la rhubarbe. Les côtes succulentes des feuilles
de la rhubarbe se vendent par petites bottes et
servent à garnir cette prodigieuse quantité de
tartes que consomment les Anglais; ce mets,
dont la saveur se rapproche de celui des groseilles à moitié mûres, est un de ceux qu'on ne
saurait trouver agréables à moins d'y être habitué; les essais tentés pour en introduire l'u-
sage en France n'ont pas réussi jusqu'à présent, moins encore par la difficulté d'habituer

les consommateurs à une saveur qui n'a rien
de mauvais en elle-même, que parce que notre
manière de nous nourrir n'admet pas cette
énorme absorption de pâtisserie sucrée, indispensable dans un ménage anglais.

L'horticulture emploie en Angleterre un
nombre très considérable d'individus de tout
rang, depuis l'apprenti qui s'élève rarement au-
dessus de la condition de journalier après son
apprentissage, jusqu'aux chefs des grands établissements d'horticulture qui sont ordinairement des hommes très distingués ayant reçu
l'éducation libérale la plus étendue. La profession de botaniste voyageur à la recherche des
plantes nouvelles est encore une de celles qui
se rattachent à l'horticulture et que l'opinion
entoure d'une grande considération; presque
tous ceux qui occupent des chaires de botanique en Angleterre ont commencé par la profession de *Collecteurs de plantes.*

Nulle part ailleurs qu'en Angleterre, les propriétaires n'ont un goût aussi général pour le
jardinage. Tout acquéreur d'un domaine auquel tient un jardin, dit M. Loudon, soit que
ce jardin renferme seulement quelques ares,
soit qu'il couvre quinze ou vingt hectares de
superficie, songe d'abord, en quelque état qu'il
le trouve, à y faire des changements, des
embellissements, au grand profit du jardinage et
des jardiniers. Le même auteur remarque avec
raison, que les riches, les hommes d'état, les
puissants du jour, blasés sur toutes les jouissances, sur toutes les sensations, ont cependant
encore du plaisir à s'occuper de leurs jardins.
On trouve dans les lettres du prince de Ligne
le passage suivant qui semble avoir été écrit
par un lord anglais : « Après mes enfants et
deux ou trois femmes que j'aime ou crois aimer à la folie, mes jardins sont ce qui me fait
le plus de plaisir au monde; il y en a peu
d'aussi beaux. »

Beaucoup de jardiniers anglais, parvenus à
force de talent et d'activité au poste honorable
et lucratif de jardiniers d'un grand domaine,
tombent dans une indolence complète; c'est
pour eux un canonicat, le terme de leur ambi-
tion; ils ont un second, chargé d'avoir de l'activité pour eux jusqu'à ce qu'il devienne chef
à son tour; quelques-uns seulement ont à cœur
l'honneur de leur profession et travaillent sans
relâche à s'y distinguer; ceux-là tiennent le
premier rang parmi ceux qui honorent, en
Europe, la profession d'horticulteur.

Les appointements d'un jardinier en chef,
dans une grande maison, ne sont jamais au-
dessous de 3,000 fr. par an; souvent ils s'élèvent
au double de cette somme, sans compter la
jouissance d'un logement, et divers autres
avantages. Malgré le prix élevé des denrées et
de tous les objets usuels en Angleterre, l'espoir
d'une telle position suffit pour déterminer des
jeunes gens instruits et intelligents à se consacrer à la profession de jardinier. Mais pour
qu'ils puissent aspirer à un poste semblable et
s'y maintenir, il ne suffit pas qu'ils possèdent

toute l'industrie désirable dans leur état, il faut encore que, par des études continuelles, ils soient au courant de tous les progrès, de toutes les innovations utiles ; il faut qu'ils soient en état de faire face à toutes les difficultés que peuvent faire naître les circonstances.

Les jardins des résidences royales sont peu dignes de l'état avancé de l'horticulture en Angleterre ; celui de Windsor n'avait pas même de serre il y a quelques années ; les serres à Hamptoncourt sont exclusivement occupées par les ananas et la culture forcée de la vigne ; à Kensington, une partie du jardin est encore cultivée à la charrue, et il n'y a pas de serre consacrée aux plantes d'ornement. Les jardins de Kew, récemment refaits sous la direction de M. Hoockers, très habile horticulteur, étaient encore naguère dans un état d'abandon déplorable ; on relève, au moment où nous écrivons, les serres qui tombaient en ruines ; on semble prendre peu de soin de rendre ces jardins dignes de l'attention du public et de remplir leur véritable destination, qui devrait être de mettre sous les yeux du public des exemples de l'état le plus avancé de l'horticulture dans toutes ses branches. Autrefois les jardiniers en chef des jardins royaux étaient consultés comme des oracles, et leur opinion faisait loi pour tout ce qui se rattache à leur profession ; aujourd'hui ce sont encore des hommes fort distingués, mais leur talent n'a pas lieu de s'exercer, et le moindre des jardiniers marchands déploie forcément plus de connaissances et d'expérience pratique.

Il y a peu de jardins publics en Angleterre ; il y aurait même absence complète sans les jardins des universités et ceux des sociétés d'horticulture, très nombreuses en Angleterre. Ces sociétés remontent à une époque fort reculée dans le moyen-âge ; on suit leur trace jusqu'au milieu du seizième siècle. Pendant tout le cours du dix-septième, elles donnaient des fêtes brillantes, accompagnées de représentations dramatiques, espèces d'allégories dans le goût du temps. Aujourd'hui, les plus importantes de ces sociétés sont, pour l'Angleterre, la Société royale d'horticulture de Londres, et pour l'Ecosse la Société calédonienne.

Toutes ces sociétés ont leurs expositions périodiques des produits de l'horticulture ; en outre, toute personne, possédant un local convenable, peut exposer chez elle des fleurs que chacun peut venir admirer en payant, bien entendu. Ces spéculations privées, ajoutées aux expositions placées sous le patronage des sociétés d'horticulture, rendent ces exhibitions tellement multipliées, qu'un voyageur allant en Angleterre, de ville en ville, peut, selon M. Paxton, en trouver une à visiter pour *chaque jour de l'année*.

Un dernier coup d'œil donné à l'ensemble du jardinage, dans la Grande-Bretagne, nous montre le luxe des jardins porté, chez nos riches voisins, à son plus haut degré de splendeur ; le goût de ce luxe y est généralement répandu parmi toutes les classes de la nation. Nulle part

ailleurs, nous ne saurions trouver tant de collections de toute sorte de végétaux. Rendons justice aux services que le goût des collections, même quand il dégénère en manie, rend à l'horticulture ; celui qui concentre sur un seul genre toutes ses ressources, tous ses efforts, qui s'en occupe avec persévérance, exclusivement et sans distraction, peut mieux que tout autre perfectionner ses procédés, et conquérir des variétés nouvelles, conquêtes pacifiques dont, grâce à la presse agricole, toute l'Europe ne tarde pas à profiter.

FRANCE.

Nous voici parvenus au jardinage français, le plus digne pour nous d'un examen approfondi.

Si quelque géographe dressait une carte de France où les jardins seulement seraient indiqués, que d'espaces resteraient vides ! Que de départements où un bon jardin et un bon jardinier sont de ces choses dont on a seulement entendu parler sans savoir précisément ce que ce peut être ! Et pourtant la France. elle aussi, a tenu le sceptre du jardinage : Le Nôtre et La Quintinie ont été de grands hommes, sans égaux de leur temps. Sans en reproduire ici l'historique, rappelons-nous seulement ce siècle, où, pendant que la perruque française faisait le tour du monde, l'Europe entière, l'Angleterre en tête, tenait à honneur de copier gauchement nos longues lignes droites, si solennellement ennuyeuses, nos cascades de rocailles, le fatras mythologique de nos statues, les massifs lugubres de nos ifs, bizarrement façonnés, les bordures non moins lugubres de buis nain, dessinant les compartiments de nos parterres, toutes choses qui composaient l'essence des jardins français comme nous en pouvons juger par les gravures du temps. Cet ensemble, il faut en convenir, offrait une certaine harmonie avec les costumes d'alors : tout y semblait calculé pour rendre la nature le moins naturelle possible. La mode des jardins paysagers à l'anglaise commençait à faire fureur quand la révolution éclata. Parmi les jardins de ce genre, qui venaient d'être créés, bien peu survécurent à 93 ; le reste eut à soutenir les formidables attaques de la bande noire. Les grands propriétaires ne reprirent goût aux jardins paysagers qu'à la paix définitive ; le plus grand nombre des créations nouvelles de ce genre ne date que de 1818 et 1819, alors que le congrès d'Aix-la-Chapelle et l'évacuation complète du sol français par les troupes étrangères semblaient présager un long avenir de sécurité. Considérons de ce point de vue les traits principaux de la physionomie de nos parcs.

Quelques sombres et majestueuses allées d'arbres séculaires, rares débris échappés à la hache dévastatrice, çà et là un reste de terrasse, une antique charmille, un bassin, dont l'eau réfléchit jadis le teint fardé. la poudre et les mou-

ches de nos aïeules, quelque pauvre statue hon-
teuse, le plus souvent veuve de ses doigts et de
son nez : c'est tout ce qui rattache la chaîne
des temps. Mais presque partout, ces souvenirs
manquent, comme les tourelles, les ponts-levis
et les voûtes ogivales, manquent à nos modernes
châteaux, maisons de plâtre décorées de noms
historiques. Ces vestiges, lorsqu'ils subsistent,
sont enchâssés dans les lignes onduleuses, les
massifs d'arbres variés et les gazons bien pei-
gnés, imités de l'Angleterre : l'art du jardinier
paysagiste a su bien souvent en tirer le parti le
plus avantageux, soit comme contraste, soit
comme point de vue. En général, à l'exception
des résidences royales et princières, où rien
n'est épargné, ce qui nous frappe dans une vue
d'ensemble des parcs et grands jardins français,
ce sont les marques évidentes d'une pitoyable
parcimonie. Dans les grandes créations horticulturales, de même que dans toutes les créations
des arts, l'économie n'atteint qu'au ridicule. Ne
pouvez-vous supporter une dépense? Ne la faites
pas. Ayez, au lieu d'un parc mesquin, un bon
potager, un verger bien planté, un joli parterre
avec ce que votre terrain peut admettre d'arbres exotiques, groupés avec simplicité, sans
profusion ni prétention : c'est ce que les hommes de goût ne sauraient trop répéter aux propriétaires.

Observons d'abord aux alentours de la
capitale ce nombre presque infini de jardins
paysagers, dits anglais, qui, selon l'expression
de Talma, sentent le renfermé. Là, des nym-
phes de terre cuite se mirent dans des lacs de
la grandeur d'une table à manger; là, un pont
de trois pas de long réunit les deux bords d'une
rivière factice, encadrée dans des rochers de la
grosseur d'un pavé, incrustés de scories ramassées devant la forge du maréchal ferrant ; tout
cela choque à la fois le bon goût et le sens commun, conséquence naturelle de ce mal éminemment français, la vanité. Cette part faite à la
critique, nous rendons hommage aux propriétaires, hélas! bien clair-semés, qui, secondés par
le talent de jardiniers habiles, soutiennent encore en France la gloire éclipsée de nos vieux
parcs, remplacés par des créations plus confor-
mes à la nature.

Qu'il nous soit permis d'émettre ici un vœu
pour l'avenir. '

L'idée-mère des anciens jardins français ne
subsiste plus en application que dans nos promenades publiques. Les Tuileries et le Luxembourg sont comme Versailles, Saint-Cloud et la
terrasse de Saint-Germain, de ces lieux où
Louis XIV et Louis XV, avec les seigneurs et
dames de leur cour, reviendraient se promener
sans y rien trouver qui fût en désaccord avec
leurs costumes, ou qui choquât les idées du
beau, tel qu'on le concevait de leur vivant.
Rien n'est mieux adapté que ces promenades
aux besoins des nombreuses populations qui
viennent y respirer un peu d'air mêlé de beaucoup de poussière; l'affluence des promeneurs
éloigne l'ennui; la police, premier besoin des

foules les jours de fête, s'exerce sans peine à
la faveur des lignes droites et des larges déga-
gements. C'est tout un système à conserver, à
imiter, partout où des circonstances semblables
sont réunies ; c'est dans ce sens qu'il faudra
opérer, lorsqu'on songera tôt ou tard à doter
de promenades et de jardins publics nos plus
grandes cités qui en manquent. Quant aux villes du second ordre, celles surtout qui sont naturellement le rendez-vous des étrangers, là où,
d'une part, le terrain ne manque pas, tandis
que de l'autre, on n'a point à se préoccuper de
la nécessité de maintenir l'ordre parmi des masses plus ou moins turbulentes, on peut, en
créant des promenades nouvelles, les encadrer
dans le paysage, et leur donner le caractère
des jardins paysagers : c'est ainsi qu'Aix-la-
Chapelle (Prusse rhénane) est entourée d'une
ceinture de bosquets, de gazons et de parterres,
dessinés avec le meilleur goût ; Louvain (Belgique) a effectué de grands embellissements du
même genre. Peut-être est-ce là que doivent
finir par se réfugier les jardins paysagers, quand
la division des fortunes aura fondu ce qui reste
de nos grands jardins. Simplicité confortable
pour les particuliers, luxe grandiose pour le public, tel nous semble l'avenir prépare aux jardins en France par nos mœurs et nos institutions.

Reprenons par la frontière du nord la revue
du jardinage français. Sous le rapport du climat comme sous celui des mœurs, des costumes
et du jardinage, la Belgique va jusqu'à la Somme. Ici, le caprice d'un riche ne peut plus,
comme en Angleterre, dérober à la production
agricole d'immenses espaces de terrain fertile
pour son agrément personnel. Nous trouvons
peu ou point de grands jardins paysagers dans
les départements formés des anciennes provinces de Flandre et d'Artois. Mais nous y admirons le luxe de végétation des jardins légu-
miers autour des villes qui sont, comme en
Belgique, les unes sur les autres. Les populations industrielles de cette partie de la France
sont approvisionnées en fruits et en légumes à
des prix modérés, quoique les jardiniers de profession vivent dans une grande aisance. Remarquons le goût des fleurs universellement répandu jusque chez le paysan et l'ouvrier de
cette partie de la France; presque tous ont un
parterre garni de fleurs en toute saison; tous
les connaissent aussi bien que les plus fins amateurs, et savent parfaitement les cultiver quand
ils peuvent en avoir. Il est vrai que, chez plusieurs, ce goût dégénère en une manie quelquefois assez dispendieuse ; mais le temps qu'ils
passent à soigner leur parterre n'est-il pas
mieux employé là qu'au cabaret? Et s'ils y dé-
pensent quelque argent, n'ont-ils pas de moins
l'ivrognerie avec ses tristes conséquences ?

Parvenus au bord de la Somme, nous voyons
sans peine que nous sommes chez un autre peuple. Le mauvais état des jardins justifie le reproche d'insouciance adressé au Picard par un
dicton populaire : Picard, ta maison brûle!

Je m'en moque, j'ai la clef dans ma poche.

Un mur de pisé à hauteur d'appui tombant en ruines, ou bien une haie qui, n'ayant jamais été taillée, couvre trois ou quatre fois plus d'espace qu'elle n'en devrait raisonnablement occuper, et n'en livre pas moins passage à la volaille par une quantité de trous qu'on ne songe point à boucher, voilà les clôtures du jardin du paysan picard, quand il a un jardin ; le plus souvent, il n'en a pas. Quelques choux et quelques navets croissent comme il plaît à Dieu dans un coin de champ à côté de sa chaumière. Les animaux domestiques en consomment la majeure partie ; le reste sert à la nourriture de la famille ; si parfois elle goûte des légumes de meilleure qualité, c'est quand une affaire l'appelle à la ville voisine dont les environs offrent des potagers en bon état. Deux points de la Picardie méritent sous ce rapport une mention spéciale, ce sont les vastes et belles cultures d'asperges des environs de Montdidier, et les *hortillons* aux portes d'Amiens. Rien de mieux tenu que ces derniers jardins dont le nom est également porté par ceux qui les cultivent. Comme aux portes de Paris, les hortillons d'Amiens devraient se nommer maraîchers, puisque ce sont des marais desséchés qui depuis des siècles sont le théâtre de leur industrie, favorisée par des canaux étroits, mais navigables en tout temps, qui servent à la fois de moyen d'irrigation et de transport pour les engrais et les produits du jardinage. Ne nous étonnons pas de l'étendue des hortillons, tout-à-fait hors de proportion avec la consommation des habitants d'Amiens. Si nous suivons du regard le cours de la Somme, il ne nous montre plus de jardins jusqu'à son embouchure ; il faut que les hortillons approvisionnent en légumes Abbeville, Saint-Valery, ainsi que tous les bourgs et villages de cette populeuse vallée.

Si nous suivons la ligne qui sépare la Picardie de la Normandie et de l'Ile-de-France, et cette dernière province de la Champagne, toutes les contrées au nord-est de cette ligne ont peu de jardins à nous montrer ; la partie de la Champagne si connue sous le nom de Pouilleuse, quoique bien changée par d'immenses améliorations agricoles n'en est point encore aux jardins : il y a absence complète. L'autre moitié, si bien traitée par la nature, se ressent encore, après plus de 30 ans, du passage de nos amis les ennemis, et beaux parcs dévastés à cette époque désastreuse n'ont point été replantés. De belles promenades à l'est des vieux remparts de Reims semblent poser la limite des jardins vers le nord de cette partie de la France ; en avançant au nord-est dans les Ardennes, nous n'avons plus rien à visiter de digne de notre examen. Ce ne sont pas les ressources qui manquent, c'est le goût. Rien de plus pittoresque en France que cette jolie chaîne des Ardennes avec ses pentes arrondies, ses belles vallées de la Meuse et de ses affluents, ses bois si profonds

et si touffus, ses ruisseaux dont un si grand nombre forme une foule de cascades naturelles. Il semble que l'art du jardinier paysagiste aurait ici bien peu de chose à faire pour produire les plus délicieux effets ; mais quoiqu'il ne manque pas de châteaux et de riches propriétaires, cet art n'est point invoqué. Un simple sentier gracieusement dessiné sur le flanc d'une colline boisée, quelques groupes de ces arbres qui viennent partout, des cytises, des robinias, des lilas, une cabane rustique au sommet du coteau, souvent un point de vue admirable, moyennant le léger sacrifice d'un demi-stère de bois, voilà de quoi doubler le charme d'une habitation rurale dans un pays comme les Ardennes. Mais ces embellissements ne se présentent à l'esprit de personne.

Combien l'ensemble de notre territoire serait embelli si chacun pensait à réaliser les effets proportionnés à ses moyens et aux ressources de chaque localité ! C'est ce que nous verrons dans quelques parties de l'Alsace et de la Lorraine. La race germanique, plus soigneuse et plus laborieuse que la race gallo-romaine, est aussi moins insensible aux beautés de la nature, plus accessible au sentiment du beau sous tous les rapports. Les deux grandes branches des Vosges en offrent un remarquable exemple ; sur le revers alsacien, tout est pour ainsi dire bosquet et jardin paysager ; la moindre chaumière a son jardinet en bon état ; sur le revers lorrain, l'on rencontre à peine çà et là quelques bosquets pour le riche ; des jardins pleins d'orties ou de ronces accusent la négligence du pauvre. Il faut excepter les environs des grandes villes, pourvus de beaux potagers, et en particulier ceux de Nancy, où la culture maraîchère est très perfectionnée. Revenons à l'Ile-de-France : la banlieue de Paris est digne de toute notre attention. En approchant de la capitale, un fait nous frappe tout d'abord, c'est cette large ceinture de terrains qui ne sont, à proprement parler, ni ville ni campagne, comme leurs habitants ne sont ni citadins ni paysans. Hâtons-nous, hélas ! avant qu'ils disparaissent, de donner un coup d'œil de regret à ces monuments de l'industrie horticole prêts à s'effacer pour faire place à de gigantesques fortifications. Sous le rapport du goût, ces maisonnettes et leurs parcs en miniature laissent sans doute beaucoup à désirer, mais l'ensemble, vu du haut de Montmartre ou des collines de Fontenay-sous-Bois, avait peu de points de comparaison en Europe. Evidemment, tout cela s'en va. Le parisien aisé n'ira plus chercher un peu d'ombrage et la paix des champs sous la bouche du canon. Si nos prévisions sont justes, l'industrie fuira de même le régime des places fortes, la population ouvrière suivra : l'herbe croîtra sur nos places comme dans le somptueux Versailles. Alors, le maraîcher, lui aussi, s'en ira, n'ayant plus personne à nourrir. Ainsi, vite à nous le Daguerréotype! constatons pour la génération suivante ce qu'était ce beau jardin de 60 kilomètres de circuit, qui disparait enseveli dans les fossés des bastions en construction.

Voici d'abord Montreuil avec ses immenses espaliers qui, commencés sous Louis XIV, ont envaîi de procîe en procîe les deux tiers des communes voisines de Cîaronne et de Fontenay. C'est ici qu'il faut venir pour se former une juste idée de la perfection que peut atteindre l'art de tailler et de conduire les arbres à fruits ; c'est encore ici que nous pouvons goûter les plus belles et les meilleures fraises du monde, quoique nous puissions regretter de n'en pas rencontrer au delà de deux ou trois variétés généralement cultivées. Le cîasselas, peu inférieur à celui de Fontainebleau, étale de toutes parts ses grappes dorées; ces trois produits, pêcîes, fraises et cîasselas, donnent sur le seul territoire de la petite commune de Montreuil un revenu égal à celui de bien des arrondissements. Traversons la plaine de Vincennes, c'est-à-dire ce qui en reste, et parcourons sur les communes de Bercy et Saint-Mandé la belle vallée de Fécamp, la terre classique de la culture maraicîère, aujourd'hui grevée des servitudes de l'esplanade d'une place de guerre. Le soleil d'un beau jour de printemps nous montre cette vallée comme un lac enflammé : c'est le reflet du soleil sur les millions de clocîes et les milliers de cîàssis vitrés sous lesquels croit tout ce que la gastronomie peut désirer de plus parfait en légumes recîercîés et en melons.

La connaissance qu'une expérience de plusieurs siècles a donnée aux jardiniers de la banlieue du genre spécial de culture le mieux approprié à cîaque fraction de leur territoire, a cantonné tout autour de Paris les fruits et les légumes ; le cîou, l'ognon, le poireau continuent à couvrir la plaine des Vertus; Fontenay reste célèbre par ses roses, Aubervilliers par ses asperges, les Prés Saint-Gervais par leurs groseilles ; les pépinières de Vitry et Villejuif sont toujours renommées pour les fruits à noyaux comme celles de Cîàtillon et Bagnolet pour les fruits à pepins. Qui pourrait envier à toute cette active population son aisance aujourd'îui bien diminuée et bien compromise? C'est le fruit d'un travail de 14 heures par jour en hiver, et 16 îeures en été; et quel travail ! Il n'y a qu'une îabitude contractée d'enfance qui puisse y résister.

Quelques particularités de la culture maraicîère sont dignes d'intérêt. Voici un vieux maraicîer que nous trouvons occupé à arracîer du plant de choufleur îâtif qu'il jette au fumier. Ce plant nous semble à nous, jardiniers vulgaires, très passable, et d'une venue bien suffisante pour justifier son maintien; mais il n'en est pas ainsi aux yeux du vieux maraicîer ; il n'îésite pas à sacrifier ce qui ne vient qu'à moitié bien; il ne lui faut que des produits de toute première qualité; son industrie manque rarement de les obtenir. En voici un autre qui parcourt presque sans s'arrêter le bord de ses coucîes à melons; il fait en courant l'opération la plus délicate de cette cul-

ture, il taille ses melons avec une promptitude telle qu'à peine pouvons-nous comprendre comment elle peut se concilier avec l'exacte précision de la besogne où pas un coup de serpette n'a été donné sans motif.

Pour prendre une idée d'un autre genre de perfection, fruit d'études plus difficiles et plus approfondies, visitons à l'intérieur des barrières, dans le vaste quartier qui sépare le faubourg du Temple du faubourg Saint-Antoine, quelqu'un de ces beaux jardins fleuristes dirigés par des îommes réellement dévoués à la culture des végétaux d'ornement, capables par leurs connaissances en botanique de raisonner leur travail et d'étendre les limites de la science. Nous ne saurions mieux cîoisir que l'établissement de notre vénérable confrère, M. Fion; entrons dans son orangerie, nous y pouvons cueillir des oranges mûres sur ses beaux espaliers en pleine terre sous châssis. Nous pouvons nous promener dans son jardin d'hiver au milieu des fleurs sous la neige; nous verrions peut-être ailleurs mieux sous le rapport de l'étendue, mais non sous celui de la perfection.

N'oublions pas les divers marcîés aux fleurs de la capitale; celui du quai Desaix qui fut longtemps le seul, est encore le mieux approvisionné. C'est là que le pauvre artisan, pour 10 ou 15 centimes, garnit de fleurs son îumble fenêtre; c'est aussi là que descend de son équipage la plus élégante de nos belles dames pour cîoisir ce que chaque saison offre de plus recîercîé dans le domaine de Flore; les gros sous sont ici reçus avec autant de politesse que les pièces de 20 fr. Les femmes et les filles des jardiniers fleuristes vendent elles-mêmes les produits de leur culture, sans passer, comme en Angleterre, par l'intermédiaire des revendeurs qui rançonnent à la fois le producteur et l'acîeteur définitif. Quelques quartiers ont encore des restes de jardins, objets de convoitise pour les arcîitectes et les spéculateurs, à l'affût de tout ce qui peut porter une construction, pour acîever d'exclure de la capitale toute trace de vie végétale îors des promenades et des jardins publics.

Nous avons déjà parlé de ces jardins justement enviés par plusieurs capitales. C'est ici le lieu de dire un mot du Jardin du Roi, sans avoir la prétention de le décrire; il nous faudrait plusieurs volumes. Laissons de côté les longues allées allant de la rivière à l'ancien Musée d'histoire naturelle. Nous ne pouvons que regretter la décadence et la mort probablement peu éloignée des tilleuls qui les ombragent de leurs voûtes déjà bien dégarnies. Donnons toute notre attention à cette portion du Jardin du Roi qui sert d'asile à tant d'animaux divers dont cîacun est doté d'un enclos d'élégant treillage avec un logement très confortable. Le soin qu'on a pris d'y réunir, autant que le permettaient le sol et le climat, les arbres appartenant au pays natal de cîaque famille d'animaux, rend la *Vallée suisse* non moins remarquable sous le rapport de la botanique, que sous celui de la zoologie; chaque animal s'y trouve entouré de quelques-uns au moins des végétaux au milieu desquels il est né, et comme l'a dit un poëte :

Chacun d'eux y respire un parfum de patrie.

De tous les jardins de la capitale c'est le Jardin du Roi qui a reçu depuis quelques années le plus d'embellissements; les serres nouvelles sont à l'extérieur des modèles d'élégance, comme de bonne tenue à l'intérieur. Montons au labyrinthe récemment restauré; saluons en passant la tombe modeste de Daubenton, et le cèdre du mont Liban, le plus beau de son espèce en Europe. On ignore à quelle hauteur cet admirable végétal aurait pu atteindre sans l'accident qui l'a privé de sa cime; le cèdre ne s'élève que par sa pousse terminale; cette pousse retranchée, il ne croît plus qu'horizontalement. Un oiseau très rare s'étant posé sur cette cime il y a environ 50 ans, un naturaliste qui se trouvait là par malheur avec son fusil chargé, le visa, l'abattit, et blessa mortellement la pousse terminale du cèdre qui dès lors s'arrêta dans sa croissance verticale. Ces vieux végétaux destinés à survivre à tant de générations et d'institutions humaines sont toujours, aux yeux du jardinier comme du naturaliste, des êtres dignes de vénération. Combien de fois doit être renouvelé par la mort ce cercle de vieillards qu'on pourrait nommer les habitués du cèdre du Jardin du Roi?

La petite coupole de bronze qui le termine est digne du lieu qu'elle décore; tout ce qui l'entoure rappelle un sol consacré à l'étude de la nature. Rendons hommage à la simplicité noble des bâtiments neufs qui contiennent les collections et la bibliothèque; ils concilient les besoins des sciences avec l'embellissement du jardin; c'est ici, nous ne pouvons trop le répéter, que le luxe splendide d'une riche architecture est tout à fait à sa place; rien ne doit être ménagé quand il est question des études publiques. Le Jardin du Roi termine dignement Paris de ce côté; l'on regrette seulement qu'il soit si voisin de cet indigne mur d'octroi, dernier acte des fermiers généraux d'odieuse mémoire; il n'est aussi que trop voisin des fortifications; en admettant qu'elles doivent jamais servir à défendre Paris, les bombes des assiégeants écraseraient arbres, serres, orangerie, ménagerie, bibliothèque et collections de tout genre; il y en a qu'on ne referait jamais.

Laissons, non sans regret, ces lieux si chers à tout horticulteur, si précieux à tous les amis des sciences naturelles, et ne quittons pas Paris sans visiter en détail les jardins de la pépinière, aujourd'hui dépendance du Luxembourg. Si nous n'avons pas l'avantage de connaître le directeur de ce jardin ou de lui être recommandés, nous ne prendrons qu'une idée imparfaite des richesses horticulturales qu'il renferme, en nous bornant à parcourir les allées livrées au public. La collection de rosiers et la collection de dahlias, l'une et l'autre fort riches et admirablement cultivées, n'ont aucune valeur, et ne représentent rien, vues dans un trop grand éloignement; impossible pour les promeneurs d'en apprécier le mérite; à moins qu'ils n'aient pris la précaution de se munir d'une lunette d'approche. Heureusement, ces collections précieuses sont sous la direction de l'homme le plus obligeant de France, et nous obtiendrons sans peine l'autorisation de les voir de près, tout en regrettant d'avoir besoin de cette autorisation.

Nous ne pouvons oublier la belle et utile collection de plants de vignes, réunissant le plus grand nombre des espèces et variétés dignes d'être cultivées, soit pour la cave, soit pour la table; nous nous rappelons en voyant l'extension qu'elle prend par des acquisitions annuelles, le nom de Chaptal qui la commença sous l'empire, par ordre de Napoléon.

L'école des arbres fruitiers n'est pas moins digne de notre attention; elle continue dignement l'œuvre jadis célèbre des Chartreux qui avaient réuni sur ce même sol la plus riche collection d'arbres à fruits qui existât en Europe avant la révolution.

Nous avons maintenant à parcourir la vaste et fertile vallée de la Seine, jusqu'à la mer.

En descendant la vallée de la Seine, nous admirons avant tout au milieu des parcs et des jardins les plus variés de style et de dessin, la résidence royale de Neuilly, mélange de plusieurs genres, où domine le goût moderne, une pensée d'utilité se fait jour à travers toute cette création.

Voici Meudon si riche de son encadrement et de ses sites pittoresques, Saint-Cloud, pour qui l'art a beaucoup fait, mais moins que la nature et la magie des souvenirs; un léger détour nous conduit au type des jardins français du grand siècle; nous sommes à Versailles. Rien n'a été ni changé, ni modifié dans la pensée primitive de cette large création. Les chevaux de Neptune reniflent toujours la même eau bourbeuse; les tritons crachent dans les mêmes conques, les ifs étalent tristement les mêmes angles périodiquement régularisés par le ciseau du tondeur; tout est resté à la même place. Le temps a fait sentir sa bienfaisante influence au parc de Versailles; ce peuple de statues éparpillées originairement parmi de jeunes plantations dont Louis XIV, même dans sa vieillesse, ne pouvait que pressentir les effets pour l'imagination, se détache aujourd'hui sur des massifs d'arbres séculaires; leur aspect, dit un voyageur anglais, ferait mourir de joie Le Nostre, s'il revenait au monde pour les voir.

C'est ici, le premier dimanche du mois de mai, quand les grandes eaux jouent, quand des milliers de promeneurs ne peuvent réussir à former nulle part l'apparence d'une foule, qu'il est aisé de voir d'un coup d'œil tout l'avantage de l'ancien style des jardins français comme lieux de promenade pour les grandes populations. Amenez dans les jardins de Versailles tout le peuple de Paris, ce million d'individus s'y promènera sans confusion, sans encombrement; l'évidente facilité de réprimer dans ces masses toute tentative de désordre dans un pareil local, suffira pour y maintenir l'ordre et la sécurité. Mais, ce parc immense, créé pour les plaisirs d'un seul homme et de ses courtisans, est tout-à-fait hors de proportion avec le nombre de promeneurs que Versailles peut fournir; la tristesse et l'ennui vous saisissent en présence de ces chefs-d'œuvre qui n'ont pas de spectateurs; Versailles n'est supportable qu'avec un renfort de 30 ou 40 mille Parisiens. Nous visitons avec intérêt l'orangerie et le potager de Versailles, ce dernier surtout, véritable potager-modèle; l'emploi du thermosiphon pour chauffer les couches à primeurs y a été essayé pour la première fois sur une grande échelle avec le plus remarquable succès. Voici le long d'un magnifique espalier, les arbres à fruits les mieux conduits de France, sans faire tort à Montreuil. Ne passons pas, sans lui accorder un coup d'œil, devant ce jeune abricotier qui n'a encore porté que quelques fruits; c'est le seul représentant en France de l'abricot de Syrie à amande douce, envoyé par l'illustre amateur anglais, M. Barker, de Damas. Saluons en lui l'aïeul présumé d'une postérité nombreuse, destinée à augmenter bientôt par la greffe et les semis les richesses de nos vergers. La vraie destination des jardins potagers joints aux résidences royales, c'est de recevoir ainsi, pour les propager, les nouveautés utiles en horticulture.

De Versailles, une excursion de quelques heures sur la gauche nous mène au parc de Dampierre; nous rendons hommage au goût parfait de son propriétaire actuel; tandis qu'il convoque les premiers d'entre nos artistes pour décorer sa demeure, il rend les jardins dignes des nombreux visiteurs que les chefs-d'œuvre de nos peintres et de nos sculpteurs les plus célèbres ne peuvent manquer d'y attirer. Nous laissons sur la gauche Rambouillet et Maintenon, répétitions de ce que nous avons déjà vu; nous regagnons à Saint-Germain la vallée de la Seine. L'aspect de Saint-Germain justifie assez l'ennui qu'il inspirait à Louis XIV. Néanmoins, la vue qu'on découvre de sa terrasse reste toujours digne d'admiration, surtout depuis que le paysage est animé par la première de nos lignes de chemin de fer.

Laissons derrière nous le rayon de la capitale, le Raincy, Saint-Leu, Chantilly, Grosbois, Ermenonville, lieux enchanteurs si souvent chantés, dont les descriptions sont partout et que tout le monde a visités. Ces parcs sont à peu près ce que nous avons de mieux à opposer à l'aristocratique Angleterre; félicitons la France de les avoir; félicitons-la surtout de n'en pas avoir davantage.

Voici devant nous la jolie petite ville de Mantes, l'une des plus gracieuses de toutes celles qui se mirent dans les eaux de la Seine, au-dessous de Paris. La population de Mantes

est en grande partie composée de jardiniers; elle contribue pour des quantités notables à l'approvisionnement de Paris en légumes. Ce ne sont pas tout-à-fait les prodiges de la culture maraîchère; le terrain n'est pas si cher, la distance ne permet pas non plus certains produits trop délicats; c'est un vaste espace occupé par un jardinage fort bien conduit. Venez ici, gastronomes qui tenez à savourer dans toute leur fraîcheur les petits pois les plus exquis du monde connu. Nous pourrions suivre ainsi bien loin encore dans toutes les directions le rayonnement du jardinage destiné à combler le gouffre toujours ouvert de la consommation de Paris; il est surtout sensible le long des vallées qui aboutissent à la Seine, notamment sur l'Oise et sur l'Aisne, son principal affluent.

Entrons en Normandie: sur toute cette terre plantureuse, le jardinage est en honneur, mais c'est le jardinage utile; partout, dans les cinq départements de l'antique Neustrie, on fait un cas particulier de tout ce qui se mange. Aussi, les marchés de Rouen, de Caen et des autres grandes cités normandes, sont-ils au nombre des mieux approvisionnés de France en légumes et en fruits, parmi lesquels domine la pomme. Nous voyons embarquer à Rouen pour la Russie des caisses de pommes de reinette emballées comme des oranges, chacune dans sa feuille de papier; ce fruit seul est l'objet d'un commerce fort étendu. Les vergers normands offrent la plus grande analogie avec les vergers anglais, ils méritent les mêmes éloges; ce sont des deux côtés de la Manche le même sol, le même climat, les mêmes espèces, et presque les mêmes soins de culture. Nous voudrions pouvoir étendre l'éloge aux parties du jardinage offrant un aspect moins prosaïque, bien que nous accordions un côté très poétique aux choses vraiment utiles. Mais, à notre avis, l'un n'exclut pas l'autre. Par exemple, à côté de ces légumes parfaits, de ces fruits excellents que donnent en abondance le jardin et le verger de la Ferme normande, pourquoi n'y aurait-il pas, comme en Flandre, une plate-bande de fleurs, quelque chose qui rappelle un parterre? Il y en a, sans doute; ce n'est pas une absence complète que nous déplorons; mais ici, le goût des fleurs est rare, c'est une sorte de singularité; tandis que sur notre frontière du nord, c'est celui qui néglige les fleurs qui se singularise.

Rouen nous montre de belles promenades sans promeneurs, un beau jardin public fréquenté seulement de quelques étudiants, sites enchanteurs pour les étrangers, vus par les habitants avec indifférence; ce sont les symptômes d'un peuple tout à son commerce et à son industrie; on ne peut espérer que chez lui le travail de l'homme s'applique à beaucoup ajouter aux beautés naturelles de la contrée; mais la nature a tant fait pour elle que le pays tel qu'il est, vu des hauteurs qui dominent Rouen, représente un vaste jardin.

L'indifférence des Rouennais pour les charmes pittoresques de cette belle contrée se révèle par l'absence de jardins paysagers; par compensation, les parterres sont très nombreux aux environs de Rouen; la culture des plantes de collection y est particulièrement en honneur; Rouen est la ville de France qui peut se glorifier des plus belles collections de dahlias; nous en pouvons juger en visitant à la lumière éblouissante de plusieurs centaines de becs de gaz la salle d'exposition de la Société d'horticulture; nous n'y verrons pas moins de 16,000 fl. de dahlia, dont 2,400 ont la prétention, peut-être un peu exagérée, de constituer des variétés ou sous-variétés distinctes.

Examinons avec un soin particulier, tout près de l'embouchure de la Seine les cultures jardinières des environs de Honfleur; voici une culture que nous rencontrons pour la première fois; ce sont des melonières de plusieurs hectares, en pleine terre. Goûtons au hasard un de ces cantaloups; nous le trouvons peu inférieur aux produits de la culture savante des maraîchers parisiens. Nous apprécions ce qu'il faut de soin et de travail pour arriver à ce résultat sous ce ciel brumeux, sous ce climat océanique, sur cette terre où le fruit de la vigne refuse de mûrir. Le prix élevé de toutes les denrées en Angleterre permet aux melons de Honfleur de paraître avec avantage sur les marchés de l'autre côté de la Manche, en dépit des frais de transport et des droits d'entrée qu'ils ont à supporter. Grâce à ce débouché, la culture du melon en pleine terre se soutient et même s'étend aux environs de Honfleur, surtout depuis que le calicot remplace le verre pour les abris indispensables au jeune plant de melon.

Traversons la Normandie en nous dirigeant vers la Bretagne. Quelques beaux parcs, de jolis jardins, de superbes vergers, décorent le paysage sans interruption; les *Mazures*, vastes enclos renfermant des plantations de pommiers à cidre ou à couteau, nous rappellent trait pour trait les prairies arborées de la Belgique wallone. Les environs de Caen et ceux de Bayeux ont en outre à nous montrer de très belles cultures de fleurs de pleine terre; les collections d'anémones, de renoncules, de pensées, d'auricules, de tulipes et de jacinthes, sont plus nombreuses sur ce point de la France que partout ailleurs; un grand nombre de beaux et florissants établissements d'horticulture attestent le goût généralement répandu dans ce pays des fleurs et arbustes d'ornement. Nous ne sortons des mêmes cultures que pour passer de la presqu'île du Cotentin dans la presqu'île Armoricaine, l'antique Bretagne, ce pays à part, que M. Michellet a si bien caractérisé en expliquant par l'âpreté du sol et du climat la rudesse des habitants. Toutefois, ce n'est pas ce qui nous frappe d'abord; nous abordons la Bretagne par son beau côté.

Du fond de la baie de Saint-Malo jusqu'à l'extrémité des côtes du nord, c'est ce qu'on nomme la *ceinture dorée* de la Bretagne; tout ce littoral est fertile et bien cultivé : c'est presque la Normandie. Remarquons à Roscoff des cultures spéciales de choufleurs et d'artichauts dignes de rivaliser avec ce que la France offre de mieux dans le même genre. Les maisons de Nantes, qui se livrent en grand à la préparation des conserves alimentaires pour les voyages de long cours, tirent de Roscoff une grande partie de ces légumes, bien que la distance en ligne directe ne soit pas de moins de 20 myriamètres. La variété d'artichauts cultivée en Bretagne est déjà celle qui se cultive exclusivement dans nos provinces du midi; ses têtes sont écailles; ses écailles sont collées l'une contre l'autre et le plus souvent échancrées à leur sommet. En avançant vers le sud, nous ne retrouverons plus nulle part en France l'artichaut à écailles pointues, divergentes en dehors, connus dans le nord de la France sous le nom d'*artichauts de Laon*.

En dehors de sa ceinture dorée, la Bretagne n'offre plus que quelques points très clair-semés, dignes de l'attention de l'horticulteur. Nous devons à Brest une visite au Jardin de la marine. C'est une pensée de bien public qui a placé à nos principaux points de communications maritimes ces jardins entretenus aux frais de l'État, à portée de recevoir les végétaux exotiques susceptibles de prendre rang parmi nos plantes usuelles, à quelque titre que ce soit, dans un but d'utilité ou d'agrément. Ce sont, s'il est permis d'employer cette figure, des hôtelleries qui leur donnent l'hospitalité sur la terre de France. Plusieurs partiront d'ici pour faire leur tour de France et même d'Europe, avec le temps. Formons des vœux pour que dans tous nos ports de mer les jardins de la marine reçoivent les développements dont ils ont besoin; le but de l'institution n'est atteint qu'à moitié si l'espace leur manque, si l'arbre ou la plante reconnus susceptibles d'être appropriés à nos usages et de se multiplier sur notre sol ne sortent de la pépinière en assez grand nombre pour assurer le succès et la durée de ces pacifiques conquêtes. De Brest, nous pouvons à volonté nous diriger sur Nantes ou sur Rennes par deux routes royales; le long de ces deux routes, ce qui domine dans le paysage, ce sont les landes, ces vastes déserts, fertiles mais incultes, à la honte de la France. On sent bien qu'il n'est pas question ici d'horticulture; le mot et la chose sont généralement inconnus, surtout en approchant de la côte méridionale habitée par la population celtique sans mélange.

A l'exception des abords de quelques villes comme Quimper, Lorient, Vannes, nous ne trouvons littéralement ni fruits ni légumes. Que de fois nous avons vu vendre au poids (20 et 30 c. le kilogr.), sur les marchés de La Roche-Bernard, Ponchâteau et Savenay, des pommes et des poires de la grosseur d'une noix, provenant d'arbres non greffés! Impossible d'y toucher si l'on n'est pas né Breton. Le paysan breton préfère la saveur de ses choux cavaliers et de ses longues raves à collet violet, nourriture habituelle de son bétail. à celle des légumes plus délicats que sa terre fertile et toujours arrosée produirait pour ainsi dire d'elle-même. En 1837, un paysan du pays d'*Armor*, de la commune de Penestain, ayant reçu en présent quelques plants de choufleurs, les oublia dans un coin de jardin; ils y devinrent superbes. Ayant eu occasion de l'aller voir, il nous les montra comme une grande curiosité, il n'en avait jamais vu auparavant; il ne savait s'il fallait les faire cuire; ils étaient si blancs et si appétissants qu'il avait essayé de les manger crus en salade : ils lui avaient paru détestables. Les restes de la population celtique en Bretagne s'en tiennent au chou et à la rave, légumes gaulois.

Les environs de Rennes nous montrent des jardins bien tenus, mais insuffisants pour l'approvisionnement de cette ville importante; elle tire de fort loin des fruits et des légumes facilement transportables.

Rennes possède une belle promenade et un petit nombre d'amateurs zélés de l'horticulture. Si de ce point central nous planions à vol d'oiseau sur l'Armorique, il ne nous resterait à voir que les jardins de Guérande, principalement consacrés aux oignons dont ils fournissent la moitié de la Bretagne, et de belles collections de rosiers dans la petite ville de Châteaubriand. Çà et là nous apparaîtraient, comme des points perdus dans une immensité de déserts entièrement nus, les jardins de quelques châteaux avec leurs sombres compartiments de bois, et les parterres de quelques curés de campagne qui font les plus louables mais le plus souvent les plus inutiles efforts pour prêcher d'exemple à leurs ouailles le goût du jardinage. Ce triste ensemble ne finit qu'à Nantes.

Si nous arrivons à Nantes par la route royale de Brest, les landes touchent à ses portes; par celle de Rennes, elles n'en sont qu'à quelques kilomètres; des deux côtés, la culture empiète d'année en année sur le désert. Un seul des abords de cette grande ville présente une série de maisons de campagne et de jardins; c'est le cours de la rivière d'Erdre, à partir de la petite ville de Nort, lieu de plaisance, rendez-vous des promeneurs nantais. Un élégant navire à vapeur nous conduit de Nort à Nantes entre deux lignes de jardins; les plus agréables sont groupés dans le site charmant de La Chapelle-sur-Erdre. A l'embouchure de cette rivière dans la Loire, nous trouvons les jardins potagers de Barbin, que les Nantais montrent avec orgueil : c'est seulement une preuve de la vérité du proverbe : Dans le royaume des aveugles, les borgnes sont rois. La tenue des potagers de Barbin n'a rien de remarquable; leurs produits pèchent sous deux points essentiels : qualité médiocre et quantité insuffisante; les cent mille habitants de cette grande cité manquent souvent des légumes les plus communs et les plus indispensables; nous citerons un fait à l'appui de cette assertion. En 1836, l'établissement agricole de Grand-Jouan réalisa des bénéfices importants en envoyant à Nantes la majeure partie des choux plantés originairement pour les vaches de ses étables. Un beau melon est à Nantes une chose inconnue; nous disons un *beau*; on en mange de fort *bons*, mais très petits, de l'espèce connue sous le nom de sucrin vert : elle a sur toutes les autres l'avantage de n'exiger presque pas de soins de culture.

Nantes, ville plus populeuse et non moins commerçante que Rouen, est, sous le rapport de l'horticulture, exactement l'inverse de la capitale de la Normandie; l'agréable est ici préféré à l'utile; les potagers sont médiocres; le goût ou, pour mieux dire, la passion des fleurs y est générale. Commençons par visiter le marché aux fleurs; ceux de Paris sont plus vastes, ils ne sont pas mieux approvisionnés. Autour d'une belle promenade ombragée d'antiques ormeaux et fermée d'une grille vis-à-vis l'élégant édifice de la Bourse, s'étalent sur plusieurs rangs des fleurs de tout genre; les élégantes tribus des camélias, des pélargoniums, des eucalyptus, des métrosidéros, des cactus, des cotylédons, des fuchsias, ont là leurs représentants à la portée de toutes les fortunes; les raretés, les nouveautés en horticulture, s'y montrent plus souvent qu'ailleurs; nous n'hésitons pas à placer le marché aux fleurs de Nantes immédiatement après ceux de la capitale. Le jardin botanique réclame, après le marché aux fleurs, notre première visite. Nous y rencontrons une collection aussi riche que bien tenue de rosiers greffés sur épine, et une autre de vignes, déjà fort nombreuse, qu'il est à désirer de voir bientôt se compléter. Mais ce qui frappe tout d'abord le visiteur venant du nord, c'est ce bel arbre isolé au centre du jardin; son tronc n'a pas moins de 50 centimètres de diamètre à 2 mètres au-dessus du sol; sa hauteur totale est de près de 10 mètres, vingt personnes sont parfaitement à l'abri sous son épais feuillage; il est impossible de compter ses larges fleurs d'un blanc de neige : c'est un magnolia grandiflora. Nous voyons en lui le doyen de son espèce en France. Une centaine d'arbres semblables, dont il semble le patriarche, forment à droite et à gauche deux allées latérales; on nous en fait remarquer une douzaine qui ont été transplantés déjà vieux et fort gros; leur végétation n'en a point souffert. On a lieu de s'étonner, d'après une expérience si concluante, confirmée par une si longue série d'années, de rencontrer si rarement le magnolia grandiflora dans les jardins des départements au sud de la Loire; il végète avec la plus grande vigueur; il se prête à toutes les formes que la taille veut lui donner, avec une facilité surprenante; ses autres avantages sont assez connus. A la vérité, il croît lentement, surtout durant les premières années, c'est son principal défaut. En le faisant alterner avec des arbres à croissance rapide, il formerait avec le temps de belles avenues bien ombragées, à l'époque où les peupliers et tilleuls seraient bons à supprimer. Nantes possède trois belles promenades, le cours Saint-Pierre, le cours Henri IV et la Fosse; toutes trois sont plantées d'arbres dans un état déplorable de vétusté et de dépérissement ; on prévoit le moment, très peu éloigné, où leur ombrage, déjà dégarni, fera place à une nudité absolue, comme cela ne peut tarder à arriver aux tilleuls des Tuileries et du Jardin des Plantes et aux sycomores du Luxembourg. Il eût été facile, en choisissant les espèces qui supportent le mieux le voisinage des vieux arbres, d'obtenir des arbres à moitié venus pour le moment où les anciens auront fait leur temps. L'acacia inermis, qui donne après deux ou trois ans de plantation un ombrage touffu, est éminemment propre à servir ainsi d'arbre transitoire ; l'expérience en a été faite avec un plein succès en Belgique, spécialement sur la place du Peuple à Louvain. Les magnolias du jardin botanique de Nantes sont une innovation heureuse, bonne à imiter partout où le climat permet de sortir du cercle si restreint des arbres ordinairement employés pour nos promenades. Il nous faudrait séjourner longtemps à Nantes pour passer en revue toutes ses richesses horticulturales. Parmi ses établissements particuliers, bornons-nous à mentionner les riches pépinières du faubourg du Marchix, et la tenue Bruneau qui sert de promenade.

Remontons la Loire : le panorama de ses rives nous offre un spectacle unique en Europe. Jusqu'aux frontières de l'Anjou, l'œil s'arrête encore de distance en distance sur d'antiques manoirs qu'environnent encore des jardins dans l'ancien style français, avec de hautes charmilles et des terrasses en maçonnerie. Dès qu'on entre en Anjou, le nombre des anciens châteaux diminue ; ils sont remplacés par d'élégantes maisonnettes, nombreuses, propres, coquettes, avec leur jardin ou tout au moins un parterre devant la principale entrée. Nous voici à Angers, point central pour l'horticulture française ; ce que nous avons dit du goût des Nantais pour les fleurs est dépassé par les Angevins, qui ne sont pas distraits par les préoccupations du commerce maritime. La section d'horticulture de la Société d'agriculture d'Angers est une des plus active de France. Nous assistons à une de ses séances solennelles ; à voir le nombre et l'importance des prix qu'elle distribue, nous pourrions nous croire en Angleterre ; mais la Grande-Bretagne ne nous offrirait ni ce soleil, ni cet air si transparent, ni ce doux climat, ni cette terre si riante, si gracieusement enchaînée à la Touraine, le jardin de la France. Saumur et une série de châteaux, tous ornés de beaux jardins, rattachent l'Anjou à la Touraine.

Le nom de jardin de la France est dignement porté par la Touraine, pourvu qu'on ne le sorte pas des trois riches vallées de la Loire, de l'Indre et du Cher, au-delà desquelles on trouverait en Touraine de vastes espaces stériles, peu en harmonie avec sa réputation. Nulle part en France les légumes et les fruits n'entrent pour une si forte proportion dans l'alimentation de toutes les classes de la société. Les espaces immenses consacrés au jardinage se nom-

ment varannes ; ceux qui les cultivent portent le nom de varanniers ; ils jouissent en général d'une heureuse aisance ; l'ordre et la propreté la plus exquise règnent dans leurs habitations ; ils ne se font point faute de réserver pour leur propre consommation une juste part de ce que leur jardin produit de plus beau et de meilleur. Parmi les produits les plus recherchés de leurs vergers, goûtons particulièrement l'alberge. Cet excellent fruit est resté comme cantonné en Touraine ; les essais pour le multiplier ailleurs n'ont pas été heureux ; souhaitons qu'ils soient repris et qu'ils réussissent. L'œil se repose avec satisfaction sur les paniers de beaux fruits symétriquement disposés par les varanniers pour être portés à la ville ; ils ont été cueillis avec tant de précaution que le consommateur les recevra aussi frais que s'il les détachait lui-même de la branche. Nous pouvons placer dans notre estime la population des varanniers de Touraine sur la même ligne que les hortillons d'Amiens et les maraîchers de Paris ; c'est la même activité laborieuse, la même régularité de mœurs ; jamais on n'a entendu dire qu'un varannier ait comparu devant un tribunal criminel ou correctionnel ; rien n'est plus rare même que de le voir plaider au civil. Ne dédaignons pas d'entrer dans quelques boutiques de confiseurs de la ville de Tours. Là, dans la saison des fruits, se rassemble l'élite des produits des vergers de la Touraine. Ces fruits, sous la main de l'habile artiste en sucre, prennent une grande valeur gastronomique : c'est leur principal débouché. Pour nous, toute sensualité à part, nous ne pouvons regarder que comme une chose utile et louable l'impôt prélevé sur les jouissances du riche au profit du laborieux jardinier et de l'industrieux confiseur. Nous continuons à remonter la Loire jusqu'à Orléans, toujours accompagnés, comme le dit Mme de Sévigné, des mêmes bosquets à droite et à gauche, et des mêmes rossignols. Les parcs et les châteaux se touchent sans interruption dans les intervalles des charmantes villes d'Amboise, Blois et Beaugency ; nous donnons en passant un coup d'œil à Chenonceaux, Céran, Menars : il faudrait tout citer. Arrêtons-nous à Orléans ; avant de passer la Loire, nous jeterons un regard derrière nous sur l'horticulture des contrées centrales, entre le bassin de la Seine et celui de la Loire.

Avant de poursuivre nos investigations au nord de la Loire, nous avons à voir le château de la Source et le phénomène si frappant d'un fleuve (le Loiret) sortant de terre assez fort pour porter bateau immédiatement à sa naissance. L'art a su ajouter aux beautés naturelles du site les beautés artificielles d'un parc digne d'être visité pour lui-même. La vallée de la Loire, aux environs d'Orléans, nous montre la singulière alliance du jardinage avec la culture de la vigne, alliance que nous ne rencontrerons plus en France, si ce n'est dans deux ou trois communes aux portes de Paris. Ici, de vastes vignobles sont conduits de façon à laisser entre les rangées de ceps l'espace nécessaire à des cultures d'asperges, source de richesses pour les vignerons. Ces asperges, dont nous pouvons apprécier l'excellente saveur, ne sont pas destinées à la table du riche; elles n'atteignent jamais un volume considérable. Leur arrivée sur le marché permet, durant la pleine saison, au peuple de Paris de connaître cet aliment aussi agréable que salubre, dont il ne goûterait jamais sans cela. Nous avons cherché à savoir si la petite asperge d'Orléans constituait une sous-variété; des graines récoltées dans le val Saint-Denis d'Orléans nous ont donné, par la culture aux environs de Paris, de très belles asperges, absolument semblables à la grosse asperge d'Aubervilliers. La nature médiocre du sol et le peu de soin qu'on en prend sont donc les seules causes de leur petitesse.

Laissons au couchant la plaine de la Beauce, cet océan d'épis, cet inépuisable grenier de la capitale; traversons, à l'est, la plaine moins riche, mais plus variée du Gâtinais, où de grands espaces, cultivés par plates-bandes exactement comme des jardins, offrent l'aspect du plus riant parterre: ce sont des champs de safran; nulle part nous ne reverrons en France ce produit cultivé avec des soins aussi judicieux et sur une aussi grande échelle. Voici la jolie ville de Montargis, avec son canal bordé de jardins; nous suivons, toujours entre les jardins, la vallée du Loing et le canal du même nom, qui nous conduisent par Nemours à Fontainebleau, ou, suivant l'ancienne orthographe, Fontaine-Belle-Eau.

Là, indépendamment de la treille classique de Thomery, nous passons en revue les fruits à couteau les plus délicats, réunis dans des vergers, dont tous les produits sont destinés à l'approvisionnement de la capitale. Nous voyageons sans interruption de jardins en jardins jusqu'à Corbeil, où nous retrouvons le terrain que nous avons précédemment exploré: ici, une station est nécessaire. Nous traversons la Seine vis-à-vis du bourg d'Essone; nous n'avons sous les yeux aucune des grandes scènes de la nature, ni rochers, ni lacs, ni mer, ni montagnes; mais un de ces gracieux paysages où les larges proportions d'un sol ondulé, que borne, à l'ouest, la forêt de Sénart, couvert partout ailleurs d'un luxe incomparable de végétation, arrosé par la Seine majestueuse et la gentille rivière d'Essone, forment un ensemble non moins frappant, non moins digne des pinceaux de l'artiste.

Entrons dans l'établissement horticole de Fromont; nous lui devons bien une journée; rendons justice au goût parfait qui, dissimulant habilement ses clôtures, a su si bien l'encadrer dans le paysage que de quelque côté qu'on porte la vue, on peut croire les sites environnants des dépendances des jardins de Fromont; les étrangers, toujours empressés de les visiter, ne peuvent qu'y prendre une idée favorable de l'état de l'horticulture en France. Plus loin, au sud-ouest, les coquettes vallées de l'Essone et de la Jaine se montrent à nous parées d'une sé-

rie de parcs et de jardins du meilleur goût.

Revenons sur nos pas, et retournons à la Loire. Voici Sully, avec sa terrasse où se promenait l'ami de Henri IV, méditant sur la prospérité publique, à l'ombre d'une charmille séculaire qui subsiste encore: les voyageurs emportent comme des reliques saintes quelques feuilles de cette charmille. Il faut savoir gré au propriétaire actuel du parc de Sully de s'être appliqué à lui conserver, autant que possible, en le restaurant, le style du temps de Henri IV, et de préférer aux agréments d'un jardin moderne la poésie d'un grand souvenir.

A mesure que nous remontons le fleuve, les parcs et les jardins deviennent plus rares; nous longeons sur la droite la sablonneuse Sologne, non sans remarquer avec satisfaction que si cette partie de la France centrale n'en est pas encore à l'horticulture, du moins elle s'est dépouillée depuis trente ans de son aspect nu, stérile et désolé; les deux tiers du sol ont été défrichés; la population s'est accrue; l'œil n'est plus attristé par l'aspect monotone d'une plaine inculte à perte de vue. Rien ne devrait nous attirer vers cette plaine; nous la traverserons cependant après avoir passé la Loire au pont de Gien; nous devons un coup d'œil à un phénomène unique en France.

Faisons une excursion vers la forêt de Santrange; cette forêt ne ressemble à aucune autre; elle n'est composée que d'arbres fruitiers. Personne ne peut dire comment ces innombrables pommiers, poiriers, pruniers, cormiers et cerisiers, se sont emparés de cette vaste étendue de terrain. comment et depuis quand ils s'y perpétuent de génération en génération. Quoique pas un de ces arbres ne soit greffé, nous sommes portés à croire, en goûtant leurs fruits, qu'ils descendent de sujets originairement greffés, les prunes et surtout les cerises sont très mangeables; il s'en perd une quantité prodigieuse: la plus petite partie seulement est récoltée par les rares habitants des villages voisins, qui trouvent à les vendre, quoique à bas prix, à Gien et à Bourges.

Revenons au val de Loire, que nous retrouvons au Bec d'Allier: un convoi de bateaux, arrêté au confluent de cette rivière, dans la Loire, attire notre attention; il est chargé de paniers artistement disposés, d'où s'exhale une odeur des plus agréables: ce sont des cargaisons de poires et d'abricots. •

Depuis longtemps, le prix du terrain, aux environs de Paris, est devenu tellement élevé, que les jardiniers ont dû forcément choisir entre les diverses cultures les plus lucratives, sous peine de se ruiner. A part quelques localités privilégiées, comme Montreuil, Charonne et Fontenay sous-Bois, on a renoncé, autour de Paris, à la culture de l'abricotier, qui, même en espalier, donne des produits trop incertains. Quand il faut payer tous les ans un loyer exorbitant, on ne peut laisser le sol occupé par des abricotiers en plein-vent, qui, sous le climat de Paris, donnent tout au plus, en moyenne, une récolte en trois ans, et restent souvent quatre ou cinq ans sans rien produire.

L'Auvergne et le Bourbonnais, dans leurs vallées bien abritées, ont des vergers d'abricotiers qui portent régulièrement tous les ans. Ces vallées approvisionnent Paris de cet excellent fruit : il y a tel abricot qui, avant de paraître sur la table du riche, n'a pas eu moins de 4 ou 500 kilomètres à faire pour venir se faire manger à Paris. Nous voici à Moulins, antique capitale du Bourbonnais; nous pouvons nous y régaler de beau fruit à bon marché.

Un étranger arrivant en diligence à Moulins un jour de marché, frappé de la beauté des poires, des prunes et du chasselas exposés en vente, donne à une paysanne une pièce de 50 centimes, et, s'en rapportant à sa bonne foi, il tend la main, croyant emporter le fruit qu'il vient d'acheter. La paysanne lui présente une manne d'osier dont un âne aurait eu sa charge, remplie de fruits parfaits qui, rendus à la halle de Paris, auraient peut-être valu 15 ou 20 fr. L'étranger ne pouvait revenir de sa surprise.

Le fruit est délicieux et pour rien dans ce bon pays de Bourbonnais; il ne pourra beaucoup augmenter de valeur jusqu'à ce que le superflu de la production ait pris son cours vers Paris; le pays est couvert d'arbres fruitiers; le sol et le climat rendent chaque année ce genre de récolte immanquable : le bas prix tient à l'abondance de la production. Mais pour voir des arbres fruitiers à profusion, pour goûter des fruits aussi bons qu'en Touraine avec plus de variété et en plus grande abondance, entrons dans cette belle et vaste contrée qui conserve son antique dénomination de Limagne d'Auvergne. Ici le produit des arbres fruitiers n'est plus comme dans le Bourbonnais exclusivement réservé pour la consommation locale. Clermont (Puy-de-Dôme) est une ville de confiseur. Les excellents produits de leur industrie gastronomique s'exportent au loin; les jardiniers y trouvent le placement assuré de leurs fruits à des prix convenables.

Si de Clermont nous nous dirigeons droit à l'ouest vers l'Océan, à travers les montagnes de l'Auvergne, les forêts du Rouergue et du Quercy, et les collines du Limousin, nous ne trouvons presque pas trace de jardinage avant d'entrer dans le Périgord et la Saintonge. Une fois sortis de la Limagne, à peine quelques recoins des vallées de la Corrèze, de la Creuse et des affluents de la Haute-Vienne auront à nous montrer çà et là quelques jardins assez mal tenus. Limoges, malgré son importance, voit rarement sur son marché de beaux fruits et des légumes recherchés. On ne rencontre dans la Haute-Vienne qu'un fruit, la châtaigne, et qu'un légume, le navet; le proverbe dit en patois que le Limousin demande seulement deux choses à Dieu : la castagne et la rabioule. Le sol, il est vrai, se prête peu au jardinage; néanmoins, avec un climat humide et tempéré, le terrain le plus rebelle peut encore produire, sous la main d'un bon jardinier. de bons fruits et de beaux légumes.

En quittant le Limousin, les parcs, les vergers et les jardins nous avertissent que nous sommes en Périgord; plusieurs parcs de l'ancien style français s'harmonisent avec de vieux manoirs seigneuriaux échappés à 93. Nous voici en Saintonge, pays plantureux où le proverbe dit qu'un homme maigre peut se montrer pour de l'argent : c'est une curiosité. Ce qui se rattache à la vie matérielle est ici la grande affaire de tout le monde; aussi le jardinage, dans ses rapports avec la gastronomie, est-il traité de main de maître. A la faveur des rapides marées de la Gironde, les jardiniers saintongeois peuvent porter à Bordeaux le superflu de leurs denrées; les Bordelais, gens fort entendus dans l'art de *bien vivre*, font avec raison un cas particulier des légumes et des fruits de la Saintonge.

Si nous revenons à Clermont (Puy-de-Dôme), notre point de départ, l'est de la France que nous parcourons à vol d'oiseau nous montre le jardinage en honneur dans la Bourgogne, la Bresse et la Franche-Comté, à l'exception des contrées montagneuses de l'Ain, du Doubs et du Jura. La spacieuse et riche vallée de la Saône s'ouvre devant nous comme un jardin de plus de 300 kilomètres du nord au sud. Dans la Haute-Saône, les environs de Gray, dans Saône-et-Loire, ceux de Tournus, sont de ces lieux dont on ne s'éloigne qu'à regret quand on les a visités. Les coteaux verdoyants qui forment un vaste amphithéâtre autour de Tournus sont parsemés d'une multitude de maisons de campagne toutes plus gracieuses les unes que les autres. Les propriétés y sont trop divisées pour admettre l'existence des grands parcs et des vastes jardins paysagers; il semble que toute la contrée soit un parc immense où les habitations champêtres sont placées comme autant de fabriques disposées à dessein par un homme de goût pour embellir le paysage.

Hâtons-nous d'arriver à Lyon, la seconde ville de France. Dans toutes les directions nous rencontrons aux approches de Lyon les preuves de l'importance que les Lyonnais accordent à toutes les branches de l'horticulture. Ici de belles pépinières renferment les collections les plus riches d'arbres fruitiers et d'arbres d'ornement; là, des serres spacieuses fournissent à l'amateur des végétaux de tous les climats; plus loin, ce sont des cultures exclusives de plantes de pleine terre; enfin, de vastes potagers capables de garnir de légumes en toute saison à un prix modéré le marché de la grande cité lyonnaise. Un établissement entre tous a droit à notre première visite; la culture des végétaux exotiques s'y joint à celle des ananas, des primeurs de toute espèce et des légumes les plus délicats; une machine à vapeur élève l'eau et la distribue à toutes les parties d'un vaste enclos. Nous pourrions nous croire en Angleterre chez quelqu'un de ces capitalistes qui exploitent en grand pour le marché de Londres la *fabrication* des légumes, comme d'autres exploitent la fabrication des tissus. En effet, le capital engagé dans cette entreprise suffirait, si nous sommes bien informés, pour mettre en activité une fabrique du premier ordre.

Descendons la vallée du Rhône. Les bords de ce fleuve, si escarpés et si resserrés qu'en bien des endroits ils lui livrent à peine passage, n'offrent quelque peu de jardinage qu'aux approches des villes. Vienne, Tournon, Valence sont dépourvues de grands jardins. A peu de distance de la rive droite du Rhône, les pépinières d'Annonay méritent d'être vues. Dès qu'on a dépassé Lyon, on est au milieu des populations méridionales; les vues d'intérêt dominent trop exclusivement toutes les classes de la société, riches ou pauvres; il nous faut dire adieu aux jardins d'agrément proprement dits. A part un très petit nombre de parcs de grands seigneurs, d'ici à la Méditerranée, plus de jardins paysagers. De belles maisons de campagne, de somptueux châteaux se présentent en foule sur notre passage, soit au bord du fleuve, soit sur les coteaux voisins de son lit; ils ont pour tout jardin une étroite terrasse; la vigne, le mûrier, le figuier, l'olivier ont envahi l'espace où devrait être le jardin; ce qui manque par-dessus tout, c'est le goût des cultures de pur agrément. Une seure de promenade dans la pépinière d'Annonay suffit pour nous faire pressentir cet état de choses; un pépiniériste conforme toujours ses cultures aux demandes habituelles de ses clients; la pépinière d'Annonay, en relations suivies avec la plupart des grands propriétaires du midi de la France, ne contient pas en arbres et arbustes d'ornement de quoi créer un bosquet de 30 à 40 ares de superficie.

Nous entrons par le département de Vaucluse sur le territoire de la Provence; la vallée du Rhône s'élargit; les jardins sont moins rares, jardins potagers, bien entendu, car de jardins d'agrément, il n'en est pas question. Ces jardins potagers occupent une grande partie des terrains susceptibles d'irrigation. Voici pour nous quelque chose d'entièrement nouveau; les procédés du jardinage n'ont presque rien de commun avec ce qui se pratique dans le nord et le centre de la France. D'abord, plus d'arrosoirs; on n'aurait jamais fini, s'il fallait entretenir par l'arrosage à la main la fraîcheur et l'humidité dans les jardins d'un pays où l'on est souvent cinq mois de suite sans avoir une goutte de pluie, sans voir même un nuage à l'horizon; puis, quand même le travail de l'arrosage à la main ne serait pas intolérable sous ce climat, la terre se trouverait trop tassée; on ne peut pas non plus *pailler* les plates-bandes; la paille est trop rare et trop chère. Le jardinage n'est possible en Provence que dans les terrains naturellement assez frais pour se passer d'arrosage, ou dans ceux sur lesquels on peut faire courir un filet d'eau; dans tout le midi de la France, les jardins ne s'arrosent que par imbibition. Les légumes disent les jar-

diniers provençaux, aiment l'*eau* et le *fer*. En effet, la terre imbibée d'eau, puis soumise à l'action d'un soleil dévorant, deviendrait comme de la brique, si elle n'était fréquemment binée.

L'instrument employé à cet usage se nomme *béchard*; c'est une houe à deux dents, à manche court; on emploie aussi des houes de diverses formes et grandeurs, qu'on nomme ici *tranches*. La bêche plate, sous le nom de *lichet* ou *louchet*, est aussi en usage, mais seulement au printemps ou en automne pour les labours profonds; toutes les façons d'été se donnent comme les binages, à la tranche et au béchard.

Le premier jardin potager que nous visitons en Provence ressemble à tous ceux que nous pourrions voir dans la suite; les piments ou poivrons, les tomates, l'ail, l'ognon, les choufleurs et les artichauts couvrent presque tout le terrain; peu de fraises, peu de bonnes salades; point d'asperges, excepté aux environs d'Aix (on récolte les asperges sauvages, excellentes il est vrai, mais grosses comme des tuyaux de plumes); point de primeurs, point d'ananas, pas un melon supportable; tel est l'état du jardinage en Provence. Les melons des meilleures espèces, particulièrement les cantaloups, ne sont pas recherchés des consommateurs provençaux qui préfèrent généralement les melons d'eau et les pastèques; ils ont raison, dans ce sens qu'ils ignorent ce que c'est qu'un bon melon. Ces fruits, en général, tiennent peu de place dans nos jardins; on laisse consacre de grands espaces en plein champ, sans en prendre aucun soin; il en résulte que, malgré leur bas prix, ils sont encore assez chers puisqu'ils ne valent rien, et cela sous un climat où ils devraient être les meilleurs du monde entier.

Nous avons à voir à Avignon le jardin de l'Hôtel des Invalides; c'est une simple promenade ombragée par des platanes et des ormes; mais elle est entourée d'un immense berceau de lauriers: l'arbre symbole de la gloire ne saurait être mieux à sa place.

A Carpentras, nous verrons avec un vif intérêt la pépinière départementale, en regrettant de n'en pas voir en France une par département. Dans celle de Vaucluse, l'olivier, source de richesse pour la Provence, est l'objet de soins assidus; on y suit avec persévérance une série d'essais déjà encouragés par le succès, dans le but de remplacer les variétés trop sensibles au froid ou trop peu productives, par d'autres plus avantageuses et moins exposées à périr dans les hivers rigoureux. Le long espace de temps que réclament de telles entreprises les rend impossibles pour un particulier; mais l'état ne meurt pas: nos neveux profiteront un jour de ces conquêtes que nous leur léguerons à compléter.

Plus loin, en descendant vers le littoral, le bourg de Cavaillon, célèbre dans tout le midi de la France par sa population de jardiniers, nous montre comme Annonay, dans ses vastes pépinières, tous les arbres utiles que comportent son sol et son climat, et point d'arbres ni d'arbustes d'ornement qui ne trouveraient pas d'acheteurs. Tous les méridionaux vantent les melons de Cavaillon ; malgré toute notre bonne volonté, nous n'avons jamais pu réussir à les trouver bons : c'est sans doute affaire de goût ; nous ne saurions avoir raison contre tout le monde. Ces melons ont d'ailleurs un mérite incontestable, celui de se conserver et de se transporter facilement sans s'altérer, de sorte qu'à Lyon, par exemple, on mange des melons de Cavaillon, non-seulement en été, mais même pendant presque tout l'hiver.

Voici Marseille avec sa ceinture de collines couronnées par des rochers d'un gris uniforme, sans végétation ; ces collines ont jusqu'à mi-côte plus ou moins de terre végétale : c'est là que tout bon bourgeois de Marseille a sa maison de campagne, sa *bastide*, dans la langue du pays. Les bastides innombrables disséminées dans le *terroir* de Marseille ont toutes leur jardin, grand ou petit ; les plus grands ne dépassent guère 25 ou 30 ares de superficie ; ceux-là ont de l'eau ; on y cultive des légumes. Les plus petits ont seulement quelques mètres carrés ; deux ou trois ceps de vigne, un figuier, un mûrier, un olivier garnissent l'étroit espace attenant à la bastide : c'est assez pour pouvoir dire : mon jardin. Néanmoins, il y en a tant et tant de ces petits jardinets, de ces petites maisonnettes toutes blanches, que l'ensemble forme un aspect agréable et décore bien le paysage.

Nous entrons dans Marseille le jour de la Saint-Antoine : c'est la foire aux arbres ; nous y voyons exposés en vente des milliers d'arbres fruitiers de toute espèce, d'innombrables lots de mûrier, peu ou point d'arbres et d'arbustes d'ornement, à peine quelques fleurs de pleine terre : tout est donné à l'utile, rien à l'agréable.

Parcourons la partie de la Basse-Provence qui longe le littoral de la Méditerranée ; nous ne sommes presque plus en France ; le paysage tient de l'Espagne, de l'Italie, de la Grèce en certains endroits ; on y trouve même quelquefois un reflet de l'Afrique dont nous sommes à peine séparés par deux journées de navigation. Que de choses à faire en horticulture dans un tel pays ! Malheureusement tout est à faire. Prenons un aperçu de la partie du jardinage que ce vaste espace peut avoir à nous montrer de loin en loin. Entre Marseille et Toulon, voici le bourg d'Ollioules et son défilé pittoresque dominé par des rochers que surmonte un antique monastère des Templiers. Au fond de ces gorges si bien abritées, nous saluons les premiers orangers en pleine terre donnant en abondance des fleurs et des fruits. Ils ont pour compagnons des figuiers à petit fruit blanc d'excellente qualité. Un ruisseau qui ne tarit point en été arrose ces plantations assez bien tenues. Les fruits de toute espèce que devrait produire cet excellent terrain et qui y seraient parfaits, ne se font remarquer que par leur absence.

Observons en passant que si la culture de l'oranger en pleine terre occupe une si étroite lisière sur notre littoral de la Méditerranée, c'est que cet arbre délicat exige, indépendamment d'une température douce en hiver, plusieurs autres conditions, dont les principales sont l'eau à discrétion en été, et un abri contre le terrible vent de mistral. Marseille n'est pas plus au nord qu'Ollioules ; mais les bastides de Marseille manquent d'eau en été ; elles sont en tout temps balayées par le mistral qui dessèche tout, brûle tout, et ne permet pas à l'oranger de tenir en pleine terre. L'oranger, à l'abri du vent, supporte très bien un froid de plusieurs degrés, sauf le cas assez rare où ce froid le surprend en pleine fleur ; encore, dans ce cas, les branches fleuries sont seules atteintes, l'arbre ne meurt pas. Mais que par un froid d'un seul degré, l'oranger, fleuri ou non, il périt. Sans cette particularité, nous aurions rencontré l'oranger en pleine terre jusque sous la latitude de Lyon.

Le vallon circulaire de Cujes nous offre les premiers câpriers, dont la culture rentre dans le domaine du jardinage ; elle est nouvelle pour nous ; saisissons-la au passage dans une période de prospérité. Les câpres sont plus que tout autre produit cultivé sujets à de grandes variations dans leurs prix ; tantôt ils montent à un prix exorbitant, et chacun se met à planter des câpriers ; tantôt ils tombent à quelques centimes le kilogramme, et les câpriers sont arrachés, ce qui relève les prix au bout de quelques années. En ce moment, la faveur dont jouit ce produit paraît plus durable que par le passé. La médecine a constaté et préconisé avec raison les câpres comme le plus puissant antiscorbutique qu'on puisse donner aux marins pour maintenir leur santé pendant les voyages de long cours. Les lieux de production sont bornés, les demandes sont fréquentes ; nous trouvons beaucoup de jardiniers occupés à planter du câprier ; ils en verront dès la première année les premiers produits ; les plantations seront en plein rapport au bout de trois ans, pour continuer à perpétuité, pourvu qu'on en prenne soin. La culture du câprier, quand le placement des produits est assuré, offre une foule d'avantages : tous les terrains lui conviennent ; elle réussit même dans les plus arides ; puis la récolte qui se prolonge pendant plus de deux mois, donne aux femmes et aux enfants une occupation très peu fatigante et bien rétribuée ; c'est aussi un moyen d'utiliser une partie du vinaigre dont il se perd tous les ans, dans le seul département du Var, de quoi assaisonner pendant cinquante ans toutes les salades de France.

Nous verrons difficilement un câprier fleuri, à moins que le hasard ne nous en fasse rencontrer quelque plante sauvage croissant entre les fentes d'un rocher ou les crevasses d'une ruine ; le produit utile consiste dans les boutons des fleurs non épanouies. Le câprier cultivé ne montre donc presque jamais sa jolie fleur blanche, assez semblable, sauf la couleur, à celle du grand hypéricum. On multiplie le câprier par l'éclat de ses racines. En automne, on retranche les pousses de l'année, et l'on butte la souche, qui reste l'hiver recouverte de 0ᵐ,25 à 0ᵐ,30 de terre; on la déchausse au printemps. La récolte du câprier exige beaucoup d'habitude et d'attention; l'épine du câprier est peu apparente, mais très aiguë, et sa piqûre est fort douloureuse.

De Cujes à Toulon, le pays offre les beautés naturelles les plus variées. Qu'un amateur parisien serait heureux, lui qui croit figurer des rochers avec des morceaux de vieux pavés et les scories de la forge du maréchal, s'il avait au bout de sa propriété ces belles masses de roches calcaires avec leurs bouquets de chênes verts et leurs admirables points de vue! comme il s'empresserait de les rendre partout accessibles en y traçant des sentiers aux gracieux détours! que des kiosques élégants, de bancs ombragés, de grottes tapissées de jasmin! Ici, il ne vient à l'idée de personne qu'on puisse tirer parti de tout cela; le genre d'agrément qui en résulterait ne serait goûté par personne; le sentiment du beau, en fait d'horticulture et de paysage, est totalement étranger aux méridionaux. L'amphithéâtre de rochers qui environne Toulon au nord, quoique beaucoup moins étendu que le *terroir* de Marseille, n'est pas d'un aspect moins agréable; les bastides parsemées sur la pente des collines sont, en général, plus élégantes et d'un meilleur style qu'aux environs de Marseille; c'est d'ailleurs, quant à l'horticulture, la même absence de plantes d'ornement, la même monotonie de cultures, les mêmes lignes droites, les mêmes terrasses en pierres sèches, dont il serait si facile de voiler la nudité sous des rideaux de plantes sarmenteuses à fleurs odorantes.

Le jardin de la Marine, à Toulon, renouvelle les regrets que nous inspirait celui de Brest; il est parfaitement tenu, il renferme une foule de plantes rares; mais on y étouffe, il n'y a pas de quoi s'y retourner. Quand on songe à la marche suivie par tous les fruits qui, depuis les Romains, font les délices des pays tempérés; quand on se représente les générations successives de pêchers, pruniers, cerisiers, abricotiers, voyageant de proche en proche des bords du golfe Persique à ceux de la Baltique et de la mer du Nord, comment ne pas gémir en voyant cette enceinte de moins de 50 ares accordée comme à regret à cet établissement qui devrait et pourrait être le point de départ de tant de conquêtes en horticulture? Le camélia, par exemple, est acquis à l'Italie, comme le rosier du Bengale au reste de l'Europe. Naples a commencé par se l'approprier; il y a porté des graines fertiles qui se sont répandues du pied du Vésuve au bord du Pô et de l'Adige. Ces graines, récoltées sur des individus nés en Italie, sous une latitude peu différente de celle de Toulon, y donneraient, à n'en pas douter, des graines également fertiles; ce serait la souche de toute une génération acclimatée, et le camélia serait acquis à l'ornement des jardins de tout le midi de la France. Combien de fleurs charmantes, de fruits précieux, de produits utiles en tout genre, pourraient suivre le même chemin! Il n'y aurait qu'à vouloir pour réaliser des prodiges avec moins de dépense que n'en causent les émoluments annuels d'un danseur de l'Opéra.

Deux platanes et un cyprès devant la porte d'une bastide des environs de Toulon dénotent la demeure d'un propriétaire opulent; s'il ne l'est pas, ses voisins blâment son luxe et sa prodigalité; s'il tient à reconquérir leur estime, il doit sacrifier ces arbres qui ne rapportent rien.

De Toulon à Hyères, une vaste plaine se déroule devant nous; c'est le territoire le plus fertile de tout le département du Var; il ne lui manque que d'être plus judicieusement cultivé. Cette plaine, parfaitement arrosée, couverte partout d'un sol riche et profond, comprend les communes de Lagarde, Lavalette, Solliès, Cuers, Pierrefeu et Hyères; elle devrait être d'un bout à l'autre consacrée au jardinage. Le peu de légumes qu'on y récolte est de première qualité; les ognons de Lagarde et les artichauts d'Hyères sont connus dans tout le département; Toulon et Marseille offriraient aux produits des cultures jardinières un débouché certain; mais l'habitude l'emporte; la vigne et l'olivier apportés par les Phocéens sont encore en possession exclusive du sol; on les cultive à peu de chose près comme 500 ans avant J.-C.

Nous voici à Hyères, vis-à-vis des îles Stœcades; quelques jardins potagers d'un très grand produit, quoique assez mal dirigés, des vergers où manquent les meilleures espèces de fruits à couteau, des pépinières médiocrement soignées, montrent ce qu'on pourrait faire du reste de cette plaine où l'eau vive circule toute l'année dans une foule de canaux d'irrigation à travers les compartiments d'un sol de la plus grande richesse. Les orangers n'en occupent qu'une portion bien minime; ils y gèlent quelquefois, en dépit de l'abri que leur prêtent de hautes collines contre le souffle du mistral; l'hiver de 1841 a été funeste à plusieurs plantations d'orangers; la richesse de leurs produits devrait pourtant bien engager à les multiplier. M. F., propriétaire d'un verger d'orangers d'un peu moins de 3 hectares, a vendu sur pied sa dernière récolte 22,000 francs; quoiqu'une partie des oranges ait été bientôt après frappée par la gelée, l'acheteur n'y a point perdu. On n'a point multiplié ici l'oranger de la Chine dont la fleur est la meilleure pour la distillation de l'eau de fleurs d'oranger; à peine en rencontrons-nous quelques rares échantillons.

Ne cherchons à Hyères et dans ses environs ni parcs, ni jardin d'agrément; les riches propriétaires de ce canton privilégié pourraient avoir les plus délicieux bosquets de toute la France; M. F. a des métrosidéros et des mélaleucas en pleine terre; M. le comte D. de B.

possède une vingtaine de palmiers aussi beaux, aussi vigoureux que s'ils croissaient sur le sol Africain ; ils s'élèvent majestueusement au-dessus d'un vaste carré d'artichauts. En entrant dans la ville, la première promenade que nous rencontrons nous frappe surtout par l'aspect oriental des arbres dont elle est ornée : ce sont des palmiers.

A l'est d'Hyères, les terrains en friche l'emportent en étendue sur les terrains cultivés ; plus de jardinage, ni pour le produit, ni pour l'agrément. Il y a lieu de s'étonner que quelques amateurs étrangers n'aient pas songé à créer dans les délicieuses vallées du Gapeau, du Pansart, de la Maravenne ou de la Bataille, quelques jardins paysagers dont le reste de la France ne pourrait offrir l'égal quant à la variété de la végétation. Le long de tous les ruisseaux, l'oléandre des deux variétés, à fleurs rose et blanche, croît avec profusion et fleurit trois mois sans interruption ; le myrte, le lentisque, l'arbousier couvrent les collines ; les cistes à fleurs blanches et violettes, semblables à de larges églantines, décorent les pentes des coteaux dès la fin de mars ; le genêt d'Espagne parfume l'air de son odeur délicate. Ces plantes, objet de tant de soins dans les serres des amateurs dans les pays septentrionaux, sont ici la matière ordinaire dont on fait la litière pour le bétail ; ces arbustes servent à chauffer le four.

Ne poussons pas plus loin notre exploration de ce côté ; jusqu'à la frontière du royaume de Sardaigne, nous n'aurions plus rien à voir que de vastes forêts de pins dont les rares clairières sont occupées par de misérables hameaux ; replions-nous vers Grasse, cette gracieuse petite ville toute peuplée de parfumeurs ; l'odeur du jasmin et de la tubéreuse nous prend à la gorge plusieurs kilomètres avant d'y arriver. La campagne de Grasse est un magnifique parterre. Nous y rencontrons des plantations importantes d'orangers de la Chine dont le fruit amer se confit avant sa maturité ; cette variété est surtout cultivée pour sa fleur plus abondante et d'un parfum plus délicat que celle des autres orangers ; l'eau de fleurs d'oranger est une des branches principales du commerce de Grasse, où l'industrie active des jardiniers et des parfumeurs entretient une heureuse aisance.

Si toute la Provence ressemblait au canton de Grasse, elle mériterait son antique surnom ; ce serait réellement la gueuse parfumée. Hâtons-nous de jouir du coup d'œil enchanteur de ces belles cultures et de la prospérité qui en résulte ; tout cela menace de disparaître ; d'affreux incendies ont changé en roches arides et nues les collines boisées dont les sources arrosaient les jardins de Grasse ; ces sources, déjà bien amoindries, sont destinées à tarir tout-à-fait très prochainement, pour peu que les incendies qui se renouvellent tous les ans achèvent le déboisement des hauteurs voisines. Franchissons une branche latérale des Alpes et pénétrons dans le Dauphiné. Nous pouvons aisément

reconnaître à la variété des cultures, à la propreté des habitations, aux jolis jardins qui les entourent, que nous ne sommes plus en Provence. Toutefois, le jardinage, quoique très répandu, est loin d'avoir atteint en Dauphiné une grande perfection. Ainsi, par exemple, on mange rarement un bon melon à Grenoble, quoique le sol et le climat soient des plus favorables à ce fruit si l'on savait l'y cultiver. La gloire du Dauphiné en fait de jardinage est dans ses arbres fruitiers ; la vaste et belle vallée du Grésivaudan s'offre à nous comme un immense verger, comparable à ce que nous avons vu de mieux en ce genre dans la Touraine et dans la Limagne d'Auvergne.

Deux immenses contrées, le Languedoc et la Guienne, nous restent à explorer. Commençons par le Languedoc ; nous y pénétrons par le Pont-Saint-Esprit ; ce que nous devons y voir en horticulture sera bientôt visité. Nous pouvons laisser à droite la longue chaîne des Cévennes ; ses habitants, bien peu favorisés de la nature, ont assez de peine à arracher au sol de leurs pauvres vallées les produits de première nécessité ; l'horticulture y est inconnue. Entrons dans la plaine du Bas-Languedoc ; elle se prolonge à travers les départements du Gard, de l'Hérault et de l'Aude, jusqu'au pied des branches les plus avancées des Pyrénées.

Les procédés et les instruments de jardinage, de même que le système d'irrigation, sont semblables à ce que nous avons décrit en abordant l'horticulture méridionale. Les environs de Nîmes, d'Alès, d'Uzès et de quelques villes moins importantes ont d'assez beaux jardins, en petit nombre ; Montpellier n'a que tout juste l'établissement botanique indispensable à sa célèbre école de médecine.

Plus loin, dans le Haut-Languedoc, Toulouse a longtemps dédaigné les avantages de sa position pour l'horticulture ; nous aimons à signaler sur ce point une tendance vers le goût du jardinage parmi les propriétaires aisés ; de beaux jardins paysagers de création toute récente, et mieux encore, deux établissements de pépiniéristes spécialement consacrés aux arbres et arbustes d'ornement, sont des symptômes évidents de progrès.

Au midi, nous ne pouvons trouver à reposer un instant nos regards qu'au pied des Pyrénées orientales, dans la plaine voisine de Perpignan, assez semblable à la plaine d'Hyères ; le jardinage y est en progrès ; on utilise l'eau vive partout où il y a moyen de la conduire, tandis qu'à une époque encore assez récente il s'en perdait une grande partie. Faisons volte-face ; nous aurons devant nous le bassin de la Garonne avec ses nombreux affluents, vaste et fertile contrée, bien plus semblable au centre et au nord de la France, quant à l'horticulture, que le reste de nos départements méridionaux.

Parmi de gras pâturages et des champs bien cultivés, nous voyons des jardins potagers en rapport avec les besoins de la population, de gracieux parterres autour de chaque habitation rurale, enfin de somptueux châteaux où nous retrouvons avec bonheur les frais ombrages des jardins paysagers qui nous ramènent jusqu'aux portes de Bordeaux. La triste et monotone étendue des landes elles-mêmes, qui tend à changer d'aspect grâce aux louables efforts des compagnies de défrichement, nous permet de donner un coup d'œil d'espérance aux jardins naissants qui bientôt vont se développer et s'étendre autour de l'étang de Sainte-Eulalie et du bassin d'Arcachon. Admirons encore, avant de franchir la frontière d'Espagne, la propreté, l'ordre et la bonne tenue des jardins si productifs de la Biscaye française. Nous remarquons entre les mains des jardiniers basques, outre les divers instruments que nous avons déjà vus employés dans tout le midi, une fourche à deux dents droites, munie d'un long manche, instrument d'une haute antiquité. Il sert, avant la saison des pluies, à lever en gros blocs le sol durci par la sécheresse; il vaut mieux pour cet usage que le béchard dont on ne peut se servir que dans une situation très courbée; il fait la même besogne avec une dépense de forces beaucoup moindre. Quant à la bêche, il serait impossible de s'en servir dans les circonstances où les Basques emploient la fourche; elle ne pourrait entamer la terre. D'ailleurs, quand même le sol des jardins de la Biscaye pourrait être travaillé à la bêche à la fin de l'été, cette façon lui serait plus nuisible qu'utile; le sol mis à l'arrière-saison dans un état meuble et bien divisé, puis tassé par les pluies violentes, se trouverait ensuite, à raison de sa nature compacte. en pire état que s'il n'avait pas été labouré du tout. Au contraire, les grosses mottes levées par la fourche des Basques sont, après qu'elles ont subi l'influence de la saison pluvieuse, parfaitement disposées pour les semis du printemps. Le souvenir très récent des jardins de la Biscaye française nous rendra plus frappante, par le contraste, l'aride nudité et l'absence d'horticulture sur presque toute la surface de la péninsule espagnole.

Si nous résumons l'impression produite sur nous par cet aperçu de l'état de l'horticulture en France, nous avons à regretter bien des ressources perdues, bien des moyens négligés d'étendre par le jardinage la production des denrées nécessaires à la vie, et le cercle des plus douces jouissances destinées à l'embellir. Néanmoins, sur bien des points, beaucoup de bons esprits tournent leurs vues de ce côté; le goût de l'horticulture n'a jamais été plus répandu; jamais plus d'efforts n'ont été dirigés dans ce sens: bien qu'ils ne soient pas tous aussi judicieux qu'ils pourraient l'être, l'horticulture française ne s'en montre pas moins fidèle à sa mission de concourir à fertiliser et à embellir le sol de la patrie.

ESPAGNE.

L'aspect général de la péninsule ibérique a bien peu de jardins à nous montrer. C'est ce pendant le pays de l'Europe où le goût du jardinage devrait être le plus répandu. Pour les riches, la nature accidentée du sol, la richesse naturelle du paysage, le besoin d'ombrage, de fraîcheur et de repos, semblent provoquer le goût des jardins paysagers; pour le peuple, le besoin d'une nourriture plus végétale qu'animale, sous un climat brûlant, devrait avoir donné lieu à une production très abondante de fruits et de légumes. C'est ce qu'avaient si bien compris les Arabes; ils avaient fait un jardin de la partie de l'Espagne soumise à leur domination; ce qui reste des jardins mauresques à Grenade n'a pas de point de comparaison dans les jardins créés depuis l'expulsion de la race arabe. Considérons les traits généraux du jardinage espagnol.

Une fois qu'on a franchi les Pyrénées, quoique les Basques espagnols offrent une analogie frappante avec les Basques français, sous le rapport des mœurs, du costume et du langage, on reconnaît la vérité du proverbe répandu sur toute notre frontière : Les Pyrénées sont bien hautes pour se donner la main par-dessus! L'aversion réciproque des Basques espagnols et français les uns pour les autres s'annonce déjà par l'aversion des premiers pour le travail. Rien de plus négligé que leurs jardins; toutefois ils en ont encore quelques-uns; les Asturies et la Galice n'en sont pas plus totalement dépourvues; mais si nous pénétrons au cœur de l'Espagne par la Navarre et les deux Castilles, n'y cherchons pas de jardins. Ces plaines à perte de vue se couvrent à l'arrière-saison d'une verdure uniforme, signe de fécondité, dont la végétation n'est point interrompue par un hiver peu rigoureux; au printemps les moutons ont achevé de tout dévorer; puis vient la sécheresse; alors le pays passe du vert au brun. En Castille, du printemps à l'automne, tout est brun, d'un brun uniforme; les chaumières rares et misérables construites en pisé, couvertes en chaume, les vêtements et jusqu'au teint des habitants. Ne cherchez pas de traces de jardinage autour de leurs chaumières; l'ail et l'oignon, crus, leurs mets de prédilection, leur sont fournis par des marchands ambulants qui les apportent souvent de fort loin; les jardins de la Véga de Valence (la huerta de Valencia) en fournissent une partie de l'Espagne.

Pour prendre une idée de l'état le plus avancé de dégradation et de dépopulation de ce beau pays, passons directement en Estramadure. Observons en passant que cette vaste province, jadis très peuplée, contient aujourd'hui si peu de monde que lorsque les cortès se sont occupées de refondre les divisions administratives de l'Espagne pour donner à leurs *provinces* des dimensions analogues à celles de nos départements, ils n'ont pu établir en Estramadure que *deux divisions* d'une immense étendue; en en faisant un plus grand nombre, les préfets et sous-préfets (chefs politiques) n'auraient eu personne à administrer.

Si nous demandons notre chemin en Estramadure, on nous répond : Vous laisserez trois *despoblados* à droite et deux à gauche, et vous traverserez la grande route de Badajoz. Qu'est-ce qu'un despoblado? La place encore visible où il y a eu autrefois un village ; la population s'est éteinte, le village est resté là ; ses ruines, à demi cachées sous une végétation sauvage très vigoureuse, servent de renseignement pour arriver au petit nombre de bourgades et de villes encore habitées. Où chercher les jardins dans un tel pays? Entrons dans cette sombre forêt qui couvre une partie de la contrée. A l'ombre des hautes futaies, nous remarquons de singulières ondulations de terrain, de forme régulière ; ce sont les anciens sillons creusés par la charrue des Arabes il y a bien des siècles ; ces chênes antiques ont eu le temps de croître et de mourir de vieillesse, et la trace de la charrue arabe n'est point effacée sous leur ombrage séculaire. Des haies de petits chênes verts désignent encore les enclos qui furent des jardins ; c'est le seul souvenir qui montre qu'il y eut des jardins en Estramadure ; nous n'en retrouvons quelques-uns qu'aux portes de Badajoz. En examinant le travail des jardiniers espagnols, non pas seulement ceux de Badajoz, mais ceux de toute l'Espagne, nous remarquons la longueur des manches adaptés à tous leurs instruments de jardinage ; il en est pour lesquels cette longueur est sans inconvénient ; mais, par exemple, comment sarcler avec quelque soin en se servant d'un sarcloir dont le manche n'a pas moins d'un mètre 60 c.? Évidemment le travail du sarclage veut être fait de très près pour être convenablement exécuté. Mais l'Espagnol croirait manquer à sa dignité s'il se baissait vers sa terre, si riche et si fertile, pour la cultiver ; aussi est-elle couverte de despoblados, et toute l'Espagne ne sera bientôt qu'un despoblado d'un bout à l'autre, si cela continue.

Et pourtant l'Espagnol n'est point insensible au charme des jardins ; tout jardin en terrasse au bord d'un cours d'eau quelconque, d'où l'on découvre une vue agréable, se nomme en espagnol *carmen* (charme, chose charmante). A Séville, les bosquets se nomment *délices*. A part la peine qu'il faut prendre pour les cultiver, l'Espagnol trouve les jardins délicieux ; mais il a trop d'autres choses à faire, entre autres, fumer la sieste, et aussi la guerre civile.

L'Espagnol est en général si mal chez lui, dans sa chambre malpropre et nue, qu'il vit le plus qu'il peut dehors : de là le grand nombre de promenades publiques, dont bien peu méritent le nom de jardins ; ce sont tout simplement de longues allées droites, ordinairement plantées d'ormes, comme l'indique leur nom (*alamedas*, allées d'ormes). Chaque ville, grande ou petite, a ordinairement son alameda. Les grands jardins joints aux résidences royales de l'Escurial, de Saint-Ildefonse, de Buen-Retiro, de la Granja, sont exclusivement dans le goût du dix-septième siècle ; leurs longues lignes droites de terrasses et d'allées d'ifs,

encadrant de sombres compartiments de buis, s'accordent assez avec le souvenir des générations qui s'y sont promenées en vêtements sombres et en fraises sales. Il ne faut excepter que la résidence d'Aranjuez ; le dessin des jardins n'est ni plus varié, ni de meilleur goût, et les objets d'arts dont ils sont décorés avec profusion ne sont pas moins médiocres que dans le reste de l'Espagne ; mais il y a là tout autour de frais et délicieux ombrages, des eaux d'une admirable limpidité, et enfin la vallée du Tage, une des plus belles de l'Europe, et qu'il n'a pas été possible de défigurer.

L'abondance des eaux est aussi le principal ornement des jardins immenses, ou plutôt du parc de Saint-Ildefonse, dont les allées droites, décorées à droite et à gauche d'un peuple de statues détestables, n'ont pas moins de 3 à 4,000 mètres de long. Toutes les sources du pied des montagnes voisines ont été amenées à Saint-Ildefonse pour former une rivière artificielle qui, après avoir alimenté une foule de fontaines peu remarquables isolément, mais agréables dans leur ensemble, forme une fort belle cascade. Les compartiments du parc de Saint-Ildefonse sont encadrés dans des haies de myrtes et de lauriers ; on y trouve réunis tous les genres de décorations que comportait le goût de l'époque à laquelle ce parc a été créé, temples, grottes, labyrinthes, parterres, le tout de formes symétriques et géométriques, d'autant plus tristes que ce parc est, comme celui de Versailles, constamment veuf de cette foule qui, seule, pourrait l'animer s'il était livré au public et qu'il se trouvât aux portes d'une grande ville.

Pour passer en revue ce que l'Espagne offre de plus digne d'attention en fait de jardins particuliers, il faut faire le tour de son littoral, depuis les côtes de la Catalogne jusqu'au-delà des colonnes d'Hercule ; les villes maritimes et commerçantes d'Espagne ont seules une bourgeoisie opulente et éclairée à qui ses relations au dehors ont pu inspirer le goût des choses d'agrément en même temps que ses richesses lui donnent le moyen de le satisfaire ; quelques très beaux jardins appartiennent aussi à la noblesse et aux corporations religieuses, dont les loisirs ne sauraient être mieux employés qu'aux paisibles travaux de l'horticulture. Voici d'abord Barcelonne avec sa ceinture de jardins attenant à des maisons de campagne tout-à-fait analogues aux bastides de Provence ; elles portent ici le nom de *torres*. Le jardin du Labyrinthe jouit d'une juste célébrité, bien que le dessin en soit symétrique ; mais ses fontaines et ses statues, exécutées par les meilleurs artistes d'Italie, sont de très bon goût ; les plantes et les arbustes rares, propres au climat de la Catalogne, s'y trouvent groupés avec art ; ce jardin, ainsi que deux ou trois autres parmi lesquels il faut citer celui des Pères Capucins, donne une idée favorable de l'horticulture espagnole ; c'est dommage que les échantillons en soient si rares. Le jardin des Capucins de

Sarria, près Barcelonne, est du style paysager ; ses bosquets, plantés principalement en cyprès et arbres conifères à feuillage sombre, sont dessinés dans le but d'inspirer le recueillement et d'inviter aux pensées religieuses ; il est fâcheux que les bons pères aient jugé à propos de les peupler de détestables images de saints de plâtre qui font plus d'honneur à leur piété qu'à leur talent pour la sculpture.

Barcelonne contient dans son enceinte plusieurs beaux jardins ; l'un des plus beaux tient à l'hôtel du gouverneur (capitaine général) ; il est ouvert au public.

Valence et sa plaine renommée dans toute l'Espagne sous le nom de *Jardin de Valence*, ont aussi de fort beaux jardins à nous montrer ; nous y trouvons surtout beaucoup de jardins fleuristes, et nous ne sommes pas surpris d'apprendre qu'à Madrid et dans tout l'intérieur de l'Espagne, quand on veut un bon jardinier, on le fait venir de Valence. De toutes les fleurs qui se cultivent avec succès à Valence, l'œillet est celui dont la culture est la plus perfectionnée. Un voyageur anglais assure avoir vu à Valence des œillets *parfaitement bleus ;* c'est dommage qu'il n'en ait pas rapporté la graine dans son pays ; il a sans doute pris pour bleus les *ardoisés*, qui sont pourtant bien éloignés du bleu franc. Nul doute que s'il existait un œillet réellement bleu dans les jardins de Valence, il ne se répandît promptement en Europe ; un pareil œillet dans sa nouveauté n'aurait pas de prix.

Nous retrouverons quelques jardins autour de Malaga, de Carthagène et d'Alicante ; mais nulle part nous ne reverrons cette profusion de fleurs de pleine terre qui décorent en toute saison les jardins de Valence.

Arrêtons-nous un moment à Gibraltar. Voici l'alameda que les Anglais ont nommé le Paradis de Gibraltar. L'allée principale n'a pas plus d'un kilomètre de longueur, mais elle est coupée par des allées transversales plantées en figuiers, en orangers, en acacias-julibrissins, en arbres rares de toute espèce, et bordées de chaque côté de parterres où les fleurs les plus belles que comporte le climat, principalement les fuchsias, les éricas et les pélargoniums, croissent en pleine terre. Tout cela sans doute est admirable, surtout par la situation de cette promenade entre une roche de 500 mètres de haut et l'une des plus belles baies de la Méditerranée ; toutefois il est triste de penser que ce jardin, l'un des plus délicieux de l'Espagne, n'appartient point aux Espagnols, et qu'ils ne peuvent s'y promener que sous le canon de l'Angleterre.

A Cadix, où l'espace manque pour les jardins. nous visiterons cependant le jardin de l'hôpital, où nous verrons de fort beaux bananiers en pleine terre, chargés de fruits presque aussi bons que dans leur pays natal.

· La riche bourgeoisie de Cadix aime les fleurs avec passion ; les principaux négociants ont de très belles maisons de campagne sur la terre ferme, à Port Sainte-Marie et à Chiclana. Ces jardins fournissent de fruits et de fleurs les marchés de Cadix ; la provision du maître réservée, le jardinier vend le reste à son profit, en donnant toutefois une part au propriétaire.

En Angleterre, aux environs de Bristol et de Liverpool, ce sont aussi les villas des négociants qui approvisionnent en fleurs, fruits et légumes les marchés de ces deux grandes villes. Un de nos amis, qui visitait récemment l'Angleterre sous le point de vue de l'horticulture, s'étonnait de voir ses marchés si bien garnis, bien que les environs manquent presque totalement de jardins fleuristes et maraîchers ; il est pourtant du plus mauvais ton dans ce pays de faire vendre au marché le superflu des produits de son jardin ; mais les fortunes y sont très mobiles, et les banqueroutes très fréquentes ; il y a beaucoup d'expropriations, beaucoup de villas à vendre ou à louer ; durant les lenteurs des liquidations, les jardiniers vendent les produits des jardins qu'ils continuent à soigner pour leur compte, et il y en a assez pour alimenter en fleurs, fruits et légumes ces deux villes populeuses. Ce fait caractéristique méritait d'être consigné dans notre tour horticole.

Les maisons de campagne de la baie de Cadix ont toutes des galeries ou de grands balcons couverts, dont les montants sont garnis des plantes ou arbustes les plus rares ; on trouve dans leurs jardins une profusion de cactées, de mezembryanthèmes et plantes bulbeuses du Cap, cultivées en pleine terre.

L'intérieur de l'Espagne avait encore à nous montrer les bosquets d'orangers de l'Alcazar de Séville, et les nombreuses villas des faubourgs de cette ville renommée par sa beauté entre toutes les villes d'Espagne : nous n'en verrions plus aujourd'hui que les débris. Peu s'en est fallu qu'il n'arrivât autant au jardin botanique de Madrid, ce qui eût été d'autant plus regrettable qu'il n'y en a pas d'autre sur le territoire de la monarchie espagnole. Ce jardin, fondé d'abord en 1755, à quelque distance de Madrid, fut transporté, en 1788, à la place qu'il occupe actuellement sous les murs de la capitale ; une élégante grille de fer le sépare de la belle promenade du Prado. Son étendue est de vingt-huit fanégadas d'Espagne, valant environ vingt-deux hectares. Ce jardin est public l'après-midi ; c'est le rendez-vous de la bonne compagnie de Madrid ; toute personne décemment vêtue y entre librement. La matinée est réservée aux personnes qui y viennent étudier la botanique ; elles doivent avoir des cartes d'entrée délivrées par le professeur attaché à l'établissement.

Un singulier usage ne permet pas aux dames d'entrer dans le jardin botanique de Madrid la tête couverte de leur mantille qu'elles quittent si rarement ; elles sont obligées, en y entrant, de porter leur mantille sur le bras, et de **se** promener la tête découverte.

Toutes les plantes médicinales cultivées **au** jardin botanique de Madrid sont distribuées gratuitement aux pauvres ; l'administration de cet établissement distribue aussi gratuitement les semences de toute espèce d'arbres, d'arbustes et de plantes utiles et d'ornement, et ne néglige rien pour en propager la culture.

Dans toutes nos explorations de l'Espagne, nous n'avons rencontré que bien peu de serres dignes de fixer notre attention ; les cultures forcées sont inconnues dans ce pays ; on prend les produits à l'époque où la nature les envoie, bien que sur les plateaux élevés du nord et du centre de l'Espagne les hivers soient souvent assez longs pour faire regretter l'absence de beaucoup de produits de tout genre qu'il serait facile de demander à la culture forcée ; il est vrai que pour la pratiquer avec succès il faudrait appeler des jardiniers du dehors.

Quand l'Espagne pacifiée sera ce qu'elle peut et doit être, le goût de l'horticulture ne pourra manquer d'y multiplier les serres qui pourront contenir les végétaux de tous les pays du globe, sans avoir besoin, comme en France et dans le nord de l'Europe, d'une chaleur artificielle entretenue toute l'année. Sous le climat de Séville et de Gibraltar, une serre froide est l'équivalent d'une serre tempérée à Paris ; elle devient serre chaude pour peu qu'on y fasse du feu pendant la mauvaise saison.

PORTUGAL.

Notre tournée en Portugal nous montrera des jardins bien autrement rares qu'en Espagne. On nomme ici *quinta* ce que les Catalans nomment *torre*, et les Provençaux bastide. Quelques quintas aux environs de Lisbonne et d'Oporto ont d'assez beaux jardins ; elles appartiennent à des négociants la plupart étrangers ; les autres, sans en excepter les jardins des résidences royales, sont mal tenus et délabrés ; les finances de ce malheureux pays sont trop obérées, et la civilisation y est trop arriérée sous tous les rapports, pour que les jardins publics ou privés ne se ressentent pas de cette décadence générale dont le Portugal ne semble pas près de se relever.

Lisbonne a des serres assez étendues qui dépendent de son jardin botanique, mais tout y est négligé. A Coïmbre, ville célèbre par son université, le jardin botanique était, il y a quelques années, totalement abandonné. Lorsqu'on s'est occupé de le remettre en ordre, il s'est trouvé rempli de très beaux arbres et arbustes d'Amérique et d'Australie, qui, livrés à eux-mêmes pendant nombre d'années, avaient fini par prendre le dessus et par former de très beaux bosquets ; il a fallu les dégager des ronces et des broussailles dont ils étaient encombrés.

Le sol et le climat sont admirables en Portugal ; les jardins, si l'on songeait à en planter, seraient les plus beaux de l'Europe ; mais l'horticulture est complétement mise en oubli précisément là où elle pourrait et devrait être le plus florissante.

Hâtons-nous de nous embarquer à Lisbonne pour Gênes, afin de prendre un aperçu de l'état de l'horticulture dans la péninsule italique.

ITALIE.

En arrivant à Gênes, même avant de débarquer sur ce port, un des plus beaux du monde, nous sommes frappés de la beauté de cette magnifique ceinture de jardins dont est entourée cette ville, surnommée la superbe, et qui, bien que déchue de son antique splendeur, porte pourtant encore très bien ce beau surnom. Ces jardins, vus de près, ne perdent rien de leur charme ; toute villa est un palais rehaussé de tout le luxe des arts ; chaque jardin, considéré séparément, offre une réunion de marbres admirablement sculptés qui semblent des monuments bien conservés des bons temps de l'art antique. Les jardins de Gênes sont ceux de toute l'Europe qui répondent le mieux à l'idée que nous pouvons nous former des jardins de l'antiquité, d'après les descriptions parvenues jusqu'à nous ; il semble que ce soit là que la tradition s'en soit le mieux conservée.

En parcourant rapidement le nord de l'Italie soumis au roi de Sardaigne et à la maison d'Autriche, nous remarquons l'état avancé de l'agriculture, les grands établissements d'horticulture à peine inférieurs à ceux de la Grande-Bretagne, le nombre des jardins de toute nature, depuis la villa du grand seigneur jusqu'au modeste jardin du paysan. Tout cet ensemble satisfaisant pour le voyageur étranger le force de reconnaître un peuple laborieux et jaloux, comme les Belges et les Hollandais, d'accroître son bien-être par le travail, de rendre son *chez soi*, grand ou petit, le meilleur et le plus agréable possible. Aux environs de Turin, nous visitons avec intérêt ces immenses pépinières si bien placées là, dans un sol frais, riche et profond parfaitement arrosé ; les arbres utiles, mûriers, orangers, citronniers, et toute sorte d'arbres à fruits, y tiennent le premier rang ; néanmoins, il y a place aussi pour les arbres et arbustes d'ornement, et bien que cette production énorme pour un petit royaume trouve en partie son débouché dans l'exportation, elle pourrait se soutenir sur un pied déjà respectable, rien qu'à l'aide du marché intérieur. Le goût des fleurs est général en Piémont ; les jardins de tout genre y sont très multipliés ; les parcs dessinés sur les pentes sud et sud-est des Alpes sont d'une rare beauté : ils ont, comme les jardins de Gênes, mais dans un autre genre, le privilège d'une vue magnifique dans toutes les directions, et d'un climat qui admet une végétation très variée.

En Lombardie, le goût des jardins paysagers est général parmi la riche noblesse de ce pays ; toutefois, les compositions de ce genre que nous avons à visiter ne nous satisfont pas toutes également. Un grand seigneur des environs de Milan, dans un parc situé au milieu d'une plaine, a voulu absolument avoir une grotte et des rociers, le tout dans de grandes proportions ; il n'a rien trouvé de mieux qu'un écnafaudage en charpente recouvert de toile peinte, une décoration d'opéra. « Cela me procure l'avantage, disait-il dernièrement à un voyageur de nos amis, de changer à peu de frais mes rociers quand j'en suis las : il ne s'agit que d'en faire peindre d'autres. »

Parvenus au bord de l'Adriatique, nous y trouvons, sur les rives de la Brenta, les traces de l'antique splendeur des villas de la noblesse vénitienne. Entrons à Venise. Nous ne devons pas nous attendre à rencontrer beaucoup de jardins dans une cité dont le sol est à peine d'un ou deux mètres au-dessus du niveau de l'eau salée. Nous n'en sommes que plus agréablement surpris en y trouvant un grand nombre de très beaux jardins. L'horticulture fut de tout temps en honneur à Venise ; dès le milieu du quatorzième siècle, les opulents Vénitiens songeaient à créer au milieu de leurs lagunes de très beaux jardins qui subsistent encore. Nous nous étonnons de la vigueur et des dimensions colossales des antiques platanes qui décorent plusieurs de ces vieux jardins ; la terre où vivent ces arbres n'a nulle part au-delà d'un mètre de profondeur ; il faut se rappeler que cette terre a été apportée en bateau du continent voisin, et que l'eau dont on arrose cette profusion de belles fleurs qui nous charment dans les parterres de Venise vient aussi du continent ; un pont aqueduc gigantesque, ouvrage actuellement en construction, doit incessamment apporter à Venise la Belle, une rivière tout entière. Les deux principaux jardins publics de Venise datent de 1808 ; c'est une création de Napoléon ; les arbres des bosquets, surtout les ailantius (vernis du Japon), ont acquis dans un intervalle de temps fort court comparé avec la durée de l'existence de ces arbres, des dimensions tellement colossales, qu'on a peine à croire à la date pourtant très certaine de leur plantation. Les jardins publics de Venise peuvent servir de modèle sous le rapport des sièges, des ombrages et de tout le *comfort* dont est susceptible un lieu public de promenade ; aussi sont-ils très fréquentés en toute saison.

On pense bien que le nombre des espèces d'arbres qui s'accommodent d'un sous-sol d'eau salée ne peut être que très borné ; on trouve au contraire dans les jardins de Venise la plus riche variété de plantes et d'arbustes d'ornement.

De Venise à Florence, nous rencontrons partout de beaux et vastes jardins ; les vergers réunissent une foule de variétés de fruits inconnus à la France ; d'autres espèces, qui chez nous fructifient rarement et difficilement, donnent ici des fruits tous les ans, et en grande abondance. Parmi ces derniers, nous remarquons la poire que les Italiens nomment *graccioli*, nom qui se reconnaît encore dans le mot français graciole ou gratiole : c'est un bon-chré-

tien d'été. En France et en Belgique, on estime beaucoup cette poire, aussi belle que bonne, qui mûrit de très bonne heure ; mais elle ne fructifie qu'à l'abri des murs d'espalier. En Italie, des vergers entiers sont uniquement plantés en poiriers de cette espèce ; ces arbres, greffés sur franc, deviennent forts comme des chênes, et poussent avec une incroyable vigueur.

Dans les potagers, les légumes sont les mêmes que les nôtres. Les brocolis de toutes les nuances sont plus souvent cultivés que les choufleurs, dont ils tiennent la place ; nous n'avons à signaler qu'une seule plante, qui chez nous ne figure pas comme légume sur nos tables : c'est le fenouil doux, dont les côtes et les racines se consomment en très grande quantité dans toute l'Italie.

Florence est toujours la ville des fleurs. Il n'y a pourtant pas bien longtemps qu'elle possède quelques établissements d'horticulture ; dont le premier, si nos souvenirs sont fidèles, fut fondé il y a quelques années par un Français : cette anomalie s'explique d'elle-même. Le goût des fleurs, en Toscane, est resté longtemps l'apanage exclusif des classes opulentes : tout amateur avait son jardin, ses serres et son jardinier, dans la villa, centre de ses domaines ; des échanges entre voisins, et des achats en Piémont, ou même en France et en Angleterre, complétaient les collections. Mais bientôt, les inconvénients d'un tel état de choses ont fait sentir le besoin de créer à Florence même un centre de production dont le débouché était assuré d'avance. Les établissements actuellement existants sont en pleine prospérité ; grâce à eux, le goût des fleurs s'est propagé parmi toutes les classes de la population.

Remarquons, avant de quitter Florence, les belles pépinières de camélias que possèdent les environs de cette ville. Ces pépinières n'appartiennent point au commerce : de très grands seigneurs, de très grandes dames, marquises ou duchesses, ont pris plaisir à récolter et à semer de leurs propres mains des milliers de graines de camélias ; il est des pépinières qui n'en comptent pas moins de 15,000. Celle du grand-duc régnant, amateur et protecteur éclairé de l'agriculture et de l'horticulture, est une des plus nombreuses. Le camélia est devenu l'arbre de prédilection des horticulteurs italiens. Il supporte bien l'hiver en pleine terre, sous le climat de Florence, dans toutes les situations abritées.

De Florence à Rome, nous avons à traverser la Toscane dans sa partie la plus fertile. Chaque grand domaine a des jardins presque tous du style paysager, et des serres très bien tenues. La culture forcée est ici très en honneur, et fort habilement pratiquée. On a commencé, il y a quatre ou cinq ans, à propager la culture en plein champ de la batate, qui tend à devenir, en Toscane, l'objet d'une branche importante de l'agriculture. Cette belle et utile culture aurait échoué si les nombreux jardiniers des villes, habitués à gouverner des serres et à plus forte raison des couches, n'avaient enseigné aux métayers à monter des coucres pour faire germer les tubercules des batates, afin d'en obtenir, au moment opportun, des milliers de boutures. Aujourd'hui, ce procédé est devenu familier aux paysans toscans, qui commencent à apprécier la valeur alimentaire de la batate, soit pour eux, soit pour leur bétail.

Rome et ses environs, avec leurs palais entourés de magnifiques jardins, nous rappellent les terrasses de Gênes : c'est le même style antique, le même emploi judicieux des objets d'art du plus grand prix. Remarquons le jardin du duc de Bracciano, qui ne contient pas un seul arbre à feuilles caduques ; tous les végétaux qui le décorent sont choisis parmi les arbres et arbustes à feuilles persistantes ; les conifères y sont pourtant en minorité ; les magnolias, les rhododendrums, les azalées, les lauriers, les viornes, composent le fond des massifs.

On doit au souverain pontife actuellement régnant la restauration des jardins du Vatican, qui depuis longtemps étaient presque abandonnés. Des massifs de buis séculaires, peut-être les plus anciens de l'Europe, donnent à ces jardins un caractère de tristesse et de mélancolie ; mais la sombre verdure des buis et d'admirables chênes verts font parfaitement ressortir de très beaux morceaux de sculpture, presque tous antiques, distribués avec goût : les jardins du Vatican semblent véritablement romains, mais romains du siècle d'Auguste.

Parmi les fruits les plus communs sur les marchés de Rome, remarquons les melons de toute espèce, et surtout les cantaloups, à peine meilleurs ici, sur leur sol natal, qu'aux environs de Paris. Des échoppes décorées avec une sorte de luxe, ornées de guirlandes de fleurs naturelles et de rubans fanés, étalent aux yeux des amateurs des piles de melons qu'on vend en détail aux passants, au prix le plus modique ; ce fruit se consomme sur place, devant l'étalage du marchand, qui vous doit, par-dessus le marché, un verre d'eau à la glace et l'anecdote du jour. Tous ces melons sont venus presque sans culture, en plein champ ; ils doivent leur qualité au sol et au climat ; l'horticulture maraîchère, malgré le débouché que lui offrent les 200,000 habitants de Rome, est on ne peut plus négligée autour de cette grande ville. Hâtons-nous de traverser les pays infestés par la *malaria* (mauvais air) ; ne nous arrêtons pas trop à considérer les sites pittoresques le long de la route, de peur qu'une balle de carabine ne trouble nos rêveries poétiques en présence de ce pays admirable, et bâtons-nous d'arriver à Naples, ce pays des anges habité par des démons, comme dit le proverbe italien.

Ici, la nature a tout fait pour l'homme, et l'homme continue à faire le moins qu'il peut pour tirer parti des dons de la nature. Il n'y a de jardins réellement beaux que ceux des résidences royales et des palais de quelques grands seigneurs. Le pays autour de Naples devrait être un jardin : il est à peine cultivé ; il est vrai que tout y vient presque sans culture. Dans

l'intérieur de la ville, l'usage général de garnir les toits ou terrasses d'une bordure de vases et de caisses, où l'on cultive des plantes d'ornement, produit un très bel effet.

Peu de villes aux environs de Naples ont des jardins dans le style paysager ; c'est toujours, comme autour de Gênes et de Rome, l'alliance de l'architecture et de la sculpture avec l'horticulture qui constitue la beauté des grands jardins. Saluons, dans celui de la résidence royale de Caserta, le doyen des camélias, planté en pleine terre en Europe ; ce n'est plus cet humble arbuste, qui, chez nous, passe pour très grand dès qu'il approche des dimensions d'un oranger de taille ordinaire ; c'est un bel et grand arbre de plus 8 mètres de haut, large à proportion, portant à la fois des milliers de fleurs que remplacent plus tard des fruits remplis de graines fertiles, et pouvant abriter plusieurs personnes sous son épais feuillage. Quand on voit ce camélia, l'on ne peut plus douter que ce bel arbre ne soit acquis à l'Italie comme arbre de pleine terre.

Naples devrait être le premier jardin de naturalisation de l'Europe : c'est du jardin botanique de Naples que les végétaux de tout genre importés des contrées tropicales devaient se répandre dans tout l'Occident. Naples possède à la vérité un jardin botanique ; ce jardin n'a point de serres ; il a pour directeur un abbé plein de zèle et de bonnes intentions, mais qui ne sait pas le premier mot de la botanique non plus que de l'horticulture.

Les jardins de Caserta sont dessinés dans le goût anglais ; ils sont l'ouvrage d'un jardinier de cette nation envoyé de Londres au roi de Naples, Ferdinand IV, par le célèbre botaniste et naturaliste anglais sir Joseph Banks. Ce malheureux jardinier, par parenthèse, fut poignardé, en 1816, par ses confrères de Naples, dont son talent avait excité la jalousie. On admire dans les bosquets qu'il a plantés un choix de beaux arbres exotiques, tous de la plus riche végétation.

Nous quittons Naples pour nous diriger vers l'Allemagne par la Suisse. Nous n'avons à voir en passant que les jardins publics de Bologne, peu spacieux, mais bien tenus, et les îles Borromées, sur le lac Majeur, si souvent décrites, si souvent figurées, que nous les savions par cœur avant de les voir. Après avoir admiré le riche point de vue qu'offrent le lac Majeur et ses îles, vus de l'intérieur du nez de la statue colossale de saint Charles-Borromée, nous entrons en Suisse par la vallée du Tésin.

SUISSE, TYROL et ALLEMAGNE.

Ne nous arrêtons point à passer en revue les jardins paysagers que nous pourrions trouver en Suisse ; quoique fort agréables et d'un très bon style, ils seraient vus avec trop de désavantage en présence des plus belles scènes de la nature. Quel propriétaire oserait placer une pièce d'eau dans son parc à côté du Léman, ou une cascade en vue du Reichenbach? Disons seulement qu'autour des villes, le jardinage utile est aussi avancé qu'en Allemagne, que le goût des fleurs est très général, et qu'on trouve de très beaux jardins d'agrément dans toutes les situations pittoresques des rives du Léman et du lac de Constance. Quelques-unes de ces villas sont visitées, moins pour elles-mêmes que pour les souvenirs qui s'y rattachent. Les admirateurs de Mme de Staël manquent rarement d'aller au château de Coppet, qu'elle a longtemps habité, et qui sans cela ne vaudrait guère la peine d'être visité.

Les jardins paysagers sont de même écrasés par le paysage naturel dans le Tyrol, la Carniole et le pays de Salzbourg; il faut entrer dans l'Allemagne proprement dite, et s'éloigner des beautés imposantes prodiguées par la nature à ces contrées pittoresques, pour que l'art du jardinier paysagiste puisse se déployer sans craindre une si écrasante rivalité.

Nous regrettons, en quittant la Suisse, le soin qu'ont pris les habitants de cet admirable pays d'en exploiter les merveilles. Il faut nous enfoncer dans les cantons les plus reculés des montagnes de la Suisse pour jouir à notre aise et sans trouble de l'aspect de la nature sauvage. Sur la route suivie habituellement par les *touristes*, nous trouverions partout des sentiers sablés avec des garde-fous dans les passages dangereux; partout un loueur de chaises viendrait tendre la main en nous offrant un siège pour voir commodément un glacier ou un précipice. Dans le Tyrol, moins fréquenté des étrangers, mais non moins pittoresque que la Suisse, on se souvient encore des visites annuelles du lord H. qui tous les étés revenait le parcourir à pied dans tous les sens. Quand ce seigneur y vint pour la première fois, c'était avec l'intention d'y acheter une terre et de s'y établir; mais jamais il ne put se décider à choisir entre des milliers de sites tous également pittoresques; cette incertitude dura plusieurs années, pendant lesquelles lord H. dépensa des sommes incroyables pour faire abattre ici un bouquet d'arbres, ailleurs une chaumière, ou un pan de rocher; plus loin, il faisait jeter un pont sur un torrent, ou bien détourner plusieurs ruisseaux pour grossir une cascade trop peu fournie à son gré, le tout pour donner à chaque coin de vallée qu'il avait momentanément en vue pour s'y fixer toute sa valeur pittoresque. Après tant de fatigues et de dépenses, lord H. se trouva dégoûté du pittoresque en général et du Tyrol en particulier; il revint habiter son hôtel à Londres, et se promener dans Hyde-Park.

Si nous voulons prendre une idée de l'état le plus avancé de l'horticulture en Allemagne, commençons nos explorations par la Bavière; c'est là que nous verrons les plus beaux jardins paysagers qui soient en Europe, sans excepter ceux de la riche Angleterre. Le souverain actuel de la Bavière est un des protecteurs les plus éclairés du jardinage; il est surtout amateur passionné des grands jardins du style pittoresque. Nous remarquons dès notre entrée dans ses états, le long des grandes routes, des arbres exotiques de toute espèce choisis parmi ceux qui supportent le climat du pays; ces arbres se recommandent les uns comme ornement, les autres par leurs usages économiques; c'est par ses ordres qu'ils ont été plantés afin de mettre tout le monde à même de juger de leur degré d'utilité et d'agrément. Un pareil système devrait être adopté et pourrait l'être à bien peu de frais dans toute l'Europe; ce serait une dépense publique bien légère et très utile. Nous voudrions aussi voir s'étendre à tous les états de l'Europe l'institution des commissions permanentes d'améliorations, chargées par le gouvernement bavarois de proposer tous les embellissements que chaque partie du pays peut recevoir, tels que fontaines, jardins, promenades ou constructions d'utilité publique; un recueil périodique publie les travaux et les rapports de ces commissions, qui ont rendu et continuent à rendre à l'horticulture bavaroise de très importants services.

Notre première visite est due au jardin de Nymphenbourg, à quelques kilomètres de Munich. Ce jardin était dans l'origine un jardin géométrique, une espèce de petit Versailles, selon la mode du temps où il fut planté. Vers l'époque de la révolution française, il changea de forme en partie, pour prendre celle d'un jardin paysager. Malheureusement, le sol est tout plat à plusieurs myriamètres à la ronde, de sorte que l'artiste chargé de dessiner les bosquets a été privé de la principale source du pittoresque, de celle qui résulte d'un terrain accidenté; à cela près, il a su en tirer tout le parti possible. Nulle part ailleurs nous ne trouverons une plus riche variété d'arbres et d'arbustes de pleine terre; nulle part aussi l'on n'a pris plus de soin de tout ce qui peut rendre un jardin agréable au promeneur : c'est ce luxe dans les choses publiques, toujours louable là ou tout le monde est appelé à en profiter.

Le même éloge est dû au jardin public de Munich, dessiné exclusivement dans le style paysager. C'est la plus grande composition de ce genre en Allemagne; il n'a pas moins de 200 hectares; l'eau en occupe une très grande partie; un beau lac et une jolie rivière servent aux plaisirs de la promenade sur l'eau. Il y a dans ce parc des allées de deux à trois kilomètres de développement; on y retrouve la même diversité de végétation qu'au jardin de Nymphenbourg.

On trouve en Bavière un très grand nombre de beaux jardins publics; en outre, les grandes routes sont pour la plupart de véritables promenades, avec des bas côtés bien entretenus, des lignes d'arbres d'ornement très variés, et de distance en distance, des demi-cercles de gazon ombragés de grands arbres, avec des sièges commodes pour le repos des voyageurs. Nous n'oublions pas de rendre justice au soin judicieux qu'on a pris de joindre un jardin spacieux et agréable au grand hôpital de Munich, jardin exclusivement réservé aux convalescents, et entretenu avec un luxe de fleurs qui ne saurait être mieux à sa place. En France, beaucoup de grands hôpitaux, à commencer par l'Hôtel-Dieu de Paris, n'ont pas de promenoir où les convalescents puissent prendre l'exercice dont ils ont si grand besoin.

Dans tout le reste de l'Allemagne, deux classes de jardins méritent surtout notre attention ceux des résidences princières, comme on sait très multipliées, et ceux des villes où des eaux minérales attirent un grand concours d'étrangers ; le style paysager domine dans toutes ces compositions. Nous avons parlé des promenades publiques dont les principales villes d'Allemagne sont décorées par les soins de leurs autorités municipales ; le plus beau de ces jardins, dont nous avons donné le plan, *fig.* 522, est celui de Magdebourg. A Francfort, le sénat voulant mettre un obstacle de plus à la fantaisie qui pourrait prendre aux grandes puissances d'emprisonner dans des fortifications les citoyens de cette ville libre, ont fait jeter les remparts dans les fossés, et convertir le tout en jardins dans le goût anglais. C'est une ceinture de bosquets de plusieurs kilomètres qui entoure la ville ; on n'y saurait entrer d'aucun côté sans traverser un jardin. Nous avons cité deux exemples de la même sagacité, à Aix-la-Chapelle (Prusse-Rhénane) et à Louvain (Belgique).

En Prusse, les beaux jardins sont les uns sur les autres ; le rude climat de la partie septentrionale de ce royaume y a multiplié les serres dans tous les jardins de quelque importance. L'horticulture européenne devra le plus beau jardin d'hiver qu'elle ait possédé jusqu'à ce jour, à la libéralité du roi de Prusse, qui consacre en ce moment trois millions de sa fortune privée à faire construire à Berlin une serre colossale où le public se promènera sous la neige au milieu des arbres et des fleurs de tous les climats, végétant comme dans leur pays natal, en pleine terre.

Cette serre laissera loin derrière elle celle de Schœnbrünn, résidence impériale près de Vienne, qui passait pour la plus spacieuse de toute l'Allemagne. Vienne et les principales villes de l'empire d'Autriche ont leurs jardins, les uns symétriques, les autres paysagers. En Hongrie, le goût symétrique domine encore dans la plupart des grands jardins, de même qu'en Pologne et en Russie, sauf quelques rares exceptions.

Dans le duché de Bade et dans le Wurtemberg, les pentes des Alpes de Souabe et les aspects pittoresques de ce qui reste de la Forêt-Noire sont utilisés pour un grand nombre de très beaux parcs. Dans le jardin public de Carlsruhe, nous ne devons pas manquer de voir un singulier phénomène de végétation, c'est un saule pleureur de fort grande taille, planté en 1787 ; un coup de vent le renversa en 1816. Une de ses branches fut retranchée ; l'autre reçut pour l'étayer un tronc de chêne

solidement fixé dans le sol ; ce chêne était recouvert de son écorce. Le saule poussa une racine entre le bois et l'écorce pourrie de son étai ; la racine, parvenue à la grosseur du bras, fendit l'écorce et descendit jusque dans la terre où elle s'enfonça d'elle-même, rendant ainsi à l'arbre un appui naturel qui rend inutile celui qu'on lui avait donné.

Sous le point de vue de la production des fruits et des légumes, l'Allemagne est au niveau des pays les plus avancés de l'Europe ; les vergers de l'Allemagne méridionale produisent en abondance d'excellents fruits ; la culture forcée, très répandue dans l'Allemagne du nord, y donne ses produits en toute saison, et à des prix assez modérés. Les jardins potagers sont proportionnés aux besoins de la consommation, et chaque habitation champêtre a sa plate-bande de fleurs. Quelques localités sont renommées pour la culture de certains légumes ; dans les environs d'Ulm (Bavière), les asperges passent pour être de meilleure qualité que dans tout le reste de l'Allemagne : les amateurs de cet excellent légume font venir d'Ulm des graines et même des griffes de ces asperges pour leurs plantations. C'est une grosse asperge violette qui ne diffère pas essentiellement de la grosse asperge de Gand.

L'Allemagne possède un grand nombre de sociétés d'horticulture bien organisées ; l'une des plus célèbres est celle de Frauendorf, qui possède un immense verger planté de toutes sortes d'arbres à fruits ; c'est la collection de ce genre la plus complète de l'Allemagne. La société d'horticulture de Frauendorf publie deux recueils dont l'un hebdomadaire est intitulé *Gazette des Jardins* (*Garten-Zeitung*), et l'autre mensuel et spécialement consacré aux vergers, sous le nom de *l'Ami des arbres fruitiers* (*der Obstbaum Freund*). Ces deux recueils sont l'un et l'autre très répandus en Allemagne.

Quelques jardins fruitiers, potagers et paysagers en Allemagne rappellent de grands souvenirs : tels sont, en Saxe, les vergers d'Erfurt, déjà célèbres du temps de Charlemagne, et en Prusse les bosquets de Sans-Souci, créés par le grand Frédéric.

La profession de jardinier offre un grand débouché en Allemagne ; ceux qui s'y distinguent parviennent tous à une honorable aisance. Les Allemands appliquent à la profession de jardinier la coutume que quelques professions seulement suivent en France : après trois ans d'apprentissage, il faut que le jeune jardinier voyage, et il ne peut espérer de se placer avantageusement s'il n'a fait son tour d'Allemagne, comme nos tailleurs et nos cordonniers font leur tour de France. Beaucoup de grands propriétaires, lorsqu'ils ont reconnu dans un jeune jardinier un degré suffisant d'intelligence et d'aptitude à s'instruire, le font voyager pendant deux ou trois ans en Hollande et en Angleterre, dans le but de l'élever à son retour au grade de jardinier en chef.

L'Allemagne a produit un grand nombre de bons ouvrages sur différentes parties de l'horticulture; les écrits de Sickler et ceux de Von Sckelt sont les plus connus et les plus estimés hors de l'Allemagne; ils sont traduits en anglais, et les horticulteurs anglais en font autant de cas que des meilleurs auteurs de leur nation qui se sont occupés d'horticulture.

POLOGNE ET RUSSIE.

Le poëme de Delille sur les jardins a rendu célèbres les parcs attenant aux palais de l'aristocratie polonaise, les uns dans le goût symétrique des anciens jardins français, les autres dans le style pittoresque; cet état de choses a peu changé depuis les descriptions de l'abbé Delille; seulement, les troubles civils et la dévastation qui s'en est suivie ont dispersé la noblesse polonaise, dont les propriétés, en changeant de maîtres, ont en partie changé d'aspect : les Russes ne sont pas renommés pour la pureté de leur goût, pas plus en jardinage qu'en toute autre matière. Les autres branches de l'horticulture sont du reste, en Pologne, au niveau de l'état des connaissances actuelles dans les pays voisins.

En Russie, la rudesse du climat donne aux serres une importance qu'elles n'ont point ailleurs; pendant plus de sept mois de l'année, la promenade au dehors n'est pas tenable; les serres, assez spacieuses pour servir de promenade d'hiver, ont, sous un tel climat, plus de valeur que partout ailleurs.

Le jardin botanique de Pétersbourg contient des serres d'une longueur immense; elles forment un parallélogramme coupé par une ligne intérieure de constructions semblable à celle dont se composent les côtés. Tous ces bâtiments, mis l'un au bout de l'autre, auraient environ 1,200 mètres de longueur totale. L'aspect de l'ensemble a quelque chose d'imposant par son étendue. Mais lorsqu'on examine ces serres en détail, et surtout lorsqu'on les compare à celles des pays plus avancés que la Russie en civilisation, on y reconnaît la grossièreté et l'imperfection, jointes à la prétention, qui caractérisent en général les ouvrages des Russes dans tous les genres : ainsi, les châssis joignent mal; le verre n'est qu'à demi transparent et rempli de défauts; le mode de ventilation est défectueux; on ne sait couvrir pendant l'hiver ni ombrager pendant l'été qu'avec des planches qu'il faut continuellement ôter et remettre, non sans casser beaucoup de carreaux de vitre. La végétation des plantes exotiques, dans de pareilles serres, est ce qu'elle peut être, c'est-à-dire assez misérable ; c'est quelque chose pour les Russes; mais en Europe, cela ferait hausser les épaules.

Depuis Pierre-le-Grand, la Russie a vu s'élever et disparaître bien des fortunes exorbitantes. Pour n'en citer qu'un exemple fameux, relatif au jardinage, on a vu les magnifiques jardins d'hiver de Potemkin, qui lui avaient coûté des sommes extravagantes, servir, sous le règne suivant, de caserne et d'écurie aux soldats de Paul Ier; il n'en reste plus que les débris. Rien n'est plus commun en Russie que ces ruines modernes de constructions que souvent même leur fondateur n'a pas eu le temps d'achever avant d'être atteint par la disgrâce et l'exil en Sibérie.

Dans le midi de la Russie, il pourrait y avoir de magnifiques jardins; la noblesse sédentaire des provinces méridionales de l'empire russe est en général trop peu civilisée pour comprendre les jouissances que peut procurer l'horticulture.

Il ne faut pas chercher de jardins autour des cabanes russes; l'esclave ne songe guère à embellir une terre qui ne peut pas plus lui appartenir qu'il ne s'appartient lui-même. Ainsi, au lieu de faire croître à portée de sa chaumière sa provision de légumes tels que les admet le climat, le paysan serf se contente de ramasser sur les landes les champignons comestibles qu'il conserve en les faisant fermenter, mets repoussant qu'on ne saurait manger ni digérer à moins d'être russe.

On trouve autour des villes quelques potagers et un certain nombre de jardins fleuristes : ils sont cultivés presque tous par des Allemands; la cerise du nord et quelques espèces de pommes sont les fruits qui y mûrissent le mieux. Parmi les variétés de pommiers cultivés dans ces vergers, nous remarquons celle dont le fruit, connu sous le nom de *pomme de Moscou*, dépasse le volume des plus grosses pommes connues : c'est du reste son seul mérite. Le peu de valeur réelle de ce *fruit monstre* est la seule raison qui l'ait empêché de se propager dans les vergers d'Europe.

Dans tout le nord-ouest de la Russie, jusqu'en Livonie et en Courlande, on cultive, sous le nom d'*arbre aux pois*, l'acacia caragana, qui réussit assez bien dans les situations abritées. Ses graines, écossées vertes, forment un mets assez peu agréable, plus propre à la nourriture du bétail qu'à celle de l'homme, mais qui n'a rien de malfaisant quand on parvient à le digérer.

Jusqu'à ces derniers temps, la pomme de terre ne s'est propagée que très difficilement en Russie. Encore aujourd'hui, les paysans russes refusent absolument d'en manger, par suite de leur aversion naturelle pour tout ce qui est nouveau; « ils prétendent, dit un voyageur anglais, que toute nouveauté mise en avant par leur maître doit être à l'avantage du maître, et ne peut être, par conséquent, qu'à leur préjudice. »

Le peu de légumes d'Europe qu'on rencontre çà et là en Russie a été apporté par les étrangers, toujours en grand nombre au service russe, et presque seuls en possession du commerce des villes.

Le houblon est indigène en Russie; on en mange les pousses au printemps en guise d'asperges, comme cela se pratique en Belgique et dans le nord de la France; c'est un mets aussi sain qu'agréable.

Nos arbres d'ornement les moins sensibles au froid de nos plus rudes hivers gèlent en Russie. On ne peut avoir à Pétersbourg ni lilas, ni cytises, ni syringas, autrement qu'en les traitant comme plantes d'orangerie; il faut les cultiver dans des caisses, et les rentrer pendant l'hiver. On conçoit combien doit être borné le nombre des arbres et arbustes qui supportent la pleine terre sous un pareil climat. Dans quelques localités très bien abritées, on voit çà et là un poirier en espalier : rien n'est plus rare que de le voir fleurir et fructifier. Tous les autres fruits d'Europe ne viennent à maturité que dans la serre.

SUÈDE, NORWÉGE, DANEMARK.

Quand même nous n'aurions à voir que le seul jardin de l'université d'Upsal, en Suède, dans toute la Péninsule scandinave, nous ne pourrions nous dispenser de traverser la Baltique, et de visiter, en terminant notre revue du jardinâge européen, le théâtre des travaux du premier botaniste des temps modernes, du célèbre Linnée, dont nous trouvons le souvenir encore vivant à Upsal. Ce jardin botanique, le dernier de l'Europe vers le nord, est tenu avec un soin et un talent remarquables. Au nord d'Upsal, nous trouvons encore de beaux jardins et des vergers productifs près de Drontheim, en Norvège, dans des vallées très abritées : nos légumes y croissent, mais ne durent qu'un moment; on y supplée par la culture forcée.

Au nord de Drontheim, nous pouvons saluer, près du cap Nord, en Laponie, les derniers croux et les dernières pommes de terre du continent européen. Nous trouverions encore des traces du jardinage autour des cabanes des paysans islandais; il y en a même beaucoup plus au nord que l'Islande, dans les établissements danois sur la côte du Groënland; mais l'Islande et le Groënland n'appartiennent réellement pas à l'Europe. Quelques beaux jardins aux environs de Stockholm méritent que nous les visitions, bien que le style symetrique y domine : tous sont ornés de fort belles serres, riches en plantes précieuses de tous les pays, et parfaitement cultivées.

Nous donnerons un coup d'œil au jardin botanique de Christiania avant de passer le Sund pour voir les jardins du Danemark. Nous trouvons dans ce royaume l'horticulture en progrès. Copenhague a vu se former tout récemment une Société d'horticulture, qui doit, au moyen d'une souscription promptement remplie, doter cette ville d'un très beau jardin botanique, qui servira en même temps de promenade.

La botanique et l'horticulture ont été de tout temps en honneur en Danemark. Les parcs, joints aux châteaux et aux résidences royales, sont dessinés dans le meilleur style; les jardins botaniques, dont le plus remarquable est celui de Charlottenbourg, qui sert à l'enseignement de l'université de Copenhague, sont dirigés par des jardiniers du premier mérite : c'est déjà le jardinage allemand, d'autant plus digne d'éloges pour ses efforts et ses succès, qu'il doit lutter contre des conditions de climat plus défavorables à l'horticulture. En Danemark, nous retrouvons en abondance les légumes de Hollande, les meilleurs et les plus délicats de tous ceux du nord de l'Europe. Les arbres à fruits, cultivés presque tous en espalier, y donnent, à l'aide de quelques abris momentanés au printemps, des fruits très passables. Des serres sont consacrées à tous les genres de culture forcée.

Nous avons aussi à saluer en Danemark de nombreuses collections de plantes d'ornement; le goût des plantes de collection n'est pas moins répandu dans ce pays qu'en Angleterre.

Ici se termine notre revue du jardinage européen. Nous pourrions encore en montrer le rayonnement sur tous les points du globe, partout où la race d'Europe a pris possession du sol. Les États-Unis nous montreraient la répétition des vergers et des parcs de l'Angleterre; nous pourrions suivre jusqu'à Ceylan l'horticulture anglaise avec ses collections, ses parterres et ses jardins paysagers. L'Amérique espagnole nous montrerait la répétition des jardins géométriques solennellement ennuyeux, de l'Escurial; enfin, pendant l'occupation de l'Égypte par les Français, nous pourrions montrer nos jeunes états-majors dansant à la clarté des illuminations en verres de couleur sur la terre des Pharaons, dans un tivoli improvisé aux dépens des jardins du sérail de Mourad-Bey, le dernier chef des Mamelucks.

En résumant nos impressions, la revue du jardinage européen nous le montre avec une tendance remarquable à rentrer dans ses véritables limites, à cesser, même dans les pays de haute aristocratie, de dérober à la culture de vastes espaces pour les jouissances d'un seul, à satisfaire pleinement, largement à des prix raisonnables, le goût de tous pour les végétaux d'ornement, et les besoins de tous par la production des végétaux alimentaires : c'est une bonne voie, c'est celle du véritable progrès. L'horticulture doit y persévérer.

L'horticulture française, moins avancée que celle de beaucoup d'autres pays sous certains rapports, s'avance dans toutes les directions d'un pas si rapide qu'elle voit approcher avec certitude l'instant où la première place ne pourra lui être disputée. Cette place lui appartient déjà pour toute la partie utile de l'horticulture; sous un autre point de vue, nos horticulteurs n'ont pas de rivaux dans l'art si difficile de la multiplication des plantes exotiques, et ils perfectionnent de jour en jour leurs procédés.

Qu'il nous soit permis d'exprimer en terminant l'espoir de concourir, nous aussi, à la marche progressive de cet art qui, comme une dérivation de l'agriculture, a également pour objet de fertiliser et d'embellir le sol de la patrie

CALENDRIER DU JARDINIER

JANVIER.

§ 1er. — Jardin potager.

Asperges. — En même temps que l'on continue à forcer les asperges pour les vendre comme primeurs, on doit songer à préparer l'emplacement que doivent occuper au printemps les plantations de nouvelles griffes dont on ne recueillera les fruits que dans trois ans, ou les semis en place dans le même but. Les fosses doivent être creusées à un mètre de profondeur ; la largeur varie à volonté ; mais, en principe, elle ne doit pas dépasser le double de l'espace où peut atteindre le bras d'une personne de taille moyenne, agenouillée sur le bord, afin que, soit pour la plantation, soit plus tard pour la récolte, il soit toujours facile d'arriver au milieu du futur carré d'asperges sans être forcé de marcher dessus. Les alternatives de froid, de chaud, de sécheresse et d'humidité, sont fort utiles à l'amélioration des terres retirées des fosses, terres qui serviront ensuite à recouvrir les asperges. Quant au fond de la fosse, il est indifférent qu'il s'améliore ou non, puisque les asperges *ne seront jamais en contact avec lui.*

Artichauts. — Le mois de janvier peut leur être funeste si l'on n'a pas soin de leur donner de l'air en les découvrant chaque fois que le temps le permet ; il faut surtout se défier des pluies abondantes, mêlées de neige fondue, qui très souvent, sous le climat de Paris, remplacent les gelées dans les mois de décembre et de janvier. Les pieds d'artichauts trop fortement buttés et trop garnis de litière ne peuvent alors manquer de pourrir si l'on ne se dégarnit promptement, tout en laissant à leur portée de quoi les regarnir si le temps se remet au froid. Quelques précautions que l'on prenne, une gelée subite de quelques degrés seulement, succédant à des pluies prolongées, éclaircira toujours les rangs des artichauts. C'est en janvier qu'il faut vendre ou manger les artichauts serrés avant l'hiver avec leur tête à demi formée ; si l'on attendait plus tard, quoiqu'ils fussent encore mangeables, leurs feuilles calicinales se raieraient de brun, et ils ne pourraient plus paraître sur la table autrement que frits.

Oignons. — Lorsque le temps est doux et qu'il s'est passé quelques jours sans pluie et sans forte gelée, on peut hasarder quelques graines d'oignons en pleine terre, dans les plates-bandes les mieux abritées ; ces oignons viendront de bonne heure et seront bons à être employés à la moitié de leur grosseur, avec les premiers petits pois de pleine terre dont ils sont l'assaisonnement le plus général. L'oignon blanc est préférable aux autres espèces pour ces premiers semis.

Fèves. — Les amateurs de ce légume peuvent semer les premières fèves à l'abri, en pleine terre, dès le milieu de janvier en consultant moins la date du mois que la température. On aura soin de les couvrir en cas de gelée, lorsqu'elles seront sorties de terre. De même que les pois de pleine terre, elles gèleront toujours, mais non pas de manière à périr, et elles pourront donner leur grain en vert douze ou quinze jours avant celles qui seraient semées à la fin de février, avance qui n'est point à dédaigner. Les meilleures espèces de fèves pour les semis de janvier sont la *fève julienne* et la naine hâtive. La fève à longue cosse, beaucoup plus productive, est presque aussi précoce que les deux précédentes.

Carottes. — La culture de ce légume est tellement importante aux environs de Paris, que tout jardinier lui doit une large place sur ses couches comme en pleine terre, au retour de la belle saison. Les premières carottes se sèment sur couche tiède au commencement de janvier ; il vaut mieux semer trop serré que trop clair. Nous engageons les jardiniers amateurs qui habitent les départements à se procurer de confiance auprès d'un maraîcher, ou dans une des grandes maisons de graineterie de Paris, de la véritable graine de carottes de l'excellente variété obtenue par la culture, provenant dans l'origine de la carotte toupie de Hollande. Cette variété, loin de perdre sa saveur par la culture forcée, n'est pas moins agréable lorsqu'elle est obtenue sur couche que celle qu'on obtient au printemps en pleine terre. Si les consommateurs de Paris n'en faisaient pas un cas particulier, ce qui la maintient toujours à un prix raisonnable, le temps qu'elle met à croître en rendrait la culture forcée peu avantageuse ; mais on ne doit pas regretter sa peine lorsqu'on vend, comme l'an dernier, 80 centimes et 1 franc un paquet de carottes recueilli sur un carré de 0m,50 de côté, ce qui donne de 3 fr. 20 c. à 4 fr. par mètre carré. Les carottes doivent être bassinées même avant la levée de la graine, et maintenues ensuite dans un état constant de fraîcheur par des arrosages souvent répétés. On ne doit pas craindre de renouveler fréquemment les réchauds autour des couches consacrées aux carottes ; elles ne redoutent point la chaleur de la couche, pourvu qu'on ne les laisse pas manquer d'humidité.

Haricots. — On commence à récolter les haricots verts provenant des premiers semis sur coucie; cette récolte doit se faire avec précaution, en se servant de l'ongle du pouce; si l'on n'y mettait pas les ménagements nécessaires, la récolte serait presque nulle, car la fleur de naricot, qui tient fort peu à la tige quand il croit en pleine terre, y adhère encore bien moins quand cette plante est élevée sur couches. On continue les semis pour remplacer les plants épuisés et ne pas éprouver d'interruption dans les récoltes.

Choux et *Choux-fleurs.* — Le mois de janvier doit être utilisé pour réparer, au moyen des couches, les pertes que la mauvaise saison peut avoir fait éprouver au plant de cioux et de cioux-fleurs venu en pleine terre, soit en pépinière, soit en place. Dans ce cas il faut se contenter de semer sur couches les espèces hâtives, cioux d'York ou cœur de bœuf, et cioufleur demi-dur; mais il se passe souvent plusieurs années sans qu'on ait besoin de sacrifier des couches et des ciâssis pour cet usage.

Melons. — Le mois de janvier est la véritable époque pour les semis des melons cantalous, les seuls dont on fasse cas actuellement dans la culture maraîcière des environs de Paris. Beaucoup de jardiniers sont encore dans l'usage de semer ciaque graine séparément dans un petit pot qu'on enterre dans la coucie; quand le plant est assez fait pour être mis en place, on le plante avec toute la terre du pot, sans causer aucun dérangement à la végétation. Dans la culture en grand on peut se dispenser de cet embarras; il suffira de semer assez clair, à même la coucie, et surtout, ce qui est le plus essentiel, de tenir le terreau dans un état moyen de fraîcheur qui permette d'enlever le plant de melon en motte sans difficulté. Replanté à l'instant même et assuré par un léger arrosage, il n'en souffre pas; sa croissance n'en est pas essentiellement retardée.

Les défoncements et les labours d'iiver dans le jardin potager doivent être acievés en janvier; la pleine terre ne réclame plus sur aucun point la présence du jardinier, tout occupé de la culture artificielle des primeurs sur coucies. Les travaux de ce mois, pour cette culture, sont les mêmes que ceux du mois précédent.

§ II. — Jardin fruitier.

Le nombre des arbres susceptibles d'être taillés augmente à mesure que la saison avance; le sécateur et la serpette sont en pleine activité; cependant il est prudent de ne pas toucher jusqu'à la fin de février aux arbres fruitiers à noyaux, non plus qu'à la vigne. Chez les uns comme chez l'autre, il faut laisser les boutons à bois ou à fruits devenir plus faciles à distinguer, ce qui ne peut manquer d'arriver, puisque l'iiver, quelque rude qu'il soit, ne les empêcie pas de grossir, bien que l'arbre qui les porte semble avoir du reste complètement interrompu sa végétation. Presque tous les arbres à fruits peuvent être plantés en janvier, excepté lorsque la gelée pourrait endommager leurs ra-

cines. Nous ferons ici, relativement à la vigne, une observation basée sur des faits que nous avons eu plusieurs fois occasion de vérifier par nous mêmes. La vigne, quel que soit son âge, supporte bien la transplantation durant le temps où sa végétation est suspendue. En voici deux exemples. En 1814, nous trouvant au mois de janvier au iameau des Bordes (Seineet-Oise), nous vîmes arracier un très beau cep de ciasselas, fort vieux, adossé à un ancien bâtiment qu'on devait reconstruire au printemps. Le cep avait des racines si nombreuses et si fortes que nous conseillâmes à un fermier d'essayer de le planter contre le pignon de sa grange, à l'exposition du midi. Des tranchées profondes d'un mètre furent ouvertes dans trois directions, et l'on y disposa les racines de la vigne dans de bonne terre rapportée; la vigne fut aussitôt taillée fort court. Elle reprit avec une merveilleuse facilité; dès la seconde année elle couvrait un grand pan de mur et donnait en abondance d'excellent raisin.

En 1832, faisant construire une terrasse devant une maison de campagne sur un coteau au pied de la citadelle de Liége (Belgique), nous ne voulûmes pas sacrifier un cep de vigne de Frankental d'une qualité supérieure. Vers le milieu de janvier, nous fîmes dépaver et creuser le sol pour mettre à nu les racines de la vigne; elles furent dérangées avec précaution et disposées de manière à ne pas rencontrer les travaux de maçonnerie qui eurent lieu au printemps suivant. La vigne fructifia comme à l'ordinaire, sans qu'on remarquât aucun ciangement, soit dans la qualité, soit dans la quantité du raisin; elle continua de végéter avec la même vigueur. Si l'on rapproce ces faits des expériences d'un agronome de Saône-et-Loire qui a déterré toutes les racines de plusieurs ceps en iiver pour les enduire d'une solution d'alun, opération qui depuis trois ans n'a produit sur la vigne d'autre effet qu'une augmentation remarquable dans la quantité du raisin, sans en altérer la qualité, on en conclura que les plantations d'automne ne sont pas de rigueur pour la vigne, comme le pensent la plupart des praticiens, et que, lorsque le besoin l'exige, on peut traiter une vigne, même très vieille, comme un végétal rustique plein de ressources, pouvant reprendre à tout âge, au grand avantage du jardinier, qui, par ce procédé, s'assure une récolte abondante et prochaine.

Les moments d'inaction rendus inévitables par le mauvais temps doivent être utilisés pour des travaux de prévoyance qui peuvent s'exécuter à la maison. Ainsi, l'on pourra s'occuper activement de la construction des treillages destinés à des murs neufs ou récemment garnis de jeunes arbres en espalier. A Paris et aux environs, la profession de treillageur constitue un état à part; mais ailleurs le jardinier doit, autant que possible, tout faire par lui-même.

Nous ferons connaître, à cette occasion, quelques usages locaux qu'il nous semble utile de répandre, relativement au palissage des arbres en espalier. Pour commencer par Paris, nous dirons qu'on devrait imiter partout la coutume des jardiniers de la banlieue, qui, lorsque les murs ne sont point garnis de treillage, palissent *à la loque*. Ce terme très expressif désigne en effet l'emploi d'une immense quantité de loques de drap vendues par les tailleurs. Pendant les longues soirées d'hiver, on les coupe en carrés longs; pour s'en servir, on en passe un morceau autour de la branche, on réunit les deux bouts, et on les fixe l'un sur l'autre par un clou dans la muraille. Les branches, par ce procédé, ne craignent aucune écorchure; la laine qui pénètre avec le clou dans l'enduit du mur amortit le coup de marteau, et empêche le crépissage de se détacher. En l'absence du treillage, nous ne connaissons de meilleur procédé que celui que nous allons décrire; mais le palissage à la loque est praticable partout, tandis que le procédé suivant ne peut être mis à profit que dans quelques localités.

Les jardiniers de toutes les provinces wallonnes de la Belgique, même dans les jardins des châteaux où l'on ne regarde pas à la dépense, se servent pour palisser leurs espaliers d'un moyen bien moins coûteux que le treillage à demeure. Dès qu'un arbre a pris sa seconde feuille après sa mise en place, on fixe perpendiculairement sur l'un de ses côtés, à l'aide d'un clou à crochet très recourbé, une baguette de cornouiller d'une longueur proportionnée aux dimensions de l'arbre. D'autres crochets forcent la baguette à décrire une courbe sur laquelle l'espalier est palissé avec des attaches d'osier fin. A mesure que l'arbre grandit, on fixe sur le mur de nouveaux demi-cercles de baguettes. On peut aussi les placer horizontalement pour la conduite de la vigne et des poiriers *à angle droit*.

Rien de plus facile et de plus économique que ce mode de palissage; si une baguette est cassée ou pourrie, on la remplace sans déranger l'arbre en toute saison de l'année, et l'on n'expose pas à l'action destructive de l'atmosphère tout un treillage d'un prix très élevé, dont les 9 dixièmes resteront plusieurs années sans emploi, en attendant la croissance des arbres.

Le cornouiller, bois d'un tissu très dur, résiste indéfiniment aux intempéries des saisons; il dure au moins le double du meilleur treillage en bois de chêne, sous le climat pluvieux de la Belgique. Des bois entiers de cornouiller sont cultivés en taillis pour cette destination; on trouve partout à en acheter des bottes de baguettes dépouillées de leur écorce, comme l'osier préparé pour la vannerie. Ces taillis, coupés à 5 ans, donnent des pousses parfaitement droites et flexibles, qui ont depuis deux jusqu'à cinq mètres. Quand elles sont anciennement coupées, il faut les humecter avant de s'en servir.

Dans nos départements du midi, l'usage des roseaux pour treillage devient fréquent; cette matière doit être aussi durable et moins dispendieuse que le treillage en cœur de chêne.

Dans toute la basse Provence, les roseaux, qui de tout temps remplacent les lattes pour le plafonnage, doivent avant peu devenir pour treillage d'un usage universel; comme leur prix est toujours assez élevé, on les fend avant leur longueur, par économie, au lieu de les employer tout entiers. Quelques touffes de *cannes* de Provence cultivées depuis plusieurs années autour du réservoir du labyrinthe au Jardin des Plantes, prouvent que cet utile roseau peut être cultivé avec succès sous le climat de Paris, quoiqu'il n'y parvienne pas à la hauteur qu'il atteint sur les côtes de la Méditerranée.

§ III. — Parterre.

Les rares beaux jours du mois de janvier permettent encore de rendre une visite au parterre; on y trouvera en fleur en pleine terre les deux perce-neige (le *leucoïum* et le *galanthus*), le tussilage odorant, l'ellébore noir, les daphnés et la violette que le moindre abri, comme nous l'avons indiqué, peut forcer à fleurir tout l'hiver. Le jardinier peut commencer dans les beaux jours de janvier la taille de ses rosiers de collection; cette opération a été si souvent décrite que nous croyons pouvoir nous dispenser d'en reproduire ici les détails; elle n'offre d'ailleurs aucune difficulté sérieuse; il suffit de savoir apprécier à la vue la force des sujets, force très variable selon les espèces, et de tailler les plus robustes plus longs que les faibles. En général, nous nous sommes toujours bien trouvé d'une taille *courte* pour presque tous les sujets; c'est un principe admis par les horticulteurs belges.

Quant aux rosiers en buisson, ils seront tondus, sans cérémonie, avec les cisailles qui servent à tondre les haies.

§ IV. — Jardin paysager.

Le jardin paysager, quoique privé de sa principale parure, méritera pourtant aussi d'être visité, ne fût-ce que pour respirer l'odeur des fleurs du calycanthus précoce (*calycanthus Japonica*), odeur analogue à celle de quelques mets recherchés, excitant, comme la vanille, la sensation d'une saveur en même temps que celle d'un parfum. D'ailleurs, le cognassier du Japon, dans une situation bien abritée, et le magnolia à fleur violette donneront déjà des espérances de floraison dont l'horticulteur se plaît à suivre les développements.

Dans les situations abritées, les araucaria et les autres arbres exotiques qui passent l'hiver en pleine terre moyennant un abri, ont besoin d'être à demi découverts pour profiter des belles journées, quand la température le permet; ils doivent toujours être recouverts avant la nuit.

§ V. — Orangerie et serres.

La grande analogie de température des mois de décembre et de janvier sous notre climat rend les occupations du jardinier presque semblables à ces deux époques de l'année, dans l'orangerie et les serres. Il aura soin d'entremêler aux végétaux dépourvus de fleurs ceux dont la floraison commence en janvier, des camélias, des strélitzias, des éricas en grand nombre, et s'il n'en possède pas assez pour la décoration de sa serre, il y pourra joindre des lilas forcés en pots ou en caisse, et les diverses plantes bulbeuses dont on obtient aisément la floraison artificielle pendant tout l'hiver.

FÉVRIER.

§ Ier. — Jardin potager.

Pois. — Les semis de pois en pleine terre dans les premiers jours de février sont une opération très importante, soit pour le jardinier marchand voisin d'une grande ville, soit pour l'amateur jaloux de tirer parti de toutes les ressources de son art. Les petits pois risqués jusqu'alors en pleine terre ne promettent que des produits fort incertains; ceux qu'on élève sur couches ne reproduisent que fort imparfaitement le goût des pois venus en pleine terre; mais les semis des premiers jours de février, qui portent en jardinage le nom de pois de *la Chandeleur*, offrent la perspective d'une récolte à la fois assurée, abondante et de bonne qualité. Il est bon d'en activer la végétation avec des cendres de bois, si l'on peut s'en procurer, ou même avec de la *charrée*, nom qu'on donne aux cendres après que les blanchisseuses en ont fait usage pour couler la lessive. On ne doit pas craindre de consacrer aux pois de la Chandeleur toutes les plates-bandes bien exposées qui restent libres à cette époque. Bien qu'on doive préférer pour ces semis le pois *nain de Hollande*, qui n'est jamais très productif, néanmoins on ne sera pas dans la nécessité de le pincer d'aussi bonne heure que le même pois élevé sous châssis; il portera donc un plus grand nombre de fleurs, et les cosses qui les suivront seront mieux remplies. Il ne faut pas coucher ces pois, mais au contraire les garnir de rames courtes, qui favorisent leur fructification. Beaucoup d'amateurs préfèrent au pois nain de Hollande le pois Michaux hâtif; il s'élève un peu plus haut et donne davantage, mais le nain de Hollande et le pois prince Albert le devancent de plusieurs jours. On n'en continue pas moins les semis de pois sur couches; les premiers doivent être alors en pleine récolte.

Fèves de marais. — Dans la première quinzaine de février, on peut effectuer tous les semis de fèves de marais en pleine terre, soit en bordure, soit en planches. Les terres relevées en ados, entre les fosses d'asperges récemment creusées, conviennent parfaitement à ce légume; si ces terres n'étaient pas abondamment fumées quand elles ont été déplacées, il faudrait garnir de bon fumier chaque trou destiné à recevoir deux ou trois fèves. Elles n'ont besoin d'aucun abri; les froids qui ne manqueront pas de se faire sentir plus tard, à moins qu'ils ne soient d'une rigueur extraordinaire, ne pourront en arrêter la végétation.

Haricots. — Plusieurs mois se passeront encore avant qu'on puisse confier le haricot à la pleine terre; on aura donc soin de renouveler les semis sur couches à peu près tous les quinze jours, en donnant aux plantes les soins que nous avons indiqués. Le haricot vert de grande primeur est toujours très recherché en hiver, principalement pour les riches convalescents auxquels il offre un mets de très facile digestion; on peut donc, près des grandes villes, compter sur un débit avantageux de ce produit, et continuer à forcer des haricots sur couches jusqu'au moment où ils auraient à soutenir la concurrence des haricots de pleine terre.

Oignons. — Les semis des pois et des fèves en pleine terre, sont souvent entravés par la rigueur du froid. Le proverbe à Paris et dans les départements voisins dit avec raison : *A la Chandeleur, grande douleur;* en effet, les gelées les plus fortes viennent fréquemment à cette époque. Mais quand le 15 février est passé, laissant derrière lui le nombre de jours de fortes gelées ordinaires sous le climat de Paris, alors on peut se regarder comme hors de l'hiver et ne plus s'attendre qu'à des gelées blanches, dont les plus à craindre sont celles de la fin d'avril ou des premiers jours de mai. C'est donc vers le 15 février qu'on peut raisonnablement commencer à semer en pleine terre l'oignon blanc, qui n'est pas destiné à atteindre toute sa grosseur. Ces semis sont le plus souvent accompagnés d'une petite quantité de laitue. On choisit de préférence la laitue gotte, qui tourne facilement sans devenir très grosse ; c'est celle de toutes qui nuit le moins aux oignons, parce qu'elle leur abandonne le terrain quand ils sont encore très jeunes ; cependant il vaut mieux, sous tous les rapports, s'abstenir de ce mélange et cultiver séparément ces deux produits.

Artichauts. — Dans la dernière quinzaine de février les artichauts doivent rester découverts toute la journée; on les recouvre seulement le soir, chaque nuit pouvant être accompagnée de gelée blanche. Cette besogne n'a rien d'effrayant ; il ne s'agit que d'exposer à l'air ou au soleil le cœur de chaque plante, pour éviter la pourriture bien plus à craindre encore que la gelée. D'ailleurs, négliger ces soins essentiels en cette saison, c'est perdre toute la peine prise précédemment au moment d'en recueillir les fruits.

Épinards. — Les derniers épinards semés à l'arrière-saison ne sont bons à être coupés que vers le milieu de l'hiver; on aura soin de les ménager pour la saison la plus rigoureuse de l'année. L'épinard possède par-dessus toutes les autres plantes potagères le singulier privilège de geler et de dégeler sans en souffrir, quoique, sous l'action d'un froid vif, ses feuilles deviennent d'un vert noirâtre avec une demi-transparence qui porterait à croire qu'au dégel elles vont entrer en décomposition. Les maraîchers des environs de Paris ont un talent tout particulier pour faire dégeler dans l'eau froide les feuilles d'épinards, les laisser ressuyer et leur rendre l'aspect de la fraîcheur nécessaire pour en faciliter la vente. Nous avons dit précédemment qu'on devait, pendant les chaleurs de l'été, préférer à l'épinard la tétragone, qui est moins sujette à monter. On doit bien se garder d'appliquer ce précepte à la culture des épinards pour l'hiver ; la tétragone ne résiste pas au froid.

· *Choux spruyt* ou *de Bruxelles.* — On réservera une bonne provision de ce chou pour la récolter pendant le mois de février. Plus la gelée passe dessus, plus il devient tendre et délicat ; d'ailleurs, la rareté des autres légumes verts augmente le prix de celui-ci ; sa conservation ne cause aucun embarras, il n'y a d'autre peine à prendre que celle de cueillir les jets à mesure qu'ils se forment. Le choux spruyt ne craint ni la neige ni les fréquents dégels ; mais il faut pour cela qu'il soit parfaitement franc d'espèce. ce qu'on ne peut espérer que quand la semence vient directement de son sol natal ; pour peu qu'il commence à dégénérer, il n'est pas plus insensible à la neige que tous nos autres choux.

Du 15 février au 1er mars, le jardinier dont le terrain a été préparé d'avance par des défoncements et des labours pendant les mois précédents, ayant fait sa provision de divers engrais, reprend sa besogne dans le jardin potager et commence à lui donner sa tenue de printemps. Les couches usées sont démolies, elles fournissent du terreau et du fumier à demi décomposé pour garnir les plates-bandes ; des couches neuves sont construites selon le besoin. Le commencement de février est pour Paris et les grandes villes une époque essentiellement gastronomique ; la grande consommation des champignons de couche doit engager les jardiniers à en multiplier la production ; Montrouge, Arcueil et Gentilly en fournissent à cette époque des quantités prodigieuses. Ce sont ces communes qui envoient aux amateurs des départements *le blanc de champignon* le plus estimé. Si la saison se comporte bien, la fin du mois ramènera sur les carrés du potager une belle verdure partout où auront levé les premiers semis en pleine terre de cerfeuil, cresson alénois, poireau pour repiquer, et toutes sortes de légumes de printemps. C'est le moment convenable pour mettre en place les premières laitues romaines dont on a préparé le plant sous cloches, à l'étouffée ; on peut entourer les planches de plantations d'ail, d'échalottes et d'oseille provenant de l'éclat des vieux pieds. La chicorée sauvage, dont les feuilles cueillies très jeunes fournissent une excellente salade, doit être à cet effet semée en février : ces semis doivent se faire aussi serrés que possible, sans quoi la feuille de chicorée devient trop dure et trop amère.

§ II. — Jardin fruitier.

Quelle que soit la nature du terrain où l'on plante, le mois de février est le terme de rigueur pour les plantations de toute espèce. Si l'on n'a pas pu, sur un sol trop compacte retenant l'humidité, suivre notre conseil en plantant de bonne heure, au moins devra-t-on mettre à profit les premiers beaux jours de février pour cette importante opération. Les arbres à fruits à noyaux en plein vent, spécialement les cerisiers et les abricotiers, doivent être enterrés plus profondément que les arbres à fruits à pepins ; leurs racines doivent se trouver d'autant plus avant dans le sol qu'il est de plus médiocre qualité. Ces arbres sont bien plus sensibles à l'exposition qu'à la nature même du terrain ; on peut en obtenir des fruits abondants et d'excellente qualité en les plantant dans des terrains fort peu fertiles, mais on risque de perdre une partie des jeunes sujets pendant les fortes chaleurs de l'été qui suit leur plantation si les racines sont assez rapprochées de la surface de la terre pour éprouver l'action des rayons du soleil. Quelques gazons épais posés sens dessus dessous sur la terre qui couvre immédiatement les racines de ces arbres, et recouverts eux-mêmes de 0m,10 de terre, sont un excellent préservatif contre l'excès de la sécheresse et de la chaleur.

Février est le mois par excellence pour le choix des jeunes branches réservées pour greffes ou pour boutures. Les traités de jardinage les plus justement accrédités conseillent de couper et de mettre à part ces branches avant l'hiver, ou tout au plus tard en décembre : on les conserve, dans ce cas, en les plantant en paquets à l'abri, le gros bout en terre. Nous ne pouvons, sur ce point important, être de leur avis ; nous n'avons jamais éprouvé dans la pratique qu'il y eût le moindre avantage réel à laisser souffrir tout un hiver les greffes et les boutures séparées prématurément des arbres dont elles proviennent. Le moment où s'opère la taille générale des arbres à fruits et de la vigne, c'est-à-dire la première quinzaine de février, met à la disposition du jardinier un choix de rameaux propres à former des greffes et des boutures : les greffes n'attendront pas bien longtemps pour être employées ; les boutures, mises immédiatement en terre, s'enracineront avec la plus grande facilité. Il nous est souvent arrivé d'en planter ainsi plusieurs *milliers* à la fois au moment même où elles venaient d'être séparées de leur arbre, et de n'en pas perdre *une seule.* On ne saurait en dire autant des boutures qui ont souffert pendant plusieurs mois avant de pouvoir être plantées.

La fin de février est l'époque la plus favorable pour la formation des grandes plantations de groseilliers par boutures qui s'enracinent avec la plus grande facilité. C'est aussi à cette époque qu'on peut, avec le plus de chances de succès, essayer les boutures de toute espèce d'arbres fruitiers, moyen de multiplication excellent quoique trop peu usité. Il faut excepter le mûrier, dont les boutures, sous le climat de Paris, ne peuvent pas être mises en terre à l'air libre avant le commencement d'avril.

§ III. — Parterre.

Vers la fin de février, le jardinier doit avoir donné au parterre comme au potager sa tenue de printemps. Ainsi les allées nettoyées, rechargées de sable selon le besoin, les plates-bandes bien labourées et garnies de plantes qui donneront leurs fleurs dans les mois suivants, doivent rendre dès cette époque la promenade du parterre la plus agréable de la saison. Les plantes vivaces empaillées pendant l'hiver ne pourront être découvertes définitivement, elles recevront seulement de l'air pendant les heures les plus tempérées de la journée ; le moment est favorable pour mettre en place dans les plates-bandes les plantes, soit vivaces, soit annuelles, comme les campanules, œillets de poëte, véliantes vivaces, et une foule d'autres, à qui l'on a dû faire passer l'hiver dans une place bien abritée pour qu'elles fleurissent mieux et plus tôt au printemps. Les œillets de pleine terre seront couverts avec soin dès qu'on pourra prévoir le dégel ; c'est, comme nous l'avons dit, le moment critique pour cette jolie fleur, insensible du reste au froid sec le plus intense. Les semis de fleurs annuelles de pleine terre peuvent se commencer à la fin de février. On commencera à la même époque à découvrir les carrés de jacinthes et de tulipes ; les premiers montreront déjà leurs boutons avec leurs premières feuilles. Le jardinier aura soin de multiplier dans le parterre les hépatiques doubles rouges et bleues, sans négliger la variété à fleurs simples bleues, dont la nuance d'outremer est plus fraîche et plus éclatante que celle de la variété double.

Le sol nouvellement retourné des massifs d'arbres et d'arbustes sera garni de plantations nombreuses de muguet, dont le parfum précieux ajoutera beaucoup, dans la saison de ces fleurs, à l'agrément de cette partie du jardin.

§ IV. — Orangerie et serres.

Aux travaux du mois précédent s'ajouteront les soins particuliers que réclament les camélias, dont plusieurs espèces fleurissent à la fin de février. Il n'y a pas d'inconvénient à porter les pots qui les contiennent dans les jardinières pour la décoration des appartements, où leur feuillage foncé et leurs larges fleurs contrastent avec le vert pâle et la nuance délicate des lilas dont la fleur a été forcée en serre ; il faut éviter seulement que les chambres où ces plantes sont placées pour le temps de leur floraison soient trop fortement chauffées.

Le nombre des plantes en fleur augmente de jour en jour dans la serre ; les arrosages doivent être plus fréquents pour ces plantes que pour les autres, toutes doivent être débarrassées avec une attention minutieuse des feuilles mortes ou jaunes et des insectes que la chaleur

artificielle multiplie quelquefois dans les serres à cette époque, et qui pourraient y exercer de grands ravages si les végétaux qu'elles renferment n'étaient l'objet d'une surveillance continuelle.

MARS.

§ 1er. — Jardin potager.

Artichauts. — On a pu voir dans les travaux des mois précédents que le jardinier ne doit négliger son carré d'artichauts en aucune saison de l'année ; c'est au mois de mars que cette culture exige les soins les plus assidus ; l'artichaut redoute bien moins les grands froids, dont il est toujours facile de le préserver, que les petites gelées suivies de dégels, avec des intervalles de chaleur sèche, très fréquents en mars sous le climat de Paris. On connaît sous le nom de *hâle de mars* cette propriété excessivement desséchante que possède l'atmosphère quand les vents de nord et nord-est soufflent constamment dans cette saison. Il faut toujours se tenir en garde contre le hâle de mars, quoiqu'il ne se reproduise pas tous les ans ; il lui arrive assez souvent de détruire une grande partie des plantations d'artichauts qui approvisionnent la capitale. On s'empresse en ce cas de créer des plantations nouvelles, et l'on s'efforce par tous les moyens possibles d'en activer la végétation pour obtenir une récolte d'automne ; celle du printemps est perdue, il n'y a pas de remède.

On commence vers le 15 mars à débutter les artichauts, c'est-à-dire à dégarnir le souche de la terre et du fumier entassés au pied à l'arrière-saison. La litière sèche doit toujours rester à portée des artichauts pour qu'ils puissent être couverts et découverts aussi souvent que la température pourra l'exiger. Quand le hâle de mars ne semble plus à craindre, on enlève avec précaution à chaque souche les œilletons superflus, en ne lui laissant que les deux plus beaux. La plupart des traités de jardinage recommandent d'en laisser quatre, et il n'est pas douteux que chaque pied ne puisse nourrir quatre tiges à fruit, surtout lorsqu'il n'est pas destiné à durer plus de quatre ans ; mais il n'y a aucun avantage réel à accroître la quantité des produits aux dépens de leur qualité ; la somme des bénéfices en est plutôt diminuée qu'augmentée.

La France entière se couvrirait d'artichauts si l'on employait chaque année tout le plant que donnent les vieilles souches ; on ne peut donc trop blâmer la négligence des jardiniers qui n'apportent pas la plus scrupuleuse attention au triage du plant d'artichaut, soit pour la vente, soit pour leur propre usage. Il ne faut pas craindre d'arroser largement les artichauts, soit avant, soit après le retranchement des œilletons ; on doit aussi mouiller abondamment deux fois par jour les plantations récentes, sans craindre l'effet des gelées sur la terre trop humide. Ces gelées seraient funestes à la plante, même sur le sol le plus sec ; une couverture lui est indispensable dans tous les cas ; l'humidité ne peut donc que favoriser la végétation.

Les artichauts conservés dans du sable, à la cave, avec tous leurs œilletons, ne doivent être sortis que par un beau temps, au plus tôt vers la fin de mars ; on les traite comme ceux qui ont passé l'hiver en pleine terre. Il est essentiel de les exposer le moins de temps possible à l'air libre et de conduire la plantation très rapidement. Les pieds dégarnis, mis en place, fumés et arrosés sans parcimonie, reprennent en deux ou trois jours ; ils devancent les autres de près de trois semaines dans leur fructification.

Asperges. — Le moment approche où les asperges de pleine terre, en bonne exposition, vont commencer à végéter pour donner en avril leurs pousses les plus précoces ; il est bon de favoriser cette végétation en donnant aux planches d'asperges une bonne couche de fumier à demi consumé ; le fumier de cheval est le meilleur pour cet usage, à moins que le sol ne soit excessivement sec ; dans ce cas, on préférera le fumier de vaches, en ayant soin de ne pas l'employer sortant de l'écurie, mais à demi décomposé. Dans tous les cas, cette fumure ne se donnera pas sur le sol sans préparation ; les planches d'asperges recevront auparavant un bon binage, à 8 ou 10 centimètres de profondeur. Ce binage s'exécute très bien avec une fourche à trois dents suffisamment rapprochées ; il doit, quand le temps le permet, précéder de huit ou dix jours la fumure : on évite ainsi le danger de rencontrer en binant les tiges d'asperges les plus avancées.

C'est en automne que quelques praticiens donnent cette façon aux planches d'asperges ; mais alors l'effet de la fumure est manqué en partie, tandis qu'en l'appliquant en mars, les pluies mettent la racine de l'asperge en contact avec le suc de l'engrais, précisément au moment où la végétation des tiges a le plus grand besoin d'être aidée ; la beauté et l'abondance des produits ne peuvent manquer de s'en ressentir.

Les asperges en pépinière se sèment en mars, mieux à la fin qu'au commencement ; il faut éviter de les semer trop serrées, quand même on aurait l'intention d'en vendre les griffes ; la nature de ces racines est telle qu'étant trop rapprochées, leurs ramifications s'enchevêtrent les unes dans les autres, et il est impossible de les démêler sans en rompre une partie, ce qui fait aux asperges un tort irréparable. La graine d'asperge veut être très légèrement recouverte ; les sarclages sont plus faciles quand on exécute les semis en rayons, espacés entre eux de 25 centimètres.

Si lorsqu'on donne le premier sarclage on trouve des semences restées à découvert sur le sol, il est encore temps de les recouvrir de terre ; elles ne tarderont pas à rattraper celles qui auront levé les premières. On peut continuer en mars de forcer des asperges, comme nous l'avons indiqué ; elles rejoindront les premières asperges de pleine terre.

Choux-fleurs. — De tous les semis de choux-fleurs en pleine terre, ceux qu'on fait vers le milieu de mars ont le plus de chances de succès. Nous rappelons ici la propriété particulière au terreau de bouse de vache, sans mélange d'autres substances, de produire en peu de temps du plan de choux-fleurs d'une vigueur remarquable. Il faut semer très clair et mouiller peu à la fois, mais fréquemment.

L'altise ou puce de terre attaque souvent les choux-fleurs nouvellement levés ; elle ronge les cotylédons et en fait périr une grande partie ; le seul remède consiste à arroser avec de l'eau où l'on délaie de la suie de cheminée, encore son efficacité n'est-elle pas constante. Les gelées tardives peuvent aussi détruire le plant de chou-fleur, lorsqu'elles le surprennent encore faible et trop jeune ; les terrains bas et humides sont les plus sujets à ces deux fléaux ; on évitera en partie les effets du second en abritant les semis avec des rames à pois, supportant des paillassons. Il n'est pas indifférent d'attendre jusqu'en avril pour semer les choux-fleurs en pleine terre ; le plant obtenu des semis ainsi retardés rencontre les grandes chaleurs au milieu de sa croissance, et souvent, malgré les arrosages, il *borgne* en majeure partie. Les choux-fleurs risqués en pleine terre sur plate-bande bien abritée ont besoin de recevoir en mars un bon binage ; si l'on peut donner en même temps à chaque pied une ou deux poignées de bon fumier de cheval, on en hâtera la végétation.

Choux. — L'épuisement de toutes les réserves de ce légume, longtemps avant le mois de mars, rend très avantageuse au jardinier la vente des premiers choux à peine formés ; il s'en vend déjà à Paris dès la fin de mars ; ce sont des choux d'York dont le plant a passé l'hiver, soit sur une vieille couche, soit au pied d'un mur à l'exposition du midi, sur une plate-bande fortement fumée ; à peine offrent-ils quelques feuilles vertes, dures, coriaces et sans saveur.

Mais avec des binages réitérés, du fumier, et des arrosages fréquents pendant le hâle de mars, on pourra vendre à la fin d'avril des choux d'York et des choux cœur-de-bœuf, sinon parfaitement pommés, au moins très présentables. Les choux de Milan, surtout ceux de la variété nommée Milan-des-Vertus, se sèment durant tout le mois de mars ; ils craignent un peu moins que les semis de choux-fleurs les effets des gelées, mais les ravages de l'altise leur sont également funestes. Nous avons indiqué précédemment la meilleure manière d'effectuer ces semis dans des sillons remplis de bon fumier. Le chou est de toutes les plantes potagères celle dont la végétation est le mieux assurée de réussir dans toute espèce de terrains, pourvu qu'elle ait à discrétion l'eau et les engrais ; il n'y a guère que les sables siliceux purs où le chou refuse de croître.

Pois. — Le mois de mars est l'époque critique pour les pois semés en pleine terre en novembre et en février (pois de Sainte-Catherine et de la Chandeleur). Leurs produits seront satisfaisants si les pousses latérales, succédant à la première pousse qui gèle inévitablement, ont assez de force pour résister aux gelées tardives. On en active la végétation en répandant au pied un peu de cendres de bois qu'on recouvre par un léger buttage. Les pois semés sur couches sous châssis commencent à donner leurs premières cosses; malgré le prix élevé de ces primeurs, elles seraient souvent insuffisantes pour payer les peines et les avances du jardinier, s'il ne se hâtait d'utiliser les couches pour d'autres cultures moins ingrates. Les pois qu'on sème en mars en pleine terre, à l'exposition du midi, ont plus de chances de succès lorsqu'on attend jusqu'à la fin du mois, ce qu'on doit faire surtout quand on a semé successivement des pois de primeur, depuis novembre jusqu'en février. Les pois semés en mars les suivent de près; ils peuvent encore, s'ils sont bien conduits, arriver sur le marché avant la grande abondance de ce légume. On ne perdra pas de vue que, pour ces premières récoltes, la quantité des produits importe beaucoup moins que leur précocité; on aura donc grand soin de hâter la fructification en pinçant le sommet des tiges dès que chacune d'elles aura montré la quatrième fleur; il y a plus de bénéfice à vendre un litre de pois 5 fr. qu'à en vendre deux litres à 1 fr. 50 c.

Fèves de marais. — Quoique ce légume soit peu recherché, et que sa consommation ne soit jamais aussi étendue que celle des pois, il est bon d'en être toujours fourni tant qu'elles sont de primeur et que leur prix se soutient, car la fève est très productive. Les derniers semis ne doivent pas dépasser le 10 ou le 15 mars, au plus tard, quelle que soit la température. On sème de préférence en terre forte, humide, bien fumée. Les fèves de marais viennent très bien sur les ados qui séparent les fosses d'asperges nouvellement établies; dans ce cas on sème sur le fumier même; l'engrais de vache convient mieux que celui de cheval.

Les fèves semées en février ont besoin d'être buttées au commencement de mars. Dans les années hâtives les fleurs se montrent dès la fin de ce mois; il faut se hâter de pincer les sommités dès que les fleurs du bas de la tige, qui sont seules fécondées, sont entièrement épanouies. Les fèves de primeur doivent être espacées en tout sens de 0m,35 à 0m,40. On place ordinairement deux semences à côté l'une de l'autre, à la distance de 0m,10. L'expérience a démontré qu'en les semant plus rapprochées on en obtient des produits plus tardifs et moins abondants.

Carottes. — Nous avons déjà eu occasion de signaler l'importance de la culture de la carotte, l'une des plus productives de toutes celles auxquelles se livrent les maraîchers près de Paris. Les plus avantageuses pour la vente sont celles qui se récoltent avant la grande abondance des pois, des choux et des choux-fleurs. Dès les premiers jours de mars, à moins que le temps ne soit décidément à la gelée, on sème la carotte toupie de Hollande, soit sur vieille couche, soit en pleine terre abondamment fumée, recouverte de 0m,06 de bon terreau. Il ne faut pas épargner la semence, tant parce que les insectes en détruisent toujours une grande partie, que parce qu'elle est très sujette à *nuiler*, c'est-à-dire à fondre et disparaître sans cause apparente. Si les carottes tardaient plus de huit jours à se montrer et que le temps fût au sec, il faudrait arroser les semis de carottes, mais avec précaution, en se servant d'un arrosoir à boule fine, pour ne pas trop tasser le terrain.

Le jardinier a besoin, durant le mois de mars, de déployer toute son activité; il n'est presque pas une plante potagère qui ne réclame ses soins pour des semis, repiquages et transplantations. La récolte des radis et des principales espèces de laitue-crêpe et gotte est en pleine consommation; il en faut semer et replanter tous les huit jours. C'est le moment de semer l'oignon en place et le poireau en pépinière; déjà même, à la fin du mois, il y a du poireau bon à être transplanté.

Une des opérations les plus importantes de ce mois, dans le jardin potager, consiste dans le choix et la mise en place des porte-graines de toutes espèces de légumes. On évitera avec le plus grand soin de placer à portée les unes des autres les plantes qui, devant fleurir en même temps, altéreraient réciproquement la pureté de leurs variétés. Ainsi l'on tiendra les choux-fleurs éloignés des choux, et les diverses salades à distance suffisante entre elles; sans cette précaution, leur poussière fécondante (pollen) opérerait des croisements qui feraient dégénérer les graines et nuiraient à la qualité des produits.

Dans la commune de Champigny (Seine) où la culture des porte-graines de plantes potagères est traitée fort en grand, des navets cultivés côte à côte avec des choux se sont croisés naturellement; les abeilles allant d'une fleur à l'autre y ont aussi contribué; les graines de ces plantes croisées, achetées par les marchands de graines, puis revendues aux jardiniers, ont inondé la France de navets à moitié choux, et de choux à demi navets. Ce fait, objet de plaintes récentes de la part des acheteurs, mérite d'être signalé à l'attention de tous ceux qui s'occupent de la culture des porte-graines.

Le jardinier n'a pas moins de besogne autour des couches; les laitues-crêpes et romaines cultivées à l'étouffée, le plant de melons, les premiers concombres, les pois, haricots verts et choux-fleurs de grande primeur, sous cloches et châssis, demandent des soins continuels. Les débutants que ne guide pas encore une longue expérience, doivent se méfier des coups de chaleur auxquels les couches sont sujettes lorsqu'on leur donne des réchauds trop forts en cette saison ; il pourra leur arriver de voir jaunir et périr en un jour toutes les plantes d'une couche dont ils auraient imprudemment augmenté tout d'un coup la chaleur outre mesure.

§ II. — Parterre.

La saison la plus rigoureuse de l'hiver ne laisse jamais le parterre entièrement veuf de ses fleurs ; des ellébores, des galanthus, des violettes abritées, d'autant plus précieuses qu'elles sont plus rares, ont dû continuer la série des floraisons qui ne doit pas être totalement interrompue. Dès les premiers jours de mars, le jardinier songe à mettre son parterre en tenue de printemps. Après avoir donné à toutes les plates-bandes un bon labour avec une dose convenable d'engrais et de terreau, opération pendant laquelle il dédouble les plantes vivaces dont les touffes ont pris trop de développement, comme les vieux pieds de phlox, d'aconit, d'hélianthe, d'aster et de campanules vivaces, il multiplie autant que possible, dans les endroits bien abrités, les plantes à fleurs précoces, au premier rang desquelles se place la modeste hépatique rouge et bleue, plus connue sous le nom d'alléluia.

Avant la fin du mois, on doit voir briller de tout leur éclat, dans le parterre, le tussilage à odeur de vanille, le narcisse de Constantinople, la tulipe duc de Thol, les crocus et la fritillaire impériale ; le parterre revêt alors sa première parure de fleurs ; elle doit se renouveler constamment jusqu'à l'hiver. Les plantes bulbeuses de collection promettent déjà leurs fleurs précieuses ; les jacinthes qu'on a pu découvrir dès la fin de février doivent être découvertes, dans tous les cas, durant la première quinzaine de mars. Si l'on tardait davantage, les feuilles, soulevant la litière, ne seraient vertes qu'à leur extrémité supérieure ; le bas resterait jaune, étiolé, sensible au moindre froid tardif, et la fleur perdrait en partie son éclat et son parfum.

Les grands amateurs de jacinthes couvrent les planches d'une tente pour en prolonger la durée ; ceux qui ne peuvent faire cette dépense doivent y suppléer par des piquets auxquels on fixe des demi-cerceaux pour pouvoir y jeter des paillassons quand les giboulées de mars amènent avec elles des grêles funestes aux jacinthes. Dans les années ordinaires, les boutons se montrent dès le 15 mars, et vers la fin du mois les planches, sans être entièrement fleuries, offrent déjà le coup d'œil le plus flatteur. On peut en jouir près de six semaines, si l'on en prend les soins convenables.

Les tulipes ne sont qu'en bouton dans le mois de mars ; elles ne doivent commencer à fleurir que dans le courant de mai. Souvent l'abondance des pluies en mars et avril fait avorter la floraison, moins encore par la pourriture qui gagne une partie des oignons, qu'en raison de l'effet pernicieux du séjour prolongé de l'eau dans l'espèce de cornet formé par les feuilles autour de la tige et du bouton à fleur. C'est

donc une très bonne précaution que de placer, dès le 15 mars, la tente de toile au-dessus des planches de tulipes. Si l'on s'est trompé et que le printemps soit sec, on en est quitte pour tenir les toiles constamment roulées, jusqu'au moment de la pleine floraison des tulipes.

Les collections de lis, de fritillaires, d'auricules, exigent en mars des soins du même genre. A la fin du mois on peut mettre en place les griffes d'anémones et de renoncules. C'est aussi le moment convenable pour renouveler les bordures d'œillets nains, parmi lesquels le double commun, connu sous le nom de mignardise couronnée, se recommande par l'odeur suave et l'abondance de ses fleurs. Les plantes annuelles semées en été et repiquées en automne pour passer l'hiver en pépinières, comme les œillets de poëte, les grandes campanules et lychnis croix de Malte, peuvent être mises en place à la fin de mars. On fait en même temps dans les plates-bandes les premiers semis de plantes annuelles, et sur couche sourde les semis d'aster de Chine, de balsamine, de tagète et des autres plantes qu'on doit successivement replanter en place dans le parterre.

Les arbustes d'ornement de pleine terre, transplantés l'année précédente, tels que lilas, syringas, loniceras, doivent être tenus très courts ; il vaut mieux se priver d'une floraison toujours maigre, et donner à ces arbustes une vigueur qui assure la beauté des floraisons suivantes à perpétuité.

Les arbustes de pleine terre de bruyère n'ont besoin que d'être rechargés, après un bon binage, avec de la terre nouvelle ; si l'on avait cru devoir empailler quelques rosages et quelques andromèdes, on les dégarnira sans inconvénient dans la dernière semaine de mars.

§ III. — Jardin fruitier.

La taille et le palissage des pêchers et abricotiers est, dans le jardin fruitier, l'opération principale des travaux de mars ; ces arbres occupent toujours la place la mieux exposée, le long de l'espalier. Il faut saisir le moment où la floraison est assez pleine pour diriger la taille, et où cependant la pousse des jeunes yeux à bois n'est pas encore trop avancée. Dans ce dernier cas on détacherait inévitablement un grand nombre de ces pousses fragiles, et les arbres s'en ressentiraient pendant plusieurs années.

Les poiriers en espalier doivent être prêts longtemps d'avance ; cependant, le jardinier qui se trouve accidentellement arriéré aura soin de ne laisser à tailler au mois de mars que les poiriers des espèces les moins précoces ; ils auront moins à souffrir que les autres d'une taille tardive qu'il faut toujours éviter autant que possible.

Le jardinage moderne apprécie mieux que ne le faisaient les anciens les avantages qu'on peut retirer de la multiplication des arbres fruitiers par le moyen des boutures ; elles se préparent en janvier et février, et se conservent par bottes, dans du sable frais, pour être mises en place en pépinière dans les mois de mars et d'avril, selon l'usage le plus généralement suivi. Nous pensons qu'il vaut mieux, au moins pour les arbres dont on peut retarder la taille jusqu'aux premiers jours de mars, mettre immédiatement en pépinière les boutures, au moment même où on les détache de l'arbre. On doit butter dès le commencement de mars les mères destinées à la multiplication des coignassiers et des doucins.

§ IV. — Jardin paysager.

On termine au commencement de mars la tonte des raies de clôture et celle des arbustes servant de limites aux massifs qu'on veut empêcher de s'emporter du sommet et de se dégarnir du bas. Il n'y a plus, pour le moment, d'autre soin à prendre que celui des gazons. Il ne faut pas hésiter à sacrifier en mars, mieux au commencement qu'à la fin, les gazons appauvris par un trop long hiver, ou infestés de mauvaises plantes vivaces. La multiplication des mousses sur le sol, entre les touffes de graminées, est un indice certain qu'un gazon doit être renouvelé. Dans ce cas on l'enterre par un bon labour à la bêche, on foule le terrain le plus également possible avec le rouleau de pierre ou de fer, et l'on sème le nouveau gazon après avoir donné au sol les amendements que sa nature peut exiger. Les semis ne peuvent, pour ainsi dire, être trop épais, parce que la semence devant être à peine recouverte, il est impossible d'empêcher les oiseaux d'en dévorer une grande partie.

§ V. — Orangerie et serres.

Quelque soin que le jardinier ait pu prendre de ses serres, il est impossible que l'hiver ne lui ait pas légué un grand nombre de plantes et d'arbustes malades, surtout si, ne disposant que d'un local restreint, il lui a fallu faire subir la même température à des plantes qui en auraient exigé une toute différente. On consacre donc une bâche, ou une bonne couche tiède recouverte d'un châssis, à servir d'infirmerie. Dès le milieu de mars on y transporte, après les avoir dépotés, les jeunes orangers languissants, et en général tous les végétaux languissants de la serre tempérée; ils s'y referont pendant la belle saison, pourvu qu'on charge la couche d'assez de terreau mêlée de bonne terre pour que leurs racines s'y étendent à l'aise. Ils seront rempotés en automne, étant redevenus assez forts pour passer l'hiver dans la serre sans inconvénient.

C'est en mars que les collections de camélias sont dans toute leur beauté; il faut durant tout ce mois donner à cet arbuste des arrosages modérés, et entretenir avec soin la propreté de son feuillage.

Les autres soins à donner aux plantes de serre chaude sont les mêmes que pour le mois précédent; on veillera à modérer le feu durant les jours de chaleur précoce qui pourront survenir; les toiles seront tendues sur les vitrages pour éviter l'effet trop vif des coups de soleil.

AVRIL.

§ 1er. — Jardin potager.

Asperges. — Le mois d'avril est l'époque la plus favorable pour les semis d'asperges en place; les plantations faites pendant ce mois peuvent également réussir. La méthode des semis d'asperges en place commence à prévaloir dans la pratique sur celle des plantations de griffes toutes formées; elle est en effet plus sûre, plus expéditive et moins dispendieuse; nous entrerons à cet égard dans quelques détails.

Les préparations à donner au sol étant les mêmes dans les deux cas, nous renvoyons le lecteur à ce que nous en avons dit page 206. Il est essentiel pour les semis en place de ne point entasser en ados, entre les fosses, la terre qu'on en a retirée; les jeunes asperges, lorsqu'elles lèvent, ne sauraient avoir trop d'air et de lumière: ce sont les deux éléments essentiels de leur végétation. Il est inutile, nous ne pouvons trop le répéter, de creuser à une grande profondeur les fosses d'asperges et d'y entasser une énorme épaisseur de fumier, qui, ne devant jamais être en contact avec les griffes d'asperges, ne sert absolument à rien. La dépense excessive qu'entraîne cette erreur, encore accréditée chez beaucoup de jardiniers, est le principal obstacle qui s'oppose à l'extension de la culture de l'asperge, dont la production est toujours au-dessous des besoins de la consommation, non-seulement autour de Paris, mais encore près de toutes les villes importantes. Nous ne craignons pas d'avancer qu'en retranchant la moitié de la dépense en fumier et main-d'œuvre, on peut arriver au même résultat. Il est très vrai, comme l'ont observé les auteurs qui recommandent de placer sous les asperges jusqu'à 70 et 80 centimètres de fumier, que les racines de cette plante, placée dans des conditions favorables, peuvent acquérir une longueur de 60 à 70 centimètres, ce qui pourtant est très rare; mais leur croissance a lieu presque horizontalement et non verticalement. La griffe d'asperge, ainsi que nous l'avons dit, tend constamment à se rapprocher de la surface du sol, comme si, s'appuyant sur les extrémités de ses ramifications, elle se soulevait par un effort volontaire.

Pour les semis en place faits dans une terre convenable, c'est-à-dire meuble, très douce, un peu sablonneuse et mêlée de beaucoup de terreau, il suffit d'un défoncement à $0^m,66$; on garnit le fond de la fosse avec $0^m,05$ ou $0^m,06$ de gros sable ou de branchages brisés recouverts de $0^m,25$ ou $0^m,30$ de bon fumier d'écurie; puis on recharge le tout de $0^m,30$ de terre passée à la claie; c'est sur cette terre qu'on dépose les semences d'asperges espacées exactement comme le seraient les griffes dans une plantation. Quelques jardiniers donnent moins d'espace à l'asperge commune qu'à la grosse asperge violette; nous pensons que l'une et l'autre ont également besoin d'une place suffisante pour s'étendre à l'aise; quoique l'asperge commune soit plus petite, en lui donnant le même espace qu'à la grosse, elle prendra plus de force et ses produits seront plus abondants.

Quand la graine est de bonne qualité il n'en faut que trois à chaque place, on les dispose en triangle à 0ᵐ,10 de distance les unes des autres. Dans le courant du mois de mai on choisira entre les trois la plus vigoureuse et l'on arrachera les deux autres; si l'on tardait davantage, les griffes, se formant très rapidement, se trouveraient entremêlées, et la griffe conservée aurait beaucoup à souffrir de l'enlèvement des deux autres. Celles qu'on supprime peuvent se mettre en pépinière; elles seront bonnes à planter l'année suivante. Quelques centimètres de terreau répandu à la main, sans rechargement de terre, suffisent pour couvrir la graine d'asperges.

Ce procédé laisse sans emploi une épaisseur d'environ 0ᵐ,35 de terre enlevée de la fosse; on peut la répandre sur les deux planches à droite et à gauche de la fosse d'asperges; on consacrera ces planches à d'autres cultures, et l'on y reprendra la terre chaque fois que les asperges auront besoin d'être rechargées. Nous conseillons comme excellente dans la pratique, surtout pour la culture de la grosse asperge, la méthode de séparer chaque planche d'asperges par des planches employées à une autre culture. On choisira de préférence les légumes qui, ne prenant pas au printemps une grande élévation, ne pourront donner trop d'ombrage aux asperges.

Salades. — L'élévation de la température rend déjà dès la fin d'avril les salades de toute espèce très recherchées des consommateurs; le jardinier soigneux de ses intérêts aura donc eu soin de se munir d'une provision suffisante de plants de laitue romaine, gotte et rousse, pour en planter dès les premiers jours d'avril des planches nombreuses qui, bien gouvernées, commenceront à se débiter à la fin du mois. Pour ne jamais manquer de plant, il doit semer tous les quinze jours des mêmes salades sur plate-bande au midi, ainsi que de la chicorée frisée dite chicorée d'été. La culture de toutes sortes de salades n'est avantageuse qu'autant que le jardinier sait en rendre la végétation très rapide et qu'elles cèdent promptement la place à d'autres produits; d'ailleurs, la salade n'est réellement bonne et tendre qu'autant qu'elle a été largement arrosée et qu'elle a reçu tous les soins que sa culture exige. C'est en avril qu'elle récompense le mieux les travaux du jardinier.

Choux-fleurs. — Les couches fournissent encore du plant de choux-fleurs, qu'on met en place à plusieurs reprises dans le courant du mois d'avril, afin que les pommes ne se forment pas toutes à la fois. Rien n'est mieux entendu que la méthode des maraîchers qui transportent leurs plants de choux-fleurs de la couche tiède sur les couches sourdes en plein air, destinées à recevoir plus tard les melons d'arrière-saison. Les jardiniers-amateurs qui ne se livrent point à la culture forcée du melon ne peuvent mieux faire que de suivre cet exemple; en transplantant les choux-fleurs sur les couches sourdes, ils en auront une abondante récolte avant qu'il soit temps d'y transplanter ou d'y semer en place les melons élevés d'après la méthode de culture naturelle.

Choux. — On continue à semer toutes les espèces de choux blancs et de choux de Milan. Les choux à jets ou spruyt de Bruxelles se sèment vers le 15 avril, selon la méthode que nous avons indiquée. Ils ont plus que tous les autres à redouter les attaques de l'altise. Il leur faut beaucoup d'eau pendant les quinze jours qui suivent leur sortie de terre; faute de quoi, ils languissent et ne donnent jamais de bons produits. Le plant de choux d'York et de choux cœur de bœuf, tenu l'hiver en pépinière ou élevé sur couches et mis en place le mois précédent, réclame durant tout le mois d'avril de fréquents arrosages et des binages réitérés. Si dans la dernière quinzaine d'avril le soleil se montre plusieurs jours de suite, il faut forcer les arrosages. Ces choux précoces se fèrment presque à vue d'œil; ils peuvent être livrés à la consommation dès qu'ils offrent la moindre apparence de cœur. Nous renouvelons au jardinier-amateur le conseil de garder quelques choux d'York jusqu'en juin; peu de jardiniers connaissent la supériorité de saveur de ce chou sur toutes les autres espèces quand on lui a laissé former complétement sa pomme peu volumineuse, blanche, tendre et très délicate.

Carottes. — La carotte-toupie de Hollande partage avec le chou-fleur les couches sourdes du maraîcher, en attendant qu'elles soient occupées par les melons tardifs; souvent même on ne doit pas dédaigner de le couvrir d'un châssis pendant les nuits fraîches du mois d'avril, principalement quand la température a été contraire à la végétation des pois, que les carottes remplacent comme premier légume printanier abondant et à bas prix. Il s'en consomme alors à Paris des quantités incroyables. Quand on a intérêt à rendre leur croissance le plus rapide possible, il faut éclaircir au commencement d'avril les premiers semis et traiter de même les autres successivement, sans attendre que celles qu'on arrache soient bonnes à autre chose qu'à être données aux lapins qui en sont fort avides. On se guide dans cette opération sur la vigueur des feuilles qui correspond assez exactement avec la grosseur de la racine; on réserve, bien entendu, les plus avancées. On peut encore semer deux fois des carottes en pleine terre en avril, à dix ou douze jours d'intervalle; elles ont à cette époque l'avantage de nettoyer parfaitement le terrain en étouffant les mauvaises herbes longtemps avant qu'elles puissent se reproduire.

Citrouilles. — Les plantes cucurbitacées en général, et les citrouilles en particulier, n'ont jamais trop de fumier ; il n'y a pas pour elles d'engrais trop actif ; leur vigueur correspond toujours exactement à l'abondance de la nourriture qu'on leur a fournie. Sous le climat de Paris il serait imprudent de les risquer à l'air libre avant la fin d'avril. L'usage ordinaire est d'utiliser, pour obtenir du plant de citrouilles, le reste de chaleur des couches qui ont nourri pendant l'hiver, soit des primeurs forcées, soit d'autre plant de toute espèce.

Dans les premiers jours du mois on sème sur ces couches les citrouilles à la distance de $0^m,50$, en mettant dans chaque trou deux semences la pointe dirigée vers le bas ; elles lèvent promptement. Le plant est bon à être mis en place à la fin du mois ou, au plus tard, au commencement de mai.

On se gardera bien de transplanter les citrouilles en pleine terre. Elles pourraient y croître, y fructifier même ; mais leurs fruits, légers et vides quoique assez volumineux, ne seraient point de vente. Pour les obtenir pleins, pesants et de bonne qualité, on creuse, à la distance de 3 mètres les unes des autres, des rangées de trous séparés entre eux par un espace de $1^m,50$; ces trous doivent avoir environ $0^m,50$ de profondeur et 1 mètre de diamètre ; on les remplit de bon fumier recouvert par $0^m,25$ de terreau ; l'on y transplante les citrouilles levées en motte par un temps couvert. Dans le cas où il surviendrait du hâle ou de forts coups de soleil, on plante en terre, près de chaque pied de citrouille, deux bouts d'échalas qui se croisent à leur extrémité supérieure. En cas de besoin, on jette sur ces échalas un morceau de vieux paillasson ; cette précaution n'est nécessaire que pendant la première semaine après la transplantation des citrouilles. (Voir *fig.* 309 et 310.)

La disposition du sol est la même pour les semis en place qui ne doivent jamais précéder le 25 avril. Sans attendre que les citrouilles soient levées ou reprises, on couvre d'un paillis épais les intervalles des rangées, afin que les tiges en s'allongeant ne rampent pas sur la terre nue. On réserve toujours pour cette culture la partie la moins fertile du potager, la citrouille pouvant végéter dans le fumier sans toucher à la terre. Les jardiniers utilisent souvent cette propriété de la citrouille en la semant sur des tas de fumier mis en réserve ; il suffit que la graine trouve au-dessus du tas quelques poignées de terre où elle puisse germer ; ses racines s'enfoncent ensuite dans le fumier pur et la plante prend un accroissement extraordinaire. Dans ce cas, ses fruits deviennent si volumineux et si pleins qu'un seul forme la charge d'une homme vigoureux.

Pois. — Les petits pois de grande primeur forcés sur couches sous châssis s'épuisent pendant le mois d'avril ; les pois semés en pleine terre ne tardent pas à leur succéder. Des binages réitérés et des arrosages modérés favori-

sent leur végétation ; on peut encore donner de la cendre au pied de ceux qui n'en auraient pas reçu le mois précédent. Les pois qui montrent seulement leurs fleurs dans la seconde quinzaine d'avril n'ont pas besoin d'être pincés aussi courts que ceux qui ont fleuri sur couche ou en pleine terre à la fin de mars. La température étant plus chaude et la végétation plus active, on peut leur laisser un plus grand nombre de fleurs sans retarder leur fructification ; mais si l'on s'abstenait entièrement de les pincer, les tiges s'emporteraient et leurs fleurs seraient stériles.

Haricots. — La culture forcée des haricots sur couche pour obtenir du haricot vert pendant la mauvaise saison se continue en avril et donne ses derniers produits en mai. A Paris, le prix des haricots verts de primeur se soutient plus longtemps que celui des pois, parce qu'on ne peut semer les premiers haricots de pleine terre que dans les derniers jours d'avril, encore gèlent-ils le plus souvent. Le mieux est de se borner en avril, comme le font les maraichers de Paris, à semer sur couche en pépinière ; si le temps est défavorable, on laisse languir le haricot en le tenant presque sec et constamment couvert ; s'il devient favorable, on active en un jour ou deux la végétation des haricots et on les met aussitôt en place. A partir de la fin d'avril, les semis de haricots doivent se continuer de quinze jours en quinze jours, en pleine terre jusqu'à l'automne.

Les semis de toute espèce de plantes potagères sont encore plus fréquents en avril qu'en mars. On met en place les premiers concombres élevés sur couche, d'après une méthode semblable de tout point à celle que nous avons décrite pour les citrouilles ; les trous doivent être moins grands et moins profonds, espacés seulement d'un mètre, dans les lignes qui ne doivent être séparées entre elles que par un intervalle de $1^m,50$. Les premiers semis de cornichons se font à la fin d'avril, sur un terrain disposé exactement comme pour replanter les concombres. Les épinards épuisés peuvent être remplacés avec avantage dès cette époque, par des semis de tétragone moins sujette à monter en graines. On sème du 15 au 25 avril les premiers navets et les premières betteraves. La culture du céleri et des cardons commence à prendre place à la suite des premières cultures de printemps. L'oignon blanc, déjà fort, doit être avancé par de fréquents arrosages, afin que, parvenu à peu près à la moitié de sa grosseur, il soit en état de paraître sur le marché en même temps que les pois, dont il est à Paris l'assaisonnement le plus ordinaire. La besogne du jardinier dans le potager est presque aussi urgente en avril qu'en mars ; néanmoins, sans les couches, les cloches et les châssis, il y aurait encore dans le potager bien peu de choses ; dans certaines années tardives, il n'y aurait même rien du tout. Ce n'est qu'à la fin d'avril qu'on peut compter, sous le climat de Paris, sur la reprise complète de la végétation.

§ II. — Parterre.

Le plus fort de la besogne a été fait dans le parterre pendant le mois précédent; il n'y a plus en avril qu'à donner des sarclages et des arrosages, et à renouveler les semis de plantes annuelles. C'est l'époque la plus convenable pour sarcler à fond les allées en se servant du grattoir, avant de les charger de sable si elles en ont besoin. Cette besogne, exécutée trop tôt, serait à recommencer, parce que la plupart des graines de mauvaises herbes ne sortent de terre que pendant le mois d'avril. Lorsqu'elles n'ont pas été soigneusement détruites avant que le sable ne soit étendu sur les allées, elles font le désespoir du jardinier en reverdissant tous les 15 jours; il est alors obligé de sarcler à fond tout de nouveau, et la dépense du sable se trouve perdue en majeure partie.

§ III. — Jardin fruitier.

Il ne doit plus rester à tailler en avril dans le jardin fruitier que quelques pêchers très tardifs. L'opération la plus importante de ce mois est l'ébourgeonnement. Pour les arbres très vigoureux, il n'y aurait pas grand inconvénient à laisser les bourgeons se développer un mois, et même deux, avant de les supprimer; mais pour le plus grand nombre, surtout pour les espaliers, il faut, dès la première quinzaine d'avril, choisir entre les bourgeons ceux qui doivent être conservés, et ôter tous les autres. Le mois d'avril est l'époque la plus convenable pour la greffe en fente de tous les arbres fruitiers à pépins. Les premiers coups de soleil piquants peuvent être funestes aux semis de l'année précédente dans la pépinière, si l'on n'a soin d'y maintenir une fraîcheur salutaire au moyen d'arrosages modérés. On se procurera une récolte abondante de framboises en courbant les branches au moment où la sève commence à monter.

§ IV. — Jardin paysager.

A la fin d'avril, les gazons doivent être fauchés le plus près possible de terre, quand même un printemps très sec ne leur aurait pas permis de produire une herbe abondante, parce qu'il importe à sa conservation que les graminées dont il se compose ne portent pas de semences. Les chenilles commencent à faire une guerre dangereuse aux feuilles naissantes des arbres et arbustes d'agrément. Quelle que soit la patience du jardinier à rechercher les chenilles, son travail ne vaut pas celui de quelques familles de fauvettes et de rossignols établies à demeure dans les bosquets. Il suffit pour les y fixer, de préserver leurs nids des atteintes des chats et des enfants, et de placer à leur portée, dans une écuelle de bois, une petite provision de vers de farine dont ces oiseaux sont très friands. On sait qu'ils sont purement insectivores, et qu'ils n'attaquent jamais, ni les produits du verger, ni ceux du potager.

En Belgique, où les parcs et les jardins paysagers sont plus communs que partout ailleurs en Europe, il n'y a pas de boulanger qui ne joigne à son commerce celui des vers de farine dont on a soin d'approvisionner les oiseaux chanteurs, tant on attache de prix à la présence de ces hôtes ailés, non moins utiles qu'agréables. Il est bon, pour les empêcher de s'écarter, de placer dans le plus épais du bosquet, une auge en pierre constamment remplie d'eau propre; la facilité de trouver à s'abreuver près de leur nid contribue beaucoup à les fixer.

§ V. — Orangerie et serres.

Le feu doit être entièrement supprimé dans l'orangerie et dans la serre tempérée; dès la fin d'avril, la serre chaude-sèche ne veut être chauffée que pendant la nuit; la serre chaude-humide doit continuer à l'être constamment, mais plus la nuit que le jour. Déjà la température extérieure permet de sortir de la serre les plantes les moins délicates; on profite de ce débarras pour multiplier de boutures et de marcottes les végétaux exotiques. On greffe par approche ou de toute autre manière les plantes qui en sont susceptibles. Les châssis de la serre tempérée peuvent rester ouverts une partie de la journée dès la fin d'avril; ceux de l'orangerie ne doivent être replacés que le soir.

MAI.

§ 1er. — Parterre.

Le mois de mai est celui où l'amateur des fleurs de pleine terre est le plus constamment et le plus agréablement occupé. Les fleurs qu'on nomme de collection sont en pleine floraison, principalement les tulipes, jacinthes, anémones et renoncules.

La floraison des jacinthes est déjà fort avancée dans les derniers jours d'avril; les soins à leur donner consistent dans l'entretien d'une humidité modérée et le placement des tuteurs que le poids des tiges chargées de fleurs rend tout-à-fait nécessaire. On ne doit pas non plus négliger, mais en dehors de la collection, la jacinthe simple à fleur blanche, celle de toutes qui donne l'odeur la plus suave. L'abri d'un mur au midi convient très bien aux jacinthes, tandis que les tulipes veulent la place la plus aérée de tout le jardin. L'usage d'une toile ou tendelet placé au-dessus des tulipes pour les préserver des pluies violentes ou de la grêle, et prolonger leur floraison, leur est encore plus nécessaire qu'aux jacinthes; faute de cette précaution, un orage ne laisse rien dans une planche de tulipes; la jacinthe au contraire peut être abattue par le mauvais temps et se relever dans tout son éclat. Rien n'est plus agréable dans le parterre d'un véritable amateur que la réunion de deux collections semblables à proximité l'une de l'autre, de sorte qu'on puisse jouir en même temps de l'odeur agréable des jacinthes et des couleurs variées des tulipes.

Les anémones et les renoncules peuvent donner des jouissances plus prolongées lorsqu'on a soin de ne pas les planter toutes à la fois; on peut en planter en mai à deux ou trois reprises et les avoir en fleur durant tout l'été, .mais le véritable amateur préfère les avoir en plancies, toutes ensemble. Les griffes d'anémones et de renoncules plantées avant l'iiver exigent quelques soins durant la mauvaise saison, mais leur floraison est de beaucoup supérieure à celle qu'on obtient en les plantant au printemps; dans le premier cas elles fleurissent en mai, dans le second elles retardent jusqu'à juin, et leurs fleurs ne sont jamais aussi belles.

C'est dans le mois de mai qu'il convient de semer les renoncules pour obtenir des variétés qui souvent mettent deux ou trois ans à montrer leur fleur. Il y a cependant un moyen de les obtenir en fleur au bout d'un an, du moins ce moyen a constamment réussi dans le jardin de M. Bosset, à Liège en Belgique; nous en devons la communication à l'obligeance de cet iorticulteur distingué. M. Bosset fait dessécier à l'air libre, sous un iangar, de la bouse de vacie qu'il réduit en poudre et passe à la claie; c'est dans cette poudre légèrement iumectée qu'il sème ses renoncules en terrines. A la fin de l'été, quand les feuilles des jeunes plantes se flétrissent, il laisse dessécier complètement le contenu des terrines et le passe au crible fin; les griffes vierges, comme on les nomme à cet âge, sont composées de deux lobes fort petits, rarement de trois, et de quelques filaments imperceptibles; elles sont replantées une à une à 0^m,05 ou 0^m,06 de distance, dans de grandes terrines pleines de bouse de vacie du semis mêlée avec une égale quantité de terre francie pulvérisée. Les terrines passent l'iiver dans l'orangerie; il faut avoir la précaution d'arroser modérément et de donner de l'air le plus souvent possible. Au printemps, les griffes sont parfaitement formées et bonnes à être mises en place; presque toutes fleurissent en mai; on peut planter à part les moins vigoureuses : elles fleuriront en automne.

Toutes les fleurs annuelles de pleine terre ont pu être semées dès le mois précédent, soit sur coucie, soit en place; ces semis peuvent être renouvelés en mai, afin de tenir les plates-bandes constamment garnies. L'on ne peut trop recommander de renouveler, tant sur la coucie qu'en pleine terre, les semis des deux plantes d'ornement dont les couleurs variées peuvent décorer le plus longtemps le parterre : ce sont les asters de Ciine (reines-marguerites), et les balsamines. En Belgique, on obtient dans les grands jardins des masses d'un effet très agréable, dont la floraison dure longtemps, en semant près les unes des autres des capucines (tropœlum), des liserons (convolvulus) et des iaricots à grappes. Ces graines sont disposées sur un espace circulaire qu'on entoure de baguettes de cornouiller très rapprociées l'une de l'autre; un lien d'osier les réunit toutes par

le sommet; le cône qui en résulte se couvre pendant près de trois mois de fleurs dont les nuances contrastent vivement, et dont le feuillage masque complètement les baguettes.

A mesure que les plantes annuelles d'ornement qui ne se sèment point en place deviennent bonnes à être replantées, on doit les disposer dans le parterre selon la variété de leurs formes et de leurs dimensions, non pas toutes ensemble, mais successivement; c'est ainsi qu'on peut avoir tout l'été le parterre garni de campanules, d'œillets de poëte, et d'une foule d'autres fleurs qui, sans cette précaution, n'y paraissent, pour ainsi dire, qu'un moment.

Les amateurs qui possèdent une serre peuvent à cette époque de l'année enterrer dans les plates-bandes du parterre les pots où végètent plusieurs genres de plantes de collection, et jouir ainsi tout l'été des pélargoniums, calcéolaires, cinéraires, verveines, etc., comme si ces plantes étaient en pleine terre; cet usage est généralement pratiqué en Angleterre et en Belgique.

Les collections de daiilias sont ordinairement en place avant les premiers jours de mai; cette métiiode ne serait dangereuse que dans le cas où les tubercules ne seraient pas assez profondément enterrés; car les gelées de mai, lorsqu'il en survient, ne pénètrent jamais bien avant dans la terre; quant aux tiges, elles sont assez longtemps à se développer pour ne pas courir grand risque de la part des froids tardifs. Mais il n'en est pas de même des pousses tendres et frêles des daiilias placés d'avance dans la serre pour en hâter la végétation; il ne faut les risquer en pleine terre que quand toute crainte de gelée, même de gelée blancie, est définitivement passée, ce qui a lieu pour notre climat dans la dernière quinzaine de mai.

§ II. — Orangerie.

C'est vers le 15 mai que l'orangerie se dégarnit, sans toutefois se vider entièrement; car elle doit toujours conserver celles d'entre les plantes qui ont souffert pendant la mauvaise saison, et admettre de plus toutes les plantes de serre qui ne se trouveraient pas assez robustes pour supporter l'air extérieur.

Sous un climat aussi inconstant que le nôtre, il ne peut du reste y avoir d'époque rigoureusement déterminée pour l'évacuation des orangeries; il y a toujours moins d'inconvénients à diminuer de quelques jours la jouissance des plantes d'orangerie, comme décoration de nos grands jardins, qu'à risquer de les endommager, ou même de les perdre.

Après les gelées tardives, ce que les plantes d'orangerie redoutent le plus c'est la grêle. Il ne faut pas songer à en préserver d'une manière absolue les orangers, citronniers, grenadiers, oléandres, ni même les plus grands d'entre les camélias; tout ce qu'on peut faire pour eux, c'est de leur réserver une place abritée par un mur ou un massif d'arbres contre la violence du vent durant les grands orages, mesure insuffisante que leur emploi comme décoration rend souvent même impossible.

Quant aux plantes de moindres dimensions elles sont ordinairement en trop grand nombre pour qu'on puisse les rentrer à l'approche de chaque orage. Le mieux est donc de garnir l'espace qu'on leur destine de montants en fer propres à recevoir au besoin un abri de toile ou de paillassons; ces montants, très légers et peints en vert, ne nuisent nullement au coup d'œil; c'est une dépense qui ne se renouvelle pas et qui seule peut prévenir bien des désastres.

Les greffes, boutures et marcottes de plantes et d'arbustes d'orangerie sont dans ce mois en pleine activité. Les plus grands arbustes sont visités à leur sortie de l'orangerie, et taillés s'il y a lieu; non que le moment soit très favorable, mais parce que, pour les grands orangers, par exemple, l'espace manquait dans l'orangerie et ne permettait pas de les façonner si facilement qu'en plein air. Lorsqu'il n'y a pas urgence absolue, nous pensons qu'il vaut mieux différer un peu cette opération quand il n'a pas été possible de la faire un mois ou six semaines plus tôt dans l'orangerie. Il faut se hâter de profiter des premiers jours après l'évacuation de l'orangerie pour y faire exécuter les réparations dont elle peut avoir besoin; car il est impossible, quand elle est garnie, qu'un ouvrier quelconque y mette le pied sans y causer du dégât.

§ III. — Serre tempérée.

Une grande partie de ce que nous venons de dire au sujet de l'orangerie s'applique à la serre tempérée; à moins que le temps ne soit très favorable, il vaut mieux se contenter de donner toute la journée de l'air à la serre, et de transporter dans l'orangerie, où la place ne manque pas, les plantes gênées dans la serre par la chaleur trop forte et le défaut d'espace, que de les exposer aux nuits froides du mois de mai, souvent même du mois de juin. Le mois de mai est la saison par excellence pour la multiplication des plantes de serre tempérée par boutures et marcottes, de même que pour les greffes herbacées.

Les essais de semis des graines exotiques ont plus de chance à cette époque qu'à toute autre, parce que les plantes sont moins serrées et que l'air circule mieux dans la serre.

Pour les graines fines, qui germent difficilement et qui ont besoin d'une humidité constamment entretenue, il est bon de tenir couverte de paillassons la terre où elles sont semées; cette privation de lumière ne nuit point à la germination, mais elle ferait périr la jeune plante, quelle qu'elle soit, si l'on ne se hâtait de découvrir les semis, dès que la graine commence à lever.

En général, excepté dans les établissements publics ou chez les amateurs très riches, c'est toujours l'espace qui manque dans l'orangerie comme dans la serre, parce qu'on préfère un très grand nombre de végétaux languissants et presque étouffés les uns par les autres à un nombre plus borné de plantes d'une végétation vigoureuse.

§ IV. — Serre chaude.

Les plantes de la serre chaude-sèche prennent rarement l'air autrement que par l'ouverture des croisées: encore doit-elle se faire avec beaucoup de précautions; les plantes de la serre chaude-humide n'en sortent jamais. Nous n'avons jamais vu de collection de ces dernières plantes plus riche et en meilleur état que celle de M. Jacob Makoy, à Sainte-Véronique, près Liège en Belgique; les épidendrées les plus rares y végétaient avec la plus étonnante vigueur, mais à une température si élevée qu'il était impossible de la supporter plus de cinq minutes sans suffoquer. Les soins de propreté, d'arrosage et de rempotage des plantes y sont continuels durant tous les mois de l'année. La plus intéressante de toutes les cultures de la serre chaude-sèche est celle de la vanille; cette plante, qu'on est parvenu à faire fructifier en Europe et dont les produits diffèrent peu de ceux de son sol natal, a besoin de beaucoup d'eau dans son jeune âge; il est à souhaiter que tous ceux qui disposent d'une serre chaude contribuent à en propager la culture.

Nous terminerons cet exposé par quelques considérations sur la culture de l'ananas, dont le succès dépend en grande partie des soins qu'elle reçoit durant le mois de mai; on peut même dire que c'est pour cette plante l'époque décisive de sa végétation. La grande consommation d'ananas qui se fait malgré le prix très élevé de ce fruit, le meilleur peut-être de tous ceux que la nature prodigue à l'homme, permet à la production de s'étendre avec des bénéfices considérables. La culture de l'ananas dure trois ans; au mois de mai des deux premières années il faut changer de pot les jeunes plantes dont les racines se trouvent trop à l'étroit. L'étonnante vigueur de cette singulière végétation permet d'employer un procédé qui tuerait toute autre plante: il consiste à enlever chaque fois la totalité des racines pour ne laisser que le talon, ce qui se nomme rempoter à nu. Lorsqu'on a fait passer un été en pleine terre aux ananas sous châssis entourés de fumier chaud fréquemment renouvelé, il est de toute impossibilité de les mettre en pot en conservant leurs racines; on ne peut pas non plus les raccourcir, la plante périrait; il faut donc, comme on vient de le dire, les supprimer toutes et attendre que la plante en ait produit de nouvelles dans le pot où on la place. On gagnerait une année sur cette culture importante si l'on pouvait ménager aux ananas une place à demeure dans une serre chaude et les y gouverner en pleine terre; nous avons vu ce procédé appliqué en grand dans les serres de MM. Vandevelde, à Vilvorde, près de Bruxelles; les produits surpassaient en beauté et en qualité ceux des autres serres, et les consommateurs bruxellois, principalement les glaciers, savaient très bien en faire la différence.

§ V. — Jardin potager.

Le mois de mai n'a pas souvent, aux environs de Paris, cette douceur de température et ce luxe de végétation chantés par les poëtes ; le jardin potager offre quelquefois en mai une triste nudité ; c'est l'époque où, pour tous les départements du nord de la Loire, les retours subits de froids imprévus peuvent causer les plus grands désastres dans les jardins. Le jardinier prévoyant observera donc avec un soin assidu les variations de la température ; il ne négligera aucun moyen de protection pour les plantes potagères dont la végétation, fort avancée à cette époque, peut être détruite, en moins d'une heure de temps, par un seul degré de gelée.

Carotte. — La culture la plus importante de ce mois est celle de la carotte, vulgairement nommée toupie de Hollande. Une excellente variété, originaire de Hollande, mais profondément modifiée par la culture aux environs de Paris, y occupe un grand espace. Elle doit être, pendant tout le mois de mai, sarclée et arrosée, selon le besoin. Lorsqu'on prévoit la rareté des petits pois, par suite des gelées tardives, on sème au printemps une quantité prodigieuse de cette carotte ; elle devient une compensation salubre et peu dispendieuse à la pauvreté de la première récolte des pois verts. Étant très sujette à *nuiler*, on a été forcé de la semer très serrée ; il devient donc nécessaire de l'éclaircir, même avant le temps où, ayant acquis la grosseur du petit doigt, elle peut paraître sur le marché. La récolte commence d'ordinaire en mai ; dans les années tardives on ne peut espérer d'en manger que fort avant dans le mois de juin.

Radis. — Les radis roses et blancs, ainsi que les raves roses et violettes, venus sur couche, sont épuisés en mai ; les couches ont déjà reçu une autre destination. C'est le tour des radis de pleine terre, dont la culture exige peu de soins ; souvent, aux bonnes expositions, on a mêlé la graine de radis à celle de carotte ou d'ognon. La prompte végétation du radis devant bientôt laisser le terrain libre, on en sème au moins une fois dans le courant du mois pour n'en être pas au dépourvu, et l'on réserve de la première récolte les pieds destinés à servir de porte-graines.

Choux. — Les seuls choux de cette saison sont les choux d'York, les pains de sucre et les cœurs de bœuf. On ne peut se faire une idée de la rapidité avec laquelle, en juin ou dix jours, leurs feuilles se développent et couvrent tout le terrain ; c'est le moment qu'il faut choisir pour les arroser fréquemment et largement. Il est rare qu'à Paris on leur laisse prendre tout leur accroissement avant de les porter au marché ; ils viennent à l'époque où les choux manquent, et trouvent des acheteurs à moitié de leur développement ; d'ailleurs, le maraîcher est pressé de disposer de son terrain ; mais partout ailleurs, et dans d'autres circonstances, nous croyons que tous ces choux précoces feront plus de profit si l'on attend un peu plus tard que leur pomme soit bien formée ; elle devient très serrée et d'un goût excellent, surtout celle des choux d'York de race pure, dont les pommes sont obtuses par le bout, et qui montent très difficilement.

Choux-fleurs. — On peut avoir déjà, dans le mois de mai, des choux-fleurs à cueillir ; ce sont des durs et demi-durs, des premiers surtout, qui passent aisément l'hiver. Toutefois, les jardiniers qui cultivent pour le marché ne consacrent jamais à cette culture une très grande étendue de terrain. Il n'y a pas de végétation plus capricieuse que celle de ces premiers choux-fleurs, et il arrive très souvent qu'après les peines et des soins infinis ils ne viennent à maturité qu'au moment de la grande abondance de toute espèce de légumes frais, pois, fèves, haricots verts ; alors ils ont perdu toute leur valeur, et il est même souvent difficile de s'en défaire. Mais le jardinier amateur, qui tient à avoir sa table garnie de légumes variés ne doit pas dédaigner les choux-fleurs de printemps, qui sont toujours les plus délicats.

Les choux-fleurs destinés à donner leur fleur en automne se sèment vers le 15 mai, mieux en ligne qu'à la volée, sur du terreau pur. Lorsqu'on a à sa disposition une étable à vaches, on obtient du plant de choux-fleurs très vigoureux et d'un succès presque certain en mêlant au terreau une égale quantité de bouse de vache récente, et donnant très peu d'eau au jeune plant jusqu'à ce qu'il ait acquis 0m,12 à 0m,15 de hauteur.

Brocolis. — On ne peut les risquer en pleine terre qu'à la fin de mai, quand il n'y a plus à craindre ni gelées blanches ni nuits trop fraîches, qui leur sont également funestes. Il est toujours prudent de ne pas se presser afin d'arriver après la grande affluence des légumes verts. Les brocolis ne craignent pas les fortes chaleurs, pourvu que l'eau ne leur manque pas. L'exposition la plus chaude du jardin potager leur convient parfaitement.

Il est bon de faire observer qu'en Angleterre, sous un climat plus rigoureux que le nôtre, on cultive beaucoup plus de brocolis que de choux-fleurs ; la culture de l'un de ces légumes n'est réellement pas plus difficile que celle de l'autre.

Pé-tsaï ou *chou de la Chine*. — Cette plante, toute nouvelle dans nos potagers, ne se cultive encore que par tâtonnements ; elle craint peu les gelées et pourrait être semée à la fin d'avril ; néanmoins, nous croyons qu'elle réussit mieux lorsqu'on la sème dans la première quinzaine de mai. Parmi les divers procédés de semis dont nous avons fait l'essai, voici celui qui nous a offert les meilleurs résultats. Une tranchée de 18 à 20 centimètres de largeur et d'autant de profondeur a été ouverte dans une bonne terre très fertile et remplie presque jusqu'au bord de fumier court très consommé ; quelques centimètres de terre ont été jetés par-dessus pour recevoir la semence répandue très clair à la volée, et recouverte avec une égale épaisseur de terreau. Les racines de la plante s'y sont mieux développées que sur la couche, avantage important, car la disproportion entre les racines presque nulles dans le premier âge, et les feuilles, qui prennent en peu de jours un rapide accroissement, rend l'opération du repiquage fort délicate et d'un succès incertain. Les pé-tsaï semés au commencement de mai, par le procédé que nous indiquons, peuvent être mis en place dès la fin du même mois; plus on les replante jeunes et mieux ils profitent.

Toutes les espèces de choux de Milan, chou blanc à grosse tête, chou à jets, ou *spruyt* de Bruxelles, se sèment dans le mois de mai; nous recommandons, d'après notre propre expérience, d'appliquer à toutes les espèces le mode de semis indiqué pour le chou de la Chine; il n'est ni difficile ni coûteux, et réussit toujours parfaitement.

Cornichons et concombres. C'est en mai, soit à la fin, soit au commencement, selon la température, qu'on sème ces deux légumes qui n'en font réellement qu'un; car tout cornichon, si on le laissait grandir, deviendrait concombre. On creuse, à 80 centimètres de distance, des trous circulaires d'environ 40 centimètres de diamètre sur 20 de profondeur; on les remplit de fumier à demi consumé, qu'on recouvre de 5 ou 6 centimètres de terreau. Quelques praticiens mêlent de la terre du jardin au fumier dont ils remplissent les trous; nous pensons que, sans ce mélange, la plante végète plus rapidement et produit davantage; nous n'avons jamais remarqué que la qualité des produits en fût altérée d'une manière sensible.

Citrouilles ou potirons. Paris consomme une quantité prodigieuse de ce fruit, auquel la culture maraîchère sait donner un volume énorme. On sème les citrouilles vers le 15 mai, absolument de la même manière que les cornichons et concombres; seulement on donne plus de profondeur et de largeur aux trous. Cette plante ne végète que dans le fumier; on lui réserve pour cette raison la place la moins fertile du jardin potager; la qualité de la terre, à laquelle ses racines ne touchent jamais, lui est tout-à-fait indifférente. Il est bon de placer les semences en terre en dirigeant le germe vers le bas, pour ne pas contrarier la germination, quelquefois très lente. On ne saurait prendre trop de précautions pour isoler les espèces ou variétés qu'on désire conserver pures; le croisement s'opère par le pollen, même à grande distance. Nous avons vu dans un marais, à Saint-Mandé, tout un carré de grosses citrouilles dénaturées, produire des fruits bizarres et de nulle valeur, et cela par le seul effet de trois ou quatre giraumons placés dans un marais voisin, qu'une simple barrière d'échalas séparait de celui qui contenait les citrouilles; la distance entre celles-ci et les giraumons n'était pas de moins de 200 mètres. Le vent

avait porté le pollen des giraumons sur les fleurs femelles des potirons; il ne s'en trouva pas un seul qui ne fût déformé et impropre à la vente, il fallut les donner aux vaches d'un nourrisseur du voisinage.

Melons. On sème en place toute espèce de melons d'arrière-saison, soit sur couches sourdes, soit, comme les cornichons, dans des trous remplis de fumier; mais dans ce dernier cas nous conseillons de donner aux trous 50 à 60 centimètres en tous sens, et de les charger de fumier à 30 centimètres au-dessus du niveau du sol environnant.

On dresse, pour recevoir les melons élevés sous châssis, des couches sourdes qu'on recouvre de 15 centimètres de bon terreau. La largeur de ces couches ne doit pas excéder 80 centimètres, pour recevoir un rang de melons, à 80 centimètres l'un de l'autre. Les soins à leur donner pendant ce mois consistent à les préserver du contact de l'air au moyen des cloches, tant qu'ils ne paraissent pas parfaitement repris; il ne faut pas les arroser trop abondamment; ce n'est que dans le mois suivant qu'on commence à les tailler.

Épinards et tétragone. On continue dans le mois de mai les semis d'épinards commencés le mois précédent; ils se sèment plus ou moins serrés, selon la vigueur des espèces. Vers la fin de mai, si la température fait prévoir un temps orageux et chaud pour le mois de juin, il faut préférer à l'épinard la tétragone, aujourd'hui assez répandue pour que sa graine soit à la portée de tout le monde. Cette plante offre absolument les mêmes conditions de saveur et de couleur que l'épinard; elle a de plus l'avantage de ne pas monter, quelle que soit l'intensité de la chaleur, tandis que souvent les semis des meilleures variétés d'épinards sont perdus, parce qu'ils montent pendant les chaleurs orageuses, avant d'avoir pu donner une coupe de feuilles de quelque valeur.

Laitues. Les romaines sont en plein rapport durant tout le mois de mai; il y en a toujours à replanter, à lier et à vendre. Les laitues rondes de toutes les variétés commencent aussi à produire abondamment et se représentent à tous les états de végétation. L'on ne peut trop recommander pour ce genre de culture, comme pour toute espèce de salade, l'excellente coutume des maraîchers des environs de Paris, qui jamais ne repiquent une salade en été sans avoir largement paillé la terre.

Chicorées. On cueille encore durant tout ce mois la chicorée qu'on a semée très épaisse pour lui faire pousser une multitude de feuilles très petites et très tendres. C'est aussi le moment de semer, mais un peu plus clair, la chicorée qu'on destine à donner en hiver la salade connue sous le nom de barbe de capucin. Au commencement de ce mois la chicorée frisée est bonne à être replantée en pleine terre; il y en a toujours, comme des romaines, à tous les degrés de développement, pendant la durée du mois. Les soins à leur donner consistent également à les arroser abondamment et à les lier pour les faire blanchir.

Pois. Les premiers pois, dits de sainte Catherine, semés en novembre, commencent à donner leurs fruits ; les seconds, dits de la Chandeleur, semés au commencement de février, rejoignent les autres à quelques jours près. Ceux qui ne sont qu'en fleur dans le mois de mai doivent être pincés par le haut ; si on les laissait s'emporter, ils donneraient si tard que leurs produits offriraient peu de bénéfice. Les moins avancés sont bons à être ramés dans le courant du mois ; il est bon de leur rendre la terre au pied avant de leur donner les rames. Pour n'en pas être au dépourvu, on en sème au moins deux fois dans la première et dans la seconde quinzaine de mai.

Haricots. — On risque dès les premiers jours de mai quelques haricots en pleine terre ; mais comme la moindre gelée leur est funeste, il vaut mieux ne semer la majeure partie que vers le 15 du mois, et continuer au moins une fois par mois durant le reste de la saison, pour avoir toujours des haricots verts jusqu'aux premières gelées. Les maraîchers des environs de Paris ont à cet égard une excellente coutume. Ils répandent, sur le sommet aplani d'un tas de fumier long, quelques centimètres de bon terreau ; ils y sèment très serrés des flageolets hâtifs qu'ils recouvrent de litière sèche. Ces haricots sont ensuite replantés en ligne en pleine terre, et ne souffrent point de cette opération qui leur fait gagner huit jours, quelquefois quinze, quand le temps est favorable, et qui, dans tous les cas, n'expose pas les jardiniers à perdre la semence. Si le froid a endommagé partiellement les haricots risqués en pleine terre, ils ont une réserve pour remplir les vides sans perte de temps.

Fèves. — Vers le milieu de mai on pince les sommités des tiges pour accélérer la fructification ; quand même le pincement ferait tomber quelques-unes des fleurs les plus élevées, il n'y aurait pas d'inconvénient, parce que ces fleurs sont le plus souvent stériles. Les premières fèves sont bonnes à être récoltées à la fin du mois quand elles ont atteint le quart de leur grosseur. On peut couper immédiatement au niveau du sol les tiges de celles qu'on a récoltées ainsi avant maturité, elles repousseront du pied, et donneront une seconde récolte en vert à l'automne. Cependant cette pratique est un objet de curiosité plutôt que de produit ; il est rare que le jardinier n'ait pas un emploi plus avantageux à faire de son terrain ; la seconde pousse a rarement le temps de donner sa graine avant les premières gelées, qui, si elles ne tuent pas la plante, suffisent pour faire avorter et tomber presque toutes les fleurs et rendre la récolte nulle.

Asperges. — La récolte des asperges se prolonge durant tout le mois de mai et même au-delà ; la seule précaution à prendre, c'est de ne pas endommager en les coupant le collet de la racine, et aussi de ne pas fatiguer le plant par une coupe trop prolongée, qui rendrait nulle celle de l'année suivante. Les semis, soit en place, soit destinés à être replantés, doivent être tenus très proprement ; les premiers n'ont besoin que de très peu d'eau, pourvu qu'ils soient fréquemment sarclés et binés, avec les précautions nécessaires pour ne pas endommager les racines.

Artichauts. — Si la température est sèche, les artichauts ont besoin dans ce mois de fréquents arrosages ; on ne peut trop insister sur ce point qu'il vaudrait mieux ne pas leur donner d'eau du tout que de leur en donner trop peu. C'est au commencement de mai qu'on sème la graine d'artichaut quand on manque d'œilletons pour les multiplier ; en général, les variétés d'artichauts les plus estimés étant sujettes à *retourner au chardon*, il vaut beaucoup mieux les multiplier d'œilletons que de graines. Les semis réussissent mieux en place qu'en pépinière ; dans les deux cas ils demandent une épaisseur de 8 à 10 centimètres de bon terreau. L'on ne doit pas craindre de bien recouvrir la graine ; il faut arracher aussi jeunes que possible les pieds qui tournent au chardon, ce qu'on reconnaît au piquant de leurs feuilles ; comme ils sont toujours les plus vigoureux, ils tueraient infailliblement les autres. Les semis peuvent avoir beaucoup d'importance après des hivers rigoureux où les vieux plants ont péri ; les œilletons sont alors si rares qu'ils deviennent hors de prix ; nous les avons vus en 1830, après le grand hiver de 1829, valoir 50 et 60 francs le mille. On en plante ordinairement 10,000 dans un hectare ; il y a donc eu beaucoup de bénéfice à semer des artichauts en mai 1830.

Cardons. — Toutes les espèces de cette plante, très voisine des artichauts, se sèment en mai, mieux à la fin qu'au commencement du mois, soit en place, soit en pépinière. Les semis en place se font à 80 centimètres de distance ; ils demandent peu d'eau dans la première quinzaine après leur sortie de terre.

Fraisiers. — La fraise des Alpes, dite des quatre saisons, qui pourrait, comme le dit M. Noisette, remplacer à elle seule toutes les autres, commence à montrer ses premiers fruits vers la fin de mai. Il ne faut l'arroser que sur un sol parfaitement paillé, surtout pour le plant dont on attend la première récolte. Dans les temps orageux il faut arroser abondamment les fraisiers quand les nuées montent et que le tonnerre gronde, sans compter sur l'effet des pluies d'orages ; l'expérience prouve que ces pluies, si elles ne trouvent pas la terre suffisamment mouillée d'avance, sont funestes aux fraisiers dont elles font jaunir la feuille et avorter la fructification. Toutes les espèces qu'on veut multiplier de semence doivent être semées dans le courant de ce mois, sur terreau, à l'ombre, et repiquées 15 jours ou 3 semaines après qu'elles sont levées. Lorsqu'on veut s'assurer pour l'automne une récolte abondante de fraises des quatre saisons, l'on sacrifie la première en coupant à 5 à 6 centimètres au-dessus du sol toute la plante, feuilles et tiges, au moment de la floraison, au commencement de mai. Cette opération donne un produit encore plus certain quand on l'applique à la fraise des quatre saisons dépourvue de coulants, connue sous le nom de *buisson de Gaillon.*

Ognons. — Les blancs sont déjà bons à être cueillis à la fin de mai ; ils ont alors à peu près la moitié de leur volume. Cette récolte est d'autant plus avantageuse qu'on a eu soin de semer assez serré pour ne rien perdre sur les ognons destinés à parvenir à toute leur grosseur.

Poireau. — Si les semis n'ont pas été faits tous à la fois, il y a en mai du plant de poireau à mettre en place. Comme cette plante demande à être cultivée en rangs très serrés, elle étouffe promptement les herbes nuisibles ; néanmoins un ou deux binages dans le mois de mai lui sont fort utiles.

Ciboules, — Pendant tout le courant de mai, selon la température, on replante la ciboule à 15 centimètres de distance, en lignes. Il faut choisir de préférence, pour cette opération, le moment où la terre n'est que médiocrement humide.

Champignons. — Il y a dans ce mois peu de soins à donner aux couches à champignons ; elles sont en plein rapport. Les jardiniers qui en font le commerce spécial, et qui approvisionnent le marché pendant toute l'année, doivent, durant le mois de mai et le mois suivant, travailler leurs fumiers de façon que leurs couches se succèdent sans interruption dans la récolte. Ce travail est admirablement traité dans les carrières communes de Montrouge, d'Arcueil et de Gentilly, qui de temps immémorial sont en possession de cette branche de jardinage.

Patate ou Batate. — On plante sur une couche de fumier de cheval, recouverte de 12 à 15 centimètres de bonne terre, des tubercules de batates en lignes plus ou moins rapprochées, selon leur grosseur. Il ne faudrait pas placer ces tubercules dans le terreau ; leur végétation ne s'y développerait pas aussi bien ; les premiers jours de mai sont l'époque la plus favorable à cette culture. Au bout d'une semaine on voit poindre de jeunes pousses très nombreuses qu'on détache pour les replanter une à une à 30 centimètres les unes des autres, en espaçant les rangées d'environ 1 mètre. La consommation de la batate s'étend d'année en année à mesure que son prix diminue ; elle occupe déjà une place importante dans nos potagers, et elle tend à devenir d'un usage général. Il faut la préserver avec soin des gelées, qui lui sont mortelles.

Tomates. — On met en place vers le 15 mai, en bonne exposition, les tomates élevées sur couches ; il convient de ne pas se presser quand le temps n'est pas très favorable. Dès que la plante monte et fleurit, il est temps de lui donner des tuteurs, ce qui hâte la maturité du fruit et en améliore la qualité.

Estragon. — On éclate les pieds d'estragon pour les replanter ordinairement en bordure ; il ne faut pas attendre trop tard, de peur que les jeunes plantes ne soient trop peu avancées à l'époque où l'on confit les cornichons au vinaigre, l'estragon étant le principal assaisonnement de cette préparation.

Pourpier. — Ce n'est guère que dans les départements au nord de Paris que le pourpier, étant généralement employé, tient une place obligée dans tous les jardins. On le sème en mai, très clair, à toute exposition ; le plus souvent il se ressème de lui-même ; ses graines se conservent l'hiver en terre et lèvent au printemps, elles couvrent promptement le terrain et n'exigent pas de grands soins de la part du jardinier.

Maïs ou blé de Turquie. — Cette plante de grande culture ne figurerait point ici sans l'excellence de ses épis cueillis avant maturité et confits au vinaigre de même que les cornichons, auxquels bien des personnes les préfèrent. On peut donc, pour cet usage, consacrer un coin du jardin à semer quelques poignées de maïs de l'espèce naine qu'on nomme quarantain ou maïs à poulets. N'étant pas destinée à donner sa graine, cette plante n'a pas besoin d'être semée avant la fin de mai ; ses produits seront plus abondants que si elle était semée plus tôt ; il lui faut beaucoup de fumier.

Nous avons mentionné séparément les plantes dont la culture semblait exiger quelques indications spéciales ; nous nous bornerons à comprendre les autres d'une manière générale dans l'énoncé des travaux du mois, car nous sommes forcés de nous restreindre dans des limites qu'il nous est interdit de dépasser.

La végétation, activée par les premières chaleurs, favorise le développement des plantes nuisibles aux dépens des plantes utiles ; le potager a donc besoin dans toutes ses parties de binages et de sarclages qui ne sauraient être trop fréquents. On doit surtout recommander les binages aux jardiniers qui, par quelque circonstance locale, ne peuvent donner autant d'eau que certaines plantes en demandent ; elles auront d'autant moins à souffrir de la sécheresse que le sol où elles végètent aura été remué plus souvent.

Il est peu de plantes potagères qui ne puissent être semées en mai, indépendamment de celles dont nous avons exposé le mode de culture, c'est pendant ce mois qu'on réservera dans chaque espèce les porte-graines des plantes annuelles. Les semis de persil, pimprenelle, cerfeuil et cresson alénois seront d'autant plus souvent répétés que les chaleurs les feront monter plus rapidement. Les salsifis, scorsonères et betteraves, qui sont, aux environs des grandes villes, cultivés en grand pour l'usage alimentaire, se sèment dans le courant du mois de mai.

JUIN.

§ 1er. — Jardin potager.

Pois. — Ce légume est le plus productif et le plus abondant de ceux que fournit le mois de juin, durant lequel presque tous les produits du potager sont livrés successivement à la consommation. C'est au 15 juin que commencent, pour les Hollandais, *les six semaines aux pois*, expression consacrée dans leur pays, supérieur à tout autre pour la perfection des jardins potagers.

A Paris, le prix des pois écossés descend rapidement de 3 fr. à 40 c. le litre; l'avantage est donc à ceux qui peuvent en hâter la végétation. Le prix excessif des pois pour semence dans les années qui, comme celle-ci, ont vu périr tous les premiers pois semés soit en novembre, soit en février, rend leur culture fort ingrate; ainsi, cette année, le mois de juin fera rentrer les jardiniers dans leurs frais, mais presque sans bénéfice. Si cette culture se soutient, c'est uniquement parce qu'elle n'a pas besoin de fumier et qu'elle *peut* donner des produits très importants sur un sol fumé trois ans auparavant, où l'on ne retrouve pas trace d'engrais. Sans cette particularité le peuple de Paris ne verrait pas les pois verts inonder les marchés et les rues en juin, juillet et août.

Il faut apporter beaucoup d'attention dans la manière de cueillir les pois, pour ne pas endommager les tiges et empêcher le développement des gousses, qui se remplissent d'un jour à l'autre; ces précautions sont surtout nécessaires quand les gousses bonnes à être cueillies sont encore en petit nombre et que les plantes sont couvertes de fleurs. On peut citer comme modèle la dextérité des femmes employées à ce travail à Marly et aux environs; elles donnent si peu d'ébranlement à la plante que pas une seule fleur n'est perdue.

On sème des pois dans tout le courant de juin, en donnant la préférence aux espèces tardives; aux environs de Paris on choisit pour les semis de la fin de juin le pois de Clamart, le plus tardif de tous. Nous pensons que c'est une erreur, et qu'il y aurait bénéfice, non-seulement à semer les pois les plus hâtifs, mais encore à en accélérer la végétation au moyen de la cendre de bois, seul amendement qui convienne en général à toutes les variétés de cette plante.

L'espèce la plus productive pour les semis de la fin de juin est celle dont la cosse ne contient point de parchemin et qu'on nomme pour cette raison pois *mange-tout*, quoique, lorsqu'on veut l'écosser, le grain en soit aussi bon seul que celui de toute autre espèce. En général, les nuits trop fraîches empêchent la fleur de nouer, en sorte que, sans que la plante paraisse avoir souffert du froid, elle ne rapporte rien, ou presque rien, si les gelées blanches de septembre la surprennent en fleur. Voilà pourquoi les semis

de juillet, pour récolter en octobre, sont ordinairement stériles; nous recommandons, même pour les semis de juin, de ne semer que des pois *hâtifs*, sous peine de ne rien récolter. La cendre hâte beaucoup la croissance des pois, mais appliquée en trop grande quantité elle les brûle; la meilleure manière de l'employer consiste à la répandre, à la main, dans le sillon où l'on dépose la semence; deux ou trois centimètres d'épaisseur sont plus que suffisants; la cendre se trouve recouverte en même temps que les pois. Les pois semés en juin doivent être ramés presque au sortir de terre, huit ou dix jours au plus après qu'ils sont levés. Il est toujours utile de laisser un espace suffisant pour que l'air circule entre les lignes; on économise ainsi la semence, et les produits n'en sont pas sensiblement diminués.

Nos lecteurs qui habitent au nord de Paris doivent donc se tenir pour avertis que, s'ils semaient des pois tardifs à la fin de juin et au commencement de juillet, comme on le fait sans grand inconvénient aux environs de Paris à bonne exposition, ils s'exposeraient à n'avoir pour tout produit que des fleurs.

Céleri. — Le céleri, par ses propriétés digestives trop peu appréciées en France, mérite une mention particulière. En Belgique, où on l'emploie souvent, soit seul, soit joint au pourpier, pour les potages maigres et des plats de légumes fort recherchés, il passe pour posséder des vertus excitantes analogues à celles de la truffe. C'est en juin que l'on commence à pouvoir faire usage du céleri semé sur couche, sous châssis, en février et mars; on doit en recommander l'usage dans la salade, dont il corrige la crudité, souvent nuisible aux estomacs paresseux. Il faut avoir soin de ménager les semis et repiquages de céleri de manière à n'en manquer en aucune saison de l'année.

La meilleure méthode de buttage pour obtenir le céleri parfaitement blanc et tendre, c'est de laisser assez d'espace entre les rangs pour pouvoir tirer des intervalles la terre dont on le recouvre par degré, à trois reprises différentes, à huit jours de distance; mais cette méthode, pratiquée dans les jardins bourgeois, ne vaudrait rien pour les maraîchers, parce qu'elle fait perdre trop de terrain. La culture du céleri en fosses est la plus avantageuse; les fosses reçoivent trois rangées de plants, qui peuvent y être mis en place dès le mois d'avril. Lorsqu'on les juge assez avancés, on les lie et on leur rend la terre à trois reprises différentes. Il y a dans ce procédé économie de terrain et de main-d'œuvre.

Le céleri, qu'on trouve à l'état sauvage dans les lieux humides et frais du département des Bouches-du-Rhône, veut un sol riche et beaucoup d'eau, à toutes les époques de sa croissance. Le céleri semé en juin pour la consommation d'hiver veut être arrosé, même avant d'être levé, lorsque le temps est sec; souvent, sans cette précaution, il ne lèverait pas.

Le céleri-rave, espèce à racine charnue, importée d'Allemagne depuis quelques années, commence à devenir commun en France. C'est un excellent légume ; il demande encore plus d'eau que le céleri commun, mais il n'a pas besoin d'être butté.

Champignons. — Les soins à donner aux couches à champignons sont les mêmes pour ce mois que pour le précédent. La récolte est en pleine activité ; mais c'est l'époque de l'année où elle est le moins productive, parce que les prix sont généralement très bas. C'est dans le mois de juin qu'on peut tenter, avec le plus de chances de succès, le procédé que donne M. Pirolle, comme le devant au hasard. Du fumier de cheval peu consommé, mais humide, fut oublié dans un souterrain ; il y prit le blanc de lui-même. Ce fumier ayant été disposé en tas régulier, sans autre but que de le faire occuper moins de place, se couvrit spontanément de très bons champignons, et continua à en donner pendant trois mois en aussi grande abondance qu'aurait pu le faire une couche savamment travaillée. Nous avons renouvelé bien des fois cette expérience ; elle ne coûte rien en réalité, car si le fumier se refuse à prendre le blanc, il n'en a pas moins toute sa valeur, et la main-d'œuvre est presque nulle ; elle nous a réussi presque toujours, mais non pas constamment. C'est toujours en juin, surtout quand la température de ce mois se trouvait chaude et orageuse, que nous avons obtenu le plus de champignons par ce procédé.

Pommes de terre. — On donne, en juin, la seconde façon aux pommes de terre tardives. Quelques jardiniers commettent l'imprudence de livrer à la consommation, dès les derniers jours du mois de juin, des pommes de terre très hâtives, qui se vendent à un prix très élevé. Il serait à désirer que la police des marchés de Paris s'empressât de prendre des mesures à cet égard ; ces pommes de terre, vendues ainsi avant leur maturité complète, sont nuisibles à la santé ; s'il n'en résulte pas d'accidents plus graves, c'est qu'elles s'emploient ordinairement mélangées avec d'autres aliments, ce qui en diminue les propriétés pernicieuses.

Quand les premiers semis de pommes de terre ont été fortement endommagés par les gelées tardives, on peut, dans le courant de juin, mais mieux au commencement qu'à la fin de ce mois, semer une espèce très hâtive, introduite depuis quelques années, sous le nom de *Segonzac ;* elle végète assez rapidement pour qu'on puisse espérer la récolter avant les fortes gelées, en même temps que la vitelotte, pourvu qu'elle soit placée dans un sol frais et abondamment fumé ; car la pomme de terre Segonzac est, plus que toute autre, sensible aux effets de la sécheresse.

Oxalis crénelée. — On doit, dans le courant de juin, veiller attentivement sur cette plante, pour la butter chaque fois que la végétation l'exige. Quand l'horticulture aura forcé cette plante à fleurir et à porter graine, on en peut espérer des tubercules volumineux, dignes de rivaliser dans la grande culture avec la pomme de terre. Elle offrira un avantage considérable par sa propriété de s'étendre en tout sens, en sorte que les pieds doivent être plantés à très grande distance. Nous pensons que pour ensemencer une égale étendue de terrain, il faudrait *cinq à six fois moins* d'oxalis que de pommes de terre. Mais, avant d'appliquer à l'oxalis crénelée la grande culture, il faudrait parvenir à en étendre la consommation, qui ne paraît pas devoir devenir prochainement d'un usage général.

Artichaut. — Si les plants ont été bien conduits, ceux de l'année dernière sont, durant le mois de juin, en plein rapport. Pour ne pas épuiser les pieds dont on veut prolonger la durée, on ne leur laissera *qu'une tête* à chacun et l'on coupera la tige au niveau du sol sitôt après la récolte. Près des villes, où tout se débite, il y a bénéfice à laisser au moins une partie des têtes secondaires, qu'on vend pour manger en hors-d'œuvre, à la poivrade ou en friture. Dans ce cas, les pieds qui dégénèreraient doivent être sacrifiés ; on les consacre à fournir des œilletons pour les plantations de l'automne ou du printemps de l'année suivante.

On ne peut trop largement *arroser l'artichaut ;* on est bien récompensé par la beauté des produits, qui peuvent, par une culture soignée, *doubler de valeur.*

Melons. — C'est dans le mois de juin, que les melons réclament les soins les plus assidus ; c'est en même temps le mois où commence pour eux le danger des grands orages accompagnés de grêle. La fréquence de ces orages aux environs de Paris a fait préférer, pour cette culture, les châssis aux cloches par tous les maraîchers aisés ; en effet, les châssis résistent beaucoup mieux que les cloches à la grêle, dans des cas imprévus. Deux fois en 1838, la grêle, grosse comme des noisettes, est survenue à l'improviste par des coups de vent qui ne laissaient pas le temps de faire usage des paillassons, *pas une seule cloche* n'eut à fût épargnée ; les châssis ne furent que partiellement endommagés. Les châssis sont aussi beaucoup plus faciles à couvrir rapidement à l'approche d'un orage ; à quoi il faut ajouter que les melons obtenus sous châssis valent toujours mieux que ceux qu'on obtient sous cloche, par cette seule considération que le jardinier craindra de dépenser un temps précieux à soulever l'une après l'autre des centaines de cloches, tandis qu'il ne regardera pas à un quart d'heure de travail pour soulever quelques châssis.

C'est en juin qu'ont lieu les principales opérations de la taille des melons. On revient tous les jours de l'ancien préjugé qui faisait regarder cette taille comme une sorte d'arcane, révélé seulement à quelques adeptes. Le *Bon Jardinier* a contribué puissamment à faire voir que la nature n'a pas besoin d'être contrariée par une taille minutieuse, aussi fréquemment que le recommandaient les anciens traités, qui semblaient embrouiller à dessein une chose fort simple en elle-même, comme pour dégoûter les amateurs et les mettre 1ors d'état de faire croître un bon melon sans le secours d'un maître jardinier. On doit jouir durant tout le mois de juin et les trois mois suivants des melons de bonnes espèces, pourvu que les semis et repiquages soient conduits en conséquence. Nous recommandons aux amateurs qui ne cultivent pas pour la vente le petit melon sucré vert, de la variété nantaise; jamais il ne s'en rencontre un mauvais. Ils seraient communs à Paris sans la petitesse de leur taille, que la culture n'a pas réussi jusqu'à présent à développer, ce qui les rend peu avantageux pour la vente. Le petit melon sucré vert a le mérite d'être à la fois, selon l'époque des semis, le premier et le dernier; il égale, pour la finesse de la saveur, les meilleurs cantalous, et la plante est beaucoup moins délicate.

Fraises. — Les fraisiers exigent, durant le mois de juin, des soins multipliés. Lorsqu'ils ont été plantés sur un sol bien nettoyé à l'avance, et que ce sol a été garni d'une quantité de litière sèc1e suffisante pour étouffer les graines de mauvaises 1erbes à mesure qu'elles lèvent, il n'y a pas lieu de les sarcler; il faut seulement les arroser sans profusion, mais avec discernement, avec l'attention de donner toujours un peu plus d'eau à ceux qui montrent plus de fruits que de fleurs, et un peu moins à ceux c1ez qui les fleurs sont en plus grand nombre.

Quelques personnes sont dans l'usage, en cueillant les fraises, pour s'épargner la peine de les épluc1er, d'enlever le fruit sans son pédoncule et de laisser le support attac1é à la tige: rien ne fait plus de tort à la fructification des fraisiers. Les jardiniers ont grand soin de couper net avec l'ongle du pouce le pédoncule au-dessous du fruit; ils savent par expérience que sans cette précaution ils perdraient la moitié de leur récolte.

On voit souvent, dans les premiers jours de juin, tous les fraisiers jaunir et languir, malgré les arrosages et les soins ordinaires que réclame leur culture; dans ce cas, c'est qu'ils sont attaqués à la racine par le turc ou ver-blanc (larve du 1anneton). Il n'y a guère d'autre remède que de détruire la planche endommagée, de labourer avec soin la terre et d'y rec1erc1er les *turcs*. Mais comme il est encore temps de replanter des fraisiers des quatre saisons pour en jouir à l'automne, et que, d'une autre part, quelque soin qu'on ait mis à exterminer les vers-blancs, la seconde plantation peut avoir le même sort que la première, nous rappellerons au lecteur le procédé suivant; nous l'avons essayé plusieurs fois, et il a toujours réussi.

Le hanneton pénètre en terre aussi avant que possible pour déposer ses œufs. Quand le sol est profond, les larves de 1anneton doivent donc éclore à une grande distance au-dessous de la surface de la terre; leur instinct les porte à remonter pour c1erc1er les substances végétales, principalement les racines tendres, dont elles se nourrissent; mais si elles rencontrent sur leur chemin un obstacle qu'elles ne puissent percer, elles périssent. Pour préserver les fraisiers, on défonce le sol à $0^m,40$ ou $0^m,50$ de profondeur, et l'on garnit le fond de la planche d'une couc1e de $0^m,03$ ou $0^m,04$ de feuilles sèches de châtaignier, de platane ou de sycomore; celles d'orme ou de chêne seraient insuffisantes. On rejette ensuite la terre et on rétablit le plant de fraisiers qu'on soigne comme à l'ordinaire: il n'est plus question de vers-blancs. On conçoit que ce procédé n'est pas praticable en grand, lorsque les produits sont destinés à la vente; mais il arrive souvent, à la campagne, qu'on est forcé d'ac1eter des fraises, parce que les turcs détruisent les fraisiers dans les jardins particuliers. On peut, par le moyen que nous rappelons, s'assurer une bonne provision d'un des meilleurs fruits de nos jardins durant les c1aleurs de l'été.

Les fraises de collection sont épuisées dans le mois de juin, 1ors celles des quatre saisons, et quelques caprons tardifs qui peuvent se prolonger jusqu'en juillet, aux expositions de l'est et du nord. Nous recommandons, tant aux amateurs qu'aux jardiniers, une fraise peu cultivée aux environs de Paris, et cependant bien digne de l'être. C'est une variété d'origine anglaise, mais profondément modifiée par une longue culture dans les provinces wallonnes de la Belgique; elle est très rustique et très productive; son fruit est de moyenne grosseur, d'un rouge orangé, d'une saveur parfaite, intermédiaire entre celle de la fraise ananas et celle de la fraise des Alpes. A Liége, où le sol lui convient particulièrement, elle donne pendant près de six semaines, avec une abondance réellement prodigieuse. Son seul défaut, pour les jardiniers, c'est de ne produire qu'une fois et d'occuper inutilement le sol pendant le reste de l'année. Voici, d'après notre propre expérience, comment cet inconvénient peut disparaître. Supposons 10 ares de terrain employés à la culture de la fraise wallonne; après la récolte, c'est-à-dire vers la fin de juin, on en peut arrac1er neuf, et ce qui restera aura produit, avant l'automne, un si grand nombre de coulants, que vers le 15 septembre on en pourra replanter, si l'on veut, 20 ares au lieu de 10. En renouvelant la plantation tous les ans, les produits seront aussi abondants que si on laissait les plantes ac1ever le cours ordinaire de leur durée, qui est de trois ou quatre ans. Aux environs de Liége et de Namur, sur les terrains sc1isteux en pente, très sujets aux éboulements, on laisse cette fraise s'étendre librement, sans l'arracher ni la rajeunir; les jeunes plantes étouffent les vieilles, et il n'y a jamais un centimètre de terrain à découvert.

On récolte avec profusion, dans le mois de juin, les fèves, les 1aricots verts, les c1oux-fleurs et toute espèce de salade; on voit même déjà quelques 1aricots blancs écossés des espèces hâtives. Les c1oux manquent sur le marché; les premiers sont épuisés, les tardifs n'ont pas encore formé leur pomme ; mais leur absence n'est pas remarquée.

La récolte des jeunes carottes se prolonge durant tout le mois de juin et une partie du mois suivant, si les semis ont été ménagés en conséquence. Lorsqu'on se propose d'obtenir en automne une récolte de carottes parvenues à toute leur grosseur, il faut cesser de récolter dès qu'on voit le plant suffisamment éclairci ; mais dans la culture maraîchère on n'admet pas cette méthode. La carotte destinée à la consommation d'hiver est cultivée en plein champ; celle qui paraît sur nos tables comme légume d'été est arrachée avant d'avoir atteint tout son volume, et le terrain reçoit une autre destination.

Les asperges donnent encore durant une partie du mois de juin ; les pousses des griffes les plus faibles sont les dernières à se montrer ; il vaut mieux les ménager que d'en continuer la récolte ; il ne faut pas perdre de vue qu'une planche d'asperges peut prolonger son existence, avec très peu de frais, pendant 25 à 30 ans en plein rapport, pourvu qu'on ne lui demande pas plus qu'elle ne doit raisonnablement produire.

Le mois de juin est la saison convenable pour lier les cardons afin de les faire blanchir. Il y a souvent de la perte sur cette plante, dont la consommation n'est pas très étendue ; cette perte provient de ce que le cardon. parvenu au point d'étiolement qui le rend propre aux usages de la cuisine, n'y reste pas ; il faut nécessairement qu'il soit consommé ou qu'il pourrisse si l'on n'en trouve pas le débit ; on ne doit donc pas lier les cardons tous à la fois. Un moyen excellent, quoique peu usité, de les obtenir successivement, c'est de varier l'épaisseur de l'enveloppe ou chemise de paille ou de litière sèche employée pour les faire blanchir ; plus cette couverture est épaisse, plus le cardon blanchit promptement. Il est bon de visiter souvent les cardons pour s'assurer de leur état.

L'oseille à larges feuilles, semée au printemps, donne en juin les meilleurs produits ; le mode de multiplication par semis est de beaucoup préférable à l'éclat des racines ; l'oseille jeune a toujours moins d'âcreté et moins de propension à monter pendant les chaleurs.

La récolte de l'ail, très importante dans les départements au sud de Paris, doit se faire à la fin de juin ; si la végétation de cette plante se trouvait retardée, il faudrait la hâter en nouant les feuilles toutes ensemble ; en tout cas, il est bon de les coucher, comme on le fait pour l'ognon, vers le 15 juin.

C'est vers le milieu de juin que les tiges d'angélique sont bonnes à être coupées pour être confites au sucre ; nous recommandons aux amateurs la culture de cette plante, dont les semences sont également favorables aux estomacs débiles ; elle n'exige aucun soin et peut être abandonnée à elle-même dans un fossé humide, pourvu qu'elle y soit à l'abri des vents du nord et d'est.

§ II. — Jardin fruitier.

La récolte des fruits rouges commence ordinairement en juin ; cette année il ne faut pas les attendre avant juillet, mais c'est une exception. La culture des arbres et arbustes à fruits rouges est d'une telle importance pour la santé publique, aux environs des grandes villes, que nous croyons utile de donner à cet égard quelques indications spéciales.

Groseilliers. — Peu de cultures sont plus avantageuses que celle des groseilliers aux environs de Paris ; elle est portée au plus haut point de perfection par les habitants du village des Prés Saint-Gervais, qui en font leur principale occupation. Les groseilliers à grappe y sont plantés dans des rigoles peu profondes, à la distance de 1m,50 en tous sens ; ils les bêchent souvent, leur donnent assez fréquemment des engrais au pied, et n'y laissent jamais de branches âgées de plus de deux ans. Un terrain de 33 ares (arpent de Paris, petite mesure), planté en groseilliers, en contient 1,450, dont chacun donne, année commune, 1k,500 de groseilles, et dans les bonnes années 2 kilogr. ; au prix moyen de 30 cent., c'est un produit de 650 fr., pouvant aller jusqu'à 950 fr. ; il est vrai que la main-d'œuvre pour cueillir les groseilles entraîne des frais considérables.

Vers la fin de juin, quand les groseilles commencent à mûrir, on réserve pour la récolte d'automne quelques-uns des groseilliers les plus chargés de fruits ; on les recouvre d'une botte de paille retenue en haut et en bas par deux liens, et l'on a soin que cette couverture ne soit jamais dérangée. Les groseilles se conservent sous cet abri, sans s'altérer ni se rider, jusqu'au mois de novembre. L'arbuste est assez vigoureux pour ne pas souffrir sensiblement de cette clôture, pourvu qu'il n'y soit pas soumis deux années de suite.

Framboisiers. — Le fruit du framboisier, au moins égal aux meilleures espèces de fraises, est cependant moins estimé à cause d'un défaut qui révolte la délicatesse de bien des gens ; il ne peut se conserver que quelques heures après avoir été cueilli ; la moisissure et les vers s'en emparent presque aussitôt. Le peu de consistance de ce fruit le rend aussi très difficile à transporter ; néanmoins, son goût délicieux et ses propriétés bienfaisantes lui méritent une place dans tous les jardins. Cette place peut être choisie à l'ombre et dans l'endroit où le sol est moins fertile ; le framboisier peut s'en contenter ; mais de même que toute autre plante, il produit en raison de la nourriture qu'on lui donne, et, quoique bien peu de jardiniers songent à fumer leurs framboisiers, c'est une attention que nous recommandons aux amateurs, surtout à ceux qui ne peuvent disposer que d'un espace limité pour cette excellente production.

On jouit pleinement des framboises dans les premiers jours de juin, surtout si l'on a eu soin d'incliner ou de courber légèrement les pousses de l'année précédente, dont on attend la fructification. Les framboises veulent être cueillies au moins une fois tous les jours, durant la saison, si l'on tient à n'en pas laisser perdre.

Cerisiers. — On commence à jouir dès les premiers jours de ce mois des cerises en espalier, et vers la fin du mois de toutes les autres, dans les années ordinaires. Les soins à donner aux cerisiers, durant le mois de juin, se bornent à l'attention qu'il faut apporter à ne point endommager les arbres en cueillant le fruit ; fort souvent, sur les arbres à haute tige, l'application imprudente des écuelles occasionne aux embranchements des fentes qui donnent lieu à la gomme et peuvent causer plus tard la perte des arbres.

Nous rappelons aux amateurs que c'est à eux surtout qu'il appartient de conserver à l'horticulture la reine des cerises de France, la belle, grosse et excellente cerise de Montmorency. Dans sa vallée natale, cette cerise est sur le point de disparaître ; elle est si peu productive qu'on n'en a pas renouvelé les antiques plantations. Les motifs d'intérêt auxquels le jardinier marchand est forcé de céder ne doivent point arrêter l'amateur, surtout quand il s'agit de ne pas laisser périr une des meilleures variétés de nos fruits rouges, variété dont la réputation est européenne.

C'est vers le milieu de juin qu'il convient de s'occuper du pincement des bourgeons surabondants et des branches gourmandes, principalement sur les arbres cultivés en espalier. Quelques auteurs conseillent de commencer cette opération dès le mois de mai ; nous croyons cette pratique nuisible aux arbres, excepté dans quelques années où le printemps aurait été très précoce.

Les greffes en écusson, à œil poussant, sur toute espèce d'arbres fruitiers, réussissent très bien dans tout le courant de ce mois. Depuis un certain nombre d'années, les greffes d'arbres à fruits au bas de la tige, destinées à être enterrées, obtiennent une préférence marquée sur toutes les autres, même pour les arbres à haute tige. Après avoir longtemps défendu d'enterrer les greffes, on a remarqué que les greffes enterrées ne tardent point à s'enraciner, et qu'elles donnent naissance à des sujets qui ont tous les caractères des pieds francs ; à la vérité on en obtient le fruit beaucoup plus tard, mais les arbres sont plus robustes et durent plus longtemps.

Les semis de pepins effectués soit au printemps, soit à l'automne de l'année précédente, souffrent déjà de la chaleur et de la sécheresse au mois de juin. S'ils n'ont pu être placés à l'ombre, ou s'il est trop difficile de les arroser, on peut y suppléer en partie en semant en bordures le long des planches quelques-unes de ces plantes qui végètent rapidement et donnent beaucoup d'ombrage ; ainsi, par exemple, des soleils semés très serrés en avril peuvent déjà donner aux semis de pepins un abri suffisant avant les fortes chaleurs de la fin de juin.

§ III. — Parterre.

Les fleurs de collection sont passées dès la fin du mois précédent, à l'exception des œillets, dont la floraison commence à la fin de juin. Si les œillets n'offrent jamais à la vue cette riche variété de couleurs qui fait tout le prix des tulipes et des renoncules, ils ont par compensation l'élégance des formes et l'odeur la plus délicate peut-être de tout le règne végétal. On peut, dans tout le courant de ce mois, les multiplier au moyen des marcottes. Lorsqu'on s'aperçoit à la grosseur des boutons que la fleur fera crever le calice et que les pétales, s'échappant par cette crevasse, perdront leur symétrie, on pratique de légères incisions longitudinales au point de jonction de chacune des divisions du calice ; si, malgré ces précautions, la fleur conserve son défaut, elle ne peut plus figurer dans la collection.

Parmi les insectes, l'ennemi le plus à craindre pour les œillets est le perce-oreille ; le meilleur préservatif connu consiste à suspendre des ergots de veau ou de mouton aux œillets des baguettes qui servent de support aux tiges ; chaque jour les perce-oreilles ne manquent pas de s'y retirer, et il est facile de les détruire.

En dehors des collections d'œillets, on ne doit pas négliger l'œillet rouge pur, ou œillet des distillateurs, le plus odorant de tous, l'œillet commun, blanc pur, ou panaché blanc et rose, remarquable par le volume de ses fleurs, et enfin l'œillet de Condé, jaune, frangé de rouge. Toutes ces plantes sont rustiques ; elles supportent 10 et 12 degrés de froid ; nous les avons vu résister parfaitement à 18 degrés Réaumur au-dessous de zéro, durant le grand hiver de 1829 à 1830, à Liège (Belgique). Ce qui tue les œillets, ce sont les dégels suivis de verglas ; il est donc utile de tenir toujours la litière sèche à leur portée pour les couvrir en cas de besoin. Il est bien reconnu que la gelée sèche, quelle que soit son intensité, ne leur fait aucun mal.

Les lis de toutes les variétés sont en pleine fleur durant le mois de juin. Quoique ce genre magnifique ne fasse point collection, les lis blancs et jaunes n'en sont pas moins, avec les émérocalles, les martagones et les tigridia, le plus bel ornement de nos parterres dans cette saison. Le lis de Pensylvanie, fort estimé en Belgique, est moins commun dans nos jardins, malgré la beauté de sa fleur. Les lis n'ont contre elles que le peu de durée de leur fleur : quelques heures suffisent pour les faner ; on peut cependant en former de beaux massifs, toujours garnis de fleurs durant la saison ; les bulbes, étant fort petits, peuvent être plantés très près les uns des autres, et chaque tige donnant successivement trois ou quatre fleurs, il y en a toujours un assez grand nombre d'épanouies à la fois. Parmi les fleurs simples, nous n'avons rien qui surpasse en beauté la corolle mouchetée de cette plante éblouissante. Quoique les bulbes de tigridia puissent rester en terre toute l'année, pourvu qu'on les couvre pendant l'hiver, nous avons toujours trouvé leur floraison plus belle quand on les traitait comme les oignons de tulipe. Dans ce cas, il ne faut les mettre en terre qu'au printemps, quand toute crainte de gelée est passée.

Les oignons de tulipes et de jacinthes doivent être relevés dès que les feuilles commencent à jaunir, à l'exception des oignons de tulipe qu'on destine à servir de porte-graines.

L'usage hollandais de laisser ces oignons en tas sur le terrain pendant quelques jours, si le temps le permet, avant de les mettre au sec, est excellent en lui-même; il faut seulement veiller les oignons de très près pour prévenir la pourriture qui pourrait les attaquer.

Les renoncules ont donné leur plus belle floraison; il est cependant possible à ceux qui, par leurs semis, s'en procurent de grandes quantités, de réserver une partie des griffes pour planter dans les premiers jours de juin et en jouir le mois suivant. Les griffes de renoncules ont sur les oignons l'avantage de ne pas végéter quand on ne les met pas en terre, et de se reposer un an sans inconvénient; on peut donc, sans les détériorer, en retarder la plantation, ce que les plantes bulbeuses ne souffrent pas, parce que les bulbes, plantés ou non, poussent et s'épuisent quand leur saison est venue.

On greffe les rosiers dans tout le mois de juin, mieux dans la première quinzaine que dans la seconde. C'est le moment de la grande jouissance des amateurs sous le climat de Paris. Les soins à donner aux rosiers en cette saison se bornent à les débarrasser des insectes nuisibles et des calices des fleurs passées, excepté celles qu'on réserve pour semences.

§ IV. — Orangerie.

Les grands orangers mis en plein air le mois précédent poussent durant le mois de juin avec vigueur, et réclament des arrosements modérés, mais fréquents. Les soins à donner aux plantes d'orangerie pendant leur séjour au dehors se bornent à des arrosages, selon le besoin, et à une surveillance continuelle pour les préserver des attaques des insectes. L'orangerie étant alors presque vide et très aérée, c'est le moment d'y faire les boutures des plantes qui aiment l'ombre. C'est aussi l'époque la plus convenable pour les boutures d'oranger; elles reprennent très facilement en bonne terre neuve d'oranger qu'il faut tenir constamment humide, mais sans excès. Les feuilles détachées avec leur pétiole entier, et traitées comme des boutures, ne tardent pas à s'enraciner et à donner naissance à de jeunes plantes; la tige nouvelle se forme au bas du pétiole, sur sa face antérieure. Si ce mode de multiplication est peu usité, c'est qu'il est plus lent que les autres procédés; cependant l'amateur possédant seulement quelques orangers ne peut, sans les déparer, leur demander même un petit nombre de boutures; il peut au contraire retrancher des feuilles en grand nombre sans inconvénient, et

s'il les soigne attentivement, la croissance des jeunes sujets n'en sera pas de beaucoup retardée.

§ V. — Serres chaudes et tempérées.

Les soins que réclament, durant le mois de juin, les serres chaudes et tempérées sont assez limités; ce n'est qu'une simple surveillance, plus nécessaire aux orchidées, et surtout aux épidendrées, qu'à toutes les autres plantes. Comme elles ont, en général, une grande valeur, on ne doit pas perdre de vue qu'un coup de soleil trop vif peut en tuer un grand nombre, soit parce qu'elles végètent à l'ombre dans leur pays natal, soit parce qu'elles n'ont jamais dans la serre une vigueur égale à celle qu'elles auraient sous le climat des tropiques. Il faut donc, autant que les dispositions du local peuvent s'y prêter, placer à part ceux des végétaux à qui l'ombre peut être nécessaire, et couvrir au besoin la partie de la serre qui les contient, laissant l'air et le soleil aux plantes assez robustes pour ne pas en souffrir.

Les serres où les plantes vivent toutes en pleine terre, serres aujourd'hui fort à la mode sous le nom de jardins d'hiver, peuvent à cette époque de l'année être dégarnies de tous leurs panneaux, la nuit comme le jour, jusqu'aux premières nuits froides du commencement de septembre.

Les boutures de plantes de serre chaude et tempérée réussissent mieux dans le mois de juin que dans tout autre, pourvu qu'on évite de leur donner trop d'eau et trop d'air; elles ont besoin de la cloche, même dans la serre, et ne doivent la quitter que quand on est certain qu'elles sont enracinées, soit dans la terre de bruyère, soit dans tout autre mélange approprié à leur nature.

Ananas. — Les plantes les plus vigoureuses, et, ce qui n'est pas à dédaigner, celles dont la croissance est le plus rapide, proviennent, non des œilletons assez souvent employés à les reproduire, mais des couronnes ou touffes de feuilles, semblables à un œilleton, placées par la nature au sommet de ce singulier fruit. On est revenu de bien des préjugés en horticulture depuis qu'un plus grand nombre de personnes éclairées ont trouvé leur bonheur à s'y livrer. La possibilité, pour quiconque dispose d'un jardin et peut y établir une couche sous châssis, d'avoir de très bons ananas, n'est plus l'objet d'un doute, tandis qu'autrefois il ne fallait pas y songer, à moins d'avoir à sa disposition, soit une serre chaude, soit tout au moins une bâche construite exprès pour cet usage. Le petit propriétaire ou le jardinier qui ne possède ni un grand local, ni beaucoup d'argent, doit choisir le mois de juin de préférence à tout autre s'il veut se créer une couche d'ananas. Aux environs de Paris et des autres grandes villes, la consommation des ananas, qui est déjà considérable en juin, permet de se procurer des couronnes d'ananas en grand nombre et à bas prix; il suffit pour cela de s'entendre avec les glaciers et quelques-uns des principaux restaurateurs. Les couronnes se gardent un mois et même plus, sans aucune autre précaution que de les tenir au sec; elles se transportent dans de la mousse, même à de grandes distances, et n'en valent que mieux pour la plantation; car, dans tous les cas, il faut, avant de les planter, laisser cicatriser et sécher le talon; sans quoi il ne pousserait point de racines. On peut donc, durant le mois de juin, s'approvisionner de couronnes et les tenir en état d'être plantées vers la fin du mois. On prépare pour recevoir les pots une couche *chaude ordinaire*, mais la plus *chaude possible*, en partant de ce principe que les ananas ne peuvent jamais *avoir trop chaud sur la couche*, et qu'au-dessous de 25 degrés centigrades ils ne peuvent que languir. On prend ordinairement de la tannée neuve pour couverture de la couche d'ananas. Un horticulteur écossais a proposé récemment d'y substituer avec avantage le son humide, spécialement le son d'avoine, qui prend effectivement une chaleur très remarquable; nous craignons que ce moyen, dont nous n'avons pas fait personnellement l'essai, n'engendre une multitude d'insectes qui parviendraient facilement jusqu'aux racines des ananas, au moyen de fentes qu'on ne peut se dispenser de laisser au fond des pots.

Le succès de l'opération dépend surtout de la bonne nature de la terre dont on remplit les pots après avoir préalablement garni le fond avec du gravier, à 0m,04 ou 0m,05 d'épaisseur. Nous ne croyons pas qu'il soit indispensable de préparer cette terre six mois à l'avance, selon l'usage des jardiniers; c'est toujours une excellente pratique, à laquelle nous ne pouvons qu'applaudir; mais nous avons vu des ananas végéter parfaitement dans un mélange de terreau, de terre franche et de fumier de cheval, mélange opéré seulement *huit jours* avant la plantation des ananas; à la vérité, le fumier était très consommé.

La terre pour les ananas doit être tenue plutôt *trop sèche* que *trop humide*, pourvu que la chaleur soit suffisante; il ne faut arroser que modérément, et quand on est assuré que les jeunes plants, soit d'œilletons, soit des couronnes, sont enracinés.

JUILLET.

§ Ier. — Jardin potager.

Choux. — C'est dans les premiers jours de juillet que les jardins commencent à livrer à la consommation les premiers choux véritables, pommés, nourrissants, dignes de figurer sur toutes les tables; c'est aussi l'époque où les villages à l'ouest et au nord de Paris commencent à fournir les marchés de choux pommés; jusqu'alors les maraichers ont rempli la halle de prétendus choux d'York ou choux-pins, à peine à moitié de leur croissance; le jardinier amateur peut dédaigner ce genre de produit,

qui ne vaut réellement rien du tout, et attendre pour avoir des choux pommés les derniers jours de juin; à partir de cette époque, il n'en doit plus manquer pendant tout le reste de la saison.

Nous recommandons à tous ceux de nos lecteurs qui dirigent de grandes cultures, l'excellente coutume des fermiers de la Beauce pour la culture des choux. Dans tous les jardins des grandes fermes, on dispose à l'avance un vaste carré de ce légume qu'on soigne le mieux possible, et auquel on se ferait scrupule de toucher pour la consommation journalière; c'est la provision des moissonneurs. L'époque de la plantation de ces choux a été calculée pour les faire arriver à leur complet développement vers le 15 juillet, lorsqu'on commence à couper les seigles, et pour en continuer la récolte pendant tout le mois d'août. On croit généralement dans la Beauce, et sans doute avec raison, que le chou, le seul médicament usité, dit-on, jadis pendant des siècles dans l'ancienne Rome, contribue puissamment à entretenir les travailleurs en bonne santé, en dépit des fatigues excessives de la moisson.

Dans les derniers jours du mois, ceux qui traitent le chou en grande culture en plein champ font leurs semis destinés à être repiqués en plates-bandes et à l'abri pour passer l'hiver, et être mis en place au printemps, afin d'arriver sur le marché en juillet et août; quelquefois même ils les repiquent en place, au risque d'en perdre quelques-uns par les gelées; ce mode de culture, dans lequel l'engrais et la main-d'œuvre sont ménagés avec beaucoup de parcimonie, occupe le terrain toute une année. Quoique les traités de jardinage préconisent cette méthode, nous pensons qu'elle ne doit point être à l'usage des jardiniers tant soit peu diligents. Les choux plantés en juillet, et convenablement soignés, doivent pommer en novembre et décembre, et fournir à la consommation de tout l'hiver. Les choux qui proviennent des semis de printemps lui succèdent, et le même sol, suffisamment fumé, peut, sans inconvénient, en donner ainsi deux récoltes dans le cours d'une année.

Melons. — Les jardiniers-marchands ont déjà livré à la consommation leurs melons de primeur, fort avantageux pour le maraicher parce qu'ils se vendent très cher, mais de beaucoup inférieurs à ceux qui leur succèdent. Toute production de la terre a sa saison hors de laquelle on peut l'obtenir artificiellement, mais toujours moins parfaite que lorsqu'elle n'a point été forcée.

Les melons de seconde récolte qui presque toujours sont les premiers dans les jardins des amateurs, à l'exception de ceux qui entretiennent un jardinier à l'année, n'ont besoin que de quelques arrosages durant ce mois. La meilleure manière de les mouiller, selon le besoin, c'est d'arroser en plein midi, mais en courant entre les couches, et en élevant l'arrosoir aussi haut que possible pour imiter l'effet d'une grosse pluie de courte durée. Le melon près de donner ses fruits n'a réellement pas besoin d'être arrosé, à moins d'une sécheresse extraordinaire ; il ne faut que rafraîchir ses feuilles et ses tiges, et les débarrasser de la poussière.

Qu'on nous permette une courte digression relativement à la grêle ; c'est le seul ennemi que craignent les melons en juillet et août. A cette époque, sous le climat de Paris, on enlève comme inutiles les cloches et les châssis des melonnières, et on les serre sous le hangar ; il n'est pas de traité de jardinage où cette pratique ne soit indiquée. Cependant, les orages sont fréquents dans cette saison ; tout orage peut amener une grêle qui détruit en quelques minutes une récolte longuement préparée. Nous pensons donc que quand le moment est venu de tenir les melons constamment à découvert, parce que les nuits sont chaudes et que pendant le jour ils ne sauraient avoir trop d'air et de soleil, il faut disposer les châssis à portée des couches à melons, afin de pouvoir les couvrir à l'approche de l'orage. Sans doute, par cette méthode, les châssis exposés aux alternatives de la chaleur et de l'humidité se détériorent, et il ne faut pas chercher d'autre cause à l'usage de les rentrer à l'abri. On rend le dommage moins sensible en les couvrant de paillassons, et dans tous les cas, il ne peut y avoir de comparaison entre les deux chances de perte.

Les effets pernicieux de la grêle sont en général mal appréciés. Ce n'est pas sans motif que les jardiniers et tous ceux qui travaillent à la terre parlent du *venin* contenu dans la grêle. Ce propos peut faire hausser les épaules à l'observateur inattentif ; il est pourtant fondé sur une propriété très réelle de la grêle. Dans les pays accidentés la grêle s'amoncelle souvent en masses considérables au fond des ravins exposés au nord ; elle peut, même durant les chaleurs, s'y conserver plusieurs jours sans se fondre entièrement ; elle prend alors une couleur terreuse et elle exhale une odeur cadavéreuse très prononcée. Ayant observé ce phénomène très souvent et avec beaucoup d'attention, cette odeur nous a paru provenir d'un dégagement de gaz nitreux, dans des proportions si faibles qu'elles échappent à l'analyse chimique, de même que les principes d'une foule d'autres odeurs ; c'est là ce qui fait dire au paysan que la grêle *porte son venin*.

C'est donc une grande erreur de croire que l'action de la grêle est purement mécanique, et qu'elle se borne à briser ou déchirer les parties tendres des végétaux ; tel est sans doute, lorsqu'elle est très grosse, son principal moyen de destruction ; mais elle nuit encore indépendamment de son action mécanique, ainsi qu'il est facile de l'observer lorsqu'elle tombe fine et serrée, au lieu de se montrer en gros fragments.

L'orage du 2 juin 1840 nous a offert un exemple frappant de cet effet particulier de la grêle dans nos melonnières de Saint-Mandé. Ceux de nos voisins qui ne les ont pas couvertes en temps utile ont perdu une grande partie de leurs melons, pour ainsi dire au moment de les envoyer au marché. La grêle , de grosseur moyenne, mêlée de beaucoup d'eau, n'a pas duré plus de 3 à 4 minutes, et n'a donné que par places. Les pieds des melons grêlés semblaient après l'orage parfaitement sains ; rien n'y indiquait la moindre trace de dépérissement. Le lendemain toutes les tiges frappées portaient une petite tache brune à l'endroit atteint par les grêlons ; quelques jours plus tard elles étaient tombées en sphacèle, et il fallait les retrancher avec le fruit prêt à mûrir sous peine de perdre la plante tout entière.

Si nous avons insisté sur cet objet important, c'est que le mois de juillet est le plus dangereux sous ce rapport, et que d'ailleurs le remède est facile. Les cloches et les châssis pour les melons et quelques plantes susceptibles, la litière sèche pour les autres productions moins délicates, préviendront tout accident. Il est bien entendu que lorsqu'on craint la grêle on couvre de paillassons les cloches et les châssis vitrés.

On fera bien de suivre à cet égard l'usage des maraîchers de la banlieue qui, par une sage prévoyance, ont toujours un ou plusieurs tas de bonne litière sur divers points de leur terrain, selon son étendue. Le peu de main-d'œuvre qu'exigent ces précautions n'est point à comparer à la chance de perdre toute une récolte.

Fraises. — La fraise des Alpes des quatre saisons est en plein rapport durant le mois de juillet. Si la sécheresse a nécessité des arrosages très fréquents, il est bon de renouveler la couche de paille dont le sol doit avoir été recouvert dès le printemps ; on évite par ce moyen le tassement de la terre ; les fils, ou coulants, ne trouvant point à s'enraciner, sont plus faciles à enlever ; enfin la plante se trouve placée dans les meilleures conditions de végétation, chaleur au dehors et fraîcheur à la racine. Lorsqu'une fraisière est frappée de grêle, il faut la détruire et la remplacer par une autre culture ; elle ne ferait plus que languir et ne donnerait aucun produit ; c'est dans ce cas un mal sans remède.

Oignons. — Les semis d'oignon blanc, destiné à être consommé frais , doivent être épuisés dès la fin de juin. Dans les premiers jours de juillet on tord les tiges des oignons destinés à prendre tout leur accroissement pour être conservés pendant l'hiver. Comme cette opération serait trop longue pour la culture en grand de ce légume dont la consommation est immense, on y supplée par le rouleau ; ceux qui manquent de cet instrument peuvent le remplacer sans grand inconvénient par un tonneau qu'on rend suffisamment lourd au moyen de quelques cailloux. On renouvelle au commencement de juillet les semis d'oignon destiné à être employé frais ; il se repique en octobre et peut rester sur le sol jusqu'aux fortes gelées.

Scorsonères. — Peu de légumes offrent un aliment aussi salubre que les scorsonères et les salsifis ; ces derniers , plus sujets à devenir lilandreux et aussi plus difficiles à conserver, ont presque partout cédé le terrain aux scorsonères, qui leur sont préférés à juste titre. C'est en juillet, mieux au commencement qu'à la fin, après une bonne pluie, qu'on sème les scorsonères. Dans les jardins de peu d'étendue, on peut semer en lignes très rapprochées ; on sème à la volée en grande culture. Dans les deux cas il est bon de semer très serré. La plante étant bisannuelle, on l'éclaircira avant l'hiver, en enlevant les racines déjà bonnes à être consommées ; elles se conserveront aisément dans du sable frais à l'abri de la gelée. On sait que cette plante jouit du singulier privilége de ne pas mourir après une première floraison, et de porter graine deux fois de suite ; la graine qui provient de la seconde floraison passe pour la meilleure.

Poireau. — La consommation de ce légume, objet d'une culture très importante aux environs des grandes villes, n'est jamais interrompue ; le poireau provenant des semis de printemps n'est pas encore épuisé au mois de juillet. On renouvelle durant ce mois les semis pour la provision d'hiver ; s'ils ont été faits dans les premiers jours de juillet et que la saison ait été favorable, le poireau est bon à repiquer dès la fin du mois. Il faut lui donner un peu plus d'espace qu'aux repiquages de printemps. Cette plante, étant du petit nombre de celles qui gèlent très difficilement, passe impunément l'hiver en pleine terre ; elle continue même à végéter dans la mauvaise saison, à l'exception des froids les plus rigoureux. En lui donnant les soins convenables dans le premier âge, on peut la conserver aisément jusqu'en février et mars, époque où la vente est la plus avantageuse, tous les autres légumes étant épuisés.

Les légumes frais de toute espèce, pois, haricots, fèves, artichauts, choux-fleurs, sont en pleine récolte durant tout le mois de juillet ; c'est le moment d'arracher l'ail et les échalottes. L'usage de l'ail n'est rien dans nos départements du nord et du centre, comparé à son emploi dans le midi de la France. Là cette plante occupe des champs entiers : elle se conserve très bien à l'air libre, liée en paquets peu serrés, qu'on suspend aux solives d'un grenier ou d'un hangar, à l'abri de l'humidité.

Les premières pommes de terre déjà mangeables à la fin de juin sont parfaitement mûres en juillet. Les jardiniers, assez modérés pour attendre la maturité parfaite des espèces précoces de ce tubercule, y perdent moins qu'on ne pourrait le croire ; si les premières apportées au marché se vendent plus cher. chaque pied n'en fournit qu'un très petit nombre : il y a presque compensation. Quant au jardinier amateur, le soin de sa santé doit lui interdire l'usage prématuré des pommes de terre précoces.

On a, pendant le mois de juillet, des céleris à butter, des chicorées et des scaroles à lier pour les faire blanchir, des semences de toute espèce à recueillir. Le jardinier n'a guère de repos durant ce mois, mais aussi c'est l'époque de sa moisson.

§ II. — Parterre.

Le mois de juillet continue à amener la floraison des plantes d'ornement de pleine terre, delphinium, thalictrum, œnothéra, hélianthes, et une foule d'autres ; la beauté du coup d'œil exige qu'on enlève avec soin les fleurs passées qui ne sont pas destinées à porter graine ; il en est de même des grappes défleuries des lilas et des syringas dont la graine est inutile et désagréable à la vue : on respectera au contraire, tant qu'ils voudront tenir, les calices défleuris des calicanthus, à cause de leur précieuse odeur.

Parmi les plantes de collection, les œillets seuls sont encore en pleine fleur ; on peut les multiplier de marcottes durant tout le mois de juillet ; les premiers fleuris peuvent déjà donner des graines bonnes à récolter.

Quelques horticulteurs sont dans l'usage de replanter, dès la fin de juillet, les ognons de jacinthes et de tulipes à peine ressuyés, sans autre précaution que de les débarrasser des caïeux ; nous croyons que quelques mois de repos sont favorables à la belle végétation des plantes bulbeuses au printemps suivant, pourvu qu'on les préserve des atteintes de la grande chaleur qui les ferait pousser prématurément et les épuiserait en pure perte. On fera donc sagement d'attendre jusqu'en septembre pour planter les bulbes à fleur. Quant aux caïeux, on peut profiter du reste de la belle saison pour leur laisser prendre de la force en pépinière ; à l'approche de l'hiver, il faudra les couvrir d'une litière abondante, sans quoi les plus avancés risqueraient de périr.

Les collections de dahlias, sans être parvenues à toute leur beauté, donnent déjà quelques belles fleurs. Il est bon de rapprocher les variétés les plus précoces les unes des autres ; car ces fleurs éclatantes, dont le feuillage surabondant n'est guère plus gracieux que celui de l'humble pomme de terre, ne décorent bien un parterre que lorsqu'elles y sont réunies en grandes masses de couleurs variées.

On met en place, en juillet, les plantes de pleine-terre qui fleurissent jusqu'à la fin de l'automne, les asters, balsamines, tagètes, élevées sur de vieilles couches usées. Si l'on veut rendre leur floraison plus belle, il faut les enlever avec le plus possible de terreau à la racine, et ne pas trop tasser la terre au pied en les replantant. On renouvelle les semis en place de plantes annuelles, dont la première floraison est épuisée, les zinnia, belle de nuit, belle de jour ; ces plantes donneront encore une belle floraison, pourvu qu'on ne leur ménage ni le terreau ni les arrosements. De cette manière le parterre sera toujours abondamment garni de fleurs jusqu'aux gelées, ce qui doit être le but constant des soins du jardinier amateur.

§ III. — Jardin fruitier.

Les chaleurs de juillet brûlent souvent les

racines très délicates des pêchers et abricotiers
en espaliers; dans ce cas, l'arbre périt quelquefois en peu de jours, avec tout son fruit prêt
à être cueilli. Il ne faut donc pas attendre que
les feuilles commencent à se faner pour donner
de l'eau au pied de ces arbres durant les sécheresses trop prolongées; un peu trop d'eau ne
pouvant leur être fort nuisible, on déchaussera
légèrement le bas du tronc, et l'on mouillera
largement un peu après le soleil couché, tandis
qu'avec un arrosoir à boule percée de trous
très fins, on humectera le feuillage et les fruits
qui ne pourront qu'y gagner.

Il est bon de ne pas trop se hâter d'enlever
les feuilles qui couvrent les pêches. principalement celles des espèces tardives. Il est temps
de les exposer au soleil quand elles approchent
de leur maturité; si le feuillage leur ôte un peu
de couleur, il peut en récompense les préserver
des atteintes de la grêle lorsqu'elle n'est pas
trop violente. L'on a souvent à regretter après
un orage d'avoir dégarni trop tôt les pêches
tardives.

Les limaçons et les perce-oreilles sont les
plus dangereux ennemis des abricots et des pêches, même avant leur parfaite maturité. La
chasse aux limaçons se fait le matin, avant que
le soleil n'ait dissipé la rosée, et à toute heure
du jour après une pluie abondante ou modérée.
Nous rappelons, pour la destruction des perce-
oreilles, l'emploi des sabots de veau et de mouton, que nous avons déjà conseillé en traitant
de la culture des œillets de collection; nous ne
connaissons pas de procédé d'un succès plus
certain; on trouve le matin les sabots remplis
de ces insectes nuisibles.

Quelques praticiens greffent en écusson à œil
dormant, dès la fin de juillet, les arbres à fruits
en pépinières. Ces greffes réussissent rarement;
il faut pour y avoir recours qu'on en ait un très
grand nombre à faire à la fois et qu'on soit
pressé par le temps : dans tous les autres cas,
il est préférable de les différer jusqu'après la
sève du mois d'août; le succès en est alors
assuré.

Les premières poires mûres, à la fin de juillet, sont un produit important pour le jardinier-marchand et une grande jouissance pour
le jardinier-amateur. La meilleure des poires
précoces, trop peu multipliées dans nos jardins,
est la poire d'épargne ou de cueillette, qu'on
peut avec des soins obtenir parfaitement mûre
à la fin de juillet, non-seulement en espalier,
mais même en quenouille. Les boutons à fruit
de cette précieuse variété sont assez allongés et
peu adhérents; on doit donc avoir soin de ne
pas les endommager en cueillant les fruits. Les
alternatives de bonnes et de mauvaises récoltes
n'ont souvent pas d'autre cause que la destruction d'une partie des boutons fertiles dans les
années d'abondance.

§ IV. — Orangerie et serre.

L'orangerie est à peu près vide; on arrose
modérément les boutures de cactus et autres
plantes grasses faites le mois précédent; on
préserve des insectes les plantes en pots et
caisses placés en plein air, et on les arrose selon
le besoin. La serre chaude-humide qui contient
les épidendrées reste seule garnie, et très souvent la chaleur extérieure, même en juillet, est
insuffisante; un peu de chaleur artificielle est
indispensable de temps en temps. Malgré les
dépenses énormes qu'entraîne ce genre de
serres, le moment approche peut-être où elles
deviendront un objet de produit. Les essais
tentés pour la culture de la vanille, essais couronnés d'un plein succès, pourront, sinon donner de grands bénéfices, du moins couvrir les
frais, et permettre à un plus grand nombre
d'amateurs les jouissances de la culture dispendieuse des plantes intertropicales. La vanille
paraît n'exiger que de l'humidité et une chaleur constante ; il faut soutenir ses tiges grimpantes, mais sans leur faire éprouver aucune
torsion.

AOUT.

§ Ier. — Jardin potager.

Cornichons. — Les cornichons, dont la récolte a commencé dès le mois précédent, sont
encore en pleine récolte dans le mois d'août.
Nous ne parlons, bien entendu, que des cornichons venus en pleine terre, d'après les procédés que nous avons indiqués. Quant à ceux qui
ont été forcés sur couche sous châssis, et repiqués au commencement de la belle saison
pour être vendus comme primeurs, il y a longtemps qu'ils sont épuisés.

Les cornichons peuvent être cultivés avec
grand avantage dans le voisinage de toutes les
villes importantes. Le concombre, dont la culture est la même, n'est cultivé très en grand que
près des grandes villes du midi de la France ;
ailleurs, et spécialement à Paris, sa consommation n'est pas fort étendue.

Peu de plantes sont aussi productives, et si
l'on ne tenait pas à la qualité du fruit, ses produits pourraient être encore plus abondants.
L'usage ordinaire est de pincer les branches
principales au sixième œil, pour provoquer le
développement des branches latérales, qu'on
arrête de la même manière, en supprimant même
tout-à-fait celles qui s'emportent. Cette taille n'a
rien de difficile, la plante n'est point délicate.
Nous avons vu des jardiniers, pour ne pas
prendre la peine de se baisser, raccourcir les
jets, à peu près à la longueur voulue, à l'aide
d'une bêche bien tranchante; leur récolte n'en
paraissait pas sensiblement diminuée. L'essentiel, c'est que les cornichons et concombres aient
reçu au moment de leur mise en place une
quantité suffisante de bon fumier, et qu'ensuite
l'eau ne leur ait pas manqué selon le besoin.

Pendant le mois d'août il faut arroser largement, sans compter sur les pluies d'orage ordinairement fréquentes dans cette saison. L'eau
très chargée d'électricité nuit plus qu'elle ne

ert à la végétation de ces plantes, et comme elles ne sont jamais trop mouillées, peu importe qu'elles reçoivent une pluie abondante un quart d'heure après qu'elles auront été arrosées; elles n'auront point à en souffrir.

Il faut une certaine dextérité pour cueillir les cornichons bons à être employés, sans endommager les tiges. L'espèce la plus robuste, aujourd'hui généralement en faveur dans les marais de Paris, est celle qu'on nomme vulgairement *cornichon serpent*, dont le fruit affecterait, si on le laissait grandir et devenir concombre, des formes très bizarres, mais qui possède sur toutes les autres variétés l'avantage de rester longtemps long, mince, tendre et d'un très beau vert, qualités recherchées dans ce genre de production.

Comme il peut arriver que les premiers cornichons plantés paraissent les plus francs dans leur espèce, et qu'on désire en conserver quelques pieds pour porter graine, leur maturité arriverait alors vers la fin d'août. Nous rappelons aux amateurs qu'il ne faut pas toucher aux cornichons qu'on veut laisser venir à graine avant que les fruits ne tombent en pourriture, sans quoi la graine ne lèverait pas. Il faut avoir soin aussi, pour conserver la pureté de l'espèce, de ne laisser à chaque pied porte-graine qu'un petit nombre de fruits, proportionné à sa vigueur.

Melons. — Toutes les espèces de melons sont en pleine consommation durant le mois d'août, et l'époque des grandes chaleurs est celle où les classes moyennes de la société dans les villes peuvent jouir de cet excellent fruit. Il n'y a plus d'autres soins à leur donner que de surveiller leur maturité successive, et d'empêcher, au moyen de tuiles ou d'ardoises, la partie en contact avec la couche de se détériorer.

Un procédé de conservation très répandu dans les départements du midi, permet de jouir du melon sans interruption jusqu'à l'époque des grands froids, quelquefois même au delà. Les jardiniers de nos contrées méridionales ne font usage de ce procédé que vers la fin de septembre; mais nous l'indiquons dans les travaux du mois d'août, parce que nous pensons qu'eu égard à la différence du climat, Paris et les départements au nord de la capitale peuvent prendre leurs précautions un mois d'avance. On choisit les melons les plus sains, quelle qu'en soit l'espèce, un peu avant leur parfaite maturité. On leur laisse 0ᵐ,07 à 0ᵐ,08 de tige, à laquelle on attache une ou deux poignées de paille parfaitement sèche, disposée de manière à envelopper le melon de toutes parts. On suspend le melon soit à une solive de grenier, soit dans un lieu quelconque, où il soit également à l'abri des dernières chaleurs et de l'humidité de l'arrière-saison. Lorsque le melon est mis en place, on réunit tous les brins de paille à sa partie inférieure, et on les rattache de manière à ce que le melon soit totalement enfermé.

Comme la consommation doit toujours être successive, on a soin de donner un peu plus de paille à ceux qui doivent être consommés les premiers, c'est-à-dire aussitôt que cesse la saison de ce fruit. On en donne un peu moins aux autres pour ne pas trop hâter leur maturité.

Les précautions à prendre dans la suite sont fort simples; si quelque melon avance trop, on en est quitte pour le mêler à ceux des ventes journalières, ou pour le manger si l'on n'est pas jardinier-marchand; on n'aura perdu que la peine de *l'habiller*. Si l'on prend la précaution de donner souvent de l'air pendant la journée au local où l'on conserve les melons, et de les garantir exactement des atteintes du froid, on aura la satisfaction de servir à ses amis ou de vendre à un prix très avantageux des melons aussi bons qu'en pleine saison, dans les mois de décembre et janvier, quelquefois même au delà. Nous connaissons des confrères qui ont vendu des melons conservés par ce simple procédé, en les donnant pour des primeurs forcées dans une serre; la tige, seul indice de la conservation, avait été soigneusement retranchée.

Fraises. — Les vrais amateurs de fraises, et même ceux d'entre les jardiniers-marchands qui tiennent à la perfection de leurs produits, ne gardent point la fraise des quatre saisons au delà de sa deuxième année. Comme on a eu soin jusqu'alors de détruire les coulants à mesure qu'ils se sont développés, on les laisse, dès les premiers jours du mois, s'étendre à leur aise dans les planches qu'on destine à fournir du plant; alors on diminue le paillis, afin que les nœuds des coulants puissent plus aisément prendre racine; un léger binage, qui mêle ce qui reste de paille avec le dessus du sol, favorise beaucoup la végétation des coulants, quoique cette végétation soit par elle-même si active que cette précaution soit souvent jugée inutile.

On continue à arroser les planches, mais seulement pour qu'elles ne souffrent pas de la sécheresse; les plantes-mères continuent à donner leurs fruits, mais avec moins d'abondance, et il n'y a aucun inconvénient à en profiter. Il n'est même pas rare de voir dans les coulants des nœuds qui ne sont pas encore enracinés porter des fleurs et des fruits, fort petits à la vérité; mais tout aussi bons que les autres.

Il ne faut pas attendre trop tard pour enlever et repiquer le jeune plant; vers la fin d'août, si les grandes chaleurs ont cédé, il est temps de commencer les plantations de l'année suivante; le fraisier a d'autant plus de chances de réussir que le plant a pris plus de force avant l'hiver. Si les froids le surprennent dans un état de végétation languissante, les alternatives de gelées et de dégel le soulèvent hors de terre et en détruisent la majeure partie. Le jeune plant ne doit être ni paillé ni trop abondamment arrosé, pour qu'il ne s'épuise pas à produire des coulants avant l'hiver, ce qui arrive quelquefois quand la terre est très fertile. Quant aux planches qui ont fourni le plant, on leur rend la paille et on tâche d'en tirer le meilleur parti possible jusqu'à l'hiver, époque à laquelle il convient de les détruire.

On pourra commencer également dans les derniers jours du mois d'août l'arrachage et la mise en place des jeunes plants de fraisiers de collection qui ne sont pas remontants; nous recommandons particulièrement cette méthode pour la fraise anglaise perfectionnée par la culture en Belgique, espèce dont nous avons déjà eu occasion de faire ressortir les excellentes qualités. C'est la meilleure variété obtenue en Europe de la fraise écarlate de Virginie.

Toutes les espèces de fraisiers qui ont, comme les caprons et les ananas, des racines volumineuses et très longues, supportent sans en souffrir le retranchement d'une partie de ces organes; le plant, dans ce cas, reprend beaucoup plus sûrement que si, en s'obstinant à laisser aux racines toute leur longueur, on les exposait à se replier dans le fond du trou fait par le plantoir, inconvénient qu'il faut éviter avec le plus grand soin.

On peut différer jusque dans le courant du mois prochain à éclater, pour se procurer du jeune plant, la fraise des quatre saisons sans coulants, principalement la variété précieuse nommée Buisson de Gaillon.

La plupart des variétés remontantes ne dégénèrent pas en bon terrain; il suffira de les rajeunir de graines tous les huit ou dix ans. Nous connaissons des cultures très étendues de fraisiers des quatre saisons qui, depuis plus de vingt ans, conservent toutes leurs qualités sans jamais avoir été renouvelés autrement que par les coulants. Mais quelques sous-variétés moins persistantes dégénèrent au bout de quatre ans et ne se reproduisent même pas très bien de semis, excepté sur le sol où elles ont été primitivement obtenues. C'est ainsi que la belle fraise bizarre de Montreuil, sous-variété de la fraise des Alpes des quatre saisons, ne supporte pas plus de deux renouvellements par coulants sans revenir à la forme et au volume de la fraise des Alpes ordinaire. Les jardiniers de Montreuil eux-mêmes ne la conserveraient pas s'ils n'allaient tous les quatre ans acheter du plant à Monthléry et dans les communes voisines, d'où cette sous-variété tire son origine. Ainsi les amateurs des départements qui feraient venir la fraise de Montreuil, si justement recherchée, seraient dans la nécessité, après deux renouvellements, de tirer de nouveau leur plant des environs de Paris.

Haricots. — L'abondance des produits que donnent durant ce mois toutes les espèces de haricots n'empêche pas qu'on ne puisse encore en semer dans les premiers jours du mois d'août. La récolte ne peut avoir lieu qu'en vert; elle n'est même jamais très assurée pour des semis aussi tardifs; néanmoins, si on les place à bonne exposition, ils arriveront encore à un développement suffisant, et cette dernière récolte sera surtout précieuse pour être conservée de différentes manières et destinée à la consommation d'hiver.

Il est évident que, si l'on conserve, soit dans la saumure, soit en les passant à l'eau bouillante, soit enfin par le procédé d'Appert, des haricots verts pris sur la première récolte de ce légume, ils auront contre eux trois mois, et trois mois de fortes chaleurs, à supporter de plus que ceux qui seraient pris sur la dernière récolte. Dans ce but on peut donc semer encore durant la première semaine d'août; mais alors il ne faut ménager ni le terreau ni les arrosages.

Fèves. — Les amateurs qui ne craignent pas de sacrifier une certaine étendue de terrain, au risque de ne rien avoir, et qui ont couché ou coupé leurs fèves de printemps après une première récolte en vert, peuvent avoir, au moyen d'arrosages et de binages fréquents, de nouvelles pousses de fèves en fleur vers la fin de ce mois. Il conviendra alors de coucher ces tiges, en les retenant au moyen de lattes attachées l'une au bout de l'autre, comme cela se pratique pour les pois forcés sur couche. Les produits qui pourront venir en septembre ne seront ni très beaux ni fort abondants, excepté dans quelques années spécialement favorables; mais l'expérience est curieuse, et l'on est toujours certain de manger peu ou beaucoup de jeunes fèves dans une saison où les jardins en fournissent très rarement.

Salades. — Les chaleurs du mois d'août sont l'époque à laquelle les salades de toute espèce sont le plus utiles et le plus recherchées; c'est donc alors surtout que les soins du jardinier doivent tendre à en avoir en plus grande abondance, et de toutes les variétés. La grosse laitue anglaise, quoique d'une saveur médiocre et qui n'a rien de fort distingué, se recommande pour la consommation de ce mois par le volume de ses pommes rondes et serrées, et surtout par sa propriété de monter très difficilement, tandis que les meilleures laitues des autres variétés montent pendant le mois d'août avec une rapidité que le plus habile jardinier ne peut pas toujours arrêter.

Toutes les espèces de chicorée, principalement l'excellente chicorée frisée fine et blanche des environs de Paris, doivent partager avec les laitues les soins du jardinier. Il est déjà temps dans le courant du mois d'août qu'il s'occupe de sa provision de salade pour l'hiver. Il sèmera donc pour repiquer en bonne exposition des laitues d'hiver, dont les premières formeront leurs pommes avant la mauvaise saison, et les autres seront conservées pour pommer dans les premiers jours du printemps, avec des soins de culture que nous indiquerons à leur époque. Mais la véritable salade d'hiver, c'est la scarole, doublement précieuse par sa faculté d'arriver à maturité en automne, quand les autres salades commencent à s'épuiser, et de se conserver sans pourrir pendant presque tout l'hiver. C'est même une propriété remarquable de cette salade que de ne pas communiquer à l'intérieur de ses pommes l'odeur et le mauvais goût résultant de la pourriture de ses feuilles extérieures, lorsqu'elles en sont atteintes accidentellement pendant l'hiver. Le jardinier devra donc se munir durant le mois d'août d'un bon nombre de planches de scaroles, ainsi que de chicorée frisée, qu'il plantera successivement, ayant soin de conserver la dernière récolte pour prendre place dans la serre aux légumes.

Nous devons mentionner ici une très bonne variété de scarole peu commune en France, cultivée en Belgique sous son nom gaulois d'endive. Moins dure et plus cassante que les variétés cultivées autour de Paris, elle résiste encore plus facilement à toutes les variations de température des plus rudes hivers ; cuite dans l'eau et hachée, elle est de beaucoup supérieure à la chicorée cuite qui figure sur nos tables, et l'usage de ce mets pendant l'hiver est très utile à la santé. On ne lie pour les faire blanchir qu'une partie des endives ; il s'en trouve toujours dans les planches un grand nombre qui se referment d'elles-mêmes, et dont les cœurs deviennent parfaitement blancs.

Artichauts. — Les pieds d'artichaut qui ont donné leurs pommes les premiers sont épuisés dès le commencement du mois d'août ; on doit couper immédiatement les tiges au niveau du sol, en observant seulement de ne pas endommager les œilletons qui commencent à se développer ; car désormais le seul service que ces plantes puissent rendre consiste à fournir du plant qui portera fruit l'année suivante. Ceux dont on attend encore les produits seront arrosés largement ; ils n'exigent pas dans le mois d'août d'autres soins de culture.

Choux et choux-fleurs.— On hâtera par tous les moyens possibles la végétation de ceux qu'on espère récolter à l'arrière-saison. Le meilleur moyen que nous connaissions consiste à les déchausser environ quinze jours après leur reprise, et à répandre autour du collet de la racine une bonne poignée de noir de raffinerie qu'on recouvre de terre, et dont on favorise l'action par des arrosages modérés, mais fréquents. Si l'on cultive dans une localité où il soit trop difficile de se procurer ce genre d'engrais très actif, on aura recours à la colombine ou à du crottin de mouton pulvérisé et mélangé avec du terreau. L'on se trouvera pleinement récompensé de ses soins par l'avantage de recueillir sur le même sol une double récolte ; car les choux et les choux-fleurs ainsi traités laisseront le terrain libre à une époque où le plant préparé pour l'hiver les remplacera, et fournira une récolte de printemps aussi abondante que si ces produits avaient constamment occupé la terre pendant près de dix mois.

La récolte des graines de toute espèce réclame durant le mois d'août l'attention constante du jardinier ; la plus difficile à préserver de la voracité des oiseaux est la graine de laitue, celle de toutes les semences potagères dont ils sont le plus avides. Nous avons vu employer avec succès, pour parer à cet inconvénient, le grand soleil (*heliantus*). Quelques pieds de cette plante, qui fournit une grande abondance de graines, attirent les oiseaux, et comme les graines de soleil sont beaucoup plus nutritives que celles de laitue, il est rare, tant que les premières donnent, que les autres soient attaquées.

Les semis des scorsonères peuvent encore se prolonger dans les premiers jours de ce mois ; plus tard ils auraient moins de chances de succès. On continue à butter le céleri en lui tenant le pied toujours frais ; on blanchit les cardons comme nous l'avons indiqué dans un article précédent. Quoique la plupart des auteurs recommandent de renouveler et de rajeunir les bordures aromatiques de thym et de lavande durant le mois d'août, nous pensons qu'il vaut mieux attendre pour cette opération le mois de septembre, durant lequel les pluies seront plus fréquentes et les autres travaux de jardinage moins multipliés.

Si des récoltes terminées laissaient des places vides dans le potager à la fin de ce mois, on peut les garnir de tétragone ou d'épinards, dont la végétation rapide profitera avec avantage du reste de la belle saison.

A mesure que les carrés du potager se dégarnissent, on doit en profiter pour la plantation des choux, poireaux, chicorée frisée, et pour les semis de persil destiné à la consommation d'hiver.

§ II. — Parterre.

Les plantes de collection bulbifères peuvent se mettre en place dans les derniers jours du mois d'août, s'il n'y a plus à craindre de fortes chaleurs.

L'usage ordinaire est de renouveler la terre pour les jacinthes et les tulipes. Si l'on n'en a que deux planches, on porte sur un bout de la seconde la terre de la première enlevée à $0^m,14$ ou $0^m,16$ de profondeur. On égalise bien le fond de la fosse, on le garnit de terreau s'il est nécessaire, et l'on aligne les oignons au cordeau, en les espaçant selon leur volume.

Plusieurs amateurs, pour ne pas être obligés de préparer un espace de terrain plus grand que ce qu'il faut pour loger les oignons à fleur, placent dans les intervalles les caïeux qui ne doivent pas fleurir ; mais il est infiniment préférable de les placer à part en pépinière, pour qu'ils ne nuisent pas à la beauté du coup d'œil pendant la floraison du printemps. Les œillets flamands marcottés dès le mois précédent peuvent être sevrés dès le mois d'août. La meilleure méthode pour obtenir des marcottes vigoureuses sur les sujets précieux consiste à suspendre au tuteur de l'œillet un petit pot à fleur profond de $0^m,05$ à $0^m,06$ et d'une largeur égale. Ces pots, bien connus de tous les amateurs d'œillets, sont percés à leur partie inférieure d'un trou par lequel on introduit la branche qu'on veut marcotter sans la déranger de sa position naturelle. Une ou deux très légères incisions pratiquées avec un canif très coupant au-dessus et au-dessous du nœud de la tige rendent plus assurée la formation des racines. Il ne reste plus qu'à remplir le petit pot de terre à œillets qu'on tient médiocrement humide. Il faut aussi avoir soin de boucher l'ouverture inférieure du pot avec de la terre glaise, en ne laissant que la place de la tige à marcotter. Quant aux œillets de pleine terre, ils n'exigent pas tant de cérémonie ; après la floraison, on étale tout autour du pied les branches à marcotter qui n'ont pas fleuri, et l'on déchausse le pied de manière à former un creux circulaire. On incise les nœuds, quoique les œillets rustiques s'enracinent bien sans cette précaution, et l'on recouvre le tout de terre, en laissant seulement sortir l'extrémité des branches, dont on a soin de raccourcir les feuilles.

Les grandes plantes de parterre annuelles et bisannuelles sont encore dans tout leur éclat, qu'elles conserveront jusqu'aux premières gelées de la fin de septembre ; il faut veiller avec soin à la récolte des graines sujettes à s'échapper de leurs enveloppes ou de leur réceptacle, comme les ancolies les polémoines, les reines-marguerites, et par-dessus tout les balsamines. Une petite fleur très humble, très modeste et précieuse à tous égards, ne doit point être oubliée du jardinier. Le réséda, appelé presque seul à corriger dans nos parterres l'odeur peu agréable des tagètes ou œillets d'Inde, se ressème de lui-même partout où il a été une fois introduit. L'art de conserver cette plante pendant tout l'hiver est pratiqué avec une grande perfection en Belgique et dans le nord de la France. Là on peut voir derrière les carreaux d'une double croisée, sur des supports de verre, des résédas devenus arbustes, avec un tronc de la grosseur du pouce et une tête régulière formée d'une douzaine de branches qui fleurissent jusqu'au printemps. Lorsqu'on lui a donné cette forme, la plante a acquis une assez grande valeur pour figurer parmi les plantes rares dont les Belges et les Allemands des provinces rhénanes se plaisent à décorer leurs appartements pendant l'hiver.

Toutes les roses dites perpétuelles donnent de temps en temps quelques fleurs à peu près insignifiantes, à l'exception de la rose noisette, de la rose Bougainville jaune beurre frais, et par-dessus tout de la rose du Bengale, qui méritent seules, sous notre climat, le nom de perpétuelles.

On doit entretenir ces charmants arbustes par une coupe modérée des fleurs et des branches accessoires ; il faut surtout ménager les variétés foncées de rose du Bengale, dont la floraison sera très pauvre au printemps si on leur a demandé trop de fleurs durant la saison précédente.

On n'oubliera pas dans une place bien abritée du parterre, de planter en août une planche de violette de Parme qu'on entretiendra par des arrosages modérés, afin d'en obtenir des fleurs tout l'hiver, s'il n'est pas trop rigoureux.

§ III. — Jardin fruitier.

La grande affaire de la fin de ce mois, dans le jardin fruitier et dans la pépinière, c'est la greffe à œil dormant, lorsque le bois sur lequel on veut la pratiquer est parfaitement aoûté. Nous ne pouvons entrer ici dans les détails que nous avons donnés ailleurs ; nous ferons seulement observer combien l'ancien onguent de Saint Fiacre, appliqué à toute espèce de greffes, est inférieur à la composition donnée par Miller, et que nous avons déjà reproduite (voir p. 69).

Les fruits à noyaux et à pepins donnent actuellement en grande abondance, et le jardinier se livre durant le mois d'août à la plus agréable de ses occupations, celle de récolter. Il faut profiter de la nécessité où l'on se trouve durant le mois d'août, d'être constamment autour des espaliers pour découvrir les fruits, les cueillir, et visiter avec un soin minutieux toutes les branches qui pourraient être affectées de gomme, de chancre ou de toute autre maladie. Toutes les branches de l'espalier peuvent paraître en très bonne santé tant qu'elles sont couvertes d'un feuillage abondant ; puis, à la chute des feuilles, on découvre des plaies qu'il eût fallu arrêter à leur naissance, et auxquelles il n'y a plus aucun moyen de porter remède.

On doit avoir soin, en récoltant les fruits en plein vent dont les arbres sont sujets à la gomme, comme l'abricotier et tous les pruniers, de ne pas placer l'échelle sur des branches trop faibles, à l'insertion desquelles il se formerait d'abord des fentes imperceptibles, mais qui pourraient les faire périr l'année suivante. La récolte des poires se continue avec les précautions que nous avons indiquées pour le mois précédent. On regrette de rencontrer trop rarement dans nos jardins la pomme neige et la pomme framboise, excellents fruits communs en Belgique et en Angleterre, et qui se récoltent pendant tout le mois d'août.

§ IV. — Orangerie et serre.

Orangerie. — Les boutures et marcottes de plantes de serre tempérée, faites les mois précédents dans l'orangerie pour profiter de l'espace qui s'y trouvait libre, doivent être enracinées, si elles ont reçu les soins convenables. Toutes celles qui ont réussi seront reportées à leur place, de crainte qu'elles ne souffrent de la fraîcheur des nuits des derniers jours du mois d'août. Ce mois et le suivant sont l'époque la plus critique pour l'éducation des végétaux étrangers de serre ou d'orangerie ; c'est alors qu'on est exposé à en perdre un plus grand nombre par une opération qui est cependant indispensable, celle du rempotage. Pour les grands végétaux d'orangerie, orangers, citronniers, grenadiers, oléandres, il n'y a pas un danger réel, et d'ailleurs, lorsqu'ils ont atteint une certaine croissance, on peut laisser passer bien des années sans renouveler la terre de leurs caisses ; ceux des Tuileries et de Versailles ne sont changés que tous les huit ou dix ans. Il y a aussi des familles entières de plantes, comme les pélargoniums et les eucalyptus, dont la végétation vigoureuse est à l'épreuve de tout; il s'en perd très peu par le rempotage. Mais pour les plantes délicates, le jardinier ou l'amateur, étant obligé de se faire aider par des mains souvent inhabiles, pour peu que sa collection soit nombreuse, est forcé de confier à la serpette inexpérimentée de ses aides les racines des plantes qu'il s'agit de changer de terre, et même leurs têtes, auxquelles il faut faire des retranchements proportionnés à ceux qu'on a faits aux racines. Si après cela la terre n'est pas suffisamment tassée autour de la motte et qu'il subsiste des vides, la plante souffre beaucoup et très souvent elle périt. Comme il importe que toutes les plantes changées de pots aient poussé de jeunes racines dans leur nouvelle terre avant la mauvaise saison, et qu'on n'a que de la fin d'août au 15 septembre pour l'opération du rempotage, il vaut mieux s'y prendre quelques jours plus tôt que de perdre un temps favorable. On a discuté la question, qui ne saurait en être une, de l'avantage qu'il y aurait à renouveler la terre des plantes de serre et d'orangerie au mois de mai, au lieu d'attendre l'arrière-saison. Sans doute au printemps les plantes se referaient beaucoup plus vite, mais l'opération serait impraticable, parce que, du moment où la végétation d'une plante a recommencé, on ne peut plus la déranger, et rien n'est plus capricieux que la végétation des plantes exotiques cultivées en serre. On ne saurait jamais quand on pourrait avoir fini, et cela au moment de l'année où le jardinier a le plus d'occupations diverses. Le rempotage du printemps n'est donc possible que dans les établissements au compte de l'État, où la dépense et la main-d'œuvre sont des considérations secondaires, ou bien encore pour l'amateur qui, logeant une vingtaine de plantes rabougries sous un appentis vitré, se donne la satisfaction de dire : *Ma serre.*

SEPTEMBRE.

§ 1er. — Jardin potager.

Haricots. — Les soins à donner à cette plante pendant le mois de septembre consistent à récolter successivement les haricots des espèces à rames à mesure qu'ils viennent à maturité.

Aux environs de Paris et des grandes villes on trouve du bénéfice à vendre la majeure partie des haricots pour être consommés en grains frais écossés; il n'en reste donc qu'une partie à récolter à l'arrière-saison. Les siliques qu'on laisse parvenir à leur parfaite maturité doivent être récoltées avant qu'elles s'ouvrent d'elles-mêmes pour laisser échapper les haricots, ce qui a lieu fréquemment lorsqu'il survient un coup de soleil un peu vif dans les journées chaudes de septembre.

Les semis de haricots destinés à être mangés en vert peuvent encore se continuer jusqu'au 15 septembre. On sait combien cette plante est sensible à la moindre gelée; on connaît moins généralement les moyens simples et faciles de l'en préserver. Une petite digression à ce sujet ne sera pas sans utilité pour un grand nombre de nos lecteurs.

Les traités de jardinage, pleins de notions du plus haut intérêt et réellement indispensables sous tous les rapports, ont cependant, lorsqu'on veut se conformer à la lettre à leurs indications, un inconvénient que sans doute bien des amateurs de jardinage auront senti comme nous. Leurs auteurs ne supposent jamais qu'on puisse vouloir faire de l'horticulture sans consacrer un capital considérable à tout l'attirail d'une grande entreprise de culture jardinière ; ils sont donc placés, par rapport à l'amateur dont les moyens sont limités, absolument au même point de vue où l'auteur du *Cuisinier royal*, par exemple, s'est placé par rapport à une ménagère de la bourgeoisie; il faut tant d'ustensiles et d'ingrédients pour le moindre ragoût, qu'elle jette le livre et en revient à ses procédés ordinaires. De même, l'horticulteur marchand, ou le jardinier du château d'un grand propriétaire, monté de tous les ustensiles de sa profession, couches, bâches, châssis, orangerie, serre, n'est jamais embarrassé. L'amateur qui n'a rien de tout cela, surtout s'il demeure loin des grandes villes, y suppléera jusqu'à un certain point, presque sans frais, avec un peu d'industrie.

On place des deux côtés de la planche de haricots qu'il s'agit de préserver des rames ayant servi pour les pois; on les incline assez pour qu'en s'appuyant les unes sur les autres elles puissent supporter des abris, soit paillassons, soit litière sèche, qu'on déplace à volonté.

Les haricots ainsi garantis des premières gelées fleurissent et donnent une pleine récolte en vert jusqu'à l'arrivée des grands froids.

On peut remplacer les rames à pois par des tiges de soleil ou de maïs, selon les localités. Dans ce cas on les incline comme nous l'avons dit, et on les rattache à leur sommet à une suite d'autres tiges semblables posées horizontalement au point de rencontre de celles des deux rangées qui bordent la planche.

Si l'on désire prolonger plus avant dans l'hiver la végétation des haricots, on les sème, non pas sur couche, mais en rayons fortement fumés en fumier court. On entoure la plate-bande de piquets saillants hors de terre de 30 à 40 centimètres d'un côté de la planche, et de 25 à 35 centimètres de l'autre côté. Lorsque le bois dont on dispose consiste en rondins un peu gros, il y a économie à les fendre, de sorte que le bout qui n'est point effilé pour être enterré présente une surface demi-circulaire. On entrelace autour de ces piquets des cordons de paille tordue, ou, si la paille est rare et chère, de longues branches de genêt, dont l'effet est le même. On peut, selon les facilités que chaque localité met à la disposition de l'horticulteur, remplacer la paille ou les genêts par du gros jonc, des roseaux, ou toute autre plante pouvant s'adapter au même usage. L'on a ainsi ce que nous nommerons une bâc re économique, susceptible de durer quatre ans. On la couvre avec tout aussi peu de dépense. Il s'agit d'y ajuster un cadre en lattes ou en treillage, ou simplement en petites perc res de sapin jointes ensemble, ayant précisément la force suffisante pour porter un paillasson. Les raricots parfaitement abrités, recevant l'air et le soleil c raque fois que le temps le permet, préservés de la pluie quand elle est trop abondante, résistent et fructifient jusque fort avant dans l'riiver, tout aussi bien que sous des c ràssis vitrés posés sur couc res.

Ceux qui ne craignent pas un peu plus de peine et de dépense peuvent faire leurs c ràssis en treillage bien droit, avec un nombre de traverses suffisant pour pouvoir les garnir de papier ruilé. Ils peuvent compter dans ce cas sur presque tous les produits qu'on obtient sous les c ràssis vitrés ; car il y a moins de différence qu'on ne peut le supposer, à moins d'en avoir fait l'épreuve, entre l'effet du verre et celui du papier ruilé quant à la végétation, tandis qu'il y a dans les prix une énorme différence.

Sous notre climat inconstant le jardinier ne doit jamais se laisser surprendre ; il vaut mieux placer et déplacer vingt fois les abris sans nécessité que de perdre, faute d'un peu de prévoyance, une récolte de raricots toute venue.

Salades. — Le commencement du mois de septembre est l'époque la plus convenable pour les semis de laitue, dite *de la passion* ; cette salade n'exige que peu de soins, soit qu'on se propose de conserver le plant pour le mettre en place au mois de mars, soit qu'on possède des plates-bandes bien exposées au midi pour la replanter dès qu'elle a acquis la grosseur nécessaire, et lui laisser passer ainsi l'riiver afin d'en obtenir les pommes de bonne reure. Cette dernière mét rode est de beaucoup la meilleure pour la culture en pleine terre. Si l'on dispose d'un bon nombre de couc res avec leurs cloc res et leurs c ràssis, on repiquera sur ces couc res le plant de laitue en novembre et décembre pour en jouir tout l'riiver. Il est bien entendu que dans ce cas les semis auront été faits successivement dans le courant du mois de septembre.

La c ricorée, la scarole et l'endive plantées à la fin du mois dernier ont à craindre les gelées de la fin de septembre ; on les en préservera au moyen de paillassons jetés le soir sur les planc res et retirés le matin dès que le soleil a dissipé la gelée blanc re. La végétation de ces plantes peut ainsi se prolonger assez pour qu'elles profitent des derniers beaux jours assez fréquents en octobre sous le climat de Paris ; elles arrivent ainsi à toute leur grosseur avant la saison des fortes gelées.

C'est un des premiers devoirs du jardinier de se tenir constamment pourvu de plant de toute espèce prêt à être mis en place en temps convenable ; c'est une des marques auxquelles se reconnaît un romme capable et attentif à sa besogne. Il doit spécialement avoir calculé ses semis de c ricorée, de scarole et d'endive de façon à pouvoir en planter tous les cinq à six jours dans le courant de ce mois. Comme ces salades ne sauraient atteindre un volume considérable, on les espacera à $0^m,25$ en tout sens ; une couverture de paillassons ou même de litière sèc re suffira pour les garantir des gelées. A moins de froids excessifs et prématurés, ces salades végéteront tout l'riiver, et l'on pourra cueillir de la fin de décembre à la fin de mars. Quelque rude que soit l'riiver on peut espérer, en y mettant les soins nécessaires, de conserver au moins les trois quarts. Leurs produits, principalement destinés à être mangés cuits, offriront à l'amateur un mets agréable et très salubre pendant l'riiver, et au jardinier marc rand placé près d'une grande ville un bénéfice d'autant plus opportun qu'il vient dans une saison où celui qui n'est pas assez ric re pour se livrer à la culture coûteuse des primeurs a peu de c rose à porter au marc ré, et peu de recettes à réaliser jusqu'au retour de la belle saison.

La mâc re ou doucette, dont le vrai nom est *valérianelle,* se sème en septembre et même dans les premiers jours d'octobre ; cette salade ne gèle pas, et l'riiver n'arrête point sa végétation. Elle n'est pas sans mérite, quoiqu'elle paraisse rarement sur la table du riche ; mêlée à la betterave ou à la pomme de terre cuite, elle forme une excellente salade à très bon marc ré ; le jardinier marc rand ne doit donc pas en dédaigner la culture.

Radis. — La fin des grandes c raleurs permet de recommencer en septembre la culture du radis un moment interrompue ; car si l'on avait continué à en semer en juillet et août, il serait devenu creux et dur, à moins de soins minutieux qu'un produit de si peu d'importance ne mérite pas. A partir du premier septembre on sème de semaine en semaine, sur plate-bande garnie de terreau, du petit radis rose qui lève et grossit avec une promptitude incroyable au moyen de quelques arrosages. Si le mois de septembre est c raud et sec, il ne faut pas attendre pour récolter ces radis qu'ils dépassent la grosseur du bout du doigt ; sans quoi ils deviendraient creux, insipides et de nulle valeur. Les petites raves longues, roses et violettes, aujourd'rui généralement négligées aux environs de Paris par un caprice de la mode, quoiqu'elles soient pour le moins aussi bonnes que les radis, se sèment et s'obtiennent en septembre exactement de la même manière que les radis.

Choux et choux-fleurs. —Les c roux d'York cœur de bœuf, et le chou-fleur demi-dur, peuvent encore être semés successivement dans le courant de septembre au moyen des abris que nous avons indiqués pour les raricots, tant ceux qu'on réservera pour mettre en place au printemps que ceux qu'on pourra planter à demeure en octobre dans les bâc res économiques ; ils ne rivaliseront pas de précocité avec les produits forcés sur couc re, mais ils gagneront une avance notable sur les produits de pleine terre, et ils n'auront rien à craindre de l'hiver le plus rigoureux.

Persil. — C'est au commencement de septembre qu'on sème clair et en bonne exposition le persil destiné à fournir ses feuilles en hiver. Ces semis doivent être faits sur plates-bandes abondamment fumées ; il est même utile de répandre en outre par-dessus un peu de fumier très consommé. On n'attendra pas, si le temps est sec, que le persil soit levé pour l'arroser modérément, car sa graine reste souvent très longtemps en terre sans cette précaution. On la garantira du froid tout l'hiver, soit avec de la litière sèche, soit avec des paillassons. Cette branche inaperçue de l'industrie maraichère donne des bénéfices très satisfaisants tous les hivers, et quelquefois hors de proportion avec toute autre culture d'hiver dans les environs de Paris. Durant l'hiver de 1844 à 1845, le persil s'est vendu à la halle de Paris jusqu'à 30 et 40 francs la manne contenant de 3 à 4 kilogrammes. Quoique ce soit une année exceptionnelle, la culture du persil en hiver autour de Paris est toujours assez lucrative pour payer largement le jardinier des frais et des soins qu'elle réclame.

Le jardinier-maraîcher commence à respirer vers la fin de septembre ; le plus fort de la besogne d'été est terminé ; il peut laisser reposer ses arrosoirs. Récolter ses graines de toute sorte, conserver dans leurs cosses les pois et les haricots destinés à servir de semences, et dans leurs enveloppes les graines d'oignon ou de poireau, veiller à la dessiccation et à la parfaite conservation des autres graines, ainsi qu'à celle des bulbes de toute espèce emmagasinées pour l'hiver, récolter et vendre les produits préparés par les travaux des mois précédents, telles sont ses principales occupations.

Dans toutes les localités où la température le permet, le jardinier fera bien de cultiver quelques pieds de coloquinte, courge-cougoude, courge-massue, et d'autres plantes du même genre ; leurs fruits lui serviront de boîtes pour conserver ses graines potagères. Non-seulement ces fruits, séchés, vidés et convenablement fermés avec des bouchons de liège, sont supérieurs aux sacs pour préserver les graines du contact de l'atmosphère, mais ils ont en outre l'avantage de repousser, par l'amertume qui leur est propre, la dent des souris, rats et autres rongeurs qui se hasardent bien rarement à les attaquer.

§ II. — *Parterre.*

Le mois de septembre voit les dernières splendeurs du parterre. A la fin de ce mois, le jardinier en faisant sa ronde matinale trouve les tagètes, les balsamines et d'autres plantes délicates saisies par la gelée au milieu de leur floraison ; il n'y a plus moyen de les remplacer.

Les dahlias sont parmi les fleurs de collection les derniers à soutenir l'honneur du parterre. Les premières gelées blanches n'offensent que quelques variétés plus sensibles que les autres, mais en général on en jouit durant tout le mois de septembre et une partie du mois suivant. On doit assurer avec de forts tuteurs les tiges cassantes des dahlias contre les vents quelquefois très violents de l'équinoxe d'automne.

On soigne par des arrosages fréquents les campanules, les œillets de poête et autres plantes de pleine terre qu'on doit repiquer en octobre pour obtenir leur floraison de bonne heure au printemps. Dans les derniers jours de septembre on éclate les pieds de violette de Parme, des quatre saisons, pour replanter, soit en bordure, soit en plates-bandes, si l'on désire en avoir les fleurs tout l'hiver. Il faut à cet effet garnir le tour de la planche d'un bourrelet de paille haut de 0^m,07 à 0^m,08 ; on y plante en outre à l'intérieur, entre les lignes de violettes, quelques lignes de petits piquets pour soutenir les paillassons et ne pas froisser le jeune plant. On couvre et l'on découvre selon le besoin, et l'on a des violettes en abondance, depuis la fin de septembre jusqu'à l'époque de leur floraison naturelle, à la fin de mars. Près des grandes villes, cette culture, facile et peu dispendieuse, peut être d'un grand produit. Dans la saison des bals il se fait à Paris une énorme consommation de bouquets de violettes.

§ III. — *Jardin fruitier.*

L'importante opération de la greffe se prolonge durant le mois de septembre pour les sujets dont on pouvait craindre que la sève n'eût trop de vigueur dans le mois d'août.

Les pêchers ont besoin d'une exacte surveillance si l'on veut maintenir autant que possible un juste équilibre dans la végétation de toutes les branches, et préparer par des soins judicieux la production des années suivantes.

La récolte des pêches d'automne, que beaucoup de personnes trouvent préférables aux pêches hâtives, se continue durant tout le mois de septembre. Il faut bien se garder d'endommager ces beaux fruits, les plus précieux de la saison, en les froissant trop fortement pour les cueillir ; ceux qui ne se détachent pas au premier effort doivent être laissés sur la branche, quand même leur odeur et leur couleur sembleraient annoncer une maturité complète.

Les pêches d'automne sont couvertes d'un duvet plus abondant que celui des autres espèces ; on enlève ce duvet avec une brosse douce, ce qui rend le fruit beaucoup plus beau pour la vente. En faisant cette opération, il faut se placer dans un courant d'air qui puisse emporter ce duvet dangereux à respirer.

Les dernières prunes de plein-vent, quelques pommes précoces, le chasselas blanc et rouge, et toutes les espèces de poires, fournissent à la consommation du mois de septembre.

La récolte des poires, sur les arbres taillés en pyramide, auxquels on a laissé prendre une trop grande élévation, offre souvent beaucoup de difficultés et occasionne des pertes considérables, les plus beaux fruits, placés sur les branches supérieures, ne pouvant manquer de s'écraser en tombant. On voyait encore, il y a deux ans, au Jardin des plantes, à Paris, des poiriers taillés en pyramide qui n'avaient pas moins de 20 à 25 mètres d'élévation ; comment irait-on chercher les poires au sommet de ces arbres ?

Le jardinier qui aurait dans son verger quelques-uns de ces mâts de navire se servira de l'échelle double pour cueillir les fruits à la main aussi haut qu'il lui sera possible d'atteindre, et il tâchera d'enlever les autres au moyen d'un entonnoir ajusté au bout d'une perche ; mais, quelle que soit son adresse, il ne pourra éviter d'en perdre beaucoup.

La récolte du raisin de table est une des plus importantes du mois de septembre. Ce fruit a pour ennemis les insectes, les oiseaux et même les rats, lorsque les treilles sont établies sur de vieux murs dans le voisinage des habitations.

Les filets destinés à couvrir les treilles en espalier sont d'un grand secours contre les insectes et les oiseaux, surtout pour les espèces tardives dont on doit attendre longtemps la maturité ; mais ils occasionnent une dépense qui ne peut être supportée que par les amateurs riches, parce qu'elle est hors de proportion avec la valeur des produits que les filets doivent garantir. On emploie avec succès les sacs en crin ; ils ont le même inconvénient que les filets, ils sont d'un prix trop élevé. Les sacs en papier, beaucoup plus économiques en apparence, ne le sont pas en réalité ; ils se remplissent pas leur but, car ils ne peuvent résister ni à la pluie ni même au bec des oiseaux.

Il est à souhaiter qu'on adopte généralement, pour la conservation du raisin sur les treilles, les sacs très économiques faits de calicot grossier et à bas prix, enduit d'une solution de gomme élastique dans l'essence de térébenthine. Cette étoffe, préparée d'avance et convenablement séchée, ne conserve aucune odeur et ne communique au chasselas aucun goût désagréable. Les sacs ainsi préparés sont plus durables que ceux de crin ; leur prix est si minime que la dépense qu'il faut faire pour *un cent* de sacs de crin permet d'avoir *quatre cents* sacs de calicot enduit de gomme élastique.

§ IV. — Orangerie et serre.

L'opération délicate du rempotage se termine dans la première quinzaine de septembre. Nous croyons devoir répéter ici l'avis que nous avons donné ailleurs aux amateurs de végétaux exotiques : ayez plutôt un moindre nombre de belles plantes, d'une végétation vigoureuse, qu'une confusion de plantes languissantes et chétives qui n'auront pour ainsi dire ni fleurs ni verdure à vous offrir en récompense de vos soins. Ainsi, en changeant de pots les plantes d'orangerie et de serre tempérée, on consultera moins la nécessité de loger un nombre déterminé de pots dans un espace donné que la

quantité de terre réellement nécessaire à chaque végétal pour se développer à l'aise, et contribuer par une belle et complète floraison à l'ornement de la serre.

Les plantes de serre chaude, du moins celles qu'il a été possible de laisser quelque temps en plein air, doivent être rentrées dès les premiers jours de septembre ; nous ne saurions approuver l'usage indiqué dans plusieurs traités de les rentrer à l'époque fixe et invariable du 15 septembre. Ces plantes, ayant presque toutes une assez grande valeur, ne doivent jamais être aventurées ; on pourra du reste enlever momentanément les panneaux de la serre s'il survient quelques beaux jours dont les plantes puissent profiter. Il faut toujours les traiter comme des malades qu'une imprudence peut faire périr, et pour qui l'on ne se repentira jamais d'un excès de précaution.

Vers la fin du mois on profite de quelques belles journées pour visiter, nettoyer et tenir en bon état les plantes d'orangerie, spécialement les pélargoniums et les camélias formant collection, car une fois rentrés dans l'orangerie ils sont beaucoup plus difficiles à soigner. Lorsqu'on lave les feuilles des camélias, il faut éviter avec le plus grand soin de détacher les bourgeons qui adhèrent très peu à la plante ; une fois tombés ils ne repoussent plus, et l'on peut perdre ainsi la pousse et la floraison de toute une année.

OCTOBRE.

§ Iᵉʳ. — Jardin potager.

Artichauts. — La première quinzaine d'octobre est l'époque la plus convenable, sous le climat de Paris, pour arracher les pieds d'artichauts dont on a obtenu des récoltes ; en les conservant davantage ils ne pourraient que dégénérer. On détache de la souche principale les œilletons bien formés ; ils servent à établir des plantations nouvelles. Ces plantations doivent se faire avec abondance de bon fumier, en espaçant les pieds à un mètre en tous sens ; il faut les mouiller fréquemment pendant les premiers jours qui suivent leur plantation ; si le temps est favorable, quand même ils auraient été mis en terre sans racines, mais avec un talon sain et vigoureux, leur reprise est assurée. Il est nécessaire qu'elle soit complète avant les fortes gelées, non pas pour les rendre capables de résister au froid, car il est facile de les en préserver, mais bien pour qu'ils survivent aux moyens employés afin de les en garantir.

L'artichaut offre au jardinier-marchand un avantage sur beaucoup d'autres légumes ; il ne donne ses produits que successivement, même dans une plantation faite toute à la fois, ce qui épargne au jardinier l'embarras de planter à plusieurs reprises, et lui évite en outre pour la vente les difficultés résultant d'un trop grand encombrement d'un même produit. Cet avantage deviendrait à l'arrière-saison un grave inconvénient, si les procédés de conservation des artichauts pour la vente d'hiver n'étaient aussi simples que faciles. En effet, les gelées de la fin d'octobre sont funestes aux artichauts arriérés qui commencent seulement alors à former leurs têtes, ce qui arrive souvent à ceux dont la plantation a été un peu tardive au printemps, ou qui n'ont pas reçu assez d'eau en été. Ce produit ayant à cette époque une valeur importante, le jardinier doit songer à ne pas le laisser perdre. On a proposé, dans différents traités de jardinage, de couvrir les têtes au moyen de cloches de verre soutenues par trois ou quatre baguettes fichées en terre, ou même simplement avec un panier d'osier brun, supporté de la même façon ; ce procédé est excellent pour l'amateur qui veut conserver quelques douzaines d'artichauts jusqu'à l'époque des grands froids ; mais dès qu'il s'agit d'en garantir des centaines, il ne faut plus y penser.

Le plus simple est de couper le plus tard possible en octobre la tige au niveau du sol, sans retrancher les têtes accessoires qui peuvent s'y trouver. Les pieds d'artichauts ainsi détachés de la souche sont portés dans la serre aux légumes, ou simplement sous un hangar à l'abri du nord, dans une cave exempte d'humidité, ou tout autre local convenable qu'on peut avoir à sa disposition. On les enterre à la profondeur de $0^m,08$ à $0^m,10$ dans du sable frais, en ayant soin qu'ils ne soient pas trop pressés les uns contre les autres et qu'ils se trouvent autant que possible dans leur position naturelle, c'est-à-dire selon la ligne verticale. Dans cet état les artichauts peuvent se conserver frais et verts pendant plusieurs mois ; ils peuvent même continuer à grossir sans toutefois acquérir le volume que leur eût fait atteindre, dans la saison favorable, leur végétation en pleine terre. Ils n'en ont pas moins une valeur considérable dans les mois de novembre, décembre et janvier, époque à laquelle la rigueur de la saison doit les rendre précieux, même au jardinier amateur.

Si ce mode très simple de conservation n'est pas plus généralement usité aux environs de Paris, c'est que les jardiniers, grevés de loyers exorbitants et de frais énormes de toute espèce, ne pouvant se soutenir que par le produit des ventes journalières, sont toujours pressés de vendre. Le défaut de local est aussi très souvent un obstacle à la conservation des légumes frais en hiver, dans une proportion un peu large. Cet obstacle n'est pas insurmontable : nous donnons, d'après notre propre expérience, un procédé qui nous a constamment réussi ; pratiqué avec intelligence, il n'entraîne pas des frais bien considérables.

On choisit dès les premiers beaux jours d'octobre un espace carré de 10 mètres en tout sens ; au point d'intersection des diagonales de ces carrés on plante une forte perche, de la grosseur du bras, effilée et charbonnée à sa partie inférieure ; on la fixe solidement dans le sol. Il suffit qu'elle s'élève au-dessus de sa surface à la hauteur de $2^m,50$. Quatre autres perches beaucoup plus faibles se rattachent à celle du milieu, et se plantent, convenablement inclinées, aux quatre coins du carré. Quelques lattes, des brins de treillage défectueux, des rames à haricots hors de service, servent à remplir les intervalles sur les quatre faces de la pyramide et figurent la charpente excessivement légère d'une sorte de toit sur lequel on attache de vieux paillassons. L'espace ainsi recouvert se dessèche promptement, quelque temps qu'il fasse, et comme on ne doit s'en servir qu'à la fin du mois, le sol en est à cette époque parfaitement sain.

Alors on entoure les quatre côtés du carré avec de bonne litière sèche, à la hauteur de $0^m,50$, et l'on peut commencer à y introduire les légumes à conserver. S'il s'agit d'artichauts, on creuse à la bêche un sillon parallèle à l'un des bords, on y pose les plantes, puis on recouvre leur pied en creusant le second sillon, et ainsi de suite.

Il va sans dire qu'on a ménagé une ouverture au midi, et que deux sentiers en croix ont été tracés dans l'espace couvert pour pouvoir y circuler. Cette serre économique par les légumes peut contenir vingt-cinq artichauts par mètre carré, en leur donnant à chacun un carré de $0^m,20$ de côté, ce qui suffit à des artichauts de grosseur ordinaire. L'espace couvert contenant 100 mètres carrés, on peut, même en retranchant la place exigée pour la circulation, y mettre à l'abri 2,000 artichauts, lesquels seront facilement vendus en hiver de 20 à 25 centimes la pièce ; c'est une valeur totale de 400 à 500 francs, prix double de celui que l'on en aurait pu obtenir dans la pleine saison. On est donc largement indemnisé de ses frais et de la perte du terrain, qui d'ailleurs est libre dès le milieu de l'hiver et peut être utilisé pour y établir des couches.

Durant les grands froids, quand les vents du nord et de l'est soufflent avec violence, il faut doubler la couverture de paillassons dans la direction du vent. La gelée la plus intense atteint difficilement les légumes ainsi protégés, qu'on peut d'ailleurs garantir par une couverture immédiate, si l'on croit qu'elle soit nécessaire ; nous en avons fait l'épreuve à Liége, en Belgique, durant le rude hiver de 1829-1830, par un froid qui dura neuf semaines et se soutint à vingt degrés centigrades pendant quatorze jours ; il est vrai que nous n'avions pas ménagé la litière et les paillassons, et que la réserve, comme nous l'avions nommée, ne fut pas ouverte tant que dura la plus grande rigueur du froid.

Si nous avons insisté sur ce procédé, c'est qu'il est à la portée de tout le monde, et que c'est l'un des travaux les plus essentiels du mois d'octobre, à notre avis ; il s'applique à la conservation des choux pommés, des salades, des choux-fleurs même, pour lesquels l'espace manque souvent dans les bâtiments d'exploitation. Plusieurs jardiniers y suppléent par des fosses recouvertes de litières sèches ; ce moyen réussit quelquefois, mais dans les hivers humides, comme ils le sont fréquemment sous le climat de Paris, la pourriture se met souvent dans ces fosses et l'on en est à regretter des produits qu'on aurait pu vendre un prix quelconque au moment où ils ont été récoltés.

Aux environs de Paris, on emploie pour la conservation des choux un procédé beaucoup plus simple ; on arrache tout bonnement les choux, et on les laisse à la même place, la racine en l'air. Ce moyen ne réussit guère que pour les choux de Milan qui ne gèlent pas ; comme ils redoutent uniquement la neige introduite entre leurs feuilles, et convertie en eau, puis en glace, par les alternatives de dégel et de gelée, une position renversée peut les en préserver. Mais ce moyen a le grand inconvénient d'encombrer le terrain, qu'il est impossible de travailler avant l'enlèvement des choux.

Asperges. — Les carrés d'asperges, oubliés depuis longtemps du jardinier, doivent être, à la fin d'octobre, l'objet de soins destinés à assurer la récolte du printemps suivant. Ces soins consistent à couper les tiges au niveau du sol, sans oublier de récolter la graine des pieds les plus vigoureux, et à donner un léger labour, en se gardant bien d'offenser les griffes qui, dans les plantations un peu anciennes, peuvent se trouver à cette époque très rapprochées de la surface du sol. On les rechargera de quelques centimètres de bonne terre ; on attendra la fin du mois suivant pour y ajouter une légère couverture de bon fumier. Si, comme le pratiquent beaucoup de jardiniers, on appliquait le fumier immédiatement, et qu'ensuite le temps se maintînt pendant un mois doux et pluvieux, une partie des griffes pourrait s'épuiser à pousser en pure perte des jets de nulle valeur.

Les grandes plantations d'asperges se font en octobre ; quoique ce procédé tende maintenant à être universellement remplacé par le semis en place, qui lui est préférable à tous égards, cependant plusieurs jardiniers, pressés de jouir, pouvant facilement acheter du plant d'asperges de deux ans, qui rapportera deux ans plus tard, sont encore dans l'usage de planter au lieu de semer ; c'est pour eux que nous indiquons la plantation des asperges parmi les travaux du mois d'octobre.

On peut consulter l'excellent article de M. Caillon, jardinier des environs de Nanci, sur la culture en grand de l'asperge comestible (voir *Journal d'agriculture*, t. I, p. 253). Nous avons donné dans les travaux du mois d'avril la meilleure manière d'opérer les semis d'asperges en place.

Quant à la plantation, nous insisterons ici sur deux particularités essentielles. Après avoir marqué la place de chaque griffe on doit y déposer, en monceau conique, une poignée de terreau ; sans cette précaution, la griffe d'asperge, qui tend naturellement à s'appuyer sur les extrémités obtuses de ses rayons pour se soulever et se rapprocher du niveau du sol, n'aurait sous son plateau central rien qu'un

espace vide, ce qui la ferait rapidement languir et périr, quelque charge de terre qu'on puisse lui donner par-dessus. D'ailleurs il est contraire au mode de végétation de l'asperge que les rayons de sa griffe occupent une position horizontale ; si on la leur impose de force, plusieurs s'éclatent près du collet et meurent, au détriment de la plante.

La seconde observation, non moins essentielle, c'est de ne pas entasser une masse énorme d'engrais sous la griffe de l'asperge, engrais qui ne lui profite nullement, car les racines n'y pénètrent qu'à une profondeur médiocre ; la plante cherche évidemment et constamment à remonter et non à s'enfoncer dans le sol. C'est un préjugé de l'ancien jardinage ; on ne peut, en s'y conformant, que supporter une dépense complétement inutile.

Nous donnerons ici un avis aux jardiniers amateurs dont les ressources sont bornées. Lorsque leur terrain offre assez d'étendue, qu'ils en consacrent un demi-arpent de Paris (17 à 18 ares) à la culture des asperges ; ce produit, sans une grande dépense de temps ni d'argent, leur rapportera, pendant douze à quinze ans, de 300 à 400 francs par an. Que de fois l'amateur peu fortuné n'a-t-il pas occasion dans le cours d'une année de manquer de quelques centaines de francs pour ses fleurs ou ses arbres favoris ! Qu'il ne craigne pas la concurrence ; les asperges sont toujours trop chères et trop peu abondantes ; Paris en reçoit des environs d'Orléans (Loiret) pour des sommes considérables ; un cultivateur des environs de Montdidier (Somme), n'ayant pour débouché que les villes de son département, en entretient 8 à 10 *hectares;* il ne lui en reste jamais, et il en tire un énorme revenu.

On vend en octobre les griffes obtenues pour plantations, soit de semis, soit par l'arrachage des griffes épuisées dont on détache les rejetons ; les premières sont infiniment préférables aux secondes. Les semis d'asperges destinés à la vente, quoiqu'ils occupent le terrain deux ans de suite, peuvent être d'un grand rapport, quand le débit en est assuré. Nous avons vu en 1837 les religieux trappistes de la Meilleraie, en Bretagne, les plus habiles jardiniers que nous ayons jamais connus, vendre, à raison de *cinq centimes* les diverses griffes, des milliers de plants d'asperges obtenus de semis ; nous avons calculé par approximation qu'ils n'avaient pu retirer moins de 1,800 francs de 50 ares de terrain consacré à ces semis ; il y avait des acheteurs pour le double de ce qu'ils avaient à vendre. Il est vrai que tous leurs produits, admirablement soignés, étaient d'une qualité réellement supérieure.

Fraises. — Le procédé que nous avons indiqué le mois précédent, pour obtenir des fleurs de violette pendant l'hiver, s'applique sans aucun changement à la fraise des quatre saisons. Il est possible d'en prolonger ainsi la fructification jusqu'en décembre. À la vérité, ces dernières fraises, toujours fort acides, n'ont presque ni couleur, ni odeur, ni saveur agréable; mais enfin ce sont des fraises; avec de bon vin et force sucre en poudre elles peuvent être mangeables. Si l'on dispose de quelques châssis vitrés ou simplement recouverts de papier huilé, qu'on puisse poser sur les planches de fraisiers dès le 15 octobre, leurs produits seront un peu moins défectueux.

En fait, à partir de la fin d'octobre, il n'y a de bonnes fraises que celles qu'on force dans des serres convenablement chauffées; on conçoit que ces fraises sont exclusivement à l'usage de quelques personnes opulentes dont les serres spacieuses offrent beaucoup de local disponible; car, pour obtenir une ration présentable de fraises forcées dans des pots dont chacun contient *un* fraisier donnant *une* ou *deux* fraises mûres à la fois, il faut des régiments de petits pots qui tiennent une place énorme. La culture de la fraise en hiver, objet de fantaisie très recherché des riches Anglais qui possèdent des serres de dimensions colossales, est peu usitée en France, même près de Paris; ses produits, d'un prix trop élevé, trouveraient peu d'acheteurs.

Pommes de terre. — Lorsqu'on dispose d'un local suffisant pour mettre à l'abri la provision de pommes de terre, on doit l'arracher en octobre, non point à époque fixe, mais quand les fanes en se flétrissant annoncent l'entière maturité des tubercules. Si l'on manque de local et qu'on soit obligé de recourir à un autre moyen de conservation, il faut laisser les pommes de terre en place le plus longtemps possible, tant que les gelées rigoureuses ne paraissent pas à craindre. Il est bien entendu que nous ne parlons ici que des espèces jardinières, la vittelotte, la jaune de Hollande, et quelques autres; le reste appartient à la grande culture.

Divers traités de jardinage, les plus répandus et les plus estimés, indiquent comme procédé pour garantir les pommes de terre des effets du froid, de placer sur le sol qui les renferme, dès les premiers jours d'octobre, des *châssis vitrés* recouverts de litière ou de paillassons; le sol, disent-ils, se dessèche complétement et rend les tubercules inaccessibles à la gelée. C'est encore un de ces moyens, bons en eux-mêmes, mais hors de la portée de la plupart des horticulteurs. Si la provision des pommes de terre est seulement de quelques hectolitres, il faut bien des châssis pour les recouvrir; en supposant qu'on eût des châssis de trop, on saura trouvera toujours un emploi plus profitable que celui de protéger des pommes de terre.

A défaut d'une cave ou d'un hangar suffisamment à l'abri du froid et de l'humidité, une fosse de 2m,50 à 3 mètres de profondeur, garnie de paillassons au fond et sur les côtés, recouverte de paille sèche et d'un monticule de terre battue en forme de toit, pour l'écoulement des eaux pluviales, est ce qui convient le mieux pour la conservation des pommes de terre; c'est le procédé le moins coûteux et le moins embarrassant. Aussi longtemps qu'on ne craindra

pas les gelées on ne placera pas les pommes de terre dans la fosse; mais pour n'être pas pris au dépourvu, on la tiendra toute prête dès la fin d'octobre.

La besogne du jardinier dans le potager diminue de jour en jour à mesure que l'hiver approche. Les plants récemment mis en place ou en pépinière pour le printemps suivant réclament ses soins principaux. Les derniers haricots et les salades d'hiver, qu'il faut couvrir et découvrir à propos, prennent encore une partie de son temps. Les derniers céleris doivent être buttés à cette époque, puis transportés à l'abri pour être consommés successivement tout l'hiver; leur conservation n'offre rien de difficile. On peut rentrer avant qu'ils soient complétement blanchis ceux qu'on destine à être gardés le plus longtemps; ils blanchissent très bien dans la cave, pourvu qu'on leur garnisse le pied de sable frais et qu'on les tienne dans l'obscurité.

La fin d'octobre est le moment convenable pour démolir les vieilles couches qui ont fait leur effet et dont la chaleur est épuisée. Le terreau qu'on en retire est très utile pour garnir les plates-bandes exposées au midi; on en réserve une partie pour les semis de printemps. La portion du fumier des couches qui n'est pas totalement consommée sert à couvrir le sol dans les intervalles des plantations de salades d'hiver, de choux et de choux-fleurs; les pluies ne tardent pas à entraîner dans le sol toutes les parties grasses de ce fumier; il ne reste sur la terre que les débris de paille non décomposées; ils forment un excellent paillis très favorable à la conservation et à la végétation de ces plantes pendant l'hiver.

§ II. — Jardin fruitier.

Quelques pêches arriérées, d'autant plus précieuses qu'elles sont devenues plus rares, peuvent avoir été ménagées par le jardinier attentif, pour figurer encore dans les desserts du mois d'octobre. Les meilleures espèces de raisin arrivent seulement alors à leur complète maturité; les soins que nous avons recommandés dans les travaux du mois dernier pour conserver les raisins sur pied le plus longtemps possible, s'appliquent surtout aux espèces tardives. Les oiseaux et les insectes sont principalement avides de l'excellent raisin noir de Frankental, très répandu en Belgique, où il mûrit très bien dans les provinces wallonnes, et moins commun en France, malgré sa saveur délicate, le volume de ses grappes et ses excellentes qualités.

On commence à s'occuper en octobre de la conservation des raisins pendant l'hiver. Tous les procédés employés à cet effet doivent avoir pour but deux objets distincts : prévenir la moisissure et la putréfaction, empêcher l'évaporation du suc des raisins de manière à les maintenir dans un état le plus rapproché possible de celui où ils étaient au moment de la vendange

Nous ne dirons rien de l'usage si commun de suspendre le chasselas à des fils, dans une chambre bien aérée; si l'on attend plus tard que le mois de novembre pour consommer ces raisins, en supposant qu'ils ne soient pas pourris, ils n'offriront plus qu'une peau ou plutôt un parchemin coriace renfermant les pepins, dépourvu de pulpe et de saveur; mieux aurait valu assurément consommer ces raisins au moment de la récolte que de les faire figurer au dessert dans un si piteux état.

Toutes les espèces de raisin cueillies bien mûres par un temps sec, débarrassées des grains gâtés et des insectes avec un soin scrupuleux, se maintiendront pendant plusieurs mois presque à l'état frais, si on les suspend à des ficelles tendues d'étage en étage dans des futailles; on tamisera par-dessus, sans aucun tassement, soit du son, soit de la cendre de bois; on recouvrira le tout d'un couvercle en bois, pour éviter l'introduction de l'air. Chaque fois qu'on enlèvera une rangée de grappes, on fera descendre le couvercle au niveau de la couche de cendre ou de son qui recouvre la rangée suivante. Ce procédé n'exige qu'un peu de soin; quant à la dépense, elle est presque nulle; la cendre, le son et les futailles conservent toute leur valeur primitive après avoir servi à cet usage. Les jardiniers marchands peuvent trouver un grand avantage dans l'emploi de ce procédé; car le raisin, non pas flétri et ridé, mais frais et sain, vendu en cet état en janvier et février, offre des bénéfices lors de comparaison avec ceux de la vente de cet excellent fruit au moment de sa plus grande abondance.

Quant aux fruits d'hiver à pepins, pommes et poires de toute espèce, nous n'avons vu nulle part, et nous n'avons jamais expérimenté par nous-mêmes de mode de conservation comparable aux boîtes portatives de M. de Dombasle[1]. Ces boîtes réunissent à toutes les meilleures conditions pour la garde des fruits l'avantage d'une économie de local qui devrait encore, à mérite égal, les faire préférer à tout autre procédé, spécialement aux fruitiers à dressoirs, qui laissent les fruits exposés à la dent des souris et à l'action de l'atmosphère.

Nous recommandons aux dames, mais sans espoir d'en être écoutés, de faire figurer dans leurs desserts chaque espèce de fruits à mesure que sa maturité lui a fait acquérir toutes les qualités qui lui sont propres. Nous n'osons nous flatter de contribuer à détruire l'usage peu rationnel de garder toujours le fruit le plus longtemps possible, et de ne manger que celui qui commence à s'altérer. Or, comme aucun fruit n'est éternel, tous arrivent à leur tour à ce point fatal. Nous pourrions citer des maisons opulentes où, en vertu de ce système, on n'a jamais servi sur la table que des fruits gâtés.

§ III. — Parterre.

Les dahlias, quelques héliantes vivaces, de

(1) *Journal d'Agriculture pratique*, t. II, p. 562.

nombreuses variétés d'asters vivaces à hautes tiges, à petites fleurs très nombreuses, les unes blanches, les autres blanches et roses, des bordures de giroflées de Mahon, et surtout des touffes multipliées de réséda, forment, avec les rosiers de Bengale toujours en fleurs jusqu'au cœur de l'hiver, le fond de la décoration du parterre pendant le mois d'octobre.

Chacune de ces fleurs succombe à son tour sous les coups de la gelée; il en reste bien peu au premier novembre. Le jardinier coupe au niveau du sol les tiges des plantes dépouillées de fleurs; il prolonge autant que possible, par des soins assidus, l'existence de celles qui survivent.

Une seule fleur de collection rivalise en octobre avec les dahlias et leur succède en novembre, quelle que soit la température : c'est la chrysanthème, dont on ne connaissait en France qu'une seule espèce il y a cinquante ans, et qui, grâce à une culture bien dirigée, se reproduit aujourd'hui sous presque toutes les nuances. Elle y joint l'avantage d'une odeur douce et suave, approchant de celle de la lavande. La chrysanthème offre la singularité de ne pouvoir fleurir que quand les gelées ont arrêté la floraison de la plupart des autres végétaux d'ornement; les essais tentés pour la forcer à fleurir plus tôt ont été jusqu'à présent infructueux. Il est certain que cela ôte à la chrysanthème une grande partie de sa valeur comme plante d'ornement de pleine terre, quoiqu'elle soit extrêmement rustique; il est peu agréable de se promener dans le parterre durant les mauvais jours de novembre et décembre, pour y admirer des fleurs d'ailleurs d'une beauté incontestable. Il faut, pour prolonger la jouissance du parterre, tenir les chrysanthèmes en pots, dans un coin écarté du jardin, jusqu'au moment où les boutons des fleurs commencent à se montrer; ces plantes, ayant beaucoup de racines et végétant avec une grande vigueur, ne veulent pas être gênées dans les pots; elles ont besoin d'une terre très substantielle. On enterre ces pots dans les plates-bandes du parterre vers le 15 octobre; ils y viennent fort à propos pour remplir des vides nombreux. Quand la saison devient rigoureuse, on rentre les chrysanthèmes dans l'orangerie, dont elles font l'ornement, jusque fort avant dans l'hiver. Les chrysanthèmes veulent beaucoup d'eau; elles ne redoutent que l'excès de la chaleur, qui n'est jamais à craindre à l'époque de leur floraison.

§ IV. — Orangerie et serre.

La prudence oblige souvent le jardinier à devancer l'époque du 15 octobre, ordinairement fixée pour rentrer les orangers, grenadiers, oléandres, et tous les grands arbustes d'orangerie. Si des pluies froides les fatiguent avant cette époque, on ne doit pas les laisser plus longtemps en plein air; on risquerait de les endommager tous, et même de perdre les moins vigoureux.

Le transport des grands végétaux d'orangerie est une opération toujours délicate, qui blesse plus ou moins le chevelu des racines par les secousses inévitables qu'il leur fait supporter. Un bon labour dans les caisses, suivi d'un arrosage modéré, suffit d'ordinaire pour établir l'équilibre; cet arrosage doit être le dernier. Dans les hivers excessivement doux, quand la température extérieure permet d'aérer fréquemment l'orangerie, un second arrosage peut être jugé nécessaire au milieu de la mauvaise saison; dans toute autre circonstance il serait non-seulement inutile, mais nuisible, aux plantes d'orangerie.

Dans la serre on sera également sobre d'arrosements pendant l'hiver; on se gardera surtout de donner la moindre goutte d'eau aux cactus et à toutes les plantes grasses : elles ne fleuriraient pas dans leur saison. Il ne faut pas perdre de vue que ces plantes, dans leur pays natal, supportent des sécheresses bien plus prolongées, pendant lesquelles elles vivent uniquement aux dépens de l'atmosphère.

On préparera, par des soins attentifs, la floraison d'hiver des végétaux de serre chaude et tempérée, floraison dont les premiers symptômes s'annoncent déjà chez beaucoup de plantes dès la fin d'octobre. Les vitres sont tenues constamment nettes et claires. Les cyclamens, lachénalia, thunbergia, et autres plantes de petites dimensions, qui périraient étouffées et fleuriraient inaperçues parmi les grands végétaux, seront placées sur les dressoirs disposés le long du vitrage. Dès le milieu d'octobre la fraicheur des nuits exige que les paillassons soient établis à demeure sur les châssis supérieurs de la serre; on les y tient roulés le jour et déroulés la nuit, selon le besoin, en observant qu'il n'y a pas d'inconvénient à les étendre sans nécessité, et qu'il y a danger à négliger cette précaution un seul jour où la température extérieure l'exige.

NOVEMBRE.

§ 1er. — Jardin potager.

Asperges. — On commence à la fin de novembre à s'occuper de forcer l'asperge pour en obtenir les produits au milieu de l'hiver; on continue successivement, afin de prolonger jusqu'au printemps cette récolte artificielle. Deux procédés sont principalement en usage : le premier consiste à transporter sur couche chaude sous châssis des griffes d'asperges dans toute leur vigueur; par le second on établit un réchaud de bon fumier, sous châssis, sur la planche d'asperges en pleine terre. Tous deux réussissent également bien; ils ont seulement l'un et l'autre l'inconvénient grave de détruire la majeure partie des griffes forcées. Les jardiniers des environs de Paris appliquent ces deux méthodes indifféremment, mais à des asperges élevées dans ce but, sans autre destination. On les fume dans les premières années

encore plus abondamment que les autres, et à la troisième ou quatrième pousse on les force en place ou sur couche. Dans ce système de culture il faut toujours qu'*une seule récolte* couvre les frais de *trois années au moins*, avant de donner aucun bénéfice réel; il est vrai que cette récolte se vend à des prix toujours très élevés, et quelquefois incroyables.

Si l'on choisit pour les forcer des asperges d'une végétation très vigoureuse, qu'on ne les force jamais qu'en place et qu'on modère la récolte, on peut espérer qu'après un an ou deux de repos la planche d'asperges se rétablira, et si l'on n'a pas obtenu les produits d'hiver les plus abondants possibles, on en sera bien dédommagé par la conservation des asperges. C'est donc cette méthode que nous considérons comme préférable à toute autre pour forcer l'asperge en hiver.

Mais il peut arriver que, par quelque circonstance particulière, on n'ait aucun intérêt à ménager les griffes d'asperges; alors il faut forcer sur couche la plus chaude possible, et s'y prendre dès le milieu de novembre. Nous pouvons citer un exemple remarquable d'une telle circonstance.

Il y a environ douze ans, un maraîcher du voisinage vint nous demander conseil; il avait commis la sottise de planter en asperges un peu plus d'un hectare de terrain vers la fin de son bail, comptant sur une promesse de renouvellement que le propriétaire, parfait honnête homme, avait sans doute l'intention de réaliser. Avec la négligence en affaires, commune chez tous ceux qui travaillent plus des bras que de la tête, le jardinier remit de jour en jour à faire signer son nouveau bail; le propriétaire mourut sur ces entrefaites. Les asperges de notre confrère prenaient quatre ans; il venait de porter à la halle leur premier produit, quand le fils, moins délicat que son père, refusa net de réaliser la promesse d'un nouveau bail, comptant bien profiter des asperges qui devaient, pendant douze à quinze ans, lui assurer une grande augmentation de revenu.

Après avoir examiné le bail, qui avait encore un an à courir, nous conseillâmes à notre confrère de faire la dépense de forcer en hiver toutes ses asperges, et de les détruire en en tirant tout le parti possible. Comme il avait eu la sage précaution de faire dresser à son entrée en jouissance un état des lieux où il n'était pas question d'asperges, il pouvait agir sans crainte. Il lui fallut des avances considérables en fumiers et main-d'œuvre; mais, tout calcul fait, il eut un bénéfice net de 4,500 fr., l'hiver s'étant trouvé long et rigoureux; les asperges furent entièrement détruites.

Cette fois du moins un propriétaire cupide ne profita pas des sueurs et des avances d'un cultivateur laborieux.

Artichauts. — Il ne faut se hâter de butter les artichauts en novembre que quand il y a menace évidente de froids prématurés; on doit surtout éviter, non-seulement de laisser la moindre parcelle de terre s'introduire sur la feuille centrale de l'artichaut, mais même d'en laisser pénétrer dans l'intervalle des grosses feuilles. On coupe les plus grandes, mais sans toucher à celles du centre, et l'on rassemble la terre autour du pied, en choisissant autant que possible un temps sec pour cette opération. Il faut tout aussitôt apporter sur le terrain la litière ou les feuilles nécessaires pour couvrir les artichauts en cas de gelée; car, dans cette saison, on doit la craindre d'un moment à l'autre. C'est une règle essentielle de culture pour cette plante de ne jamais regarder sa couverture comme posée à demeure; on en perdra toujours infailliblement un grand nombre si l'on n'a pas la précaution de les découvrir dès que le temps le permet, sauf à replacer la couverture quand la température l'exige. Un moyen beaucoup plus simple, bien connu des cultivateurs des environs de Paris, consiste à transporter le pied d'artichaut tout entier dans une cave avec ses racines garnies de terre, qu'on place tout aussitôt dans du sable frais; on n'a plus besoin de s'embarrasser de ces plantes jusqu'au printemps. Remis en place en avril, les artichauts ainsi conservés forment leur tête trois semaines au moins avant ceux qui ont passé l'hiver en pleine terre, quoiqu'ils semblent à moitié morts quand on les sort de la cave ou de la serre aux légumes. Mais cet excellent procédé est inapplicable dans la grande culture; que faire des 10,000 pieds d'artichauts d'un seul hectare, surtout quand on a des plantations de cinq ou six hectares à conserver? Il faut donc s'en tenir au premier moyen, qui donne beaucoup de besogne au cultivateur soigneux pendant tout l'hiver. Quant à la seconde méthode elle convient parfaitement à la petite culture: on peut, à défaut d'autre emplacement, utiliser pour cet objet la *réserve économique* décrite par nous dans les travaux du mois d'octobre.

Il est bien entendu que nous parlons uniquement ici des pieds d'artichauts qui ont porté fruit et dont on attend une seconde récolte pour l'année suivante, et non pas de ceux dont on veut conserver les têtes, comme nous l'avons recommandé pour le mois précédent.

Cette précaution de mettre à couvert quelques centaines de pieds d'artichauts, quand on craint un hiver trop long ou trop humide, est excellente en elle-même dans la grande culture. En 1830, presque tous les artichauts ayant péri à la suite d'un hiver désastreux, les pieds conservés à l'abri, fournissant chacun une douzaine d'œilletons, servirent à repeupler les plantations, conjointement avec les semis, et donnèrent dans la même année un produit d'autant plus cher qu'il était plus rare.

Choux-fleurs. — Lorsque ce légume commence à former sa pomme, il a besoin d'être garanti contre les gelées sérieuses. Il est bon de calculer toujours la plantation de quelques planches de choux-fleurs de manière à en avoir la moitié prête à être cueillie et la moitié à peu près de la grosseur du poing au commencement

de novembre. Ceux qui se trouveront à ce dernier état de végétation passeront dans la serre aux légumes; ils seront levés en motte autant que possible, ou du moins avec toutes leurs racines, et garnis au pied de sable frais. On rognera seulement les feuilles principales; du reste on leur appliquera de point en point le mode de conservation que nous avons indiqué pour les artichauts dont la tête est à demi formée en octobre. De même que ces derniers ils grossiront, sans toutefois devenir jamais très volumineux, et ils pourront être vendus en hiver aussi cher que les plus beaux peuvent se vendre en été. Ce sera une ressource précieuse pour la provision d'hiver du jardinier-amateur.

Quant aux choux-fleurs parvenus en novembre à leur volume ordinaire, on coupera leur tige le plus près possible du sol, on lui laissera seulement les grosses côtes de ses feuilles, et l'on disposera les choux fleurs sur des tablettes dans un local sain et sec, sans être trop chaud; ils pourront s'y conserver six semaines environ, ce qui les conduira sur le marché vers la fin de décembre, époque où la vente en est très avantageuse. Ils pourraient conserver plus longtemps leur apparence de fraîcheur; mais étant flétris intérieurement, ils ne donneraient plus en cuisant qu'un paquet de filaments coriaces; et le jardinier se compromettrait s'il les livrait en cet état à la consommation.

Il ne faut pas songer à leur appliquer le mode de conservation qui convient à ceux dont la végétation est moins avancée; la pourriture les détruirait à coup sûr.

Chou spruyt ou *chou de Bruxelles.* — Ce chou, variété précieuse du chou de Milan, se distingue de tous les autres choux par la nature des jets, qui se montrent aux aisselles de ses feuilles. Tous les choux sont susceptibles, lorsqu'ils montent, de produire des pousses axillaires; mais le spruyt est le seul en qui ces pousses prennent d'elles-mêmes la forme d'une pomme de chou de Milan en miniature. Cette variété, propre au sol de la Belgique, n'est point persistante; elle dégénère non-seulement sous le climat de Paris, mais même dans les départements bien plus voisins de la frontière belge. Il est donc nécessaire d'en renouveler la semence, en la tirant des environs de Bruxelles ou de Louvain; du reste la culture du spruyt n'exige aucun soin particulier; tout ce que nous avons dit du semis et de la transplantation des autres choux s'applique à celui-ci. Il continue à végéter, quelle que soit la rigueur du froid; on peut le planter plus rapproché que les choux pommés; on jouira tout l'hiver de ses pommes axillaires, le meilleur de tous les légumes frais qu'on puisse avoir dans cette saison de l'année. Pour en prolonger la récolte on plantera tard, de façon à ce que les premiers produits se montrent seulement vers le 15 novembre; alors on peut espérer qu'ils continueront jusqu'au printemps.

Chicorée, barbe de capucin. — Paris fait en hiver une énorme consommation de cette chi-

corée, dont les feuilles étiolées, blanches, tendres, conservant seulement une légère amertume qui n'a rien de désagréable, se vendent à
très bon marché durant toute la saison où il
n'y a presque pas d'autre salade; elle s'allie
fort bien à la mâche et à la betterave cuite. Les
maraîchers des environs de Paris, principalement ceux de Montreuil, les mieux placés pour
ce genre de culture, arrachent en novembre les
racines de chicorée sauvage semée assez serrée
en terre médiocre; ils suppriment toutes les
feuilles à l'exception du cœur, opération minutieuse qui exige beaucoup d'habitude; puis ils
forment des bottes de ces racines d'environ
0ᵐ,20 de diamètre; ils les placent debout, rangées l'une près de l'autre, enterrées dans des
couches de fumier chaud; ces couches sont
établies dans des caves ou dans de vastes carrières abandonnées, où elles occupent un espace
considérable, à l'abri de la lumière et du contact
de l'air extérieur. Ce procédé serait excessivement coûteux pour d'autres que ceux qui l'emploient; mais le fumier qui a donné cette récolte
sert ensuite, soit aux couches à champignons,
soit à d'autres cultures forcées; quant à la
main-d'œuvre, nous regardons peu à notre
peine, surtout dans la saison où la besogne n'est
pas très pressante. Produire le plus rapidement
possible, et obtenir, même avec beaucoup de
frais et de peine, des récoltes multipliées, au
lieu de récoltes uniques venues lentement avec
peu de soins et de dépenses, tel est le principe invariable de notre culture maraîchère, dont nous
sommes fiers à juste titre, car il n'en existe point
ailleurs de plus perfectionnée. Une longue expérience, celle de nos pères ajoutée à la nôtre,
nous a appris que, tout calcul fait, notre méthode est encore la plus avantageuse; mais elle
tient à notre position à portée de ce gouffre de
Paris où tout s'absorbe, sans que jamais le maraîcher ait à craindre de ne pas vendre ses
produits.

Quant aux jardiniers placés dans d'autres
circonstances, ils étendront simplement les racines de chicorée dans une position horizontale, par lits recouverts de terre légèrement
humide, en laissant passer seulement de quelques centimètres le collet dégarni de ses feuilles;
les pousses nouvelles ne tarderont pas à se
montrer; on en pourra faire deux ou trois
coupes pendant l'hiver, pourvu qu'on les préserve avec soin du contact de l'air extérieur et
de la lumière. C'est ainsi qu'on procède à bord
des navires pour avoir, dans les longues traversées, un peu de salade à distribuer aux
équipages; les caisses pleines de terre et de racines de chicorée sont placées à fond de cale.

Lorsqu'on n'a qu'un très petit emplacement
à consacrer à ce produit, et qu'il ne s'agit que
de pourvoir à la consommation d'une famille,
on se sert de cercles de tonneau sur lesquels
on dispose les racines de telle sorte que tous
les collets soient posés sur le cercle et toutes
les racines en dedans. On empile à hauteur
d'homme les couches de racines et de terre et

les rangs de cercles; la récolte se fait commodément, sans rien déranger.

Pois. — Les jardiniers qui tiennent à obtenir des pois de primeur, au risque de perdre
leur peine, commencent dès la fin de novembre
à semer du pois Michau hâtif en pleine terre,
sur plate-bande exposée au midi. Ils doivent
être ramés très jeunes, non qu'ils en aient essentiellement besoin, car ils ne s'élèvent jamais
bien haut, mais pour qu'on puisse les couvrir
et les découvrir avec plus de facilité. Malgré
toutes les précautions qu'on peut prendre, il est
certain que les pois semés en pleine terre en
novembre sont toujours fort aventurés. Il n'en
est pas de même de ceux qu'on sème sur couche
à la même époque; leur récolte est plus assurée.

Il ne faut pas perdre de vue que le pois,
quelle qu'en soit l'espèce, est une plante qui
n'aime pas le fumier. En semant des pois sur
couches, la terre qui recouvre l'engrais doit
toujours être assez épaisse pour que dans aucun
cas les racines de la plante ne se trouvent en
contact avec le fumier; si cela arrivait, le pois
nain cesserait d'être nain; il pousserait des tiges
vigoureuses, de larges feuilles, et ne donnerait
ni fleurs ni fruits. Le fumier n'est pour les pois
qu'un simple réchaud, encore ne doit-il donner
qu'une chaleur modérée.

La culture du pois de primeur forcé sur
couches n'est réellement avantageuse que
quand on peut lui donner une grande extension; chaque plante doit être pincée quand elle
montre 3 ou 4 fleurs: chaque fleur est suivie
d'une cosse qui donne de 3 à 4 pois: il en faut
beaucoup de pieds pour donner un litre de
pois écossés. Le jardinier qui force les primeurs en grand peut seul y trouver son compte;
il ne regarde dans ce produit que la rapidité
de sa croissance; en six semaines, s'il est bien
conduit, le pois donne son grain et cède la
place à d'autres cultures; il se vend alors très
cher, au poids, par petites portions; les plus
productifs sont toujours ceux qui proviennent
des semis faits sur couche en novembre. Le
jardinier amateur ne doit pas songer à essayer
cette culture s'il ne peut y consacrer un nombre
suffisant de couches pendant les mois de novembre et décembre.

Le jardin potager commence en novembre à
revêtir sa tenue d'hiver; il n'est pourtant pas
encore dépouillé de verdure; le poireau, le
céleri, la chicorée, la scarole et la laitue d'hiver couvrent encore une partie du terrain. Le
poireau passe l'hiver en terre sans craindre les
gelées; il doit y en avoir en novembre de bons
à être cueillis; cette récolte, toujours très productive, est une ressource que le jardinier doit
s'être ménagé pour le temps où il aura peu
d'autres légumes à porter au marché. Ses loisirs augmentent de jour en jour; il en profite
pour réparer son matériel, renouveler ses paillassons, et travailler le fumier pour les couches destinées aux cultures forcées pendant
l'hiver. Ces cultures, s'il est en état d'en faire

les avances, l'occuperont presque autant que celles de pleine terre en été; toutefois, c'est en novembre et décembre qu'il peut prendre le plus de repos.

§ II. — Jardin fruitier.

La récolte des fruits est terminée en novembre; le fruitier doit être dans son plus grand état de richesse par l'abondance et la variété des fruits. Quelques noix gardées dans leur brou se maintiendront encore à l'état frais; les châtaignes en retard, conservées dans leur enveloppe épineuse, achèveront d'y atteindre leur parfaite maturité. Dans nos contrées méridionales, les marrons et les olives termineront le cours annuel des récoltes, plus variées que celle du nord; partout il sera temps de s'occuper, non plus des produits de la saison écoulée, mais de ceux de l'année suivante.

Deux opérations essentielles, la taille et la plantation, appellent en novembre le jardinier près de ses arbres à fruit. On ne peut encore tailler qu'un petit nombre de vieux sujets parmi les arbres à fruit à pepins épuisés par de longs services; il importe que leur bois superflu soit supprimé immédiatement. Les sujets plus jeunes et plus vigoureux peuvent attendre; on a pour les tailler tout le temps qui s'écoule entre la chute des feuilles et les derniers jours de février, sauf les jours de gelée rigoureuse.

Les plantations se font avec grand avantage à la fin de novembre, de préférence à toute autre époque. Les traités de jardinage conseillent de ne jamais replanter un jeune arbre à la place d'un ancien, mort de vieillesse ou par accident ou tout au moins de laisser reposer le terrain en le consacrant pendant plusieurs années à d'autres cultures. Pour nous qui savons par expérience combien l'œil est attristé par la vue des vides nombreux dans une plantation d'arbres à fruit, nous dirons qu'il n'y a aucun inconvénient à remplir immédiatement ces vides, pourvu qu'on renouvelle la terre destinée au jeune arbre et qu'on lui creuse un trou plus grand qu'il ne le serait en d'autres circonstances, proportionnellement à son espèce et à la taille qu'il doit acquérir. Ce changement de sol n'est impraticable que quand toute une plantation meurt à la fois, soit de vieillesse, soit par suite d'un froid ou d'une sécheresse extraordinaires; alors la dépense deviendrait excessive, et il faut choisir un autre emplacement pour une nouvelle plantation. Mais s'il s'agit de quelques pieds d'arbres à remplacer, on ne doit point être arrêté par la nécessité de remuer quelques brouettées de bonne terre.

Nous saisirons cette occasion de donner au lecteur notre opinion relativement à la question si controversée des plantations sur le terrain d'autrui; les esprits les plus judicieux ont toujours conseillé aux locataires de s'en abstenir; nous sommes d'un avis différent, et nous ne craignons pas de le motiver.

Le jardinier muni d'un bail de douze ans

seulement peut planter sans crainte, pourvu qu'il ait stipulé qu'en fin de bail on lui tiendra compte de la valeur *qu'auront, à sa sortie,* les plantations faites à ses frais, risques et périls. En Angleterre [1], des stipulations de ce genre sont très en usage; elles augmentent également la fortune des propriétaires et celles des fermiers. Il en est qui, après vingt ou vingt-cinq ans de jouissance, ont droit à un capital égal à plusieurs années de leur fermage; le propriétaire, de son côté, y gagne assez par l'accroissement de valeur de son domaine, sans aucune avance de sa part.

La plantation des arbres fruitiers, la seule qui doive nous occuper ici, présente des avantages en général trop peu appréciés; nous entrerons à ce sujet dans quelques détails.

Nous supposerons un hectare de terrain consacré à une plantation formée en partie de pommiers nains, dits de *paradis,* et en partie de pruniers de mirabelle et de reine-claude, greffés sur épine noire. Un espace de deux mètres en tous sens, en terrain bien fumé, leur suffit et au-delà; on a donc sur un hectare 50 rangées de 50 arbres chacune, soit 2,500 pieds d'arbres. Si le jardinier les greffe lui-même, il aura moins de dépense à faire, mais plus de temps à attendre les produits; s'il prend les sujets tout greffés en pépinière, il les paiera de 25 à 35 c. la pièce, en moyenne 30 c., ou, pour 2,500 pieds d'arbres, 750 fr. En y ajoutant les frais de transport, de fumier et de plantation, ils peuvent lui revenir, mis en place, à 1,000 fr.

Dès la seconde année les paradis montreront leur fruit; dès la troisième fleur ils seront en rapport; s'il sont tous d'espèces de choix, ils pourront produire chacun 40 centimes par an, les bonnes années compensant les mauvaises. Un paradis de reinette de Canada, par exemple, peut facilement porter huit pommes à 10 centimes, lorsqu'on les vend en hiver, soit 80 centimes; le chiffre de 40 centimes fait donc une large part au chapitre des frais et des accidents; c'est un produit de *mille francs* par an pendant 8 ou 9 ans. A la fin du bail, il faut que les arbres soient en bien mauvais état pour qu'à l'estimation ils ne représentent pas le double de ce qu'ils ont coûté à planter, soit 2,000 francs; le propriétaire, à qui cette plantation en plein rapport offrira un accroissement immédiat de revenu, paiera volontiers cette somme, et y gagnera, soit qu'il la vende son terrain, soit qu'il le loue à un autre, soit qu'il l'exploite par lui-même. Le locataire suffisamment indemnisé, pourra recommencer ailleurs la même opération sur deux hectares, sans y mettre de son argent.

Nous n'avons pas besoin d'insister sur la facilité du placement des fruits en hiver à Paris; les fruits de choix sont toujours trop peu abondants sur le marché.

On aura soin, en choisissant les arbres à

[1] Voir *Journ. d'Agriculture pratique,* t. II, p. 534, et t. IV, p. 100.

fruit dans la pépinière, de marquer sur l'é-
corce le côté du nord, afin de les orienter en
les plantant comme ils l'étaient sur leur sol
natal. La plantation à la fin de novembre, sans
dépasser le milieu de décembre, peut faire gagner une année sur la mise à fruit des arbres
nains.

Quoique la plantation des autres arbres à
fruits puisse être différée, nous pensons que,
pour les poiriers et pommiers, spécialement
quand ils doivent être taillés en quenouille ou
pyramide, la dernière quinzaine de novembre
et la première de décembre sont l'époque la
plus favorable.

§ III. — Parterre.

On y vient encore, durant les derniers beaux
jours connus dans toute la France sous le nom
d'*été de Saint-Martin*, chercher les derniers
asters, les chrysanthèmes alors en pleine fleur,
les derniers brins de réséda, et quelques roses
du Bengale.

Le jardinier, après avoir recépé les rosiers
du Bengale et recouvert de feuilles les souches les plus délicates, dédoublé les pieds trop
vigoureux de phlox, d'héliantes et d'autres
plantes vivaces, arraché pour les rentrer dans
l'orangerie les tubercules des dahlias, dit adieu
pour longtemps au parterre qui n'a plus besoin
de sa présence. Il n'y reviendra plus que de
loin en loin pour tailler les rosiers greffés sur
églantier, soigner ses violettes perpétuelles, et
visiter quelques rares fleurs d'hiver en pleine
terre, comme les perce-neige et les hellébores,
jusqu'à ce que le printemps revienne, avec son
cortège de fleurs, le rappeler à la partie la plus
agréable de ses travaux.

Les planches de violettes plantées au mois
d'août doivent être entourées d'un bourrelet de
paille et recouvertes de paillassons pendant la
nuit seulement; des piquets, plantés de distance
en distance dans la plate-bande, supportent ces
paillassons et les empêchent de froisser les
violettes.

§ IV. — Orangerie et serre.

L'hiver est la saison de l'année où l'orangerie et la serre exigent la présence la plus assidue du jardinier. Dans l'orangerie il aura bien
rarement l'occasion d'allumer du feu en novembre; il n'aura même recours plus tard à
la chaleur artificielle que pendant les froids les
plus vifs. Pour décorer et parfumer en même
temps l'orangerie, il y tiendra quelques rosiers
de Bengale en caisse, des résédas et des héliotropes; mais ces derniers réussiront mieux
dans la serre tempérée pour donner leurs fleurs
en hiver. Les camélias dont on possède maintenant un si grand nombre de belles variétés,
ont une orangerie à part chez les jardiniers
marchands et chez les riches amateurs; la précaution d'humecter souvent leur beau feuillage
contribue beaucoup à les entretenir dans un
état de vigoureuse végétation pendant l'hiver.

Dans la serre tempérée et la serre chaude,

le mois de novembre verra commencer la floraison d'hiver. Tout le monde ne peut pas
avoir une serre, ni même une orangerie, mais
bien des gens peuvent se permettre une jardinière, joli meuble en bois vernis par-dessus
son écorce, avec un vase en zinc destiné à recevoir des fleurs vivantes pour la décoration
des appartements. Chaque année la mode des
jardinières fait des progrès à Paris; beaucoup de jardiniers trouvent du bénéfice à
forcer dans la serre tempérée des bulbes de
jacinthes, de tulipes et d'amaryllis, pour entretenir les jardinières garnies de fleurs pendant
toute la mauvaise saison.

Parmi les personnes opulentes, l'usage s'est
établi à Paris de ne plus donner un bal, une
soirée, une réunion, en hiver, sans une profusion de fleurs rares, soit cueillies, soit vivantes; il faut des caisses d'arbustes sur l'escalier
et dans le vestibule; il faut des bouquets écla-
tants et parfumés pour masquer l'odeur des
mets sur la table du festin; toutes les dames
joignent un bouquet à l'inévitable éventail.

C'est pour les jardiniers-fleuristes l'occasion
d'un bénéfice qu'ils ne doivent pas négliger;
mais la réalisation d'un gain passager ne doit
pas les porter à risquer de déplacer par un
temps trop rigoureux des arbustes délicats,
objets de soins et d'avances depuis nombre
d'années; le prix élevé des fleurs cueillies ne
doit pas leur faire mutiler des plantes qui ont
ensuite bien de la peine à se refaire après
une coupe inconsidérée de leurs rameaux chargés de fleurs.

Quant au jardinier amateur, nous n'avons
pas besoin de lui adresser une telle recommandation; il n'est jamais trop porté à dégarnir son orangerie ou sa serre pour offrir des
bouquets qui seront flétris au bout d'une heure.

En Belgique, le salon, situé au rez-de-chaussée, est souvent de plain-pied avec l'orangerie;
les jours de réunion, on place dans l'orangerie
un tapis et des siéges; les dames viennent s'y
délasser, au milieu des fleurs, des fatigues du
bal. On a soin de n'y laisser que les plantes
assez robustes pour ne pas trop souffrir de la
chaleur et du mauvais air produits par les lu-
mières et une nombreuse assemblée. C'est un
moyen simple et naturel pour les amateurs de
se faire honneur de leurs plus belles plantes aux
yeux de leurs amis.

DÉCEMBRE.

§ Ier. — Jardin potager.

Choux. — Le chou, dont plusieurs espèces
n'ont acquis toutes leurs qualités qu'après avoir
ressenti les effets d'une gelée modérée, ne craint
que la neige, surtout lorsqu'après avoir séjourné longtemps sur le sol, elle fond, non pas
toute à la fois, mais par une suite de dégels et
de gelées; il arrive alors que l'eau provenant
de la neige fondue s'insinue entre toutes les
feuilles des pommes de chou, à l'exception de

celles qui en occupent le centre ; cette eau, convertie deux ou trois fois de suite en glace, agit plus énergiquement sur le ciou que n'aurait pu le faire un froid sec de dix ou douze degrés, température qui n'altère pas le ciou d'une manière sensible. Il doit se trouver en décembre, dans le potager, des carrés de cioux à deux états différents : les premiers ont leur pomme tout-à-fait formée, ils sont prêts à être livrés à la consommation, et c'est parmi eux qu'on a pris ceux qui ont été mis à l'abri pour les besoins journaliers ou pour en prolonger l'existence; ils appartiennent, sous le climat de Paris, aux trois espèces connues sous le nom de ciou blanc ou d'Alsace, ciou de Milan frisé, et Milan des Vertus. Les autres dont l'hiver n'interrompt pas la végétation seulement ralentie, sont à demi formés; ils doivent arriver des premiers sur le marché au printemps, et n'ont pas en décembre et janvier des pommes plus grosses que le poing.

Les cioux entièrement pommés doivent être, dès les premiers jours qui suivent le dégel, portés au marché, après avoir passé un jour ou deux, suspendus par la racine, la tête en bas, sous un iangar ou dans un autre lieu abrité; ils sont encore excellents, pourvu qu'on les mange immédiatement; mais s'ils attendaient huit jours, ils entreraient en décomposition.

Les cioux à demi pommés sont à peu près perdus; on doit seulement cueillir les plus avancés; ils trouveront des acieteurs dans cette saison où le ciou est généralement reciercié; ceux qui ne pourront être vendus périront presque tous sur place; il n'y a pas de remède; on aura soin, dans ce cas, d'élever sur couche une quantité de plant proportionnée à ce qui devra être remplacé pour regarnir les carrés au printemps. Ces pertes causées par la neige sont rares, et elles n'entrent point dans les calculs ordinaires de la grande culture pour l'approvisionnement de Paris. Ceux qui ont une assez parfaite connaissance du temps pour prévoir en automne un iiver abondant en neige s'abstiennent de planter en pleine terre, et réservent tout leur terrain pour pouvoir planter au printemps. Dans la petite culture, un peu de litière, de vieux paillassons, ou toute autre couverture appliquée au moment où la neige commence à tomber, parent facilement à ces pertes, souvent inévitables pour les cultures plus étendues.

Choux-fleurs. — Le plant repiqué sur plate-bande bien fumée et exposée au midi a tout autant de ciances que celui qu'on repique sur couciés, pour bien passer l'iiver, si l'on prend les précautions que nous avons indiquées précédemment. Néanmoins, comme cette culture est d'un très bon rapport, et qu'on ne peut pas toujours disposer d'un emplacement convenable en pleine terre, les jardiniers sont dans l'usage d'élever toujours une bonne provision de plant de cioux-fleurs sur couciés, sous ciâssis. Ce plant n'exige pas un grand espace; il se repique très rapproché presque sans inconvénient, parce qu'il ne fait pour ainsi dire

que se maintenir en iiver, sans prendre un grand accroissement. Mais il doit être l'objet de soins continuels, à cause de sa facilité à s'étioler lorsqu'on le tient trop longtemps privé d'air et de lumière. Il faut donc naviguer entre deux écueils, la gelée et l'étiolement; le second est le plus à craindre. Souvent une demi-heure d'exposition à l'air libre, au moment le plus doux d'une journée froide suffit pour conserver le plant de ciou-fleur. Dans tous les cas, il faut le surveiller continuellement et s'en munir en quantité plus grande que le besoin, afin que, même après l'hiver le plus défavorable, il en reste encore assez pour qu'on n'en soit pas au dépourvu.

Salades. — Nous nous sommes dispensés, en indiquant les travaux des mois d'octobre et de novembre, de donner dans tous ses détails l'importante culture du plant de romaine sous cloches pour être en partie forcé en iiver comme primeur, en partie mis en place en pleine terre, depuis février jusqu'en avril ; c'est qu'il ne reste rien à apprendre sur ce sujet quand on a lu le travail aussi complet que possible de M. Poiteau sur la culture maraîcière de la romaine; nous ne pouvons qu'y renvoyer nos lecteurs; c'est un ancien maraicier qui raconte ce qu'il a fait et ce qu'il a vu; on ne saurait cioisir de guide plus sûr et plus fidèle.

C'est une propriété bien remarquable, ciez certains végétaux appropriés à nos usages, que celle de croître sans le contact de l'air, ce qu'on nomme en terme tecinique *à l'étouffée*, et cela sans s'étioler ni paraître souffrir de la privation d'air. Ainsi, la romaine verte, ordinairement consacrée de préférence à toute autre à la culture forcée en iiver, reste verte quoique depuis le moment où la semence a été mise en terre jusqu'à celui de la vente elle ait été constamment tenue sous cloches, sauf le temps très court employé au repiquage ; cette même romaine, par une sorte d'énergie de végétation qui lui est propre, s'accoutume très bien à la pleine terre et au grand air en sortant de dessous la clocie, et acquiert au printemps ce volume et cette saveur qui en font une de nos meilleures salades.

La laitue crêpe veut également être élevée à l'étouffée; elle se repique au nombre de trois ou cinq pieds sous ciaque clocie, selon le volume qu'on la croit susceptible d'atteindre; elle y forme de petites pommes fort tendres qui n'ont guère d'autre mérite, car elles n'ont pas grande saveur; mais elles viennent en plein iiver et donnent en abondance depuis décembre jusqu'en février; elles sont d'ailleurs beaucoup plus communes et moins cières que les romaines forcées, ce qui en rend le débit toujours facile.

Il ne faut pas dédaigner la laitue crêpe qu'on sème tous les quinze jours en hiver et qu'on mange en salade même avant qu'elle ait acquis la grosseur qui la rendrait propre à servir de plant; c'est une salade beaucoup moins cière

_____

(1) *Journal d'Agriculture pratique*, t. III, p. 57.

et au moins égale *à la petite laitue crêpe pommée.*

Pois. — Lorsque l'hiver s'annonce comme devant être doux, on prolonge jusque dans les premiers jours de décembre les semis de pois en pleine terre au pied des murs, à l'exposition du midi ; tous ces pois sont désignés par les jardiniers sous le nom de pois de *sainte Catherine,* quoique la température engage souvent à les semer avant ou après le 25 novembre. Ceux qu'on a semés le mois précédent ne devanceront guère en résultat les semis de décembre et n'ont pas beaucoup plus de chances de succès. De quelque façon qu'on s'y prenne, la gelée les atteindra nécessairement ; seulement, si elle n'est pas violente, la tige principale périra seule ; la racine et son collet résisteront ; deux pousses latérales se développeront, et leurs produits pourront devancer de quelques jours seulement les pois dits *de la Chandeleur,* semés au commencement de février : il est vrai que ces quelques jours ont une grande importance sur le marché de Paris, où nous voyons souvent les pois se vendre *cinq francs* le litre le lundi et *soixante-quinze centimes* le samedi de la même semaine. Ceux qu'on a semés sur couche sous châssis vers le quinze novembre doivent être assez avancés en décembre pour avoir besoin d'être couchés, ce qui se fait au moyen de lattes ou de bouts de vieux treillages qu'on appuie sur le milieu de la longueur des tiges. L'extrémité supérieure de la plante ne tarde pas à se relever ; l'opération du couchage hâte le développement des fleurs ; il faut alors saisir le moment favorable pour supprimer le sommet des tiges, afin de forcer les premières à nouer, sans quoi elles pourraient fort bien se trouver stériles ; c'est ce qu'on nomme *pincer* les pois. Du moment où les pois montrent leurs fleurs, il faut éviter de les mouiller trop abondamment.

Haricots. — Les derniers semés en pleine terre, convenablement abrités, ainsi que nous l'avons dit dans un précédent article, donnent encore en décembre et ne cessent de fournir du haricot vert qu'au moment où le froid prend subitement une grande intensité. Quoique les traités de jardinage, d'accord en cela avec la pratique la plus générale, conseillent de ne commencer que vers le 15 janvier les semis de haricots sur couche sous châssis pour primeur d'hiver, nous avons souvent semé de cette manière dès le 25 décembre du haricot nain de Hollande, et il a constamment gagné plusieurs jours sur les semis faits au 15 janvier. A moins que le froid ne soit très rigoureux, on donnera de l'air, au moins pendant quelques heures, vers le milieu du jour, aux couches semées en haricots. Quelques jardiniers ont cru remarquer une plus grande abondance de produits et quelques jours de précocité de plus dans les haricots nains de Hollande semés sur couches et repiqués fort jeunes sur une autre couche plus chaude que la première. Pour nous, en renouvelant assez souvent les réchauds et donnant du reste

à cette culture les soins qu'elle exige, nous n'avons pas observé un retard sensible dans la récolte des haricots semés en place. Il est bon de les *coucher* de la même manière que les pois, un peu avant l'époque de leur floraison.

Persil. — Le mois de décembre est le moment critique pour cette culture, qui, comme nous l'avons dit, procure en hiver plus de bénéfices que le public étranger au jardinage ne peut se le figurer ; les charcutiers et les restaurateurs ne peuvent se passer de cet assaisonnement ; il leur en faut à tout prix. Les planches de persil semées en octobre doivent être en plein rapport en décembre ; on aura le plus grand soin de leur ôter ou de leur donner la litière, afin que le persil ne jaunisse pas ; on évitera de cueillir les feuilles trop peu développées, ce qui nuirait à la pousse des autres ; enfin on soignera ce produit comme l'un des meilleurs de la saison dans les environs de Paris.

Fraises. — Nous avons exprimé notre sentiment sur la culture des fraises forcées en hiver ; il y a cependant une circonstance où les frais peuvent en être tellement diminués que les produits, bien que très faibles, valent encore la peine d'être récoltés : c'est lorsqu'on cultive en grand les ananas dans des bâches assez spacieuses pour qu'on puisse établir tout autour des pots de fraisier sur des dressoirs. On fait choix dans ce cas *du buisson de Gaillon ;* on le met en pot dès le mois de novembre ; on le rentre en décembre dans la bâche, où il donne jusqu'au printemps des fruits mangeables, quoique peu colorés.

Melons. — On peut commencer en décembre à semer sur couche les premiers melons qu'on repiquera en place le mois suivant ; néanmoins l'état de la saison doit être pris en grande considération pour régler l'époque de ces semis ; si l'on craint que, malgré tout l'art du jardinier, le plant soit exposé à fondre ou à languir, il vaut mieux retarder les semis jusqu'en janvier.

Les légumes de pleine terre ont presque tous disparu peu à peu dans le courant du mois précédent ; ceux qui restent n'ont plus besoin des soins du jardinier, à l'exception des salades d'hiver, qu'il doit couvrir et découvrir selon la température. Le défoncement des terrains qui ne sont plus occupés est le travail de pleine terre le plus essentiel durant le mois de décembre ; mais c'est autour des couches que le jardinier doit trouver ses principales occupations ; réchauffer les premières construites, en établir de nouvelles, veiller à la prospérité d'une végétation contraire à la marche ordinaire de la nature, récolter déjà quelques produits, des radis, des salades, tout cela ne le laisse pas dans l'oisiveté ; il n'y a pour lui de repos absolu que durant les jours de pluie, où l'entrée du potager lui est interdite.

§ II. — Jardin fruitier.

Les plantations et la taille des arbres à fruits sont, comme dans le mois précédent, les deux opérations principales du jardinier dans cette partie de son domaine. S'il y a joint une pépinière, il sera alors en pleine moisson. On ne peut trop recommander aux acheteurs de se hâter quand ils ont à faire des acquisitions importantes dans les pépinières; si le sol destiné aux plantations est compacte et qu'il convienne d'y retarder la mise en place des jeunes arbres, cela n'empêche pas de les choisir d'avance, sauf à ne les enlever qu'au moment favorable. Il arrive trop souvent que, faute de s'y être pris à temps, ayant d'ailleurs les trous préparés, et ne voulant pas perdre une année, on se contente d'arbres de second choix qui ne donnent que des résultats inégaux et peu productifs.

§ III. — Parterre.

Il n'y a pour le moment rien à faire dans le parterre; mais le jardin paysager, dont le parterre fait ordinairement partie, offre déjà une besogne d'un grand intérêt pour ses beautés pittoresques au printemps suivant. On élague les arbres qui en ont besoin; on recèpe ceux qui doivent être formés en buisson; on regarnit par des plantations les vides laissés par les arbres ou arbustes qui n'ont pas réussi.

C'est aussi le moment d'empailler les plantes et arbustes de terre de bruyère, andromèdes, azaléas, kalmias, qui redoutent les longs hivers. Quant aux rhododendrons, depuis que nous les avons vus en Belgique résister à des hivers vraiment *russes*, nous les regardons comme aussi bien acclimatés que les lilas et les rosiers. En 1829, le jardin d'un de nos amis, grand amateur d'horticulture, à la Boverie, près Liège, fut inondé à deux reprises, avant les gelées et après le dégel; ce jardin resta dix-huit jours recouvert de 2 mètres d'eau à une très basse température. Le propriétaire regardait bien toutes ses plantes de bruyère comme perdues; il se trompait; toutes fleurirent au printemps comme elles eussent fleuri à la suite d'un hiver ordinaire; à l'exception d'une ou deux andromèdes, aucune ne paraissait avoir souffert. Ce fait montre assez qu'on peut traiter les plantes de bruyère avec des soins moins minutieux que ceux qu'on leur donne ordinairement sous le climat de Paris.

La terre de bruyère doit être amassée et mise en tas à l'air libre au commencement de décembre. Nous pensons qu'on a tort de la passer immédiatement à la claie comme le font quelques jardiniers; il vaut mieux la laisser en monceau telle qu'elle est, la retourner plusieurs fois pendant l'hiver, et la passer seulement au printemps, au moment de s'en servir.

§ IV. — Orangerie.

Les plantes et arbustes d'orangerie sont bien moins sensibles que ceux de serre chaude ou tempérée aux variations de température, ce qui, indépendamment de leur plus grande rusticité, tient surtout à ce que leur végétation est engourdie et comme suspendue pendant l'hiver. L'influence de l'air extérieur leur sera donc favorable, soit que le soleil fasse monter le thermomètre à 8 ou 10 degrés, soit que le brouillard le fasse descendre à 3 ou 4 au-dessus de zéro. De tels changements seraient au contraire funestes aux plantes de serre.

§ V. — Serres.

Le soin principal du jardinier doit être d'entretenir la plus grande égalité possible de température dans les serres et dans la bâche aux ananas. S'il peut chauffer à la vapeur tout son local, il ne craindra ni la fumée, ni la dégradation des fourneaux, qui les met quelquefois hors de service au moment où ils sont le plus nécessaire. Le chauffage à la vapeur évitera surtout le grave inconvénient d'avoir dans la serre une différence de 5 ou 6 degrés, et même plus, entre l'air du centre et celui qui touche aux vitrages.

Après l'égalité de température, l'objet le plus important des soins du jardinier doit être la distribution de l'eau aux plantes exotiques. Il faut, pour ainsi dire, s'en rapporter sur ce point aux plantes elles-mêmes; il est de principe que, tant qu'elles ne végètent pas, il ne leur faut que de fréquents binages au pied; l'eau ne leur devient nécessaire que quand leur végétation se met en activité.

Dans la serre chaude et dans la bâche aux ananas, on entretiendra la température la plus élevée possible. On ne pénétrera pas sans précaution dans la serre aux orchidées, dont une partie montrera ses fleurs à cette époque; le jardinier soigneux de sa santé comme de celle de ses plantes aura soin que la serre chaude soit préservée par une double porte de l'introduction de l'air extérieur: il se munira de vêtements chauds au sortir de cette serre où il est impossible de travailler quelque temps sans mettre habit bas.

CALENDRIER DU FORESTIER

Les Allemands, toujours méthodiques dans l'application de leurs idées et dans leurs occupations, ont imaginé de distribuer d'une manière périodique et régulière, les travaux forestiers qui doivent être exécutés dans chacun des mois de l'année.

En France, la même division n'est pas toujours praticable; d'abord en raison de la différence du climat, ensuite à cause de la diversité qui existe entre les méthodes usuelles de traiter les forêts dans chacune des régions de notre sol, méthodes qu'il est extrêmement difficile de ramener à l'unité.

D'ailleurs les travaux de semis, de plantations, d'exploitation par coupes de réensemencement naturel, n'ayant pas encore pris en France une grande extension, rien n'est plus variable que notre mode d'opérer.

Il est donc bien difficile de présenter quelque chose de positif qui soit parfaitement adapté à nos besoins lorsqu'on veut former un calendrier français de culture forestière.

Cependant, c'est précisément parce qu'il n'y a encore rien d'uniforme dans la pratique qu'il convient de faire des efforts pour y introduire de l'ordre dès à présent; l'ordre est un genre de division du travail qui le rend moins dispendieux, d'une exécution meilleure et plus facile; chaque ouvrage est fait précisément en son temps et avec la moindre dépense de forces possible; chaque ouvrier habitué à un travail qui revient uniformément, l'exécute mieux; il y a épargne de peine, de temps et d'argent; perfectionnement et réussite.

Tant d'avantages méritent que l'on établisse parmi nous quelque chose de semblable à cet ordre admirable que suivent les Allemands dans leur culture forestière, à laquelle ils se livrent sans efforts, sans écarts. avec une persévérance et une attention soutenues et avec un succès toujours croissant.

Il est un fait reconnu généralement, c'est que dans certains travaux l'ouvrier français exécute, dans un temps donné, moins d'ouvrage que l'ouvrier allemand; ce n'est pas que l'ouvrier français soit moins laborieux ou moins intelligent, c'est qu'il apporte moins de régularité, moins d'ordre dans son ouvrage; les distractions, les mouvements faux et inutiles, la mauvaise qualité des outils, le défaut d'arrangement, une dépense inutile de forces employées d'une manière irrégulière et souvent en sens opposé; tout cela opère une sorte de discontinuité dans le travail et une grande perte de temps.

L'introduction de la méthode aura donc pour effet d'accroître la masse de l'ouvrage avec une somme égale de travail. Les époques de la culture forestière étant déterminées d'avance, les ouvriers feront coïncider leurs travaux agricoles ou industriels, de la manière la plus convenable à leurs intérêts, avec les travaux forestiers qui seront à leur portée.

Il est d'autant plus important d'introduire un bon ordre dans la culture forestière, qu'elle doit prendre un développement proportionné à nos besoins croissants de bois de toute espèce, développement qui s'accroîtra encore par le bon marché du travail résultant, non d'une baisse des salaires, mais d'une pratique plus habile.

Nous sommes arrivés à une époque où l'on sent la nécessité d'opérer des repeuplements, des nettoiements, des semis, des plantations et des remplacements d'essences inférieures par de meilleures espèces. On commence à exécuter ces travaux dans une partie de la France, et leur bonne distribution doit être précédée nécessairement de la connaissance des époques les plus convenables pour les exécuter.

C'est dans cette vue que nous indiquons la répartition suivante, dans laquelle nous avons eu en vue de réaliser le plus promptement possible l'idée d'une périodicité qui assurera le succès de la culture forestière.

JANVIER.

Dans les parties montagneuses de notre sol et dans nos contrées septentrionales, les exploitations des coupes sont interrompues; les grands froids endommageraient les souches. Cependant on s'occupe du transport des bois coupés; on profite des gelées dans les endroits marécageux, et des neiges dans les montagnes, pour opérer plus facilement la traite que dans les autres saisons.

Nous remarquerons que l'on n'établit pas généralement assez d'ordre dans la distribution des diverses parties de la coupe entre les bûcherons; que l'on pourrait favoriser les transports et le débit en rangeant les bois abattus et façonnés de manière à laisser toujours des passages praticables.

Si de fortes gelées et la neige ne font pas obstacle aux travaux de labour, soit à la houe. soit à la pioche, soit à la charrue, on peut en exécuter dans ce mois.

C'est aussi l'époque la plus convenable pour opérer des nettoiements dans les taillis, surtout si les ouvriers sont occupés aux travaux de l'agriculture dans les autres saisons.

Dans les régions méridionales, on peut par le même motif s'occuper presque continuellement

des travaux préliminaires des semis et plantations.

Nous devons remarquer qu'une cessation
absolue du travail préparatoire des semis et
plantations dans le cours de ce mois serait souvent préférable à des ouvrages exécutés difficilement et avec des interruptions fréquentes ;
les ouvriers doivent employer ce temps à leurs
occupations sédentaires, pour se livrer avec
plus de suite aux travaux forestiers lorsque les
jours deviennent plus longs et les intempéries
plus supportables.

FÉVRIER.

Comme les froids sont, en moyenne, moins
rigoureux dans le mois de février que dans le
mois de janvier, le travail prend du développement ; les bûcherons travaillent sans relâche
à l'abattage des taillis et des arbres lorsque le
sol n'est pas couvert de neige.

On veille, comme on a dû le faire depuis la
récolte, à la conservation des graines, en ayant
principalement le soin de les préserver à la fois
de la sécheresse et du contact de l'humidité.

On peut commencer les plantations qui n'ont
pu être exécutées en automne.

Les labours dans les terres qui se gonflent ne
doivent être faits qu'à la profondeur de $0^m,03$
ou $0^m,04$, parce que la radicule ayant une fois
atteint le sol non remué, se consolide de manière que le dégel ne peut enlever le jeune plant.

Les travaux d'émondage, d'élagage se poursuivent.

On prépare l'écorcement du chêne dans certaines contrées en coupant les brins de taillis
de manière à laisser une partie de l'écorce adhérente à la souche ; les avantages qui en résultent sont d'abréger la durée du travail de
l'exploitation définitive et de disposer la souche
à pousser des rejetons aussitôt que la sève se
met en mouvement.

Lorsque le mois de février est pluvieux, le
sol des forêts situées dans les plaines basses est
ordinairement inondé. C'est à cette époque que
les gardes doivent observer le cours des eaux
et le marquer par des jalons, afin de tracer
plus tard les fossés de dessèchement dans la
direction convenable pour procurer l'assainissement.

Les travaux préliminaires de la carbonisation
commencent à la fin de février ; on scie le bois
qui doit être mis en charbon, de manière à le
réduire en bûches de $0^m,65$ à $0^m,80$ de longueur.

MARS.

C'est ordinairement l'époque du développement d'une grande activité dans les travaux.

Les gelées d'hiver n'étant plus à craindre,
l'abattage se poursuit avec activité dans les
coupes.

On donne les derniers labours aux terrains
qui doivent être ensemencés.

Lorsque les semis forestiers se font avec un
mélange d'orge ou d'avoine, l'opération s'exécute dans la dernière quinzaine de mars, après
que le sol a été labouré plusieurs fois.

On passe ordinairement un rouleau sur le
terrain après le semis et le hersage, surtout
dans les terres qui se gonflent après les gelées
ou les pluies.

La récolte des céréales viendra en déduction
des frais de semis qui se réduisent souvent à
très peu de chose, et qui sont même compensés
quelquefois par le produit net de cette récolte.

On a soin de ne pas labourer à la charrue
les terrains situés en coteaux ; on les divise en
bandes alternées, larges d'environ 1 mètre,
lesquelles sont disposées de manière que les
eaux n'entraînent ni les graines ni les terres ;
l'une de ces bandes est cultivée à la pioche, tandis que le sol de la bande voisine reste inculte.

Les plantations sont, en général, préférables
aux semis lorsque l'on peut se procurer du
plant à bon marché. C'est par ce motif que
l'établissement d'une pépinière doit être considéré comme indispensable lorsqu'on possède
une forêt. On trouve toujours un espace convenable pour l'établir, dans la forêt même ou
dans son voisinage immédiat. On épargne les
frais et les inconvénients du transport des plants.
Si le sol n'est pas d'assez bonne qualité, on
l'amende par des mélanges de terres ; cette opération ne peut devenir dispendieuse, car l'étendue d'une pépinière, considérée uniquement
comme accessoire d'une forêt, est ordinairement suffisante si elle est d'un millième de
l'étendue de cette forêt.

La condition la plus importante du succès
d'une plantation consiste à n'avoir que des
plants garnis, autant que possible, des racines
entières et de leur chevelu ; on est dispensé
d'étêter les tiges.

Les plantations de boutures de peupliers, de
saules, de marsaulx s'exécutent dans ce mois ;
on doit préférer les boutures aux plançons par
plusieurs raisons connues des planteurs.

On recèpe les plantations en observant de
ménager la souche, de ne couper ni trop haut
ni trop bas, et de repiquer du plant dans les
places qui ne sont pas suffisamment garnies.

On fait ouvrir des fossés de dessèchement
dans les endroits où ils sont nécessaires, si ce
travail est praticable. Nous ferons observer à
ce sujet que les travaux d'assainissement ne se
faisant ordinairement que dans les coupes en
exploitation, les eaux s'arrêtent dans les coupes
voisines, et qu'il serait bien préférable d'établir
dans la forêt entière un système complet d'écoulement des eaux qui serait mis à exécution
dans le cours de deux ou trois années.

On achève la récolte des cônes de pins et de
mélèzes.

AVRIL.

C'est dans ce mois que doivent se terminer
la plupart des grands travaux forestiers.

Les nettoiements des taillis s'achèvent ; cette opération doit être surveillée avec le plus grand soin. Le meilleur mode consiste à faire couper le bois par des bûcherons payés à la journée, et à le faire mettre en fagots par des ouvriers payés à la tâche ; on doit faire, autant que possible, arracher les épines. Les semis naturels ne tardent pas à paraître et à se développer au bout de quelques années pour repeupler la forêt de bonnes essences.

Il est constaté que le produit d'un taillis qui a été éclairci excède d'un quart, à l'âge de 25 ans, le produit d'un taillis qui a été abandonné à lui-même.

On peut ne terminer cette opération qu'à la fin d'avril.

L'abattage des taillis cesse ordinairement avant le 15 avril, excepté dans les parties où l'écorcement doit être pratiqué.

On procède à l'extraction des graines d'essences résineuses dont on a conservé les cônes pendant l'hiver. Cette extraction peut se faire en exposant les cônes au soleil ou en les plaçant dans un lieu échauffé ; si la graine ne s'échappe pas toute d'elle-même, on frappe légèrement les cônes pour la faire sortir.

Les semis de ces essences commencent à la fin d'avril, mais on achève les plantations et les semis des bois feuillus.

Excepté dans les terres siliceuses assez compactes, les semis d'arbres résineux ont besoin d'abri ; c'est par cette raison que dans les terres légères les plantations sont préférables aux semis. Quant aux semis de pépinières, il est facile de les couvrir de branches d'arbres verts ou de feuillages.

On commence le binage des semis qui ont été faits dans l'automne.

On commence la plantation des arbres résineux, qui réussit toujours à l'époque où le bourgeon terminal commence à s'allonger.

Le cultivateur forestier doit apprendre à discerner le mode qui convient le mieux pour les boisements, suivant l'exposition du sol, suivant le climat et aussi d'après les besoins de la localité.

Il ne perdra pas de vue qu'une condition essentielle de la réussite consiste à tenir le terrain couvert autant que possible, pour prévenir l'évaporation de l'humidité.

Les opérations d'écobuage s'achèvent dans le cours du mois d'avril, en prenant toutes les précautions qu'elles exigent.

La traite et vidange des coupes doit être terminée avant le 15 avril ; mais si les marchands n'ont pu vendre tous leurs bois, le restant est déposé sur le bord des chemins ou dans des clairières, vers les extrémités de la coupe.

MAI.

Les charbonniers dressent les fourneaux pour la carbonisation des bois.

On continue les semis et les plantations d'arbres résineux, et on termine ces travaux vers la fin de mai.

Lorsque la culture forestière sera plus avancée, on sèmera des graines de pins, d'épicéas et de mélèzes dans les places vagues des bois feuillus ; ces essences remplaceront les épines et les arbustes inutiles. Le taillis donnera l'ombrage nécessaire aux semis ; on exécutera cette opération immédiatement après l'achèvement des nettoiements et éclaircies.

Le mois de mai est l'époque de l'écorcement du chêne, du bouleau, de l'aune et du tilleul ; tous les brins de taillis et les arbres qui ne peuvent donner de l'écorce ont dû être abattus avant le 15 avril. L'écorcement ne doit avoir lieu que lorsque l'arbre ou le brin de taillis est abattu.

Une méthode déplorable subsiste encore dans quelques forêts du midi ; le chêne vert est écorcé sur pied au commencement de mai, et on ne le coupe que dans le cours de l'hiver suivant. On ne peut trop s'empresser d'abolir entièrement cet usage.

L'abattage des arbres a dû être terminé avant le 15 mai.

On récolte la résine dans les forêts de pins, de sapins et de mélèzes.

On continue les sarclages et binages. Les semis d'arbres résineux devront être légèrement couverts de branches feuillées, de feuilles mortes ou de paille, s'ils n'ont pas d'autre abri contre l'ardeur du soleil.

JUIN.

Les travaux du charbonnier se poursuivent avec activité.

Plusieurs méthodes nouvelles de carbonisation ont été essayées ; mais l'ancien mode a prévalu, parce qu'il occasionne peu de frais et qu'il serait très difficile dans la plupart des coupes de se servir d'appareils dont le transport serait pénible et trop coûteux.

Mais cette ancienne méthode est susceptible de perfectionnements tels que la quantité de charbon produite par le même volume de bois pourrait être augmenté d'un cinquième au moins.

Le salaire des charbonniers est réglé ordinairement sur la quantité de bois qui est carbonisée ou sur la quantité de charbon qu'ils fabriquent.

Dans le dernier cas, ils ont intérêt à rendre le plus grand volume possible ; mais souvent ils négligent les soins nécessaires pour donner un charbon de bonne qualité.

Dans l'un et l'autre mode de travail, l'ouvrier confectionne la plus grande quantité possible ; il surveille à la fois un trop grand nombre de fourneaux ; il accélère la cuisson. Or, il est reconnu que lorsqu'elle est lente et qu'on lui donne tous les soins nécessaires, le charbon est beaucoup plus abondant et de meilleure qualité que si l'on eût suivi la méthode ordinaire.

Il conviendrait donc de payer les charbonniers à la journée et non d'après la quantité de travail ; le salaire pourrait être augmenté de moitié, avec un assez grand bénéfice pour le fabricant de charbon, car le prix d'un stère de charbon est ordinairement de 18 francs et les frais de carbonisation n'excèdent pas 90 centimes. Le volume de charbon est ordinairement de 27 à 30 p. 100 du volume du bois carbonisé ; on peut le porter à 35 p. 100.

On doit avoir soin que les bûches soient coupées à la scie, que celles qui sont courbes soient sciées en deux, de manière que l'empilage soit régulier et ne présente que des intervalles à peu près égaux ; que dans la combustion la chaleur soit répartie le mieux possible dans toute l'étendue du fourneau : par cette raison, les petits fourneaux sont les meilleurs.

On répare les chemins de traite et d'exploitation.

On continue les labours et binages.

On écobue les terrains destinés à l'ensemencement et qui sont chargés d'herbes touffues, de bruyères ou de genêts.

On s'occupe de la destruction des insectes nuisibles dans les pépinières.

Les ramilles des coupes doivent être enlevées ou mises en fagots et bourrées dans la première quinzaine de juin.

JUILLET.

On donne le dernier binage aux semis des années précédentes.

On laboure les terrains qui doivent être ensemencés en automne.

Ces labours se font, soit à la charrue, soit à la pioche, suivant l'étendue, la nature et l'exposition du sol.

Les propriétaires ou leurs agents procèdent au martelage ou au balivage de leurs coupes. A cette époque, les bois feuillus sont d'un plus difficile accès qu'ils ne le seraient après la chute de la feuille ; mais il est plus facile de juger si les arbres sont en plein état de croissance ou s'ils dépérissent lorsqu'on les examine en été, que si l'on attendait qu'ils fussent entièrement dépouillés de leur feuillage.

On fait mesurer la grosseur et évaluer la hauteur des arbres réservés et des arbres désignés pour être abattus ; ceux-ci sont marqués au flanc et les autres au pied.

Pour mettre dans cette opération le meilleur ordre possible, on fait numéroter à l'ocre, sur l'écorce, tous les arbres de réserve qui ont un mètre de circonférence et au-dessus, et on les inscrit sur un registre préparé à cet effet.

On procède au récolement des coupes dont la traite et vidange est terminée. Cette opération a pour but de compter les arbres de réserve et les baliveaux, et d'en vérifier l'identité ; de reconnaître si l'exploitation a été bien faite, s'il n'en est résulté aucun dommage, et si les travaux d'assainissement et de clôture ont été bien exécutés.

Dans les forêts soumises à l'exercice du pâ-

turage, on redouble de surveillance pour éviter que les bestiaux ne s'écartent des parties reconnues défensables pour broûter les jeunes taillis.

Lorsqu'il croit beaucoup d'herbe dans les dernières coupes, on permet aux habitants du voisinage de la couper ou de l'arracher, moyennant un prix déterminé ; cette opération doit être surveillée avec le plus grand soin.

On fait remuer la surface du sol, soit au râteau, soit à la pioche, pour favoriser les ensemencements naturels de bouleau et d'orme dans les lieux déjà peuplés de ces essences, mais non suffisamment garnis.

AOUT.

Les travaux forestiers ont peu d'activité dans le cours de ce mois ; cependant on pourrait occuper les bûcherons qui ont façonné les bois, fagots et bourrées, etc , à préparer le sol des clairières qui doivent être ensemencées dans le cours de l'automne ; à labourer ou piocher le terrain, et à ouvrir les trous pour recevoir les plants.

On termine les travaux d'écobuage.

On continue le sarclage dans les pépinières et la destruction des chenilles et autres insectes nuisibles.

Les bois doivent être en grande partie façonnés dans les coupes ; on a soin que les stères de bois de chauffage et les fagots ne soient pas déposés sur les souches.

On récolte à la fin d'août la graine de bouleau.

La carbonisation s'opère avec activité ; une grande vigilance est nécessaire pour éviter les incendies qui résultent du contact des fourneaux avec l'herbe qui croit sur le sol et qui est ordinairement desséchée dans cette saison.

Le moyen le plus prompt et le plus sûr pour arrêter ces incendies, c'est de former à une certaine distance des espèces de tranchées de 4 à 5 mètres de largeur, dans lesquelles on enlève à la pioche toute l'herbe qui garnit le sol.

SEPTEMBRE.

Dans les contrées où les feuilles d'arbres forment une partie de la nourriture des moutons durant le cours de l'hiver, on enlève cette feuille dès le commencement de septembre ; l'opération s'exécute de la manière suivante :

On coupe les rameaux des branches les plus basses dans les taillis ; on les met en petits fagots du poids de 4 à 5 kilogrammes, que l'on enlève immédiatement et que l'on fait ensuite sécher au soleil avant de les entasser dans un lieu couvert. Le feuillage que les animaux préfèrent est celui de frêne, de charme et de chêne.

La chasse est ouverte dans le cours de ce mois.

Les conditions des ventes des coupes sont rédigées ; on a soin de désigner clairement la situation et l'étendue de chaque coupe, d'en indiquer les limites, de désigner le nombre et l'essence des arbres de réserve et des baliveaux ; de fixer le mode d'exploitation, de traite et vidange, le prix et les époques des paiements, et de stipuler les sûretés convenables.

L'époque du commencement des abattages peut sans inconvénient être fixé au 15 septembre.

On fait la récolte des graines de bouleau et de sapins.

On commence à planter les arbres résineux, à l'exception des mélèzes.

Les travaux de préparation du sol continuent pour les semis.

C'est la saison de la chasse aux oiseaux. On doit la défendre ou la restreindre autant que possible par les motifs que tout le monde connaît.

Dans les forêts de quelques régions méridionales, on coupe les broussailles, les genêts, les buis ; une partie de ce bois est destinée au chauffage ; mais le buis est employé avec plus de profit à servir d'amendement dans les plants d'olivier, après qu'il a subi les préparations convenables.

OCTOBRE.

Le mois d'octobre est l'époque de la récolte du gland et d'autres graines de bois à feuilles caduques.

Si l'on permet l'enlèvement des glands, on a soin d'en réserver une bonne partie pour ensemencer le sol ; on peut favoriser l'ensemencement naturel en faisant piocher le terrain à la surface dans les clairières de la forêt. On permet ordinairement l'enlèvement de la faîne, mais il faut en réserver une partie pour que le sol puisse se réensemencer naturellement.

Lorsqu'on met des porcs dans les coupes défensables, il est important de régler le mode et la durée du pacage ; ces animaux doivent être conduits, autant que possible, de manière à ne pas repasser plusieurs fois sur les endroits qu'ils ont déjà parcourus, car ils arracheraient les glands qu'ils auraient enfouis, et par là le repeuplement ne pourrait s'effectuer.

La glandée et l'enlèvement des graines sont interdits dans les coupes qui doivent être prochainement exploitées.

Les semis s'opèrent dans les pépinières. On ouvre des rigoles d'assainissement dans toutes les parties du sol où l'on craint que les eaux ne séjournent.

On s'occupe sans relâche des plantations de bois feuillus.

Le mode le plus sûr et le moins dispendieux consiste à passer un marché avec des entrepreneurs habitués à ces sortes de travaux ; on peut leur permettre de semer une fois du blé dans les terrains situés en plaine, pour en faire la récolte à leur profit. Aussitôt que cette semaille est faite, ils plantent les sujets forestiers qu'on leur fournit ou qu'ils se procurent à leurs frais ; le paiement intégral des frais de planta-

tion n'a lieu que lorsque la réussité est constatée ou lorsque les entrepreneurs ont remplacé les plants manquants par d'autres plants qui ont réussi. Dans beaucoup de contrées, on trouve des planteurs habiles, et l'on obtient ainsi une plantation aux moindres frais possibles.

Le mois d'octobre est la meilleure saison pour les semis de bois feuillus ; les graines récemment récoltées sont toujours meilleures que celles qui ont été conservées pendant toute la durée de l'hiver.

Les labours du terrain à ensemencer doivent être, en général, peu profonds ; on évite ainsi des frais, et on assure la réussite des semis.

Chasse. — La chasse est ouverte ; on doit veiller au braconnage, surtout lorsqu'il s'exerce en tendant des collets ou lacets, abus qui détruirait presque complétement le gibier.

NOVEMBRE.

Les travaux de l'agriculture étant terminés, le prix de la main-d'œuvre baisse , et un plus grand nombre d'ouvriers peuvent être employés dans les forêts.

C'est l'époque la plus favorable pour entreprendre les nettoiements des taillis et la confection des fossés de clôture.

Les fossés d'assainissement devront être nettoyés si le niveau des eaux est assez bas pour que cette opération puisse être exécutée sans trop de difficultés.

On ouvre aussi les nouveaux fossés qui paraissent utiles. (*Voir* Février et Mars.)

On continue la récolte des graines d'arbres résineux ; on achève la récolte des semences de bois feuillus, des châtaignes, du gland, de la faîne ; on a soin de favoriser le réensemencement naturel, en laissant sur le sol une partie des graines et en remuant la surface du terrain, soit à la pioche, soit avec un fort râteau en fer.

On peut semer ces graines lorsque le terrain est préparé, mais après les avoir exposées à l'air dans un lieu abrité.

Les semis seront exécutés avec un soin minutieux dans les pépinières, ce qui sera facile puisque l'on opère toujours sur un petit espace ; on couvrira de feuilles mortes tous ceux pour lesquels on craint les rigueurs de l'hiver.

C'est ordinairement dans le cours de ce mois que s'exécute la plus grande partie des abattages ; dans les coupes, la surveillance la plus assidue est nécessaire pour que ce travail soit bien fait.

On aura soin que les bûcherons soient pourvus d'outils bien tranchants ; qu'ils recèpent proprement les jeunes plants de semis qui croissent dans les taillis ; que les souches soient taillées de manière qu'il n'en périsse d'autres que celles qui sont absolument usées.

Le taillis sera coupé aussi bas que possible, mais de manière que les souches ne soient pas endommagées.

Quant aux bois résineux, ils seront coupés aussi bas que possible ou même entre deux terres. On cesse la fabrication du charbon.

On élague les jeunes bois de pins ; on coupe les plants les plus faibles pour donner un espace suffisant aux plants restants ; on coupe les branches inférieures de ceux-ci, le plus près possible de la tige. Cette opération est productive, et on peut y soumettre les plants qui ont atteint 0m,80 à 0m,90 de hauteur.

DÉCEMBRE.

On achève les semis et plantations, si la gelée n'y met obstacle ; ordinairement ces travaux ne peuvent être faits avec succès au mois de décembre que dans les contrées méridionales. On continue de curer les anciens fossés et d'en ouvrir de nouveaux. Le prix de ces travaux se paie au mètre courant, lorsqu'on a fixé les dimensions de l'ouvrage et le mode d'exécution. On répare les chemins en déposant des cailloux ou des pierres cassées dans les ornières, pour préparer les voies d'extraction des produits de la coupe.

L'abattage des taillis cesse aussitôt que le sol est couvert de neige ou que la gelée est trop forte ; mais cette opération continue ordinairement dans les contrées méridionales, et son exécution y est encore bien imparfaite dans un grand nombre de localités. Les ouvriers se servent de mauvais instruments et coupent souvent les souches de manière à les enlever, ce qui dégarnit le sol ; il est donc essentiel de prescrire la conservation des souches et d'empêcher qu'elles ne soient éclatées ou écuissées. L'inobservation de ce soin est une cause active du dépérissement des forêts où il est négligé.

Il est des essences, comme le chêne vert (yeuse), qui craignent les gelées d'hiver après l'exploitation, dans les forêts des montagnes ; on doit prévenir cet accident en couvrant les souches de terre après l'abattage.

Dans les forêts soumises soit au pâturage, soit à l'enlèvement du bois mort ou à tout autre droit d'usage, on fait un examen attentif pour reconnaître si l'exercice de ces droits n'entraîne aucun dégât. A la fin de l'année on réunit les actes et documents, tels que les déclarations de défensabilité, les tableaux de martelage et récolement, les ventes des coupes, les menus marchés, les états de recettes et de produits divers et autres pièces relatives au service de l'année, et l'on reconnaît si rien n'a été négligé dans l'administration de la forêt.

NOIROT,
Ingénieur forestier, à Dijon.

CALENDRIER DU MAGNANIER

JANVIER.

Avant d'entrer en matière nous devons faire une observation générale qui servira à guider le lecteur dans ses recherches. Le travail que nous entreprenons est destiné à toutes les localités où l'on s'occupe de l'industrie de la soie : il doit donc pouvoir s'appliquer en même temps au midi, au centre et au nord de la France. Les différences importantes qui existent dans le sol et le climat de ces points éloignés, ne nous ont pas permis d'indiquer d'une manière précise l'époque ou tels ou tels travaux devaient être exécutés. Ce sera au lecteur à modifier nos conseils suivant les exigences de la localité. Nous avons tâché de nous tenir dans des limites moyennes, représentant à peu près le climat du centre.

Le premier mois de l'année est en général un des plus stériles pour les travaux séricicoles, à cause des pluies et des gelées. Cependant le cultivateur laborieux pourra souvent mettre à profit cette saison rigoureuse, en s'occupant du labour et de la fumure de ses mûriers.

On transporte de préférence le fumier dans les plantations, lorsque la gelée durcit la terre. Il y a deux manières de fumer. La première et la plus générale consiste à étendre le fumier entre les arbres sur toute la superficie du sol, puis à l'enterrer par un labour profond. L'autre méthode consiste à placer les engrais dans une fosse circulaire, assez éloignée du tronc de l'arbre, pour ne découvrir que les plus jeunes racines, les seules qui puissent profiter des bienfaits de la fumure ; car c'est par ses extrémités surtout que l'arbre se nourrit et se développe, et c'est précisément pour cela qu'il est la plupart du temps inutile de mettre de l'engrais sur les anciennes racines trop voisines du tronc.

En général, il suffit de fumer les mûriers tout les quatre ans, quand du reste les plantations sont convenablement entretenues par des façons.

Il faut toujours employer du fumier très décomposé, et le mêler en outre à la terre. Le moindre contact du fumier en fermentation avec les racines du mûrier suffit pour y développer des maladies quelquefois mortelles. On laboure les mûriers, ou à la main ou à la charrue. Le travail exécuté à la main est toujours plus parfait, parce qu'il est plus intelligent ; mais comme il est beaucoup plus coûteux que celui fait à la charrue, on doit en général donner la préférence à ce dernier, pourvu toutefois que les arbres soient distants de 10 mètres au moins les uns des autres. On doit épargner une bande en terre d'un mètre environ autour du mûrier ; cette bande se cultive à la main.

Le magnanier, doit pendant ce mois comme pendant tout l'hiver, exposer de temps en temps ses graines de vers à soie à l'air extérieur, et au froid même autant que possible.

FÉVRIER.

On continue pendant ce mois à exécuter ceux des travaux que l'on n'a pas pu achever dans le mois précédent, c'est-à-dire les fumures et les labours. On commence à préparer la terre dans laquelle on veut au printemps faire des semis de graines de mûriers. Il faut, dans ce but, que le sol soit défoncé à 0^m, 60 au moins, et qu'il soit surtout bien ameubli et divisé.

On peut généralement commencer la taille des arbres vers la fin de février. On choisit de préférence les plus belles journées.

Le succès et la durée des plantations dépendent le plus souvent de la bonne ou mauvaise taille des mûriers. C'est, nous le répétons, sur cette opération que repose non-seulement l'espoir de la récolte prochaine, mais l'avenir même et l'existence des arbres. On ne saurait donc y apporter trop de soins et de surveillance.

Il existe deux époques où l'on taille les mûriers, l'hiver, et l'été après la cueillette des feuilles.

La taille d'hiver, que nous croyons préférable en ce qu'elle fatigue moins les arbres, entraîne naturellement le sacrifice de la récolte de l'année. Mais on est presque toujours dédommagé, au printemps suivant, par une production de feuilles deux fois plus abondante. Dans ce système, on taille donc le mûrier une année, et on le cueille l'année d'après. On épuise ainsi beaucoup moins ses plantations, et l'on obtient à peu près, d'aussi fortes récoltes.

Nous ne pourrons entrer ici dans les détails pratiques de la taille, une pareille opération se démontre surtout la serpette à la main. Nous nous bornerons à quelques avis généraux, qui pourront également s'appliquer aux tailles pratiquées à d'autres époques de l'année.

Le tailleur de mûriers doit surtout avoir en vue d'établir le plus parfait équilibre entre toutes les parties du sujet ; il faut que les branches soient non-seulement placées autant que possible à la même distance, mais il faut surtout qu'elles soient toutes soumises à une inclinaison égale. C'est là un des points les plus importants. C'est moins en raison de leur grosseur que de leur direction, que la sève se répand dans les rameaux avec plus ou moins d'abondance. Laissez par mégarde au centre d'un arbre une faible branche verticale, et bientôt, grâce à sa position seule, cette branche attirera à elle toute la sève, et l'emportera sur toutes les autres. Ainsi on doit donc d'abord extraire sans pitié tous les rameaux intérieurs, et conserver les branches qui s'inclinent à l'extérieur. On obtient

ainsi des arbres dont toutes les parties sont dans une heureuse harmonie, et au centre desquels l'air et la lumière ont un libre accès.

Il faut pratiquer la taille immédiatement au-dessus d'un œil, pour ne pas laisser, comme cela se fait quelquefois, une certaine portion de bois qui meurt et forme des chicots.

La section doit être légèrement inclinée pour faciliter l'écoulement de la pluie ou de la rosée.

On n'est pas d'accord sur le nombre d'yeux qu'il convient de laisser aux branches qu'on taille. Il est réellement impossible de dire rien de précis à cet égard, car tout dépend de la variété de mûriers, du plus ou moins de fécondité du sol, et d'une foule d'autres circonstances que le cultivateur seul peut apprécier. Mais nous dirons cependant que nous préférons en général conserver un petit nombre d'yeux, afin de ne pas donner à nos rameaux une longueur inutile. Comme c'est des yeux supérieurs seulement que doivent partir chaque année les branches nouvelles dont le sujet s'enrichit, toute la partie inférieure de ces mêmes branches resterait nécessairement nue et stérile ; si on laissait pousser tous les boutons d'un rameau, les yeux supérieurs profiteraient beaucoup moins, et l'arbre n'offrirait bientôt qu'un buisson épineux. On conçoit donc combien il peut y avoir d'inconvénients à conserver des scions trop allongés, qui ne donnent pas plus de feuilles, et étendent l'arbre en peu d'années au-delà des limites raisonnables.

La taille qui conserve de 3 à 6 yeux nous paraît, en résumé, celle que l'on doit préférer.

Lorsqu'il s'agit de tailler un jeune sujet et de lui donner la première direction, il convient, en général, de l'établir sur deux branches seulement, c'est-à-dire de conserver deux rameaux opposés, afin de ne pas former au centre de l'arbre, par une plus grande réunion de branches unies, une espèce de cuvette où l'eau séjourne, corrompt le bois et donne naissance à des chancres et à des plaies souvent incurables.

Le meilleur instrument pour la taille est la serpette. Le sécateur est dangereux, parce qu'il comprime le bois et peut faire périr l'œil.

Le magnanier doit exercer une continuelle surveillance sur les graines de vers à soie.

MARS.

A mesure qu'on s'éloigne de la saison la plus rigoureuse pour entrer dans le printemps, les travaux se multiplient et exigent un surcroît d'activité de la part du cultivateur.

Ce mois-ci est particulièrement consacré aux plantations. On ne doit donc pas laisser passer un seul beau jour sans le mettre à profit.

Nous supposons que les trous, ou le défoncement partiel, ont été faits à l'automne précédent ; car il convient toujours de laisser le plus longtemps possible la terre dans laquelle on veut planter, exposée à toutes les influences atmosphériques, surtout aux gelées de l'hiver.

Quelle que soit la nature du mûrier qu'on

plante, il est certaines conditions générales qu'il est nécessaire d'observer.

On doit d'abord sacrifier impitoyablement toutes les petites racines formant le chevelu ; il faut retrancher avec le même soin les racines plus grosses qui ont été un peu endommagées, ou qui ne paraissent pas bien portantes. On ne doit pas s'inquiéter de cette suppression extrême ; car elle est nécessaire. C'est surtout par de nouvelles racines que l'arbre va reprendre et se développer. Le pivot se retranche en général ; à moins toutefois qu'il ne s'agisse d'établir un mûrier à haute tige, dans un de ces sols profonds et généreux où la racine verticale peut descendre à plus d'un mètre sans obstacle. Mais comme, par malheur, ces cas sont rares, il vaut mieux couper le pivot et s'occuper seulement de l'avenir des racines horizontales dont le mûrier est abondamment pourvu.

En général, au moment de planter, on a soin de faire subir aux branches la même opération qu'aux racines. En les ravalant, on doit suivre les indications données pour la taille.

La première chose à faire quand on plante, c'est de remplir à moitié le fond de la tranchée avec la meilleure terre, celle de la couche supérieure ; c'est elle qui doit entourer les racines.

Les trous étant ainsi comblés jusqu'à la hauteur où le sujet doit rester, on le place avec soin ; on étend horizontalement et dans la direction la plus convenable les racines qu'on lui a laissées. Puis, quand le sujet est bien établi, on achève de combler le trou avec la terre de la couche inférieure (il va sans dire que dans la préparation première du terrain, on a mis ces deux couches à part). Il faut se garder de tirer l'arbre à soi par de petites secousses, comme cela se pratique pour faire descendre la terre entre les racines. Cette habitude est très vicieuse, car dans cet effort on dérange la position naturelle que les racines doivent occuper, et on les rend plus ou moins verticales. Pour déterminer la parfaite adhérence de la terre avec les racines, on doit se borner à fouler le sol avec les pieds.

Il n'importe pas seulement de choisir pour la plantation les plus belles journées de mars ; il faut aussi que le terrain soit le plus sec possible. Il vaudrait souvent mieux remettre à l'année suivante des plantations qu'on serait forcé de faire dans une terre humide ; car c'est là une condition détestable.

Nous voici à l'époque où l'on s'occupe de lever des scions pour faire des greffes ou des boutures.

La réussite des greffes dépend la plupart du temps de l'état des boutons. Il faut une grande habitude pour distinguer le moment précis où il convient de faire cette précieuse récolte.

Voilà l'observation fondamentale qui peut servir de guide.

Pour que le bouton à greffe ou à bouture soit bon à prendre, il faut qu'il commence seulement à ressentir l'effet de la sève ascendante ; mais qu'il n'ait pas cependant en lui-même assez de vie pour éclore, il faut en un mot qu'il puisse avoir la sève nécessaire pour son développement futur, sans faire craindre un épanouissement spontané et trop prompt. Le bouton choisi doit conserver sa couleur brune ordinaire ; il doit cependant être légèrement gonflé.

Les scions une fois coupés, on les couche horizontalement dans du sable ou de la terre parfaitement desséchée et placée sous un hangar, à bon abri. L'humidité nuit à la conservation de ces rameaux, on doit donc l'éviter avec le plus grand soin.

Comme l'époque où l'on coupe les scions à greffe et à bouture coïncide parfaitement avec celle de la taille des mûriers, il est facile de faire un choix des meilleurs rameaux et de les mettre en réserve, comme nous venons de le dire.

Lorsque quelques sécheresses prématurées sont venues en mars durcir la terre, il convient de donner un premier binage pour détruire les mauvaises herbes, et pour ouvrir le sol aux influences bienfaisantes du soleil de printemps. Cette façon se fait, suivant le mode de plantation, ou à la main, ou avec un instrument extirpateur.

La taille des mûriers se continue avec activité, si elle n'a pu être achevée en février.

On doit donner les mêmes soins aux graines de vers à soie.

AVRIL.

La taille doit toujours être terminée en avril, car la sève alors monte avec vigueur, et cette saison réclame d'autres travaux.

Quand les boutons des arbres commencent à se développer vers le milieu ou la fin de ce mois, il faut redoubler d'activité pour accomplir en même temps trois opérations importantes, la greffe, le bouturage et l'ébourgeonnement. On sort au fur et à mesure des besoins les scions qu'on a coupés et mis en réserve dans le mois précédent, et on commence à greffer en choisissant les journées les plus belles. Les greffes en écusson et en flûte sont celles qui se pratiquent le plus pour le mûrier ; tout dépend de l'exercice et de l'habileté du greffeur dans l'une de ces méthodes. Le point principal est que l'œil soit sain et bien conservé, et qu'il adhère parfaitement au sujet qu'on greffe.

Nous dirons, au surplus, en ce qui concerne l'art de la greffe, que c'est pour ainsi dire une branche spéciale de notre industrie, qui regarde particulièrement le pépiniériste de profession, et que le cultivateur de mûriers ferait, en général, mieux de lui abandonner ; car nous ne retarde l'établissement des plantations comme le parti qu'ont pris quelques propriétaires de semer et de greffer eux-mêmes leurs mûriers. Peu instruits dans la pratique de la greffe, ils manquent souvent plusieurs saisons de suite, et finissent par perdre beaucoup de temps et d'argent. Nous pensons donc qu'il ne faut pas se mêler de greffer si l'on n'a une expérience pratique de cette opération.

Il n'en est pas de même pour l'ébourgeonnement, que tout le monde doit pratiquer avec d'autant plus d'empressement qu'on fait ainsi la plus grande et la plus utile économie sur des travaux futurs.

On cherche, en effet, en ébourgeonnant à détruire dans le germe, pour ainsi dire, une foule de branches inutiles que, plus tard, on aurait été obligé de couper.

Cette opération se pratique surtout sur les arbres nouvellement taillés, sur ceux récemment plantés que l'on forme, et sur les jeunes mûriers greffés.

Quant à ceux dont on doit récolter la feuille dans la même année, on ne doit pas songer à les ébourgeonner, si ce n'est au pied seulement.

Dès le premier mouvement de la sève, on voit poindre de tous côtés sur les sujets des bourgeons inutiles et parasites; il faut aussitôt les détruire en passant le pouce dessus et par ce seul moyen. Peu de temps après, on doit recommencer une visite sévère, et supprimer encore tous les boutons superflus. On ne s'arrête enfin qu'au moment où le bourgeon trop développé exigerait l'emploi de la serpette.

On retire d'immenses avantages de cette méthode : d'abord on dirige ainsi les arbres à son gré; on évite d'être forcé, plus tard, de couper et de retrancher une multitude de branches inutiles, et l'on fait profiter les scions que l'on conserve de toute la sève qui se serait vainement perdue dans d'autres rameaux. Par l'ébourgeonnement bien fait on réduit la taille à fort peu de chose, et l'on simplifie au plus haut degré la direction des arbres.

C'est, en général, dans le commencement d'avril que l'on fait les boutures en terre ou que l'on fait les couchages; le bouturage s'opère ainsi : on place dans un sol bien préparé et amendé les boutures de mûriers multicaules, ou de toute autre variété, qui se perpétue facilement par cette méthode.

La bouture, conservée comme nous l'avons dit, doit avoir à peu près 0m,15 et être garnie de trois ou quatre yeux; il faut avoir soin d'incliner un peu la bouture en terre, et de ne jamais la mettre dans une position tout-à-fait verticale, car on croit avoir remarqué qu'une légère inclinaison facilite la reprise.

Le couchage s'opère comme le provignage. On recourbe branche jusqu'à une fosse voisine, où on l'étend, et on la recouvre ensuite de terre. Cette méthode n'est réellement fructueuse que pour le multicaule ou le mûrier Lhou.

C'est ordinairement dans la première quinzaine d'avril que l'on fait les semis de graines de mûrier. Tout depend, au reste, de la température; mais plus tôt il est possible d'exécuter ce travail, et mieux cela vaut.

La terre a dû être préparée longtemps d'avance, comme nous l'avons dit. Plus elle est divisée et profonde, plus le semis sera fait en bonnes conditions. On sème de plusieurs manières. La plus usitée consiste à mêler la graine de mûrier à du sable ou de la terre bien fine,

afin de la répandre plus également. On la recouvre d'environ 0m,03 à 0m,04 de bonne terre.

Il est indispensable de donner aux mûriers en avril la façon que l'on n'aura pas pu exécuter en mars. Ce devra être un binage, destiné à détruire toutes les mauvaises herbes et à ameublir le terrain.

Bien que dans un grand nombre de localités les travaux de la magnanerie commencent à la fin d'avril, nous avons préféré n'en parler qu'en mai, qui se trouvera complétement rempli par les soins de l'éducation des vers.

Pendant toute la durée du mois d'avril, le magnanier doit surveiller ses graines avec une plus grande vigilance. Car à l'approche du printemps, le germe travaille et les moindres chaleurs pourraient le faire éclore avant la feuille du mûrier. Il faut l'exposer à l'air pendant les matinées fraîches et la conserver le reste du temps dans l'endroit le plus froid possible.

MAI.

Quand les premiers bourgeons en s'allongeant ne permettent plus d'ébourgeonner, comme nous l'avons dit, toutes les greffes doivent être terminées, et le cultivateur n'a plus à songer qu'à la récolte des feuilles et aux soins de l'éducation des vers.

Le moment où l'on doit mettre la graine à l'éclosion est déterminé par la végétation des arbres. Il faut que les vers et les rameaux naissent et croissent ensemble, et qu'ils soient ainsi toujours du même âge. C'est là une observation fondamentale à laquelle on ne saurait trop avoir égard. Pour obtenir cette heureuse simultanéité, il faut mettre les graines à l'incubation dès que les premiers bourgeons vont s'épanouir. Car les vers n'éclosent en général que le huitième jour, intervalle pendant lequel les rameaux commencent à se développer.

Les premiers soins du magnanier doivent être d'aérer quelque temps à l'avance, et de bien purifier les locaux où il compte élever des vers. Les fumigations produites par la combustion du soufre, le lavage à la chaux des murs et du mobilier sont, dans beaucoup de cas, des précautions qu'il est bon de prendre.

Quand le local est bien préparé, et que la végétation a donné le signal, le magnanier se met à l'œuvre, et il prépare ses graines pour les mettre à l'éclosion. Ces graines, au choix desquelles on ne saurait apporter trop de soins, ont dû être conservées sur la toile même où les papillons les ont déposées; car il ne convient pas de les en détacher plus tôt, afin d'éviter une agglomération toujours nuisible.

Quelques éducateurs font éclore leurs graines sur la toile même, après avoir eu seulement la précaution de tremper cette toile dans l'eau, afin de la nettoyer. Cette méthode est certainement préférable à toute autre, d'abord parce que les œufs se trouvant isolés, sont tous exposés à la même température, et ensuite parce que la larve sort plus aisément de la coque, lorsque celle-ci est fixée et ne peut être entraînée par les efforts de l'insecte.

L'autre procédé, et le plus généralement mis en usage, consiste à détacher d'abord la graine de dessus la toile. Pour cela il suffit de la tremper dans de l'eau à 20 degrés environ, jusqu'à ce que la gomme qui fixe la graine se trouve dissoute. On enlève avec soin cette graine à l'aide d'un couteau de bois, et on la fait sécher à l'air extérieur le plus rapidement possible. Aussitôt qu'elle est sèche, on la place dans des boites dont les couvercles sont à jour, et on la met, comme on le ferait, au reste, si elle fût restée sur toile, ou dans une chambre à éclosion, ou dans un appareil quelconque où l'on puisse facilement obtenir la température nécessaire.

Quel que soit le moyen que l'on emploie pour faire éclore les graines, les deux points auxquels il faut s'attacher, c'est que tous les œufs soient soumis à la même chaleur, et que cette chaleur puisse être graduée à volonté et augmenter peu à peu. L'air doit être humide et souvent renouvelé.

On commence généralement l'incubation à 16 ou 17 degrés; puis on élève chaque jour la température d'un degré, jusqu'à l'éclosion.

Si les premières larves qui naissent sont en très petit nombre, on les sacrifie; car il est nécessaire d'avoir des vers parfaitement égaux, c'est-à-dire nés ensemble, et marchant jusqu'au bout du même pas. C'est là une des plus importantes conditions du succès. L'éducateur recueillera donc seulement deux éclosions, représentant chacune les naissances d'un jour; et si, par malheur, le principe de l'inégalité se manifestant dès le début faisait éclore successivement les graines pendant plus de deux jours, il devra cependant, autant que possible, ne conserver, que les deux éclosions les plus importantes; c'est dans la prévision d'un accident de ce genre, qu'il convient toujours d'avoir à l'incubation plus de graines qu'on n'en veut conserver, afin de pouvoir sacrifier sans hésitation tous les retardataires.

Plus une graine est de bonne race et bien faite, plus les naissances sont simultanées.

Les vers une fois éclos, on doit abaisser et maintenir la température à 20 ou 21 degrés. Les deux divisions sont soigneusement tenues à part jusqu'à la fin.

La feuille, pendant ce premier âge, doit être coupée très menue, afin qu'on puisse la répandre plus également sur les vers; mais comme dans cet état de division elle se dessèche et se flétrit plus vite, il convient de multiplier les repas, en ayant soin de les donner plus légers.

Le troisième ou quatrième jour, les vers se disposent à faire leur première mue. C'est alors qu'il faut redoubler de zèle et de soin pour *endormir* les retardataires, en leur distribuant des repas de plus en plus nombreux et légers.

En général, on ne cesse de leur donner des feuilles que lorsque l'on en voit quelques-uns qui ont changé de peau. On s'arrête alors afin de ne pas s'exposer au danger d'inégaliser ses vers, en offrant de la nourriture à ceux

qui sont déjà réveillés; car c'est ainsi que l'on a coutume de désigner ceux qui, après avoir dépouillé leur ancienne enveloppe, sortent de cet engourdissement, que longtemps on a regardé à tort comme un sommeil.

La plupart des vers changent quatre fois de peau; quelques-uns n'accomplissent que trois mues, mais c'est l'exception. On doit à chaque nouvelle mue suivre exactement la même marche, en tendant toujours, et par tous les moyens possibles, à maintenir la plus parfaite égalité dans chaque division.

Après le premier âge, c'est-à-dire dans l'intervalle de la première à la deuxième mue, on doit donner des repas un peu moins fréquents, et couper la feuille moins menue.

On ne peut guère se servir du filet pendant les deux premiers âges, à moins toutefois qu'on en ait de très légers à petites mailles; il est du reste superflu de déliter les vers avant la première mue; et il suffit de faire cette opération une seule fois pendant le deuxième âge, soit au moyen de petits filets, soit avec des rameaux de mûrier.

Mais à partir du troisième âge, l'usage du filet devient indispensable, car le moment est venu où il faut entretenir la plus extrême propreté dans la chambrée, et ne jamais y laisser accumuler la litière.

On se sert de filets de fil ou de papier. Les filets en fil, d'un achat plus coûteux, sont peut-être en définitive plus économiques que ceux en papier, parce qu'ils durent plus longtemps que ces derniers. Que chacun consulte donc l'état de sa bourse, mais d'une façon ou d'une autre, qu'on se procure des filets; car c'est un ustensile dont nul magnanier ne peut se passer.

A mesure que les vers avancent en âge, on diminue le nombre des repas, de telle manière, toutefois, que vers la fin, ce nombre ne soit jamais moindre de 6 ou 8. L'espace qu'occupent les vers augmente de jour en jour: on les dédouble au moyen des filets, en plaçant sur une même claie deux filets ployés en deux; la claie se trouve ainsi partagée. Au reste, quand on a l'habitude de se servir de filets, on peut, par ce moyen, éclaircir les vers à volonté.

Du moment où les vers commencent à remplir une grande partie de la magnanerie, on doit, autant que possible, renouveler l'air fréquemment, tout en maintenant une température égale dans toute la magnanerie. On remplit ce but d'une manière plus complète, quand on dispose d'un local pourvu d'un bon appareil de ventilation. Mais comme un semblable établissement, bien que fort simple et peu coûteux quand il est bien fait, ne convient cependant ni à toutes les positions, ni à toutes les fortunes; nous dirons aux petits propriétaires, aux métayers surtout, qu'ils peuvent sans nul doute accroître beaucoup le succès de leurs éducations, en ne laissant jamais de litière s'accumuler dans leurs chambrées, et en faisant bon usage des soupiraux, des portes, des fenêtres, et des cheminées, où, dans les moments de touffe et d'orage, ils entretiendront constamment des feux clairs. Chacun doit comprendre qu'un air pur est nécessaire aux vers à soie ainsi qu'à tous les êtres animés, et que l'immense agglomération de tant d'individus dans un étroit espace, rend encore plus indispensable une ventilation réelle, de quelque façon qu'on la produise.

On se sert, en général, de la feuille de mûrier sauvage pour nourrir les vers dans le commencement. Cette feuille, très légère et très substantielle à la fois, est meilleure que toute autre pour les premiers âges. Plus tard on est obligé d'employer la feuille du mûrier greffé, parce que celle du sauvageon est trop longue et trop coûteuse à cueillir. Mais le magnanier doit avoir soin de ne pas faire passer brusquement les vers d'une espèce de feuilles à l'autre, il doit les y habituer peu à peu et avec ménagement.

Pendant toute la durée de l'éducation, on peut couper les feuilles, c'est-à-dire réduire la dimension des rameaux, qui ont quelquefois jusqu'à 0^{m}60 de longueur. En donnant quelques coups de tranchant à intervalles réguliers on obtient des rameaux plus courts, et qu'il est plus facile de distribuer également aux vers. Cette opération doit varier suivant l'âge des insectes, et en proportion de leur grosseur.

Nous allons supposer maintenant, que grâce aux bons soins de l'éducateur, les vers sont heureusement parvenus à leur maturité ; c'est le moment où le magnanier doit redoubler de zèle ; car, bien que sur le point de posséder la récolte, la moindre négligence peut faire évanouir ses plus beaux rêves.

Dès que les premiers vers commencent à sortir des claies, et que l'œil vigilant du magnanier a reconnu les symptômes avant-coureurs du dernier travail, il doit se hâter de rassembler tous ses moyens pour encabaner le plus rapidement possible. Il importe que cette opération soit faite au dernier moment seulement, pour ne pas intercepter la circulation de l'air longtemps d'avance, et qu'elle soit accomplie avec rapidité, afin d'éviter la perte d'un grand nombre de vers, qui, faute d'un point d'appui et d'un asile, meurent misérablement en tombant des claies.

Il existe un grand nombre de systèmes d'encabanage. Un des plus ingénieux est celui de M. Alph. Davril. Les meilleurs, au reste, sont ceux qui, au mérite d'une rapide exécution, joignent l'avantage d'offrir aux vers une montée facile et un grand nombre de points d'appui pour construire leurs cocons.

Quand les vers ont commencé à filer, on doit éviter tout ébranlement, toute secousse dans l'intérieur de la chambrée, afin de ne pas interrompre le travail. La ventilation est plus que jamais nécessaire, et doit être entretenue jusqu'à ce que les cocons soient finis. Il faut donc veiller aussi à la propreté de l'atelier.

Vers les derniers jours, la température doit être plus élevée qu'au milieu de l'éducation pourvu toutefois que l'on ait assez de feuilles de mûrier ; car l'alimentation ou le nombre des repas doit toujours être en rapport avec la chaleur, l'un guide l'autre et lui sert de règle.

Sous une température moyenne de 20 à 22 degrés, l'éducation dure à peu près 28 à 30 jours ; si donc nous supposons qu'elle ait commencé au premier mai, ce serait seulement dans le mois suivant que nous devrions parler du décoconnage et de l'étouffage ; mais la plupart du temps les éducations sont terminées bien avant la fin de ce mois, nous parlerons donc tout de suite de ces dernières opérations qui complètent les travaux du magnanier, en lui permettant de se défaire de la récolte.

Le décoconnage s'opère dès que tous les vers se sont métamorphosés en chrysalides.

En enlevant les cocons de la bruyère, il faut mettre à part les cocons très faibles, afin qu'à l'étouffage ils ne puissent tacher les autres en s'écrasant. C'est du reste dans les ventes une condition que l'acheteur ne manque jamais d'exiger.

Avant de vendre et d'étouffer ses cocons, l'éducateur doit mettre à part ceux dont il veut obtenir de la graine. Ce choix est de la plus haute importance. Nous ne saurions donc trop insister pour qu'il soit confié aux mains les plus habiles et les plus vigilantes. C'est en préparant les éléments de ses récoltes prochaines, que le magnanier doit avoir en vue l'amélioration et l'épuration continuelles de la race. Il devra donc choisir de préférence les cocons les mieux faits, et dont le tissu est le plus fin, tous ceux enfin qui, par leur forme et leur nuance semblables, témoignent d'une origine commune.

Nous n'avons rien dit jusqu'ici de la récolte de la feuille. C'est là un point important que nous ne pouvons omettre. Le magnanier doit apporter le plus grand soin à ce que la feuille soit toujours de bonne qualité, et qu'elle n'ait pas été mouillée par la pluie et encore moins par la rosée. L'éducateur devra de plus se pourvoir toujours de feuilles à peu près 24 heures à l'avance, afin de n'être jamais pris au dépourvu.

Le cultivateur de mûrier, qu'il soit ou non magnanier, ne saurait trop surveiller la cueillette de ses feuilles.

Cette opération est déjà, par elle-même, fort cruelle pour l'arbre. Il faut donc que le cueilleur évite avec scrupule de détruire ou de blesser les sous-yeux, espoir de la récolte future ; de briser les branches, ou d'enlever des lanières d'écorce, en tirant maladroitement la feuille de haut en bas.

La feuille se récolte dès que la rosée a disparu, et on la conserve dans des locaux frais, en ayant soin de la retourner fréquemment.

On ne doit jamais couper les branches pour les dépouiller après. Cette méthode très funeste pour les arbres qu'on mutile la plupart du temps en aveugle, nuit aussi à la qualité des feuilles, qui se flétrissent rapidement, pour peu qu'on néglige de les détacher aussitôt de la branche.

Pendant tout ce mois, on doit surveiller les jeunes semis de mûrier en les sarclant et en les protégeant au moyen de paillassons, contre les ardeurs du soleil. Il est nécessaire de les arroser de temps en temps.

Aussitôt que les mûriers ont été récoltés, il convient de leur donner une façon, pour nettoyer la terre, et pour rendre plus meuble le sol que les cueilleurs de feuilles ont foulé.

JUIN.

Quand l'éducateur a choisi les cocons destinés à produire la graine, il doit les mettre soigneusement à part, dans une chambre où la température se maintienne la plus égale possible. Il faut en général une quinzaine de jours aux chrysalides pour se changer en papillons. Le magnanier, dans cet intervalle, prépare les toiles où les graines seront pondues ; il doit en avoir un assez grand nombre pour ne pas être forcé de laisser les premières graines pondues dans le même local pendant plusieurs jours, jusqu'à ce que la ponte soit finie. Il arrive en effet ordinairement que l'éclosion des papillons dure une semaine et même plus.

On a lieu de s'étonner qu'à la suite d'une éducation, où l'égalité la plus parfaite a régné parmi les vers, la dernière métamorphose seule s'accomplisse aussi peu régulièrement, cela tient sans doute à quelque cause que l'on n'a pas suffisamment étudiée.

Dès que les premiers papillons sont sortis, on les classe suivant leur sexe, et on les accouple. Au bout de vingt-quatre heures on sépare le mâle de la femelle, et on place celle-ci sur la toile ; quant au mâle on le jette, à moins cependant que la proportion plus considérable des femelles ne force l'éducateur à se servir plusieurs fois des mêmes mâles. Il faut environ un kilogramme de cocons pour produire 60 à 80 grammes de graines.

En choisissant les papillons, il faut rejeter sans pitié tous ceux qui ne sont pas bien comformés ou qui ne semblent pas vigoureux.

On doit entretenir une obscurité assez profonde dans la pièce où se font les accouplements.

Chaque toile ne doit recevoir que les femelles nées dans le même jour. Au fur et à mesure que ces diverses toiles se garnissent de graines, on se hâte de les mettre en un lieu plus froid, afin de les préserver de l'influence, même passagère, des chaleurs de l'été.

Une fois que le magnanier a fait sa graine, qu'il a mis en ordre sa magnanerie, et vendu ses cocons, il ne lui reste plus guère de travail jusqu'à la saison suivante. Il se borne à surveiller la conservation de sa graine, en qui repose tout l'espoir de sa prochaine récolte.

C'est dans des caves qu'on conserve en général les œufs de vers à soie. L'usage d'une glacière commune, où chaque magnanier du même canton viendrait déposer sa graine, rendrait un immense service à beaucoup de localités du midi, où la conservation de la semence est toujours difficile, et qui ont souvent à déplorer des éclosions spontanées et trop hâtives.

Les toiles garnies de graines doivent être placées dans des boîtes où elles soient bien à l'aise. L'air doit être fréquemment renouvelé. Il faut de plus, et c'est là la condition principale, que la température ne s'élève pas audessus de 8 ou 9 degrés, car plus de chaleur développerait prématurément l'embryon.

L'œuvre du magnanier accomplie, la longue série des travaux du filateur commence.

Il doit d'abord s'occuper de l'étouffage des chrysalides ; cette opération réclame d'autant plus de soins, que c'est elle qui assure aux cocons une conservation plus ou moins longue, et plus ou moins parfaite.

Il existe plusieurs méthodes pour tuer les chrysalides. La vapeur est l'agent le plus généralement employé. On l'introduit dans un coffre à tiroirs rempli de cocons et hermétiquement fermé. Quelques minutes suffisent pour l'étouffage ; mais par ce procédé les cocons sortent de l'appareil tout trempés et tellement ramollis qu'il faut les exposer longtemps à l'air pour les ramener à leur état naturel.

Parmi les autres systèmes employés, nous recommanderons d'une manière particulière celui qu'on a mis en usage aux bergeries de Sénart, et qui consiste à faire passer, à travers des couches minces de cocons, de l'air chaud et sec. Il faut un peu plus de temps que si l'on employait la vapeur, mais l'immense avantage que l'on retire de cette méthode, c'est que les cocons sortent de l'appareil sans s'être ramollis, et que par conséquent les faibles et les fondus, s'il s'en trouve (et il s'en trouve toujours), n'ont pas pu salir et gâter les autres par leur contact. La conservation de la chrysalide est aussi plus parfaite, et les cocons étouffés de cette manière sont moins sujets dans la suite à être attaqués par les mites, petits vers qui naissent du sein de la chrysalide en corruption, et qui, perçant bientôt l'enveloppe du cocon ellemême, en rendent la filature impossible. Les cocons enfin se dévident mieux, et leurs brins se cassent moins souvent que s'ils avaient été passés à la vapeur, dont l'action trop vive dissout la partie gommo-résineuse de la soie, et en rend le tirage plus difficile.

Dès que les chrysalides sont étouffées, le filateur s'occupe du triage et de la classification de ses cocons. C'est un travail auquel il doit donner tous ses soins ; car il importe beaucoup d'assortir chaque nature de cocons, afin de favoriser la besogne de la filature, et d'obtenir des soins parfaitement homogènes.

Ce serait ici le moment de décrire le travail de la filature ; mais un tel sujet entraînerait à des développements beaucoup trop considérables ; nous nous bornerons donc à un petit nombre de recommandations générales.

L'art de la filature consiste en deux points principaux : le maintien constant de la grosseur du brin de soie qu'on veut obtenir, et la parfaite adhérence entre eux des différents bouts ou fils dont chaque brin se compose. Quand la soie est régulière et qu'elle est bien croisée, c'est-à-dire que les différents fils dont elle est formée se sont bien soudés, elle réunit les deux qualités les plus essentielles. Si nous ajoutons à cela une grande élasticité du brin, qui est due surtout à la qualité du cocon et un peu aussi à la température de l'eau dans laquelle on file, nous aurons à peu près dit tout ce qui constitue une soie parfaite. La nuance, fort importante quant au prix, ne signifie rien quant au mérite intrinsèque de la soie.

Il existe un nombre considérable de métiers ou tours différents. Les meilleurs, à notre avis, sont les plus simples et ceux qui peuvent se réparer le plus vivement. La véritable machine d'où tout dépend, c'est la fileuse. Tout lui est subordonné, et elle influe si bien sur les résultats par la plus ou moins grande habileté, que telle bonne fileuse obtiendra de meilleure soie avec des cocons médiocres et un tour imparfait, qu'une mauvaise avec d'excellents cocons et le tour le plus perfectionné.

C'est d'elle encore que dépend l'économie de la soie, source unique, souvent, de la perte ou du gain du filateur.

Les chrysalides et tous les résidus des bassines étant des engrais très puissants, on doit les recueillir avec le plus grand soin.

Dès que les plantations de mûrier ont été récoltées, le cultivateur doit se hâter d'y entrer la serpette en main, soit pour les tailler, soit pour réparer les dégâts commis par les cueilleurs de feuilles. Nous avons déjà dit que la taille d'hiver était celle à laquelle on devait donner la préférence, nous dirons aujourd'hui à ceux qui tiennent toujours à tailler après la récolte, qu'ils ne sauraient du moins trop tôt se mettre à la besogne, car il faut profiter de tout le reste de la saison et de la sève. On doit donc autant que possible, dans cet ordre d'idées, tailler les mûriers dès qu'ils auront été cueillis, en suivant au reste toutes les indications que nous avons données pour la taille d'hiver.

Quant à la pourette et au mûrier multicaule, on doit toujours les couper après la cueillette.

Si, suivant notre conseil, le cultivateur a raillé en février ou mars une partie de ses mûriers, il n'aura d'autre peine à prendre que de retrancher soigneusement toutes les branches cassées ou endommagées par les cueilleurs.

Si l'on n'a pas eu le temps de donner un binage en mai, il est convenable de le faire en juin, afin de maintenir toujours la terre meuble et exempte de mauvaises herbes.

Dès les premiers jours de ce mois, il faut éclaircir les jeunes semis, de manière à espacer convenablement chaque pourette. On continue à les sarcler, à les arroser, et à les garantir de la trop grande ardeur des rayons du soleil.

JUILLET.

Les travaux de la filature se continuent avec une activité d'autant plus grande, qu'il importe de mettre à profit les longs jours.

Le magnanier borne ses soins à la surveillance de sa graine.

Le cultivateur s'occupe de l'ébourgeonnement de ses arbres, s'il les a taillés après la cueillette. Il observe à cet égard ce que nous avons dit pour l'ébourgeonnement que l'on pratique au printemps.

On greffe aussi pendant ce mois, dans l'espérance de gagner ainsi une année, en profitant des dernières ressources qu'offre la saison. Mais on ne doit tenter alors cette opération qu'avec la plus grande réserve, car elle est loin d'offrir à cette époque autant de chances de succès qu'au printemps.

Il en est de ces greffes tardives, comme de la taille après la cueillette ; dans l'un et l'autre cas, la sève n'est souvent pas assez généreuse, ni la belle saison assez longue, pour aoûter et mûrir suffisamment le bois des jeunes branches, et elles périssent quelquefois toutes à l'automne, victimes des premières gelées. On doit donner aux pourettes les mêmes soins que dans les mois précédents.

En général, c'est pendant ce mois que l'on récolte la graine de mûrier. On doit attendre pour cela que la maturité soit parfaite, et que les baies tombent d'elles-mêmes. On choisit les variétés les plus belles et les plus pures.

Quand on a recueilli les baies, on les laisse légèrement fermenter, puis on les lave, jusqu'à ce que la graine paraisse bien nettoyée. On la fait sécher à l'ombre, et on la conserve à l'abri de l'humidité. La graine de mûrier n'est bonne que pendant un an.

AOUT.

En général, la filature continue encore pendant ce mois entier. Le filateur, au surplus, n'est arrêté dans ses travaux que lorsque sa provision de cocons est terminée ; car on peut filer en toute saison, en ayant seulement soin de prendre certaines précautions contre l'influence de l'humidité sur la soie, comme le font quelques filateurs du midi, qui travaillent pendant la plus grande partie de l'année.

Lorsque l'on a le dessein de faire des plantations à l'automne, il est bien de s'y prendre longtemps à l'avance, et dans ce mois-ci même, pour préparer le terrain.

SEPTEMBRE.

Il y a peu de travaux à faire dans ce mois. La filature des cocons est généralement terminée, et les soins du cultivateur se bornent à peu près à une seule façon ou binage, qu'il donne à ses mûriers, pour leur rendre plus profitables, en ameublissant la terre, les dernières faveurs de la belle saison.

On doit se hâter d'achever la préparation du terrain pour les plantations d'automne.

On le fait de plusieurs manières, comme nous l'avons déjà dit à l'occasion des plantations du printemps. Nous n'avons donc pas à y revenir ;

nous ferons seulement observer qu'il est important de surveiller la manière dont ce travail s'exécute, afin que toute la bonne terre soit mise à part, ou que le défoncement ait bien toute la profondeur convenable.

On continue de donner aux jeunes plants de mûriers les mêmes soins que dans les mois précédents.

Les jeunes sujets nés du bouturage ou du couchage doivent aussi, comme pendant toute la saison, être soigneusement binés et cultivés.

Le magnanier continue, comme pendant tout le reste de la saison, à surveiller sa graine, et à l'exposer à l'air de temps en temps.

OCTOBRE.

La fin de ce mois demande presque toujours à être bien employée.

Aussitôt, en effet, que la sève, refoulée par les premiers froids, abandonne les rameaux, et que la feuille jaunit et tombe, il faut se hâter de faire une seconde cueillette afin de ménager une aussi précieuse nourriture à ses vaches, à ses moutons ou à ses chevaux. Mais cette récolte, nous le répétons, ne doit être faite que lorsque la sève a entièrement abandonné la branche du mûrier; exécutée plus tôt, elle aurait des conséquences funestes, car la sève ne manquerait pas de développer les sous-yeux, ce qui détruirait l'espoir de la saison future.

C'est aussi le moment d'entreprendre les plantations d'automne, car il faut les faire dès que la sève est rentrée dans le repos, et avant cependant que la gelée ne s'empare du sol.

Les plantations d'automne, auxquelles nous préférons en général celles faites au printemps, réclament les mêmes soins et les mêmes précautions que ces dernières. On doit les surveiller d'autant plus qu'elles ont à affronter toutes les chances d'un hiver souvent froid et humide.

NOVEMBRE.

Il est assez rare que l'automne se prolonge de manière à ce que les travaux indiqués pour le mois précédent soient renvoyés à celui-ci. C'est en tout cas une fort heureuse circonstance, car plus la durée des beaux jours et des chaleurs est longue, plus le bois du mûrier mûrit et mieux il soutient ensuite le froid de l'hiver.

Quand on le peut, il est bien de commencer dans ce mois à préparer le sol dans lequel on compte planter des mûriers au printemps suivant; si surtout quelques froids précoces semblent annoncer un hiver rigoureux. Rien d'ailleurs ne prépare et n'ameublit mieux la terre que l'action de la gelée.

DÉCEMBRE.

On continue à s'occuper de la préparation du sol pour les plantations du printemps, autant que le permet la saison. On peut commencer aussi vers la fin de ce mois à transporter les fumiers dans les mûraies.

L'année séricicole, comme on le voit, offre bien des phases diverses, et le travail se trouve fort inégalement réparti. A des mois pleins de labeur, et où l'activité même est souvent au-dessous de la tâche, succèdent tout à coup de longs moments d'un repos presque absolu.

C'est peut-être là un des charmes de cette industrie, qui, par la variété des occupations qu'elle procure, n'engendre jamais ni ennui ni dégoût.

D'ailleurs, les mois eux-mêmes que nous avons dû indiquer comme les plus pauvres en travaux séricicoles peuvent cependant être utilement employés par le cultivateur de mûriers, le magnanier, ou le filateur. N'a-t-on pas toujours à s'occuper de la bonne direction de ses mûriers? L'observateur ne trouvera-t-il pas sans cesse au milieu de ses plantations mille sujets d'études intéressantes?

Le magnanier songe tantôt à construire quelque atelier nouveau, tantôt à perfectionner ceux qu'il possède; il veille à la bonne conservation de tout son matériel et de ses graines. L'hiver venu, il peut donner une occupation utile à ses ouvrières en employant leurs longues veillées à la confection des filets, et il prépare ainsi pour la saison suivante un de ses plus puissants auxiliaires. Enfin, pendant la plus grande partie de l'année, le filateur a de nombreux et importants travaux qui commencent à l'achat des cocons et se terminent par la vente des soies grèges.

Nous avons dû passer sous silence un grand nombre d'observations semblables parce qu'elles n'appartiennent à aucun mois en particulier, et qu'elles n'offrent aucune base régulière. Nous ne les signalons ici que pour prouver que tous les travaux de l'industrie séricicole ne sont pas et ne pouvaient être compris dans le cadre que nous devions remplir.

Nous n'avons pas voulu enseigner, mais seulement venir en aide à la mémoire de ceux qui savent.

EMILE BEAUVAIS.

Magnanier, aux Bergeries de Sénart.

BV - #0031 - 091222 - C0 - 229/152/27 - PB - 9780243966523 - Gloss Lamination